60年来，几代核工业人艰苦创业、开拓创新，推动我国核工业从无到有、从小到大，取得了世人瞩目的成就，为国家安全和经济建设作出了突出贡献。核工业是高科技战略产业，是国家安全重要基石。要坚持安全发展、创新发展，坚持和平利用核能，全面提升核工业的核心竞争力，续写我国核工业新的辉煌篇章。

**——2015年1月15日，在我国核工业创建60周年之际，中共中央总书记、国家主席、中央军委主席习近平对核工业作出重要指示**

# 中国核工业集团公司发展史

## （1955—2015年）

## 第一册

王寿君　主编

中国原子能出版社

**图书在版编目（CIP）数据**

中国核工业集团公司发展史：1955—2015 / 王寿君主编．—北京：中国原子能出版社，2018．12（2025.3重印）
ISBN 978-7-5022-9040-5

Ⅰ．①中… Ⅱ．①王… Ⅲ．①原子能工业-工业企业-企业史-中国-1955-2015 Ⅳ．①F426．23

中国版本图书馆 CIP 数据核字（2018）第 096155 号

**中国核工业集团公司发展史**（1955—2015）

出版发行　中国原子能出版社（北京市海淀区阜成路 43 号　100048）
总　　编　李　涛
策　　划　宋翔宇　王　青
责任编辑　王　青　蒋焱兰　李新邦　张　梅　宋翔宇
装帧设计　赵　杰　马世玉　谭　俊
责任校对　冯莲凤
责任印制　赵　明
印　　刷　北京天恒嘉业印刷有限公司
经　　销　全国新华书店
开　　本　787 mm×1092 mm　1/16
印　　张　65
字　　数　1080 千字
版　　次　2018 年 12 月第 1 版　2025 年 3 月第 3 次印刷
书　　号　ISBN 978-7-5022-9040-5
定　　价　298．00 元（全二册）

发行电话：010-88828621　　E-mail：510994386@qq. com

# 中国核工业集团公司发展史

## (1955—2015 年)

# 中国核工业集团公司发展史

（1955—2015 年）

## 第一册专家组

李鹰翔　张伟星　乔书荣

## 第一册主要撰稿者

（按姓氏笔画排列）

于铭强　万淑平　王从周　王廉生　毛焕章
吕寿延　朱文藻　乔书荣　刘令尤　刘佩玉
刘淑玲　刘耀荣　孙旭初　孙懋怡　李尔康
李鹰翔　杨克贤　杨连堂　肖国忠　吴　企
余心柏　张竹书　张伟星　张华明　张纪夫
张培望　陈鸿根　武世斌　周注谋　屈智潜
贺正祥　柴启蓬　钱定中　徐永昌　陶季洪
黄世杰　黄胜年　龚志勤　彭肇龙　董　茵
蒋云清　韩继荣　傅济熙

# 前　言

一个甲子60年。中国核工业从1955年创建算起，到2015年，已经度过第一个甲子。这60年来，在党和国家几代领导集体的亲切关怀下，在全国各行各业大力协同和全国人民的大力支持下，核工业从无到有、从小到大、从弱到强，历经两次创业，取得了举世瞩目的成就。今天的中国已经成为世界上少数几个拥有核武器和完整核科技工业体系的核大国，中国核工业集团有限公司作为拥有完整核产业链、保持我国战略核威慑的重要力量，成为具有国际竞争力的现代化军工企业集团。

60多年前，第一块铀矿石送进中南海，毛泽东主席主持召开中央书记处扩大会议，作出了建立和发展我国原子能事业的战略决策，开启了中国核工业发展的征程。核工业从1955年创建到1978年，为第一次创业时期。这一时期，主要是以研制核武器为主，在全国各方面的大力协同下，自力更生，艰苦创业，发奋图强，建立起较为完整的核科技工业体系，铸就了“两弹一艇”的惊世伟业，打破了帝国主义、霸权主义的核垄断和核讹诈，为新生的人民共和国撑起了核保护伞，确立了我国的核大国地位，为巩固国防、维护世界和平作出了贡献。党的十一届三中全会后，为第二次创业时期。这一时期，核工业实施战略调整，由以军为主，转到军民结合、为国民经济和人民生活服务上来。伴随着国家改革开放的进程，核工业锐意改革，励精图治，不断创新，实现了核军工能力的新跃升，核军工科技研发持续推进，成功进行多次核试验，掌握了中子弹技术，研制成功潜艇核导弹和第二代核潜艇；实现了核电事业从“零的突破”到拥有自主知识产权的三代核电技术“华龙一号”的重大跨越；实现了核燃料技术更新换代和生产规模扩大；实现了核技术应用的产业化和发展跃升；实现了由封闭到开放再到核能“走出去”进入国际市场的历史跨越；实现了体制机制的创新和根本转变，逐渐走出了一条有中国特色军民融合的发展道路。

抚今追昔，展望未来，我们心中涌起的不只是对旧中国积弱积贫、任人宰割的痛苦回忆和对筚路蓝缕、艰辛创业、激情燃烧岁月的无限感慨，还有今朝巨变、辉煌业绩带来的欢欣鼓舞，更有充满核工业人心间的继续前进、开创未来的豪情壮志。

关于中国核工业的发展历史，在20世纪80年代曾经编撰出版了由宋任穷作序的《当代中国的核工业》一书。该书比较系统地、全面地介绍了中国核工业创建与发展的历史进程和取得的主要成就，总结了核工业发展的历史经验，已成为人们了解核工业的一部重要著作。历史的长河奔腾向前，一转眼到了21世纪，核工业又走过了40年的历程，这40年，是核工业锐意改革的40年，融入国民经济主战场的40年，在自主创新道路上奋勇前进的40年，取得巨大成就的40年。这40年的历史同样跌宕起伏、波澜壮阔，但还没有一部比较系统记述这段历史的著作。推进核工业发展，传承核工业精神，弘扬核工业光荣传统，迫切需要编撰一部关于这40年历史的著作。而且，随着时间流逝、企业重组、体制变迁、人员变动等，有关这段历史的许多资料在逐渐散失，一些了解情况的老同志也已进入耄耋之年，抢救这些珍贵的历史资料也显得很迫切。作为当代核工业人，我们有责任续写这段历史，把核工业这40年走过的道路和取得的经验记载下来，介绍给后来人。因此，2015年，中国核工业集团公司党组决定编撰《中国核工业集团公司发展史》。

习近平总书记指出："不忘本来才能开辟未来，善于继承才能更好创新。"这部《中国核工业集团公司发展史》，就是为纪念核工业创建60周年、回顾核工业奋斗历程、总结核工业发展经验教训而编著的，以期能发挥"资政育人"的作用，激励广大干部职工和后来人以史为鉴，不忘初心、牢记使命、弘扬"事业高于一切、责任重于一切、严细融入一切、进取成就一切"的核工业精神，继续奋斗，再创核工业新的辉煌，为实现"中核梦"，助推中华民族伟大复兴的"中国梦"而奋勇向前。

本书记述了核工业从创建开始，经二机部、核工业部、中国核工业总公司、中国核工业集团公司不同阶段60年（1955—2015年）来的发展历程。在此之后，中国核工业集团公司于2017年12月12日完成公司制改制，更名为中国核工业集团有限公司。2018年1月31日，经国务院批准，中国核工业建设集团有限公司整体、无偿划转进入中国核工业集团有限公司，实施重组。

《中国核工业集团公司发展史》以1978年12月党的十一届三中全会为大致划分点，分为第一、第二册。第一册主要是修订1987年出版的《当代中国的核工业》，基本保留了该书原有的内容和体例，只对某些错漏内容作了必要的补充和修改。第二册是新组织编写，体例与第一册大体相近。因1987年版的《当代中国的核工业》一书没有"党的建设与思想政治工作"的内容，本书第二册增加了这方面的内容，且时间纵贯60年。本书共三十一章，前十六章组成第一册，后十五章组成第二册。

中国核工业集团公司成立于1999年7月，而本书记述的内容纵贯核工业60年，书名定为《中国核工业集团公司发展史》。之所以如此，也是经过反复斟酌和考量的。核工业从1955年创建到2015年，历经二机部、核工业部、中国核工业总公司，中国核工业集团公司等的体制和名称的变化，虽然1990年后中国工程物理研究院在国家计划中单列，1994年后广东核电集团在国家计划中单列等，但核工业的主体，核工业的全产业链仍在中国核工业集团公司内，中国核工业集团公司是由二机部、核工业部、中国核工业总公司延续而来的，是核工业的当然继承者，书名定为《中国核工业集团公司发展史》是合适的。将1987年出版的《当代中国的核工业》作为该书第一册也顺理成章。

本书编撰内容的截止时间是2015年年底，但由于完成编撰时已经是2018年10月，这期间许多工作又有新的进展和成果，本着实事求是的精神，在保持内容截止时间不变的前提下，对2015年后若干重要的新进展、新成果和重要事件，不叙述具体过程，但予以提及，如重组后中核集团新领导班子的配备、中国核工业集团有限公司和中国核工业建设集团有限公司的重组、核电建设的最新进展、中国同辐股份有限公司上市等。

由于改革开放后核工业40年的历史是刚刚过去的历史，是大家亲身经历过和熟悉的历史，其中不少方面还是许多人正在关注和研究的对象。因此，第二册叙述的历史对大家来说并不陌生，并不遥远，大多数人可能一打开书就洞若观火，瑕瑜立见。由于编撰过程中收集资料比较困难，对一些问题缺乏深入研究，精雕细琢功夫还不够，但我们不揣浅陋，还是按照时间节点，将初步成果先行出版，一是希望能够为推进核工业文化建设贡献绵薄之力；二是希望能够得到各方面指教，以纠正错误、弥补缺陷，以便今后能够将其增补修订得更好，贡献给大家一部更完善的《中国核工业集团公司发展史》。

**《中国核工业集团公司发展史》编委会**

**2018年10月**

# 目　录

## 第 一 册

# 第 二 册

# 第一章 创建核工业的战略决策

中国核工业创建于1955年1月。当时，抗美援朝战争结束不久，大规模的有计划的经济建设刚刚开始，国家的经济力量还很薄弱，科学技术和工业基础还很落后。但是，毕竟经过几年的经济恢复，中国的工业建设和科学研究都有了新的发展。在核领域，已开展了一些科学实验和理论研究工作，汇集了一些优秀的高级专业人才；在地质普查中，已发现了一些有工业价值的铀矿资源；并且苏联政府表示愿意在核能和平利用的研究方面给予技术援助，这些都表明中国已初步具备了建设核工业的条件。中共中央高瞻远瞩、审时度势，从建设强大的社会主义新中国的需要出发，从增强国防力量、反对核战争、打破帝国主义的核垄断和核讹诈、保卫祖国安全和世界和平出发，从掌握核科学技术、利用核能和核技术为国民经济建设服务出发，毅然作出了发展核事业的战略决策，揭开了中国核工业建设的历史篇章。

## 第一节 核科学研究的初期发展

20世纪50年代初，刚刚诞生的中华人民共和国面临着严峻的形势。一方面，人民政权接收的是旧中国遗留下来的烂摊子，经济和科学技术十分落后，百废待兴。另一方面，国外敌对势力不甘心其侵略政策在中国的彻底失败，他们除了在经济技术上对新中国实行全面封锁外，还在军事上严重地威胁新中国的安全。1950年6月，美国发动了侵略朝鲜的战争，并且不顾中国政府的严重警告，把战火烧到中朝边境。1950年6月27日，美国又悍然宣布派第七舰队侵入台湾海峡，武装侵略中国领土台湾。美国依仗手中的核武器，横行霸道。有的好战分子甚至叫嚣要对中国发动核战争，进行核恐吓。在手持核武器的美帝国主义面前，中国人民不畏强暴，敢于斗争，敢于胜利。中国人民也深深懂得，要反对核战争，粉碎核讹诈，保卫祖国安全，维护世界和平，中国就一定要有强大的国防，一定要有自己的核武器。

在国外，坚决反对美国核讹诈政策的世界和平人士，也希望中国掌握核武器。1951 年 10 月，著名的国际和平战士、法国杰出的科学家约里奥·居里，得知中国放射化学家杨承宗准备离法回国参加祖国建设时，特地约见杨承宗，并对他说，你回国后，请转告毛泽东主席，你们要反对原子弹，你们必须要有原子弹。原子弹也不是那么可怕的。原子弹的原理也不是美国人发明的。伊雷娜·约里奥·居里夫人还将亲手制作的 10 克含微量镭盐的标准源送给杨承宗，作为对中国人民开展核科学研究的一种支持。

帝国主义咄咄逼人的核威胁，世界人民反对核战争的殷切期望，都促使中国一定要发展核武器。世界科学技术的新发展，特别是对核能研究和利用的迅速发展，更增加了中国必须迎头赶上的紧迫感。当时，继美国之后，苏联于 1949、1953 年，英国于 1952、1957 年，先后爆炸成功了第一颗原子弹和氢弹。苏联还在 1954 年建成了世界上第一座原子能发电站，为人类和平利用核能开辟了新纪元。法国、联邦德国、日本、加拿大等一些国家也都相继开展了核科学研究和核工业的建设工作。已经掌握了自己命运的中国人民当然也不能甘心落后，于是，发展核科学技术、研制核武器、建设核工业的任务，就被提到了新中国建设的日程。

研究核武器，建设核工业，必须掌握核科学技术。核科学技术是 20 世纪上半期首先在西欧、北美一些经济发达国家兴起的一门新型科学技术。核科学技术的形成和发展是人类对物质微观结构及其运动规律的认识和对核能发现、开发、利用的一个飞跃。早在 20 世纪二三十年代，就陆续有一批赴西欧、北美求学的中国青年，在世界著名的物理学家和核科学家的直接指导下，在核科学领域接受了严格的训练，并开始了实验和理论的研究工作，如吴有训、赵忠尧、钱三强、王淦昌、彭桓武等人。他们分别在康普顿散射、$\gamma$ 射线反常吸收、核裂变、宇宙线实验和理论研究等领域，作出了显著成绩。但是，他们回国以后，却很长时间缺乏开展研究工作的必要条件。赵忠尧、郑大章等人，虽曾于 30 年代在国内开展过原子核物理和放射化学的研究工作，但都因经费拮据，设备匮乏，没有取得什么进展。旧中国，曾设立过两个核科学研究机构。一个是解放前不久，在中央研究院物理研究所设立的原子核物理实验室，仅有吴有训、赵忠尧（在美国）、李寿枏等5名科研人员。另一个是解放前半年，在北平研究院镭学研究所的基础上成立起来的原子学研究所，也仅有钱三强、何泽慧等3名科研人员。全国解放前夕，原子核科学高级研究人员，只有10人左右，又分散在各处，至于设备，连一台小型加速器都没有。旧中国纵有优秀的科学人才，但在半殖民地半封建社会中，在反动、腐败政府的统治下，是没有足够的条件开展核科学研究工作的。

中国的核科学研究的真正展开，是从中华人民共和国建立后开始的。中国共产党和人民政府十分重视核科学技术的研究和应用，从建立机构、配备领导干部、抽调科技骨干、培养青年科研人员，到提供经费、仪器设备和房舍等各个方面，都给予了有力的支持和充分的保证，使核科学研究工作迅速开展起来。

中国科学院成立后，即于1949年11月15日和次年4月6日先后接管了旧北平研究院原子学研究所以及旧中央研究院物理所的一部分，并以此为基础，于1950年5月19日，成立了从事核科学研究工作的中国科学院近代物理研究所（以下简称近代物理所）。政务院任命吴有训为所长，钱三强为副所长（不久，吴有训调任中国科学院副院长，由钱三强继任所长，王淦昌、彭桓武任副所长）。从此，新中国第一个核科学研究机构组建起来了。钱三强等人为建所、聘请科学工作者和开展核科学研究以及后来为建设核工业、组织科技协作等，做了大量的工作，做出了重要贡献。

新组建的近代物理所，虽然拥有吴有训、赵忠尧（在美国）、钱三强、何泽慧等科学家，但全所只有十来名科研人员，力量显然不足，专业结构和层次也不配套。因此，首要任务是从国内外延聘人员，扩大科研队伍。

当时，一方面尽量争取国内科学家、教授和技术人员到近代物理所工作。在清华大学和浙江大学的积极支持下，理论物理学家彭桓武和实验物理学家王淦昌，于1950年上半年先后到所工作。1950年到1952年，先后从国内各方面调来了一批年轻的科学工作者。

另一方面，争取在国外的中国科学家和留学生归国参加工作。身居海外的中国科学家，尽管在科学上做出了成绩，获得了荣誉，但大都不以此为满足。他们热爱祖国，渴望新中国能建立机构，配备设施，开展核科学研究工作，以提高中华民族的科学技术水平。因此，解放初期，他们中的一些人响应祖国的召唤，抛弃比较完善的科学研究条件和优厚的物质生活待遇，冲破重重阻挠，历尽艰难，相继归来。核物理学家赵忠尧就是其中的一位。他怀着回国推进核物理科学研究的坚强决心，利用 1949 年年底至 1950 年年初中美之间还维持通航的机会，冲破美国联邦调查局的阻挠，把在美国购买、加工好的静电加速器部件和一批核物理实验器材运回祖国，自己也拟随即回国。经一番周折，赵忠尧于 1950 年 8 月离美启程，但途经日本时，9 月 12 日又遭到美国驻日占领军的非法扣押。经过我国一些学术团体的抗议和国外科学界朋友的声援，美国政府不得不解除扣押。赵忠尧获得了自由，于 1950 年 11 月底安全抵达祖国。

除核物理学家赵忠尧外，1950 年从国外归来并先后到近代物理所工作的还有理论化学家郭挺章，理论物理学家邓稼先、金星南，实验物理学家肖健。从 1951 年到 1957 年，回国到近代物理所工作的科学家有核物理学家杨澄中、陈奕爱、戴传曾、梅镇岳、李正武、郑林生、丁渝、张家骅，高能物理学家张文裕，理论物理学家朱洪元、王承书，物理学家汪德昭，放射化学家杨承宗、肖伦、冯锡璋，加速器专家谢家麐，计算机和真空器件专家范新弼等。这批科学家和已在国内的核科学家一起，是我国核科学各个领域的带头人。

在汇集国内外核科学研究骨干力量的同时，1950 年后，还从国内大学选拔优秀毕业生到近代物理所工作。这些年轻的科技工作者在老一辈科学家的培养指导下，很快成长为我国核科学各个领域的中坚力量。

为了便于核科学研究工作的开展，国家于 1951 年拨款在北京东皇城根建成了新的物理楼（与中国科学院应用物理所合用）。1953 年，又在北京海淀区中关村建成了近代物理所大楼，为开展核科学研究创造了必要的物质条件。

但是，研究所原有的底子很薄，国外敌对势力对我国又实行全面封锁、禁运，因而，缺乏开展研究工作所必要的仪器设备。这成了当时一个突出的问题。

在困难面前，近代物理所的科技人员和工人学习和发扬延安“自己动手，丰衣足食”的革命精神，有的到北京天桥、上海外滩等市场或旧货摊上，寻找和购买一些可以利用的旧电子元件器材，改装成科研需要的仪器设备；有的自己动手修旧利废；有的科技人员和工人密切合作，研制一些必不可少的仪器。那时，要抽真空没有扩散真空泵，从国外买，人家不卖。清华大学的讲师金建中到所后，勇敢地承担了真空泵的研制工作。他先后研制出各种规格的油扩散真空泵，出色地完成了任务，成为我国真空技术方面的专家。

中共中央和人民政府对科研工作缺乏仪器设备的情况十分重视和关心，支持科研人员想方设法冲破禁运和封锁，从国外采购一些工作十分需要、而国内一时又难以制造的科研器材设备。还在 1949 年春北京刚解放时，在外汇十分困难的情况下，政府就专门批准给钱三强一笔外汇，请他趁去巴黎出席第一次世界保卫和平大会之机，设法购买核仪器设备。后来因大会改在华沙举行，钱三强便托人把这笔外汇的一部分带给法国物理学家约里奥·居里教授。在他的帮助下，由当时在法国的杨承宗和在英国的杨澄中，购买了一些器材和图书携带回国。当时，由赵忠尧、杨承宗、杨澄中等人从国外带回的这批器材十分宝贵，成为近代物理所开创时期的实验研究工作所依靠的重要科研器材。

近代物理所成立的最初两年，主要是进行核科研准备工作。1952 年下半年，制订了 1953 年至 1957 年发展核科学研究的第一个五年计划，目标是在核科学技术上打下基础，为进一步开展核物理实验和建造反应堆创造条件。这五年的发展方向是：以原子核物理研究为中心，充分发展放射化学，为核能的应用准备条件；使宇宙线研究获得发展；通过科研实践培养人才，为发展核科学技术准备力量。

由于发展核科学技术研究的第一个五年计划方向明确，上下思想一致，大家齐心协力，夜以继日地辛勤工作，在不长的一段时间里，就取得了一批既有相当水平、又有实用价值的科研成果。

实验原子核物理方面，先在赵忠尧、杨澄中指导下，设计并建成了一台能量为 70 万电子伏的质子静电加速器。后在赵忠尧、李正武、梅镇岳指导下，建造了 250 万电子伏的高压质子静电加速器。杨澄中设计的 40 万电子伏的高压倍加器也初步建成。谢家麐开始了电子直线加速器的研究、设计和制造。同时在杨澄中指导下，对回旋加速器的高频、磁铁系统也进行了初步设计，为发展圆型加速器作了技术上的准备。当时我国的核物理实验技术，约相当于国际上 20 世纪 40 年代的水平。

探测器研制方面，在何泽慧、戴传曾指导下，研制成功适用于记录射线和核物理、放射化学实验用的多种探测器，为我国粒子探测技术打下了基础。其中卤素和有机盖革计数管、核乳胶两项成果，获得了 1956 年中国科学院自然科学奖三等奖。电子学方面，由陈芳允、忻贤杰负责的核电子学小组，研制了多种核电子仪器。其中探测器、定标器于 1955 年开始批量生产，满足了铀矿地质勘探队伍的急需以及近代物理所科研工作和有关大学教学的需要。在梅镇岳、郑林生的指导下，多种 β 谱仪和同位素分离器的设计研制工作也都取得了进展。

理论物理方面，在彭桓武、朱洪元的指导下，进行了长达两年多的调查研究工作，摸清了当代核物理理论和实验研究的趋势，并逐步开展了原子核物理和粒子物理理论的研究工作。当时，近代物理所理论研究组和北京大学物理系有密切的协作关系。北京大学的胡宁教授在近代物理所兼职，指导于敏的研究工作；彭桓武在北京大学指导周光召的研究工作。以后，周、于二人都在我国核武器研制工作中做出了重大贡献。

宇宙线研究方面，在王淦昌和肖健的指导下，积极筹建了云南高山实验室。他们利用多板云室开展了电磁簇射和奇异粒子的研究工作，同时设计并建造了磁云室。1954 年，座落在海拔 3 180 米的云南落雪山的中国第一座高山宇宙线实验室建成投入使用，开始了奇异粒子和高能核作用的研究工作。50 年代，这个实验室共获得 700 多个奇异粒子事例，使我国在利用宇宙线进行基本粒子研究方面，达到当时的国际水平。

放射化学和反应堆材料研制方面，在杨承宗的指导下，开展了铀的提取，制备了克级的较纯的铀氧化物。在郭挺章的指导下，研究了重水和石墨的制备，为建造反应堆做了一些技术准备。

从 1950 年到 1955 年，全国核科研工作所取得的成果，不仅使我国有了一定的核科学技术储备，更重要的是，通过科研实际工作、系统讲课和开展技术讨论，培养了一批核科学技术人才，为我国核事业的发展积蓄了力量，打下了初步的基础。

## 第二节　铀资源的发现和初探

铀是实现核裂变反应的主要物质。有没有铀资源，是能不能自力更生发展核工业的一个重要前提。

铀元素最先为德国矿物化学分析家克拉普罗特于 1789 年发现。恰好当时发现了天王星，因此，就以天王星命名，中国即以天王星英文名的第一个字母“U”的音译作“铀”。

我国发现铀矿物比较晚，始于 20 世纪 30 年代。1934 年，地质工作者张定钊曾用分光分析法鉴定赣南钨、锡、铋、钼等矿中含有铀元素。接着在 1938 年，地质工作者张更在广西富贺钟地区的冲积砂内，采得独居石、钍石等矿物。

1943 年 5 月，前中央研究院地质研究所南延宗与前资源委员会锡业管理处的田遇奇等，在广西钟山红花区黄羌坪发现铀矿物。这是我国首次发现的铀矿产地和铀矿物。同年 8 月，南延宗和吴磊伯重返矿区复查，认为铀产于花岗岩内之伟晶花岗岩脉中，铀矿赋存于锡、钨矿体，其矿量有限，但附近花岗岩体内是否有铀矿体，尚不知道。在旧中国，地质人员寥寥无几，虽然从 30 年代起，多次发现铀矿化，但未被国民党当局所重视，因而也就没有进行进一步的勘察工作。

新中国成立后，中国共产党和人民政府十分重视地质事业。

1954 年冬，根据中央的决定，为开发我国铀矿地质事业做筹备工作，成立了一个临时工作机构，即地质部普查委员会第二办公室（简称普委二办），隶属于国务院第三办公室，有工作人员 20 人左右。

普委二办成立后，即组织力量，在聘请的一位苏联铀矿地质专家的指导下，对过去发现的两个铀矿产地进行了复查。一处是伪满时日本人开采过的辽宁海城县矿区，经查明，这个地区铀矿产于花岗岩的伟晶花岗岩脉中，无工业开采价值。另一处是 1954 年 10 月发现的广西富贺钟地区花岗岩体中的铀矿化，铀矿产于锡矿脉的裂隙中，属热液型，并采集了中国核工业第一块铀矿石。根据两次勘查结果，我国南部地区，找到有工业价值的铀矿床的可能性是存在的。

为了开发铀资源，1955 年 1 月 20 日，我国和苏联签订了中苏合营在中国勘探放射性元素的议定书。为执行这一协定，成立了中苏委员会，中苏双方各派两位代表参加，刘杰任委员会主席。原普委二办于同年 4 月改为地质部第三局，雷荣天为局长，仍隶属国务院第三办公室领导。

1955 年，我国开展了铀矿普查工作。经过一年的努力，在西北、中南、华东等地发现放射性异常点 200 多处，有远景的点 11 处，为进一步勘探和提交铀工业储量打下了良好的基础。

## 第三节　卓有远见的战略决策

形势的发展，需要国家创建核工业；核科研的起步，铀资源的发现和初探，国家基础工业的发展，在客观上也为建立核工业创造了基本条件；恰在此时，苏联又表示愿意在原子能和平利用方面给中国提供技术援助。这些情况表明，创建与发展我国核工业的时机已经成熟，主客观条件基本具备。于是中共中央就把这项工作提到了重要议事日程。

1955 年 1 月 14 日，周恩来总理同著名地质学家李四光和核物理学家钱三强谈话，详细地询问了我国核科学研究人员、设备和铀矿地质资源的情况，还认真、细致地了解了核反应堆、原子弹的原理和发展核能技术所需要的条件。薄一波、刘杰参加了这次谈话。周恩来告诉他们，不久中央要研究发展原子能事业问题，届时请他们带上铀矿石和简单的探测仪器，进行汇报和操作表演。

就在这次谈话后的第二天，即 1955 年 1 月 15 日，毛泽东在中南海主持召开了中共中央书记处扩大会议。出席会议的有刘少奇、周恩来、邓小平、彭真、李富春、薄一波等。会议听取了李四光、刘杰、钱三强的汇报，研究了我国发展原子能事业问题。根据周恩来的嘱咐，汇报人员将铀矿石标本和探测铀矿石的探测器带到会上，向中央领导人作了操作表演。当听到盖革计数器探测到铀矿石发出“嘎嘎”的响声时，大家都高兴地笑了。接着，毛泽东询问了发展原子能的有关问题。周恩来坐在他的身旁，一边介绍情况，一边提醒李四光、刘杰、钱三强，重点地方应该汇报得详细一些。毛泽东听完汇报后，十分高兴地向到会的人说：“我们国家，现在已经知道有铀矿，进一步勘探一定会找出更多的铀矿来。解放以来，我们也训练了一些人，科学研究也有了一定的基础，创造了一定的条件。过去几年其他事情很多，还来不及抓这件事。这件事总是要抓的。现在到时候了，该抓了。只要排上日程，认真抓一下，一定可以搞起来。”毛泽东还强调说：“现在苏联对我们援助，我们一定要搞好！我们自己干，也一定能干好！我们只要有人，又有资源，什么奇迹都可以创造出来！”会上，毛泽东还从哲学的角度谈了粒子可分的问题，鼓励核科学家们进一步地开展这方面的科学研究工作。会后，毛泽东和到会的人一起吃饭。他举杯向大家祝酒说：“为我国原子能事业的发展干杯！”

这是一次对中国核工业具有重大历史意义的会议。它作出了中国要发展核工业的战略决策，标志着中国核工业建设的开始。正如同年 3 月，毛泽东在中国共产党全国代表会议上讲话所指出的，中国进入了“开始要钻原子能这样的历史的新时期”。

中共中央作出发展核工业的决定后，周恩来亲自组织实施。1955 年 1 月 31 日，周恩来主持召开了国务院全体会议。会议就苏联部长会议 1 月 17 日关于苏联在促进原子能和平用途的研究方面给予其他国家以科学、技术和工业上帮助的声明进行了讨论，并通过了相应的决议。决议指出：“由于帝国主义和封建主义的长期压迫，中国的科学和技术的发展是落后的，但是我们深信，在解放了的中国，它的科学家、工程师和工人们，在苏联的真正帮助下，一定能够迅速掌握、使用原子能的技术。”为了搞好苏联援助的研究性反应堆和回旋加速器的建设工作，1955 年 7 月 1 日，国务院决定设立国家建设委员会建筑技术局，刘伟任局长，负责建设包括上述“一堆一器”在内的新的核科研基地。

为使全国都来关心和重视原子能事业的建设，1954 年年底和 1955 年上半年，周恩来指示，要做好舆论宣传的先行工作，要让大家特别是领导干部懂得原子能的科学知识和应用。他要求中国科学院组织在北京的有关科学家和教授，宣讲原子能的科普知识，首先要向中央和各部委的领导干部宣传，形成一个全国人民关心原子能事业的气氛。中国科学院很快成立了以吴有训副院长为首的“原子能知识普及讲座委员会”。近代物理所钱三强等 20 多位科学工作者和高等学校的教授们组成了宣传团，到北京和全国各地宣讲原子能和平利用的科普知识。在此基础上，出版了《原子能通俗讲话》一书，发行了 20 万册；还出版了赵忠尧、何泽慧、杨承宗主编的《原子能的原理和应用》。此外，还由杨澄中当顾问，在电影制片厂的合作下，拍摄了关于原子能的科普幻灯影片，配合宣传放映。

为了加强对原子能事业的领导，中共中央指定陈云、聂荣臻、薄一波组成三人小组，负责指导原子能事业发展工作。1955 年 7 月 4 日中共中央批文指出，今后凡有关原子能事业，除中央指定的三人小组向中央负责对原子能工作进行指导外，其具体业务由国务院第三办公室管理。在主任薄一波和副主任刘杰的领导下，国务院第三办公室设立了专门办事机构，直接指导国家建委建筑技术局、地质部第三局、近代物理所的工作，并组织协调各方面的关系。

党中央、国务院把发展原子能事业作为经济建设和国防建设的一项重要方针任务，列入国家长远发展规划。1956 年 1 月 14 日，周恩来在中共中央召开的关于知识分子问题会议上的报告中，强调指出发展原子能事业的重要意义。他说，“科学技术新发展中的最高峰是原子能的利用，原子能给人类提供了无比强大的新的动力源泉，给科学的各个部门开辟了崭新的远大前途。”同年上半年，在周恩来、陈毅、李富春、聂荣臻直接领导下制定的中国 1956 年到 1967 年科学技术发展远景规划，把原子能和平利用列为规划的第一项重点任务。中共第八次全国代表大会通过的关于发展国民经济第二个五年计划的建议，也把发展原子能事业作为经济建设的一项重要任务。

随着原子能事业的发展，1956 年 7 月 28 日，周恩来向毛泽东、党中央报告，建议成立原子能事业部。同年 11 月 16 日，第一届全国人民代表大会常务委员会第五十一次会议通过决议，设立中华人民共和国第三机械工业部（1958 年 2 月 11 日，第一届全国人民代表大会第五次会议决定将第三机械工业部改为第二机械工业部。1982 年 5 月，国务院机构改革时，又改名为核工业部），具体组织领导我国核工业的建设和发展工作。首任部长宋任穷，副部长刘杰、袁成隆、刘伟、雷荣天、钱三强，部长助理张献金、何克希。他们以及后来的各届部长、副部长，为创建和发展我国核工业，进行了卓有成效的组织领导工作，付出了辛勤的劳动，做出了重要贡献。

由于我国原子能事业的迅速发展，急需抽调大批科技人员、工人和管理干部参加这一工作。中央有关部门从多方面采取了有效的措施。

第一，由刘杰、张劲夫、钱三强、黄松龄、李元相、唐宗愚、蒋南翔、江隆基等组成领导小组，以加强对培养原子能事业技术人才工作的领导。

第二，从 1955 年夏天开始，教育部在北京大学成立物理研究室（后改名为技术物理系），并调浙江大学胡济民、北京大学虞福春、东北人民大学朱光亚、复旦大学卢鹤绂负责组织筹办，由胡济民任主任。1956 年，清华大学开办工程物理系，由何东昌负责。钱三强协助同苏联方面联系解决教材及参观等问题。

1955 年到 1958 年，教育部从各有关高等院校相近专业中，先后选调几百名高年级的学生，分别集中在北京大学、清华大学及兰州大学，学习原子能专业知识；抽调部分政治素质和业务基础较好、专业相近的优秀教师进修原子能专业；聘请苏联专家来华讲学和培养师资力量。

第三，经国务院批准，由蒋南翔和钱三强负责，在苏联和东欧的中国留学生中挑选与核事业相近专业的学生百余名，学习核科学和核工程技术专业。

第四，近代物理所派科研和工程技术人员赴苏实习。1955 年 10 月 19 日和 11 月 4 日，钱三强、冯麟率彭桓武、何泽慧、黄祖洽、力一、连培生、谢羲、王传英、杨桢等 39 名科技工作者（包括在苏联留学生 13 人）组成的实习团，分两批赴苏学习核反应堆、加速器的原理和操纵及其仪器制造和使用。

第五，为了加强对核科研和核工业建设的领导，由中共中央发出专门通知，从各地方、部门、军队抽调有较强组织能力和管理水平的领导骨干到核事业的各条战线上工作。

我国的核工业建设，从 1955 年开始起步。正如本章开头所阐述的，当时国家科技和经济基础都很薄弱，而经济建设任务又很重，中共中央把经济建设和国防建设、常规武器和尖端武器之间的关系，作了适当的安排，强调了原子能事业的建设，这是十分必要和完全正确的，是有远见、有胆略的一项伟大的战略决策。它体现了国家和民族的根本利益，反映了全国各族人民的共同愿望，因而得到了举国上下的一致拥护，同时也得到了世界人民的支持。

# 第二章　争取苏联援助，坚持独立自主

1955年到1960年，中国核工业的创建，曾得到苏联的技术援助。很多苏联科学工作者和专家，不辞辛苦，来到中国，积极热情地帮助工作，体现了国际主义精神。核工业贯彻执行中共中央关于“自力更生为主，争取外援为辅”的方针，强调把立足点主要放在自力更生的基础上，通过自己的科学研究和建设实践，培养人才，掌握技术。实践证明，这是一条正确的方针，使核工业从一开始，就走上了健康发展的道路。

## 第一节　积极争取苏联的援助

自力更生为主，当然不是自我封闭、排除一切可能的外来援助。20世纪50年代中，当苏联表示愿意在核能和平利用的研究方面，给予中国以科学、技术和工业的援助时，我国就积极争取了这种援助。从1955年到1958年，在核科学技术和核工业领域，中苏两国政府前后共签订了六个协定，援助的范围和内容逐步扩大，大体经历了三个阶段。

第一阶段，在铀矿普查勘探和核物理研究方面的合作和援助，中苏双方签订了三个协定。

20世纪50年代中期，苏联核工业已有了相当的发展，为了获得更多的铀矿石，遂想同中国合作，在中国取得部分铀矿石。这时，我国已在广西等地相继发现铀矿物，也想从苏联引进先进技术和仪器设备，以便进一步全面开展铀矿普查勘探工作。于是经过多次谈判，于1955年1月20日，中苏两国政府签订了由两国合营，在中国境内进行铀矿普查勘探的协定。协定规定，对有工业价值的铀矿床，由中国方面组织开采，铀矿石除满足中国自己的发展需要外，其余均由苏联收购。到 1956 年，鉴于苏联已同意为中国建立原子能工业提供技术援助，中国自己发展核工业需要大量铀矿石，已不可能供给苏联铀矿石，于是又经两国政府商定，将双方在铀矿普查勘探方面的合作方式，由原来的两国合营改为苏联提供技术援助，中国自主经营，并于当年 12 月 19 日重新签订了由苏联给予中国在铀矿普查勘探方面以技术援助的协定。

在核物理科学研究方面，中苏两国政府于 1955 年 4 月 27 日签订了关于苏联援助中国发展原子核物理研究与和平利用原子能的协定。协定规定由苏联帮助中国建造一座功率为 7 000 千瓦的研究性重水反应堆和一台 2 兆电子伏的回旋加速器。苏联援助的这座反应堆和加速器的建成，使我国核科学研究的技术装备有了显著改善，促进了我国第一个综合性的科研基地的早日建成。

第二阶段，在工业建设方面，两国政府签订了苏联援助中国建设原子能工业的协定。

我国对于建设自己的核工业是早有考虑的。1955 年 9 月，在薄一波主持下，起草了《关于我国制定原子能事业计划的一些意见》，同年 12 月，进一步修订成《关于 1956 年至 1967 年发展原子能事业计划大纲（草案）》。《大纲》提出的方针是："在苏联大力援助下，积极地建设我们自己的原子能工业，使我国以最近代的科学技术，发展国民经济，巩固国防。"《大纲》以建设一批生产和动力两用反应堆为中心，提出了创建我国核工业的设想。

恰在此时，苏联原子能科学家代表团来中国访问，向我国科学界介绍不久前在日内瓦召开的国际和平利用原子能会议的情况，并了解中国发展原子能事业的规划。这个代表团在中国活动期间，向周恩来表示，苏联准备给中国核工业建设以全面援助。中共中央和苏共中央在 1956 年 1 月和 2 月，以书信方式就苏联援助中国建设核工业问题交换了意见。3 月，两国政府代表团就援建问题开始进行谈判。随后于同年 8 月 17 日，两国政府签订了关于苏联援助中国建设原子能工业的协定。协定规定，苏联援助中国建设一批原子能工业项目和一批进行核科学技术研究用的实验室。

第三阶段，在核武器研制方面，中苏双方签订了关于国防新技术的协定。

中国发展核工业，当时的方针是首先用于军事目的。因此，当签订了苏联帮助中国建设原子能工业的协定之后，很自然地提出了下一步需要在核武器研制方面争取苏联援助的问题。1957 年 9 月，中国派出了以聂荣臻为团长，陈赓、宋任穷为副团长的中国政府代表团到莫斯科，同以苏联部长会议副主席别尔乌辛为首的苏联政府代表团进行谈判。同年 10 月 15 日，两国政府在莫斯科签订了关于国防新技术的协定。协定规定，为援助中国研制原子弹，苏联将向中国提供原子弹的教学模型和图纸资料。

同时，鉴于有些工业援助项目的建设规模以及向中国交付设计和设备的期限等在协定中都未作具体规定，因此在上述莫斯科会谈中，中国政府代表团进一步提出了这个问题。苏方当时表示没有准备好，留待以后再商谈。直到 1958 年 8 月，苏联政府才派代表团来北京商谈，并于同年 9 月 29 日与中国签订了关于 1956 年 8 月 17 日协定的补充协定。协定对每个项目的规模都有明确具体的规定，对项目设计完成期限和设备供应期限也都有大致的规定。多数项目的完成期限是 1959 年和 1960 年。

## 第二节　独立自主地开展核工业建设

中苏之间签订的六个协定，使我国核工业建设有了有利的外部条件。在中共中央、国务院、中央军委的直接关怀和领导下，第二机械工业部（以下简称二机部）调集力量，组建队伍，利用苏联的援助，使全国铀矿资源勘察、核科学技术研究和核工业建设工作迅速开展起来。二机部遵照中共中央的指示，工作中坚持“自力更生为主，争取外援为辅”的方针，强调要根据我国的实际情况进行建设，把学习与独创很好地结合起来；“边干边学，建成学会”，在建设实践中学习苏联提供的技术和经验，切实做好“消化、吸收”工作，逐步达到全面掌握。二机部的这些具体的工作方针，为中国核工业建设开辟了一条正确的道路。

## 一、铀矿地质工作迅速全面展开

铀是核工业的最基本的原料。发展核工业首先要抓铀矿资源勘查。1955年4月成立的地质部第三局在国务院第三办公室的领导下，统一组织开展全国铀矿地质勘查工作，为核工业建设提供铀矿资源。

为了迅速建立起铀矿地质队伍，中共中央、国务院先后发出通知，从中央各部委和各省、市、自治区，抽调了近500名管理干部和专业技术干部，从抗美援朝归来的中国人民志愿军中抽调了500多名无线电通讯兵，很快在湖南省长沙组建了三〇九铀矿地质勘查队，在新疆维吾尔自治区乌鲁木齐组建了五一九铀矿地质勘查队。1956年后，又陆续集结队伍在山西省太原建立了一八二铀矿地质勘查队，在四川省重庆建立了二〇九铀矿地质勘查队，在辽宁省沈阳建立了四〇六铀矿地质勘查队，在江西省南昌建立了六〇八铀矿地质勘查队。1959年6月，还在北京建立了铀矿地质研究所。

从此，大面积的地面和航空铀矿地质普查工作在中国南方和北方逐步展开。在铀矿资源勘查中，广大地质队员出没于深山密林、丘陵戈壁，跋山涉水，风餐露宿，工作和生活条件极其艰苦。但是，一种开创新兴事业的责任感和接受组织信任与重托的光荣感，激励大家以苦为乐，以难为荣，奋不顾身，忘我工作。在踏勘中，在揭露中，在分析评价中，为了早日找到工业铀矿床，地质队员们对地质上的一条线、一个点、一个露头、一个异常，都从不放弃，从不忽视。

高昂的斗志，艰苦的劳动，很快打开了工作局面，获得了喜人的成果。1955年就发现了一大批放射性异常点，其中可以进行勘探的11处。随后又抓紧揭露勘探和工业评价，于1958年正式向国家提供了第一批铀矿工业储量。到1960年，先后提供开采基地8个，基本满足了全国第一批铀矿山建设的需要。

与此同时，开展了铀矿找矿仪器国产化工作。1956年10月，地质部第三局组建了仪器设计所，负责研究设计核辐射探测器和核仪器。1957年新建了上海电子仪器厂，负责辐射探测器和核仪器的生产；此外，还在华东电子管厂扩建了专业车间，生产计数管和光电倍增管。由于上述各单位的密切合作，很快形成了批量生产能力，使铀矿找矿仪器逐步实现国产化，改变了找矿初期仪器完全依靠进口的局面。

## 二、核科学研究新基地的建成与发展

核科学技术研究，是核工业发展的基础和先行。1955年7月国家建设委员会建筑技术局成立后，开始筹备组织领导苏联援助的研究性重水反应堆和回旋加速器的建造工作。

根据中苏协定，反应堆和加速器工程的初步设计由苏方负责，中方负责为初步设计提供勘探资料和总平面草图，参加审查初步设计、编制设计任务书，并作施工图设计。这项工程建在北京市西南郊房山县的坨里地区。工程的施工由北京市第二建筑公司总承包，建筑工程部（以下简称建工部）第一工业设备安装公司负责设备安装任务。工程于1956年5月动工，在工程土建、安装、施工和设备调试启动过程中，苏方都派出了专家进行指导。

北京市、建工部对这一工程都很重视，成立了由中共北京市委书记郑天翔任书记，第三机械工业部副部长刘伟、建工部副部长杨春茂和工程设计、施工、生产单位负责人参加的工地党委，统一领导指挥工程建设，及时协商解决施工中的各种问题，大大加快了工程进度。1958年春，反应堆和加速器先后建成。1958年6月13日，反应堆达到临界。7月1日，人民日报发表了消息，同时宣布中国科学院物理所改名为中国科学院原子能研究所（以下简称原子能所）。9月27日上午，在工程现场举行了隆重的移交生产典礼。届时，参加典礼仪式的有党和国家领导人陈毅、聂荣臻、林伯渠、张闻天、吴玉章、徐特立、谢觉哉、李济深、郭沫若、黄炎培、陈叔通等。此外，还有国家各部门、中国人民解放军、各人民团体、各民主党派以及北京市的负责人，首都科学技术界人士、原子能所工作人员，和专程来华的苏联原子能利用总局副局长叶夫列莫夫教授等。人民日报为此发表了《大家来办原子能科学》的社论，邮电部为此发行了两枚纪念邮票。

在苏联援助的反应堆和加速器建成的同时，我国科学技术人员自己设计制造的能量为2.5兆电子伏质子静电加速器也建成投入运行；自己研制的中子谱仪、零功率装置、磁镜型绝热压缩等离子体实验装置等重要仪器设备设施50台件，也先后交付使用。从此，我国核科学研究的技术装备和实验手段有了比较显著的改善。

在新的技术装备下，堆物理、堆工程技术、钚化学、放射生物学、放射性同位素的制备、高能加速器技术、受控核聚变等研究工作，都先后开展起来。同时在核科学基础研究和应用基础研究等方面的工作，也取得了较好的成绩。

到1960年上半年，原子能所的职工队伍由1954年年底原物理所的170人，发展到4 300多人，其中大专以上文化程度的科技人员近1 500人。所属核科学技术单位，由1954年的5个研究组，发展到1957年的8个研究室和两个技术单位（即反应堆室和加速器室）；1959年又增加到22个研究技术单位。从事研究的学科，从1957年的6个，发展到1959年的22个，包括60个学科分支，填补了我国一大批学科“空白”，开展了核武器、核潜艇、核电站的预研工作，为核工业的建设和发展做了大量技术储备和人才培养工作。

至此，原子能所名副其实地成为我国第一个比较完整的、综合性的核科学技术研究基地。这个基地在核工业建设和发展过程中，起到了二机部科研基地和人才培养基地的“老母鸡”的作用，逐渐派生了一系列核科学研究机构，并培养出一大批日后成为核工业各单位科研生产骨干的科技人才。

## 三、核燃料工业开始兴建

### （一）铀矿山、水冶厂的建设

在铀矿地质勘探取得成果的基础上，从1956年8月至1957年初，先后确定了第一批建设的三矿（湖南郴县铀矿、湖南衡山大浦铀矿和江西上饶铀矿）、一厂（湖南衡阳铀水冶厂）的项目和厂址。根据中苏协议，苏方负责上述厂矿和铀矿冶科学研究试验室（即后来的北京铀矿冶研究所）的初步设计，中方负责施工设计。从1958年5月起，这批铀矿冶工程项目陆续开工建设。

铀矿的开采和冶炼工作，先是由国务院第三办公室责成冶金工业部（以下简称冶金部）有色金属管理局兼管。1958年初，冶金部成立第三司，专门负责这方面的工作，由冶金专家孙艳清任副司长，主持全面工作。同年12月，这一机构划归第二机械工业部，改称第二机械工业部第十二局。1959年

12 月，苏华任局长。另外，还成立了新疆、中南两个矿冶公司和江西矿务管理局，组建了铀矿冶研究设计院。

铀矿冶队伍也是经国务院、中央军委决定，从冶金、煤炭、化工等部门和各省、市、自治区以及中国人民解放军选调了 1 万多名干部和工人，其中包括近千名工程技术人员，组建起来的。这支队伍怀着献身核工业的豪情壮志，从祖国四面八方来到矿山和水冶厂工地，立即投入了艰苦创业的紧张工作。

当时，为了争取时间，加快速度，在建设工作程序上，采取“勘探、设计、施工”适当交叉进行的办法，使各个工序更加紧密衔接。从各方面选调来的 1 万多名干部和工人，虽然组织在一起的时间还不长，但大家为建设核工业协作配合得很好，加上冶金、煤炭等部门的大力支持，帮助解决建设中遇到的困难，工程进展顺利。仅仅用了两年多的时间，到 1960 年 8 月，我国第一批铀矿山建设就已临近完成，第一座铀水冶厂也开始了设备安装。

### （二）核燃料厂和核武器研制基地的建设

1957 年下半年，开始选取核燃料厂厂址。为了搞好工厂设计，建工部从所属单位抽调人员组成专门从事核工程设计的北京第三工业建筑设计院（1958 年 10 月改为第二机械工业部设计院），院长冯麟，党委书记王亚琳。1958 年 4 月，设计院从学习、消化苏联提供的初步设计入手，在苏联专家的指导下，投入紧张的施工设计工作。由于中苏两国设计人员密切合作，1959 年 4 月就基本上完成了铀浓缩厂厂区全部工号的施工图设计。核燃料元件工厂一期工程 21 个子项的全部施工图设计，只用 48 天就完成了。各个辅助工程项目的设计也都相继提前完成。

1958 年下半年，内蒙古包头核燃料元件厂、甘肃兰州铀浓缩厂、甘肃酒泉原子能联合企业、西北核武器研制基地等我国核工业的首批主要工程项目的基础工程和附属工程，都陆续开工。

1959 年是核工业建设大发展的一年。这一年，在全国的大力支援下，核燃料生产和核武器研制两个系统，完成了几万人的调集与组建队伍的工作。这一年，核工业完成的基本建设工作量比 1958 年增加 7 倍，完成的建筑面积比 1958 年增加 3~4 倍。承担兰州铀浓缩厂施工的一〇一公司，在施工力量不足1 000人的情况下，仅用10个月时间，就建成了连接工厂和生活区的黄河铁桥；用5个月时间建成了近4万平方米的职工生活区和厂前区的水厂、锅炉房、机械车间。随后，公司又集中力量完成了以主厂房为中心的厂区8项工程，到年底具备了设备安装条件。

1960年4月，经中央批准，二机部把铀-235生产线列为重点工程，并集中力量加快了建设进度。到8月底，兰州铀浓缩厂已经安装了部分机组；与之配套的有关工厂的土建工程也大都接近尾声。

在整个核工业建设的起步中，由于认真贯彻了“自力更生为主，争取外援为辅”的方针，坚持从中国国情的实际出发，在正确处理争取外援与自力更生、建设规模与国力可能、干与学、学与创等一系列问题上，采取的政策和措施比较得当，因而收到了比较好的效果。

在核工业建设规模上，中苏原协定提出的初步规划方案比较大，投资比较多，可能给国民经济带来较重的负担。后经反复研究，从尽量缩小规模，减少投资，而又能保持最低限度的完整核工业体系的基本要求出发，提出了一个新的规模小而门类全的建设方案，这个方案投资比原方案减少了40%，比较切合当时国家经济情况的实际，使战略需要和实际可能归于统一，后来实践证明，这是完全正确的。

在工程设计方面，把主工艺与辅助工艺设计区别开。主工艺设计技术复杂，我们没有经验，只能由苏联提供，我国派工程技术人员参加。但水、电、风、气等辅助工程的设计，国内能够承担，就由我国自己的设计机构负责进行。在设备供应方面，工程项目所需设备除从苏联引进外，对其中20%~30%的辅助工程设备则由国内制造配套。这不仅降低了成本，减少了国家的外汇支出，促进了我国基础工业的发展，而且更重要的是锻炼了我国科研、工程技术人员，促使国内的技术力量迅速成长，从而后来在外援突然中断时，能够克服困难，实行全面自力更生，依靠自己的科技人员，继续进行建设。

在干与学的问题上，二机部强调了要“边干边学，建成学会”，提倡大家既要虚心向苏联专家学习，又要善于独立思考。1958年，二机部设计院的技术人员在同苏联专家的合作中，一方面虚心向专家学习，另一方面向他们介绍我国的实际情况，努力使他们能够从中国的实际情况出发，更好地帮助指导各项工作。这一做法受到了毛泽东的赞扬。他在二机部的一个报告上批示："四海之内皆兄弟"，要"尊重苏联同志，刻苦虚心学习。但又一定要破除迷信，打倒贾桂，贾桂是谁也看不起的"。

向外国学习，采取的办法一是派人出去。据统计，1955 年 7 月至 1959 年末，核工业各建设单位先后选送了 260 余名干部和工人赴苏进行专业实习、专题考察和参加工程设计工作。再就是聘请专家来华对有关人员进行专业培训，如专题讲学和答疑、举办短期培训班等。第三是认真消化苏联提供的图纸资料，认真学习研究苏联专家的建议，同苏联专家一起下现场，边干边学。

1960 年年初，全国出现"技术革新，技术革命"的群众运动高潮。核工业系统有人对还没有学会和掌握的尖端技术，就跃跃欲试地想搞革新。宋任穷及时发现和提出了这个问题，并向毛泽东写信作了汇报。毛泽东在中南海接见宋任穷时，明确提出："像小孩学写字，要先写正楷，后写草书。"二机部根据毛泽东的这一指示，提出对没有掌握的苏联设计"不准改"，对苏联供应的仪器设备不准乱拆乱动，对苏联的设计和设备作任何改动，都要经过上级批准。这样，就及时"压缩了空气"，避免了可能发生的混乱。

在强调刻苦虚心学习苏联的基础上，大力提倡学习与独创相结合，鼓励和支持科技人员在实践中有所发现，有所发明，有所创造，有所前进。江西上饶坑口铀矿水冶厂原采用的是苏联设计的酸性浸出吸附流程，由于酸性浸出吸附过程中产生的问题很难解决，北京铀矿冶研究所就研究并提出了一个先浸出，经酸性分离再吸附的流程，作为设计的另一方案。后来的实践证明，我国科研人员提出的流程是正确的。

## 四、"全民办铀矿""大家办原子能科学"的作用和问题

为了贯彻中央关于我国工业建设实行中央工业与地方工业并举、大型企业和中小型企业并举的两条腿走路的方针，1958 年，二机部先后提出了"全民办铀矿""大家办原子能科学"的口号，后经中央批准，在全国加以推行。从 1958 年到 1960 年，历时 3 年左右。这两个口号的推行，对全国核工业建设和核科学技术发展起了一定的作用，也带来了一些问题。

首先，通过"全民办铀矿""大家办原子能科学"，向人民群众广泛宣

传了原子能科学技术，破除了人们头脑中对原子能的神秘感，进一步激发了人民群众建设我国核工业的热情，增强了独立自主建设核工业的信心。

第二，通过“全民办铀矿”，获得“土法”冶炼的重铀酸铵150余吨，在苏联毁约停援，铀矿山和水冶厂一时建不成的情况下，为国家初期的核燃料生产提供了原料，进而为中国第一颗原子弹的研制赢得了时间。

第三，通过“大家办原子能科学”，促使各省市建立了一批新的核科研机构，以后按国家行政大区调整集中，保留了上海原子核研究所、甘肃兰州近代物理研究所、哈尔滨东北技术物理所（后合并到西南物理研究所）、太原华北原子能所（后合并到华北辐射防护研究所）、四川物理研究所等。这批核科学研究机构和由苏联援助相继建立的中国农业科学研究院原子能利用研究室、军事医学科学院三〇七医院、中国医学科学研究院放射医学研究所、第一机械工业部上海金属材料研究所等同位素应用研究机构，同原子能研究所一起，成为我国自力更生发展核工业和推广核技术应用的重要科研基地。

第四，通过“大家办原子能科学”，推动了放射性同位素应用工作。这个时期，同位素和其他核技术的应用机构和设施，都有很大的发展。到1959年年底，同位素应用机构已达148个。此外，为培训专业人员，军事医学科学院、协和医学院、农业科学院、原子能所都办了同位素应用训练班。到1959年年底，总共培训人员3 700人，其中不少人后来都成为我国开展同位素与辐射技术工作的骨干和带头人。

但是，“全民办铀矿”“大家办原子能科学”这两个口号，是在1958年全国“大跃进”运动中提出和推行的，带有很大的盲目性。主要是有些想法和做法不切合实际，违背了客观规律，因而导致指标过高，要求过急，布点过多，战线过长，造成损失和浪费。1959年以后，这些问题逐步得到了解决。

# 第三节　苏联毁约停援及给中国造成的困难

苏联的技术援助，对中国核工业建设的起步起了重要作用。但是，苏联的援助，从一开始就是有限度的。最主要的是尽量不提供军事应用方面的援助。随着中苏两党出现政治分歧，并进而扩大到国家关系的恶化，这种局部限制就演变为全面断绝援助。

早在 1957 年 10 月进行国防新技术的协定谈判时，苏联就拒绝向中国提供研制核潜艇的任何资料。在核武器方面，虽然协定规定苏联应向中国提供原子弹的教学模型和图纸资料，但事后苏方却以种种借口拖延不给。先是要求有专门的储存仓库，等到我国将专门仓库盖好后，又提出保密条件不够；而在我国采取相应的保密措施，苏联保密专家也表示满意后，苏方虽于 1958 年 10 月函复“模型及技术资料将于 11 月发至中华人民共和国”，但是到了限期，他们还是拖着不给。

正当中国组织好代表团，准备就上述问题启程赴苏进行谈判时，1959 年 6 月 20 日苏共中央致中共中央的信到了。信中以当时苏联与美国、英国等西方国家正在谈判禁止试验核武器的协议、赫鲁晓夫与艾森豪威尔即将在戴维营举行会谈为理由，提出暂缓按协定向中国提供原子弹的教学模型和图纸资料，两年以后看形势发展再说。与此同时，有些在中国工作的苏联专家，也以回国休假为名而一去不返。许多迹象表明，赫鲁晓夫领导集团有可能全面撕毁协定，断绝对中国的技术援助。

1960 年 6 月 22 日，苏共中央向参加布加勒斯特会议的各国党代表团散发和宣读了苏共中央致中共中央的公开信，发起了对中国共产党的突然袭击。会议结束后，苏共领导把中苏两党关系的恶化，扩大到国家关系上。1960 年 7 月 16 日，苏联政府照会中国政府，他们决定自 1960 年 7 月 28 日到 9 月 1 日，撤走全部在华苏联专家。而事实上，在中国国防尖端技术部门工作的苏联专家，在上述照会之前就已经开始撤离了。7 月 6 日，在北京核工程设计院工作的 8 名专家（其中 6 人是主任工程师）奉命提前回国（按合同尚未到期)；7 月 8 日，正在兰州铀浓缩厂现场负责安装工作的 5 名专家，也突然撤离。到 8 月 23 日，在中国核工业系统工作的 233 名苏联专家，全部撤走回国，并带走了重要的图纸资料，同时设备材料的供应也随即停止。至此，赫鲁晓夫领导集团就完全违背苏联人民的意愿，背信弃义，单方面全部撕毁了两国政府签订的关于援助中国建设原子能工业的协定和合同，给正在建设中的中国核工业造成了很大的损失和困难。

其一，在建设进度方面，一些即将建成的工程项目，由于苏联专家突然撤走，给我国增加了设备安装、调整、试运转和正式投产的困难，不得不因此推迟建成投产的时间。而另一些正处在土建施工高潮的工程项目，也由于苏联专家突然撤走，设备材料停止供应，使工程一时难以继续进行，被迫停工等待设备、材料，影响了整个建设进度。

其二，在工程设计方面，虽然有一部分项目苏联已经完成或基本完成，但是文件资料不完整，技术存疑、图纸差错的问题很多。特别是还有一部分工程项目的设计完成很少，而我国设计人员对其中许多核心技术又不掌握，因此不得不从头做起。

其三，在设备材料方面，苏联虽然已经供应了一部分，但是其中一般设备多，关键设备少，而且一般设备中也多不配套，缺这少那的占多数。特别是按合同规定应提供的设备材料还有 40%未到货，而其中多数又是关键设备和核心设备以及新型材料，造成不少工程无法形成生产能力，迫使我国不得不组织国内工厂从头研制，进行配套。

总之，由于苏联单方面撕毁协定和合同，突然撤走全部专家，并停止供应设备材料，给我国留下一批半截子工程。这不仅在工程设计、专用设备制造、新型材料供应以及生产准备等各方面，给我国核工业带来了很大困难，严重地影响了整个建设的进行，而且也使我国在经济上受到很大的损失。

# 第三章　全面自力更生，实现首次核试验

苏联毁约停援后，中国核工业建设进入全面自力更生的新阶段。当时，国际上有人认为，苏联毁约停援是对中国核工业的毁灭性打击，从此中国将处于核技术真空状态，再过 20 年也搞不成原子弹。国内有些人也信心不足。然而历史表明，他们完全估计错了。中国的核工业建设不但没有止步，相反，在中共中央和国务院的坚强领导下，在全国各部门、各地方以及人民解放军的大力协同和积极支援下，核工业战线的广大科技人员、干部、工人团结一致，艰苦奋斗，从 1960 年 9 月到 1964 年 10 月，仅仅用了 4 年多一点的时间，就建成了铀-235 生产线，成功爆炸了第一颗原子弹装置，实现了从无到有的历史性突破，使中国成为一个有核国家，自立于世界民族之林。

## 第一节　组织实行全面自力更生的转变

### 一、下定决心，迎着困难上

1960 年 7 月，苏联政府搞突然袭击，一个照会就把在华援助的苏联专家全部撤走，随后又停止供应一切技术设备和资料。与此同时，1960 年至 1962 年，我国国民经济出现了暂时的困难，已经全面铺开进行建设的几个核工业重点工厂又都处在最困难的地区，不仅建设物资供应困难，就是人们正常的生活供应都难以保证。天灾人祸齐来，形势异常严峻，核工业建设遇到了巨大的困难。

面对着困难，国防尖端技术事业是继续往前干，还是半途下马，就成为一个重大的问题。此时，国内有人认为搞国防尖端技术，困难太多、太大，应该放慢速度。还有少数人认为这方面花钱太多，会影响国民经济和其他部门的发展，主张停止搞导弹、原子弹等尖端武器。在这种情况下，1961 年 7 月，聂荣臻召集正在北戴河参加国防工业会议的国防尖端技术部门负责人进行研究，认为当时我国国防尖端技术已有了长足发展，只要坚持往前干，完全有可能在三五年或更长一些时间得到突破。这个意见报告了中央，立即得到毛泽东、周恩来等人的同意。

就核工业来说，中央的指导思想和决心一直是明确的。早在 1959 年 6 月苏共中央来信后，中共中央就作了研究，决定不理赫鲁晓夫那一套，我们自己动手，从头摸起，准备用八年时间，搞出原子弹。1960 年 7 月 18 日，毛泽东在北戴河听取李富春汇报时又强调指出：要下决心搞尖端技术。赫鲁晓夫不给我们尖端技术，极好。如果给了，这个账是很难还的。根据中央的决策，二机部提出了核工业在新形势下的总任务是：三年突破，五年掌握，八年适当储备。具体要求是，争取在五年内（1960 年至 1964 年）自力更生制成原子弹，并进行爆炸试验；在八年内有一定数量的储备。

核工业战线的广大职工坚决贯彻中央的精神，下定决心，排除万难，在极端困难的条件下，坚持把核工业建设搞上去。位于青海高原的西北核武器研制基地和位于甘肃戈壁滩上的酒泉原子能联合企业，不仅建设难度大，而且生活艰苦。当时，曾考虑这两个单位可多精简一些职工，以减轻负担。而这两个单位的主要领导人李觉、周秩等，想方设法保留队伍，维持局面，继续率领全体职工坚持战斗在施工现场。当生活上暂时遇到困难，粮食与土豆不够吃、副食供应不足的时候，他们就打骆驼草子、开荒种地、打猎捕鱼、千方百计补充主、副食品。当时，中共中央、国务院对核工业战线广大职工的生活给予了巨大关怀。在最困难的 1960 年，粮食部一次就拨给西北三厂数百万斤黄豆。青海省政府给西北核武器研制基地调拨了 4 万只羊。商业部和中国人民解放军总后勤部在甘肃兰州成立了二级批发站，以加强西北地区特种部队和核工业等部门的生活资料供应工作。这些措施，有力地支援了核工业建设，对稳定核工业队伍、站稳脚跟起了重要的作用。

## 二、思想上、组织上和工作方法上的转变

苏联停援后，根据党中央的指示精神，二机部于1960年8月9日，向下属单位发出“为在我国原子能事业中彻底实行自力更生方针而斗争”的电报指示，对苏联专家撤走后，如何全面地实行自力更生的方针，作出了一系列部署。总的要求是，全体职工要坚决响应党中央“奋发图强、自力更生”的号召，从思想上、组织上和工作方法上来个大转变。电报强调指出，“苏联专家撤走，自然会给我们造成若干困难，并且势必延长一些建设的时间。但是，这也是一件大好事，它逼着我们非学会自力更生的本领不可。只要我们充分自觉地组织好这样一个转变，我们就一定能够有效地克服各种困难，就一定能够缩短这个由不能独立掌握到完全独立掌握的过程。”

二机部这个电报指示，进一步调动了核工业战线广大干部和群众建设核工业的积极性。大家纷纷表示，要发奋图强，钻研技术，埋头苦干，非争这口气不可，一定要自力更生地把核工业搞上去。1960年8月和12月，二机部两次召开有各厂、矿、地质大队和各科研设计单位领导干部参加的工作会议，具体分析了苏联毁约停援后我国核工业建设的形势，明确提出了“自力更生，过技术关，质量第一，安全第一”的工作方针及各项原则与措施。

苏联专家全部撤走后，重点工程建设项目不仅没有停顿，还加快了前进的步伐。在指导思想和工作方法上，明确以围攻技术难关为二机部的工作重心，加强了对技术工作的领导。一是高度集中地使用有限的技术力量，采取科研（设计）、基建、生产和领导、技术人员、工人两种“三结合”方式，围绕技术难关实行总体战，坚决改变过去那种由于配合苏联专家工作而形成的互相割裂的组织形式与工作方式。二是充分发挥技术干部的作用，减少他们的非技术性工作和活动，以保证他们有充分的时间和便利的条件，从事技术攻关。三是为确保质量与安全，对进口的设备仪器和特殊材料，从运输、保管到安装调试运行，都精心组织，谨慎从事。四是对重大技术问题的研究，坚决贯彻“摸着石头过河，稳扎稳打”的精神，一切经过试验，不打无把握之仗，不准盲目蛮干。根据这些指导思想和工作部署，我国核工业建设迅速走上了全面自力更生的轨道。

## 三、摸清底细，站稳脚跟，继续前进

核工业建设实行全面自力更生，面临着很多困难。归纳起来主要有两大问题：一是对核工业建设的客观规律认识得还不够；二是科技力量、工业基础与核工业建设要求不完全适应。因此，如何解决好这两个问题，就成为当时能否把核工业建设推向前进的关键所在。

1961 年 1 月，在中国共产党召开的八届九中全会上，毛泽东号召全党要大兴调查研究之风，做到“情况明、决心大、方法对”，这给核工业战线以很大的启迪。为了摸清核工业各条战线存在的具体问题，避免决策失误，二机部提出了要“摸清底细、站稳脚跟”的口号。并由部、局领导率领和组织了十几个工作组，近 500 人，到基层蹲点，调查研究，总结经验。其中着重帮助五个重点建设单位，以质量检查为中心，摸清工程质量的底。检查结果，发现了不少的问题，其中包括工程中的质量问题和工艺上的疑难问题，但在主厂房和主工艺方面，没有发现致命性的质量问题。通过对工程质量的认真检查和严肃处理，使广大职工受到了一次深入的“质量第一、安全第一”的思想教育，消除了隐患，加强了管理。

与此同时，核工业各单位还普遍开展了“清力量、清资料、清设备、清材料”的活动，把几个方面的家底摸清楚，从而能够更准确地提出工作要求。此外，还深入地分析了本单位的工艺和生产特点，认识其特殊规律，以便按照实际情况进行建设和管理。如铀浓缩厂通过分析，认识到本厂的生产工艺不仅级联庞大，设备多，管线长，而且工作介质是带放射性、强腐蚀性的六氟化铀气体，从而带来了对工艺及设备、管道的高度密封、耐腐蚀和高清洁度等严格要求。这就使主观认识更加符合客观实际，也就更能掌握工作的主动权。

在摸清各方面底细的同时，二机部领导还强调要用顽强的革命精神攻克技术关。各科研单位、工厂、矿山、地质队都发动群众，排关、摸关，确定工程建设和生产准备中的技术难关，然后在此基础上制定攻关计划。遇到攻关技术力量不足时，就实行“三结合”“一元化”“总体战”等措施，集中优势兵力打歼灭战，一个一个地去突破。这样就使矛盾逐步转化，对核工程技术从不掌握到局部掌握和完全掌握，从而推动整个建设工作向前发展。

## 四、调整科研工作部署

为了集中力量突破原子弹技术难关，1960年初，二机部向中央请求，从中国科学院和全国各地区、各部门选调了郭永怀、程开甲、陈能宽、龙文光等105名高、中级科学研究和工程技术人员。同时，又将原子能所的王淦昌、彭桓武等一批高级研究人员调到北京核武器研究所。这批科学家和工程师会同先期参加核武器研制工作的朱光亚、邓稼先等人，基本形成了中国核武器研制工作的骨干力量。在工作安排上，要求科研单位，首先是原子能所，要转向为核武器研制和核工业建设服务的轨道。从1960年开始，原子能所即进行了原子弹点火中子源的研制、氢弹的预研，配合核武器研究所对原子弹的研究设计，进行了对裂变反应有关数据的测定，原子弹某些部件加工过程的物理检验以及各种放射性测量方法及标准的建立等工作。原子能所和铀矿选冶研究所还为工厂、矿山的建设，协同进行技术攻关，在确定工艺流程和各种技术参数，培训生产运行人员，建立核燃料分析方法等方面做了大量工作。

## 五、中共中央《关于加强原子能工业建设若干问题的决定》

通过开展调查研究、摸清底细以及开展技术攻关等活动，初步解决了对核工业规律性的认识和使核工业自身科技力量更好地适应建设要求的问题。但是，核工业的建设，仅仅依靠核工业部门的力量显然是不够的。核工业的建设和发展，是一个国家技术经济实力的一种反映，是建立在全国的技术经济基础之上的，因而也必须依靠全国的协作。1961年5月8日，二机部向中共中央呈送了《关于当前若干问题的请示报告》，详细汇报了核工业建设工作的进展情况、存在的困难和问题，提出了若干建议和请求。中共中央对这个报告进行了认真的研究，于同年7月16日作出了《关于加强原子能工业建设若干问题的决定》。

《决定》指出："为了自力更生突破原子能技术，加强我国原子能工业建设，中央认为有必要进一步缩短战线，集中力量，加强各有关方面对原子能工业建设的支援。"为此，中央决定采取以下四项措施：

（一）加强核工业的技术力量和领导力量。从全国抽调一批高级科学研究人员、工业技术骨干和行政领导干部参加核工业建设；由教育部确定几个重点院校的科系，专门培养核工业所需的专业干部；由有关工业部拨给一个技工学校、一个中等技术学校和一个竖井队。

（二）加强核工业所需设备、仪表的生产、试制和配套。拨给二机部几个基础较好的机械、仪表工厂，同时指定一批工厂在安排生产任务时，应首先满足核工业建设的需要；责成二机部筹划扩建和新建必要的专业性工厂。

（三）关于工业卫生和防护医疗问题。在卫生部建立放射卫生医疗防护管理局，开展核工业的防护卫生工作；调给核工业系统一批科研、医疗技术骨干；在核工业职工医院未建成之前，指定北京的一个医院接收核工业系统的病员；拨给核工业系统一座较大的疗养院；保证核工业医疗单位的药品和医疗器材的供应。

（四）为了保密和保证运输及时，将核工业系统的物资运输一律列为军运。

《决定》最后要求二机部“加倍努力，加强协作，战胜困难，完成原子能工业建设的任务”。

中共中央的决定，有力地推动了各有关方面对核工业建设的支援。各有关部门都以大局为重，发扬社会主义大协作的精神，把困难留给自己，把方便让给核工业，积极从人力、物力以及工作安排上优先支援核工业建设。

## 第二节　加速铀-235生产线建设和原子弹研制攻关

中共中央作出《关于加强原子能工业建设若干问题的决定》以后，核工业建设得到了全国的大力支援。这时，摆在核工业战线领导和职工面前的问题，就是不管有多大困难，也必须千方百计地尽快把原子弹的核装料生产出来，尽快把原子弹的设计搞出来。

## 一、缩短战线，加速铀-235生产线建设

我国为解决原子弹的核装料，开始有两条生产线同时进行建设，一条是铀-235生产线，即通过铀浓缩获得高浓铀作为装料；另一条是钚生产线，即通过生产堆获得钚-239作为装料。在苏联毁约停援时，铀-235生产线中的主要环节——兰州铀浓缩厂已基本建成，设备也比较齐全配套；钚生产线中的主要环节——生产反应堆工程，则只完成了堆本体的地基开挖和混凝土底板的浇注，后处理厂的工艺路线还有待确定。在这种情况下，为了争取时间，及早获得制造原子弹的核装料，遵照中共中央关于“进一步缩短战线”的指示，二机部决定把铀-235生产线列为“一线”工程，作为重点工程全力突击抢建；其中又把铀浓缩厂作为“一线”工程的重点项目，千方百计促其早日投产。而钚生产线则被列为“二线”，暂停建设，加紧科研攻关而不上工程，以便集中人力、物力建设“一线”工程。

随后，二机部领导深入到铀浓缩厂现场进行指挥，有问题力争在现场解决，同时在人力、物力上都给予优先保证。这就大大加快工厂建设进度，工程很快进入生产准备阶段。铀浓缩厂的生产准备是十分复杂和艰巨的：生产主机大小数千台，生产管线长达数公里；工作介质是具有强烈腐蚀性和放射性的六氟化铀；整个工艺管道要进行氟化处理，保持高度的真空和清洁；生产中，电、水、蒸汽都要连续供给，不能间断，而铀浓缩厂的建设者对这一切却毫无实践经验。为了确保投产顺利，他们极其细致地进行了投产前的各种准备工作：氟化处理、编写操作大纲、选择生产运行方案、进行生产操作演练和事故演习等。经中共中央批准，铀浓缩厂于1961年12月开始了试验性氟化处理。工作人员边试验边总结，在逐步地掌握了各项生产技术后，才正式全面投产运行，并于1964年1月14日开始取得合格的高浓铀产品。二机部将这一成果上报中共中央，受到了毛泽东的表彰。

## 二、简法生产，为铀-235生产线投产作准备

六氟化铀是铀浓缩厂使用的生产原料，它是由二氧化铀经两次氟化（也称铀转化）而获得。原中苏有关协定规定，我国兰州铀浓缩厂投产初期所需的六氟化铀由苏方提供，由于苏联停援，则必须立即由我国自己生产。在铀

浓缩厂即将建成时，如何尽快掌握铀转化技术就成了当时突出的矛盾。二机部领导经过认真研究，决定以重铀酸铵为原料，责成铀矿选冶研究所和原子能所分别筹建试验性简易生产装置，制备二氧化铀、四氟化铀（这两项由铀矿选冶研究所承担）和六氟化铀（由原子能所承担），以解决铀浓缩厂投产的急需。并要求通过简法生产，验证和摸索工艺原理、工艺条件、技术参数、设备性能和掌握操作技术。搞简法生产的同时，还不能放松对铀转化厂的建设。当时把这个做法形象地称之为“骑驴找马”。

筹建简法生产装置的工作迅速展开了。原子能所、铀矿选冶研究所承担这项任务的领导、技术人员和工人，抱着为早日造出原子弹提供原料的强烈愿望，发挥了忘我的劳动热情，争分夺秒，日夜奋战，只用了3个月的时间就完成了二氧化铀简法生产装置的设计、土建和安装，并一次投料试车成功。同时，还建立了一批杂质元素的光谱分析方法。四氟化铀简法生产装置，从1960年10月中筹建，两个月后便建成投产。两个简法生产装置的建成投产，为下一步工序提供了合格原料。接着，六氟化铀简法生产装置也于同年12月试生产，并获得合格产品。

简法生产装置的建成，不仅及时地为铀浓缩厂按时投产提供了部分原料，保证了铀-235生产线的生产，而且还培训了一大批技术干部和工人，得到了极为宝贵的技术资料和工艺参数，为铀转化工厂的投产运行做了组织准备和技术准备。

## 三、组织攻关，掌握原子弹的基本理论和关键技术

原子弹研制是一项涉及多种学科、综合性很强的工作，需要有多种专业、高水平的科技人员通力协作。中央从全国各部门、各地区、各大专院校和科研单位调集一批高、中级研究人员和工程技术人员，充实北京核武器研究所。他们利用当时的简陋条件，从理论物理、爆轰物理、中子物理、金属物理和弹体弹道等几个方面，进行研究试验。二机部在试验条件的创造、力量的分配、部内外的协作等方面，周密地进行了组织。进行爆轰物理试验，当时核武器研究所没有场地，就与人民解放军工程兵协商，借用了北京郊区的靶场。中子物理研究试验，则利用了原子能所的仪器设备，并与原子能所部分科研人员合作进行。考虑到原子弹的核部件制造工序多、困难大，需及

早研究，于是把核部件生产厂负责部件加工的有关人员集中到北京核武器研究所，一起联合攻关探索。

原子弹攻关，最关键的是要掌握基本理论和关键技术。二机部领导和北京核武器研究所始终把这项工作作为重点来抓，宋任穷和刘杰就曾多次到北京核武器研究所理论部检查指导工作。宋任穷鼓励理论研究人员一定要争口气，把原子弹搞出来。从事理论研究的人员，没有辜负党和人民的期望和重托，加紧了理论计算。经过一年多时间的反复计算和验证，终于取得了大量有价值的数据，同时，对各种物质之间的相互作用，也建立起清晰的物理图象；对压紧过程有了透彻的了解，使原子弹理论设计工作取得了重要进展。

原子弹的攻关工作，自 1960 年开始组织力量探索科学规律，于 1961 年初进入了必须确定基本理论和关键技术的重要阶段。在这重要的时期，必须对已做过的大量探索性研究和实验结果进行全面的分析，以便在已有认识的基础上，明确归纳出若干关键技术和理论问题进行深入研究，求得集中突破。到 1962 年年底，在理论上通过大量的计算和分析，对浓缩铀作为内爆型原子弹核装料的动作规律与性能有了比较系统的了解；在实验方面，基本上掌握了获得内爆的重要手段及其主要规律和实验技术；大致掌握了炸药工艺和核材料精炼、成型工艺，并制成了全套的自动控制系统。同时，对核航弹的弹体设计与弹道规律也有了全面的理解，基本上按原定计划完成了一种理论设计和爆轰物理试验、飞行弹道试验、引爆控制系统台架试验等三大试验，为原子弹的模拟试验和原子弹产品技术设计，提供了必要的技术准备。

## 第三节　实现首次核试验的“两年规划”

### 一、形势发展需要提出一个新的规划目标

经过 1961 年、1962 年两年自力更生的实践和艰苦工作，我国核工业建设和核武器研制有了很大进展。到 1962 年下半年，铀-235 生产线各个环节的技术难关，大都已经被突破和掌握；各项工程所需的配套设备、仪器、仪

表，大都已经试制出来；整个铀-235 生产线的建筑安装工程已经完成 80% 以上；原子弹的理论设计、结构设计、工艺设计都已陆续开展；实现原子弹爆炸的一些关键技术，也开始被突破和掌握，整个研制工作已经由量变开始发生局部质变，通往胜利的道路已经看得比较清楚。

但是，尽管研制工作已经取得很大进展，可与实际制成原子弹仍然还有一段距离。如有些技术关键还需要继续攻克，还有大量的试验工作要进行；核燃料工厂要正式投产取得合格产品，还有一些工作要做。

中央领导人十分关心原子弹研制工作。1962 年 8 月北戴河中央工作会议期间，陈毅等中央领导人见到二机部部长刘杰，关心地询问原子弹研制进展情况，热切地希望能够早日拿出原子弹来，增强我国军事力量和政治地位。聂荣臻特别指示全国科研部门要同二机部合作好，要“拧成一股劲，共同完成任务”。二机部领导认真学习了北戴河会议精神，深入分析了自己的工作形势，并根据各项工作所取得的进展，认为我国核工业建设和核武器研制已到了从量变到质变这样的关键时刻，形势发展需要提出一个新的目标和规划。在北戴河会议期间，刘杰就以上认识和想法，向中共中央和毛泽东写信进行了汇报。会后，二机部领导经过讨论，正式向中共中央写了报告，提出争取在 1964 年，最迟在 1965 年上半年爆炸我国第一颗原子弹的“两年规划”。这是二机部工作中一项重大决策，等于向中共中央立下了军令状。在“两年规划”上报前，二机部领导对报告进行了反复研究和仔细推敲，最后经罗瑞卿审定同意，于 1962 年 9 月 11 日报出。

## 二、中共中央成立专门委员会

1962 年 10 月 10 日，聂荣臻、罗瑞卿听取了刘杰汇报二机部的工作。聂荣臻同意二机部试验第一颗原子弹的计划安排，罗瑞卿完全同意聂荣臻的意见。二机部按照聂荣臻、罗瑞卿的指示再次研究作了安排，制定了先进行原子弹在铁塔上爆炸试验、接着再进行由飞机投掷的原子弹在空中爆炸试验的“两年规划”，向罗瑞卿并中共中央写出了报告。10 月 19 日，中共中央政治局常委听取国防工办关于原子能工业生产建设和原子弹研制情况的汇报，当汇报到原子弹技术的复杂性和高度综合性，靠一个部门很难完成任务，需要全国各方面配合，中央应有专门机构抓时，刘少奇提出：各方面的配合很重要，中央要搞个委员会，以加强这方面的领导。据此，罗瑞卿在 10 月 30 日给中共中央、毛泽东写了《关于加强原子能工业领导问题的报告》，汇报了二机部力争在 1964 年爆炸第一颗原子弹的计划安排和拟采取的措施，建议在中央直接领导下成立一个专门委员会，加强对原子能工业的领导，并在必须的人力、物力上进行具体调度，及时解决在研究设计和生产建设中所遇到的问题。11 月 3 日，毛泽东在罗瑞卿的报告上批示："很好，照办。要大力协同做好这件工作。"随后，中共中央发出成立"中共中央十五人专门委员会"的通知。

中央 15 人专门委员会（以下简称中央专委）由国务院总理周恩来，副总理贺龙、李富春、李先念、薄一波、陆定一、聂荣臻、罗瑞卿以及国务院和中央军委有关部门负责人赵尔陆、张爱萍、王鹤寿、刘杰、孙志远、段君毅、高扬组成，周恩来任主任。委员会是一个权力机构，任务是加强对原子能工业建设和原子武器研究、试验工作的领导。委员会下设办公室，作为日常办事机构，由罗瑞卿任主任，赵尔陆、张爱萍、刘杰、郑汉涛任副主任。办公室附设在国务院国防工业办公室（以下简称国防工办）。

毛泽东"要大力协同做好这件工作"的指示，是总动员令；周恩来亲自主持的中央专委是组织执行这个总动员令的总指挥部。从此，核工业建设和核武器研制进入了一个新阶段，各项工作步伐大大加快了。

中央专委在从成立到我国第一颗原子弹装置爆炸成功之前的这段时间内，共召开了 9 次会议，讨论解决了 100 多个重大问题。首先，抓了核试验工作的组织领导和规划落实问题。专委决定把中共第二机械工业部党组改成党委，由部党委加强对直属企事业单位的领导；先后调牛书申、刘西尧任二机部副部长，加强核工业部的领导力量；责成二机部成立政治部，加强政治思想工作；责成有关部、委、省委，指定一名副部长、副书记直接过问与二机部的协作情况和问题，支持本省内核工业各单位的工作；审查批准了二机部提出的 1963 年、1964 年原子武器、工业建设、生产计划大纲（即"两年规划"），随后，责成国防工办和国防科委组织联合检查组，用 4 个多月的时间，从上到下系统地检查、帮助二机部落实"两年规划"，解决工作中存在的问题，制定各项具体措施，加强一些薄弱环节，打消了某些人存在的关于"两年规划"能否实现的疑虑。

其次，对二机部提出的各项生产、科研建设中的问题，中央专委都一一加以审查，研究解决。

中央专委的强有力领导，大大加速了我国核工业的建设进度。在中央专委工作中，浸透着周恩来总理的心血。他在日理万机的情况下，亲自主持每次专委会。他先后指出：二机部的工作要“实事求是，循序渐进，坚持不懈，戒骄戒躁”，要有“高度的政治思想性，高度的科学计划性，高度的组织纪律性”；核武器研制要运用毛泽东的《矛盾论》《实践论》这两篇哲学著作的观点，指导工作；核武器试验要“严肃认真，周到细致，稳妥可靠，万无一失”“一次试验，全面收效”“边试验、边定型，定型合格后再小批生产，保证质量，装备部队，以利战备”；要及早解决两弹的结合问题（即核弹头与导弹结合的问题）等。这些指示，抓住了核工业实际工作中的要害问题，实践证明是完全正确的。他还经常找核工业的科学家和领导干部谈话，了解情况，指导工作。在每次核试验前夕，他总要反复仔细询问各项准备工作情况，一再叮咛要保证质量，保证安全，不能发生事故。他对核工业战线广大科技人员、干部和工人关怀备至，直到 1974 年他病重住院期间，还关心着核武器研究单位职工队伍团结和科研生产安全问题。周恩来为我国核事业辛勤操劳，呕心沥血。他的丰功伟绩，将永垂史册。

除周恩来外，中央专委成员中的 7 位副总理，7 位部长级干部都是国家政府、军队、工交、财贸、科研、文教卫生各方面的负责人。他们参加中央专委，就可根据专委要求，动员各方面的力量参加核工业建设和核武器研制攻关，从而保证了“两年规划”的实施。

## 三、全国大力协同

中央批准“两年规划”后，二机部立即在各方面、各系统进行了紧张的动员，强调要克服困难，创造条件，积极落实，力争实现既定的目标。经过一段周密的计划与组织工作，上下结合，左右配套，编制了落实规划的详细计划。

这个计划包括了核工业的地质勘探、矿山开采、工业生产、武器研制、科学研究、设备制造、工程建设、运输通讯、安防卫生、保卫保密等各个环节。每个环节又都按照 1964 年年底实现第一颗原子弹爆炸试验这个总目标，把各项任务进行分解，分系统、分方面、分层次落实到各部门、各单位。“两年规划”是在深入分析了工作进展情况，在有关科技人员对原子弹的基本理论和关键技术已经基本掌握并客观上已具备一定条件的基础上制订的。它不是主观随意性的产物，但也不是唾手可得的果实。为了顺利实现这一规划，保证各项计划的按期完成，防止工作中的松劲和疏忽，又将工作按时间反复进行倒排和顺排。倒排即按最终完成日期往工作起步阶段排，借以暴露工作衔接中的矛盾；顺排即按工作向前推进的顺序往最终目标排，借以安排进度，定人、定时、定任务、定措施，使计划步步落实。在这个基础上，再进行全部范围的综合平衡，使之前后衔接，左右配套，环环紧扣，最终把实现“两年规划”的各项要求都落到实处。

与此同时，在中央专委的组织领导下，围绕实现“两年规划”，在全国各地区、各部门迅速形成了大力协同攻关会战的动人场面。党政军民、各行各业、有关部委、有关地区，都为核工业建设大开“绿灯”。全国先后有26个部（院），20个省、市、自治区（包括900多家工厂、科研机构、大专院校）参加了攻关会战。在尖端技术研究、专用设备和新型材料的研制方面，中国科学院所属20多个研究所、国防科委、冶金部、化工部、石油部、机械部、航空部、电子部、兵器部、邮电部、清华大学、南开大学等，都做了大量工作，解决了近千项重大课题。兵器工业部的一个研究所和兰州化学物理所与核武器研究所紧密配合，为原子弹研制出高效能炸药和高压电雷管。航空部的一个工厂，为第一颗原子弹装置加工了合格的部件。中国科学院的数学所和计算所合作进行了数学与计算方法的研究，物理所提供了测量参数，为第一颗原子弹装置的理论设计做出了贡献。长春、西安光学机械研究所改装和研制的高速摄影机，在首次核试验火球摄影和测定中起了作用。气象局和大气物理所作出了准确的气象预报，为首次核试验提供了气象保证。国防科委的试验基地，为首次核试验做了大量艰苦细致的组织工作，保证了试验的顺利进行。西北核技术研究所为首次核试验进行了大量测试技术研究和现场实测工作。公安部在安全保卫保密、水电部在电力供应、铁道部在交通运输、商业部在后勤保障、卫生部在放射医学研究及环境监测方面，都尽了最大努力。解放军各总部、各兵种、防化兵研究院、军事工程学院、军事医学科学院，都积极地参加了首次核试验。核武器研制单位所在地的地方党委，更是在物资和人力上给予了大力支持。

在中央专委的直接组织领导下，在全国各地区、各部委、各部队的大力协同下，经过核工业战线广大职工的艰苦努力，“两年规划”的各项任务，按照计划顺利进行，整个工作出现了势如破竹、节节胜利的局面。

地质勘探、铀矿开采、铀转化生产，都提前完成了计划，按时提供了合格的六氟化铀产品。铀浓缩厂于1964年1月取得了合格的高浓铀。核部件的加工，经工厂和研究所有关科技人员和工人的多次试验，解决了浇铸中的缺陷，于1964年4月浇铸出铀-235和铀-238毛坯，随即加工出第一套原子弹核部件。

## 第四节 第一颗原子弹装置爆炸成功

我国对原子弹的研制，虽在核装料方面有了准备，但要使“两年规划”如期实现，还有很多问题有待解决。

### 一、抢建西北核武器研制基地

西北核武器研制基地，位于青海高原，平均海拔3 200多米，年平均气温零下0.4摄氏度，高寒缺氧，自然条件十分恶劣。在这样的条件下搞建设，在客观上就有很大困难。

西北核武器研制基地是规模宏大、技术复杂的工程。它包括有几十个工程项目，安装的设备种类繁多，数量巨大，技术要求高、难度大。按照“两年规划”的安排和科研进展的要求，这个基地须在15至21个月内基本建成。而这里无霜期很短，室外施工时间不长；加上当时工程施工力量又严重不足，给基地建设带来了很大的困难。

面对核武器研制基地建设形势，为了加快工程建设进度，中央专委决定加强施工力量，调集建工部、铁道部、交通部、水电部、工程兵、通讯兵等13个部门的一批施工队伍，与先期在那里的二机部一〇三和一〇四两个公司会合，并组织了施工现场指挥部，由李觉任总指挥，全力进行突击抢建。从

1963年3月开始施工准备，5月工程全面铺开。随着一批项目陆续建成投入使用，到1964年基地即基本建成，为原子弹的研制提供了必备条件。

研制基地生活条件十分艰苦。在中央有关部门和青海省的支援下，在当地成立了地方政权，建立了后勤供应系统，逐步改善了职工的生活条件，有力地保证了基地的建设。

## 二、汇集大西北，进行大会战

在西北核武器研制基地具备了科研、生产、生活的基本条件之后，集中在北京的科研生产人员便从1963年3月起，陆续迁往大西北。整个搬迁工作进行顺利。经中央专委批准增调的一批技术骨干也按期报到。领导、技术骨干和理论、实验、设计、生产等各方面工作人员都汇集到西北基地，并迅速全面展开工作。第一颗原子弹的研制，在西北基地形成总攻击的态势。

1963年8月，二机部部长刘杰赴基地检查工作，决定把苏联来信拒绝提供原子弹教学模型和图纸资料的日期，1959年6月作为第一颗原子弹的代号，即“596”，借以激励全体职工，坚决克服一切艰难险阻，制成原子弹。

当时，“596”在技术上的关键之一，是需要验证已进行的理论设计和一系列试验的结果。1963年11月20日，在基地进行了缩小比例的聚合爆轰试验，使理论设计和一系列试验的结果获得了综合验证，为原子弹的设计打下了可靠的基础。

## 三、当机立断，作出抉择

与爆轰试验的同时，炸药部件的一系列试验研究也在紧张进行，对两种结构方案进行了分析比较和试验考核。为了保证质量，对少数关键零部件采取了多种方案同时进行准备。这在攻关初期是必要的，可以多路探索，取得突破，但不宜持续过久。因持续过久，势必造成型号多，力量分散。而原子弹整体研制时间已经有限，不允许有几种方案齐头并进，必须在适当时候，当机立断，作出选择，组织重点围攻，以便迅速取得战果。

1964年3月，刘杰再次亲临攻关前线，参加科研会议。他认为，整个研制工作已到了决战阶段，对第一颗原子弹试验装置的要求应采取比较现实的态度，对产品结构方案和炸药部件加工工艺，应根据现实可能的原则，选取一种方案，及早进行试验。

在各项研制和试验进展顺利的基础上，1964 年 6 月 6 日，进行了全尺寸爆轰模拟试验。这是一次核爆炸试验前的综合检验，除了核装料不是活性材料外，其他都是核爆炸试验时要用的实物。试验结果实现了预先的设想。至此，原子弹研制工作，自 1960 年年初开始，历时四年半，经过大量小型试验和若干次大型试验，已是成功在望。

## 四、保响、保测、保安全，一次成功

1964 年 4 月 11 日下午，周恩来主持召开了第八次中央专委会，决定第一颗原子弹装置爆炸试验采取塔爆方式，要求在 9 月 10 日前做好试验前的一切准备，做到“保响、保测、保安全，一次成功”。至于是否进行试验和何时进行试验，待请示毛泽东和中央常委决定后再定。于是，第一颗原子弹装置研制工作进入最后完成阶段，国家试验前的准备工作全面展开。

我国首次核爆炸试验，是在周恩来亲自领导下进行的。中国人民解放军副总参谋长张爱萍担任试验现场总指挥，刘西尧任副总指挥，刘杰在北京负责前后方与中央的联络。

8 月 20 日，首次核试验用的试验装置及备品备件全部加工、装配、验收完毕，陆续运往试验场地。试验装置启运之前，各有关方面对整个运输过程，都进行了确保安全的部署，采取了极为严密的措施。在各种安全措施的保护下，试验装置和各种备件都按时送到了试验场地。

8 月 23 日至 9 月 1 日，进行了单项演练和综合预演，从而提前 9 天完成了中央专委“于 9 月 10 日前做好一切准备”的要求。

根据试验场区的气象情况，中央把第一颗原子弹装置试验的起爆时间（在技术上称为零时）定在 1964 年 10 月 16 日 15 时。15 日深夜，有关操作人员完成了原子弹装置的核部件装配、上塔、插雷管几个工序后，现场所有人员便撤离靶区，等待“零时”的到来。

随着距试验装置 23 公里主控站计数器的“零时”报出，一股强烈的闪光之后，便是惊天动地的巨响，接着巨大火球转为蘑菇云冲天而起。中国自行研究、设计、制造的第一颗原子弹装置爆炸成功了。顿时，试验场区欢声如雷，全体参试人员热泪盈眶、激动万分。

试验结果证明，我国第一颗原子弹的理论、结构设计，各种零部件、组件和引爆控制系统的设计和制造以及各种测试方法和设备，都达到了相当高的水平。

10 月 16 日 22 时，中央人民广播电台在晚间新闻节目中，连续几次播送了《新闻公报》《中华人民共和国政府声明》和《中共中央和国务院热烈祝贺首次核试验的巨大胜利》的贺电，《人民日报》为此刊发了号外。中共中央贺电指出："这次成功的试验，标志着我国国防现代化进入了一个新的阶段。这对美帝国主义核垄断、核讹诈的政策是一个有力的打击，对全世界一切爱好和平的人民是一个极大的鼓舞。"贺电还指出："这次试验的成功，是全国人民高举毛泽东思想的伟大红旗，贯彻执行党的鼓足干劲、力争上游、多快好省地建设社会主义的总路线，发扬自力更生，发奋图强的革命精神的结果；是全国各地区、各部委、各部队辛勤努力，大力协作，共同奋斗的结果"。贺电要求有关部门再接再厉，戒骄戒躁，为攀登新的科学技术高峰，加强国防，保卫祖国和世界和平而奋斗！为全面禁止和彻底销毁核武器而奋斗！

《中华人民共和国政府声明》强调指出："中国进行核试验，发展核武器，是被迫而为的。中国政府一贯主张全面禁止和彻底销毁核武器。如果这个主张能够实现，中国本来用不着发展核武器。""中国发展核武器，是为了防御，为了保卫中国人民免受美国发动核战争的威胁。中国政府郑重宣布，中国在任何时候、任何情况下，都不会首先使用核武器。""中国政府向世界各国政府郑重建议：召开世界各国首脑会议，讨论全面禁止和彻底销毁核武器问题。作为第一步，各国首脑会议应当达成协议，即拥有核武器的国家和很快可能拥有核武器的国家承担义务，保证不使用核武器，不对无核武器国家使用核武器，不对无核武器区使用核武器，彼此也不使用核武器。""中国政府将一如既往，尽一切努力，争取通过国际协商，促进全面禁止和彻底销毁核武器的崇高目标的实现。在这一天没有到来之前，中国政府和中国人民将坚定不移地走自己的路，加强国防，保卫祖国，保卫世界和平。"

我国首次核试验的成功，在国内外引起了巨大反响。全国各族人民听到广播，欢欣鼓舞，异常兴奋，纷纷集会和座谈，欢呼核试验成功的辉煌胜利。中华民族精神为之大振。港澳同胞和海外华侨感到扬眉吐气，非常自豪，作为炎黄子孙分享了这一胜利的喜悦。世界爱好和平、对我友好的国家和人民，都表示热烈赞扬和支持。他们认为：“人民中国突破了核垄断俱乐部的大墙，在整个地球上引起了一场真正的革命。”“中国有了原子弹，使亚洲和世界和平能得到更有力的保障。”总之，我国首次核试验的成功，对于斗争中的各国人民，是一个巨大鼓舞，对于保卫世界和平事业，是一个巨大贡献。

# 第四章　排除干扰，乘胜前进

首次核试验成功，标志着中国国防现代化进入了一个新阶段，同时也标志着中国核工业进入了一个新阶段。二机部及时总结了前一阶段的成就和经验，清醒地估计到：前一阶段的成就虽然巨大，但还只是突破了技术难关，打下了基础，解决了有无的问题。以后作为一个新的发展阶段，任务更加艰巨，更加繁重，必须抓紧时机，乘胜前进。当时确定了下一步的主要目标：加速原子弹武器化，突破和掌握氢弹技术；尽快建成新的科研生产基地，改变核工业的战略布局；抓紧研究建造潜艇核动力装置。从1965年起，我国核工业就开始朝着这些新的目标前进。

但是，正当核工业乘胜前进的时候，“文化大革命”开始了。二机部的广大科技人员、职工群众和领导干部，在国家处于混乱的复杂情况下，坚守岗位，坚持工作，克服种种困难，研制成功了氢弹、潜艇用核动力装置，实现了原子弹、氢弹的武器化，完成了核工业的新的战略布局。但是，也不能不看到，“文化大革命”给核工业造成了很大的干扰和破坏。

## 第一节　加速发展核武器

### 一、“原子弹要有，氢弹也要快”

1964年5月和1965年1月，毛泽东在听取国家计委关于第三个五年计划和长远规划设想的汇报时，曾两次谈到核武器发展问题，明确指出：原子弹要有，氢弹也要快。周恩来在我国首次核试验成功后，也提到氢弹研制能否加快一些，并要求二机部就核武器发展问题作出全面规划。

遵照党中央的指示，二机部立即开始研究制订加速核武器发展的全面规划。

首先分析了形势。首次核试验成功后，我国核武器研究已引起世界瞩目。形势要求我国要加快核武器发展的进程。其次分析了自己的条件。当时，铀-235生产线工厂已经全部建成投产；热核材料生产线中的氘化锂-6生产线即将建成投产；钚生产线中的反应堆工程恢复了建设，进展顺利；后处理新工艺试验成功，可缩短后处理厂的建设周期。在核武器研制方面，从技术、物质力量到后勤保障，也都有了较好的基础。这些情况表明，加快氢弹研制进程，在客观上也已有可能。

经过反复研究，二机部于1965年2月3日，向中央专委呈报了《关于加快发展核武器问题的报告》。报告中提出，一方面要加速原子弹武器化，装备部队，形成战斗力；另一方面要尽快突破氢弹技术，向战略核武器的高级阶段发展。周恩来主持专委会审议了这个报告，原则同意二机部的规划安排，要求通过1965年至1967年的核试验，完成原子弹武器化工作，并力争于1968年进行氢弹装置试验。

## 二、实现原子弹武器化

首次核试验只是一个核装置的爆炸，要使之成为核武器，还要根据运载工具和战术技术的要求，进行大量的武器系统的工程研究试验。这一过程也就是武器化的过程。

我国核武器的研制，从原子弹装置研究试验一开始，就考虑到武器化的要求，这个指导思想是比较明确的。前述的“两年规划”中，已对核航弹的研制作出了安排。由于首次试验用的原子弹装置技术水平比较高，因此，实现武器化的周期也就比较短。从首次核装置试验成功到制成核航弹（即由飞机运载的原子弹）并空投试验成功，只花了7个月的时间；到制成核弹头，与导弹结合飞行试验成功，也只用了两年的时间。

早在第一颗原子弹装置研究试验时，二机部即与航空部、电子部、兵器部、航天部（当时为国防部五院）等部门，协同开展了原子弹航弹的研制工作。到第一颗原子弹装置试验成功时，航弹结构和总体布局以及引爆控制系统设计都已确定，运载航弹的飞机改装也已完成。核武器研究所根据运载飞机和弹道的环境要求，在首次核试验的基础上，对核装置的理论模型和结构作了设计改进，提高了可靠性。随后又进行了一系列从部件到全弹的各种模拟和实物试验，证明产品确实能够承受运输和机载的环境条件，可以满足战术和技术的要求。最后经中央批准，于 1965 年 5 月 14 日进行了核航弹空投试验。试验取得圆满成功，爆炸威力与理论计算基本一致。从此，我国开始有了可供实战使用的核武器。

核导弹是由导弹运载的比核航弹更为先进的核武器。我国导弹研制取得成功后，核武器研制部门的任务就是要给导弹配上核弹头。核导弹头同核航弹相比，在体积和重量上要大幅度地减小，在所要经受的环境条件上更加复杂和苛刻，这给研制工作带来了许多新的难题。广大科技人员发扬了不怕困难、坚持不懈、再接再厉的革命精神，从 1964 年 4 月开始，在第一颗原子弹设计的基础上，结合导弹的具体要求，进行了核弹头设计，同时为此做了大量工艺试验、爆轰试验和环境条件试验。最后为了鉴定研制出来的核弹头在飞行状态下的性能，还进行原子弹和导弹结合的全当量、全射程的飞行核试验。这种试验风险很大，为此，中央专委开会专门讨论了试验的安全问题。周恩来亲自作了细致周密的安排，要求反复论证，并进行一系列模拟试验，使一些不放心的问题一一得到解决。最后由聂荣臻亲赴现场主持，于 1966 年 10 月 27 日成功地进行了导弹核武器试验。试验结果，导弹飞行正常，准确地飞向靶区，核弹头在预定高度实现了核爆炸。毛泽东高兴地指出：谁说我们中国人搞不成导弹核武器，现在不是搞出来了吗！

## 三、加快突破氢弹技术

氢弹的研制，在理论和制造技术上比原子弹更为复杂。当时国外对氢弹的技术严加保密，因而要突破它就更为困难，必须完全依靠我们自己去探索。

要探索，从何入手？早在 1960 年 12 月，刘杰就提出，考虑到当时核武器研究所正忙于原子弹攻关，氢弹的理论探索工作可由原子能所先行一步。当年原子能所即成立了“中子物理领导小组”，由所长钱三强主持，组织黄祖洽、于敏等理论研究人员，开始做些热核材料性能和热核反应机理的基础研究。1964 年 10 月，在完成了原子弹的研制工作后，核武器研究所决定抽出三分之一的理论研究人员，全面开展氢弹的理论研究。1965 年 1 月，二机部又把原子能所先期进行氢弹研究探索的科研人员调到核武器研究所，集中力量从原理、结构、材料等多方面广泛开展研究。

核武器研究所领导鼓励研究人员要破除论资排辈的思想，无论是老年科学家，还是刚参加工作不久的青年知识分子，都要大胆设想，多提方案。经过研究分析，补充完善，选择了两种攻关途径。并决定从低级的入手，向高级的争取，从而确定了原理探索的主攻方向。

经过几个月的艰苦摸索，基本明确了攻关的技术路线。在此基础上，1965 年 8 月，二机部向中央专委呈报了《关于突破氢弹技术的工作安排》：一方面进行理论上的探索，另一方面要进行若干次核试验，以求通过试验，检验理论是否正确，提高理论认识。中央专委同意这一安排，并要求各有关部门给予积极支持，分别做好有关工作。

氢弹研究试验计划虽然初步定下来了，但在核材料问题上却又遇到了难题。为了争取时间，核武器研究所决定绕过材料关，立足于已有的核材料进行氢弹的技术攻关，闯出一条研制氢弹的新路子。

按照既定的核材料路线，从 1965 年 9 月底开始，核武器研究所的部分理论工作人员经过两个多月的艰苦计算，分析摸索，终于找到了解决自持热核反应所需条件的关键，探索出了一种新的制造氢弹的理论方案。这是氢弹研制中的最关键的突破。核武器研究所的专家们肯定了这种新的理论方案。1965 年 12 月，在西北核武器研制基地由吴际霖主持召开规划会议，讨论 1966 年至 1967 年氢弹科研、生产的两年规划。会议同意刘西尧提出的“突破氢弹；两手准备，以新的理论方案为主”的方针。即一手按新的理论方案，以研制由导弹运载的氢弹头作为主攻方向，为此需要相应增加一次新的“热”试验；另一手是继续进行原定的氢航弹方案的攻关。中央专委批准了这一规划，并决定新的“热”试验采用塔爆方式，利用首次核爆炸的备用铁塔进行。

突破氢弹以新的理论方案为主的决策，把理论、实验、设计、生产等各方面的力量引向一个新的目标，各项研制试验工作都按规划卓有成效地展开。1966 年 5 月 9 日，含有热核材料的原子弹试验成功，热核反应过程与理论预测基本一致，为氢弹设计取得了重要数据。1966 年 12 月 28 日，进行了按新的理论方案设计的氢弹原理试验。结果表明，新的理论方案切实可行，先进简便。根据这次试验结果，中央专委决定中止氢航弹的研究试制，集中力量，按新理论方案进行设计，直接进行全当量的氢弹试验。

1967 年 5 月，第一颗氢弹的加工装配以及试验准备工作全部完成。与此同时，考虑到用飞机空投进行这样大当量的试验，安全工作极为重要，有关部门对引爆控制系统、投弹飞机的改装、投弹高度、降落伞的研制等，都做了周密的安排。在国防科委的组织领导下，核试验基地、航空部、人民解放军空军等单位都参加了有关安全工作的论证。5 月 9 日，周恩来主持召开了第十八次专委会，着重讨论氢弹试验的准备工作。会议认为，我国第一次全当量氢弹试验，在政治上有重大意义，在军事上，它将使我国的核武器技术进入一个新的发展时期。要求 6 月 20 日以前做好试验前的各项准备工作，并于 6 月 1 日至 10 日陆续提出六七月份试验场区和烟云经过地区的详细的气象资料，再决定试验日期。这次试验现场指挥工作，由试验基地党委负责，国防科委副主任张震寰、二机部副部长李觉参加领导工作。

为了保证试验的成功和安全，正式试验前，进行了不带活性核装料的引爆控制系统综合预演。

1967 年 6 月 17 日，在周恩来的亲自安排下，聂荣臻亲临现场指挥，成功地进行了我国第一颗氢弹爆炸试验，提前实现了毛泽东在 1958 年 6 月关于“搞一点原子弹、氢弹，我看有十年功夫完全可能”的预言。从第一颗原子弹试验到第一颗氢弹试验，美国用了七年零四个月，苏联用了四年，英国用了四年零七个月，法国用了八年零六个月，而我国只用了两年零八个月，发展速度是最快的；我国首次氢弹爆炸试验，赶在了法国的前边，在世界上引起了巨大反响，公认中国核技术已进入世界核先进国家的行列。

## 第二节　加紧研制核潜艇动力装置

核潜艇具有隐蔽性和机动性能好、航速高、续航力大、潜航时间长、攻击力量强等优点，已成为现代强大的海军装备体制的核心和标志。各有核国家在研制核武器的同时，就着手研制核潜艇。

我国早在 1958 年就开始组织力量研制核潜艇。在报经中央同意的《关于发展海军潜艇新技术问题》的文件中确定，二机部负责“核潜艇用堆及其控制系统、防护设备等的研究设计任务”。1964 年 10 月我国首次核试验成功后，加紧研制核潜艇的任务便被进一步提到了日程上。

## 一、设计方案的提出和确定

核潜艇动力堆是一项技术复杂、难度很大的工程。遵照中央的决定，1958 年海军和二机部分别设立了专门机构，组织了一些青年科技人员研究这项尖端技术。赵仁恺奉命担任潜艇动力装置设计组组长。当时条件较差，一无技术资料，二无必要的实验设备和现代化的计算工具，全靠自己摸索和创造条件。1959 年 9 月末，中国向来华访问的苏联赫鲁晓夫提出核潜艇技术援助问题。赫鲁晓夫再次拒绝了中方的要求，说“核潜艇技术复杂，花钱太多，你们搞不了，也不要搞。”毛泽东主席闻知后，十分坚定地表示：“核潜艇，一万年也要搞出来！”毛泽东发出的铮铮誓言，成为激励核潜艇研制队伍自力更生，发奋图强，不惧困难、攻克核潜艇技术的动力之源。承担动力堆技术攻关任务的科研人员，在调查国外片断的、有关资料的基础上，经过反复研究、计算、论证，确定了动力堆的主方案和主参数。随后又进行了大量工作，于 1960 年 6 月完成了方案设计第一稿。同时还就建立研究基地和建造陆上模式堆问题进行了讨论和选点调查。

但是，由于 60 年代初国家经济困难，缩短基建战线，需要首先集中力量搞原子弹和导弹，加之铀浓缩厂尚未投产，从浓缩铀供应角度考虑，也难以满足核潜艇的需要。因此，国家决定核潜艇暂不列建堆计划，但保持一定技术力量，继续进行研究设计工作。

此后，核潜艇的研究机构虽然几经变动，曾给工作造成很多困难，但各方面的科技人员仍然坚持工作，并利用所掌握的资料和试验研究成果，逐步建立了一些研究试验用的设施。在此基础上，二机部提出了潜艇动力堆设计改进方案，于 1965 年 7 月经有关方面的专家审查修改后上报中央专委。当时我国已成功地进行了两次核试验，铀浓缩工厂也已全面建成投产，这表明我国核科学技术和工业水平已具备建立核潜艇研究试验基地的基本条件。中央专委很快就批准了设计方案，并责成二机部迅速开展工作，争取在1970年建成核潜艇陆上模式堆。

## 二、陆上模式堆和研究基地的建设

为了早日建成1∶1的潜艇陆上模式堆及相应的研究试验基地，1965年3月，二机部组织了一个选点复查小组，赴已选择的建堆地点复查。同年8月，中央专委批准了二机部和六机部关于核潜艇类型、动力堆设计方案、基地定点和建设进度的安排。二机部随即组织科研、设计、施工和生产人员陆续进入现场，9月开始破土动工。

建设初期，工作进行得比较顺利。不久。由于“文化大革命”的干扰，工程建设进度很慢。开工两年，陆上模式堆试验基地，仅完成了主厂房土石方工程；核动力工程研究基地的14个主要试验室一个也没有建成。

针对上述情况，1967年8月，中央军委发出特别公函，要求全国从事核潜艇研制的人员，大力协同，排除困难，加紧研制，保进度，保质量，圆满完成国家任务。1968年3月，为了加强对基地建设工作的统一领导，成立了工程指挥部。同年7月18日，毛泽东又指示派解放军部队支援陆上模式堆的建设。与此同时，中国科学院，有关高等院校，机械、冶金、化工等部，以及几个省的有关部门，也都进一步加强了对工程建设的支援。从此，工程进度加快。到1969年年底，陆上模式堆主厂房的土建工程基本完工，各辅助工号相继竣工，生活、办公区交付使用，14个主要研究室除部分因缺设备不能收尾外，也已建成，其中10个实验室开始陆续拿出成果。

## 三、认真进行模拟试验

1970年4月28日，我国自行研究设计的核潜艇陆上模式堆的建筑安装任务提前完成。工程指挥部当即决定，从5月1日开始试车。试车调试和“冷”“热”临界试验结果表明，整个陆上模式堆工程质量是好的，反应堆全部控制系统性能良好，能安全可靠地开堆和停堆。

此时，我国第一艘核潜艇艇体也将建成，并开始进入核动力装置的安装阶段。核动力装置的质量和性能如何，需由陆上模拟运行试验来加以证明。

因此，模拟试验的成败，关系重大。周恩来对试验工作十分关心，亲自过问有关情况和问题。在陆上模式堆开堆提升功率前夕，还特派专机接有关人员进京作了汇报。

7 月 17 日凌晨 2 时，陆上模式堆开始提升功率试验。试验期间，周恩来又专门派去工作组，与启动运行小组一起跟班工作，及时处理出现的问题。7 月 18 日和 20 日，周恩来两次打电话，要求参加试验人员“不要急，要仔细做工作。加强现场检查。越是试验阶段，越需全力以赴，一丝不苟，才能符合要求”。7 月 26 日成功并网发电。8 月 30 日，试验达到满功率，各项性能指标都符合设计要求。

在周恩来的亲自关怀下，参加试验的人员精心操作，一次成功，试验结果比预想的还要好。第二阶段的试验证明：一是堆的设计、设备制造，安装调试的质量良好；二是安全可靠，自稳、自调性能优良，表明我国自力更生建造的第一个艇用核动力堆是成功的。第二阶段试验结果进一步表明：这个堆不仅完全达到了设计的满功率要求，而且还有相当大的潜力。反应堆及其动力装置不仅在稳定工况时有良好的安全可靠性和自稳性，而且在各种工况和事故状态运行时仍可达到安全可靠，具备适应实战条件下机动负荷变化的能力。这些试验为我国第一艘核潜艇下水试航和出海试验提供了可靠的依据。

1970 年 12 月 26 日，我国自己建造的第一艘核潜艇安全下水。经海军试航考验，确认我国研制的第一艘核潜艇在总体设计、建造、动力系统、观通导航和主要武器系统方面基本上是成功的，性能是好的。核潜艇试航成功，为以后定型小批量生产打下了基础。1974 年 8 月 1 日，第一艘核潜艇交付海军正式入役。

我国自行设计的潜艇核动力陆上模式堆建成并投入试验运行和我国第一艘核潜艇下水试航成功，标志着我国已经掌握了核动力技术。这是继原子弹、氢弹试验成功后，我国核技术和核工业发展的又一突出的重大成就。它为增强我国海军力量、巩固国防做出了贡献，也为我国核电站的发展培养了人才，积累了经验。

# 第三节　加快钚线建设，加快三线建设

我国首次核试验成功后，铀-235生产线已经建成投产，但钚生产线尚在建设中，还构不成完整的核燃料循环体系，亟需尽快将钚生产线建设起来。同时，由于我国核试验的成功，打破了核大国的核垄断，我国同核大国在核领域的斗争变得更加尖锐、突出。例如，国外就有人公开叫嚣，要对中国核工厂施行“绝育手术”。为了防止帝国主义的突然袭击，亟需调整核工业的战略布局。于是调整战略布局，加快钚生产线建设，加快三线建设，就成为1964年以后的一段时期内核工业建设的紧迫任务。

## 一、加快钚生产线建设

钚生产线主要包括生产堆和放射化工后处理厂两大项目。这两个项目本是苏联援建项目，苏联毁约停援后，就完全由我国自己来干。

生产堆工程于1960年3月破土动工，8月苏联专家撤走时，只完成了基础混凝土底板，设计远远没有完成，关键设备基本没有到货，工程被迫停了下来。1962年工程重新开工。在各部门各地区的大力协同下，各有关工厂经过四年多的艰苦努力，先后攻克了燃料元件、工艺管、主泵、低压密封片和水封装置等一系列工艺、材料、设备和工程的技术难关，使生产堆于1966年10月建成并开始物理启动，12月开始提升功率，1967年正式投入生产运行。

苏联提供的后处理厂初步设计，采用的是沉淀法流程。其工艺繁杂、流程长、设备多，不锈钢用量大、废液量大、钚收率低，而且投产和生产运行费用高、建设周期长。当时国外已不再采用这种方法，而是采用萃取法。因此，在对初步设计进行审查之后，二机部研究设计院于1959年1月提出了《关于建议进行萃取法工艺研究的报告》。苏联专家撤走后，在继续进行沉淀法工艺流程研究设计的同时，该院以及原子能所、中国科学院的有关研究所、清华大学等单位，对萃取法的工艺可行性和工程经济性作了大量调查研究、论证和实验。结果证明，萃取法确实比沉淀法先进，具有投资少、成本低、钚收率高等优点。1964 年 5 月，二机部决定采取萃取法工艺。同年 12 月，又决定在酒泉原子能联合企业先建一座中间试验厂。该试验厂于 1965 年 5 月破土动工，1968 年 9 月建成投产。接着，我国第一座大型后处理厂也于 1966 年 4 月动工兴建，1970 年 4 月建成投产。至此，我国便建成了在世界上也只是少数几个国家才拥有的比较完整的军用核燃料循环体系。

## 二、加快三线建设

三线建设是为了适应战备的需要，由国家作出的战略安排。根据中央的指示精神和核工业的实际情况，二机部于 1963 年 11 月提出了在三线地区进行核工业建设的报告。中央专委同意了二机部的报告，并决定从 1964 年开始选择厂址，争取尽快新建一批核工业科研、生产基地。1964 年 3 月，二机部专门召开了选厂工作会议，确定了选厂原则，派出了选厂小组。随后，根据中央工作会议和国防工业会议精神，二机部又召开工作会议，专门研究了调整战略布局、压缩“一线”、加快三线建设问题，进一步明确了三线建设要争取时间，尽快建成。9 月底、10 月初，二机部连续发出了 6 个决定和 1 个通知，要求“一线”各单位在认真抓好当前科研和生产的同时，抓紧调整“一线”规模和着手筹建三线。各单位迅速订出了 1964 年 10 月到 1965 年年底的行动计划，并开始积极组建班子，抽调骨干，收集资料，研究方案。从此，核工业在三线的建设工作就全面展开了。

### （一）精心选择厂址

选好厂址是调整战略布局，搞好三线建设的首要环节。对核工业三线工厂厂址的选择，中央专委曾多次进行研究，国防工办和二机部领导人也曾深入现场勘察。此外，中央有关领导人还亲自过问，并到有的新厂厂址察看地形。

选址工作于 1964 年 3 月上旬开始，由二机部组织了 3 个选厂组，共 70 多人，在国防工办统一领导下，花了近一年时间，跑了几万里路程，先后踏勘了 71 个县、234 个点。他们每到一地，即广泛收集地形地貌、水文地质、气温、湿度、降雨量、地震情况及当地人口、农业生产及动力、燃料、供应等有关资料，按照科学的选厂程序，一步一步地开展工作。在厂址初步选定的基础上，再由二机部主要领导人前往现场进行复勘。最后于 1965 年 5 月，经中央专委会讨论，原则批准了第一批项目的厂址和建设方案，确定了核工业三线各单位的布局。

以后，有的厂在施工过程中发现厂址水温高、水线长，难以满足工艺要求，而且地形不够隐蔽，需要进行调整。1965 年 11 月 6 日，邓小平、薄一波在有关地方负责人的陪同下，亲自到新选厂址察看。邓小平看后认为新点好。后经周恩来同意，于 1966 年 1 月经中央专委正式批准，这些厂改在新点建设。

三线有的厂原计划进洞建设，但在施工中发现打洞难度大，工期长，不能满足建厂进度要求，决定重新选址，报经周恩来总理同意改在新址建设。

### （二）搞好建设方案

三线工程，是为了改变战略布局而建设的，因此都被看作战备工程，要求尽快建成。二机部根据中央关于三线建设的方针、原则，对新厂的工艺设计、生产规模、生产布局、厂址选择、生产项目与生活项目的安排等，都作出了一些规定。这些规定对加快工程进度起了一定作用。但有的规定过分强调了靠山、分散、隐蔽的要求，也带来了一些问题。

为了吸收“一线”工程的建设经验，搞好三线单位的建设方案，1964 年 10 月，二机部做出了关于认真总结“一线”工程建设经验的决定，要求各单位由主要领导负责，组织各方面的人员参加，从主要工艺流程，设备仪表，卫生防护标准，辅助车间的标准、规模，通风、防潮、污水处理、原料运输，人员定额，基本建设的组织管理以及福利设施等八个方面进行总结。在这个基础上提出三线各厂的建设方案和改进意见。据统计，新建工程除在生产线组成方面有较大的改变外。还采用了 470 多项比较重要和行之有效的技术改进与革新，增加了生产、运输的安全可靠性，使工艺流程更加合理，操作运行更加方便，有的还达到了先进水平。

### （三）设备仪器全部国产化

为了独立自主地建设核工业，早在 20 世纪 60 年代初，我国就开始大规模地研制核设备仪器。1965 年 2 月，中央专委在决定全面开展核工业三线建设的同时，对所需的各种重要设备和仪器仪表的研制也作了全面安排。在生产安排上，采取了在三线新建设备、仪表制造厂与巩固、充实老厂相结合的办法，既充分发挥原有厂的潜力，早出产品，又使三线形成新的生产能力。对一些重点设备、材料，确定了负责研制的部门，同时要求国产设备仪器的质量不能低于国际标准。

在研制过程中，各单位都按中央专委的要求，把核工业三线建设所需的设备、仪器仪表，视为国家重点项目，优先解决。所以，无论是我国新研制的还是仿制的设备、仪器仪表，在进度、质量、性能等方面都满足了建设单位的要求，有的质量和性能还达到了世界先进水平。

**（四）抢时间，争进度**

为了尽快建成一批三线基地，二机部采取了许多措施。1965 年春专门成立了核工业三线建设指挥部，由三线地区有关领导人参加，二机部副部长刘淇生、牛书申先后任总指挥，国防工办局长陈一民、二机部局长张涛、文功元等任副总指挥，统一领导各单位的基建、科研、生产和设计工作，及时解决出现的问题。各建设现场也由设计、生产、施工单位组成统一的建厂指挥部，协调和处理各方面的关系，及时解决工作中的问题。

1965 年 4 月，二机部的生产、设计单位参加三线建设的第一批队伍数百人开始进入三线。随后，大批施工队伍，包括土建、安装、打洞、地质勘测、机械加工等，共数万人也陆续调到三线。

为了解决材料紧张、设备短缺问题，李富春、聂荣臻到二机部三线建设会上讲话，给予支持，帮助解决困难。李富春还批准二机部在上海、天津设立三类物资采购点，解决了物资渠道问题。

1969 年 6 月 6 日，为了加快工程建设进度，中共中央军委常委粟裕和国家计委主任余秋里还召集铁道、水电、交通、邮电、建工等十个部委领导开会，传达了中共中央、国务院、中央军委关于抢建三线核工业设施的联合通知，并调集土建安装公司和人民解放军工程兵部队以及地方施工单位，举行会战，突击施工。他们修建了铁路专用线和数百公里公路，架设了上千公里的通讯线路，进行了大量的测量和相应的地质勘察工作，为我国核工业三线建设做出了贡献。

20 世纪 70 年代初，核工业三线建设工程陆续建成投产。三线建设改变了核工业的战略布局，扩大了核工业的生产能力，提高了核工业的技术水平，增强了国防力量。实践证明，核工业三线建设的决策是正确的，各项建设基本上是成功的。三线建设中的主要问题是由于“左”的思想影响和认识水平的限制，过分强调厂址靠大山，布局要分散，生活设施低标准，因而造成了生产布局上的某些不合理和工作、生活上的不便，特别是由于 1970 年国防工业大计划、高指标的影响，又盲目地上了一批后续工程，给以后调整带来了困难，影响了建设的经济效益。

## 第四节　“文化大革命”对核工业的影响和干扰

“文化大革命”使国家遭到严重的挫折和损失，也使正在发展中的中国核工业受到不小的影响和干扰。

“文化大革命”初期，即 1966 年至 1967 年，全国的夺权、武斗、停产波及到核工业。在这严重时刻，毛泽东、周恩来等对核工业采取了一系列保护措施。为稳定核工业的局面，保证核工业建设和核武器研制能够按原定计划进行，从 1967 年 3 月到 11 月，毛泽东、周恩来、叶剑英、聂荣臻等中央领导人，向核工业主要生产厂、研究所、建设工地签发了 22 份电报，其中周恩来签发了 11 份。电报均明确指出，这些单位的“文化大革命只能在业余时间进行”，各个群众组织必须“按行政单位调整改组”“不准夺权”“不准停产”“不准串联”“不准武斗”“保证工厂绝对安全，保证工厂稳定生产”。同年 6 月底到 8 月中旬，中央又三次派出调查组，到酒泉原子能联合企业和西北核武器研制基地了解情况，制止武斗，维持正常生产。所有这些措施，对核工业在“文化大革命”开始后相当一段时间内各项工作仍能大体按计划进行，起了重大作用。

1967 年 5 月，中央决定对核工业系统实行军管，直到 1973 年 7 月撤出。

1969 年 7 月 2 日，林彪在“三北”（华北、东北、西北）会议上提出：“酒泉、包头的原子能工厂要搬，1970 年准备迁完”。7 月 28 日，二机部在北京召开紧急会议，研究“一线”工厂搬迁问题。刘伟、李觉、姜圣阶等人认为，核燃料工厂，特别是生产反应堆不能搬迁；如果“一线”工厂搬迁，三线工厂尚未建成，势必会中断核燃料生产，这必将给我国核工业带来难以估量的损失。二机部的意见得到了周恩来的支持。1969年8月12日，周恩来在中央专委会议上明确指出：“‘一线’工厂不能搬，要继续生产，加紧生产，力争多生产，多储备。”中央专委确定的这一正确方针，避免了搬迁将给核工业带来的损失，维护了生产。

1970年8月，林彪反革命集团在国防工业部门制订“四五”（1971年至1975年）规划的“八一五”会议上，一方面“抓漏网走资派”，另一方面提出了国防尖端技术要在“四五”计划期间，“前三年赶上，后两年超过世界先进水平”的错误口号。根据这个口号制订的大计划、高指标，给核工业的生产建设造成了严重后果。

1971年9月，林彪反革命集团覆灭。然而不久，周恩来由于过度劳累而重病在身，中央专委的工作也濒于停顿。1974年8月，周恩来带病最后一次听取了二机部的工作汇报，并作了许多重要指示。1975年，邓小平主持中央日常工作，着手系统地纠正“文化大革命”的错误，对全国的工作进行了全面整顿。但是不久，所谓的“批邓反右”运动，又使全国再度陷入混乱，核工业也不例外。

由于“文化大革命”对核工业发展方针、规划计划、组织体制、工作部署的严重干扰和对核工业科技人员、职工队伍的伤害，给以后的调整工作带来了很大的困难。

## 一、严重伤害了核工业职工队伍

核工业职工队伍是一支政治素质好、技术能力强、能吃苦耐劳、不怕困难的坚强队伍。然而，在“文化大革命”中，一批对我国核工业建设和核武器研制有贡献的科学家、专家、领导干部、老工人遭到了批判和斗争，被下放到农村“五七”干校劳动，从而使核工业的科技工作和管理工作受到严重削弱。

西北核武器研制基地、兰州铀浓缩厂、包头核燃料元件厂是职工队伍遭到伤害最严重的单位。从1969年11月开始，西北核武器研制基地在近两年的时间里，科室、车间以上干部的80%，高、中级科技人员的90%受到迫害。基地领导人吴际霖遭受百般折磨，不久致死。另一名领导人王志刚、著名炸药专家钱晋也被残酷迫害致死。在同一时期，兰州铀浓缩厂被点名批斗和作交代的人数竟达全厂职工的60%。包头核燃料元件厂曾多次发生武斗，造成大部分生产车间和研究室停产近两个月。在所谓的清理阶级队伍中，许多干部、群众受到残酷迫害，造成了大批冤假错案。

## 二、严重地干扰和损害了核科研教育事业

1969年，二机部各类学校有的停办，有的撤销，有的交给地方。校舍被占用，大量仪器设备和图书资料被损坏，2 000多名教师全部流散，各大学的原子能有关专业除极少数保留外，也都被撤销，造成核工业所需专业人才不能适时补充，出现了青黄不接的严重后果。

与此同时，研究所被精简缩编，名存实亡。二机部情报研究所和辐射防护研究所被撤销，绝大部分人员下放干校劳动；被保留的研究单位，规模也压缩到只有原来的三分之一，并要按照所谓“建军的精神建设国防工业”，实行“掺砂子”，派工人参加领导，而业务领导被调整下去，打乱了科研体制，破坏了核科研工作。

一些重大科研项目也受到严重干扰和削弱。核武器的研究工作虽然一直没有停顿，但“清查”、批斗，使广大科技人员的积极性遭到极大的压抑，影响了工作的进行。一些基础科研项目基本停止，核电的科研工作未能展开。全国对核工业的大力协同在很多方面被取消，或被中断。原计划由我国自己设计建造的高通量工程堆用四年半的时间完工，到1973年上半年投入运行，而实际上直到1979年12月才达到临界，共用了八年时间。还有一种新型设备的研制，从1964年开始设计，到1979年12月定型试验，前后用了15年时间，延误了工厂建设。

## 三、给核工业生产建设造成了严重困难

在“左”的思想干扰下提出的大计划、高指标，要求核工业建设在1971年至1975年期间完成的基建投资，相当于我国核工业前十五年基建投资的总和。在“文化大革命”期间国民经济十分困难、建设资金和物资均严

重匮乏的情况下，这不仅为国力所不容许，同时也严重脱离了核工业建设的实际。因此，这个时期核工业的基本建设战线拉得很长，许多项目齐头并进，加之不适当地强调了工厂建设要进洞，或者过分强调了要分散，致使建设工期一再延长，不能很快形成生产能力。布点过于分散，也给使用带来一些困难。有的工程，由于技术复杂，又缺乏周密的调查研究，不按基建程序办事，在科研、设计未完，地质资料不清的情况下，就大量调集队伍进行建设，造成了大量窝工浪费。有的工程被迫中途停建，有的建成后还要重新整治。

由于“文化大革命”的影响和干扰，我国在核领域同世界有核国家相比，拉大了差距，特别是在核能、核技术的和平利用方面，缺乏明确的发展方针和有力的组织领导，长期未被重视，以致丧失了时机，落在了许多国家的后头。

# 第五章　铀矿地质勘探与采冶

## 第一节　铀矿地质勘探的创建与发展

铀是发展核工业的最基本的原料。因此，铀矿的普查勘探是发展核工业的先行。它的中心任务是查明铀资源，勘探铀矿床，提交铀储量。由于铀矿形成条件比较复杂，分布很不均匀，规模、品位变化很大，从而给铀矿普查勘探增加了困难。铀具有特殊的物理化学性质，尤其是有放射性和有规律的衰变特性，所以在普查勘探铀矿时，除采用一般的地质方法外，还采用了一些专门的方法、手段和仪器。

我国的铀矿普查勘探工作，从 1955 年 3 月到 20 世纪 70 年代末期，大致经历了 4 个发展阶段：1955 年至 60 年代初期，主要是组建队伍，掌握技术，开展全面普查；20 世纪 60 年代初期至 70 年代初期，研究成矿规律，指导找矿，扩大成果；20 世纪 70 年代，着重采用综合方法，突破覆盖，攻深找盲。1980 年以后，努力加强区域研究，探索新的类型，寻找富矿大矿。

我国铀矿地质战线的全体职工，经过 30 年的艰苦奋斗，找到了多种类型的铀矿床，向国家提交了发展核武器和核电前期所需要的铀储量。与此同时，铀矿地质队伍不断发展壮大，培养了一批善于管理的干部队伍，造就了一批有丰富实践经验的铀矿地质科技队伍和能打硬仗的找矿队伍，形成了一个生产、科研、教育配套齐全的铀矿地质工作体系，从而为进一步发展我国的铀矿地质事业奠定了牢固的基础。

## 一、队伍的组建与发展

1955 年 4 月，成立了我国铀矿地质工作的专门管理机构——地质部第三局，首任局长雷荣天。三局成立不久，随即调集队伍，首先在长沙和乌鲁木齐组建了分别由康日新、齐俊德任队长的三〇九队和五一九队两个地区性的管理机构，管辖 10 个地质队，共 1 000 多人。同年下半年，为加速铀矿普查工作，专门组建了二〇九检查队。

1956 年，中央又从 37 个部门和 15 个省（自治区）抽调管理干部、技术干部和技术工人共 4 754 人，分配高等院校毕业生 1 791 人和中学毕业生 4 200人，充实铀矿地质队伍。在太原建立了负责华北和西北地区铀矿地质工作管理机构——一八二队；将二〇九检查队扩建为负责西南地区铀矿地质工作的管理机构；在长沙、乌鲁木齐和太原创办了 3 所中等地质学校，在开封等地创办了工业计划经济学校和技工学校。到 1956 年末，从事铀矿地质工作的职工总数已增加到 2 万余人。

1957 年 2 月在长春组建的东北四〇六队，于 1958 年初迁至沈阳，扩建为东北地区铀矿地质工作的管理机构。1959 年 1 月，在南昌建立了华东六〇八队，管理华东地区的铀矿地质工作。同年 6 月，在北京建立了铀矿地质研究所。至此，铀矿地质队伍在全国的布局已基本形成。

铀矿地质队伍的体制，在 70 年代发生了一次大的变化。根据国务院和中央军委 1971 年 9 月 10 日的决定，将辽宁、广东、四川的铀矿地质队伍改编为 3 个工程兵师，共辖 12 个团。后来又陆续在江苏、安徽、福建等省建立了 3 个铀矿地质团。“工改兵”的人数占铀矿地质系统职工总数的三分之一。至 1983 年年底，根据中央的决定，铀矿地质工程兵又全部转回核工业部建制。

1984 年以后，铀矿地质系统的总管理机构是核工业部地质局，在华东、中南、华南、西南、西北、东北地区分别设立地区性管理机构——地质勘探局，共辖 51 个地质大队，7 个研究所，8 个设备仪器厂，一所大学，一所中专，6 所技工学校，4 所医院，共有职工近 6 万人，分布在全国 24 个省、市、自治区。其中各类专业技术人员 14 000 多人，约占职工总数的 21%。此外，地质矿产部、冶金工业部系统还在全国 12 个省（自治区）内先后组建了规模不同的铀矿地质队，共有职工 6 500 人。

## 二、铀矿地质工作的发展

我国铀矿地质工作，经历了一个不断实践，反复探索，稳步发展的过程。

1955 年到 60 年代初期，铀矿地质工作处在初创阶段，当时主要是在苏联专家指导下，学习技术，在全国开展普查，快速勘探，解决我国铀矿资源的有无问题。1955 年，在中南和新疆地区发现了第一批放射性异常点带，并进行了初步勘探。1956 年，三局提出“扩大普查，加紧勘探”的方针，普查工作量大幅度增长，工作区域迅速扩大，对已发现的达拉地、金银寨、大堡、白马洞、蒙其库尔、巴什布拉克等矿床（矿点）进行了重点勘探，并在一些矿床中计算出部分工业铀储量。在两年大面积普查的基础上，1957 年又提出“巩固提高，重点勘探，适当扩大普查”的方针，把工作重心转向勘探，从而加速了矿床勘探的步伐。与此同时，还全面学习并掌握了从普查勘探到铀矿分析鉴定的方法技术。1957 年 11 月，生产出了 100 台仿苏 УР-4М 型找矿仪器，开创了我国自己生产放射性找矿仪器的历史。

1958 年向国家正式提交了第一批铀储量，到 1960 年，已提供 8 个铀矿开采基地。

铀矿地质工作的迅速起步和发展，得到了国家的充分肯定。1958 年 1 月，出席三局召开的三级干部会议代表，受到了朱德副主席、三机部（后改为二机部）宋任穷部长的接见。

1960 年 8 月，苏联中断援助后，我国铀矿地质工作部门及时采取了一系列有力的措施，克服了由于停援所造成的困难，扭转了被动局面，并取得了新的进展。

1961 年 6 月，三局在北京召开了一次重要的地质工作会议。会上提出地质工作的新任务是：进一步提高工作质量，千方百计过技术关，加速扩大老矿区，顽强突破新要地，建立巩固的后方，并确立了“既富又近，富近结合，合理布局，及早利用”的指导思想。随后 9 月又制定了《关于地质普查勘探工作的质量要求的规定》等 17 个技术管理规定、规程和规范，第一次形成了符合我国铀矿地质工作特点、比较完整的技术标准。这对于自力更生发展我国的铀矿地质事业，起了重要作用。

这一阶段的主要地质成果是：首次向国家提交了铀储量和一批可供开采的基地，发现了我国主要的铀矿类型——花岗岩型铀矿以及砂岩型、含铀煤型、火山岩型等铀矿类型。这种铀矿成矿条件的多样性，显示出我国具有良好的找矿前景。

1962 年到 1972 年，我国铀矿地质工作的重点是大力加强普查，研究成矿规律以指导找矿，努力扩大成果。1962 年 6 月，三局给所属单位的领导干部和技术人员发出了一封公开信，动员运用辩证唯物主义的观点，根据大量的第一手材料，认真总结中国铀矿床规律。1963 年 3 月，在北京香山召开首次铀矿床会议，总结和交流了铀矿床的特点和成矿规律，开始形成我国自己的铀矿成矿理论，对开展深入找矿，扩大成果，起了重要的指导作用。会议期间，毛泽东、周恩来、邓小平等接见了与会全体代表，充分体现了中央对发展铀矿地质事业的期望。会议之后，我国铀矿地质工作者开始运用地质规律指导找矿，效果显著。这一时期，还对地质条件较好的诸广山岩体进行了普查勘探会战。先后在诸广山地区参加会战的有 10 个地质队，7 600 人，持续工作三年多，达到了预期目的，使 20 世纪 70 年代初向国家提交的工业铀储量大幅度上升。1972 年又召开了沉积铀矿床会议，交流寻找沉积矿床的经验，推动了沉积铀矿找矿工作的发展。

这一阶段的主要地质成果是：对花岗岩型铀矿成矿规律的认识进一步深化，发现了不少新矿床，铀储量显著增长；初步认识了火山岩型铀矿床的重要性；首次提出了碳硅泥岩型铀矿床的淋积成因说。

20 世纪 70 年代，我国铀矿地质工作者开始运用综合找矿方法，开展了“攻深找盲”。早在 1965 年 8 月，三局召开的北京铀矿地质工作会议就号召“巧破覆盖，精取深部”，指出了找铀工作的方向。但是，由于“文化大革命”的严重干扰，这一正确的主张没有得到实现。1973 年 4 月，在南京召开的普查工作会议，总结了 20 世纪 60 年代以来普查找矿的经验，研究了包括区调、普查、揭露评价各个环节在内的工作方法，制订了《铀矿普查工作规定》，提出要根据实际情况，选用多种方法，大力寻找隐伏岩体、隐伏构造和盲矿体。在以后的找矿过程中，坚持了地质、物探、水文、探矿各专业紧密配合，对各项资料综合评价，对研究成果及时进行工程验证，取得了较好的地质效果。

这一阶段的主要地质成果是：对火山岩型铀矿床的认识趋于成熟，发现了多种新矿物；在华东、东北中新生代砂岩以及在滇西地区第三系含铀煤和砂砾岩中发现了一批铀矿床，使砂岩铀矿成为我国主要铀矿类型之一；“攻深找盲”的方法和手段有了重要突破。

20 世纪 80 年代，我国的铀矿地质工作者加强了区域地质研究，探索新的铀矿类型，开辟新的成矿远景区，积极寻找大矿富矿。1980 年 5 月，长沙地质工作会议重申以地质找矿为中心，提出加强区调、普查、揭露评价和科学研究。从 1980 年起，集中了 14 个地质大队，3 个研究所，其中包括区调、普查、水化、揭露和科研分队 79 个，共 3 500 多人，对 170 多万平方公里的华北地台进行了大规模的区域地质调查，探明了矿化较富的连山关铀矿床，开辟了华北地台北缘中段沽源铀成矿远景区。与此同时，也加强了全国主要铀远景区和铀成矿带的区调和普查工作。

在这一阶段还积极贯彻了对外开放的方针，同一些友好国家开展学术交流，在我国指定地区合资进行了铀矿普查勘探。

这一阶段的主要成果是，初步摸清了我国华北地台及其几个主要铀成矿区（带）的区域地质背景，圈出了一些较好的铀成矿远景区，发现了一些具有良好前景的铀矿点带，引进了一些先进的普查勘探和分析方法，新的铀矿类型在我国逐步被发现。

我国的铀矿地质工作得到了很大的发展。截至 1984 年年底，共完成地面伽马普查 291. 5 万平方公里，航空伽马普查 153. 4 万平方公里，钻硐探工作量2 419. 7万米，发现了大量的放射性异常点带、铀矿化点和值得揭露的初勘点，探明了上百个铀矿床，提交了数量可观的工业储量和远景储量，满足了我国核工业发展的需要。同时，还注意综合找矿，找到了铁、铜、钼、锗、汞、硒、煤、银等 22 种矿产。

## 三、花岗岩型铀矿的发现和扩大

找矿初期，即 1955 年到 1956 年，由于缺乏经验，只能比照当时世界上已有的铀矿类型及其产出条件，结合我国的情况或铀矿化线索，作为部署普查力量的依据。如早期把普查力量部署在广西花山花岗岩体内，对已知的铀矿化线索进行工作，当时也发现了一批铀异常和铀矿化点，但经深部揭露都无工业意义。随后又把找矿重点转向花岗岩体外接触带的碳酸盐岩中与多金属伴生的铀矿化，对洪泰、银沙隆等许多矿点进行揭露和勘探，由于矿体分布零散，规模小，也作了否定的评价。此后，又以花岗岩体外接触带的前泥盆纪变质岩系（龙山系）为普查重点，虽找到了一些异常和矿点，但仍未发现有开采价值的铀矿。

1956 年 11 月，中南三〇九队第二队找矿员王昌发等，在广东省贵东花岗岩体接触带发现了新桥、下庄铀矿点，但规模不大。1957 年，中南三〇九队第十一队找矿员周四宝、顾鼎山，又在贵东花岗岩体内部找到了含铀硅化带，被命名为“希望”矿点。通过系统的深部揭露工作，1958 年将其肯定为一个有工业价值的铀矿床。从而使“希望”矿床成了我国首次在花岗岩体内发现的大型铀矿，被载入找矿史册。“希望”铀矿点发现以后，经地质工程师刘兴忠等人的总结，确认了在我国花岗岩体中寻找铀矿有良好前景。这一成果为在我国花岗岩体内进行大规模铀矿普查指明了方向。此后，不仅在贵东岩体内找到了一批铀矿床，而且相继在诸广山、九连山等岩体内也找到了一大批铀矿床。尤其是在诸广山岩体中发现的东坑、澜河铀矿床，是花岗岩体中找到的品位最富的铀矿床，具有很高的工业价值。以后在我国西北地区同样也找到了花岗岩型铀矿床。通过对这些矿床的发现和科研实践，我国铀矿地质勘探人员对花岗岩型铀矿的认识不断加深，开始逐步掌握这一类型铀矿的形成特点和产出规律，有效地指导了找矿工作。

西北一八二队第七队在茂岭加里东期花岗岩体中，对碱交代岩型铀矿化所进行的普查勘探工作，进一步扩大了花岗岩型铀矿的找矿领域。1960 年发现茂岭矿床时，由于含矿岩石强烈蚀变，原岩面貌全非，很难确定岩石名称。由于对含矿岩石的性质长期搞不清楚，对矿床的成因认识不一，从而导致工作进展缓慢，成果不明显。1964 年以后，王传文、郎尽美等人对矿区岩石、构造、矿化特点等进行了深入研究，逐步认识到含矿岩石是富钠热液对花岗岩类岩石进行交代蚀变的产物；铀成矿是在钠交代作用和构造破碎之后热液充填而成，从而肯定了碱交代热液型铀矿化的成因。基于这一新的认识，遂以断裂构造和碎裂蚀变岩石为主攻方向，扩大了勘探范围，并很快在深部发现了较大的盲矿体，确立了矿床的工业价值。茂岭矿床的发现与扩大，对花岗岩型铀矿成矿的认识又是一次深化。随即在华南的一些花岗岩体中也发现了碱交代岩型铀矿，同时发现在其他类型铀矿中也普遍发育有碱交代作用，从此确认，碱交代作用的发育是寻找铀矿的一个重要标志。

20 世纪 70 年代，通过对桃山花岗岩体中的铀矿床进行深入的研究，认识到它是一种属于赤铁矿——黏土型，从而又发现了一种新的矿化类型。这是对花岗岩型铀矿在认识上的又一次重要发展。据此在华南地区的一些含硅化带型铀矿的岩体中相继找到了赤铁矿——黏土型铀矿，进一步扩大了勘探花岗岩型铀矿资源的远景。

20 世纪 60 年代至 70 年代，通过对华南地区不同年代的加里东期和雪峰期花岗岩体的勘探实践，认识到花岗岩型铀矿的形成对岩体的时代没有严格的成矿专属性，各种地质时代的岩体都可能有铀矿产出，使多元成矿的观点得到了证实。20 世纪 70 年代以后，随着资料的积累，认识的深化，杜乐天等对花岗岩型铀矿的成矿规律作了系统总结，提出了找矿判据，对找矿工作起了推动作用。以后又在花岗岩体外接触带找到了一批具有工业价值的铀矿床，从而开拓了新的找矿领域。

## 四、火山岩型铀矿的发现和扩大

1956 年，新疆五一九队第二十四队找到产于晚古生代火山岩系中的白杨河铀矿床。这是我国首次发现的火山岩型铀矿床。1957 年，航空伽玛普查发现相山铀矿区。1958 年，地面伽玛普查发现小丘源铀矿区。由于当时对火山岩型铀矿不熟悉，曾在很长一段时间内将后两个铀矿区误认为是产于微花岗斑岩和石英长石斑岩中，属花岗岩型铀矿。

20 世纪 60 年代初，在小丘源矿区勘探中，按照勘探花岗岩型陡倾斜脉状矿床的一套方法进行工作，探矿工程见矿率很低，设计的坑道和钻孔大多数没有见矿，而少数见矿工程不仅与原来设计位置不符，矿体也难以连接，致使整个工作处于困难境地。为了解决这个难题，地质人员对资料进行了综合分析并开展专题研究。经过对比分析，在原认为是石英长石斑岩的岩体中辨认出了一个绿色岩层，它呈层状广泛分布，根据剖面资料对比，发现铀矿化主要产于绿色层下部，并且比较稳定，呈层状产出。这一重大发现证明矿体不是陡倾脉状而是层状，围岩不是石英长石斑岩而是流纹岩，成因不是侵入体而是喷出岩。所谓“绿色层”，乃是流纹岩之间的火山碎屑岩夹层。按照这一认识继续勘探，迅速取得了成功。对小丘源铀矿从花岗岩型至火山岩型认识上的转变，不仅帮助探明了一个大型矿区，而且使火山岩型铀矿成为一种新的矿化类型，其工业价值引起了人们的重视，于是火山岩型铀矿便被正式提了出来。

我国著名的相山铀矿区从 1957 年被发现之日起，就被当作花岗岩型铀矿对待。1965 年，华东六〇八队第十二队王圣祥等人在相山矿区进行五万分之一比例尺的地质填图时，开始对相山岩体提出质疑，认为相山岩体不是一个浅成侵入体，而是一套火山岩系，这无疑是对传统看法的一个大挑战。尽管当时未被人们接受，但它所引起的争论，大大推动了地质科学研究的进程。1972 年，矿山、地质队、研究所组成联合科研组，对这一铀矿区进行了深入探讨。尔后，陈肇博等通过大量科学数据证明，才得出结论：相山矿区是一个塌陷式火山盆地，铀矿属于火山岩型；并总结提出了火山岩铀矿床的双混合成矿模式，受到了国内外同行的注意和好评。从此，在火山岩出露地区开展了大规模的普查和勘探，同时也组织了多学科的研究工作，获得了丰硕的地质成果。在华东、华南、东北、华北等地区陆续找到了一大批铀矿床。尤其是地处江西、浙江两省区的赣杭火山岩成矿带已成为我国最重要的火山岩型铀矿产地。此外，在华北地台北缘的燕辽成矿带，由于沽源火山岩型铀矿的发现展示了一个新的铀成矿区的存在。

## 五、砂岩型铀矿的发现和扩大

1955 年年初，新疆五一九队获得伊犁盆地侏罗纪煤系含铀的线索。第一队在盆地南翼的达拉地开展了普查找矿，不久便在深部发现隐伏的含铀煤矿床。这是新疆地区发现的第一个大型铀矿。接着在西部又发现蒙其库尔大型铀矿，为矿山建设创造了条件。同一时期，在天山南麓喀什地区也发现了一个大型含铀沥青的砂岩型矿床，由此展现了新疆地区寻找砂岩型铀矿的良好前景。1956 年在华南的衡阳盆地通过航空放射性测量，在白垩-第三系砂岩中发现了浦魁堂铀矿床。通过普查后，又发现了储量较大的汪家冲铀矿床。由此表明，在华南中新生代盆地寻找铀矿也具有一定的远景。

1964 年，在我国江西寻乌勘探了一个“热盖型”砂岩型铀矿。它是一种以花岗岩为基底、以火山岩为盖层、矿化产于基底之上碎屑岩中的矿床。

与此同时，在我国辽宁建昌地区，1965 年也发现了这种类型矿床，在揭露评价过程中，蔡孔德等人对突破该矿床做了大量工作。到 1970 年提交储量，前后只用了 5 年多时间。这类矿床一般规模较大，品位较高，是一种很有发展前景的类型。

20 世纪 70 年代初期，滇西地区的普查勘探，在新第三系含铀煤和砂砾岩中探明了一批铀矿床，这个地区已成为我国砂岩型铀矿的重要产地之一。

## 六、碳硅泥岩型铀矿的发现和扩大

1958 年，通过航测在中南地区发现了黄材矿床，它是我国最早发现的碳硅泥岩型铀矿，属淋积型。以后相继在江南古陆东南侧找到了若干个淋积型铀矿，其中以 1961 年发现的老卧龙矿床最为著名。通过对老卧龙和黄材矿床详细的地质研究，总结出淋积型铀矿床形成的某些规律，指导了对该类型矿床的普查勘探工作。20 世纪 60 年代中期，在广西产子坪和川甘边境的若尔盖地区的震旦——寒武系和志留系地层中揭露并突破了受层位控制的大型碳硅泥岩型铀矿。对这两个矿区深入研究的结果，进一步查明热液叠加再造是形成这类矿床的重要条件。这种再造型的铀矿床规模大，品位高，较之淋积型矿床更有工业意义。1972 年以后，中南三〇九队第五队对麻池寨铀矿进行了研究，发现该矿属于一种新的成矿类型——沉积成岩型矿床。这一类型具有层位稳定、分布面广、品位较低的特点，在经济价值上比上述两类稍差。

总之，普查勘探成果表明，我国具有多种有利于铀矿形成的地质环境，已发现的铀矿类型，除上述 4 种主要类型外，还有碳酸盐岩型、石英岩型、含铀磷块岩型、碱性岩型及花岗伟晶岩型。

各类铀矿所占储量比例如下：

花岗岩型：41%；

火山岩型：20%；

砂岩型：21%；

碳硅泥岩型：13%；

其他：5%。

我国铀矿产出的地质时代主要集中在中新生代时期（约占总储量的 80%），而不像澳大利亚、加拿大等重要产铀国家的铀矿主要集中在前寒武纪时期。这说明燕山运动对我国东部铀矿的形成有着深刻的影响。我国铀矿产出的空间多集中在褶皱带及其相毗邻的地台区的边缘，而不像世界著名的大铀矿那样，集中分布在稳定的地盾区和古老地台上。

## 第二节 铀矿普查勘探方法与手段的演进

铀矿普查勘探是按程序分阶段进行的。它可划分为 5 个阶段，即区域地质调查阶段、初查阶段、详查阶段、初步勘探阶段和详细勘探阶段。前 3 个阶段为找区找点阶段，后两个阶段为矿床勘探评价阶段。由于铀矿具有放射性，因此在普查勘探中，主要是采用以辐射为基础的物化探方法。

### 一、铀矿区域地质调查和普查

铀矿区域地质调查的主要任务是战略选区。1955 年到 1960 年，一般只是采用简单的地质、物探联合，路线穿越式的踏勘性区域调查，侧重了解区域含铀性、铀源条件。1961 年以后，随着对不同类型铀矿成矿条件的不断掌握，转入了开展较系统的区域地质调查，进行小比例尺放射性地质编图、区域伽玛测量和放射性水化学概查，以选择不同铀矿类型成矿的有利地区。

20 世纪 80 年代以来，铀矿区域地质调查进入了铀资源区域远景评价和总量预测的新阶段。其目的是全面系统地对全国铀矿资源潜在量进行估算摸底，选出普查找矿远景区，为铀矿地质工作长远发展规划提供科学依据。工作中广泛利用了地质、地球物理、地球化学综合区测方法和成果资料，并运用了先进的航空能谱测量、遥感地质和电子计算技术。1980 年以后，先后系统开展了华北地台、赣杭构造成矿带和雪峰-九岭成矿带的区域地质调查和区域研究工作，取得了系统丰富的资料，为选择有利的普查地区提供了依据。

铀矿普查（即初查阶段）是应用地质方法和各种物化探方法，在较大工作区域内寻找铀异常点带，并对工作区域作出找铀远景评价。

我国铀矿普查方法的发展是由单一的伽玛法普查，逐步发展到多方法综合普查。早在1955年铀矿地质队伍组建初期，为迅速查明我国铀矿成矿远景并尽快落实勘探基地，就采用了快速高效的航空伽玛测量和地面小比例尺大范围的伽玛普查。有些难以通行的地区则进行踏勘性的概查，以最大限度地概略控制可查面积。仅局部地区采用了放射性水化学法和射气测量法。采用的探测器一般是苏制计数管，灵敏度较低。航测只能在地形简单的丘陵-低山区作业，有效航测飞行高度为60~80米。

尽管那时的普查方法比较单一，采用的仪器不先进，但由于找矿人员发扬了艰苦奋斗的精神，穿丛山越峻岭，攀登悬崖陡壁，找矿成果极其卓著。在1957年到1961年的5年间，在全国范围内发现异常点15万多个，揭露勘探铀矿点230余处。我国大多数铀矿床和铀矿点都是在这一时期发现的。

在大面积快速普查的基础上，1962年以后，在重点地区进入反复普查的阶段。这一时期除继续采用伽玛法为主，配合使用射气、水化学等方法外，在部分地区还运用金属量测量，土壤铀量测量，河谷底沉积及电法、磁法等多种方法。普查用的苏制计数管辐射仪，也逐步被上海电子仪器厂的潘梓榕等人研制的FD-71晶体管闪烁辐射仪所代替。航测也采用我国自制的闪烁航测仪。由于仪器灵敏度提高，有效航测飞行高度增加到100米。由于普查的比例尺较大，详查的地区较多，所以许多地区的普查大量采用了穿越和追索相结合的作业法，追滚石、追构造、追蚀变带、追接触带等各种形式的追索普查也甚为活跃。如1965年在辽宁建昌地区的中生代盆地的凝灰岩中，根据一个辐射值的异常，顺层追索出地表两个小矿体，后经钻探，在深部砂砾岩中发现大型铀矿，成为我国北方第一个重要的铀矿基地。据概略统计，从1955年到1985年的30年中，我国大约有三分之一的铀矿床是通过反复普查工作才得到落实的。有的矿床，早在20世纪50年代就发现异常，几经普查，甚至六进六出，直到20世纪60年代末期才找到矿。

随着出露地表的易找的明矿越来越少，1973年以后，普查工作进入了寻找深部隐伏盲矿的攻深找盲阶段。径迹蚀刻法和钋-210法两种找矿新方法的推广应用取得了良好的效果，同时还带动了氡气找矿方法的研究和应用。这些利用氡及其子体的找铀方法，抗干扰和捕捉深部矿化微弱信息的能力较强，大大提高了攻深找盲的效果。后来出现的氦法、锾法、汞法、包体三晕法、地电化学提取法等新方法，也被因地制宜加以综合运用。

这个时期，放射性水化学找矿法应用越来越广泛，成立了许多专门的水化学找矿大队，开展大范围普查。到1984年底，已完成100万平方千米的普查面积，发现9万个水化学异常点，其中可揭露的点1 018个。实践证明，放射性水化学找矿法是一种重要的深部找矿方法。此外，能谱测量在普查中的应用也日益广泛，它是用于查明富铀地质体，确定远景地区的一种重要手段。

由于多种找矿方法的综合应用，探深能力已由过去的数十米，发展到了二三百米，从而使深部找矿效果日益显著。

1972年，国产FD-123型航空伽玛能谱仪问世，与自制的模拟记录自动处理装置配套，使我国航测技术发展到航空伽玛能谱测量的新阶段，解决了多年未能解决的铀钍分辨问题。1980年，北京七〇三航测队又从国外引进了高灵敏度的航空能谱测量和磁测系统，以及配套的电子计算机数据处理系统，航测飞行高度提高到120米，建成了具有较高水平的石家庄航空放射性测量中心。截至1984年底，我国已基本完成了全国海拔2 500米以下可测区的航空放射性普查。据统计，航测发现的铀矿约占当时已发现矿床的三分之一，而且提供了许多航空放射性高场区，作为部署找矿队伍的重要依据。

## 二、揭露评价

揭露评价是找铀的重要阶段（即详查阶段）。这一阶段的任务是对已发现的铀异常点、矿化点进行地表和深部工程揭露，并根据地质观测资料和物化探数据作出能否发现矿床的远景评价。它是普查与勘探阶段之间的一个极其重要的环节。地表放射性强度很高，矿化显示很好的点带，深部不一定有铀矿。有时地表异常显示不高，但深部矿体却很好。这种不一致性来自于地质条件。因此必须揭露地表，通过评价，以确定是否进行勘探。如果揭露评价失误，则可能把很有前途的矿点轻易否定掉，使铀矿长眠地下。

1955年开始到1962年以前，由于缺乏经验，掌握国内外各种不同类型铀成矿的模式较少，思路不开阔，因此常就点论点，仅根据地表异常的高低、矿化的强弱及规模的大小来进行简单的评价；详查主要靠伽玛法，辅以射气测量和水化学找矿；揭露手段也较简单，主要是槽井探，或部分地运用手掘小坑道探索浅部。这些都明显地反映了事业初创时期的特征。

1962年以后，我国先后发现了花岗岩型、含铀煤型、砂岩型、火山岩型等多种类型铀矿，并相应地总结出其成矿规律，加上国外的一些找矿经验也不断传入，因此评价铀矿的思路也逐步开阔起来。这一时期的特点是对已发现的众多矿点进行点带排队，重新认识、重新揭露，并采用电法、磁法等普通物探方法寻找有利的隐伏构造、隐伏岩体和隐伏的含矿层位。许多矿点几经上下，数次重新认识、重新揭露，才确认了勘探基地。如江西峡江矿床，20世纪50年代就发现异常，但地表覆盖很厚，经过多次揭露不能定论。直到1970年重新揭露时，通过系统地质研究和采用4种方法详查，对11条新发现的综合异常带进行钻探验证，有三分之一的钻孔见矿，才最终成为勘探基地。

1973年以后，进行点带评价时，注重研究区域地质背景，开展地质填图，综合分析成矿地质条件，特别是比照国外有关的铀成矿模式，进行综合研究；同时注重采用多种物化探方法进行综合评价。在揭露手段上，较多地运用浅钻，有时也采用300米深的钻孔以加强深部探索，从而大大提高了揭露评价的效果。江西董坑地区地表仅有微弱的矿化显示，通过综合方法找矿，获得了大量深部成矿信息，并用电法探测出与成矿有关的隐伏断裂带。在分析该区具有有利的层位和构造的成矿地质条件的基础上，大胆运用钻探揭露，终于在第三纪红层覆盖层厚达100~200米以下的震旦-寒武系的碳硅泥岩中，找到厚大矿体，经勘探已查明为一大型铀矿。

## 三、铀矿勘探

铀矿勘探是找铀的后期阶段，它包括初步勘探和详细勘探两个阶段。它的任务主要是应用各种方法和手段，探明铀矿床的储量，获得系统的资料，对矿床进行工业评价，为矿山设计和开采提供可靠的数据。

铀矿勘探手段包括钻探、硐探、取样和测井等技术，它的选择，取决于铀矿类型和埋藏条件。早期，铀矿勘探的主要对象是表露的和近地表的矿床，勘探深度一般在300米左右。以后逐渐发展到勘探埋藏较深的隐伏矿床，勘探深度增至500~600米，个别深达800米。

钻探是勘探工作的重要手段，30年来发展演变得很快。20世纪50年代主要是手把式300米的钻机，钻探平均台月效率约190米。1959年，中南三〇九队第十队曹洪森研制出与手把式钻机配套的自动卡盘、无人提升器、拧管器、活动操作盘等6项机具，并在铀矿地质系统全面推广，从而减轻了工人的劳动强度，保证了安全。20世纪50年代末60年代初逐步引进油压钻机，1965年钻探平均台月效率提高到300米左右。

小口径金刚石钻机的推广应用，促使铀矿勘探手段发展到一个新阶段，1974年从国外引进第一台小口径金刚石钻机，效果甚好。1977年开始使用我国自己研制的小口径钻机，同时采用了小口径测斜、测井、绳索取心，并先后取得成功。基建工程兵二机指挥部六〇一团首先将射流式冲击器用于生产钻进。江西二六四队生产的小口径液动冲击回转钻具，也具有较好的性能和效率。1984年铀矿地质系统小口径钻机已占钻机总量的64.5%，各项经济技术指标与国内同行业相比，均达到先进水平。如台月效率达到508米。此外，以绳索取心为主体的用于多种条件下的钻进技术，也开始推广，以取得更高的技术经济效益。

勘探工作的另一重要手段是硐探。硐探经历了手摇、半机械化到机械化，并逐步向综合机械化的发展过程。值得指出的是，1975年中南三〇三队首先在全国地质系统实现了第一条以双机液压凿岩台车、装岩机、梭式矿车、机车等主要设备为内容的勘探坑道机械化作业线，对地质系统硐探机械化作业起了重要的推动作用。

为了确定矿体的厚度以及矿石的品位，就必须进行取样。20世纪50年代坑道中的取样全靠人工刻槽，然后进行分析测试，成本高，效率低。20世纪60年代以后，逐步采用辐射取样，这是一项重要的技术进步。随后又试验成功了放射性方法测矿石体重，进一步扩大了放射性物理勘探技术的应用范围。

放射性测井是钻探的重要配套技术，通过测井可直接确定钻孔中铀矿体的位置、厚度和铀的含量。20世纪五、六十年代主要是采用伽马测井。20世纪70年代以来，对一些含钍的铀矿床开展了能谱测井，能准确地区别铀钍含量，并确定铀矿体的位置和厚度。为了研究同成矿有关的围岩、构造和蚀变带等地质问题，还开展了电阻率、自然电位、井中激发极化、氧化还原电位等电测井和其他综合测井方法，从而形成了一整套勘探铀矿的测井技术。

放射性测井的解释方法长期采用制图计算法。到了20世纪80年代，开始采用反褶积分层解释方法。该方法简单，精度高，分层细，速度快。

铀矿勘探技术进步，还表现在采用综合物探方法，追索含矿层位或含矿构造的变化，以确定勘探工程的设计和施工，而不是单纯按照一定的勘探网度机械地设置钻孔。如广西大新矿床勘探，就是采用电剖面、自然电位和电测探等方法来探测含矿构造的产状，及与矿化有关的金属硫化物的分布，指导钻孔的布置，从而加快了矿床勘探的速度。

实践证明，在勘探过程中大力加强铀矿床地质与探矿因素的研究，掌握变化规律，充分发挥放射性物化探及普通物探综合方法的作用，努力采用新技术，就能有效地加快勘探速度，提高勘探效果。

## 第三节 铀矿地质科学研究

地质科学是一门实践性和探索性很强的科学，为了寻找更多的铀资源，必须加强铀矿地质科学研究工作。我国在铀矿地质事业初创时期，于1959年在北京成立了全国性的铀矿地质综合研究中心——北京铀矿地质研究所。20世纪70年代又陆续在东北、西北、中南、华东、华南、西南地区成立了6个地区性的研究所，同时各地质大队也设有科研队（组），从而形成了完整的三级科研网。其中，7个专业研究所到1984年已有高级工程师43人，工程师和技术员1 300多人。

这支专业研究队伍同地质队紧密结合，到1984年年底共完成2 346项研究任务，提交了2 461份研究报告，获得全国科技大会奖32项，全国自然科学奖三等奖1项，国家发明奖三等奖、四等奖各1项，国防科技奖二等奖2项，三等奖54项。上述研究成果已在铀矿普查勘探工作中发挥了重要作用。

### 一、重点矿床的深入研究

从20世纪60年代初开始，研究所同地质队结合，对不同类型的重点矿床进行深入研究，不仅在铀矿成矿特点和成因类型等理论认识上有新的发展，而且对矿区的扩大和寻找同类矿床起了很大的指导作用。20 世纪 60 年代初期，北京铀矿地质研究所和西北一八二队对芨岭矿床的研究成果，对以后在我国南方和北方相继发现碱交代型铀矿，起了重要作用。青龙矿床，起初被认为是古河流入湖的喇叭口控矿，20 世纪 70 年代经队、所结合共同研究，认为富矿体主要受构造控制和热液迭加成矿。基于此种认识，沿区域断裂追索，在外围的花岗质砂砾岩层中又找到一个大型铀矿床。1967 年由概查发现的草桃背铀矿床，就是随着探矿工作的不断发展，由陈然志等人坚持地质研究，认识不断提高，而在 20 世纪 70 年代末发展成的一个大型铀矿床。黄材矿床，原是一个小型矿床，在 20 世纪 70 年代矿山开采即将结束时，中南三〇九队第九队和研究所联合研究，根据有利地层和有利构造复合控矿的认识，预测外围有利地段，结果使矿区扩大，储量翻了几番，小矿变成大矿。对相山塌陷式火山盆地成矿规律和预测的研究，对于指导找矿、扩大远景也具有重要的实际意义。西南二〇九队第五队和第九队在临沧矿床深入研究第三纪含铀煤的伴生元素，发现了一个品位较富的大型锗矿；西北一八二队第二队和研究所结合，深入研究了产于白岗岩中的红石泉矿床，认为它是我国的一种新矿床类型，对扩大老地层中找矿领域具有指导作用。实践证明，研究所和地质队结合，发挥各自所长，共同研究，共同攻关，是一条值得发扬的成功经验。

在上述重点矿床研究的基础上，我国的铀矿地质科研人员对国内主要类型铀矿成矿的地质特征、成矿亚类的划分以及各种类型铀矿成矿的基本规律、成因模式、找矿判据、找矿标志、找矿方向等开展了全面综合研究，并根据研究成果编著和出版了《花岗岩型铀矿》《碳硅泥岩型铀矿论文集》等专著。

## 二、区域铀矿成矿条件的研究

铀矿地质队伍组建初期，资料积累较少，理论水平又不高，区域研究仅局限于简单的综合分析。随着工作的开展和资料的增多，开始编制指导找矿的图件。如 1958 年新疆五一九队编制了 1∶100 万新疆铀矿成矿规律图，1961 年北京铀矿地质研究所编制了 1∶300 万中国铀矿成矿规律图及说明书。这些图件资料对了解铀矿化的空间分布特征和部署队伍曾起了有益的作用。

1970 年，开始进行重点区域研究和编图工作，不仅研究区域成矿规律，而且还进行区域成矿预测。具有代表性的是 1970 年至 1971 年湘西震旦–寒武系1：20万成矿规律和成矿预测图的编制，1974 年至 1976 年全国中新生代盆地 1：200 万的编图等。此外，在 20 世纪 70 年代后期，各地质大队科研组也都相应地编制了本区的区域成矿规律与预测图。通过这些编图进行的区域研究和战略选区工作，为队伍部署提供了重要依据。

1980 年以后，华东地勘局二七〇研究所在赣杭构造带，西北地勘局二〇三研究所在龙首山成矿带，中南地勘局二三〇研究所在雪峰–九岭成矿带，东北地勘局二四〇研究所在青龙成矿区，开展了多学科综合研究和成矿预测。地质局在华北地台，则集中了更大的力量，采取区域调查、普查、科研联合攻关。胡绍康等人就太古代基底演化特征和下元古界含铀建造分布特点的一系列地质问题，进行了与世界同类著名产铀区的对比研究。这些活动均获得较好的效果。

## 三、地质学新方法的开拓与研究

随着我国铀矿地质工作的发展，矿物岩石、同位素地质的研究逐步深入，实验地质、数学地质、遥感地质也相继产生并不断发展。

1975 年以后，矿物学研究有许多新的发现。中南地勘局二三〇研究所王志雄等发现了新矿物芙蓉铀矿、湘江铀矿，揭开了我国发现新铀矿物的序幕。北京铀矿地质研究所先后发现了斜方钛铀矿、单斜蓝硒铜矿、腾冲铀矿等新矿物。这些发现已获得国际矿物学家协会正式承认，为铀矿物学作出了贡献。1978 年，有关部门系统总结和汇集了我国铀矿物研究资料，编写和出版了《中国铀矿物》一书；1980 年又编写出版了《湖南铀矿物图册》。这对野外找矿和室内研究都起了良好的指导作用。

在岩石学研究中，作出突出贡献的华东六〇八队第十二队经过多年研究，确定相山地区含矿岩石不是花岗岩而是火山岩，从而推动了我国火山岩型铀矿的找矿工作。20 世纪 70 年代初期制定了花岗岩岩石化学计算新方法，在国内颇受地质界的重视，并已推广使用。1978 年利用裂变径迹法研究岩石中铀的配分等研究成果，对评价花岗岩的成矿远景具有重要意义。

同位素地质实验室是 20 世纪 60 年代初建立的，它为确定地层、岩浆岩的成岩年龄、铀成矿年龄提供了大量可靠的数据。20 世纪 70 年代后期开始进行稳定同位素的研究，在铅、锶、硫、氧、氢等同位素研究方面，为探索矿液和矿质来源，追索岩石的含铀量提供了有说服力的佐证。

20 世纪 70 年代中期引进了电子计算机和数学地质方法，对铀矿地质由定性到定量研究有很大促进。1976 年至 1978 年，计算机主要被用于与成矿有关的元素相关分析；1978 年以后，对一些地质体进行了多变量的综合评价，并采用一些新的数学理论，编制了一系列新的计算程序，取得了许多成果。1980 年以后，电子计算机又被进一步应用于地区性的铀总量预测。

遥感地质在铀矿地质系统是从 20 世纪 70 年代中期起步的。1978 年，铀矿地质系统的有关队、所参加了中国科学院统一组织的云南腾冲地区遥感实验。利用卫星照片判读解译和实地调研相结合，在确定不同岩性地质体、构造以及热泉调查等方面，取得显著效果，大大提高了编制区域和矿区地质图的精度和效率。1980 年以后，航片、卫片解译应用得到进一步开展，成为区域调查、普查、地质填图的重要手段，在铀资源调查中发挥着越来越重要的作用。

## 四、找矿方法和手段的研究

我国铀矿普查勘探的方法很多，但大致可分为三类：放射性物化探方法、普通物化探方法和遥感方法。找矿方法的研究重点是老方法的改进和新方法的研究及推广应用，目的是提高探矿效果和增加探矿深度。

1955 年建队初期，主要是学习和运用航空与地面伽玛找矿方法，没有组织专门力量进行找矿方法和手段的研究。

1961 年以后，各地质队着重研究了地面伽玛场的空间分布特征，以及异常的区分和评价，对选区选点曾起到积极的作用。同时，还开展了土壤、植物、水化学相结合寻找深部矿体的方法研究，其中以放射性水化学方法找矿效果较为显著。

20 世纪 70 年代主要是进行深部找矿方法和手段的研究。1975 年北京铀矿地质研究所吴慧山等人，根据二机部情报所一则简单的国外报道，研究成功了径迹蚀刻找矿方法，可探测深几十至二百多米的盲矿，经在全铀矿地质系统推广，效果较好。为了指导径迹法找矿，还编著了《α 径迹找矿》和

《径迹异常解释与评价》等书，该项研究成果曾获得全国科学大会奖。1976年，崔焕敏等人研究应用浅层地震法寻找隐伏的含矿层和构造，并获得了良好的效果，其探测深度可达100~300米。北京铀矿地质研究所和上海电子仪器厂合作，研制成功了2XFD-83型浅层地震仪，并已被推广使用。随后又研究了中浅层地震法，测深可达400~500米。1978年，张庆文等研究成功钋-210晕圈勘查深部铀矿床新方法，可探测深二三百米的隐伏铀矿体，是找矿方法的又一新发展，也已在全国推广使用，并获国家发明奖三等奖。

1978年以后，开始兴起伽玛能谱测量，研制了野外四道能谱仪，解决了在野外定量测量铀、钍、钾的含量问题，从而提高了找矿效果。为适应水化学找矿的需要，还研制成功了Ju-1型激光荧光测铀仪，其灵敏度高，分析速度快，检测限低，并可用于环保、食品检验等领域。自20世纪70年代以来，采用氧化还原电位、注盐、光电等方法，测定地下水的流向。此外，还开展了钻孔抽水和定深取样，用以发现地下水中的铀、氡、镭以及伴生元素的异常，该方法能探测钻孔附近100~300米内的未知矿体，特别是铀氡复合的水异常，其判测准确率可达80%。这种方法在50多个矿床试验，均收到明显效果，其中对18个矿床的扩大尤为明显，是一种行之有效的深部找矿方法，曾获全国科学大会奖。

20世纪80年代开始，深部找矿方法又有了新的发展，尤其是氡法找矿，相继研究和推广了α卡法、活性炭法、氡管法等，并相应地研制了用于野外测量的仪器。经长期摸索，研制成功了不用液氮的专用氦质谱仪以及能在野外使用的离子泵型轻便测氦仪，为开展氦法深部找矿提供了手段。寻找与汞伴生的隐伏铀矿的汞找矿法，经在罗君沟铀矿床试验，获得良好效果，扩大了储量。

与此同时还研究了地电化学提取法、钋-218法、矿物包体三晕法等，这些方法在初步试验中均取得可喜的成果。上述多种找矿方法为因地制宜地进行综合方法找矿提供了有利的条件。

## 五、室内分析测试技术的发展

在我国铀矿地质事业初创时期，室内实验采用的基本上是苏联的分析测试方法。20世纪60年代初，各中心实验室除进行铀、钍、镭分析外，还开展了有色、稀散元素分析，硅酸盐全分析等科研活动。1962 年制订了《铀、钍化学分析规程》《铀的物理分析规程》《硅酸盐系统分析规程》及《分析质量检验规定》等整套规程规定。1964 年，李玉成成功地创造了“亚锡–磷酸–钒酸盐容量法”（简称“亚锡法”），该方法的准确度和分析效率都超过了苏联的伏尔科夫法。从此，我国有了自己的分析铀矿石中铀含量的方法。这时，铀矿石的放射性物理分析方法也由单纯的 β–γ 法向能谱测量过渡，光谱分析工作也由半定量向定量发展。铀矿地质系统的实验室，已经比较全面地掌握了分析测试技术。

20 世纪 70 年代，围绕微量、快速、准确和扩大分析范围，研究成功了微量铀钍化学分析新方法，建立了中子活化分析、原子吸收光谱、X 光荧光光谱、等离子体发射光谱、电子探针、气体质谱等分析方法，从而形成了一套比较完整的、并具有一定水平的室内分析测试技术体系。与此同时，还编写和出版了《铀钍分析方法》一书，对 20 多年分析测试铀矿石技术作了系统总结。

1981 年，北京铀矿地质研究所研制成功激光荧光增强剂，大幅度地提高了激光荧光分析铀的灵敏度，使水中微量铀的检测限达到了 $5\times10^{-11}$，因此获得国家发明四等奖。1982 年以后，又由地质局组织铀矿地质系统研制了铀、钍、镭标准样，填补了我国该种放射性标准物质的空白，并被评为国家一级标准物质。

20 世纪 70 年代中期开始，为了解决找矿仪器的标定和放射性测量的定量化和标准化问题，在辽宁建立了标准模型制造厂，并在石家庄建立了模型标定测试中心。1983 年 7 月，通过部级鉴定，石家庄模型标定测试中心被确定为部一级标准。汪隆平等人研制的放射性矿基准系列模型，获得了 1985 年全国科技进步奖二等奖。模型站与测试中心的建立，统一了我国铀矿放射性测量的计量基准，有力地促进了铀矿普查勘探工作的发展。

## 六、铀矿地质科技情报工作

地质工作流动性大，多数单位又位于偏僻地区，消息闭塞，因此，加强科技情报工作，对铀矿地质系统就更为重要。

20 世纪 60 年代初，创建了地质情报机构。它的主要工作方向是，在广泛收集资料和加强情报调研的同时，抓紧刊物和专题资料的编辑出版工作。1962年创办了介绍国外铀矿普查勘探经验的刊物《国外铀矿地质》，及时地报道了国外铀矿地质理论、勘探经验、探矿方法以及仪器和分析技术的发展等，对我国铀矿地质工作的发展和提高作出了贡献。

1975年，北京铀矿地质研究所联络64个单位建立了铀矿地质情报网，形成了信息网络。中国共产党十一届三中全会以后，情报工作有了较大的发展。各级情报机构新创办了十几种科技情报刊物，其中全网性的刊物有三种。

中国铀矿地质工作在创建与发展的30年中，取得了丰硕的成果，积累了许多有益的经验和教训。

第一，要根据我国大地构造和地壳演化的特点评价铀资源，扩增铀储量，以实现“核电资源立足国内”的任务。铀矿和其他矿种一样，是在复杂的地壳演化过程中，在一定的地质条件下形成的。不同的地壳演化过程所具有的构造背景赋存着不同类型、不同规模的铀矿。所以，铀在地壳中的分布是不均衡的，这就造成了世界各国产铀的不均一性。我国30年的找矿实践表明，世界上一些主要的铀矿工业类型，如南非、加拿大、澳大利亚前寒武纪中的大型铀矿，在我国不占主要地位。相反，以中新生代为主的，花岗岩型、火山岩型为代表的热液脉状铀矿床，在我国却蕴藏量大，成为最主要的工业类型。因此，要从我国地质条件出发，实事求是地探寻铀矿床，扩大铀资源。当然，也要积极吸收国外的经验，丰富我国铀矿地质理论，改进找矿方法和手段，开阔新领域，探索新类型。

第二，要切实加强铀矿地质科学研究工作，坚持多学科联合攻关。寻找铀矿首先就要研究铀元素的迁移、富集的规律和形成条件，铀的成矿所经历的极为漫长的地质过程是任何人都没有经历过的，只有通过研究才能认识这一过程所产生的结果。所以，整个寻找铀矿的过程就是研究探索的过程。科研要贯彻地质工作的全过程，要把专业性研究和找矿过程中的研究很好地结合起来，科研要为找矿服务，为扩大铀矿资源服务。20世纪60年代对花岗岩类型和火山岩类型铀矿的认识，20世纪70年代对碳硅泥岩型铀矿床的认识，都是通过地质、物探、水文，甚至采用遥感、计算机技术，分析测试技术等联合攻关取得的成果，这是一条成功的经验。

第三，要加强区域地质研究，开展区域铀资源总量预测，准确选定远景区。由于易找的矿愈来愈少，找矿难度就越来越大。为能继续找到可供利用的铀矿床，特别是经济效益高的矿，首先必须深入开展区域地质研究工作，准确选定成矿远景区；其次，要采用综合找矿特别是深部找矿的方法；其三，要借助钻探手段直接探寻隐伏矿体；其四，要在过去取得的大量资料和经验的基础上，系统开展区域铀资源总量预测，搞好战略分析，制定进一步找矿规划，探索新区新类型。

第四，要加强矿床技术经济评价工作。铀矿地质工作与其他经济部门一样，要讲究经济效益，以最低的成本获得最大的地质成果。对所发现的铀矿，根据其产出条件、品位、矿石的加工，以及交通条件等，进行全面的综合经济技术评价和可行性分析。条件有利则进入详勘，避免造成难以开发利用的呆矿。要把能找到储量大、品位富、埋藏浅、易选易冶、交通条件好的矿床作为工作的首要目标。

第五，要使铀矿地质工作技术装备现代化。找矿难度日增，不实行技术装备现代化就难以扩增资源。探寻隐伏矿尤其需要新的探测技术，包括航空测量、遥感设备、普通物探和物化探新的仪器装备，这是探测地下信息不可缺少的手段。同时，室内分析测试设备也应逐步现代化，以适应日益扩展的研究领域。野外装备的现代化，在于提高地质队伍的机动能力，适应流动、分散和艰苦环境中作战的需要，以开拓新的铀矿工业基地。

## 第四节　铀矿开采

铀矿开采与有色金属矿开采基本相同。不同的是：铀矿石有放射性；一般肉眼很难将矿石和围岩区别开；加之我国铀矿床大都品位较低，矿体小而分散，形态复杂，地质勘探部门达到的地质勘探程度难于满足采矿全过程的要求。因此，必须采用适合我国铀矿特点的采矿方法，把地质工作贯穿整个开采始终，重视降低铀矿石的损失率和贫化率，并采取一系列辐射防护和通风措施。

我国铀矿开采始于20世纪50年代末期，1958年由苏联援助建设的铀矿山共3座，即：湖南郴县铀矿、湖南大浦铀矿和江西上饶铀矿。郴县铀矿党委书记刘玉华，矿长李太英，总工程师董业建；大浦铀矿党委书记严诚，矿长徐文华，总工程师何汉拯；上饶铀矿党委书记徐海波，矿长徐德，总工程师李远洲。在他们的分别领导下，经过广大干部和工人的艰苦努力，这三个矿山先后在1962年至1965年建成投产。但限于当时的技术条件，这些矿的装备水平和生产效率都比较低。因此，从20世纪60年代起，在提高新建矿山装备水平的同时，加强对老矿山的技术改造，改革回采工艺，提高了机械化作业水平。在20世纪70年代，针对部分铀矿山采掘失调的状况，着重抓了提高掘进技术。进入80年代以来，开始采用无轨开采技术，并基本上掌握了地浸和堆浸等化学开采技术，为提高我国铀矿山的技术水平和经济效益开辟了新的途径。

## 一、铀矿冶工业的创建

1955年，我国铀矿地质部门发现了铀矿床。1956年3月，薄一波在向周恩来总理和中共中央的报告中，提出了建立铀矿冶科研和铀矿冶工业的建议。从1958年6月起，我国第一批铀矿山和铀水冶厂相继开工建设。

为了加强领导，1956年，根据国务院第三办公室的决定，冶金部责成有色金属管理局兼管铀矿冶工业。1958年初，冶金部成立第三司，作为铀矿冶工业的专门管理机构，冶金专家孙艳清任副司长（主持全面工作）。1958年5月，成立郭士民任经理的中南矿冶公司，负责中南地区的铀矿和铀水冶厂的筹建工作。同年8月30日，冶金部第三司划归第二机械工业部领导，改称二机部十二局，后由苏华任局长。同时，成立了新疆矿冶公司和江西矿务管理局，组建了北京铀矿选冶研究所、铀矿冶设计研究院和铀矿开采研究所。

随着管理机构的成立和厂矿开工建设，经国务院和中央军委决定，二机部从冶金、煤炭、化工等部门，各省、市、自治区，中国人民解放军选调一万多名干部和工人，其中有近千名工程技术人员，迅速组成了铀矿冶的科研、设计、施工和生产准备队伍。这支队伍不断发展壮大，并先后调进了采矿专家张天保、王鑑、沈炳炎，湿法冶金专家王金堂，放射化学专家杨承宗，化工专家杜宝德，建筑专家金家杰等一批高级科学技术骨干。铀矿冶系统的广大职工怀着献身核工业的豪情壮志，肩负重任，艰苦创业。他们肩扛人拉运设备，手锤打眼掘坑道，用垒金字塔办法吊装机器，夜以继日地筑路、建房、架线和安装，迅速打开了创业的局面。

1960 年，二机部决定，铀矿山和铀水冶厂的建设要早上快上。为此，调整了矿冶工业的基本建设战线，集中人力物力，抓紧建设郴县铀矿和衡阳铀水冶厂等重点工程。在建设中，实行了“勘探、设计、施工”适当交叉的做法，加快了建设速度。

各厂矿在进行基本建设的同时，积极做好生产准备工作，培训专业人才。办法是：请苏联专家讲课，组织职工虚心向苏联专家学习；举办各种专业技术训练班；请兄弟部门代培，先后派出了 4 500 名技术干部和工人到煤炭、冶金、化工部门学习，使职工迅速掌握了铀矿冶工业的管理和科学技术知识。

在第一批铀矿和铀水冶厂的建设过程中，既虚心学习苏联的技术经验，又积极开展科学研究，验证原苏联设计的衡阳和上饶两个铀水冶厂的工艺流程和参数，并根据我国实际情况加以修改。如把上饶铀水冶厂的浸出和吸附在同一工序进行，改为分两个工序进行，把大浦铀矿的竖井开拓改为斜井开拓等。

这个时期，曾动员某些有铀矿资源的地方，用简易方法，赶在大厂矿建成之前，生产出一批铀浓缩物；还组织了二氧化铀的简法生产，为第一颗原子弹研制提供了原料，同时也为衡阳铀水冶厂顺利投产创造了条件。

1960 年 8 月，正值铀矿山准备试采、铀水冶厂刚开始安装之际，苏联停援，给中国铀矿冶工业的建设造成很大的困难。面对这种情况，铀矿冶系统从上到下成立了技术委员会或技术领导小组，实行科研、设计、生产三结合和领导、技术人员、工人三结合，开展技术攻关活动。在两年多时间里，解决了第一批厂矿安装投产中存在的大部分技术问题，并独立设计了几个重要工程项目。

经过艰苦的努力，1962 年 9 月至 1963 年 10 月，衡阳铀水冶厂、上饶铀矿及水冶厂、郴县铀矿先后建成投产，实现了从矿石到二氧化铀的工业生产，成功地解决了原子能工业原料的有无问题。

## 二、铀矿冶工业的发展

到1963年，我国核工业铀-235生产线已陆续建成投产，钚-239生产线正在加紧建设中。鉴于第一批铀矿山的建成和投产已不能满足这两条生产线对铀矿石的需要，因此，尽快建设第二批铀矿山就成为发展核工业的关键。于是1963年1月，二机部就加速铀矿山建设问题向中央专委写了报告。同年3月，中央专委第四、第五次会议对这个问题进行了研究，并作出了8项决定，解决了铀矿山建设中的一批紧迫问题。同年12月，中央专委第七次会议又决定将冶金部在新疆的两个有色金属矿务局移交二机部，以加强铀矿山的建设力量。

为了贯彻执行中央专委决定，二机部把第二批铀矿山的建设摆在核工业生产建设的重要位置，采取了一系列措施：成立矿山工程局，以加强对铀矿山建设的组织领导；将中南、华东的矿冶建设力量合并组建成矿山建筑安装工程公司，加强了铀矿冶建设的专业技术队伍；从第一批铀矿山、铀水冶厂成建制地调集有经验的人员和闲置的设备材料支援新矿新厂；充分利用地质勘探时期的井巷工程和地表设施；院、所工程技术人员深入现场，实行科研、设计、施工、生产四结合，解决生产建设中的技术难题。这些措施，大大加快了第二批铀矿山、铀水冶厂的建设速度。

在第二批铀矿山、铀水冶厂建设过程中，先后得到冶金、煤炭、化工、中国科学院等11个部门和10多个省、市、自治区的40多个单位的大力支援。如新疆含铀煤采冶工程，既要提铀，又要利用热能，建设条件很复杂。在一机部、冶金部、煤炭部、化工部、水电部、农垦部等部门的大力支援下，解决了生产建设中的技术难题，使该工程很快建成投产。

在中央专委的强有力的领导和部内外有关单位的共同努力下，到1967年，先后建成了广东和抚州两个铀矿冶联合企业，开发了新疆、浙江、湖南、江西和辽宁等省（区）的铀矿山，建成了新的分选厂和铀水冶厂，从而在全国形成了以湖南、江西、广东的铀矿冶企业为骨干，大中小相结合的铀矿冶工业布局。

第二批铀矿开采和提取的工艺流程都是我国自行研究设计的，技术水平有新的提高。在采矿工艺方面，试验采用了水泥隔离墙代替人工矿柱，水泥垫板代替木垫板；研究解决了含铀煤矿的开采技术；改进了缓倾斜薄矿层的采矿工艺。在水冶工艺方面，研究成功了处理我国各种不同类型矿石的多种工艺流程，包括：处理花岗岩型矿的固液分离清液萃取流程，处理含铀煤矿的低温燃烧发电和从煤灰中萃取铀的流程，处理泥质矿的流态化分级洗涤技术，处理火山岩矿的半连续逆流离子交换和淋萃流程。这些工艺，应用于工业生产后，都取得了良好的效果。

总的看来，第二批铀矿山和铀水冶厂的建设进展顺利。广东一个铀矿和铀水冶厂仅用一年十个月，衢州铀矿仅用一年半就建成投产。同第一批铀矿冶企业比，第二批铀矿冶企业的铀矿石生产能力增长了1.5倍，铀水冶厂生产能力增长了56%，主要是劳动生产率和水冶金属回收率都有了提高。我国第二批铀矿山和铀水冶厂的建设不仅速度快，质量好，而且投资省、效益高，是我国铀矿冶工业大发展的时期。

## 三、发展中的曲折

十年“文革”期间，铀矿冶工业生产建设受到“左”的指导思想的严重干扰。1970年曾脱离实际，不顾国情，盲目地提出：铀矿冶工业产量5年内要增加三倍半，要新建近30个铀矿山（点）、10多座铀水冶厂。这一高指标、大计划，给铀矿冶工业造成很大的浪费和极为严重的后果。在生产上搞会战，拼设备，乱采乱挖，采掘严重失调；在建设上不惜工本，不顾建设程序，战线拉得很长，在建项目长期不能建成投产；有的工艺技术不过关，就仓促上马，以致被迫停建；有的资源不清，盲目建区域厂或扩建老厂，造成规模过大，采冶失调。这一时期，不仅厂矿生产建设混乱，科研设计工作也很乱：乱改产品结构，设计审批权下放，设计质量无人把关，厂矿自己“拍板”就算；设计机构多变，既合并又搬迁，造成很大损失。在“文化大革命”期间，周恩来总理曾多次听取有关部门的汇报，亲自解决因混乱而影响生产的重大问题。铀矿冶工业广大干部和工人，怀着强烈的事业心和责任感，坚守岗位，克服重重困难，力排干扰，尽量减少损失。各厂矿从1969年起，先后恢复了生产。1972年，矿冶局针对当时矿山采掘比例严重失调的问题，强调按矿山建设客观规律办事，重提“采掘并举、掘进先行”的原则，组织快速掘进，实行强掘，使三级矿量逐步趋于平衡。十年“文革”中新建成的厂矿，起到了补充接续和扩大生产的作用。

这一时期，铀矿冶科学技术工作也在动乱中曲折发展：推广了喷锚支护等高效率的施工技术；进行了化学开采铀矿的试验；研究成功了从矿石浸出液中直接制取三碳酸铀酰铵和四氟化铀的新工艺；突破了从含铀磷钼等复合矿石中的提铀技术和从含铀富矿中提取镭的工艺流程；加强了对新材料的研究，相继研制成功了各种大比重、大孔树脂；此外，还研制成功了多种设备和仪器，提高了矿山机械化和水冶厂集中控制的水平。但是，高指标、大计划造成的危害，在这一时期尚未得到彻底解决。

## 四、在调整中前进

“文革”十年，由于极左思潮的影响，我国铀矿冶工业生产规模过大，采冶失调，面临着困难的局面。党的十一届三中全会以后，根据“调整、改革、整顿、提高”的方针，对铀矿冶工业进行了调整。

1979 年至 1981 年，把在“左”的指导思想影响下上马的，问题多、投资大、效果差的项目调下来，停建缓建了大小项目 10 个，而把投资集中使用在重点工程上，使之尽早形成生产能力。1982 年，核工业部本着从实际出发，照顾现实困难的精神，对矿冶企业采取了“多限产，少关停”的政策，年生产量调整到只相当于最高年份的 60%，年基建投资调整到相当最高年份的 13%。1984 年，又实行了“讲究效益，择优生产”的政策，如对成本高的新疆矿冶局所属厂矿采取了关停或转产的果断措施，而对成本低的厂矿则多安排生产。

在调整中，各厂矿贯彻“保军转民”方针，积极从事民品开发，为国民经济服务。从 1979 年开始，衡阳和南昌两个机械厂，到部内外承揽任务，开发了石油液化钢瓶和钢窗等产品。1982 年，铀矿冶技术开始向民用转移。北京铀矿选冶研究所为广州红心化工厂用萃取法提取三氧化钨，生产周期缩短三分之一，提高回收率 8%，取得了显著的经济效益。此外，该所改进提取红霉素的萃取设备，已用于工业生产；用离子交换法提取金已获成功。铀矿开采研究所研究成功的空气等离子切割金属和等离子锅炉点火技术，已用于部内外生产，填补了我国该项技术的空白。

1983 年至 1984 年，实行“一主多副，多种经营”方针，摸索出一条新的民品生产和劳务输出途径。例如，湖南矿冶局抽调队伍，支援国家重点项目山西古交煤矿建设，承包江西新余钢铁厂的部分建设工程任务，取得了好成绩。铀矿冶设计研究院设计的水泥厂、棉纺厂、溶剂厂、引信厂、热电站等民用工程，确保了质量，取得了信誉。上饶铀水冶厂帮助湖南长岭炼油厂催化剂分厂用萃取法回收稀土，使该厂稀土总回收率达到98%，提高了经济效益，减少了环境污染。衡阳铀水冶厂、息烽铀水冶厂发挥化工优势，生产了钼酸铵、硝酸钾、硝酸钠等产品。一些“转民”难度大的铀矿山也积极采取措施，开发有色金属和大理石、水磨石、花岗石等建筑材料。据统计，矿冶工业系统1984年民品产值比1983年增长1.4倍，比1982年增长3.1倍。息烽铀水冶厂、衡阳铀水冶厂、北京铀矿选冶研究所、二五建筑安装工程公司分别被评为省、部民品开发先进单位，为加速“转民”，建设军民结合型企业迈出了新步伐。

## 五、铀矿山地质在铀矿开采中的作用

铀矿山地质是矿山工作的基础和耳目。其主要任务是：进一步查明矿体产状，矿石质量，提高储量级别，进行矿区内外补充勘探，以扩大矿区储量和延长矿山服务年限，保证矿山正常开采，指导矿山合理开发，通过生产实践丰富和完善铀矿地质科学理论。

20世纪50年代末至60年代初，在建设国内第一批铀矿山时，由于对我国铀矿的特点和矿山地质工作的重要作用及其任务认识不清，在铀矿山建设中曾走过弯路。如，大浦铀矿1号矿井，探矿不清，就布置了8个采场，结果只有两个能采。白马洞东部和浦魁塘两个矿床，探矿不清，就盲目决定露天开采，剥离土石方均上万立方米，由于矿体埋藏较深，以后均改为井下开采，造成很大的浪费。这些深刻的教训说明，铀矿山地质工作，必须走在基建和生产前头。1963年召开的我国第一次铀矿山地质工作会议，总结了过去工作的经验教训，明确提出，要充分发挥铀矿山地质工作在铀矿床开采中的“指导、保证、监督”作用，为铀矿生产建设服务。会后，迅速抽调力量，充实铀矿山地质工作队伍，建立和健全铀矿山地质工作机构，制定我国铀矿山地质工作的有关制度和规程，使铀矿山地质工作开始走上正轨。这一时期，结合铀矿的特点，加强了放射性物探和钻探工作，改进了物探方法。用伽马取样代替了刻槽取样和岩心取样，用接杆钻探矿代替部分坑探，减轻了劳动强度，提高了效率，降低了成本。通过这些工作，为铀矿山基建和开采提供了准确的地质资料，提高了储量级别，指导了矿山的合理开发。部分矿山还加强了对矿床深部、两翼及外围的补充勘探工作，扩大了储量。60年代中期，郴县铀矿对矿区进行全面补充勘探工作，取得了很好的效果，新增储量为地质队提交储量的43.2%。湖南一个铀矿采取边采边探，以采促探，以探保采的办法，新增储量达到地质队提交储量的3.2倍，延长了矿山服务年限。大浦铀矿经过补充勘探，核实储量比原储量减少了60%，避免了可能发生的浪费。

在铀矿建设和生产中，铀矿冶设计研究院和矿山水文地质工作人员，研究水文地质特征和变化规律，为指导矿山开发，保证安全生产，采取了一系列治水措施。20世纪60年代初期，治理了贵州一个铀矿的老洞水。这个矿老洞纵横交错，地下水严重影响矿井建设和开采。经过反复调查探索，找出了向地下老洞打大孔，用深井泵疏干，掘进中超前疏干的治理方法，解除了地下老洞水对矿井的威胁，使铀矿资源得到了开发。20世纪70年代，广西一个铀矿发生了5次较大的滑坡，最大一次滑坡体达到5万立方米左右，经过反复试验，采用井桩、孔桩锚固、清方减载和防洪疏干等综合措施，给予了妥善的治理，保证了这个矿露天开采的安全。

为了充分发挥铀矿山地质的监督作用，各矿山建立了相应的质量标准和监督检查制度，加强了管理，减少了铀矿石的贫化和损失，并开展优质采场评选活动，提高了经济效益。

30年来，我国铀矿山地质工作取得了很大的成就，完成钻探工程量71万多米，坑探3万多米，接杆钻探矿19万米，历年获得的金属量相当于开采量的33.5%，为矿山生产提供了三分之一的补充资源。

铀矿山地质工作的成就，凝结着广大铀矿山地质工作者的辛勤劳动。抚州铀矿地质工程师陈建华勤勤恳恳地从事水文地质工作，从1978年发现癌症到逝世的两年多时间里，带病坚持工作，多次考察百里矿区和矿井，根据20多年来积累的矿区水文、气象资料，写出了近10万字的水文地质论文、报告和建议，绘制了一本有6 000多个数据、93幅图表的《抚州铀矿水文地质综合图表》。1981年3月，二机部授予陈建华为优秀共产党员和模范工程师的光荣称号。他的事迹已载入中共中央书记处研究室编辑的《谱写共产主义凯歌的人们》一书。

## 六、铀矿床开拓与井巷掘进

### （一）矿床开拓与井巷建设的发展

铀矿井建设周期的长短，取决于矿床开拓和井巷掘进的速度和质量。由于我国铀矿床埋藏的特征和铀矿石的赋存条件，地下铀矿床开拓与井巷建设，按设计储量计算，斜井开拓占50%，竖井开拓占45%，平峒开拓占5%；开采深度一般在400米以内；中段高度为25~50米。为了减少氡气的析出量和少留保安矿柱，开拓工程（包括主要运输平巷）一般都布置在脉外。这是30年来我国铀矿井下建设的基本特点。

20世纪50年代末期，从煤炭、冶金等部门成建制地抽调了一批有经验的施工队伍，开始了我国铀矿山的矿井建设。到20世纪60年代末期，各铀矿山曾组建了9个专业建井队，对加速矿山建设起过重要作用。为了加强管理，提高施工质量和加快建井速度，1974年又将分散在各矿的建筑安装队伍，组建成二五建筑安装工程公司，承担矿山的地表和建井施工任务。

随着井巷施工的发展，矿山建设由20世纪60年代的小型机械凿岩、人工点火爆破、木支护，发展到70年代深孔凿岩、吊罐掘进天井、毫秒微差爆破与光面爆破、喷射混凝土支护与锚杆支护，施工装备和技术水平都有很大提高。1980年，二五建筑安装工程公司在青龙铀矿的竖井施工中，组成三条机械化作业线，采用了环形钻井凿岩、光面爆破、靠壁式抓岩机出碴、混凝土气力输送和喷射混凝土支护等先进技术，创造了月成井85.3米的记录，比原施工速度提高近3倍，每米成井成本降低35.8%，月成井速度和光面爆破的技术水平，分别接近和达到了国内先进水平。

### （二）井下掘进水平的逐步提高

采掘并举，掘进先行，是保证矿山均衡、持续生产的重要方针。我国铀矿山建设初期，技术装备比较落后，井下掘进速度缓慢。为了改变落后面貌，郴县铀矿、大浦铀矿通过到京西煤矿、龙烟铁矿学习掘进先进经验，组成了快速掘进队，开始推广机械化作业。1965年矿冶局成立机械化领导小组后，根据我国铀矿山规模不大的特点，以郴县铀矿为试点，推广小型机械化。各铀矿山还以有色金属矿山为榜样，分别开展对口学习，并请冶金部掘进标兵——马万水掘进队到矿传授掘进经验和进行技术表演，促进了矿山井巷掘进水平的提高。1978 年，又推广了江西两个铀矿井下机械化作业、露天机械化作业的经验，促使井下掘进面貌有了较大的改变。随后在平巷和斜井掘进中，逐步采用了双机掘进凿岩台车、斗式转载机、深孔分段爆破、喷锚支护等先进设备和先进技术，使掘进速度与掘进工效都有较大的提高。河南铀矿和衢县铀矿，由于推广掘进小型机械化，改进劳动组织，加强管理，分别创造了平巷独头掘进月进尺 336.2 米和 345.8 米的历史最好水平。江西一个铀矿创造了掘进人班工效 0.41 米的好成绩。郴县铀矿四〇一工段和三〇四工段青年掘进队，在地下热水涌量大，气温高的恶劣环境下作业，吃大苦，耐大劳，顽强战斗，月月超额完成任务。四〇一工段青年掘进队 10 年完成 16 年的工作量，被湖南省人民政府授予“红旗掘进队”的称号；彭云太任队长的三〇四工段青年掘进队，出席了 1978 年全国“工业学大庆”会议。20 世纪 80 年代以来，抚州铀矿巴泉工区，改造和完善了通风、提升、运输系统，实现了电气设备集中控制，使采掘工效和采场生产能力均比原来提高了一倍，做到了安全、文明生产，被江西省政府授予“先进工区”的称号。

## 七、井下采矿工艺的发展与提高

我国铀矿的开采，以井下开采为主，约占总量的 80%。井下采矿方法有充填法、分层崩落法、空场法与留矿法，而以充填法为主，约占 60%。因此，改进充填法回采工艺，是我国铀矿山生产的一项重要任务。从 60 年代初开始，郴县铀矿对充填法回采工艺进行了一系列改革。这个矿在试采时，发现原设计的充填法存在不少缺点，留在每个中段的矿柱占储量的 40%，回采时贫化损失率高，工效低，木材消耗量大。该矿与中国科学院长沙矿冶研究所合作，对采场结构进行了改革，将自然矿柱改为人工矿柱。这一改进，降低了贫化损失率，但混凝土工程量大，成本仍较高。1965 年，在衡阳矿冶学院的协助下，又试验成功用混凝土隔离墙取代人工矿柱，用于生产后，较大采场用的混凝土就可节约近 5 000 立方米，并加快了回采速度，矿石总回收率提高15%左右。20世纪60年代中期到70年代初期，对充填法回采工艺又进行了多项改进。用水泥砂浆垫板代替木垫板，用混凝土预制件或整体浇灌代替采场顺路井木支护，建立水泥砂浆搅拌输送系统，建立储料场和储料仓，对充填井实行集中供料，对采场充填实行斜分支自流充填等。这些改进，节约了木材，降低了矿石的贫化损失率，缩短了充填时间，降低了充填成本。这一采矿方法已在我国中厚以上矿岩较稳固的矿山广泛推广运用。1978年获全国科学大会奖。

进入20世纪70年代中期，经过多年开采的大浦铀矿，矿体逐渐变薄，连续性越来越差，用原来进路法开采，劳动强度大，贫化损失率高，成本急剧上升。针对这一问题：铀矿开采研究所与该矿一起，研究成功了高进路、低采幅的采矿方法，较好地解决了缓倾斜、薄矿体的开采问题。

在20世纪70年代末80年代初，对分层崩落的回采工艺技术也进行了许多改革。将原来单一的脉内天井进路回采，改为小溜井电耙道采场结构；将矿石人工装运，改用手扶风动耙斗搬运；并试用了金属网假顶和金属架支护。通过这些改革，提高了生产效率，降低了矿石贫化率和生产成本，进而降低了氡及其子体的浓度。

30年来，我国铀矿井下采矿技术经过不断改进，已形成一套适应我国铀矿特点的回采工艺，回采技术水平逐步提高。

## 八、露天开采的发展

从20世纪60年代以来，我国有几座铀矿的部分矿床实行露天开采，均获得了较好的经济效益。例如，湖南一个铀矿的露天采场，只用5个月就建成投产，实际生产能力为设计能力的两倍以上。抚州铀矿横涧露天矿，实际生产能力为设计能力的2.5倍，采矿成本只有井下开采成本的二分之一。由于露天开采有建设速度快、管理方便、容易实现机械化作业、回采率高、成本低、安全防护好等优点，逐步受到重视。在70年代，新建了一批规模较大的露天铀矿，原来设计为井下开采的4个铀矿中有部分矿床改成了露天开采，也获得了较好的成效。

随着露天开采的发展，技术水平也逐步提高。建矿初期，一般采用浅孔和中孔松动爆破。为加快剥离速度，从20世纪70年代初开始，在有条件的露天矿推广大爆破技术。1972年在广西铀矿进行的一次定向抛掷大爆破，爆下岩石40多万立方米。为减少生产中的二次爆破，20世纪70年代末，推广了多排微差爆破和挤压爆破技术；为保持边坡的自然稳定，80年代初，又推广了预裂爆破技术。30年来，对露天采场工艺也进行了不少改进。抚州铀矿邹家山露天矿，1982年通过降低回采梯段高度，使矿石贫化率下降8%；推广分采分爆，贫化率降低2%；实行电铲选装与手选废石相结合，使全年出矿品位提高67%。但由于我国铀矿赋存条件的限制，露天开采只占总量的18%左右，大部分为山坡露天或矿床浅部露天开采。

## 九、掌握含铀煤的开采技术

我国含铀煤的开采技术是在无资料借鉴的情况下，在不断实践探索中，逐步发展起来的。

20世纪60年代中期，我国西部含铀煤矿的开发，最初是由煤炭部西安设计院设计的。1971年，首先试验了水平分层崩落和削壁充填的采矿方法。这两种方法都难于避免留在采场的浮煤及煤岩混杂物的自然起火。以后又采用了水平分层充填法，虽然克服了起火问题，但劳动强度大，效率低。经过摸索试验，逐步认识到，由于含矿层赋存在煤层顶部，在开采中，既要解决铀矿氡及其子体的防护问题，又要解决煤矿瓦斯容易自燃的问题。针对这一特点，经科研、设计和生产部门联合攻关，对急倾斜的矿床，在矿体比较连续的情况下，用斜面分层充填法采矿，试验获得成功。工班工效达1.95吨，贫化率10%，损失率5%左右。但这一方法还难于解决矿体不连续的急倾斜矿床的开采问题。后来采用斜进路法，使这一问题得到了圆满解决。与此同时，对缓倾斜矿床，在矿体比较连续的情况下，摸索出了适应性强、机动性大的短壁式采矿法；对品位高，矿体不连续，顶板松软、破碎、不稳固的矿块，采用了进路采矿法，均收到了好的效果。

## 十、采用无轨开采，开展地浸、堆浸试验

无轨开采是20世纪70年代在世界上普遍推广的一种新的开采技术。衢县铀矿在铀矿开采研究所的协同下，从20世纪70年代末开始试验无轨开采，取得了较好的效果。在掘进方面，掘进台车与铲运机配合使用，简化了

工艺，加快了速度，与有轨掘进相比，效率提高 1 倍，成本降低 10%；在采矿方面，采场使用铲运机后，采区年生产能力和直接工效提高 1 倍，采场作业循环时间缩短三分之一，采矿成本降低约 30%；同时，还减轻了劳动强度，改善了作业条件，简化了回采工艺，减少了生产环节。

我国铀矿山工作，经过 30 年的努力，不仅为我国核工业的发展打下了物质基础，而且还造就了一支有事业心、技术优良、作风严谨、吃苦耐劳的铀矿山专业队伍，涌现出一批先进模范人物，如衡阳机械厂副厂长兼总工程师肖尚俊，抚州铀矿云际分矿天井班长陈开行，广东铀矿采掘一队班长吴新波，湖南铀矿子弟学校优秀教师章珍珠，二机部劳动模范沙依提·托乎提和受到广大职工、特别是少数民族职工称赞的新疆矿冶局副局长塔什乌甫尔等。其中，已故矿冶局总工程师、采矿专家张天保的事迹最为突出。他在 60 年代以前，就献身于新中国的煤炭事业，曾五次被评为局、省、部的劳动模范。1962 年调入二机部后，他先后领导了近 20 项工程设计，组织解决了含铀褐煤开采中的火灾、水患问题，在改革回采工艺、治理厂矿污水、采用喷射混凝土支护新技术等方面都有建树，为我国铀矿冶工业发展作出了贡献。

## 第五节　铀的提取与精制

铀的提取与精制是核燃料生产的重要环节。铀的提取与精制需采用湿法冶金方法，才能制备出合格的铀化学浓缩物和核纯产品。我国提取和精制铀的工厂统称铀水冶厂。根据我国铀矿石品位较低、类型较多、有的含伴生元素等特点，研究采用了多种工艺流程。其中从矿石浸出液中直接萃取制备核纯产品三碳酸铀酰铵和含铀褐煤低温燃烧发电并从煤灰中提铀，是我国独具特色的流程。

### 一、衡阳、上饶两座铀水冶厂的建设

我国第一座大型铀水冶厂建在湖南衡阳市郊区。这是一座区域性水冶厂，原定处理湖南郴县铀矿、大浦铀矿和江西上饶铀矿的矿石，最终制成二

氧化铀。后因上饶铀矿含磷高，不宜在这个厂处理，又决定在上饶矿区另建一座小型铀水冶厂，生产出重铀酸铵后，再送衡阳铀水冶厂精制。

衡阳铀水冶厂是苏联援建项目之一，于1958年8月正式动工兴建。在建设过程中，这个厂在认真学习、消化苏联技术的同时，十分注意紧密结合中国的实际。这个厂原设计采用苏联弱碱性阴离子交换树脂作吸附剂。但是，考虑到工厂建成投产后这种生产原材料的一次装入量和年消耗量达数百吨之多，完全依靠进口，很不经济。因此，如何使树脂的供应尽早立足于国内，是一个重要课题。1958年，北京铀矿选冶研究所发现天津南开大学提供的强碱性阴离子交换树脂能用于提铀。据此，二机部决定用国产树脂代替苏联树脂。同年12月，北京铀矿选冶研究所与南开大学共同合成了201×7型强碱性阴离子交换树脂，其容量和强度完全达到了提铀的要求。1959年，在化工部的协助下，天津和上海迅速建成了两座树脂生产厂，生产201×7型树脂，满足了衡阳、上饶两个水冶厂投产的需要，解决了树脂依赖进口的问题。

为了在衡阳铀水冶厂投产前生产出二氧化铀产品，以满足后续工厂试验制造我国第一颗原子弹所需装料，并验证衡阳铀水冶厂的工艺流程和参数，1960年7月，二机部决定由北京铀矿选冶研究所组织二氧化铀的简法生产。为此，从衡阳铀水冶厂、衡阳矿冶工程学院等单位抽调了科研技术干部和工人，由工程师邓佐卿等负责，参照衡阳铀水冶厂的工艺流程，迅速组织生产。当时条件很差，没有厂房，就用一间简陋的平房代替；缺少设备，就自己动手制造；不懂技术，就在实践中学习，仅用45个昼夜就建成了二氧化铀的简法生产厂。在两年多时间里，这个简法生产厂不仅生产出一定数量的二氧化铀产品，同时，还培训出一批熟练地掌握了铀水冶技术的技术干部和工人，为衡阳铀水冶厂投产作了技术准备。

1960年8月，苏联毁约停援，给正在安装设备的衡阳铀水冶厂造成了很大的技术困难。全厂职工怀着高度的民族自尊心和强烈的责任感，在党委书记华光、厂长刘坤、总工程师孙芳政的带领下，于1961年上半年，集中检查、处理了486个工程质量问题。从1961年下半年到1963年，在安装试车、试生产阶段，这个厂又充分发挥了领导干部、工程技术人员和工人参加的三结合攻关小组的作用，解决了设备、工艺方面的技术问题500多项。例如，水冶车间吸附塔底部排浆管，原设计不合理，物料经常堵塞，攻关小组就果断地对排浆管道进行改造；纯化车间处理的一些铀化学浓缩物，由于含磷高，二氧化铀产品质量达不到要求，就增建了一个预处理工序；进口设备煅烧炉在试生产时三天三夜不出产品，氨气泄漏严重，攻关小组就大胆改变了原设备结构。这些技术问题的解决，保证了安装、试车、试生产的顺利进行。

这个厂建设和生产中的一些较大的技术难题，大都是依靠组织部内外专家通过协作攻关解决的。1962 年 1 月，二机部在衡阳铀水冶厂召开技术现场会，由钱三强副部长主持，邀请中国科学院新技术局、上海有机化工研究所、长沙矿冶研究所、长春应用化学研究所的专家参加，帮助解决了这个厂投料试生产中的 148 个技术问题，对这个厂的顺利投产起了很大作用。

经过五年多的艰苦努力，我国第一座大型铀水冶厂——衡阳铀水冶厂于 1963 年 11 月正式建成投产。

在衡阳铀水冶厂建设的同时，上饶铀水冶厂也于 1959 年 10 月开始兴建。该厂原设计为浸出和吸附在同一设备内进行，由于原试验研究不充分和改变树脂型号，对流程验证的结果表明，存在的问题很多。经厂、院、所技术人员共同努力，修改了设计，增加了一套浸出工序，取得了试生产一次成功。后因该厂处理的铀矿石是含磷较高的黏土类型，试生产期间发现矿泥极易堵塞洗矿和破碎设备，又决定取消了洗矿、中碎、细碎工序，使矿石直接进入球磨而取得了成功。这两项大的改革，加速了该厂建设，使这个厂于 1962 年 11 月胜利投产，成为我国最早建成的铀水冶厂。

## 二、发展适合中国多种类型铀矿的水冶工艺

在衡阳、上饶两座铀水冶厂建成投产后，我国又新建了一批铀矿山和铀水冶厂。铀矿冶系统的科研生产技术人员，根据不同类型铀矿石的特性，勇于创新，研究成功了多种新的工艺流程，发展了适合我国铀矿特点的铀水冶工艺。

### （一）用清液萃取流程处理花岗岩型铀矿石

衡阳和上饶两座铀水冶厂，都是采用矿浆吸附流程，对于处理碳硅泥岩

型铀矿石是比较先进的，但不适于处理新发现的花岗岩型铀矿石。因为这种铀矿石，在加工中矿砂沉降快，树脂磨损大，容易堵塞设备。为解决这些问题，北京铀矿选冶研究所于 1961 年研制成功了我国第一种清液萃取流程，开辟了处理花岗岩型铀矿的新路。随后又研制成功了新的絮凝剂和萃取剂，为运用这种流程创造了条件。1965 年 7 月开工兴建的广东一座铀水冶厂，就采用了这种新流程。铀矿冶设计研究院在设计中，采用塑料、橡胶和普通钢材代替昂贵的不锈钢材料，节省了大量投资，加快了建设速度。该厂于 1967 年 5 月建成投产，建设周期仅一年十个月，是我国铀水冶厂建设中速度最快的一个。

**（二）从铀矿石浸出液中直接制取核纯产品**

1966 年 11 月开工兴建的另一座采用清液萃取流程的铀水冶厂，经北京铀矿选冶研究所、铀矿冶设计研究院和厂技术人员协同试验，研制出了碳酸铵反萃取直接制取三碳酸铀酰铵的流程，1970 年 7 月正式用于生产，并获得成功。新流程较一般反萃取流程简化了工序，减少了设备，金属回收率高，产品纯度高，它的研制成功并用于工业生产，不仅在国内是首创，当时在国际上也无先例。

**（三）针对火山岩型铀矿研究成功了淋萃流程**

随着我国新的铀矿山不断开发，矿石类型增多，情况复杂，要求对铀水冶工艺流程不断进行相应的改进。抚州铀矿属火山岩型，由于这种矿石的特性及该矿地理条件的限制，原有的矿浆吸附流程和清液萃取流程都不适用。北京铀矿选冶研究所在总结经验和借鉴国外有关资料的基础上，研究成功适合处理火山岩型铀矿的淋萃流程。生产实践证明，这一流程适应性强，既能处理低品位矿石，产品纯度高，又能充分利用尾矿回水，取得较好的经济效果。

**（四）从含铀褐煤中提铀流程的突破**

我国西部发现的铀矿含在褐煤中，而如何从褐煤中提铀还是个新课题。国外从含铀褐煤中回收铀的研究虽有近 30 年的历史，但从已见到的资料来看，他们也只解决了从煤灰中提铀的问题，尚未解决低温燃烧发电问题。1971 年，我国建成了一座既能从褐煤中提铀，又能利用低温燃烧发电的铀水冶厂，其工艺和燃煤设备，都是我国自行研制的。为研制利用热能发电的低温燃烧设备，得到了哈尔滨锅炉厂等单位的大力协助。为提高技术经济指标，1976 年经北京铀矿选冶研究所与该厂共同努力，实现了处理含铀煤灰的矿浆萃取流程，用于工艺生产后，减少了 9 个操作岗位，铀金属回收率提高 20%，收到了很好的经济效果。

**（五）碱法流程的研究和运用**

我国碱交代型花岗岩铀矿和热液蚀变的碳硅泥岩铀矿含碳酸盐较多，原有的酸法流程已不适用于这类矿石的处理。经反复探索，在 20 世纪 60 年代研究成功了加压碱浸流程，并针对浸出液的特点，分别采用了酸化后叔胺萃取和不酸化季铵盐萃取提铀的新工艺。这一工艺流程短，产品纯度高，在处理多金属的碳硅泥岩铀矿时，还可以综合回收钼和铼。20 世纪 70 年代，按上述流程先后建成了 3 座碱法生产的铀水冶厂。这些厂在设计中还分别采用了无介质磨矿、哨式釜浸出和衬铸石尾矿管等新技术、新设备和新材料，从而进一步提高了我国铀水冶工艺的技术水平。

## 三、铀水冶厂的改造与提高

**（一）重视老厂的挖潜、革新、改造**

我国各铀水冶厂建成投产后，继续发扬勇于创新的精神，在增加产量、提高质量、降低消耗、提高效益等方面，进行了一系列挖潜、革新与改造。衡阳铀水冶厂的主要技术经济指标，1966 年已达到或接近设计水平。20 世纪 70 年代初期，该厂对工艺、设备进行了改造，破磨工序增设放射状格条筛，分级工序由闭路洗涤改为开路洗涤，萃取工序设备重新组合，煅烧炉增加炉温，提高转速等，使该厂 1971 年矿石处理量，超过设计能力的 32.5%，二氧化铀产量超过设计能力的 28.8%。此后，该厂先后处理过 10 多个铀矿山不同类型的铀矿石和大批铀化学浓缩物，继续保持稳产高产，水冶系统的浸回差由原来的 5.94%下降到 2%左右，接近国际水平。

我国最早建成投产的上饶铀水冶厂，投产后不断改革工艺和设备，加上扩建，1972 年处理铀矿石比原设计增长 68%。进入 20 世纪 80 年代后，该厂继续改进流程，更新技术，铀金属回收率由 20 世纪 70 年代中期的 82%，提高到 1984 年的 89%，浸回差由 7%下降到 3%。与此同时，广东和抚州等铀水冶厂也通过挖潜、革新、改造，不断提高了技术水平。广东一个铀水冶厂逆流倾析系统由隔膜泵改为空气提升，用 γ 密度计自动监测控制底流液固比等，稳定了生产，1984 年的铀金属回收率达 93.49%，居于国内先进水平。

### （二）推广应用新技术、新设备

20 世纪 60 年代末，我国研究成功具有国际先进水平的流态化洗涤设备，并用于生产。与常用的分级洗涤设备相比，该设备投资省、效率高、动力消耗少。20 世纪 70 年代以来，为降低硫酸消耗，提高铀浸出率和回收率，各铀水冶厂根据所处理矿石的特性，分别采用了粗细分级浸出、两段逆流浸出、配矿交叉浸出和低温低酸长时间浸出等新工艺，取得了良好成效。例如：江西上饶铀水冶厂，采用分级浸出新工艺，硫酸消耗降低约 15%，铀浸出率可提高 1%左右。广东一座铀水冶厂，改常规浸出为两段加酸浸出，硫酸消耗减少 25%。

进入 20 世纪 80 年代后，继续围绕降低消耗和提高质量等方面推广应用新技术，成效更为显著。例如：衡阳铀水冶厂试验成功微酸性热水反萃取和热水淋洗新工艺，提高了产品质量，降低了化工试剂的消耗，年节约价值在 150 万元。这个厂还研制成功了新型铀隔离泥浆泵输送尾矿，以一级输送代替了三级离心泵输送，节约了电力和设备，操作人员减少一半，并减轻了尾矿浆对环境的污染。另外还成功地研制了带式过滤机，达到了国内先进水平。

### （三）开展综合利用

充分利用铀资源和综合利用铀矿石中具有经济价值的伴生元素，是我国的一贯方针。从 1958 年开始，我国就着手研究从磷矿中回收铀的工作。1966 年，南京磷肥厂建成了我国第一个从湿法生产磷酸过程中回收铀的试验车间。1969 年，浙江诸暨县磷肥厂建成年处理 3 000 吨磷酸的铀回收车间，铀回收率达 94%，磷肥中的含铀量减少 98%。

镭，是与铀共生的一种天然放射性元素。20 世纪 70 年代以前，我国用镭主要靠进口。为立足于国内解决镭基准问题，我国于 1973 年建立了一座年处理 50 吨富铀矿石的提镭厂，成功地制取了能满足国家需要的镭产品；

同时还提取了钍-230、镤和铅-210等天然放射性元素。此外，我国还重视提取铀矿石中有经济价值的伴生元素。1972年设计息烽铀水冶厂提铀流程时，同时设计了回收、处理矿石中含有钼和铼的设施。这一设施于1981年投产后，已回收了大量的钼酸铵和铼酸钾。在此期间，衡阳铀水冶厂和上饶铀水冶厂也先后开展了钼的回收工作，并取得了较好的经济效益。

## 第六节 铀矿冶的科学研究与设计

为了适应我国铀矿冶工业的需要，1958年春，先后组建了北京铀矿选冶研究所和铀矿冶设计研究院；1962年，成立了铀矿开采研究所；在少数大型厂矿中，也相继设立了科研、设计机构。至1984年年底，从事铀矿冶研究设计的两所一院，共有工程技术人员1 307人，其中高级工程师38人，工程师929人，助理工程师117人。30年来，两所一院的广大科技人员，面向生产建设，坚持科研、设计和施工、生产相结合，善于学习，勇于创新，先后发表科技成果报告1 122篇，获国家技术发明奖8项，全国科技大会奖38项，国防科工委科技成果奖204项，对发展我国铀矿冶工业作出了重要贡献。

### 一、铀矿开采技术的研究

根据我国各种铀矿床储存的特点和矿山生产建设中遇到的问题，科研人员积极研究和改进了采矿方法，并成功地将其运用到生产实践中；同时对采掘工艺、通风防护也开展了研究，攻克了不少技术难关，在生产中取得了显著效果。

#### （一）铀矿开采工艺的研究

主要围绕凿岩、爆破、充填、支护和搬运等采掘工艺进行了改进，并取得了很好的成绩。

20世纪60年代初，科研、设计和生产单位的工程技术人员，围绕郴县铀矿矿岩坚硬、爆破效率低的问题开展科学研究，找出最佳爆破参数、掏槽和切割方式，提高了爆破效率。20 世纪 70 年代中期，研制成功筒状装药器、双机掘进凿岩台车，收到了安全、高效、低耗的效果。20 世纪 80 年代初，研制成功双机采矿钻车及配套设备，使凿岩台班效率高达 0.22 米，填补了高分层机械化充填法设备的空白，同时研制的耙斗装岩转载机，获国家发明奖三等奖。

在充填支护方面，20 世纪 60 年代中期，在郴县铀矿进行了“两采一充”试验和应用，加快了回采速度，直接工效比原来的“一采一充”提高 74%，成本降低 24%。20 世纪 70 年代初期，研究推广胶结充填新工艺，并在江西、浙江、广东等铀矿山的设计中被采用。20 世纪 70 年代中期，试验推广了喷射混凝土支护和新缝管锚杆支护新技术，提高了围岩自撑支护能力，加快了施工速度。

在矿石搬运方面，从 20 世纪 70 年代末开始，先后研制成功移动式天井提升机、0.7 立方米双侧卸式矿车、感应载波电机车距控等一批新型设备，投入生产后，减轻了劳动强度，提高了运输效率。

**（二）铀矿通风与防护的研究**

核工业创建以来，铀矿开采研究所与各矿山紧密配合，广泛开展了通风方式、氡析出率、氡渗析理论和防氡措施等方面的研究，初步形成了较完整的铀矿通风防护技术。20 世纪 60 年代初，开始对采空区实行氡抽排，使氡浓度减少 90%以上。20 世纪 60 年代中期，采用水基有机涂料覆盖铀矿体表面，氡析出量减少 75%。20 世纪 70 年代以来，着重研究渗流对氡析出的影响和通风系统的调节，使矿井有效风量率、工作面氡浓度合格率分别达到 70%和 80%。有的矿山利用渗流控制法抑制氡析出，在风量减少三分之二的条件下，氡的浓度仍比以前降低 90%左右。在这一时期，还研究成功超高压静电除尘技术，为我国铀矿冶生产中防治铀矿尘、氡子体的危害，开辟了一条新途径。

在监测方法方面，也有很大发展。早期对氡的监测采用静电计，需要 3 个小时才能得出结果。20 世纪 70 年代初，研制成功了气球法、闪烁法、活性炭滤纸法等快速测氡的方法和携带式测氡仪，随时可以得出测氡数据。80 年代初，实现了氡浓度自动连续测量，研制成功了热释光氡子体个人累积剂量计，填补了我国一项空白。

## 二、铀矿选冶应用技术的研究

我国铀的提取与精制应用技术研究，是随着铀矿冶工业的创建和发展而相继发展起来的。北京铀矿选冶研究所成立 20 多年来，在所长张华、副所长杨承宗、总工程师王金堂等的领导下，广大工程技术人员积极努力，根据我国铀矿资源的特点，研究并提出了适于不同类型铀矿的水冶工艺流程和选矿流程，确保了铀水冶厂和选矿厂的建设和生产，为我国铀矿冶工业的发展作出了积极的贡献。

### （一）面向生产，为厂矿建设服务

铀矿冶工业创建初期，北京铀矿选冶研究所的科技人员就以创建和发展我国铀矿冶工业为己任，验证和改进苏联向中国提供的第一批铀水冶厂的工艺流程，确保了第一批铀水冶厂的建成投产。之后，这个所坚持从我国铀矿资源的特点出发，发扬勇于实践、勇于创新的精神，自行研制成功了多种工艺流程，其中有的达到了国际先进水平。在水冶厂建成投产后，他们又和生产厂的工程技术人员与工人一起，对工艺和设备进行挖潜、革新、改造，降低了动力和原材料的消耗，扩大了生产能力，提高了经济效益。

北京铀矿选冶研究所陆续开展了从铀磷矿、铀煤矿、铀钍矿、铀铁矿、铀铅锌矿石中提取铀和从铀矿石中提取钼、铼、镍、锌等伴生元素的研究，提出了相应的工艺流程和技术方案，对生产厂综合利用资源起到了很好的作用。

为了提高水冶生产的社会和环境效益，北京铀矿选冶研究所与生产厂一起，对生产废水中的放射性物质和各种无机与有机毒物进行了治理研究，提出了处理措施，使生产厂的外排废水达到了国家规定的排放标准。

进入 20 世纪 80 年代以后，北京铀矿选冶研究所将多年来积累的技术经验向精细化工和湿法冶金等领域转移，以便更好地为国民经济建设服务。

### （二）研究新设备，实现新工艺

实践证明，要实现先进的工艺流程，必须要有先进的技术装备。20 世纪 60 年代初，衡阳和上饶两座铀水冶厂将吸附剂改为国产树脂后，对原设计的巴秋克矿浆吸附槽和悬浮吸附塔，作了一些相应的改进。后因这两种设备不能连续吸附，流程比较复杂，继而研制了半连续逆流槽式吸附塔，简化了流程，减轻了劳动强度，提高了生产效率和树脂利用率，成为淋萃流程的主要设备。20 世纪 80 年代初，又研制成功连续逆流脉冲筛板矿浆吸附塔，使树脂利用率提高了 1 倍。

20 世纪 60 年代研制成功的箱式混合澄清器和泵吸式混合澄清器，结构简单，操作方便，已用于我国第一个清液萃取工厂。为了探索适用于矿浆萃取的设备，还相继开展了斜板式混合澄清器，矮胖式混合澄清器的研究。20 世纪 70 年代初，开展了大孔脉冲筛板萃取塔的研究，并用于从含铀煤矿浆中提铀。20 世纪 80 年代以来，又研制成功全逆流箱式混合澄清器。它具有结构简单、不串级、效率高、能耗低、操作方便等优点，现已成功地用于稀土工业和三氧化钨的工业生产中，萃取率可达 95%。

为了提高选矿厂的放射性分选水平，20 世纪 60 年代中期研制成功灵敏度高、维修方便的皮带式放选机，取代了效率低、检修困难的拉斯放选机，选矿效率提高 50%。20 世纪 70 年代以来，又研制成功选矿率更高的 201 预选机，使我国放选技术接近国际先进水平。

这一时期，还自行研制了四氟化铀干燥炉、二氧化铀煅烧炉等铀精制关键设备，解决了耐高温、耐氟化氢腐蚀的材质问题。此外，还先后研制成功了流态化洗涤设备、轻质滤料控制过滤器等一批高效设备以及多种自动仪表，适应了生产的需要。

**（三）开展相关学科的研究**

1. 离子交换树脂的研制。1960 年研制成功了 201×7 型强碱性阴离子交换树脂，取代了当时准备进口的树脂。1973 年研制成功了用于浓矿浆吸附铀的大比重树脂，填补了国内一项空白。1983 年，除汞树脂研究成功，其吸附容量优于国外同类产品。1984 年又合成了镎、钚分离树脂，用于钚-238 的生产，使钚回收率达 99%，这一成果荣获国家发明奖四等奖。

2. 萃取剂的研制。20 世纪 60 年代初，为满足清液萃取铀的需要，合成了对铀有较高选择性的叔胺萃取剂。20 世纪 70 年代初，合成了用于磷矿提铀的三烷基氧磷萃取剂，并先后在两座磷肥厂使用。这一时期，还研制成功了用于碱性介质提取铀的季胺盐萃取剂。进入20世纪80年代，为了回收酸度高的硝酸废液中的铀浓缩物，研制成功了新型有机材料——萃淋树脂；投入使用后，回收了珍贵的浓缩铀，使废水排放达到了国家标准。

3. 絮凝剂的研制。20世纪70年代初，继胶状高分子絮凝剂研制成功后，开展了粉状固体聚丙烯酰胺的研究。先后用辐射法生产出纯度较高的粉状聚丙烯酰胺，用化学法生产出高分子量的粉状聚丙烯酰胺。用于生产后，其用量比原来的胶状絮凝剂降低40%，在石油工业等国民经济许多部门，得到了广泛的应用。这两项成果分别获得了1980年、1981年国家发明奖三等奖。这些专用有机材料的研制成功，均及时地满足了铀水冶工艺研究和生产的需要，对发展我国铀水冶工艺发挥了重要作用。

铀矿石组成复杂，伴生元素多，而核原料要求纯度很高，因此，在科研和生产中，化学元素的分析对取得符合质量要求的核纯产品十分重要。20世纪50年代末，在进行二氧化铀简法生产时，就组织化学分析工程师董灵英等40余人，在原子能所等单位的配合下，迅速建立了二氧化铀中25个杂质元素的光谱分析和10多个元素的化学分析方法，为简法生产二氧化铀的质量控制分析做出了贡献。20世纪70年代初，研究成功了从矿石浸出液到产品出厂的多种流线分析方法，大大加快了工艺流程的控制分析。1973年研制的离子选择性电极，提高了溶液中氟、氯、硝酸根浓度分析的速度。1977年，研究成功高频等离子体光源的光谱分析法，加快了固体样品的分析速度。20世纪80年代以来，为解决铀水冶工艺研究中一些多组微量阴离子分析问题，1981年研制成功了灵敏度很高，可同时分析氟、硫酸根等8种阴离子和6种阳离子的离子色谱仪。同年与上海复旦大学合作，建立了激光荧光测定痕量铀的新方法，解决了废水与天然水中痕量铀的快速分析问题。1982年，在中国科学院等有关单位的配合下，完成了铀矿石标准样的制备和定值研究，1984年经国家计量局标准物质研究所组织国内有关专家鉴定，已批准作为中国铀矿石标准样。该项成果填补了国内的一项空白。

**（四）开展应用基础研究**

从实践中发掘研究课题，探索规律，这是铀矿科学研究工作的重要内容。大量应用技术研究要靠理论作指导，大量的实践课题需要从规律、机理上去深化，做到知其然，亦知其所以然。我国已探明的铀矿，一般组成比较复杂，品位比较低，酸碱耗量高，加工性能不太好。对国内铀矿床类型与水冶之间的内在联系的研究，已取得了较好的成果。在水冶厂生产过程中，经常发生树脂中毒和萃取乳化问题。为了保证生产的正常进行，从20世纪60年代初期开始研究，到20世纪70年代中期已取得较大的进展。随着γ-硅酸状态分析方法的确立，1980年找出了导致乳化的主要原因是γ-二氧化硅，并进一步认识到在硅酸体中造成乳化的某些规律，为在实践中克服乳化问题，提出了理论依据。这项研究成果在1980年的国际溶剂萃取学术交流会上受到了好评。1980年至1983年间，在研究离子交换过程中硅的行为及树脂硅中毒问题时，发现树脂硅中毒不仅与聚硅分子大小有关，而且还与硅酸分子的聚合速度有关。这一研究成果在1984年国际离子交换学术会议上进行了交流。以上成果均获国防科工委重大技术改进奖。

**（五）开展地浸堆浸技术研究**

20世纪60年代中期，在郴县铀矿开展了堆浸试验，金属铀回收率达到70%。20世纪80年代初期，在江西一个铀矿进行了井下工业性的堆浸试验，堆浸矿石品位只有0.037%，铀的浸出率达到70%左右，而酸耗只有0.7%，生产成本比常规法低得多。实践证明，我国铀矿采用堆浸技术是提高经济效益的一条途径。地浸技术，又称原地浸出铀技术。这是20世纪60年代在国外发展起来的一项在疏松砂砾岩型铀矿采铀的先进技术。我国铀矿开采研究所王西文工程师等，从1970年开始先后在广东、黑龙江、云南等地的3个铀矿床进行了长时间的现场地浸采铀的探索和研究，获得了较好的经济效果。从1982年10月至1983年6月，在云南一个铀矿石品位为0.063%的砂砾岩型铀矿床进行地浸试验，金属回收率达60%以上，生产成本只有常规生产成本的一半左右。

## 三、铀矿冶工程设计

核工业创建以来，我国铀矿冶工程设计院共完成各类矿冶工程设计100多部，施工图设计6 000多项。院长李克东、总工程师王维信、郴县铀矿和大浦铀矿设计总负责人周玉珩和广大技术人员一起，辛勤努力，为铀矿冶工业的发展做出了贡献。

**（一）综合评价和合理利用地质资源**

这是铀矿山开采设计中必须遵循的一条重要原则。在铀矿冶建设的初期，对这一重要原则未予足够的重视，造成了浪费。例如，对东北地区的一个大型铀钍矿床，在没进行综合评价的情况下就进行设计和基建，花了几百万元投资，后被迫停建。铀矿冶设计研究院吸取这一教训后，成立了矿产资源调查小组，对历年来地质部门提交的工业储量，按矿山建设的技术经济效益的优劣，矿石加工处理的难易，品位的贫富，采冶运输费用的高低，基建投资的多少，进行资源的经济分类，以综合效益衡量各矿床的开采和利用价值。将那些品位符合工业指标，但难以开采的矿床，划为“暂不能开采的储量”；对拟建矿山进行设计前评价，计算出“设计储量”，作为开发的依据；对勘探程度不够部分，则设计出“基建地质勘探”工程，进行补充勘探，避免了盲目设计造成的无效投资。

对铀矿工业指标，过去很长一段时间储量计算、开采设计都是沿用50年代苏联的规定，即边界品位为0.03%，工业品位为0.05%。实践证明，铀矿工业在发展，工业指标也要根据矿床特征、矿石开采和加工难易、品位高低、国家需要和市场价格等进行综合评价后作相应的调整。因此，进入80年代以后，生产矿山对不同铀矿床采用了不同的开采边界品位，平均提高了0.01%，既合理利用了资源，又提高了经济效益。

**（二）择优选择矿井设计方案**

这是铀矿开采设计中必须遵循的又一条重要原则。建矿初期，大浦铀矿的四个矿井，原设计一律采用竖井开拓。在建设二、三号矿井时，发现该矿床属缓倾斜矿体，埋藏不深，改为斜井开拓，从而节省了开拓工程量，简化了井下运输环节，加快了施工建设速度，提高了矿石回收率。

在20世纪60年代初期的矿井设计中，曾沿袭过去的习惯做法，通风方式均采取压入式，矿石提升井不兼作入风井，矿石运输不用溜井放矿等。20世纪60年代中期以后，设计人员根据我国铀矿开采特点，因地制宜，改用抽出式通风，简化了比较复杂的通风设施，畅通了井下运输，方便了通风管理。在有条件的情况下，提升井兼作入风井，节省了投资，加快了建井速度。在矿石运输上，取消盲斜井，改为溜井放矿，大大减少了工程量，简化了运输环节，降低了能耗。

**（三）设计铀水冶厂要做到合理布局**

我国设计的第一批铀水冶厂，是以区域性的大型厂为主。这对承担处理附近矿山的矿石是比较适宜的，对加强企业管理，提高某些技术经济指标，也显示了一定的优越性。但后来扩大到处理外省的矿石，带来了长途运输和沿途污染问题。实践证明，铀水冶厂的规划和布局，对经济效益、社会效益和环境效益，要统筹兼顾，综合考虑。因此，我国从设计第二批铀水冶厂开始，在布局上采取区域矿冶工程配套；在规划上视矿山分布情况建厂，避免矿石长途运输和沿途污染；在厂址选择上，贯彻靠近原料基地和符合环境保护要求的原则。如，广东地区一个铀水冶厂厂址，位置适中，主工艺厂房和主要辅助设施布置紧凑，设计的工艺流程先进，有完善的环境保护设施，建设投资较低，经济技术指标先进，1980 年获全国优秀工程设计奖。

**（四）设计和科研相结合，推广应用先进技术**

铀矿选冶设计研究院，既承担设计任务，又注重科学研究。建院 20 多年来，设计方面取得了重大科研成果 40 余项。1984 年矿冶战线获得的 6 项国家发明奖中，设计研究项目就有 5 项。这些科研成果，绝大部分都先后推广应用于铀矿冶设计中，提高了设计的质量和效益。

20 世纪 70 年代中期以来，设计研究着重于放射线防护和环境保护。例如，对铀矿石的运输，推广了车底密封性能好的 C-16 型矿车和大型铁路用翻车机，解决了铀矿粉洒漏污染问题。对铀矿石的破磨，采用了先进的湿式自磨机，防止了铀粉尘的飞扬和氡气的扩散。对尾矿的排放，采用了铸石衬里管代替常用的铸铁管，延长了使用寿命，避免了尾矿浆的跑、冒、漏现象。对尾矿的贮存，在老尾矿成功地利用了尾矿砂软基筑坝，使衡阳铀水冶厂早已超过设计容量的尾矿坝增加容量约 1 000 万立方米，节省建坝投资上千万元，减少征地 300 多亩，并防止了环境污染的扩大。

## 四、铀矿冶科技情报工作

1956 年，铀矿冶工业刚开始创建时，就将第一届日内瓦国际和平利用原子能会议关于铀矿冶的文献资料翻译编印，供科研设计和生产技术人员学习参考。20 世纪 50 年代末，铀矿冶科研设计机构建立时，成立了图书馆，开展了科技情报收集、交流和分析研究工作。1962 年，出版了《核燃料》和《期刊文献索引》杂志。1972 年，翻译出版了《铀的回收》一书。20 世纪 70 年代中期，增出了《铀矿选冶》期刊，翻译出版了《铀化学》《铀的提取冶金学》两本专著，组织编写了《铀的分析化学》《铀水冶基础知识》及《铀水冶厂的化学分析》，编印了一百余万字的情报资料，整理了《科技成果汇编》。20 世纪 70 年代后期，进一步加强了国内外科技情报的收集、整理和复制工作，开展了电子计算机的检索应用，参加了《原子能科学技术词典》部分内容的编写，组织了两次较大规模的情报网活动。20 世纪 80 年代以来，编辑出版了《铀矿冶》《湿法冶金》《铀矿开采》和《选冶技术情报》等杂志，加强了科技成果管理、技术档案管理和情报、信息交流工作，对了解国内外新技术、新动向和开展学术交流起到了积极的作用。

# 第六章　核燃料生产制造

## 第一节　中国第一座气体扩散工厂的建设

### 一、选定厂址，确定建厂方案

根据中苏两国的有关协定，苏联向我国提供气体扩散技术援助。协定签订后不久，即成立了一个由 8 人组成的铀浓缩厂选厂委员会，刘宝庆为主任。自 1956 年 10 月 29 日至 1957 年 1 月 15 日，选厂委员会先后在河南、陕西、甘肃、青海等 4 省，调查了 11 个厂址的自然条件和经济技术因素。经过综合分析，认为兰州市郊区一个飞机工厂选定的厂址，用来建设气体扩散工厂最为合适。1957 年 2 月，选厂委员会提出了选厂报告。而此时飞机工厂已经筹建两年，做了大量的建厂前期工作。考虑到发展核工业的急迫性，经二机部和三机部协商一致，上报中央军委批准，将该厂址让给气体扩散厂，并于同年 9 月 29 日办理了厂址交接手续，为气体扩散工厂的建设争取了时间。

1957 年 10 月 15 日，二机部批准了建厂设计任务书。同年冬季，建厂筹备处成立，王介福任主任。接着，便开始调集、组建队伍，开展设计、施工、安装、生产等筹备工作。按协定，工厂的初步设计由苏方主要负责。1958 年 1 月，二机部指派王中蕃带专业组赴苏联列宁格勒参加苏方的初步设计。5 月初，苏联设计专家及我国在列宁格勒学习人员相继到达北京。5 月 30 日，由宋任穷部长主持召开了工厂初步设计审定会，苏联有关专家也参加了会议。审查过程中，提出了大量修改意见，并对有争议的问题，经过双方协商取得了一致意见。最后宋任穷部长代表二机部批准了初步设计。

## 二、争取时间，全力抢建工程

### （一）主辅工程全面展开

按照当时确定的有区别地引进的方针，凡我国能承担的任务，一律都以国内单位为主承担。气体扩散厂的施工设计由二机部设计院负责。土建施工、设备安装分别由当时的一〇一、一〇三公司承担。厂区的上下水系统由建筑工程部给排水设计院设计。连接厂区和生活区的大桥及供电网线路工程，分别由铁道部第一设计院、第三勘察队、第一工程桥梁队和电力部西北电力设计院、甘肃省电力局送变电工程处承担设计和施工。

1958 年，铀浓缩厂同全国一样出现建设的高潮。第一代核工业的开拓者们，响应祖国的召唤，在很短的时间内，就从全国 21 个省、市、自治区的各条战线集中到建设现场。根据扩散厂主工艺厂房面积大、建设周期长，而辅助工程项目多、又必须在主工艺工程建成之前完成配套的要求，确定了“先外围、后主体、以主带辅、以辅保主、协调前进”的建设部署。1958 年第一季度，完成施工准备后，外围工程陆续开工。5 月 28 日，苏方通知，将从同年 9 月至 1959 年分 13 批提供几种型号的扩散机。这就要求我国必须在 1959 年底前实现主体和辅助工程配套，具备安装条件，任务是十分艰巨的。5 月 30 日，在北京召开了一次厂领导会，研究了加速建设进程的总体部署，提出了“苦战一年半，边干边学，建成学会”的口号。同年 7 月，厂区各辅助工号和配套设施全面开工。9 月，主工艺厂房也开工建设。为抢建工程，承担施工设计的广大设计人员吃住在工地上，深入现场，紧密配合，及时解决施工中出现的问题。设计总工程师王仲富身患重病，有时甚至吐血，仍坚持在工地工作。负责土建的一〇一公司党委副书记李春才为扩散厂的建设，鞠躬尽瘁，献出了自己的生命。由于参加建设的生产、设计、施工和安装单位有机地组织在一起，相互协调，广大干部、工程技术人员和工人日夜奋战，大大加快了工程建设的进度。

### （二）夺取主机安装胜利

1959 年 6 月，苏方不履行协定的先兆已十分明显。当年国庆节后，二机部领导向厂负责人张丕绪、王介福交了底，要求尽最大努力把主工艺厂房抢上去，争取按计划把主机运进厂，年底实现主机安装。而当时在现场的苏联专家负责人，认为1959年进行主机安装根本不可能。形势是异常严重的。

大西北的深秋，室外气温急剧地下降，留给施工的时间已经不多了。在时间紧、任务重、压力大的情况下，成立了以王中蕃为总指挥的现场施工指挥部，并当机立断，决定缩短战线，集中力量，抢建主工艺厂房，确保年内安装主机。

现场指挥部制订了总体计划安排和详细的工程进度，组织动员建筑、安装、设计、生产部门的全体职工，拧成一股劲，实行总体战。还提出了“一切为了安装主机，一切为主机让路”的口号，掀起了一个抢建主工艺厂房的施工高潮。

1959年12月上旬，苏联专家到主工艺厂房察看后，仍然认为最快也要到第二年初才能完工。到了12月18日，经过广大职工的艰苦奋战，终于把主工艺厂房抢了上去，为主机安装创造了条件。这时苏联专家再次到现场检查，提出厂房清洁度不合格，不能安装主机，还摇着头说，完工起码还要一个多月。工厂领导坚定地回答：“三天以后看了再定！”工厂当即决定由党委副书记刘喆组织动员1 400多人搞卫生。广大干部、工人，不分职位高低、身体强弱，争先恐后进厂房，分片包干进行擦洗，连续干了整整24个小时。不仅机座、平台，就是墙角、地沟，也无缝不擦、无沟不清。先用水洗，后用布擦，最后以白布擦净。天拂晓，安装主机的厂房，已变得光洁、明亮。当苏联专家进入现场检查验收时，他们惊呆了，不由自主地叫道：“这真是变戏法！”遂当场答应立即催设备、催生产专家进厂。在晚上的宴会上，专家问：“为什么我们估算需要一个多月才能完成的工作量，你们一夜之间就完成了？”工厂领导笑了笑说：“这是马列主义、毛泽东思想和群众路线的力量”。他们举起酒杯，高呼“马列主义、毛泽东思想万岁！群众路线万岁！”

1959年12月27日，首批机组在主工艺厂房安装就位。主机安装的胜利实现，为在苏联专家撤走之前，工程继续进行取得了主动权，对于扩散厂按期建成起了决定性的作用。

### （三）学习、消化扩散技术

引进设备并不等于掌握了技术。尤其像气体扩散这样的尖端工艺，不仅级联庞大、设备多、管线长，而且工作介质是带放射性和强腐蚀性的六氟化铀气体，大体积高度密封、耐腐蚀和清洁度等项要求很高，技术十分复杂。而我国在铀同位素分离领域原来又是个空白，要在短期内掌握它，确非易事。当时，扩散厂的科技人员遵照毛泽东主席关于“尊重苏联同志，刻苦虚心学习，但又一定要破除迷信”的批示，结合实际认真向苏联专家学习，又坚持独立思考和钻研，取得了明显的成效。

由于苏联的扩散厂不接受我国的实习人员，因而在扩散厂建设的同时，我国决定在北京建设一个扩散实验室，作为培训基地。该实验室于 1958 年 9 月 20 日在北京中国科学院原子能研究所破土动工，同年 10 月 23 日厂房竣工，并开始安装设备。随后，苏联专家分批来华，对扩散实验室和扩散厂派出的技术骨干及专业管理人员进行了比较全面的培训。

扩散实验室的及时建成，不但提供了在设备上进行实际操作的锻炼机会，为我国掌握气体扩散技术培训了一大批技术骨干和专业管理人才，而且在苏联专家撤走后，还继续发挥了培训基地的重要作用，并在第一个扩散厂启动中及其后做了大量的工作。这是保证我国第一座气体扩散工厂建成投产的一个重要的决策。以后，该培训基地又发展成为我国铀同位素分离的科研基地。

在工厂建设过程中，为了做到边干边学，建成学会，广大职工掀起了向苏联专家学习的热潮。现场的工程技术人员边工作边学习，干什么学什么。同时采取请专家讲课的方式，使领导干部了解掌握关键性的问题，专业技术人员掌握专业技术，生产工人掌握操作技术。由于大家都以热情诚恳的态度向专家学习，中、苏两国专家、技术人员和工人彼此建立了友谊。一些苏联专家也表示一定要“建成教会”。

1960 年第一季度，全国掀起了“技术革命和技术革新运动”的热潮。在运动高潮中，扩散厂曾经有人把主工艺厂房内的电机拆下来搞革新，如果这种做法蔓延开来，将造成严重的后果。在技术革新中究竟应该如何对待这些刚刚引进的技术和设备？恰在这时，毛泽东主席及时指出：“像小孩学写字，要先写正楷，后写草书。”这一指示的及时传达，把学习引向健康的轨道，收到了很好的效果。这一阶段共培养了 595 名初步掌握了扩散技术的生产技术骨干，为在苏联专家突然撤走后，能很快地转向自力更生过技术关，打下了基础。

## 三、自力更生，开展技术攻关

1960 年 8 月 3 日上午，在现场的全部苏联专家奉命回国。扩散厂的广大职工没有忘记苏联专家曾给予的帮助与支持，热情地把他们一个一个地送到兰州火车站或机场。从此，扩散厂的建设进入了一个新的阶段——完全实行自力更生方针的阶段。

### （一）面临的形势和困难

苏联专家撤走后，当时国际上有人认为，中国从此进入核技术真空状态。还有人预言，中国“二十年也搞不成原子弹”。还有人甚至说，“这是对你们毁灭性的打击”，“再过两年，你们就要卖废铜烂铁了”。当时，扩散厂的主工艺设备还没有完全配套，一些重要的技术资料又被有的专家带回国或烧毁了。扩散厂的技术人员虽然学到了一些技术，但还缺乏实践经验，又无处可以借鉴。职工中也有少数人存在着悲观情绪，认为：“专家走了，我们在技术上不行”；“搞基建行，搞生产不行”；“搞辅助生产行，搞主工艺不行”等等。特别是当时正值全国经济困难时期，生活物资供应不足，缺乏营养，许多职工得了浮肿病，有的职工甚至产生过回家务农的思想。

能不能战胜困难，依靠自己的智慧和力量，把扩散厂建设起来？我国扩散事业的创业者们面临着严峻的考验。

### （二）坚定信心

苏联专家撤走的当天下午，工厂领导即对专家撤走后的各项工作做出了部署，提出了“约法九章”，将工作重点放在“两抓”（抓生产、抓生活）和“两保”（保人、保机器）上，以确保建厂工作正常进行。随后又根据二机部 1960 年 8 月 9 日发出的“为在我部事业中彻底实行自力更生的方针而斗争”的指示，针对职工队伍中暴露出来的各种思想认识问题，大讲形势，大讲光明前途，进行形势、前途和事业光荣感的教育。同时，各级干部深入职工宿舍嘘寒问暖，深入食堂办好伙食，在条件许可下，最大限度地解决职工生活上的困难。党中央在生活物资供应上也对扩散厂职工给予了特殊照顾。甘肃省和兰州市在最困难的情况下，保证了该厂煤、电的供应和职工食油、肉类副食品的供给。党中央的关怀，二机部的指导，地方上的支援，温暖着广大职工的心，使全厂职工统一了思想，明确了方向，坚定了信心。

在组织“大转变”和职工思想统一的基础上，工厂开展了五个方面“摸清底细”的活动，即摸清工程质量底细、职工技术水平底细、技术资料底细、设备材料底细和攻关项目底细。在摸清工程质量底细过程中，二机部袁成隆副部长从 1961 年 1 月起到厂长期蹲点，直接领导以质量为中心的调查研究工作，组织了 20 多个专门小组，对主工艺及辅助系统的施工安装情况，进行了全面的调查，共发现问题 1 395 个。通过调查，摸清了底细，认定该厂的主工艺的设计是合理的，主体结构的施工质量是好的，主要设备已经齐全。但也有些重要部件，苏方没有供给，还需要大力抓紧试制配套。为此，国务院责成有关部委成立专门机构，组织全国大力协同，研制专用配套设备，为扩散厂的继续安装和启动攻关，创造了必要的条件。

**（三）在机组上进行启动试验**

苏联专家撤走之后，经过一年多的紧张工作，设备配套及安装均已就绪。通过质量摸底，查清并解决了各种质量问题，同时，从思想、组织、物资、技术等方面做了充分准备。1961 年底，在不同型号的 10 个机组上开始了扩散机群启动试验。

扩散厂的工作介质六氟化铀有放射性，遇水后又有腐蚀性，因而对扩散机组的真空密封要求极为严格。在科学实验室里，真空密封本非难事，但要使扩散机组这种管线长达数公里、接点多到上万个的大体积长期保持真空密封，就不容易了。为此，工厂组织了专门的真空工作队伍。他们先后更换大小阀门5 000多个，调整主机间隙几百处，消除漏点上万个。经过艰苦的努力，终于达到了运行要求，并且摸索出了一套真空密封的经验，为进一步试验创造了条件。

试验也是本着“先写正楷”的精神，一步一个脚印进行的。为确保试验成功，采取了“先小型机，后大型机，先单个型号机组，后同型号几个机组联动运行，以及先小负荷后大负荷，先国外原料后国产原料相互验证”的方式，循序渐进。攻关中强调不打无把握之仗，试验前都编写了试验大纲和具体试验方案，要求多方设想，充分准备。理论计算人员先后计算了上百个稳态运行方案和几千个非稳态运行方案；还强调重大试验必须事先演习，操作熟练再动手，以防差错。

氟化处理是机组启动前的关键工序。处理不好，分离膜就达不到要求的渗透性，而充氟的速度过快又可能烧毁分离膜。由于事先对有关人员进行了严格的训练，实际操作时做到了一丝不苟，严格按照规程进行，因而对几千台机器氟化处理，没有损坏一支分离膜。

通过试验，取得了各种型号中具有代表性的部分扩散机组试验性氟化处理和启动运行的成功；掌握了分离系数、腐蚀损耗、静特性根等重要参数；摸清了分离膜渗透性下降的规律；不仅获得了极为宝贵的扩散机启动操作实践经验，而且还发现和消除了许多设备缺陷，为成批机组氟化处理和成批机组启动投产铺平了道路。

在技术攻关中，广大工程技术人员发挥了重要的作用。以正、副总工程师郑流阳、刘宝庆和总工艺师、总机械师、总动力师、总仪表师、技检处、主工艺车间及有关车间等技术领导组成的厂技术攻关领导小组成员，经常跟班，及时解决出现的技术问题。每当关键时刻，许多人就搬到现场吃住，同广大技术人员、工人共同攻关。在那些日子里，不论是各级领导、专业管理干部，还是技术人员和生产工人，都把自己的全部心血倾注到这艰巨而光荣的事业上。

**（四）分批启动，一次投产成功**

1962 年 11 月，扩散厂主辅工程全部配套安装完毕。12 月 8 日，成批机组氟化处理正式开始，成批机组启动也即将进行，扩散厂的建设进入了决战阶段。这时二机部提出的力争在 1964 年进行第一颗原子弹爆炸试验的“两年规划”，也已经中央批准。其中指出头 14 个月是决战的 14 个月，要扩散厂提前生产出高浓缩铀产品。但是，根据苏联设计的启动方案，不可能提前出产品。在刘宝庆的直接领导下，王成孝等理论计算人员重新计算了启动方案。经多次修改，最后提出了把全部机组分 9 批启动、5 批出产品的新方案，比原方案提前半年。由主管局局长白文治和专家吴征铠、王承书、钱皋韵等人组成的技术论证小组，到厂听取了汇报。经过论证，认为该方案基本合理，并很快得到了二机部的批准。

在机组启动前，还存在着不少当时吃不透、使人“不放心”的问题。原子能研究所的扩散实验室密切配合工厂，进行了大量的理论、实验及工艺研究，作出了有说服力的答案。例如，当时对精料端用于净化轻杂质的净化级联原设计台数是否足够，存有疑问。因为它关系到能否获得轻杂质含量不超过限定值的合格产品的问题，必须弄清楚。对此，扩散实验室不但做了理论计算，还利用小机器短级联做了工艺试验，从而排除了疑问。另外，还在扩散级联的启动调整方面，包括启动方式、机组旁联和分路、机器停车等对工艺回路的影响等，测取了大量参数。这些工作对于机组启动成功，起了积极的作用。

为了确保分批启动成功，在启动前对机组氟化处理的各项工艺参数进行了严格的检查；对配套设备逐台作了试验；对六氟化铀原料进行了精确的分析，制备了每批启动所必需的标准样品；主工艺车间仪表自动化系统全部校验合格；各种操作规程经逐份审批，颁发执行；全体操作人员和管理干部都经过了严格考试，不合格者不准上岗位，使成批机组启动的各项准备工作达到了高标准、严要求。此外，有关人员还认真总结了前 4 批机组启动运行的情况。结果证明，他们编制的《主工艺设备暂行操作规程》是可行的。这些都为第五批机组启动做了充分准备。

1963 年 12 月，第五批机组启动。这是扩散厂能否提前取得合格产品的关键。在启动的这一天，厂领导都提前来到车间，经对各项准备工作进行严格的检查后，遂即启动。工艺级联中铀-235 的丰度在不断上升。启动前，原子能研究所扩散实验室曾计算出在启动、方案转换及机组旁联等过程中，级联内各种铀-235 丰度随时间变化曲线，第五批机组启动初期的实测数据与曲线吻合得很好。这使他们更增强了取得合格产品的信心。

按照计算方案，1964 年 1 月 14 日这一天，产品浓度应达到 90%。中午 11 时 5 分，产品容器的阀门被缓慢地打开了，蕴藏着巨大能量的高浓铀-235 自动流入容器。经过精心分析，产品质量全部达到部颁标准，扩散厂取得了一次投产成功的重大胜利。当这一喜讯传遍全厂的时候，人们含着激动的泪水，无数双坚实勤劳的手紧紧地握在一起，久久不愿放开。

1 月 15 日，二机部发来了贺电，称“这是我部事业发展的一个重要里程碑，为我部事业的成功创造了必要的条件。”1 月 18 日，毛泽东主席在二机部给党中央的报告上批示："很好"。

高浓铀产品的提前获得，不但回答了能不能建成投产和解决了有无的问题，而且为"两年规划"的实现，争取了极为宝贵的时间。

中央对我国第一座气体扩散厂的建设十分重视。邓小平、彭真、彭德怀、聂荣臻等领导人曾先后到厂视察。中央专委帮助解决了工程建设中的许多重大问题。我国第一座气体扩散工厂的建设还得到全国的大力支援。各地区、各企业都积极响应毛泽东主席"要大力协同，做好这件工作"的号召，不但抽调大批人员支援扩散厂的建设，而且还积极协助培训生产技术骨干。全国先后有22个城市的81个企事业单位，为扩散厂试制成功专用设备、仪器仪表和零部件832种，共40多万台件；有44个大、中城市的237个工厂开绿灯优先加工电器、仪表和标准设备433种，共计14 000多台件。许多单位还曾派出技术人员到厂协助解决技术关键问题，其中有中国科学院上海有机研究所，冶金研究所，上海电机厂、光华仪表厂，北京石油科学院、六二一厂，哈尔滨电机厂、汽轮机厂，瓦房店轴承厂，洛阳轴承厂，西安仪表厂等。扩散厂的建成投产，是一曲全国大力协同的凯歌！

## 第二节　扩散技术发展与扩散机研制

1964年4月6日，在扩散厂投产后不久，二机部刘杰部长向扩散厂广大职工进一步提出了"吃透钻深"的要求。根据这个要求，经过1964年、1965年两年的努力，工厂建立健全了生产岗位责任制，加强了设备维护，成功地进行了扩散机的试验性检修，开展了科研革新试验，总结了以防为主确保安全生产的经验。全厂在思想上、管理上、技术上、作风上都发生了质的变化。产品质量百分之百合格，各项经济技术指标都突破原设计水平。此后，我国的气体扩散技术开始进入了"后写草书"的时期。

### 一、开展技术革新，挖掘生产潜力

气体扩散工厂经过长期努力，在全面掌握了扩散技术后，又进行了挖潜、革新、改造，在提高主机流量、分离能力和级联效率方面，取得了明显的效果。

**（一）提高主机流量**

1975 年 8 月，扩散厂提出在“五五”（1976—1980 年）计划期间进行主机革新，提高主机流量，增加产量的方案，即“‘五五’主产品增产方案”。拟对主机转子、电机、轴承、工艺变压器、专用仪表等五项主要部件和与之配套的辅助系统进行革新改造，使之在提高主机流量后，仍能达到持久安全运行。

1976 年 1 月 11 日至 21 日，二机部在扩散厂组织召开了技术论证会。会上着重论证了李觉副部长提出的“主机各参数潜力如何？在动载负荷增大的情况下潜力如何？临界问题如何”等问题。副厂长蒋心雄向会议汇报了在“三个如何”方面所做的大量工作和取得的结果。经过全面论证，与会人员一致认为：“‘五五’主产品的增产方案”是可行的。1976 年 5 月 5 日，二机部正式予以批准。

经过扩散厂广大职工的积极努力，按期完成了全部革新计划，主机的流量比革新前提高了 35%~47%，于 1978 年提前两年实现了二机部提出的增产目标。

**（二）提高分离能力**

从 1975 年开始，扩散厂为了使级联结构更合理，对部分扩散机的分离膜进行了改造，从而有效地提高了分离效率，增加了装机分离功，使生产能力比原型机器增加了 26%。

1980 年，扩散厂又制订了“六五”（1981—1985 年）期间改进级联的发展规划。为了保证这一规划的实施，分离膜生产厂加强了科研工作，使分离膜的工艺技术获得了重大的突破，及时提供了分离效率高、耐腐蚀、抗震动和寿命长的新分离膜。经过对扩散分离器的改装设计，并在单机工艺试验取得良好效果的基础上，技术人员又开始了对分离器的革新改造。从而使分离效率比革新前有了大幅度提高，工艺级联的运行状况也有了显著的改善。

**（三）提高级联效率**

扩散厂的工艺级联是由为数众多的几种不同型号的扩散机所组成，而级联效率的提高，是降低产品成本最有效的方法之一。

随着电子计算机的广泛应用，为级联方案选优提供了良好的条件。在刘广均的领导下，理论计算人员密切联系生产实际，做了大量工作，从而使级联结构更加合理，级联效率相应提高。到1985年，扩散厂实际级联效率比启动运行时已大大提高，并已接近国际水平。从1981年开始，我国低浓铀产品已进入国际市场，产品质量受到好评。1982年，浓缩铀系列产品荣获国家颁发的“银质奖”。我国第一座气体扩散厂的生产能力成倍增长，而用于革新改造的费用还不到建厂总投资的10%。

## 二、发展扩散技术，研制新型扩散机

20世纪60年代初，我国机械工业完成了试制扩散机的任务，在设计、制造、安装、运行等方面，都取得了比较成熟的经验，具备了设计研制新的大型扩散机的条件。

1964年4月，为了进一步扩大扩散厂的生产能力，二机部根据中央专委的决定，在原子能所扩散实验室的基础上，成立了二机部六〇五研究所（后改为核工业理化工程研究院）。其任务之一，就是负责新型扩散机的研究设计工作。

一般来说，研制新型扩散机对提高经济效益是有利的。但在确定扩散机分离能力时，必须从国家对核燃料的需要以及国内工业技术水平等方面，进行综合考虑。新型扩散机研制的关键是设计压缩机。在三机部的大力协助下，二机部理化工程研究院于1964年冬，拿出了第一批压缩机设计图纸，于同年年底确定了新型扩散机的总体性能和总体结构方案，并相应地提出各部件初步设计要求。

1965年，新型扩散机进入试制阶段。1965年年初至1966年年初，完成了第一套新型扩散机单机总体及各部件的设计图纸。1966年4月，国务院国防工办副局长赖坚在北京主持召开了“新型扩散机设计审查会”，批准了该机研制方案。

新型扩散机第一台单机样机的试制，是以理化工程研究院为主，由上海先锋电机厂、苏州阀门厂和武汉锅炉厂共同进行的。1966年开始试制，但因受到“文化大革命”的影响，至1968年才建成试验台，展出新型扩散机的实物。与此同时，二机部、一机部对新型扩散机定点生产问题进行了研究，确定四川乐山东风电机厂和上海电机厂为压缩机生产总装厂；一部分部件分别由重庆水轮机厂、上海先锋电机厂、汽轮机厂、锅炉厂和郑州电缆厂承担；压缩机的配套部件调节器、阀门、管道等，由苏州阀门厂、沈阳高中压阀门厂、平顶山阀门厂和武汉锅炉厂等负责生产。

1969 年 2 月，国务院国防工办决定成立“研制新型扩散机联合领导小组”，由一机部局长张树南和二机部局长姜涛负责，并设立了专职办公室。其间，二机部设备制造局副总工程师屈智潜等人做了大量的组织协调工作。领导小组的成立，加强了对新型扩散机研制工作的领导。同时，在二机部内部也组成了由研究所、设计院和扩散厂组成的三结合小组，负责重大技术问题的协调工作。在联合领导小组的主持下，新型扩散机的研制工作有了新的进展。1970 年 7 月，新型扩散机单机开始试验。接着，1972 年 2 月，第一个试验机组启动运行；同年 10 月和 1973 年 11 月，整个试验级联机组相继投入运行。

新型扩散机的研制过程，是个不断暴露问题和解决问题的过程。从 1970 年 7 月开始正式单机试验，到 1979 年 12 月研制定型，在长达九年半的时间里，先后暴露出重大技术问题上百个。在二机部李觉副部长和有关专家沈保全等人的带领下，广大科研人员日夜奋战，将问题逐个加以解决，使新型扩散机达到了额定工况下各项技术指标。

为了进一步挖掘新型扩散机的潜力，1979 年 3 月，在流体试验台上还进行了改进型新扩散机的试验，取得了满意的结果，使单机分离能力提高了 33%，研制工作有了新的突破。新型扩散机的主要性能参数已符合设计指标和工厂使用要求，主要配套产品和主要原材料可立足于国内，具备了完整的设计图纸和生产验收技术条件，各制造厂已基本掌握了它的工艺和工装。1979 年 12 月，机械工业部、二机部联合在北京召开了“新型扩散机定型会议”，通过了扩散厂运行验证和国家级鉴定。这一重要成果是由全国 13 个省、市和第一机械工业部、冶金工业部、石油化工部、轻工业部、国家建材总局、国家物资总局等所属 100 多个单位共同协作完成的。通过新型扩散机的研制，不仅为国内核燃料生产提供了重要装备，而且为扩散厂提供了大量有参考价值的数据，把扩散技术推进到一个新的高度。

# 第三节　扩散分离膜的研制与发展

分离膜是气体扩散机的核心部件。分离膜的性能对扩散厂的先进性和经济性有很大影响。

分离膜就其结构来说，可以分为单层膜和复合膜两种；按材质可分为金属分离膜和非金属分离膜。由于六氟化铀对材质有很强的腐蚀作用，并能生成有害的固体氟化物，因此需选用高纯度、耐腐蚀的材料，才能长期保持规定的分离效率。我国已经掌握了多种分离膜的制造技术。

## 一、自力更生研制分离膜

分离膜是扩散机的关键部件，为了扩散厂持续生产，50 年代末，二机部分工由钱三强组织力量进行分离膜的调研和理论探索工作。随后，国防工办又调集各方面的科研力量开始研制。经过中国科学院、二机部、冶金部、纺织部、上海复旦大学等研究单位广大科技人员的大力协同，艰苦工作，仅用两年时间，便攻克了这项尖端技术，研制出我国第一代分离膜（甲、乙两种分离膜），装备了扩散机，为扩散厂的稳定生产创造了条件。

## 二、分离膜生产厂的建设

1963 年，在二机部、冶金部的实验研究和半工业性实验的基础上，开始了工业性分离膜生产厂的设计准备。1964 年，中央专委决定建设分离膜生产厂。冶金部部长吕东亲临现场选址，于同年年底选定厂址。国家计委把分离膜制造厂列为全国必保的重点项目。中国人民解放军总参谋部调铁道兵部队进入现场与冶金部共同施工。自 1965 年 4 月奠基，到 1967 年 1 月，只用了 22 个月，便生产出第一批合格产品，取得了一次投产成功的好成绩。

## 三、分离膜生产技术的发展

在建厂的同时，分离膜的科研工作一直没有停步。扩散厂要实现“五五”期间挖潜改造和“六五”期间改进级联的规划，提高分离膜性能和研制新分离膜是个关键。经过科研人员的艰苦努力，工艺技术获得重大突破，改变了分离膜结构，研制成功质量、特性都更佳的丙、丁两种分离膜，并大大降低了生产成本，其中丁种分离膜很快被推广生产。1976 年，为改善分离膜的物理、化学性能和提高分离效率，在深入调查研究的基础上，改进了原材料的生产工艺，改变了分离膜结构材质形态，为扩散厂提供了分离效率高、耐腐蚀、抗震动和寿命长的新型分离膜。通过生产实践，分离膜的各项技术指标均达到了较高水平。分离膜的不断更新，不仅为扩散厂提高综合经济效益作出了积极的贡献，而且为研制大型扩散机创造了极为有利的条件。

在分离膜的研制发展中，由于坚持了科研先行，科研与生产紧密结合，重视品种的更新换代和生产线的挖潜改造的方针，因而技术进步较快，成果显著。分离膜的科研成果曾荣获 1978 年全国科学大会“科学技术重大贡献奖”；1984 年又荣获国防科工委、国家科委授予的发明一等奖和发明二等奖。

## 第四节　铀转化工厂的建设与发展

### 一、解决卡关难题，试验装置攻关成功

1960 年 6 月，苏联政府停止向我国提供六氟化铀生产技术援助。二机部决定在北京中国科学院原子能研究所，建立一套代号为“615 乙”的六氟化铀简法生产试验装置。1960 年 7 月，在钱三强的指导下，由黄昌庆、王世盛、李仲芳等人具体负责，根据当时能提供的材料和技术条件，设计出了第一套简法生产工艺。技术人员经过两个多月的奋战，克服了设备材料、氟化工艺等困难，建成了装置，并于同年 10 月生产出少量合格产品，从而形成了我国自己的一条技术路线。随后，在吴征铠的领导下，解决了工艺中出现的堵塞问题。在此基础上，在曹本熹领导下开始建设“615 丙”试验装置。1962 年 8 月，安装了经过改进的第二套氟化炉，相继又安装了一套高温电解

制氟装置，并对冷凝收集六氟化铀容器的结构及工艺流程作了系统改进。经过对“615 乙”“615 丙”试验装置两年多的试验研究和试生产，进一步完善了生产六氟化铀的工艺流程、设备结构，培训了技术力量，为大规模生产六氟化铀做了必要的技术准备；同时为我国第一座气体扩散厂提供了合格的六氟化铀原料，解决了扩散厂初期原料供应的卡关难题。

## 二、科研生产并举，建成六氟化铀工厂

六氟化铀是铀同位素分离工厂的原料，它是通过氟气与四氟化铀反应转化而成的。由于六氟化铀是强腐蚀、毒性大的放射性气体，因此研制它，需要解决在高温下耐腐蚀、严格密封等特殊技术难题。

我国六氟化铀的研制，最初从中国科学院原子能研究所开始，先实现简法生产，后逐步过渡到大规模工厂生产。经过生产实践和技术革新，生产六氟化铀的工艺、装备不断创新。

在全国有关单位的大力支援下，1960 年 4 月，我国第一个六氟化铀生产厂工程破土动工。根据简法生产所取得的经验，从 1962 年 11 月到 1963 年 4 月，先后进行了 5 次试车，于 1963 年 11 月 27 日正式投料，29 日拿出了第一瓶合格的六氟化铀产品，从而开创了我国大规模生产六氟化铀的新局面，为扩散厂的全面建成投产创造了先决条件。

在六氟化铀的攻关过程中，北京大学、清华大学及二机部有关研究单位，对分析、防护、废液处理等研究项目，给予了大力支援。

## 三、六氟化铀生产工艺的发展

在六氟化铀厂投产后，技术人员又不断地开展了新技术的研究、试验、推广和应用，使六氟化铀生产工艺有了新的发展。

20 世纪 60 年代末，对六氟化铀冷凝设备进行改造，自行设计制成了大型隔板冷凝器，用来代替立式刮刀冷凝器。改造后的设备，具有占地面积小、布局集中、工艺简化、密闭操作和连续运行等优点，既是六氟化铀的生产设备，又是产品容器，从而避免了放射性污染，提高了劳动生产率，使生产成本大幅度降低。

1970 年，我国研制成功立式流态化氟化炉新工艺，为六氟化铀生产开辟

了一条新途径，并及时将其应用于生产。随后又研制出具有我国特点的锥型立式逆流氟化反应炉，使生产能力和金属回收率都有了提高，残渣率大幅度降低，并延长了设备的安全运行时间。

此外，制氟工艺也有了新的发展。在掌握了高温电解制氟工艺和极化处理规律后，又在我国第一座扩散厂建立了工业规模连续生产的中温电解制氟生产线。

我国铀同位素分离事业的建设与发展，经历了“先写正楷，后写草书”的过程。在气体扩散厂建设初期，当有苏联专家援助时，我国工程技术人员便充分利用了这一有利条件，虚心学习，掌握技术；在苏联专家撤走后，他们既发愤图强又坚持科学态度，对于尚无把握的技术问题，一切经过试验，绝不冒失蛮干，终于写出了端端正正的“楷书”。当工厂建成后，他们并不停步，又按照“吃透钻深”的要求，进一步消化、吸收引进的技术，在此基础上，遂开展了一系列的革新、创造，大大提高了生产能力。他们所走过的这一段历程，在如何处理好自力更生与引进技术的关系上，为人们提供了有益的启示。

## 四、四氟化铀生产线的建设

四氟化铀是整个铀工艺过程中最重要的中间产品之一。它既是元件厂生产金属铀的原料，同时也是生产六氟化铀的原料。1960 年秋，苏联专家撤走后，根据二机部“集中力量抢建铀-235 生产线”的统一部署，在厂长张诚的带领下，元件厂及时地调整了建设计划，决定首先抢建四氟化铀生产车间，以便尽快为气体扩散厂提供生产六氟化铀所必需的原料。

### （一）选用湿法工艺，拿出合格产品

当时生产四氟化铀有三种工艺可供选择，即湿法、半湿法和干法。湿法工艺是先将重铀酸盐溶解制成一种适于氢氟化的含铀溶液，然后加入氢氟酸即得到四氟化铀沉淀，再经过滤、洗涤、烘干、煅烧而成。湿法工艺流程长，废物量大，辅助材料消耗多；但设备比较简单，对原料的质量要求不高，处理返品、废品适应性强。苏联提供的初步设计是半湿法工艺，它比湿法工艺操作简便，辅助材料消耗比较少，但处理返品、废品的适应性却不如

湿法工艺。当时考虑到半湿法工艺不可缺少的、既耐氢氟酸又耐盐酸腐蚀的二氧化铀矿浆流量计国内还不会制造，为了稳妥可靠和尽快拿出产品，经过充分的论证，决定采用湿法工艺。后因苏联停止供货，生产四氟化铀的关键设备，如衬胶真空鼓式过滤机、干燥炉和煅烧炉等都必须由国内试制。这些产品，本来是常用的一般化工设备，但用于四氟化铀生产工艺的工作介质均有强腐蚀性。如在干燥、煅烧过程中会产生氟化氢等气体，不仅腐蚀设备，而且会影响产品纯度。因此，这些设备就需采用耐腐蚀的材料，如镍基合金来制造。这就需要大量的镍材。当时镍材在我国是紧缺物资，一时成了设备试制中卡关的难题。后来经周恩来总理决定，调拨了国家库存镍材 40 吨，试制工作才得以进行。经北京钢铁研究院、哈尔滨焊接研究所、富拉尔基重型机械厂等单位联合攻关，反复试验，终于在我国首次试制成功一套大型镍材干燥炉和煅烧炉；同时，包头核燃料元件厂机修车间和上海矿山机械厂，试制成功了衬胶真空鼓式过滤机。至此，生产四氟化铀所用的关键设备得到了解决。

为解决四氟化铀生产工艺中的技术问题，1960 年北京铀矿选冶研究所曾研究出了简法生产技术。包头核燃料元件厂在此基础上，组织了由工厂副总工程师洪景荣、杨道亭等人参加的科研与生产相结合的攻关队伍。他们经过多次试验，突破了生产工艺中各道工序的技术难关，积累了大量的试验数据，摸索出一套工艺条件，培养出一支生产四氟化铀的技术队伍，为设备安装、试车生产做了必要的技术准备。1962 年 12 月，各项设备已安装就位，并进行了调试，开车试生产的条件已具备。12 月 12 日，四氟化铀生产车间开始运行，生产出了第一批合格产品。

**（二）干法生产工艺的研究与应用**

干法生产工艺是用氟化氢气体，在反应炉中将二氧化铀直接氟化为四氟化铀，较之湿法工艺有明显的优越性。其优点是工艺简单、设备少、产量大、废物量少、占用场地小、易实现自动化操作等。为了革除湿法生产工艺，1964 年 7 月至 1966 年 6 月，工厂成功进行了在卧式搅拌床中用氢氟化法生产四氟化铀的干法中型试验。以后，为了采用更先进的生产工艺，在二机部核燃料局总工程师曹本熹的指导和工程师王世盛的参与下，工厂又开展了流化床氢氟化工艺的试验研究，先后解决了床型选择、设备加工、加料出料、物料流化、系统密封、参数控制、尾气处理等一系列技术问题。工厂排除“文化大革命”对科研的种种干扰，于 1971 年 4 月完成了中型试验，摸索出一套较好的工艺条件，为大生产采用流化床技术奠定了基础。

以后，工厂在工艺流程、设备和技术等方面，又进行了一系列的改进。如将两个锥型流化床改为一个挡板流化床，改善了流化状态，提高了四氟化铀转化率，氟化氢过剩量降到 10%左右，而且能连续稳定运行。我国的四氟化铀生产工艺又向前推进了一步，达到了国际水平。

# 第五节　核燃料元件生产线建设与发展

## 一、核燃料元件厂的筹建

反应堆是靠装载的核燃料发生裂变反应，产生中子并提供能量的。为了满足反应堆的各种性能要求，以及便于补充更换和燃烧后的处理，除均匀性反应堆外，在大多数情况下，必须把核燃料制成一定形状的可更换的单元体，才能装入堆内。这种单元体就称为“核燃料元件”。在许多反应堆中，为便于装卸以及其他原因，还把一定数量的燃料元件组装在一起，构成“燃料组件”，或称元件盒。燃料元件一般由燃料芯体和包壳及其结构件组成。芯体是燃料元件内含有易裂变材料的部分，例如天然铀、不同丰度的浓缩铀金属或它们的化合物，以及铀-钚氧化物的混合物等。包壳则应选用吸收中子尽可能少、耐腐蚀并有足够机械强度的材料，如铝合金、锆合金等。

按照反应堆用途的不同，燃料元件也相应地分为生产堆元件、试验堆元件和动力堆元件。它们的制造工艺虽有不同，但大体都包括芯体材料制备、芯体加工成型、密封包装、元件装配和质量检验等工艺过程。

燃料元件是反应堆的核心部件，它的性能直接影响反应堆的安全可靠性。因而燃料元件的研究与制造，在核工业中是极为重要的一环。燃料元件在反应堆内受到强烈的中子辐射，以及高流速、高温度的载热剂和裂变产物的化学作用，并承受各种机械负荷，包括由于温度、压力变化而引起的应力和应变等，工作环境十分恶劣。而为确保反应堆的安全运行，又要求燃料元件在整个工作期间，保持完整和几何尺寸的稳定。因此在制造时，对所用的材料以及对其结构设计和制造工艺，都要求十分严格；制成的燃料元件须经过严格的质量检查，还要经堆内辐照考验。这就使燃料元件的制造成为一项相当复杂的技术。

## 二、元件研究室的组建和发展

为了建立和发展我国的元件制造业，1958 年，北京原子能研究所金属物理研究室设立了元件研究制备组和元件性能测试组，开始了对元件的结构、性能和制造工艺的初期探索。

1960 年，根据苏联停援后的形势，二机部决定将北京原子能研究所的有关设备及张永录等一批技术骨干并入元件生产厂，实行“厂所结合”，集中力量攻技术关。这批技术人员和工人，怀着为中华民族争气的雄心壮志，放弃了首都较为优裕的工作、生活条件，立即奔赴条件较艰苦的草原城市包头，同元件厂的广大职工一起投入艰苦创业的战斗。

1961 年 3 月，元件厂成立了元件研究室。其主要任务是研究、制造、检验各种类型的燃料元件、控制元件和靶件，并开展有关铀化工、冶炼生产工艺等研究。

研究室初建时，没有专门的工作场所。为了早日拿出科研成果，遂将各个研究专题分散到不同的地方进行，如有的专题就在略加改建的仓库里开展工作。为了弥补仪器设备欠缺和技术力量的不足，研究室的科研人员，同中国科学院沈阳金属研究所和北京核工程研究设计院等单位开展协作，实行了由厂、院、所和技术人员、工人、干部参加的“三结合”技术攻关，克服了各种困难，解决了元件厂建设中出现的一个又一个的技术课题，为我国第一座核燃料元件厂的建成投产作出重要贡献。对于元件研究室的这种艰苦创业的精神，罗瑞卿 1965 年视察该厂后，曾在一个报告上批示，赞为“仓库精神”。

经过不断的发展，元件厂研究室人员的素质有了提高，设备逐步完善，并具有进行小批量生产的能力，成为我国研制核燃料元件的一个重要基地。

元件厂为我国的各类反应堆研制或批量生产了多种不同类型的核燃料元件和中子吸收元件，并能开展元件检验技术和某些合金材料的研究工作。该室先后完成国家下达的重要科研任务30多项，写出各种研究报告和生产工艺总结636篇，有些项目获全国科学大会奖，或受到国防科工委、二机部、内蒙古自治区和包头市的表彰和奖励。

### 三、核燃料元件厂全线建成

根据二机部“抓紧钚-239生产线建设”的部署，从1963年开始，元件厂加快了金属钙生产、金属铀还原、精炼、机械加工和元件密封包装等车间的建设速度。同年9月，二机部部长刘杰主持召开了核燃料元件科研生产基地建设会议，研究了基地建设的有关问题，要求“早拿产品，拿好产品”。这次会议促进了元件厂的全线建设。1964年5月，厂里组成了由设计、科研、生产单位参加的“三结合”攻关队伍，在核燃料局总工程师张沛霖的指导下，利用元件研究室的条件，开展了有关铀化工还原、粗金属精炼、金属轧制与热处理、元件芯体加工和密封包装的全面研究和验证工作，对元件的机械物理性能做了比较全面的测试。广大科技人员和工人经过艰苦努力，终于掌握了一套比较完整的生产工艺，制订出工艺规程和操作方法，确定了生产堆元件的质量标准，拿出了供考验用的合格元件，为正式投入生产创造了条件。

1965年6月，元件厂开始投料试生产。全厂职工大干一百天，生产出了我国第一批生产堆用元件。10月，元件厂全线建成。

## 第六节　生产堆燃料元件的研制与生产

我国石墨轻水生产堆使用的燃料元件，系金属棒状元件，芯体为天然铀，包壳为铝合金，芯体与包壳间镀镍层，造成芯体与包壳之间的冶金结合，以满足堆内运行时导出热量所必需的传热要求。

## 一、研制供考验用的元件

生产堆元件的制造工艺研究始于 1960 年，初期曾按原设计的“涂磷热压密合”工艺做了一些工作。由于该工艺陈旧落后，产品难以达到质量要求。工艺工程师计秉贤等人，根据国外有关资料和自己的研究实践，改“涂磷-热压”为“镀镍-气压”工艺。此后，研制工作开始全面展开。

随着生产堆建设的进展，元件的研制工作也加快了进度。为了确保各项研制任务的完成，1964 年 5 月，厂里组成了生产堆元件会战指挥部，制订了会战计划。指挥部要求集中力量突破生产工艺，尽快拿出合格产品。

1964 年 5 月至 11 月，元件厂完成了粗金属铀的精炼、铸锭工艺的研究；作了铀芯棒轧制热处理的准备，特别是安装了轧机和测量了气压加热炉的温度。对原设计的车间按镀镍工艺进行了改造。在此期间，还试制成功了铝壳和铝盖。

在精炼铸锭过程中，铀锭里外曾出现“气泡”和“缩孔”现象，影响了精铀锭的质量。精炼工序攻关小组经过一段摸索、试验，逐渐掌握了精炼铸造的规律，找到了较好的工艺条件。

1964 年 12 月，开始试制金属铀元件。为使铝-镍-铀层间处于最佳扩散状态，沈阳金属研究所和元件厂的技术人员做了大量的试验，找出了影响贴紧度的各种关键因素，弄清了扩散层结构与结合强度同气压、温度之间的关系。他们根据生产设备的情况，选定工艺参数，生产出一批供考验用的元件。这批元件在贴紧度、几何尺寸、外观质量以及芯棒的化学成分、密度、晶粒度等方面，均符合质量标准。在 1965 年 3 月二机部召开的有设计、生产、使用单位参加的会议上，到会人员审查了供考验用的元件的生产工艺，对试制出来的元件质量做出了肯定的评价，还对进一步提高元件的质量等有关问题提出了意见。

## 二、大规模生产元件

根据生产堆建设的进度要求，元件生产厂应于 1966 年底以前生产出相当数量的元件，以供开堆需要。这就要求工厂迅速从小批量生产转为大规模生产。

面对这一紧迫任务，“元件会战指挥部”组织了由生产车间、元件研究室、设计院和沈阳金属所等单位参加的攻关队伍。他们于 1965 年 4 月至 7 月对粗金属精炼、精金属轧制、热处理进行了全面考核。在考核中，贯彻了“一切从严”的精神，对可能影响生产的因素一个也不放过。通过严格考核生产工艺，严密组织生产管理，严格训练操作人员，严谨处理暴露出来的问题，很快完成了大生产的准备工作。同年 9 月，二机部在元件厂召开了生产堆元件制造技术总结会。会议认为：元件入堆考验的初步结果表明，元件质量能满足使用要求，现行生产工艺基本稳定，元件厂已具备大规模生产的条件。

这次技术总结会实际上是一次生产前的技术验收会。会议之后，元件厂投入大规模生产，提前为生产堆的启动运行提供了合格的元件。

## 三、继续改进生产工艺

在金属铀燃料元件的制造工艺中，原设计的铀冶炼与加工成型工艺比较落后。为了改变这种状况，在投产后，元件厂又不断进行了技术改造，使原有的工艺有了较大的改进。例如，天然铀棒状元件芯体生产，最初采用的是 $\gamma$ 相轧制与淬火的热轧工艺。为了减少粉尘污染，减轻劳动强度，元件厂和沈阳金属所的技术人员共同研究出一套 $\alpha$ 相轧制、$\gamma$ 相淬火的冷轧新工艺，并于 1976 年正式应用于生产。

元件芯体用铝壳包装之后，须用旋压车床对元件端面进行旋压处理，使其密封。这一工序原先是手工操作，劳动强度大，旋压质量得不到保证。1972 年，工厂设计并制造出“端面专用半自动旋压车床”。该车床是利用油阻尼原理，解决了各步操作的速度控制，从而实现了元件端面旋压的半自动化。半自动化旋压车床的制成，使机床调整更方便，旋压工艺参数也得到准确控制，保证了旋压质量，大大减轻了劳动强度。

此外，元件厂还进行了还原-精炼-体化的钙热还原新工艺研究。新工艺把还原和精炼两道工艺性质不同的工序合在一起，可精简工艺流程，缩短生产周期，提高生产效率和产品回收率。经在生产中试验，取得了较好的结果。

# 第七节　研究性试验堆燃料元件的研制

## 一、研究性重水反应堆元件的研制

我国研究性重水反应堆所用的燃料元件，系低浓缩铀金属型管状元件。它由带有铝包壳的金属铀管、星形架和节流管装配而成。重水堆最初使用的燃料元件由苏联提供。1960 年以后，苏联停止了这种元件的供应。于是，刚刚组建的元件研究室就在极其困难的条件下，组织力量开展了重水堆元件的研制工作。他们分析了这种元件的特点，制定出了研制规划和进度。铀同位素分离工厂的投产，为研制工作创造了更为有利的条件。

“文化大革命”开始后，元件研究室排除干扰，坚守岗位，在北京有色金属研究院的协作下，挤压出了合格的芯体管，又相继制成了星形架和节流管。1967 年 7 月，元件厂生产出我国第一批重水堆燃料元件，放入堆中进行随堆考验。结果证明，元件质量超过了原设计标准，于是便投入生产，满足了研究性重水反应堆的运行需要。

## 二、游泳池式研究试验堆元件的研制

游泳池式研究试验堆用的元件，系弥散体型元件，芯棒是用含低浓缩铀的二氧化铀粉末与镁粉混合、挤压而成，包壳则是用铝合金制成的。

这种元件起初也是由苏联提供的。苏方停止供应后，我国开始自行研制。在弥散体型元件的制造工序中，如何使二氧化铀粉末和镁粉均匀混合，以及挤压温度的选择是主要的技术难题。参加试制的技术人员，先开展了机械混料、高温成型与挤压芯棒试验。经过一番努力，在两种粉末粒度组成及重量百分比匹配方面取得了一定进展。但是，在混料方法、成型及芯棒的密度均匀分布方面，还存在着一些缺陷。工程师谭家秋等人从两种粉末的内在联系中找不匹配、不均匀的因素，提出了多种工艺试验方案，最后终于得到了表面光滑、密度均匀、匹配良好的芯棒。这一关键技术解决后，1964 年

12月试制出了考验元件。1965年又进一步改进、完善了各道工序，制订了工艺规程和控制参数。1966年开始投入批量生产，及时地为我国游泳池式研究试验堆提供了弥散体型燃料元件。

## 三、高通量工程试验堆元件的研制

我国高通量工程试验堆所用的燃料组件，是由带燃料芯体的6层同心套管元件组成。除外套管外，每层套管的外表面沿轴向有3条互成120°角的筋条，筋条的作用是增强元件管的刚度和保持各层套管之间的水隙。每层燃料管由外包壳–芯体–内包壳构成。燃料管内外包壳和端塞材料为铝合金，芯体是含90%高浓缩铀的铀–铝合金，采用共挤压工艺制成。

这种元件结构复杂，质量要求高，技术难度大。为加快研制进度，二机部决定：酒泉原子能联合企业承担芯体熔铸、加工，制出合格的挤压芯体坯料；包头核燃料元件厂研究室则负责燃料元件的制造、无损检验和组装工作。研制工作于1970年8月开始。在研制过程中，曾遇到一个又一个的困难。在核材料专家张沛霖的组织和指导下，两厂有关的技术人员、工人们通力合作，群策群力，终于取得了成功。

首先遇到的难题是如何制备合格的芯体坯料。由于芯坯是铀–铝二元合金，熔铸时凝固的时间较长，铸件中容易产生成分偏析、内部疏松及出现孔洞缺陷。酒泉原子能联合企业的研制者，为了解决这一问题，探索出一套铸造工艺。采用这种工艺得到的铸件，晶粒细小，分布均匀，组织严密，不仅保证了芯坯质量，同时还方便操作，提高了生产效率。采用这种工艺铸造的芯坯硬度高，塑性低，与端塞铝材性能不匹配。在挤压成管时，端头芯体发生严重增厚现象，产生大量气泡。面对这一新的困难，刘锡霖等人研究出了球化退火工艺，使芯体硬度降低，塑性增加，芯体与端塞性能趋近，从而使端部芯体增厚和出现气泡的问题得到解决。

该组件燃料管的筋条采用挤压成型。最初在挤压过程中，因变形不均匀，筋下芯体出现增厚现象。对此，元件研究室以段凤山为首的挤压专题组做了深入的研究和大量试验，工人梁德资等不断改进模具，于1974年研究出一套新的成型工艺，从而有效地控制了筋下畸变的现象。

为满足对元件管的几何尺寸和不直度的严格要求，必须对挤出的元件管予以矫直。由于被矫直的管不但带有三条筋，并且两端的内部芯体是铝合金，而中间部分的芯体则是铀-铝合金，两种材料不相同，因此不能使用常规的矫直方法。为解决这一问题，曲国方等人进行了多次试验，于 1972 年研制成功了“长芯杆矫直法”。用此方法能使管子变形均匀，矫直后的元件管不直度每米不大于 0.2 毫米。这种矫直方法属国内首创，获得国家发明奖。

为了保证元件的质量，必须用无损检验方法对成品的各项技术指标进行严格的检查。检验分析室在刘兰华带领下，一方面研究建立检验方法，另一方面自己设计、制造、安装各种检验设备。经过 5 年的努力，于 1975 年先后设计、制造了全套无损检验传动装置，组装了水隙测量仪，射线测厚系统，超声检测系统，涡流检测系统等，并完成了坯料找漏、芯体定位、芯体厚度测量、水隙测量、贴紧度测量、内外包壳探伤等项研究课题，使检测技术达到国内先进水平。至 1974 年，高通量试验堆核燃料元件的生产工艺已经确定，并试制出产品。经验收会鉴定，这种元件达到了设计要求，并于 1975 年投入生产。

这种元件经在反应堆中使用，铀-235 平均燃耗曾达到 44.6%，最大点燃耗达到 64.8%，大大地超过了原设计的平均燃耗 34%的指标。

反应堆运行表明，我国自主设计、制造的高浓缩铀多层薄壁套管型元件，结构稳定可靠，具有良好的辐照性能和热工性能。高通量堆元件的研制工作，获得了 1978 年全国科学大会的奖励，并于 1984 年获核工业部优质产品称号。

## 第八节　动力堆燃料元件的研制

我国动力堆燃料元件的研制是从核潜艇动力堆燃料元件开始的。该元件于 1970 年研制成功，经运行考验，性能良好。之后，为了适应国民经济发展对核电的需要，从 1973 年开始研制核电站燃料元件，1975 年开始建设这种元件的生产线。

## 一、核潜艇动力堆燃料元件的研制与生产

早在1958年8月中央决定研制核潜艇时，北京原子能研究所即开始对核潜艇动力堆燃料元件进行探索研究。20世纪60年代初期，沈阳金属研究所曾组织专门的研究室，开展有关元件芯块工艺的研究。包头核燃料元件厂元件研究室成立后，这一任务就转到该研究室。

动力堆元件的研制工作，技术复杂，难度较大。元件研究室与沈阳金属研究所合作，攻克了研制过程中的各种技术难关，于1966年初研制出符合技术标准的考验元件，并于同年5月入堆考验。考验元件的研制成功，使核潜艇动力堆元件的研制工作闯过了重要的技术难关，摸到了较为合理的工艺条件和控制参数。但是考验元件是在小规模的实验室条件下制成的，离较大规模生产还有一定的距离。

1967年8月，中央军委发出关于加快核潜艇研制速度的特别公函。二机部决定建立核潜艇动力堆元件生产车间。从事该元件研制、生产任务的广大干部、工程技术人员和工人，抢时间，争速度，想方设法，利用原为其他车间准备的厂房，建成了核潜艇动力堆元件生产车间。他们很快做好了生产准备工作，于1970年先后生产出陆上模式堆和核潜艇堆使用的燃料元件。

为了早日拿出合格产品，工厂最初采用了简法生产重铀酸铵，虽然保证了及时投料，但该工艺比较落后。1970年，从事该项生产的科技人员，决定采用连续沉淀和喷雾干燥的工艺。经过设计、制造设备和精心试验，1973年初，这种工艺的试验获得成功并进行了生产规模的考验，废除了分批沉淀的旧工艺，减少了8台烘箱，大大减轻了工人的劳动强度，提高了生产效率。

在核潜艇燃料元件的整个研制过程中，由于坚持了工人、科技人员、干部以及科研、设计、生产两个“三结合”，因而及时地解决了生产中出现的各种技术问题。在试生产时，不仅注重出产品，还注意不断改进和完善工艺条件和技术标准，以提高工艺水平和产品质量。

核潜艇燃料元件，经过陆上模式堆的9年运行考验，证明质量良好，完全达到了原设计要求。

## 二、核电站燃料元件的研制

为了适应核电站建设的需要，二机部于 1973 年 8 月决定建设核电站燃料元件生产线。

压水堆核电站燃料元件是含低浓缩铀的二氧化铀陶瓷元件，一般采用 15×15 或 17×17 根的棒束型组件。燃料棒是把一块块经过烧结、磨光的二氧化铀小芯块装在由锆合金制成的包壳管内构成的。为了避免前者变形会对后者造成影响，在芯块与包壳之间，留有微小的间隙，间隙内充以氦气。充填的氦气具有一定的压力，以便使包壳管在承受很高的冷却剂外压力的情况下，不致产生过高的压应力和蠕变率。包壳管两端用端塞焊死，保持密封。燃料元件棒长约 4 米。为保持棒与棒之间的精确间距，沿长度方向每隔一定距离设有定位格架。在截面为正方形的燃料棒束中，有一些燃料棒的位置为控制棒导管所代替。每组燃料棒束中的控制棒在顶部联成一体，构成棒束型控制棒。燃料棒就靠控制棒导管与定位格架互相联接组成的骨架来支撑。

核电站燃料元件生产线，于 1975 年在四川宜宾开始建设。同年 11 月，二机部召开了核电站元件技术条件座谈会。会议之后，核电站元件研制战线的广大职工积极组织攻关试验，经过努力，于 1976 年 7 月完成了核电站元件芯块的模具试制任务。但由于种种原因，在相当长的时间内，核电站的工作进展缓慢；核电站元件生产线也于 1979 年底暂缓建设。

1982 年 11 月，国家决定在浙江省海盐县秦山兴建我国第一座 30 万千瓦的核电站。核电站元件生产线建设，也于 1983 年 1 月恢复，并扩大了原定的生产规模。

在核电站元件的研制工作中，我国还注意吸收国外核电站元件制造的先进经验。在自力更生建设生产线的同时，引进了少量关键设备和技术。经过广大科技人员的努力，30 万千瓦核电站第一批考验元件，于 1984 年年底研制成功，并送堆内考验。

为了发展我国的核电事业，核工业部在西南反应堆工程研究设计院设立了材料元件研究所。该所对核电站元件的性能、类型、结构、材料等开展了系统的研究，并取得了较大的进展。100 万千瓦级的大型压水堆核电站用燃料元件的研制工作，也已经起步。

# 第九节　热核材料生产

热核材料（亦称聚变核燃料）是指能够产生热核反应（亦即聚变反应）的材料。到20世纪80年代中期为止，热核反应的实际应用，还只限于热核武器。热核材料主要包括氘、氚和在中子轰击下能够生成氚的锂-6。

氘氚反应是最易实现的一种热核反应，而且这种反应所释放的能量也大。但是，在常温下，氘和氚呈气体状态，用于氢弹装料不适应实战需要。因此，在实际应用时，往往要把它们与锂-6合成固态化合物，即氘化锂-6、氘氚化锂-6等。当氢弹的引爆弹——原子弹爆炸时，放出大量中子，这些中子与氘化锂-6中的锂-6发生核反应生成氚，进而触发一系列的热核反应，并释放出巨大能量。

天然锂有两种同位素，即锂-6和锂-7，其中锂-6的丰度为7.5%（原子比）。从天然锂中分离锂-6和锂-7的方法很多，而其中具有工业意义的只有化学交换法。

氘俗称重氢，是氢的稳定同位素，可由重水电解制得。采用同位素分离的方法，可从天然水中提取到重水。氚是氢的放射性同位素，半衰期12.46年，自然界中极少，因此须由人工的方法来制取。

我国热核材料生产线的筹划工作，始于50年代中期。1958年开始动工兴建锂同位素分离和氘化锂-6生产线，1964年9月进行试生产，1965年9月正式投产。这一成功，为我国在第一次核试验仅仅19个月后，就进行含热核材料的核试验创造了条件。氘化锂-6生产线动工兴建不久，我国第一个氚制备实验室，也于1963年年初建成。在此基础上，氚生产线从1966年中开始施工，1968年5月就生产出了产品。这标志着我国已建成比较完备的热核材料生产体系。此后20余年中，我国热核材料生产又有了新的发展，不仅产品品种有所增加，而且产品的数量、质量都有大幅度的提高，技术上也达到了一个新水平。

## 一、氘化锂-6生产线的建设

### （一）建设起步

我国的氘化锂-6生产线由锂同位素分离、从重水电解制氘和氘化锂-6合成等部分组成。其中锂同位素分离采用化学交换法，它的工艺过程是电解生成锂汞齐，让锂汞齐与锂盐溶液彼此逆流通过交换塔，则在两相中的锂同位素就发生化学交换反应，使锂-6得到富集。

这条生产线是在苏联援助下开始兴建的。1958年8月，苏方就提供的初步设计在北京进行交底和答辩，中方有蒋述善等技术人员参加。9月，二机部核工程研究设计院开始进行施工设计。担负设计任务的广大工程技术人员，争分夺秒，日夜奋战，仅用了60天的时间，就完成了整个工程的工艺、土建、电气仪表、通风、上下水和一些非标准专用设备的设计任务，比原计划提前了一年。这不仅为基本建设做好了技术准备，同时也为提前引进设备创造了条件。

施工设计刚结束，即开始土建施工。此时已近严冬，塞外的寒风把大地冻得结结实实。为了争时间、抢速度，施工队伍打破常规，采用火烤逐层开剥的方法挖地基，保证了工程进度。到1960年，土建工程基本完工。1959年5月，王世明等40名干部和工人组建氘化锂-6生产车间，开始了生产技术准备工作。同年9月，蒋述善等十余人赴苏联进行生产实习。

正当工程快速向前推进时，苏联的停援，给工程建设带来很大困难。主要是：进口的设备不配套，而所缺的设备有些当时国内还不能生产；工程中涉及的大量理论问题和基础数据尚待弄清，很多工作需要从头摸起。面对着这些困难，二机部一方面组织部内的科研力量与生产人员，从基础科研入手，攻技术难关；另一方面组织部外大协作，设法解决设备制造问题，使氘化锂-6生产线的建设依靠我国自己的力量，继续向前推进。

### （二）工艺试验与设备试制

20世纪60年代初，中国科学院原子能研究所便已开辟了轻同位素分离的研究课题。苏联专家撤走后，为了集中力量攻技术关，二机部决定将原子能研究所的放射化学专家刘允斌和轻同位素分离课题组的一批科学技术人员调到生产厂；同时，从其他部门也选调了一些工程技术人员，并分配去一批大专毕业生，充实厂里的科研力量。为了摸清技术底，1962 年年初花了一个月的时间，对工程做了彻底的分析和解剖，围绕着工业生产中可能遇到的种种困难和尚未弄清的问题，列出了 95 个研究课题。同年 5 月，成立了锂同位素研究室，由刘允斌任主任。根据列出的课题，设立了物理化学、工艺试验、理论计算和分析方法 4 个研究组，开始全面技术攻关。

这批科技人员深知他们所要解决的课题在整个核武器规划中所占有的份量，遂以高度的政治责任感，将全部身心投入到扎扎实实的理论和实验研究中。例如，化学交换塔是一个大的级联系统，为了找到最佳运行方案，就必须进行计算。但是，当时只有苏方提供的一些结论性数据，而不知其计算方法。为了验证设计，指导生产，由研究人员周修铭等人组成的理论计算组，在原子能所计算机室的支持下，首先对同位素富集方程进行了研究，终于找到了稳态和非稳态公式。解决了计算方法之后，即对交换塔中同位素富集过程的模拟、化学交换体系的产率、运行参数对产率的影响、启动平衡时间、启动过程和加料方案等，进行了较为充分的计算，为以后指导生产提供了大量有用的数据。

又如锂汞齐是参与化学交换的主要介质之一，具有自行分解的特性，若分解速度过快，就将严重影响锂-6 同位素的富集。为摸清影响分解的各种因素，有关科技人员围绕着各种物质对汞齐分解的作用和温度效应做了大量试验，不仅研究了单质的影响，还探索了多种元素组合的协同效应，从而掌握了锂汞齐自行分解的规律。

经过一年多的艰苦努力，在原子能研究所、北京大学、清华大学等单位的支援下，还测定了汞的物化性能和锂汞齐-锂盐溶液体系的分离系数；验证和补齐了初步设计，制定了投料方案；建立了多种分析方法。通过及时总结，提交科研成果报告 18 篇，编写出工艺规程和操作方法等一批技术法规。所有这些，为投料试生产打下了坚实的基础，同时，也培养出一批技术骨干。

与此同时，所需材料的供应、设备和仪器仪表的制造，得到全国许多单位的大力支援。

在分离工艺中，输送物料的一种容积泵因易磨损，年需要量很大。沈阳水泵厂等有关单位在60年代初就组织人力进行试制，并于锂-6生产线投产前取得了成功，保证了启动和连续生产。以后又试制出新型泵。

汞阴极电解槽是生产中的重要设备。有关单位花了三年时间，解决了镍与镍、镍与钢的焊接和喷铝等技术难关，终于造出了合格产品。

此外，全国有关单位相继试制成功真空阀门、电磁流量计、碱浓度计等仪器设备。化工部及时提供了制氘用的重水，冶金部供应了锂盐原料，这些都为氘化锂-6生产线及时投产作出了重要贡献。

**（三）安装调试，培训人员**

设备安装和调试工作是从1961年开始的，工作过程中也遇到了许多困难。

锂同位素分离系统对真空度、清洁度和设备安装的精确度要求都很高。当时既没有现成资料，又没有成套工具，工程技术人员和工人们只能靠边实践、边摸索，来解决一个个难题。

为了保证管线的高清洁度，管线装好之后需要认真加以清洗。把为数众多的用灌沙热弯法加工的管道弯头清洗干净，并不是一件容易的事。为了保证不让砂粒进入系统，工人们想尽办法，终于把弯头清洗得一干二净。

交换塔垂直度与再分布器安装精度，对于分离效果有极敏感的影响。为了调好垂直度，技术员李向荣等人经反复摸索，创造了一套调测与安装工具，使交换塔的垂直度偏差达到了小于万分之二的指标，使再分布器安装完全符合技术要求。汞阴极电解槽要调整到使很长的槽体在横向保证水平，纵向又要保持一定坡度，而且同组数个电解槽都要处于同样状态。有时为了达到一个状态参数，需要反复测量，反复调整，操作人员一蹲就是几个小时，直到满足要求为止。由于安装调试人员一丝不苟、刻苦努力，使设备安装均达到精度要求，为投产启动打下了良好基础。

生产人员的技术培训是保证投产成功的重要一环。我国第一批氘化锂-6生产人员，多是从其他行业调来的。他们怀着强烈的责任感，在实践中边学边干。如在设备安装调试阶段，操作人员学习基础理论、图纸资料，掌握工艺流程，了解设备性能结构等，这种活动在当时被称为“技术摸底”。临近投产前，培训工作转向操作方法的训练，采取了多种形式的战前练兵活动：

有以图面作业为主要形式的“务虚操作”，有在岗位上操练的“岗位练兵”，有进行假想事故处理的“事故演习”等。在操作训练中，普遍开展了观摩和单项操作比赛，以及互帮互学活动。车间里涌现出一批操作能手，如在调节物料流量的操作中，有人达到了一次调试成功的水平。为了保证每个岗位都能“过得硬，信得过”，车间组织了考试委员会，经口试和笔试合格者，发给“合格证”，否则不准上岗。

严格的培训造就了一支技术过硬的队伍，他们在以后的生产中不仅出色地完成了任务，而且不少人还成为技术革新的能手。如工人王巨春曾提出控制液面操作法，使生产初期液面控制不住、系统难以稳定的局面得以扭转，解决了生产中的一大难题。

到 1963 年年底，全厂各类人员都已经过了严格的培训，为启动投产做好了人力上的充分准备。

**（四）建成投产**

当时，这套装置是我国的“独生子”，没有充分把握是不敢贸然启动的。况且在锂同位素分离体系中，还有一些控制参数尚未得到验证，另外，有一些基础数据只有在工艺装置上才能测定。为此，1964 年年初组织了小型模拟装置试验，但采用大大简化了的流程。在这个装置上，测定了填料特性数据和交换塔的流体实验数据；观察了锂汞齐在填料层的分解现象，测得的分解数据与研究室的分解试验相吻合；最后还获得了富集度不太高的锂-6 样品。从而证明，大型装置可以生产出一定丰度的锂-6 产品，这给广大职工以很大鼓舞。

小型试验之后，为了慎重起见，又筹建了中型实验装置。恰在此时，为验收前期工作成果及安排下步进程，二机部于 1964 年 3 月 2 日至 19 日，在生产现场召开了工程会议。参加会议者除本厂领导和技术人员外，还有应邀参加的一批部内、外专家。会议在核燃料局总工程师曹本熹的主持下，审查验收了分析检验方法 33 项，科研报告 13 篇；对启动生产装置的必要条件和生产准备工作的程度进行了审议和估价；对下一步的工作安排进行了认真的讨论。这次会议，对加速生产线的建设起了积极的作用。会议之后，越过中间试验，开始了生产装置试车启动的准备工作。

1964 年 6 月 9 日，试车开始。在各工序单体试车的基础上，于 7 月 18 日开始局部联动试车，目的在于考核各工序间的联系和同步水平，对各运行参数的可行性和操作参数的可靠性进行考察。经过 10 天试运转，获得了丰度为 40.2%的锂-6 产品，试车获得成功。它表明，拿出合格产品指日可待。8 月 21 日通过了锂同位素分离装置竣工验收；9 月 3 日总体联动试车开始，14 天后，即 9 月 17 日，第一批军用锂-6 产品问世。试生产一段时间后，进行了一次短时间的检修，对设备和操作法作了若干调整和修改，以后便转入了正常生产。

在锂-6 生产线告捷的同时，后段各工序也取得了实质性进展。

制氘工序中的重水电解槽经试用后，产品达不到纯度要求。科研人员就自行设计，并试制出国产电解槽。经试用，其性能良好，所生产的氘气中氧含量保持在很低水平。为做好生产前的准备，曾用几年时间，花很大力量去摸索合成工序的生产条件。仅为确定坩埚材料，就先后试制了很多品种，最后筛选出一种用于生产。

1964 年 6 月，后段各工序在完成了清洗、试车后，相继开始试生产。9 月 23 日，首批合格的氘化锂-6 产品出炉，比原定时间大大提前了。这标志着我国已具备了氘化锂-6 生产能力。就是在这条生产线上，为我国含有热核材料的原子弹爆炸试验和第一颗氢弹爆炸试验提供了热核装料，为发展我国的核武器作出了贡献。

## 二、氘化锂-6 生产线的发展

### （一）改革工艺，提高效益

中国第一条氘化锂-6 生产线是在 20 世纪 50 年代末设计的。其设备手工操作多，能耗大，控制仪表落后，运行中容易出事故。该厂的科技人员在完全消化、掌握了这项技术的基础上，对工艺、设备、仪表等进行了一系列改革，使生产不断发展。

从 20 世纪 70 年代初开始，首先筹划控制室的改造。经过两年的调研和技术准备，完成了设计；又用了两年左右的时间，完成了施工、安装和调试，建立了自动调节系统，更新了大量的检测仪表，新安装了一批远传仪表和遥控装置，改造了电气控制系统。同时简化了物料管线，更新了阀门。控制室改造后，操作工人不必再像生产初期那样，总是站在设备前，不断观察，不断调节，而是在控制室里进行遥控。

交换塔中填料的性能是直接影响化学交换分离效应的关键因素。为提高锂-6生产段单元小时产量，1976年10月开始，便把选择、试制新型填料作为改革的重点。在工程师蒋述善的带领下，科研人员进行了多种型号、规格材料的填料试验。在此基础上，通过充分的调研，他们于1977年提出了一种新型填料，经设计、加工后，于1978年开始装塔试验。1979年，根据实际运行考核，在两种规格中选用了一种做整组试验，结果单元小时产量、月产量和其他一些经济技术指标都创造了新记录。1980年起，老式填料被完全淘汰，采用新型填料后产量提高，并且刷新了几乎所有的经济技术指标。1982年和1983年，又做了两次改进，1984年最终定型。这种历经7年才试验成的高效工业填料，使物料通量提高了30%；等高板高度下降35%，使填料层的总高度降低，进而又减少了交换塔和泵的数量。采用这种填料后，生产更加稳定，事故明显减少。此项成果获得了国防科工委的奖励。

与此同时，对其他工序，如金属锂精炼、氘气净化、合成氘化锂的投料方式等，也进行了许多改进。从而使整套生产工艺更趋合理。此外，还生产了高纯度锂-7和氢化钙产品。

除上述改革外，还围绕着节约能源消耗，提高管理水平做了许多工作。其中仅将冷却水改为循环使用和减少冷冻机组两项，每年即可节约40万元。1981年，微型计算机开始进入工厂的管理领域，在完成了级联理论计算软件包之后，用微型机进行了开车方案的优选计算，指导了1984年和1985年的开车，取得了较好的经济效益。

### （二）汞污染的治理

锂-6生产线有大量的含汞三废产生。原设计中的三废处理工艺对于汞废气采用二氧化锰吸附法，对含汞废水采用沉淀、磺化煤二级处理，效果很差。因而投产不久，“三废”处理问题便成为重要的研究课题。

在含汞的三种物态中，汞的废水量大，污染范围广，而且在其他两种物态的处理过程中还要产生废水。因此解决含汞废水的处理，是治理汞污染的一个重要方面。1974 年，结合国内其他单位的经验，车间的技术人员设计了一套旋流分离-自然沉降-活性炭吸附的汞废处理工艺，1978 年投入使用，效果欠佳。经继续试验，取消了旋流分离步骤。流程简化以后，又于 1979 年 2 月投入运行，在一段时间内废水排放达到国家标准，效果较为满意。但是由于活性炭再处理问题还未解决，这套工艺尚不能定型。在两年运行经验的基础上，工程师何立义又进一步提出了混凝沉降-污泥酸化法的工艺方案，1980 年 3 月开始试运转，7 月正式投入运行，使废水含汞量达到了国家标准，除汞率超过 99%。结果表明，这种工艺流程具有许多优点，污泥酸化回用，可减少污泥量 80%；能适应水质在混浊度、含汞量、酸碱性和汞形态等方面的波动。为解决运行中不受工艺排水量波动的影响，1984 年又修建了两座水池予以配套，使这套流程更加完善。

在总体规划安排下，1983 年开始筹备清污分流工程。该工程包括外围水系整理、厂房周围地面整治，工作间调整等若干项目。清污分流工程的建设，标志着汞污染治理工作进入了一个新的阶段。

降低厂房空气含汞量的工作十分艰巨，因此工厂提出了综合治理方针。先用两年时间作了汞耗平衡研究和汞流失方向测定，同时还进行了厂房空气汞含量度测量，绘制了空气汞含量分布图，试制了便携式测汞仪。为了正确测量系统中运行的汞量和精确计算汞耗，1983 年，工厂与原子能研究所协作完成了汞-197 同位素稀释法的研究。此外，还在改进操作、改进设备、加强责任制管理等方面做了大量工作。经过几年的努力，厂房空气含汞量大幅度下降，接近投产初期的正常水平，从根本上改善了工人的工作条件。

## 三、氚的生产

氚除了用作热核武器装料外，还可用作辐射源和示踪原子。因此，除用于国防外，它在民用方面也有一定价值。

氚的生产有多种方法。工业上采用的主要方法是把含锂-6 的锂铝合金元件放入反应堆的活性区，经热中子辐照后发生核反应生成氚。具体生产过程包括锂-6 靶件制造、堆内辐照、熔融提取、杂质净化和同位素分离等步骤。

1963 年，原子能研究所组织了氚生产工艺试验研究，为生产线的建设提供了必要的数据。1965 年 8 月，二机部核工程研究设计院组织了联合工作组，开始生产线的设计工作，11 月提交了方案设计，12 月便到生产现场作施工设计，1966 年 7 月完成全部设计。

由于生产线的厂房是利用现成的厂房改造的，土建工程仅用了 3 个月。1966 年 10 月就开始设备、管线的安装，1967 年初生产线基本建成，当年 9 月便开始运行试车。针对试车中暴露出来的问题，又做了局部调整和修改，1968 年 5 月正式投入生产，拿出了合格产品。1972 年又完成了氘氚化锂-6 生产线的建设。

由于原设计的流程产量小、操作复杂、耗能高、收率低、各种材料消耗大，因此投产后不久，工程师张金生等人就开始对杂质净化和氢同位素分离工序，进行大量的科研和技术革新工作。1972 年又对真空熔融提气工序进行了重大的技术改造。到 1979 年，各项改造工作全部完成。至此，制氚工艺几乎彻底改观，形成了一条产量高、耗能小、操作简便的全新工艺线。1985 年，氚提取新工艺荣获国家科学技术进步奖三等奖；其他 23 项单项课题，也分别获得了不同级别的表彰和奖励。

氚生产线完全是依靠我国自己的力量建设起来的。经过十几年的逐步改进，生产技术已经成熟，为热核武器提供了合格的装料。

1980 年以后，又建成了氚发光粉生产线，产品用于国内钟表行业；研制成功的氚灯，作为试制品供给了用户；此外，副产品氦-3 的同位素分离装置也已投产，所生产的氦-3 丰度达到 99. 99%。至此，氚产品进入了民用领域。

# 第七章　核反应堆工程及核能应用

反应堆的设计和制造，是一门综合性很强的工程技术。我国的反应堆工程，自 1955 年从苏联引进研究用重水反应堆起步，走过了从进口到自制，从小功率低参数到大功率高参数，从研究用堆、生产堆到动力堆，从军用到民用的发展过程。

第一座研究用重水反应堆是由苏联援建的。为了独立自主地全面发展我国的核能事业，1958 年该堆建成投产后，我国的科学技术人员立即开始筹划我国反应堆工程发展蓝图。当时，第二机械工业部设计院已在进行生产堆的设计。在动力堆方面，需要新建和扩建若干实验室，特别重要的是需建造一座高通量元件材料试验堆，因为已有的重水堆不能满足为开发动力堆元件和材料所必需的试验要求。

1958 年年底，原子能研究所建立了反应堆物理研究室，反应堆元件和材料研究室，反应堆工程研究室。其中反应堆工程研究室设立了电站反应堆设计组、潜艇反应堆设计组、元件材料试验堆设计组、反应堆热工水力实验室和反应堆自动控制实验室。这是为建立自主开发反应堆技术科研基地所做的最初的努力。

鉴于当时我国反应堆工程技术力量尚不充足，核工业基础也较薄弱，要在短时间内实现一座先进的高通量元件材料试验堆，显然是不现实的。1959 年，二机部决定采取“骑驴找马”的方针：先建一座通量不太高，功率不太大的元件材料试验堆，然后再设计和建造高通量工程试验堆。1960 年至 1964 年，经过 4 年的努力，一座游泳池式元件材料试验堆和一座利用同一原型修改的屏蔽试验堆，分别在原子能研究所和清华大学核能技术研究所建成。与此同时，除电站堆的设计外，原子能研究所的有关研究室、组，在反应堆技术的开发研究方面也都取得了相当大的进展。这就为 1964 年建立反应堆工程技术研究所及1968年建立西南反应堆工程研究设计院奠定了基础。

20世纪70年代中期以前，我国集中了已有的反应堆设计力量，利用已有的科研基础，先后设计、建造了军用生产堆、核潜艇动力堆、陆上模式堆及高通量工程试验堆，同时开展了包括钠冷快中子堆在内的新堆型的研究。高温和低温供热堆的开发工作，主要在清华大学核能技术研究所内进行。通过这些开发研究，培养了一支反应堆科学技术队伍，建成了包括反应堆物理、热工、水力、水化学、腐蚀、材料、燃料元件、无损探伤、结构力学、自动控制、仪表、安全、废物处理、辐射防护等专业的完整的科研基地，为动力堆的进一步开发创造了条件。

从1970年开始，遵照周恩来总理决心要搞核电站的指示和“安全、适用、经济、自力更生”的指导思想，上海组建了“七二八”工程设计队（上海反应堆工程研究设计院的前身），从事核电站的开发和设计。1973年，设计队提出采用30万千瓦压水堆方案。我国虽然积累了10多座反应堆设计、建造与运行的经验，但对于核电站的建设尚缺乏经验。自行设计与建造这第一座核电站的目的，是为我国技术人员获得大型综合性工程项目的设计、建造和管理的技术知识和实际经验。因而同该电站设计相关的研究开发工作都在国内完成。燃料元件由二机部所属核燃料元件厂研制；核电站设备也大部分由国内工厂供应，只有少数设备，由于质量和进度原因，才从国外进口。与此同时，国家还决定，采取成套设备进口的方式，在广东建设一座大型核电站。这样，自行研制与国外引进相结合，我国就能较快地掌握大型核电站的设计、建造和管理技术。

在开发电站堆的同时，为了提高自主开发的能力和扩大核能应用的范围，原子能研究所对引进的重水堆进行了改建，更换了堆芯，使热中子通量提高了一倍；此外还设计、建造了微型反应堆。清华大学核能技术研究所利用其屏蔽试验堆进行了区域供热的试验。西南反应堆工程研究设计院为上海金山石油化工总厂利用核能产生工业蒸汽，做了热电两用堆的可行性研究和初步设计。我国核能的开发和利用已经迈开了大步。

# 第一节　石墨轻水生产堆

钚-239同铀-235一样，是核武器的重要装料。它以铀-238为原料，在反应堆中辐照生成，自然界无天然存在。石墨轻水生产堆就是以石墨为慢化剂、水为冷却剂，专门用来生产核武器装料钚-239的反应堆。生产堆一般是以天然铀金属元件作燃料。在反应堆中，天然铀中的铀-235吸收中子发生裂变反应，放出中子和能量。这些中子一部分用于维持链式裂变反应，一部分则为天然铀中铀-238所吸收，吸收了中子的铀-238则转化为钚-239。

我国的第一座石墨轻水生产堆是在20世纪50年代末开始筹建，于1966年建成的。它的建成和投产，标志着中国核工业体系进入了一个新的发展阶段。

## 一、起步与挫折

我国第一座生产堆的建设是在苏联援助下，于20世纪50年代末起步的。1958年1月30日，在甘肃省酒泉地区选定了生产堆的厂址。同年4月，苏联方面开始进行生产堆的初步设计。按照合同规定，中方派出以周秩为组长、叶德灿为副组长的工作组赴苏参加设计。其中堆工方面的成员有设计总工程师欧阳予和薛凡民。他们在苏联工作了4个月，参与完成了初步设计任务。生产堆的施工设计由当时的二机部设计院承担，苏联派专家来华指导。施工设计于1959年4月21日正式开始。由于中苏双方技术人员密切配合，设计工作进展迅速。到第二年的下半年，就完成了施工图的60%～70%。承担土建、安装任务的一〇二公司、一〇三公司早已进入现场进行施工准备。1960年3月，土建工程破土动工，工程进展很快；8月，堆本体厂房的地基已经挖成，并打了混凝土底板。

正当生产堆的设计工作和工程建设迅速向前推进的时候，苏联政府撕毁了合作协定。1960年8月22日，在设计院的苏联专家全部撤走，同时停止了一切技术资料和设备材料的供应。这使整个反应堆工程出现了困难的局面：苏联应提供的设备中，到货的只有很少一部分，其中大多又是笨重的外围设备，而关键的部件、设备，像燃料元件、工艺管、主泵、热交换器等则一件也没到。由于缺乏必要的材料设备和工艺参数，施工设计无法继续进行，工程不得不暂时停了下来。

## 二、摸索与前进

苏联政府停援后，反应堆工程的建设者们响应中央的号召，在全国大力支援下，自力更生，发愤图强，从清查设计和设备材料入手，大力开展材料设备的试制和研究试验工作，使生产堆的建设又迅速展开。

## 三、深入摸索，开展试验

石墨轻水生产堆的核心部件是燃料元件、工艺管和堆芯石墨。苏联只提供了燃料元件和工艺管的初步设计图，石墨也没有完全到货。为了研制这些核心部件，在二机部提出的“一切经过试验，摸着石头过河”的方针指导下，原子能所、设计院和酒泉原子能联合企业反应堆工厂的科研技术人员，同燃料元件厂、冶金部一〇一厂、二〇一厂的工程技术人员相结合，开展了大量试验研究和试制工作。

燃料元件是由包头核燃料元件厂主要负责研制。1965 年 10 月，他们拿出了合格产品，保证了生产堆装料的需要。

铝合金工艺管是堆芯中放置燃料元件的管道。反应堆运行对工艺管的物理、热工水力、材料和机械性能要求极其严格。根据设计院的设计，冶金部一〇一厂从 1960 年开始试制攻关，经过几年的努力，于 1966 年初正式投产。该项成果获得了 1978 年全国科技大会成果奖。

在反应堆的芯部，占据空间最大的是作为慢化剂的石墨砌体。反应堆用的石墨既要有良好的机械和辐照性能，又要有极高的纯度，其制造技术比普通工业用石墨要困难得多。为了保证堆芯安装的需要，吉林二〇一厂在原子能所和设计院的配合下，经过几年的工艺研究，进行了大量的机械性能和核性能测试，终于按时生产出合格的石墨砌体和套管。

堆芯的物理设计直接关系到反应堆的安全可靠性。燃料元件、工艺管和石墨砌体等改用国内产品后，对堆芯的物理特性是否会有所影响，这是设计人员所担心的问题。为了确保质量，自1960年年末开始，设计院在欧阳予的主持下，根据新的材料数据，对堆芯的物理特性，重新进行了计算。与此同时，设计院还进行了热工水力学和屏蔽计算，并配合控制靶件的研制开展了广泛的试验研究。1962年，开展了生产堆换料方案的研究，制定了石墨轻水堆的第一个换料方案。到1965年，设计院终于完成了石墨轻水堆设计总说明书的编制任务。

1964年，反应堆厂专门成立了由工程师周平任组长的物理启动小组，开始了反应堆物理启动的各项准备工作。为了验证堆芯的物理性能和了解在物理启动中可能碰到的问题，设计院、反应堆厂和原子能所共同进行了石墨指数实验。

从1960年年底到1966年第三季度，科学技术人员开展了大量的研究实验工作。其中包括：反应堆堆芯的温度系数计算，反应堆防护层计算，工艺管水力和燃料元件状态试验，节流小室水力试验，宝塔阀水力试验，控制棒系统水力试验，反应堆启动模拟装置和回路系统抗震研究等。正是这些充分而扎实的试验研究工作，保证了反应堆启动投产的成功。同时，也培养出了一批反应堆工程技术人员。

## 四、全国大协作，开展设备试制

由于苏联中断供货，生产堆所缺的大量设备仪表能否依靠国内自己的力量补齐配套，成了能否建成生产堆的关键。为此，二机部在1960年12月召开的工作会议上，明确提出了“大抓设备材料试制”的任务。办法是依靠全国大协作。

为了摸清家底，在1960年年底全面复查设计的同时，对设备到货情况进行了清点。1961年1月，二机部设计院和酒泉原子能联合企业共同组成7人小组，对重要设备再次进行了复查。通过清查，弄清了情况，随即向有关部门提出了试制要求。1962年3月，一机部和二机部共同成立了由领导和专家组成的生产堆设备领导小组，负责安排协调生产堆设备制造任务。

1962年5月底，一机部为安排落实反应堆的560项非标准设备的制造任务，召开了由上海机械电器仪表局和辽宁工业厅等6个单位的厅局长和军工处处长参加的会议。二机部设计院派出30名设计人员向会议做了交底汇报。

会后，大批设计人员分赴北京、上海、武汉、辽宁、黑龙江等 11 个省、市的 37 个制造厂，就有关设备进行了技术交底，共落实了 516 项设备制造任务。

为了完成反应堆设备的设计任务，1962 年 8 月，由一机部和二机部技术人员共同组成第二联合设计处，开展设备设计工作。至此，各项设备的设计、试制工作全面展开。

1963 年 2 月到 4 月，三机部所属工厂承接了电子仪器、自动控制仪表及光学仪器的研制任务。

承担试制设备的各厂技术人员和工人，都以能为国家原子能事业出力而感到光荣，充分发挥自己的聪明才智，千方百计完成所承担的任务。如反应堆的关键设备之一——一回路主泵是委托沈阳水泵厂设计试制的。这是一种非标准的大型离心泵，重达 11 吨，泵体是由不锈钢铸造的，壁厚为 150 毫米。在资料缺乏的情况下，沈阳水泵厂的技术人员刻苦钻研，于 1962 年 6 月 28 日就完成了设计。在试制过程中，他们进行了几十次试验，解决了泵密封的主要技术关键问题，及时地完成了试制任务。其他像上海锅炉厂试制的热交换器，上海汽轮机厂试制的大型不锈钢阀门，北京第一机床厂试制的反应堆模拟车等，也都是在只有一张简单的轮廓图条件下，由有关的厂家和设计院的技术人员共同完成设计和试制成功的。靠着这种全国大协作的力量，经过四年的艰苦努力，一批批设备、仪表陆续运到工地，保证了生产堆的安装工期。

## 五、大力推进基本建设

施工现场停工待图的局面既是对设计工作的一种压力，同时也成为一种动力。为了早日恢复施工，设计人员做了最大的努力。经过一段时间的准备，由土建、安装和设计单位的技术人员、工人和领导干部共 98 人组成的 9 个专业组，于 1961 年 1 月开始对工厂设计进行复查、修改和补充。到 1963 年 4 月底，反应堆工程全部主厂房设计复查、修改完成。

为争取时间，1962 年 3 月 15 日，设计院即派薛凡民带领 15 名设计人员到现场进行了为期 40 天的设计交底。6 月 13 日，二机部批准反应堆工程主体厂房恢复施工。至此，为期一年十个月的停工待图的局面遂告结束。工地又恢复了热火朝天的施工场面。反应堆工程是一项规模大、设备多、系统复杂的综合性工程。为了合理组织施工，1964 年，由设计院堆工总工程师籍孝宏负责，组织设计院和一〇三公司的技术人员开展了施工组织设计工作。这项措施加强了不同工种间的协调与配合，从而加快了工程进度。

根据氢弹研制计划的需要，1965 年 2 月，中央专委第十次会议批准了二机部关于加速钚生产线建设的计划。为进一步加快工程进度，随即成立了现场指挥部，对现场施工各单位实行统一领导。同年，二机部又成立了以生产技术局局长白文治为主任的开堆委员会，负责领导开堆准备工作。该委员会负责审查了《反应堆的综合调试大纲》《物理启动试验大纲》等主要试车启动文件，并负责协调科研、设计、试制等方面的技术协作工作。

1966 年春，反应堆工程开始了堆芯石墨砌体安装。这是关系到整个工程质量的关键工序。安装开始前，对全体安装人员进行了培训。为了保证堆芯的清洁度，做到一尘不染，安装人员一律剃了光头。为了安装好冷却水系统，还专门制作了模型。由于对施工安装的各个环节都坚持了高标准严要求，一丝不苟，从而保证了总体工程质量。

1966 年 9 月，总体安装就位，主要设备都进行了单体试车。在总厂厂长周秩、党委书记王侯山和总工程师姜圣阶的组织领导下，由反应堆厂厂长孙华和总工程师陈维敬负责组织开堆的各项工作；由值班主任王鼎铨等人组成的综合试车小组，负责反应堆的调试和启动过程中的操作。10 月初，开始了全堆冲洗和综合试车，接着就开始了物理启动。

1966 年 10 月 20 日 19 时，在中国的大地上，中国人民第一次用自己工厂生产的铀元件，在自己建造的反应堆内实现了链式核裂变反应。成千上万的科学家、工程师、工人和干部日夜为之奋战的目标终于实现了。1966 年 12 月 31 日，反应堆功率首次达到额定值的 0.5%，随后逐步提升到运行功率并开始了稳定运行。

## 六、整治与提高

石墨轻水生产堆自投产到 1985 年，大体可分为 3 个阶段：从 1967 年到 1975 年上半年，是整治设备，积累运行经验，达到设计额定产量阶段；1975 年下半年到 1980 年，是大力开展科研试验和技术革新，生产能力超过设计额定产量的阶段；从 1981 年到 1985 年，为实现反应堆的多种用途，发展两用堆技术的阶段。

## 七、整治设备，积累运行经验

在反应堆开始运行的初期，某些系统的设备常常出现故障，严重影响了反应堆的安全运行，致使堆功率达不到设计水平。针对这些问题，反应堆厂在努力摸索运行经验的同时，进行了一系列设备整治工作。

在反应堆开始运行后的一个时期内，燃料元件和工艺管破损事故是最令人头痛的问题。为此，运行人员通过对事故过程的详细分析，找出了事故发生时有关信号参数变化的规律，研制成燃料元件破损监测系统，提高了事故判断的准确率，从而大大缩短了元件事故处理的时间。与此同时，他们又同有关工厂、科研部门协作，研究这类事故同燃料元件和工艺管产品质量的关系，配合生产厂改进了产品质量，从而大大降低了事故发生率。

以往进行事故卸料、更换工艺管和石墨套管操作时都必须停堆，从而减少了反应堆有效运行时间。为了保持连续运行，反应堆厂进行了不停堆处理事故的操作试验，并于 1970 年获得成功。以后，在核工程研究设计院等单位的协作下，又逐步完善，实现了在不停堆情况下更换工艺管、石墨套管和装卸料的操作。

承重防护水箱承受着整个堆芯及其他金属结构的重量，并起辐射防护和屏蔽作用。1972 年 10 月，发现埋在砂层内的下部承重防护水箱漏水。1973 年漏量增加，如再不及时处理，将严重影响反应堆的正常运行。为了解决这个问题，遂于 1973 年 12 月 30 日停堆，进行了一次较大规模的设备检修。在姜圣阶总工程师的领导下，反应堆厂、北京喷漆总厂、二二公司和北京核工程研究设计院等单位参加了设备检修工作。通过检查，发现水箱表面被严重腐蚀，其原因是由于原设计选用的防腐涂料和填充砂子不当所致。经半年多时间的筛选试验，配制成一种玻璃钢作为代替涂料并更换了砂子，遂解决了腐蚀问题。接着，对三回路水箱冷却系统以及卸料系统等 30 多个子系统，也进行了整治。整治工作的完成，保证了反应堆的长期安全运行和稳定生产。

经过一段时间的运行实践，反应堆工厂摸索出了运行规律，积累了运行经验，建立健全了各种规章制度及定额标准。同时，还解决了运行中暴露出来的各种设备、部件质量和技术问题，使得反应堆的有效运行时间逐步增长。1974 年 9 月，二机部召开了第一次生产堆运行经验交流会，全面总结了生产堆运行经验，并提出了进一步提高安全运行水平及生产能力的措施。1975 年上半年，反应堆首次达到设计的额定生产能力。

## 八、开展科研，挖掘生产潜力

从 1975 年下半年起，反应堆开始连续超过设计额定产量的运行。与此同时，在保证安全运行的前提下，反应堆厂进行了许多重大科研、革新、挖潜改造工作。

要进一步提高生产能力，首先遇到的困难是堆芯后备反应性低及主热交换器传热能力不足。此外，燃料元件、工艺管的原始试验数据不足，沸腾后备数据偏差较大，也是亟待解决的课题。根据第一次生产堆经验交流会确定的研究课题，反应堆厂、核工程设计院和原子能研究所等单位开展了科研试验与技术改造工作。其中重点项目是燃料元件的进一步考验和反应堆厂的“全厂断电试验”。

在反应堆运行过程中，堆内的冷却水在任何情况下都不得沸腾。如果发生全厂断电事故，工艺管道内的冷却水流量将迅速降低，停堆后的燃料元件剩余放热不易带出，致使工艺管内水温迅速上升，这将很容易导致沸腾。为取得反应堆的沸腾后备数据，1967 年曾做过一次模拟性全厂断电试验。根据这次试验的数据结果得到的沸腾后备很小，不能进一步提高反应堆功率。通过几年的运行经验表明，这次的试验数据并不准确。为了取得更准确数据，1975 年 8 月 29 日又进行了一次真正的全厂断电试验。这是一次内容多、要求严格的大型综合性试验。事先制定了周密的试验方案，组织了培训，运行人员进行了应急演习。参加试验的除本厂外，还有北京核工程研究设计院和西南反应堆工程研究设计院等单位共 150 余人。其中，西南反应堆工程研究设计院的参试人员，还随身携带仪器来到现场参加试验。经过参试人员的共同努力，试验得到了有关沸腾后备的完整可靠的数据，为反应堆提供了准确的安全界限，同时证明了反应堆提高功率后仍可安全运行。此外，结果还表明，减少水泵运行台数也是可能的。依此，于 1976 年年初，反应堆厂将一回路 3 台主泵改为两台运行。这项改革每年可为国家节省 1 083 万度电，价值 184 万元。

1976 年，二机部生产局工程师董茵根据前一段生产堆的实验研究成果以及苏联原设计数据，从燃料元件、堆热工和堆物理等方面做了分析，研究了提高生产堆产量的可能性，并提出了建议。经二机部批准，将其作为生产堆“五五”（1976—1980 年）规划期间的增产奋斗目标。为了实现这个目标，反应堆厂又开展了一系列试验研究。其中主要的如下。

**（一）元件和工艺管随堆考验**

1975 年 4 月到 1976 年 2 月，在研究性重水堆上曾做过高功率高热负荷考验。为了取得更为完备的燃料元件性能的数据，1976 年 11 月、1977 年 9 月和 1980 年 3 月，在生产堆上采用提出控制棒造成功率峰的办法，进行了 3 次大规模的燃料元件和工艺管随堆考验试验。根据考验结果，放宽了单管功率的运行控制指标。

**（二）反应堆一、三回路的热工性能试验**

原设计的生产堆主热交换器传热面积少了 27%。为了解决这一“先天不足”，反应堆厂在北京核工程研究设计院的配合下，对主热交换器芯子进行了改造。改造后的第一台主热交换器，于 1976 年年底投入运行。测定结果，传热面积增大了 18.6%。实践证明，只要保证冷却水的水质，定期清洗，用改造后的热交换器，还按原来的台数，在最高环境温度条件下，能够带出额定功率的110%~115%热量。1978 年夏，反应堆厂在北京核工程研究设计院和西南反应堆工程研究设计院的协助下，进行了三回路综合试验，其中包括冷却水循环泵特性、水力阻力特性、改进型主热交换器的传热和冷却塔效率等项试验。试验结果表明，在规定的工艺条件下，三回路的冷却能力允许进一步提高反应堆运行功率。

**（三）增加后备反应性的研究**

经过充分的技术论证，在保证产品质量的前提下，采取了加深比燃耗，改进换料分区方案，取消外围区控制棒冷却水，以及给自动调节棒增加挤水棒等措施，提高了反应堆的后备反应性。加深比燃耗的另一个好处是，大大节省了核燃料并减少了后处理量。

### （四）增长有效运行时间

通过减少反应堆事故停堆，合理安排计划停堆次数和时间，延长堆芯部件使用寿命等措施，增长了反应堆有效运行时间。年运行时间最高达到 324 天，超过原设计指标 36 天。

此外，反应堆厂还在安全生产、节约电能方面采取了许多措施。例如，1979 年年初，组织进行了工艺管成群流量系统投入停堆保护的技术改造，实现了当任何一根工艺管流量下降至保护整定值时，即能快速自动保护停堆，起到了避免燃料元件严重烧结的效果。还取消了主泵扬程的多余裕量，将主泵叶轮改小，减少了电能的消耗。

通过以上技术改造措施，反应堆的产量逐步提高，于 1979 年提前一年实现了原定的“五五”规划增产目标。而生产成本则逐年下降，1981 年的单位产品成本，仅为 1975 年的 60%左右。

## 九、努力实现一堆多用

1981 年 3 月，二机部在北京召开了生产堆第四次运行经验交流会。会议确定以实现一堆多用为“六五”（1981—1985 年）期间生产堆的主要奋斗目标，并决定着手进行将生产堆改造成产钚、发电两用堆的技术开发工作。

要利用生产堆发电，势必要提高回路热工参数。这样，就需要对原来的设备是否能满足高参数运行的要求，以及燃料元件和工艺管是否需要改换等问题进行研究。1981 年，北京核工程研究设计院开始进行可行性研究，经过充分的论证，建议选用新的燃料元件包壳材料。随后，包头元件厂试制出了这种改进型的燃料元件。同时，冶金部铝合金厂研制出适用于两用堆的新工艺管。接着反应堆厂对改进型燃料元件和新工艺管做了随堆考验。考验结果表明，改进型的燃料元件和新工艺管可以满足发电的要求。

生产堆寿命也是重要的研究课题。当北京核工程研究设计院着手进行可行性研究时，反应堆已有 15 年运行历史。随着运行年数的增加，反应堆系统的设备和部件会因老化而出现问题。反应堆续存的寿命自然是关系到搞发电在经济上是否合算的问题。从 1976 年起，反应堆厂对反应堆设备状况做了全面的检查，并开展了监测方法研究和对设备状况的监测工作。1980 年 5 月第一次反应堆寿命会议后，这项研究工作得到了进一步加强。研究的重点是对反应堆中不可更换的部件进行在役监测，特别是对堆芯的石墨砌体和堆本体外的大构件的监测。经对检查监测结果分析后得出的结论认为，石墨轻水生产堆的寿命可达到30年。

1982年，核工程研究设计院完成利用生产堆余热发电的可行性研究。同年，核工业部召开了可行性论证会，肯定了生产堆余热发电工程在技术上是可行的，在经济上也有一定的效益。1983年，北京核工程研究设计院开始余热发电工程的初步设计和施工设计。

## 第二节 研究性重水反应堆

研究用反应堆系指主要作基础研究或应用研究用的反应堆。这种堆的重要指标之一是中子通量密度的高低。根据研究工作的需要，堆上设有各种试验设备，如堆内照射装置、中子引出孔道等，可以进行核物理、固态物理、辐射化学、生物医学，特别是反应堆工程本身所需要的各方面研究，还可用于生产放射性同位素和进行人员培训。

我国第一座研究性反应堆是由苏联援建的。它是以重水作为慢化剂和冷却剂的研究用反应堆。在整个堆芯中，热中子通量密度分布相当均匀，快中子和γ射线的本底都较小，用热中子进行试验是很理想的。由于采用2%浓缩铀作燃料，使单位功率的热中子通量密度较高，最大热中子通量密度为$1.2\times10^{14}$中子/（厘米$^2$·秒），最大热功率为1万千瓦。它的主要用途是进行中子物理实验、材料辐照试验和其他科学研究，生产放射性同位素，以及培训人员。该堆于1956年在北京原子能研究所破土动工，1958年9月27日由陈毅元帅剪彩后交付使用（该堆的建设详见第二章第二节）。之后，经过不断的技术革新，改进了性能，扩大了用途。运行满寿期后，又对它进行了大修改建，提高了功率。

## 一、研究性重水反应堆的技术改进和革新

反应堆投入运行以后，根据任务的需要，广大科技人员、干部和工人，在吸收、消化苏联技术的基础上，开展了以改进堆的性能、扩大堆的用途、提高经济性为中心的技术改进和革新工作。十多年中，对堆的设备、系统、操作、管理等方面进行了300多项技术改进和革新，实现了一堆多用。

1960年，改进了开堆的操作方法，变单一的手动操作为手动和自动两种操作方法，实现了自动开堆；改变了同位素生产在停堆状态下装载由人工操作的落后方法，实现了在不停堆情况下远距离、半自动化操作和连续生产，同时增加了实验管道的装载量，满足了放射性同位素批量生产的需要。通过对历年运行数据的分析，在确保安全的前提下，废止了双套氦气系统中的一套，改用简单的工艺流程对爆炸性气体进行监测。这项革新的成功，不仅减少了运行设备和设备维修量，简化了操作，而且为以后重水反应堆的设计提供了有价值的参考资料。

1967年，对重水净化系统进行了改造，用先进的离子交换法取代蒸馏法。同时，设计和安装了重水再浓缩装置，解决了带有放射性的低浓度重水回收问题。从1967年开始，将具有强放射性、装有浅燃耗元件的工艺管在堆内倒换栅格位置。这项改进加深了元件燃耗深度，使核燃料得到了充分的利用。同时，使本来作为放射性废物处理的工艺管得到再次使用，减少了强放废物。

通过上述改进和革新，为国家节省了几百万元的资金。同时，通过对引进技术的消化吸收，培养了一支工种齐全的技术队伍。这支队伍在对重水反应堆各工艺系统的改进革新实践中得到了全面的锻炼，增长了才智，技术上日益成熟，使他们有足够的勇气和能力来承接以后的重水堆改建任务。

## 二、研究性重水反应堆的大修改建

从20世纪70年代开始，反应堆的一些重要设备先后出现严重缺陷。例如，反应堆内壳发生渗漏；工艺管插座漏流量逐步增大到40%，严重影响了燃料元件的冷却；热交换器内的列管有4%被腐蚀；重水泵叶轮被严重汽蚀并出现裂纹。到1978年，反应堆被迫降低功率运行。种种迹象表明，重水堆已到运行寿期。

面对这种情况，有3种途径可供选择：一是停闭旧堆，另建新堆；二是照抄原设计，制造新设备，代替退役的老设备；三是在可以利用旧设备的基础上，设计建造新型的堆芯，以提高反应堆的技术性能。其中，第三种途径对国家最有利，但也最困难。这首先是因为，重水堆上的技术人员要靠自己拿出技术上确实先进又确有把握的设计来，他们虽然有丰富的运行经验，但设计反应堆却是新手。其次，主工艺的施工要在放射性场地进行，只得由重水堆上的技术人员和工人自己承担。在施工中，要操作具有强放射性物件，又必须保证设备和人身的安全，难度很大。三是新建工程，其施工的空间、施工的程序、机具的架设都较自由，而改建则受到现实条件的种种限制，有时不得不"削足适履"。通过综合分析，他们为自己选择了最困难的道路。为了适应改建工作的需要，1973年3月堆工组成立，科技人员在总工程师马福邦的领导下，开始改建方案的设计工作。

为了提高反应堆的热中子通量，增加辐照空间，设计中选定了铀-235丰度为3%的燃料、紧栅格中子阱型布置，在中央水腔和外围重水反射层内安置实验管道，同时将反应堆功率提高到15 000千瓦，使热中子通量翻一番。为满足物理、热工、水力方面的要求，重新设计了新内壳，加大主热交换器的换热面积，更换部分一回路管道。同时，大修改造冷却水塔，扩建通风中心并对其他系统进行大修。

1974年4月，二机部对反应堆改建方案进行了审查。1975年3月，经国家计委批准，正式将其列为国家重点项目。同年9月，二机部批准扩大初步设计；1978年11月批准停堆，开始反应堆的大修改建。

首先，对具有强放射性的设备和管道进行化学去污，降低了放射性水平，为改建工作创造了条件。

改建中需要更换反应堆内壳。旧内壳是一个直径约1.5米、长8.5米、厚只有8毫米的铝合金薄壁容器，具有很强的放射性。工作人员距筒壁1米处停留1小时，就会接受相当于两年的最大允许剂量额。能否将旧内壳安全地吊出及处理，是施工中的一个十分困难的问题。经过反复研究，提出了在反应堆附近就地建一个永久性埋藏井，实行"整体吊出，就地埋藏"的设计方案。为吊运旧内壳，做了大量的准备工作。如对内壳外围石墨块辐照后尺寸变化，做了理论计算和实地观测；对内壳做了水下电视观察；对吊具做了载荷实验；采用电子秤进行预启动；用假内壳进行了全模拟演习；为防止粉尘脱落，设计了自动防护罩。

在上述准备工作的基础上，1979 年 6 月 5 日，安全顺利地吊出了旧内壳，连同自动防护罩一起就地放入埋藏井。1979 年 12 月，将新内壳装入堆内。1980 年 4 月新铝塞就位。

在这期间，其他各项改建项目也相继完成。1980 年 6 月 27 日凌晨，反应堆达到临界。1980 年 12 月，功率提升到 11 800 千瓦，在 56 根工艺管装载下，达到单根最大功率。1981 年 11 月 6 日，反应堆提升到加强功率 15 000 千瓦。经过运行考验，证明各系统和设备工作正常。

反应堆大修改建的成功，是一曲集体力量和智慧的凯歌。在大修改建过程中，大连机器制造厂、沈阳水泵厂、哈尔滨电机厂和冶金部一〇一厂等单位，分别承担并完成了各主要设备的制造加工任务，为改建工作作出了贡献。

我国第一座研究性重水反应堆改建成功，不仅使一座已经运行 20 年的反应堆“返老还童”，而且使新堆的技术性能超过了原堆。反应堆的最大功率提高了 50%，最大热中子通量提高了一倍多，活性区可利用的实验管道增加了 2. 6 倍，而改建所花的总投资仅相当于新建一座同样反应堆的十分之一左右。在整个改建过程中，人员所受的放射剂量很小，也未造成环境污染。

1981 年 1 月 15 日，人民日报在头版发表了题为《充分发挥科技人员和工人的聪明才智，我国第一座原子能反应堆改建成功》的消息。这项成果还获得了国防科委重大成果奖，国家基本建设委员会的全国优秀设计奖，1985 年又获得国家科委技术进步奖一等奖；重水反应堆研究室荣获中华全国总工会授予的技术革新先进集体称号。

## 第三节　潜艇核动力与陆上模式堆

潜艇核动力是指为核潜艇提供动力的反应堆装置。常规潜艇烧普通燃料，一次装料的续航距离（以 10 节速度计），通常只有 1 万海里左右，而且潜航时只能以蓄电池为动力，潜航距离仅达400海里。而核潜艇一次装料可维持10年以上，续航能力超过40万海里，即使受舱室空气调节和给养的限制，续航能力仍可达4万海里。又由于核动力装置无需氧气，其潜航距离可达总航程的90%。其航速也大大高于常规潜艇。因而，在机动性、隐蔽性方面，核潜艇都具有很大的优越性；再同导弹核武器和其他先进设备相结合，便成为当代海军的一种主力战舰。核潜艇的研制，对于加强海军现代化的建设具有极其重要的意义。

目前世界上的潜艇核动力装置都采用压水堆，其回路系统与陆上压水堆核电站类似；所不同的，只在于潜艇堆产生的蒸汽不是用于发电，而是用于驱动螺旋桨。但是，因战舰的需要，对潜艇堆提出了一系列特殊的要求，如体积小，重量轻，有高度的灵活性（如能随时启动或停止），耐冲击、耐振动、耐摇摆，特别是要有高度的安全可靠性等。所有这些，都大大增加了潜艇核动力装置研制的难度。为检验设计的正确性，确保核动力装置的安全可靠与运行性能，一般在建造核潜艇之前，都要按艇上的实际情况，建造一座1∶1的陆上模式堆，进行各种模拟试验，同时用于培训人员。

我国从20世纪50年代末开始设计和建造核动力装置。广大工程技术人员和工人，在中共中央“自力更生”方针的指引下，从开发研究入手，靠大力协同攻关，终于在1970年8月胜利建成了我国第一座潜艇核动力陆上模式堆。

## 一、从零起步，奠定基础

1958年10月，二机部开始组织潜艇核动力的开发研究工作。当时，世界上还只有美国和苏联已建成核潜艇。他们对于研制技术严格保密，只在一些杂志上偶有一般情况的报道。原子能研究所承担这一任务的科技人员，就凭着这点零星资料，在副所长李毅和堆工线负责人孟戈非、连培生的组织领导下，通过约半年的工作，提出拟选用的反应堆类型、功率和动力方案；在此基础上，进一步选定了反应堆的主方案和主参数。接着便组织力量，开始进行方案设计。当时，原子能研究所陆续形成了一支约200人的研究设计队伍。他们中大部分是刚从大学毕业不久的年轻人，不仅缺乏经验，基础知识也显得不够。方案又必须从中国当时的科学技术水平和工业基础的实际出发，这使他们的设计工作又失去了不少自由度。困难是可以想象的。但他们生机勃勃，勤奋好学，在一些较有经验的中年科技骨干的带领下，凭着集体的智慧和力量，经过近两年的努力，于1960年6月提出了《潜艇核动力方案设计（草案）》。该方案设计当时是作为草案上报的，但在后来的实践中没有什么重大的反复，这证明它在总体上是可行的。这就为以后的研制工作打下了良好的基础。

方案中提出了大量需要研究的课题。为此，原子能研究所的有关研究室在反应堆物理、堆工、元件和材料、热工水力以及自动控制等方面，开展了一系列研究工作。中国科学院的许多研究所和高等院校，也承担了许多研究课题。核动力的科研协作网逐步形成，开发研究工作遂全面展开。与此同时，随着潜艇堆各项主要设备技术要求的提出，全国各有关工业制造部门也开始了设备、材料、仪表等方面的研究试制工作。

1962年，由于基本建设战线要缩短，同时根据当时集中力量搞“两弹”的总体部署，决定潜艇核动力工程暂缓。据此，设计队伍大大减缩。有关的科研工作或暂停，或放慢了进度。但关键的项目都没有停下，从而保存了实力，储备了必要的技术。特别是考虑到设备、材料的试制周期往往较长，因此各工业部门关于核岛的主设备和主要材料的试制工作都继续进行。这样的安排，为以后再次上马赢得了主动。

## 二、加快步伐，奔向目标

1965年，中央专委决定加快核潜艇的研制工作，要求二机部在1970年建成潜艇陆上模式堆。此后，在聂荣臻的直接关怀下，潜艇核动力的研制工作大大加快了步伐。

潜艇核动力研究设计院迅速充实了力量。在周圣洋、彭士禄、赵仁恺等人的领导下，动力堆设计方案于1965年7月提出，并很快得到中央专委批准。同年底完成了初步设计，1967年完成了扩大初步设计，1969年完成了全部施工图。

设计方案的可行性必须以大量的科学数据为基础。一直没有停步的潜艇核动力科研工作，也与设计工作同时加快了步伐。例如，堆芯是反应堆的心脏，链式裂变反应就在这里进行，因而堆芯物理设计的合理性对于潜艇核动力装置的安全可靠有至关重要的意义。为了找出一种能满足各项性能要求的最佳的堆芯布置方案，在整个设计阶段，曾进行了一系列理论计算和实验验证工作。为进行临界试验，工程技术人员还专门建立一个大型的零功率装置，验证了物理设计重要参数的计算精度。又如，海上实战需要潜艇堆能在极短的时间内实现大范围的功率变化，如在 30 秒内要从 10%提升到 100%，甚至在 2 秒内又从 100%下降到 10%。这种功率变化主要是靠控制棒的快速升降来完成的，从而就要求控制棒的驱动机构要有高度的灵活性和可靠性。为考验驱动机构的性能，曾在冷、热状态下，对之进行过上千次驱动试验。还专门建立了一个热态试验台架，用来检验在艇体严重倾斜的状态下能否迅速落棒，以满足潜艇堆的特殊要求。频繁的功率变化，还要求各项设备能耐受由此引起的热冲击和热疲劳。为此，曾对各种设备和系统进行了大量的动态试验。

当时，我国还没有大型电子计算机，大量的计算工作都主要依靠人工完成。借助于台式计算机完成一种方案，往往需要好几个计算人员日夜加班，一次要连续工作一个多月。如在全寿期内满功率下堆芯安全较均匀功率分布系数等方案，都是通过这样的辛勤工作选定出来的。大量的实验结果和扎实的计算数据，及时地为设计提供了佐证，以进行修改和补充，使之更臻完善。正因为有广大科技人员的辛勤劳动，才取得了我国建造第一座潜艇动力堆的成功。

与此同时，全国其他有关战线的工作也在快步前进。元件厂及时地试制生产出合格的燃料元件；为该工程专门建造的材料试验堆完成了燃料元件和各种堆材料的考验任务；各种主辅设备和仪器仪表陆续试制成功并通过了各种工艺试验。为了加强基地现场的统一指挥，1968 年 3 月，二机部和国防科委七院决定建立工地指挥部。二机部派何谦担任工地指挥长，并派一些技术骨干赴现场工作。从此，工程建设大大加快了进度，到 1969 年底，主体工程基本完工。1970 年 4 月 18 日，核潜艇陆上模式堆的安装工作胜利完成。5 月 1 日开始试车，7 月 17 日凌晨两点开始提升反应堆功率，8 月 30 日试验达到满功率，这标志着我国的核潜艇陆上模式堆已胜利建成。

## 三、会战海滨，首艇试航

在陆上模式堆建设的同时，负责建造艇体的船厂，也紧张地进行着第一艘核潜艇的艇体施工。1970 年冬，在陆上模式堆达到满功率不久，艇体建造完工并胜利下水，开始进入了核动力装置的安装阶段。潜艇核动力研究设计基地派出了一支得力的技术骨干队伍，奔赴海滨现场，负责潜艇核动力装置的施工、安装、调试、启动和提升功率等技术工作。他们和造船工人、海军战士一起，日夜奋战，为抢建我国第一艘核潜艇付出了艰辛的劳动。潜艇核动力研究设计院工程师李宜传，从建设陆上模式堆起就带病坚持工作，在海滨的会战中，由于积劳成疾，牺牲在现场岗位上。

广大工程技术人员、工人和海军战士，参照建设陆上模式堆的宝贵经验，共同努力，使首艇核动力装置的建造安装任务，只用了一年的时间，于 1971 年就胜利完成了。经试航证明，我国第一艘核潜艇各项性能达到了设计要求，中国成为世界上第五个拥有核潜艇的国家。

在核潜艇的研制过程中，彭士禄既是组织领导者、重大技术问题的决策者，又是研究设计的直接参与者和带头人，为核潜艇的研制成功作出了突出贡献。

## 四、九年运行，完成全寿期试验

核潜艇陆上模式堆从 1970 年 8 月底达到额定满功率，到 1979 年 12 月，经历了一炉燃料的全寿期运行试验，完成了它的历史使命。

在 9 年的运行中，进行了大量的试验，取得了丰硕的成果。

1. 在物理、热工、控制、化学试验以及屏蔽、剂量、振动、噪声、应力测试等方面，共进行了 530 项/次试验。其中包括在设计极限值条件下，各种性能的试验和全部数据的测定和分析。通过以上试验，基本上摸清了核动力装置的主要性能，取得了堆芯全寿期运行的全套完整数据。运行试验证明，核动力各项数据完全达到原设计指标。例如，堆的功率分布比设计值好，自稳、自调性能优良，燃料原件没有破损，经提升功率、降低功率、甩负荷等各项考验，动力装置的机动性良好，完全可以满足艇的机动要求。所有这些都对下一代潜艇核动力装置的设计，有着极为重要的指导意义。

2. 运行试验证明，全部设备、仪器仪表及其系统性能良好，能够保证堆的安全运行。同时，运行中也暴露出有些设备系统在设计、制造工艺或材质等方面存在着的问题。这些问题都及时得到了改进，从而使核动力装置的定型工作有了可靠的依据。

3. 通过运行，培训了大量运行、管理、维护和检修等各类人员，为压水型核动力堆的发展储备了一定的技术力量。

反应堆于 1979 年 12 月停堆。经过一年的运行总结和开盖技术准备，于 1981 年打开堆盖，卸出燃料，随后对反应堆堆芯、压力容器和全部设备进行了全面的检查鉴定。结果证明，经 9 年的运行磨损后，核动力装置的主设备情况仍然良好。主汽轮机、辅汽轮机无汽蚀，无严重腐蚀，轴承等转动部件的磨损均在允许范围之内。只有很少数辅助设备受到比较严重的汽蚀和腐蚀。这再一次表明，我国设计、建造的第一座潜艇核动力装置的总体设计是成功的。

反应堆开盖卸料工作是在强放射性的条件下进行的，只能借助于机械手等专用工具，既要准确地完成各项操作，又要确保安全，难度相当大。首次开盖检查工作，不仅考验了全套自行设计的专用工具，证明其性能能满足使用要求，而且还摸索出一套反应堆开盖卸料检查工作的经验。至此，我国在潜艇核动力领域经历了从动力堆的设计、建造、安装、调试、运行，到退役开盖卸料的整个实践过程，获得了十分宝贵的经验。

## 第四节 工程试验堆的建设

工程试验堆也是一种作为研究工具的反应堆，只是它通常不用于一般的物理研究，而主要用于为设计新堆所必须进行的工程试验研究，如燃料元件考验和材料考验。其中高通量工程试验堆，由于具有比一般研究堆高得多的中子通量密度，能达到较高的反应堆功率，因而更适于进行动力堆燃料元件和材料的辐照考验，并可生产高比度的放射性同位素。世界上一些工业发达国家，在开发研究核动力堆的同时，均建造了这种高通量的工程试验堆。

## 一、游泳池式研究试验堆的建成

为了满足燃料元件、材料考验的需要，我国早在 1958 年，就拟在北京原子能研究所建造一座功率为 5 万千瓦的高通量堆。后考虑到当时国内的工业水平、设备制造能力以及高浓铀生产尚未过关的实际情况，决策机关提出了“远近结合、由低级向高级发展”的方针，决定先建造一座功率和参数都比较低、工艺系统又比较简单、易于实现的游泳池式研究试验堆。根据这一决定，原子能所于 1958 年年底组建了设计组，并选定以苏联 ИРТ-1000 物理试验堆设计为原型，加以修改。1959 年年底，反应堆的施工设计完成。次年正式破土动工，1964 年 6 月建成。同年 10 月，进行堆物理启动和调试运行。1965 年 4 月，反应堆提升至额定功率。

游泳池式研究试验堆具有高度的灵活性。它的堆芯由棒束型浓缩铀燃料元件组成，悬挂于架在敞口水池（常做成长圆形，故称作“游泳池”）顶部的可移动桥架下面，水既作为慢化剂、反射层和冷却剂，又起主要屏蔽层的作用。用长柄工具通过屏蔽水层进行装卸料操作，很容易改变堆芯的布置、大小和形状。然而，由于这种堆型采取自然对流的冷却方式，在正常大气压下工作，这样就限制了游泳池式反应堆能达到的最高功率与中子通量密度水平。

在该堆运行的 20 多年中，先后在堆上完成了各种不同生产工艺的生产堆燃料元件、核潜艇动力堆和高通量工程试验堆短元件的辐射试验，以及多种反应堆材料的考验，还开展了中子活化分析、物理试验、中子照相、辐照育种、同位素生产、NTD 硅等辐照工作。同时，根据辐照元件与材料的要求，对反应堆及辅助系统的一些部件进行了改进，使反应堆热功率由 1 000 千瓦提高到 3 500 千瓦，改进了堆的物理性能，扩大了堆的用途，而且为以后设计高通量工程试验堆积累了宝贵的经验。

## 二、高通量工程试验堆的设计和建造

1965 年，根据我国核事业的发展规划和社会上对高比度放射性同位素的需求，建造高通量工程试验堆的紧迫性日趋明显。当时我国已积累了建造重水堆和游泳池研究试验堆的实践经验，依靠国内力量建造高通量堆的条件已基本成熟，遂于这一年开始了建设高通量工程试验堆的计划，并组织各方面的力量，开始进行套管型燃料元件、金属铍部件以及堆物理、热工水力、结构力学等多方面的预研工作。

1968 年，高通量工程试验堆正式被列为国家重点项目。北京反应堆工程技术研究所抽调了近百名反应堆工程技术人员，组成工程设计队，在总工程师徐传效的组织领导下，全面开展主工艺设计工作。广大科研、设计人员一方面查阅了大量国外资料文献，进行调研分析；另一方面对国内工业生产能力进行摸底调查，努力使设计既具有先进性又具有现实性。在一年多时间里，设计队先后提出了几十种设计方案，在充分论证的基础上，于 1970 年年初，确定了工程的总体方案。该方案是用高浓铀作燃料，铍作慢化剂的压水型反应堆。在设计中，采取了具有固有安全性的次慢化堆芯，较硬的中子能谱导致堆芯快中子通量密度明显高于国外的纯铍型高通量堆；在缺水栅格中，引入适量的铍挤水器，提高了中子的利用率，使高浓铀装载量明显低于国外纯水型的高通量堆；使堆芯的燃料元件、铍反射件及铝反射件，具有相同的外形及定位尺寸，加上对定位栅板的特殊设计，形成了该堆结构的高度灵活性。堆芯燃料装载可根据每炉辐照任务能多能少，辐照管直径可根据需要加大或缩小，考验件的中子能谱也可根据需要加以调整。这种强适应性的设计，在压力壳形的高通量堆中尚未见有先例。

为争取参加 1970 年 9 月在成都召开的国家订货会议，设计人员用了 8 个月的时间，突击完成了约 5 000 张非标准设备加工图，及时提交各设备厂审核。在订货会议期间，全部设备的加工任务得到安排，为工程建设争得了时间。与此同时，全国 13 个省、市的 20 多个厂、院、所，为该工程承担了大量的新材料、设备、仪器的研制，堆芯性能的模拟测试，以及部分辅助工程的子项设计。在此期间，先后完成了 270 多项工程试验，为工程设计提供了依据。

1971 年 1 月，该工程在四川省夹江县破土动工，设计人员也由北京进驻现场。为全面领导、组织工程建设，成立了以李家英为指挥长的工程现场指挥部。广大科技人员、工人和干部以高度的热情，夜以继日地工作。经各方面人员的协作配合和多年的努力，各项设备、部件的试制工作相继完成。1978 年年底，设备安装基本就绪。

为做好反应堆的调试、启动工作，现场调试启动领导小组组织力量，对设备和系统进行了全面检查；编制出调试大纲、操作规程及管理制度 30 余种；对运行人员进行了认真的培训；对于调试、启动中暴露出来的问题，都严肃认真、一丝不苟地逐一加以解决。这座功率为 12.5 万千瓦的高通量工程试验堆，终于在 1981 年 5 月 4 日胜利地实现了高功率运行。

新建的高通量工程试验堆，由于反应堆的功率规模、热中子通量密度和快中子通量密度水平较国内其他堆都高出一个量级以上，从而大大增强了我国的中子辐照研究能力，基本满足了动力堆燃料元件的综合考验要求，提高了材料辐照的品质和堆照同位素产品的比度。它的辐照孔道不但直径大，而且有 3 个位置可安装单流程的辐照装置，有利于扩大辐照试件的尺寸和模拟核电站燃料组件的实际状态。该堆运行以来，已在堆上开展了燃料元件、材料及同位素生产等 37 项辐照研究工作。已建成的 500 千瓦高温高压水试验回路，可进行大型核电站燃料组件堆内辐照研究工作。由于该堆元件区域中子能谱较硬，中心设置水腔时，可得到热中子通量密度超过 $1\times10^{15}$ 中子/（厘米$^2$·秒）的辐照空间，有利于超钚元素的生产。

从 1983 年开始，在高通量工程试验堆的保存水池中，对卸料元件辐射资源进行了广泛的测量和应用开发研究工作。在开发研究的基础上，建立了一个利用 12 盒卸料元件组成 $\varphi180$ 毫米的辐照装置，其内部的最大 γ 照射率为 $2\times10^7$ 仑/时，是我国目前最强的辐照装置。

通过运行实践证明，我国自行设计建造的高通量工程试验堆，已达到国外同类型工程试验堆的水平（见表 7-1）。该工程设计被评为国家优秀设计，荣获 1983 年国家质量银质奖，1985 年又获得国家科学进步奖一等奖。

**表 7-1　几个工程试验堆的简单比较**

| 堆名 | HFETR | ETR | ATR | JMTR | MUP |
|---|---|---|---|---|---|
| 国别 | 中国 | 美国 | 美国 | 日本 | 苏联 |
| 堆功率（万千瓦） | 12.5 | 17.5 | 5 | 5 | 10 |
| 装铀量（公斤$^{235}$U） | 13.0 | 23.5 | 39 | 7.0 | 11 |
| 最大热中子通量密度［中子/（厘米$^2$·秒）］ | $6.2\times10^{14}$ | $5\times10^{14}$ | $7.7\times10^{14}$ | $5.4\times10^{14}$ | $5\times10^{14}$ |

**续表**

| 堆名 | HFETR | ETR | ATR | JMTR | MUP |
|---|---|---|---|---|---|
| 最大快中子通量密度［中子/（厘米$^2$·秒）］ | $1.7\times10^{15}$（>0.625 MeV） | $1.5\times10^{15}$（>0.625 MeV） | $2.3\times10^{15}$（>0.625 MeV） | $5.5\times10^{14}$ | $3\times10^{14}$（>0.5 MeV） |
| 元件表面最大热流［（千卡/米$^2$·小时）］ | $3.06\times10^6$ | $3.12\times10^6$ | $6.05\times10^6$ | $3.0\times10^6$ | $3\times10^6$ |
| 堆芯平均功率密度（千瓦/升） | 610 | 550 | 960 | 470 | 120 |
| 燃料平均比功率（千瓦/公斤$^{235}$U） | 9 600 | 7 600 | 6 400 | 7 000~9 400 | 8 700 |

# 第八章　辐照过的燃料后处理

核燃料在反应堆内发生裂变反应“燃烧”以后，其物理性能和化学组成均发生变化，至一定程度时（通常以“燃耗深度”表示），燃料中的可裂变物质明显减少，即被烧“乏”；同时，裂变产物中会吸收大量中子的核素（称为中子毒物）逐渐增多，到一定限度时就必须将辐照过的燃料元件从反应堆内卸出，经过一段时间的“冷却”，即让放射性明显衰减后，再通过一系列的化学处理，从中回收和提取有价值的物质。这一过程称为“辐照过的燃料后处理”或“乏燃料后处理”，简称“后处理”。

后处理过程一般包括3个阶段：(1) 冷却过程。从堆内卸出的辐照过的燃料，必须先放置一段时间，一方面让其中的铀-237衰变成镎-237，以便于在化学分离时将其除去；另一方面，让其中短寿命的裂变产物“死”去，并使放射性迅速衰减，从而简化后面的处理。一般说来，生产堆的燃料至少要冷却100天，动力堆的燃料则需冷却一至三年以上。(2) 首端过程。对生产堆用的铝包壳金属铀元件常用化学法——先用碱溶去外壳，再用硝酸溶解铀芯体；对动力堆元件采用机械-化学相结合的方法——先用机械将其切断成小段，再用硝酸浸溶芯体。(3) 化学分离。经过近四十年的发展，世界各国均已采用湿法处理，尤以用磷酸三丁酯作萃取剂，硝酸作盐析剂的普勒克斯（Purex）型溶剂萃取过程使用最为普遍。第一阶段冷却，通常在反应堆现场或后处理厂附设的贮存水池中进行；后两个阶段，则在后处理厂中连续进行。

后处理的主要特点是：(1) 辐照后的燃料具有很强的放射性，必须对设备实行远距离操作，所使用的材料须耐受强辐照。为保证操作人员的安全，要采取各种措施，防止放射性物质对人体的外照射和内照射，对废物则需妥善处理和处置。(2) 存在可裂变物质发生临界事故的危险，必须采取相应措施加以防范。(3) 对提取或回收物质的纯度要求极高，产品中的杂质含量一般只允许有百万分之几，甚至十亿分之几。(4) 主要产品的价值很贵，要求全过程有很高的回收率。由于上述特点，使得后处理厂投资大、技术复杂、安全要求很高。

我国的后处理事业，于 1956 年在苏联援助下从沉淀法起步。在外援断绝以后，筹建时期的科技人员按照苏联提供的设计与工艺方案，继续做了一段工作。1964 年，在国内科研的基础上，科技人员决定抛弃沉淀法工艺，改用先进的萃取法工艺，并于 1968 年 9 月建成了后处理中间试验工厂。1970 年 4 月，我国的军用后处理厂正式投入运行。此后，科研人员又为动力堆燃料和研究试验堆燃料后处理，进行了大量的科研开发和设计准备工作。

我国后处理工厂选用的工艺流程、在线分析技术、化工试剂消耗指标等，均已达到世界先进水平，但在某些设备、仪表、自动控制系统和检修方式等方面，尚存在一定差距。我国军用后处理厂多年运行积累起来的经验，以及为动力堆燃料后处理开展的大量前期工作，为中国核电事业的发展，“核燃料立足于国内”，和构成中国完整的核燃料循环体系，打下了良好的基础。

# 第一节　后处理的工艺抉择

## 一、从沉淀法起步

1956 年，我国开始筹划后处理事业建设。1957 年前后，后处理工厂设计计划任务书的编制和厂址选择等前期准备工作得到开展。1958 年 1 月 30 日，确定我国第一座军用后处理厂建于甘肃省酒泉原子能联合企业内。

其间，我国专门从事原子能工业设计的设计院和中国科学院原子能研究所后处理研究室相继组建。清华大学、北京大学在此之前也已创设了放射化工和放射化学专业。这些单位的设计、科研和教学人员，组成了我国最早从事后处理事业的技术力量。

从1958年8月起，苏联专家陆续来到我国的有关单位开展工作。二机部设计院（即北京核工程研究设计院）曾于1958年4月派出一个14人小组，赴苏联参加初步设计。同年底，苏方提出了设计任务书，并于1959年初发来了初步设计文件。

苏联当时提供的工艺是沉淀法，此流程冗长，厂房庞大，单不锈钢用量即近万吨；又是间断式操作，极不方便；并且废液量很大，产品回收率较低。这期间，设计院收到苏方发来的此工程技术文件仅是8个辅助项目20%左右的施工图，而关系到核心技术的铀/钚分离厂房则尚未动手设计。1960年8月22日，在设计院工作的苏联专家全部撤离并停供全部资料。此后，二机部设计院贯彻“彻底实行自力更生”的方针，对苏方原设计中留存的问题，向原子能所提出了145项试验要求，同时又对工程方案重新进行研究。在这期间，原子能所后处理研究室增加了研究人员，实验设施也稍有完善。全室在放射化学家刘允斌的带领下，以此为中心展开工作。他们验证并掌握了沉淀法工艺各工序的化学条件，并相应开展了钚、裂变产物的分离、分析和某些基础理论的研究。1962年3月，该室研究人员在简陋的条件下，首次从辐照过的研究堆燃料中提取出人造放射性元素——钚，满足了当时的科研需要。这期间参与沉淀法研究的还有：中国科学院长春应用化学研究所、北京化学研究所二部、上海有机化学研究所和华东化工学院等单位。

设计院在认真研究苏联原设计方案后，认为该方案设计工作量太大，技术难点多，而且大厂用的材料太多，尤其是不锈钢材国内供货不足。于是，刘允斌与设计院的一些技术人员建议，先建设一座规模较小的中间试验工厂。这一提议得到了上级的批准。

1963年上半年，二机部先后组织进行了该方案扩大初步设计的中间审查和审批。为彻底解决沉淀法工艺中还未解决的技术问题，同年8月，在长春召开了向二机部以外的科研单位技术交底会。与会人员均感到沉淀法在各方面都显得落后。但鉴于当时的工作进展情况，会议决定除清华大学继续研究萃取法外，其余各单位仍旧主攻沉淀法。为了加强领导，迅速摸清建厂的技术关键，年底，二机部成立了“核燃料后处理攻关领导小组”。

采用沉淀法的中间试验工厂虽然只做了设计而未进行建设，但经过那几年的工作，无论是在科研方面，还是在设计方面，这支组建不久尚未成熟的技术队伍，都得到了一次极好的演练。他们从中增长了知识和才干，初步积累了经验，为以后的工作创新和发展打下了良好的基础。

## 二、萃取法的先行探索

随着世界原子能事业的发展，1955 年和 1958 年，联合国在瑞士日内瓦先后召开了两届国际和平利用原子能会议。这两届会议的论文集和随后美国出版的《反应堆手册，第二卷燃料后处理》（第二版），以及各国原子能机构众多报告书陆续传入我国，其中包含有美、英、法等国有关后处理的大量文献。这些资料使我国从事后处理事业的科技人员，及时了解到当时的世界技术水平和发展动向。从中可以看出，后处理工艺的发展趋势，已由 20 世纪 40 年代的沉淀法转为 50 年代出现的溶剂萃取法了。

1959 年 1 月底，设计院在向二机部呈送的《关于建议进行萃取法工艺研究的报告》中提出："萃取法生产将成为放化厂的一个发展方向"，"我们认为，大规模开展萃取法工艺流程的研究是迫不及待的问题……在放化生产的赶上和超过国际水平的任务上，萃取法研究及早完成，将具有极为重要的意义"。与此同时，原子能所的科研人员也曾开展过少量有关萃取、离子交换和干法过程的高温区域熔炼等分离工艺的研究。

在萃取法的研究方面，清华大学做了相当多的早期探索工作。早在 20 世纪 50 年代后期，该校工程物理系的放射化工教研组与稍后成立的人工放射性元素化学工艺学教研组（后均转至工程化学系）的科研人员，在汪家鼎教授、滕藤副教授的带领下开展了广泛的实验室研究。以后，又在二机部的统一安排下开展工作。参加的人员除有关教师外，还有 1960 年至 1965 年的 6 届应届大学毕业生和若干研究生。他们围绕此专题完成了大量的科研报告、毕业论文和毕业设计。这期间的工作主要有：铀、钚和几个重要裂变产物元素在磷酸三丁酯（煤油稀释）–硝酸溶液体系中的萃取化学与工艺条件的研究（包括单级平衡分配比的测定和试管串级模拟逆流萃取试验）；溶剂的选择、预处理和净化方法，以及萃取流程中的辐射化学机理和辐射稳定性的研究；小型萃取设备——脉冲筛板柱和混合澄清槽的研究等。这些先行探索对我国后处理工艺的改变起了促进作用，其中一些研究成果，例如根据加拿大原型改进的正负压并用的空气脉冲搅拌混合澄清槽，选择的主要工艺条件和部分分析方法等，都成为后来的连续逆流热试验、设备放大冷试验的重要依据。

## 三、改沉淀法为萃取法

在中国的后处理技术发展史上，1964 年是极为重要的一年。当年 3 月，经国防工办批准，二机部邀请国内知名的 7 位部外化学、化工专家协助审查中间试验工厂的工艺设计。4 月，二机部办公会议决定，中间试验工厂仍按沉淀法的流程设计，并做生产准备工作。为确定大厂是否采用新流程，以原子能所副所长汪德熙教授、设计院总工程师叶德灿为首，由原子能所、设计院、二机部科研局和清华大学有关人员组成的调研组，在北京并到上海、衡阳等地的科研单位和水法冶炼厂考察萃取设备——脉冲筛板柱、填料柱和混合澄清槽的运行情况。这次调查的结论是：在我国，萃取法的技术问题可以解决，而且在经济上将优于沉淀法。调研组建议原设计的大厂工艺改为萃取法，并由原子能所、清华大学和后处理厂三家联合攻技术难关。

在此期间，设计院也成立了综合组，研究萃取工艺的工程设计方案，对柱、槽两种萃取设备进行了方案对比论证。5 月，综合组又建议一期工程（中间试验工厂）采用既定沉淀法方案，二期工程（大厂）考虑采用萃取法工艺。5 月 20 日，二机部决定二期工程采用萃取法，而有关此工程的沉淀法的工作即行停止。

8 月，审批一期工程设计的会议在青岛举行。酒泉原子能联合企业的姜圣阶总工程师，在一期工程设计的审查中起了极为重要的作用。在这次会议上，经过详细审查，与会代表大多倾向于否定沉淀法，但因考虑到当时的设计进展情况，为了抢进度，仍通过了一期工程采用的沉淀法设计；同时还决定加速萃取法的研究进程，并尽快完善必要的实验条件。

1964 年 10 月 16 日，我国首次核试验成功。这一成功极大地鼓舞了为后处理事业而奋战的科技人员。11 月 10 日，毛泽东主席发出了关于设计革命化的号召。广大设计人员向沉淀法这一陈旧工艺发起了最后冲击，很快作出了中间试验工厂也改用萃取法的初步设计。二机部领导对此广泛征求意见后，迅即予以批准。12 月 11 日，二机部正式下达通知，“已动工的按沉淀法设计的中间试验工厂停建，加速萃取工艺研究设计工作”。

至此，沉淀法工艺被彻底甩掉，中国后处理事业沿着萃取法工艺路线前进。

## 四、平行开展小型热试验

在上述形势下，萃取法的研究急需在“热”（指强放射性）的条件下进行。1964 年 12 月初，清华大学几名从事溶剂辐射化学研究的师生与原子能所的科技人员一道，利用反应堆大厅的热室（一种用于操作强放射性物质的厚混凝土屏蔽小室）进行模拟强辐照（在作萃取用的烧杯周围放置热铀元件进行外辐照）条件下的单级萃取乳化试验。经过约一个月的空气脉冲搅拌，烧杯内的两相萃取体系并未产生严重乳化，分相仍然良好。这一看似简陋却较接近真实条件的试验，让人感到前景很有希望，临近年底，关于进行萃取法小型热试验的任务正式下达。由于这一试验内容新（属国内创举）、放射性强、技术复杂，并且时间要求紧，为了加强领导，统一部署，更好地集中各方面的力量，从原子能所、清华大学、设计院和后处理厂抽调人员，在清华大学朱永赠副教授，原子能所林漳基、罗文宗等人的带领下，在原子能所先后组成了两批（共 81 人次）技术攻关突击队。第一批突击队从 1965 年 1 月起，克服重重困难，将作辐照元件检验用的物理热室改为引入管线繁多的化学热室。在短短的四个月时间里，他们利用由半透明的环氧树脂板加工制成的台架规模的混合澄清槽，进行了后处理工艺中最关键的铀、钚共去污和铀/钚分离循环共 11 次热试验，运行结果显示了萃取法的良好工艺性能。

接着，我国第一座含 5 个热室的热化学实验室在原子能所建成，第二批突击队在那里进行钚线第二萃取循环的试验，他们共做了 8 次小槽逆流试验，并做了寻找最佳工艺参数的试管串级试验。此外，原子能所后处理研究室和分析研究室的近百名人员，还承担了首端去壳溶解、钚尾端阴离子交换净化、草酸盐沉淀焙烧，以及大量繁重的样品分装和分析任务。以后，后处理研究室又独家完成了 8 次热溶剂重复使用的试验。

在原子能所参加突击队的全体人员，发扬大协作精神，集思广益，日夜倒班奋战，为了节省时间，工作紧张时，有些人就睡在办公室，不少人在春节假日里都坚持工作。一次，某槽的一路空气脉冲管因老化而出现裂口，需验证单路脉冲是否影响工艺性能。告急电话打到清华大学，那里的师生争分夺秒，连夜进行试验，第二天一早就报来了结果。我国的第一代机械手操作员们发挥高超的技能，用胶布补漏以后，槽子又继续运行。在强放射性加料管路发现泄漏时，为及早排除故障，几名工作人员不等热室冲洗到允许水平，就身着气衣冒着高辐照剂量冲进去进行检修。

为获取充分而可靠的实验数据，并提取一定量的钚产品，小型热试验也在位于京郊南口附近的清华大学核能技术研究所里平行展开。为完善清华大学的实验条件，经报国务院和中央专委批准，二机部和高等教育部共同决定在该所内兴建热化学实验室，周恩来总理批准拨一笔专款作为建设费用。1964 年完成了工程和试验设备的设计，年底开始施工，在各制造厂的支援下，各项设备、仪表均按期制成。特别是后处理厂派去了 60 名熟练的技工和技术人员，大大加快了施工和安装的进程。只经过短短一年多的时间，一座包含两个较大热室、两个温室和两个高大有机玻璃手套箱的热化学实验室即告建成。

1966 年春，进行了实验设备安装和调试。4 月下旬进行了冷试验。6 月初，首次热试验获成功。恰在此时，“文化大革命”开始了。是停下来，还是继续进行下去？这个问题尖锐地摆到了每个人的面前。在这关键性时刻，周恩来总理于 8 月下旬对本任务下达了指示。二机部部长刘杰也到现场进行说服动员。因此，除学校的毕业生、部分教职工和设计院的极少数人迫于形势撤离外，其余绝大部分人员排除干扰，忠于职守，终于在 9 月底超额完成了 14 次热试验任务。

清华大学的试验基本上是按中间试验工厂的设计进行一次布置全流程验证的，日处理能力为 4 千克铀。该校的试验同样体现了大协作的精神。参加试验的先后有二三百人，除学校的教职工、部分应届毕业生和设计院的技术人员外，后处理厂派出了大批人员，在各个操作岗位进行培训实习。奋战在第一线的绝大部分是刚出校门不久的年轻人，他们破除迷信，勤奋好学，踏实肯干，发挥了自己的才干，为国家作出了应有的贡献。

## 五、中间规模的工程性冷试验

几乎与小型热试验同时，验证设备与仪表控制系统的工程性冷试验也平行展开。

1964年年底，二机部决定将大连机器制造厂的一座闲置厂房改建为萃取流程扩大冷试验室（属设计院管辖）。在那里安装了一整套与待建中间试验工厂规模相同的设备及配套仪表，利用未经辐照的冷铀元件，按照以后的实际情况，进行了一系列模拟运行考验，并针对试验中出现的问题随时加以解决。设计院和后处理厂的大批人员深入到这一现场，在清华大学少数人员的配合下，获得了丰富的感性认识，这对于中间试验工厂工程上的顺利实现起了极为重要的作用。

为充分发挥清华大学在萃取设备研究方面的技术优势，该校在筹建热化学实验室的同时，还改建了一座日处理能力为30千克铀的冷试验车间。1965年，在那里进行了第一萃取循环三个混合澄清槽的联动运行实验，并调试了有关的自动控制系统。

除此之外，这一时期还在北京反应堆工程研究所进行了材料和涂料耐腐蚀试验，在长春应用化学所进行了利用四价铀还原反萃钚、溶剂乳化等研究，在上海有机化学所开展了萃取剂、稀释剂辐射降解和溶剂乳化方面的研究。设计院与有关制造厂合作，进行了大量专用设备和仪表的研制工作。

冷、热试验取得的丰硕成果，证明萃取法这一流程的选择是正确而又适时的。不仅得到的大量实验数据成为设计的可靠依据，而且在我国首次提取到200克左右的核纯二氧化钚产品，及时为钚的还原冶金攻关试验提供了原料，从而加快了我国以钚作部分装料的核武器的研制步伐。

通过这段实践，我国的一支从事后处理研究、设计、教学和工厂运行的技术队伍成长起来了。其中既有像汪德熙、曹本熹、姜圣阶、汪家鼎、柯友之这样起指导和组织作用的老一辈专家、学者，又有富有实践工作经验的中年科技工作者，而更多的则是工作在第一线上的大批青年科技人员，他们中的绝大多数后来成为了我国后处理事业的技术骨干力量，在我国的核事业中发挥了重要的作用。

## 第二节　中间试验工厂的建设和运营

### 一、重要的一环

我国后处理工业新工艺的诞生和发展，经历了实验室玻璃器皿试验—工作台规模试验—中间试验工厂验证—工业化工厂生产这几个阶段。其中，中间试验工厂验证是比较重要的一环。

中间试验工厂的工艺方案虽然在1964年年底作了改变，但其建厂宗旨仍然是：（1）验证与改进已初步选定的工艺过程，在真实条件下考验设备、材料、仪表的使用性能；（2）尽早获得一定量的二氧化钚产品；（3）培训各类生产运行和管理人员；（4）用于验证其他后处理流程。

中间试验工厂由8个子项组成，设计生产能力为日处理400千克铀，年运行250天，采用普勒克斯型萃取工艺，包括元件去壳溶解、铀/钚共去污-分离循环（即第一萃取循环）、第二钚萃取循环、钚尾端阴离子交换、草酸盐沉淀与焙烧等工序。除了沉淀与焙烧共用工作箱外，平行设置生产能力相同的甲、乙两条生产线，以便在一条线停工或检修时，另一条线仍能维持生产。溶解和第一萃取循环强放射性部分布置在厚混凝土屏蔽的设备室内，完全靠仪表实行遥控操作；钚线纯化部分则设于统仓式的大型热室内，通过铅玻璃窥视窗、潜望镜观察，并借助模拟机械手和仪表进行操作。

该方案有两大特点：（1）工艺重点突出，主要是验证首端过程、第一萃取循环和钚线部分，而分离出的铀溶液浓缩后则采取暂时存放起来，以后由大厂再行回收的临时措施。这样既可获取关键数据和钚产品，又节省了投资。（2）充分利用该厂区内原有的公用辅助设施的余量，不再另成系统，既加快了工程进度，也节约了总的基建费用。

### 二、齐心协力抢建

1964年11月，设计院在设计总工程师谢仲然、柯友之的领导下，很快做出了采用萃取法的初步设计，迅即获二机部批准。次年 2 月 17 日，核燃料后处理工程攻关领导小组确定该厂建于酒泉原子能联合企业内。3 月，二机部邀请部内外专家审批了这一初步设计。

为了早日建成这一工厂，党中央、国务院和二机部各级领导都非常重视。1965 年 2 月 15 日，中央专委批准了二机部关于加速后处理工程建设的请示报告，并通知有关部门进一步采取措施，提前供应有关设备、仪表和材料，以确保工程进度。于是，全国上下一盘棋，到处为工程建设“开绿灯”，大大促进了工程的建设。

以周秩为首组成了工程指挥部，明确提出要以该任务为重点，确保质量，加快进度，力争提前，一次成功。以后，又成立了以石视三为首的分指挥部，开始了紧张的筹建工作，并安排各单位分别承担设计、土建和安装任务，还从其他分厂抽调 300 余名职工参加各项准备工作。在此期间，国家还从化工部系统所属单位抽调了大批技术人员和熟练工人前去支援。

设计人员满怀激情“下楼出院”，于 4 月初离开北京来到“天上无飞鸟，地下无水草，风吹石头跑”的荒凉戈壁，开展现场设计。他们吃住在工地，克服种种生活上的困难，仅用 3 个月的时间即完成了全部施工图的设计。8 月，二机部在北京组织了施工设计审查，提出了修改意见。经过紧张的工作，当年底即完成了全部修改，并立即转入配合施工阶段。为了能预先暴露施工中可能出现的问题，尽可能做到合理布置，他们与工人一起制作了实物模型。配合施工期间，他们白天穿洞跨沟，奔走在工地上，认真查点预留孔、洞和预埋件的落实情况，遇有问题，随时记录下来；晚上回到办公室，及时做出修改，以后他们又参加调试，不少人长期在现场，度过了美好的青春，设计院副总工程师汪华为该工程耗费了大量心血，熬白了头发。

为了抢工程进度，工程指挥部指出：一定要突出一个“抢”字，把握一个“稳”字；具备条件的项目先上，不等待；要集中力量打歼灭战，干一项，完一项，不留尾巴；同时，还特别强调要坚决贯彻“质量第一”“安全第一”的思想。施工单位不等图纸全部出完，待第一批图纸刚出来后，即提前开工，于 1965 年破土动工。主厂房工程量大，施工复杂，土建与安装两个单位紧密配合，合理组织各个工序，从第一车混凝土浇注到主体封顶，仅用了 120 天时间。职工们不分白天黑夜，冒炎夏、顶风沙，发扬了苦干实干精神。一〇三安装公司五处运用数学中的统筹方法安排施工，见缝插针地进行作业。1966 年底，厂房基本建成。

## 三、在干扰中曲折前进

正当广大职工以饱满的革命热情和干劲进行抢建，工程建设临近尾声时，“文化大革命”的动乱波及到了工地。在这关键时刻，国务院、中央军委多次发来特急电报，指出“该厂的安全生产是关系到我国国防建设的大事，全体职工都有保证工厂稳定生产和绝对安全的责任”，还先后两次派出调查组来厂，促进两派联合。1967 年年底，周恩来总理在接见二机部所属单位群众代表和军管人员时，又要求各派群众无条件联合起来，坚持团结，努力完成科研生产任务。

需要指出的是，在那动乱的日子里，仍有不少干部、技术人员和工人坚守在岗位上。总厂姜圣阶总工程师、赵如宴副总工程师一直坚持指导工作。为了保卫工厂安全，分厂的 40 多人索性将行李搬到厂区去住，以减少干扰。他们尽可能地组织留下的人员配合施工，实施质量检查，以后又进行了设备的单体和联动试车，还抓了技术培训。接着，依次分阶段进行了水试验、酸试验和冷铀试验。通过这段较完整的试车，考验了设备、仪表的运行情况以及某些分析方法的可行性，充分暴露了存在的问题，并在设计、安装人员的配合下，做了相应修改。

经过这段曲折的道路，1968 年 8 月试车任务终于完成，这座中间试验工厂宣告建成。

## 四、实现建厂宗旨

1968 年 9 月 4 日，首先在该厂的甲线投入热铀元件，一次投产成功，获得合格产品。十多天后，乙线也投入了运行。经过一年左右的连续运行，创造了高产、优质、安全的记录，提前 130 天完成了 1969 年度的生产任务。由于运行良好，取消了原定的 100 天检修期。当年 12 月 24 日至次年 1 月 17 日，又处理了 35 批冷却期较短的高比活度元件，为以后大厂运行取得了经验。总的来说，原定的建设中间试验工厂的几个宗旨基本实现了。

整个运行表明，根据充分而扎实的科研成果设计的工艺流程及其工程实施基本上是成功的。产品质量合格，除钚的回收率略低外，主要工艺指标均可达到。溶解器和混合澄清槽萃取设备具有一定潜力，可以不同程度地超负荷运行。在试车和运行期间，无论在工艺、分析、设备、材料、仪表和安全防护，以及启动、停车等方面，均取得了大量的经验，并做了改进。例如：将离子交换的废液返回供溶解元件用，减少了离子交换的洗涤液体积，改进了浓缩强放废液用的中央循环管式蒸发器。除此之外，运行中也暴露出一些问题，例如：主厂房通风不足，溶解液过滤器很快出现堵塞，气体净化系统常发生故障，埋入混凝土内的蒸汽和下水管道的材料选择不合适，某些设备缺乏备用和余量较少等。这些在大厂的设计中都得到了改进。

通过调试和运行，一支以分厂副总工程师方之时为代表的，包括管理干部、技术干部和操作人员的队伍建立并成长起来。由于设双线布置，工艺人员配备了两套班子，保证每个人都可在操作岗位上得到培训和锻炼，为中国以后的大型军用后处理厂培养、造就了一大批技术人才。更为重要的是，由于该中间试验工厂比大厂提早了约一年半的时间投产，及时地解决了军用钚问题，1968 年当年就为新的热核武器试验提供了钚装料。

以后，随着中国大型军用后处理厂的建成、投产，这个中间试验工厂的使命告一段落。1970 年年中，将其甲线改装成从强放废液中提取裂变产物锶-90、铯-137、钷-147 的生产线，并在此进行了综合提取裂变产物和超铀元素镎-237、钚-238 的研究与少量生产，满足了国内发展科学技术的需要。但由于停车时没有及时进行彻底去污，留存的放射性本底较高，给以后的改装和充分利用带来了困难。另外，大厂与该厂的工期相隔太近，以致该厂的一部分经验没有来得及推广应用到大厂的设计中。

## 第三节　军用后处理厂的建设和发展

### 一、建设过程

根据 20 世纪 60 年代初的国际、国内政治形势，为了增强我国的国防实力，国家对后处理厂二期工程，即大厂的建设要求也非常急迫。因此，大厂的设计与中间试验工厂的设计平行展开。

1964 年 5 月，二机部决定大厂采用萃取法后，即开始各种不同规模的工程方案设计。1965 年 7 月，二机部批准大厂也建于酒泉原子能联合企业内。9 月，二机部核化工总工程师兼设计院副院长曹本熹，率设计总工程师柯友之和清华大学汪家鼎教授等来到工地，讨论设计原则并决定重大问题。10 月，编制了工程设计任务书。11 月，二机部办公会议原则同意设计院的方案，并指出，“一定要‘产品从精，条件从简’，走我们自己的路……力求把‘三结合’（实际是科研、设计、施工、生产四结合）提高一步”。至此，有关设计方案方面的重大问题基本解决。12 月下旬，设计院完成了铀/钚分离厂房的初步设计，随即派出先行人员赴施工现场，准备初步设计审查。

1966 年 1 月，在现场由钱三强副部长主持了由有关单位 350 人参加的初步设计审查，会上提出了不少修改意见。3 月，设计院派出大批人员，组成现场设计队，开始施工图作业。7 月底和 10 月，分别完成了铀/钚分离厂房和铀回收厂房的施工图。

该工程于 1966 年 4 月 26 日破土动工。由于“文化大革命”干扰，工期比计划推迟了一年多时间，至 1970 年年初基本建成。这年 4 月 18 日晚上投入首批热铀元件，6 天后获合格产品，这表明中国首座军用后处理厂建设成功。

由于中间试验工厂和大厂相继采用溶剂萃取法，不仅将我国的后处理工艺提高到 20 世纪 60 年代的国际水平，而且带来了巨大的经济效益。据估算，两厂改换工艺以后，与原设计的相应沉淀法工厂比较：（1）不锈钢的用量约减少了四分之三；（2）大大减少了工程量，主厂房的建筑总面积和长度分别为原设计的 27% 和 20%，建设周期显著缩短；（3）节约工程总投资约 3.6 亿元；（4）运行费用节省约一半。这两项工程的科研、设计和成功运行，荣获了 1978 年全国科学大会颁发的重大科技成果奖。

## 二、在抢建的日子里

在抢建工程的过程中，设计、施工和生产三方面的人员，为了一个共同的目标而团结奋战。设计院的同志，离开繁华的都市，来到条件艰苦的工地。有的女同志为了下现场，把刚满 3 个月的婴儿寄养给别人。有些人每年都从初春下去，直至深秋室外无法施工时才返回北京。有些偶遇出差机会回北京的同志，在家与亲人团聚不过三天，即重赴征程。一次，有位同志的家乡发生了强烈地震，他虽然非常牵挂家里父母、妻儿的安危，可是为了事业，照常工作在现场。还有些同志身受“文化大革命”的种种打击，却仍然含着眼泪勤恳地工作。

由于“文化大革命”的干扰，建设工期被延误，引起党中央和国务院的极大关注。1967 年年初，周恩来总理下达了必须抢上这一工程的指示。为加快工程进度，同年 4 月，总厂成立了以周秩同志为首的工程指挥部，分阶段连续打了五个战役。广大职工本着对事业高度负责的主人翁精神，夜以继日地战斗在工地上。在抢建高潮时，许多人吃、住在厂区，几天几夜不下来。临近工程尾声时，指挥部提出了“大战一百天，抢上此工程，‘五一’把礼献”的口号，工地上更是呈现出一片火热的景象。有位工人的爱人生病住院，家中的 4 个孩子无人照管，领导多次劝他回去，他却一直在工地奋战了九天九夜。

据统计，此工程和中间工厂的建设还得到了国务院 7 个部委和全国 6 所高等学校、27 个科研设计单位、23 家工厂的支援和帮助。各有关工厂研制、加工了多达 33 380 台（件）的设备和仪表，其中大部分是专用的。这又一次体现了全国一盘棋、上下一条心的大力协同精神。

## 三、学大庆，抓调整，创“六好”企业

在工厂投产后的前三个运行周期中，由于缺乏经验，特别是由于当时仍处于动乱时期，无政府主义思想泛滥，生产和管理均受到了严重干扰。加之设计上的某些缺陷，工厂虽能按负荷运行，完成生产任务，但难以长期维持稳定运行，而且金属回收率偏低，停车期间放射性分布规律异常，所有这些均严重威胁着此工程能否再安全持续生产下去。在困难面前，总工程师姜圣阶鼓励大家树立起必胜的信心，广大职工也强烈要求迅速改变这种面貌。1972 年年初，总厂决定以该厂为试点单位，再次开展工业学大庆活动，以大庆“两论”起家的精神，“三老四严”“四个一样”的革命作风和严格的科学管理态度对工厂进行全面整治。

首先，工厂抓了保证正常生产秩序的几个基本制度，即岗位责任制、交

接班制、巡回检查制、安全质量负责制、区域卫生制等五个制度。随后，又逐步建立了设备维护保养制、经济核算制、考勤考核制和岗位操作法。这些被统称为“八制一法”。同时，基层单位还从骨干中推选出不脱产的“八大员”组成管理组，让工人参加管理。

通过这些措施，工厂很快改变了面貌，生产秩序明显好转，基本上做到了岗位有人站，设备有人看，阀门有人管，卫生有人搞。窜岗、聊天、乱动设备的现象没有了，纪律有了加强。接着，厂里又开展创“一类岗位”活动，进行设备大普查、大整治，使设备完好率不断提高。在二机部和当地政府的领导下，工厂由乱到治，1978 年和 1979 年，分别被甘肃省和二机部命名为“大庆式企业”。

1980 年以来，工厂又推行了全面质量管理（TQC），在职工中普及 TQC 知识。各车间、班组均建立了 TQC 小组，生产岗位上普遍采用控制管理图，产品质量有了保证，出厂合格率始终保持百分之百，铀产品的水份含量远低于设计指标，二氧化钚产品被评为部优产品。

从 1982 年开始，工厂又按照国家统一部署，进行了建设性的全面整顿，实行综合治理。经过一年多的努力，全厂生产秩序更加良好，厂风厂貌有很大改善。全厂 3 985 台设备、仪表均建立了档案，设备完好率达 99. 35%。为消除化工厂常见的跑、冒、滴、漏现象，清查了 16 万个阀门和 11 万多米长的管道，全厂可检查的接点近 14 万个，泄漏率控制在万分之三以下，基本做到了无泄漏。整个厂房从地面到墙壁，从设备到管道，无灰尘，无积水，无油垢，面貌一新，令人赞叹。

20 世纪 80 年代以来，围绕提高经济效益这个总目标，贯彻执行“保军转民”的方针，工厂稳定生产，加强科研，开发民品，全面完成国家计划，主要技术、经济指标均达到或超过历史最好水平。1983 年 5 月，经核工业部和甘肃省企业全面整顿验收团检查，一次验收合格。接着，工厂又按照“六好”（三者兼顾好、产品质量好、经济效益好、劳动纪律好、文明生产好、政治工作好）企业的标准，着重抓了三项（领导班子、职工队伍、科学管理）建设。一方面，重视智力开发，开展中青年文化、技术补课，职工技术培训和技术干部知识更新；另一方面，推广现代化的企业管理方法。通过创“六好”的活动，企业素质和综合经济效益均有新的提高。1984 年 10 月，该厂被总厂命名为首批“六好单位”。

## 四、大搞技术革新和挖潜改造

工厂面貌巨大变化的另一方面是，全厂在总工程师顾玉明和曲国镇的带领下，大搞技术革新和挖潜改造，使工厂的整体技术水平不断提高。在争创大庆式企业的同时，职工们发扬主人翁精神，积极开动脑筋，想办法，找窍门，掀起了一个技术革新的热潮。经过努力，短短几年里便搞成多项革新创造，取得了显著成效。这里仅摘要叙述主要的几项革新，其中，主体萃取流程由三个循环改为两个循环是最重大的一项。

原设计流程对铀、钚而言，均经过三个萃取循环，而钚的第三循环又换用胺类萃取剂。投产后的运行表明，这样做问题较多。主要是：钚的流失太大；作为胺类稀释剂的溶剂油挥发严重，难于控制萃取剂的浓度；用作反萃沉淀的三相槽操作困难。经过小实验和几次试运行，逐步找到了最佳工艺条件，遂取消了胺萃循环，并改变第二循环的工艺条件。尾端则改为两相沉淀反应器。这样改革以后，不仅工艺性能大为改善，而且取得了明显的经济效益：节省各类设备、仪表、阀门 80 余台（件），减少两个操作岗位（定员 10 人），消除了两个金属流失点，溶剂成为单一系统，节约了试剂费用，安全生产也更有保证。与此同时，铀线也取消了第三萃取循环，在适当延长元件冷却期，元件的放射性比活度不很高的情况下，也能满足工艺要求。这一改动又取消了三个金属流失点，节约了大量试剂费用，减少了中放废液，还腾出这一循环的设备、仪表，供提取镎-237 同位素使用。

在线分析是后处理工厂对生产系统中的工艺物流直接进行监测分析的一项新技术。与常规的取样分析比较，它具有无须任何化学处理、不破坏液流、连续测量、节省人力物力和可实行远距离操作等优点。既可快速及时指导生产，也为生产的自动化控制创造条件。在化学分析专家陈国珍的关心和指导下，该厂分析室在线分析组的全体人员克服各种困难，边干边学，在设计院的配合下，只用一年多时间即建立了 5 种方法，设立了 13 个控制分析点，可以分析 15 个项目，取得了初步成绩。二机部首次在线分析现场会在该厂召开。以后，他们又针对出现的问题，逐个解决。有一次，某项实验急需要当时国内尚未生产的镅-241同位素，他们就在厂内调查，多处取样，找到了来源。然后，又因陋就简做试验，经过几十次的反复，终于从含量不到百万分之一的料液中，一点一滴地将它提取出来。经过几年的艰苦努力，在线分析已发展到12种方法，49个分析点，65个分析项目。控制分析人员由初期的每班20多人，减少到2~3人。全厂基本上实现了控制分析在线化。

萃取过程中采用的有机溶剂，经反复使用后，质量会下降，并且保留的放射性逐渐增加，从而影响工艺性能。因此，原设计规定，每天将用过的溶剂排放十六分之一，并补充同量的新溶剂。这样，试剂的消耗较多，相应的有机废液量较大，又难于处理。以后经过试验，将每天的更换、补充改为闭路循环，即不再排放，只是定期补入由于夹带、挥发等原因造成的损失部分。实践证明，这样做是可行的。另一方面，在设计院和兰州西北近代物理所的配合下，将废弃的有机溶剂通过真空急骤蒸馏的方法进行溶剂再生。由分馏回收得到的磷酸三丁酯和煤油的技术指标均符合要求，使用效果良好。

对后处理过程中产生的大量放射性酸性废液，原采用国外通用的“连续蒸发—甲醛脱硝”后加碱中和的办法处理。这种方法不仅操作复杂，效率低，净化差，试剂耗量大，而且常会发生系统被污染的事故，使废液达不到排放标准。经过广泛调查后，确定采用精馏提浓法回收硝酸。在全厂职工的努力下，充分利用原有厂房和库存积压物资，只用了10个月的时间，便建成了硝酸回收工程。投产以后，每年可回收50%浓度的硝酸300吨，节省37%浓度的甲醛100吨和45%浓度的烧碱200吨，价值15万元。

在工厂的挖潜方面，采取了一系列的相应措施，工厂生产能力得到显著提高，运行负荷超过设计值40%~50%。这就提高了全厂设备的利用率，缩短了每年的生产周期，大大降低了动力消耗，经济效益十分显著。同时，全厂职工积极创造条件，回收副产品。例如：利用原有设备，从主工艺流程中回收镎-237同位素，并在原中间试验工厂内进行精制、分离，提取有重要用途的钚-238同位素。又如：从溶解尾气中，采用“低温活性炭吸附-色层分离”过程，回收了具有广泛使用价值的裂变气体氪-85同位素。此外，将第二循环的萃残液浓缩后返回作溶解试剂；将第一循环含铀反萃液蒸浓时的二次蒸汽冷凝液作其反萃剂；从溶解尾气中回收氮氧化物制成硝酸；以弱放废液蒸发的二次蒸汽冷凝液代替无离子水；以及有机相闭路循环等措施，不仅大大减少了废物量，还节约了大量试剂，提高了金属回收率。据估计，处理成本已降至运行初期的41%左右。

此外，工厂还配合科研单位开展了一系列科研工作。如1977年4月，该厂曾按专用程序处理了原子能所重水反应堆卸出的低浓缩铀深燃耗燃料，从中提取了钚-240丰度较高的二氧化钚。又如，将第一萃取循环的共去污混合澄清槽，反萃槽和第二萃取循环的铀萃取槽改为脉冲萃取柱，显著改善了工艺性能。这些科研为以后处理动力堆燃料元件打下了部分基础。

## 第四节　动力堆燃料后处理的研究

### 一、新的形势，新的任务

辐照过的燃料，按其铀-235浓缩度的不同，大体可分为两类：一类是供潜艇动力堆、核电站轻水堆和部分研究堆用的铀-235同位素丰度在5%以下的“低浓缩铀燃料”；另一类是供高通量工程试验堆用的铀-235同位素丰度为90%的“高浓缩铀燃料”。与生产堆用的天然铀燃料相比，它们在堆中经辐照以后各有特点，由此给后处理工艺过程带来较大的影响。

对低浓缩铀燃料而言，可归纳为三大问题：（1）首端过程不同。由于元件的包壳是极难溶解的锆合金，为避免产生难以处理的废液，通常采用机械-化学相结合的方法，即切断-浸取法，这与原采用的单纯化学法溶解有很大的不同。（2）放射性强。动力堆燃料因其燃耗大大加深，其卸料时的放射性比活度将显著增高。为避免对溶剂有过分的辐照损伤，一方面可延长元件的冷却时间，另一方面应选用接触停留时间较短的脉冲筛板柱作为主要萃取设备。（3）钚含量大。动力堆元件的钚含量通常比生产堆的高10倍以上，为确保可裂变物质的临界安全，需采取设备几何形状控制，可溶性中子毒物或固定中子毒物控制，以及可裂变物料的质量控制和浓度控制等措施；另外，它给铀/钚分离和钚工艺化学本身也带来一些问题。

对高浓缩铀燃料，尤须注意临界安全问题，从处理过程的开始即需采取一系列措施。由于外壳是铝合金，芯体又是铀-铝合金，溶解后料液因受铝离子饱和度的限制，铀浓度很低，因而，一般采用稀磷酸三丁酯萃取流程。此外，流程中通常不回收钚，因而较为简化。

## 二、把工作做在前头

针对上述新型燃料的处理任务，中国的后处理工作者们早在20世纪70年代初即开展工作。在进行各项专题科研的同时，至20世纪70年代末，设计院已完成能进行后处理综合试验的化工研究所，以及能处理这类燃料的多用途中间试验工厂的规划设计和工艺方案设计。

十多年来，广大科技人员为此付出了辛勤的劳动，把工作做在了前头。他们发扬艰苦奋斗的老传统，在国家有限的财力下，安排了成百项科研攻关任务。这些项目绝大部分都对准了国外后处理技术发展的新目标。在各科研部门、高等学校和生产工厂的密切合作下，已有不少项目取得了可喜的成果，为以后工作的深入开展作了一定的技术储备。

在低浓铀燃料后处理方面，要攻下两大关键设备——元件剪切机和脉冲萃取柱。自20世纪70年代初，设计院就在国外参考资料极少的情况下，自行开始研制剪切机。在原理性试验以后，曾设计、试制了剪切力为250吨的卧式剪切机组，并用碳钢和锆-2合金瓷芯体模拟元件进行了有关刀具、送料、切断、落料、排壳等试验和观察。在此之后，又考虑了更为先进的改型设备，并完成了日处理能力可达400千克铀的立式剪切机的设计图。脉冲萃取柱的研究主要由清华大学和设计院合作进行。从1978年开始，先后完成了铀、硝酸传质和流体力学性能改进，共去污柱中模拟界面污物的积累和排除方法，环形截面萃取柱，以及萃取柱放大规律的研究等科研项目。在大连完成了脉冲萃取柱单体和第一萃取循环（三柱）联动和自动控制的试验。对接触停留时间更短的单级和多级环隙式离心萃取器也作了探索。

有关动力堆燃料后处理的主体工艺流程，已在实验室内用人工合成的模拟料液做了较详细的试管串级模拟逆流萃取试验，摸索到了较好的工艺条件。为尽可能减少处理过程中产生的固体废物量，节省处理费用，工艺化学过程的研究围绕“无盐过程”展开。原子能所的电解还原分离铀/钚、电解氧化还原调整钚价态、羟胺还原分离钚、硝酸钚溶液的连续沉淀焙烧等项目，已达到一定水平。此外，元件浸取、料液过滤、光化学过程的应用、硝酸铀酰溶液的脱硝、正烷烃稀释剂的筛选、用大孔树脂净化使用过的溶剂、镎的萃取化学行为和从废液中综合提取裂变产物、镎和超钚元素等研究项目，也都取得了成果。

世界各国有关轻水型动力堆二氧化铀燃料后处理工艺的研究新课题，大部分在中国都已得到不同程度的研究；另有某些课题，如关于燃料溶解液中不溶性残渣性状的研究，用脉冲萃取柱精制钚、铀-钚共处理等，或因国内暂时尚不具备实验条件，或因不适合我国的国情还未开展。

在工程研究设计方面，采用蒸汽喷射和空气提升方法输送液流的试验已获成功，这就有可能取消今后后处理工厂中的大部分泵和阀门，从而大大减少泄漏的机会和检修工作量。此外，在工厂的检修方式、后处理过程的数学模拟和计算机控制实现过程最佳化等项工作，也都取得了进展。

在高浓缩铀燃料处理方面，原子能所和复旦大学在设计院的配合下，于1976年至1979年间，就处理工艺开展了实验室研究，包括元件溶解、试管串级模拟逆流萃取等试验。之后，在大连还完成了中间试验工厂规模（日处理1千克铀）的冷铀元件连续溶解试验。

除此之外，我国对钍燃料元件的后处理工艺和用氟化物挥发法处理轻水堆元件的工艺也做过一些研究。

为了及时交流低、高浓缩铀燃料后处理的科研成果和军用后处理厂的运行经验，二机部于1974年和1977年，先后在秦皇岛和青岛两次召开专题会议，会后编辑、出版了论文集，共发表文章44篇。以后，有关后处理的科研论文和工作报告转而在中国化学会放射化学分会和中国核学会放射化工分会的学术会议上宣读、发表。

所有这些工作，都为我国建设多用途的后处理中间试验工厂和商用后处理厂打下了良好的基础。

我国的后处理事业经过近20年的建设，已初具规模，在后处理的科研、设计、土建安装和生产运行管理方面积累了较为丰富的经验，特别是造就了一支具有较高技术水平的队伍。后来，通过充分利用这些有利条件，经过不懈的努力，较快地建成我国的动力堆元件后处理厂，以满足国内核电、核供热、核动力的配套需要。

# 第九章　核武器研制与发展

原子弹、氢弹、中子弹，都是利用原子核裂变或聚变时释放出的能量形成破坏杀伤力的核武器。中国出于自卫和保卫世界和平的目的，从 1958 年开始进行核武器研制方面的组建工作。战胜艰难险阻，于 1964 年 10 月 16 日，成功地爆炸了第一颗原子弹，1967 年 6 月 17 日，成功地爆炸了第一颗氢弹，继之，定型生产，装备部队，使中国有了一支有限的核力量。后又进一步改进提高核武器性能并在新式核武器研究方面连续取得重大进展。这一系列成就，打破了超级大国的核垄断和核讹诈，为增强国防力量、保卫祖国、保卫世界和平作出了重大贡献。

## 第一节　艰苦创业

1957 年 10 月 15 日，中国政府与苏联政府签订了《国防新技术协定》，其中包括有苏联政府向中国提供原子弹技术的项目。1958 年 1 月 8 日，二机部成立第九局，委派李觉任局长，负责组织核武器的研制工作。

创业伊始，主要开展了两方面的工作：一是组建机构，调集和培训技术人员，创造科学研究的工作条件。二是着手核武器研制基地的选址、勘测、设计、机构筹备、施工准备和组织协作。

### 一、建设北京核武器研究所

1958 年 7 月，二机部九局在北京地区建立了研究所，其主要任务是接收和消化苏联提供的有关原子弹的技术资料，以及调集、培训技术人员。苏联政府曾答应在1958年11月向中国提供原子弹教学模型和图纸资料。为了接收苏方的资料，全所人员全力以赴参加了抢建工程的劳动。用了不到3个月的时间，就完成了办公楼、教学模型和图纸资料贮存室等建筑。但苏联却一直拖延，迟迟不肯交货。

1959年6月，苏共中央致函中共中央，正式拒绝向中国提供原子弹的技术资料。二机部遵照中央确定的方针，决心凭中国自己的力量，完成原子弹的研制任务。为此，立即改变原来的部署，根据中国当时的条件，制定了科学研究工作计划，明确规定核武器研制工作要完全建立在自己科学研究的基础上，自己研究、自己试验、自己设计、自己装备。当时西北核武器研究基地的建设刚开始，遂决定先在北京地区创造研究工作的条件。李觉、吴际霖、郭英会和朱光亚等人，经过全面考虑，对科学研究工作做了具体的安排。1960年初，北京核武器研究所即开始了原子弹科学技术的研究与探索。

为了适应全面自力更生研制原子弹的需要，原在二机部原子能所的王淦昌、彭桓武以及中国科学院力学研究所的郭永怀三位著名科学家，被调到核武器研究所任副所长。中央还批准调程开甲、陈能宽、龙文光等105名高、中级科学研究和工程技术人员，参加原子弹的研制工作。他们尽管各有自己的专业特长，却从未接触过原子弹研究工作，但为了祖国的国防事业和打破超级大国的核威胁，都毅然放弃自己从事多年的专业研究和技术工作，怀着以身报国的豪情壮志，迅速奔赴新的岗位。这些科学家和工程师，和先期调来的物理学家朱光亚、邓稼先等人一道，带领青年科技人员和工人投入了紧张的工作。

苏联的突然毁约停援，不但没有使承担原子弹研制工作的广大科技人员失去信心，相反地却更加激发了他们为国争光的志气。1960年6月，宋任穷部长号召科研人员树雄心、立壮志、发奋图强、自力更生、边干边学。刘杰副部长就任务、指导思想和工作方法等一系列问题做了全面部署，要求全体职工在思想上、组织上和行动上迅速适应变化了的情况，抛弃一切依赖思想，以百折不挠的意志去克服困难。全体职工深受鼓舞，决心从头学起。他们以能者为师，相互取长补短，同时充分发挥每个人的聪明才智。虽然当时处在国民经济困难时期，物质生活十分艰苦，但科研人员在白天忙了一天之后，夜晚仍聚集在办公室里刻苦学习和研究有关原子弹的科学技术知识，决心用自己辛勤的汗水和智慧去探索出一条成功的道路。

1960 年，北京核武器研究所增建了科学研究和实验楼、加工车间以及其他的相应设施，设立了理论、实验、设计、生产 4 个部（共 13 个研究室）。与此同时，为了解决爆轰试验场地，还在河北省怀来县东花园的燕山脚下修建了爆轰试验场，开始了小药量的爆轰物理试验和研究，为尽快地摸索爆轰物理规律和实验技术以及培养科技人员赢得了时间。

为了集中力量突破原子弹技术的若干重要环节，1960 年 10 月，核武器研究所决定将原 4 个部的 13 个研究室改编为：理论物理、爆轰物理、中子物理和放射化学、金属物理、自动控制和弹体弹道 6 个研究室和一个加工车间，从 6 个方面开展研究工作。同时为了配合西北核武器研究基地的建设，成立了非标准设备与建筑工程两个设计室。

由于全所科技人员的不懈努力和全国有关部门的大力协作，1962 年底，按计划完成了各方面的研究实验任务，使原子弹的研制工作逐步转入技术设计和试制阶段。此时，由于 6 个研究室的机构形式难以适应研制工作的要求，决定将其再次改组为理论部、实验部、设计部和生产部。随着研制工作的发展，1962 年 10 月，中央专委再次批准增调教授张兴钤、方正知和工程师黄国光等 126 名高、中级工程技术人员和科学研究人员，以及高、中级技术工人参加原子弹研制工作。加上历年由全国各大专院校分配来的毕业生和归国留学生，使核武器研究队伍进一步充实，各类专业人才逐步配套，行政管理干部也配备齐全。这些科学研究、生产机构的适时调整和补充，在组织上保证了原子弹研制工作的顺利进行。

与此同时，物资供应部门积极创造条件，想方设法解决科研急需的各种物资。由于原子弹研制具有多学科综合的特点，因此所需设备、器材也是品种规格多而特殊。为了保证研制工作顺利开展，二机部六局和九局器材供应人员不辞辛苦，终年奔波在全国各地。在中央和地方有关部门的大力协助下，通过购买、调拨、借用、合用、协作试制等办法，在较短的时间内解决了大批设备和器材。许多承担协作任务的单位，都把这些任务列为重点，全力以赴予以保证。对于少量的国内一时难以得到的特殊精密设备，二机部千方百计从国外购置，以满足科学研究和生产的急需。

## 二、建设西北核武器研制基地

九局成立后，随即于 1958 年 3 月组成了研究基地选址小组，先后在四川、甘肃、青海三省选点。经过比较后认为，青海省海晏县的“金银滩”较为合适，亦易于移民。7 月，中央批准在青海省建设基地。青海省人民政府对此极为重视，确定由副省长薛克明等人组成专门小组，对移民、地方性材料供应、公路修筑、生活供应等一系列问题做了妥善安排；同时，决定选调数千名支援边疆建设的青年参加基地施工。1958 年 12 月，收到苏联提供的基地初步设计资料后，二机部设计院和核武器研究所开始了这项工程的设计工作。由兰州建筑工程局三公司等调集人员组成一〇四工程公司和一〇三安装公司四处承担施工任务。为了对施工现场实行统一领导，由建设单位和施工单位联合成立筹备处，负责工程建设的全面工作。

在海拔 3000 米以上的高原地区，在国家连遭三年严重灾害的情况下进行工程建设是格外困难的。一砖一瓦、一铁一木，乃至建筑用的砂石都得从千里之外运来，运输工人不得不披星戴月终年奔波。历时 3 年的经济困难时期，恰是这个基地建设施工最紧张的阶段。由于运输困难，粮食供应不足，食油、副食品短缺，高原霜冻期长，缺氧，这些都给施工增加了困难。九局党委书记赵敬璞等领导干部，以身作则，与职工同甘共苦。绝大部分职工以事业为重，在睡帐篷、吃青稞的艰苦条件下，坚持奋斗在风雪高原。

国务院、中央军委十分关心参加这一工程建设的职工，先后从全国各地调拨一些黄豆、肉类、蔬菜等紧缺物资予以补助。为战胜困难，基地临时抽调出 1500 名干部和工人组织农、牧、渔业队，就地垦荒种地，打猎捕鱼，以弥补生活供应的不足。

由于采取了上述措施，使职工队伍保持了稳定，工程进度不断向前推进。到 1962 年底，自备小电厂、机修厂、爆轰试验场、炸药加工的部分工号以及少量生活设施先后建成，工程师宋光洲、白东齐、姜靖、孙维昌陆续前往青海开展生产准备工作。

根据北京核武器研究所两年多研究工作的进展和在 1964 年 4 季度实现首次核试验的计划要求，在北京地区进行的大部分研制工作，需尽快转移到青海基地才能继续进行。但由于苏联中断提供技术资料，到 1962 年底，基地建成的工程项目尚未配套，特别是科研所需的诸如中子物理、放射化学等重要工程项目，因无设计图纸尚未开工；连同其他项目，1963 年尚需增加建筑面积 10 万平方米，任务十分艰巨。根据中央专委第二次会议决定，专委办公室副主任郑汉涛于 1962 年 12 月 7 日邀请建筑工程部、交通部、水利电力部、邮电部、铁道部、中国人民解放军工程兵、铁道兵等部门共同研究确定，由各部门分担有关的基建任务。为了确保工程建设的进度，二机部、建工部、青海省等联合决定建立基建指挥部，由李觉任总指挥，统一领导工程建设。基本建设战线的职工不顾天寒地冻，以很快的速度陆续完成了配套工程和设备安装任务，为原子弹研制创造了有利条件。

## 三、集中力量“会战”草原

随着西北核武器研究基地建设的迅速发展，大批人员、大量仪器设备向青海转移的条件亦逐步具备。为了组织好这次转移，吴际霖副局长于 1962 年 11 月底在施工现场进行了调查研究后，提出了工作重心从北京转移到青海的安排方案。

1963 年前后，生产和实验部门先后迁往青海。由于当时住房还比较紧张，为了让科技人员有较好的工作和生活条件，几乎所有楼房都首先保证科技人员工作的需要，李觉、吴际霖、王志刚、李信等领导干部和领导机关让出楼房迁往帐篷居住。对此，广大科技人员深受感动，更加振奋精神，努力工作。生产部门的职工不顾高原气候不适，立即投入设备安装和试车工作，在设备不足的情况下，想方设法开始了实验设备的制造和试验件的生产。

随着工程项目的陆续完成，1964 年上半年，北京核武器研究所的其余部分也先后迁往青海。这次搬迁是为了实现“两年规划”，因此时间紧迫，任务艰巨。但全体职工满腔热情，不贪恋首都优越的生活、工作和学习条件，毫不犹豫地服从工作需要，踏上征途。有的自觉地安顿好新婚妻子或襁褓中的婴儿，愉快地奔赴风雪高原。整个搬迁进行得迅速而顺利。至此，我国第一支核武器研制力量便都集中到了青海。为了实现“两年规划”的奋斗目标，他们立即投入了紧张而有秩序的技术攻关“会战”。这充分证明，这支队伍具有高度的政治觉悟和组织纪律性。

# 第二节 突破原子弹技术

中国的原子弹研制工作从1960年初正式开始，至1964年10月16日首次原子弹装置核爆成功，大致经历了3个阶段。1960年底以前，是组织力量和探索研究阶段；1961年至1962年底，是掌握原子弹基本理论和关键技术，完成理论设计阶段；1963年至1964年10月，是开展大型爆轰试验和次临界试验，并进行原子弹装置的技术设计与制造，最后完成原子弹装置的地面核爆试验阶段。

## 一、组织力量与探索研究

1960年春，北京核武器研究所的科研人员从苏联早期提供的核武器研究基地基本建设初步设计资料，以及国外已经公开发表的一些文献资料中，获得一些初步的认识，开始了探索研究工作。

理论研究人员，通过搜集国外有关的文献资料，认真分析研究“枪法”（亦称压拢型）和“内爆法”（亦称压紧型）两种原子弹的优缺点，结合我国实际情况，提出“争取高的，准备低的”的设想；以较高级的“内爆法”原子弹作为主攻方向，同时进行“枪法”的理论计算工作。他们分别就聚合爆轰、金属动力压缩性能和快中子链式反应等专题开展探索研究，以弄清设计原子弹所必须解决的物理、力学、数学等问题。在缺乏电子计算机的条件下，研究人员利用一般的手摇计算机和电动台式计算机，用特征线法对爆轰波和冲击波的传播进行了大量的计算。在时间紧、任务重、设备少的情况下，为了探索“内爆法”核材料压紧过程的规律，计算人员昼夜三班轮流工作，一班计算，一班分析，一班休息。经过几个月的日夜苦干，终于完成了这一过程的计算。

参加炸药加工、爆轰试验和测试的人员，冒着塞外的严寒和风沙，有步骤地开展了高能炸药注装工艺的研究，雷管结构和性能的探索，以及起爆元件和测试技术的研究和设备的研制。在溶药炉未到货的情况下，炸药加工人员设法用溶药桶熔化炸药，浇注后再用手工精雕细刻，及时提供了试验件。试验人员不顾白天工作的疲劳，夜间聚集在狭小的营房中紧张地判读、整理和分析数据，逐步摸清了爆轰物理的实验方法。

中子物理和放射化学的研究工作，以原子能所为基地，在所长钱三强的领导和物理学家何泽慧等人的指导下，开展了脉冲中子测量、临界试验物理方案及实验装置的研究，同时开展了中子源的研究和试制。原子能所对此工作十分重视，抽出有经验的研究人员和仪器设备，大力保证各项任务的完成。

引爆控制系统的研究设计，从开始就是以核航弹作为目标进行的。根据对引爆控制系统的电气性能及测试使用要求，确定以安全、可靠和准确做为设计的指导思想。1960 年，核武器研究所开始了初步方案的研究，研究人员利用国内的某些部件作为基础加以修改、进行了各部件的设计；同时，开展电起爆装置和全系统的方案研究。

经过 1960 年的工作，在全国各有关部门的大力支援下，北京核武器研究所已基本上形成了一支核武器科研队伍；创造了一定的工作条件；探索到一些理论、技术的关键问题，并且找到一些解决的途径；初步掌握了某些理论计算方法和实验技术。这些，使全体职工更加坚定了胜利的信心，此外，他们还进一步认识到研制原子弹的复杂性和艰巨性以及在科学研究工作中学习、运用毛泽东思想的重要性。

1961 年年初，研究所在认真总结分析 1960 年的工作基础上，提出了完成原子弹研制任务的步骤、方法以及必须注意的问题。还从指导思想上进一步明确原子弹研制是全所工作的中心；强调在科研工作中要以任务为纲，使各个学科和专业的发展研究有更明确的目的；进一步要求摆正理论研究与实验研究的关系；特别指明在制定计划和开展工作时，一定要实事求是，脚踏实地，循序渐进。这一阶段工作的全面总结，对研究所更好地贯彻自力更生方针，独立自主地开展原子弹研制工作，具有指导意义，并为以后工作的发展打下了基础。

## 二、掌握基本理论和关键技术

从 1961 年起，核武器研究由探索阶段转入到掌握基本理论和关键技术的阶段。其要求是：对已经确定的关键问题，按专题进行深入研究，弄清其规律和内在联系；对那些还不清楚的问题，则继续探索，找出解决的途径，以期达到逐步逐个掌握，为原子弹的技术设计奠定良好的基础。

经过前一段的探索，理论设计人员对“枪法”和“内爆法”两种原子弹理论设计有了一定的认识，考虑到“枪法”要耗费比较多的核材料，而且从技术上看也不如“内爆法”先进，因此确定我国第一颗原子弹采用“内爆法”。为了摸清爆炸过程中的物理规律及其条件，1961 年，在彭桓武、邓稼先、周光召的直接领导下，理论研究人员对原子弹爆炸过程进行了大量的分析和计算，取得了大量有价值的数据。核武器研究所副所长彭桓武，运用强有力的理论手段把复杂的方程组予以简化，完成了原子弹反应过程的粗估计算，科学地划分了反应过程的各个阶段，提出了决定各反应过程特性的主要物理量，为掌握原子弹反应的基本规律与物理图象起了重要的作用。为了深刻理解和分析原子弹核材料压紧过程的物理规律，研究人员对爆轰波与冲击波的相互作用、冲击波的聚焦和界面不稳定性等专题，一一进行了深入研究。年轻的物理学家周光召从炸药能量利用率着手，求出炸药所做的最大功，从理论上证明了用特征线法所做的计算结果的正确性，使对压紧过程的流体力学现象有了透彻的理解。数学家周毓麟等研究了有效的数学方法和计算程序，经在中国科学院计算技术研究所的 104 电子计算机上进行计算，其结果和特征线法计算的结果完全相符。据此编制的原子弹总体计算的程序，为以后精确计算提供了范例。数学家秦元勋、李德元等人，运用“人为次临界法”完成了核材料被压缩到超高临界后能量释放过程的总体计算。鉴于电子计算机是理论研究的重要手段，理论部副主任何桂莲等人在积极协作研制、安装调试和使用维护计算机方面，做了大量工作，给理论研究提供了较好的条件。当时，104 电子计算机的运算速度在我国是最快的，中国科学院对原子弹的理论计算所需机器时间，给予了优先保证。

实现“内爆”方案的关键，在于能否获得符合“内爆”所需的波形。围绕这一问题，爆轰物理试验人员开展了起爆元件的设计和波形会聚流体力学过程的试验研究，同时，还开展了爆轰波传播规律和高压状态方程的实验研究。此外，相应地进行了高速摄影技术、硝酸钡发光隙技术、多狭缝扫描光测技术的研究，并由林传骝等研制成电测装置以及各种类型的测试仪器，解决了爆轰试验中信号获得问题。实验部副主任钱晋等人，在北京工业学院、第五机械工业部西安三所和八〇四厂的大力协作下，利用这些单位现有的技术和设备条件，经过数以千计的试验和不断改进，终于研制成功性能良好的高压雷管。炸药研制工作是在著名物理学家、核武器研究所副所长王淦昌的指导下进行的，由于应用了新注装工艺，大大提高了炸药部件的质量。青年工程师董海山等人与科学院兰州化学物理研究所等单位协作，开展了新型炸药的合成工作。他们研制成功的新炸药，在核武器的改进与发展中起了重要作用。

关于中子物理和放射化学的研究，经核武器研究所和原子能所的有效合作，在中子探测技术、快中子临界实验装置的理论、实验技术和装置设计等方面，都取得了重大进展。理论设计人员主动配合核物理实验人员，对各种次临界的表征方法、不同能谱的中子源、不同结构活性区系统以及中子源放置在活性区的不同位置的临界外推曲线等，进行了卓有成效的工作。临界实验物理方案设计人员和装置设计人员相互结合，提出合理的设计技术指标，并确定了临界实验装置方案。中子源的研制方面也进行了多路探索。在原子能所，王方定小组的青年科学工作者，经过几个月的日夜奋战，研制成功了用于第一颗原子弹核爆试验的中子源材料，并完成了中子源的制备。

核武器研究所与酒泉原子能联合企业合作，在北京对浓缩铀部件的精炼、铸造、机械加工和分析检验技术等关键问题，组织了联合攻关。同时，包头元件厂对贫铀部件的研制做了大量工作，并取得了成功。1960 年，引爆控制系统初步方案确定之后，核武器研究所进一步开展了各部件、组件的研制。其中有些是和第三机械工业部、第四机械工业部有关厂、所共同协作完成的。在此基础上，他们又进行了全系统的台架试验，对全系统的性能进行分析。工程师惠仲锡、祝国梁等人，研究成功了能配合爆轰试验使用的电起爆装置。

在著名力学家、核武器研究所副所长郭永怀和设计部主任龙文光的指导下，研制人员配合爆轰试验进行了不同试验装置的结构设计，并根据理论设想和爆轰试验的特殊要求，结合以后武器化的需要，开展了原子弹装置结构设计。工程师伍代先等人为了深入了解实验的要求，曾参加过较长时间的爆轰试验活动，与试验人员共同学习、分析试验数据，了解爆轰对设计的要求。设计部门在试验部门的配合下，先后完成了两种可供大型爆轰试验使用的设计方案。同时，开展了机载核航弹的总体方案的研究，并进行了弹体弹道试验和总体布局的设计。

1961 年到 1962 年，在“自力更生、过技术关、安全第一、质量第一”方针指导下，核武器研究所内部各学科领域的科技人员，互相学习，刻苦钻研，在完成各自的专题研究的同时，还主动做好专业间的交叉和衔接。理论、实验、设计、制造和物资供应等部门协同一致，领导、科技人员和工人密切结合，经过不断地实践，克服了重重困难，终于在较短时间内掌握了大量的理论、设计、试验和加工工艺等关键技术，胜利地完成了计划中的一种理论设计和爆轰物理试验、飞行弹道试验、自动控制系统台架试验等三大关键试验，取得了丰富的经验，为下一步原子弹的大型模拟试验和原子弹装置技术设计提供了必要的技术准备。在此期间，中共中央、国务院、中央军委领导人邓小平、彭真、陈毅、聂荣臻等，曾先后到北京核武器研究所视察工作，给从事原子弹研制的人员以关怀和鼓励。

## 三、原子弹技术设计和攻关

1962 年 9 月，根据当时核武器研究、试验、核材料生产的成果，以及西北核武器研制基地和核爆试验场建设等状况，二机部部长刘杰与李觉、吴际霖研究分析了当时核武器研究工作的进展情况，提出争取在两年内实现首次原子弹核爆炸试验的目标，即计划用 21 个月时间全部准备完原子弹试验装置，1964 年第四季度进行核爆炸试验。核武器研究所的领导和有关专家从实际情况出发，对这项“硬任务”做了全面的分析和研究，认为经过努力奋斗有可能在 1964 年第四季度进行原子弹核爆炸试验，但必须有“硬条件”予以保证。经过一周时间的充分讨论和研究，核武器研究所提出了必须完成的基本建设项目和增加人员、设备等条件，报请二机部给予解决；同时，按照能确保满足这些条件的前提下，安排了确保完成任务的计划进度，并下达给各研究室。1962 年 10 月 10 日，所领导向聂荣臻副总理、国防工业办公室罗瑞卿主任及二机部领导做了汇报。整个规划分为 5 个阶段，其中用 15 个月时间完成原子弹产品的技术设计，用 21 个月时间全部准备完毕，进行试验。进度安排环环相扣，十分紧凑。

为了加强对原子弹装置和机载航弹的设计试验工作的技术指导，在核武器研究所下设4个技术委员会：产品设计技术委员会，主任委员吴际霖，副主任委员龙文光，委员肖逢霖、苏耀光、疏松桂、周毓麟、谷才伟；冷试验委员会，主任委员王淦昌，副主任委员陈能宽，委员邓稼先、钱晋、周光召、李嘉尧、何文钊；场外试验委员会，主任委员郭永怀，副主任委员程开甲，委员陈学增、赵世诚、张宏钧、秦元勋、俞大光；中子点火委员会，主任委员彭桓武，副主任委员朱光亚，委员何泽慧、胡仁宇、赖祖武、黄祖洽、陈宏毅。

为了开展大型爆轰试验，1963年年初大批试验人员转向西北核武器研制基地。为了使理论工作能更好地配合试验，理论部派出由胡思得等青年研究人员组成的工作组，随同试验人员前往现场参加并共同解决试验中遇到的理论问题，随时与理论研究部门沟通情况。在王淦昌、陈能宽的具体指导下，实验部1963年上半年，开展了一系列缩小尺寸的局部聚合爆轰试验，取得对爆轰规律较为完整的认识，同时带动了炸药加工工艺、试验部件的装配及检验，以及各种测试技术的研究。

1963年11月，进行了缩小尺寸的整体模型爆轰试验。这是一次对理论设计和一系列试验结果进行综合验证的关键性试验。这次试验在理论上和技术上都有一定的创造性，试验结果达到预期的目的。为了测量脉冲中子，唐孝威等青年研究人员在老科学家的指导下，完成了探测系统的研制，满足了这次试验的需要。这次试验的成功，解决了研制原子弹的关键技术问题，为原子弹设计和核爆炸试验打下了可靠的基础。

核武器研究所和酒泉原子能联合企业在陈宏毅、杨庸、宋家树、徐基乾等人组织领导下，通过反复试验研究，确定了浓缩铀部件的铸造成型工艺，并取得精炼、铸造、坩埚以及真空取卡和切削加工等工艺数据，建立了分析检验方法，明确了控制杂质含量的原则。这些成果为制造浓缩铀部件打下了技术基础。

1964年3月下旬，即第一颗原子弹试验装置开始生产的前夕，西北核武器研制基地先后召开了原子弹装置结构方案选定和确定主炸药工艺方法讨论会。刘杰、李觉、刁筠寿、吴际霖等领导及有关专家参加了会议。根据对结构部件所做的环境条件试验的结果，会议决定选用一种强度较好的方案，以便保证按时完成核爆炸试验时所需部件的制造。关于大型炸药部件加工工艺的选择问题，刘杰对为了提高炸药质量而开展两种工艺方法进行研究的做法，给予了肯定，但指出，因时间紧迫，应该当机立断，遂决定在首次原子弹装置试验中采用注装工艺。

1964 年 6 月 6 日，进行了全尺寸爆轰模拟试验。这次试验除了不用核活性材料之外，其他部件全部采用原子弹装置核爆炸试验时所用的材料和结构。引爆系统也是采用核爆炸试验时相同的系统。这是原子弹装置核爆炸试验前的一次综合预演，试验取得完全成功，它预示着原子弹装置核爆炸成功在握。

1964 年 6 月，快中子次临界实验装置的试制、安装和调试已告完成，随即开展了次临界度的测量。为了确保安全，杜绝意外事故，采取了“万无一失”的防范措施。每班试验除有物理员、电气员、机械员外，还特别设置了专职的安全检查员，要求所有试验人员熟悉安全规程，严格执行岗位责任制，一丝不苟地履行各自的职责。为了避免损伤将用于第一颗原子弹试验的核材料部件，每次开罐、装罐都徒手操作，按既定的守则细心进行。试验时，朱光亚等领导都留在现场。试验结果表明，现有增殖系统均处于相当深的次临界状态，即使按最苛刻的条件估计，在装配过程中及装配后出现某种意外的事件，也仍然不会导致核材料超临界事故。这些结果与理论预测是符合的。根据此次试验，遂制定出次临界安全操作规程。

原子弹试验装置的零部件不仅精度要求高，而且有的部件形状特殊，难以加工，有些关键部件成型、加工、检验都很困难。为了解决这个问题，1963 年，第一生产部主任宋光洲，副主任蔡慈波等组织工程技术人员和生产工人开展技术攻关，刘杰亲临车间勉励工人和技术人员坚定信心，克服困难。经过较长时间的试验研究，终于攻克了技术难关，生产出合格产品。炸药件的生产与加工，是在第二生产部主任钱晋、副主任吴永文等人带领下进行的。工人和技术人员为了达到质量要求和安全生产，不断改进生产工艺，为原子弹装置核爆炸试验和爆轰物理试验提供了大量合格的零部件。为加快制造浓缩铀部件，祝麟芳建议并负责组织建设简易车间，经张同星等人反复试验，解决了铸造件的内部孔洞缺陷等技术问题，于 1964 年 4 月底铸造出合乎要求的坯件。同年 5 月 1 日，由原公浦等人精心加工出合格的部件。在此期间，第三机械工业部完成了原子弹装置中的大型金属部件制造任务。

经过21个月的艰苦工作，原子弹的理论、实验、设计、生产按计划全部完成。1964年7月20日，在第二生产部副主任蔡抱真等人的组织领导下，负责各部件分装和总装的工程技术人员和工人，投入紧张的装配工作。他们根据前阶段对装配工艺研究的成果，制定了工艺程序和操作规程。大家深知肩负的担子有多重，为了在总装过程中不出差错，每一部分都按总装配程序和规定的要求，精心装配和严格检验，做到了一丝不苟。负责核心部件装配的工人王华武，在正式装配之前做了多次操作练习，正式装配时一次成功。原子弹试验装置于8月19日全部装配完毕。经检查，质量符合技术要求，可以保证首次核爆炸试验的成功。

## 四、原子弹装置核爆炸试验

1964年8月15日至30日，在新疆核武器试验基地开始进行核爆炸前的综合性演习。试验基地为这次核爆炸试验，在工程设施、交通运输和后勤保障等方面，做了全面准备。原子弹试验装置经长途运输后，在试验基地经过检查，质量仍全部符合要求。

这次地面核爆炸试验，是根据党中央批准的计划，按时进行的。其目的在于鉴定理论设计的正确性和结构设计的合理性，以及整个装置各系统动作的可靠性；测定核爆炸的总威力和核燃料的利用率；观察核爆炸的各种物理现象，以及测定其放射性的分布情况。也就是说，主要解决原子弹“灵不灵”的问题。如果“灵"了，则拟在较短的时间内，进行原子弹空投核爆炸试验。

首次原子弹装置核爆炸试验，是在周恩来总理的亲自领导下进行的。从研制过程到核爆炸试验，他曾多次听取情况汇报，并每次都做了极其重要的指示。中国人民解放军副总参谋长张爱萍担任这次试验的总指挥，二机部副部长刘西尧任副总指挥。国防科委副秘书长张震寰、核试验基地司令员张蕴钰以及李觉、吴际霖等都在现场亲自主持各方面工作。

试验现场紧张而有秩序地开展了各部分准备工作。为了确保试验成功，参试人员必须严格执行各项规章制度。对测试工号里的记录仪器和光、电等测试设备都是远距离遥控。测试人员对每台仪器、每个接点、千余条电源线和指令线都做了仔细检查。负责起吊原子弹试验装置的朱占魁和现场指挥起吊人员，精心操作，把试验装置从车上吊入产品罐内，用卷扬机安全地送上铁塔。在塔上安装雷管、接电源、安探头的人员，在多变的气候条件下，一丝不苟地工作。为了确保安全和成功，李觉所长一直留在铁塔上陪同有关技术人员操作，直至最后一道工序——插雷管完毕后，一一做了检查，于爆炸前最后撤离铁塔。

1964 年 10 月 16 日 15 时，原子弹装置按预定时间准时起爆。中国首次原子弹装置核爆炸获得圆满成功。当专家们根据闪光火球和蘑菇状烟云的景象判断确属核爆炸时，全体参加试验的人员完全忘却了连续数十天的紧张和疲惫，为胜利而振臂高呼，完全沉浸在无比的欢乐中。当试验成功的消息传遍全国时，参与过研制工作的每个人，都为自己能在这一光荣的事业中作过一些贡献而感到自豪。

## 第三节　突破氢弹技术

中国首次核试验成功后，核武器研究所遵照周恩来的指示，在加快原子弹武器化的同时，迅速转向氢弹的探索。通过第一颗原子弹的研制，在人才、知识、设备和组织管理方面均为发展核武器奠定了比较坚实的基础。经过两年零两个月的艰苦研究试验，1966 年 12 月 28 日成功地进行了氢弹原理试验；半年后，即 1967 年 6 月 17 日进行了首次氢弹试验，并获得圆满成功。中国成为世界上第 4 个掌握了氢弹制造技术的国家。

### 一、探索氢弹原理

氢弹的基本原理是利用氢的同位素氘、氚核的聚变反应释放巨大能量。这与原子弹由铀-235 或钚-239 重核裂变放能的原理有质的差别，所需要的条件更难创造。但因为氢弹要由原子弹来引爆，所以两者又有联系。原子弹的设计理论和方法虽可用于氢弹的研究，但远远不能满足需要，还必须针对氢弹的特点，进一步开展新的探索研究。

1963 年 9 月，第一颗原子弹理论设计完成后，核武器研究所即组织力量开始探索氢弹理论问题，诸如热核反应及如何点燃热核材料、中子输运、辐射流体力学、二维流体力学计算方法、超高温高压状态方程等专题研究，并且通过研究装有热核材料的原子弹（也称加强型原子弹），探索热核反应的规律和裂变聚变耦合问题。第一颗原子弹核爆炸试验成功后，理论部及时调整机构和人员，全面展开了关于氢弹理论的研究。鉴于原子能所曾组织力量对热核武器的有关问题做过探索研究，1965 年 1 月，二机部决定将原子能所的这部分力量，其中包括物理学家黄祖洽、于敏等人调到核武器研究所工作。

1965 年 2 月，在副院长朱光亚、彭桓武指导下，核武器研究所着手制定探索氢弹的理论研究计划。理论部主任邓稼先、副主任周光召组织有关方面的专家和研究人员，总结了前一段的研究工作，分析了国外发展氢弹的情况。经过充分讨论，确定：第一步，突破氢弹原理；第二步，完成重量约一吨左右，威力为百万吨梯恩梯当量的热核弹头理论设计，力争在 1968 年前实现首次氢弹试验。为了打好基础，早日取得聚变反应的实测数据，提高对氢弹热核反应的认识，安排了一次含有热核材料的原子弹试验。为了给理论研究提供必要的物理参数，又安排了对热核材料的核反应截面和状态方程的测量工作。

正值氢弹原理的探索工作展开之际，周恩来总理在第三届全国人民代表大会第一次会议上的政府工作报告中提出了工业、农业、国防和科学技术四个现代化的宏伟目标，从而大大激励了科研人员攀登氢弹高峰的勇气和信心。在探索研究过程中，研究所充分发扬学术民主，鼓励科研人员大胆设想，提出各种新的概念和新的设计思想。为了提高业务水平，活跃学术思想，举办了等离子体物理、二维计算方法等各种问题讨论班，组织了专题学术报告会。在良好的学术气氛中，研究人员提出的富有创造性的设想，经过补充、完善，给探索氢弹理论开阔了思路。为了解决在大量热核材料中实现自持热核反应问题，广大科研人员刻苦钻研，群策群力，提出了多种设想方案。经过分析比较，最后选择了两种途径，进行氢弹总体计算，以摸清影响热核材料燃烧的主要因素和能量释放的规律。从 1965 年 3 月至 8 月，科研人员夜以继日地忘我工作，通过采用不同的材料配置和结构，设计模型，进行数值模拟和分析研究，确定了探索氢弹原理的主攻方向。

1965 年 9 月，于敏等人带领科研人员前往上海，利用中国科学院华东计算机研究所的 J-501 计算机，对氢弹原理做进一步的研究和计算。他们于 9 月 27 日到达上海后，立即开始工作，利用国庆节休假的时间，进行了大量计算。接着，对不同模型的数值模拟结果进行了认真的理论分析，发现了热核材料燃烧过程中几个特征量与释放能量的关系，并从中找到了造成自持热核反应条件的关键。他们据此又进行了理想模型的数值模拟，果然得到了热核材料一旦点燃就会自持燃烧下去，而且放出巨大能量的预想结果，探索到了氢弹原理。继之经有关专家反复论证，1965 年底提出了利用原子弹来引爆氢弹的理论方案。

## 二、一次探索性试验

氢弹理论研究需要与试验紧密结合。在 1965 年的理论研究过程中，为了取得热核聚变的实测数据，检验理论计算是否正确，安排了一次含热核材料的原子弹试验。核武器研究所经过半年多的研究，确定了理论设计方案。在热核材料部件的研制中，要将这种化学性质很活泼的材料，制造成符合技术要求的部件，必须解决一系列的工艺技术问题。为了在规定的时间内完成这项任务，工程师宋家树等人从成型工艺、机械加工和防潮涂层等方面开展试验研究，对其中难度较大的成型问题，以几种不同的工艺方法进行试验。经过不到一年的紧张工作，掌握了一套工艺技术，制造成合格的热核材料部件。同时，在测试技术方面也确定了诊断热核反应的方法。这次核试验于 1966 年 5 月 9 日进行。试验中首次使用“内活化指示剂”方法测量 14 兆电子伏中子总数，提供了热核材料聚变当量的数据，同时也对利用气体样品进行剩氚的测量做了探索。试验结果表明，核反应过程与理论预计基本一致。这次试验给当时进行的氢弹理论研究，提供了实测数据，使科研人员加深了对热核聚变规律的认识。

## 三、氢弹原理试验

1965 年 12 月，吴际霖主持召开了 1966 年到 1967 年两年科学研究生产规划讨论会。会上介绍了新提出的氢弹原理和实现它所必须解决的关键技术问题。经过讨论认为，采用新提出的理论方案突破氢弹技术是很有希望的。于是会议决定，按新理论方案组织理论、实验、设计、试制等方面的力量，加速进行试验研究，尽快确定理论设计方案，同时不放松原定氢弹装置的研究和试验。还确定，在不影响试验目的前提下，设计中尽可能采用已有的部件和已熟练的技术，力争年内进行小当量的氢弹原理试验。

按照规划的要求，1966 年元月，实验部制定了爆轰模拟试验方案，并为探索模拟试验方法，进行了一系列小型试验。1966 年 3 月 30 日，中共中央总书记邓小平等视察西北核武器研制基地，给全基地职工以很大鼓舞。4 月初，为了加快试验研究，核武器研究所决定把实验、理论和设计人员组织起来，并由黄世明等人负责研究 X 光及其测试技术。为使模拟更接近实际，设计了几种缩小比例的、不同代用材料的方案。工程师陈常宜等人通过上百次爆轰模拟试验和研究，解决了引爆弹设计中的关键问题，从而确定了引爆弹的理论设计方案。之后，又进行了大型爆轰模拟试验，验证了由缩小比例、代用材料、局部模拟试验所得结果的正确性。

理论设计工作者，在配合试验确定引爆弹理论设计的同时，还集中力量进行了小当量氢弹的理论研究。根据当时的计算条件，他们发展了计算方法，研究编制了计算程序，研究了部件的配置与能量释放的关系。通过计算弄清了引爆弹爆炸对氢弹的作用和影响，在这些研究工作的基础上，确定了小当量氢弹的理论设计方案，并立即开始试验装置的技术设计和制造。同过去的原子弹试验装置相比，这次的装置结构比较复杂，有些部件形状奇特，给设计、加工增加了困难。按照计划安排的进度，在完成理论设计之后，技术设计和加工制造的时间是很短的。为了解决这个问题，采取了原子弹研制时的行之有效的做法，即在研制过程中，组织理论、实验、设计、生产 4 个方面的科技人员，及时交流情况，互相提出要求，共同商定问题，使得有些准备工作提前做好，设计、制造平行作业，从而争取了时间，按时完成了试验装置的制造任务。

原理试验是一次极为重要的核试验。用什么实测数据来检验，用什么方法来测量这些数据，这是测试准备工作的主要内容。1966 年 3 月，理论设计和测试两方面的人员，共同讨论了这些问题；根据试验目的，拟定了测试项目。测量工作由核试验基地和核武器研究所共同承担。在王淦昌和实验部副主任胡仁宇的指导下，测试人员认真制订了测试方案，利用实验室的条件，对探测器、传输系统和记录仪器进行反复调试、考核和标定。从事放射化学测量的人员，根据这次试验中既有裂变反应又有聚变反应的情况，从样品的收集到化学处理以及最后物理测量等工作，都做了充分的准备和妥善的安排。

广大科技人员、干部和工人在毛泽东发出的“氢弹也要快”的号召的鼓舞下，经过日夜奋战，忘我工作，用了不到一年的时间就完成了试验的准备工作。由试验、设计、生产、装配和理论等人员组成的实验队，于 1966 年 11 月底奔赴核试验基地。他们在基地有关单位的密切合作下，顺利完成了测试仪器设备的安装调试，试验装置的运输、装配和在铁塔上的安装工作。1966 年 12 月 28 日，进行了氢弹原理试验，并获得圆满成功。这次试验在中国热核武器的发展史上，有着非常重要的意义。

## 四、氢弹核爆炸试验

在氢弹原理性试验获得成功后，核武器研究所及时调整了计划，终止了原定的“另一手”试验研究，并将为之所做的条件准备，改用在按新理论方案设计的氢弹试验上来，以期用最快的速度完成氢弹试验任务。

理论工作者在完成原理性试验的设计方案之后，对氢弹的理论设计的有关问题和二维计算方法进行了研究。氢弹原理性试验的成功，更推动了这一工作的进展。至 1967 年 2 月，完成了氢弹的理论设计。

这次试验是采用飞机空投方式，其安全问题极为重要。因此，除了要研制质量合格的热核装置和做好现场测试技术的准备外，还要研制性能可靠的引爆控制系统。核武器研究所与有关单位密切合作，按时完成了飞机改装、降落伞研制以及航弹的设计、试验和弹道计算工作。在国防科委的组织领导下，由核试验基地、第三机械工业部、空军司令部和核武器研究所组成飞机安全计算小组，根据飞机的速度、投弹条件和爆炸高度，对飞行员和飞机的安全做了计算和论证，提出了安全论证报告。1967 年 4 月，在空军训练基地进行了弹道特性试验，并达到了预期的要求。

1967 年 5 月，在西北核武器研制基地，第一颗氢弹的设计、生产、环境试验以及试验前的测试准备工作全部完成。遵照周恩来“严肃认真、周到细致、稳妥可靠、万无一失”的指示，又制定了“保响、保测、保运输、保安全”的各项措施。随后，第一颗氢弹运往国家试验场，实验队也由李觉带领抵达试验现场。参试人员密切合作，共同完成了试验前的准备。

聂荣臻亲临现场指挥这次氢弹核爆炸试验。试验前，为了确保成功和安全，利用配重弹做了机、伞、弹的综合预演，检查了正式试验所规定的全部程序和动作。

1967 年 6 月 17 日，中国第一颗氢弹爆炸试验成功。从第一颗原子弹核爆炸试验到第一颗氢弹试验成功，我国仅用了两年零八个月的时间，同世界上其他国家相比，速度是最快的。这是从事核武器研制工作的广大科技人员、工人、干部，为实现国防现代化的伟大目标，刻苦钻研，勇攀科学高峰所取得的又一个重大成就。

## 第四节　核弹的武器化

核武器研究所在研制第一颗原子弹试验装置时，就已经充分考虑到机载核航弹的问题，并开展了原子弹航弹的弹体结构、引爆控制系统和总体布局的设计，以及飞行弹道和各种环境条件的研究和试验。在原子弹装置爆炸成功后，紧接着于 1965 年 5 月 14 日完成了核航弹的试验。同时在较短时间内研制了体积较小的导弹原子弹头。

### 一、核航弹研制

核航弹是由飞机携带投掷的核武器，它是由核装置、引爆控制系统和包容它们的航弹壳体组成的，与携带它的飞机构成完整的武器系统。如何研究设计可供试验和作战使用的核航弹，并与运载飞机相匹配，是一项新的武器系统工程，涉及的技术领域很宽，任务是相当艰巨的。

1960 年核武器研究所的科学研究计划中，就安排有航弹气动外形、弹体结构和引爆控制系统的研究与设计项目。

核航弹的气动设计，与普通炸弹相比，有其独特的要求。由于威力大，必须确保投弹后运载飞机和空勤人员的安全，对爆炸参数测试要求精确度高，弹体降落要具有良好的弹道稳定性。从 1960 年 4 月开始，科研人员先后设计了几种气动外形模型。经过一系列风洞试验，1961 年年底在炮兵军械试验场进行了缩小比例的空投模型试验，1962 年年底又在空军试验基地进行了全尺寸空投模型试验。通过对其空气动力特性作反复比较，不断改进设计，最后确定了一种外形方案，作为结构设计的前提。

引爆控制系统，主要是由电源、保险、引信和起爆装置 4 部分组成。保险系统要能保证核弹在核爆炸前的安全。引信采用不同方式，互为辅助，以保证在预定高度可靠起爆。这些都尽量采用国内已有的技术。为了争取时间，许多研制任务由三机部和四机部的所属厂、所与核武器研究所协作完成。

引爆控制系统的所有部件、组件，在 1961 年至 1962 年先后研制成功。核武器研究所遂于 1962 年进行了台架试验（即全系统联试），测定了参数，并进行分析研究。在此期间，还进行了多次重复性测试和环境模拟试验，以判定其可靠性。1963 年，进行了该系统的飞行试验。试验时，空军独四团负责飞行组织和航空器材的保障。核试验基地负责组织指挥和光学测量，并采用无线电遥测手段，测量其参数和程序动作。在各方积极配合下，工作进行得较为顺利，取得了预期的结果。

在原子弹装置试验成功后，为适应航弹要求，对核装置结构做了必要的改进，采用了具有独特构思的结构支撑，以满足物理和工程的要求。

在上述研制的基础上，设计部门进行全弹构型、分离面和布局的设计。经过模装、静力强度试验，确定了核航弹的总体设计。航弹壳体由国防部五院和二机部所属工厂合作制造。

在核航弹的研制过程中，从部件到全弹都进行了一系列地面环境试验。例如模拟火车和汽车运输、飞机运载和投弹过程的力学和气候条件的试验等。为了确保安全，第一次核部件及火工品的环境试验，采取了极为严密的安全措施，以遥控方式进行。核航弹整体环境试验都先经过模拟试验，在确认安全后才进行实物试验。为了检查雷管是否有瞎火现象，专门设计了监测系统。运载核航弹飞机的改装工作，由空军工程部、核试验基地等联合提出技术要求，在三机部一七二厂进行，于 1964 年 8 月改装完毕。

为了在空中爆炸中测量产品状态和动作参数，设计部门进行了无线电遥测技术的研究，并取得了成果。其中特别是雷管瞎火的监测，在当时是难度较大的技术。科研人员仅仅用了 3 个月的时间就完成了任务。

第一颗核航弹试验在西北核武器研究基地的准备工作完成后，中央批准进行国家试验。参试人员于 1965 年 4 月到达试验场地，在张爱萍的统一指挥下进行空投试验准备工作。正式空投前，先进行了不带核装料的航弹空投试验，其目的是为了测量核航弹状态和动作参数的准确性，同时也为了进行地空合练、投弹操作的综合考核。经考核一切正常后，于 1965 年 5 月 14 日，由空军独四团的李源一、于福海等机组人员驾驶载有核航弹的轰炸机，按时起飞，把核航弹准确地投向靶标，在预定高度爆炸。我国第一颗核航弹爆炸试验取得了圆满成功，爆炸威力与理论设计基本一致。这次试验成功，标志着中国有了可用于实战的核武器。

为了表彰和鼓励从事核武器研制和试验人员，中共中央和国家领导人周恩来、邓小平、陈毅、聂荣臻、罗瑞卿等，于 1965 年 5 月 30 日在人民大会堂接见了核武器研制和试验部门的负责人、科学家和技术专家。周恩来总理勉励大家要努力学习毛泽东思想，群策群力，戒骄戒躁，继续前进。

## 二、导弹核弹头的研制

核武器研究所早在第一颗原子弹研制攻关期间，就着手考虑在导弹上配置原子弹头的先行探索研究工作。1964 年春，根据中央专委 1964 年 1 月 31 日关于今后工作安排的精神，核武器研究所制定出核弹头的研制工作计划。3 月 21 日，又按照聂荣臻副总理的指示，提出了关于导弹核弹头协作任务的主要设计、试验项目及工艺、定型等进度计划。由导弹运载的核弹头与核航弹相比，体积和重量大幅度减小，对环境条件的要求也比飞机运载更为苛刻，要达到安全和可靠，涉及对弹头各方面更高的技术要求。

核装置的理论研究于 1963 年 8 月开始。通过对一些模型的计算分析，1964 年 4 月，理论研究人员确定了理论设计的优选法，对几种方案进行了分析比较，并提出理论设计方案。1965 年初，开展起爆元件和模拟装置的爆轰试验，并进行了大量的工艺试验，同时进行核装置的结构设计。

核弹头的引爆控制系统预研从 1963 年开始。1964 年，研究人员对引信以及为飞行试验测量用的无线电遥测和天线等关键部件进行了设计、试验，并较快地取得了成果；同时开展了包括多级保险和多种类型的引信等全系统的设计和研制，还设计了自毁安全系统。

经过以上的预研以及对核弹头方案的论证，1965 年 6 月，核武器研究所讨论修订了研制计划，确定了 4 项定型和大型试验项目。

首先，对核装置和引爆控制系统的一些部件、整件进行了振动、离心加速度、冲击、温湿度等试验。鉴于当时运输模拟试验技术和试验设备的限制，又专门进行了核弹头几百公里距离的实地公路运输试验。经过地面环境试验之后，1966 年第二季度，又对引爆控制系统进行了“两弹”结合飞行试验的第一次试验，以考核在导弹飞行过程中引爆控制系统的工作性能。试验结果证明，引爆控制系统设计正确，工作正常。这样，研制、试验工作全部完成。

最后，是如何鉴定核弹头（主要是核装置）在实际飞行环境下的性能。基于当时的技术状况，采用了世界上罕有的做法，即进行核导弹飞行核爆炸试验。导弹的发射、路径、爆点都在本土及其上空。周恩来对此极为重视和关怀，一再指示必须确保试验的安全可靠。为贯彻这一指示，核武器研究所进行了核弹头在未解除保险情况下坠地碰撞和在燃烧情况下是否发生核爆炸的模拟试验，并对引爆系统和自毁系统的可靠性再次论证。通过这些安全模拟试验和分析论证，得出的结论认为，这次试验是安全可靠的。经周恩来批准，决定按计划进行“两弹”结合的导弹核武器试验。试验人员于 1966 年 9 月初陆续进入试验场，同七机部、发射基地的参试人员密切配合，共同执行这次任务。聂荣臻亲赴现场指挥。为了保证“万无一失”，在正式试验之前，又做了一发安全自毁系统飞行试验和两发引爆控制系统飞行试验，进一步验证了自毁系统和引爆系统的可靠性。1966 年 10 月 27 日，进行了导弹核武器核爆炸试验。试验表明，导弹发射、飞行正常，核弹头在预定目标和高度实现了核爆炸。这次试验的圆满成功，是在我国导弹核武器研制刚刚开始，还缺乏经验，又有多方面技术困难的情况下取得的。它反映了我国科研和工程技术人员的高度责任心，严谨的科学作风和认真的工作态度。

这次试验成功后，经过半年多的时间，首次氢弹试验又获成功。此后，我国热核弹头的武器化工作迅速展开。

在核武器研制生产试验中，很多人作出了重大牺牲，甚至献出自己的生命。著名的力学家，核武器研究所副所长郭永怀，在第一次热核弹头核试验准备工作完成之后，于1968年12月5日乘飞机返回北京汇报工作时，因飞机着陆失事不幸以身殉职。郭永怀自1960年5月调到核武器研究所后，为创建和发展中国的核武器事业，在力学、环境模拟试验以及武器总体设计等方面都作出了很大贡献，中国核武器发展史上将永远留下他的英名。

## 第五节　热核武器的发展研究

在核航弹和以原子弹为弹头的导弹核武器相继完成、氢弹试验成功、新型高能炸药和钚材料部件研制取得成果之后，核武器研究所在科学研究、大型试验和设计制造等方面都有了自己的经验和基础，具备了较完整的物质和设备条件，形成了一支善于在技术工作上交叉配合、勇于攀登科学技术高峰的队伍。在解决了核武器有无问题之后，他们根据国家发展核武器的方针，立即提出了加速热核弹头的武器化工作，大力加强预先研究，探索新原理和发展新技术的设想。然而，1966年开始的“文化大革命”使发展研究受到了很大的影响。特别是林彪反革命集团的直接插手，使核武器研究基地遭到了严重破坏。在这种十分艰难的情况下，科技人员和其他职工，仍以国家利益为重，坚持工作，使科研和生产继续取得了成绩。

林彪反革命集团被粉碎后，在周恩来总理的直接关怀下，1973年春，核武器研究基地的大批冤、假、错案得到了平反昭雪；经过大量而艰苦的善后工作，科研和生产逐步恢复正常。大多数遭受过迫害的人都能顾全大局，积极投入到各项工作中去，使核武器研究工作有了新的起色。1973年以后的几次核试验，在提高武器性能、研制供装备部队用的核弹头和其他方面的工作，都取得了一定的进展。根据近、中、远程导弹对核弹的技术要求，为了使核弹头适应环境条件、安全可靠和使用方便，核武器研究所全面展开了武器化的工作：开展了武器部件的工艺试验，并建立质量标准和检验方法；研究引爆控制系统的可靠性、环境适应性及其小型化的设计；进行武器部件、整体贮存试验，摸清贮存环境条件对武器性能的影响；建造模拟环境试验的设备，并研究实验技术；研制与武器配套的地面测试设备以及研究了不通过核爆炸而能鉴定核装置的飞行试验方法和遥测技术。

上述研究试验工作的成果，加速了武器化的进程。为确保质量，对所研制的武器按照战术技术指标的要求，都进行了一系列的模拟试验，包括爆轰试验、材料与强度试验、环境条件试验，以及最后进行鉴定性飞行试验的全面考核。最后，报请国家审查鉴定并批准定型。从 20 世纪 60 年代末开始，按国家下达的计划，核武器研究生产单位，先后生产交付了与各种运载工具相配套的、具有不同当量的热核武器，并配合部队，对现役的装备进行质量状况分析和延长服役期的试验以及退役的研究。

随着研制工作的进展，我国核试验由大气层逐步转入地下进行。早在 1967 年 10 月，由核武器研究所副所长王淦昌和西北核技术研究所所长程开甲主持召开了首次地下核试验讨论会，并对测试项目和工程进度做了安排。王淦昌等人不避困难和风险，赴科研生产和试验现场指导。经过广大职工两年的艰苦工作，1969 年 9 月进行了首次地下核试验，初步取得了组织这种试验的经验。由于林彪反革命集团的严重破坏，地下试验工作一度中断。1974 年 3 月，国防科委主持召开会议，讨论并拟定了地下核试验计划。通过 1975 年和 1976 年两次地下核试验，基本上掌握了试验的测试技术，为进一步发展与提高打下了良好的基础。在 3 次地下核试验中，著名核物理学家王淦昌都参加了组织领导，他虽然年逾花甲，仍亲临现场，检查指导，为发展我国的地下核试验测试技术作出了贡献。

粉碎“四人帮”以后，根据核武器发展的方向，在发展研究方面安排了理论、实验、材料部件、起爆方法和引爆控制系统等方面的预先研究。根据各方面研究工作取得的成果，经过周密的考虑，制订了系列核试验计划，有步骤地解决发展核武器的新设计原理。由于核武器研究所和核试验基地的协同配合，共同努力，1984 年完成了地下核试验计划。在这些试验中，用新发展起来的诊断技术测量了核爆炸过程物理量和威力，测量数据证明了理论设计的正确性，同时还表明在试验设计和制造等技术方面具备了进一步发展核武器的条件。系列试验的圆满成功，使我国核武器的发展又跨入了一个新的阶段。

从 1960 年独立自主自力更生研制核武器以来，到 1985 年，我国共进行了 32 次核试验。这同超级大国相比，次数是很少的，但却取得了很大的成绩：在 7 年时间里突破了原子弹和氢弹的科学技术关，继之又完成了武器化，装备了部队，并取得了新的核武器研究上的重大突破。同时，建立了核武器研制基地，培养锻炼出一支政治素质好、技术水平高、各学科配套的队伍。这支科研生产队伍在我国四个现代化建设中，将是一支宝贵的力量。

# 第十章 同位素及其他核技术的应用

## 第一节 同位素的研究

同位素及其他核技术是核科学技术的重要组成部分。它们的应用与核能（核电、核动力）的应用构成了核科学技术和平利用的两大方面。

同位素及其他核技术，主要包括同位素制备、同位素示踪、辐射技术、核物理效应和核分析技术等内容。同位素及其他核技术具有独特的提供信息和改造物质等功能，已在工业、农业、医疗卫生和科学研究等领域中得到了广泛应用。国际上，放射性同位素产品已达数千种；工业上已有数十种辐射化工产品投产，同位素仪表仪器的应用相当广泛；农业上辐射育成的农作物新品种已有数百个，已有 30 多个国家先后批准了 70 余种辐照食品进入市场；医学上，核医学已是现代医学的重要组成部分，同位素与辐射技术已是临床诊断、治疗和病理药理研究必不可少的手段。在科学研究方面，活化分析为高纯材料的研制和发展提供了灵敏有效的微量分析技术，同位素示踪可以帮助人们了解其他方法难于或不可能了解到的有关物理、化学反应变化的机理和生物医学活性物质的微观结构以至生命活动的有关信息。同位素及其他核技术的应用，正如国际原子能机构的一期公报指出的：“从对技术影响的广度而论，可能只有现代化的电子学和数据处理才能与同位素相比。”同位素及其他核技术应用效益十分显著，特别在经济效益方面，它投资少、见效快、收益大、能耗少，因而被喻为核工业中的“轻工业”。

我国的同位素及其他核技术是新中国成立后才逐步发展起来的，大体上经历了4个时期。

## 一、研究和应用的起步

1956年至1960年是我国同位素及其他核技术的起步时期。这个时期，主要是建立机构、培训干部、创造条件，开始有计划地开展研究和应用工作。

早在1950年，中国科学院近代物理所放射化学研究组就开始了同位素的研究。1954年，水利电力部和第一机械工业部采用伽马探伤机对金属部件进行无损探伤，标志着我国开始了同位素技术的工业应用。但我国有计划地开展同位素及其他核技术的应用，还是从1956年才开始的。同年，我国制定的科学技术十二年远景规划把原子能科学技术列为重要发展项目，并将同位素等技术的应用作为原子能科学技术发展的一项主要内容。随后在物理所成立了同位素应用研究室，由冯锡璋、张家骅任副主任，开展同位素及其他核技术的应用研究。

1958年9月，中国科学院原子能研究所的重水反应堆投入运行，我国历史上首批人工放射性同位素试制成功。随后，苏联援建的几个专业性同位素实验室——原子能农业利用研究室、冶金用同位素实验室、伽马探伤实验室等也陆续建成。这些都为我国同位素及其他核技术的研究与应用创造了基本的条件。

根据“大家办原子能科学”的精神，1958年8月，国务院科学规划委员会在北京召开了第一次全国各省、市、自治区原子能和平利用座谈会，商讨推广同位素应用的工作。9月，在中国科学院原子核委员会下设立了同位素应用委员会，负责同位素应用技术的规划与组织。该委员会由吴有训任主任委员，钱信忠、赵忠尧、严济慈、郑林、杨承宗任副主任委员，邓照明任秘书长。其办事机构设在原子能所，该所同位素应用研究室作为技术指导中心。随后，各地区、各部门大多成立了相应的领导机构，有些省、市、自治区则责成科委负责组织和管理。这一时期的同位素及其他核技术应用的重要研究单位有30多个，其中包括中国农业科学院原子能利用研究室、中国医学科学院放射医学研究所。北京化工研究院、长春应用化学研究所等单位还先后建立了钴-60辐照装置。

同一时期还就人员培训开展了大量工作。1956 年，军事医学科学院、协和医院等单位在西安举办了同位素应用训练班。从 1957 年起，中国科学院原子能所先后举办了 7 期同位素应用学习班、4 期同位素仪表训练班，为全国各地培训人员 976 名，并出版了《放射性同位素应用知识》及其他有关译著。中国农业科学院原子能利用研究室也连续举办了 5 期同位素应用训练班。至 1957 年底，全国总共培训 3 700 人，其中很多人日后成为我国同位素及其他核技术工作的骨干。为了培训我国人工放射性同位素研制科技骨干，以肖伦为组长的放射性同位素制备实习组，亦于 1957 年赴莫斯科有关单位实习。

这一时期，我国主要是利用进口的同位素和仪器开展应用研究和试用工作。工业上，石油、煤炭、地质等部门开始了同位素的工业示踪应用；医学上也开始将放射性同位素及放射性药物，用于一些疑难病症的诊断与治疗；农业上，无论是同位素示踪技术，还是辐射技术的应用，均取得了一定的成绩。所有这些工作都给日后更为广泛地应用同位素奠定了基础。

## 二、加紧技术攻关和开发

1960 年至 1966 年，是以配合当时国家发展核武器为主加紧技术攻关和开发的时期。在此期间，原子能所集中力量研制急需的军用放射性同位素及其有关的二次产品，如氚、钋、钋-铍中子源以及一些其他军用放射源，同时也研制了一些民用堆照同位素的药物、标记化合物以及石油测井用的中子源等。兰州近代物理所建成了一台 1.5 米回旋加速器，在该加速器上成功地试制出了同位素。原子能所的电磁分离器也已建成，为稳定同位素的分离创造了必要条件。

20 世纪 60 年代初期，由于国民经济遇到暂时困难，进口同位素难以保证。同位素与其他核技术的应用，在这个时期虽受到一定限制，但仍有相当的发展。在核医学领域里，肾功能和甲状腺功能检查以及有关脏器扫描都先后开展起来，用放射性药物治疗甲状腺机能亢进症、恶性肿瘤及皮肤病等逐渐增多；同位素示踪技术在一些医学院校和科研单位的基础医学研究中得到了应用并取得了一批成果。在农业领域中，辐射育成了一批水稻、小麦、谷子、大豆等新品种，食品辐射保藏研究取得初步成果，对某些害虫的辐射不育也进行了研究。在工业领域里，核测井在大庆油田开发中得到了应用；测量河水含沙量、水库淤泥量的 $\gamma$ 泥沙量计，在水利交通部门中开始了研制并在应用中收到了成效。

## 三、在困难中前进

1966 年至 1976 年，正值“文化大革命”时期，同位素及其他核技术的研究和应用工作都受到了严重干扰，不少研究和应用机构不能维持正常工作，有的甚至被迫关闭。但就在这种情况下，仍有相当多的单位坚持科研，坚持生产。因此，同位素的研制、生产和同位素及其他核技术的应用，在困境中仍有较大的发展。

在同位素的研制与生产方面，原子能所研制成了潜艇核动力堆启动用的中子源、核电池用能源和剂量仪表用标准源等。与此同时，该所堆照同位素开始转向医用，不仅增加了已有品种的产量，而且积极开发新品种，包括像钼-锝（$^{99}Mo-^{99m}Tc$）和锡-铟（$^{113}Sn-^{113m}In$）放射性同位素发生器（俗称“母牛”）这样一些重要的新品种的研制。标记化合物和工业用同位素制品也开始开发。兰州近代物理研究所研制了一批加速器同位素；上海原子核研究所开发了多种标记化合物；酒泉原子能联合企业分离了部分裂片同位素和锕系元素同位素；北京铀矿选冶研究所在辽宁兴城建立了镭生产线；上海化工研究院建立了氖-20、氖-22 生产装置。

这一时期，医学应用发展较快。同位素的临床应用由北京、上海等大医院逐步普及到地区一级医院。钼-锝、锡-铟两种“母牛”的应用取得了可喜成果。农业应用进展也比较显著。辐射育成的一批农作物新品种，在生产上见到了成效，其推广种植面积 1975 年达 1 500 余万亩。

## 四、发展和提高的新阶段

1976 年至 1984 年是同位素及其他核技术应用发展比较迅速的时期。1981 年核工业“保军转民”方针的确定和 1982 年全国同位素会议的召开，给同位素及其他核技术的进一步发展以有力的推动。因此，不论是同位素生产还是同位素及其他核技术的应用都有新的发展。

1982 年，原子能所建成了近万平方米的放射源和标记化合物研制生产实验室，大大增加了研制生产的能力；加上已有的实验室和生产设施，使该所成为我国放射性同位素研制、生产的重要基地。1983 年，酒泉原子能联合企业建成了一个 8 000 平方米的裂片同位素提取车间，使我国具备了工业规模的裂片同位素生产能力。1981 年，西南反应堆工程研究设计院的高通量反应堆建成，使我国又具备了高比活度放射性同位素诸如医用钴-60、铱-192 探伤源等的生产条件。我国西南地区的放射性同位素的生产基地也因此而逐渐形成。至此，我国所需的同位素，除少数品种尚需进口外，大部分已能自给。

这一时期，同位素及其他核技术在农业上的应用已全面展开。1976 年至 1984 年育成突变品种 104 个，占辐射育成新品种的 56%，1984 年推广种植面积为 1975 年的 8 倍。农作物辐射育种工作进入了丰收时期。此外，辐射柞蚕刺激增产取得了良好效果，辐射导致害虫不育的研究也有了可喜的收获。在医学上，核医学技术装备有一定更新，核医学已遍及全国各省、市、自治区。在工业上，应用研究前进步伐加快。核分析技术在这一时期有较大发展；同位素仪表仪器在向产品系列化方向发展，应用效益显著；用于食品辐射保藏、消毒灭菌、辐射加工研究生产的、强度在 5 万居里以上的辐照装置已有 10 座；一些辐射化工产品已能小批量生产，辐射保藏正向工业规模过渡。

1980 年前后，中国核学会及有关分支学会相继成立；有关的学术会议接连召开；有关同位素及其他核技术内容的展览会在许多地方多次举办；同位素及其他核技术越来越多地为人们所了解和重视，对推广应用起了很好的作用。

经过 30 年的发展，我国同位素的研制、生产和同位素及其他核技术的应用已具有相当的基础和规模。截至 1984 年年底，全国能生产供应近 500 种同位素产品，年发货件数达 13 万余种，用户达 1 500 多家，从事同位素及其他核技术研究应用的科技人员在万人以上。截至 1985 年 6 月，同位素及其他核技术的科研成果获国家发明奖 10 项（其中一等奖 3 项，二等奖 4 项）。此外，还有不少科研成果先后获得全国科学大会奖和国家科委科技进步奖。同位素及其他核技术已遍及我国农业、医学和石油、煤炭、地质、冶金、水利、建材、机械、化工、造纸等各部门以及物理、化学、生物、考古、环保等领域。我国同位素及其他核技术的应用进入了一个新的发展阶段。

# 第二节　同位素的研制和生产

同位素的研制和生产是我国开展同位素应用的基础。同位素的研制与生产的内容，通常包括同位素一次产品和二次产品等。

## 一、人工放射性同位素的研制和生产

人工放射性同位素按来源可以分为反应堆生产的同位素（简称堆照同位素）、加速器生产的同位素（简称加速器同位素）和来自核燃料后处理的裂片同位素及锕系元素同位素。我国人工放射性同位素主要是反应堆生产的。我国已有的加速器，由于粒子能量低，束流小，只做一些同位素的研制，并生产供应少量产品。裂片同位素虽已具备生产能力，但尚未投入生产。

### （一）我国第一批堆照同位素的诞生

我国最先开始研制放射性同位素单位——原子能所同位素制备研究室于1958年成立，肖伦任副主任（后为主任）。当时，该所的重水反应堆已基本建成，但同位素实验室尚未开始设计。为了在反应堆投入运行时就能够开展同位素的研制，该所决定因地制宜地在反应堆建筑物中，将几间普通的实验室按放射性操作要求加以适当改装，配备专门加工的通风柜、短柄操作钳、长臂运输夹钳和反射镜等，作为同位素研制场地。

1958年8月24日，就在这样简易的放化实验室里，试制成功了我国第一批堆照同位素钠-24、磷-32、钴-60等共33个品种。《人民日报》于同年10月1日在头版作了报道。为了满足各方面的急需，原子能所于1959年将一个工棚改造成简易的放射性同位素操作室，开始生产供应不经加工的放射性同位素产品。1960年供应的品种达17种，供货达2 300余件，随后逐年不断有所增长。这个操作室经过两次改进，延用了十几年，直到1972年正规的生产性同位素研制实验室建成交付使用为止。

### （二）军用同位素的研制

1961 年，二机部向原子能所下达了研制军用同位素的紧急任务。为此，原子能所同位素制备研究室成立了两个专题组，分别承担氚、钋-210 和钋中子源的研制。为了按时完成任务，他们在艰苦的条件下投入了紧张的工作。如钋-210 源为极毒性 α 源，操作量又大，但初期还没有一个可以用来操作强 α 源的场所。他们一面改建一个 300 平方米的实验室，一面在一个 60 平方米的工棚内开始研制。这个工棚以芦苇和泥巴作墙、秫秸油毡作顶，冬天冻得人伸不出手，夏天又热得直冒汗。当时这两个专题组所拥有的实验设备也比较简陋，可借鉴的资料又很少。但他们艰苦奋斗，集思广益，加强与各方协作，终于胜利完成了研制任务。他们提供的钋-铍中子源和模拟铀-235 裂变谱中子源以及钋-210α 源在我国核武器研制中发挥了作用。他们研制成功的具有特色的氚生产工艺，直接应用于我国氚生产厂的建设。核武器研究所、核工程研究设计院和酒泉原子能联合企业等单位的科技人员，曾先后参加过这两个专题的研究工作。

此外，原子能所同位素制备研究室还按国防部门要求，研制出钴-60 KBF-1、钴-60 KBF-2 等军用源；与此同时，兰州近代物理所也试制出加速器同位素锰-54，满足了当时军事科研的急需。

### （三）堆照同位素的研制与生产的发展

同位素军事应用、医学应用和工、农业应用的需求，促进了我国堆照同位素的研制与生产的发展。

原子能所 1967 年建成了一个面积为 4 000 平方米的同位素研究实验室，全面展开了放射源、标记化合物、放射性药物等二次产品较大规模的研制和有关质量控制的研究。1972 年，该所又建成了设有 8 条生产线、主要用于生产医用放射性同位素和若干工业用放射源的实验室，从而开始了碘-131 医用制剂如邻碘马尿酸、玫瑰红以及钼-锝和锡-铟“母牛”和一些放射源的大量供应。1982 年，该实验室已能大量生产多品种标记化合物、放射免疫试剂盒和各种放射源。同时，该所又建成了包括 12 条研制生产线、配有有关辅助设施、面积近 1 万平方米的一套生产性同位素研制生产实验室。至此，原子能所拥有放射性同位素研制生产的实验室共 6 座，计有生产线 22 条，可生产供应各种堆照同位素一次产品以及各种放射性制剂、放射性药物、放射性中子源、氚靶、静电消除器、标记化合物、放免分析试剂盒、放射性标准源和标记溶液等二次产品共 200 余种，成为我国堆照同位素研制生产的最重要基地。

酒泉原子能联合企业的生产堆于 1967 年开始生产供应放射性同位素氚及其副产品氦-3 等产品，成为我国第二个从事堆照放射性同位素的生产单位。1977 年，该厂又开始生产其他堆照放射性同位素，已能生产近 30 个品种的产品。西南反应堆工程研究设计院的高通量反应堆，于 1981 年也开始加入堆照同位素生产行列，主要产品有 3 000 居里的高比度钴-60 医疗源、70 居里的铱-192 探伤源以及锡-铟“母牛”等。

除上述从事堆照同位素研制生产的部门外，我国还有许多从事堆照同位素二次产品研制或生产的单位。其中，中国科学院上海原子核研究所是开展工作最早的单位之一。从 1963 年开始，先后研制成功胶体金（金-198）、汞（汞-203）新醇、铬-51、碳-14 标记化合物、多种氚标记化合物以及核子灯和发光粉等。北京化工厂也曾是我国同位素二次产品体内用放射性药物生产供应的重要单位之一，产品有胶体金（金-198）、邻碘（碘-131）马尿酸钠、胶体磷（磷-32）酸铬等 5 种医用放射性药物。1975 年，根据国家科学技术委员会和计划委员会的决定，该厂将上述药物的生产任务转至原子能所后，又开始了放免分析试剂盒的研制和生产。其他从事二次产品研制或生产的单位还有：中国医学科学院放射医学研究所和中国农业科学院原子能利用研究所等十几个单位。其中中国农业科学院原子能利用研究所和浙江农业大学是农用同位素二次产品研制生产的主要单位。

同位素仪器仪表是同位素二次产品中的特殊类别。经过 20 多年的发展，特别是 70 年代的发展，我国研制生产的同位素仪器仪表已达 40 多种，其中包括厚度计、物位计、密度计、泥沙量计、X 荧光分析仪、含硫（铅）分析仪、中子湿度计、感烟火灾报警器等。全国从事同位素仪器仪表研制生产的单位共有 50 多家。

**（四）加速器同位素的研制和生产**

加速器生产的同位素为贫中子同位素（反应堆照同位素为丰中子同位

素)，多发射单纯的低能 γ 射线、X 射线或 $\beta^+$ 射线，在工、农、医的某些应用中，具有堆照同位素所不能取代的特殊作用，是人工放射性同位素不可缺少的部分。

我国最早从事加速器同位素研制的是中国科学院兰州近代物理所。该所拥有国内最大的回旋加速器。1963 年开始试制出钠-22、铬-51、钴-56 和锰-54 等同位素。1966 年以后，该所又研制、生产了铍-7、铁-55、钴-57、锶-85 和铋-207 等，其中钴-57 和锶-85 获得较多应用。上海原子核研究所于 1967 年开始进行加速器同位素及药物的研制以及放射性药理、临床试用研究，先后研制了 20 余种产品。

20 世纪 70 年代以后，加速器同位素的生产供应有了进一步发展，上海原子核研究所开始少量供应用于医学、毒物生态学和环境卫生学的镓-67、铟-111、碘-123、锶-85、砷-74、铅-203、碳-11 及其二次产品。兰州近代物理所研制成功并可供应强度达 5 毫居里以上、衬底为铂（或钋）的钴-57 穆斯堡尔源，强度为数微居里到 10 毫居里钴-57 荧光源、钴-57 医用大面积源和钴-57 低能 γ 源以及医用正电子同位素发生器、医用同位素铥-167 和构橼酸铥注射液以及镉-109 和镉-109X 荧光源等。在此期间，原子能所也开展了一些加速器同位素的研制工作。1982 年和 1984 年，四川大学和高能物理所又先后加入了加速器同位素的研制行列。

**（五）裂片同位素和锕系元素同位素的研制和生产**

从 20 世纪 60 年代中期开始，原子能所对裂片同位素和锕系元素同位素进行了分离研究。60 年代末，酒泉原子能联合企业开始了裂片同位素氪-85、锶-90、氙-133、铯-137、钷-147、锝-99 和锕系元素同位素镎-237、钚-238、镅-241 等的小量分离提取，以及氪-85 核子灯、钷-147 永久性发光粉、氪-85、锶-90、钷-147、铯-137 等各种放射性源和镅-241 感烟火灾报警器等的批量生产，部分满足了国内的需要。1983 年，该厂建成一座裂片同位素生产车间，具有年产锶-90、铯-137、钷-117 等裂片同位素数十万居里的设计生产能力。

## 二、天然放射性同位素的提取和生产

天然放射性同位素是指存在于自然界中的非人工制备的放射性同位素。

其中镭-226、钍-230、铀-235和氡气等，可用于制备医疗、仪器等用源和标准源，有提取价值。

北京铀矿地质研究所从1960年初开始研制铀镭平衡粉末标准源、纯铀粉末标准源、钍系平衡标准源、钍液体源和镭液体源。1981年到1984年，又先后为煤炭部和地质部研制了TBKD-3型组合仪伽玛刻度器和RSP-1型伽玛刻度器。以后，该所还研制了活性炭工作标准源、氡管源、α卡仪工作源。到1984年底，该所能生产供应的标准源共有十多种。此外，北京铀矿选冶研究所还开展了用共沉淀法、离子交换法从含铀富矿中提取镭的工艺研究。该所1969年在辽宁兴城兴建的一座小型镭生产试验装置，已于1973年建成投产。该装置可年处理精矿50吨，产镭3~5克，基本上满足了我国医疗及仪器等制源的需要。

## 三、稳定同位素的分离和生产

稳定同位素通常是指原子核稳定或半衰期接近或大于10亿年的同位素。

我国生产稳定同位素的主要单位有两个。一个是原子能所的同位素分离与离子束研究室，主要生产各种重元素的稳定同位素。另一个是上海化工研究院的新型材料研究室，生产轻元素的稳定同位素。此外，酒泉原子能联合企业、大连油脂化工厂和北京化工厂等单位，从事一些非金属稳定同位素化合物的生产。

### （一）重元素同位素的分离

原子能所于1958年成立了从事同位素分离方法研究的稳定同位素研究室。原拟从苏联引进小规模的稳定同位素生产线，包括两台生产型电磁分离器和3套精馏柱系统，但由于苏联单方面停止履行合同，1961年该所决定停建3套精馏系统，集中力量突破电磁分离技术以满足军用急需。

原子能所组织研制的我国第一台90度实验室电磁分离器，于1964年首次分离出锌同位素。从苏联进口的180度电磁分离器，经配套补缺后，于1965年建成，为军用提供了浓缩同位素样品并于第二年正式投入生产。1974年至1975年，又对进口的那台电磁分离器做了改造并获得了更好的分离效果。1976年到1983年，该所研制出另一台255度型的电磁分离器，与180

度分离器相比，具有双向聚焦和质量色散大的优点。到 1984 年底，原子能所已生产了锂、钙、钛、铬、铁、镍、锰、铀等 27 种元素的 129 种同位素。每年总产量从数克到数十克。

**（二）轻元素同位素的分离**

轻元素同位素的分离研究，是从 20 世纪 50 年代试制重水开始的。1961 年，上海化工研究院用化学交换法浓缩氮-15。随后，建立了氮-15 生产装置，年产净氮-15 可达 1~2 千克。该院还生产氮-15 的标记化合物，曾用生物合成法研制成了国产 L 型氨基酸。

1967 年，上海化工研究院开始用热扩散法分离氖同位素。1971 年，获得了氖-20 和氖-22 同位素。该院建设的一套年产氖-20 为 200 升和氖-22 为 15 升的生产装置（氖-20 和氖-22 的丰度均为 99.9 原子百分数），于 1973 年建成投产。1978 年，上海化工研究院采用化学交换法进行碳-13 同位素的分离。1979 年通过玻璃柱级联扩大试验得到的碳-13 的丰度达 98.9 原子百分数，年产净碳-13 为 100 克的中间试验车间已经建成并开始供应产品。同时，上海化工研究院还从 1978 年开始用热扩散法分离氩同位素的研究，1984 年成功地分离出氩-36、氩-40，并取得少量产品。此外，为给放射性同位素碘-125 生产提供靶材料而进行的氙-124 的分离试验也已成功。

**同位素生产主要年份发展情况表**[1)]

| 年份 | 1959 | 1965 | 1975 | 1980 | 1984 |
|---|---|---|---|---|---|
| 同位素产品品种数 | 33 | 33 | 359 | 483 | 462 |
| 发货件数 | 210 | 6 000 | 83 000 | 51 000 | 132 000 |
| 用户数 | 15 | 80 | 729 | 1 070 | 1 500 |
| 销售额/万元 | 9 | 28 | 160 | 520 | 977 |

注：1）同位素仪器仪表未包括在内。

综上所述，我国同位素的研制与生产，经 30 年的努力，已逐步形成了包括核工业部、中国科学院、化学工业部、卫生部、机械工业部和高等院校等在内的研制、生产、供应体系。据 1984 年底的不完全统计，全国同位素及其制品生产单位近 21 个（不包括同位素仪器仪表生产单位），生产供应的同位素及其产品 460 余种，大部分同位素产品基本自给，为我国同位素及其他核技术的应用与推广，提供了较好的条件。但是，我国同位素的研制生产还不够完善，如加速器同位素还是薄弱环节，高比活度堆照同位素还刚开始，生产布局还不尽合理。

## 第三节　同位素技术的应用

同位素技术的应用，主要包括同位素示踪技术和同位素辐射技术的应用。

### 一、农业应用

我国同位素技术在农业上的应用，是从1956年执行科学技术12年远景规划开始的。

1957年，中国农业科学院成立了原子能利用研究室，后发展为研究所，徐冠仁为主任（后为副所长、所长）。各省、市、自治区也先后开展了这方面的研究工作。到1984年底，全国从事研究应用的单位约有140多个，专业人员2 000多名。由26个省、市、自治区研究所（室）组成的应用网络和由20多个地方原子能农学会（组）组成的学术交流网络，形成了我国原子能农业应用体系。

#### （一）同位素示踪技术在农业科研上的应用

同位素示踪技术具有灵敏度高、分辨率好的特点，可以获得用其他方法难以得到的动态信息，现已广泛用于农业及生物科学的各个领域。所用的同位素示踪剂主要有磷、氮、碳、硫等及其化合物。

到20世纪80年代初，我国开展同位素示踪技术在农业上的应用研究已有20多年的历史，在农药残留、合理施肥和动植物的生理生化研究以及牲畜的疾病诊断等方面，均取得了一定成效。例如：浙江农业大学原子核农学研究所等单位，从1963年开始，利用同位素示踪技术研究了有机砷、有机磷、有机氮、有机氯、有机硫等13种农药在水稻、果树等作物和土壤中的残留量、降解规律及其安全使用标准，其中已有10种农药的研究成果为农牧渔业部制定农药安全标准时所采用。

1970年至1980年间，中国农科院原子能利用研究所等25个单位，使用氮-15和碳-14进行的联合试验，为我国氮肥的经济施肥和氮肥增效剂的筛选提供了科学依据。该所与北京农业大学协作，1975年至1979年用放射性磷矿粉研究腐植酸对磷肥的增效作用及适宜配方，为生产腐植酸氮磷复合肥提供了基础数据。

湖北农业科学院原子能应用研究所用同位素示踪技术进行施肥方法试验，证明氮肥一次全层基施方法能够显著提高肥效的利用率，稻谷产量比常用的分次面施法可增产一成左右，而且方法简单，节省劳力。从1980年至1982年，湖北省累计已有1 300多万亩农田采用了这种施肥法。

**（二）同位素辐射技术在农业上的应用**

同位素辐射技术包括辐射育种、辐射保藏食品、辐射促进生物生长发育和辐射不育防治虫害等。

1. 同位素辐射育种

同位素辐射育种是利用同位素发射的射线如γ射线和中子等诱发生物基因突变，在较短时间内获得新的有利用价值的突变体，育成优良品种直接利用或作为种子资源间接利用。

我国利用同位素辐射技术培育农作物新品种的工作始于20世纪50年代末期。至1975年，育成水稻、小麦、大豆等8种作物突变品种70余个，并在生产上初见成效。1976年后，同位素辐射育种有了新的发展，育成的农作物品种增多，突变品种的利用价值也逐步提高。据统计，截至1984年，经同位素辐射育成并在生产中应用的粮、棉、油、蔬菜作物和果木等突变品种共185个，占世界各国农作物突变品种的30%多。其中直接利用突变体育成的154个，间接利用突变体育成的31个。利用同位素辐射技术育成的新品种具有抗病力强、产量高、品质好等优点，在推广种植中取得很大的经济效益。据统计，由于采用辐射育成的新品种，1984年增产粮食80亿斤，皮棉5~6亿斤，油料5~6亿斤。

我国同位素辐射育成的作物品种、数量、种植面积和经济效益已居世界先进行列。在诸如辐射损伤与修复机制、诱导染色体移位及其利用、诱发突变与离体技术结合开创育种新途径，以及新的辐射诱变因素的研究中，也取得了明显的进展。

2. 辐射保藏食品

食品同位素辐射保藏，是利用同位素发射的射线辐照食品进行杀虫、灭菌和抑制某些生理活动以延长食品储藏期的一种新技术。

我国从 1958 年就开始了这方面的研究工作，但广泛的应用研究是在 1976 年以后展开的。河南省有关科研单位从 1977 年开始，用钴-60 照射马铃薯、洋葱、大蒜，保鲜效果良好。四川、黑龙江、广东、福建等省一些单位还开展了粮食、肉制品、水果、蘑菇等辐射保藏研究，也取得了成效。

为了保证辐射保藏食品的食用卫生，我国有关部门开展了辐照食品卫生标准的研究。1984 年，卫生部已正式批准了辐射保藏马铃薯、洋葱、大蒜、蘑菇、稻谷加工大米和花生仁的卫生标准以及香肠的暂行卫生标准。

3. 低剂量照射蚕卵刺激增产

低剂量照射蚕卵刺激增产是我国首先采用的一项先进技术。辐照装置放射源强度低，投资少，易建造，维护使用方便。蚕的饲养不因此而增加设备、劳力和其他技术措施，就可使蚕丝稳定增产。

1964 年至 1970 年，沈阳农学院等单位用镭-铍中子源（$10^4$ ~ $10^5$ 中子/厘米$^2$）照射柞蚕卵，蚕茧增产 20% ~ 30%，丝长增加。1971 年起，此项技术相继在辽宁、河南、山东、陕西、吉林、黑龙江、四川、贵州等省柞蚕区得到大面积推广，一般增产一成到两成。河南省已将利用铯-137、钴-60γ 源和镅-铍中子源照射柞蚕卵作为一项重要的增产技术措施。四川、辽宁、湖北、甘肃、北京等地用同位素 γ 射线和快中子照射桑蚕卵，也取得了较好的增产效果。

4. 辐射不育防治虫害

应用射线辐照使昆虫不育以防治虫害，是现代生物防治虫害的一项新技术。它不仅防治效果好，而且没有用农药所带来的环境污染问题。从 1960 年开始，先后有 20 多个单位对十余种害虫进行了辐射研究，玉米螟、小菜蛾、蚕蛆蝇的人工饲养也已基本成功。中国农业科学院原子能利用研究所 1980 年在辽宁省磨盘山小岛上作了首次释放试验，证明辐射不育、半不育防治玉米螟是完全可能的。浙江省农业科学院原子能利用研究所和园艺研究所从 1975 年开始，用钴-60γ 辐射源对小菜蛾进行辐射不育试验，1982 年做了田间小规模试验，取得了良好效果。

## 二、医学应用

同位素及其他核技术与医学相结合，形成了核医学。

我国核医学始于 1956 年。第二年，我国医学界便首次合成了标记化合物，并进行示踪实验和放射性自显影，首次试用放射性同位素于人体。1959 年，中国医学科学院成立了放射医学研究所，王世真为同位素室主任（后为副所长）。全国各主要省、市、自治区级医院及一些部队医院，也先后建立了同位素室或核医学室。1967 年后，随着国产放射性药物的生产供应有了较大改善，核医学也较快地发展起来。据 1984 年的不完全统计，全国有 900 多个医院和科研单位应用同位素技术，专业队伍近 4 000 人。每年接受同位素技术诊断和治疗的病人估计近 1 000 万人次，核医学已成为我国医学的一个重要分支。

核医学可分为临床核医学和基础核医学。前者以诊断和治疗为主要内容，后者以研究正常的和病态的生命现象为主要内容。

### （一）放射性同位素在临床诊断上的应用

从 20 世纪 60 年代起，经过 20 多年的努力，我国采用放射性药物进行临床诊断，无论在脏器功能检查，还是脏器显像以及竞争放射分析方面，都有了很大的发展，已建立的用于临床的体内诊断和体外诊断方法近 200 种。

体内诊断是将放射性药物引进人体内部，用扫描仪或伽马照相机从体外进行脏器显像以测定放射性药物的分布和代谢，或用功能测定仪测定器官功能以诊断疾病。20 世纪 70 年代初，我国开始用放射性药物胶体金（金-198）、邻碘（碘-131）马尿酸和碘（碘-131）化钠等分别对肝、肾、甲状腺等疾病进行诊断，后来又应用了铬-51、汞-203、汞-197 以及钼-锡、锡-铟“母牛”等放射性药物。这样，用相应的放射性药物几乎可对体内所有组织和器官进行诊断和功能检查。在此期间，体外显像技术也相应地有了提高，例如伽马照相机和发射型计算机断层技术可连续拍摄放射性药物在心、脑等脏器中代谢的定量变化，为体内诊断提供了十分先进的新手段。这样即可在疾病尚不严重或患者尚无感觉时就观察到病人生理和脏器功能的变化，从而可以及早治疗。采用这种方法进行体内诊断，效果甚佳，如：核素骨显像对骨转移性肿瘤的诊断比 X 射线提前 2～4 个月；核素脑显像的阳性率可达到 77%～93%；对于动静脉瘘血管畸形和硬膜下血肿等一些病变，核素显像的阳性率可高于 X 射线断层成像技术（CT）。

体外诊断采用的是竞争放射分析方法，即从人体取少量血样或尿样，分析其中某种生物活性物质的含量，通过和标准值对比，判断是否正常。这是一种不将放射性引入人体的超微量分析技术。它具有灵敏度高（达 $10^{-14}$ 克左右）、特异性强、取样少等优点，可测定多种重要的生物活性物质，包括血液成分、激素、病原体、肿瘤相关抗原等。我国于 1963 年开始采用这种技术，至 1984 年年底，已有 123 种竞争分析方法，放射免疫分析试剂盒也达 40 多种。

竞争放射分析在临床诊断上发挥了重要作用。我国曾用甲胎蛋白放射分析法，在肝癌高发区普查了 19 万人，发现了 300 例原发性肝癌，其中 45% 属于无症状的早期患者，从而拯救了不少人的生命。该法还有效地用于判断妊娠、胎儿有无畸形、新生儿普查以及早期发现甲状腺功能低下等。

### （二）放射性同位素技术在临床治疗上的应用

放射性同位素治疗包括外照射治疗和内照射治疗。

1958 年，我国开始应用钴-60 治疗机进行恶性肿瘤的体外照射治疗，以后便发展成为一种有效的、常用的治疗恶性肿瘤手段。同时，利用镭管和钴管治疗宫颈癌也有良好疗效，对一期患者的治愈率在 90%，二期患者的治愈率达 50%～80%。利用锶-90 敷贴器和磷-32 敷贴器治疗各种皮肤病和眼部浅表疾病等方法，也较好地得到开展。

20 世纪 70 年代中期，钴-60 治疗机得到改进，源强由早期的 1 000 居里增至 3 000 多居里。以后，又试制成钴-60 后装照射装置，不仅疗效提高，而且还减少了对医务人员的照射剂量。至 1984 年底，全国已有钴-60 治疗机 200 多台。此外，我国也已开始用加速器加速粒子进行外照射治疗。

体内放射性药物治疗法在 20 世纪 60 年代得到了比较普遍的应用。1958

年至1966年期间，甲状腺机能亢进患者，接受放射性碘-131治疗的即达1.5万人，治愈率达90%。至1983年，全国接受放射治疗的甲亢患者已达5万多人。

此外，胶体磷（磷-32）酸铬、胶体金（金-198）等在治疗上也取得较好疗效。至1983年，已用磷-32治疗真性红细胞增多症280例。胶体磷（磷-32）酸铬在临床中应用较多，注入体腔内，可预防手术后肿瘤细胞的扩散，控制恶性肿瘤引起的腹水，并还可以用于卵巢癌和滑膜增生疾病的辅助治疗。

**（三）同位素示踪在基础医学中的应用**

我国在发展临床核医学的同时，还注意了基础核医学的研究。基础核医学是医学研究的重要组成部分，它在免疫学、分子生物学、遗传工程等新兴学科的发展中发挥了重要作用。

20世纪50年代末，我国首次在动物体内用示踪法进行元素分布及蛋白质生物合成等实验。其后，开始试用于人体，如应用$^{131}$I-碘油观察正常人及病人胃肠道的吸收功能。1958年到1971年间，曾用锑-124标记一种抗血吸虫药，开展了药物作用机制研究；随后，在生物学、生物化学、病理生理学、药物学、形态学、微生物学、寄生虫学等多种学科中比较普遍地开展了研究工作。1980年以后，稳定核素示踪、放化法测酶活性、微生物的放射测定也都在医学研究中得到广泛应用。

在我国人工合成胰岛素的工作中，曾采用1-$^{14}$C-甘氨酸制得碳-14标记的牛胰岛素，并证明它与天然牛胰岛素相同，从而为这一重大的科学成就提供了有力的证据。利用同位素技术的高灵敏度与高特异性，对中草药有效成分作了研究，提高了对中草药代谢作用及其原理的认识。应用放射免疫分析、放射受体分析及放射自显影等核医学技术，使我国针刺镇痛原理研究获得重大成果。有关研究证明，5-羟色胺、去甲肾上腺素、内啡素等都参与了针刺镇痛，观察到了吗啡受体在脑中的分布及其在刺激后的变化，针刺的中枢神经传入途径等。

## 三、工业应用

我国在20世纪50年代即开始了同位素技术的工业应用，但进展不快。

1976 年以后，才有较大的发展，其中同位素示踪技术、同位素仪器仪表和辐射加工技术等，在不少工业部门中得到了应用。

### （一）同位素示踪技术的应用

我国同位素示踪技术在工业中的应用已有 30 年的历史。主要用在水利、石油、冶金、化工、机械和电子等部门，已获得一些重要成果。

在冶金工业中，冶金部钢铁研究总院、北京钢铁学院、鞍钢钢铁研究所和包头冶金研究所等单位，曾用示踪法研究了连续铸钢中出现的气泡和夹杂的原因，为改进产品质量提供了依据。鞍钢钢铁研究所用钙-45 作示踪，探明了硅铁中钙是铝镇静钢水口结瘤的主要原因，解决了生产中的实际问题。钢铁研究总院用铌-95 作示踪剂，研究了铌在不同温度下在工业纯铁和渣间的分配关系，从而对提铌工艺起到指导作用。

在水利部门，黄河水利委员会水利科学研究所和南京水利科学研究所等单位，从 60 年代起就开始利用同位素示踪技术解决水利工程中的问题。南京水利科学研究院水工所从 1973 年到 1985 年，先后利用碘-131 对 8 个重点“病险水库”进行了观测，为水库的渗漏、坝基的稳定性分析以及坝基加固和排险的工程措施提供了可靠的资料。这两个研究所还利用钪-46、铟-113m、镱-169 等同位素标记物观测了黄河、长江和一些港口、水库的泥沙运动规律，为水利工程的实施、港口的建设提供了科学数据。

在化学工业中，用汞-197 稀释法测定电解槽中汞量的技术也已开始在氯碱生产中应用。此外，还试验用碘-131 标记物检查地下输油管线漏孔，用氪-85 气体检查密封容器、半导体器件和电缆铅包皮泄漏，均取得成功。

### （二）同位素仪器仪表的应用

同位素仪器仪表具有稳定可靠、非接触性测量、无损检验的优点，且种类多，应用广，在工业上使用经济效益高。1958 年，上海自动化仪表研究所和兰州自动化研究所首先开始了工业用同位素仪表的研制和生产，品种主要有厚度计、密度计、物位计。70 年代又开始研制和应用 X 射线荧光分析仪、中子水分计、同位素灰分仪、同位素测井仪等。当时，这些仪表仪器大多是由研究所和大学按用户要求研制的，数量很少，应用不广。到 70 年代后期，应用发展速度加快。据不完全统计，到 1984 年，在冶金、化工、建材、水泥、轻工等部门使用的同位素仪表，包括核测井仪表在内，共 3 000 余台，其中多数由国内生产，只有少数随进口设备引入。

在我国，同位素仪器仪表已得到比较广泛的推广应用，并获得了良好效果。

在水利工程中，黄河水利委员会水科所等单位从 20 世纪 60 年代起便开始研制 γ 含泥沙量计，并用以监测黄河的沙情、水情，对治理黄河起了积极作用。对三门峡水库淤泥容量的测定，为合理使用和改建三门峡水库提供了重要数据。

在冶炼部门，有的工厂从 1971 年就采用了 γ 射线矿浆密度计，后来和微处理机联用，实现了原料自动控制；清华大学和北京焦化厂，于 1980 年研制成“γ 射线焦炉三车联锁装置”，使推焦车、拦焦车和熄焦车准确到位，消除了炼焦炉出炉过程中红焦落地事故，保证了安全操作；连续铸钢中的一项重要设备——结晶器上所用的钢水液面仪也开始在一些钢厂中正式使用。

我国的一些造纸机上安装了测厚仪后，提高了纸张的正品率和劳动生产率。β 测厚仪也被用于塑料薄膜、胶片片基和橡胶板等产品的厚度连续测量。我国于 20 世纪 50 年代引进了钴-60γ 射线探伤仪，用于大型铸件、锻件和焊缝探伤检查。利用铯-137 γ 射线检查 220 千伏输电线路也取得了成功。它准确可靠，能帮助及时消除隐患。另外，我国批量生产的铱-192 γ 探伤仪，由于射线能量合适，已成为先进的无损探伤工具之一。原子能所和酒泉原子能联合企业分别试制的钋-210 静电消除器和钚-238 静电消除器已用于纺织、印刷、胶片、塑料薄膜和造纸等行业，可在易燃易爆环境中使用。在胶片生产中，它还是防静电斑雾、提高胶片质量的重要手段。

### （三）辐射加工

辐射加工在工业上主要包括化工材料的辐射和辐射灭菌消毒等。前者是利用辐射引起有机物产生聚合、接枝、交联或裂解等反应，形成新的高分子材料或提高材料的某些性能，后者则是利用辐射引起的生物效应达到灭菌消毒的目的。辐射加工所用的工具主要是钴-60 装置和电子加速器。

北京化工研究院于 1959 年首先开始了化工材料的辐射研究工作。该院 1969 年迁往四川，与其他单位共同成立了晨光化工研究院一分院，继续从事辐射化工新型高分子合成材料的研究。在20世纪60年代，从事辐射化工研究工作的还有吉林市辐射化工研究所、长春应用化学所、上海原子核所等单位，主要是进行探索性研究和试制某些国防用有机材料。20世纪70年代以来，辐射化工有一定发展。到1984年，全国已有不少单位从事化工材料的辐射研究，有十几种化工产品投入小批量生产，如：交联聚乙烯热收缩膜、聚丙烯酰胺、辐射电池隔膜、辐射接枝聚四氟乙烯等。其中，黑龙江省技术物理所的聚丙烯酰胺是我国第一个通过鉴定的中间试验项目，年生产能力150吨，产品已用于油田开发、黄金生产、选煤和污水处理，经济效益显著。上海原子核所和晨光化工研究院一分院用辐射接枝所研制的聚乙烯-丙烯酸电池隔膜性能优良。上海化工研究院研制的乙烯与三氟氯乙烯共聚物（氟-30），可在较高温度下长期使用，能耐高剂量的射线辐照。此外，辐射交联聚乙烯热收缩管还可作导线、电缆、工业管道的接头护头材料，已被成功地用于人造卫星电缆的接续部分。辐射交联的甲基乙烯基硅橡胶医用导管，经医院试用，效果良好。

## 第四节　其他核技术的应用

其他核技术包括核分析技术、核测井技术、固体材料辐射改性和固体径迹探测器等。

### 一、核分析技术

核分析技术是在核物理和核化学的发展中产生的，以核素的性质为基础的分析技术。

我国在20世纪70年代以前，从事核分析技术研究的只有原子能所和有色金属研究总院等少数单位。20世纪70年代后研究工作有较大的进展，上海原子核研究所、清华大学等也开展了核分析技术的研究工作。到20世纪80年代，一支核分析队伍已基本形成，并建立了多种核分析方法。这些分析方法在材料科学、环境科学、生物、医学、地质科学和考古等领域得到了广泛应用。

### （一）活化分析

活化分析的原理是：利用中子、带电粒子或 γ 射线照射样品，使其中的核素发生核反应，生成放射性核素，然后根据放射性核素的衰变特性进行样品的成分分析。它可以测定样品中 60 多种元素的含量，具有灵敏、准确、不破坏样品和同时测定多种元素等优点。

我国的中子活化分析开始于 1959 年，原子能所用它进行反应堆材料的分析。中国有色金属研究总院同位素应用研究室是我国应用活化分析于本行业的最早单位。1972 年，原子能所研制出用锗（锂）探测器组成的 γ 谱仪，并用于中子活化分析。从此，我国的活化分析技术跨入世界先进行列。此外，高能物理所、北京铀矿地质研究所、清华大学、中国科学院地球化学所、中国医学科学院放射医学研究所、江苏省原子医学研究所等也开展了有关的研究工作。全国已有 5 座反应堆用于中子活化分析。经过几年的发展，我国已拥有一支技术力量比较雄厚的活化分析队伍。他们分析了包括月球样品、高纯材料、水、血液、人发、食品、陶瓷等多种样品，并取得了不少成果。例如：1978 年，美国赠送我国约两克珍贵的月球样品，国务院要求用一半样品进行全面的研究。这项分析工作是在中国科学院地球化学所统一组织下进行的。原子能所和高能物理研究所仅用 60 余毫克样品，分别测定了 34 种和 24 种元素的含量，获得了满意的结果。在一桩谋财害命案中，原子能所通过对手巾上一根眼睫毛的中子活化分析，共测定了 7 种元素的含量，基本上证实了嫌疑犯就是杀人凶手，并在其他方法的配合下，使该案很快得到侦破。利用中子活化分析还证明了国产高纯石英的品质，可以与国外产品相媲美，从而结束了单纯依赖进口的局面。对珠穆朗玛峰的冰雪样品的多元素分析，确立了我国无污染水中各种元素的本底水平，为测定我国水质污染程度提供了依据。此外，在很多领域使用的标准样品的定值中，科研人员都做了大量的工作。中子活化分析已成为我国标准参考物质定值的主要分析方法之一。

为了促进中子活化分析的推广应用，中国原子能科学研究院在 1984 年建成了国内第一座微型反应堆，并于同年通过了技术鉴定。该堆结构紧凑，操作安全可靠，运行费用低廉，两年来分析了大量样品。自1984年9月至1985年年底，做了儿童头发含锌量的测定约8 000人次，为缺锌儿童的及时治疗提供了科学的依据。该堆是推广应用中子活化分析的重要工具。

除堆中子活化分析外，不少单位还开展了14兆电子伏中子活化分析。如广东测试分析研究所、山东地质局、兰州近代物理所等单位，在推广应用方面都做了不少工作。14兆电子伏中子活化分析用于常量元素分析，快速准确，便于现场分析。

开展带电粒子活化分析的最早单位是上海原子核研究所。60年代中期，该所使用回旋加速器开展的应用工作，对当时我国半导体材料生产起了质量监控作用，促进了高纯材料的质量提高。用这种方法分析硼、碳、氮、氧等轻元素，具有很高的灵敏度，可达到$10^{-9}$~$10^{-6}$水平。

**（二）离子束分析**

离子束分析是利用加速器产生的离子束轰击样品引起不同的物理效应而进行的，包括质子激发X射线发射分析、核反应分析、散射分析、沟道分析、超灵敏质谱分析以及微束分析等。

适合作离子束分析的加速器是能量为几个兆电子伏的静电加速器。1980年以前，我国只有高能物理研究所、原子能研究所、复旦大学和四川大学等4个单位具有这种加速器。1980年后，清华大学和中国科学院物理所等单位也相继装设了串列静电加速器，开展离子束分析工作。在此期间，上海原子核研究所在离子束分析方面，也曾做了不少工作。

国内最先开展质子激发X射线发射分析（简称PIXE分析）的单位是中国科学院上海原子核研究所，它同上海复旦大学合作于1979年建立了设备。之后，原子能所、高能所应用部、四川大学原子核科学技术研究所、清华大学工程物理系等单位也开展了PIXE分析工作，主要集中在疾病与微量元素的关系、环境保护和考古三个方面，曾做过水、空气、泥土、血清、肿瘤、人发、中草药、古剑、陨石、月球岩石等样品的分析。

PIXE分析的优点是，绝对灵敏度高，用样量少，对于考古样品能保证原样无损。

原子能所曾先后同中国医学科学院放射医学研究所、北京师范大学低能核物理研究所及南开大学合作，就白血病与微量元素的关系问题做了大量的研究工作。实验证明，各种类型的白血病人的血液中的钾、钙、铁、铜、锌等元素和铜与锌的比值与正常人有明显差异，从而为白血病的病理研究、早期诊断和治疗提供了有用的数据。在用国产褐藻酸钠促排锶的人体试服试验中，通过测量血和尿中的锶，证明该药物的排锶效果良好，排出率在98%。复旦大学通过用此法及其他离子束分析方法分析越王勾践剑表面的元素组成，证明了我国古代冶金技术具有很高的水平。

核反应分析也称瞬发活化分析。它是通过测量粒子与样品中杂质发生核反应产生的次级粒子和依靠带电粒子在样品中的能量损失及核反应的共振性质来达到分析杂质浓度和杂质在固体表面层中的分布的。1978年，原子能所完成了硅中扩硼和扩磷的分析方法研究，并在半导体器件生产中得到应用。以后，上海原子核研究所、复旦大学和中国科学院物理研究所也相继开展了核反应分析工作。例如，1980年上海原子核研究所，用这个方法分析茶叶中的含氟量，以研究农药在植物中的残留量。1984年，他们又用这个方法分析了无定型硅中氟的含量，研究生产硅氟合金太阳能电池的工艺。

散射分析包括反冲散射分析和背散射分析。背散射分析常与离子的沟道效应结合运用，称为沟道背散射分析。利用沟道效应能测定杂质原子在固体中的分布和扩散行为，测定杂质原子在晶体中的位置，测定辐射损伤的程度和分布等。它已成为半导体器件工艺、离子注入和离子混合研究中不可缺少的分析方法。

中国最早的沟道背散射装置是由上海原子核所和上海冶金所合作建立的。随后，中国科学院原子能所和四川大学原子核所等单位也建立了这种装置。沟道背散射分析技术在我国已得到较广泛的应用。例如，原子能所同山东大学合作，研究了惰性气体在金属中的扩散行为，氩离子注入单晶硅形成的非晶态过程等；同清华大学合作研究了注砷硅辐射损伤的恢复和砷原子在晶格中位置同温度的关系等，实验数据对制造大规模集成电路很有意义。北京半导体研究所先后同高能物理所、原子能所及物理所合作，在研究离子注入生产半导体材料方面做了大量的工作。

超灵敏质谱也称加速器质谱，它的分析灵敏度可达$10^{-17}\sim10^{-16}$，主要用来分析自然界中存在的极微量寿命很长的放射性同位素的丰度。它的出现导致放射性年代学领域的扩大，对地质学、天文学和考古学具有重大的推动作用。中国原子能科学研究院，正在做一些初步的研究工作。

微束分析也叫微区分析，是一种用很细的离子束进行微区分析的方法。我国复旦大学最早开展了这方面的工作。他们用质子微束研究了考古样品，如古剑、古铜镜等。还用它来研究催化剂中的催化元素及活性元素在载体上的含量、分布形状与催化效率的关系，研究孕妇单根头发中痕量元素在产前和产后的变化规律，研究龋齿珐琅质区域中痕量元素的变化规律。

### （三）穆斯堡尔谱学

穆斯堡尔谱学是利用原子核对 γ 射线的无反冲共振吸收来研究物质的微观结构的科学，具有极高的选择性，可以研究固体中特定元素的微观状况。

我国最早研究穆斯堡尔谱学的是原子能所中关村分部（后改为高能物理所应用部）。在 20 世纪 60 年代初，该所和中国科学院物理所合作，研究了两种微波铁氧体材料的离子代换问题。从 1973 年起，我国对穆斯堡尔谱学的研究有了较快的发展。1978 年，我国的穆斯堡尔谱数据已开始输入国际数据库。到 1985 年，全国已有 60 多个单位从事这方面的研究工作。其中包括南京大学、中国科学院地质研究所、华东师范大学、清华大学、上海原子核所、东北工学院、郑州大学等，有科研人员 500 余人，谱仪 60 余台。研究和应用的范围很广，并取得了大量的应用成果。例如，金伯利岩的穆斯堡尔谱研究，为寻找天然金刚石提供了线索；辉石矿物成因的穆斯堡尔谱研究，为找矿理论提供了实验数据；通过某些催化剂的穆斯堡尔谱研究，对催化剂机理有了进一步的了解。

## 二、核测井技术

核测井技术，是用测量岩层中所含的天然放射性，或测量 γ 射线、中子与井内周围岩层介质作用所产生的各种效应，了解地层性质。它有不受钢管限制、直观、准确、经济等优点。

从 20 世纪 50 年代起，我国石油和煤炭部门便开始把核测井技术应用于石油地质勘探、油气田和煤田开发。我国先后研制成功了自然 γ 测井仪、中子 γ 测井仪、热中子测井仪、地层密度测井仪、中子寿命测井仪、非弹性散

射 γ 能谱测井仪，并已应用于大庆、四川、华北、胜利、江汉等油田。西安石油勘探仪器总厂是我国研制、生产核测井仪器的主要单位。此外，大庆油田科学研究设计院地球物理研究所于 1979 年研制成功的碳氧比能谱测井仪，从 1980 年起在大庆油田试用，1982 年通过石油部鉴定，至 1982 年底已测井 55 口，对 800 多个层点给出了储油层含油饱和度的定量解释。重庆地质仪器厂生产的 X 射线荧光测井仪，已用于地质勘探，能测量井壁中原子序数从 40 到 92 之间的各种元素的含量。

为适应核测井技术的发展和采矿事业的需要，原子能所从 1975 年开始研究锗（锂）γ 能谱测井仪，解决锗（锂）探测器下井的技术问题。在此基础上，先后研制了使用锗（锂）的自然 γ 测井仪、缓发中子测井仪和非弹性散射 γ 能谱测井仪。后者于 1979 年进行了野外作业，证明性能良好，油层定位可靠。

同时，我国还发展了同位素示踪测并技术。使用碘-131 做示踪剂，活性炭作载体注入地层，然后按井下放射性的强弱得知产油层段的注水量，实现分层采油和分层注水。原子能所还与大庆油田合作研究成功钡-131 微球用做示踪测井，效果良好。30 年来，全国油田用同位素示踪测吸水剖面的井数累计约4 100口。近年来，推广应用的速度加快，测井的次数逐年增加。例如，1980 年进行了约 100 井次测量，到 1984 年便增加到 900 多井次。

## 三、固体材料辐射改性

固体材料辐射改性，是基于固体材料经过某种射线照射后，使材料的一些物理和化学性能得到改善的技术。它包括离子注入、中子嬗变掺杂和半导体器件电子辐照改性。

### （一）离子注入技术

离子注入技术是利用注入机使离子获得能量，并将其注入到材料的近表面区，用以改善材料性能。它是大规模和超大规模集成电路的基础技术之一，并用于多种固体材料的改性。

国内离子注入机和离子注入改性研究起步于 1969 年，十几年来，取得了较大进展。初创阶段，曾进行了离子注入机的研制和半导体离子注入的研究。当时，一些高等院校和工厂合作，试制和生产了离子注入机。1978 年后，又陆续开展了金属和其他非半导体材料的离子注入改性研究。到 1983 年，我国用于半导体改性的离子注入机约有 100 台，从事离子注入改性研究的有 20 多个单位。其中有北京师范大学、西安交通大学、武汉大学、清华大学和中国科学院冶金研究所、上海原子核研究所、半导体物理研究所以及中国原子能科学研究院等单位。

北京师范大学是国内首先开展离子注入改性研究的单位之一，在离子注入机技术、重离子注入应用基础、硅材料离子注入基本规律、改善金刚石耐磨性能研究方面做了不少工作，在拉丝模具耐磨实验上已取得初步成果。山东大学和清华大学分别在硼和磷注入硅、惰性气体注入金属研究和金属离子注入、离子束混合的技术基础方面，进行了一系列工作。在实际应用方面，北京师范大学还配合有关单位研制出频率响应达 30～400 兆赫的 8～14 微米的光伏型碲镉汞红外探测器和微波低噪声场效应器件，砷化镓高速集成电路以及硅太阳能电池等。

### （二）中子嬗变掺杂

用核反应堆产生的热中子，照射半导体原料实现掺杂生产半导体材料，叫做中子嬗变掺杂（简称 NTD）。用此方法生产的硅半导体称为中子掺杂硅或 NTD 硅。NTD 硅被用来制造大功率电力电子器件及其他器件。

我国的 NTD 硅研制工作起步较晚。1978 年，个别单位先开始零星小实验，1979 年才开始出现系统的研究工作。大部分的 NTD 硅的生产是在原子能所的游泳池堆和重水堆上以及清华大学核能研究所的屏蔽堆上进行的。1980 年，原子能所游泳池式试验堆上建成了一套 NTD 硅生产流水线，同年，通过部级鉴定。之后，硅产量逐年上升，至 1984 年，年产量已达 3 吨，并已具备年产 10 吨的生产能力。

NTD 硅的突出优点是掺杂均匀，器件的制造命中率高，可达 95%，器件的性能也大幅度提高。到 1983 年，我国已有 6 个品种的 NTD 硅电子器件投放市场。与此同时，扩大掺杂品种的研究工作也在进行。如锗、砷化镓和磷化镓材料的 NTD 研究工作，有的已取得初步实验结果。

### （三）半导体器件电子辐照改性

半导体器件电子辐照改性的目的是改善器件的性能，它能改善器件的关断时间特性，同传统的扩金工艺比较，有节省材料、成品率高和产品性能更佳等优点。

20 世纪 80 年代初，北京师范大学、北京椿树整流器厂、有色金属研究总院、上海化工研究院、复旦大学等单位开展了这方面的研究。在快速可控硅器件和快速整流元件的批量生产中，应用此技术，获得了较好的经济效益。

## 四、固体径迹探测器技术

高速运动的带电粒子，在绝缘体中能留下自己的径迹，利用这个性质探测粒子的技术，称为固体径迹探测器技术。用这个技术还能制造核孔滤膜，核孔滤膜具有孔径均匀的特点，孔径大小和孔的密度均可控制，用核孔滤膜可以过滤灰尘、微生物、细胞、血球和细菌等。

我国约有十几个单位从事固体径迹探测器的研究工作，此技术现已得到广泛应用。例如，原子能所于 1978 年，用径迹探测器测得北京猿人的生活年代距今为 46. 2 万年，所使用的探测器乃是从北京猿人洞第十层鸽子堂下面的灰烬层中选出的榍石。榍石是一种天然的径迹探测器，榍石中也含有极微量的铀元素，铀在衰变过程中便把 α 粒子的径迹留在榍石中。当年猿人用火时，把这些榍石加了高温，由于高温退火效应，其中的 α 径迹全被消除。以后，在灰烬中的榍石重新积累 α 径迹，榍石中存储的径迹数目就是猿人用火时代的记录。

此外，核工业北京铀矿地质研究所还研究了用固体径迹探测器测氡的找铀矿方法；钢铁研究院用这个技术研究了我国潜水艇用钢的硼含量；南京大学研究了用固体径迹探测器寻找地下水源。所有这些应用表明，固体径迹探测器的应用具有广阔的前景。

# 第五节　核能的开发及应用

核能是指由原子核的链式裂变反应所产生的热量。这些热量由载热剂

（如水、重水、气体、有机物质、液态金属等）带到热交换器（蒸汽发生器）传给二回路的水，使其产生饱和蒸汽或过热蒸汽，用来驱动汽轮发电机组发电，或供给工业用热。

从20世纪60年代开始，世界上的核能利用迅速发展。作为能源重要组成部分的核电，具有安全记录高、经济性好、燃料运输量少、环境污染小等优点，已被公认是一种安全、经济、清洁的能源。据统计，截至1984年年底，全世界已有26个国家和地区建成了322座核电站，总装机容量已达约2亿千瓦，占世界电站总装机容量的13%。

中国是世界上能源资源丰富的国家之一。然而，我国能源资源的分布很不均匀，电力的供应能力也不能适应国民经济发展的需要。因此，我国在优先发展火电和水电的同时，还必须有计划、有重点地发展核电，以作为解决我国能源的重要补充。

## 一、核电起步

我国核电的实际起步是从20世纪70年代初开始的。当时上海市、清华大学和二机部根据周恩来总理关于发展核电的指示，先后提出过2.5万千瓦熔盐堆、20万千瓦天然铀石墨气冷堆、13.7万千瓦天然铀重水堆以及10~30万千瓦压水堆等几种核电站方案。

堆型的选择是一项复杂的工作。当时世界上已经比较成熟的核电站堆型有轻水堆（包括压水堆和沸水堆）、重水堆、石墨气冷堆等。但是选择堆型时，除考虑各种堆型固有的优缺点外，还必须根据本国的实际情况，例如，原有电力发展基础、核燃料资源情况和其他能源资源情况及其分布、有无浓缩铀生产能力、反应堆工程基础及制造工业的水平等。为了确定适合我国国情的核电堆型，我国各有关部门和研究机构从1971年下半年开始，用了较长的时间，对各种堆型进行了大量的调研和论证工作。通过论证，各有关部门对选择哪种堆型统一了认识。国际上对熔盐堆，尚处试验阶段，遂予放弃；石墨气冷堆国外已不再发展，我国也于1973年停止工作；压水堆和重水堆，都是国际上公认的比较成熟的堆型。对于压水堆，我国已有小型的潜艇动力堆的经验；对于重水堆，我国也曾进行了较长时间的开发研究，已做了初步设计。这两种堆型在我国都有发展的基础，但也都有需要攻克的难关。究竟哪一种更适合我国国情，我国的核科技界及有关部门曾有争论。1973 年 2 月，上海市和二机部联合向国务院提出了建造一座 30 万千瓦压水堆核电站的请示报告，并于 1974 年 3 月得到中央专委的批准。与此同时，二机部也在积极进行重水堆核电站的开发工作。国务院考虑到我国经济力量的实际情况，于 1983 年 2 月决定，在 20 世纪内把主要力量集中在压水堆型核电站的开发、研究和建造上来。

## 二、核电开发的前期工作

### （一）秦山核电厂

秦山核电厂是我国设计的第一座原型堆核电站，其规模与工业发达国家建造的原型核电站相当。它已经具备现代化工业规模核电站的基本特征，在技术上有代表性。例如采用无盒燃料组件，分三种浓度装料，束棒控制，硼溶液控制反应性，保证核电站正常运行的系统及用于事故状况的专设安全设施和三废处理系统等。技术规范和安全标准也都参照了国际上的通用标准。该工程由上海反应堆工程研究设计院负责设计总归口。参加工程设计的单位有水电部华东电力设计院、上海市政工程设计院、核工业部北京核工程研究设计院、浙江省钱塘江工程管理局勘察设计室以及核工业部矿冶研究设计院。科研试验和设备研制工作是在全国数十个研究院、所，高等院校以及工厂的大力协同下进行的。

国家为核电站建设投入了 1 亿多元的技术措施经费和数千万元的科研费，建成 7 座 100 吨级以上的重型车间和 22 个试验台架。从 1974 年批准工程建设方案报告到 1984 年底，上海反应堆工程研究设计院和各有关研究机构、工业部门，对反应堆物理、热工、水力、结构、腐蚀、电气、控制系统的工艺性能、非标准设备的性能、新材料研制等，进行了 200 多项科研试验，取得了大量的第一手资料。这些试验数据验证了物理设计重要参数的计算精度，确立了反应堆的热工、水力特性及堆内结构的造型，证明了承压设备的设计能满足强度要求。核电站的设计留有相当的安全裕量，按照国际上通用的做法，进行了各种预想事故分析，证明了所采取的安全措施能保证电站在各种事故情况下的安全性。1984 年 1 月 15 日，国家计委和国防科工委组织专门会议，审查批准了该工程的初步设计。审查结果认为：秦山核电厂核岛部分的初步设计，基本满足了核电站的安全性、可靠性及国际通用规范的要求，能保证发出30万千瓦电功率，平衡换料周期可达300天，主参数和主要性能指标表明，核岛的总体设计，相当于20世纪70年代初期国外同规模核电站的水平。

电站工程施工由核工业部二二、二三公司及秦山核电厂等单位共同承担。1983年6月1日破土动工，开始了前期工程建设。1984年，国家计委将该工程列为国家重点建设项目。自此，工程建设全面铺开。

### （二）广东核电站

广东核电站是我国执行对外开放政策以来，从国外引进的第一座大型核电站。1979年，广东省根据广东、香港地区电力需求情况，开展了建设百万千瓦级核电站的可行性研究。1980年，广东省电力公司同香港中华电力公司完成合营建设2×90万千瓦压水堆核电站的可行性研究。1981年5月，国家计委、建委、经委组织了对广东核电站的可行性研究报告的审查。1982年底，国务院正式批准广东核电站项目。1983年，我国开始就广东核电站的设计和设备引进问题，同外商进行谈判。1984年，在深圳大亚湾厂址开始土石方开挖等前期工作。1985年1月，同香港中华电力公司签订了合作组成联营公司的合同。

### （三）生产堆余热发电装置

生产堆余热发电是核工业部在“保军转民”方针的指导下，为国家增加能源的一项技术改造工程。它建成以后，将在保证生产的前提下，回收原来排入环境的热量，用于发电。

此项改建工程由北京核工程研究设计院负责设计，由生产厂自行筹建施工。从1983年下达任务后，设计院当年就完成了改建工程的施工设计，并于1984年9月开始建设。

## 三、热电联供堆和纯供热堆的研究开发

核能不仅可以用于发电，也可在发电的同时进行供热，或不发电而专用于供热。核能供热的温度可以在相当宽的范围内变化，几乎可以满足各种热

用户的需要。

根据我国能源消费资料统计，我国开发的初级能源用于发电部分仅占20%左右，而用于各种形式的供热（包括工业用和民用的）高达70%，而且其中至少一半以上属于150摄氏度以下的低温热用户，这些用户可利用核蒸汽或汽轮机中间抽气来满足。尤其是城市的生活用热，其温度水平很低，因此可设计一种更为简单的具有高度固有安全性的低参数核反应堆来满足供热需要。

我国从事核能供热的研究已有多年。1981年12月，我国首次召开了小型核供电、供热反应堆会议，从而把核能供热这一重大的能源开发课题引入了我国国民经济的议事日程。按照国家计委提出的“以核代油”的建议，1981年秋，二机部西南反应堆工程研究设计院与上海石油化工总厂共同开展了核热电站的可行性研究工作和初步设计工作。清华大学核能研究所于1983年11月，开始改建其游泳池式研究性反应堆，将堆芯出口水温提高到60摄氏度，并通过中间回路向16 200平方米建筑面积提供冬季取暖所需的热量。经过综合试车、热试车和连续供热运行，把实测结果与燃煤锅炉供热的情况进行比较，证明在热能消耗量相同的条件下，核供热的室内温度平均比烧煤供热高4摄氏度左右。

北京核工程研究设计院于1984年年底完成了低温供热堆的方案设计，1985年开展了工程可行性研究工作。清华大学核能研究所从1974年开始进行高温气冷堆技术的研究，在国家科委支持下，于1982年进行了高温气冷堆工艺供热的可行性研究，其中关于高温气冷堆供热开采稠油的可行性研究，已得到石油部的支持。我国稠油资源相当丰富，若注入蒸汽进行热采，可节省大量原油，增加原油产量，提高石油资源的利用率，对国民经济是十分有意义的。该所于1980年12月，与美国GA公司签订了高温气冷堆研究的合作协议；与联邦德国于利希核研究中心签订了合作进行利用高温气冷堆供热开采稠油研究的协议。

# 第十一章　核科学技术研究与发展

核科学技术研究的对象是原子核，具体包括原子核的性质、结构、运动规律以及核能、核技术的应用等。核科学技术研究工作在核工业体系中占有重要的地位，它是核工业创建和发展的基础和先行。我国核工业所取得的每一项重大成就，都闪烁着核科学技术研究成果的光辉。

## 第一节　核科学技术研究工作的发展和主要研究机构

### 一、核科学技术研究工作的发展

在中华人民共和国成立前，我国的核科学技术研究几乎是一张白纸。新中国成立后，核科学技术的研究工作才真正开始。

1950 年至 1955 年，是我国核科学技术研究的创业时期。

1950 年 5 月 19 日，成立了中国科学院近代物理研究所（1953 年改名为中国科学院物理研究所，以下简称“物理所”）。这个所是由分散在各地的不到 20 名核科研人员和技术人员汇集组成的。遵照政务院文教委员会指示精神，物理所的科研人员怀着“一定要使实验物理在中国生根”和“力求学术研究与实际需要密切配合，为原子能的利用准备条件”的决心，经过不到 5 年时间的艰苦创业，自己动手研制了各种核探测器、核电子仪器等一批实验仪器设备，并开始建造质子静电加速器，为开展科学研究创造了一定的条件。在这一时期，开展了宇宙线、核理论的研究和重水、高纯石墨的制备以及从铀矿石中提取铀和相应的分析方法等研究工作，并取得了初步的科研成果。在建造仪器设备和开展研究工作过程中，我国第一批年轻的核科学工作者已成长起来。

1955 年初，中共中央决定建设我国的原子能工业，这给中国核科学技术的发展以强大的推动力；加上苏联的援助，中国核科学技术研究开始进入了一个核学科全面建立并蓬勃发展的新时期。

为了加强党对核科学研究工作的领导，李毅、郑林等人先后调到物理所担任党组织的领导职务。1955 年 7 月，苏联援建的研究性重水反应堆和回旋加速器在北京西南房山县境内开始筹建，1958 年 6 月建成投入运行。这时，物理所改名为中国科学院原子能研究所（以下简称“原子能所”）。在赵忠尧的指导下，1957 年原子能所研制成功我国第一台能量 2.5 兆电子伏的质子静电加速器，开创了我国粒子加速器的技术研究工作。此外，还自己设计制造了中子谱仪等一系列实验设备。

我国核科研技术人员，一边研制实验设备，一边利用反应堆、加速器和自己建造的仪器设备，开展科研工作。这个时期，核科研工作大致可分三大类。

**（一）在任务的带动下，开展了一批新的核科学技术研究**

1958 年，我国决定自行研究、设计核潜艇动力堆。在这一任务的带动下，原子能研究所陆续建立了零功率实验装置、热工水力实验回路，并设计建造核燃料元件试验堆等大型设备，开展了堆理论、堆物理、堆材料和材料腐蚀、堆化学、热工水力、自动控制，核燃料元件工艺，堆设计等一系列实验研究。1959 年，为了适应我国铀矿地质普查勘探和铀矿冶工业建设的需要，北京铀矿地质研究所和北京铀矿选冶研究所开展了铀矿地质、铀矿水冶、放射化学、分析化学等学科的研究。为了给兰州铀浓缩厂培训技术人员，原子能所突击建成了铀同位素分离气体扩散实验室，并开始了铀同位素分离的研究工作。

**（二）围绕核工业发展的需要，开展了一批预先研究工作**

为了推动原子能的和平利用，原子能所开展了放射性同位素制备和应用的研究以及稳定同位素分离的研究；在核燃料元件后处理方面，开展了沉淀法工艺及有关分析方法的研究；为了核工业的安全生产和环境保护的需要，开展了放射生物、辐射防护和“三废”治理的研究。此外，原子能所还开展了铀钚化学和核燃料分析的研究工作。

**（三）开展了大量的应用基础和基础研究**

原子能所在核物理实验方面，开展了中子物理、核反应、核谱学、核磁矩和宇宙线的研究；理论物理方面，开展了核力、核结构、核反应、核裂变、基本粒子理论和计算数学的研究；此外还开展了基础放射化学的研究和反应堆、加速器的安全运行有关技术的研究。加速器技术、真空技术、核探测器、核电子学的研究，这时期有进一步发展；为了探索新能源，开展了受控核聚变的理论研究和实验设备的建立。

经过这一时期的发展，核科学技术的主要学科都逐步建立并开展了工作。据统计，仅原子能所已由上一个时期的 6 个学科发展到 22 个学科，60 个学科分支。这个时期的研究工作，为我国进一步发展核科学技术奠定了基础，为我国下一个时期全面贯彻自力更生方针，解决核工业建设中的重大技术关键问题，做了技术储备和人才储备。

苏联停援后，在 1960 年至 1966 年期间，我国核科学技术研究，贯彻“自力更生，过技术关”的方针，为保证我国第一颗原子弹和第一颗氢弹的研制成功作出了重要贡献。

这个时期，原子能所以任务为纲，绝大部分力量都转入了为核工业建设、为突破“两弹”服务的轨道，充分发挥了我国第一个综合性的核科学技术研究基地的作用，在“两弹”研制过关中做出了应有的贡献。1961 年前后，该所与核工程研究设计院、酒泉原子能联合企业通力合作，建成了六氟化铀简法生产装置，为兰州铀浓缩厂提供了急需的六氟化铀原料。该所以王方定为组长的铀化学组，在简陋的实验室里，研制成功我国第一颗原子弹用的中子源。在钱三强所长的领导下，黄祖洽、于敏等理论工作人员，对氢弹中各种物理过程进行了探索研究，为氢弹研制做了一定的理论准备。此外，原子能所还完成了重要核数据的测量、大量有关核武器研制和性能测试等工作中需要的核电子仪器和探测器的研制，同时和核武器研究所、国防科委试验基地共同承担了核试验的燃耗分析任务。为钚生产线建设，做了生产堆燃料元件的考验工作，并按时完成了任务。

同时，原子能所还为核工业培养和输送了大批技术干部。从原子能所建所开始，就把培养和输送技术干部作为重要任务。根据核事业发展的需要，该所从1959年到1965年7月，调给部内部外单位的科学技术人员共计914人，其中正副研究员、正副总工程师28人，助理研究员、工程师147人，研究实习员、技术员712人。与此同时，还为部内兄弟单位培训了1 706名科学技术干部；加上1958年以来为高等院校等单位培训的1 185名科学技术人员（包括到该所实习的研究生和大学生），和为全国各省市培训的976名放射性同位素应用人员，共输送和培训了4 781名科学技术人员。这些人员中的多数都成为“两弹”攻关和核科研中的中坚力量。

在突破“两弹”的技术攻关中，中国科学院和冶金、化工等部门的有关研究所及高等院校，都承担了大量攻关任务，作出了重要贡献。兰州近代物理研究所承担了（氘、氚）、锂-6（n，n′α）、锂-7（n，n′t）等反应截面和几个能量点的次级能谱测量，并出色地完成了任务。上海原子核研究所与原子能所合作，在1.2米回旋加速器上完成了氘打锂-6中子产额和中子能谱测量任务。北京核工程研究设计院、清华大学工程物理系和原子能所在核燃料元件后处理用萃取法取代沉淀法的研究中，做了卓有成效的工作。在核燃料局总工程师陈国珍的指导下，组织中国科学院长春应用化学研究所、北京化学研究所、沈阳金属研究所和北京原子能所、北京铀矿选冶研究所合作，在不到20个月的时间里，迅速完成了核燃料产品质量控制分析与建立方法的任务。为了研制气体扩散法分离铀同位素的核心部件——分离膜，中国科学院金属研究所、冶金研究所、原子能所和冶金部北京钢铁研究院、中南矿冶学院、北京钢铁学院和东北工学院等单位，大力协同，有分工、有计划地开展了这项工作。

通过完成“两弹”攻关中的大量科技任务，我国核科技人员得到了极好的锻炼，形成了一支政治觉悟高、业务能力强、协作精神好、能够承担各种艰巨任务的科技队伍，为中国核科学技术的纵深发展奠定了扎实的基础。

1966年开始的“文化大革命”，使核科学技术队伍和研究工作遭到了严重的干扰和破坏。但是，在老一辈无产阶级革命家的保护和广大科技人员的努力下，核科技研究工作仍然取得了一些新的进展：研制建成了核潜艇陆上模式堆，开始了工程试验反应堆的设计、施工和核燃料元件考验工作，为快堆研究建立了钠回路和零功率装置，核数据的系统编评工作开始起步，放射性医用同位素生产线建立起来，后处理工厂工艺流程由三循环改为二循环获得成功，百居里级的锔-242 制备出来，对原有的几台回旋加速器进行了技术改造，锗（锂）半导体探测器的研制工作也取得了初步的成果。

1981 年，我国核工业确定“保军转民”的方针以后，核科学技术研究也进入了一个大力加强应用开发研究，重视应用基础研究，并巩固发展基础研究的新时期。我国自行设计的秦山核电厂，正在按计划进行建设，围绕压水堆核电站进行了 200 多项科研试验工作；对已经安全运行了 20 多年的研究性重水反应堆，成功地进行了改建和提高；微型反应堆已研制成功；离心法分离铀同位素的研究，核电站燃料元件后处理的研究都已开展了大量的工作。此外，从美国引进的 HI-13 型串列静电加速器已经安装、调试完毕；分离扇重离子加速器、正负电子对撞机也正在建造中；为进行受控核聚变研究的“中国环流器一号”已建成，为下一步实验提供了良好的条件。我国核科学技术在民品生产中的应用研究迈出了可喜的步伐。

至 1983 年年底，我国核科学技术研究，仅核工业部系统，就获得全国科学大会奖 344 项，全国自然科学奖 7 项（其中一等奖 3 项），国家发明奖 82 项（其中一等奖 1 项，二等奖 9 项），国防科工委科技成果奖 3 211 项（其中一等奖 14 项，二等奖 160 项）。

## 二、核科学技术研究机构

新中国成立后，国家十分重视核科学技术的发展。1950 年 5 月 19 日组建了新中国的第一个核科学研究机构——中国科学院近代物理研究所。1955 年 7 月，建筑技术局成立后，着手进行以苏联援助的研究性重水反应堆和回旋加速器为主的新科研基地筹建和人员调集工作。1956 年 12 月，建设中的新科研基地与物理所合并，由中国科学院和第二机械工业部双重领导。到 1956 年年底，全所人员发展到 584 人，其中科研人员 258 人，工程技术人员 99 人。

1957 年，杨澄中带领原设在北京物理所的兰州物理室全部人员迁往兰州，成立兰州近代物理研究所。

1958 年 6 月，重水反应堆和回旋加速器建成，7 月 1 日物理所改名为中国科学院原子能研究所（1984年底改名为中国原子能科学研究院），成为我国第一个多学科综合性的原子能科学技术研究基地和培养干部基地。

为了适应科研工作发展的需要，在科学院、高等院校大力支援下，原子能所聘请了科学家贝时璋、王竹溪、胡济民、李林、刘静宜、何怡珍、吴乾章、洪朝生等来所任职或兼职。他们在开辟新的学科领域和培训技术干部方面作出了贡献。

1958年前后，随着铀矿地质的普查勘探和矿山建设的发展，二机部分别成立了北京铀矿地质研究所和北京铀矿选冶研究所。中国科学院兴办了专门为科研单位培养人才的科学技术大学。原子能所的赵忠尧、梅镇岳、杨承宗等人，在该校主办了核物理系和放射化学系。

1960年年底，二机部科技系统的工作人员已达6 500人，其中科技人员3 300人。

为了自力更生发展我国核工业和突破"两弹"技术关，从1960年开始，二机部有计划地组建和调整了科研机构。1960年初，从二机部和全国各有关单位先后调集了一大批科学家和科学技术骨干，成立了核武器研究所。为了及时了解世界各国核科技动态，建立了专业情报机构。1962年，原子能所同位素应用研究室全部和放射化学研究室的一部分人，由张家骅带领搬到上海与原子核研究所合并。在南昌建立了南昌矿业研究所，从事矿山开采研究。在北京铀矿地质研究所射线仪器研究室的基础上，成立了射线仪器研究所（1963年与北京综合仪器厂合并）。在包头核燃料元件厂成立了铀冶金研究室，将原子能所金属物理研究室研究核燃料元件工艺的张永禄等科技骨干并入该室。在副所长梁超领导下，以原子能所放射生物研究室和放射化学研究室、技术安全室的一部分为基础，建立了北京工业卫生研究所。1963年又将原子能所的反应堆研究部和物理化学研究部分出，分别成立了反应堆工程技术研究所和理化工程研究所（后者1973年改为天津理化工程研究院）。

1965年年底，二机部科学技术系统的工作人员已有21 000余人，其中科技人员14 000余人。

1965年，二机部以原子能所受控核聚变研究室、东北技术物理研究所受控核聚变研究力量为主，在四川乐山成立了西南物理研究所。1968年在反应堆工程技术研究所的基础上，在四川建立了西南反应堆工程研究设计院。

1973 年，上海原子核研究所、兰州近代物理研究所划归中国科学院领导；原子能所的中关村分部也划归中国科学院，成立高能物理研究所。1980 年至 1984 年，根据核工业发展的需要，核工业部又先后建立了上海核工程研究设计院、上海金属粉末材料厂、北京计算机应用研究所、标准化研究所，以及国防科工委放射性计量一级站（暂设在中国原子能科学研究院）。

到 1984 年底，核工业部科研系统的工作人员达 38 600 人，其中科技人员15 900人；部属科研机构 19 个，研究设计单位 6 个；厂矿所属的科研机构 20 个，在全国形成了比较完整的核科学研究体系。

## 第二节　核物理研究

原子核物理是 20 世纪兴起的一门新学科，是人类对原子核的结构及其运动变化规律进行深入探索的一门科学。新中国成立前，在国内只有个别人员分散地进行这项研究工作。新中国成立后，于 1950 年组建了近代物理所，在中国这块土地上，才开始有了核物理研究。1955 年以后，从事核物理研究的单位除原子能研究所、上海原子核研究所和兰州近代物理研究所外，还有举办物理专业的几所大学：北京大学、清华大学、吉林大学、中国科技大学、复旦大学、南京大学、兰州大学等。1973 年成立了高能物理研究所。70 年代末，又建成了北京师范大学低能物理研究所和四川大学核科学技术研究所。此外，还有不少核理论工作者分散在许多大学和其他部门。

### 一、“两弹”攻关中的任务

我国核物理研究，经过 50 年代的艰苦创业，有了一定的技术储备。1960 年是我国自力更生建设核工业的关键时刻，当时，王淦昌、彭桓武、朱光亚、邓稼先、程开甲、周光召、于敏、黄祖洽等一批优秀人才，直接参加了核武器的研制工作，并取得显著的成就。此外，原子能所、兰州近代物理研究所等有关研究单位和大学的核物理工作者，也把研究工作的重点转到确保“两弹”过关的轨道上。

### （一）与原子弹研制有关的攻关任务

1960 年，原子能所等单位，精确测定了与裂变反应有关的重核中子截面、裂变中子能谱及裂变中子平均数，并且建立了各种放射性测量方法及标准，包括中子通量标准，中子源强度标准，α 源强度标定等。在原子弹部分部件加工过程中，该所参加了物理检验工作，配合核试验现场，建立了各种中子通量密度、中子能谱、γ 脉冲等测量方法；在核爆燃耗测定工作中，承担了建立裂变数测定方法等工作。这些，在不同程度上都为我国第一次核试验作出了贡献。

### （二）与氢弹研制有关的攻关任务

1960 年 12 月，在核武器研究所忙于研制第一颗原子弹的同时，二机部部长刘杰部署原子能所在氢弹原理探索方面先走一步。在所长钱三强的直接领导下，组织了一个轻核反应装置理论探索组。该组共有理论和数学方面业务骨干 20 人，先后由黄祖洽、于敏担任组长。直到 1965 年 2 月，为了集中力量突破氢弹研制任务，将其中大部分人员合并到核武器研究所为止，在 4 年多的时间中，该组主要进行了以下两方面的工作：（1）氢弹中各种物理过程的探讨和研究；（2）氢弹作用原理和结构方面的探索。当时的这些探索和研究，虽然还不成熟，但提出了种种设想，准备了有关方程和数据，起了先走一步、探索道路的作用。

1960 年，在原子能所还成立了由丁大钊为组长的轻核反应组，对轻核反应截面数据进行调研，并做了一些实验准备，开展了一些轻核反应的测量工作。

1965 年初，核武器研究所在氢弹研制过程中，急需氘和锂反应截面的数据。2 月 13 日，刘西尧副部长将氘和锂-6 反应截面的测量任务下达给原子能所，要求 1965 年上半年保质保量地完成。这项任务技术难度大，时间紧迫，因此，原子能所采取集中力量打歼灭战的办法，从有关各研究室抽调业务骨干 30 人（后扩大到 50 人），组成突击队，由副所长何泽慧任业务指导，迅速开展了工作。为了充分发挥已有大型设备的作用，将全所 4 台加速器和 3 台多道分析器集中管理，全力配合实验工作。不到半年时间，即完成了任务。这项工作澄清了国外数据的分歧，为我国氢弹研制方案的选择起到了重要作用。接着又对氘-氘、氘-氚反应截面，氘-锂（包括锂-6及锂-7）相互作用各反应道和中子锂-6的反应截面和出射中子能谱在内的轻核反应数据进行了比较系统的测量，为核武器研制提供了成套的可靠数据。

在这同时，兰州近代物理研究所和上海原子核研究所也出色地完成了轻核反应截面的部分测量任务。

**（三）理论研究**

在理论计算方面，原子能所还配合核武器研制、核试验和核工业建设完成了一系列理论计算任务，如快临界装置的理论计算，蒙特卡罗方法用于粒子输运问题的理论计算，铀同位素分离和锂同位素分离级联理论计算，临界安全计算，反应堆理论计算等。

## 二、核数据

核数据是表征原子核性质及各种射线与原子核相互作用规律性的各种物理量。例如：质量、磁矩、衰变纲图、反应截面、反应产物的种类、产额、能谱和角分布等等。它是核物理研究（实验和理论）直接为核工业服务的重要部分。准确而完整的核数据，是各种核装置设计及现场测试分析的基本依据，也是工农医各部门应用核技术所必需的。

20世纪60年代，为核武器的研制和潜艇核动力堆的设计，曾零星测量了一些重要的核数据。到20世纪70年代初，随着我国核技术发展和国际核数据发展，我国原有的核数据已变得陈旧落后，大有改进和加强的必要。在二机部的统一领导下，在李寿楠的推动和具体组织下，全国大部分核物理研究力量，系统开展了核数据的编评、理论计算和测量工作。1975年，正式成立了中国核数据中心，组织了13个单位参加的协作网，以后逐步扩大到26个单位。通过核数据的测量、编评工作，稳定了队伍，培养了干部，带动了学科的发展。主要成绩如下：

一是先后完成了有36个重点核素（包括所有反应道）的成套中子核数据评价工作。按照国际通用格式建立起计算机化的核数据库——中国评价核数据库第一版（CENDL-1）；此外还有：约30种指示剂核素的特定反应道激发曲线及19种带电粒子核反应激发曲线的评荐数据，单能中子及裂变谱中子诱发铀-235、铀-238和钚-239裂变的200多种产物的产额数据，169种核素的衰变数据以及97种核素的共振参数评价工作。

成套评价核数据的制作，除一部分主要依靠实验数据或由实验数据补充外，大部分要依靠理论计算。为此，核数据中心全面检验利用了国际上较成熟的核模型理论与方法，并在此基础上发展建立了包括光学模型、H-F统计理论、激子模型等在内的计算程序。对一些有关的基础理论进行了深入的研究，并取得了较好的进展。开展了群常数制作和基准检验，建立了计算机化核数据库。

CENDL-1的质量大致接近于国际上最近的评价核数据库版本，但核素种类还太少，文档尚不齐备，还没有建立协方差文档，尚缺宏观检验。这些数据，加上国际交流中获得的资料，可初步满足核工程方面的需要。

二是从我国的实际情况出发，核数据测量的方针是少而精，根据实际需要和实验条件的可能，对筛选出来的最重要的数据安排测量。

在中子能量为1~5，8，11，14兆电子伏情况下，对氘、锂、铍、碳、铁、钼、镍、铀等核素进行了弹性与非弹性散射微分截面的测量；此外，还在14兆电子伏中子能量上测量了氘和铀的次级中子能谱（双微分截面）及若干核素的γ产生截面和俘获γ谱。对于30多种用作活化阈探测器的核素的激发曲线［（n，x），（n，xn）等］进行了精确的测定。对带电粒子活化反应也用叠靶方法做了一些测量。

在裂变数据方面，系统测量了铀-235、铀-238的热中子和裂变谱中子以及单能快中子裂变产额；重点测量了铀、钚核素中子裂变及锎-252自发裂变的瞬发中子数目及其能谱；在从热中子到15兆电子伏范围内（中间缺几段能区）测量了铀、钚、镎、镅等6种核素的裂变截面。

在核数据测量方面虽然所做工作还太少，但大部分结果与国际上同类实验相比，方法类似，精度相近。有的填补了国际数据的空缺，有的澄清了分歧，有些最重要的项目则验证了国外公布数据的正确性。不足之处是缺少大型加速器，中子能区不全，实验手段不够先进，工作周期较长。

## 三、宇宙线与高能物理

1954年，在王淦昌、肖健的指导下，物理所在云南省落雪山建成高山宇宙线实验室，利用多板云室和磁云室开展了奇异粒子和高能核作用的研究。从 1954 年到 1957 年，先后收集到 700 多个奇异粒子事例，取得了一批很有价值的成果。

1956 年，莫斯科杜布纳联合原子核研究所成立，王淦昌、胡宁、朱洪元、张文裕等著名科学家和我国成批的中青年科学技术工作者先后参加该所工作。王淦昌曾担任该所副所长。1960 年初，他所领导的小组利用联合所 100 亿电子伏的质子同步稳相加速器，发现了反西格玛负超子（$\overline{\Sigma}^-$）。这是一项重大科研成果，于 1982 年获得中国国家自然科学奖一等奖。

1965 年 11 月，原子能所在张文裕领导下建成了大型云雾室。该室由 3 个大云室组成，其中中间磁云室高宽各 1.7 米，磁铁重 200 吨，云室建在云南东川海拔 3 222 米高山上，成为世界上为数不多的先进的宇宙线高山实验室之一。1977 年，高能物理所在西藏 5 500 米高山上正式建立了高山乳胶室，这是世界上最高的宇宙线工作点之一。20 世纪 80 年代初，在研究工作中，已经得到一些能量高达 $10^{16}$电子伏左右的很有兴趣的宇宙线事例。

1964 年到 1966 年期间，根据毛泽东的物质无限可分的哲学观点，原子能所、北京大学、数学研究所和科技大学等单位约 40 人，由朱洪元、胡宁、何祚庥、戴元本等领导，提出了强子结构的层子模型。这项成果达到了当时的国际上比较先进的水平，1982 年获得国家自然科学奖二等奖。

## 四、重离子物理

1970 年，兰州近代物理所为开展超钚元素合成的研究，将 1.5 米回旋加速器改装为加速碳、氮、氧的重离子加速器，从 1973 年到 1983 年进行了一批重离子核反应研究工作。利用碳-12、氮-14、氧-16 等入射粒子在中重核上引起反应，研究了轻粒子发射、全熔合截面及大质量转移等问题。发现并确证了在碳-12 与铋-209 反应时存在较大概率发生铍-8 集团转移的机制。用重离子反应合成了 6 种 98、99、100 号元素的同位素。采用快速传输装置和氦喷嘴传输系统，通过重离子反应合成了一批碘的缺中子同位素碘-116、碘-117、碘-118、碘-119。利用碳-12 等重离子与金、钨等重核形成的轻裂变核体系进行了裂变道的测定。

在理论方面，该所对铍-8 集团转移反应做了计算分析，用扩散理论及蒙特卡洛方法研究了深部非弹性碰撞。

## 五、低能核物理

### （一）实验研究

1950 年，近代物理所开始了为低能核物理实验研究创造条件的工作。到 1958 年时，自己动手研制、建造的静电加速器已投入运行，苏联援建的重水反应堆、回旋加速器也交付使用。在堆、器旁建立了几台中子晶体谱仪和飞行时间谱仪后，由何泽慧、朱光亚、戴传曾指导，开展了核物理实验研究，在重水堆上进行了中子物理实验；在回旋加速器上除中子物理外，还开展了（d，p）极化等核反应研究；在质子静电加速器上开展了轻核反应研究。1959 年兰州近代物理所高压倍加器建成后，在高压倍加器上开展了快中子物理和轻核反应实验工作。这些工作为 60 年代“两弹”过技术关做了技术储备。

从 1953 年开始，近代物理所梅镇岳和郑林生等人，先后设计建造了单透镜、有铁双聚焦、无铁双聚焦、中间成象、永磁式 180°等 5 台 β 谱仪；在 1956 年至 1958 年间完成了 β 谱仪的调试；60 年代初开展了大变形核区能谱和衰变纲图的测量；70 年代后大部分研究人员转向中子活化分析、离子束分析和穆斯堡尔谱学等应用研究。

1955 年，丁渝开始了我国第一台原子束装置的建造和核磁共振研究，为计量科学建成铯原子标准钟和全国推广应用核磁共振谱仪提供了有价值的参考。1976 年以后，我国低能核物理实验技术水平有了较大的提高，建成了若干台新一代毫微秒中子飞行时间谱仪和锗 γ 谱仪等；各种高分辨率的半导体探测器已普遍使用；多维测量数据获取系统及计算机应用已陆续普及；多种位置灵敏探测器、磁谱仪、氦喷嘴等先进实验手段也已掌握。

在少体及轻粒子核反应方面，对于若干少数核子系统进行了核反应实验研究，在低能量区域观察到准自由散射及准自由反应过程，观察到铍-8 链式分子态的实验证据，为了解轻核的集团结构提供了信息。在比国外一般工作更低的能量区域，观察到预平衡发射机制。对于三核子转移反应及 α 粒子大角反常散射现象，做了比较系统的实验研究。在低能氘核与某些轻原子核的反应中，观察到了可能存在的中间结构。

在核衰变方面，对稀土区大变形核素及某些裂变产物核素进行了细致的核谱学研究，根据衰变 γ 谱及符合特性建立或修改了纲图。在几台回旋加速器上分别进行了在束 γ 谱的实验研究，发现了一批新的谱线，确定了一些新的转动带。利用阻塞效应、多普勒位移、共振吸收等方法，分别测定了几种复合核或核能级的寿命。

在裂变方面，对于自发裂变形状同质异能态钚-240m 的半衰期，同质异能截面比及其电四极矩进行了测定。研究了铀-238 及钚-240 的自发裂变性质，测量并分析了铀-238 中子裂变的碎片各向异性问题。对于锎-252 自发裂变的各种断颈后现象及其关联特性进行了系统的细致研究。

**（二）理论研究**

1950 年，主要是开展了核力与少核子系统问题的研究。1953 年在彭桓武、朱洪元指导下，物理所理论组全体人员对原子核物理文献进行了系统的调研，在此基础上开展了原子核物理理论研究。1955 年于敏发表的《关于铅-208 附近一些原子核能级》文章，填补了国内核理论研究空白。1958 年到 1960 年间，在“大家办原子能科学”的号召下发展起来的有关研究所，派人到原子能所进行原子核理论（核结构、核反应、核裂变）学习和工作，大大扩大了理论工作的队伍。1960 年后，原子能所等单位的一部分同志转入了核武器研究和核工业建设的有关理论计算任务，并作出了重要贡献。

1973 年核数据中心成立，全国大部分核理论工作者参加了核数据的测量和编评工作，一部分核理论工作者仍从事基础研究工作。这些基础研究工作大致有以下两方面。

1. 核力和核结构

核力是核理论中一个长期没有解决的基本问题。近来人们在研究核子相距很近时的相互作用时，考虑了核子的内部结构。我国理论工作者先后进行了层子模型、口袋模型和孤粒子模型等研究，这是一个很有意义的探索方向。相互作用玻色子模型研究（IBM）已经取得了巨大的成功。我国理论工作者研究了玻色子波函数、玻色子之间的相互作用，对 IBM 的基础进行了探讨，提出了除 s，d 两类玻色子外，还应考虑 g 玻色子的论点。还用 IBM 解释了“回弯”现象。在轻核的集团模型方面，进行了准自由散射、准自由反应和准分子态等项研究。用集团模型波函数计算了准自由散射中的扭曲效应，得到了良好的结果。开展了准分子态研究，预言了铍-8链式分子态结构的存在。在多体理论方面，用格林（Green）函数方法求得了单粒子势阱，并用来计算了一批轻核的能级谱，改善了理论与实验的符合程度。用连续介质模型计算，质量公式达到很高的精度。用生成坐标方法讨论了原子核的集体运动，并用它研究了原子核的某些性质。

2. 核反应

改进了的激子模型在计算预平衡和发射的角分布等方面，均得到了良好的结果。开展了用SKYRME力导出微观光学势的研究，并已用于核子道截面计算。在低能中子辐射俘获反应机制中研究了非统计效应，在低激发态非弹性散射过程中考虑了巨共振的影响。用布朗运动的观点研究了原子核的裂变，并用福克-普朗克（Fokker-P1anck）方程计算了裂变速率，还用液滴加壳修正和推转模型等研究了裂变势垒、质量分布和黏滞性问题。

此外，还在巨共振、高自旋态群论等方面进行了相应的研究。

## 六、中、高能核物理

由于缺少实验条件，到20世纪70年代末只在理论上做了一些工作。如：用多次磁撞理论研究了π-介子与原子核的相互作用；对某些奇特核(或称超核，即含有超子的原子核）的结构进行了研究；用介子交换理论与唯象方法估算了λ粒子与核子及λ与λ之间的相互作用，并用以计算超核的性质。有些成果具有一定的独创性。

# 第三节 核化学化工研究

核化学化工研究是指与核工业有关的化学和化工问题的研究。1953年，近代物理所为了研制建造反应堆所需的材料，开始了铀矿提取，重水和石墨制备等的实验室研究。我国核工业建设开始后，核化学化工研究相应地得到发展，在原子能所建立了放射化学、分析化学、核燃料后处理、放射性同位素的研制和应用、放射性三废处理、铀同位素分离等研究室，开展了相关学科的科研工作。这个时期，副研究员以上的学术带头人有杨承宗、郭挺章、肖伦、冯锡璋、刘允斌、刘静宜（兼）等。

1960 年以后，在“两弹”攻关中，核化学化工研究任务十分繁重。为此，二机部先后从高等院校和化工、石油等部门，选调了汪德熙、吴征铠、曹本熹、姜圣阶、陈国珍等人，以加强对各项科研开发工作的领导。在大力协同方针指引下，中国科学院、高等院校等有关单位积极参加了核化学化工的攻关任务。在攻关过程中，核化学化工的科研工作得到了蓬勃发展，建立起了一支专业齐全、又红又专、能打硬仗的科技队伍。

“两弹”过关以后，核化学化工研究重点转向核燃料后处理工艺和“三废”处理工艺。1977 年以后，核化学化工工作在完成应用研究的基础上，加强了应用基础和基础性的科学研究。下面从 5 个方面，简述 30 多年来核化学化工一些主要工作和成就（核化学化工中有关放射性同位素、稳定同位素分离和辐射化学等部分见本书相关各章）。

## 一、“两弹”攻关中的任务

在 1960 年至 1966 年期间，原子能所等单位承担并完成了下述 5 项任务。

### （一）为第一颗原子弹研制中子源

1960 年，原子能所以王方定为组长的铀钚化学研究室铀化学工艺小组，担负了研制中子源原料的任务。开始时实验条件很差，这个组的科研人员就和基建工人一起，亲自动手，用一个多月时间盖起了一个工棚实验室，在充实了一些必要的设备后，于同年秋迁进了这个简易放化实验室。就在这样简陋的条件下，他们同核武器研究所的有关研究人员和工人一起，经过数百次试验，于 1962 年年底研制出了符合核武器要求的中子源装料。接着，原子能所实验工厂精密加工组的老工人郭坤等 3 人，放弃节、假日休息，夜以继日地工作，按要求加工出高精度的包装外壳；金属物理研究室王树人等 3 人攻克了包装中一系列的技术难关，解决了中子源的包装问题；中子物理研究室中子衍射组的朱家瑄等 5 人，用稍加改装后的中子衍射仪，完成了每批中子源的最终检验任务。最后核武器研究所对中子源进行了试验，确认性能达到了设计要求，取得了完全的成功。

### （二）六氟化铀的生产

1960年至1963年，根据二机部的部署，原子能所与六氟化铀生产厂、核工程研究设计院一起，胜利完成了兰州铀浓缩厂急需的若干吨六氟化铀的生产任务，并为生产厂验证了工艺流程，培训了一批技术人员和技术工人，对铀-235生产线投产起了保证作用。

### （三）燃耗分析方法的建立与应用

为测定原子弹当量，原子能所，核武器研究所和国防科委试验基地研究所共同协作，建立了燃耗分析方法，并完成了多次核试验后的当量测定工作。

此外，原子能所还制备了特种同位素示踪剂，作为核试验反应效能的探测，在几次核试验中，都取得了很好的效果。

### （四）锂-6和氘化锂生产的技术攻关

为生产锂-6和氘化锂进行了技术攻关，金星南等人完成了同位素分离的理论计算工作；为满足核试验的需要，原子能所制备了高纯铀-235和高纯锂-6，并与中国科学院化学所共同协作用化学交换法研制并提供了硼-10同位素。

### （五）二氧化铀等产品质量分析监测方法的建立

原子能所分析研究室朱培基等与有关单位合作，建立起二氧化铀、四氟化铀、六氟化铀产品质量的分析监测方法。

## 二、核燃料循环

### （一）铀的前处理

1958年，北京铀矿选冶研究所开始验证苏联的铀水冶工艺流程，1960年后，开展了一系列“攻关”项目，先后研制成功了具有我国特色的一系列工艺流程（详见矿冶章）。海洋研究所和一些沿海城市的科研单位，开始研究从海水中提铀，并取得初步成果。

### （二）铀的转化

为生产原子弹装料的核燃料工厂做好了技术准备。此外，研制成了从二氧化铀制备四氟化铀的单级挡板流化床，使 HF 单耗降低到 0.3 吨/吨四氟化铀。生产六氟化铀的立式逆流氟化炉和堆后硝酸铀酰用一步法直接还原脱硝制备二氧化铀，也都是我国独创的先进方法。

### （三）核燃料后处理

1963 年前，原子能所和北京核工程研究设计院等单位，对苏联的沉淀法工艺流程进行消化吸收和改进。同时，清华大学对国际上先进的萃取法流程开始了“冷”试验研究。1964 年专门组织了专家调查组进行调查，得出的结论是：在我国，萃取法的技术问题可以解决，而且经济上优于沉淀法。据此，原子能所、清华大学、北京核工程研究设计院、酒泉原子能联合企业后处理工厂、中国科学院化学研究所和长春应用化学研究所等单位联合攻关，借鉴国外文献资料，经过 19 次热试验，于 1965 年完成了后处理萃取法工艺的研究工作，并应用于生产。以后，又完成了后处理主工艺由三循环改为二循环的研究试验，并也已应用于生产。

1977 年至 1984 年，原子能所完成了核潜艇动力堆燃料后处理工艺流程串级试验。1981 年，围绕核电站元件后处理，原子能所对无盐流程的电解氧化还原、羟胺还原等做了较深入的研究，其中钚的电解氧化调价已可用于生产。另外，在脉冲萃取柱的化工研究，溶剂的辐射降解，草酸盐沉淀工艺的改进，从高放废液高效萃取 α-核素以及元件燃耗测定等方面也取得了较好的成果。在开展上述工作的同时，研究了钍、铀、钚、镎、镅、锔和裂片元素的各种分离分析方法，以及直接锗锂 γ 能谱、β-γ、γ-α 符合低本底测量及质谱分析等技术。

### （四）化工新材料等的研制

20 世纪 60 年代初，为了核燃料循环应用的需要，石油部、化工部、冶金部、中国科学院、高等院校等有关单位密切配合，开展了有机新材料的合成和化工专用设备的研究。20 多年来，先后研究合成了各种离子交换树脂、离子交换纤维、离子交换膜、反渗透膜、支撑液膜淋萃及螯合树脂、各种萃取剂，絮凝剂及一些特种试剂、特种润滑油、含氟垫圈、垫片、阀门填料等。一些产品性能已赶上或优于国外同类产品。

**（五）“三废”处理与综合利用**

30年来，我国放射性“三废”治理的研究开发，是根据核工业建设需要而逐步开展起来的，是沿着先废水废气处理的研究，而后重点转向低、中、高放射性废液固化和废物最终处置这条道路而不断前进的。

1964年，原子能所从用絮凝沉淀—蒸发—离子交换三段法处理低放废液开始，进行了大量技术改进的科研工作，以后研究成功热泵蒸发冷试验和充填离子交换纤维的电渗析法，这两项技术已被广泛推广应用。北京师范大学和原子能所用无机离子交换剂分离低放废液中的铯-137和锶-90的研究工作做得较好。北京师范大学合成的多锑酸和磷酸钛AMP，辐射防护研究所对于放射性废物的裂解燃烧处理，原子能所对废树脂的包容量高达65%（重量）的塑料（聚苯乙稀）固化，以及北京大学从后处理废液中提取铑、钯的研究，水平都比较高。原子能所已完成生产堆高放废液硼硅酸盐罐式玻璃固化的冷试验。后处理工厂在原子能所和北京核工程研究设计院对中放沥青固化研究的基础上，建成了工业规模的车间。原子能所和清华大学还进行了中放废物水泥固化的研究工作。1982年，酒泉原子能联合企业吸收原子能所和兰州大学的研究成果，建立了从后处理厂废液中综合提取铯-137、锶-90、碲-90、铈-144和钷-147的生产车间。

辐射防护研究所和地质四队等单位，对放射性废物的最终处置也进行了研究。如页岩层中水泥固化物和高放玻璃固化块最终处置的安全性研究和核素在地下迁移的试验正在进行。

## 三、锕系元素化学

在伴随着核燃料工业的建立和发展，我国不少科研单位和大学都对锕系元素基本化学和分析方法进行了研究，其中开展工作较多的有原子能所、清华大学、北京大学、复旦大学、上海有机化学所、西北核技术研究所、四川大学、天津大学和北京铀矿选冶研究所等单位。但限于条件，只有原子能所等少数单位能够在镎、钚和超钚元素方面开展工作。

在这个领域，水平较高，应用意义较大，或具有我国特色的研究项目有：磷类和胺类萃取剂的结构和它们对铀萃取行为的关系；各种类型的萃取剂对铀的二元和三元协萃体系的研究；计算铀萃取体系中非电解质活度系数的方法；用电位法控制硝酸溶液体系中钚和镎的氧化还原程度；在高放废液中提取 99.9%镅、锔、铀和钚的萃取方法；高纯镅和锔的分离制备方法；新型萃取剂（如冠醚）在锕系元素分离分析上的应用和包括电化学和光化学方法在内的各种氧化还原方法等。

## 四、核化学

20 世纪 70 年代初兰州近代物理所曾利用重离子反应合成锎-246、锿-246 和镄-250，并用阳离子交换方法分离鉴定得到的锎，建成了加速器旁快速分离鉴定装置，在用碳-12 离子轰击锌-64 产生半衰期为几分钟的溴-72、溴-73 和溴-74 中得到应用。四川大学周懋伦在美国布鲁克海文国家研究所与朱永𬳕合作，首次合成了镅-233。

在裂变化学方面，兰州近代物理所用碳-12 轰击金-197、铋-209 和铀-238 等重核，用放化方法测定了裂变产额，发现质量分布宽度随 $Z^2/A$ 的增加而迅速增大。原子能所在精细地测定了 3 兆电子伏和 8 兆电子伏中子诱发铀-238 裂变时的裂变产额时，共测定了 85 个核素的产额，其中有 10 个核素的产额是第一次公开报道。

## 五、核燃料分析

从 1960 年以后，对于核燃料各类产品，皆已建立了标准分析方法，计有：活化分析法，发射光谱（包括等离子体发射光谱），分光光度（包括红外与紫外），核磁共振，原子吸收，激光荧光，电化学（包括极谱和库仑分析），X 射线荧光分析，X 射线扫描-微区分析，质谱（包括火花源质谱），色谱，同位素稀释法，亚化学计量分析法和差热分析等。其中激光荧光方法测定铀检出极限为 $0.01\times10^{-9}$，误差为±10%，析出 $0.1\times10^{-9}$ 铀时误差为±5%；用激光荧光方法测定稀土元素中的钐、铕和镝，检出极限可达（0.9～0.04）$\times10^{-12}$。从 1973 年开始，在化学分析专家陈国珍指导下，北京核工程研究设计院、原子能所、后处理厂等单位，协同研究成功自动化分析技术。1979 年后处理厂采用后，分析不用取样，可随生产流水线及时取得数据，因而使分析人员受放射性剂量大大减少，生产效益很好。

# 第四节 反应堆技术研究

我国反应堆技术研究，始于1956年下半年。那时，物理所举办了为期一年的反应堆理论训练班，由彭桓武和黄祖洽任教，学员近20人，为中国培养了第一代反应堆理论研究人员。1958年，苏联援建的研究性重水堆交付使用，接着我国确定了自行研究、设计潜艇核动力堆的任务，从而带动了一系列反应堆技术的实验研究工作。以后，在将近30年的时间内，我国研究、设计、建造的反应堆主要有研究性反应堆、核燃料生产用反应堆和压水型动力反应堆等。已经建成并投入运行的10座反应堆，积累了120堆年的运行经验，建立了完整的反应堆技术科研体系。从事科学技术工作的人员约5 000人。这支队伍不但有能力解决研究堆、生产堆、动力堆建设中提出的各个课题和技术问题，而且也有能力消化引进新技术和探索、开发新型的反应堆。

## 一、反应堆物理研究

1958年，原子能所成立了反应堆物理实验组，承担了研究性重水堆的物理启动任务。1959年2月，原子能所在朱光亚领导下，自行设计、制造和安装了第一座轻水零功率装置，并进行了一些实验工作，为掌握研究性重水堆物理实验技术跨出了第一步。

1961年后，原子能所的堆理论组与堆物理实验组合并为堆物理研究室，开展了材料试验堆、元件考验堆、生产堆的物理理论计算工作；同时，建造了几个零功率装置，对计算结果进行了实验验证。以后还与反应堆工程技术研究所、上海核工程研究设计院等单位合作，为我国自行设计建造潜艇核动力反应堆、高通量实验反应堆及秦山核电厂反应堆开发计算程序，并在零功率装置上进行了实验验证。

1963年后，为了给轻水堆设计提供依据，原子能所、西南反应堆工程研究设计院开展了轻水堆栅格理论及实验研究，并对铀水栅的实验作了较细致的理论分析工作，在实验堆上进行了全寿期的监测，校核了理论计算和零功率实验。1978 年到 1983 年，原子能所结合 1958 年建成的试验性重水堆的改建，开展了低浓铀重水栅格物理特性的理论和实验研究。配合核工程研究设计院重水堆核电站研究设计工作，开展了高浓铀重水物理特性研究。为脉冲堆的设计研究，建立了氢化锆堆零功率装置，研究了氢化锆的中子散射问题。此外，西南反应堆工程研究设计院、清华大学、原子能所等单位，为核热电站、高温气冷堆进行了堆物理及其计算程序的开发工作；在快堆方面，开展了快堆控制，多普勒效应以及临界实验方面的理论及实验工作。

20 多年来，全国先后建有零功率装置近 20 座，到 1984 年尚在运行的有十几座。其中西南反应堆工程研究设计院 8 座；中国原子能科学研究院 3 座；清华大学核能技术研究所 1 座；上海原子核研究所 1 座。

## 二、反应堆热工水力研究

1959 年，原子能所组建了中国第一个反应堆热工水力试验室，并陆续建立起十多个高温高压水回路等实验装置，为潜艇核动力堆做了临界热流密度、元件盒内流速分布及若干部件的阻力等试验。这些都为解决设计中的一些关键技术问题提供了依据。

1965 年以后，在西南反应堆工程研究设计院、上海原子核所、清华大学核能技术所、上海交通大学、西安交通大学等单位，先后建立了各种热工水力试验装置。这些单位的研究人员共同完成研究性反应堆、核燃料生产用反应堆和压水型动力反应堆的热工水力试验任务，为堆的设计、运行和改建提供了必要的数据。

1970 年，我国建成了第一条钠传热回路，做了钠在管内和套管内流动时的传热系数试验，取得了高温钠运行的经验，为我国快堆传热研究工作迈出了第一步。到 1984 年，中国原子能科学研究院、上海电器科学研究所、宝鸡九〇二厂等单位共建小型钠回路及试验装置约 20 个。

通过 20 多年实践，反应堆稳态热工水力测试技术已达到了较高水平，在测定表面温度、单相压降、局部流速、临界判断、两相空泡份额、中小流量等方面已相当准确。在反应堆热工水力理论分析和计算程序上，已具有相当完整的稳态分析计算程序，动态分析计算程序及安全分析研究工作也已初具规模。

## 三、反应堆核燃料元件的研究

1958 年，原子能所开始了反应堆燃料元件的研究，以后转到包头核燃料厂等单位继续进行。20 余年来，完成了研究堆、生产堆和动力堆的各种燃料元件的设计和加工任务。原子能所在研究性重水反应堆、元件考验堆上，建立了一批堆内、外考验回路装置，并对上述各种堆的燃料元件，进行了堆内、外考验研究工作。60 年代末期，在西南反应堆研究设计院，建成了一个完整的核燃料及核燃料元件研究设施。尤其是 1982 年建成的高通量试验反应堆，具有 9 个试验孔道及相应配套的辐照技术和辐照检验手段，为今后承担核电站燃料组件堆内考验，创造了更有利的条件。对燃料元件破损的探测、堆芯测量技术和传感器的研制，也已取得一定的成果。

1983 年，原子能所在改建后的研究性重水堆内，建立了一条高温高压考验回路，从 1984 年年底开始，对秦山核电厂的燃料元件进行考验和检验。

## 四、反应堆材料研究

20 世纪 50 年代后期，冶金部、化工部、中国科学院有关研究所和原子能所反应堆材料研究室等单位，大力协同，对反应堆用材料的各种有关元素的控制分析，材料的机械性能、焊接性能、抗腐蚀性能、抗辐照性能等，经过长期的试验研究，终于研究出了多种堆材料。到 1984 年为止，除少数特种材料尚需从国外进口外，其他的反应堆用材料，国内产品的各种性能指标均符合设计要求，能够满足建堆需要。对于上述少数尚需从国外进口的材料，国内也已着手攻关研制，并取得了可喜的进展。

## 五、核动力装置系统及设备结构力学分析研究

反应堆压力壳、主蒸汽发生器、主泵、稳压器及其管道、阀门等均属核级高压设备。为了保证这些设备安全可靠，在设计中需做详尽的应力分析及应力实测。

1960 年，由中国科学院哈尔滨土建所（后改名为哈尔滨工程力学所）、

力学所、核工程研究设计院等单位共同组织力量，对生产堆设备进行了结构力学分析研究。1963 年，反应堆工程技术研究所成立反应堆结构力学研究室。1970 年这个所并入西南反应堆研究设计院后，陆续建了静力试验台、光弹实验室、爆破实验室、应变片研制实验室、冲击实验室、振动实验室、水流振动试验台架以及低周疲劳试验台架等，为做好堆设备的应力分析创造了条件。

此外，中国科学院力学研究所、哈尔滨力学研究所、六机部七院有关单位，还对反应堆结构力学做了大量的研究工作。

## 六、反应堆水化学研究

反应堆水化学是研究反应堆一、二回路的水质净化和延长反应堆结构材料寿命、减少回路放射性水平的一门新学科。

1958 年，我国开始反应堆材料腐蚀及保护的研究，在二机部所属反应堆工程研究单位相继组建了堆化学研究室和堆材料腐蚀及保护研究室，建立了一系列腐蚀试验台架、稳态高温高压试验釜及动态模拟腐蚀试验回路。20 多年来，研究了多种快速、准确的水质分析方法，并在反应堆日常运行中进行水质检测，及时提供数据，保证反应堆安全运行。对水质净化工艺及除氧技术，进行了大量的研究工作，提供了有价值的结论，并已应用于工程。为使堆用材料的腐蚀研究工作进一步深入，20 世纪 70 年代初开始了高温高压纯水中腐蚀电化学的研究。此外在材料防腐方面，对高效、无毒、廉价、耐辐照的缓腐蚀剂及耐高温、耐辐照涂料的研究都得出了良好的结果。蒸汽发生器模拟体动态腐蚀研究工作，正处在长期运行试验中。

## 七、反应堆安全分析

反应堆安全分析是反应堆工程安全系统设计的依据，安全分析必须贯穿在整个反应堆研究设计全过程中。

从 20 世纪 70 年代末开始，二机部反应堆工程研究单位着重对轻水堆安全问题开展了核电站安全分析，燃料元件在正常及事故工况下的性能研究，失水事故的实验研究，临界安全与堆动态研究，核电站环境安全研究及核电站三废处理研究等方面的工作。随着研究工作的深入，陆续建立了相应的试验研究装置。

## 八、反应堆在役检查

核电站的设计、建造有严格的质量保证规范。然而，核电站在运行过程中仍有可能因各种应力和腐蚀等因素的影响，产生缺陷（裂缝），或使潜在缺陷得以扩展。为此，在核电站的使用寿期内（一般为40年），需要对反应堆主要设备和系统做严格的定期在役检查，以便及早发现缺陷，及时采取措施，确保设备及人身安全。

20世纪70年代末，西南反应堆工程研究设计院组建了反应堆在役检查研究室，经多年努力，现已拥有反应堆压力壳聚焦超声检查装置、蒸汽发生器传热管多频涡流检查系统、压力壳顶盖超声缩放及电视检查系统、主管道超声检查系统、压力壳主螺栓单频涡流检查装置、耐辐照水下电视和录像系统以及耐辐照潜望镜、光导纤维镜等设备。该室已对我国动力堆主要部位作了在役检查，效果良好。

在我国自行设计建造反应堆过程中，除以上所述各学科外，还就反应堆控制测量系统及仪器、设备和反应堆的厂址选择的研究等做了很多工作，取得了成果。如：我国自行设计建成的反应堆控制系统，经各反应堆的运行实践考验，都能够保证反应堆的安全运行。

# 第五节　铀同位素分离研究

核工业需要的浓缩铀必须通过同位素分离的方法来获得。采取不同的分离方法，会直接影响到生产的规模、投资和成本。因此铀同位素分离的研究工作，在核工业的发展中，占有重要位置。

## 一、中国浓缩铀研究的摇篮——铀同位素分离气体扩散实验室

为了建立和发展我国浓缩铀事业，20世纪50年代末，在北京原子能所

内兴建了铀同位素分离气体扩散实验室（以下简称实验室）。1960 年初建成投入使用后，原子能所及时抽调吴征铠、王承书和钱皋韵等科学家，加强实验室工作。这个实验室为我国培训了第一代浓缩铀的科研和生产技术人员，为同位素分离理论和工艺试验研究做了许多工作，为我国浓缩铀事业揭开了光辉的一页。

## 二、扩散法应用技术的理论、试验和工艺研究

1961 年，王承书主持的原子能所铀同位素分离气体扩散实验室（该实验室为天津理化工程研究院的前身）理论组，用约一年的时间，组织铀浓缩厂等有关单位的理论人员和清华大学有关专业的部分教师，学习气体扩散的理论知识，培养了我国浓缩铀事业的第一批理论骨干。1962 年，理论组和原子能所理论研究室有关人员一起，通过理论分析和大量的实验、工艺研究，为兰州铀浓缩厂的启动运行提供了重要资料和经验。与此同时，实验室的理论人员还进行了级联定态和非定态的研究。在原子能所理论研究室计算组的配合下，他们用电子计算机进行了大量的级联方案计算、级联中气体同位素丰度分布的计算，特别是在非定态下级联内各点铀-235 丰度随时间变化的曲线计算，为工厂的生产方案选择和非定态下取料方案的确定，提供了重要的参考数据。

这一阶段还在扩散级联的启动和调整、级联方案转换及预想事故的处理、主工艺设备的性能及维护、检修等方面，开展了试验研究工作。此外，实验室的理论人员还进行了有关分离器的研究，并与第七研究设计院及生产厂共同研究提出了新的级联方案。兰州铀浓缩厂稳定运行后，实验室的科研人员一方面进行改进扩散机的理论研究，另一方面为新研制的扩散机作理论设计。1975 年，实验室完成了新扩散机级联动态的研究工作，并配合生产厂进行了级联经济性分析。

## 三、分离膜的研制

分离膜是气体扩散法分离铀同位素的核心部件，在气体扩散厂里，其用量很大。从 1960 年开始，我国先后研制成功多种分离膜，供扩散厂使用。

1960 年，铀同位素分离气体扩散实验室成立了以钱皋韵为组长的 14 人

分离膜研制小组；随后又组织了中国科学院、冶金部及高教系统等三方面的力量，大力协同，有分工、有计划地开展工作。1965 年经机组鉴定，甲、乙两种膜达到指标，为我国自己制造分离膜打下了基础。从 1965 年起，分离膜的研制工作进入了提高性能和创新的阶段，配合新扩散机的研制，开展了丙、丁两种膜的研究；后来又集中力量主攻性能较优的丁种膜，1975 年完成了该项任务。此后的研制工作主要是根据扩散事业的需要，研制小参数、高性能的膜，已取得一定成果，其性能在有些方面已接近国际先进水平。

和其他研究工作一样，膜的研制也离不开理论研究、物理性能和化学性能的研究和性能参数的测定。核工业理化工程研究院的前身，也称为六一五研究室，主要承担了这些工作。为此建立了一系列的实验装置和测试设备，包括为分离膜鉴定的最后一个环节——浓缩系数等的测定建立了一个小级联。这个小级联相当灵活，可以根据需要将它调整到不同工况下运行。这些研究工作为我国膜的研制创造了必要的条件。

## 四、离心法应用技术的研究

气体离心法分离铀同位素技术被称为第二代商用浓缩铀技术。它的综合性强，技术要求高。

与气体扩散法相比，离心机的单台分离系数高，为 1.1~1.2，而气体扩散法的相应值仅为 1.002，因此，为了达到相同的浓缩程度，离心法级联的级数较扩散法的约小两个数量级。离心法的耗电量小，单位分离能力的耗电量仅为扩散法的五分之一至十分之一。但是离心分离要求离心机的转子高速旋转，受转筒材料和制造技术的限制，离心机的单机分离能力较小。同样生产规模的工厂，所需离心机的台数要比扩散厂扩散机的台数大得多。相对而言，离心工厂的运行，维护要求较高。

我国离心技术的研究起步于 1958 年。早期从事这项工作的有清华大学、北京大学、原上海灯泡厂等单位。他们克服了很多技术难关，为离心技术的科研迈出了开创性的一步，为后来较快的发展打下了基础。20 世纪 70 年代中期以来，二机部加强了这方面的工作，经过近十年的努力，我国已初步形成了一支较完整的科研队伍，并取得了不少科研成果，科研及开发工作正在加速进行。

## 五、其他分离方法的研究

### （一）激光法应用技术的研究

激光法分离铀同位素是利用同位素元素吸收波长不同这一原理来分离的。它是一种新型的、有工业前景的分离方法。它与扩散法和离心法相比，具有投资少和耗电量小的优点。特别是它可以用贫化铀作浓缩铀对象，可提高铀矿资源的利用率。激光法分离铀同位素，可分为分子法和原子法两种。

20 世纪 70 年代初，中国科学院长春光学与精密机械研究所、大连化学物理研究所、北京电子学研究所、四川大学、二机部理化工程研究院等单位分别开展了分子法激光分离铀同位素的研究。为开展六氟化铀为介质的激光分离铀同位素的研究工作，进行了六氟化硫和六氟化铀等有关振动光谱的研究。1976 年，为模拟六氟化铀激光分离试验，选定六氟化硫分子作为分离介质，实现了硫-32 和硫-34 的分离，并取得一些试验数据。同时，用 TEA 二氧化碳激光器和四氟化碳激光器，对六氟化铀做了一些基础试验，观察了一些效应，并取得一批有用的数据。

长春应用化学研究所、上海光学与精密机械研究所、北京电子学研究所、二机部理化工程研究院等单位，还开展了原子法激光分离铀同位素的研究。他们进行了理论性的分析、光谱测量等工作，1985 年进行了分离铀同位素的演示试验，并测得了较高的分离系数。

### （二）化学法应用技术的研究

化学法分离铀同位素，通常是指化学交换法分离铀同位素。

化学法生产低浓铀，能耗低，不需要氟化和脱氟工艺，级联有一定灵活性，可根据需要，随时调节产品，并能充分利用原料。但它只适合于小规模生产。该法以溶液萃取法和离子交换法为代表。

1958 年，武汉大学和北京大学等单位都曾进行过有关化学法分离铀同位素的研究工作。1970 年后，二机部理化工程研究院、北京铀矿选冶研究所和原子能所陆续进行了离子交换膜电渗析法和离子交换树脂法分离铀同位素的探索。到 80 年代中期，四、六价的离子交换法在小试验柱中得到排代速度为 40 厘米/小时的较好水平。此外，初步工作表明，在不变价态交换体系中，大环聚醚体系（如冠醚）能给出较高的单级浓缩系数。

## 第六节　粒子加速器技术研究

粒子加速器，是通过人工方法使带电粒子加速到较高能量的装置。利用它可以产生各种能量的电子、质子、氘核、α 粒子以及其他重离子；由这些粒子与物质的相互作用，还可产生 γ 射线、中子及多种介子、超子、反粒子等。粒子加速器是核物理与基本粒子研究及核工业发展的重要手段。随着技术的发展，加速器已经日益广泛地应用于工农业生产和生物学、固体物理、注入冶金学、环境科学以及核医学等领域，在核科学技术研究与国民经济的发展中，都占有重要地位。

### 一、低能加速器的研制

新中国成立后，由于旧中国没有技术储备，粒子加速器的研究是从真空技术、离子源技术、高频高压技术及加速管制造工艺等开始的。在核物理学家赵忠尧领导下，以他从国外带回的静电加速器部件为基础，原子能所于1957 年研制成功了我国第一台能量为 2.5 兆电子伏的质子静电加速器，它是开创我国粒子加速器技术研究的重要成果。1955 年到 1960 年还先后研制了大气型质子静电加速器、100 和 400 千伏高压倍加器。在谢家麐领导下，经过几年艰苦的试验，于 20 世纪 60 年代初，研制成了我国第一台能量为 30 兆电子伏的电子直线加速器。从 1958 年开始研制的两台 2 兆电子伏的静电加速器也于 60 年代初调试完毕，投入运行。在此期间，上海先锋电机厂与兰州近代物理研究所合作，研制生产了 600 千伏高压倍加器。

20 世纪 50 年代末 60 年代初，我国先后从苏联引进一台 1.2 米直径，氘核能量为 12.5 兆电子伏（У-120 型）和一台 1.5 米直径，氘核能量为 24 兆电子伏（У-150 型）的回旋加速器；一台能量为 2.5 兆电子伏的 ЭГ-2.5 型质子静电加速器；两台能量为 25 兆电子伏的电子感应加速器。1960 年，ЭГ-2.5 和 У-150 两台加速器尚未开始安装，苏方就停派专家。我国科技人员克服重重困难，自己动手安装调试，不但使设备达到原设计指标投入运行，而且在安装和运行过程中还培养了一批科技力量。这些加速器的及时运行，为“两弹”过技术关发挥了作用。

为了满足核物理实验的需要，50 年代末，在引进的基础上，第一机械工业部北京机电研究院、北京重型电机厂、上海先锋电机厂、二机部原子能所、电子工业部北京广播器材厂等单位一起协作仿制了两台 H-120 回旋加速器和两台 ЭГ-2. 5 型质子静电加速器，分别提供核物理研究单位使用。通过仿制，提高了我国加速器理论设计水平和研制能力，并且在机电加工技术上也奠定了一定基础，对进一步研制各类加速器创造了有利条件。

由于核数据测量的需要，1969 年，原子能所科技人员将原来固定能量的 У-120 型回旋加速器改为可变能量加速器，使氘核能量在 3~14 兆电子伏范围内连续可变。1970 年，兰州近代物理所为开展重离子物理实验研究，将 У-150 型回旋加速器改为能加速碳、氮、氧离子的重离子加速器。1984 年，上海原子核所也将回旋加速器改成可变能量型加速器，使氘核能量在 10~16 兆电子伏内连续可变。

到 1984 年年底为止，据不完全统计，一些科研单位、高等院校和工厂已研制各种类型加速器近 103 台，从国外引进小型加速器近 41 台，共计 144 台。其中研制成功和正在研制之中的新品种有：0. 3~1. 5 兆电子伏绝缘芯变压器电子加速器；2 兆电子伏，电子束功率为 20 千瓦高频高压（地那米）加速器；0. 1~0. 2 兆电子伏功率为 100 瓦~1 千瓦的离子注入机和电子束爆光机；750 千电子伏高压倍加器；0. 7~1 兆电子伏脉冲电子束为 50~180 千安培的强流脉冲电子束加速器；4. 5 兆电子伏静电加速器；6×2 兆电子伏串列静电加速器；0. 15~0. 4 兆电子伏，电子束功率可达 150 千瓦的电子帘加速器；中子产额为（1~2）$\times 10^{12}$/秒的中子发生器；6~25 兆电子伏电子回旋加速器；4~8 兆电子伏驻波电子直线加速器；100 兆电子伏强流短脉冲电子直线加速器，以及 35 兆电子伏质子直线加速器等。

大批加速器的研制成功，一方面显示了我国加速器技术的发展水平，另一方面也为核技术在工、农、医方面的应用、国防科研和新能源的开发研究，提供了重要的手段。

1976 年以来，从国外引进的小型加速器有医疗和工业探伤用的电子直线加速器20多台，离子注入机近10台，用于表面层分析的小串列加速器5台，用于生产缺中子同位素的CS-30固定能量回旋加速器一台。这些加速器的引进为我国工、农、医等领域的有关工作提供了必要条件，也有利于我国加速器技术水平的进一步提高。

## 二、中、高能加速器和重离子加速器的研制

早在20世纪50年代，在王淦昌、力一、李正武主持下，就进行了能量为1千兆电子伏的中能加速器的理论研究和物理设计，并开展了一些预研工作。60年代曾着手进行高能加速器的理论设计。通过这一系列的理论研究，在中、高能加速器研制方面，培养了一支科技力量。

1984年，高能物理所开始建造正负电子对撞机。该机的单束能量为2.8千兆电子伏，有效能量为5.6千兆电子伏，计划于1988年建成。1972年，中国科学院兰州近代物理所开始了分离扇重离子加速器的设计与预研工作，加速能量从轻离子100兆电子伏/安培到氙离子4.8兆电子伏/安培。1978年，原子能所从美国引进HI-13型串列静电加速器，加速能量从轻离子26兆电子伏/安培到硅离子4.3兆电子伏/安培。加速能量为800兆电子伏的同步辐射装置在合肥中国科技大学建造。

以上这些大型加速器的建造，标志着我国加速器技术研究进入一个新的阶段，对实验核物理来说，这些大型设备的建成，为缩小与国际先进水平的差距提供了必要的条件；同时，同步辐射装置的建设，将对超大规模集成电路的制造，生物学、医学等的发展研究都有重要意义。

# 第七节　核探测技术研究

我国的核探测技术（核探测器与核电子学）研究，始于1950年。1952年，近代物理研究所成立了以何泽慧为组长的核乳胶小组，以戴传曾为组长的气体探测器小组，以杨澄中、忻贤杰为正副组长的核电子学小组。到50年代末期，核探测技术这一领域的科研工作全面展开。经过30多年的发展，

核探测技术的研究做出了一些既有实用价值又有一定水平的科研成果。

## 一、核探测器的研制

20 世纪 50 年代，近代物理所的部分科研人员开始研制 NaI（Tl）闪烁体、蒽晶体、气体电离探测器、原子核乳胶、中子计数管、堆控电离室，并取得了较好的成果。

从 20 世纪 60 年代到 70 年代，由于研制核武器和核试验现场的需要，原子能所专门研制了电子倍增器、强流光电管、α 带栅电离室、γ 电离室、康普顿真空二极管和 PIN 电流型硅探测器等，另外还提供了大量的 $BF_3$ 中子正比计数管。在满足实验核物理任务的需要中，还研制了电子灵敏、载铀、载硼核乳胶及含氢正比管等。这些探测器的研制成功，不但满足了任务的需要，而且促进了学科的发展。

半导体探测器是国外 20 世纪 50 年代末期发展起来的一种新型探测器，具有优越的探测性能。原子能所、北京综合仪器厂、上海原子核所、科学院半导体研究所、复旦大学等单位，在 1962 年前后对金硅面垒型探测器进行了研究；此外，还先后研制了 ΔE 型硅探测器、锂-6 夹心中子硅探测器、位置灵敏硅探测器等，基本上满足了国内的需要。20 世纪 70 年代，这些单位还开展了锗（锂）漂移型半导体探测器的研究。80 年代初，原子能所研制出平面型和同轴型高纯锗探测器，上海原子核所和北京核仪器厂也先后开展了研制工作，并取得明显的进展。同时，还进行了硅锂 X 射线探测器的试制，原子能所制造成功的 50 平方毫米、80 平方毫米较大面积的探测器，接近或达到国外同类产品水平。此外，上海原子核所还开展了碘化汞室温半导体探测器研制工作；原子能所对碲化镉探测器做了初步的研究。

从 1974 年起，原子能所首先开展了多丝正比室的研究，先后对 100 毫米×100 毫米一维多丝室和 150 毫米×150 毫米及 300 毫米×300 毫米二维成像多丝室进行了研究，其中的二维成像多丝室在生物物理研究中得到初步应用。中国科技大学、高能物理所等单位在多丝室研究上也取得了一批成果。

高能物理所对自淬灭流光计数器开展了广泛而深入的研究工作。此外，X 射线正比管、氦-3 正比管、固体径迹探测器、电子显微镜自射线照像用的 HW-4 型细颗粒电子灵敏核乳胶、双标记用的彩色核乳胶都研制成功，并在许多科技领域中得到应用。

1976 年以后，配合基础研究，高能物理所和兰州近代物理所对高能探测器、平板雪崩室、多参数离子电离室等的研究工作有进一步发展。原子能所为配合串列加速器 Q3D 磁谱仪，开展了轻粒子焦面探测器系统和二维成像焦面探测器的工作。还进行了采用 Penning 效应，提高 X 射线正比管能量分辨的工作，做出了能量分辨率更好的正比管。

## 二、核电子学的研究

核电子学是核科学和电子学相结合而产生的边缘科学。它主要研究的是如何测量、分析和处理核探测器给出的电信号。

我国的核电子学研究工作，开始于 1950 年，近代物理所首先研制了前置放大器和线性脉冲放大器等核电子仪器。1952 年到 1956 年，由于核物理实验的需要，研制成了高压稳压电源、定标器、计数率仪、单道脉冲分析器等一些通用核电子仪器；同时为核电子学实验室本身的需要，还研制了脉冲产生器、实验室用电源、扫描电路等一些辅助设备。

1958 年，随着我国核科学技术的进一步发展，对核电子学的要求越来越高，毫微秒脉冲技术便被提上了研究日程。这时原子能所开展了多道分析器的研制工作。20 世纪 70 年代末期，计算机技术开始引入我国核电子学领域。

### （一）毫微秒脉冲技术

1958 年，原子能所为了配合快中子飞行时间谱仪的需要，组织了毫微秒脉冲技术的攻关，经过 4 年的努力，完成了任务。以后又先后为核爆炸、核物理实验研制了各种示波器（如：单次高压快速示波器、SB-12 单次示波器、行波示波器、取样示波器、单次照像示波器等）；各种放大器（如：分布式放大器、快电流放大器、快前置放大器、宽带差分放大器等）；各种快产生器（如：水银开关高压脉冲产生器、水银开关稳定幅度产生器、闸流管高压脉冲产生器等）；各种大电流高压电源（如：3kV-10A、7kV-3A、10kV-100mA 等）和 λ 波形数字化测量仪、λ 速报测量仪等。这些仪器为核武器试验作出了贡献，其中大部分项目获得 1978 年全国科学大会的奖励。

1978 年以后，开展了基于微计算机的瞬态波形数字化测量系统、强流二极管放电时间测量系统、时间关联测定系统，以及微通道板单次脉冲示波器的研制工作。

**（二）多道-计算机系统技术**

20世纪50年代中期到60年代中期，我国研制了25、50、64、100、256道电子管脉冲幅度分析器和10、64、128、256道电子管时间分析器。60年代中期原子能所研制成功晶体管512道分析器，1969年后由北京核仪器厂大批量生产。随后，上海原子核研究所研制成晶体管4 096道分析器，清华大学与北京核仪器厂合作，研制成集成电路4 096道分析器，原子能所研制成多功能1 024道分析器、台式计算机系统和NOVA-840计算机的数据获取和处理系统。80年代初，原子能所、清华大学、北京核仪器厂、南京大学、北京大学、上海原子核所和高能所等单位，开始研制智能多道分析器、基于微计算机的多道分析器以及在线数据获取和处理系统，取得比较好的成果，使我国多道-计算机系统技术研究进入了一个新的阶段。

**（三）通用核电子学仪器的研制**

北京综合仪器厂成立后，通用核电子学仪器逐步由该厂提供，到70年代末，基本能满足核科研和核工业生产的需要。各研究单位也自行研制或小量复制了一些单道分析器、放大器、高压电源和定标器等，同时也研制一些高稳定$\gamma$谱仪、X谱仪、$\alpha$谱仪等以适应特殊实验的需要。1974年开始在国内推行国际上通行的NIM插件标准，原子能所从实验核物理要求出发研制了几十种NIM插件，品种比较齐全，其中如谱仪放大器和高压电源等插件，已达到国外厂家同类产品的水平。同时也研制了稳定幅度产生器、滑移脉冲产生器和非线性测量仪等。

1976年以后，通用核电子技术已向系统配套和专项测量发展，并为国民经济各部门进行开发研究工作服务，如：为大庆油田研制了碳/氧比能谱仪等。

## 第八节　受控核聚变研究

核聚变能是解决21世纪后人类能源需要的一个主要途径。

核聚变是氘、氚等轻原子核聚合成为较重原子核并同时放出巨大能量的核反应，受控核聚变则是将上述的有如氢弹爆炸一瞬间的核聚变反应变成一个可以控制的过程。受控核聚变研究的目标是，建成聚变反应堆，使它能连续地或呈脉冲式地进行受控核聚变反应，并把产生的聚变能转换成电能或其他形式的能，以用于国民经济和人民生活。核聚变所用的燃料——氘，在海水中的储量极其丰富，受控核聚变一旦实现，浩瀚的海洋将是取之不尽的能源库，所含之氘可供人类社会使用上亿年。核聚变能有两个突出的优点，一是它不会大量产生长寿命的放射性物质，是清洁的能源；二是受控核聚变在稀薄的气体中持续稳定地进行，因而是安全的。

受控核聚变研究是当代世界科学技术领域的主攻课题。但实现受控核聚变的条件是十分苛刻的，除将核燃料加热到极高温度外，还要有效地控制反应速度。一般说来，要把燃料加热到一亿摄氏度以上，变成高温等离子体，每立方厘米的原子核数目在 $10^{14}$ 个以上，还要保持一定的时间，如果用原子核密度和保持时间的乘积来表示，则至少需超过 $10^{14}$ 个 · 秒/厘米$^3$。目前受控核聚变研究主要集中在磁约束和惯性约束两方面。磁约束就是用磁场构成各种位形的“容器”来容纳高温等离子体，并保持一定的时间，使之发生足够的聚变反应。惯性约束则是将核聚变燃料压缩到高密度时加热，并在此条件下，靠其自身的惯性维持，在 $2\times10^{-10}$ 秒内发生聚变反应。

## 一、磁约束核聚变的研究

从 1958 年起，我国开始了磁约束核聚变研究。当时在原子能所成立了受控核聚变研究室，王承书、钱皋韵、李正武等人先后担负了该室的科技领导工作。1959 年建立了“小龙”装置，这是一个用绝热压缩加热、磁镜场约束的脉冲式实验装置，采用喷枪注入建立初始等离子体。1958 年，东北技术物理研究所也开始了磁镜和角向箍缩的研究以及离子源的研制和实验。同年，中国科学院物理研究所也组建了一个核聚变研究小组。他们从快脉冲放电产生等离子体研究开始，建成了一台角向箍缩实验装置。此外，北京大学、中国科技大学、清华大学、上海复旦大学等高等院校，也开始了等离子体物理方面的理论和实验研究，为我国受控核聚变研究事业培养了一批人才。1965 年前，我国从事受控核聚变研究的人员分散，力量薄弱，处于初步探索起步的阶段。

到 1965 年，二机部以原子能所 14 室、东北技术物理所的核聚变研究力量为主，并集中了兰州近代物理所、水利电力部电力科学院等单位的部分研究人员，在四川乐山成立了西南物理研究所，李正武任所长。1978 年 8 月，中国科学院以安徽合肥受控核聚变研究站（1973 年成立）为基础，成立了合肥等离子体物理研究所。这样，就使磁约束核聚变研究人员有所集中，在小规模、多途径、广泛探索、开拓前进的思想指导下，先后建成了 20 多台中、小型实验装置；在托卡马克、磁镜和快脉冲放电箍缩等途径上进行了研究，开展了等离子体的约束、平衡、稳定、输运、加热的理论和实验研究工作以及聚变堆的概念设计；进行了各种诊断设备的研制和实验测量，在强电和强磁场、低温超导、热核真空、强流粒子束及装置工程等方面，都开展了一些研制工作，并获得了一批研究成果。

**（一）实验装置**

实验装置是进行受控核聚变研究的基本工具，是物理思想和热核工程技术的综合体现，实验装置上获得的成果和达到的指标，将反映受控核聚变研究水平。我国建成的磁约束类型的实验装置有：核工业部西南物理所的中国环流器一号（HL-1）、非圆截面环流器，微型环流器、预试电流环装置、稳态磁镜模拟装置、静电堵漏会切等离子体约束装置、微型稳态磁镜装置、靶等离子体实验装置、高频加热磁镜装置、角向箍缩装置、螺旋箍缩装置、反场箍缩实验装置；中国科学院物理研究所的托卡马克六号（CT6，CT6B）装置、矩形截面环形快脉冲装置 GBH1 及其模拟装置等；合肥等离子体物理所的 HT6，HT6B、HT6M 托卡马克装置（见表 11-1）。其中 1984 年建成的中国环流器一号装置的目的，是为了获得较高参数的等离子体。建造 HL-1 装置是 1969 年提出的，1977 年国家正式投资兴建，1984 年 8 月安装完毕，同年 9 月 21 日顺利启动，12 月 23 日全部工程调试结束。1985 年进行装置物理调试，获得了平衡稳定的等离子体，等离子体持续时间达 650 毫秒，等离子体平顶时间 200 毫秒。调试表明，该装置潜力较大，可充分用来进行托卡马克类型的一些基本物理问题实验研究。另一台中等规模托卡马克装置是合肥等离子体物理所的 HT-6M，该装置于 1984 年 12 月 30 日启动，用于开展等离子体的加热实验研究。

表 11-1　中国几台托卡马克装置的参数

| 装置名称 | 研制单位 | R/厘米 | a/厘米 | BT/千高斯 | IP/千安 | n/厘米$^{-3}$ | Te/电子伏 |
|---|---|---|---|---|---|---|---|
| CT-6① | 中国科学院物理所 | 45 | 9 | 20 | — | — | — |
| HT-6B | 合肥等离子体物理所 | 45 | 12.5 | 10 | 50 | $5×10^{13}$ | — |
| HT-6M | 合肥等离子体物理所 | 65 | 20 | 15 | 150 | — | — |
| 微型环流器 | 西南物理所 | 20 | 4.5 | 12 | 15 | — | — |
| 预试电流环 | 西南物理所 | 26 | 25 | 20 | 12 | — | — |
| 非圆截面环流器 | 西南物理所 | 48 | 10×25 | 10~25 | 180 | — | — |
| HL-1 | 西南物理所 | 102 | 20 | 30 | 225 | $4.2×10^{13}$ | — |
| KT-5 | 中国科技大学 | 30 | 10 | — | — | — | — |

注：①1974 年 7 月建成，是我国第一个小型托卡马克装置。

### （二）实验研究工作

西南物理研究所在建成的实验装置上，利用掌握的诊断技术和研制出的诊断设备，开展了高温高密度等离子体行为、高 β 仿星器位形、真空放电清洗、等离子体与器壁作用、单极弧、破裂不稳定性、靶等离子体、会切加静电堵漏约束等离子体、离子回旋共振加热以及电子回旋共振加热等研究项目。在工程技术方面，通过两台中等规模实验装置的建造，有力地推动了核聚变工程技术进步，为将来设计建造更大规模装置打下了良好的基础。在强电强磁技术方面，西南物理所研制成功了 300 千伏、3 安培高压直流稳压电源（纹波系数小于 0.1%，电压稳定度优于 0.1%）；与国内兄弟单位共同研制了两套 8 万千伏安交流脉冲飞轮发电机组，掌握了脉冲大电机供电技术，电感贮能换流技术。此外，还开展了低温、强磁体、超高真空、强流离子源及其测量技术的研究。

20 多年来，西南物理所共获得千余项科技成果，其中获奖项目 390 余项。

中国科学院物理研究所和合肥等离子体物理研究所在已建成的实验装置上也开展了许多有意义的物理实验，取得一批研究成果，促进了我国核聚变研究的发展。

## 二、惯性约束核聚变的研究

惯性约束核聚变研究起步较晚，主要集中在中国科学院上海光学与精密机械研究所（以下简称上海光机所）和原子能所开展工作。70年代初，上海光机所开始激光聚变研究，于1975年研制成一座六路钕玻璃大功率激光向心打靶实验装置，1976年在该装置上，对直径100~200微米的氘化聚乙烯靶打靶实验，成功地打出了中子。十多年来，该所在大功率激光器、制靶等方面取得了丰富的经验，为激光核聚变研究进一步发展打下了良好基础。

在王淦昌的倡议下，原子能所于1978年10月开始了粒子束核聚变研究。首先研制成一台强流电子脉冲加速器，并开展了相应的高功率脉冲技术的研究。在物理实验研究方面，则从事强流脉冲电子束在靶上能量沉积、二极管束流物理及电子束传输特性的研究。1983年，用强流脉冲电子束泵浦KrF激光器来开展惯性约束聚变的研究，获得激光脉冲的时间宽度约70毫微秒，激光能量为12.5焦耳，在研制输出能量更大的激光方面又前进了一步。

我国受控核聚变的研究，当时虽然距离国际先进水平尚有差距，但经过核西物院科研人员的艰苦奋斗，已经在聚变科学实验和工程技术领域奠定了一定的基础。具备了一些基本实验条件，尤其是代表当时我国磁约束聚变实验研究水平的中国环流器一号（HL-1）在探求可控核聚变的道路上取得了重要进展，达到了国际同类装置中等离子体参数的国际水平，并培养出一支经过实际锻炼的科技队伍，通过加强领导与组织，完全可以在这个非常重要的领域作出自己的贡献。

# 第九节　核科学技术情报、出版工作

随着我国核工业的创建和发展，核科技情报工作也相应地得到了发展。1960年，二机部成立了专门的核科技情报机构——十一局，1966年改称情报所。到1984年，这个所共有工作人员450余人。

## 一、核科学技术情报工作

核科技情报在核工业的发展中有着重要的作用。60 年代初期，核科技情报工作人员就对世界上核工业起步较早的国家的有关资料进行了调查研究，通过摘译、专题综述或全文提供等方式，供领导以及在科研、生产第一线工作的工程技术人员参考。

我国第一次核试验成功后，为配合核工业的进一步发展，情报所编写了《苏、美、英、法四国核武器发展现状》。1970 年底开始，该所把核科技情报工作的重点放在对国外的核科技、核工业发展情况进行系统的调查研究上。他们在这个基础上整理提供的一些国外新资料，有的对我国核工业工厂改进生产工艺起到了一定的参考作用。1974 年，该所编写了《国外原子能概况》情报手册，撰写和编译了《关于国际原子能机构的情况》等 20 多篇报告。70 年代后期，配合制定我国原子能发展规划，编写了 10 个专业方面的十余篇调研报告。此外，还编印了《原子能参考资料》和不定期的专题资料，对科技人员及时了解国外核技术、核工业发展动向提供帮助。

为配合制订我国核能工业的发展规划和核电站的建造，情报所还编写了《国外发展核电站的经验教训》《论我国核能建设的重大技术政策》《从国外发展核电经验看我国核能体制问题》《核电站的审批体制和审批程序》《核供热堆现状与前景》《国外建造后处理厂的可行性研究》等报告。

## 二、核科技书刊编辑出版工作

1959 年，二机部成立了核科技书刊出版编辑部，当年即编辑出版了 4 种核科技刊物、文摘和一批专题文献。1973 年，二机部成立原子能出版社。党的十一届三中全会以后，出版社工作逐步走向正规，人员有了增加，领域拓宽，出版了 10 种期刊和 500 余种图书。这些书刊对传播、积累、开拓核科学技术知识和促进我国核工业的发展起了一定的作用。

与此同时，科学出版社、国家科委情报所、水电出版社和上海、陕西等省、市出版社以及高等院校都出版了一些关于原子能领域的书刊和检索性内部出版物，为繁荣原子能科学出版事业作出了贡献。

我国原子能书刊出版工作配合原子能事业发展的需要，为教学、科研、设计、生产服务；并坚持洋为中用，重视翻译出版国外优秀核科技图书；注意加强专著和科普刊物的出版工作。已经出版发行的《压力容器的应力分析与强度设计》《铀的化学分析》《花岗岩型铀矿文集》《核反应堆动力学基础》《氧离子固体电解质浓差电池与测氧技术》等书，获得了全国性的优秀图书奖励。另外，组织编写出版了高等院校原子能专业用的第一套教材；翻译出版的《原子能知识丛书》和正在陆续出版的国内专家编写的一套《核技术知识丛书》，对于普及原子能知识，消除人们对核能的恐惧和疑虑，将起到积极的作用。

**表 11-2　1973—1984 年原子能出版社科技期刊出版情况**

| 刊名 | 刊期 | 出版时间 | 总期数 | 备　注 |
|---|---|---|---|---|
| 原子能科学技术 | 双月 | 1973. 7 | 31 | 出版时间为复刊时间 |
| 原子核物理 | 季刊 | 1979. 1 | 21 | |
| 核化学与放射化学 | 季刊 | 1979. 1 | 21 | |
| 核动力工程 | 双月 | 1979. 1 | 27 | 1980 年、1981 年为季刊，从 1981 年第 3 期开始改双月刊 |
| 核聚变与等离子体物理 | 季刊 | 1979. 1 | 19 | 1980 年改公开发行 |
| 核电子学与探测技术 | 双月 | 1980. 2 | 24 | 1981 年为季刊，1982 年起改双月刊 |
| 辐射防护 | 双月 | 1977. 5 | 39 | 1978 年为《核防护》（季刊），限国内发行，1979 年下半年改双月刊，1981 年改公开发行，名称改《辐射防护》 |
| 放射性地质 | 双月 | 1978. 8 | 39 | 1978、1979 年为季刊，1979 年第 3 期为双月刊，1985 年改名《铀矿地质》，公开发行 |
| 铀矿冶 | 季刊 | 1981. 6 | 12 | 1982 年前限国内发行，1983 年全国公开发行 |
| 国外核新闻 | 月刊 | 1979. 7 | 72 | 1981 年前为半月刊，1981 年起为月刊，1982 年 10 月改公开发行 |

中国核科学技术研究工作 30 多年的实践证明，核工业是一门新兴的工业，它的创建与发展主要依靠科学技术，特别是核科学技术研究工作的建立与发展；同时，核工业又是十分敏感的事业，技术先进国家对外都有种种保密限制。因此，在积极引进、消化、吸收国外先进技术的同时，必须十分重

视、大力加强本国的核科学技术研究工作，使核工业真正建立在自己力量的基点上。这样，核工业才能求得扎实的发展，而不会限于被动。核科学技术研究工作，必须明确为国防建设和经济建设服务的思想，必须制订切实可行的规划，解决好“任务带学科”“学科促任务”的辩证关系，解决好应用研究与基础研究的正确关系。核科学技术研究工作的计划、部署，必须考虑到“今天、明天、后天”的整体需要和学科本身的纵深发展。只有这样，才能在任务需要时，及时组织攻关，解决实际应用中提出的新问题；同时为明天、后天的新技术、新发展、新创造做好技术和人才储备。因此，在大力开展应用研究的同时，要重视预先研究，重视应用基础研究，对基础理论与基础技术的研究，必须给予必要的重视，使其保持较高的学术水平与深厚的潜力。反之，如果对某项任务，只看成是项“工程”，而不强调、重视科研工作，不真正建立在自己的科研基础之上，就将难以贯彻自力更生的方针，赶超世界先进水平也必将更加困难。

30 多年的实践经验还表明，核科学技术蓬勃发展的标志，是科研成果累累，科技人才辈出。核科技规划、计划的实现，重大技术关的突破，主要依靠科技队伍的人员素质和团结奋战的精神。因此，为了核科学技术的发展，必须首先重视和抓紧核科技队伍的建设和良好学风的培养，重视对科技人才的合理使用，认真落实知识分子政策，切实做好健康检查、安全防护与疗养保健等各方面的工作。

加强科技情报工作与国际学术交流，是缩短与国际先进水平的差距，并进而达到赶超目的的必不可少的重要手段。

# 第十二章　核工业的基本建设

我国核工业的基本建设是随着国内社会主义经济建设和国防现代化建设的发展而发展起来的。它有不同于一般工业建设的许多特点：由于核工业生产有放射性，这就要求核工业建设必须符合一系列特殊的规范要求，并确保工程质量，以保证生产安全；核工程综合性强，需要大量具有特殊性能的新材料、专用设备和仪器仪表，涉及许多基础工业和科学研究领域；反应堆等核工程施工程序性强，立体交叉作业多，镶入、预埋件成千上万，具有严格的不可返修性，要求工程建设准确无误，等等。这些特点，都增加了核工业建设的艰巨性和复杂性。30 年来，从事核工业基本建设的广大职工艰苦奋斗，转战南北，建成了一个完整的核科技工业体系，为我国核工业的创建和发展奠定了重要的物质基础。

## 第一节　基本建设的发展历程

1955 年以来，我国核工业的基本建设经历了三个发展时期。

### 一、艰苦奋斗，创业奠基

1955 年 1 月，为了追赶世界先进的科学技术，建设强大的社会主义国家，中共中央决定建设我国的核工业。接着，中共中央又决定在开展核科学技术研究的同时，从苏联引进设备和技术来建设中国的核工业。这就使我国核工业建设从一开始就有了一个比较高的起点。建设规模则坚持从中国的实际出发，根据需要和可能采用了小而全的方案。

正是由于采取了上述一系列正确的方针政策，所以，我国核工业建设起步顺利，发展迅速。在设计方面，1958 年到 1959 年，设计人员在“边干边学，建成学会”方针的指导下，刻苦向苏联设计专家学习，把学习和中国的实际结合起来，对核工程的设计技术掌握快，工程设计进展也快，不少项目的施工图设计提前完成。在施工方面，1958 年开始组建核工业建筑安装队伍。同年下半年，甘肃兰州铀浓缩厂、酒泉原子能联合企业、西北核武器研制基地等工程相继开工建设。1959 年核工业建设发展较快，各公司完成的建筑面积比 1958 年增加3~4倍。到 1960 年 8 月底，铀-235 生产线六厂三矿接近建成。

1960 年 12 月，二机部针对苏联毁约停援后核工业建设面临的形势，提出了“自力更生、过技术关、质量第一、安全第一”的具体工作方针。在这个方针的指导下，基建战线的广大职工决心抛弃一切依赖思想，实行科研、设计、施工、生产四结合，协力攻克技术难关，扎扎实实解决核工业建设面临的问题。1961 年至 1963 年上半年，设计单位全面复查了已完工的设计图纸，复查出大小问题 4 500 多个，修改设计文件 250 多册，解决了几百个难度较大的技术问题。施工单位开展查材料、查设备、查资料、查工程质量的活动，摸清了设备材料和图纸资料的到货情况，检查出各种工程质量问题 1 145 个；对“大跃进”中生产的质量不好的设备进行了整治返修，对工程质量事故进行了必要的处理，消除了隐患。

根据二机部先建成铀-235 生产线的决定，二机部设计院、一〇一公司、一〇三公司二处突击抢建兰州铀浓缩厂，使这个厂在 1961 年底具备了进行预备性氟化处理的条件。同时，从 1960 年 7 月到 1961 年 10 月，二机部设计院配合北京原子能研究所突击建成了六氟化铀简易生产装置，为铀浓缩厂投产创造了条件。

在 1964 年实现首次核试验目标的鼓舞下，铀-235 生产线各厂矿的建设速度大大加快，于 1963 年内先后建成投产。经过不到一年的突击抢建，一度是铀-235 生产线薄弱环节的核部件加工厂的铀-235 精加工车间，也于 1963 年 11 月建成投产。西北核武器研制基地的建设，在做了大量的前期工作后，1963 年 5 月全面铺开，到 1964 年中期建成投产。工程不仅建设速度快、质量好，而且投资也较省。这条生产线的建成，确保了第一颗原子弹研制的需要。另外通过工程施工，也初步摸索到了核工程建设的特点和要求。

在铀-235生产线顺利建设的同时，钚-239生产线（即反应堆和后处理工厂）的建设在停工一年零十个月经过设计复查修改和一系列试验研究工作后，于1962年6月恢复施工。钚-239生产线的建设技术难题较多。这时，不可能从国外引进设备和技术，唯一的办法就是摸着石头过河，一切经过试验。因此，设计、施工、科研相结合，试验研究工作贯穿全部建设过程，是这条生产线建设的一个突出特点。反应堆堆芯的物理设计直接关系到反应堆的安全可靠性。在燃料元件、工艺管和石墨砌体改用国产产品后，二机部设计院反应堆工程设计人员对堆芯的物理特性、热工水力学和屏蔽等重新进行了计算，并配合控制靶件的研究开展了广泛的试验研究，到1965年才编制出生产堆的设计总体说明书。同时，设计院派出大批设计人员，向11个省、市、自治区的37个非标准设备制造厂家进行技术交底，并配合进行设备设计和试制工作，满足了施工的需要。生产堆施工中的技术难题，其中大体积混凝土浇注防裂等问题，是施工单位通过同科研设计单位协作开展科研试验解决的；大面积喷铝、不锈钢焊接、大面积镗孔、大钩件吊装等大量的技术问题，是施工单位通过现场试验研究解决的。施工单位一边组织试验研究一边组织培训，使工人掌握并达到技术熟练才上岗操作。这样，设计、施工中的技术问题一个一个得到解决，加上全国的大力支援，物资供应也比较及时，又实行现场统一指挥，施工进展很快。生产堆工程经过三年多的施工，于1966年底建成投入运行。

钚-239生产线的另一个重要项目是化工后处理工程。二机部设计院1959年提出将苏联设计的沉淀法工艺改为萃取法工艺的建议。经过设计院与原子能所、清华大学等单位协作进行了一系列试验研究，二机部决定采用萃取法。设计施工单位又通过试验研究克服了设计施工中的技术困难，精心设计，精心施工，后处理厂于1970年9月建成投产。至此，我国全面建成了完整的核燃料循环体系。

这个时期，由于缺乏经验，核工业建设也存在一些问题：有的工程项目没有按基建程序办事；人力物力的使用上还有一定浪费现象；组织管理工作做得不够好，规章制度也不够健全，等等。

## 二、调整战略布局，加速三线建设

在铀-235生产线建成投产后，二机部根据中共中央和国务院指示精神和我国核工业的实际情况，于1963年11月制订了在加速钚-239生产线建设的同时，于我国三线地区建设核科研、工业基地的十年规划。同年12月，中央专委批准了这个计划。接着，核工业三线建设的选厂等前期工作便迅速展开。

核工业三线建设是适应战备需要而紧急建设的，这就要求：建设速度要快，要突击抢建；厂址要“靠山、分散、隐蔽”，安全可靠等等。

为了达到这些要求，加快三线建设速度，二机部于1965年设立了三线基本建设总指挥部。二机部副部长刘淇生、牛书申先后任总指挥，陈一民、张涛、文功元、徐步宽、孙瑞锦等任副总指挥。他们常驻三线地区，集中统一领导，协调科研、设计、施工、专用设备制造、物资供应和生产准备等各个方面的工作。各工程施工现场，成立工程现场指挥部，统一领导建设、施工、设计单位的各项工作。

这个时期，为了适应繁重的设计任务，二机部扩大了勘察、设计和施工队伍。从1964年以后，组建了一个勘察队，成立了3个设计院。同时，施工队伍也有很大发展，一方面，扩大了各建筑安装公司的力量；另一方面，组建了一个新的独立的土建和打洞工程公司。从1965年到1968年，二机部勘察、设计、建筑、安装、建设单位的大批职工和人民解放军工程兵3个师2个汽车团及地方施工队伍、民工等几万人紧急调遣，火速奔赴各个施工现场，形成一个波澜壮阔、规模宏大的建设场面。这支建设队伍，团结一致，齐心协力，以顽强的革命意志和大无畏的献身精神，历尽千辛万苦，克服艰难险阻，排除“文化大革命”干扰，用自己的聪明才智和创造精神，为核工业建设写出了灿烂的篇章。这个时期，工程勘探队伍完成了各种比例测量和地质测绘1 000多平方公里，工程水文地质钻探5万多米，及时为设计施工提供了地形、地质、水文资料。设计队伍完成了几十个厂矿的设计，在设计中采用了许多新技术、新工艺、新设备、新材料，使工艺流程更合理，操作运行更方便。施工队伍克服了深山大沟中交通运输不便、潮湿多雨、地形狭小等困难，千方百计加快了工程进度。到1974年，三线地区的主要工程项目建成，建设速度普遍快于首批核工程，有的比同类工程建设时间减少一半。三线工程建设不仅速度快，质量好，并在设计和施工技术上都有所创新。

三线工程是我国自行设计、自行施工、完全采用国产设备优质高速地建设起来的。它的建成，改变了我国核工业的战略布局。这是我国核工业三线建设的主要成就。其次，二机部第七建筑工程处和二三安装工程公司第一安装工程处于1970年建成了核潜艇陆上模拟动力堆，突破了核动力工程技术。第三，高通量工程试验反应堆、中国环流一号受控核聚变实验装置的建成，标志着我国核科研工程建设取得了重大进展。

但是，这个时期的核工业基本建设也存在着许多问题：1970年8月的大计划高指标，致使核工业基本建设战线过长，一些工程项目的建设周期拖延，长期形不成生产能力，造成很大浪费，并给后来调整带来很大困难；有的项目由于要求过急，上马仓促，不按基建程序办事，甚至设计方案多变，造成“千军万马等图纸，张张图纸等科研”的被动局面；过分强调“靠山、分散、隐蔽”，有的工程布点过于分散，“三通一平”工程量大，建设和运行费用增加；强调“先生产、后生活”，造成生活福利设施长期欠账，给职工生活造成困难。

## 三、调整改革，“保军转民”

1980年以后，在“保军转民”方针指引下，核工业建设进入了一个新的历史时期。

这个时期，二机部积极进行了核工业基本建设的调整工作，清理在建项目，缩短基建战线，压缩基建投资。几年来，二机部根据党的方针政策，经过反复研究，决定停缓建一批大中型项目。

核工业基本建设的投资使用，有两个重要转变：一个是由过去的主要用于军工建设转到主要用于民用工程建设；一个是由过去主要用于从外延扩大再生产转到主要用于从内涵扩大再生产。具体表现在以下几个方面：一是用于学校建设投资增多。这个时期，建成1座大学、16所中等专业学校和27所技工学校，建设投资占全部基建投资的比例，由1981年的3.74%增加到1984年的8.98%，逐年有所增加。二是用于建设核电站的投资，1983年至

1985 年占全部基建投资的 16.5%。三是用于老厂技术改造和调整三线布点过于分散的个别工程项目的投资大于新建工程投资。四是用于多种经营。五是用于建设职工宿舍。过去过分强调“先生产、后生活”的建设原则，职工宿舍和生活设施普遍缺乏，欠账太多。1980 年以后有较显著改变。据统计，1981 年到 1984 年，二机部用于职工宿舍建设费用占基建投资的 28.1%～38.4%。经过几年建设，职工住房紧张情况有所缓解。

设计、施工队伍的服务方向，也由单一的为核工业建设服务转变为社会服务，为国民经济建设服务。这个时期工程勘察设计队伍承包了部外几十项工程的勘察和设计任务；施工队伍从三线地区调往上海、江苏、深圳、大庆、山西等地区，参加国家重点工程和特区建设工作。还有一部分施工队伍到国外承包工程项目。这样，施工队伍由原来因为核工业建设任务不满，每年吃窝工费，转变为国家创造一定的利润。

核工业基本建设虽然在“保军转民”方面做出了很大的努力，也取得了一些成绩，但是，毕竟由于调整任务艰巨，堆工、化工等专业性很强的设计技术部门，任务仍然不足。

## 第二节　勘探设计工作

### 一、组建队伍，逐步发展壮大

我国核设施的设计工作，最早是从 1955 年苏联援助我国建设研究性重水反应堆和回旋加速器开始的。配合“一堆一器”的建设，1955 年 10 月，建工部北京第一工业建筑设计院四室受国家建委建筑技术局委托，承担了部分辅助工程和生活设施的设计。1956 年年底，三机部从有关单位抽调领导干部和技术骨干 50 余人，组成三机部设计院的筹建班子，冯麟为院长。这个机构，由于力量不足，并没有承担设计任务，只是配合有关方面，进行了选择厂址等设计前期工作。工程设计工作仍由北京第一工业建筑设计院承担。此外，1957 年年初，冶金部北京有色冶金设计总院组成了负责铀矿、水冶厂、冶金厂设计的设计组。

随着核工业建设的全面展开，1958 年 1 月，建工部北京第一工业建筑设计院、三机部设计院和冶金部铀矿水冶设计组的核冶金工厂设计人员合并，组成了建工部北京第三工业建筑设计院，院长为冯麟，党委书记为王亚琳，总工程师为何广乾。1958 年 1 月，冶金部第三司成立，有色冶金设计总院的铀矿水冶设计组划归三司，建立三司设计处。至 1958 年 9 月，建工部北京第三建筑设计院正式划归二机部，定名为第二机械工业部设计院，全院职工 617 人。冶金部第三司设计处也于同年 3 月划归二机部十二局，1959 年初成立二机部第十二局设计院，1963 年 1 月改称二机部第一设计院（这个院的工作在本书第七章中叙述，此处从略）。至 1960 年年底，二机部设计院总人数达 1 117 人，基本上形成了一个工种齐全、具有一定技术实力的综合性设计院。

1960 年 8 月苏联撤走专家后，二机部曾将本系统设计院部分设计人员下放到包头核燃料元件厂、兰州铀浓缩厂和西北核武器研制基地，分别成立厂属设计处（室），以配合施工，补充完善施工设计。与此同时，二机部将设计院和第十二局设计院合并为设计局，以负责核工业工程设计和非标准设备的设计与制造。1965 年以后，二机部又将它们分开，按工艺分别成立了几个设计院。从 1960 年年底开始，核工业部的设计机构几经变动，到 1984 年年底，共有 6 个研究设计院和 1 个工程地质勘察队。这些单位是：西南反应堆工程研究设计院、北京核工程研究设计院、上海核工程研究设计院、核工业部铀矿冶设计研究院、核工业部第五研究设计院、核工业部第七研究设计院，以及核工业部第四工程地质勘察队，职工总人数达 5 000 余人。

## 二、从干中学，奋发图强，全面掌握

### （一）边干边学，吸收消化

我国核工业建设是在苏联援助下开始的。中苏协议规定，苏联设计机构承担全部援助项目的初步设计，中方派设计人员参加；施工设计，有的由苏联设计人员承担，有的由中国设计人员在苏联专家指导下进行。根据这个规定，1958 年 4 月，我国派出工作组赴苏，参加苏方分包工程的初步设计工作。此时，国内也开始了配合苏方进行各项设计的前期工作。1958 年至 1959 年，六氟化铀厂、核燃料元件厂、铀浓缩厂、生产堆、后处理厂、钚加工厂、核武器研制基地等建设项目的工程设计，迅速全面铺开。这些项目的设计总工程师分别为：任雨吉、董弘琪、王仲富、薛凡民、谢仲然、周抚堂等。我国设计人员本着“边干边学，建成学会”的精神，积极热情地投入这项崭新的工作，刻苦向来华苏联设计专家学习，日夜奋战，工作进展比较快。核燃料元件工厂施工图设计，只用了 48 天就全部完成，比原计划提前了半年。

我国设计人员在边干边学中，不仅学会了原来不会的东西，还开动脑筋，联系我国的实际，就苏联设计中某些不适合中国情况的问题，积极地向苏联专家提出了修改的建议。例如兰州铀浓缩工厂扩散机机座，原设计用钢板，其原因是钢板强度大，在电瓶车的轮压下不起灰，易清洗。设计人员在问清这一要求后，提出中国混凝土标准能够满足这些要求，建议改用混凝土。这一建议获得苏联专家的赞同，修改了设计，为国家节省了 400 吨钢材。又如这个工程项目用的水泵，原设计为逆转水泵，设计人员鉴于国内制造这种水泵尚有困难，提出改变原设计中水泵站的布置和排列，即可使用中国水泵代替。这一建议也被苏联专家采纳，为国家节省了一笔外汇。我国技术人员在吸收国外技术时，注意结合实际的做法，于 1958 年 5 月，向国家有关部门作了介绍，并报告了毛泽东主席。毛泽东批示：“就共产主义者队伍来说，四海之内皆兄弟，一定要把苏联同志看作自己人。……尊重苏联同志，刻苦虚心学习，但又一定要破除迷信，打倒贾桂！贾桂是谁也看不起的。”

在鼓励刻苦学习，解放思想的同时，二机部也及时地防止了还没有好好地学，就想轻易地改，将给工作带来混乱的问题。根据毛泽东“要先写楷书，后写草书”的指示，二机部作出了凡是对苏联设计和设备的任何改动，都要经过部批准的规定。这就防止了可能出现的偏差。

从 1956 年 11 月至 1960 年 8 月，在不到四年的时间内，我国的设计人员，通过边干边学，初步掌握了核工业工艺要求、工厂组成及工程设计的特点，学到了核工业设计的程序、方法，有了独立地进行施工设计的能力。至 1960 年年底，完成了 300 多个建设项目子项的施工图设计；其中由于改进原设计，为国家节约投资 4 000 余万元。

**（二）自力更生，奋发图强，有改有创**

1960 年 8 月，苏联专家全部撤走，带走了设计资料，停止供应设备和材料，使得正在进行的一些设计工作无法继续进行，施工现场出现停工待图的局面。

对此，二机部采取了一系列措施。首先，组织设计人员对前一阶段的设计工作进行复查，摸清存在的问题，做到心中有数。第二，组织设计人员对有缺陷的设计进行修改，使之完善，确保铀-235 生产线工程尽快建成投产。第三，组织设计单位与科研、生产、施工单位实行四结合，对核工业建设中的问题进行试验研究，“自力更生，过技术关”。1960 年 7 月到 1961 年 10 月，二机部设计院配合原子能所建成了生产六氟化铀的简易生产装置（代号 615 乙）；以后，设计院又配合原子能所建成了验证六氟化铀工厂生产工艺流程，同时也生产六氟化铀产品的试验装置（代号 615 丙）。在这两个装置上，设计人员配合试验研究工作，完成了生产厂的工艺流程的验证，培训了技术力量，并生产出一批六氟化铀产品，满足了兰州铀浓缩厂投产的急需。

铀-235 生产线工程的重点是铀浓缩厂。此时，这个厂已基本建成，进入试车的准备阶段。为了配合基建收尾和生产试车，二机部将有关设计人员下放到了工厂，由工厂统一组织领导，组成设计、施工、生产的三结合小组，共同攻克生产技术难关。

二机部设计院在对铀-235 生产线工程设计进行复查修改的同时，也对钚-239 生产线工程设计进行了复查修改，通过设计复查发现，钚-239 生产线工程无论生产堆或者后处理厂，苏联提供的技术资料，设备和设计都不多，有的甚至基本没有。例如整个反应堆工程所需 500 项设备中，苏联只提供了约 5%，其余都未到货。未到的设备中，有 77% 国内未制造过，其中又有 40% 连设计图纸也没有。苏联提供的设备安装图册，也只到了 15%。后处理厂的设计则只完成了 8 个辅助厂房全部施工图设计（工作量）的 20%，而且主要技术资料都没有提供。摸清前一段设计工作的底细是继续开展反应堆设计工作的第一步。

通过复查，使设计人员感到，开展工艺流程、设备、材料、自控、仪表、防护等方面的试验研究是搞好工程设计和设备设计的关键。因此，1960年到1965年，二机部设计院对改用我国自行研制的燃料元件、工艺管、石墨砌体等设备材料后的生产堆工程，重新进行了堆芯物理设计的计算，进行了热工水力学等项目的试验研究。在此基础上，二机部设计院根据国内设备制造情况，对苏联原设计进行了许多修改。最重要的有三个方面，即纠正了原设计资料中的某些错误；改变了原设计中的某些工艺方式、流程；由我国自行设计、制造了许多主要设备、材料。为了加快反应堆工程的设计和建设，还采取了一些简化措施，如用直流开敞系统的冷却方式，代替原设计的密闭循环冷却方式；堆废水处理车间采用新流程等。由于抓住了工作中的主要环节，二机部设计院反应堆工程的工程设计和设备设计都做到了速度快，质量高，确保了反应堆的建成投产。

钚-239生产线工程的另一个主要项目是后处理工厂。后处理厂的工艺流程原设计为沉淀法。二机部设计院在设计复查中，发现按沉淀法流程设计，设计工作量太大；技术难点多，且技术水平不高；建厂耗用材料量大，尤其是不锈钢用量大（近1万吨），国内难以解决。对此，二机部设计院向二机部提出两条建议：一是建议按原设计工艺先建一座规模较小的中间实验性工厂；二是再次建议组织有关单位共同对萃取法工艺进行研究。这两项建议得到二机部的批准。

1964年4月，二机部决定：对先建的一个中间实验工厂（称一期工程）仍按沉淀法进行设计；为尽早确定正式建设的后处理厂（称二期工程）是否采用萃取法，成立专门小组，由汪德熙任组长，叶德灿、柯友之任副组长，负责组织研究，尽快提出报告。一个月后，根据专门小组的报告，二机部决定二期工程采用萃取法设计。至1964年12月，二机部在部内外有关科研技术人员反复调研论证的基础上，决定用沉淀法设计的中间实验工厂停建，加速萃取法的研究、设计工作。至此，落后的沉淀法工艺被完全抛弃。1965年3月，二机部北京工业研究设计院即完成了萃取法中间工厂工程的初步设计；4月，组织了107人的现场设计队下现场进行施工图设计；6月底，施工图设计全部完成。1967年，采用萃取法设计的中间实验工厂建成，1968年9月投入运行。按萃取法设计的正式后处理厂，于1965年11月也确定了设计方案，同年12月，完成了主厂房的初步设计。1966年3月，北京工业研究设计院派出设计队，到施工现场进行施工图设计，7 月即全部完成。正式后处理厂于 1970 年初基本建成，同年 4 月，一次投产成功。

我国第一个后处理厂工艺流程，由原设计的沉淀法改为萃取法，是我国自力更生闯出来的新路，是研究单位、高等院校、设计、生产单位通力合作，共同进行探索的结果。

这一阶段的主要成绩是，完成了钚-239 生产线工程的设计任务，从学习、修改国外设计，进入到了自己能有所创新，掌握了铀、钚燃料工厂的全部设计技术。另外，这一期间，设计部门还继续完成了铀-235 生产线配套工程的设计，并开始了核工业三线工程设计的前期工作。

**（三）抢建三线工程，开展反应堆设计研究**

1965 年 4 月，二机部设计部门陆续开始了核工业三线工程的设计工作。

核工业三线建设是国家为了调整战略部局，适应战备需要而进行的。国家要求三线工程项目分散，隐蔽，有的还要求进洞，并要求尽快建成。三线建设进入了人口比较稠密的地区，为确保核工程周围居民的健康和环境不受污染，“三废”处理设施要求较高。而这种设施，有的没有做过，需要先作试验研究工作。这给设计工作带来了新课题，并给齐头并进的三线工程项目设计增加了不少工作量。广大设计人员，以高度的政治责任心，克服“文化大革命”的干扰，坚持工作，深入现场，仍然很好地完成了国家交给的各项设计任务。

从 20 世纪 60 年代中期至 70 年代末，核工业的设计水平有新的提高。在这期间，设计了潜艇用陆上模式堆；西南反应堆工程研究设计院设计了高通量工程试验反应堆；第五研究设计院完成了潜艇动力堆和高通量堆燃料元件生产线的工程设计；第七研究设计院与西南物理所共同合作完成了中国环流器一号——受控热核聚变反应实验装置的设计；北京核工程研究设计院先后对天然铀石墨气冷堆、天然铀重水堆、低浓铀压水堆等堆型进行了多方案的研究探索。此外，二机部设计部门还完成了一批民用工程的设计。

## 三、迎接新任务，开创新局面

1980 年以来，二机部从长期以来执行“以军为主”的方针，转变到执行“军民结合、保军转民”的方针。设计工作也相应地进行了转变。这期间，核工业设计部门除完成了一些“保军”任务外，主要设计力量用于为国民经济建设和人民生活服务。

进入20世纪80年代后，核工业勘察设计部门首先集中力量搞好核电建设的研究、设计。由上海核工程研究设计院设计的30万千瓦压水堆核电站，在70年代即初步开展了研究、设计工作，80年代初进一步完善了设计方案。1981年11月经国家批准建设后，又加紧进行了初步设计工作。秦山核电厂于1983年6月正式破土动工。设计部门继续抓了施工图设计，满足了施工需要。与此同时，设计部门还开展了60万千瓦压水堆核电站的研究论证工作，对百万千瓦级压水堆电站工程进行了初步研究。1981年，北京核工程研究设计院开展了利用生产堆余热发电的可行性研究。经过充分论证，设计了新的燃料元件和工艺管，并经过随堆考验，证明可满足发电要求。1983年，即完成了生产堆余热发电的设计，这一技术改造工程已于1984年9月动工。

在利用核能进行低温供热方面，北京核工程研究设计院从1981年以来，即开展了论证和工程可行性的调研。在同位素和其他核技术的应用方面，80年代以来，核工业设计部门已为全国十几个省、市、自治区，在工、农、医、商等领域，开展建立了同位素应用研究试验设施及应用生产设施的可行性研究，或进行了初步设计和施工设计的准备工作。

核工业的设计部门，还积极地承担了国民经济各个领域的民用工程的建筑设计。北京核工程研究设计院承担了全国18个省、市、自治区的70余项工程的项目设计。第五设计院完成了国防科工委大型低速风洞、中国科学院计算中心和西南计算中心（亿次机）的工程设计。第七研究设计院、西南反应堆工程研究设计院、上海核工程研究设计院等设计部门，还设计了电厂合成纤维厂、毛纺染织厂、建筑材料厂、啤酒厂、食品厂、高等院校、医院、城市高层建筑等大量的民用工程，为国民经济建设和改善人民生活作出了贡献。

# 第三节　建筑和安装

为了适应核工业建设的需要，核工业部在有关部门和地方的支援下，建立起了一支专业施工队伍。这支队伍，在核工程的施工中，由小到大，技术不断提高，胜利地完成了其所承担的建设任务。核工业执行“保军转民”方针以来，这支队伍又迅速地转移力量，承担了大量的非核工程，特别是国家的一些重点工程的施工任务。

## 一、施工队伍的组建和发展

1958 年年初，我国首批核工业建设项目的厂址即将选定，急需组织一批施工队伍，前往施工。经中共中央决定，1958 年 3 月至 8 月，二机部从建工部兰州工程局先后选调了 4 000 余人，分别组成了 3 支施工队伍，承担核工业西北 3 个工程的施工。其中，承担兰州铀浓缩厂施工的是二机部一〇一建筑工程公司，首任经理王银川，党委书记李春才，主任工程师李日余；承担酒泉原子能联合企业施工的队伍是二机部一〇二建筑工程公司，该建筑公司经理为魏增宏，总工程师为刘文翰；承担西北核武器研制基地施工的队伍是一〇四建筑工程公司，首任经理刘志民，党委书记张有才，总工程师郭乃力。与此同时，又从建工部第九生产设备安装公司选调 700 人，加上从一机部、冶金部、化工部等单位选调的约 500 人，共约 1 200 人，组成了二机部一〇三安装工程公司，经理周振远，党委书记魏建华，总工程师李延林。在此期间，建工部包头工程局局长曼丘组织该部在包头的第一工程公司承担了包头核燃料元件厂的施工。

在核工业首批工程陆续建成投产后，上述施工队伍从 1965 年开始，陆续转移到三线地区；承担了核工业三线的建设任务。各公司相应地改名为二机部二一、二二、二四建筑工程公司，二机部二三安装工程公司，以及二机部二五建筑安装工程公司，并以二二公司的一部分组成了二机部第七建筑工程处（1974 年改为二七公司）。

1965 年，因三线建设工程要求进山洞，需要具有打洞技术和装备的力量，又从煤炭部等单位调人组成二机部二六工程公司，承担打洞、衬砌等施工。1970 年，此项施工任务交由人民解放军工程兵承担，撤销了这个公司，大部分人员调回原单位，其余人员划归二二公司。

三线建设大规模进行期间，基本建设工作量大，建设进度要求快，任务很紧，施工队伍迅速扩大，达到了 5 万余人。

1974 年以后，核工业基本建设任务逐步减少，施工队伍开始转向承担核工业部以外的工程施工。这期间，机构、队伍又有所变化：1974 年，由二三公司派其第五工程处到上海，承担上海石油化工总厂涤纶、腈纶等厂的部分设备安装任务，以后组成了二机部第五安装工程公司。1979 年，由二三公司抽调 1 500 人给纺织工业部，组成了纺织工业部安装公司，承担了江苏仪征化纤厂安装任务；同时承担该厂建筑任务的还有二机部二七建筑工程公司。1980 年，由二一公司抽出 3 000 人进入广东深圳特区，组成二机部华泰企业公司，承担了深圳特区的一批民用工程的施工。

到 1984 年，核工业施工队伍共拥有 5 个建筑工程公司（即二一、二二、二四、二七和华泰公司），两个综合性安装工程公司（二三和五公司），一个矿山、水冶建筑安装工程公司（即二五公司），和一个建筑安装系统的非标准机械制造厂，职工总数约 47 000 多人。这支队伍工种齐全，技术力量比较雄厚，能够很好地完成核工业建设的施工任务，也能够承担大型民用工程的施工，包括有特殊要求的机械设备、工业管道、电气自控仪表的安装，大型、重构件的吊装，特殊材料、管、板、容器的焊接，现代民用高层建筑的施工等。

## 二、战胜困难，完成核工业施工任务

我国核工业施工队伍，在战胜施工技术和生活等方面的困难中，逐步成长壮大起来，熟练地掌握了核工程的施工技术，圆满地完成了各项工程建设任务。

### （一）艰苦创业，进行首批核工程建设

我国首批核工程的建设，即中苏两国在 1956 年签订的由苏联援助我国

建设的一批项目，其中最能反映核工业特点而建造难度又大的是铀浓缩厂、酒泉原子能联合企业和西北核武器研制基地。由于这些工程都是建在人烟稀少、生活条件差的地方，因此，核工业的施工队伍开进施工现场首先遇到的问题是生活和工作条件困难。

酒泉原子能联合企业定点在戈壁滩上，周围几十公里没有人烟，不仅干旱无水，而且气候恶劣，夏日炎阳似火，冬天寒风刺骨。施工现场的粮、煤、菜蔬等主要生活品，全靠火车从几千里以外运来。青菜供应不上，施工人员只能经常吃咸菜。生活用水靠汽车拉，由于缺水，只能按人定量分配，洗脸、洗脚、洗衣袜，常常就用同一盆水。西北核武器研制基地处于海拔3 200多米的青海高原。这里地势高，气压低，高寒缺氧，空气稀薄，水烧不到沸点，饭煮不到全熟。青海高原气候多变，时有风雪冰雹，人们一年内有八九个月要穿棉衣。兰州铀浓缩厂的地理条件虽不像这两个单位这样恶劣，但当时也是荒凉之处，生活、交通均不方便。核工业的施工队伍是从1958 年下半年，陆续进入这些地方开始施工的。他们以为国家开创新兴尖端事业为荣，不畏困难，作为工程建设的排头兵，朝气蓬勃地战斗在新开辟的工地上。

1960 年，正当施工队伍已大批调入，各工地建设全面铺开，各种条件已有所改善的时候，核工业施工队伍，又遇到了新的困难：一是由于苏联撤走专家，停止供应图纸、设备、材料，迫使工程暂时停了下来。二是粮食、副食等供应严重不足，不少人得了水肿病。如何度过生活上的暂时困难，成了突出的问题。

在国务院的正确领导和关怀下，在有关部门和地区的大力支援下，国家给困难中的建设者们运去了大量生活物资；建设者们也自己动手，改善生活条件。随着国家经济形势的逐步好转，生活上的困难被克服了；苏联中断援助造成建设上的困难，也在国务院的领导和全国的大力协同下，逐步被克服。我国核工业建设走上了全面自力更生的道路。核工业的施工队伍，度过了艰苦创业最困难的时期。

**（二）学会、掌握扩散工厂的施工技术**

兰州铀浓缩厂是采用气体扩散法分离铀同位素的工厂。该工程质量要求很严，施工中要保持高度的清洁，保证管道、机器连接的高度密封，对于大面积厂房的地基，要求其不均衡沉降在允许值以内（以防不均衡沉降而破坏了机组之间的密封）。这项工程建设伊始，二机部就极为重视工程质量。1959年年初，主厂房的施工中出现了预制梁有48根质量不合要求的情况。对此，二机部领导决定砸碎重做。废弃了一批预制梁虽然造成了一些损失，但发现质量问题及时返工，绝不姑息迁就的做法深刻地教育了职工，使职工认识到，“质量就是速度，质量就是时间，质量就是生命。没有质量就没有速度”。

掌握施工技术是保证施工质量的关键。1960年8月前，铀浓缩厂的建设是在苏联专家帮助下进行的。施工单位一方面派工程技术人员和技术工人到苏联学习施工技术；另一方面，在施工现场请苏联专家讲课，组织大家向专家学习施工技术。1959年12月，在苏联专家指导下，安装人员安装了一批小型扩散机。这一实践，使安装人员基本掌握了主机的安装、主工艺管道的连接、电气仪表的安装调试等技术，为以后自力更生安装扩散机及其他配套设备仪表，保证施工质量，打下了一定的基础。

1960年8月，苏联专家撤走后，为保证工程质量，铀浓缩厂工程指挥部抓了以下几个方面的工作：第一，摸清了已有设备、材料、资料的情况，并对一部分有缺陷的设备进行了整治和返修。第二，组织技术干部、管理干部和工人认真学习铀浓缩厂的工艺特点，了解和掌握施工要达到的技术标准，从而保证施工质量。第三，加强技术管理，制订了各类人员的岗位责任制；编制了施工组织设计、施工措施方案、技术规程规范、质量安全标准；完善了图纸会审、工程技术交底、材料设备运输和保管、材质化验、施工准备、新技术培训等技术管理体系。第四，解决了一批施工技术问题。二机部组织有关人员经过反复研究、试验，解决了主工艺管道的酸洗、防腐、焊接、气体洗涤器搪铅、扩散机用电机热继电器的安装调试、处理电缆头漏油等一批重要技术问题。此外，安装单位在扩散机的继续安装中，又及时总结经验，编写安装方案和措施，进行技术培训和技术练兵，规定了明确的工作制度，并进行严格的检查。安装中，还采用了预组装等办法，从而保证了施工质量。

1961年年底，扩散机全部安装完毕，辅助工程也都收尾结束。1963年，扩散机分五批全部一次启动成功。这表明：铀浓缩厂工程施工质量是好的；我国完全掌握了铀浓缩厂的施工技术。

**（三）自力更生建成反应堆和后处理厂**

我国第一个生产反应堆是1960年2月，由苏联设计动工兴建的。6个月后，苏联专家全部回国，工程被迫停工。我国科研、设计部门经过一年多的努力，对原设计进行了复查、修正后，于1962年6月恢复了施工。

反应堆的构造极其复杂，其外形是一个巨大的竖立方体，四周为重混凝土砌块，预留孔上万个，各种镶入件达500多套，安装各种设备仪表等几百万件，各种管道纵横交错，上下重叠。由于反应堆工程的特殊性，给施工带来了一系列技术难题。

首先是混凝土制作问题。由于反应堆在生产中有强放射性，要求作为屏蔽用的混凝土构筑必须密实，不产生裂缝，能抗渗漏。这种大块混凝土的制作，特别是在戈壁滩上那种恶劣环境下浇灌混凝土，施工难度很大。第二是焊接问题。反应堆施工中焊接工作量，特别是不锈钢焊接工作量很大，而且质量要求很高，对焊缝要进行多种程序的检查试验。第三是堆芯安装问题。堆芯内的导向管、工艺管等管道，堆芯的石墨砌块等，安装质量要求极高，要绝对保证几何尺寸、间隙上下同心和可通性，施工必须精确无误。第四是喷铝问题。为了防腐，堆芯内大量的金属构件需要进行大面积的喷铝，而大面积喷铝是国内没有先例的新技术。第五是大构件镗孔和吊装问题。金属大构件上的镗孔，要求极高的精密度、光洁度，准确的孔距，和上下格栅对应孔的同心度。此外，金属大构件的吊装，也是难题。

施工部门认真地分析了这些技术难题，并采取了多种措施进行攻关。一是编制施工大纲，编制施工组织设计，做出施工网络图，使各部门、各项工作能有条不紊、协同配合地进行。二是做好施工准备工作，包括施工技术资料的提供、施工现场的安排、施工物资的准备等；制作了1∶50的反应堆模型，使施工人员了解其总体结构、工艺流程。三是加强技术管理，明确施工工艺规程，专人管理镶入件台账，建立技术资料管理制度，以及土建、安装、质量检查站的综合检查汇签制度等。四是大规模地进行人员培训。对焊接、防腐、喷镀、仪表、粘贴等工种，多次组织了专业培训。仅1964年，就投资 175 万元，培训了一批焊工、防腐喷镀工、仪表工和透视探伤检查工。五是开展对新技术的研究试验。如对大体积混凝土防裂问题，一〇二公司请中国科学院、建筑科学研究院等有关部门共同在工地做了较大规模的混凝土试验段，结合施工现场的环境条件，掌握了混凝土产生裂缝的规律，从而制定了防裂措施，收到了预期的效果。又如对大面积喷铝，也是通过大量的试板试验，反复测定了环境温度、火焰性质、压缩空气压力、喷距、喷射角、喷层厚度、喷砂与喷铝的间隔时间等 7 个工艺参数与结合强度的定量关系，研究了铝丝经历喷镀过程后的物理化学性质变化，总结出大面积喷铝工艺规范。这一试验研究，使喷铝的结合厚度远远超过了设计的要求。

在解决大量的施工技术难题中，二机部建筑工程局土建总工程师吴世英、一〇三安装工程公司总工程师李延林，以及许多工程技术人员、工人都贡献了自己的聪明才智，为核工程施工作出了贡献。

施工技术难关被一一攻克后，1966 年年初，反应堆安装基本结束，并对各系统及设备进行了调试。10 月，反应堆达到临界，11 月达到满载，我国第一个生产堆胜利建成。

后处理厂建设一期工程，是 1965 年 5 月破土动工的；二期工程于 1966 年春开始动工。虽然后处理厂有很强的放射性，对施工有很苛刻的技术要求，但由于核工业施工队伍已经有了建设铀浓缩厂和反应堆工程的施工技术和管理经验，经过继续努力，对后处理厂施工中的技术问题也都很快解决。后处理厂一期工程于 1967 年年初基本建成，1968 年投入运行。二期工程也于 1970 年年初基本建成，4 月一次投产成功。

**（四）转移队伍，建成三线工程**

从 1965 年开始，随着首批核工程项目陆续建成，核工业施工队伍除留下少部分人继续首批工程项目的施工外，逐步向三线地区转移，承担新的建设任务。

由于三线建设要求尽快上马，施工队伍的调迁，就像作战部队的调遣一样迅速。新的施工地区与西北大不一样，阴雨潮湿，蚊虫很多。大批职工调去时，由于住房准备不足，不少人住进临时搭起的油毡为顶、竹篱抹泥为墙的简易设施。施工队伍从干燥地区转来，不适应这种环境，生病的很多，加上菜蔬肉蛋等供应不上，生活条件十分艰苦。但为了核工业建设，大家再一次在艰苦的条件下，克服重重困难，完成了紧张的施工任务。

当时，核工业三线建设面临的主要困难，首先是交通运输不便。许多工程开工时，建设物资、施工机具等都不能从铁路或正式公路直接运至施工现场，常常由大家将施工物资化整为零、肩扛手抬地运进工地。二一公司建设者将20余米的天吊装在两台同步缓行的汽车上，通过又陡又弯曲狭窄的公路，把施工机具运到了现场。

二是天雨潮湿给施工带来了困难。有的工程安装需要防雨防潮。但当地雨多，只得搭起防雨棚，生火炉烘烤，这给施工增加了很大的工作量。在建设核潜艇陆上模式堆时，一场大雨，山洪暴发，工人陈德阳为抢救工地建桥脚手架木料，被洪水冲走，献出了宝贵生命。

三是地形狭小给工程布置和施工造成了困难。有的工程的平面布置，不能按理想方案安排，而是只能迁就地势来布置；有的施工项目受到地形限制，工作面铺不开，给施工带来不少困难。但所有这些困难，都被核工业施工队伍一一克服了。

核工业的三线建设，改变了我国核工业的战略布局，新建成了核潜艇陆上模式堆、高通量工程试验堆以及中国环流器一号——受控热核聚变反应装置，形成了新的核科研基地。

从20世纪60年代后期至70年代末，核工业施工队伍在三线建设中，进一步提高了施工技术，新增加和改造了一大批施工设备，自制了一批小型施工机具。其中新研制的移动式自动弯管机、小型耐压试验器、300吨油压机膨胀螺栓套管拉管机、电化学除锈机等，都达到了国内先进水平。土建和安装中创造的一些新的施工方法，对提高工效、保证施工质量、改善劳动条件、降低工程成本等，都发挥了很好的作用。另外，一批试验、研究成功的施工技术成果，如钛管钨极氩孤焊、“18-8”型不锈钢板对接焊缝的超声波探伤、大面积地基土方回填技术、大型微波无反射暗室的烙焊技术、重混凝土的施工工艺等，获得了1978年全国科学大会奖。混凝土空心板挤压切割联合机已在国内外申请专利。

### 三、重点转向为民用工程服务

20世纪70年代后期，在我国核工业重点转向为国民经济建设和人民生活服务后，核工业施工队伍，在确保核工业施工任务的前提下，也重点转向了为民用工程施工。

1974年，二机部二三公司的一支安装队伍（即以后组成的核工业部五公司）进驻上海石油化工总厂，承担了该厂的安装工程任务。由于这支队伍发扬了建设核工程时的吃大苦、耐大劳、重视工程质量等优良作风，又掌握了特殊焊接、防腐、大构件吊装等施工技术，在上海石化总厂的安装施工中取得了良好成绩，赢得了信誉。1984年10月，经核工业部和中国石油化工总公司批准，上海石油化工总厂和核工业部五公司组织联营，决定由五公司长期承担上海石油化工总厂的基建、检修和技措（技术改造措施）任务。

继五公司转向主要承担上海石油化工总厂安装任务以后，1979年，二七公司在江苏仪征承担了仪征化纤厂的土建施工任务；从1980年至1984年，核工业部华泰企业公司在深圳特区承担了部分楼房和道路的施工，累计完成了上亿元的工作量。此外，1981年，二二公司先后组织了1 500余人到约旦王国，承担了一批民用工程的施工。到1984年，核工业施工队伍全年的工作量中，有80%是本系统以外的工程。

在完成系统外工程建设的同时，二二公司、二三公司还承担了由我国自行设计的秦山核电站的建设任务。

## 第四节　物资供应工作

物资供应是核工业建设的重要保证。三十年来，在国家和全国各地区、各部门的支持下，战斗在物资供应战线的广大干部和工人奋发图强，克服困难，千方百计组织和开拓货源，跑运输，搞协作，保证了核工业建设对物资的需要，为核工业的创建和发展作出了重要贡献。

核工业是一项工艺复杂、综合技术性强的工业。建设核工业需要成千上万种专用设备、仪器仪表和特殊性能的新型材料。为了保证核工业的建设，1957 年 6 月，二机部成立了物资供应局；随后，1958 年至 1959 年，又在北京、上海、天津、沈阳、西安、武汉、重庆等城市成立了物资供应处；加上各企事业单位的物资供应部门，从上到下形成了一个贯通全国的物资供应工作体系，为搞好核工业建设的物资供应工作提供了必要的组织保证。

为了确保重点工程项目的需要，物资供应局制订了从工程的设计需要到设备材料的订货催交，从物资运输到现场供应的一抓到底的有力措施，明确提出了“工程需要什么就供应什么，什么时候要就什么时候供，要让设备材料等施工”的工作准则。

1958 年到 1960 年是核工业建设大规模展开的时候，工程上得快，物资要求急。这期间，也是全国基本建设大上、建设材料生产不足、物资供应紧张的时候。为了赶上国家订货时间，在工程设计未出图纸之前，物资供应部门就主动与设计部门协商，由设计部门提出预订货设备清单和施工概算，保证了订货不误期。为了确保物资按时到货，1959 年 7 月，二机部决定成立设备材料催交指挥部，以加强各地设备材料的催交工作。同时，抽调 20 多名局级领导干部带队，组成华北、华东、中南、西南、东北五个地区工作组，会同各地供应办事处，采取上下结合，定人、定点、定任务，分片包干，负责到底的办法，分赴全国各地催运货物。通过历时 3 个月的紧张工作，取得了显著的成绩。其中，“三材”（钢材、木材、建筑材料）订货的 70%、设备订货的 50%按期交货，地方产品基本满足了工程的需要。

为了运输及时和保密起见，1961 年 7 月，中共中央决定核工业生产建设物资一律列为军运，各工程的建设物资实行中途转运。为此，二机部物资供给局在一些城市设立了物资转运站，负责物资的中转运输。当时，西北几个核工程的建设物资和部分生活物资，都在郑州车站中转。因此，郑州站中转发运货物的工作量相当大，有时一天高达 50 多个车皮。当时，郑州站条件较差，吊车、铲车等起码的装卸机械都没有。但是，转运站的职工在郑州铁路局的协助下，不分白天与黑夜，什么时候到货，什么时候赶到现场，组织抢装、抢卸、抢运，硬是用人拉、肩扛、小车推的办法，完成了物资装卸运输任务。优秀装卸工宿运北二十多年来，风里来雨里去，哪里有危险，哪里最艰苦，他就出现在哪里，重活脏活抢着干，多次被转运站评为先进工作者和优秀共产党员。

20 世纪 50 年代末，从兰州运到西北核武器研制基地和酒泉原子能联合企业的多数物资，主要靠汽车运输。当时，平均每天都有几十辆汽车为这两个单位往返运输物资。高寒缺氧的大草原，风沙肆虐的戈壁滩，行车无路，到处坑坑洼洼，满载物资的大型卡车左右摇摆，上下颠簸，行车困难。遇上陡坡，往往开足马力车也上不去。遇到这种情况，汽车司机和物资押运员只好卸下一部分物资，把车开上去装上物资以后再走。司机和押运员常常几天露天夜宿，干粮充饥，雨天一身水和泥，夏天汗水湿透衣。他们为建设我国第一批核工业基地付出了辛勤的劳动，作出了巨大的贡献。就是在这样恶劣的环境和艰苦的条件下，成千上万吨物资通过物资供应人员的手源源不断地运进了工地，满足了工程进度的需要。

在工程施工现场，常常是七八个单位同时施工。要使来自全国各地种类繁多的物资及时到达需要者手里，做到不缺少，不积压，物尽其用，并不是一件容易的事。为此，物资局专门设立了物资调度室。施工高潮期间，局领导姜涛、刘俊孚亲自到施工现场督促和协调现场供求和掌握物资催交情况。同时，物资部门还派出专人深入建设工地，参加工程现场指挥部，组织现场物资的直接调拨。

建设初期，有的施工现场曾出现物资堆放零乱、有丢失浪费现象。针对这种情况，物资供应部门在重点工程单位推行设备材料一本账的物资管理办法。即在一本账上，有关工程的物资需要，设备材料的订货、催货、到货、出库，以及设计增减变化、材料代用等情况都有详细记录，从而加强了物资管理。1964 年，物资供应部门还推行了“五五化”“四定位”“三相符”“两对口”的管理方法，并广泛开展了清查仓库的活动，为全面提高物资管理工作打下了良好的基础。在加强物资管理活动中，涌现出—批先进单位和先进人物，包头核燃料元件厂模范保管员张玉荣，就是其中的位秀代表。在建厂时期，他保管的各类物资共 1 205 种，经过勤学苦练，他记熟了这些物资的种类、数量、型号、规格、用途、单价等 9 460 个数据。由于他工作认真负责，技术过硬，服务态度好，被评为内蒙古自治区和包头市的劳动模范。

# 第十三章　核仪器设备制造

## 第一节　核仪器设备制造业的形成与发展

核仪器设备制造业是在通用机电工业的基础上，为适应核工业技术特点而发展起来的一个工业分支。它与通用机电工业既有相同的地方，又有自己固有的特点。

核工业的流程，从地质勘探到核燃料生产、核武器制造，主要是对带放射性的核物质的加工处理过程。所以核工业需要的大量专用的工艺装备和仪器仪表，都因与放射性物质密切关联而具有其技术特点。此外，核仪器设备制造业还具有品种多、批量小、更新快、科研与生产密切结合的特点。

我国核仪器设备制造业是在国内机电工业已有一定水平的基础上发展起来的。从仿制到自制，从简单到复杂，逐步成长，基本满足了核工业建设的需要；同时，核仪器设备制造技术上的突破也促进了通用机电工业的发展。其发展历程大体有如下几个阶段。

### 一、核仪器设备制造工业的诞生

1956 年前，我国核仪器设备制造业还是空白。那时，在中国科学院近代物理所，虽然已有少数科研人员开始进行计数管等核辐射探测器和实验室用测量仪器的研究工作，取得了一定成绩，但还没有形成专业研究设计力量，更谈不上进行工业生产。

1956 年 10 月，地质部三局首先组建了仪器设计所，负责研究设计核辐射探测器与核仪器，并于1957年，新建了上海电子仪器厂，对口负责这类仪器的工业生产。同时，经国家计委的安排，在华东电子管厂扩建了专业车间，生产计数管和光电倍增管。另外还建立了生产军用辐射剂量仪器的四川建安仪器厂。这些研究生产单位的建立，标志着我国核仪器设备制造业的创建有了一个良好的开端。

我国核工业创建初期，生产建设和科学研究所需的仪器设备，主要是从苏联进口，但同时也开始着手进行核仪器设备国产化的工作。1957年，一个由中苏两国专家共同组成的调查小组，对上海、北京、沈阳等地的45个企业和研究单位进行调查之后，认为我国核工业首批工程所需的仪器设备，能在国内生产的占82%，需进一步研究图纸资料或样品才能确定能否生产的占10%，而国内不能生产，需要从国外进口的只占8%。这表明，在胜利完成国民经济发展第一个五年计划后的中国机电工业，已具有相当的基础和规模，可以为核工业提供相当数量的专用仪器设备；同时也表明，实现核仪器设备国产化，自力更生地发展我国核工业是可能的。

1958年，二机部提出“苦干三年，基本掌握原子能科学技术”的方针。在这个方针指导下，核仪器设备制造业也相应地提出了争取新建核工程采用国产仪器设备的奋斗目标。为此，开始抽调科技人员和技术工人，充实专业技术队伍，着手起草核仪器设备国产化的方案，而且立即付诸实施，并很快就取得了进展。例如，上海电子仪器厂，建厂一年便开始批量生产计数管式轻型测井仪，室内分析用氡气仪。1958年划归二机部建制的大连机器制造厂，第二年便为铀水冶厂生产了10台大型不锈钢吸附塔。

## 二、自力更生，加速发展

1959年6月以后，随着中苏关系的不断恶化，苏联政府中断设备供应，甚至把已经运到边境的仪器设备截留回去。能否把在建工程所缺的设备补齐配套，成了能否按计划发展中国核工业的关键。

1961年7月16日，中共中央在《关于加强原子能工业建设若干问题的决定》中，对设备、仪表的试制、生产、配套问题做了明确规定：（1）由国家科委协同第一机械工业部拨给第二机械工业部几个基础较好的机械、仪表工厂，作为原子能工业专用设备、仪表的试制厂；同时指定一批工厂，研制、生产核仪器设备。（2）二机部应着手筹划扩建和新建必要的专业性工厂，以便将来比较集中地制造原子能工业专用的设备、仪表。

根据上述决定，从 1961 年下半年至 1963 年，北京市综合仪器厂（后改为北京核仪器厂）、上海市光华仪表厂及上海电子仪器厂、天津市钻镗床厂（与原子能研究所的扩散实验室合并成天津物理化学工程研究设计院）、苏州阀门厂被先后划归二机部领导。与此同时，二机部也对核仪器研究机构进行了充实调整，在原地质局仪器设计所和北京核工程研究设计院仪表自动化研究室的基础上组成第十研究所。1963 年，本着厂所密切结合的原则，该所的核仪器、核探测器研究室并入北京综合仪器厂；热工仪表研究室并入上海光华仪表厂；并以苏州医学院生物显微镜车间为基础，建立了苏州光学仪器厂。至此，连同原有的辽宁大连机器制造厂、新建的湖南衡阳矿山机械厂，初步建立起了为核工业科研生产服务的专业核仪器设备制造工厂。

为了加强核仪器设备制造的管理工作，1961 年，二机部成立了设备制造局。一机部也指定所属 3 个局主要负责原子能设备制造，由军工办公室负责归口管理，技术司负责技术指导。此外，冶金工业部、化学工业部、电子工业部、轻工业部和中国科学院等单位，也都分别指定了专门机构或人员，负责归口管理核工业所需特殊材料、仪器设备的科研和生产工作。

1961 年 12 月，第一机械工业部、第二机械工业部联合拟订的《关于加强原子能工业设备的七年规划》确定：第一步试制生产和供应核工业首批工程建设中所需配套设备和备品，约 3 000 个项目 6 万台件；第二步是继续完成三线工程所需设备。规划对生产分工定点也作出了安排。两部还建立了联合领导小组，负责计划、调度和进行设计、制造与使用部门之间的技术协调。1962 年 3 月，成立了由第二机械工业部和第一机械工业部的有关领导和专家籍孝宏、蒋涛、赖坚等负责的石墨轻水反应堆设备领导小组和由赖坚、沈保全等负责的扩散机设备领导小组，其任务是对有关制造厂必须进行的技术改造进行审议，督促组织实施，保证核工业所需的仪器设备按期、保质保量地完成。在联合领导小组之下，还相应成立了两个联合设计处，负责提供两项工程设备的制造图纸和工艺技术资料。

经过以上准备工作，为全面开展核仪器设备研制创造了条件。从 1962 年春天开始，为赶制首批核工程所需的仪器和设备，开展了全国性的大协作。

以第一机械工业部所属华北、东北、华东地区重点机电企业为主，二机部全部机械仪表制造厂参加的联合攻关制造队伍，在冶金、化工、轻工等工业部门和航空工业、电子工业、兵器工业等军工部门的大力支援下，展开了一场以制造铀同位素分离工厂用的扩散机及分离膜和石墨轻水堆成套设备为主的设备大会战。所有参加会战的人员，大力协同、密切合作，以能为我国核工业建设出力为荣，争挑重担；充分发扬敢想敢干而又脚踏实地的精神，去战胜一切困难。经过几年的努力，终于按规划的进度，如数提供了质量合格的设备，在设备制造战线，实现了“三年掌握、五年突破”的目标。通过这个时期的实践锻炼，一支包括科研、设计和制造的核仪器设备专业队伍，已经成长起来；一些企业通过技术改造，添置设备，大大增强了制造能力；同时，还积累了管理经验，初步形成了一些工艺规范和技术管理等条例，为我国核仪器设备制造工业进一步发展奠定了基础。

## 三、十年动乱中的核仪器设备制造工业

新发展起来的我国核仪器设备制造业，正当开始制造三线核工程设备时，也毫不例外地遭到了“文化大革命”的冲击和破坏，在三线地区的新建厂一度被迫停建。但由于有以周恩来总理为首的中央专委的保护，这个时期的核仪器设备制造工业仍有所发展。为了扩大核仪器设备生产能力，1969年，在西安、武汉两地停办的3所技工学校的校址上，建立了制造专用核设备的西安机器设备制造厂，生产核仪器和热工仪表的西安核仪器厂和武汉光明仪表厂。1970年，又新建了江西南昌铀矿山设备制造厂，并将原属建工系统的峨嵋汽车修理厂，改建为核工业特殊运输车辆工厂。后来西安机器设备制造厂又扩建了重型核设备制造车间。与此同时，一机部在四川扩建了东风电机厂，新建了东方红机械厂，对一些老企业也进行了技术改造。

这些新企业，连同原有承担核仪器设备制造的老企业，在十年动乱的极端困难条件下，为核潜艇动力装置及其陆上模式堆，高通量工程试验反应堆等几座新建的反应堆工程提供了成套设备，同时，胜利完成了大型扩散机的研制工作。在此期间，二机部所属仪器设备制造厂，还承担了我国核企业正常维修所需要的全部非标准备品备件的生产任务。几座新建反应堆的运行情

况表明，仪器设备的质量良好，我国核仪器设备制造能力和水平达到了一个新的高度。

### 四、在优先军用的前提下，努力为国民经济建设服务

党的十一届三中全会后，核工业建设作了较大的调整。为核工业科研、生产和建设服务的专用仪器设备制造厂，也因军用需要大量减少而面临调整的任务。

第一机械工业部所属生产核设备的工厂，早已陆续转向生产其他产品。二机部所属十余个专业仪器设备厂，到党的十一届三中全会前夕，已承担着80%左右的核仪器设备生产任务，因而调整的任务比较艰巨。根据“保军转民”的方针，这些厂除承担国家军品任务外，转民的主要方向，首先是继续发挥生产核仪器设备的优势，为发展民用核动力和推广应用核技术提供仪器设备；其次是根据自己技术专长，根据国家经济技术政策和市场需要，有计划、有组织地开拓民用产品，例如快装锅炉、不锈钢阀门、啤酒生产设备、各种液化石油气槽车和钢瓶、油表、水表、汽表、电表、核医疗器械和火灾报警设备等等。并且基本上做到了不搞基本建设，投资少，见效快，收到了较好的经济效益。据 1982 年统计，核工业部仪器设备制造厂的民品产值已达到总产值的 80%；大连机器制造厂、上海光华仪表厂分别获得国家经委颁发的 1983 年、1984 年全国工交系统经济效益先进单位荣誉称号；几十种民用产品获国家优质产品奖和其他奖励，不少产品被纳入了国家行业规划。

## 第二节　核仪器与核辐射探测器

核仪器是核工业必不可少的耳目。它一般由核辐射探测器和电子仪器组成。

核辐射探测器是将入射辐射（α、β、γ、中子、X 射线等）的强度和能量，转换为电信号，由电子仪器测量，并同后者组合成各式各样的核仪器。针对各种不同的辐射，必须有不同的核辐射探测器。据不完全统计，我国工

业生产的核辐射探测器共有六大门类、40余种、300多个规格型号。

核仪器按其应用领域划分的六大门类是：铀矿地质普查勘探仪器，铀矿开采及水冶测量仪器，反应堆核测量与控制保护系统仪器，核辐射防护仪器，核物理实验仪器和放射性同位素测量仪器。这些核仪器，我国都有工业产品，年产量大约数千台。由于核探测和电子技术不断进步，核仪器品种也不断增加、更新，仅以核工业部所属工厂为例，每年生产的品种都在百种以上。

核辐射探测器与核仪器的发展，大体经历了五个阶段。

## 一、以仿制计数管仪器为主的初创阶段

1957年，地质部三局仪器设计所及上海电子仪器厂，首先开始研制生产铀矿普查、开采用的核仪器。限于水平，只能先从仿制苏联仪器入手。当时，探测器大部分采用盖革计数管，测量仪器是电子管的。所以首要任务是仿制计数管。计数管是气体电离探测器，在仿制时，采用我国已有的经验与技术，解决了有机气体制造和提纯、涂敷工艺等问题，先后试制出钢阴极卤素盖革计数管，铜阴极、钨阴极有机盖革计数管3种产品，并投入批量生产。接着就应用研制成功的探测器，仿制成铀矿普查勘探用的地面辐射仪、氡气仪和测井仪。地面辐射仪采用国产卤素盖革计数管，需求量最大；室内和室外氡气仪则是静电计式，仿制中的关键是试制出直径几微米的石英导电悬丝。确定钻孔中铀矿体位置、厚度和含量的测井仪于1959年投产，并针对苏联产品的不足，对电子线路与仪器结构都做了不同程度的改进。

为了适应铀矿开采和水冶厂建设需要，1961年首次仿制出了选矿辐射仪；1964年又研制出新的产品，它能按品位自动分选铀矿石；同时还生产了定向取样辐射仪，坑口检查辐射仪等仪器。

我国首批核工程所需的配套的核仪器需求量很大，例如生产堆仪器仪表到货仅占苏方供货合同的3%。我国核仪器研制工作者，参考重水试验反应堆的仪器，按时试制生产出了生产堆的核测量和控制保护系统仪器；同时，还先后仿制出万能辐射仪、多道γ报警器、γ毫伦计、携带式强γ剂量仪等20种辐射防护仪器，个人笔式剂量计也开始定型生产。

期间，我国核仪器科研生产单位共生产出以计数管为主的核探测器约

100 万支，核仪器约 14 000 台，其中地面辐射仪约 6 000 台，保证了遍布国内 22 个省（自治区）的铀矿普查勘探队伍和我国首批核工程建设的需要，并创建了一支初步掌握了核探测技术的专业队伍，建立起了国内第一批核仪器生产工厂，为自行设计生产新核仪器打下了基础。

## 二、自行研制设计，实现核仪器闪烁化

进入 20 世纪 60 年代，国际上已普遍采用闪烁探测器，这种探测器的探测效率比计数管高得多。1963 年，二机部制订的我国原子能科学技术十年发展规划，明确提出核仪器研制设计的奋斗目标是，首先研制闪烁探测器，并以晶体管代替电子管，使核仪器水平赶上国外日益发展的新趋势，用新一代核仪器装备核工业。于是，研制生产闪烁探测器便成为这段时期的工作重点。

闪烁探测器一般由闪烁体与光电倍增管组成。闪烁体受到外来辐射，产生微弱荧光，光电倍增管将光信息转为电信息并进行放大，供电子仪器测量。常用的闪烁体有：用于测 γ 及 X 射线的碘化钠（铊），测 β 用的塑料闪烁体和测 α 的硫化锌闪烁体及测中子的闪烁体等。光电倍增管的结构和制造工艺要比计数管复杂得多。

我国在仿制计数管的同时，也考虑到了技术发展，适当安排了新探测器的研制工作。地质局仪器设计所，从建所初期就开始研制闪烁探测器，50 年代末便试制出直径为 70 毫米的碘化钠单晶体，但当时工艺尚不成熟，没有投产。进入 20 世纪 60 年代以后，根据发展规划，这方面工作逐步加强，大大地加快了发展速度。从 1966 年开始，由于采用梯度法结晶成功，碘化钠晶体质量不断提高；并先后生产出直径 150、200、250 毫米的大型单晶；产量也逐步扩大，五年内达到了年产万只以上的水平。塑料闪烁体方面，由于突破了本体聚合工艺，生产出直径达 1 100 毫米、厚 300 毫米、重达 300 千克的巨型闪烁体。解决了喷涂和热压工艺后，硫化锌闪烁体的品种也大大增加，基本上做到了不受几何形状的限制，生产出了各种闪烁屏、闪烁杯和闪烁球。

和闪烁体配套的光电倍增管研制工作，在仿制苏联直径 30 毫米管子的基础上也迅速开展起来，先后生产出地面普查仪及测井仪用的直径 14 毫米的小型管和分辨率，灵敏度较高的 40、50 毫米直径管子，以及由此派生出的许多新管型。还试制成功了中子测量用的 $BF_3$ 中子计数管、中子电离室和

裂变室，以及能耐 100℃高温的卤素盖革计数管。

有了闪烁探测器，就为研制闪烁核仪器创造了条件。1965 年和 1967 年，两种闪烁地面辐射仪先后在北京核仪器厂、上海电子仪器厂投产，五年间生产了8 800台，装备了地质普查队伍，使用效果很好，探测效率比计数管式仪器提高 5~20 倍，增加了找矿深度。1966 年，北京核仪器厂用国产闪烁体研制成功的闪烁航测仪，灵敏度比苏联同类产品高，使航测高度从 60 至 80 米提高到120 米。新生产的 2 000 台闪烁氡气仪也取代了第一代产品。

在铀矿开采方面，这一时期研制出了闪烁矿山辐射仪，电子皮带秤、坑道及坑口矿石品位测量分选仪等仪器。具有代表性的是垂直选矿仪和与之配套的选矿机，能自动消除矿石大小的影响，算出矿石的品位，自动分选出合格矿石，提高了选矿效率。这样，在铀矿地质、矿山仪器方面首先实现了闪烁化，用新一代的闪烁仪器取代了旧仪器。

在核辐射剂量防护仪器和反应堆核测量控制保护系统仪器方面也同样实现了闪烁化，研制出了大批新仪器。例如核潜艇动力装置的成套仪器，全部采用了新的闪烁探测器和中子探测器，并在仪器结构上解决了防震耐冲击问题，在电子线路上解决了耐高温、防潮、防盐雾和防霉问题。其中气流 β 测量仪，采用塑料空腔闪烁球作为探测器，大大提高了仪器灵敏度，在核探测技术上是一个突破，获得了 1985 年国家颁发的科学技术发明奖。

与此同时，随着我国电子工业的发展，核仪器也实现了晶体管化。经过大约五年时间的努力，我国的核仪器研制就实现了 1963 年提出的规划目标，为核工业及其他部门提供了 2.7 万台（套）新仪器，生产了 30 万件核探测器。经过这一时期的发展，我国新兴的核仪器工业，增强了科研、生产能力，站稳了脚跟，从此走上了独立自主发展的道路。

## 三、扩大品种，提高质量

进入 20 世纪 70 年代以后，核工业建设项目逐步减少，原来对核仪器需求量最大的地质部门已趋于饱和，核仪器应用范围逐步向非核领域扩展。为了适应这一变化，开始研制和发展新的探测器。

这段时期的主要成果是卤素盖革计数管继续得到改进，可以承受 200℃高温，在石油测井中得到应用。在中子测量方面，新研制成了高灵敏的氦气

（$^{3}He$）正比计数管，以及微型裂变室和长中子电离室，实现了堆芯中子通量空间分布测量。无机闪烁体除碘化钠外，又新增了碘化铯和锂玻璃闪烁体。有机闪烁体新增加了蒽晶体、液体闪烁体。光电倍增管在1973年突破了双碱阴极和二次极工艺后，出现一个新的飞跃，一些低噪声、弱暗电流、宽光谱、快速测量和能谱分析用的新管型陆续投产，技术上都达到了相当高的水平，缩短了和国际同类产品之间的差距。20世纪60年代开始研制的半导体探测器，金硅面垒型探测器这时已转入工业生产，锗锂、硅锂探测器也已有了实验室产品。这些探测器的研制成功，为设计新仪器创造了极为有利的条件。

在地质矿山仪器方面，20世纪70年代以后研制生产了野外用铀、钍、镭能谱测量仪，γ能谱测井仪和能谱航测仪等。在痕量铀检测方面，出现了双波长比色法低浓铀测量仪和激光测铀仪，由于具有较高的灵敏度，大大提高了铀的可检测的下限。

在辐射防护仪器方面，重点发展了弱辐射测量仪器。为三线工程研制的污水测量仪，采用了新型大面积流气式正比计数管，探测灵敏度达到足以评价饮用水中的放射性。之后，陆续研制生产了α、β低本底测量仪，环境γ本底测量仪，低本底γ谱仪，以及核医学研究中大量推广的液体闪烁计数器和低本底液体闪烁计数器等。这些仪器在低能量、低本底弱辐射测量和在环境保护监测中，都得到较广泛的应用。电子仪器开始采用微型计算机，一些产品的技术性能已达到了20世纪70年代末期或80年代初期的国际水平。

为了适应核物理研究的需要，这段时期还发展了多道脉冲幅度分析仪器，形成了从256道到4 096道的多道分析器系列，配上相应探头，研制出了X、γ闪烁谱仪、硅锂谱仪和锗锂谱仪等。

## 四、引进国际标准，提高技术水平

引进国际先进技术标准，是进一步提高我国核仪器水平，走向世界的一项重要的技术政策。

1973年前后，美国核仪器插件化、模块化的NIM（NU-CLEAR INSTRUMENTS MODULE）标准被介绍到中国。这项标准由于具有结构、信号电平统一，插件可以不断扩充，标准化程度高等优点，很快在欧美各国推广，并得到国际电工委员会认可。各国按此标准生产的插件和核仪器，可以做到互换。为了推广这项技术，国内几家专业核仪器厂和研究所组成了联合工作组，将该标准的英制计量单位改为公制，对一些配套的标准插件、标准电源及电源变压器、标准结构型材等进行了调查研究、分析对比试验和试制，1975 年开始在我国核仪器行业推广试用。1976 年，北京核仪器厂即完成了插件、机箱、机柜的结构设计，开始生产并设计出 26 种 NIM 功能插件。到 1980 年，插件品种已扩大到百种以上，累计生产了 2 万多台；用这些插件组合成的各种核仪器近 50 种，生产了上千台，取得了明显的技术经济效益。同时，NIM 标准机箱、机柜也向非核领域扩散。1982 年，经国家标准局组织专家论证，并批准将 NIM 机箱、机柜标准作为我国仪器机箱、机柜国家标准之一，在全国执行。

国际电工委员会第四十五技术委员会是负责核仪器标准的专业委员会（IEC TC-45）。我国是国际电工委员会的成员国，于 1980 年成立了相应的 IEC TC-45 中国委员会。1983 年 7 月在该委员会的基础上，扩大组织成立中国核仪器标准化技术委员会，由屈智潜任主任委员，程景泰、毛用泽任副主任委员。在国家标准局和核工业部的共同领导下，这个全国性的核仪器标准化技术委员会的任务是：对外代表国家权益，参加 IEC TC-45 的活动；对内负责制订和修订核仪器国家标准。

这个由我国核仪器教学、科研、生产部门的专家组成的有广泛代表性的组织，在引进国际标准和制订国家标准方面都取得一定成绩。自 1980 年以来，由核仪器标准化技术委员会组织起草，报请国家标准局批准的国家标准已达 17 项，如，反应堆控制保护系统设计安全准则，反应堆仪器一般要求，α、β 表面污染测量仪，X、γ 剂量仪，野外用核仪器电源及核仪器用高频插接件的技术标准等。这些标准的颁布执行，改变了我国核仪器生产只有企业标准，没有国家标准的局面，促进了我国核仪器生产水平的提高。

## 五、“保军转民”，扩大核仪器的应用领域

1979 年以后，我国核仪器制造业除了满足核工业科研生产的需要外，随着核技术和放射性同位素在工、农、医等各个行业广泛应用，核仪器转向民用也取得了较显著效果。

应用最广泛、用量最多的首推医药卫生部门。早在60年代，卫生部门即按规划提出核仪器年需求量，由二机部所属工厂负责生产供应。随着核医学的发展，需求的品种和数量都逐年增多。到1984年，核仪器工业销售的医用仪器年产值达1 000万元左右，仪器品种以自动化程度不同的各种液体闪烁计数器、γ免疫计数器和甲状腺、心、肝、肾功能测试仪居多。

工业用的各种密度计、物位计、厚度计等，品种繁多，广泛应用于各种反应塔、密封罐、水泥窑和炼钢炉等设备上。γ和中子测井仪用于确定地层的泥质含量、孔隙度、地层岩性，划分油层、油水界面等，是石油测井的重要工具。由于测井愈深，温度愈高，因此需要耐高温的探测器。我国已研制出了能耐150℃的碘化钠晶体、光电倍增管和特殊异型晶体。据不完全统计，已为石油部门提供了2万件各种探测器。与大庆油田合作，研制出了自然γ测井仪、岩性密度测井仪、中子-γ测井仪等多种仪器。水泥工业应用核仪器也很广泛，并取得了较显著的增产效果。

随着城市高层建筑的增多，火灾报警设施显得更加重要。各种火灾探测器中以利用放射源镅-241的离子感烟式探测器应用最广，数量最大。核仪器工业部门适应了这一社会需要，研制生产了高质量的探测器和报警系统。

在国民经济“六五”（1981—1985年）计划时期，我国核仪器工业在贯彻“保军转民”方针中已取得一定效果，民用核仪器的生产量已大大超过了军用及核工业本身的需求量。

## 第三节　核专用设备

每一种工业，都必须有能满足本工业生产技术特点的专用设备。核工业也不例外，需要许多专用的机电设备和仪器仪表。

核工业专用设备在制造工艺技术上和一般机电产品及电子仪器有许多相似的地方，但由于核工业要求设备能耐辐照，在耐腐蚀、密封性能、表面光洁及使用寿命等方面要求更高。因此在设计制造核专用设备时，往往需要采用一些新材料；进而又需要探索加工新材料的新工艺；为了验证这些新材料、新工艺以及产品的性能和质量，往往又需要根据特定的规范进行一些试验和检验，这样就形成了核设备制造中的三多现象，即新材料多、新工艺多、试验检验项目多。

我国的核设备制造经过全国20多个省、市、自治区数百个工厂、科研单位的共同努力，到20世纪60年代末，基本上实现了国家批准的关于研制核工业设备的规划，不仅克服了苏联毁约造成的严重困难，满足了首批核工业工厂的需要，而且在三线工程中基本实现了设备国产化。其中核燃料后处理工程，由于采用了我国自行试验成功的新工艺，其所需设备全部达到国产化。

核工业所需用的专用设备非常多，不论是铀矿地质、开采或水冶所需的设备，都各有特点。但从难易程度、品种数量、耗费资金等方面看，以制造铀同位素分离设备、反应堆设备和后处理设备更具有代表性。本节将重点介绍这些设备的研制、生产和发展过程。

## 一、研制生产铀同位素分离设备

能否以工业规模生产高浓缩铀是衡量一个国家核工业水平的重要标志。因此，制造分离铀同位素的设备，成为核设备制造工业面临的主要课题之一。在这方面，我国大体上经历了仿制苏联设备，自行研制大型设备和研究设计新设备三个过程。

在20世纪50年代，工业规模生产浓缩铀主要采用气体扩散法。我国兰州铀浓缩工厂所用扩散机，是从苏联引进的。但专用仪器仪表和控制设备供货不全，扩散机的核心部件分离膜和耐氟润滑油，是生产必需的消耗性备品备件，也必须在国内依靠自己探索研制。因此，在七八年内，组织研制扩散机及分离膜等主要部件，是当时面临的第一位任务。根据大力协同原则，中央专委确定分离膜由冶金部、中国科学院和二机部负责研制，耐氟润滑油由化工部石油局研制。

扩散机机械部分包括压缩机、电动机、分离圆筒、冷却器、联接管道等部件。由于生产这些部件的工作量很大，因而采取了部件分散生产，整机集中装配的方式，以缩短生产周期。为此，组成了以北京重型电机厂、上海电机厂和哈尔滨汽轮机厂为整机总装的3个生产基地。所需控制系统由电子工业部北京有线电厂承担，调节器和配套仪器仪表分别由西安仪表厂、南京分析仪器厂和上海光华仪表厂负责试制、生产，特殊轴承由瓦房店轴承厂和洛阳轴承厂试制、生产，各种口径的真空阀门由上海阀门厂、沈阳高中压阀门厂和苏州阀门厂共同负责研制。

扩散机具有核设备的主要技术特点，设备内的介质，既有放射性，又有强腐蚀性。所有设备联成一个大体积的真空系统，运行时，既不允许工作介质外泄，影响安全，也不允许空气渗入，影响产品质量。因此，对设备制造质量要求很高。仿制扩散机必须解决两个主要课题，一是准备可供制造厂使用的加工图纸，这个任务由一机部、二机部组织的联合设计处花了大约一年时间，即告完成。第二是突破制造工艺技术关。这些技术关键中不仅有蜗壳冷压成型，压缩机风轮及导向器等复杂部件的加工困难，而且在焊接、密封、电镀、抛光等方面也有许多新的技术课题。在承担研制任务单位的科技人员的联合努力下，这些技术难题都被一一突破，只花了大约两年时间便分别制成了样机。在试制过程中，新建的天津物理化学工程研究设计院，发挥了研究试验基地的作用，作了大量试验验证工作。

1964 年 9 月，成立了由王新民任主任委员，吴征铠、王子仪任副主任委员，任耐、芦荣光、陈正琛、吴梓培等 13 人任委员的扩散机鉴定委员会。从 1964 年冬天开始，试制的几种扩散机陆续通过鉴定后，转入批量生产。与此同时，其他配套设备也都完成了试制生产任务，保证了铀浓缩厂建设的急需。1972 年 11 月，一机部和二机部联合召开国产机器质量鉴定现场会，根据运行结果确认，除运行初期停机率略显稍高外，国产扩散机的质量是良好的。

1964 年，根据中央专委决定，由冶金部负责建设分离膜工厂。该厂只用 22 个月便建成，于 1967 年一次试车成功，生产出了第一批合格产品。同时，开始了新型扩散机的研制工作，并于 1979 年 12 月通过了国家鉴定，为我国核燃料生产提供了重要装备。

## 二、制造反应堆设备

核反应堆是核工业体系中的重要组成部分。我国曾用国产设备先后装备了科学研究用游泳池式试验堆、脉冲中子堆、高通量试验堆，也改造了重水试验堆。在动力堆方面，我国还建造了核潜艇动力堆。但反应堆设备制造技术和制造能力的突破，则是通过20世纪60年代自力更生建造石墨轻水生产堆实现的。

我国首座生产堆是单工艺管结构石墨轻水反应堆，堆体庞大，结构复杂，管网交错，装卸料设备既笨重而又要求精密准确。在混凝土内的预埋件很多，这些设备多是不可更换返修的，为保证使用寿命，因而质量要求极为严格。由于苏联停援，堆设备供货很少，除了堆本体支撑结构件和石墨外，主工艺设备基本上没有到货，因而当时在堆设备制造上面临的困难比研制扩散机更大。

为突破生产堆设备试制上的困难，采取了和制造扩散机时相似的大协作攻关方式，不过参与协作的单位更多，涉及面更广。一回路循环泵和热交换器、冷却水集流管、卸料机构等154项设备，由上海汽轮机厂、上海锅炉厂、武汉锅炉厂、北京第一机床厂、沈阳水泵厂等几十个企业承担。反应堆辅助系统、非标准设备主要由大连机器制造厂承担。自控检测仪表总共33项，二机部所属企业承担了其中温度计、工艺管冷却水流量计、湿度报警器等24项，其余膜式差压计等9项由上海光华仪表厂负责，反应堆需要的特殊铝材和工艺管全部由冶金部生产。

这些工厂都不同程度地进行了技术改造，扩建了厂房，建立了清洁装配车间，添置了加工设备和测试手段，并建起了许多产品性能试验台架。在工艺技术方面，在武汉材料保护研究所科研工作的基础上，1964年，一机部和二机部联合颁发了铝合金阳极氧化处理质量检验技术条件、设备清洗技术条件、焊缝射线检验规程、氦气探漏技术条件等10项技术文件，这是我国核设备制造方面第一批技术规范性文件，它对保证反应堆设备质量起到了重要的作用。在各制造厂广大职工精心努力下，经过四年的时间，各种设备陆续运到工地，保证了生产堆按时建成投产。

在后来制造的反应堆设备中，大型支撑构件、石墨砌体等均为我国自行研制产品，其他设备的制造工艺技术也都有不同程度的改进。如考虑到河沙含量多，在制造取水口水泵时，叶轮增加了平衡筋，改进了密封环的结构，延长了泵的寿命。双辊支座，是堆本体下部屏蔽构件的支承，通过试验，增加了下心盘的厚度，扩大了曲率半径，使承载负荷能力增加70%。对主热交换器，放大了列管直径，从而增大热交换面积，提高了传热效率。新研制成功的小型成群流量计取代了仿制产品，改进了监控系统。至此，生产堆的设备制造全部实现了国产化。

我国潜艇核动力堆是压水堆。它以体积小，压力、温度参数高，设备布置紧凑等特点，与生产堆形成鲜明的对比，给设备制造带来新的课题。为加速设备制造，召开了有 70 家厂、院、所 300 多人参加的专业会，分组研究解决设备、仪表研制中的关键技术问题。黑龙江和武汉地区也都分别召开专业会议，帮助承担设备制造任务的工厂搞好协作，及时完成主要部件的研制和生产。1970 年 5 月，模式堆设备开始安装、调试，开堆试验一次成功。这一成就，为我国核动力堆的研究、设计和制造积累了实践经验。

20 世纪 70 年代末期建成的高通量实验反应堆，是全国 200 多个工矿企业大协作的成果。全部设备 515 项、6 508 台件，一机部所属工厂分担了 165 项、3 104 台件。三线新建核设备制造企业挑起了重担，如压力壳、热交换器、一回路循环泵、安全阀等分别由德阳第二重型机械厂、东方红锅炉厂、重庆水泵厂、自贡高压阀门厂负责制造。这时，二机部的设备制造厂也已成长起来，如西安机器设备制造厂、西安核仪器厂等都参加了这项工程建设。高通量试验堆建成投产，说明我国核设备制造能力已不局限于一线沿海城市的老骨干企业，三线新厂也已成为我国核设备制造业中的组成部分。

我国自行设计建造的秦山核电厂，1982 年纳入国家计划后，其所需设备大部由国内制造。由于国家计划投资的改造工程尚未形成生产能力，一些技术也有待突破，因此某些重型、复杂的机电设备，仍不得不暂时靠进口。

## 三、制造后处理工厂设备

后处理工厂的特点是：有强放射性、强腐蚀性和超临界事故危险，要求整个操作在密封设备中，并在很厚的屏蔽墙之外远距离进行。同时，还必须依靠耐辐照，并能远距离传递信号的仪表来监督运行。

1964 年我国萃取法流程试验成功后，紧接着便建设中间试验工厂。为争取时间，采用了设计、制造、使用部门三结合的方法。负责设计的北京核工程研究设计院的设计人员，与承担制造任务的大连机器制造厂的工程技术人员和工人一起研究加工方法，根据制造厂的设备、工艺能力进行设计。厂、院密切配合，不等不靠，加快了设备制造进度。不到两年时间，共制造出大型热室、取样柜、混合澄清槽、机械手、穿墙阀等设备 370 项。上海光华仪表厂同样采取三结合方式，因陋就简研制和生产了液位、密度、流量、浓度等数十种仪表。中间试验厂工程于 1968 年正式投产。在此成功的基础上，一座拥有 540 多项专用设备和仪表的大型后处理厂，也于 1970 年建成。在此之前，苏联拒绝供应任何设备的钚冶金铸造工厂，也由大连机器制造厂抢制出 90%以上的设备，简法上马，于 1963 年建成。

这样，我国后处理工厂已全部用国产设备装备起来。在制造后处理厂设备及其他专用设备过程中，大连机器制造厂总工程师蒋坤祥作出了较大的贡献。

## 四、为核聚变研究提供设备

从 20 世纪 70 年代起，我国开始了核聚变试验设备的研制工作。1973 年，西南物理研究所与上海先锋电机厂联合设计并制造出稳态强流离子注入器。这是一台仅偏转磁铁就重达 30 余吨的高温等离子体稳态超导磁装置。这套装置集超高真空、超低温、超导材料技术于一体，把我国等离子体和聚变研究向前推进了一步。

接着，经过国家批准，提出了建造我国托卡马克核聚变试验装置——中国环流器一号的任务。该装置由电源（包括大功率交流脉冲发电机组和大功率脉冲整流装置，脉冲变压器）、超真空机组及主机三大部分组成，此外还有必要的等离子体诊断、测试设备。交流脉冲发电机组由西南物理所、浙江大学、华中工学院和上海电机厂联合设计，由上海电机厂制造，于 1979 年完成。大功率脉冲硅整流设备由华中工学院设计和制造；脉冲变压器由沈阳变压器厂制造；由钛蒸发器和扩散泵抽气机组，以及涡流泵、钛泵、分子筛抽气机组组成的超高真空系统是由沈阳真空技术研究所研制成功的。

由大连机器制造厂负责制造的环流器一号主机，难度很大，几经反复。在总工程师徐继忠具体组织领导下，该厂与西南物理所密切配合，先后攻克了外真空室半环体压形及加工，内真空室薄板焊接及波纹管成形，护环金属与陶瓷粘接，垂直场线圈导线接头中频钎焊等 30 多项重大技术关键，于 1982 年制造成功。西南物理所与苏州光学仪器厂密切合作，在国内首次研制成功了马赫-珍德干涉仪；接着又研制成功用以测算等离子体的密度和温度的高速光谱扫描仪；随后又研制成功用来拍摄等离子体随时间变化图像的转鼓扫描摄影机，为环流器一号提供了配套的等离子体诊断设备。

经过两年多安装、调试，中国环流器一号终于在1984年建成，并于1985年11月通过国家鉴定验收。和其他国家托卡马克装置比较，我国这套设备在规模上虽然还只是中等水平，但它说明我国在受控热核聚变科研领域的设备建造和实验手段已有所突破。

# 第十四章　核安全防护及环保卫生事业

## 第一节　核工业安防卫生的起步和发展

在核工业的生产过程中，职业人员除接触一般工业的有害因素外，还要和放射性物质打交道，特别是浓缩铀生产、反应堆运行、辐照后核燃料处理和核武器研制，还存在核临界安全问题。因此，防止辐射危害和超临界事故，搞好环境保护和职业人员的医疗保健工作，对核工业的生存和发展具有特别重要的意义。

我国核安全防护及环保卫生事业是随着核工业的发展而逐步发展起来的，经历了三个发展时期。

### 一、创建时期（1958—1966 年）

从 20 世纪 50 年代中期开始，我国铀矿地质勘探、核科学研究和核工业建设相继展开，如何防止核辐射危害，已被提到了议事日程。中共中央和国务院十分关心职业人员和核设施周围广大居民的安全与健康，周恩来总理一再指示要搞好安全防护卫生工作。为此，1959 年二机部提出了“生产未动，防护先行”的方针，并决定在生产技术局设立安全防护处，在劳动人事局设立劳动保护处，分别负责核工业的辐射防护和劳动保护工作。为了适应工作发展的需要，经国务院批准，1960 年 10 月 1 日成立了领导和管理全国核安全防护卫生工作的卫生防护局，由卫生部和二机部实行双重领导（在卫生部称工业卫生局，在二机部称十七局），由卫生部副部长钱信忠、二机部副部长钱三强主管这个局的工作。首任局长为邓启修。1961 年，二机部各管理局和企事业单位先后成立了安全防护卫生机构，配备了专职安全防护人员。与此同时，有关省、市、自治区的卫生厅（局），也根据具体情况成立了卫生防护管理机构，加强对核工业企事业单位安全防护卫生工作的领导。这样，从上到下基本形成了一套比较完整的管理体系。

为了开展工作，需要调集和培养安全防护卫生专业人才。1958 年 4 月到 1959 年 3 月，二机部先后两次派出十几名技术骨干到中国人民解放军军事医学科学院举办的辐射防护和放射医学学习班学习；1959 年和 1960 年，二机部又委托卫生部举办了两期学习班，前后培养了 100 多名技术骨干。从 1960 年起，北京大学、清华大学、哈尔滨工业大学、广州中山大学、白求恩医科大学、苏州医学院等大专院校，源源不断地输送卫生防护专业的毕业生，为全面开展核安全防护卫生工作提供了充足的技术力量。此外，1963 年至 1965 年期间，根据中央专委决定，从全国卫生系统抽调蒋本沂、宋少章、米泰初、李树德、陈王善继、吴晋惠、谢淑珍、姚川汶等一批技术专家，以加强安全防护卫生系统的技术指导力量。

为了加强对辐射防护和职业病的科学研究，1958 年二机部决定，在北京原子能研究所设立放射生物研究室。1962 年 3 月又以这个室为基础，成立了北京工业卫生研究所。1962 年 7 月，经聂荣臻副总理批示同意，北京工业卫生研究所迁往太原与华北原子能研究所、山西卫生厅工业卫生研究所合并，成立辐射防护研究所，成为二机部研究辐射防护的多学科的科研基地。这个时期，卫生部建立了工业卫生实验所，中国人民解放军建立了军事医学科学院，他们在辐射防护和放射医学方面做了大量卓有成效的科研工作。

这个时期，按照“防护先行”的方针，先后做了以下四方面的工作：第一，把好工程设计关，搞好第一批核设施建设中的安全防护工作。1957 年前后，我国第一批核设施的选址，认真考虑了水文、气象、地理、地质和居民分布状况等条件，一般选在较为偏僻的地区，以利于“三废”的排放和处置。在这批核设施的设计、施工和生产准备过程中，也都采取了辐射防护和环境保护措施。第二，1961 年，二机部根据国务院批准的《放射性工作卫生防护暂行规定》，制定了一系列执行细则。第三，辐射防护研究所、苏州医学院、卫生部工业卫生实验所、白求恩医科大学、中国人民解放军军事医学科学院、湖南省劳动卫生研究所等单位密切合作，面向生产开展科学研究，解决了特殊的过滤材料、防护衣具、剂量仪表、大面积表面去污方法、放射性损伤早期诊断与治疗、矽肺病的防治、汞与氟及其他化合物中毒的急救与治疗等一批厂矿迫切需要解决的卫生防护技术问题。第四，1962 年前后，在有关省市的支持下，在湖南衡阳和山东青岛建设了一所综合性医院和一所疗养院，并先后接收了苏州医学院和陕西临潼等地的 3 所疗养院，形成了一定规模的医疗保健网。

## 二、受干扰时期（1966—1976 年）

十年动乱期间，卫生防护局被撤销，科研单位被下放，疗养院全部停办，规章制度被废除，核安全防护卫生工作受到严重削弱。特别是 1970 年搞大计划、高指标，结果造成生产下降，事故上升，职业危害加重，使核工业的生产建设受到很大影响。

但是，在中央专委的领导和支持下，安全防护卫生系统广大职工坚守生产岗位，克服重重困难，为保证核工业的安全生产做了大量的工作。在努力搞好老厂安全防护工作，防止重大人身事故和超剂量事故的同时，积极开展了三线工厂的选址和大气排放试验等工作。为了适应新建单位职工的医疗需要，于 1970 年改建了一所拥有 300 张床位的医院。在这期间，科研人员还坚持下厂矿调查研究，解决生产建设中存在的安全防护问题。辐射防护研究所、苏州医学院和解放军军事医学科学院等单位，多次派出有专家、教授参加的医疗队，到酒泉原子能联合企业、二三安装工程公司等单位，进行流行病学调查，对职工进行体检，消除职工中产生的“放射性肝炎”“血小板下降放射病”的疑虑，稳定了职工的思想情绪，保证了生产建设的正常进行。同时，一些科研项目的研究也获得了好成绩，如辐射防护研究所空气净化研究组 1969 年研制成功的DL-150型过滤器，解决了我国第一艘核潜艇下水的急需。这个时期在李德平教授指导下的空腔电离室理论研究，在斯潘赛-阿蒂斯克理论基础上，也取得了新的进展。

1974 年 1 月，二机部恢复了各职能管理机构，重新组建了卫生防护局。为了贯彻第一次全国环境保护会议精神，1975 年 5 月，二机部召开了第一次核工业环境保护工作会议，总结交流了经验，制定了工作规划。会后，成立了核工业环境保护机构——卫生防护局环境保护处，全面推进了核工业的环境保护和“三废”治理工作。

## 三、恢复和发展时期（1977—1984年）

粉碎“四人帮”后，各企事业单位迅速恢复了安全防护卫生机构，充实了人员；进行了专业训练，不断提高安全防护卫生人员的业务技术水平；修订了多项规章制度，加强了对易燃、易爆、剧毒物品和放射性物质的管理，预防各类事故的发生；对科研、生产场所普遍进行了安全大检查、查隐患、堵漏洞，处理了十年动乱中遗留下来的“老大难”问题。由于消除了危险因素，改善了劳动条件，从而使安全生产形势迅速好转。1979年后，工伤事故和剂量事故显著下降。1980年核工业工伤事故死亡率下降到1962年以来的历史最低水平。1981年到1984年期间，有的单位被评为二机部和所在地区的安全生产先进单位，其中兰州铀浓缩厂、江西上饶铀矿和贵州开阳铀矿被评为全国安全生产先进单位。

在这一时期，有关高等院校和研究所，在辐射防护、环境保护和放射医学等方面进行了大量的研究工作，并取得了较好的科研成果。辐射防护研究所从1977年到1984年间完成的科研项目数量，要比建所以前13年完成的项目的总和还多。质量普遍有了提高，其中有8项获全国科学大会奖，99项获国防科技奖。苏州医学院有7项获全国科学大会奖，75项获国防科技、江苏省和苏州市科研成果奖。“三废”处理的研究进展较快，沥青固化和水泥固化试验基本完成，已转入工业规模生产。辐射防护研究所李德平、孙世荃，苏州医学院杜子威、阮长耿，原子能研究院潘自强，以及酒泉原子能联合企业张仲仁等人，在安全防护卫生工作方面作出了重要贡献。

在搞好原有核设施环境保护的同时，加强了对新建工程的环境管理。1975年到1984年，二机部有8个大中型项目竣工验收，其中7个全面执行了国家“三同时”（“三废”治理设施与主体工程同时设计，同时施工、同时投产）的原则，4个全部执行了环境影响报告制度，做好了建设前期的环境保护工作。随着浙江秦山核电厂开工建设和广东核电站的筹建，1982年前后，对这两座核电站进行了安全性分析和环境影响评价，制定了核电站安全规范，对预期的事故工况进行了审评，开展了本底调查和大气扩散试验工作。

1982 年 7 月，胡耀邦总书记在听取核工业部的工作汇报时指示，要加强核安全知识教育。1983 年和 1984 年，核工业部通过报纸、广播、电视、书刊、展览会、报告会、座谈会等多种形式，对社会公众进行了核安全知识的宣传教育，对消除美国三哩岛核电站事故在我国造成的影响，保证我国和平利用核能事业的顺利发展起到了良好的作用。

为了加强核电安全工作，1984 年 12 月 20 日，经国务院批准成立了国家核安全局，首任局长姜圣阶。这个局的主要任务是对国内核电设计进行安全审查、监督和管理，以保证我国和平利用核能事业安全、顺利的发展。

由于国家的重视，全国各部门、各地区的大力支援，核工业部紧紧抓住以防止核辐射危害为中心的安全防护、环境保护和卫生医疗工作，从而没有发生过一起重大超剂量致死事故，没有发生过一起造成严重后果的放射性污染事故，也没有发现一例可确诊的急性放射病患者，保障了核企事业职工和居民的安全健康，为我国核工业的发展作出了贡献。

## 第二节　核工业的安全防护

### 一、辐射防护

搞好核生产、科研的辐射防护的前提是要制订射线防护的剂量标准和规章制度。为了使职业人员接受的辐射剂量处于安全的水平，国务院于 1960 年 1 月在我国第一批核设施投产前，批准了卫生部和国家科委组织制订的《放射性工作卫生防护暂行规定》《电离辐射的最大容许量标准》和《放射性同位素工作的卫生防护细则》。在这些文件里，规定了职业人员电离辐射最大容许量（周剂量 0. 3 生物伦琴当量，日剂量 0. 05 生物伦琴当量）和 92 种核素在露天水源和工作场所空气中的最大容许浓度。根据国家的有关规定和标准，1961 年 12 月，二机部制订了放射性生产和科研单位的卫生防护规定。据此，各科研生产单位也制订了相应的实施细则，使核生产、科研的辐射防护工作有法可依，有章可循。

根据国际放射防护委员会推荐的剂量标准，1974 年，我国修改了辐射剂量标准，规定职业人员每年全身的最大容许剂量当量为 5 雷姆（50 毫希弗），全身照射的终生累积剂量当量不得超过 250 雷姆（2.5 希弗）。根据国家的规定，核工业部也相应地修定了放射防护规定和有关的设计规范，以及辐射事故管理规定等规章制度。

1976 年，国际放射防护委员会向世界各国推荐了正当性、最优化和剂量限值相结合的一套辐射防护体系，明确提出辐射防护的目的是防止发生非随机性效应（短期大剂量照射身体损伤），并限制随机效应（长期小剂量照射致癌和遗传疾病）的发生概率。经过中国核学会辐射防护学会召开的专家讨论会的论证和建议，1984 年，国家计委、国务院环境保护委员会、卫生部等国家有关部门决定采纳国际辐射防护委员会推荐的辐射防护体系，修改了我国的《放射防护规定》，进一步完善了我国的防护标准体系。国家和核工业部制定的上述标准、规定、细则，是放射性工作的法规，也是做好一切辐射防护工作的基础。

贯彻“生产未动，防护先行”的方针，预防射线照射最有效的办法是采用技术先进的工艺和良好的设备，把好设计关。例如，我国自行设计建造的核燃料辐照后处理工厂，采用的是萃取法流程，不仅比原设计采用的沉淀法流程先进，而且在辐射防护方面，亦采取了一系列措施：为了防止 β 和 γ 射线照射，采用了混凝土层等作屏蔽防护；将工作场所按可能受到污染的程度分为设备区、安装检修区和操作区（简称一区、二区和三区），实行隔离防护。在三个区都装设了辐射剂量仪表和辐射连续监测仪，防止工作人员超剂量照射。在二区和三区之间设卫生闸门，对受污染的物品进行去污。在三区和生活区之间设淋浴设施，防止放射性物质扩散或进入人体内；将放射性物质尽可能密闭在设备、系统和操作室（箱）内；对放射性物质尽可能采用远距离操作，近距离操作则尽可能使用机械手等长柄的工具，等等。石墨轻水生产堆，在设计和建设中，也像后处理厂一样，采取了严格的射线防护措施。这两个厂经过近 20 年的运行考验，证明其安全防护性能是良好的。在三线建设中，汲取了第一批核设施建设的经验及教训，尽可能采用先进技术、设计，施工中都有安全防护人员把关。因此，三线工程安全防护性能优于第一批核设施。进入20世纪80年代后，在工程建设中严格按国家规定建设程序办事，高通量工程堆、“环流一号”聚变实验装置等大中型项目，都严格执行了竣工验收制度，把不安全因素消除在投产前，安全防护性能达到了新的水平。在核设施投产后，一方面经常对职业人员进行关于安全防护工作的重要性和防护知识的教育；另一方面加强企业管理，严格执行保障安全生产的各项规章制度，不断改善劳动条件，提高职业人员的技术水平。

20世纪50年代末和60年代初，我国铀矿地质勘探和铀矿山建设初期，由于对安全防护工作重视不够，缺乏安全防护知识教育，加之有的单位为了赶进度，在通风条件较差的情况下，允许干式作业，到1962年便发现矽肺病患者，而且有增长趋势。这是一个严重的教训。针对这种情况，在1962年全国防止矽尘危害工作会议后，二机部认真贯彻周恩来总理关于“在三五年内解决矽尘危害问题”的指示，总结经验教训，在铀矿地质和矿冶系统的职工中广泛进行关于射线和粉尘防护工作的重要性和防护知识的教育，既讲射线和粉尘有害的一面，又讲有关防护知识，使职业人员消除顾虑，正确对待。与此同时，各铀矿山和地质勘探队制订了防尘工作规划，建立了通风防尘专业队伍，采取了以风、水为主的综合防尘降氡措施，严格执行“先开水，后开风；先关风，后关水”的操作方法，开展以改善劳动条件为中心的文明生产活动。到1964年年底，不少铀矿山和地质队实现了文明生产坑道，多数铀矿山和地质队井下作业场所的粉尘和氡气浓度都降到接近国家规定的限值。1964年后，二机部地质、矿冶系统的矽肺病发生率基本得到了控制，除个别未确诊外，没有发现氡致肺癌的病例。

企业管理工作的好坏，对辐射防护至关重要。我国第一批核设施投产初期，各厂矿企业认真抓好管理工作，严格执行规章制度，因而辐射防护情况比较好。但是，十年动乱期间，许多单位管理混乱，规章制度废弛，违章作业造成的剂量事故时有发生。1969年1月7日，酒泉原子能联合企业发生一起重大的元件烧结事故，使十余名参加事故处理的人员受到超剂量照射。1971年6月25日，兰州铀浓缩厂贫料六氟化铀氢还原岗位发生泄漏事故，造成厂房严重污染。1973年9月1日，衡阳铀水冶厂纯化车间反应槽冒槽，喷出108℃的硝酸铀酰造成烧伤事故。这些事故的发生，无一不和管理不善与违章作业有关。针对上述情况，有关单位在总结经验教训的基础上，重视安全生产，加强了企业管理，严格执行规章制度，防止了重大的超剂量事故。1980年重水反应堆大修改建，由于对设备严格地进行了清理和去污，对防护措施进行了充分的论证和最优化评价，加强了辐射防护管理，工作人员的剂量水平控制在限值范围内，预计外照射总集体剂量当量为400人·雷姆（4人·希弗），实际总集体剂量当量为148人·雷姆（1.48人·希弗），平均个人剂量当量为0.77雷姆/年（7.7毫希弗/年），最大个人剂量当量为3.18雷姆/年（31.8毫希弗/年）。其后，核潜艇原型动力堆进行了大修，也没有发生个人超剂量照射。这两项工作为核设施的退役积累了一定的经验。

为了降低职业人员的照射剂量，还必须不断地改善劳动条件，提高技术水平。我国第一批核设施，有的工艺和设备比较落后，不利于剂量防护。包头核燃料元件厂轻材料车间投产初期，由于螺杆泵泄漏严重，车间汞蒸气浓度超过国家标准。但这个厂很快对生产工艺进行了改进，用三杆泵代替了二杆泵，加强了通风管理，实现了远距离操作和密闭化生产，减少了汞的泄漏，车间汞蒸气浓度下降到接近国家标准。核燃料元件加工车间投产初期，铀金属的冶炼和轧制，基本上是手工操作，工人称之为“烘炉打铁”，不仅污染严重，而且操作上也很不安全。后经过不断的革新改造，现已全部实现了机械化和自动化生产，大大改善了辐射防护条件。

## 二、核安全

核裂变物质（如铀-235、钚-239）超过一定临界体积将发生链式裂变反应，除了放出巨大的能量外，还产生大量的放射性物质。核裂变反应，如果不加以人为的控制，发生超临界事故，必将危及职业人员、工艺设备和环境的安全。由于核临界事故往往是事先不能给出准确的预报，对其可能造成的后果也很难准确预测，因此，我国对核临界安全极为重视。

20世纪60年代初，在原子能研究所配置了专门的研究人员，从事临界安全研究工作。每次生产、储存和输送裂变物质的设备、装置，都要经过实际的计算，规定操作量，制定操作规程，由安全防护局组织安全审查，报经部批准后才能投入使用。为了便于加强临界安全管理，二机部于1964年3月成立了临界安全技术组，主要职责是：（1）定期检查核临界安全技术状况，提出技术方案；（2）制定和审查核临界安全技术规程；（3）审查工程设计中有关核临界安全的技术问题；（4）研究制订预防临界事故措施，并对超临界事故进行调查处理。20 世纪 60 年代中后期，核燃料厂实行严格的岗位操作规程：操作核裂变物质的人员要经过专门的训练和考试，操作时实行监护制度，一人操作，一人监护。各单位都在工作场所设置事故报警装置，安全技术人员把可能发生临界事故的部位列为关键性的监督岗位，定期进行安全检查；还抽调专门的研究人员，建立实验室，配备有关的研究设备和装置，加强了核反应堆安全技术的研究。

20 世纪 70 年代初，二机部专门举办了新操作人员临界安全管理学习班，并针对各项具体设施分别成立了反应堆、高浓铀加工和扩散机等专业临界安全小组，以提高临界安全的运行和管理水平。1978 年 8 月，二机部召开了核临界安全工作会议，总结交流了临界安全工作经验，制订了核工业临界安全科技发展规划。同年 10 月 1 日成立了二机部临界安全领导小组，临界安全工作得到进一步加强。1980 年 5 月，二机部正式批准了《加工处理裂变材料临界安全规定》《储存运输裂变材料临界安全规定》和《核临界安全技术管理责任制度》。

由于各级生产人员和安全技术人员对临界安全极为重视，始终把杜绝临界事故作为自己的重要任务，严格执行保证临界安全的规章制度，有效地防止了超临界事故的发生。其中，兰州铀浓缩厂的杨纪春、辐射防护研究所的胡遵素、原子能研究所的阮可强等人，在辐射防护和核安全方面取得了较好的成绩。

## 三、辐射剂量监测和评价

放射性不同于一般有害物质。它不能被人们的感官所感知，人们接触了放射性后不能像对酸碱冷热那样及时作出反应，只能用辐射探测器才能测量出来。辐射监测是辐射防护工作的重要手段。因此，核工业在进行建设的同时，就设置了辐射监测实验室，配备监测人员和仪器，开展辐射监测与评价工作。

1960 年前，核辐射监测工作，主要是使用从苏联进口的设备仪器，采用苏联的监测技术和监测方法。1960 年后，为了解决辐射监测工作中所需的仪器设备和过滤材料，北京核仪器厂和辐射防护研究所等单位联合攻关，在较短时间内便研制成功多种急需的辐射监测仪器和化学纤维过滤材料，为监测工作的开展创造了条件。20 世纪 60 年代中期，随着核工业生产建设的迅速发展，全面开展了辐射监测工作，不仅对生产场所和环境进行监测，而且对个人剂量也进行了监测。

20 世纪 70 年代，为了总结经验提高监测技术水平，1971 年 12 月和 1974 年 10 月，先后召开了放射性工厂辐射监测方法座谈会和矿山、水冶厂辐射监测技术讨论会，统一了监测项目和方法，制订了监测技术规程，出版了放射性监测方法资料汇编。在这一时期，广大科技人员深入基层，与厂矿密切结合，从理论和实践上对监测技术和方法进行了研究。从 1958 年开始，到 20 世纪 70 年代，原子能所研究和建立了较完善的个人剂量和环境监测技术。1976 年，复旦大学和湖南郴县铀矿提出了快速测氡方法——两段法和气球法，铀矿开采研究所提出了快速测氡的双滤膜法等。1979 年，辐射防护研究所同上海探伤机厂合作，研制成功重过滤 X 射线和低能荧光 X 射线校准设备，为 X 射线和 $\gamma$ 射线仪表的剂量校准和能量响应研究提供了整套系统。

为了提高辐射监测技术水平，1980 年和 1981 年先后成立了二机部辐射监测质量保证小组和辐射防护标准化技术委员会，开展了辐射监测质量保证、监测仪器与方法标准化和职业性个人剂量评价工作，并开始筹建辐射监测中心和数据库。经过 1981 年至 1984 年的工作，部分辐射和剂量测量方法已经完成标准化工作。1984 年在辐射防护研究所建立了辐射剂量二级计量站。

职业人员的个人剂量监测分为外照射剂量监测和内照射剂量监测。据统计，从 1958 年到 1984 年，我国反应堆、后处理工厂、生产车间和有关实验室的个人外照射剂量，总共监测 57 043 人·年，总集体有效剂量当量为 526. 866 人·希弗，人均剂量当量为 9. 2 毫希弗/年。其中：1959 年至 1979 年总共监测 35 089 人·年，总集体有效剂量当量为 365. 554 人·希弗，人均剂量当量为 10. 7 毫希弗/年；1980 年至 1984 年总共监测 23 045 人·年，总集体有效剂量当量为 16. 131 2 人·希弗，人均剂量为 7. 0 人·毫希弗/年。从以上统计结果来看，我国反应堆、后处理工厂和有关科研单位所受辐射基本上是安全的，职业人员接受辐射照射的剂量水平呈现下降的趋势。而与此同时，我国铀矿地质勘探、采矿和水冶、铀浓缩等核燃料加工系统的个人外照射剂量一般不超过现行剂量限制标准（50 毫希弗/年）的十分之一。

内照射剂量监测始于 20 世纪 60 年代初。已经监测的核素有十几个，主要是铀、钚和氚。地质、矿山和水冶系统对氡及其子体进行了监测。对铀作业人员内照射剂量的监测，以核燃料系统的两个厂为例：1970 年到 1984 年总共监测 13 520 人·年，集体有效剂量当量为 161 526 人·希弗，人均剂量当量为 1.2 毫希弗/年。氚作业人员内照射剂量除个别年份外，小于 5 毫希弗/年，都在剂量限值的 1/10 以下。

关于辐射剂量的效应评价。我国核工业的事故死亡率，在重工业部门中比较低，根据 1977 年到 1984 年的统计为 0.141‰，事故死亡原因全部为非辐射因素。

关于外照射剂量效应。按照现代辐射科学的技术水平和实践，在受到 100 人·希弗的人群组中，有可能发生一例癌症和不到一例的遗传疾病。据统计，我国从 1959 年到 1984 年在接受外照射的 5 487 人中（不包括矿工），仅可能发生 5 例癌症和 3 例遗传疾病，癌症的发病率每年不到 0.04‰，遗传疾病的发病率不到 0.03‰。但癌症的自然发病率由于地区间的差别，就可能相差十万分之几到十万分之一二十。因辐射损伤的发病率很低，还难于从癌症的自然发病率中区别出来。30 年来，我国核工业没有发生过急性放射病。20 世纪 60 年代，我国曾探讨长期小剂量的照射是否会发生慢性放射病，并曾诊断过几例慢性放射病，但后来经甄别，已全部否定了。

# 第三节　核工业的环境保护

## 一、核设施选址

为核工厂选择合适的自然和社会环境，是保护环境和周围居民免受放射性物质影响的重要条件。我国第一批核工厂选址时主要考虑的因素有：外部自然和人为的条件对核工厂可能的影响；核工厂正常运行和事故时释放的放射性物质易于稀释扩散；周围人口密度稀少。1956 年 8 月，建筑技术局成立选厂办公室，派选厂小组按照上述条件，到西北、西南、中南和华北等省、自治区选址。到1957年二三季度，共选择了60多个预选厂址，以后进行了复选，并补充了个别新的厂址。第一批厂址的方案于1958年4月报经国家正式批准。

这些核工厂地址的水文地质条件一般较好，放射性物质排放量较大的核工厂，多数采用了天然蒸发的方法，避免了对江河的影响，加之气象条件较好，又都处在偏僻的地区，周围人口较稀少或有足够的防护距离，因此，有利于对核设施周围环境和居民的保护。

1964年到1968年，三线地区核工厂的厂址陆续选定。这些核工厂的多数厂址地处山区，气象条件复杂，对放射性废气排放不利。为了保证周围地区居民的健康和安全，科学院兰州高原大气物理所、大气物理所和辐射防护研究所、原子能研究所分别在主要厂址上做了大气扩散实验，确定了大气扩散参数、废气的排放浓度和排放总量的限值。原子能研究所、辐射防护研究所和北京核工程研究设计院，在有的厂址上还做了河流稀释因子和沉积因子实验。

三线地区核工厂的厂址从环境保护角度来看，存在一定的不利因素。但由于核工业已经积累了治理“三废”的技术和经验，又执行了大气和河流扩散实验提出的严格限值，因此，仍满足了环境保护的要求。原子能研究所的张永兴，辐射防护研究所的吴伟民，核工程研究设计院的姚安平等人积极参加了这方面的工作，在较困难的情况下取得了良好的试验研究结果。

## 二、放射性“三废”的处理和处置

在生产、科研和技术应用过程中产生的超过规定限制标准的固体、液体和气体废弃物，我国习惯上称之为“三废”。放射性核素的毒性，按重量单位计算，一般高于非放射性元素。为了不使放射性“三废”对人类造成危害，需要对“三废”进行严格的处理，然后送到处置场地，最终使其与生物圈隔离。这两个过程叫作放射性“三废”的处理和处置。处理是处置的准备，是安全处置的必要条件。

### （一）放射性“三废”处理

20世纪50年代末，铀矿地质勘探中，对废水和废石没有采取必要的治理措施。第一批铀矿山投产时，由于多数矿石品位较低，地下涌水量又大，开始对有害物质的浓度估计不足，对“三废”没有设置治理设施。铀水冶厂的治理设施也较简单。第一批铀矿山投产后，湖南郴县铀矿废水中放射性物质含量过高，使河流受到污染。对此，二机部辐射防护研究所和湖南省劳动卫生研究所联合进行了调查，发现河水在废水排入河流 2 公里内区段，总 α 放射性超过一倍，铀含量等于或略高于标准；建议矿山的废水“净化后再排放”。调查结果引起二机部的重视，立即安排处理技术实验研究。1964 年完成实验，1965 年建成处理设施并投入使用，使河水水质迅速好转。每年还可回收铀金属 15 吨左右，既得到了环境效益，也取得了经济收益。

根据国内外核工业的实践经验，核燃料生产厂矿周围居民所受的辐射剂量，核燃料加工系统所占份额很小，而铀矿冶、生产堆和后处理厂几乎各占一半。针对这一情况，1981 年二机部在“六五”环境保护规划中，提出近期内环境保护工作要“侧重两头（即矿山、水冶厂和反应堆、后处理厂），着重治水”的指导思想。二机部矿冶局于 1976 年和 1981 年，制订了“三废”治理规划，并认真予以实施。据统计，矿冶系统 1976 年只少数单位有废水治理设施；到 1984 年，绝大多数单位都建了废水治理设施，并广泛采用了较先进的流动床离子交换除铀工艺。由于加强了废水治理和提高了净化效率，许多核工厂的废水复用量不断增加，外排量逐年下降，放射性物质向环境的释放量明显减少。到 1983 年，有的铀水冶厂、生产堆和后处理厂的废水复用量已达到 80%~90%。

核燃料加工厂和反应堆、化工后处理厂在 60 年代，采取了适应我国环境特点的“三废”治理技术。比较注意从“三废”中回收铀，废水经回收铀后排入天然蒸发池或河流中稀释；工业尾气采用通用的净化装置，回收净化铀后经高烟囱排放；对含铀量高的固体废物进行回收处理，或临时贮存等待处理；没有回收价值的，在适当的场所长期贮存。“三废”处理的设施较完善。生产堆和后处理厂主要含人工放射性核素。放射性强度大，潜在的危险性也大。同国际上有核国家一样，我国整个核工业“三废”的处理和处置费用大部分花在这里。我国生产堆和后处理厂的“三废”治理主要经历了三个时期。

1. 20 世纪 60 年代。对第一批核设施低放射性废液未做处理，将其直接排放到天然蒸发池中，靠自然蒸发和放射性衰变达到防治效果。中、高放射性水平的废液临时贮存在碳钢和不锈钢罐中。对放射性固体废物，则贮存于废物库中，准备进一步处理。对废气，分别经放射性衰变、玻璃纤维和高效过滤器净化后排放。

20 世纪 60 年代中期，原子能研究所对低放射性废液的处理采用了国际上通用的“三段”流程，即凝聚沉淀—蒸发—离子交换工艺。此外，北京师范大学为生产设施研究的天然吸附材料和处理工艺，也取得了较好的效果。

2. 20 世纪 70 年代。1972 年，有的核工业三线工程建成投产后，对低放射性废水采用了“三段”处理工艺流程，并开展了提高净化效果和降低能耗的技术改进研究，如天然吸附剂沸石的性能和应用研究，二次蒸发技术研究，电渗析技术的应用研究等，有的技术先后在工业中应用或试用。

20 世纪 70 年代中后期，原子能研究所和核工程研究设计院开始废液的沥青固化、水泥固化和高放玻璃固化配方和实验技术研究。因为固化技术还没有在生产实践中应用，各种废液量不断增多，被迫进行了消泡和脱硝等浓缩技术的研究，在实际应用中效果很好。在废气处理方面，上海原子核研究所开展了氪-85 尾气萃取法回收净化技术研究，于 1977 年完成了中间实验。由于回收的氪-85 的安全处置还有问题，因此，尚未在工程上实际应用。

3. 20 世纪 80 年代。这一时期，“三废”治理工作的重点是加快废液固化技术的研究和应用。1984 年 10 月，在三线厂建成了第一套沥青固化生产装置。北京核工程研究设计院和清华大学完成的水泥固化技术，开始应用在核电站废液处理设计中。玻璃固化技术方面，1981 年完成了小型冷料固化后，在三线厂建设小型热实验装置。

原子能研究所和辐射防护研究所还开展了苯乙烯和尿醛树脂固化技术研究，对可燃废物开展了裂解焚烧技术研究。1984 年，辐射防护研究所、北京核工程研究设计院同生产厂协作制成除碘过滤器，为核电站废气净化准备了条件。

### （二）放射性废物的最终处置

我国于 1977 年开始研究放射性废物的最终处置。1978 年前后，辐射防护研究所和北京核工程研究设计院对国内外放射性废物的最终处置的情况进行了调查。1979 年，二机部安全防护卫生局召开了反应堆和后处理厂“三废”处理技术政策讨论会。会议综合几年来的研究成果后确定：高放射性废物一般要就地临时贮存 20~30 年，使放射性减弱，然后永久处置；中、低水平放射性废物可以就地、就近选择合适地址处置。

会后，我国着重进行了地层处置研究。对中、低放射性废液沥青固化体和水泥固化体，准备就地、就近浅地层埋藏。对中放射性废液还进行了地下页岩层水力压裂法直接处置的研究。这项工作在有关省石油管理局井下作业处的配合下，于 1984 年 11 月打成实验用注射井，1985 年在现场进行水泥浆放射性示踪注射实验，效果良好。

全国在同位素应用过程中产生的废物，除北京等少数省、市、自治区外，一直没有适当的贮存和处置场所。从 1984 年开始，在国家环境保护局的主持下，陆续在各省、市、自治区开始建造废物贮存库。这样，全国同位素应用中的废物管理状况开始得到改善。

1970 年以后，铀矿山的废石和铀水冶厂的尾矿渣开始送井下回填，同时还进行了固砂、复土和植被研究，已取得部分结果。

我国第一批核设施自 20 世纪 60 年代初期先后投入运行以来，有的已陆续到达退役年限。为做好核设施退役后的无害化处理，1984 年，辐射防护研究所、原子能研究所、北京核工程研究设计院和地质四队开展了最终处置技术和安全评价研究，包括固化体的浸出率，核素在包气带和含水层中迁移扩散的规律，在生物圈中转移的途径等。在废物处置现场和实验室广泛开展的研究工作，已经取得良好的结果。

## 三、环境辐射测量和剂量评价

为了保证环境不受污染，除了要严格处理和处置废物外，还要对环境辐射进行测量，对环境和公众所受剂量的情况进行评价和监督管理，促使核设施安全运行。

按照国家标准《放射防护规定》要求，核设施在开始建设时就要建立辐射剂量监测实验室，投入运行前一年要完成辐射本底调查；投产后，在生产正常情况下，要定期进行常规监测，发生事故时，要及时进行事故监测。

核工业各生产、科研单位，在正常情况下，除个别单位短期出现过排放量偏高外，环境辐射水平基本保持在国家规定的最大容许量范围内，多数单位远低于最大容许量水平。经核工业部和国家有关辐射防护研究单位多次现场调查认为，各核设施在当前的环境辐射水平下，从现代的科学技术观点来看，不会造成各种疾病（包括癌症在内）发病率的明显上升。核设施运行过程中，也曾发生几起事故，其中有水冶厂尾矿水或尾矿浆的泄漏事故，造成局部污染，但主要是酸碱的影响，放射性水平较低。

对我国各水系，除从事放射性工作的单位坚持长年的监测外，国家有关部门也进行监测和普查。1979 年至 1984 年，先后由国家主管部门组织对核设施较集中地区的水系进行过两次较全面的放射性水平调查。第一次是在 1979 年到 1980 年，由国家卫生部组织进行的。在整个水系共选取了 42 个断面，分析了 9 个项目。第二次调查是由国家环保局委托核工业部组织进行的，从 1983 年开始到 1984 年结束。调查对象包括水、底泥、鱼类和个别水系岸边的土壤，分析测量的项目有 11 个，共设 65 个站位、92 个断面、119 个取样点（见表 14-1）。

**表 14-1　放射性水平调查结果**

| 调查项目 | 第一次调查结果 | 第二次调查结果 | 国家限制标准 |
|---|---|---|---|
| 总 α（皮居里/升） | 1. 6±0. 1 | 1. 7±0. 2 | — |
| 总 β（皮居里/升） | 2. 8±0. 4 | 2. 8±0. 2 | — |
| 铀（微克/升） | 0. 8±0. 03 | 0. 86±0. 04 | 50 |
| 钍（微克/升） | 0. 15±0. 01 | 0. 17±0. 02 | 10 |
| 镭-226（皮居里/升） | 0. 28±0. 02 | 0. 16±0. 02 | 30 |
| 氢-3（皮居里/升） | 281±1 | 217±1 | 300. 000 |
| 铯-137（皮居里/升） | 0. 006 5±0. 000 8 | 0. 15±0. 002 | 1. 000 |
| 锶-90（皮居里/升） | 0. 27±0. 01 | 0. 32±0. 04 | 70 |

两次调查的数据表明，核设施较集中地区的水系放射性核素的含量远低于国家对露天水源规定的限定值，无论是人工放射性核素还是天然放射性物质，均未对水系造成明显污染，对工、农业生产和人民生活饮用都无影响。从多年的环境监测及其评价中可以看到，我国在发展核工业过程中，对放射性物质的排放控制是较严格的，排放量较少，没有对宏观环境造成污染，没

有对核设施周围居民造成过损伤。

## 第四节　核职业危害和医疗保健

核能的利用给人类带来了莫大的利益，但同时射线对人体又具有损伤作用。所以，对因射线照射而引起的人体损伤，要做到早期发现、早期诊断和早期治疗，就成了利用核能的同时必须解决的课题。

### 一、医疗卫生体系的建设

核工业的企事业单位，大多在戈壁沙漠、茫茫草原、荒山野岭。那里气候恶劣，交通不便，自然条件很差，加上突出的职业特点，这就要求核工业建立一个有相当规模、有一定水平、自成系统的医疗卫生保健组织，其中包括基层企事业单位的医疗卫生机构和地区性的医疗中心。

核工业创建初期，在卫生部和北京、上海、天津、广东、浙江、辽宁、黑龙江等省、市的支援下，建设了一批企事业职工医院。这些医院在后来的核工业发展中发挥了基地作用，有的被一分为二，有的则被一分为三。

1962 年 12 月，在卫生部帮助下，经与江苏省协商，将苏州医学院及其附属第二医院划归二机部，成为核工业卫生系统教学、科研和医疗的重要基地。与此同时，还建设了 3 个地区性中心医院。湖南衡阳四一五医院于 1958 年开始建设，1964 年 4 月建成，为核工业中南地区各单位服务；1969 年 11 月组建西南四一六医院，为核工业西南地区各单位服务；1970 年 9 月，陕西临潼第四疗养院改建为陕西四一七医院，为核工业西北地区各单位服务。这样，由医学院和各地区中心医院、基层职工医院组成的核工业医疗保健网初步形成。

### 二、职业危害的医疗保健措施

为了预防和治疗核工业职业危害，保障职业人员的身体健康，国家提供了比较充足的医疗设施和疗养基地，制订了特殊的营养保健制度，提高了医药卫生补助费标准，实行了休假制度等。

建立医疗设施，为职业人员提供医疗条件是核工业医疗保健工作的一个重要方面。由二机部协助组建的我国第一所诊治放射病的医院——解放军三〇七医院，1959 年 10 月 1 日开院接收病员。苏州医学院附属第二医院经过调整，于 1963 年开始收治核工业系统的矽肺病病员。二机部辐射防护研究所附属医院，1966 年 3 月开院，收治放射病、局部放射线损伤、放射性核素体内污染、化学毒物中毒和一期、二期矽肺病病员。至此，核工业系统无论是放射性职业损伤病员，还是非放射性职业损伤病员，在部内外均有专门的医院收治。

建立疗养基地，为核工业职业人员提供休息和疗养的条件是医疗保健工作的又一个重要方面。1959 年 11 月，核工业系统第一个拥有 300 张床位的疗养院，在山东省青岛市筹建，1963 年 8 月 5 日建成开院，1982 年又扩建到 600 张床位。陕西临潼四一七医院，1980 年打成温水井，1982 年增设了疗养部。核工业系统职工，尤其是职业人员，可以定期或不定期到这些疗养院休息和疗养。

根据国务院批准的《放射性工作卫生防护暂行规定》和卫生部、国家科委颁布的《放射性工作人员的健康检查须知》，二机部于 1964 年制订了《放射性工作人员健康检查须知》（初稿），提出了接触不同放射性物质和不同工种的工作人员的健康检查项目和间隔时间；确定了放射性工作禁忌症名单；统一了血液形态学的检查方法；规定了检查人体生理指标的方法和标准。1974 年 4 月，国家计委、国家建委、国防科委和卫生部修订颁发了《放射防护规定》。1980 年 6 月，二机部研究制订了《放射性工作人员健康管理办法》。这个管理办法结合核工业系统二十多年来健康检查的实际情况，吸取了放射医学的研究成果和组织管理方面的经验教训，明确了职业病科设在职工医院，放射性工作人员健康管理由职工医院总抓，职业病科承办，安全防护等部门协助，结束了多头领导的状况。根据从事放射性工作人员接受的剂量，确定健康检查的项目和间隔时间，增强了针对性，避免了人力、物力的浪费；提出了应急措施和辐射事故的医学处理办法；规定了放射性疾病的范畴和诊断程序，增添了医学监督的项目。1983 年年底和 1984 年年初，根据卫生部职业病管理条例，分别征得各有关省卫生厅同意，核工业部在江苏、陕西、山西、湖南、广东、江西等地区成立了职业病诊断组织。20多年来，核工业医疗保健机构在各地卫生部门、有关医学院校、工业卫生研究机构的帮助下，对核工业各企事业单位的职业人员进行了长期的比较全面的健康检查，积累了比较丰富的原始资料，对于了解职业人员的健康状况、合理安排就业者的工作、早期发现放射损伤和监督防护效果，起到了积极作用，并为开展放射医学的研究打下了基础。

考虑到核工业职业人员接触放射性物质和其他化学毒物，要定期和不定期进行体格检查、休养、治疗；特别是转院诊治病员，往往送到内地，路途远，花费大；加之地区偏僻，条件较差，医疗卫生工作主要依靠本单位的力量解决，核工业所属单位医疗机构的人员编制、医疗设备均较一般企业稍多。为此，国务院于1964年1月批准二机部所属放射性单位从1964年1月1日开始按职工工资总额再提取1.5%的医药卫生补助费，由二机部统一掌握，调节使用。从此，核工业部各厂、矿和地质队均按职工工资总额的7%提取医药卫生补助费，上缴1%，由部统一管理，主要用于补助职业病治疗、急救和部属疗养院医药等费用。1969年后曾一度中断提高补助比例，1974年恢复，而且不再上缴，全部留给基层。这就为核工业职工的医疗保健提供了较好的物质条件。

1963年2月，二机部、劳动部、卫生部联合向国务院报告，要求对从事放射性工作人员实行营养保健，以增强体质，减轻射线对健康的影响。国务院于1963年2月批转各有关省、市、自治区贯彻执行。我国核工业从事放射性工作人员营养保健发放标准和办法是：根据从事放射性工作的不同工种，参考估算剂量，确定不同等级，给予不同数量的保健食品，如猪肉、牛奶、蛋、糖、水果等。

根据国务院颁发的《放射性工作卫生防护暂行规定》和卫生部制订的《关于从事放射性工作人员的工时和休假的意见》，1983年，核工业部制订了《核工业部从事放射性，有害有毒工作人员休假实施办法》。办法规定，凡职业人员每年有20天休假。但由于各种原因，许多单位并没有很好地执行这一规定。

## 三、核工业职业危害的状况及其评价

造成核工业职业危害的因素较多，按照接触有毒有害物质的职工人数多少排列，第一是放射性物质，第二是粉尘，第三是化学毒物。因此，对职业人员射线损伤的防治，是核工业系统安全防护卫生部门的首要任务。

核工业生产中职业人员接触的核素以铀为主。为减少放射性对职业人员的危害，核工业各个生产环节尽可能地采取了机械化、自动化、密闭化等措施。但在实际生产过程中，尤其是在设备检修和事故处理时，放射性核素进入职业人员体内是很难避免的。因此，铀的危害最先引起人们的注意。但是，人们对什么是铀中毒，铀中毒的危害性，能不能防治，如何防治等问题的认识有一个由浅入深的过程。我国首批核工厂投产初期，许多被诊断为铀中毒的案例往往是误诊造成的。1964 年 6 月 13 日，西北核武器研制基地一位工人在倒装天然铀屑时，因操作不当，导致铀屑自燃，100 多人参加救火，30 分钟扑灭。基地安全防护卫生部门当即组织专家到现场对救火人员进行检查，发现有 5 人出现不同程度的乏力、恶心、呕吐和头昏的症状。各种化验检查多数正常，仅尿铀在事故当天为 $10\times10^{-6}$克/升，3 日后，全部降至正常或接近正常水平。这一案例当时被诊断为轻度铀中毒，显然是误诊。

1973 年 9 月 1 日，衡阳铀水冶厂一青年工人违反操作规程，将 700 公斤铀废料投入 50%硝酸槽内，产生冒槽等剧烈反应。这个工人遭到 108℃的含铀强酸反应液喷射，枕、颈、面、背和四肢烧伤，烧伤面积占人体表面积 71%，其中Ⅰ度烧伤占 64%、Ⅱ度占 23%、Ⅲ度占 2%。经过医院采取各种方法进行去污洗涤，共洗掉铀 282. 4 毫克；估计摄入体内 102. 7 毫克。病人入院后由清醒到昏迷，由多尿到少尿，血清谷氨酸丙酮酸转氨基酶升高，出现急性肾功能衰竭和中毒性肝炎。这是公认的我国第一例急性铀中毒。能不能治愈，在当时是有怀疑的。但是，经过近两周的抢救，病人脱险；在医院观察 8 个多月，出院继续观察，未发现异常，而且这个工人 1976 年结婚，生一子一女，子女生长发育正常。这个案例表明，严重急性铀中毒是可以治愈的。

随着核工业生产的发展，1964 年至 1974 年，辐射防护研究所对天然铀对机体的危害进行了专题研究；1974 年至 1984 年，白求恩医科大学完成了难溶性铀对机体作用的现场调查和实验研究。他们的研究成果表明，在目前的生产和防护条件下，铀的放射性损伤的可能性是很小的，只有在特殊情况下，才会发生急性铀中毒；而铀的危害首先是化学毒性，最先损伤肾脏；铀中毒是可以治疗的。

钚-239是核工业的另一种主要产品，虽然接触的人较少，但是对职业人员的危害比铀大。在生产过程中，钚的各种化合物呈气溶胶状态，由呼吸道吸入，或者是经外伤进入体内，从而对人体造成危害。从1972年起陆续发生金属钚由外伤而引起体内钚污染的事故。最严重的是1976年10月20日，酒泉原子能联合企业一名铸造工用铲刀清理炉渣时刺伤右前臂，又因他擅自更换手套箱手套，引起钚气溶胶污染工作间，致使该工人造成经外伤和呼吸道进入体内的双重内污染。据测算，初始体负荷接近100微居里。但是，十年过去了，未见受污染者钚内照射引起的辐射效应。1973年，辐射防护研究所、苏州医学院、解放军军事医学科学院和酒泉原子能联合企业等单位进行了钚放射性损伤的科研协作，对钚的危害和防治问题进行了比较全面的系统的研究，经过五年多的努力，基本弄清了钚的危害，初步掌握了钚危害的防治技术。比如，放射源从人体外部照射或由放射性物质污染皮肤所引起的皮肤烧伤在核工业发生多起，主要是β射线照射引起的β烧伤，累计50例，多数愈后良好。也有个别病例烧伤后经久不愈或疤痕挛缩影响功能，但至今没有见到β烧伤引起皮肤癌的病例。

为了了解长期小剂量照射对人体健康的影响，评价从事放射性工作人员的健康状况，从60年代中期开始，二机部部内和部外的防护医疗单位协作，开展了大规模的连续的现场调查。1966年、1967年由解放军军事医学科学院、二机部辐射防护研究所和酒泉原子能联合企业共同组成调查组，进行了卫生防护调查，包括剂量测量、劳动卫生、临床体格检查和化验检查等。调查的大量资料证明：反应堆工厂内、外照射剂量均在允许范围之内，不影响从事放射性工作人员身体健康，不会引起肝脏损害。1971年，中国医学科学院放射医学研究所协同二机部湖南郴县铀矿职工医院，对该矿1959年至1970年的剂量测量和体格检查工作进行了总结。结果表明：在现行剂量标准下，放射性对从事铀矿工作人员的健康没有明显影响。1976年，二机部安全防护卫生局组织了部内外150多名专业人员对核工业有代表性的铀矿山和核燃料厂进行了职业性健康调查，调查对象包括5 726名从事放射性和其他有害作业职工，1 000多名不接触有毒有害物质的职工。调查结论是：各厂矿自投产以来，在正常生产和现有防护条件下，从事放射性工作人员身体健康是有保障的，目前还看不出放射性及其他有毒有害物质对核工业职工群体的影响。1984 年对 10 个放射性工矿和研究院职工进行了外周血液白细胞降低的流行病学调查，调查了 27 015 人，未见白细胞降低的职业性分布，这与 1973 年苏州医学院的调查结果基本一致。现场调查说明，在现有的防护和保健条件下，从事放射性工作人员的健康状况是好的和比较好的。

关于粉尘危害问题。核工业地质勘探和矿山开采初期，粉尘危害比较突出。虽然核工业的矽肺病比放射损伤等其他职业病多，但同其他类似行业相比病例较少。核工业生产中的化学毒物的危害，远不如放射性危害引人注意。从 1979 年开始，对在生产中有铅、苯、汞、锰和三硝基甲苯危害的 32 个单位进行了历时两年的普查。在这些单位接触化学毒物的职工中，有 92.37%受到了检查，其中中毒患者占受检者的 1.92%，可疑中毒者占受检者的 10.88%，比核工业放射损伤患者多，比矽肺患者少。

1983 和 1984 年，在核工业部安全防护卫生局的组织下，对核工业职业危害又进行了一次全面的调查，结果同过去的调查基本一致。各种职业病的发病率表明：核工业职业危害主要是粉尘，其次是化学毒物，其中以汞的危害最为突出；放射性损伤所占比例最小，其中 β 射线皮肤烧伤占 61.7%。其余相当数量的放射损伤是 60 年代初期诊断的，多属误诊，或者属于超容许剂量照射。

实践证明，核工业虽然有放射性，但只要切实加以防范，从事放射性工作人员的身体健康是有保证的，辐射危害是可以控制的，环境核污染是可以防止的。总结这方面的经验，主要有以下几点：（1）“安全第一，防护先行”是指导核工业安全防护工作的基本方针；（2）在核工业安全防护工作中，正确处理好放射性防护和非放射性防护的关系，始终坚持在抓好核防护的同时，也抓好非核防护工作，两者不可偏废；（3）实行安全防护、环境保护和医疗卫生“三位一体”的管理体制，统筹兼顾，全面安排，充分发挥企业管理、工程技术和医疗卫生诸方面的综合效能作用，是保障核工业顺利发展的有效措施；（4）坚持不懈地进行核安全知识宣传教育，加强对职工的思想工作，是搞好核工业安全防护、环境保护和医疗卫生工作的重要保证。

# 第十五章　核教育事业

## 第一节　概　述

中国的核教育事业，从1955年创建到1985年，已有30年的历史，经历了初创、发展、挫折、恢复和发展四个时期。

### 一、初创时期

核教育是一项新兴的教育事业，在50年代，只有少数工业发达国家的高等院校设置核专业。旧中国在这方面是一片空白。新中国成立后，在核工业创建初期，为适应核工业发展的需要，本着自力更生的精神，着手建立和发展核教育事业。1955年年初，教育部成立核教育领导小组，由副部长黄松龄负责，中国科学院钱三强协助。随后，调浙江大学副教授胡济民、东北人民大学教授朱光亚、北京大学教授虞福春负责筹建北京大学物理研究室。这个研究室于1955年7月正式成立，教育部任命胡济民为室主任，虞福春为副主任。同年，清华大学也成立了由何东昌、汪家鼎、张礼主持的工程物理系。这年秋天，国家有计划地从理工大学选拔学完基础科的高年级学生，到北大、清华转学核专业。到1956年，我国就有了自己培养的第一批核专业大学毕业生。与此同时，北京地质学院等地质院校也积极筹建铀矿地质专业。从1956年开始，国家还从留苏研究生和高年级大学生中选拔了几批人转学核专业。20世纪50年代中期，成立了两所地质学校，核中等职业技术教育开始发展。总之，这个时期的核教育，为中国核工业的创建，培养了一批事业心强、业务素质好、具有开创精神的技术骨干，也为进一步发展核教育事业积累了有益的经验。

## 二、发展与调整时期

20 世纪 50 年代后期，中国核工业加快了发展步伐，迫切需要增加大量的专业技术人员。1958 年，北京大学、清华大学和兰州大学的核专业，开始招收应届高中毕业生；中国科技大学等高等院校陆续建立了核专业。到 1959 年，全国设有核专业的高等院校增加到 27 所。在此期间，二机部筹办大专学校的计划也付诸实施。1958 年在太原成立地质专科学校，翌年迁江西抚州，改名抚州地质专科学校。1958 年，经与冶金部协商，并报国务院批准，将中南矿冶学院铀采矿系迁衡阳市，以这个系为基础成立衡阳矿冶工程学院。1963 年，经国务院批准，苏州医学院划归二机部建制，以培养放射医学和各类医疗人才。但后来的实践表明，这个时期核教育发展的速度快了一些，理科类专业招生规模大了一些。1964 年，根据中央专门委员会第六次会议的决定，对核专业进行调整后，全国保留 18 个核专业系，年招生人数由 3 000 人减为 2 000 人，使核专业设置、布点和招生规模趋于合理。

1963 年后，核中等职工技术教育有较大发展，中等专业学校增加到 7 所，技工学校增加到 15 所。至此，一个专业比较齐全、结构比较合理的核教育体系初步形成。

核工业系统的在职教育，1960 前主要是组织广大职工学习、借鉴苏联的经验，开展多种培训活动，力求逐步掌握生产技术；1960 年以后，则按照“自力更生，过技术关”的方针，紧密结合科研生产需要，通过攻技术关和岗位练兵等多途径，使广大职工掌握生产技术。与此同时，各种形式的业余文化教育也有较大发展，对广大职工的政治、文化、技术和业务水平的提高，起了一定作用。

## 三、受到严重挫折时期

“文化大革命”期间，核教育事业受到严重的摧残。1969 年，北京大学技术物理系远迁陕西汉中，教学科研无法正常进行。清华大学工程物理系迁出校外，与科研单位合并，实行以典型产品带教学，打乱了正常的教学秩序。同年，撤销了二机部所属大部分大专、中专和技工学校；教职工有的被下放到“五七”干校，有的被下放农村劳动；教学仪器设备、图书资料、教学及办公用具等，全部散失殆尽；校舍改做它用。幸存下来的苏州医学院、南京建筑工程学校，也移交所在省、市管辖。

20 世纪 70 年代初，核教育事业有所恢复。1970 年，清华大学工程物理系恢复招生，之后，全国又有 9 所高等院校的核专业恢复招生。1973 年，经国务院批准，苏州医学院重归二机部建制。1974 年，在原抚州地质专科学校校址，成立抚州地质学校。同年，批准湖南四一五医院、西南四一六医院开办护士学校，批准包头核燃料元件厂等办技工学校。

## 四、恢复和发展时期

1977 年以后，中国核教育事业出现了新的生机，开始进入全面恢复和发展时期。

全国 13 所高等院校的核专业正式恢复招本科生，并恢复培养研究生制度。1978 年，在抚州地质学校的基础上，成立抚州地质学院（1981 年改为华东地质学院），它是我国唯一的铀矿地质学院。1980 年开始筹建的衡阳工学院，于 1984 年开始招生。

为加速高级核科学技术人才的培养，除高等院校核专业招生培养研究生外，从 1978 年开始，二机部原子能研究所、北京铀矿选冶研究所、北京铀矿地质研究所、西南物理研究所、二机部物理化学工程研究院等一些科研单位，也开始陆续招收培养研究生。

1980 年以后，核中等专业教育有较大发展。二机部新建的地质学校以及酒泉原子能联合企业中等专业学校、汉中工业学校已开始招生；南京工业学校、长沙工业学校等正在加紧建设中。全部开办的技工学校已达 27 所。这些学校都具有一定的招生规模，专业比较齐全，师资力量较强，有较好的设备和实习场所，教学质量也在逐步提高，不断为核工业输送合格的技术工人。

20 世纪 80 年代，在职教育进入全员培训阶段。多种形式的在职教育广泛开展，初步形成了多层次的在职教育体系。青壮年职工文化补课、技术补课全面铺开，职工高等教育、中等文化技术教育和现代管理知识教育有了新的发展，特别是各级领导干部培训和科技人员的继续工程教育，已被提到重要地位。1981 年成立第二机械工业部干部学校；衡阳工学院、苏州医学院和华东地质学院先后开设了干部培训部；地质局成立了南宁干部学校；酒泉原子能联合企业等 8 个单位，开办了职工大学；核工业部华兴公司等单位开办了职工中等专业学校；一些大的企业开始试办综合性的教育培训中心。在职教育已向制度化、正规化和经常化的方向发展。

鉴于核工业部门存在着职工子女就近上学难的特殊情况，核工业部所属企事业单位都普遍抓了普及教育的工作。据不完全统计，举办中小学的单位有 80 多个，建中小学 220 所，在校学生达 11 万多人，有教职工 7 000 多人。

纵观中国核教育事业的发展历史，可以清楚看到，中国的核教育事业，是从无到有发展起来的。30 年中，它为中国核工业培养了一大批建设人才。他们大部分已成为科研、生产、设计、教育以及管理等方面的骨干，有的进入各级领导班子，担负了领导职务，为中国核工业的创立和发展作出了贡献。

## 第二节　核高等教育

### 一、核高等教育体系与规模

中国核高等教育在创建初期就确定了“统一规划，合理布点”的原则。经过 30 年的发展，已逐步形成一个比较完整的体系。它包括三个组成部分：（1）在一批重点院校设置核专业。这类院校遍布全国，有教育部直属的北京大学、清华大学、天津大学、上海交通大学、西安交通大学、复旦大学、南京大学、兰州大学、四川大学、吉林大学；有中国科学院所属的中国科技大学；有卫生部所属的白求恩医科大学；有地质矿产部所属的成都地质学院；有中国船舶总公司所属的哈尔滨船舶工程学院。这些院校一般具有较高的教学、科研水平，设置的核专业几经调整，专业规模渐趋稳定；年招生数 1 000 人左右，在校学生约 4 000 人。（2）核工业部自办高等院校。这类院校有3所。校史较长的苏州医学院划归核工业部后，经过多年建设，到1984年已发展成一所条件较为完善的高等医科院校。该校设2个系、3个专业，学制五年，在校学生1 311人。华东地质学院，“文化大革命”中一度停办，复校后加紧各项建设，教学、科研条件逐步充实完善，开设4个系，7个专业，学制四年，规模1 600人，已成为培养中国铀矿地质专业人才的重要基地。衡阳工学院，设5个系，8个专业，学制四年，规模1 500人，是核工业部培养各类通用专业人才的基地。(3) 委托有关高等院校代培急需的专门人才。核工业部为解决某些通用专业人才的短缺，曾先后与中国科技大学、北京化工学院、长春地质学院、浙江大学、同济大学、吉林机电专科学校等院校建立了代培关系。

## 二、专业设置和教育层次

核高等教育初创时期，专业设置主要借鉴苏联的经验。北京大学的原子核物理、放射化学专业；清华大学的原子核物理、核反应堆工程、核材料、同位素分离、轻同位素分离、天然放射性化工和人工放射性化工专业；兰州大学的原子核物理、放射化学专门化等专业，是中国第一批核专业。1958年核专业数和布点数迅速增加，全国高等院校所设核专业达32个，专业布点数近70处。20世纪60年代初，国家对核专业作了压缩和调整，专业数由32个合并为25个，专业布点数压缩为57处，而工科核专业则有所加强，使整个核专业的设置趋于合理。20世纪80年代初，适应核工业“保军转民”的需要，又对核专业设置作了相应的调整，增设了一些新的专业和学科。

在教育层次结构方面，初创时以培养本科生为主，1966年以前学制一般为五年，有些专业为四年或六年。20世纪80年代，多数学制为四年，少数学制为五年。专科生，在1966年前，仅原抚州地质专科学校培养出400人。衡阳工学院、华东地质学院和苏州医学院自1984年起，已先后开始招收专科生。但从中国核工业的需求看，专科教育仍是一个薄弱环节。

核高等教育研究生制度建立较早。1959年，北京大学、清华大学、南京大学等院校就已招收研究生。1978年国家正式恢复研究生制度，上述院校的核专业即着手招收研究生，西安交通大学等院校还承担了出国预备研究生的代招工作。与此同时，科研机构培养研究生的工作也有较大发展。1981年中国学位制度建立之后，国务院批准有权授予博士学位的核学科、核专业21个（见表1）；有权授予硕士学位的学科、专业33个。据统计，从1978年到1984年，各高等院校和科研机构的核专业（学科）已培养研究生209人，1984年在校硕士研究生有376人，博士研究生17人，出国攻读硕士学位的研究生27人。1985年，核工业部组建了研究生部，由著名核化学专家汪德熙任主任，研究生教育有了新的发展。

## 三、教学计划

20世纪五六十年代，教学计划主要借鉴苏联的经验。它对迅速建立和发展中国核高等教育起了重要作用。此后，教学计划几经变化，开始形成自己的特色。其共同点是：坚持党的教育方针，使学生德、智、体全面发展。普遍重视马列主义基本理论和数理基础教育。在专业教育方面，针对核专业实践性综合性强、内容复杂、边缘学科多等特点，特别注重基础理论、注重理论联系实际和实际技能的培养，强调教育与生产劳动、社会实践相结合，通过劳动和社会实践培养学生的劳动观点和社会活动能力。核工科专业的特点是理工并重，理工结合，教学计划既要注重扎实宽厚的理论基础，又要注重专业知识和实际技能的训练。理科专业除须具有宽厚的数理基础外，还强调要有工程和实际操作技能的训练。对于放射医学专业，其教学计划除了要求学生掌握数理化理论基础、一般医学基础理论和临床理论外，还要求学生学好放射医学基本理论，特别是放射损伤的临床基本理论和操作。所有这些教学计划的目的，都是力求培养适应性较强的专业人才，使学生毕业后既能承担复杂的核技术工作，又能从事核科研、设计和教学工作。此外，许多先进科学技术，包括电子计算机及其应用，已成为技术基础课。为了扩大学生的知识面，选修课程比过去显著增多。作为现代科技人才，必须懂得现代企业管理知识，掌握获取信息的科学方法，一些院校已开始将这方面的内容纳入教学计划。

表 15-1　国务院 1981—1984 年批准有权授予博士学位的核学科和专业

| 单位名称 | 学科和专业 | 指导教授 |
|---|---|---|
| 北京大学 | 原子核物理 | 胡济民、虞福春 |
| 清华大学 | 传质与分离工程 | 汪家鼎 |
| | 核材料 | 李恒德 |
| | 反应堆工程和反应堆安全 | 吕应中 |
| | 同位素分离 | 王承书（兼） |
| | 化学工程 | 滕藤 |
| 复旦大学 | 原子核物理 | 卢鹤绂、杨福家 |
| | 放射化学（物理化学） | 吴征铠（兼） |
| 南京大学 | 放射性地质 | 张祖还 |
| | 原子核物理 | 程开甲、陈金全 |
| 兰州大学 | 原子核物理及核技术 | 徐躬耦 |
| 中国科技大学 | 理论物理 | 阮图南 |
| | 原子核物理及核技术 | 梅镇岳 |
| | 等离子体物理 | 项志遴 |
| | 原子核物理及核技术 | 杨衍明 |
| | 加速器物理及技术 | 徐建铭 |
| | 放射化学 | 杨承宗 |
| 成都地质学院 | 放射性地质 | 金景福 |
| 苏州医学院 | 内科学 | 陈悦书 |
| | 外科学 | 杜子威、鲍耀东 |
| 白求恩医科大学 | 放射医学 | 刘树琤 |
| 原子能科学研究院 | 核物理 | 王淦昌、金星南、丁大钊 |
| | 加速器物理 | 谢羲 |
| | 中子散射的应用 | 杨桢 |
| | 核化学化工 | 汪德熙 |
| | 反应堆工程和反应堆安全 | 戴传曾 |
| | 同位素研究与发展 | 肖伦 |

## 四、教材建设

教材建设是高等教育的基本建设之一，是保证教学质量的重要条件。核高等教育在教材建设上的指导思想是，基础课、专业基础课以及通用专业课一般采用国家统编教材，而将重点放在核专业课教材建设上。核专业课教材建设经历了由移植到自编的发展过程，并且随着核科学技术的不断发展继续进行修订、补充或改编，以求教材内容正确无误，基本理论和基本概念准确清楚，把国内外比较成熟的、符合本门课程性质和要求的现代科学技术知识，充实到教材中去，使教材具有与本学科的发展状况相适应的科学水平。

20 世纪 50 年代到 60 年代，核工业高等教育处于初创时期，所用教材主要是移植外国教材，其中多数是苏联教材。此后，有的院校自编了部分切合中国实际的核专业教材，既满足了教学需要，又为今后编写正式教材准备了条件。

1978 年 1 月至 3 月，二机部根据国家统一要求，按照专业类别和学科，先后召开了 3 次教材编审出版规划会议，吸收有关科研、设计和生产单位的科技人员参加，研究制定了中国核专业第一套教材编审出版规划。教材建设速度明显加快，1984 年年底已出版发行的核专业教材计有：《原子核物理》《核电子学》《粒子加速器原理》《放射化学》《核反应堆工程原理》《铀矿物学》等 26 种。这批教材，是二机部第一次有计划、有组织地编写出版的核专业教材。它标志着核专业教材建设进入了一个新阶段。在此期间，不少院校还自行编写了一些专著和教学参考书，基本上满足了教学需要。从已经出版的教材来看，普遍具有编写认真，审查严格，内容比较充实，立论比较严谨等特点，不仅保证了教学质量，而且具有一定的学术价值，受到了好评。

1982 年，核工业部开始制定第二套教材编审出版规划，先后召开了教材编审出版规划和编写提纲审定会。计划在 1990 年前编审出版教科书 128 种，其中必修课教材 92 种，选修课及各种教学参考书 36 种。

核工业部自 1985 年 1 月起相继成立了核反应堆工程、原子核物理、放射化学与核化工等 5 个教材委员会，它是各种教材建设的指导、评审和研究性机构。

## 五、科研与学术交流

高等院校核专业，既是教学中心，又是科研中心。各种实验室和各类装置相继建立，科研的物质条件逐步完善，科研活动日益活跃。有的根据教师的专长，专业发展方向，选择和承担国家的科研项目；有的与工业、农业、卫生等行业建立广泛联系，教学、生产、科研三者紧密结合，使核科学技术直接为国民经济和人民生活服务。

院校科研机构设置的原则是因地制宜。师资力量雄厚、实验条件好的，单独成立了科研单位，如清华大学成立了核能技术研究所，四川大学成立了核技术应用研究所，兰州大学成立了原子核研究所等。这类研究所以科研为主，兼顾教学。有的院校核专业采取“一套人马两块牌子”的办法，教学与科研任务在内部统筹安排。有的则在系内设研究室，教研室与研究室的教师轮换流动。

院校的科研活动在开发中国核科学技术的事业中占有重要地位，取得了良好的成绩。截至 1984 年的不完全统计，各院校教师共在国际性刊物上发表论文 272 篇，在全国性刊物上发表论文、技术报告 3 649 篇；获国家科学大会奖和自然科学奖 37 项，获省级科技大会奖 126 项。这些获奖科研成果都具有较高的学术价值和应用价值。

在学术交流方面，核专业建立初期，只有少数院校与苏联对口院校有联系，通过人员的互访、考察、派遣留学生和出席国际会议等方式进行交流。进入 20 世纪 70 年代后期，中国学术界的内外交流活动开始复苏，大专院校核专业的对外活动也与日俱增，交流渠道日益广阔。

## 六、师资队伍建设

中国核高等教育创办初期遇到的突出困难是专业师资严重缺乏，组建一支合格的专业教师队伍是当时亟待解决的问题。中国一批早年出国留学，30 年代就蜚声海外的著名科学家、教授和工程专家，首先积极参加了核专业教师队伍培训工作。北京大学物理研究室举办专业培训班，开设核专业课程，成为中国培养核专业教师的重要基地。一些理论基础宽厚、学术造诣较深而又在同类或相近学科、专业长期从事教学工作的教师，也陆续转入核专业教师队伍的行列。国家还有计划地挑选了一批核专业留苏毕业生，充实师资队伍；同时，又从国内选派青年教师赴苏联进修，以提高业务水平。50年代末，不少院校还曾聘请苏联核专业方面的专家、教授到校讲学，有的还直接培养研究生。

由于采取了上述一系列有力的措施，核专业教师严重缺乏的问题基本上获得解决。对于新建院校或核专业设置较晚的院校，其专业教师主要从核专业本科毕业生中选调。师资培训方式一般采取“压担子”的办法，让他们直接承担部分教学任务，在教学实践中逐步提高，同时注意有计划地安排他们到重点院校脱产进修。实践证明，这也是建设师资队伍的一种有效方法。

20世纪70年代末，高等院校经过整顿，党的知识分子政策逐步落实，师资队伍得到进一步加强。据1983年年底统计，全国核专业的教师已发展到2 012人。其中教授42人，副教授（含副研究员、高级工程师）228人，讲师（含助理研究员、工程师）1 200人，教师素质普遍提高，师资结构趋于合理。

师资培训是师资队伍建设的重要方式，各校都设有专门的管理机构，制订培训计划、规划，开展经常性的培训工作。各校普遍重视老教师的知识更新，开展继续工程教育；对新一代年轻教师则着重系统的培养。

## 七、实验室和图书馆建设

实验室建设在核高等教育中占有比较突出的地位。国家为各类专业实验室的建设提供了充足的经费。20世纪50年代，一批各具特色的专业实验室相继建立。配备的仪器大多由苏联进口，是当时国内比较先进的实验设备，基本上满足了当时教学实验的需要。20世纪60年代初，中国的核仪器厂开始投产，仪器设备有了新的来源。20世纪70年代中，国内核仪器生产有了发展，新一代产品如FH408型自动定标器等，开始装备院校专业实验室。

自20世纪60年代起，各校陆续建造了一批大型实验装置，如清华大学的1 000千瓦屏蔽实验反应堆、20万伏高压电子加速器、8兆电子伏电子直线加速器，复旦大学的3.5兆电子伏质子静电加速器，四川大学的回旋加速器、质子加速器、倍加器、静电加速器等5台加速器，兰州大学的强流中子发生器和600千伏高压倍加器等。北京大学正在建造4.5兆电子伏静电加速器。这些大型装置不但可以用于教学实验，而且在科研方面也发挥了重要作用。

20 世纪 70 年代末，不少院校在研制和采用国产的新仪器设备的同时，还注意有选择地从国外引进先进的仪器设备，以加快实验室现代化建设，进一步改善专业教学和科研的物质条件。

据不完全统计，截至 1984 年，全国高等院校核专业实验室面积为 44 766 平方米，仪器设备 14 628 台件，价值 3 530.2 万元（不含有关大学独立研究机构的设备费），多数专业可以按教学大纲开出全部实验项目，基本上达到了教学计划的要求。

在图书馆建设方面，20 世纪 50 年代，核科学技术图书资料收藏极少。随着中国核科研、生产、教学的发展，和科技图书资料出版能力的增强，各校图书馆核科技书籍的馆藏迅速增加，但与实际需求仍有很大距离。十年内乱期间，图书资料大量散失，损失极为严重。20 世纪 70 年代后期，全国核专业图书资料建设得到一定程度的恢复和发展。特别是进入 20 世纪 80 年代后，院校图书馆作为信息中心的地位日益受到重视，普遍增加了对图书馆基本建设的投资；保证图书经费的需要；加强科学管理，提高服务质量。越来越多的图书馆采用了计算机检索系统、视听设备、缩微阅读、复印设备等现代化工作手段。

## 第三节　核中等职业技术教育

核中等职业技术教育，包括中等专业教育和中等技工教育两个组成部分。

### 一、中等专业教育

#### （一）中等专业学校的体制和规模

核中等专业教育，起步于 20 世纪 50 年代中期。其任务是为原子能事业的发展，培养中级技术人才和管理人才。

1956年，根据铀矿勘探和开采方面的需要，三机部成立了长沙地质学校和太谷地质学校。1958年至1964年初，西安机器制造学校、蚌埠机器制造学校、南京建筑工程学校、武汉青山水电学校以及合肥化学工业学校等5所学校，先后划归二机部建制。在此期间，二机部还成立了太原职业学校、湖南四一五医院护士学校。

1964年至1965年间，二机部根据“调整、巩固、充实、提高”的方针以及生产建设的需要，对上述学校的专业和规模进行了调整。同时，相应地加强了学校的领导力量，补充了部分师资，并且较大幅度地增加了基建投资，使这些学校的教学条件得到了较大的改善。经过调整充实之后，学校减为7所，设专业28个，总规模为6 230人，招生对象均为初中毕业生，学制分别为三年或四年。

20世纪80年代初，核中等专业教育开始恢复和发展。为了改变高、中级人才比例失调的状况，除1974年已经建立的两所护士学校外，核工业部先后批准成立了9所中等专业学校。这样，全部11所学校的总规模达6 140人，开设专业25个。

20世纪80年代中专教育的情况和60年代的情况相比较，有以下两个方面的变化：

一是为适应生产发展和加强现代化管理的需要，在专业设置上增设了反应堆工程、计算机使用与维修、辐射防护、劳动工资以及物资管理等新的专业；同时还扩大了财务会计、计划统计等专业的招生人数。

二是上述学校中，大多数的学校系局或基层单位开办。其有利条件是，可以有效利用本系统、本单位在人力、财力、物力诸方面已有基础。既可以节约教育投资，又可以加快学校的建设速度。但在专业设置及学校规模上，也受到单位办学的限制。因此在这类学校的建设上，表现为发展规模较小，通用性专业少，办学经费也有困难。

**（二）教学计划、教学大纲和教材建设**

关于各专业教学计划、教学大纲和教材的编订，核工业部按照专业类别的不同，采取了以下的办法：

1. 属于通用性质或近似通用性质的专业，如地质、采矿、机械制造、电子技术、工业与民用建筑、护士、药剂士等类专业，原则上均采用有关部委统编的同类专业的教学计划、教学大纲和教材，仅在教学内容上根据核工业生产的需要作适当的变动。

2. 属于核技术类别的专业，如反应堆工程、辐射防护、核化工等，均按照本专业的特点及中等专业人才的培养要求，参照高等院校同类专业的教学计划、大纲和教材，自行制订适用于中等专业学校的教学计划和大纲，并由各校自编、改编教材或讲义，报送核工业部审查，经正式批准后执行。

1980 年以后，根据全国中等专业教育工作座谈会的精神和核技术发展的需要，有的中等专业学校对各专业的课程进行了不同程度的调整。各专业都加强了数学、物理等基础课程和基本操作技能的训练。在适应现代化要求方面，有的专业增开了计算机应用、遥感地质等课程；有的专业则为扩大知识面而开设了新技术、新方法以及现代管理方面的专题讲座。

### （三）师资队伍建设及教学设施建设

20 世纪 60 年代初，中等专业学校的师资队伍已经初步形成。据 1965 年的统计，当时已有专职教师 600 余人。其中大部分教师具有比较丰富的教学经验，在教学中认真负责，勤勤恳恳，教书育人，不遗余力，为培养核工业系统的中级专业人才作出了积极的贡献。

20 世纪 70 年代中期至 80 年代中期，随着中等专业教育的恢复与发展，师资队伍建设成为一个亟待解决的问题。在各办学单位努力下，医疗、科研、生产部门抽调了一批业务骨干转到教学工作岗位，同时还逐步补充了一部分大学毕业生，使教师队伍逐步得到充实。与此同时，为了提高教师业务水平，各校都相继建立了备课、试讲、听课、观摩等有关制度，并在汲取兄弟学校经验的基础上，开展了教学法研究、教学理论探讨、教学经验交流等教研活动。有的学校还主编了《教学与科技》刊物。此外，各校还有计划地选送部分教师到高等院校进修。一支以中青年教师为主体的师资队伍已初步形成。

在教学设施建设方面，20 世纪 60 年代前期，由于学校基建投资得到了比较充分的保证，因此各校的建设都具有较大的规模。实习工厂的设备器材比较齐全，实验室的仪器装备比较先进，对保证教学质量起到了十分重要的作用。

20世纪80年代，各办学单位对校舍建设普遍比较重视，虽然一些学校系基层单位主办，学校规模较小，但这些学校多数都有单独的教学楼及实习实验基地。局办学校及部办学校一般规模较大。例如核工业部地质学校是一所局办学校，学校建筑面积3万多平方米，建有地质学、放射性物理探矿和水化学分析等13个实验室，拥有数以千计的仪器设备和数以万计的岩矿标本，并且在河南嵩山地区以及四川峨嵋山地区，各建有能容纳200人同时实习的教学实习基地。

## 二、中等技工教育

### （一）中等技工学校的发展概况

核工业发展的历史充分证明，建立一支受过良好技术训练的技工队伍，对于生产建设的顺利发展有着重要作用。

20世纪60年代，由于核工业生产的需要，中等技工教育得到了迅速发展。1961年至1964年，二机部以及所属的厂、矿、队、所，先后开办了15所技工学校，总规模达6 000多人，工种（专业）达30个。1965年，根据国家关于试行半工半读的要求，有12所技工学校进行了半工半读试点，对中等技工教育进行了探索性的改革。截至1969年，14所学校共培养输送了毕业生6 173人。以后，技工学校全部停办，到1974年，由于生产、科研需要，有两家核燃料工厂又开办了技工学校。1979年至1984年，技工教育进入到一个新的阶段，先后增设了22所技工学校，总规模为7 200人，设置的工种（专业）共46个。截至1984年8月，上述学校已培养输送毕业生7 285名。

为了加强对技工学校的管理，70年代末期，二机部建立了严格的审批和检查验收制度，制订了《技工学校工作条例》《技工学校学生学籍管理暂行规定》。为保证各校工种（专业）的相对稳定和教学质量的稳步提高，在二机部的统一安排下，实行了各校之间的委托代培制度。

实践证明，充分发挥企事业单位的潜力，在企事业单位中建立正规的技工学校，是一种行之有效的办法。这不仅可以加速中等技工教育的发展，而且还可取得投资少效益高的效果。关键的问题是：必须加强全面规划，严格验收制度，定期视察检查，确保教学质量。

**（二）教学计划、教学大纲和教材建设**

核工业部技工学校的教学计划和教学大纲是根据劳动人事部的统一要求以及核工业部中级技术工人等级标准而制订的，并都有严格的编订、审批制度。凡属通用性的专业，如钳工、电工等，原则上采用有关部委统编的教学计划和大纲，仅根据生产上的需要作适当的变动。凡属核技术工种的教学计划和大纲，则由各有关学校编写，报核工业部教育司审定。

为了确保教学质量，在编写教学大纲时，对文化技术理论课程，要求必须加强基本知识、基础理论及基本技能方面的内容，对实习课程的教学大纲，则强调必须确保基本操作技能的全面锻炼。

教材建设是技工教育的一个基础工程。各专业所需教材的解决办法是：通用课程，原则上采用有关部委统编的教材，并作适当的增减；核技术专业教材，有的采用同类专业的中专教材并按照教学大纲的规定加以删减或补充，有的参照有关教材，根据教学大纲的要求自编讲义。据不完全统计，到1984年，已编出试用的讲义计有40种，初步解决了教材的有无问题。

**（三）实习、实验基地建设**

实习工厂及实验室是进行教学实习和有关实验的基地。加强实习、实验基地的建设，对保证基本技能的全面训练，培养学生的实际动手能力，具有十分重要的作用。

20世纪60年代，核工业系统有关部门对技工学校的实习、实验基地建设，一般都比较重视。因此各技工学校的实习工厂和实验室的规模，也都具有一定水平。不仅满足了实习教学的需要，并且教学与生产相结合，取得了较好的经济效益。

进入20世纪80年代，核工业部对于设有机、钳等类工种的技工学校，特别强调加强实习工厂的建设，以确保学生基本技能的全面训练，并把实习工厂建设作为验收学校是否合格的一个标准。对于设有仪表、电工或地质类工种的学校，则强调加强实验室建设，以保证学生基本功的掌握。由于主办单位的重视和大力支持，各技工学校的实习、实验条件都比较好。

**（四）师资队伍建设**

加强师资队伍的建设，是保证技工学校教学质量的一个中心环节。从1974年开始，特别是1978年至1984年，随着技工教育的迅速发展，二机部对师资建设工作提出了明确的要求：理论课程教师必须具有大专水平，实习指导教师的实际技能必须有五级工以上的水平。在办学单位的积极努力下，师资队伍得到了不断的充实和提高。截至1984年年底，据22所学校的统计，专职教师人数已达717人，兼职教师75人，一支具有一定水平的专职教师队伍已经初步形成。

## 第四节　在职教育

在发展全日制院校教育的同时，大力开展干部和工人的在职教育，是我国发展教育事业的重要方针。在职教育的开展，对提高干部和工人的素质，保证核工业的持续发展，有着十分重要的意义。

### 一、初创时期的专业技术培训

1955年至1960年，在职教育的主要任务是：根据核工业初创时期的需要开展专业技术培训工作，促使科研生产人员较迅速地掌握核工业生产技术，搞好本职工作，确保生产建设的顺利发展。其方式大体有以下几种：选送科技人员、领导干部和工人到苏联进行专业实习、专题考察和参加工程设计工作；邀请苏联专家来华对有关人员进行专业培训；选送非核专业的大学毕业生到北京大学物理研究室接受短期培训；组织机、电等方面的专业技术人员到国内有关单位进行专业实习和业务进修；请国内的专家和科技人员，有针对性地对各企业有关领导干部和管理人员进行核技术基础知识教育，等等。这个时期的专业技术培训，由于做到了学用结合、专业对口、方向明确、要求具体，因此收效较大。

## 二、三结合的技术培训

1960 年 8 月，技术培训工作从向苏联专家学习阶段进入到自力更生阶段。兰州铀浓缩厂等单位针对建设投产中的技术问题，开展了攻关试验，同时进行理论研究和技术培训，三者密切结合。这种做法，由于掌握了扎实的理论，做到了理论与实践的有机结合，不仅有利于技术难关的突破，为保证安全生产解决了一系列的课题，而且也培训了干部，提高了职工的技术水平。

在这期间，各种专业性的调研活动，不同类型的短期培训活动以及不同层次的学术研究和交流活动，也都开展得比较好。特别是对运行人员上岗位前的技术培训从严要求，凡未取得考试合格证书的人员，一律不得进入生产岗位。

## 三、1966 年以前的职工文化教育

1960 年，二机部要求所属单位大力开展职工业余初等教育，积极发展业余中等和高等教育，为全面建立职工教育体系创造条件。各单位相继制订了职工教育规划，并加强了领导，充实了办学机构，改善了办学条件，健全了管理制度，使文化教育工作得到了迅速发展。到 1960 年年底，先后建立了 137 所业余学校，其中，初级文化学习班 1 200 多个，高中及中专班 128 个，大专班 44 个，连同各种技术培训的人数在内，总计全年参加学习的职工人数达 57 000 余人。职工文化教育的开展，使职工文化水平有了普遍的提高。

## 四、在职教育的恢复和发展

核工业系统的在职教育，从 1978 年开始进入整顿、恢复和新的发展时期。

1978 年以前，核工业系统先后有 39 个单位举办了“七・二一”大学，对青壮年职工进行文化技术培训。虽然这些学校与正规要求有较大差距，但对职工文化技术水平的提高，仍具有一定的积极意义。

1981 年 2 月，中共中央、国务院颁发了《关于加强职工教育工作的决定》。5 月，二机部对如何贯彻《决定》提出了 8 条意见，并成立二机部职

工教育领导小组。11 月，在北京召开了职工教育会议，研究了贯彻落实《决定》的有关问题。以这次会议为起点，核工业系统的在职教育开始按照《决定》的要求，向全员培训的方向发展。

### （一）文化技术教育

1981 年至 1984 年，核工业系统青壮年职工文化补课和技术补课（简称“双补”）全面铺开，并取得一定的成效。截至 1984 年 8 月，青壮年职工文化补课合格人数已达 43 000 余人，合格率为 70%；技术补课合格人数计约 3 万人，合格率为 52.5%。与此同时，为使工人技术培训工作有章可循，确保质量，核工业部所属单位按照初级和中级技术工人的培训要求，制订了 140 多个核技术工种的教学计划和教学大纲，组织编写了 250 多种工人技术教材。

职工高中文化教育及业务技术教育也有所发展。据 1984 年年底 156 个单位的统计，全年参加高中文化学习及技术业务学习的人数达 55 000 多人。

### （二）干部教育

为了全面规划和有效促进干部教育工作的开展，1982 年 5 月，核工业部成立了主管干部教育的专职机构，这标志着干部教育已开始成为职工教育工作中的一个重要的部分。

为了确保干部教育的顺利开展，核工业部在扩大干部培训基地方面，采取了以下措施：一是各基层单位增加了干部培训的教学用房；二是充实了核工业部干部学校；三是有效地发挥了衡阳工学院、苏州医学院、华东地质学院 3 个干部培训部的作用；四是和部外有关高等院校及成都培训中心建立了定向委托代培的关系。这些措施的落实，为干部培训工作的开展提供了可靠的保证，并初步形成了部、局、基层单位分工负责的三级培训体制。

核工业系统的各个部门，为加强各类干部的业务学习，主要开展了以下工作：

1. 先后开办了各种企事业领导干部培训班和研究班，其中主要有，由各单位领导干部参加的企业管理学习班，由厂长和经理参加的国家统考培训班，由党委书记参加的管理心理学培训班，由总工程师参加的系统工程学习班，由研究院和科研所主要科技领导干部参加的现代科技管理研究班，由经济师参加的现代经济管理理论研究班等。从 1982 年下半年开始，由核工业部直接组织培训的领导干部计有 560 余人，培训人数约占领导干部总数的 50%。

2. 组织专业干部学习管理业务和基础理论。先后组织部分政治工作干部学习《政治经济学》《管理心理学》等基本理论；组织人事干部学习《干部管理》等有关知识；组织教育干部和教师学习《教育学》《心理学》《职工教育管理》等课程；组织医疗卫生干部和医师学习医疗理论，并进行临床实习；组织财会、审计、劳资、统计、档案以及物资供应等方面的干部学习与其业务有关的专业知识。

3. 对科技干部的系统工程教育，进行了四个方面的工作：一是进行了外语和计算机两门工具课的普及培训；二是开展了本专业和现代化管理的技术理论进修；三是选派了 389 名科技人员及大学教师，到英、美、法、日、联邦德国、丹麦、加拿大、比利时、意大利及澳大利亚等国，进修加速器、反应堆技术、反应堆材料、核仪器、环境工程、放射化学、放射医学、计算机技术、原子核物理、等离子体物理等学科；四是编订了《核工业部继续工程教育试行办法草案》，对这项工作的总则、培养对象、进修时间、内容形式、组织管理、基地经费等方面，作了明确规定，提出了具体的要求。

4. 在职高等、中等专业教育。从 1980 年开始，先后在核工业部所属职工大学、职工中专，以及通过大专院校代培等方式，总计培养了大学专科毕业生 531 人，中专毕业生 99 人。同时还组织了一部分干部参加电大、函授以及刊授等各类学校的学习。据 1984 年的不完全统计，参加学习的人数计有 5 400 人。

### （三）职工教育的基础建设

从 1981 年开始，随着“双补”工作的全面开展和干部教育的不断加强，各基层单位在健全教育机构的同时，都加强了培训的基础建设工作。截至 1984 年 8 月，根据 156 个单位的统计：已有教学用房 9 万多平方米，专职教职人员约2 000人，其中约有 40%的单位，专职教师人数达到职工总数的 3‰。在教材图书及器材设备建设方面，也都相应地有所加强，为进一步开展全员培训工作创造了一定的物质条件。在一些单位，由于基础建设工作抓得较好，已形成了一定规模的培训中心。

以上情况表明，进入20世纪80年代以后，我国核工业系统的在职教育正处于恢复和新的发展时期。其特点是：青壮年职工的“双补”任务已临近最后完成阶段，职工中级技术教育和中等文化教育开始起步，干部教育已初步打开局面，并作为一个独立的体系引起了各个方面的重视。整个在职教育工作，正沿着正规化、制度化、经常化的方向发展。

回顾我国核工业的发展历史可以清楚地看到：在1966年以前，由于人才、知识、教育问题得到了重视，教育工作被摆到战略地位，从而使人才建设问题获得了较圆满的解决。十年动乱期间，文教战线受到了严重的摧残，造成了教育事业的“低谷区”，使核工业的发展受到了一定的影响，同时也带来了各类人员青黄不接、后继乏人的后果。历史的经验值得注意。如何从我国核工业的实际出发，根据科研、生产的需要，搞好教育改革，提高教学质量，培养更多更好的人才，是我国今后振兴核工业面临的一个重要课题。

# 第十六章　核工业的对外交往

## 第一节　1978 年前核工业的对外交往

1978 年前，我国核工业的对外交往，经历了同苏联及其他社会主义国家合作的阶段，以及从停顿到逐步恢复的发展阶段。其中，从 1955 年到 1960 年，中国同苏联在核领域进行合作，是我国核工业创建阶段对外交往最活跃的时期。这一段历史，已在本书第二章详细叙述，这里不再重复。本节将叙述这两个发展时期的其他国际交往，包括参加联合原子核研究所，向阿尔巴尼亚提供技术援助，同丹麦玻尔研究所和法国原子能委员会的交流，以及通过人员互访进行的学术交流等活动。

### 一、参加联合原子核研究所的合作研究

联合原子核研究所是根据 1956 年 3 月 26 日在莫斯科签订的《关于成立联合原子核研究所的协定》，于同年 9 月正式成立的。最初参加该协定的有阿尔巴尼亚、保加利亚、匈牙利、德意志民主共和国、中国、朝鲜、蒙古、波兰、苏联和捷克斯洛伐克等社会主义国家，越南随后也加入。成立该所的主要目的，就是为了各国科学家在核子物理的理论研究和实验研究工作中进行合作，以扩大和平利用原子能的可能性。联合所的所址在莫斯科郊区的杜布纳。该所设立成员国全权代表会、学术委员会（由每一成员国派三名科学家组成）和财政委员会。我国政府的首任全权代表是当时的第二机械工业部副部长兼北京原子能研究所所长钱三强。首任学术委员会中国委员是我国著

名核物理学家赵忠尧、王淦昌和胡宁。最初，研究所设立有高能粒子、原子核物理、理论物理、中子物理等四个研究室。所的经费来自各成员国缴纳的会费。我国分摊的会费比例为 20%。自加入到 1965 年退出，我国共缴纳会费约 3 308 万卢布，折合人民币约 1. 116 亿元。

我国先后派赴联合所工作的科学工作者共 130 多人，同时在那里工作的人员最多时达到 60 人。这些人主要来自二机部所属研究所，同时也有的来自一些大学、中国科学院和地方的研究机构。他们中有王淦昌、张文裕、朱洪元、胡宁等著名科学家，但大部分都是中青年科学工作者。王淦昌曾被推举担任该所 1959 年至 1960 年期间的副所长。我国派出的科学工作者没有辜负国家的期望，兢兢业业，勤奋工作，因而受到欢迎。许多人在研究工作中做出了成绩，和各成员国的科学家一起，为该所的发展作出了贡献。其中最突出的是王淦昌所领导的研究小组利用该所建造的 100 亿电子伏的质子同步稳相加速器，发现了反西格玛负超子。这一研究成果也是联合所历史上最杰出的成就之一。参加该项研究工作的有中国科学工作者丁大钊和王祝翔，还有苏联等其他成员国的科学家。中国年轻的科学工作者周光召在联合所工作期间研究成绩卓著，曾引起各国同行的重视。

我国派赴联合所的人员利用那里良好的设备和研究条件，开展工作，通过共同研究和自己的努力，在研究方法和有关领域的理论知识上都得到了训练和提高。他们不仅可以参加联合所召开的众多学术会议，还能以联合所研究人员的身份参加在其他国家举行的各种国际学术会议，通过这些交流所获取的科技信息，对于国内的核物理研究和反应堆加速器技术研究也有帮助。总的说，通过参加联合所的合作，对于我国核事业创建时期培养人才起到了良好的作用。当初曾在联合所工作过的科学工作者，后来大部分都成为我国有关领域的中坚力量并做出了杰出的成绩。但是，1960 年以后，由于众所周知的原因，我国在联合所的人员工作条件发生了变化，我国政府遂决定于 1965 年 7 月 1 日退出该所。我国最后一批在该所工作的 47 名科学工作者于 6 月 17 日全部撤回。

## 二、对阿尔巴尼亚的技术援助

应阿尔巴尼亚的请求，我国曾三次派专家组赴阿帮助开展铀矿地质普查工作。第一次是由地质部4人和二机部5人联合组成专家组于1961年8月赴阿，11月回国。在阿期间，对阿方提出的三个铀矿点和一些异常点地质资料进行了评价。第二次是由二机部派出，小组由地质、物探和分析等专业的7名专家组成，于1962年11月赴阿，直接参加了普查找矿，通过实际工作，向阿方人员传授了技术，于1964年3月完成任务回国。根据双方协定，由二机部派出的16名专家小组于1969年4月和8月分两批第三次赴阿。在阿期间，帮助发现了一些铀矿点，进行了评价，对阿的地质情况提出了新的看法，并培训了阿方地质、物探和分析人员。小组多数人员在阿工作一至二年，按期回国，有7人应阿方要求延长至1972年8月。物理分析技术员彭桂文在执行任务中，因车祸重伤，抢救无效，为中阿友谊献出了宝贵的生命。

根据中阿协定，二机部于1965年9月派了一个6人组成的专家组赴阿考察，同阿科学工作者一起，提出了在国立地拉那大学建设放射性同位素实验室的规划建议，同时向阿方赠送了该实验室筹建急需的仪器、器材共21项、88台件。1966年4月，中国科学院代表团访阿，进一步商定，由中方无偿提供该实验室设计及部分仪器、设备；应阿方的请求，还答应赠送一台能量为2兆电子伏的电子静电加速器。为此，二机部组织其所属第五研究设计院完成实验室设计，上海原子核研究所完成加速器设计，并组织上海先锋电机厂制造。全部工程于1968年完工。在实验室建设期间，运交阿方的各种仪器、设备和材料共1 034项、4 150台件；以后并补充提供放射化学分析仪器、试剂共115项。从开始建设到1970年间，我国曾派专家前往指导建设，帮助进行设备的安装调试，并指导开展科研工作。1965年至1977年，我国上海原子核研究所和北京原子能研究所等单位，还为这个实验室培训了16名研究人员。

## 三、同丹麦玻尔研究所的交往

丹麦玻尔研究所是国际著名的研究机构。特别值得提出的是，在一些大国对我国实行封锁和压抑政策的年代，该所领导人、世界著名的物理学家尼·玻尔就毅然决定同新中国开展交流，使该所成为最早接受新中国研究人员的西方研究机构。1960年，在参加英国皇家学会成立三百周年纪念会期间，玻尔向我国前往参加纪念会的中国科学院副院长吴有训谈到：“有些人想封锁中国，对于一个幅员广阔、人口如此众多的国家，这怎么可能呢？”第二年，他就邀请当时在苏联联合原子核研究所工作的我国青年物理学者冼鼎昌到他的研究所工作。1962 年 10 月，他的儿子奥·玻尔应邀访问中国，在中国科学院原子能研究所做了学术讲演，并同该所签订了学术交流协议。1963 年至“文化大革命”开始之前，我国青年物理学者杨福家、卓益忠等 5 人陆续应邀到该所工作。1973 年，奥·玻尔曾再度访华讲学。随后，我国又陆续向该所派出了更多的访问学者。该所学术气氛浓厚，研究条件较好，我国派出人员在那里受到良好的训练，一般都做出了成绩。玻尔研究所与我国长期保持着良好的合作关系，为培养中国的核物理工作者提供了有益的帮助。

## 四、同法国原子能委员会的交往

法国是第一个在核科学技术领域同中国建立双边交流关系的西方国家。1975 年 11 月，法国原子能委员会派其高级专员让·泰亚克率团访问中国。在访问期间，双方达成口头协议，先在铀矿地质、水冶、反应堆和“三废”治理等方面开展交流，并商定了 1976 年至 1977 年两年合作计划。按计划，中国先后派两个考察组赴法，分别考察了玻璃固化技术和钠冷快堆技术；法方也派两个小组来华，重点考察了江西火山岩铀矿床和低品位铀矿处理技术。第一个两年交流计划顺利完成。1977 年 10 月，随铀矿考察组来访的法国原子能委员会外事局远东科科长库尔泰克斯同中国就 1978 年至 1979 年的交流计划交换了意见，并商定报告各自政府同意后执行。但法方直到 1978 年 9 月才答复我国，称在核领域的交流都已包括在双方开始的核电站谈判中，于是双方的交流暂时中断。

## 五、其他对外科技交流活动

在 1978 年以前，我国在核科学技术领域的其他国际交往，总的说发展缓慢，主要是通过人员互访进行了一些学术交流。

派人参加国际学术会议和参观考察，是这个时期对外科技交往的主要方式之一。1965 年以前，主要是同社会主义国家交往，参加联合所和社会主义国家召开的学术会议。据不完全统计，从 1959 年到 1965 年，我国曾派出 72

名科学技术人员（不含在联合所工作的人员）参加联合所召开的28次学术会议。也有少数科技人员出席在西欧举行的学术会议，如欧洲化工会议、国际焊接会议等，但一般都不是直接同核能相关的。1972年后，同西欧北美的交往逐步增加。1972年，我国派代表团出席了英国氦冷高温反应堆元件设计会议，参加了巴基斯坦卡拉奇核电站落成典礼；1975年，派小组参加了在巴黎举行的第一次欧洲国际核能会议，会后并对法国、联邦德国和瑞士的核设施进行了考察。当时世界上核能的和平利用发展迅速，我国派出的团组已有机会直接接触核能技术。

外国的科技代表团和学者来访，是这个时期对外科技交流的另一种主要方式。由于“文化大革命”曾一度中断的对外交往于1972年恢复后，来访的国际友人和学者日益增多。北京原子能研究所是这个时期对外交流的主要窗口。据不完全统计，在1972年至1978年间，该所先后接待了来自26个国家的代表团或个人访问共124批、390人次。其中有相当部分是核科学领域的，如墨西哥核能研究所代表团，美国高能物理代表团，法国、伊朗和南斯拉夫的和平利用核能代表团，以及朝鲜民主主义人民共和国同位素考察团等。特别是1972年中美关系解冻后的一段时期，大批美籍华人学者回国探亲观光。如著名科学家杨振宁、李政道、吴健雄、袁家骝、丁肇中、任之恭、吴家伟等人，都曾到北京原子能研究所参观。他们回来不仅了解新中国，还进行了学术交流。这些交流对于经过长期封锁后刚开始对外开放的中国核科学工作者了解世界核科学技术发展的动向，起到了积极的作用。此外，1972年以后，中国北京铀矿地质研究所、铀矿选冶研究所、湖南衡阳铀水冶厂、湖南郴县铀矿和四川乐山西南物理研究所等单位，也加强了对外交往，先后接待了来自法国、日本、南斯拉夫、罗马尼亚、朝鲜民主主义人民共和国等国的代表团或考察组。这些单位的一些研究成果，特别是我国在创建核工业中所体现的自力更生、艰苦奋斗的精神，受到许多国际友人的好评。

## 第二节　核工业对外双边交流与合作的发展

1978 年开始，我国核科学技术领域的对外双边交流与合作得到了迅速的发展。据不完全统计，从 1979 年至 1984 年，仅核工业部系统，就有 93 个代表团或考察组共 463 人出国访问或参观考察，有 234 人出席了 116 次有关的国际学术会议，有 384 人出国进修或学习；接待了各国来访的代表团或学者达 397 批、共 2 181 人，同 34 个国家和地区有了人员往来。通过这些互访活动，不仅交流了科学技术，而且增进了我国核科学技术界同这些国家同行间的了解和友谊。这个时期，我国先后同联邦德国等 9 个国家签订了政府间的和平利用核能合作协定；二机部与意大利等国的核能委员会商签了科技合作议定书。这些协议的签订，推动了我国同这些国家在核领域交流与合作的深入发展。

### 一、同意大利的合作

1978 年 3 月，我国有关部门联合组团首次赴意参观“意大利第二十五届电子、核能与航空技术展览会”。1979 年 10 月，意大利国家核能委员会副主席萨尔瓦蒂率代表团应邀访华。在会谈中，针对中方提出的较大的技术交流计划，意方表示希望中方考虑适当的贸易补偿方式。

1980 年 5 月，二机部部长刘伟率代表团应邀访意，和意方共同签署了《中国第二机械工业部与意大利国家核能委员会关于和平利用原子能科技合作议定书》和第一个两年执行计划。考虑到意方的意见，同时签署了一份贸易意向书。在第一个两年计划期间，中国先后派出 12 人赴意在受控核聚变、快堆和后处理等领域进修。与此同时，双方还签订了中意联合设计超钚元素热室的合同。通过这项合作，中方提高了热室设计技术水平，意方则得到了贸易补偿。它较好地体现了技贸结合的原则，使合作有了良好的开端。

1982 年 9 月和 1984 年 9 月，双方续签了第二个和第三个两年计划，合作有了进一步发展。根据第二个两年计划，中方又派 17 人赴意进修快堆技术；签订了中方委托意方成套代购等离子体诊断设备和蒸汽发生器设计咨询两项合同。其中第一项合同正是在我国西南物理研究所和意大利的弗拉斯卡蒂研究所进行的长期交流的基础上签订的，它加快了我国托卡马克装置的建设进程。这项合作也表明，技贸结合是推进合作深入发展的好方式。

## 二、同联邦德国的合作

我国同联邦德国的核合作开始得比较晚，但发展得比较快。二机部于1979年派了5名科技人员赴德学习；同年3月，联邦德国电站联盟（KWU）派代表团来华介绍其压水堆核电站技术。通过这些交往，增进了两国核能界的相互了解。

1982年2月，联邦德国政府研究技术部提议两国在和平利用核能领域开展合作，并邀请中国派团访问。同年10月，核工业部组织国家科委、水电部、机械工业部和教育部的人员组成中国核能代表团应邀赴访。德方由研技部促进一般研究和国际合作司副司长罗什出面，同中国代表团进行了会谈，双方签署了会谈纪要。根据纪要，1983年德方派中小型核电站设计、核电厂址选择两个专家组来华参加技术讨论会。中方派4人赴德研究机构进行核电站安全分析计算程序等专题研究工作，为期一年。此外，中国还派小组赴德进行核电站蒸发器更换技术考察、辐照燃料运输容器考察、核电站换料及核燃料服务考察，也都取得了较好的收获。

1983年，联邦德国建议将拟议中的科技合作议定书改为政府间的和平利用核能合作协定，并于12月12日派代表团访问中国，同我国代表团进行了会谈。由于双方都有合作诚意，且都没有向对方提出敏感的安全保障的要求，会谈进展十分顺利。经1984年3月第二次会谈，便就文本达成了协议。1984年5月，国务院副总理李鹏应邀访问联邦德国，于5月9日和联邦德国外交部长根舍共同签署了两国政府间《和平利用核能合作协定》。这样，联邦德国尽管同我国开始核会谈的时间较晚，但却成了同中国签约的第一个西方国家。紧接着，于5月27日，联邦德国研技部即派核能代表团访华，进一步商定了1984年至1985年合作项目。从此，双方的合作逐步展开。

1984年12月4日，联邦德国研技部派7名专家来华，同核工业部科技核电局就合作进行秦山核电站的概率风险评价，达成了意向性的协议。1985

年5月，德方又派来专家组，提出了具体的合作建议。随后，德方的合作单位从本国研技部获得必要的经费，使该项合作得以顺利展开。计划中的其他项目也于1985年开始执行。

除计划项目外，在1984年至1985年间，双方还就经济技术合作进行了广泛的探索。例如，1985年4月4日，核工业部核燃料局同联邦德国电站联盟和反应堆燃料元件联盟达成协议，由德方对我国宜宾元件厂如何改造以便生产大型核电站元件进行评价。这些，已显示出科技合作向工业合作发展的趋势，实际上正是这种前景推动着科技合作的深入发展。

## 三、同法国合作的恢复与发展

1980年初，我国同法国在核领域开始恢复接触。1982年5月，法国原子能委员会主席的高级顾问旺德烈斯应邀来访，同我国就重新建立合作关系和签订合作议定书进行了会谈。同年10月，我国核工业部科技委主任姜圣阶率团访法，双方草签了《中国核工业部与法国原子能委员会关于和平利用核能合作议定书》，商订了1983年至1984年两年执行计划。后于1982年12月22日，通过换文正式签署，双方遂恢复合作关系。议定书规定，双方将在中小型压水堆的科研与安全、铀工艺、铀矿地质和矿石处理、放射性同位素的生产和应用等方面进行合作。

根据第一个两年执行计划，1983年4月，中国同位素公司派团访法，同法国原子能委员会电力辐射部签订了“关于同位素生产应用的合作议定书”，确定双方将在同位素生产和应用方面进行科研、贸易和工业合作。在核安全方面，先是核工业部于1983年9月派团赴法考察核安全的管理体制和研究工作，初步探讨了中法核安全合作的范围。接着于1984年5月，法国工业发展和外贸部中央核设施安全局与原子能委员会核安全防护研究所联合组团访华。我国国家核安全局和核工业部科技核电局共同与法方签订了《核安全合作议定书》。议定书规定，双方在平等、互利和互惠的原则下，在核设施的安全管理、安全技术和双方共同感兴趣的其他领域进行交流与合作。此外，计划中规定的快堆、压水堆进修项目，铀矿地质的互访等项目也都顺利完成。

1984年10月，核工业部部长蒋心雄应邀访法，与法方共同商订了第二个两年（1985 年至 1986 年）执行计划。同上一个两年执行计划比较，这个执行计划增加了化学法分离同位素和受控核聚变的合作领域，人员交往数量，特别是培训的项目有了增加。

除按合作议定书规定的交流外，双方在核能领域还有许多交往。例如，1983 年核工业部派出的核电站施工考察组、铀矿开采技术考察组，均受到法方的友好接待。法国萨克莱研究中心物理计算部专家贝尔诺斯等二人应邀来华参观讲学，收到了良好的效果。特别是围绕着广东核电站的设计建造，双方进行了长期频繁的接触。

## 四、同日本的交往

我国同日本在和平利用核能领域的交往，开始主要是通过日本原子能行业的民间团体“日本原子力产业会议”（简称“原产”）进行的。1979 年，国家科委组织同位素代表团应邀出席“原产”年会，受到热情接待。这是同“原产”交往的开始。1980 年 9 月，二机部副部长李觉应“原产”邀请访日，日方建议商签和平利用核能合作备忘录，并提出了备忘录要点。1981 年 9 月，“原产”副会长圆城寺次郎访华，在北京正式签署了备忘录。1982 年 4 月，双方又进一步商定了 1982 年至 1983 年交流计划。

自从备忘录签订以后，双方逐步形成了良好的合作关系。备忘录的交流计划得到顺利执行。对于彼此在计划外临时加派的团组，双方也都尽可能地给予安排。

据不完全统计，从 1980 年至 1984 年，中方通过“原产”渠道访日的团组有 15 个，计 1 233 人天；“原产”组织的访华团组 14 个，计 1 053 人天。交流的内容主要集中在以下两个领域：

一是围绕核电站建设的技术交流。1982 年至 1983 年间，我国派出了核电站的环境影响、工程管理、建筑安装技术及计算机应用等小组访日；日方就核电站的质量保证、安全评价与分析等课题派团来华进行技术座谈。通过这些交流，中国在核电站建设的有关技术和管理上都有一定的收获。通过赴日实地考察核电站对环境的影响，使我国有关部门很快统一了认识，推进了我国第一个核电站建设的进程。

二是与“动燃团”关于铀矿地质的交流与合作。“动燃团”是日本动力堆与核燃料开发事业团的简称。1980 年，该团理事长濑川正男参加“原产”代表团访问我国，探询合作开发中国铀矿资源的可能性。其后，曾多次派团考察我国的一些铀矿床。中国也应邀考察了日本的砂岩型铀矿地质。经过较长时间的协商，于 1984 年 5 月在北京签订了中国核工业部铀矿地质局与日本“动燃团”《关于铀矿资源区域普查协议书》。协议书规定，双方在我国云南省腾冲地区划定的 4 800 平方公里的区域内，合作进行铀矿地质普查，有效期为三年。协议属风险性质。这是我国在利用外资和技术合作开发铀资源方面迈出的第一步。

中日两国在核领域的官方接触始于 1983 年。是年 9 月，在北京举行第三次中日两国政府成员联席会议期间，日方首次提出希望两国在和平利用核能领域开展合作。为使在政府间的核协定签订之前，双方的合作就能开展起来，同年 12 月，应核工业部的邀请，日本科技厅原子能局局长高岗敬展率团访问中国，就可能的合作项目同核工业部交换了意见，并产生了一份会谈纪要。双方一致同意，先在核安全研究、放射性同位素制备和放射性废物处理与处置等三个方面开展合作与交流。在 1984 年至 1985 年间，日科技厅派出三个专家小组来华进行了考察。通过互访，双方已进一步商定就高放和中低放废物处理进行合作研究。

由于我国不是《不扩散核武器条约》签约国，按日本法律规定，要向我国出口涉及安全保障的核设备、材料和技术，必须首先签订两国政府间的核合作协定。为此，日方由外务省科技审议官宇川秀实率团于 1983 年 12 月 20 日访华，就签订政府间的核协定同中方举行会谈。1985 年 7 月 31 日，在第四次中日政府成员会议期间，由中方的吴学谦外长和日方的安倍晋太郎外相，在东京签署了中日和平利用核能合作协定。协定的签订，为中日两国在和平利用核能领域的全面合作扫清了障碍。

## 五、同美国核合作关系的建立

我国同美国在核领域的交往经历了一段曲折的历程。

在两国建交前，核科学技术领域的人员交往十分有限。两国建交后，在相当长一段时期里，核领域的交流仍限于民间的交往，大体是通过三种渠道或方式进行的。首先是两国核学会间的交往。通过美籍华裔学者汪志馨先生的联系，美国核科学家旅游团一行 15 人，于 1978 年 4 月来华观光。其中有美国核学会的一些著名学者。他们在华期间举行学术报告会，介绍了美国核科学技术发展概况。这是两国核科学技术工作者间的首次广泛接触。1979 年 3 月 25 日至 4 月 24 日，中国核能代表团一行 20 人。由中国核学会理事长王淦昌教授率领，应美国核学会邀请访美，受到美国官方的重视。代表团分两组参观了美国主要的国立核研究机构和核设备制造公司，对美国核能工业和科学技术的发展概况有了较全面的了解。1980 年两国核学会签订了合作协议，之后，双方组织了不少科技交流活动。

其次是中国派科技人员赴美进修或以访问学者的身份工作。据不完全统计，从 1978 年到 1984 年年底，核工业系统经各种渠道派赴美国进修或工作的访问学者约 151 人，其中有不少人取得了良好的成绩。

第三是两国的科学技术团组或学者互访。据不完全统计，从 1978 年到 1984 年，我国核工业系统访美的团组有 21 个、共 91 人。大部分是参加在美国举行的国际会议，会后也顺便参观了美国的核研究和工业机构；接待的美国访华团组达 91 个、271 人，其中有不少是应邀来华进行学术交流或讲学的。

中美官方渠道探索核合作，始于 1980 年 1 月在北京举行的中美科技合作联合委员会第一次会议。在这次会议的核能分组会谈中，双方同意首先在核物理和磁约束核聚变两个领域开展合作。同年 3 月，我国代表团访美，同美国能源部就签订中美核物理和受控核聚变合作协议开始会谈。由于双方对合作研究成果所有权和费用负担问题的意见分歧，虽经多次磋商，没有达成协议。

在此期间，美国驻华大使馆科技参赞施奥徒向中国表示，在签订两国政府间的核协定前，双方可在核安全等不涉及安全保障的领域开展合作。1981 年 6 月 9 日至 13 日，美国核安全管理委员会国际合作部副主任拉弗勒尔应邀访问中国，同国家科委就核安全合作进行商谈。同年 10 月 17 日，《中华人民共和国科学技术委员会与美利坚合众国核安全管理委员会关于核安全事项合作议定书》在华盛顿正式签字。不久，双方在核安全领域开始交流。1984 年，美国核安全管理委员会先后向中国寄送各种核安全管理法规、导则和报告等文件资料 1 200 多份，并先后派来 3 名专家介绍该委员会核安全方面的计算机程序和安全研究工作。中国也向美国寄送了法规等文件资料，并派出 3 名中国专家到该委员会有关部门进修，取得了较好的成绩。其中赴美工作的两名中国专家因工作表现出色，美有关部门向他们颁发了奖状。

自从我国宣布推进核电计划以后，美国厂商对于中国这一核电新市场一直抱有极大的兴趣。为给美国厂商参与中国核电市场竞争铺平道路，美国里根总统就任不久，于 1981 年 4 月，美驻华使馆官员即分别约见我国外交部和国家科委有关人员，表示里根政府愿同中国讨论核合作的可能性，美国希望派专家组来京，先举行非正式的讨论。经我国同意，美国助理国务卿马隆率专家组，于 1981 年 9 月 16 日至 20 日访问了北京。中国由国家科委副主任赵东宛出面，外交部、二机部、水电部和第一机械工业部的人员参加，同美国专家组进行了会谈。这次接触表明，双方都有合作的愿望，但在敏感的核安全保障问题上存在着原则的分歧。

1983 年 7 月 11 日，在华盛顿开始两国政府间的和平利用核能合作协定谈判，我国代表团的首席代表是国家科委委员贾蔚文，美方的首席代表是美国国务院无任所大使理查德 · 肯尼迪。这次会谈在核安全保障问题上取得了一定的进展。中方表示，可以在协定中保证所进行的合作仅用于和平目的。美方表示，中国是有核武器国家，将不再要求对中国从美进口的核材料、核设备进行安全保障，并同意据此提出一份新的协议文本草案交中方研究。之后，在同年 9 月和 12 月，又轮流在北京和华盛顿举行了两轮会谈，就协议文本的大部分条款取得了一致意见，但在一些重要问题上仍存在分歧，双方同意采取一揽子的办法解决。

1984 年 1 月，双方有关人员就存在的问题，进一步交换了意见。为争取在美国总统里根访华时达成协议，肯尼迪大使于同年 4 月再次访问北京进行了最后一轮会谈。双方终于在最后的一个分歧点，即同意权条款上找到了可为双方接受的解决方法。谈判刚结束，里根总统来访。4 月 30 日，在赵紫阳总理和里根总统出席的情况下，在北京人民大会堂由双方首席谈判代表草签了《中华人民共和国和美利坚合众国关于和平利用核能合作协议》。

本来至此协议的谈判工作业已完成，就等着正式签字。但是里根总统回国后，美方又节外生枝，一些国会议员提出种种理由，反对这一协定，里根政府也迟迟未将该协定提交国会审议，致使协定的正式签字拖了下来。其间，肯尼迪大使又曾访华，同中国进行接触。直到 1985 年中国国家主席李先念访美期间，于 7 月 23 日，才在华盛顿正式签字。在协定上签字的中方政府代表是国务院副总理李鹏，美方是能源部部长约翰·赫林顿。其后，又经过四个多月，美国方面才完成其批准协定的法律程序，12 月 30 日双方换文，协定开始生效。协定从双方初探到正式签字，经过五轮正式会谈，还有许多非正式的磋商，前后历时五年。由此足以说明国际核合作的复杂性。

## 六、同其他国家交流与合作的发展

在这个时期，我国还同其他一些国家签订了双边核合作协定。

南斯拉夫于 1977 年 12 月派核能代表团访华探讨合作的可能性，次年二机部派代表团赴南回访，双方于 1980 年 4 月 30 日在北京签订了中南《关于和平利用原子能合作协定》。

罗马尼亚于 1977 年 12 月首次派核能小组来访，就两国间开展核能合作的可能性进行探讨。1980 年和 1982 年两国派部长级核能代表团互访，并于 1982 年 4 月 16 日在北京签订两国政府间《关于和平利用核能合作协议》。

巴西于 1984 年 5 月派代表团访华，同中国就签订核合作协定进行谈判。5 月 29 日，在巴西总统访华期间，由双方外长签署了两国和平利用核能谅解备忘录。以后经过外交途径磋商，于 8 月 11 日在北京正式签订两国《关于和平利用核能合作协议》。

阿根廷于 1985 年 3 月派代表团来京，同我国就签订核合作协议进行会谈。同年阿外长丹特·卡普托访华，于 4 月 15 日同我国签署了两国政府间《和平利用核能合作协定》。

比利时于 1985 年 3 月由比驻华大使范洛克同我国就签订核合作协定进行谈判，同年 4 月 18 日，在比首相马尔腾斯访华期间，在北京同我国签署了两国《和平利用核能合作协定》。

英国于 1985 年 3 月派外交部核能司司长凯尼恩率代表团来访，同我国就签订核合作协定进行会谈。双方就协定文本大部分条款达成谅解，至于安全保障，第三方权益等问题尚待进一步商谈。5 月，英方提出希望能在赵紫阳总理访英期间签约，从而加速了磋商的进程。1985 年 6 月 3 日在伦敦，由赵紫阳总理和英国首相撒切尔夫人共同签署了中英《和平利用核能合作协定》。

上述协定的主要内容仅就合作的原则、范围、方式等做出原则性的规定，尚待制订具体项目和执行计划，合作才能真正展开。但这些协定的签订，无疑将为我国同这些国家在和平利用核能领域的合作开辟广阔的前景。

此外，这个时期，我国还与加拿大、澳大利亚、瑞士、瑞典、丹麦、挪威、荷兰、芬兰、巴基斯坦、伊朗、墨西哥、阿尔及利亚、加蓬、尼日尔等国以及欧洲共同体之间，主要采取互访考察和派出进修等方式，开展了核科学技术交流，取得了一定的成效。

## 七、中国核学会的对外交往

中国核学会成立于 1980 年 2 月。它作为核科学技术领域的民间学术组织，也积极开展对外交往，同国外相应的学术团体和学者进行了内容广泛的交流。它最先于 1980 年 10 月 1 日，同美国核学会签订了合作协议。随后，1983 年 10 月 24 日同法国核学会、1984 年 11 月 9 日同加拿大核学会、1985 年 5 月 13 日同加拿大核协会、10 月 26 日同西班牙核学会，分别签订了双边合作协议。它还在日本、美国发展了一批通讯会员，向美、法的一些对于推进两国科学技术交流有贡献的人士授予了荣誉会员称号。在中美核学会合作协议签订后的五年间，美国核学会曾先后 4 次组织核科学工作者 122 人来华访问，就核电站堆型选择、厂址选择、核安全和技术转让等广泛的内容，同我国同行进行了技术交流。中国核学会有 8 个代表团应邀赴美参加学术会议或参观考察。它还与美国几个有代表性的核电设备和工程公司、日本原子力产业公会、瑞士原子能协会等共同组织了多次有关核电技术、“三废”处理、核仪器仪表等内容的技术讨论会，与法国核标准协会共同举办了多次核标准讲习班。它还与意大利、芬兰及其他一些国家的核科学组织建立了资料交换关系。这些形式多样的民间学术交往，对于学习国外的先进技术和发展经验，加速我国核科学技术的发展，起到了积极的作用，对于官方的对外交流与合作是个重要的补充。

# 第三节 同国际原子能机构的合作

## 一、加入国际原子能机构

国际原子能机构（IAEA）是和平利用核能领域最广泛的政府间国际组织。它成立于1957年7月，总部设在奥地利首都维也纳。按其规约规定，它的宗旨是加速并扩大和平利用核能对于世界和平、健康与繁荣之贡献，并尽其所能确保受援国不致将核能用于推进任何军事目的。截至1983年，共有成员国111个。

在国际原子能机构成立之初，台湾的国民党政府盗用中国名义参加，成为该机构的“创始会员国”。1971年12月9日，原子能机构理事会讨论罗马尼亚等17国提出的关于“中国在本机构的代表权”问题的议案。议案称：“一、承认中华人民共和国政府是有权在国际原子能机构中代表中国的唯一政府；二、决定立即把蒋介石的代表从他们在国际原子能机构中非法占据的位置驱逐出去；三、请主席和总干事采取这一决议所导致的一切行动。”该议案表决时以13票赞成（锡兰、印度、叙、埃、智、罗、捷、苏、英、法、加、荷、挪），6票反对，5票弃权，获得通过。同年12月13日，原子能机构总干事埃克隆德将决议全文通知了我国外交部长。但后来，由于该机构并未同台湾断绝一切关系，也由于我国政策上的原因，在相当长的时期里，我国并未加入该机构。

此后，我国核科学界人士一直关心着原子能机构的活动和发展。二机部和外交部的有关部门对该机构的情况进行过许多调研，二机部情报所出版了多种有关资料。1979年和1980年，我国分别邀请原子能机构退休官员南斯拉夫友人纳吉申诺维奇和当时任副总干事的日本友人垣花秀武以私人身份来访。1980年11月，二机部又派人员赴中国驻奥地利使馆工作，着重调研原子能机构的情况。这些，都为以后加入做了一定的准备。

1980年4月3日，总干事埃克隆德表示希望中国参加该机构，并愿就此与中国商谈。此后，原子能机构每年都邀请中国派观察员出席其一年一度的全体大会，我国均未应邀。1982 年 3 月，该机构新任总干事汉斯・布列克斯对中国驻奥大使表示，中国若邀他以私人身份访华探讨中国参加事宜，他将十分愿意；中国参加（原子能机构），可加强发展中国家的影响和发言权。同年 6 月，原子能机构七十七国集团主席以及阿尔及利亚、巴基斯坦大使均对我国驻奥大使表示，希望中国政府积极考虑参加该机构，认为这将增强七十七国集团在该机构中的地位。随着我国核政策的调整，根据当时的国际形势，1983 年 6 月 16 日，国务院批准开始进行加入原子能机构的准备工作。

1983 年 8 月 12 日，原子能机构总干事汉斯・布列克斯与其法律顾问赖伊纳应邀访华，与钱其琛副外长就我国加入该机构问题进行商谈，在包括该机构与台湾的关系等问题上，达成了谅解。8 月 17 日，我国外交部新闻发言人在新闻发布会上首次宣布，中国正在考虑早日申请加入国际原子能机构。9 月 5 日，吴学谦外长致电原子能机构总干事，代表中国政府提出正式申请，并由驻奥大使向总干事递交了申请书。应我国请求，罗马尼亚于 9 月 8 日向该机构提交了《关于中华人民共和国申请加入国际原子能机构事》的议程提案。该机构 10 月 6 日举行的理事会一致通过了我国的申请，并推荐给大会批准。1983 年 10 月，国际原子能机构召开第二十七届大会。我国派出了由驻奥地利大使王殊为首的代表团，以观察员身份出席了大会。大会于 10 月 11 日的全体会议上一致通过决议，接纳中国为该机构成员国。决议通过后，世界各地区代表相继发言，对中国的加入表示热烈欢迎。汉斯・布列克斯在他的大会发言中称，中国的加入是该届大会最重大的事件。会后，按原子能机构规约的规定，我国外交部向保存国递交了中国对原子能机构规约的接受书，遂于 1984 年 1 月 1 日起正式成为国际原子能机构的一员。这标志着我国已经置身于国际核社会之中，对于加强我国在和平利用核能领域的国际交流与合作有着重要的意义。

## 二、积极参加国际原子能机构的合作活动

我国加入国际原子能机构的目的是推进和平利用核能的国际合作，学习各国的先进技术和发展经验，也为国际合作做出自己的贡献。

为做好原子能机构的有关工作，1983 年 9 月 3 日，国务院决定由核工业

部负责该机构的有关具体业务工作，并于 1984 年 2 月 10 日通知了原子能机构。1983 年 11 月 15 日，核工业部设立国际机构处，承办有关原子能机构具体工作。同年 11 月 30 日，国务院批准我国常驻国际原子能机构代表团组成，并任命中国驻奥地利大使王殊兼任常驻原子能机构首任代表。

由于我国在核科学技术领域的国际地位，我国在加入原子能机构的第一年，即被指定为该机构理事会的指定理事国。但在竞选中经历了一段曲折的过程。按原子能机构规约第六条 A 款 1 项规定，理事会中的 9 个指定理事国应该由在原子能技术方面，包括原材料生产在内，最先进的 9 个成员国担任。根据中国的核科学技术发展水平，大多数成员国认为，中国理应属于九国之一，但若将中国指定为理事国，就将危及现任某个世界核先进理事国的地位，从而使问题复杂化。为使中国尽快进入理事会，许多友好国家和原子能机构官员做了大量工作。经过反复磋商，终于在 1984 年 6 月召开的理事会上一致赞同中国为指定理事国，同时决定修改规约第六条 A 款 1 项，将原定的指定理事国由 9 个改为 10 个，使问题得到了解决。我国政府任命核工业部副部长周平为国际原子能机构理事会首任中国理事。周平于 1984 年 10 月 1 日首次出席了该机构 1984 至 1985 届理事会第一次会议。

1984 年 9 月，原子能机构在维也纳召开第 28 届大会常会。我国政府派核工业部部长蒋心雄率领代表团与会，受到各国代表的热烈欢迎。中国代表团在大会上发言，介绍了我国的核政策及和平利用核能的发展和成就，支持了有关国家反对以色列袭击伊拉克核设施的侵略行径的斗争。这次大会通过了理事会提议的修改《规约》第六条 A 款 1 项的决议案。

我国加入原子能机构后，积极参加了该机构组织的各类合作活动。

1984 年，经有关部委决定，由中国核情报中心代表我国加入了原子能机构国际核情报系统。该系统有 73 个成员国参加，同 14 个国际组织合作，利用现代化的计算机和显微照相技术，为参加国提供核情报综合信息、文摘和文献服务。我国加入后，该系统即向我国指定的中国科学技术情报所、中国核情报中心、中国科技情报所重庆分所和上海科技情报所等单位定期寄送各种核科技情报书刊，提供信息服务。

国际原子能机构设立的核数据库，是世界四大核数据库之一，它以多种形式为成员国提供核数据服务。我国加入原子能机构后，指定中国核数据中心，同它建立了正式的合作关系，不仅从它获得服务，也向它输入我国编评的核数据。

据不完全统计，1984 年，我国有 80 多人参加原子能机构举办的各种培训班、科学考察、学术会议和专家组会；原子能机构同我国签订了 16 项研究合同，向我国提供了 60 个人月的研究金名额。这些项目包括铀矿地质、核燃料、核动力、放射性同位素、核废物处理、辐射防护等广泛领域的研究开发和实际应用。有 8 个省市、7 个部委的 40 多个研究、设计、生产和教育单位参加了原子能机构组织的各项活动。

1985 年，我国又加入了原子能机构的区域合作计划之一——亚洲太平洋地区核科学技术研究发展和培训区域合作协定（简称 RCA），密切了同亚太区域国家间的合作。这一年，我国除更广泛地参加原子能机构组织的各种培训班和学术会议等活动外，首次同该机构合作，在我国举办了两个高级国际培训班，有来自 16 个发展中国家的学员参加了培训；有 9 名专家应邀出席原子能机构召开的不同专题的顾问组会。浙江农业大学的核农学专家陈子元教授应总干事的聘请，担任了原子能机构科学顾问委员会的成员，任期三年。这些事实表明，我国已开始对国际和平利用核能合作的事业作出自己的贡献。

我国核工业的对外交往历经曲折，在较长的时间里发展比较缓慢。但是，随着我们国家的不断发展壮大和国际条件的变化，在对外开放的正确方针指引下，终于打开了国际交流与合作的局面。通过这些交往，汲取了一些国外先进的技术和发展经验，对加速我国核工业和核科学技术的发展起到了积极的作用。这段历史，充分显示了国际核交往的复杂性，同时也表明，在坚持自力更生的同时，积极贯彻对外开放的方针，实行一系列正确的对外政策，完全可以进一步扩大国际交流与合作，为加速实现我国的四个现代化作出贡献。

60年来，几代核工业人艰苦创业、开拓创新，推动我国核工业从无到有、从小到大，取得了世人瞩目的成就，为国家安全和经济建设作出了突出贡献。核工业是高科技战略产业，是国家安全重要基石。要坚持安全发展、创新发展，坚持和平利用核能，全面提升核工业的核心竞争力，续写我国核工业新的辉煌篇章。

**——2015年1月15日，在我国核工业创建60周年之际，中共中央总书记、国家主席、中央军委主席习近平对核工业作出重要指示**

# 中国核工业集团公司发展史

## (1955—2015年)

## 第二册

王寿君　主编

中国原子能出版社

## 图书在版编目（CIP）数据

中国核工业集团公司发展史：1955—2015／王寿君主编．—北京：中国原子能出版社，2018．12（2025.3重印）

ISBN 978-7-5022-9040-5

Ⅰ．①中…　Ⅱ．①王…　Ⅲ．①原子能工业-工业企业-企业史-中国-1955-2015　Ⅳ．①F426．23

中国版本图书馆 CIP 数据核字（2018）第 096155 号

**中国核工业集团公司发展史**（1955—2015）

出版发行　中国原子能出版社（北京市海淀区阜成路 43 号　100048）
总　　编　李　涛
策　　划　宋翔宇　王　青
责任编辑　王　青　蒋焱兰　李新邦　张　梅　宋翔宇
装帧设计　赵　杰　马世玉　谭　俊
责任校对　冯莲凤
责任印制　赵　明
印　　刷　北京天恒嘉业印刷有限公司
经　　销　全国新华书店
开　　本　787 mm×1092 mm　1/16
印　　张　65
字　　数　1080 千字
版　　次　2018 年 12 月第 1 版　2025 年 3 月第 3 次印刷
书　　号　ISBN 978-7-5022-9040-5
定　　价　298．00 元（全二册）

发行电话：010-88828621　　E-mail：510994386@qq．com

# 中国核工业集团公司发展史

（1955—2015 年）

# 中国核工业集团公司发展史

（1955—2015 年）

## 第二册专家组

丁杰盔　杨志平　张伟星　郑庆云　费本涛
李鹰翔　汪兆富　乔书荣

## 第二册主要撰稿者

（按姓氏笔画排列）
卫广刚　马　娜　马文军　马娇健　王　勇
王军艳　尹忠红　左　跃　冯　梅　刘　芳
刘　攀　刘从贵　刘仲华　闫伟华　孙晓飞
孙晓颖　李　骖　李正瑞　李超群　李照煦
时春丽　何　昉　张　琦　张国华　张鹏飞
陈　运　陈　超　周家晶　郑　怡　单广宁
赵崴巍　侯德义　饶立军　骆淑莉　原　勇
贾　祥　高　翔　桑柏超　程琦福　熊章辉

# 目　录

## 第一册

# 第 二 册

# 第十七章　战略调整，实现军民融合历史跨越

核工业是国家战略性产业，是国家安全的基石，是国防科技工业的重要组成部分，是我国综合国力和大国地位的有力支撑，是中国共产党执政兴国的重要依靠力量，是构建清洁低碳、安全高效能源体系的有效保障。

20世纪50年代初期，在美帝国主义和西方核大国推行核讹诈和核封锁的严峻形势下，党中央、毛主席果断作出发展中国核工业的重大决策。在党中央正确领导和老一辈无产阶级革命家高度重视与关怀下，在国家各部委大力支持和全国各条战线支援下，核工业在20世纪六七十年代，创造了“两弹一艇”的辉煌业绩，打破了帝国主义、霸权主义的核垄断、核讹诈，使新中国拥有了威慑敌人的大国重器，壮了国威和军威，为提高中华民族国际地位、保卫国家安全作出历史性贡献。

党的十一届三中全会后，随着全党工作重点的转移，中央对国防科技工业实施战略调整，从以军为主转向军民结合到军民融合，推动国防科技工业投入国民经济建设。在党中央、国务院和中央军委的关怀与领导下，核工业坚决贯彻中央的部署，翻开第二次创业的新篇章，迈上发展的新征程，铸就了新的辉煌。

党的十八大以来，为适应国家发展战略和保持核大国地位需要，为使我国保持战略核威慑力量，同时具有军民融合先进核科技工业体系、具有国际竞争力的核能产业体系、具有国际核规则制定话语权，中国核工业集团公司（本书简称中核集团）全面贯彻落实习近平总书记批示精神，牢记使命，坚持军民融合、自主创新，以国家战略为先导，以强军为首要责任，不断强化体制和机制创新，努力建设适应市场需求的现代化军工集团企业，为国家安全和经济社会发展作出新的贡献。

# 第一节　核工业发展战略演进

自20世纪50年代创建，到党的十一届三中全会前，中国核工业发展建设主要围绕核武器研制而进行，取得“两弹一艇”重大突破，为保证国家安全作出突出贡献。进入改革开放新时期，核工业确立“保军转民”的发展方针，踏上第二次创业的新征程。

## 一、核工业机构演变

1955年1月15日，毛泽东主席在中南海主持中共中央书记处扩大会议，作出发展核工业的战略决策，这是一次对中国核工业具有重大历史意义的会议。1956年11月16日，第一届全国人民代表大会常务委员会第51次会议通过决议，设立中华人民共和国第三机械工业部。1958年2月11日，第一届全国人民代表大会第五次会议决定将第三机械工业部改为第二机械工业部（本书简称二机部）。

党的十一届三中全会以后，核工业体制几经调整，发生重大变化。1982年5月4日第五届全国人大常委会第23次会议决定将二机部更名为核工业部，仍属国务院组成部门。1988年4月，核工业部改革为仍然保留着政府职能的中国核工业总公司（本书简称中核总），开始向经济实体转变。1999年7月，完全改制为集团化的经济实体——中国核工业集团公司。

在此期间，1985年1月26日，由广东核电投资有限公司（占股75%）和香港核电投资有限公司（占股25%）共同出资组建的广东核电合营有限公司成立，负责建设和运行大亚湾核电站。1994年9月，中核总（占股45%）、广东省政府（占股45%）和电力部（占股10%）共同出资成立中国广东核电集团有限公司，列入国务院大型企业集团试点名单；2012年9月，中国广东核电集团有限公司股权关系调整为国资委持股82%、广东省持股10%、中国核工业集团公司持股8%，并于2013年4月更名为中国广核集团有限公司（简称中广核集团）。2013年12月，中广核集团股东会通过决议，公司股东及持股比例调整为国资委持股90%，恒健投资（广东省国资委控股）持股10%。

1990年2月26日，国务院、中央军委明确，作为我国主要的核武器研制单位、属于核工业序列的中国工程物理研究院，由国防科工委归口管理，在国家计划中单列。

1999年7月，中核总分立为中国核工业集团公司和中国核工业建设集团公司。核工业全产业链保持在中核集团内，成为一个具有军民结合、上下游结合、科研与生产结合完整体系的军工集团。这个体系包括：铀矿地质勘查、铀矿开采冶炼、铀转化、铀同位素分离、核燃料元件制造、核电建设与运营、乏燃料后处理和三废处理处置，以及与其配套的科研设计、核仪器设备制造、核产业服务等。中国核工业建设集团公司在原中核总建工局基础上组建，是核工业建设队伍的主体。

2007年5月22日，国家核电技术公司成立，其中国家出资占注册资本60%，中国核工业集团公司、中国电力投资集团公司、中国广东核电集团有限公司和中国技术进出口总公司出资均为10%。原属中核集团的上海核工程研究设计院整体划转到国家核电技术公司。

2017年12月12日，中核集团完成公司制改制并取得新的营业执照，更名为中国核工业集团有限公司，企业类型由全民所有制变更为有限责任公司。中核集团坚决贯彻党中央、国务院关于全民所有制企业公司制改制的重大决定，认真落实国务院国有资产监督管理委员会（简称国资委）有关工作部署，精心组织，积极谋划，顺利完成了改制任务，为中核集团健全公司法人治理结构，进一步完善市场机制奠定了坚实基础。

2018年1月31日，国资委宣布：经国务院批准，中国核工业集团有限公司与中国核工业建设集团有限公司实施重组，中国核工业建设集团有限公司整体、无偿划转进入中国核工业集团有限公司，不再作为国资委直接监管企业。

## 二、从“保军转民”到“军民融合”战略方针的演进

### （一）党和国家提出的国防科技工业和核工业发展的战略方针

1978年，邓小平在听取国防工业部门汇报时指出：“军工企业要走军民

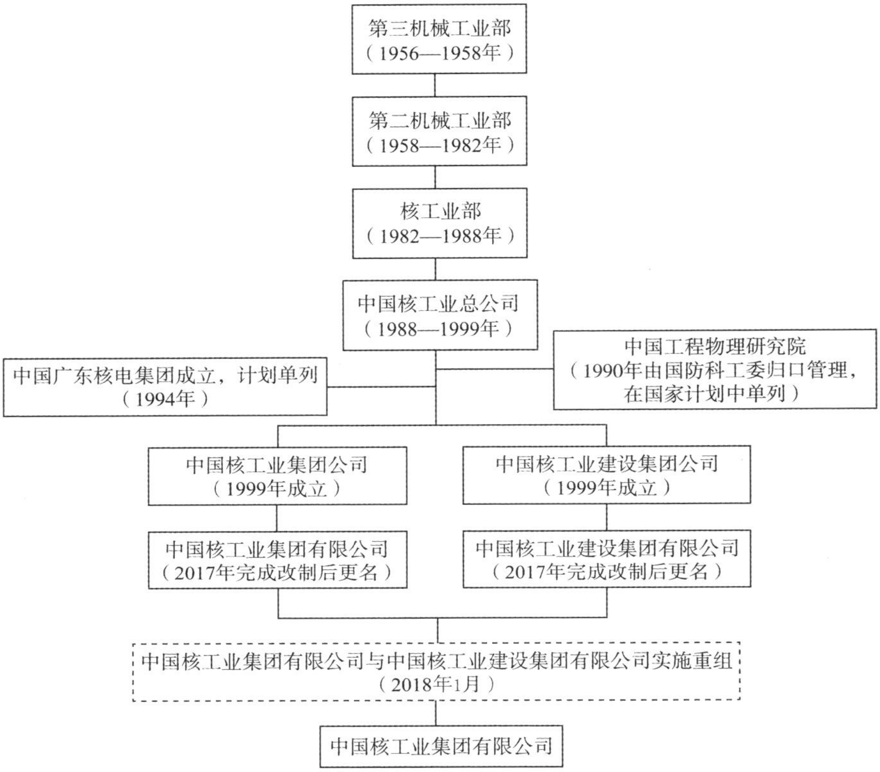


**中国核工业机构演变**

结合的道路，在国家统一计划下，以军为主，搞军民结合。”① 1982 年 1 月 5 日，邓小平在听取中央军委关于国防工业问题汇报时指示，国防工业的四句话“军民结合、平战结合、以军为主、以民养军”可以改为“军民结合、平战结合、军品优先、以民养军”②，从而形成“军民结合”的 16 字方针，成为我国国防工业改革发展指导方针和总体要求。

1981 年 3 月初，在国务院副总理、国防科委主任张爱萍主持下，提出“核工业应在保证军用的前提下，把重点转移到为国民经济服务上来”的发

① 中共中央文献研究室，中国人民解放军军事科学院.邓小平军事文集（第三卷）[M].北京：军事科学出版社、中央文献出版社，2004：130.

② 中央军委办公厅.邓小平关于新时期军队建设论述选编[M].北京：八一出版社，1993：108.

展方针。由国防科委和二机部联名向国务院、中央军委上报《关于原子能工业发展方针的请示》，赵紫阳总理批示："同意原子能工业逐步转到为国民经济服务的方针。"① 后来这一方针被概括为"保军转民"。

20 世纪 90 年代，国际形势急剧变化，冷战结束，两极对立的世界格局消失，世界呈现出向多极化发展的趋势，经济全球化进程加快，客观上为国防科技工业调整改革提供了条件。1998 年，国务院成立国防科学技术工业委员会（本书简称国防科工委），将原国防科工委（中央军委建制）管理国防科技工业的职能、国家计委国防司的职能以及各军工总公司承担的政府职能，划归新组建的国防科工委。与此同时，中央军委组建总装备部，负责全军武器装备订货、采购、维修等。1999 年 7 月 1 日将核、航天、航空、兵器、船舶五大军工总公司均一分为二，改组为十大军工集团公司。

随着国防科技工业管理体制的改革，"寓军于民"的国防科技工业体制开始逐步建立。1999 年 8 月，江泽民总书记提出"坚持寓军于民是一个关系国民经济建设和国防科技建设全局的重大问题"。② 2000 年 6 月 18 日，江泽民总书记视察核工业五〇四厂时作出了"军民结合，寓军于民，开拓创新，加快发展"的重要指示。2000 年 7 月，江泽民总书记在参观国防军工协作配套成果展示会时强调："把经济建设搞上去和建立强大的国防，是我国现代化建设的两大战略任务……寓军于民，是把这两项战略任务有机统一起来的重要举措。"③ 2000 年 10 月，党的十五届五中全会通过的《中共中央关于制定国民经济和社会发展第十个五年计划的建议》提出："坚持军民结合，寓军于民，大力协同，自主创新，建立适应国防建设和市场经济要求的新型国防科技工业体制。"

进入 21 世纪，科学技术突飞猛进，各国综合实力竞争日趋激烈。党中央站在国家安全和发展战略全局高度，按照科学发展观的总要求，提出"军民融合"重要战略思想。2004 年 12 月，胡锦涛总书记指出，要使国防建设和国民经济建设能够相互兼顾、相互促进、协调发展，明确要求国防和军队发展战略与国家发展战略相适应。2005 年，胡锦涛总书记在第十届全国人大

---

① 李觉，等.当代中国的核工业[M].北京：中国社会科学出版社，1987：80.

② 江泽民.论科学技术[M].北京：中央文献出版社，2001：210.

③ 江泽民.论科学技术[M].北京：中央文献出版社，2001：210.

第三次会议解放军代表团全体会议上指出，要统筹国防资源与经济资源，注重国防经济和社会经济、军用技术和民用技术、军队人才和地方人才的兼容发展，进一步形成国防建设和经济建设相互促进、协调发展的良好局面。2007 年 10 月，党的十七大报告明确提出："建立和完善军民结合、寓军于民的武器装备科研生产体系、军队人才培养体系和军队保障体系，坚持勤俭建军，走出一条中国特色军民融合式发展路子。"

2008 年 3 月，第十一届全国人大第一次会议决定撤销 1998 年成立的国防科工委，组建国家国防科技工业局（本书简称国防科工局），由新组建的工业和信息化部管理，以促进国防科技工业与民用工业协调发展。

党的十八大对国防科技工业作出了"坚持走中国特色军民融合式发展路子"的战略部署。十八届三中全会进一步把推动军民融合深度发展作为深化国防和军队改革的三大任务之一，把健全国防工业体系作为军民融合、深度发展的重要内容。

党的十八大之后，中国经济发展进入新常态，习近平总书记指出，把军民融合发展上升为国家战略，是我们长期探索经济建设和国防建设协调发展规律的重大成果，是从国家安全和发展战略全局出发作出的重大决策。必须同心协力做好军民融合发展这篇大文章，加快形成全要素、多领域、高效益的军民深度融合发展格局。习近平总书记的讲话，为进一步深化国防科技工业领导管理体制改革提出了要求，指明了方向。

2015 年 1 月 4 日，习近平总书记在核工业创建 60 周年之际对核工业作出重要批示："核工业是高科技战略产业，是国家安全重要基石。要坚持安全发展、创新发展，坚持和平利用核能，全面提升核工业的核心竞争力，续写我国核工业新的辉煌篇章。"

**（二）核工业战略调整方针的发展演进**

根据党和国家确定的国防科技工业和核工业发展的战略方针，中国核工业进行战略调整，逐步把工作重点转到国民经济建设主战场，开始第二次创业。

1979 年 4 月，二机部召开工作会议，着重研究工作重点转移和贯彻国家"调整、改革、整顿、提高"方针问题，提出要积极发展核电和推广同位素与其他核技术应用，积极承担民用产品和出口产品生产及民用工程设计和施工等。

1982 年 5 月 4 日，第五届全国人大第 23 次会议通过国务院机构改革实施方案，第二机械工业部改名为核工业部。这个变化有利于对外开放，有利于发展国际科技交流和贸易合作，为贯彻“保军转民”方针，发展核电和推广核技术应用，开拓国内外市场，提供了更加有利的条件，成为核工业第二次创业的重要标志。

为进一步将“保军转民”方针具体化，1984 年年底，核工业部确立“坚持改革、保军转民、以核为主、多种经营”发展方针，核工业转民调整思路更加清晰。

1999 年中核集团成立后，在“寓军于民”战略思想指导下，确立“军民结合、发展核电，调整结构、突出效益，强化经营、科技兴核”24 字方针。

党的十八大以来，中核集团全面贯彻落实习近平总书记系列重要讲话精神，主动适应经济发展新常态，以国家战略为先导，以强军为首要责任，把提升核心竞争力、巩固竞争优势放在更加重要的位置，全力以赴保增长，大力抓好市场开发和科技创新，积极推进深化改革和依法治企，切实强化管理、提质增效，努力做好安全环保和风险防控工作，全面加强党建和干部人才队伍建设。工作重点向军民深度融合发展，大幅度进行产业调整，建设适应国家战略和市场需求的现代化军工集团。

## 三、核工业战略调整后的根本转变

### （一）实现了封闭军工体系向军民融合的新型核科技工业体系的转变

十一届三中全会后，核工业从国家利益出发，在保障军用的前提下，把重点转向服务经济社会发展上来。由于军工生产任务的重大调整，国家投入大幅减少，核工业发展步履艰难，20 世纪 80 年代末期开始，全行业持续 10 多年亏损。在困难面前，核工业积极适应市场变化，着力调整企业结构，优化资源配置，完善管理制度，完成了调整改革脱困的艰巨任务，实现了企业发展的重大转变。经过脱胎换骨的改革，中核集团队伍更加精干，主业更加突出，核科技工业体系更加完整，融入国民经济建设的主战场，结束了“另一个天地”的状况。这种军民结合、上下游结合、科研与生产结合的新型核科技工业体系，是我国战略核力量的重要保障，世界上只有少数几个国家才拥有。

**（二）实现了单一军用产业向以核电、核燃料循环、核技术应用为主导产业的转变**

在十一届三中全会以来30多年的改革发展中，核工业积极推进核能和平利用，建成了浙江秦山、广东大亚湾、江苏田湾、福建福清、海南昌江等核电基地，为我国优化能源结构，改善生态环境作出了贡献。核燃料循环产业取得了长足发展，实现了技术水平和生产能力的巨大跨越，有效保障了核电发展和国防建设需要。核技术在国民经济各领域得到更广泛的应用，以中国同辐股份有限公司为代表的核技术公司发挥了行业龙头作用。

**（三）实现了政企不分向自主经营的特大型现代企业集团的转变**

1988年，国家在核工业部的基础上组建了具有政府职能的中国核工业总公司，步入核工业企业化转型的轨道。1999年，组建了中国核工业集团公司，实现了向现代企业集团的根本转变。中核集团作为国家核科技工业的主力军，是目前国内投运和在建核电站的主要投资方，是核电技术的开发主体、核电设计的重要力量、核电工程的总承包商、核燃料的主要生产供应商，肩负着国家战略核威慑和加快发展核能事业的使命和责任。

## 第二节　核军工科技研发持续推进

核工业战略调整时期，核军工科技研发保持稳步前进，取得一系列辉煌成就。

我国核武器研制按照“小型、机动、突防、安全可靠”的发展方向，在改进完善原有核武器同时，重点开展新一代核武器研制、试验。在国防科工局（委）的领导下，中国工程物理研究院组织科技人员，深入开展设计理论和研制、试验技术研究，取得一系列重大突破。在新一代核武器研制中，关键是要实现小型化和提高比威力，以更有利于机动和满足实战要求。科研人员提出新一代武器的多项创新设计思想和技术途径，推进了关键物理设计和技术问题解决，利用新建的计算机平台，深入开展武器物理研究，不断优化理论设计方案，将数值模拟推进到新水平。

## 一、成功进行多次核试验

1978 年 10 月 14 日，我国成功进行第一次地下竖井核试验，实现全封闭操作，在安全、工程、测试、取样等方面获得满意结果。1979 年 9 月 13 日和 1980 年 10 月 16 日，我国分别进行第 26 次和 27 次核试验，两次均为空投氢弹试验。第 27 次核试验是我国最后一次大气层核试验，当量为百万吨级，达到预期要求。1986 年，我国宣布暂停大气层核试验。其后，我国又多次进行地下核试验，都取得预期成果。

1996 年 7 月 29 日，中国成功进行了第 45 次核试验。同一天，中国政府宣布，从 1996 年 7 月 30 日起，中国暂停核试验。中国政府在《新闻公报》中再次声明："中国进行必要而有限制的核试验，发展核武器，完全是为了防御，其最终目的是为了消灭核武器。我们再一次庄重宣布，在任何时候，任何情况下，中国都不会首先使用核武器。"

研制核武器，美国进行了 1 000 多次核试验，苏联进行了 700 多次。我国按照"一次实验，多方收效"的原则，只进行了 45 次核试验（其中大气层核试验 23 次，地下核试验 22 次）就基本达到他国数百次核试验的成果，实现了原子弹、氢弹、导弹核武器、中子弹等一系列里程碑式跨越发展，核武器科学技术跻身世界先进行列，形成完整的核武器自主研发创新体系。多种型号核武器批量生产并服役，大大增强了我国国防力量，提高了我国的国际地位。

## 二、掌握中子弹技术

1977 年，核武器研究人员着手收集和分析与新型核武器中子弹有关的资料，并进行原理探索。1978 年 10 月起，科技人员选定设计研究的技术关键及解决途径，随后确定通过三个阶段核试验实现中子弹设计技术突破的方案。该方案获得二机部、国防科工委批准。经过 1983 年、1984 年两次原理性试验，取得决定性技术突破。1988 年 9 月 29 日，成功进行中子弹试验，其实测威力、中子剂量、中子杀伤半径与冲击波半径比值均达到设计指标。试验的成功标志着我国成功掌握中子弹设计与制造技术，在核武器发展中实现新的技术跨越。在掌握原子弹、氢弹技术后，我国经过不太长时间的努力就掌握中子弹技术，大大提升了核威慑能力。

## 三、潜射核导弹研制成功

1982 年 10 月 12 日，我国首次常规潜艇水下发射潜地导弹飞行试验成功，1988 年 9 月 15 日，由核潜艇水下发射“巨浪”-1 潜地导弹成功，标志着我国完全掌握了战略核潜艇水下发射弹道导弹技术。“巨浪”-1 导弹是我国第一种潜射核导弹，也是第一种固体燃料弹道导弹，性能先进，安全性高，发射准备时间短，对提高我国战略核反击能力，保障我国国防安全具有重要战略意义。

## 四、第二代核潜艇研制成功

从第一艘核潜艇“长征 1 号”服役以来，中国核潜艇事业历经 30 余年发展，研制出第二代核潜艇，并于 2006 年入列中国海军。中国第二代核潜艇的服役，为海军水下作战能力与战略威慑能力增添了新力量。

## 五、核军工能力实现新跃升

进入 21 世纪，中核集团努力践行强军首责思想，传承军工精神，弘扬军工文化，精心组织、积极协调，全力推进核军工科研生产各项任务，打好战略核力量建设攻坚战，支撑国防和军队建设。军用核动力研制任务扎实推进，相关工程取得新进展，相关军用产品成功下线，生产技术实现升级换代。

# 第三节　建立与市场经济相适应的管理体制和运行机制

中核集团成立后，对建立新的管理体制和运行机制进行不懈探索。通过产业结构调整和管理创新，使主业更加突出，通过核军工、核电、核燃料循环和核技术应用协同发展，形成军民融合、科研与生产相结合、纵向上下游结合、横向环节内整合、有主体有支撑的新型核科技产业体系。

## 一、体制创新，构建军民融合新体系

### （一）资产重组，搭建资本运作平台

核电是中核集团的龙头，是最适合、条件最成熟开展专业化经营的业务单元，是资本市场热捧对象之一。

中国核能电力股份有限公司（简称中国核电公司）以中核集团为控股股东，2008 年 1 月 21 日成立，2011 年 12 月 31 日转制为股份公司。截至 2012 年年底，中国核能电力股份有限公司集中中核集团核电资产，拥有控股子公司 13 家，参股公司 1 家；控股在役核电机组 9 台，装机容量 650. 6 万千瓦；控股在建核电机组 12 台，装机容量 1 253 万千瓦。2015 年 6 月 10 日，中国核电公司人民币普通股股票在上海证券交易所上市，证券简称为“中国核电”，证券代码为“601985”，成为国内第一家纯核电资产上市企业。中国核电公司的上市，体量大、资产优、发展前景好，对中核集团具有全局性影响。

2015 年年底，中核集团运行机组 15 台（含快堆），装机容量 1 153. 5 万千瓦，控股在建机组 11 台，装机容量 1 209. 8 万千瓦。全年累计完成发电 742. 70 亿千瓦时，同比增长 40. 76%；上网电量 691. 89 亿千瓦时，同比增长 40. 38%。

1997 年，中核苏阀科技实业股份有限公司（简称中核科技公司）成立，

并在深交所上市。

2006 年 7 月 28 日，北京原子高科核技术应用股份有限公司（简称原子高科公司）在深圳证券交易所代办转让系统挂牌。这是中核集团核技术应用系统第一家在深圳证券交易所代办转让系统挂牌的公司，标志原子高科公司迈出接通资本市场第一步。

中核国际有限公司（简称中核国际公司），是中核集团于 2008 年 11 月 5 日通过借壳收购在香港上市的科铸技术集团有限公司设立的专门从事海外铀资源开发业务平台。中核国际公司立足香港、依托内地、面向海外，发挥香港资本市场融资配套和资产并购功能，以投资为纽带，组织开发、开采、销售铀产品，以满足中国核电发展需要。

2018 年 7 月 6 日，中国同辐股份有限公司在香港成功上市，成为中核集团旗下第五家上市公司。

**（二）产业重组，促进企业做大做强**

中核集团整合旗下的核工业第二研究设计院、核工业第五研究设计院的主营业务和主干力量及核工业第四研究设计院从事核电工作及相关专业的技术骨干等资源，重组成立中国核电工程有限公司（简称中国核电工程公司），成为国内唯一以核电设计为龙头、实力最强、专业配备最完整的核电工程总承包（EPC）公司。

EPC 模式是国际上最普遍的核电建造模式，即业主与工程总承包企业签订合同，由总承包企业承担工程设计、采购、施工、试运行及相关技术服务，对承包工程质量、安全、工期、造价全面负责。与以往我国核电建设大多采取的业主负责制相比，具备节省投资，建设责任主体明确，提高建设质量，实现设计、采购、施工、试运行深度融合，提高工程建设效率，减轻建设单位管理压力等优势。中核集团成立中国核电工程公司，通过集中优势资源，加强集团化运作，有利于发挥整体优势，推进我国核电建设自主化、专业化发展，实现核电工程管理与国际的接轨。中国核电工程公司成立后，先后承接福建福清核电工程、秦山核电扩建工程——方家山核电工程、海南昌江核电工程、江苏田湾核电工程等核电项目及八二一厂放射性废物处理工程。同时，负责中核集团所有核电站选址和拟建项目的前期论证；承担乏燃料后处理、放射性废物处理、核设施退役等方面科研设计；承担核电站、核反应堆燃料元件生产线、核材料及核部件生产线的研究设计及核设备集成和民用环保项目等。

2010 年 8 月，中国同位素公司、中国原子能科学研究院控股的原子高科公司、中国核动力研究设计院控股的中核高通公司进行产业重组，进入企业改制进程。2011 年 12 月 6 日，完成产业重组与公司名称及注册资本的再次工商变更，中国同辐股份有限公司（简称中国同辐公司）成立，实现核技术应用产业化、集约化发展和经营管理体制机制的历史性创新。

中国同辐公司对所辖单位经营业务进行统一和优化，使经营活动更为科学、更符合市场需求，实现统一战略规划、统一调配资源，为提升核心竞争力、做大做强奠定基础。2015 年末，中国同辐公司发展成为拥有 43 家企业的高新技术产业群，实现主营业务收入 26.04 亿元，是 2010 年产业重组前的 2.65 倍。

2014 年 8 月，为优化资源配置，统筹中国中核宝原资产控股公司（简称中核控股公司）所属 5 家医院管理运营和发展，建立资源共享、优势互补、统一协调的医疗产业发展平台，中核医院管理中心（简称医管中心）成立，随后将医管中心实体化，2015 年 11 月成立中核医疗产业管理有限公司。

此外，2006 年 10 月 20 日整体企业化改制成立的中核新能核工业工程有限责任公司（简称中核新能公司），是我国唯一一家以铀浓缩、铀转化设计为主体，具备设计、采购、施工、安装调试等全过程管理能力的项目总承包工程公司。中核第四研究设计工程有限公司是铀矿冶工程建设总承包的主要力量。

**（三）体系重组，优化产业结构**

2011 年 9 月 6 日，中核集团地质矿产事业部（简称地矿事业部）揭牌仪式在北京举行。此举标志着作为国家核产业链最前端的铀矿地质勘查和铀矿冶两大系统实现上下游之间的紧密衔接和探采一体化的无缝对接。

2012 年 5 月，中国国核海外铀业有限公司铀业务管理职能划归地矿事业部，强化国内、国外两个市场协同支撑、相互调剂、互为补充，充分发挥国内人力、技术、管理等后盾作用，切实解决国内外业务相互脱节的问题。

至此，中核集团构建了国内外天然铀业务统一管理平台。

### （四）建立中核集团董事会

建立董事会是现代企业制度建设中必不可少的重要内容。2013 年 5 月 3 日，中核集团董事会召开第一次会议，审议通过《中国核工业集团公司章程》等 10 项涉及董事会规范运作的基本制度，确定 25 项基本制度范围，构建责权明晰、规范高效运作机制，奠定董事会规范运作制度基础，标志着中核集团建设现代企业制度、完善法人治理结构迈出实质性步伐。

## 二、提升管理水平，建立现代企业制度

由政府部门、行政性总公司演变而来的中核集团在成立初期一段时间内，其管理和生产经营不可避免地带有计划经济烙印。为真正融入市场，成为具有强大市场竞争力的经济实体，中核集团持续进行管理创新，不断推进现代企业制度建设，逐步建立起与市场经济相适应的体制机制。

### （一）管理模式流程再造

2010 年，中核集团将“精益管理”列入集团公司 24 字经营方针。2011 年，进行管理模式流程再造。流程再造核心思想是打破企业按职能设置部门的管理方式，代之以业务流程为中心，重新设计企业管理过程，以追求全局最优。中核集团应用“扁平化”“专业化”和“精益化”“共享支持服务中心”等管理理念和管理模式，对原有管理方式进行变革和创新，重点是实施专业化经营，落实经营主体，并由此全面构建新型管理架构，提高集团总部战略决策能力，强化专业化公司（事业部）市场经营能力，提升基层单位精益运行能力。通过流程再造，总部职能得以厘清，产业布局得到优化，专业化经营模式不断完善，支持服务机构逐步发挥作用。

### （二）推行 JYK 一体化管理

为适应国内外日益激烈的市场竞争环境，中核集团于 2012 年 8 月启动计划—预算—考核（JYK）一体化管理工作，2013 年实施。推行 JYK 一体化管理方法，是中核集团逐级授权管理理念和战略管控模式的重要体现。历经数年实践，JYK 管理理念深入人心，工作方法覆盖中核集团各个层面，运转成效体现在生产经营各个环节，起到“激励”“导向”“融合”三大作用，

有效提升整体管理水平，实现经济效益逐年提升和职工收入相应提高。

### （三）推行价值创造管理

2013 年，中核集团开展基于内部控制的价值创造管理。价值创造管理是一种先进的基于公司价值评估和未来成长性的新型企业管理方式，这种管理方式强化集团战略管控，提升决策制定与执行效率，促进企业降本增效，提高经营业绩，增强企业核心竞争力与可持续发展能力，以达到价值创造管理的目的。

2015 年，中核集团内控建设以价值创造为主线，提出经济效益重点管理与管理效率全面提升的总体思路，全力打造“标准统一、内容统一、形式统一”的“三统一”内控体系，取得显著成果。

中核集团内控体系最大创新点就是按照法治与绩效并重思路，构建价值内控总体框架。总体框架分两个层次：第一层次是实现经营效益，以资金、资产和资本合理配置为价值管理目标，以成本、费用、收益、资源占用为价值管理对象，梳理业务结构，寻找价值增长点，形成集安全生产、市场开拓、深化改革、降本增效、资产经营、产融结合“六位一体”的价值创造管理核心。2013—2015 年，通过绩效财务在融资等方面为集团节约成本和创造财务管理效益 100 多亿元。第二层次是提升管理效率，构建价值内控体系的组织、制度、流程、信息系统，实施“中核特色”的计划—预算—考核一体化管理，从而促进价值创造管理核心高效运作。“中核特色”的内控体系建设先后被财政部和国资委作为先进经验向国有大中型企业推广。在第二十二届全国企业管理现代化创新成果评选中，中核集团“军工企业基于内部控制的价值创造管理”荣获一等奖。

### （四）提升风险管控能力

自 2006 年以来，中核集团遵循“集团运作、专业经营”的指导思想，确立了“整体规划、分步实施，点面结合、重点先行”，“重在防范、重在实效”的全面风险管理体系建设思路，并将全面风险管理体系建设划分为“局部试点、全面推广、整合优化”三个阶段，分步骤、分产业推进。截至 2015 年年底，中核集团完善了风险管理组织，实施了风险管理流程规范，各层级都能及时报送风险管理报告。

风险评估是全面风险管理的重要组成部分，也是风险管理工作中的难点和重点之一。中核集团深入推进全面风险管理工作，着力建立风险评估制度，制定《风险评估操作手册》，培养内部风险团队，在全集团规范开展风险评估，层层落实重大风险管理责任，风险管控能力得到提升，为中核集团确保风险受控和实现经营目标，提供了有效的管理手段和措施保障。

中核集团风险评估工作逐步建立了一支以集团审计部为主导、以中核财务有限责任公司（简称中核财务公司）风险评估专业团队为依托、以重点成员单位风险管理专职骨干为支撑、各单位风险评估师为基础的专业队伍。中核财务公司总结了以内部力量为主开展风险评估工作的做法，以此开展的《依托财务公司的大型企业集团风险管理》项目，获得“2010年度军工企业管理创新成果”一等奖（省部级）、第十七届“企业管理现代化创新成果”二等奖（国家级）。

通过大力推进风险评估，实现了风险管理工作的阶段性跨越，促进了领导科学决策，强化了风险管控责任的落实，有效防范了重大风险发生。在开展风险评估工作规范化、制度化、标准化取得一定成效的同时，风险评估工作的技术和水平仍然有一些需要改进和提高的地方。

## 第四节　新时期核工业的历史跨越

### 一、实现国有资产保值增值和安全发展

从2004年起，国务院国资委开展了中央企业负责人经营业绩考核。开展考核以来，中核集团统筹兼顾，稳增长、促改革、调结构、控风险，积极应对不断变化的经济形势，把握市场机遇，多措并举开拓市场，发挥业绩考核引领作用，有效落实国有资本保值增值责任，创造了优秀经营业绩。利润总额持续增长，成本管控成效明显，成本费用总额占营业收入比重达到军工行业优秀水平，安全环保风险得到有效控制；全力保障军工科研生产任务，积极探索军民融合有效机制，实现经济效益和社会效益相统一。截至2015

年，连续10年获得考核A级。

经过“十二五”（2011—2015年）发展，中核集团整体实力和水平显著提升，面貌发生巨大变化。五年间，中核集团营业收入、利润年均增长分别达到11%和15%，资产总额4 500亿元，增长1倍以上，集团公司各板块产业发展取得显著成绩。2015年全年实现营业总收入同比增长18%，利润总额同比增长38%，实现经济增加值（EVA）69亿元，比上年改善39%，全面完成了预期目标。

核动力产业是中核集团核心竞争力所在。经过“十二五”发展，核动力产业核心能力显著增强，在军工核心能力建设、核电型号研发、核燃料研发、核化工工艺和后处理研发、核电工程设计和项目总承包、工程及运行技术服务、设备设计制造和集成、核电与核技术出口等方面都取得了显著成绩，核心竞争优势进一步凸现。

核电产业是中核集团经济发展的压舱石。“十二五”期间，中国核电成功上市，成为国内A股首家纯核电上市公司，实现6台核电机组核准，6台机组开工，6台机组投产，实现控股装机国内第一。在运机组运行指标均达到WANO中值以上，部分运行指标达到WANO先进水平。中国核电公司核心能力大幅提升，经营业绩持续增长，连年实现“登高”目标，经济指标实现翻倍。

核燃料产业是国家军民融合的战略性高科技产业，是我国战略核力量的重要基础、国家核能发展的重要支撑。经过“十二五”发展，中核集团核燃料产业交出良好答卷，进入世界核燃料行业第一梯队。核燃料产业资产总额年均增长14.5%，主营收入年均增长18.21%，利润总额年均增长57%，经济规模、经济效益、发展速度均创历史最好水平。铀纯化转化、铀浓缩产能达到“十一五”末的3倍，国产离心机实现工业化应用，我国铀浓缩产业步入国际先进行列。压水堆核燃料组件生产能力是“十一五”末的4倍。

地矿产业是铀矿勘查国家队和主力军，是核工业发展的基石，是核电发展的粮仓。“十二五”期间，新增优质铀探矿权50个，铀采矿权8个。铀资源占有量接近全国备案资源量的60%。新发现探明一批大型和特大型铀矿床，在北方新形成6大铀资源基地，南方3大基地资源量持续增长。在2015年之前，经济规模连年保持了15%左右的高速增长。“走出去”取得重大进展，在尼日尔、纳米比亚、津巴布韦和蒙古国拥有生产项目2个、矿山前期准备项目1个、勘探项目2个。

核环保产业对推进核产业未来可持续发展起着至关重要作用。“十二五”期间，核设施及核活动安全、受控，产业基础能力进一步夯实；退役治理工作全面展开；后处理能力建设项目正式启动；国际后端市场开发工作开始起步；顶层设计进一步完善。

核技术应用产业的技术能力和产业规模不断提升，中国同辐公司已发展成为核技术应用产业的全国性专业化公司和同辐行业的龙头企业。在医用同位素方面，占全国市场规模70%以上，生产的碳-13、碳-14呼吸检测，碘-125籽源、碘-131等同位素药物的应用处于世界领先地位。与“十一五”相比，主营收入增长172%、利润总额增长175%，经济实力显著增强，价值创造力和市场竞争能力明显提高。

中核控股公司是中核集团完全面向市场、以服务型业务为主的产业，是新时期培育的新的发展动能之一，也是加快发展模式创新的重要领域。经过“十二五”的发展，中核控股公司主营业务收入年均复合增长率17.4%，利润总额年均复合增长率22.6%，总资产增长43.6%，净资产增长74.4%，达到了产业服务有平台、医疗服务有特色、贸易业务有规模、产品经营有价值、物业经营有拓展、消防市场有突破六大目标。

新能源板块是中核集团非核能源产业开发建设的专业化平台，致力于风能、太阳能项目开发、建设和运营的开拓探索，力争在新能源领域占有一席之地。截至2015年年底，中核汇能有限公司已实现累计装机容量近100万千瓦，储备资源300万千瓦。

核安全是核工业发展的生命线。2014年3月，习近平主席在海牙全球核安全峰会上全面阐述了“发展与安全并重、权利与义务并重、自主与协作并重、治标与治本并重”① 的核安全观。中核集团一直把核安全放在首位，始终肩负着维护国家核安全的神圣历史使命。无论是军用核材料还是民用核材料，都做到了“一克不少，一件不丢”；无论是军用核设施还是民用核设施，都保持了良好的安全记录，确保了环境和公众及职业人员安全。

① 习近平.习近平在荷兰海牙核安全峰会上的讲话[N].人民日报,2014-3-25(2).

## 二、致力科技创新打造核工业强国

科技创新是中核集团的灵魂，完整的科技创新体系是中核集团的核心竞争力。特别是“十二五”期间，中核集团深入宣贯落实十八届五中全会创新发展理念，致力打造核电强国，在科技创新、管理创新、人才创新和文化创新等方面成就显著。

2012 年，中核集团发布了“龙腾 2020 科技创新计划”（简称“龙腾计划”），以此为牵引，强化顶层设计、深化项目驱动，每年都增加科技投入，形成研发体系与研发机制优化完善路线图，营造更加友好的创新生态环境，为创新驱动发展提供更加强劲的“支撑力”，占据了核能发展制高点，这是中核集团全面实施创新驱动发展战略的重大举措，“龙腾计划”的实施将为我国由核大国变成核强国奠定坚实的技术基础。

入选“龙腾计划”的项目均是与中核集团产业发展密切相关的重大项目，科技含量高、市场容量大、竞争力强，是中核集团科研开发活动的主线。中核集团领导挂帅担任项目总指挥，着力对跨部门、跨单位、跨发展阶段、跨责任和利益主体的大型综合项目加强领导和协调。优化项目实施的组织管理，组建各工程指挥部，建立“两总”系统，在项目范围内给予充分授权，充分发挥中核集团职能部门的综合协调和管理优势，发挥项目管理的集中高效优势，打好“攻坚战”。保障项目实施的资源供给，充分发挥中核集团整体运作优势，在人力资源配置方面突破条框限制，发挥全集团人才优势。

首批入选的项目包括 8 个科技创新示范工程和 12 个核心技术提升项目，这些示范工程和项目均将于 2020 年前完成或开工建设。8 个示范工程，包括第三代先进核电技术（“华龙一号”，英文名称为 HPR1000）的商用压水堆核电站示范工程，自主研发具有第三代先进技术和安全性能指标的 ACP100 商用小型模块化多功能压水堆示范工程等。12 个核心技术提升项目包括核燃料元件技术、铀矿冶勘查采冶技术、核电关键设备、放射性废物处理技术、重要核素及制品等。

2015 年，中核集团又启动实施了“龙腾计划”第二批项目，围绕主导产业“十三五”及中长期发展需求，进一步突出市场导向、重视技术驱动、强化目标牵引，密切结合国际合作与竞争的大背景，按照重要性、分类推进和统筹兼顾等基本原则和“动态管理、滚动发展”的模式，系统有序部署和推进新一批研发项目，形成可持续发展的良好态势。

此外，中核集团积极深化改革、创新机制，完成科技创新奖励激励措施若干配套实施细则。发布《中国核工业集团公司科技创新奖励激励措施（试行）》；学习落实1996年10月1日开始实施、2015年8月29日修订的《中华人民共和国促进科技成果转化法》精神，同步研究提出《科技成果转化实施细则》《核心技术成果分类目录》及相关实施细则。

中核集团积极推进科技合作，开展协同创新，实现互利共赢。与英国、法国、俄罗斯、韩国等开展科技合作；积极参与国际热核聚变试验反应堆活动，提升话语权，推动国内聚变事业发展。稳步推进现有国内科技合作，加强基础和前沿领域创新，通过产业联盟实现协同合作。

“十二五”期间，中核集团科技创新成果突出，引人瞩目。

（1）在核动力领域，形成了核心竞争能力。自主研发的第三代压水堆核电技术“华龙一号”顺利通过课题验收，国内外首堆开工建设。全面掌握钠冷池式快堆技术，突破了关键的MOX燃料，中国实验快堆实现连续运行。多用途模块式小型堆（ACP100）技术研发全面完成，示范工程建设厂址确定。ACP100S海上浮动核电站获得立项。成功发布我国首套自主核电软件包和一体化软件集成平台（NESTOR）。百万千瓦级核电站堆芯测量系统、堆外核探测器和棒控棒位系统研制成功并实现供货。建立了立足集团、覆盖全国、辐射全球的核电技术服务专业平台。

（2）在核燃料产业领域，实现全面满足我国核电发展和“走出去”需求。铀纯化转化一体化技术实现工业化应用，万吨级铀转化基地正在逐步形成，铀纯化转化、铀浓缩产能达到“十一五”末的3倍。掌握世界上主要的压水堆、重水堆等核燃料组件的生产制造技术，全面满足我国核电发展需求。自主知识产权CF2、CF3燃料组件分别完成2个循环和1个循环的堆内辐照考验，将陆续实现工业化应用，能够满足国内外开工建设的“华龙一号”工程的核燃料需求。

（3）在天然铀采冶领域，实现“天-空-地-深”四位一体动态联测联探，完成鄂尔多斯盆地等6大铀资源基地布局。以 $CO_2+O_2$ 中性试剂浸出工艺为代表的第三代采铀技术实现规模化工业应用。铀矿第一科学深钻达2818.88 米，填补了我国深度找矿的空白。

（4）在核环保工程领域，掌握了特定规模的商用后处理技术，中法合作核循环项目取得进展。中国核燃料后处理放化实验设施建成，首批辐照过的核燃料成功处理完毕，顺利拿到铀钚产品。我国首条桶外搅拌水泥固化生产线生产出第一桶放射性废液水泥固化体。飞凤山低中放固体废物处置场完成工程建设，具备废物接收能力。

（5）在核技术应用领域，自主研制的 230 兆电子伏质子治疗专用加速器掌握全部关键技术，进入整机研制阶段，预计两年内可具备应用条件。正在同步推进国产质子医疗装置产业化和质子治疗产业发展。国产钴-60 工业放射源具有完全自主知识产权，年均生产能力约 600 万居里，产品质量达到国际先进水平。

## 三、“华龙一号”走出去成为国家新名片

国家主席习近平在中央经济工作会议以及其他会议上多次强调要发挥核电技术出口的带动作用，创造我国经济新的比较优势和竞争优势；在出访期间也多次力推中国核电“走出去”，核电“走出去”已成为国家战略。

中核集团是我国唯一出口过核电站并实现批量出口的企业，已成功向 7 个国家出口了 6 台核电机组、8 台反应堆或核动力装置，与全球 40 多个国家和地区建立了科技、经贸关系，正与世界近 20 个国家商谈核电及铀资源、核燃料、核技术应用及研发等核工业全产业链合作。

“十二五”期间，中核集团加快实施“走出去”战略。以核电走出去为牵引，带动整个核工业产业链走出去，打造中国高新技术和装备走向世界的新名片。特别是“华龙一号”已经成为我国自主三代核电技术的主力出口堆型。

“华龙一号”是中核集团坚持自主创新之路，在我国 30 余年核电科研、设计、建设和运营经验基础上，消化吸收国际三代核电技术先进理念，充分汲取日本福岛核事故经验反馈，采用国际最高安全标准研发设计，具有完整自主知识产权的第三代先进压水堆核电机型。2015 年 5 月和 8 月，“华龙一号”示范工程和海外工程分别开工建设，标志着“华龙一号”作为国家自

主化三代核电技术和“走出去”战略的主力机型正式落地。

“华龙一号”主要有三大优势：第一大优势是“177 堆芯”，在提高堆芯额定功率的同时降低平均线功率密度，既增加了核电厂的发电能力又提高了核电运行的安全裕量。第二个优势是“华龙一号”的燃料组件具有完全自主知识产权，这对中国核电“走出去”十分关键。第三个优势是装备实现国产化，可充分利用我国现有核电装备制造能力，推动产业集群转型升级，拉动国内核电装备制造业发展。

2015 年 2 月，在国家主席习近平和阿根廷前总统克里斯蒂娜的见证下，两国政府签署了《关于在阿根廷合作建设压水堆核电站的协议》，标志着“华龙一号”自主三代核电技术成功出口拉丁美洲。在此基础上，2015 年 11 月，中核集团和阿根廷核电公司签署了压水堆项目框架合同。目前双方正在保持紧密的工作联系，积极推动“华龙一号”压水堆项目早日开工建设。

2015 年 12 月 4 日，在中非装备制造业展上，习近平主席向南非总统祖马介绍说：“这是自己的技术，我们要把它推向非洲和全世界。”① 2015 年 6 月 15 日，李克强总理在视察中国核电工程公司时指出，“你们为我撑腰，我去国际舞台为你们扬名。要用最高标准、最优质量、最好性价比，提升中国核电装备在国际市场的竞争力。”②

中核集团还与英国、苏丹、巴西、埃及、加纳、马来西亚等国家达成了合作意向，正在积极推进核能领域合作。针对国际潜在市场情况，进一步开展了厂址适应性研究和“华龙一号”标准体系研究，从提供产品提升至提供标准，提升“华龙一号”国际竞争力，展现核电大国实力。

## 四、核工业精神为创新发展持续注力

核工业精神是构成中核集团凝聚力、控制力、影响力和抗风险能力的支撑，与“两弹一星”精神等一起成为创新发展的软实力。作为共和国的长子，中国核工业 60 年的发展历程，从无到有，再到一步步发展壮大，取得了辉煌的成就，形成了“事业高于一切，责任重于一切，严细融入一切，进

① 中国核工业集团公司微信公众号 2016 年 1 月 1 日报道。

② 中央人民政府网站 2015 年 6 月 15 日报道。

取成就一切”的核工业精神。在核工业两次创业中，以王淦昌、邓稼先、郭永怀等“两弹一星”元勋和姜圣阶、王承书、彭士禄、欧阳予、叶奇蓁等为代表的老一辈核工业人，用超群的智慧、高尚的品格、无私的奉献，描绘出了一幅“我愿以身许国”的壮丽画卷。

“十二五”期间，中核集团大力实施文化强企战略，践行社会主义核心价值观，构建中核文化体系，弘扬核工业精神，在激励干部员工创业创新中发挥出重要作用，涌现出一批先进典型。比如，“一生只做一件事情”的徐銖、坚持自主创新的“华龙一号”总设计师邢继、践行“严细融入一切”精神的杰出代表中核建中公司精修班长曹子昆、始终把患者放在第一位因公殉职的史明等。在新的发展时期，中核人将继续弘扬践行核工业精神，在榜样的引领下，为核工业发展贡献新的力量。

核工业正处在新的发展时代，由跟跑、并跑向领跑跨越，由核大国向核强国迈进，这是大有作为的时代。在重大使命的感召下，中核集团始终不忘初心，在以习近平总书记为核心的党中央坚强领导下，坚持自主创新，坚持安全、创新、军民融合发展，以“中核梦”助推实现中华民族伟大复兴的“中国梦”。

# 第十八章　调整改革，走上良性发展之路

1978 年年底，党的十一届三中全会以后，中国开始改革开放，国际形势也发生重大变化。由传统计划经济母体孕育出的核工业，面对国内外形势的新变化，呈现诸多不适，面临巨大挑战和考验。核工业努力适应新的形势，自觉服从国家经济建设大局，按照中央部署，开始由单一军工向“保军转民”“军民结合”的艰难转型，探索新的建设发展道路。

核工业调整改革是伴随着国家改革开放和建立社会主义市场经济体制，以及整个国防科技工业的体制改革进程而展开的。从 20 世纪 70 年代末到 2010 年长达 30 余年时间里，核工业的调整改革大体经历了以下两个阶段：

第一个阶段，是从 1978 年年底开始到 1999 年的调整转型期。这一时期主要是军品停产限产，压缩基建规模，调整核地质队伍部署，调整铀矿冶结构，调整部分三线单位布局，力促核电上马与发展，探索和推进民品生产与多种经营，企事业单位整顿，劳动、人事和分配“三项制度”改革等，由单一军工向“保军转民”转变。在管理体制上也经历了从政府职能部门二机部、核工业部到具有行政管理职能的中国核工业总公司的变化。

第二个阶段，是从 1999 年到 2010 年的结构调整改革期。这一时期主要是核地勘单位管理体制改革、资源枯竭铀矿山及其配套企业政策性关闭破产调整、军品资产剥离和民品优良资产重组、核燃料企业专项调整脱困、宝原物资供销系统改制分流、学校和医院等部分单位移交、部分企业移交、企业社会职能移交等，由传统企业向集团化、企业化发展，融入社会主义市场经济体系，实现良性发展。在管理体制上实现了由“半官半企”的行政性总公司到建立起现代企业制度的中国核工业集团公司的转变。由于进行了调整改革脱困和实现了体制机制的转变，从 2002 年开始，核工业第二次创业实现了历史性转折，中核集团步入良性发展之路。

核工业的调整改革，经历时间长，涉及面广，工作难度大，是历史上首次。这是一次利益格局大变动，管理体系大重组，思想观念大转变，队伍人员大转移，无异于一场深刻革命。调整改革的成功，得益于党中央、国务院的坚强领导，得益于各级党委、政府的有力支持，得益于核工业职工高度政治觉悟和参与调整改革的各级干部、工作人员的担当和坚守。

调整改革过程，跌宕起伏，既充满辛酸与艰难，也见证着核工业人的责任和担当。核工业人痛下决心，以敢于担当、壮士断腕、自我革命的勇气，历经千难万险，走出困境，取得一系列革命性变革、历史性突破和开创性成果：战略核威慑能力进一步提高，核电异军突起，带动整个产业链迅速发展，主业更加壮大，企业规模更加合理，结构布局更加优化，建立和完善了现代企业制度，实现体系性重塑，成为生产关系和生产力基本适应、符合市场经济要求和竞争需要的现代化军工集团。

# 第一节　由“以军为主”向“保军转民”的艰难转变（1978—1999 年）

在全党工作重点转移、国家经济建设和国防建设指导思想战略转变的大背景下，核工业开始了由以军为主向保军转民的艰难转变。

## 一、保军转民的时代背景

### （一）国内改革开放和经济建设指导思想的转变

1978 年 12 月召开的党的十一届三中全会，总结了建国以来正反两方面的经验，作出了把全党工作重点转移到社会主义现代化建设上来和实行改革开放的战略决策，并且开始纠正经济工作中长期存在的“左”的错误。1979 年，中央针对国民经济比例严重失调的情况，提出了“调整、改革、整顿、提高”的八字方针，决定从 1979 年起用 3 年时间进行整顿，把各方面严重失调的比例关系基本上调整过来，压缩基本建设规模，改革经济管理体制。

这些不仅开启了我国经济体制逐步由旧体制向新模式转变，经济发展与改革开放相互促进的历史新征程，也为国防科技工业的调整指出了明确方向。

**（二）国际形势发生重大变化**

这一时期，国际局势发生重大变化。尽管战争危险依然存在，但和平力量不断发展，有可能推迟和制止世界战争的爆发。为了争取有一个较长时期和平建设国际环境，我国坚持独立自主的外交政策，在不断加强同第三世界国家团结合作的同时，积极改善稳定了同美国的关系，签订了中日友好条约，加强了同西欧各国的友好合作，与东欧国家和苏联的关系也开始得到改善，这种国际形势的新变化，使全党工作重点的转移和社会主义现代化建设有了一个较好外部环境，也为国防科技工业的调整提供了现实可能。

**（三）国防科技工业服从和服务于国家经济建设大局已成必然趋势**

在国内外形势出现新变化的大背景下，国防科技工业调整改革已成必然。在20世纪70年代末和80年代初，邓小平就反复强调，经济建设是国防建设的基础，国防建设是经济建设的保障。他指出："国防现代化，只有建立在国家整个工业以及农业发展基础上才有可能。"① "现在就是要硬着头皮把经济建设搞上去，就这么一个大局，一切都要服从这个大局。"② 只有集中精力首先把经济建设搞上去，才有可能为国防现代化建设提供充裕的财力保障。他说"大局好起来了，国力大大增强了，再搞一些原子弹、导弹，更新一些设备，空中的也好，海上的也好，陆上的也好，到那个时候就容易了。"③ "国防工业设备好，技术力量雄厚，要充分利用起来，加入到整个国家建设中去，大力发展民用生产。"④ 在国防建设和经济建设这一关系党和国家事业全局的重要问题上，提出了国防科技工业"军民结合，平战结合、军品优先，以民养军"的"十六字方针"。关于军工管理体制和运行机制问题，邓小平指出："外国没有什么专门搞军用的，我们搬的是苏联制度，是浪费，是束缚技术发展的制度。要从苏联制度中解放出来。"⑤ "我国的军工

---

① 中共中央文献编辑委员会.邓小平文选(第二卷)[M].北京:人民出版社,1993:78.
② 中共中央文献编辑委员会.邓小平文选(第三卷)[M].北京:人民出版社,1993:129.
③ 中共中央文献编辑委员会.邓小平文选(第三卷)[M].北京:人民出版社,1993:99.
④ 中共中央文献编辑委员会.邓小平文选(第三卷)[M].北京:人民出版社,1993:100.
⑤ 中央军委办公厅.邓小平关于新时期军队建设论述选编[M].北京:八一出版社,1993:107.

体制基本上还是和苏联模式。苏联的体制证明突出的问题是军事工业孤立地一马当先，带动不了民用工业，带动不了整个经济和技术。军工力量不纳入整个经济发展范围是极大的浪费。”① 他指出，军工体制改革，现在已经提到日程上来了，“要结束另外一个天地的时代。”② 这些重要判断和思想，为国防建设指导思想的战略转变指明了方向，奠定了重要基础，改变了长期以来国防建设立足于“早打、大打、打核战争”的临战状态。

## 二、保军转民初期的困难

中国核工业主要是从为军用服务而迅速发展起来的，从创建到 20 世纪 70 年代末，其整个设备、生产线、人员配置、管理体制都是围绕核武器的研制生产展开的，企事业单位布局也是按照当时准备打仗需要设置的，“一切为了核武器研制生产”“一切为了战备”是其当时的状态。1978 年后，面对国内外形势的新变化和国防建设指导思想的战略转变，骤然由原来的状态转向为国民经济建设服务，其难度是巨大的，其变化是深刻的，其广度是涉及全行业、全产业链的，是历史上第一次。

当时，核工业面临着“三个三”的巨大难题，即三十万人员队伍的生存发展；地处三线偏远地区企事业单位的生产生活、维持运转、转产转民；长期军工生产积累的“三废”（废气、废水、废物）处理处置。困难是全面的，从建工、仪器设备到地质、矿冶、核燃料系统，几乎是整个战线系统性的困难。

主要困难表现在：

第一，从铀地质、铀矿冶、核燃料循环到核武器研制，核工业大部分科研生产单位，都具有专业性强、生产过程带有放射性等特点，原有生产设施、设备一般无法直接转为民用。

第二，核工业科研和生产单位，大多处于边远偏僻地区，远离城市，交通不便，信息不灵，在选择转民出路，确定规模、产品方向上难度很大，企

① 中共中央文献研究室，中国人民解放军军事科学院.邓小平军事文集（第三卷）[M].北京：军事科学出版社、中央文献出版社，2004：281.

② 中共中央文献研究室，中国人民解放军军事科学院.邓小平军事文集（第三卷）[M].北京：军事科学出版社、中央文献出版社，2004：267.

业和产品参与市场竞争也处于不利地位。

第三，核工业转民主要内容应为发展核电，但在整个“六五”（1981—1985年）期间，我国的核电建设在体制和规划安排上，还处于探索和起步阶段，大量工作还难以展开，更谈不上带动和支撑全产业链发展。

第四，当时国家整个经济体制还处于计划经济模式，而作为长期在国家严密计划组织控制下从事核武器研制生产的核工业，更是习惯于计划经济体制下的思维和工作，企事业单位的管理制度、经济政策、经营理念、人员思想观念，以至工作方法和工作作风，都很难一下子转变过来，不适应的问题突出。

第五，研制生产民品的人才缺乏。原有的专业和人才队伍是按照核武器研制生产需要配置的，专有性、单一性较强，缺乏研制生产民品的知识和经验。而到了80年代，由于一些单位生产能力闲赋，效益下降，甚至出现严重亏损局面，不少科研人员感到无用武之地，出现流失现象。尤其是地处三线地区的单位职工子女上学就业的矛盾日益尖锐，队伍愈来愈不稳定，出现了科研人员不断流向沿海地区、“一江春水向东流”、“孔雀东南飞”的局面，加剧了开发民品的困难。

## 三、确立保军转民方针

随着全党工作重点的转移，中央对国防科技工业提出了从“以军为主”转向“军民结合”的要求，核工业结合自身实际提出了保军转民方针。

1979年4月，二机部召开工作会议着重研究工作重点转移和贯彻国家“调整、改革、整顿、提高”方针，提出要积极发展核电和推广同位素与其他核技术的应用，积极承担民用产品和出口产品的生产及民用工程的设计和施工等。

1981年3月初，在国务院副总理、国防科委主任张爱萍主持下，提出了“核工业应在保证军用的前提下，把重点转移到为国民经济利用上来”① 的发展方针，由国防科委和二机部联名向国务院、中央军委上报《关于原子能工业发展方针的请示》并获批准。后来这一方针被概括为“保军转民”。

① 李觉，等.当代中国的核工业[M].北京：中国社会科学出版社，1987：80.

1984 年年底，核工业部把“保军转民”方针具体化为“坚持改革，保军转民，以核为主，多种经营”的发展方针，转民调整思路更加清晰。

1986 年 1 月，核工业部工作会议总结“六五”期间核工业在保军转民中取得的经验，提出通过“七五”（1986—1990 年）期间努力，将核工业建成“军民结合”新体制的目标。

新发展方针的确立，为核工业从“以军为主”到“保军转民”，从“计划经济”到“市场经济”，实现历史性、全局性的战略转变指明了方向。

## 四、全面贯彻调整方针

1979 年，为贯彻中央提出的“调整、改革、整顿、提高”的方针，国家开始压缩基本建设规模。国家财政预算内基本建设投资为 397 亿元，1980 年压缩为 300 亿元，在建的大中型项目由 1978 年的 1700 多个减少到 1980 年的 904 个。在国家整体上压缩基建规模的情况下，从 1981 年开始，国家对核工业的基建投资和核产品收购资金等作了较大幅度压缩。1982 年，国家分配到核工业的基建投资和核产品收购资金，大体相当于 1981 年的二分之一，并且明确，在整个“六五”期间不会有新的增长。根据中央部署要求和新的发展方针，核工业努力适应新形势，全面贯彻调整方针，进入艰难的调整阶段。

### （一）清理压缩基建规模

核工业在建、拟建项目多，所需投资大，已远超国家实际需要和投资可能。1979 年，二机部提出“先生产后基建，先挖潜后新建”和“保重点收尾工程，保三废治理，安排好职工生活”的调整原则，对在建项目开始调整。

1980 年，核燃料系统停建三线未完工程八一六、八五七、四〇五、八一三等大型基建项目。以保证其他重点工程和收尾工程。1982 年，“八一六工程”转为缓建项目，1984 年彻底停建。

20 世纪 80 年代初，铀矿冶系统先后缓建、停建七一五矿十八渡工区、七二一矿红卫工区、七四五矿书楼丘工区、七四三矿牛矽工区等一大批投资大、效益差、资源和协作条件不够落实的项目；压缩一批在建项目的建设规模。“七五”期间，军品基建投资大幅下降。1990年降到最低点。

**（二）压缩军工生产规模**

1982—1998年，铀矿勘查钻探工作量大幅压缩，总体呈逐年下降趋势，从1982年的88.6万米降至1998年的16.9万米。期间累计投入钻探工作量707.5万米，年均41.6万米，1989—1998年钻探工作量低于平均水平。

1986年开始，按照“合理利用资源，择优生产”原则，铀矿冶系统七三一、七三五、七八一、七一二、七一五、七九六等6个矿山先后全部关停转产；七一六矿二工区、七七一矿雷公殿工区、七九二矿510工区等3个工区关停；七三四厂、二七九厂、七一三矿水冶厂转产，七五〇镭分装厂关停，该项工作一直延续到90年代初。到1992年年底，共关停铀矿冶企业10家；先后共有16个企业停止军品生产。保留下来的生产企业实行“多限产，少关停”的政策，其产品产量普遍压缩20%以上。

1987年，四〇四厂相继停闭801反应堆和某后处理生产线，八二一厂实行指令性停产。

1987年6月，位于青海省的核工业二二一厂撤点销号，随后其职工家属3万多人陆续安置在全国27个省市532个县市。在实施退役治理工程后，二二一厂厂址对外开放，1994年移交地方政府。

**（三）调整地质队伍部署**

将一部分地质队伍从地质条件不好、十多年时间很少有成果的地区调出来，集中到地质条件比较好的地区，加强区域调查、普查揭露和扩大老矿区、开辟新基地工作。抽出部分地质人员从事民品生产。

**（四）缩短科研战线，保证重点项目**

根据“清理课题，缩短战线，保证重点”的方针，对有现实意义的军民两用项目，在人力、经费、物资上予以保证；对需要不迫切且研究周期长的项目，量力而行；对还不能肯定其作用的项目，则坚决停掉；对基础研究和应用研究的比例，也作了相应的调整。

**（五）对企业、事业单位进行整顿、改革**

按照国家关于进行企业整顿的要求，1982—1985年，核工业的工业企业全部整顿完毕，并验收合格。事业单位也都参照企业整顿的要求进行了整顿。在整顿和改革中，以增强企业活力为中心，简政放权，扩大企业自主权；改革企事业领导体制，试行厂长（所长、经理）负责制；企事业单位普遍实行了经济承包或科研课题承包责任制，加强企业的经营管理。各单位领导班子在革命化、年轻化、知识化、专业化方面，普遍有明显改进。

**（六）积极发展民品产业**

转民初期，核工业一方面在国家支持资助下建设了一批重点民品项目，另一方面充分发挥自身在技术、设备等方面的优势，发挥各企事业单位的积极性，为国民经济各部门和人民生活多方面地提供产品，提供技术和劳务服务。

1. 在国家政策和资金扶持下，陆续建设了一批大中型民品项目。1985年11月，国家计委、国家科委、国防科工委审定军工口1986年国家重点技术改造项目，核工业部就有15个项目，其中有核燃料企业四个大的项目（二〇二厂稀土生产线、八一二厂锂材锂盐生产线、八一三厂电解铝生产线和硅钙合金生产线）。

1984年，随着秦山核电站主体工程的开工，八一二厂缓建多年的“728”核电元件生产线建设随之全面展开，1988年4月全线投产。80年代中后期，八一二厂通过“大线一步”改造，实现大型核电站燃料元件国产化，保障了大亚湾核电站换料的需求。

1985年10月，八一六厂中标“30万吨合成氨大型化肥厂”项目，成为当时核工业部重大工程建设项目。1998年12月1日，合成氨达产达标，实现设计能力，并首次进入重庆市工业企业五十强。1990年企业更名为“中国核工业建峰化工总厂”。

1988—2003年，国家财政累计向四〇四厂拨付维持维护费约17亿元，其中转民资金6.3亿元。该厂的钛白粉项目，1989年开工建设，1993年生产出合格产品，总投资5.74亿元。

1991年国家拨付3亿元贷款支持铀矿冶转民项目，同时要求各行业对铀矿冶转民项目实行“同等优先，适当照顾”的扶持政策。

2. 发挥自身优势，各显其能搞民品。1982—1998年，核工业各企事业单位根据自身特点和市场需求，积极投身国家经济建设主战场，建设了一大批中小型民品项目，呈现出“八仙过海、各显其能”的局面，在当时骤然转民，缺乏经验情况下，对渡过难关、维持生存、稳定队伍发挥了重要作用。概括起来主要体现在以下方面：

第一，利用核工业的机械加工制造能力，积极地为国民经济建设和人民生活需要服务。核工业的仪器设备和特种材料研制单位，根据市场需要，较快地开发了一批具有核工业技术专长的仪器、设备、材料和人民生活用品，主要有核仪器、火灾报警器、工业流量液位表、高效金属过滤器、不锈钢阀门，液体受压容器、改装工程车，工业快装锅炉、人造金刚石单晶硅及其制品等，其中有些取代了进口产品，有些进入国际市场。

第二，针对国内某些化工产品和稀有金属短缺的情况，利用核工业化工、冶金方面的技术优势，开发民用化工、稀有金属等产品，主要有纯碱、硝酸钠、硝酸钾、钼酸铵、仲钨酸铵、金属钙、锂、稀土、元明粉等。这使我国稀有金属和短缺的化工产品产量有了增加。

第三，将核工业的科研、设计等技术向民用转移，帮助民用工业进行技术改造，发展生产，提高经济效益。例如，核工业部铀矿选冶研究所帮助广州市红心化工厂，研究提炼三氧化钨的老工艺，使钨的回收率提高 8%，缩短生产周期三分之一。核工业第二研究设计院在为地方设计啤酒厂中，改进生产工艺和设备，从而缩短生产过程，提高了产量和产品质量，而且方便了运行操作，突破了我国啤酒厂设计中长期未能解决的一些问题，设计出了国内一直没有的年产啤酒 3 万吨级的糖化设备系列，新的工艺、设备使工厂经济效益明显提高，深受用户欢迎。

第四，为国家的工程建设，特别是为国家的重点工程建设服务，承担施工任务。核工业部各建筑安装工程公司，以其在核工程施工中所掌握的对特种钢材的焊接，对大面积金属结构的喷镀防腐，对特大构件的拼装、吊装，对设备、工艺管道安装中保真空等技术，在承担上海金山石化总厂、大庆石化、扬州石化，仪征石化等安装工程，以及深圳、厦门等经济特区城市建设工程中，完成任务质量好，速度快，赢得了社会信誉，取得了较好的经济效益。

第五，利用核工业的找矿、开矿力量，开发地下资源。1984 年，铀矿地质系统提出“以铀为主、综合找矿、多种经营、搞活地质”十六字方针。铀矿地质队伍，在普查找矿中，以铀为主，进行综合找矿，当年进入国家找金行列，实现当年提交金矿储量，同时为地方探明了一些地下资源和工程地质情况；并利用物探和水文技术，为一些缺水地区的人民打井找水。例如，核工业部的三〇五地质队为广西武鸣县一个3万余人的华侨农场，打井21眼，井井见水，解决了该农场长期未能解决的用水问题。核工业部的矿山施工和采掘队伍，承担了国家重点能源工程——山西省古交煤矿的建井任务，还成建制地调出一支队伍支援古交煤矿的生产建设。地质队伍还利用其机械修配力量，为农业生产服务，修造农机具，修理拖拉机和运输车辆，到1998年年底，地质系统多种经营实现产值近20亿元，利润近5 000万元，稳定安置职工20 000余人。

第六，加强教育工作，把智力开发和人才培养作为一项战略任务来抓。"六五"期间，全国13所高等院校的核专业恢复招收本科生，并恢复培养研究生制度。核工业部成立华东地质学院和衡阳工学院，有5个科研单位也开始招收研究生。同时，核工业中等专业教育和技工教育也有较大的恢复和发展。在职教育开始向全员培训方向发展。对"文革"期间参加工作的青年职工进行了文化和技术补课。各级干部和科技人员也通过参加各种培训班、研究班学习等，提高了领导、管理和业务水平。

第七，由封闭向开放转变，积极开展对外交流合作。1978年，国家批准部公开对外交往，并确定一批单位对外开放。从此，核工业打破了对外封闭的状况。

1980年4月30日，中国和南斯拉夫《关于和平利用原子能合作协定》在北京签订，1980年5月19日，中国与意大利国家核能委员会《关于和平利用原子能科技合作议定书》在罗马签订。

1980年，中国原子能工业公司成立，授权从事铀产品、核燃料循环设备、核电技术设备的进出口贸易。公司成立后，经国家批准开展铀产品出口业务，为秦山核电站建设提供了启动资金。随着公司业务的快速发展，贸易逐步延伸到五矿（指金、银、铜、铁、锡，也泛指各种金属）、化工、机电、轻工、纺织等领域。

1983年，中国中原对外工程公司成立。公司成立以来，以承建大型国际核工程项目为主，开创中国核技术以及中国核电站走出国门、走向世界的先河，以精湛技术和优质服务在国际工程承包市场赢得良好信誉。在约旦承建了一项民用工程，承担并完成了巴基斯坦恰希玛核电站、阿尔及利亚核研究中心等大型核工程建设，取得了良好的经济效益和国际声誉。

1984 年 1 月，核工业部设立外事局，进一步加强国际交流与合作的管理。

1984 年 1 月，中国加入国际原子能机构（IAEA），随后与 IAEA 开展了多方位、多层次、富有成效的合作与交流。

1984 年，我国分别与美国、联邦德国签订有关和平利用原子能的合作协议。

1984 年，中国瑞宝开发公司与澳大利亚亚泰克诺米公司合资成立澳华合营公司，经营铀矿产资源开发等业务。

1984 年 5 月，核工业部地质局与日本动力堆核燃料事业开发团签署“铀矿资源区域普查协议书”，双方合作在云南腾冲地区进行铀矿普查。

这一时期，中国同位素公司、中国原子能科学研究院等单位积极扩大国际交往，先后与美国、英国、加拿大、俄罗斯、法国、德国等发达国家的企业及 IAEA 等国际组织建立合作关系。成立中美合资上海欣科医药公司，中韩合资埃索特核电子机械有限公司，中德合资北京魏利斯米勒辐射防护设备有限公司等 8 家合资公司。通过引进吸收国外先进技术，提升了我国核技术应用水平。

核工业从 1979 年开始转民，逐步发展为多种经营，广泛涉足能源、交通、基建、电子、冶金、化工、建材、轻工、纺织、食品、医疗等各个行业，到 90 年代已开发了 10 大类、1 300 多种民用产品。民品产值按可比价格计算，1992 年比 1980 年增长了 11.56 倍，平均每年递增 31.5%；占核工业总产值的比例，从 1980 年的 4.9%，上升到 1992 年的 61%，到 1993 年达到 70%。从而基本形成了核工业军民结合、以核为主、多种经营的新格局。

在承受了“保军转民”初期阵痛后，核工业在军民结合的道路上迈出坚实的步伐。部分民品发展较好，显示了较好经济效益和较强生命力，成为优势民品，随着改革逐步深入陆续移交地方政府管理，如重庆建峰化工厂（八一六厂）、贵州化工冶金公司、新疆矿冶糖棉麻项目、四〇四厂钛白粉厂、七一一糊树脂项目、白银二七九厂氟化盐项目等。但是，由于地域环境限制、市场开发能力不足、规划不周仓促上马、历史负担沉重、思想观念滞后，以及军工管理体制运行机制制约等因素的综合影响，有的民品项目很快被市场淘汰，有的经济效益较差，有的出现严重亏损，使一些单位雪上加霜，背上新包袱。

## 五、排除万难 力促发展核电

核工业转民，重点转向为国民经济和人民生活服务，最有广阔前景且对整个核科技工业体系最有带动作用的就是核电。在保军转民的情况下，只有发展核电，核燃料循环前端与后端技术才能连接，才能保持核科技持续发展的需求动力，带动核科技人才的培养，保持我国核大国地位。然而，核电发展却经历了较长时间的酝酿和起起落落。

### （一）发展核电的紧迫性

1978 年后，随着国民经济的快速发展和核工业调整的全面展开，发展核电的紧迫性日益凸显出来。

1. 军品大量停产后转向民品生产，使核产业链和核人才队伍面临断档的危机，威胁着我国整个核科技工业体系的完整性和核大国地位的稳定。军用需求下降后，核产业链运行的许多环节处于停顿半停顿状态，一些反应堆和生产线关停或限产后，能力闲置，国家每年要投入大量资金和人力维持维护，即使如此，也难以阻止设备锈蚀老化的进程。更为严重的是，核科技人才队伍不稳，出现逐渐流失的局面，后续人才培养，由于缺乏任务需求的牵引，出现断档危险。如果不采取有力措施，若干年后，我国核科技工业能力就有迅速萎缩的可能。

1981 年 10 月，张爱萍副总理在国务院常务会议研究核电问题时说："'两弹一星'是搞出来了，但原子弹不能当饭吃。核工业很困难，要扶持，要给它找出路，摆在面前的，也是紧迫的，是利用搞核弹打下的基础，尽快转型，建立起我国自己的核电工业体系。"①

---

① 秦山核电有限公司.秦山核电有限公司志（1982—2010）[M].北京：中国原子能出版社，2011：7.

长期以来，核工业一直在积极促进发展核电，但由于核武器研制任务艰巨紧迫和其他种种原因，发展核电始终处于研究论证状态，而进入“保军转民”阶段后，力促发展核电，就成为核工业调整转民的关键一搏，核电上去了，核工业满盘皆活。核电上不去，或拖延下去，不仅难以尽快走出困境，而且对核工业长远发展和核大国地位产生不利影响。

2. 电力短缺严重制约着经济快速发展。能源供应不足是改革开放前后制约国民经济发展和影响人民生活的重要方面。经过十年的改革开放，我国经济建设发展很快，其中尤以东南沿海五省市发展最为迅速。1988 年与 1979 年相比，五省市国民生产总值增长了 3.19 倍，平均年递增 17.26%；国民收入增长了 2.82 倍，平均年递增 16.08%；对外进出口总额增长了 3.75 倍，平均年递增 18.90%。这种发展和变化，不但为五省市历史上前所未有，而且也为全国其他地区所不及。然而，在这种快速发展和巨大变化中，电力供应不足严重地困扰着经济进一步发展，也严重影响了正常的生产生活秩序。由于缺电，许多工厂停二开五甚或停三开四，1/4 到 1/3 的生产能力被迫闲置；由于缺电，农忙时也不能保证电力的正常供应，有些农民不得不拥被而坐，彻夜守候在泵房或场地等待来电抽水或脱粒扬场；由于缺电，一些装饰豪华的饭店和商场，只得点着煤油灯和蜡烛照明营业，甚至有的医院也被迫临时拉闸，停止手术。到了 1990 年前后，能源紧张的情况仍未缓解，各地要求建设核电站的呼声很高，当时有 12 个省市提出 22 个核电站预选厂址。

东南沿海地区及各省市缺电的情况，引起中央领导和各方广泛关注。为此，国家拨出大量资金，以加快建设新的电厂，但就是这样，也难以满足经济迅速发展对电力的需求。

3. 水电、火电不能有效解决东南沿海等地区缺电问题，核电是最可行的替代方案。在各种解决缺电的方案中，水电由于水资源 70%分布在西南地区，西电东送，距离太远，电网损耗太大，且江河流量不稳带来发电量不稳定。火电由于东南沿海地区不拥有煤炭资源，大运量长距离运输，给整个铁路和航运带来很大压力，而且其对环境的污染也不容小觑。

在这种情况下，核电作为一种技术成熟、安全、清洁、经济、可持续发展的先进能源，其建设的起步和发展就被提到了议事日程上。

## （二）扭住核电不放松，实现零的突破

我国核电建设从酝酿筹划到实际起步，始终存在着建与不建、自主建设与引进的争论，过程复杂而曲折。1970 年周恩来总理曾三次提出要搞核电建设。1974 年 3 月周恩来主持召开中央专委会会议，批准上海市和二机部联合向国务院提出的建设 30 万千瓦压水堆核电站方案，同年 4 月，国家计委将七二八工程作为科技开发项目正式列入国家计划。1978 年 2 月，经国务院批准，国家计委、国家建委、国防科委决定，为尽快建成我国第一座核电站，七二八工程定为二机部直属项目，由二机部全面归口负责。1982 年，确定了位于浙江杭州湾附近的秦山厂址。

1978 年 12 月，二机部部长刘伟在党的十一届三中全会上的书面发言中提出：要积极发展核电，核电站建设从 30 万千瓦起步，搞压水堆型。1979 年 7 月，二机部向国防科委请示早日批准建造 30 万千瓦压水堆核电站和 13.7 万千瓦重水堆核电站。同年 9 月，二机部专门成立了核电局。

1982 年年底，国务院批准广东省电力公司与香港中华电力公司合营，采用进口成套设备，在广东深圳大亚湾建设一座装机容量为 2×90 万千瓦的核电站。

但是，发展核电道路注定是曲折的，并未随项目的批准快马加鞭，大干快上，而是踏上了坎坷崎岖的道路。在经过前期的堆型和技术路线争论后，立项后又经历了一段段的曲折，每一段曲折都是“惊险的一跳”。

第一，自主建设与引进的激烈分歧。七二八工程决定后，有些部门一直持有不同意见，认为：从世界核电发展技术看，我国再搞 30 万千瓦核电站的意义不大，没有必要一步一步地从头搞起；发展核电从 90 万千瓦搞起，可避免浪费，加快步伐，争取时间，从而否定自主建设秦山 30 万千瓦核电站。1978 年 8 月，某部门向国家计委提交了关于建议停建 30 万千瓦压水堆核电站项目的报告，其理由是工程设计图纸不全、试验验证不够、总体方案未定、经济指标落后和设备加工有困难，建议停止安排生产并与法国合作建设 90 万千瓦压水堆核电站。与此同时，某委也通知外贸部门，不再引进七二八工程所需的大锻件和关键设备。因此，七二八工程一时又处于难以推进的尴尬局面。

在此情况下，国防科工委、二机部、七二八设计队以及王淦昌等科学家多次上书中央和国务院或发表文章，力陈建设七二八工程理由，坚持要继续上，强调：我国核工业具备一定的自主能力；七二八工程在科研、设计、设备制造上已经做了大量工作；建立我国核电工业体系必须坚持以我为主，全面掌握技术的方针；七二八工程建设有利于吸收和消化国外引进的核电技术。在双方争执不下的情况下，1979 年 1 月，国务院副总理谷牧召集有关部门开会讨论，专题研究七二八工程的命运问题。有 6 个部门参加会议，二机部刘伟部长、李觉副部长参加会议。会上围绕核电站是自主开发，还是国外引进，展开了激烈的争论。主张引进一方认为，中国核电站的研制应该借鉴世界各国的先进经验和技术，没有必要从头搞起。既然已经拟定从法国引进 90 万千瓦系列核电厂，七二八工程应该下马。赞成自建一方则认为，从国外引进技术当然有利于加快中国核电事业的发展，但引进往往要受到国际政治经济因素的制约，特别是核电技术具有一定的敏感性，并不是一厢情愿就能得到的。核电站建设的立足点应该放在国内，这对于消化、吸收国外先进技术，培养自己的核电建设队伍，是非常必要的。会上出现了三票对三票的局面，即三个部门支持继续上，三个部门反对上。在关键的时刻，谷牧副总理坚定地投了赞成票，并指出："七二八工程是个原型堆核电厂，搞这个工程主要是为了掌握设计和制造技术，不是为了搞系列化电站。现在已经铺开了摊子，有了初步成绩，在国外技术专利没有拿到之前，这项试验研究工作不宜草率下马，今后几年，这支科研队伍不继续进行科研，坐等外国专利，这样做是不妥的。所以，要继续搞下去，各有关部门应该支持。"① 从而暂时平息了一个时期以来反对自主建设核电的意见，七二八工程各项工作得以继续进行。

第二，美国三哩岛核电事故的影响。一波未平，一波又起。1979 年 3 月 28 日，美国三哩岛核电站发生事故，世界为之震惊，国内有些人对核电站的可靠性和安全性产生了疑虑，这对正在起步的中国核电产生了严重影响，反对上核电的声音又起。而国防科委和二机部仍然坚持要毫不动摇地把七二八工程建设进行下去。

---

① 李鹰翔."两弹一艇"那些事[M].北京:中国原子能出版社,2017:262.

1979 年 10 月 22 日，国防科委写给叶剑英副主席并中央专委关于核电站问题的报告就核电站科研、我国核电怎样起步、核电安全可靠性、核电经济性、制定我国核电发展规划、两座试验性核电站上或不上、以及核电分工和加强集中统一领导等 7 个问题，系统阐述了国防科委的观点和意见，得到中央高度重视。邓小平批示："我认为继续搞（指试验性核电站）是应该的，主要考虑国家财力的可能。"① "我认为由二机部抓总，较为妥当。"② 1981 年 11 月 4 日，国务院批准了国家计委、国家建委、国家科委、国家机械委、国家能委和二机部关于建设 30 万千瓦核电站的报告。

1983 年 6 月，正当秦山工地响起隆隆炮声，建设大军开始"三通一平"的时候，又传来要秦山工程下马的信息。这使二机部上上下下和秦山建设者又陷入焦虑。国务院副总理张爱萍接到国防科委伍绍祖的报告后，很快向中央领导写了报告。陈云同志于 1983 年 12 月 17 日在国家计委关于《国内自己搞核电的有关情况》简报上批示："不管广东核电站谈成谈不成，自己必须搞自己的核电站，再也不要三心二意了。"③ 这给建设者吃了"定心丸"。

第三，切尔诺贝利核电站事故的影响。1985 年 3 月 20 日，核岛主厂房底板浇筑第一罐混凝土，标志着秦山 30 万千瓦核电建设主体工程正式开工。经历了种种坎坷和质疑后，这一天的到来，使建设者们欢欣鼓舞，长舒了一口气。然而新的磨难又在悄悄地袭来。

1986 年 4 月 26 日，位于苏联乌克兰境内的切尔诺贝利核电站 4 号反应堆，发生严重核事故，其释放的放射性物质沉降到欧洲广大地区，使许多国家受到污染，在人们心理上造成了对核电站恐惧的巨大阴影，欧洲随之出现反核浪潮。这一冲击也波及正在建设的秦山核电站，反对上核电的声音又活跃起来。

1986 年 6 月，第六届全国人大常委会第十六次会议讨论了核工业部蒋心雄部长提交的《我国核电建设情况和发展方针》的报告，确立了"加强安

---

① 秦山核电有限公司.秦山核电有限公司志（1982—2010）[M].北京：中国原子能出版社，2011：7.

② 中国广东核电有限公司.广东核电大事记第一集（1979—1994）[M].北京：中国原子能出版社，2000：6.

③ 秦山核电有限公司.秦山核电有限公司志（1982—2010）[M].北京：中国原子能出版社，2011：7.

全，发展核电”的方针。这是切尔诺贝利核事故以及香港反核活动兴起后，一次重要的国家宣示，也是中国发展核电的法律依据，对引导舆论发挥了重要作用。

第四，香港反核活动的应对。切尔诺贝利核电站事故发生后，一时间舆论哗然，引起很大恐慌，给世界核电事业蒙上阴影。反核浪潮随之兴起，很快波及到毗邻香港的大亚湾核电站建设工程。

1986年5月7日，港英当局立法局会议上，议员提出9项有关大亚湾核电厂安全问题的质询。有关官员虽然做了回答，并表示核电厂在设计、制造、兴建、启用和操作各阶段上均采用了最高国际安全标准，所以香港人不必担心。但这并未消除一些人士的不安。有人制造舆论，向我施加压力，有十几个专业团体酝酿成立“民间联合监察组织”，准备派出代表到两局议员办事处申诉，并扬言发动百万人签名，前往北京呼吁停止兴建大亚湾核电厂。香港《信报》《明报》发表文章，认为“没有必要搞核能发电”，“大亚湾核电厂千万不可兴建”。5月23日，由20个团体成立了“关注核电联席会议”，通过了反对兴建大亚湾核电厂的宣言。该“会议”核心人物在报纸上发表文章说：“为反核不惜与中国破坏关系。”仅六、七两个月，香港新闻舆论界就发表了100多篇社评文章。其中不少文章将“核事故”误解为“核爆炸”，视核电站为原子弹，认为一旦发生事故，将是一场严重的灾难。有的甚至耸人听闻地说：“大亚湾核电站将使香港成为一座死港”。

1986年7月26日，“联会”12名代表到新华社香港分社反映意见，要求停建大亚湾核电站。8月1日“香港争取停建大亚湾核电厂联席会议”上京团向国务院、人大、港澳办发出《要求停建大亚湾核电厂》公开信，信中称：现已征得102万市民签名，要求停建核电站，并要求国务院总理接见他们与其交换对大亚湾核电站的意见。8月18日，香港“联会”请愿代表团抵京。核工业部组织了一个有国务院港澳办、核工业部核电局、中国核学会和广东核电合营公司相关领导参加的接待组，安排请愿团到中国原子能科学研究院参观，并与他们进行座谈和解答提出的问题，明确表示中国政府支持大亚湾核电站建设的立场没有改变，也不会改变。

在风起云涌的反核声浪中，主张停建、缓建、换地方建等各种论调都出来了，甚至有一段时间在香港社会还传出谣言说“党和国家领导人说大亚湾核电站建设问题可以重新考虑”，这也使一些原来支持大亚湾核电站建设的人感到疑惑，信心动摇了。

面对如此来势汹汹，情况复杂的香港少数反核人士掀起的反对建设大亚湾核电站的风潮，党中央、国务院领导高度重视。7月11日，邓小平同志明确表态，中央对建大亚湾核电站的决定没有改变，也不会改变。这一表态，使香港支持核电建设的人士大受鼓舞。李鹏副总理从5月中旬开始多次主持会议讨论形势和研究对策，并和外交部领导等分别会见法国、英国驻华大使和香港总督，说明中国政府支持大亚湾核电站建设的立场不变。希望法国、英国和港英当局积极配合，各自做好疏导工作。之后，形势开始发生变化。

1986年9月5日，核工业部部长蒋心雄在北京举行记者招待会，就香港公众关心核电站安全问题和我国政府对建大亚湾核电站的立场态度，回答了记者的提问。他特别指出，在秦山和大亚湾两地建设核电站是政府作出的慎重决策，这一计划是不会改变的，香港公众对大亚湾核电站的意见和疑虑，我国领导人十分重视，并表示理解，大亚湾核电站无论在厂址选择、堆型确定、设备订货、安全标准、人员培训、管理制度以及国际合作上，都是把安全放在第一位的，核电站的安全是有保障的，请香港公众放心。考虑到大型核电站建设和运行上还缺乏经验，为此大亚湾核电站派出技术人员到国外核电站进行学习培训，聘请国外富有经验的专家来参加建设和运行以及技术服务工作，在核安全保障方面，政府已决定把大亚湾核电站列为自愿交国际原子能机构实施安全保障的一个优先项目。

由于中央领导坚定明确的表态，李鹏副总理周到细致的部署，核工业部和大亚湾现场的积极工作，香港反核活动很快得到遏制，使大亚湾核电站三大合同得以如期签字，为大亚湾核电站开工建设铺平了道路。

1986年9月12日，由中国核学会和香港科技促进会联合主办的《核技术展览会》在香港开幕，立即引起香港市民强烈关注。展出第一天就有近8 000人参观，展场内每天下午6时有科普讲座，由内地和香港专家轮流主讲。展览与讲座都很受欢迎，16天展期内参观者达8万多人，演讲厅200多座位每天座无虚席。这些都大大增加了香港市民对核电的了解，化解了香港社会对建设核电站的误解和抵触情绪。

第五，“杜拉旋风”带来的冲击。1986年11月3日，应中国政府邀请，南斯拉夫克尔什科核电站总经理杜拉访问秦山核电厂并到施工现场参观。当时，现场道路上正在施工，加之雨天道路泥泞，短短 10 千米的路程乘车走了 2 小时。到达施工现场后，杜拉先生看到现场施工设备及材料堆放比较杂乱，场地高低不平，当时反应堆安全壳里正在进行防腐作业，施工人员手握高压喷砂枪冲刷钢板，粉尘很大，现场较为嘈杂。回到招待所后，杜拉先生对电厂建设进度和现场管理提了 5 条意见。回到上海宾馆后，杜拉先生对夫人说出了访问秦山核电厂的感受，说："像中国人这样搞下去，是要毁了核电的。"陪同翻译把杜拉先生及其夫人说的话，加上自己的参观感受，写进了一份《杜拉同志在秦山核电站的反映》报告里，11 月核工业部将杜拉意见整理成简报，转报党中央国务院及有关部门。这引起了中央领导的高度重视。国务院总理赵紫阳、副总理李鹏，国防部长张爱萍都作了批示。这一由施工管理问题引发的、经杜拉先生提出、引起中央领导高度重视的风波，使秦山建设者感到了极大的压力，被称之为"杜拉旋风"。

1987 年 1 月 20—25 日，国务院派出以国家经委副主任林宗棠为组长、由潘际銮院士等 17 位专家组成的检查组，到秦山工地进行调查，还咨询了联邦德国核电专家 Dr. Frawer。检查组的结论是：几年来，秦山核电厂工程建设取得了较大进展，但在工程质量、管理和安全上确实存在一些问题，值得严重注意，绝不可盲目乐观，麻痹大意，否则将造成不可估量的后果，并提出 12 条整改意见。之后，核工业部组织落实中央领导批示精神，加强了建设领导力量，严格施工管理，规范施工程序，在较短时间内，现场"脏、乱、差"的现象得到整改，为即将展开的设备安装打下了良好基础。

经过了一番风风雨雨，1991 年 12 月 15 日，秦山 30 万千瓦核电机组成功并网发电，结束了我国大陆无核电的历史，实现我国核技术的重大突破。1993 年 8 月 31 日，大亚湾核电站 1 号机组首次与广东电网、香港九龙电网并网成功。

在推进发展核电的过程中，核工业人在中央领导的坚定支持和有力领导下，发扬咬定青山不放松、锲而不舍、百折不挠的精神，扭住核电，力促上马，终于取得了成功。核电的发展成为核工业调整转民的最大成果，为核工业长远发展建设奠定了坚实的基础。

# 第二节 继续深化调整改革时期（1999—2010 年）

## 一、深化调整改革的时代背景

### （一）国际形势出现新的变化

进入 20 世纪 90 年代后，国际形势发生重大变化，苏联解体，华约解散，冷战结束，一方面，各种力量重新分化组合，世界向多极化方向发展，另一方面，美国“一超独霸”，谋求建立以自己为主导的单极世界，霸权主义和强权政治有了新的发展。国际上一些反华势力不愿看到社会主义中国发展壮大，不断试图分化、西化、弱化，甚至直接侵犯我国主权，威胁我国家安全。1999 年 5 月 7 日，美国飞机悍然轰炸我驻南斯拉夫大使馆，造成人员伤亡。2001 年 4 月 1 日，美国军用飞机在南海上空撞毁我国军用飞机，造成机毁人亡。美国还不顾中国人民的强烈反对，违背自己以前作出的承诺，向我国台湾地区出售大批先进武器，严重干涉我国内政。台湾李登辉、陈水扁当局在分裂祖国的道路上越走越远，李登辉先后提出“一中一台”“中华民国在台湾”，1999 年公然抛出“两国论”，陈水扁上台后拒不承认“九二共识”，公然抛出“一边一国论”等，严重破坏两岸关系，并耗费巨资从国外大量购买先进武器，企图以武拒统。

### （二）世界范围内的新军事革命进一步发展

高技术武器装备发展迅速，战争形态发生重大变化，海湾战争、科索沃战争、阿富汗战争，伊拉克战争，大量的精确打击武器投入实战，电子战，信息战，在战争中大显身手，这都昭示着，未来战争对原有的军事理论、军队建设、国防科技工业建设等都提出了新的更高的要求。

### （三）社会主义市场经济深入发展

随着社会主义市场经济体制改革目标的确立和改革开放不断推进，我国经济出现持续、快速、健康发展的良好局面，整个国家经济运行的体制环境和运行机制也发生了根本性变化。因此，推动经济结构调整和产业升级，增强我国经济国际竞争力，发展高新技术产业和利用高新技术改造传统产业摆上重要议事日程。社会主义市场经济新形势对国防科技工业调整改革提出了新要求。

**（四）解决国防科技工业长期以来积累的矛盾和问题已刻不容缓**

国防科技工业由于长期在计划经济体制下从事军品科研生产，军工体制和机制带有很深的计划经济“烙印”，军民分割、自我封闭、自成体系、行业垄断问题十分突出。摊子大、力量散、队伍庞大、结构布局不合理、低水平重复建设严重。虽然经过几次调整取得了一定成效，但上述问题一直没有得到根本解决。面对国际局势新变化、世界新军事革命挑战和社会主义市场经济深入发展的形势，国防科技工业已不可能再维持计划经济的“孤岛”或“堡垒”，建设模式、发展道路、管理体制、运行机制必须进行根本性调整改革，深化包括核工业在内的国防科技工业改革，已成为必然选择。

1991 年 2 月以后，中央确定国防科技工业主要任务是，继续调整国防科研和国防工业结构，力争到 20 世纪末实现“军民结合、平战结合、军品优先、以民养军”的目标，提高国民经济军民兼容程度，增强平战转换能力，并采取一系列重大举措，推动国防科技工业调整结构、转轨变型。

1996 年 12 月，江泽民总书记指出：“迎接世界军事发展的挑战，千方百计把我军武器装备搞上去……一个重要的问题，就是要理顺装备科研、生产、购置、维修等方面的体制，体制不顺，浪费了资金，延误了时间，这是我们长期以来想解决的老问题。”① 这一指示精神揭示了深化国防工业改革的必要性和紧迫性。

1997 年 9 月，党的十五大作出“建立和完善与社会主义市场经济体制相适应的国防工业运行机制，逐步更新武器装备”的战略部署。1998 年，国务院成立了新的国防科工委，将原国防科工委管理国防工业的职能、各军工总公司承担的政府职能以及国家航天局、国家原子能机构，统归新组建的国防科工委。1999 年 7 月 1 日，核、航空、航天、兵器、船舶等五大军工总公

① 中共中央文献编辑委员会.江泽民文选(第一卷)[M].北京:人民出版社,2006:609—610.

司改组为十大军工集团公司，实现了国务院对国防科技工业集中统一管理，在建立供需分离、政企分开的新型管理体制方面迈出了关键一步。这标志着国防科技工业的战略重组和结构调整等方面改革，进入新的攻坚阶段。

在社会主义市场经济深入发展和国防科技工业调整改革的大背景下，核工业从 1999 年开始进行结构调整改革。

## 二、中核集团成立初期面临的形势

中核集团成立之初，面临着巨大的困难。保军转民时期“三个三”的问题不仅没有从根本上得到解决，还积累了新的问题。由于产业摊子大、队伍庞大、布局分散，在国家军工任务不饱满、外部市场需求疲软的情况下，全行业十余年来无法扭转连续亏损的局面，整个行业成为当时全国最困难的行业之一，形势十分严峻。

### （一）国防及市场对核产品需求十分有限

20 世纪 80 年代，国家作出了核工业“停产限产”的决策，对核工业的基建投资和核产品收购资金大幅度压缩，核工业进入调整转民时期，军用产品需求始终处于低迷状态。1999 年中核集团成立时，核电处于刚刚起步阶段，只有秦山一期，大亚湾 1、2 号机组运行，其他的如秦山二期 1、2 号机组，秦山三期 1、2 号机组，岭澳一期 1、2 号机组正在建设，在运及在建项目规模都很小，核电对铀矿冶、核燃料、仪器设备等的需求很小，对整个产业链的带动促进作用还很有限。

### （二）核地勘队伍庞大，工作萎缩

截至 1998 年年底，核地质系统辖 6 个地区性地质局，53 个地质大队以及研究所、工厂、医院、学校等 93 个县团级以上单位，分布在 26 个省、自治区、直辖市；共有在职职工 34 642 人，离退休职工 31 478 人。这一时期，真正从事铀矿地质勘查的地勘单位 25 个，从事地质找矿的人员约 15 000 人。用计划和行政手段配置形成的庞大队伍和分布格局已经无法适应市场经济发展的要求。1998 年国家地勘费拨款为 61 419. 5 万元，有限的国家地勘费财政投入既要支撑队伍的生存和发展，又要保证铀矿地质勘查工作的开展，两者无法统筹兼顾。“没有地勘费活不了，仅靠地勘费活不好”成为核地勘单位的普遍现状。直接用于铀矿地质勘查的有效投入不断减少，铀矿地质工作萎缩。1998 年，国家铀矿地质钻探工作量 16 万米，仅相当于历史高峰时的 1/9，国内铀资源保障能力得不到加强。

**（三）企业严重亏损，债务负担过重**

1999 年，中核集团工业企业主营业务收入 61 亿元，补贴后利润总额为亏损 2.4 亿元，累计亏损挂账 17 亿元。在中核集团 64 户工业企业中，补贴前亏损企业 41 户，亏损面达 64%，补贴后亏损企业 37 户，亏损面达 58%。受军品限产停产影响，企业出现严重亏损，无法实现自负盈亏，绝大多数企业处于资不抵债境地。一批民品项目，因地处偏远山区、远离市场、信息不灵，负担沉重等原因，多数转民项目又相继成为新的亏损源。

1998 年，铀矿冶系统亏损 2 亿多元。破产前湖南矿冶局每年亏损高达 1 亿多元，负债总额达 12.8 亿多元，其他省局情况基本类似。相当一部分铀矿山资源枯竭，不少配套企业停产或半停产。

中国宝原工贸公司（简称中国宝原公司）系统的工业企业基本没有军品项目，民品项目在经营管理和市场适应上出现较大问题。1999 年，10 家工业企业 7 家亏损，亏损面 70%，亏损 3 570 万元。物资供销企业亏损面 100%，亏损 345 万元。

核燃料系统四〇四厂和八二一厂从 1988 年以来进入调整期，成为核工业两个最大亏损源。2001 年，四〇四厂亏损 1.09 亿元，八二一厂亏损 1.44 亿元。

**（四）富余人员多，职工生活困难**

中核集团成立时，二级成员单位 246 个，在职职工人数 17.5 万人。工业企业职工 148 398 人，离退休职工 54 613 人，相当数量在职职工成为富余人员，无事可干，职工反映强烈，矛盾日益尖锐。有些停产企业毫无经济来源，仅靠国家有限补贴维持。1999 年全系统人均年收入 0.922 万元，其中工业企业职工人均年收入仅 0.55 万元。由于职工收入水平低，相当多数量的职工生活困苦，成为特困群体，有的职工甚至靠给当地农民打工度日。有的职工一家三代只有一间“干打垒”土房，大部分职工居住在建矿（厂）初期的危房中。

铀矿冶系统由于多年军品停产限产，产能产量低，生产设施老化，生产条件艰苦，生产成本高，民品项目银行债务重，无效益，职工人均月工资只有 300 元。在职和离退休人员达 6.5 万人，家属工近 3 万人，待业青年近 2 万人；职工住房因矿（厂）而建，因地而居，都居住在山区或远郊。建矿（厂）初期都是按照“先生产后生活”的原则建设的，大多数为“干打垒”简易住房，70%以上职工住在危房里，生活条件十分艰苦。加之历史遗留问题多，社会负担重，企业难以承担，群体性上访时有发生。

新疆“两矿一厂”三分之一职工家庭月人均收入低于 40 元，湖南七一二矿常年停工停产，2 700 多名职工领取 70%~75%的工资，全矿 15 000 多名职工家属月人均生活费低于 45 元的占 74%。矿冶系统有待业青年 1.3 万人，就业率 15.2%，有的已经待业 10 年，有的一家好几个人待业，由于远离城镇，待业青年不能参加地方招工，企业本身又无力解决，自杀、行凶及各种违法案件逐年上升，待业人员成为企业和职工家庭沉重负担，且全系统职工住房三分之一属危房。

中国宝原公司系统 1999 年在职职工 16 988 人，其中职工下岗 1 565 人，占在职职工总数 9.2%。但下岗分流无政策支持，难以为继。部分企业地处深山，没有军品任务，开发民品项目非常困难，数万职工和家属窝在山沟里苦挣苦熬。

核燃料系统由于产业布局分散、地处边远，生产任务不足，转民未见成效等问题，2001 年 7 个企业全部亏损，富余人员约 3 700 多人，经济状况十分严峻。由于当初建设标准偏低，几十年运行下来，给排水、电气、供暖供热及实体保护等基础设施设备陈旧老化、技术性能落后、安全隐患多，严重影响科研生产正常进行。特别是部分特殊岗位人员收入过低，如承担核设施退役及三废治理项目专业人员，年平均工资待遇与外系统同类人员差距悬殊，高层次技术、管理人才流失，科研技术水平和管理水平逐渐下降。其住房多为上世纪六七十年代建筑，多数是危房。核燃料系统离退休人员大多数参加了核工业第一次创业，养老金都比较低，但企业经济状况差，无力改变离退休老同志等困难群体生活状况，部分离退休职工由于配偶无经济来源，子女就业困难，家庭人均收入低于当地最低生活保障线。

## 三、核工业困难问题的特殊成因

核工业面临的问题和困难，是在特殊的历史背景下逐步积累形成的。

### （一）体制机制与市场经济严重不适应

在特定历史条件下成长起来的核工业，逐步积累形成具有很强独立性的庞大体系，自我封闭的格局一直没有真正打破。不论是否有军品任务，企业均由中央直接管理。在这种管理体制下，行业内部资源配置不合理，与外部不协调、不配套，既难以更多地依托和利用全社会的力量发展核军工，也难以使核军工真正地融入地方经济，实现寓军于民。核工业转民之后，在一个企业内既要保军，又要搞民，而高度指令性的军品与完全放开的民品的不同管理方式，使得企业处于保军难、转民难的两难境地，核军工主业无法突出和精干，民品也难以做大做强，更难以实现投资主体多元化，真正建立现代企业制度。中央对核军工企业的政策到地方难以落实，地方政府的优惠政策，核军工企业能够享受的也不多，限制了企业民品的发展和活力。

一些企业按照搞军品的模式管理民品，不重视市场需求和调查，盲目决策，管理粗放，依靠银行贷款建线生产，导致产品销路不畅，或者高投入低产出，背上沉重债务负担，成为新的亏损源。

各企业职工人数都是按建厂时期军品任务核定，人员本就富余，军品任务减少后，国家撤销、压缩、封存部分核军品生产线，军转民项目吸纳人数十分有限，冗员状况更加严重。企业普遍承担办社会职能，职工生老病死，子女入学就业无所不包。例如，四〇四厂具有独立的学校、医院、消防、公检法、后勤服务等，体系庞大，企业成为一个典型的小社会。

### （二）相当数量的核军工单位地处三线，转型发展困难

核军工是在战备状态下逐步发展起来的，相当数量的核军工企业在远离城市的三线山区，虽经过三线的调整搬迁，已有少数企业离开了山区，但截至 1999 年大部分企业仍在深山老林。这些地方信息闭塞，交通不便，加上沉重的办社会负担，产品成本远高于城市企业，毫无竞争力。过去生产军品，还可以争取到种种照顾，军品任务一旦减少，企业便陷入困境。同时，相当一批企业已经失去生存条件，有的矿山资源枯竭，失去存在价值，有的

企业地处地震断裂带，山体滑坡、洪涝灾害经常发生。

**（三）思想观念相对滞后**

核军工企业长期从事军品研制与生产，受计划经济体制和军品任务指令性生产影响很深，旧的思想观念和行为习惯一时难以扭转，片面强调军工特殊，靠军“吃饭”的等靠要和守摊子思想较为浓厚，总是寄希望于国家给任务，给补贴，给政策，在相当一段时间，改革的动力不足、决心不大，体制机制远远落后地方和民营企业。

在面临种种困难的情况下，不得不走上调整改革以求脱困的艰难之路。

## 第三节　国防科技工业与核工业调整改革的决策部署

党的十五大对国有企业提出“三年脱困”改革的战略目标，即从1998年开始到2000年3年内，使得国有及国有控股大型亏损企业扭亏为盈，基本脱困。军工企业历史问题复杂，积累问题尤为严重，是当时国企调整改革的重点和难点。

### 一、中央的决策部署

**（一）关于核地勘队伍属地化**

1998年11月3日，国务院总理朱镕基在听取国防科工委汇报有关铀矿地质单位下放时讲道：“我的意思是说你是不是全部交给国土资源部？承担这个任务的单位都交出来了，你不能保证核工业能够有足够的资源开采。你不能完全移交出去（蒋心雄解释说：“我们还留了几千人的队伍，足够用了”），那样还可以。”① 当时，温家宝副总理也说，几万人的核工业地质队伍太大了。他表示赞成保持一支精干的队伍，同时也指出，“如果核原料不能自给，那么我们核大国的地位就处在被动状态。”②

---

① 中国核工业地质局.中国核工业地质局60年大事记[M].北京：中国原子能出版社，2015：146.

② 中国核工业地质局.中国核工业地质局60年大事记[M].北京：中国原子能出版社，2015：146.

1999年3月17日，国务院第15次常务会议审议通过了《地质勘查队伍管理体制改革方案》，国务院办公厅于5月4日印发。《方案》中明确："核工业可以保留一支从事放射性矿产勘查的精干队伍，其余队伍可与原地质矿产部的地勘单位同步按照属地化、企业化的原则进行改革，具体实施方案由国防科工委确定。"

**（二）关于资源枯竭铀矿山等企业的关闭破产**

1998年11月3日，国务院总理朱镕基指出："核矿冶的问题，完全靠企业集团是消化不了的，交给地方不可能，花多少钱也甩不掉这个包袱，那就要中央给予支持，下决心解决这个问题。"①

1999年7月1日，朱镕基总理在十大军工集团成立大会上要求："切实打好结构调整攻坚战，通过军民品分线和关停、转产一部分企业，尽快把不需要而又落后的生产能力压下来。"

2000年6月1日，党中央和国务院下发《关于进一步做好资源枯竭矿山关闭破产工作的通知》（简称［2000］11号文件），适用于煤炭、有色和核工业矿冶三个行业系统资源枯竭矿山企业的关闭破产，明确了职工安置、提前退休、再提前5年退休（退养）、离退休人员安置及管理机构（社区管理机构）、合同制职工、企业办社会职能、工伤残人员经常性费用等问题的解决办法。

2000年，中央组织部下发《关于实施关闭、破产企业中加强党的工作意见》。

2002年3月10日，国务院出台《军工企业改革脱困方案》（简称［2002］7号文件）。文件明确：一是核工业矿山企业、地处深山职工再就业困难的三线企业的关闭破产，执行［2000］11号文件的规定；二是部分军工企业在分立出军品生产线后实施破产；三是对当地不具备基本生活生存条件的部分军工关闭破产企业实施异地安置政策；四是关闭破产企业离退休人员的军工行龄津贴列入破产费用，一次性发放；五是企业破产前先办理企业下划地方手续，企业原享有的维持维护费用一并划转地方；六是企业进入破产程序前，以军工集团公司为主做好破产前准备工作，进入程序后，以企业所在地政府为主组织实施，确保社会稳定。

① 孙勤.浴火重生［M］.北京：中国原子能出版社，2017：44.

## 二、相关配套政策文件

为进一步贯彻落实中央的决策部署，全国企业破产和职工再就业领导小组（简称全国领导小组）、国家有关部委相继出台一系列配套文件。

1. 为与《地质勘查队伍管理体制改革方案》配套，1999 年 5 月 12 日，《核地勘队伍管理体制改革实施方案》（简称《实施方案》）经财政部、中编办、劳动和社会保障部会签后，由国防科工委与国土资源部联合印发。《实施方案》争取了更多的优惠政策，大大提升了核地勘队伍管理体制改革的效力。

2. 与中办发［2000］11 号文件配套的主要文件有：

全国企业破产和职工再就业领导小组关于印发《中央企业及下放的煤炭、有色金属企业关闭破产实施办法》的通知；

全国企业破产和职工再就业领导小组关于贯彻执行《中共中央办公厅、国务院办公厅关于进一步做好资源枯竭矿山关闭破产工作的通知》有关问题的意见；

国办转发国家经贸委等部门《关于解决国有困难企业和关闭破产企业职工基本生活问题若干意见的通知》；

最高法院关于贯彻执行《中华人民共和国企业破产法（试行）》若干问题的意见；

最高法院《关于当前人民法院审理企业破产案件应当注意的几个问题》的通知；

财政部《关于加强企业关闭破产费用预案审核工作的通知》；

财政部关于印发《非资源枯竭矿山企业关闭破产费用测算办法》的通知；

财政部关于印发《资源枯竭矿山企业关闭破产费用测算办法》的通知；

国家经贸委、财政部《关于国有企业管理关系变更有关问题的通知》；

劳社部《关于做好关闭破产国有企业职工安置方案审核工作的通知》；

财政部《关于印发关于企业国有资产办理无偿划转手续的规定的通知》；

财政部《关于中央企业破产资产评估项目管理有关问题的通知》；

财政部《关于印发〈国有企业试行破产有关财务问题的暂行规定〉的通知》；

财政部《关于印发〈国有企业试行破产有关会计处理问题暂行规定〉的通知》；

财政部、国家税务总局印发《关于个人与用人单位解除劳动关系取得的一次性补偿收入征免个人所得税问题》的通知；

劳社部办公厅关于资源枯竭矿山企业有工伤（职业病）史且已办理离退休手续人员能否进行工残等级鉴定问题的复函。

3. 与国办发［2002］7号文件配套的主要文件有：

全国企业破产和职工再就业领导小组《关于印发〈关于中央所属军工企业等三类企业关闭破产适用政策问题的意见〉的通知》；

国防科工委办公厅转发《关于印发〈关于中央所属军工企业等三类企业关闭破产适用政策问题的意见〉的通知》；

财政部关于军工企业关闭破产费用测算有关问题的通知；

国资委等五部委《关于贯彻军工企业改革脱困方案有关问题的意见》；

劳社部、国防科工委《关于做好关闭破产军工企业职工安置工作有关问题的通知》。

此外，1999年1月12日，国务院下发《国务院关于调整五个军工总公司所属学校管理体制的决定》。为了贯彻落实该文件，教育部、江苏省、湖南省、江西省等下发了相应文件。2002年11月18日，国家经贸委等八部委下发《关于国有大中型企业主辅分离辅业改制分流安置富余人员的实施办法》，2002年5月14日财政部下发《关于核工业物资供销企业调整所需费用的批复》。

## 三、国防科工委的部署要求

2000年，国防科工委明确把促进军工企业改革脱困和高新武器装备科研生产作为“两个攻坚战”，其中“打好军工企业改革脱困攻坚战”的主要措施是：转变观念、明确目标，调查研究、弄清症结，分类指导、改革脱困。针对军工企业历史包袱大，亏损挂账严重，债务负担、人员负担、企业办社会负担过重等问题，实行分类指导，提出企业脱困和军品能力调整方案并组织实施。对骨干企业实施战略改组，优化结构布局，解决突出矛盾。针对连年亏损的军工企业，缺乏经济来源，仅靠国家调拨资金补贴、搞有限维持的停产企业，采取鼓励兼并、规范破产、下岗分流、减员增效和实施再就业工程等措施，形成优胜劣汰的竞争机制。

## 第四节　核工业调整改革基本思路和组织实施

### 一、基本思路

按照中央决策部署和国防科工委提出的对部分军工企业实行“摘帽、销号、转产、关闭”的调整办法，中核集团调整改革的思路是：根据以精干、浓缩核主业为原则，以最大限度提高整体经济效益为目标，统筹安排，分类实施，通过地质队伍属地化压缩一部分、通过核矿冶专项关闭一部分、通过破产销号一部分、通过军民分线分立剥离一部分、通过资产划转移交一部分、通过资产重组优化一部分、通过债转股加强技术改造等扶持一部分。通过调整改革实现企业脱困，建立完整、精干、高效的新型核工业体系。

所谓完整是指保留地质、矿冶、核燃料、核电、军工、科研这样一个军民结合、上下游结合、科研与生产结合的完整的核工业体系。

所谓精干，就是大幅度精简队伍，保留最有用、最核心的部分，力争用三年左右时间，完成既定调整目标，即成员单位压缩 48%，在职职工人数减少 46%，并在此基础上加快核心能力培养，突出“核”主业的发展。

所谓高效，就是坚持以效益为中心，发挥整体核科技优势，加速科技成果向现实生产力转化，变科技优势为产业优势、效益优势，建立适应市场经济要求精干高效的核工业体系。

在这个总的思路和目标下，确立了以下具体的工作目标：

1. 由中国核工业总公司直接管理的原地勘队伍，除拟保留的 13 个单位外，其余分布在 22 个省（自治区、直辖市）的 77 个单位划归省（自治区、直辖市）人民政府管理，共有在职职工 30 011 人，离退休职工 28 684 人。

6 个地质局所在省的 48 个地勘单位（共有在职职工 17 898 人，离退休职工 15 479 人），按省整体属地化，原核工业××地质局改为××（省）核工业地质局，属事业单位，由省人民政府的有关部门归口管理。属地化后，在省实行财务计划单列，并对所在省的原核地勘队伍实行统一管理。其余16个省（自治区、直辖市）的29个单位（共有在职职工12 113人，离退休职工13 205人）属地化后，由省级人民政府指定的部门管理，不再层层下放。

2. 中核集团列入国家关闭破产计划企业共34个，其中铀矿冶企业27个，中国宝原公司企业4个，核燃料企业3个。

## 二、组织实施

调整改革脱困是一项复杂的系统工程，关系重大，政策性强，牵涉面广，必须精心谋划、精心组织。为落实中央的决策部署，实现核工业调整改革的思路目标，国家有关部门和中核集团采取了一系列行之有效的重大措施。

### （一）制定切实可行的目标

依据中央决策部署和有关要求，在前期大量调研、反复讨论，听取各方面意见建议后，中核集团确定了各系统的具体思路和目标。

核地勘队伍调整改革的思路目标是：适应社会主义市场经济要求，建立新的地勘工作体制；保留一支精干的核地勘队伍，承担国家放射性矿产资源的勘查任务，满足国家对铀资源的战略需求；绝大多数核地勘单位实行属地化管理，并逐步实行企业化经营。

核矿冶调整改革的思路目标是：一方面开展资源枯竭铀矿山关闭破产，另一方面，根据国家确定的发展核电铀资源立足国内的方针，对资源较为充裕、负担十分沉重的少数铀矿山企业进行剥离分立，剥离出来的军品资产重组改制，母体实行关闭破产。

核燃料系统调整改革的思路目标是：军民分线、项目分离、人员分流，以促进机制转变，争取享受国家特殊政策和债转股、兼并破产方面的优惠政策，促进核燃料工业长远发展。

八二一厂和四〇四厂整体脱困的思路目标是：加快军品科研生产能力结构调整，转换经营机制，加大技术改造和改革脱困力度，使之逐步建设成为主体精干，机制灵活，技术先进，设施良好，科研生产一体化，满足国防建设需要、适应市场经济要求的新型战略核基地。

中国宝原公司物资供销系统调整改革的思路目标是：改制后企业的资产结构、组织结构、人员结构得到优化，所有者利益得到保护，真正成为产权明晰、面向市场、自主经营、自负盈亏、自我约束、自我发展、独立承担民事责任，具有法人地位的经济主体。

**（二）建立组织保证体系**

为实现统一领导、统一指挥、统一行动，国家和有关部委、地方政府及中核集团均成立有关机构，形成组织保证体系，确保调整改革脱困顺利实施。

1. 国家和部委层面

为实施国有企业政策性关闭破产，经国务院批准成立全国企业兼并破产和职工再就业工作领导小组，负责企业关闭破产组织领导和监督检查。

经国务院同意，成立了由国防科工委、国资委牵头，财政部、劳动和社会保障部、银监会、信息产业部、民政部参加的全国军工企业改革脱困工作领导小组和办公室，统一领导、协调指导和监督检查军工企业改革脱困。组长为国防科工委主任张云川。

成立了“国防科工委核地勘队伍体制改革工作组”，由国防科工委、中核集团有关人员组成，并划分为西北组，中南、西南组，华东、华南组，东北、华北组，分片负责核地勘队伍属地化改革工作。

2. 地方政府层面

有关省、直辖市、自治区地方政府成立了资源枯竭矿山关闭破产协调领导小组等领导和协调机构，由分管副省长任组长。一些省还专门成立核工业资源枯竭矿山关闭破产协调领导小组，各地、市相应成立核工业企业关闭破产项目协调小组，主要协调核工业关闭破产企业在社会保障、社会职能移交和维稳等方面工作。有些地、市还专门成立关闭破产稳定工作领导小组。

在关闭破产中，地方各级政府和有关领导关心、理解和支持核工业企业关闭破产，发挥了重要作用。一是帮助企业做好关闭破产各项前期工作，帮助企业反映情况，争取国家政策支持；二是组织实施关闭破产，协调解决关闭破产实际问题；三是维护社会稳定，防范和处理突发事件。

3. 中核集团层面

在核地勘队伍属地化改革中，1999 年 6 月中核总成立了副总经理孙勤为组长，计划部、财务部、体改部、地质总局主要领导参加的核地勘体制改革领导小组，具体负责推进核地勘队伍管理体制改革。地质总局成立了体改办公室。

在企业关闭破产改革中，1999 年 9 月 8 日，中核集团成立企业扭亏脱困工作领导小组，副总经理孙勤任组长，总经理助理钱福源任副组长，汪兆富、阮光立、杨映璜、邱建刚、孙又奇、费本涛、霍志立、王敏为成员。领导小组下设关闭破产工作办公室，分系统建立健全工作机制，每年初，由集团逐个确定破产项目，制定网络计划，从上到下明确任务。中核集团抽出 6 位局级干部组成 6 个工作组，分别负责 16 个省相关企业关闭破产工作，责任到人。

企业扭亏脱困领导小组实行例会制度，2000—2005 年，每月召开一次领导小组例会和全系统企业关闭破产电话调度会议，检查进度，交流情况，部署工作，确保完成年初确定的企业调整脱困目标。

铀矿冶、核燃料、中国宝原公司相应设立领导小组及办公室。中核集团派出的区域性管理机构——有关省局也成立关闭破产领导小组和办事机构，由省局局长任关闭破产领导小组组长，下设关闭破产办公室，负责下属企业关闭破产指导、服务、监督、协调和组织实施。

各关闭破产企业既是关闭破产对象，又是关闭破产组织实施者，企业党组织保持组织不散、班子不乱、旗帜不倒，都成立了由行政一把手负责的关闭破产领导小组，组建关闭破产办公室，具体负责本企业关闭破产过程中从预案编制到关闭破产终结的各项工作。企业党委坚持每周一次的例会制度，分析形势，掌握职工思想动态，制定针对性措施办法。各级领导干部和共产党员，始终站在关闭破产第一线。

**（三）强化政策宣传和思想政治工作**

调整改革是一次利益格局的大变动，涉及相关单位每个职工和家庭的利益，涉及企业和社会稳定，涉及国有资产的管理和安全。为此，调整改革全过程都贯穿着政策宣传和思想政治工作，争取广大职工的理解支持，以减少阻力，平稳推进。

在关闭破产工作启动前，中核集团、管理局（公司）分别组织编印了《实施关闭破产政策法规指导手册》等学习资料，采取举办培训班、召开座谈会、印发宣传材料、利用各种宣传媒体等方法广泛宣传。被确定破产的各企业，结合自身的实际，编写印制关闭破产政策宣传手册、政策解答，印制张贴给职工、离退休人员和家属的公开信。还通过企业电视、广播、墙报等制作专题节目，广为宣传，使关闭破产政策家喻户晓，人人皆知，使广大职工及时了解关闭破产工作进展。

核地勘单位干部职工，在40多年工作中，既为核工业作出了贡献，也和核工业结下了深厚感情。在属地化改革中，既要解决历史遗留问题，又要解决今后发展问题，干部职工对属地化的优惠政策期望值很高。国防科工委副主任张华祝与将要实行属地化管理的各地质局局长座谈，听取意见，并提出两个重要标准，即精干找矿队伍，满足国家对铀资源的战略需求；确保属地化单位的生存发展，以消除大家的担心。中核集团先后4次召开所属地质局局长会议，统一职工特别是各级领导干部思想。地质总局采取措施，在职工中讲明改革的重要性、必要性，讲自身需要与现实可能的统一，讲今后发展的基础和思路，使职工树立属地化管理既是大势所趋，也是自身发展需要，从而把认识统一到中央决策和改革方案上来。

与核地勘单位属地化相比，企业关闭破产的工作更加艰巨复杂。各级组织在关闭破产前期准备和实施操作中，都把宣传政策，释疑解难，化解矛盾，维护组织决定和职工正当权益贯穿始终。各企业领导班子成员与中层干部谈心，干部与职工谈心，党员和职工谈心，党支部委员、党小组长与抵触情绪较大的职工结对帮扶。正是由于这些深入细致的工作，才取得了广大职工的理解、支持与配合。

**（四）争取优惠政策和各方支持**

1. 国家对核地勘队伍体制改革的专项政策

由于核地勘单位可用于经营的净资产少，设备陈旧老化，离退休人员多，改革难度较大，国家对其改革给予了资金支持和政策扶持。

国家对核地勘队伍管理体制改革的优惠政策由两部分组成。

一是属地化后的核地勘队伍与原地矿部的队伍同步按照相同原则进行改革，享受国务院确定的以下6项优惠政策：

（1）原地质矿产部和各工业部门地质勘查队伍的地质勘查费均以1998年预算为基数（不含一次性补贴）保持不变。划转到各省、自治区、直辖市的地质勘查队伍的地质勘查费，由财政部统一划转给各省级地方财政，在省级财政预算支出科目中单列，继续用于地质勘查单位离退休人员、地质勘查工作和经常性费用支出等。各地在首先确保离退休人员经费的前提下，将余下的经费分为公益性事业单位经费和地质勘查单位（地质勘查企业）经费两块管理，实行专款专用，不得挤占或挪作他用。

（2）地质勘查单位在属地化、企业化改革的过程中，可以继续将国家划定的地质勘查费基数中10%左右的勘查费转增国家资本金；地质勘查单位转让国家出资形成的探矿权时，允许其将部分或全部价款转增国家资本金。

（3）对地质勘查单位用于组织队伍转产，安排职工再就业等工作的银行贷款，财政继续给予贴息扶持。

（4）地质勘查单位在由事业单位转为企业的过程中，继续享受事业单位的各项税收政策。

（5）地质勘查队伍实行属地化管理后，各地应将实行企业化经营的地质勘查单位下岗职工与当地下岗职工同等对待，领取地方印制发放的下岗证，享受国家和当地有关再就业的优惠政策。下岗职工基本生活保障按照国家有关规定执行。

（6）要千方百计确保地质勘查单位离退休职工养老金及时足额发放。尚未进入地方养老保险统筹体系的地质勘查单位离退休人员的养老金标准和有关待遇不变，费用从划转省级财政的地质勘查费中列支，待国家行政事业单位的养老统筹办法出台后，再按统一办法执行。

二是考虑到核行业的特殊性，为了保持职工队伍的稳定和改制工作的平稳过渡，出台了以下专项政策：

在转制过程中，核地勘队伍可继续执行现行的劳动工资制度（如事业津贴、工资待遇等）；待企业化改制工作完成后，按照国家有关企业劳动工资管理的法律、法规和政策，改行企业劳动用人制度和企业工资制度；根据国家对地勘单位的统一要求，核地勘单位及其职工，应按照《失业保险条例》

有关规定，参加单位所在地的失业保险基金统筹；核地勘单位现享受国家给予的军转民、三线调迁等政策给予保留；核地质系统转民过程中组建的工程建设单位的资质保留，由中国核工业建设集团公司归口管理；核地勘单位现有的地勘费总数中用于地质工作、人员分流等费用，可进行调整。

专项政策为解决核地勘单位面临的困难提供了政策和经费保障，大大减轻了改革的压力，提高了改革的效力。

2. 争取铀矿冶关闭破产优惠政策

1999 年下半年起，国家经贸委、财政部、劳动和社会保障部、国防科工委等部委领导多次赴铀矿冶系统企业实地调研，通过国家部委实地调研和中核集团上下努力工作，不断反映矿冶企业困难情况，为尽力争取矿冶系统改革脱困的政策支持打下了基础。受中央委托，中财办组织了由国家 8 部委和军工集团参加的调研组，于 2000 年 3—4 月赴湘、黔两省调研，实地调研 6 户资源枯竭矿山，其中包括核工业 2 户企业。中财办调研后，中核集团就矿冶系统困难和存在问题向中央财经领导小组等作了专题报告，并对如何解决矿冶系统问题提出建议。建议内容涉及职工安置、提前退休、再提前退休、离退休人员管理、合同制职工、企业办社会职能、职工住房、精干主业等方面问题。这些建议随后陆续纳入国家制定出台的相关文件中。

根据国务院《军工企业改革脱困方案》（7 号文件）精神，矿冶系统分立破产的“八矿一厂” 9 个单位不能享受异地安置国家给予补贴的政策。为解决这 9 个单位异地安置的财政补贴问题，原二机部刘杰部长得知消息后，于 2004 年 12 月 29 日写信给温家宝总理，反映铀矿冶系统还有异地安置政策没有覆盖到的历史遗留问题亟待解决，建议国家对这部分企业的异地安置给予部分补贴。该信得到温家宝总理、黄菊副总理及国家有关部委的高度重视。2005 年 3 月 7 日，国防科工委和财政部给国务院上报了《关于解决核矿冶企业有关问题的报告》。黄菊副总理批示：“核矿冶企业数量不多，但困难问题较为突出，在实施有关政策时，可考虑予以照顾。”① 温家宝总理批示：“同意。” 至此，解决了这些单位的异地安置补贴问题。

---

① 黄菊副总理 2005 年 3 月 7 日在国防科工委和财政部给国务院上报的《关于解决核矿冶企业有关问题的报告》的批示。

3. 争取四〇四、八二一两厂专项脱困政策

中央领导一直在关注四〇四、八二一两厂的问题和困难。2001 年以来，江泽民、胡锦涛、吴邦国等中央领导就此作出一系列重要指示。

中核集团经过近两年多次实地考察调研，于 2001 年年底上报了《关于整体、系统解决两厂困难和问题的建议的报告》，中核集团根据国防科工委领导提出的修改建议作了进一步补充说明，为国家相关部委制定脱困政策和措施提供了依据。为整体解决两厂问题，中核集团总经理李定凡及集团党组成员，多次带队向国防科工委、国家有关部委反映两厂情况，汇报两厂解困方案，得到国防科工委主任刘积斌、副主任张华祝等领导，以及财政部、劳动和社会保障部、国资委等部门领导的理解支持。

在推动出台两厂解困方案和支持政策期间，国防科工委、财政部、劳动和社会保障部全力落实中央领导批示，千方百计谋划两厂脱困出路。从中核集团 2002 年 2 月上报《关于整体、系统解决两厂困难和问题建议报告的说明》开始，国防科工委、财政部、劳动和社会保障部于同年 7 月、8 月、10 月分 5 次提出意见建议，多位领导到两厂实地调研，论证脱困思路和方案，积极促进疑难、焦点问题和特殊困难解决。

同时，中核集团通过各种渠道向国家有关部门反映两厂困难和问题，引起高层重视，党和国家领导分别在 3 个《国内动态》清样和陈书云同志“关于四〇四厂困难情况致江泽民总书记的信”上作了批示，由此，争取到财政部从应急角度给予的多项政策和资金支持；争取到国防科工委对四〇四厂抗震维修、基础设施改造等多个项目可研报告的批复和紧急处理的资金支持，这些措施对缓解当时突出矛盾，解决特急困难，稳定队伍起到了重要作用。

国防科工委副主任张华祝带队前往八二一厂，深入调研核安全状况、脱困思路、离退休老同志安置，召开现场会议研究论证脱困方案可行性，为脱困方案尽快出台起到重要作用。

为争取与四〇四厂同等政策安置八二一厂离退休老同志，中核集团反复向有关部委说明缘由，提出“四相同”依据和意义（两厂历史贡献相同、工作性质和条件相同、承担的重大责任相同、两厂现行政策相同），最终得到有关部委理解和支持。

经过两年多努力，“一委两部”（国防科工委、财政部、劳动与社会保

障部）和五部委（国防科工委、财政部、劳动和社会保障部、国资委，银监会）分别于2003年3月、2004年8月向国务院上报两厂整体解困实施意见，经国务院领导同意后下发文件，两厂整体调整脱困专项政策终于出台。

4. 争取地方政府支持

由于国家出台的政策与各地方规定有差距等原因，关闭破产企业属地化等工作中遇到一些困难，协调解决颇有难度，需要充满耐心，多次反复。为此，中核集团领导利用各种机会，向地方领导汇报，沟通协调，达成共识后推动落实。对于一些特殊问题，勇于担当，不推诿扯皮，如铀矿山和放射性设施的退役治理、企业内部稳定等，凡应由中核集团承担的及时承诺，消除了地方政府的顾虑。

一些属地化核地勘单位把单位基地由相对偏僻的中小城市向较大城市搬迁，获得地方政府在政策、土地和资金等方面的支持。

5. 争取银行等核销债权债务的理解支持

企业关闭破产，确定银行和金融资产管理公司债权，制订破产方案要充分征求银行和金融资产管理公司意见。非独立法人或由上一级单位统贷的企业债务，要在征得三分之二以上债权额的债权人同意，并在与有关债权银行和金融资产管理公司商定债权分割方案基础上方可实行分立。有外国政府贷款、世界银行贷款、亚洲开发银行贷款及外国商业银行贷款转贷款的，必须落实偿还渠道或明确银行认可的接受单位。全国企业破产和职工再就业领导小组下达中核集团34个关闭破产项目拟核销呆坏账计划数共计181 639万元(其中八二一厂未下达计划数)。征求意见中，多数银行表示按中央政策办理，理解企业关闭破产的苦衷，也有个别商业银行基层机构工作难做。但负责该项工作的同志，硬是凭着一股韧劲，不懈地沟通协调，做通了各级银行和资产管理公司相关人员的工作，34个关闭破产项目最终都与贷款银行和金融资产管理公司在核销呆坏账上达成一致。

6. 争取司法部门指导和支持

破产清算是一项牵涉面广、政策法规性强的系统工程，根据规定，清算工作在法院领导下进行，取得法院指导和支持对破产清算至关重要。为此，关闭破产启动前，企业提前与主审法院沟通、衔接，取得法院的理解和支持。集团上下积极协调与理顺企业与法院关系，同法院多联系多汇报，保证政策落实符合法律要求，及时准确为法院提供企业破产相关法律条文的学习材料，便于他们有效指导。

**（五）各级领导深入一线解决问题**

在关闭破产方案实施过程中，遇到大量棘手问题，有些问题必须由高层领导出面协调方能得以解决。相关部委领导主动深入一线调研，察实情，出实招，办实事，推动问题解决。为解决四〇四厂生活区搬迁后地方政府暂时无法提供部分服务设施的问题，国防科工委主任刘积斌、副主任张华祝到现场调研后，决定为建设幼儿园、中小学校设施、离退休人员活动中心，提供政策和资金支持，解决了在职职工和离退休同志的后顾之忧。2004 年 7 月 15 日，国防科工委副主任张广钦、中核集团副总经理孙勤和江西省政府有关领导就破产企业养老保险、医疗保险、成立社区等问题交换意见，对解决问题起到积极作用，特别是对成立社区起到关键作用。之后，短短两个月内在赣 4 个社区都经所在地批准成立。

国家有关部委司局领导多次到核工业企业调研，指导协调关闭破产工作。国资委李冰、财政部陆素娟、国防科工委荣忠启等同志在企业关闭破产过程中，多次深入企业听取汇报、察看现场、入户走访、召开不同层面人员座谈会，了解企业情况、职工生活状况、当地政策规定等，为推动相关政策的出台和落实做了大量工作。

中核集团领导及关闭破产办公室人员在各企业关闭破产重点、节点和难点工作中，到现场和一线，指挥协调，经常直接面对职工做工作。在各企业划转协议签订过程中，中核集团总经理李定凡等分别到浙江、甘肃、广东、湖南等 6 个省，参加与地方政府会商或协调。关闭破产工作全面展开阶段，中核集团分管副总经理孙勤马不停蹄，有时一周内要辗转 3 个省指导协调、处理问题。在各企业与当地政府协调遇到困难时，中核集团都会及时派出人员前去协调，特别是在签订企业属地化协议、区域范围内共性问题、重大问题等方面需要高层协调时，中核集团领导都亲赴地方协调。在发生重大不稳定事件时，中核集团领导总会带领工作组赶赴现场，与职工代表座谈，看望慰问困难职工，化解情绪，平息事态。在签署七九六矿下划地方协议时，金原铀业公司主要领导，在甘肃省政府坚守 8 天，协调各方面关系，终于签署了协议。广东矿冶局第一户破产的七四三矿在签订变更隶属关系协议时，中核集团相关部门和广东矿冶局领导与广东省有关部门协商半年无果。之后，由中核集团总经理李定凡、副总经理孙勤亲自出面商洽，协议得以签订，广东省最终同意接收所有资产和人员。

**（六）严格按政策规范操作**

1. 始终以政策为依据

地质队伍属地化方案出台后，中核地质总局派专人以国防科工委名义分赴有关省政府、国防工办、国土资源管理部门，通报核地勘队伍管理体制改革情况，了解地方政府对核地勘单位属地化的态度，恳请其按中央有关文件精神将核地勘单位属地化改革与原地矿部队伍一同部署安排，为统筹安排后续工作奠定了基础。1999 年 5 月上旬，《实施方案》出台后，地质总局分赴 22 个省（自治区、直辖市），送去核地勘队伍管理体制改革实施方案及会商纪要文本，请地方政府提出意见。同年 8 月 1 日，湖北省核地勘队伍属地化会商取得突破，国防科工委与湖北省人民政府率先签订核地勘队伍属地化管理会商纪要。经过一年多艰苦工作，到 2000 年 7 月 10 日，国防科工委与海南省人民政府签署在琼核地勘单位属地化管理会商纪要，标志核地勘单位属地化会商全部完成。

2. 编制各项具体方案

一是编制关闭破产费用测算方案。为用好用足政策，争取尽可能多解决职工实际困难，中核集团、管理局（公司）、各省局派出工作组深入破产企业，指导破产企业按国家政策文件认真编写关闭破产费用测算方案。各关闭破产企业对人员、资产、财务和债权债务等全面调查摸底，建立关闭破产基础数据库，收集各类调查取证材料，根据 11 号文件等要求，编制关闭破产费用测算方案。中核集团 34 个关闭破产项目破产费用测算方案经财政部审核后，中央财政共计下达补贴资金 329 013 万元（含异地安置补贴资金）。

二是制定职工安置方案。根据 11 号文件等要求，各企业遵照“分类指导、统筹安排”“依法依规，公开公正公平”等原则，精心编制职工安置方案，制定多渠道多途径安置职工措施。给符合提前退休、退养、病退、工残退休条件人员办理相关手续；对一次性安置人员发放安置费或经济补偿金，签订解除劳动关系协议，置换职工身份；对工伤残人员发放伤残抚恤金或伤残津贴。企业所办学校、医院、公安、供水、供电、供暖等公用服务单位工作人员，随设施一起移交当地政府相关部门安置；离退休人员成立管理机构（社区管理委员会）安置；通过破产分立企业、政府扶持、社区拓宽就业门路、职工自谋职业等手段促进职工再就业；离退休人员加入所在地医保统筹；对在职职工和离退休人员发放放射性津贴或军工行龄津贴。

三是签订企业下划协议。关闭破产企业在法院受理破产申请前，先办理下划地方手续，由中核集团与地方政府签订企业下划协议书，报全国领导小组办公室作为审查破产启动必备文件，同时办理企业资产和财务关系等划转手续。在办理企业资产和财务关系等划转手续后，财政部核拨关闭破产企业所需中央财政补贴资金。启动关闭破产前，中核集团分别向各省人民政府发送商请变更核工业关闭破产企业隶属关系的函，即隶属关系由中核集团管理变更为各省人民政府管理。通过签订企业下划协议，将原企业亏损补贴或维持维护费基数随同下划地方，专项用于企业关闭破产和遗留问题处理。中核集团34户企业在关闭破产前全部办毕下划地方管理手续，共计下划亏损补贴（含维持维护费）基数17 570万元，为企业关闭破产后社区运行管理提供基本经费来源。

3. 方案、协议等申报审核及确认批准

一是职工安置方案的申报审核。企业将职代会通过的职工安置方案送省劳动和社会保障厅审核，审核后出具《职工安置方案审核意见书》。二是关闭破产费用的申报审核。企业将关闭破产费用测算方案报财政部驻各省、自治区财政监察专员办事处（简称专员办）审核。专员办审核后出具《审核意见书》。各省财政厅将关闭破产费用测算方案和《审核意见书》报送财政部。三是关闭破产预案申报审查。全国领导小组按规定程序组织有关部门审查。国资委、国防科工委对中核集团上报的企业关闭破产预案初审，再由财政部负责关闭破产有关费用测算审查，银监会负责组织各债权金融机构审查有关金融债权等情况，劳动社保部负责职工安置方案审查。四是破产启动申请、批复。在各项基础工作基本完成后，企业向中核集团、省企业兼并破产领导小组提出关闭破产启动申请，省企业兼并破产领导小组同意后向全国领导小组申报进入破产法律程序，全国领导小组办公室批复同意后由企业向所在地市中级人民法院递交《关闭破产申请书》，市中级人民法院下达裁定书，进入破产法律程序。

4. 将召开职工代表大会作为企业实施关闭破产前置条件

根据全国企业兼并破产和职工再就业工作领导小组［2000］32号文件精神，企业必须制定关闭破产方案和职工安置方案，经职代会讨论通过后才能实施。为此，各企业党委、行政明确将开好职代会列为关闭破产各项工作重中之重，由企业党、政主要领导负总责，领导班子其他成员及全体中层干部按各自分工，把主要精力放在开好职代会前期准备中。中核集团、管理局（公司）、各省局派出工作组指导企业开好职代会。在开职代会前，各企业认真组织开好各种不同类型座谈会，统一思想认识，要求党员起模范带头作用。同时，积极做好每个职工代表思想工作，加强职工代表培训，让职工了解关闭破产政策，消除顾虑。经广泛宣传、周密组织，绝大部分企业关闭破产方案和职工安置方案在职代会上以全票或绝对多数票一次性顺利通过，有个别企业未能一次通过，经艰苦细致工作得以最终通过。

5. 依法依规进行关闭破产清算

按关闭破产相关政策要求，列入国家关闭破产计划的破产项目，由企业所在地市中级人民法院受理，经各地市中级人民法院批准，成立相应企业关闭破产清算组。清算组在法院领导下，负责关闭破产企业清算。法院裁定并公告企业破产后，随后成立破产清算机构，制定清算方案。清算组下设综合协调、资产财务、职工安置、信访维稳等专业小组。清算期间，重大事项均由清算组集体讨论决定。清算组进驻并接管企业后，立即查封并接管企业全部资产、账册、档案、人员，有效维护国家、债权人和职工利益，保证国有资产安全。由于措施得力，从清算开始到完成，未发现资产流失和其他违规事件。清算组委托有资质的会计师事务所审计和评估破产资产，审计评估结果按程序报送企业所在省财政厅核准后，规范做好资产变现。认真做好债权债务清理，确保第一次债权人会议顺利召开，由于措施到位，应对得当，34个关闭破产企业清算组所提《破产财产分配方案》都通过债权人大会审议，确保了第一次债权人大会圆满成功。通过实施破产清算，中核集团34个关闭破产企业实际核销呆坏账共计349 721万元。在关闭破产各项政策得到落实、破产财产分配完毕后，清算组向法院申请终结破产法律程序，经法院审查同意，下达民事裁定书，宣告破产法律程序终结。2010 年 5 月 17 日，五洲工业公司（八二一厂所属）破产法律程序终结，标志中核集团 34 个破产企业破产法律程序全面完成。

**（七）建立缓冲区（社区）**

为保证关闭破产按计划完成，关闭破产企业先成立社区管理委员会（简称社区），负责原企业学校、医院、公安、消防、供水、供电、供暖等社会职能和离退休人员、工伤残人员、抚恤人员、遗孀遗属等管理。社区的建立和逐步完善，在企业关闭调整中发挥了极其重要作用，使离退休人员老有所依，心里踏实，消除失落和恐惧感，进而理解调整改革，促进了关闭破产工作顺利进行。

企业进入关闭破产程序时，按照关闭破产政策规定，企业向当地政府或民政部门递交成立社区的请示，经批准后成立社区，地方党组织批准成立社区党的工作委员会和纪律检查工作委员会。中核集团关闭破产企业共成立 33 个社区。所有关闭破产企业按照“机构落实、管理落实、经费落实、责任落实”原则，建立健全社区机构，按照属地管理原则，党组织和社区结合在一起，共同对关闭破产及以后的工作负责。

按照中核集团和管理局（公司）要求，省局相应成立由局领导为主任的社区管理办公室，负责与地方政府及有关部门联系协调，负责所在区域社区建设管理工作。经省政府有关部门批准，江西、湖南矿冶局成立了核工业社区管理办公室，其他省区也成立专门部门负责社区管理职能。

社区承担企业破产后职工异地安置工作，在方案制定、项目启动、建设监理、住房分配及搬迁、环境绿化美化、住房补贴发放等方面付出了艰辛劳动，成功处理各类群访事件，维护了企业和社会稳定。原企业所办学校、医院、供水、供电、供暖等生活和公共服务单位在关闭破产时没有全部移交的，其管理职能仍由社区承担。

中核集团创办社区，按照“破得了、稳得住、退得出”的工作思路抓社区建设，实践证明，是稳妥推进企业关闭破产工作的有效措施，是落实政策和维稳的重要保证，是加强与地方党委政府及有关部门联系协调的纽带，是最终实现移交地方实行社会化管理的桥梁。

**（八）多措并举维护稳定**

1. 建立维稳责任制

破产关闭企业大多是困难企业，职工长期低收入，再就业难，多年来沉积了诸多问题和怨气，影响稳定因素较多。一些人提出过高要求，不能满足时，有的哭闹，威胁谩骂，有的串联上访，聚众围攻，甚至阻断交通，群体事件易发高发。为此，从省局到企业层层成立维稳和处置重大、突发事件领导小组，分层次建立健全维稳组织，成立应急分队和突发事件处置组，畅通维稳信息网络，建立党政工团，保卫、信访等“六条信息网络线”，坚持周五信息报告制，每天向企业党委口头汇报制，企业领导实行24小时值班制度。班子成员和部分中层干部对重点人员采取“一对一”、甚至“多对一”办法，把维稳责任落实到人。企业进入关闭破产程序后，地方政府、公安部门发布“维稳工作通告”，张贴在企业和周边村组，同时编印《社会管理秩序有关法律法规规定摘录》发到每个职工，并通过企业内部有线电视对上述内容每晚滚动播放，教育职工、居民遵纪守法，因而在关闭破产期间总体上保持了稳定。

2. 妥善处理信访和群众诉求

企业关闭破产，不仅要解决当下的问题，还要解决不断冒出来的新问题，而且职工群众认为企业关闭破产了，以后的事没人管了，将许多陈年老账也翻出来，希望新老问题一次性都解决。因此，来信来访大量增加。34户企业关闭破产清算期间，清算组、企业（社区）共接待各类信访群众3万人次以上。做好信访工作，成为宣传政策、理顺情绪、化解矛盾纠纷的重要途径。各级建立横向联防、纵向联动信访工作机制，建立破产企业党政工主要领导信访接待日制度，设立职工群众意见箱，企业二级单位配备信访工作联络员，清算组成立信访接待小组。针对关闭破产热点、焦点及共性问题，变上访为下访。发现问题苗头或预判可能发生问题，清算组领导和企业领导就主动上门做工作，及时化解，防止问题发酵蔓延，引发更大范围的上访。清算组和社区接待来访，均在现场答复问题，答复不了的将问题梳理分类，交专业组人员按政策解答；涉及历史遗留问题，转社区督查办理。对一些政策规定以外的特殊问题，不许愿、不乱开口子，统一研究答复。八五七厂破产清算期间，积极谨慎回应部分退休党员呼声，主动就党员组织关系接转问题与地方党组织衔接，并向中组部调研组建议，凡关闭破产企业签了属地化协议之后，应立刻把党组织关系交地方管理，得到中组部采纳。七一二矿破产时有数百名遗孀遗属不能纳入享受异地安置政策住房补贴范围，引发强烈反响，中核集团迅速向国家有关部门反映，得到理解支持，及时调整了相关政策，将遗孀遗属群体纳入异地安置政策范围，有效化解了矛盾。

八二一厂关闭破产最困难阶段，中核集团成立了以孙勤为组长、杨长利为副组长的八二一厂安全稳定改革发展指导组和工作组，及时调整企业领导班子，加强改革脱困领导力量，从系统内共选派 18 人到企业任职，充实一线领导力量，妥善解决了公司职工及离退休人员医疗保险就地参保、工伤保险参保、搬迁后子女就学等诸多问题。八二一厂、四〇四厂调整脱困攻坚阶段，各种矛盾错综复杂，多发易发，维稳工作艰巨。在处置 10 多次较大群体事件中，中核集团核燃料部领导及两厂领导班子经受了严峻考验。四〇四厂少数退休职工拦截特种运输车辆事件发生后，中核集团核燃料部主要领导立即与厂领导班子研究提出了应对措施，中核集团立即召开党组会研究，提出 6 条意见，随后派出工作组，到现场处置，有效控制了事态发展。这起事件的果断处置，提升了企业正气，扭转了维稳被动局面，为后续工作开辟了道路。

3. 重点维护清算期间稳定

企业破产不仅影响债权人利益，对企业职工也产生很大震动。职工普遍产生失落感和危机感，感到前途渺茫、情绪低落，加上企业停产多年、靠亏损补贴度日、历史遗留问题集中暴露，职工积怨甚多，稍有不慎，便会引发严重冲突。面对错综复杂的矛盾局面，清算组进驻和接管企业后，将维稳作为破产清算期间头等大事，坚持依靠地方党委政府，依靠政策，依靠原企业党委、社区及广大干部职工，千方百计，忍辱负重，全力以赴维护清算期间企业稳定，保障破产清算在基本稳定环境中进行。许多同志忍受身体和精神双重压力，始终工作在第一线。中国宝原公司一位参加清算的女同志在被围攻撕打的情况下，仍苦口婆心地做说服群众的工作。湖南矿冶局破产办主任蒋兰芳，清算期间被职工家属围困长达 50 个小时，20 多个小时未进食，甚至衣服被撕破，仍耐心做群众工作。八五七厂厂长楼土根多次受到部分群众围攻，不顾个人安危，坚持工作。艰辛的工作，巨大的压力，令其积劳成疾，在完成破产清算后不久就因病去世。甘肃矿冶局局长卢树武、副局长刘兆祥坚持在企业关闭破产工作一线，哪里不稳定，他们就出现在哪里，为甘肃矿冶企业关闭破产倾注了大量心血。甘肃片区 4 个企业关闭破产接近尾声时，他们俩先后倒在工作岗位上。在 34 户关闭破产企业清算期间，大大小小群体性聚集上千次，百人以上群体性事件近百次，千人以上群体性事件数次。在上下共同努力和地方党委政府通力合作下，在清算组人员艰苦细致的工作下，群体性事件都得以平息和化解。

**（九）把解决实际问题和思想问题结合起来**

在企业破产关闭期间，各级坚持“无情破产、有情操作”原则，以人为本，把解决思想问题与实际问题结合起来，切实维护职工正当利益，为职工群众办实事，用行动赢得职工的理解支持。

1. 关心弱势群体和工伤残抚恤人员。实施破产期间，各级领导深入基层及职工家庭，走访慰问特困职工及烈属、遗孀遗属和工伤残人员，开展送温暖活动，发放困难补助资金和帮扶物资，成立帮扶中心，解决他们实际问题。一些企业关闭破产清算期间恰逢春节，企业领导分别到特困职工和情绪不稳的职工家中拜年，增进感情，交流思想，宣传政策，温暖了职工的心，促进了他们对破产工作的理解支持。各社区充分用好国家城市最低生活保障政策，积极争取地方民政部门支持，为特困职工、家属和遗孀近 8 000 人办理低保，缓解了这些家庭的生活困难。争取地方劳动保障部门支持，破产企业全部职工和退休人员参加了属地医疗保险，特别是离退休人员参保后，消除了“今后看病无人管”的担心，较好地稳定了情绪。

2. 促进职工再就业。就业是职工谋生的手段，也是企业的稳定器。为了帮助破产企业职工再就业，采取了一系列措施。一是分立出来的军品公司和重组项目优先安排原企业职工就业；二是新成立的社区实行低待遇、广就业办法，聘用原企业职工上岗；三是争取国家矿山退役治理计划，提供就业岗位；四是争取地方政府支持，移交企业办社会人员；五是争取劳动保障部门支持，指导和介绍职工就业，组织劳务输出。通过多种渠道和手段，使大多数职工实现了再就业，收入比前有所增加。为促进就业，采取了地方劳动部门和清算组共同负担的原则，免费为一次性安置人员提供再就业培训，提高了安置人员技能和就业竞争力；免费为一次性安置人员办理下岗证和再就业优惠证，使自谋职业职工能享受地方政府再就业优惠政策。

3. 改善职工住房困难状况。职工住房问题，是关闭破产企业突出的不稳定因素，解决住房问题迫在眉睫。职工原住房，建房时标准低，经过几十年风雨侵蚀，早已破烂不堪，到2000年，70%的住房被当地房管部门鉴定为危房。居住区基本生活设施设备均已老化，因缺乏改造资金，故障频发，经常停水停电，职工怨气很大。国家有关部委领导在调研时，看到职工住房如此破旧、生活如此艰苦，禁不住潸然泪下。各级组织千方百计，多途径解决职工住房问题。34户关闭破产企业中，有5户企业在实施关闭破产前，列入国家三线调迁计划，通过调迁进城解决了职工住房问题。七九二矿列入国家“八五”三线调迁计划，因故未能搬迁，后来发放了住房补贴。10户企业享受了异地安置政策。11户企业通过自筹资金和补助资金相结合，职工搬迁进城。五二五厂在中核集团和地方政府支持下，按“原拆原建、职工集资”方式建设经济适用房，较彻底地解决了危房和无房户住房困难，改善了关闭破产后职工家属居住条件。其他仍在城市原址企业住房条件也得到改善。同时，为退休回原籍及未享受住房改革政策人员发放住房补贴。

通过这些途径，基本解决了关闭破产企业职工住房困难。职工和离退休人员搬离居住几十年老矿区，告别危旧平房，住进城里新楼，长期困扰各级和职工的住房问题得到较好解决。

## 三、完成时间

核地勘单位属地化调整改革工作，从1999年5月12日国防科工委与国土资源部联合印发《核地勘队伍管理体制改革实施方案》开始，至2000年10月16日财政部和国防科工委联合印发《关于核工业属地化管理的地质勘查队伍财务关系划转地方管理的通知》基本结束。

铀矿山政策性关闭调整和民品资产重组工作，从1999年10月11日中核集团企业关闭调整协调会议开始，至2009年12月9日七二〇厂破产法律程序终结为止，基本结束。

核燃料企业调整脱困工作，从1999年10月11日中核集团企业关闭调整协调会议开始，至2010年2月12日，中核集团构建核燃料产业板块、成立核燃料事业部为止，基本结束。

中国宝原公司调整改革工作，从1999年8月五二三厂启动关闭破产程序开始，至2006年12月中国宝原公司持有的“中国核工业物质供销总公司”的资质，交给中核集团新组建的海外铀资源开发公司，更名注册为中国国核海外铀资源开发公司为止结束。

四〇四厂、八二一厂专项调整改革脱困工作，从2004年8月向国务院上报两厂整体解困实施意见，经国务院领导同意后国家有关部门下发文件开始，四〇四厂至2007年12月26日，其下属转民企业山海关工业公司破产终结为止。八二一厂至2010年5月17日，其所属五洲工业公司破产终结为止，这也标志着中核集团调整改革全部工作基本结束。

经过艰辛的努力，随着调整改革脱困工作的不断推进和主营业务的发展，到2002年，核工业第二次创业实现了历史性转折，迎来了发展的大好时期。

## 第五节　实现体制机制转变，走上良性发展之路

通过两个阶段，特别是1999年后十多年的调整改革和脱困，核工业整体面貌发生根本性变化。历史遗留问题基本解决，体制机制得到改变，经济效益大大提高，民生状况彻底改善。

### 一、结构发生重大变化，走上良性发展道路

在调整改革中，通过企业改制、精干主业、专业化重组、采用新技术新工艺、转变经营机制等，形成精干高效新型核科研生产体系，实现了突出主业、精干队伍、提高效益的目标。

通过属地化改革，77家地质单位脱离核工业序列，归属地方管理，融入地方经济，得到迅速发展。保留下来的13家单位组建成一支精干的核地勘“国家队”，人员不足原来十分之一，硬件设施、技术水平得到提升，科技创新取得系列突破，全面完成国家放射性矿产资源战略性勘探任务，投入产出比创历史最好记录。与此同时，还将产业触角向非铀矿产资源开发、工程建设施工、地勘技术服务、环保工程、化工产品和自有土地开发等六大领域延

伸，取得快速发展和良好经济效益。

通过分立破产，10户企业分立出军品生产线，重新注册新公司，建立现代企业制度，实行法人治理结构，科技创新效果显著，产能大幅度提高，员工收入也随之提高。

通过军民分线，核燃料系统7个企业将军民品彻底分开，都设立为独立法人单位，并划分和确定公共辅助生产系统、后勤服务系统。分线后，军品劳动生产率增长94%。

通过主辅分离，7个单位42个项目完成主辅分离改制，精干了主业、搞活了辅业、优化了结构，实行了产权多元化，转换了机制，增加了活力，经济效益明显提高。

通过重组民品优良资产，以收购、剥离、重组等方式，对民品有效资产进行重组，经济效益迅速提高，减轻铀矿山企业破产后再就业压力，员工收入和福利显著增加。

通过大专院校移交和企业办社会职能剥离，所属院校和企业社会职能属地化，精干了集团主业，减轻了企业办社会负担，理顺了政企关系，回归了企业本位。

## 二、解决历史遗留问题，轻装上阵参与市场竞争

通过34户矿山和企业关闭破产，解决了大量历史遗留问题，取得可喜的成绩：争取国家关闭破产补助资金32.9亿元；核销银行呆坏账34.9亿元；办理提前退休人员6 277人；办理再提前退休人员2 599人；领取安置费用人员2.6万人；学校、医院、公安移交1 100人；重新上岗人员（8矿2厂）6 100人。4.8万名离退休人员（包括提前退休人员8 876人）纳入地方省级养老统筹、市级医疗统筹。大幅度减轻了负担，卸下了历史包袱。

通过对当时债务较重的中核华原钛白股份有限公司等7个企业（项目）实施债转股，转股金额14.25亿元，盘活了资产，减轻了债务负担，实现了分流人员、投资主体多元化的目的，一举扭亏脱困，并为改制后的企业创造了上市条件，中核华原钛白股份有限公司于2007年8月成功登录A股市场。

## 三、精干队伍，人员整体素质提升

在调整改革中，通过地质队伍属地化改革，22 个省（自治区、直辖市）77 个单位、58 695 人交地方政府管理；通过关闭破产，2.6 万名职工解除劳动关系协议，8 876 人办理提前退休手续，4.8 万名离退休人员（包括提前退休）纳入社保；通过军民分线，带资转人分流 6 784 人；通过主辅分离，分流 8 900 人；通过企业办社会职能剥离，移交人员 3 637 人。通过各种改制，精简人员 14 万人，队伍更加精干，保留下来的队伍，经过培训和补充专业人才，整体素质得到很大提升。

## 四、摆脱困境，经济状况根本好转

经过调整改革，中核集团整体经济形势逐年好转。2002 年，实现补后盈利目标，扭转连续 10 多年全行业亏损局面。2003 年主营业务收入 128 亿元，比 1999 年增长 66%。2004 年，实现补前盈利目标，补前利润 5 亿多元。到 2015 年，实现营业总收入 707 亿元，利润总额超百亿，实现产业复兴。虽然经济根本好转是多种措施综合作用的结果，但调整改革，争取国家资金支持，消除企业亏损源，分流人员，剥离企业办社会职能，解决一些历史遗留问题等是一个非常重要的原因。据不完全统计，争取国家关闭破产补助资金、异地安置费用、住房专项补助费用（包括地质单位属地化、部分单位基地搬迁、核燃料系统两个专项等）、通过法院核销企业债务、债转股等共计约 99 亿元。这些资金支持为解决实际问题提供了强有力的保障，为产业复兴奠定了物质基础。

## 五、民生大为改善，队伍凝聚力增强

通过调整改革，8 万余名职工圆了离乡入城、住有所居的梦想，实现 2 万余名家属工老有所养的参保愿望，解决了 5 000 余名为核工业作出贡献的老工伤人员纳入地方统筹管理，伤有所治的问题，关闭破产涉及的 3.2 万余名退休人员纳入医疗保险管理，彻底解决了离退休人员病有所医的问题，温暖和凝聚了人心。在职职工收入普遍提高。实行分立破产的 10 个企业（8 矿 2 厂），员工收入第二年就翻了两番，由分立前员工人均年收入不足 1 万元，分立后第二年（2004 年或 2005 年）员工人均收入达到 3 万元，以后逐年增加。企业出现了和谐稳定的良好局面。

## 六、思想观念更新，市场意识增强

在保持核工业光荣传统的同时，职工的思想观念出现全新变化，长期计划经济下形成的旧思想旧观念，已经遁迹。一是消除了特殊感。虽然作为核工业人仍感光荣自豪，但在市场经济环境下，自己既是军工人，更是市场竞争的平等参与者，“特殊”要体现在高素质上，而不是要国家照顾、“等靠要”上，要凭实力去参与市场竞争。二是消除了平均主义“大锅饭”思想，单位之间、个人之间比的是贡献、效益，贡献大，效益好，多劳多得是应该的，那种干活一起上、工资平均拿的日子一去不复返了。三是面向市场意识增强，过去那种长期住山沟、眼界窄、偏保守、宁可苦撑苦熬、也不敢出来闯荡的思想得到改变，到市场上去拼去搏，去寻找商机，已成为普遍共识。四是企业发展要按市场经济规律办事，在市场中谋生存图发展，违背市场规律必然遭致损失和失败。这些更新的思想观念，对企业长久的发展将产生重要推动作用。

2014 年年底，中核集团启动新一轮深化改革工作，成立深化改革领导小组，发布《中国核工业集团公司关于深化改革的指导意见》。中核集团深化改革坚持体制创新、依法治企、市场导向、分类指导、积极稳妥的原则，主要任务是建立现代企业制度，健全法人治理结构，切实转变总部职能，坚定不移推进、打造板块成为专业经营实体，形成市场化激励约束机制。

中核集团把坚持党对国有企业的领导作为全面深化国有企业改革坚持的政治方向和根本原则，大力实施“走出去”战略，积极参与“一带一路”建设，加快国际化经营步伐，加快培育国际经济合作和竞争新优势。

中核集团遵循习近平总书记的指示，在中核集团“十三五”（2016—2020 年）综合发展规划中将“军民融合”作为四大发展战略之一。中核集团将以更加开放的心态，更加积极地投身安全发展、创新发展、军民融合发展，努力开创经济增长和军工科研生产协调发展、平衡发展、兼容发展新局面，切实保障我国核工业健康可持续发展，努力建立适应社会主义市场经济和与核大国地位相匹配的现代化核工业，更好地履行保障国家安全和服务国民经济的双重使命。

根据中央部署，2018 年，中国核工业集团有限公司与中国核工业建设集团有限公司实施重组，核工业向做强做优做大迈出新的坚实步伐。

# 第十九章　发展核电，助推兴核强国梦

核电是利用原子核裂变或聚变反应所释放出的能量生产电能。20 世纪初，核能的发现和利用，是人类发展史上的巨大成就。1954 年 6 月，苏联在奥布宁斯克（Obninsk）建成世界上第一座 5 兆瓦实验性石墨沸水堆核电厂。1957 年 12 月，美国在希平港（Shippingport）建成 60 兆瓦原型压水堆核电厂。截至 2015 年年底，全球在运核电机组共 439 台，总装机容量共计 38.25 万兆瓦；在建 66 台，装机容量 7.03 万兆瓦；拟建 158 台，装机容量为 17.92 万兆瓦。

核电是当今世界上大规模可持续供应的主要能源之一，与火电（包括煤、天然气、石油）、水电并称世界三大电力供应支柱，2014 年核电约占世界总发电量 10.6%。一个国家核电装机容量很大程度上能反映其经济、工业和科技的综合实力。

截至 2015 年，我国大陆运行核电机组达到 30 台（其中 28 台投入商运），装机容量（电功率）26 849 兆瓦，仅次于美国、法国、俄罗斯，位列全球第四。核电发电量达到 1 689.93 亿千瓦时，占全国总发电量 3.01%。在建机组 21 座，装机容量（电功率）23 483 兆瓦，占全球在建核电机组总数的 33%，居世界首位。

我国核工业在二次创业中，从实现中国大陆核电“零的突破”的秦山核电站、改革开放的成功范例——大亚湾核电站，到被誉为“核电国产化重大跨越”的秦山核电二期，从实现“核电工程管理与国际接轨”的秦山核电三期重水堆核电站，到田湾、福清、三门、昌江等一批核电工程，经过一路坎坷，结出累累硕果。截至 2015 年年底，中核集团运行机组 15 台（含快堆），装机容量 1 153.5 万千瓦，控股在建机组 11 台，装机容量 1 210 万千瓦。2015 年实现发电量 742.7 亿千瓦时，同比增长 40.76%。在运机组

WANO 综合指数处于中值和先进值，其中两台机组并列世界第一。累积发电 5 298 亿千瓦时，每年减少标煤消耗约 1.7 亿吨，减排二氧化碳等污染物约 5.7 亿吨。

中核集团拥有世界上为数不多的完整核工业产业链，为中国核电发展提供坚实保障。自主三代核电技术“华龙一号”采用能动与非能动相结合设计理念，以“177 组燃料组件堆芯”“单堆布置”“双层安全壳”为主要技术特征，符合最新国际、国内核安全法规标准要求；在铀矿资源勘察和开采上，实现“近期有保障，中期有依托，远期有潜力”的战略布局，并充分利用国内和国际两个市场；离心法铀浓缩技术完全实现自主化和工业化应用；核燃料元件形成自主品牌和多系列、多品种；“龙腾 2020”科技创新计划的实施，极大促进整个核产业链的技术和能力提升。

核电是我国核工业军转民的重大成就，它一方面能够保障能源供应与安全，保护环境，实现电力工业结构优化和可持续发展，提升我国综合经济实力、工业技术水平；另一方面促进反应堆设计及建造技术和核工业全产业链发展，保持科研与运行人才队伍，推动我国国防核科技工业发展，对维持我国核大国地位具有十分重要意义。

## 第一节　核电发展历程及重大决策

作为核能和平利用的重要方面，我国在核工业初创、发展核军工时期，就对核电有所关注。党的十一届三中全会决定把全党工作重心转到经济建设上来、实行改革开放以后，为缓解当时电力供应严重紧张的局面，党中央、国务院正确决策，为核电发展制订了符合国情、科学的方针路线，在经历起步、小批量建设适度发展、规模建设积极发展和高效安全稳步发展等阶段后，我国迈入世界核电强国之列。

### 一、我国核电发展经历的主要阶段

我国酝酿发展核电始于 1955 年，在国家有关规划中提到在有利条件下应利用原子能发电。在争取苏联援助发展核工业时，军用钚生产堆包括发电功能，并拟建一座苏式石墨水冷堆核电站，因苏联撕毁协议和争取援助未果未实现。

20世纪50—70年代，上海市、二机部、水电部、清华大学都曾先后提出建设核电站的方案，但由于“文化大革命”干扰和发展方针、技术政策存在分歧，未能列入国家计划。

1973年，上海市和二机部联合向国务院提出建设30万千瓦压水堆核电站方案，并经周恩来总理主持的中央专委会批准，但建设工作未能起步。

经反复调研和论证，国务院于1981年11月再次批准七二八工程项目，1982年11月批准定址秦山。在此期间，国务院于1982年年底批准采用进口成套设备在大亚湾建设商用核电站，我国核电建设以自主设计、建造和运行管理与引进国外先进技术、设备、管理经验同时开始的方式起步。

在小批量建设适度发展阶段，相继建成秦山核电二期、岭澳核电一期、秦山核电三期、田湾核电一期等，核电设计、建造、运行和管理水平得到很大提高。

在规模建设积极发展阶段，党的十六届五中全会提出积极发展核电的方针。我国《核电发展中长期规划（2005—2020）》中明确提出“积极推进核电建设”的指导方针。积极发展核电，不仅仅是要扩大核电建设的规模，更要提高核电领域的技术水平和自主创新能力。2006年年底中央作出引进三代核电技术、高起点实现核电自主化的战略决策。

在安全高效稳步发展阶段，2010年《中共中央关于制定国民经济和社会发展第十二个五年规划的建议》明确“在确保安全的基础上高效发展核电”方针，2012年10月24日国务院常务会议讨论通过《核电安全规划（2011—2020）》和《核电中长期发展规划（2011—2020）》，我国核电进入安全高效、稳步发展新阶段。

为了满足我国能源消费持续增长需求，2014年6月7日，国务院《能源发展战略行动计划（2011—2020）》提出“自主发展核电”，到“十三五”末期在运核电机组装机容量达到5 800万千瓦、在建核电机组装机容量达3 000万千瓦。

2015年4月15日，国务院常务会议批准在沿海地区开工建设“华龙一号”示范机组。随后，福建福清核电站5、6号机组等获批，当年共有8台相继获批。

2015年6月15日，李克强总理考察中国核电工程有限公司时说：“你们为我撑腰，我去国际舞台为你们扬名。要用最高标准、最优质量、最好性价比，提升中国核电装备在国际市场的竞争力。”

2015年，我国新投产8台核电机组，其中6台投入商运，是投产机组最多的一年。

## 二、党和国家领导人的关怀和支持

建国初期，毛泽东主席和周恩来总理等老一辈革命家对利用原子能发电就给予关注。特别是周恩来总理，曾多次提出要搞核电建设，1970年2月初，周恩来总理在北京听取上海市领导关于缺电导致工厂停工减产情况汇报后说：“从长远来看，要解决上海和华东地区的用电问题，要靠核电。”① 同年周总理又指出：“二机部不能只是‘爆炸部’，除了搞核弹外，还要搞核电站”。此外周恩来还提出了我国发展核电站的方针是：安全、适用、经济、自力更生②。1974年3月31日，周恩来总理抱病主持召开中央专委会会议，特别强调：“一定要以不污染国土、不危害人民为原则。建设第一座核电站的目的不仅在于发电，更重要的是通过这座核电站的研究、设计、建设、运行，培训人员，积累经验，为今后的发展打好基础。”③

邓小平高瞻远瞩，坚定地主张发展核电，支持秦山、大亚湾核电站建设。1978年12月，邓小平会见法国外贸部部长让·弗朗索瓦后，在回答法国记者的问题时表示：中国决定向法国购买两座核电站设备。1979年10月对二机部向外销售铀产品的报告上批示“我看可以办”④，12月对秦山核电

① 秦山核电有限公司.秦山核电有限公司志（1982—2010）[M].北京：中国原子能出版社，2015：5.

② 秦山核电有限公司.秦山核电有限公司志（1982—2010）[M].北京：中国原子能出版社，2015：5.

③ 秦山核电有限公司.秦山核电有限公司志（1982—2010）[M].北京：中国原子能出版社，2015：5.

④ 中央和中央领导同志对核工业的指示摘录汇编：121.

站建设批示“我认为继续搞是应该的，主要考虑国家财力的可能。”① “我认为由二机部抓总，较为妥当。”② 1983 年对陈云“不管广东核电站谈成谈不成，自己都要搞自己的核电站，再也不要三心两意了”的批示画圈表示同意。1985 年 1 月邓小平在会见香港中华电力公司董事局主席嘉道理勋爵时特别强调这一合营项目重大而深远的意义：“你的公司和广东核电投资有限公司的合作项目，是中外合资的最大一个项目，这是了不起的事情。这个项目的意义，不仅是最大的合作项目，而且对香港的繁荣和稳定，以及增加香港人的信心起重要作用。”③ 1986 年 7 月，针对香港发生的反核风波和谣传，明确表示中央对建大亚湾核电站的决定没有改变，也不会改变。1990 年 12 月，邓小平继续强调指出：“核电站我们还是要发展。”④ 1992 年 12 月，邓小平在杭州派邓楠等专程考察了秦山核电站，表示他很关心核电的发展，也非常想来秦山看看，只因为路不好走，这次就不来了，再次强调“核电还是要发展”。⑤

十一届三中全会后，胡耀邦、赵紫阳先后听取二机部等部门关于我国核电建设问题的汇报，就核电发展规划、技术路线等问题提出原则意见。1984 年 1 月 23 日，胡耀邦总书记在有关国防科工委政委伍绍祖给国防部长张爱萍的信及张爱萍批示的报告上作出重要批示：“我是完全同意张部长的批示的，有些事关系国家大计，必须办，咬紧牙关也得办。但是有些同志往往从小处着眼，顾虑重重，犹犹豫豫，把时间耽误了。因此，齐心协力加油干，这一条很重要。”⑥

1981 年 10 月，张爱萍副总理在国务院常务会议研究核电问题时说：“核

① 秦山核电有限公司.秦山核电有限公司志（1982—2010）[M].北京：中国原子能出版社，2015：7.

② 中国广东核电集团.中国广东核电大事记第一集（1979—1994）[M].北京：中国原子能出版社，2000：6.

③ 中国广东核电集团.中国广东核电大事记第一集（1979—1994）[M].北京：中国原子能出版社，2000：68.

④ 邓小平国防科技工业建设思想研究[M].北京：北京航空航天大学出版社，2004：12.

⑤ 秦山核电有限公司.秦山核电有限公司志（1982—2010）[M].北京：中国原子能出版社，2011：1058.

⑥ 秦山核电有限公司.秦山核电有限公司志（1982—2010）[M].北京：中国原子能出版社，2011：1050.

工业很困难，要扶持，要给它找出路，摆在面前的，也是紧迫的，是利用搞核弹打下的基础，尽快转型，建立起我国自己的核电工业体系。这不仅是二机部，也是国防工业今后的出路。”

江泽民、胡锦涛、李鹏、吴邦国、谷牧、邹家华、曾培炎、张德江、马凯等党和国家领导人都非常关心和支持核电事业的发展，曾多次做出重要批示。特别是李鹏曾担任国务院核电领导小组组长，经常深入核电建设的各个环节、现场和有关单位，对发展核电发挥了重要的推动作用。

2003 年 2 月 19 日，时任浙江省委书记习近平视察秦山核电基地并发表重要讲话：“今天我看了秦山核电一、二、三期的建设和运行情况以后，感到十分振奋，感受到我们民族工业的振兴。中国核工业的发展起步快，起点高，发展远景好，让我们感到自豪。我很高兴看到了我们核工业战线的领导、干部和群众奋力拼搏，打下的这一片天地。”①

2014 年 6 月 13 日，习近平总书记在主持中央财经领导小组第六次会议时强调，在采取国际最高安全标准、确保安全前提下，抓紧启动东部沿海地区新的核电项目建设。

李克强总理多次亲临核电建设和运行现场视察并作出重要指示，指导和支持我国核电发展和核工业迈向世界强国。

## 三、相关重大决策

### （一）发展核电

核电是原子能和平利用的主要方面，是高技术战略产业，其发展水平已成为当今一个国家科技创新水平的重要标志。核电又是清洁安全能源，对优化能源结构、保护环境有着重要作用。

我国核工业起步于核军工，在较短时间内建立了基本完善的核科技工业体系，创造了“两弹一艇”的惊世伟业。但限于历史条件，我国核电起步较晚。

为了满足国民经济发展对能源的需求，充分发挥核工业在国家建设中的作用，我国从 20 世纪 70 年代初将核电建设提到议事日程上。改革开放后，

① 习近平.北京：中国核工业[J].2018,(2).

根据经济建设的需要，根据核工业实施“保军转民”战略调整后面临的形势，党中央和国务院在复杂的国内外形势下英明决策、正确领导，做出了发展核电的重大决策。

1991 年 12 月 15 日，秦山一期 30 万千瓦级核电机组成功并网发电，从而结束了中国大陆无核电的历史，实现了我国大陆核电“零的突破”，开辟了核工业服务于国民经济建设的新天地。这是我国核工业第二次创业的里程碑，使我国成为继美国、英国、法国、苏联、加拿大、瑞典之后第七个能够自行设计建造核电站的国家。

经过 30 多年的发展，我国核电已实现历史性跨越，在能源建设中发挥了重要作用，保障了东南沿海地区国民经济发展的能源供应。同时，核电发展为转型时期的中国核工业开创了实现可持续发展的通衢大道，带动了核工业全产业链的发展，也更好地满足了国防建设的要求。

**（二）核电建设的基本方针**

我国核电建设起步于 20 世纪 70 年代初，在当时的历史条件下，主要采取自力更生的路线，以自己的力量为主。改革开放为我国核电开展国际合作，引进国外先进技术和经验创造了更为有利的条件。综观国内外形势，党中央和国务院制订了核电建设要“以我为主、中外合作”的基本方针和“核燃料立足国内”等一系列重大方针，探索出中国特色的核电发展道路。

我国首座核电站秦山核电站依靠自己力量，自主建设，同时十分重视研究吸收国外经验，参照当时的国际经验和通用规则，并进口了部分国内一时难以解决的关键设备和材料。对这些当时国内不足的弥补，有利于秦山核电站建设缩短时间，节省资金，吸收经验，少走弯路。秦山核电站的建设与运行，全面掌握了核电技术，积累了经验，锻炼了队伍，为我国核电发展夯实了基础。

大亚湾核电站是我国改革开放的典范，是现代企业制度的有益尝试，为广东和香港地区的经济发展作出了重要贡献。通过大亚湾核电站的建设与运行，成功引进国外大型商用核电站的先进技术和管理经验，为实现我国核电发展自主化和国产化打下重要基础。

1983 年，国家计委、国家科委联合在北京回龙观召开了“核能发展技术政策论证会”。此次会议达成16条要点意见，对我国核电发展中的主要问题做出了明确规定。会后，两委联合向国务院报送“核能发展技术要点”，1985年国务院在批准13项技术政策时一并批准实施。本次会议确定了核电技术发展的方向，即以“发展压水堆”为主的技术路线，在压水堆堆型中允许多种机型并存，即“一种堆型、多种机型”。

**（三）核电建设管理体制**

1979年12月，邓小平在国防科委《关于发展核电站问题的请示报告》上批示：“我认为由二机部抓总，较为妥当。”随后，1980年1月中共中央明确“因二机部是原子能工业部，和平利用原子能问题由二机部统一归口，组织协作。”①

1986年1月，时任副总理李鹏在视察秦山核电厂时指出：“我有一个大的想法，把核电站都交给核工业部，这样30万人的积极性都调动起来了。核工业部这支职工队伍是非常好的。”② 1986年1月23日，国务院常务会议决定：“为了充分利用核工业部现有的技术和生产能力，决定今后核电站建设由核工业部负责，水电、火电仍由水电部负责。”③

1986年3月，国务院核电领导小组下发《关于贯彻执行国务院对我国核电领导体制调整决定的通知》，明确：“国务院已决定今后我国核电事业由核工业部主管，水电部、机械部等部门配合，共同搞好我国核电事业。根据国务院的决定，核电站的科研设计建设和生产管理，包括广东核电站在内，均由水电部移交给核工业部，统一管理和经营，电站建成后并入电网运行，向电网售电。核电站的工程设计和工程管理技术的引进也以核工业部为主进行。”④

此后，随着政府机构改革调整和核电发展的需要，我国核电建设及管理体制几经变化。目前，中核集团、中广核集团、国家电力投资集团等企业是我国核电建设与运行的主要力量。

---

① 中央和中央领导同志对核工业的指示摘录汇编：46.
② 中央和中央领导同志对核工业的指示摘录汇编：47.
③ 中央和中央领导同志对核工业的指示摘录汇编：47.
④ 中央和中央领导同志对核工业的指示摘录汇编：47.

### （四）首座核电站从熔盐堆到压水堆的改变

20世纪70年代初，七二八工程首先提出的是2.5万千瓦熔盐堆型方案，主要认为这种堆型发电效益高，再生核燃料多，好比鸡生蛋，蛋又孵鸡。虽然也有人主张选择别的堆型，但却被以“赞不赞成搞熔盐堆是多快好省与少慢差费两条路线的斗争”为由来压制科学技术不同意见的争论。熔盐堆方案报国务院后，于1971年12月得到原则批准。

1971年9月，从二机部北京设计院调到七二八设计队的欧阳予面对的第一个棘手难题，就是核反应堆堆型的选择。经过深入对比和反复论证，认为熔盐堆还处在试验阶段，距离工程应用还有很大距离。而压水堆型核电站占了世界已建核电站的一半以上，从技术上来讲，是国际上最为成熟的堆型。在国内，也有用于核潜艇小型压水堆型的经验可借鉴。1972年3月欧阳予到北京与彭士禄（中国第一艘核潜艇动力装置总工程师）交流，就改变堆型取得共识并商讨具体办法。之后，七二八设计队向二机部提交改变堆型方案报告。

二机部就堆型选择组织专家进行了多次专题讨论和征求意见，经过反复论证形成共识，七二八工程堆型改为压水堆，电功率由2.5万千瓦改为30万千瓦。压水堆方案的确定与获批，是我国核能发电工程的重大转折点，具有里程碑意义。

## 四、核电管理体制演进

为加强对核电事业的领导，1979年9月21日，二机部成立核电局。1982年二机部改名为核工业部时，成立科技核电局，后分为科技局和核电局，以后在改制为中核总和中核集团时，均设有独立的核电管理机构（核电局或核电部）。

1978年，根据国家决定，上海七二八工程筹建工作交由二机部负责。1980年，二机部将“上海市七二八工程筹建处”改名为“第二机械工业部七二八筹建处”，1982年七二八工程筹建处正式成立。1982年12月，核工业部命名30万千瓦核电站为“核工业部秦山核电厂”；1983年7月，秦山核电厂工程现场指挥部成立，赵宏副部长兼任指挥长。1987年3月，核工业部秦山核电公司成立，赵宏副部长兼任总经理。

2008 年 1 月 21 日，中核核电有限公司成立，2011 年 12 月 31 日转制为中国核能电力股份有限公司（简称中国核电公司）。作为中核集团全资子公司，中国核电公司受让中核集团持有的六家核电企业全部股份，其经营范围涵盖核电投资融资、核电站运营管理、核电技术研发、技术服务与咨询、新能源开发等领域。2015 年 6 月 10 日中国核电公司成功登陆 A 股市场。这是中核集团创新核电管理、进军资本市场的重要举措。

2010 年 9 月，中国核电公司全资子公司中核核电运行管理有限公司（简称中核运行公司）成立。根据中核集团统一部署，秦山核电基地开始艰巨的核电专业化改革调整。秦山核电基地历经近 30 年的发展，在优化国家能源结构、应对气候变化、缓解运输压力和促进社会经济发展方面作出重要贡献。在核电技术研发、设计、建造、运营、维修、人才培养等方面积累了丰富的经验和资源。随着核电规模化发展，为了加快经济发展方式转型升级，更好地在战略协同、资源统筹、集约效应、人力资源等方面形成核心能力，秦山核电基地克服巨大的管理差异、文化差异、薪资结构差异，在摸索中前行、在实践中完善，持续进行观念更新、流程创新，实现组织架构管理流程再造和一体化管理。

2011 年 11 月 26 日，时任环保部副部长、国家核安全局局长李干杰，向中核集团秦山核电基地颁发新型运营管理模式下的运行许可证。这标志着，中核集团秦山地区全新核电运营管理模式正式运作，核电专业化改革取得了阶段性成果。

2011 年年底，秦山三家业主公司分别与中核运行公司签订为期 5 年的运行管理委托协议，将在役机组的生产运行管理及在建机组的生产准备和调试接产工作，委托运行公司进行专业化管理。2011 年至 2016 年的委托期间，秦山核电各生产机组均保持安全稳定运行，安全指标受控，运行业绩良好，电厂经济效益良好，股东利益得到保障；在建机组屡创佳绩，秦山二扩 4 号机组和方家山核电工程顺利投产。

实现一体化管理的秦山核电基地，已成为协调统一、分工有序的有机整体，安全发电和经营业绩均创历史新高。秦山核电基地的先发优势、人才优势、经验优势充分显现，形成对外服务“八大产品”并成为中国核电公司

“一体两翼”发展战略的重要“一翼”，积极支持服务于国内外核电企业，并取得巨大的经济效益和带动作用。

为适应核电规模化建设的需要，中核集团成立中国核电工程有限公司（简称中国核电工程公司），由其对核电建设采取总承包（EPC）模式，与国际接轨，彻底改变以往的业主负责制模式。

2007年3月，为加强核电运行的技术支持和服务，中核武汉核电运行技术股份有限公司（简称中核武汉运行公司）成立。中核武汉运行公司由核动力运行研究所、秦山核电公司、武汉元一科技投资有限公司、上海核工程研究设计院共同投资组建，融入发起单位在核动力技术服务领域的原有优势资产，是目前国内规模最大、实力最强的专业化公司，拥有世界一流的技术装备和配套设施，规范健全的质量保证体系。

## 五、初期核电发展的特点

核电建设是核工业在国防科技工业战略调整大局下，向保军转民迈出的重要一步。秦山核电站等的建成和安全运行，是继“两弹一艇”研制成功后核工业的又一历史性突破，是核工业第二次创业的里程碑。核工业人怀着对发展核电事业强烈的使命感和责任感，发扬“两弹一星”和核工业精神，勇于开拓、自觉奉献、敢打硬仗，走过了艰辛而自豪的奋斗历程，创造了不凡的业绩。

### （一）艰苦奋斗，攻坚克难

在秦山核电站建设之初，正值我国核工业由单一的军工行业向军民结合转变的战略调整期，加之政治、技术、核电发展大环境等诸多不确定的因素，给核电建设带来更大的难度。以蒋心雄、欧阳予、赵宏为代表的核电建设者齐心协力把秦山核电站搞成功，以炽烈的情怀投身到建设中去。

海盐地处海边，当时条件十分艰苦。秦山核电站狠抓思想教育和队伍建设，铸造“严细、求实、团结、奉献”的厂风、自力更生、艰苦奋斗的创业精神，严细认真、实事求是的科学精神，不讲条件、克己奉公的敬业精神。核工业二二、二三建设公司的建设者们在艰苦的工作和生活条件下，战酷暑，斗严寒，发扬核工业的光荣传统和顽强拼搏、攻坚克难的精神，不仅完成建设任务，还积累实践经验、锻炼队伍、提高能力，为今后核电站的建设打下重要基础。

1983 年 6 月，秦山核电站破土动工。1985 年 3 月 20 日，秦山核电站浇筑第一罐混凝土，中国第一座核电站开工建设。随后，相继开展了核岛、常规岛和公用系统设施的土建和安装工作。6 000 多名建设者在草木稀疏的石山上，奋战共 55 个子项工程，包括 30 多个主辅工艺系统、170 多个配套系统和 3 万多台设备仪器仪表的建筑安装任务。在工程实施中，建设者们时刻牢记“安全第一，质量第一”的指导方针，大力协同，团结合作，有效克服了各种困难，办成自行设计建造我国第一座核电站这件大事。

艰难困苦，玉汝于成。秦山核电二期工程（简称秦山二期）开工伊始就遭遇了设计图纸的困境。按国际惯例，核电站只有具备 60%的设计图纸才能动工，而当时设计出的图纸仅有 6%。鉴于当时核工业严峻困难的形势，核工业部党组作出了仍要按时开工的决定。于是，在特殊的条件下，建设者们根据不同情况，就现有的蓝图开始组织施工。有时蓝图还没出来，只有“白图”，就先将“白图”带入现场供业主、施工方和监理方提前熟悉。等“白图”晒成蓝图，经过严格的质保审查合格后再马上开始施工，从而大大缩短了从看图到施工的时间，为工程的提前完工打下基础。为了抢回拖延的工期，李永江等总经理部成员又做出了一个向国际惯例挑战的“三个提前介入”的重要决策——“安装提前介入土建、调试提前介入安装、运行提前介入调试”，秦山二期硬是在抢回工期的同时探索出一套科学高效的自主管理方法。

秦山核电创业精神集中表现在艰苦奋斗的创业精神、坚忍不拔的自主精神、永不服输的进取精神，这种精神是核工业人的骄傲。

**（二）自主创新，实现跨越**

核电技术涉及反应堆物理、热工、流体力学、结构力学、机械、材料、焊接、电子、检测、自动控制、环境保护等多种学科，在 20 世纪 70 年代国际上对核电和平应用技术进行封锁，可借鉴的第一手材料很少的情况下，所有技术资料、科研数据和设备制造样件，几乎都需要自己从头开始。欧阳予是秦山核电站总设计师，全面负责技术指挥和决策。凭着“边干边学，建成学会”“白天工作，晚上攻关”的极大热情，将关键技术问题一一攻破，完成了 380 项科研项目，其中 100 多项成果获得国家和部级奖励。

在秦山核电站的设计中，完成了反应堆驱动线高温高压水冲蚀试验、控制棒驱动机构抗震试验、机棒联动试验、蒸汽发生器试验等重大试验，均达到国际水平，为反应堆的物理计算、热负荷与偏离泡核沸腾比值、堆芯流场分布等以及堆芯的安全设计提供了依据。完成了 110 项计算程序设计软件，从而在实际设计中达到了国际原子能机构的 NUSS 规范系列以及国际通用的标准，使秦山核电站建立在安全可靠的基础之上。

秦山核电站在钱剑秋领导下，顺利完成了全部 251 项调试项目，取得了 6 个具有里程碑意义的重大试验一次试验成功的好成绩，在调试方法和试验深度上均达到了国际先进水平。他主持编写了 500 万字的我国第一套核电厂主控室及系统岗位的运行规程、事故处理规程和生产管理制度，培养和造就了我国第一代核电厂反应堆操作员、运行人员和生产管理人员。

叶奇蓁在主持秦山二核设计时，收集了全套参考电站的图纸资料，组织进行了包括堆芯设计、安全壳内布置、堆内构件与压力容器之间的水层厚度选择等 300 多项涉及核心技术的创新和改进，使反应堆本体安全性能、安全系统可靠性和冗余度、防范和缓解严重事故能力等得到全面优化，并使自主设计率达到 90%。秦山核电二期工程使中国实现了由自主建设小型原型堆核电站到自主建设大型商用核电站的重大跨越，对促进中国核电国产化发展，进而拉动国民经济发展发挥了重要作用，成为我国核电发展的又一座里程碑。

20 世纪 80 年代初，彭士禄从军工转入民用领域，在担任大亚湾核电站总指挥期间，提出了大亚湾核电站的投资、进度、质量三大控制的重要性及具体措施，提出了核电站建设的时间价值观念，写出了《关于广东核电站经济效益的汇报提纲》，计算了核电站的主参数及经济计算，为大亚湾核电站的上马打下了良好基础。1986 年，彭士禄在担任秦山核电二期董事长期间，提出“以我为主，中外合作”，及自主设计、建造 2 台 60 万千瓦压水堆核电机组的方案，亲自计算主参数、进度、投资估算等，提出了同等因子概念与汇率风险的关系，为二期工程提供了可靠依据，期间他还积极推行董事会制度，首次把招投标机制引入核电工程建设。

我国早期核电建设的实践证明，自力更生与技术引进并不相互排斥，但是基点要放在以我为主上。引进新技术新设备，吸收消化，直至今后完全国产化，还得靠自己。通过研究与开发，不仅知其然，而且能知其所以然，解决自行设计中的技术关键，为我国核电技术一步步跨越，直至开发出具有完全自主知识产权的三代先进核电技术“华龙一号”并应用于国内外工程实践，打下重要基础。

**（三）工匠精神，精益求精**

核电站由核能、热工、机械、控制、水力、电气等几百个系统组成，大小设备几万台，相互用管线连接，组成系统。实现核电站的安全稳定运行，人的作用至关重要。

秦山核电基地拥有员工 4 000 人左右，形成了以中青年为主力的运行、维修、技术等队伍，确保了这座核电基地近 30 年的安全稳定运行。这中间，有代表性的包括第一批 35 名核电操纵员、全国劳模姚建远和他的“姚建远班组”、“中国核电冰塞”第一人姜向平、“钱三强科技奖”获得者张振华、全国技术能手何少华等。

以黄强为代表的一批值长，从事的是“第三只眼”的工作，需要监控反应性、堆芯冷却等重大参数，评估指导当值人员的行为习惯，及时纠正负面行为，表扬激励正面行为。作为运行人员，他们深知安全的重要。无论发电量是多少，运行的首要条件是保障核安全、设备安全、人员安全。这些年，他们做到了。

“以何少华工作室”为代表的从事核反应堆核级设备维修团队，爱岗敬业、技艺精湛、勇于创新，在平凡的工作中取得了不平凡的成绩。获国家授权的技术发明专利就有 39 项，何少华是中核集团当时最年轻的首席技师，荣获过“中国核工业集团公司技术能手”“全国技术能手”“中华技能大奖”等荣誉称号，并被中核集团授予“最美中核人”。其工作室一直有这样的理念：核级设备检修不是靠一个人能完成的，而是需要团队协作。所以，核心技术要毫不保留地传给一线的年轻人，培养一支特别能攻关、特别能战斗的核医疗队。

工匠精神始终存在于以秦山核电基地为代表的核电发展历程中，生动地诠释了惟有永葆初心与匠心方能传承“国之光荣”的理念。

**（四）和谐发展，共创未来**

作为大陆核电的发源地，海盐县与核电共生共荣，从当初的依托核电搞发展，到之后的主动接轨核电谋发展，再到如今不断崛起的中国核电城，谱出了一曲核电与海盐交融发展的赞歌。

2010 年 3 月，浙江省人民政府与中核集团签署战略合作会谈纪要，共同在浙江省海盐县建设中国核电城，规划核电生产基地、核电运行服务基地、核电生活基地、核电教育科研基地、核电装备生产基地五大基地，努力打造国家级高技术产业基地，示范、引领核电关联产业的发展，企地共建核电“产业航母”。

30 年间，秦山核电基地积极融入地方经济社会发展，每年依法缴纳各类税费约 27 亿元。截至 2014 年 12 月底，已累计向国家纳税 248 亿元。特别是，依托秦山核电基地开发建设“海盐 · 中国核电城”发展核电关联产业，不仅成为海盐县经济支柱产业，还被列为浙江省重点扶持的新兴产业。2014 年海盐县核电关联产业联盟成员单位已有 76 家，总产值首次突破了 200 亿元。

## 第二节　核电事业的起步

### 一、秦山核电站——“零”的突破

#### （一）主要历程

1. 决策

1970 年 2 月 8 日，上海市革委会传达周恩来总理同意上海市研制核电站的指示精神，部署有关工作，并将这一天的日期作为工程代号“七二八”。同年 10 月下旬，应上海市请求，二机部派出戴传曾等 8 人专家组来沪参加总体设计。11 月，七二八设计队完成 2.5 万千瓦熔盐试验堆的技术方案和汇报准备。12 月 15 日，周总理主持会议听取熔盐堆核电站原理方案汇报后，为核电站工程建设制定“安全、适用、经济、自力更生”方针。

1973 年 2 月 10 日，上海市、二机部向国务院报送《关于改变七二八核电站工程建设方案的请示报告》，提出改变核电站堆型和电功率。1973 年 10 月 27 日，二机部、上海市向国务院报送《关于七二八核电站工程建设方案的报告》及附件《工程设计任务书》。1974 年 3 月 31 日，周恩来总理抱病主持召开中央专委会会议，审查批准《关于七二八核电站工程建设方案的报告》和《七二八核电站工程设计任务书》。

1975 年 11—12 月，国家建委会同有关部委和上海市在北京召开七二八工程扩大初步设计审查会，并向国务院报送审查报告，原则同意核电站的扩大初步设计。

1978 年 2 月 26 日，经国务院批准，国家计委、国家建委、国防科委决定：为尽快建成我国第一座核电站，七二八工程定为二机部直属项目，由二机部全面归口负责。

1978 年 8 月，第一机械工业部向国家计委提出建议停建七二八工程，并建议与法国合作建设 90 万千瓦压水堆核电站。之后，七二八设计队向国务院和有关部委申述继续开展的理由，国防科工委、二机部等部门和王淦昌等科学家多次上书中央和国务院或发表文章，请求不要停止七二八工程。

1979 年 1 月 13 日，谷牧副总理主持召开联席会议专题研究七二八工程，6 个部门参加，3 票赞成，3 票反对，最后谷牧副总理坚定地投了赞成票。

1979 年 3 月 28 日，美国三哩岛核电站事故后，中央领导多次召开专家会议，听取意见，统一认识。

1981 年 10 月，国家计委和二机部等部委联名向国务院上报《关于请示批准建设 30 万千瓦核电站的报告》，11 月国务院批准该报告。

1981 年二机部上报《七二八核电站开展工程建设的可行性报告》，经国家计委、国家经贸委和国防科工委联合审查后，于 1982 年在五届人大五次会议上列为“六五”国家重点工程建设项目。

2. 选址

七二八工程选址于 1973 年开始。1977 年前，在上海郊区、浙江、江苏选勘厂址，初步确定为江苏省江阴县长山并报中央。1978 年，经过协商和反复比较，厂址初选在上海市奉贤县。1978 年初夏，二机部组成由纪文顺、陈曝之分别担任正副组长的五人小组，由二机部副部长王介福和赵宏（1982 年任核工业部副部长）指挥，为首座核电站筹建选址。1978—1979 年，对江苏江阴县长山、上海市奉贤等备选厂址以及浙江富阳进行论证，最终确定放弃。1979 年 6 月，工作小组发现了秦山厂址，经勘察和论证，认为条件基本具备。1980 年 9 月开始，筹建处人员勘察浙江 3 个地区 7 个县 16 个点，经分析比较，预选海盐县长山和秦山两个点，之后对这两个点进行资料收集和地质勘探等。综合地理、地质、交通、气象、人口分布等各种因素，秦山是优良的核电站厂址。1981 年 12 月，国家建委在杭州召开厂址方案复查会议，初步确定秦山为第一候选厂址。1982 年 6 月，原二机部部长、全国人大常委刘伟、副部长周秩应邀列席浙江省委专题讨论核电站定点秦山的常委会，定点秦山得到浙江省委大多数常委同意。1982 年 6 月浙江省政府和核工业部上报有关请示报告，9 月 16 日城乡建设环境保护部批复“七二八核电厂址确定在海盐秦山是可行的”，11 月 4 日国家经委下文同意定址秦山。同年 12 月 27 日，核工业部命名 30 万千瓦核电站为“核工业部秦山核电厂”。

3. 核电站设计

1974 年开始，上海核工程研究设计院（简称上海核工院）、上海原子能研究所、二机部第一及第二研究设计院等 30 多个单位约 600 余人组成七二八工程设计队，开展科研设计，攻克技术难关。全体工程技术人员与全国 100 多个单位科技人员经过 8 年攻关，完成 30 多个专业 420 多项重大科研项目。之后又开发技术软件 11 项，建造试验台架 22 座，完成技术基建项目 12 个。

在 6 个承担设计任务的设计单位中，上海核工院作为总体设计院，在参考美国西屋公司有关资料基础上，自主研发秦山核电站设计方案。在工程设计上，吸取国外较成熟的压水堆技术和建造运行经验，采取“纵深防御、综合设防、多道屏障、万无一失”的方案以及 12 项安全措施，始终将安全放在第一位。

1982 年 11 月，国家经委批复厂区总平面按单堆建设，并预留扩建一个堆的位置。1983 年 4 月，核工业部受托召开审查会并原则通过总平面规划设计。

1984 年 1 月，国家计委在北京召开秦山核电厂初步设计审查会。2 月 24 日国家计委等下发批复，原则同意核工业部对初步设计的预审意见。

4. 建设历程

1983 年 6 月，秦山核电站工程开始放炮开山，宣告厂区场平工作开始。1985 年 3 月 20 日，核岛主厂房底板浇筑第一罐混凝土，标志着秦山主体工程开工。负责土建施工的核工业二二、二七建设公司，采用多级网络管理方法控制工程进度，通过自检和专业部门检查相结合控制质量。

从1983开始，在国务院七二八工程办公室主持协调下，有关部委及所属50多个单位承担设备供货，另从美国等11个国家进口部分设备，占设备总数5%、总投资30%。燃料组件由上海核工院设计，核工业八一二厂制造。主要设备按厂质保大纲要求，开展设备监造和采购。

设备安装由核工业二三安装公司负责核岛设备，浙江省火电建设公司负责常规岛设备。经统计，核岛与常规岛安装工程合格率100%、核岛优良率91%、常规岛98%以上。

1989年2月13日，国务委员邹家华视察秦山核电工程，并题词“国之光荣”。

1989年6月，成立以秦山核电公司和上海核工院为主体的联合调试队。调试队在1991年年底前共完成218项调试项目，取得一回路主系统水压试验一次成功等“六个一次成功”。

1991年12月15日，秦山30万千瓦核电机组成功并网发电，结束我国大陆无核电历史，实现我国核电技术重大突破。从开工建设到并网发电，历时81个月。

1994年4月1日，秦山核电站投入商业运行。

1995年7月13日，由国家计委等部委和单位组成的国家验收委员会，经专家研判和现场检查后认为，秦山核电工程技术先进，质量优良，运行安全可靠，经济效益良好，主要性能达到设计要求。时任国务院总理李鹏发来贺信，国务院副总理吴邦国到会并讲话，对秦山核电站的建设成功给予充分肯定，题词：“中国核电从这里起步”。

**（二）自主建设的磨炼**

秦山核电站仅反应堆、一回路和二回路就有30多个主辅工艺技术系统、170多个配套系统，牵涉近20个专业；设备有4万多台件，仪器仪表近30万个。整个工程自行设计、施工和安装，许多工作是从零开始。

1975年，七二八设计队年仅35岁的夏祖讽和同事们历经十年苦战，设计出具有中国特色的世界一流水平的安全壳，承压设计指标是0.5~0.6兆帕。同济大学通过模型试验，证实可以承受0.82兆帕的极限负荷。

1973—1985年，高际运和同事们从理论和实践上攻克材料耐磨损、防疲劳、防腐蚀等13项重要课题，研制成功核反应堆磁力提升式控制棒驱动机构，控制棒升落速度和连续运行次数居于国际先进水平。

早在20世纪70年代，上海等地几十个工厂就开始研制秦山核电站所需设备。上海汽轮机厂设计和制造的我国第一台30万千瓦核电汽轮机组用于秦山核电站后，调试、试运行、带基本负荷等阶段考核指标均符合设计要求，达到世界先进水平。

在施工安装现场，依靠科技攻关解决了大量技术难题。在衔接土建和安装的关键工序——贯通压力容器、蒸汽发生器和主泵主管道的焊接，一个焊口要用1 100根焊条，焊接误差不得超过0.5毫米，当时是仅有美、日等几个国家能够独立完成的高难度焊接项目。核工业二三安装公司等单位组成攻关小组，摸索到最佳焊接工艺，经专家评审，焊接质量全部优秀。

1986年11月南斯拉夫克尔什科核电站总经理杜拉访问秦山核电站，看到现场施工情况后杜拉先生提出了意见和建议，随后有关情况反映到核工业部和党中央、国务院。这场由施工管理问题引发、经杜拉先生提出、引起中央领导高度重视的风波，被称之为“杜拉旋风”。1987年1月，核工业部和国家计委先后派检查组对工程质量和管理全面检查。在肯定成绩同时，检查组针对发现问题提出12条整改意见。经过秦山核电有限公司和现场工程施工各单位严格管理、规范程序，现场“脏、乱、差”现象得到彻底改变。

**（三）科技创新的成果**

秦山核电站开创我国自行研究设计建造核电站之先河，借鉴世界上比较成熟以及我国研制核潜艇压水堆型核动力的经验，采用压水堆，核发电机组为双水内冷型，装机容量为30万千瓦，最大设计容量为33万千瓦，机组设计负荷因子为65%，年设计发电量16.5亿千瓦时，电站设计寿命不短于30年。

1974—1982年，围绕核岛开展的科技攻关取得420多项科研成果，其中获得国家级科技进步奖特等奖等和部级科技成果奖142项，在磁力提升驱动机构、预应力安全壳、不设调试锅炉完成汽轮机冲转试验等方面取得重大突破，达到国际水平。

### （四）调试并网后技术改造

由于是原型堆，在秦山核电站运行早期，设备故障率高，由设备原因引起的非计划停运、非计划降功率事件多。为此，秦山核电针对机组运行状况，坚持自主创新，变被动为主动，加大资金投入，通过持续不断的技术改造和创新，使设备系统可靠性、机组整体安全性和经济性得到大幅度提高。原型堆变成安全稳定运行的商用堆，2010 年起机组额定功率从 310 兆瓦提升到 320 兆瓦，每年可多发电 1 亿千瓦时。

秦山核电站每年投入技改资金数千万元，平均每年完成 130 多项技改项目，大体分为从电厂投运到 1999 年的被动改造阶段和之后有计划开展的 56 个（含 20 个重点）中长期改造项目两个阶段。第 10 次和第 11 次大修期间实施反应堆压力容器顶盖更换、反应堆保护系统数字化改造、发电机定子局部改造、棒控棒位控制系统改造等二十余项特重大技术改造。

2001 年以来，在第七、第八、第十次燃料循环中相继创造连续运行 443 天、448 天、469 天的国内核电站运行最好纪录。第九次换料大修仅用 28 天零 7 小时，创下当时国内核电站换料大修工期最短纪录。

### （五）建设经验与重大意义

秦山核电站结束了我国大陆无核电历史，成为继美、英、法、苏联、加拿大、瑞典之后，世界上第 7 个能够自行设计、建造核电站的国家。这是核工业在第二次创业中取得的重大成果，是我国军转民的成功典范。秦山核电站的建成，圆满实现周恩来总理“掌握技术、积累经验、培养人才”的初衷，极大提升了我国自主发展核电的能力和水平。

秦山核电站显示了我国自主开发核电的技术能力，为核电进一步发展打下良好基础。核电建设的重大突破，使核科技工业力量有了新的用武之地，核燃料工业有了新的市场，核科技工业体系将随核电的发展而不断发展壮大并在国民经济中发挥更大的作用。

秦山核电站完整地走过从科研开发、设计、建造、设备制造、运行维护和管理的全过程，真正做到“知其然又知其所以然”，拉动我国核燃料产业，带动机械制造、电子仪表等民族工业整体水平的提升。秦山核电站培养和输送了一大批科技与管理人才，活跃在以后建成的各个核电站。

实践证明，党中央、国务院做出加快发展核电的战略决策以及核电建设“以我为主，中外合作”“核燃料立足国内”等重大方针，有远见卓识、完全正确。在此之后，我国一直坚持核电建设不中断，为国民经济建设、优化能源结构、保护环境发挥重要作用。

秦山核电站建设成功，积累了较多的经验，主要有：一是坚持自力更生与对外开放相结合；二是坚持科研先行，重在掌握技术；三是始终把安全和质量放在第一位；四是调动各方面积极性，大力协同，团结合作；五是集中统一领导和严格科学管理；六是重视职工队伍建设和加强思想政治工作。

## 二、大亚湾核电站——改革开放的成功范例

### （一）建设经历

改革开放后广东经济、社会发展迅速，各方面需要电力，电网缺电严重，需要加快电力建设。而广东本身煤资源有限，发展煤电，北煤南运在当时是个难题；水量虽然很大但落差很小，水电发展也有限。1978 年，时任广东省常务副省长王全国在法国参观核电站时受启发，有了建设核电站、解决广东能源严重短缺的构想。香港在 20 世纪 70 年代刚刚经历世界石油危机冲击，占香港地区发电量 70%的香港中华电力公司对广东建议表现极大兴趣，双方一拍即合。1979 年 5 月，应邀来广州的美国核电专家林杰克带来“借贷建设、售电还贷、合资经营”方案。

1980 年，广东省电力公司同香港中华电力公司完成合营建设 2×90 万千瓦压水堆核电站可行性研究。1981 年 5 月，国家计委、建委、经委组织审查广东核电站可行性研究报告。1982 年年底，国务院批准广东核电站项目。1983 年，我国开始就广东核电站的设计和设备引进问题同外商谈判。1984 年，在深圳大亚湾厂址开始土石方开挖等前期工作，1 月，邓小平视察深圳期间作出指示：“深圳要办好两件事，一是建设核电站，二是办好深圳大学，深圳核电站的同志要加倍努力，把工作做好！”① 1985 年 1 月，广东核电投资公司同香港核电投资有限公司签订合股组成广东核电合营有限公司的

① 中国广东核电集团.广东核电大事记第一集(1979—1994)[M].北京:中国原子能出版社,2000:52.

合同。

大亚湾核电站项目从法国法马通公司引进三环路百万千瓦级压水堆技术（后命名为M310），先由水电部负责早期筹建，1986年划归核工业部负责。为建设好大亚湾核电站，核工业部抽调一批专业人才赴现场进行技术支持。

正当大亚湾核电站筹建的各项工作顺利推进时，1986年4月26日，苏联发生了震惊世界的切尔诺贝利核事故。受此影响，“恐核”情绪波及香港，由民间团体组成的“争取停建大亚湾核电厂联席会议”发表据称有102万人签名的“要求停建大亚湾核电厂”公开信。“反核”风波声势浩大，刚刚起步的大亚湾核电站面临夭折的危机。7月6日，广东核电合营公司董事长王全国致电国务院领导，力陈“建设大亚湾核电站的坚定态度”。时任国务院副总理李鹏立即将这一情况向小平同志报告。7月10日，邓小平秘书王瑞林向李鹏传达指示：“王全国同志和港澳工委给中央的电报已送小平同志看过了，小平同志说，中央领导对建大亚湾核电站没有改变，也不会改变，中央充分注意核电站的安全问题。”① 7月11日，小平同志再次指示：“让他们闹去吧，不能改变。”② 一锤定音！在大亚湾核电站命运攸关之际，邓小平同志亲自作出了核电站要继续建下去的决策！随后，李鹏召集核工业部、外交部、港澳办等有关部门按照小平同志的指示部署应对工作。在中央及国务院的正确决策和合营双方的共同努力下，到9月下旬，这场风波逐渐得到化解。

建设大亚湾核电站，按照“以我为主、中外合作”共赢原则，全面引进资金、技术、设备、人才、管理、经验，按国际合资企业运作模式、用现代核电工程建设方法以及现代大型商业核电站生产准备和运营标准实现高起点起步。高起点起步跨越核电站开发、建设、运营全过程，涵盖研究、设计、制造、施工、运营等各方面工作的目标要求，涉及人力、财力、物资、计划安排。为此，选择法国20世纪80年代标准化、系列化、批量化建设中的格拉夫林核电站，作为参考电站；选择已开发建设和安全运行大量现代大型压

---

①　中国广东核电集团.广东核电大事记第一集（1979—1994）［M］.北京：中国原子能出版社，2000：93.

②　中国广东核电集团.广东核电大事记第一集（1979—1994）［M］.北京：中国原子能出版社，2000：93.

水堆核电站的法国电力公司（EDF），作为总技术顾问，负责核电站总体设计并与我方人员组成工程联合设计和管理队伍；选择法国法马通公司和英国通用电气公司（GEC）分别成套供应核岛和常规岛，并承担主设备和主系统安装和安装顾问；通过国际竞争招标，选择国外有经验公司与国内建筑安装公司，联合承担工程施工；聘请国际专家担任工程、技术、质保、生产、安全经理。

1984年，为核电站建成后顺利接产运行，启动生产运行人员的招聘、培训和核电站生产运行准备及规划工作。1989年4月派出第一批一级培训学员，随后又派出第二批、第三批，总共115人。运行人员培训以法国格拉芙林核电站为中心，维修人员培训以法国特里卡斯坦核电站为中心，管理人员培训在EDF各核电站和英国GEC公司。培训期平均约为一年，平均每人培训费约130万法郎（约26万美元）。

大亚湾核电站1987年8月7日开工建设。1993年7月28日，大亚湾核电站1号机组反应堆首次达到临界。8月31日21时26分，1号机组首次与广东电网、香港九龙电网并网，并网功率为4.5万千瓦。11月27日，1号机组首次达到满功率，电功率为98.4万千瓦。1994年2月1日，1号机组投入商业运行。5月6日，2号机组投入商业运行。

投入商运以来，大亚湾核电站运营业绩达到并保持在世界同类核电站先进水平。1994年，大亚湾核电站获美国《国际电力》杂志“1994年度电站大奖”，是全世界范围五座获奖电站中唯一获奖的中国核电站。2008年7月4日，大亚湾核电站按期偿还全部基建贷款本息共56.74亿美元。

### （二）建设经验与重大意义

大亚湾核电站是我国引进国外核电站成套主设备、建造技术和管理经验而建设的第一座大型商业核电站。

大亚湾核电站质量、进度、投资三大控制的核心是质量。为了切实确保质量，在设备制造、出厂试验验收、建安施工中组织专家按规范进行严密检查，凡不达标都必须返工重做或修复达标，验收合格才允许进行后续工作，为此增加大量工作和费用，积累丰富经验和深刻教训。

刚接触国际先进技术和现代化管理经验的时候，一些国内参与企业经历了痛苦的学习和适应期。建设工作中遇到很多不适应，既有观念又有方法上的，使工程技术、质量、进度、投资遇到不少问题。解决好这些不适应问题，正是迎头赶上、补上差距以及与国际接轨的过程。

大亚湾核电站是改革开放的产物，是现代企业制度的有益尝试。大亚湾核电站按照党中央、国务院确定的“借贷建设、售电还贷、合资经营”的模式和“高起点起步，引进、消化、吸收、创新”方针建设，坚持高起点起步，引进国外资金、技术和管理。在人才培训、施工管理、调试运行等方面为我国百万千瓦级商用核电站自主化和国产化积累了经验，为我国核电事业实现跨越式发展、后发追赶国际先进水平奠定了基础。

## 第三节　小批量建设，适度发展核电

我国核电“小批量建设，适度发展”阶段开始于“九五”（1996—2000年）期间，共批复和开工建设秦山核电二期等 4 个核电站。2000 年 10 月，《中共中央关于制定国民经济和社会发展第十个五年计划的建议》明确提出“适度发展核电”方针。

### 一、秦山核电二期工程

#### （一）建设历程

秦山核电二期工程（简称秦山二期）是我国自主设计、建造、管理、运营的首座大型商用压水堆核电站，是我国“九五”（1996—2000 年）期间唯一自主设计建造的国产化核电项目。

秦山二期设计装机容量为两台 60 万千瓦压水堆核电机组，核岛采用两个环路。工程建设总工期为 72 个月，工程总投资 148 亿元，电站设计寿命为 40 年。

1986 年 1 月 18 日国务院常务会议决定建造秦山核电二期工程，1987 年 10 月 29 日正式立项。1995 年 12 月 15 日，国家计委批准秦山 60 万千瓦商用压水堆核电项目开工，并列入国家“八五”（1991—1995年）重点项目。1996年6月2日项目主体工程开工。2002年4月15日和2004年5月3日1、2号机组先后投入商业运行。

秦山二期充分发挥中央和地方两个积极性，央企控股、地方参股共同办核电，由中核集团、浙江电力开发公司、申能（集团）有限公司、江苏省国信资产管理集团有限公司、国家电力公司华东公司和安徽省能源集团有限公司共同出资成立核电秦山联营公司（1995年规范为核电秦山联营有限公司），作为项目管理实体，负责电站建设和运营管理。

秦山二期在国内首次实施“业主负责制—招投（议）标制—工程监理制”项目管理模式，有效实施质量、进度、投资三大控制。

**（二）项目特点**

由于外部环境变化，秦山二期在建设过程中进行了三次大的调整，主要涉及：

1. 1989年国际形势变化使中外联合设计模式中断，改为以大亚湾核电站为参考电站，将三环路改为二环路，从联合设计变为参考大亚湾核电站设计图纸资料、引进软件和部分咨询的自主设计模式，大大增加了工程设计难度。

2. 用于购买设备的国外出口信贷额度增加使设备国产化比例从原定70%降为50%左右。

3. 设备采购拟主要从一国采购，因对方索要高价被迫转为多国采购，大件设备来自8个国家，其他小设备涉及20多个国家，设备款下降30%，同时也增加了设计、建造和调试难度，并造成因不能及时拿到技术参数而使图纸设计严重滞后。

4. 根据国际上进一步提高核电站安全性的趋势，力求与国际新标准接轨，调整设计标准，对参考电站做了较多改进。

以上调整无疑大大增加秦山二期建设难度。面对巨大困难和压力，中核总（中核集团）党组和秦山二期彭士禄、马福邦、张华祝、赵宏等领导带领建设者们克服各种困难，不断推进项目进展。核工业第二研究设计院（简称核二院）作为设计总包院不断调整人力，协调中国核动力研究设计院（简称中国核动力院）、上海电力设计院，突破设计难题，抢时间拿出设计图和文件，满足建设要求。在1号机组安装调试期间，中核集团总经理李定凡等领导一年之内7次到秦山坐阵指挥，总设计师叶奇蓁频繁地往返北京与秦山解决问题，李永江、杨兰和、于洪福、刘明涛、俞忠德等广大建设者充分发挥核工业创业精神，尊重科学，敢打硬仗，团结协作抢工期，勇于负责拼工期，科学管理夺工期。

2号机组压力容器的制造与返修是秦山二期建设中一个典型例子。该设备比计划晚交付26个月，在2003年7月初压力容器接管安全端焊缝役前超声检查发现25个超标显示及缺陷。2003年7月底，秦山二期迅速整理好材料向美国西屋公司等三家外国公司发出商请支援联系函，8月底三家公司分别递交解决方案，9月中旬有关单位到法国、瑞士考察，10月与美国西屋公司签订返修合同。2004年1月西屋公司实施修复方案，2月3日2号机组通过审查装料成功。

**（三）秦山二期取得的成就**

秦山二期工程采用“以我为主、中外合作”的方式进行建设。由于将堆芯从三环路改为两环路，燃料组件由157个组减少为121个组，采用分项国际招标，从而提出许多工程技术问题和接口问题。

为此，核二院、中国核动力院引进上百个设计分析软件，建立堆芯水力及流态试验台架、流致振动试验台架、控制棒驱动机构及驱动线试验台架、抗震试验台架等，进行大量研究和试验验证，最终实现基本掌握核心技术。秦山二期60万千瓦机组核电技术，是中国特色的自主品牌。

秦山二期的建设成功，表明我国具备对M310机型设计改进的能力和对在建与运行中遇到各种问题自主处置处理能力，被业界视为“我国核电国产化进程中的一个重要里程碑”，标志着我国核电实现三大历史性跨越：由引进先进技术并消化吸收，进而大幅度提高自主研制能力的跨越；核电建设由行政安排到按市场经济规律运作的跨越；30万千瓦原型堆到60万千瓦商用堆的跨越，为自主设计、建造百万千瓦级核电机组打下基础。

机组调试和运行结果表明，我国首台60万千瓦核电机组的设计是成功的，具有较高的安全技术性能和经济性能。核反应堆热工安全余量大，反应堆寿期长，达到同期国际上核电站反应堆设计水平。工程安全和质量完全符合我国核安全法规和国际规范的要求。首台机组建设工期比计划工期缩短47天；投资远低于我国同期引进的核电项目，是同期世界上建成和在建核电站中较低的。在55项关键设备中，有47项是国内制造的。一批大宗核电专用材料通过研制实现了国产化。

秦山二期工程建设者充分发挥核工业的科技优势，发扬核工业创业精神，坚持“以我为主，中外合作”的方针，坚持自主设计、自主建造、自主管理的建设模式。坚持自主设计，就是自主确定设计目标，确定技术方案，选择技术参数，确定关键设备的功能和指标，把技术决策权真正掌握在自己手里；而发挥核工业科技优势，注重实验验证，是自主设计、技术改进的物质基础，也为自主创新提供了条件。坚持自主管理，是工程面对诸多困难，最终能够严格按照质量、进度、投资三大控制指标建成投产的重要原因。坚持自主采购，逐步推进设备国产化，既保证了设备质量，又降低了设备采购成本与费用，是整个工程造价低、质量高的一个重要原因；同时促进了我国核电标准体系的完善，提升了我国核电设备制造能力和管理水平。

秦山二期工程建设者是一支艰苦创业、技术过硬、作风优良的队伍。他们发扬“两弹一星”精神，把核电国产化作为一项神圣的事业，把能够亲身参与我国第一个自主建设商用核电站这样的伟大工程，看做为国争光、为核工业争气的实践，是自身价值的最好体现。他们怀着为核电国产化事业奉献的一腔热血，面对艰苦的生活条件、相对较低的待遇和较大的责任，不计较个人得失，执著地奋斗在核电建设第一线，切实做到“严肃认真，周到细致，稳妥可靠，万无一失”。

通过秦山二期工程的建设，积累了科研设计、建筑安装、工程监理、设备制造、核燃料组件生产、调试运行及工程管理等一整套核电建设的经验，并促进了我国机电行业的技术改造和制造水平的提高，增强了我国自主发展核电的能力。

## 二、秦山核电三期工程

### （一）建设历程

20世纪80年代，我国核电业界达成一个共识：发展核电走压水堆的技术路线。90 年代，在酝酿“九五”（1996—2000 年）期间开工建设核电项目时，国务院领导指出：在走压水堆技术路线同时不排除有目的地兼容一定数量重水堆。重水堆是用重水为慢化剂的反应堆，突出优点是最有效地利用天然铀，可直接用天然铀作燃料，而且燃料烧得比较透。引进重水堆核电机组不仅可以缓解电力供应紧张，而且可以减少由于发展核电对分离功需求的压力。

加拿大设计建造的 CANDU（坎杜）堆是压力管卧式重水堆的典型代表，以其独特安全性、铀资源利用经济性、较高负荷因子等特点，在世界先进核电堆型中占有一席之地。1993 年 9 月，中核总就引进重水堆核电站事宜与加拿大方面多次接触。1994 年 11 月 7 日，时任国务院总理李鹏与加拿大总理让·克雷蒂安在北京签署《中加和平利用核能合作协定》，11 月 8 日中加签署《关于建造 CANDU 重水堆核电站项目的会议纪要》和《合作建设 CANDU 堆核电站的谅解备忘录》。随后，中加政府及双方有关部门和单位又签订有关协议和备忘录。12 月，国务院副总理邹家华亲临浙江省海盐县螳螂山重水堆厂址（毗邻秦山一期、二期）考察。

1997 年 1 月 31 日，经国务院同意，国家计委批复同意项目可行性研究报告，秦山核电三期工程（简称秦山三期）厂址定于浙江省海盐县螳螂山。

1998 年 5 月 25 日，中核总受国家计委委托批准秦山三期初步设计。10 月 14 日，秦山三期列入国务院批准的 1998 年第五批基本建设新开工大中型项目计划。工程项目业主为秦山第三核电有限公司。1998 年 6 月 8 日，秦山三期开工建设。

2002 年 12 月 31 日，1 号机组比原计划提前 43 天投入商业运行。2003 年 7 月 24 日，2 号机组比进度计划提前 112 天投入商业运行，创造国际 33 座重水堆核电站建设周期最短纪录。2003 年 10 月 23 日，国务院副总理曾培炎、加拿大总理让·克雷蒂安出席秦山三期工程全面建成庆典活动，并为“秦山三期（重水堆）核电站工程全面建成纪念碑”揭幕。

### （二）工程管理

秦山三期是我国重点工程项目之一，是中国和加拿大合作的最大贸易项目，采用成熟 CANDU-6 型设计并首次采用一些设计改进，总装机容量为 2×

728 兆瓦。工程由加拿大原子能有限公司（AECL）和中核总签订合同，共同承建。我国核电科研设计、建设单位以及美国柏克德公司和日本日立公司作为主要分包商参与工程建设。业主委托上海核工院和核工业四达建设监理公司分别实施部分建造管理和工程监理。

经过我国发展核电的成功实践，中国人形成了自己的技术权威，在概念设计审查阶段，向外方设计单位提出问题 919 个；在设计审查时提出设计改进意见，促成 40 项设计变更。整个工程 96 项设计改进，其中第一次采用的有 21 项。通过设计改进，使秦山三期在技术性能、安全水平、经济指标上均达到国际同类机型的最新水平。

秦山三期结合国情和工程实际，以实行现代企业制度为目标，建立实现工程质量、进度和投资三大控制的项目管理模式和组织体系，采用项目法人负责制、招投标制、工程质量监理制和合同管理制，并探索建立“垂直管理，分级授权，相互协作，横向约束，程序化和信息化运作”管理模式。这一新的管理模式使我国核电工程基本实现程序化、信息化的规范管理并与国际接轨。科学的管理体制与运行机制，保证了秦山三期工程合同的严格执行，质量、进度、投资三大控制始终处于受控状态，里程碑节点逐个提前或按期顺利实现。

秦山三期在工程建设期间，创造国际 CANDU 型重水堆建造史上多项世界第一：2 号反应堆厂房安全壳筒体滑模施工，创造 14 天 4 小时新纪录；排管容器燃料通道组装历时 66 天，比原纪录提前 16 天；主管道安装历时 21 天，比原纪录缩短 68 天；1 号机组安全壳试验时泄漏率仅为 0. 21%反应堆厂房容积/天，创下泄漏率最低纪录。秦山三期实际投资比国家批准的概算节约 10. 6%。

**（三）秦山三期的创新**

1. 先进燃料重水堆回收铀技术

我国是世界上少数几个既有压水堆又有重水堆的国家。重水堆可经济高效利用压水堆回收铀，提高铀资源利用率，减轻核燃料供应压力。

秦山三期从 2008 年开始，制定两步走的开发战略，即先以等效天然铀方式利用回收铀，再逐步实现经济效益更高的回收铀直接利用。到 2009 年年底，完成燃料设计、入堆示范验证的许可申请以及示范验证燃料的加工制造。

2010 年 3 月，秦山三期实现国际上首次将小批量回收铀燃料放到重水堆上进行示范考验，2011 年 3 月底示范验证完成，取得令人满意的试验效果。2011 年上半年启动全堆应用开发工作，2015 年实现重水堆全堆应用回收铀燃料。该项目探索了一条企业科技创新的路子，对提高铀资源利用率，为大规模后处理厂配套，加强核燃料供应保障和资源利用具有重要意义。

2. 工业钴-60 源的国产化

长期以来，我国工业钴-60 源主要依靠进口。虽然在重水堆中生产钴-60，是重水堆的天然性能，但其生产技术却来之不易，涉及钴调节棒的设计、研制和生产，靶件堆内辐照，棒束和成品源运输容器的设计和制造，专业热室的设计和建造，钴-60 原型源设计和研制等多个环节。工业钴-60 源国产化项目组在几乎没有外部资料情况下，从头攻关，打破国外垄断，取得成功，在设计上具有完全自主知识产权，填补多项国内空白，产品技术指标和质量达到国外先进水平。

3. “中国人的 8 兆瓦”

秦山三期机组额定总电功率为 728 兆瓦。机组临时验收时，由于日立公司原因，汽轮发电机额定总电功率未达到设计担保值（约低 1%）。日立公司自 2002 年到 2005 年进行改造，但机组功率没有明显提升。2005 年 9 月，秦山三期在国家竣工验收时确定的机组额定总电功率为 720 兆瓦。

2006 年年初，秦山三期针对机组额定总电功率问题成立重点科技攻关专项组，找出影响机组额定总电功率的主要因素，制定相应改造方案并在大修时实施。两个机组经技改，均达到额定电功率，共增加 16 兆瓦，每年可多发电 1 亿多千瓦时。

除上述改进外，针对电源系统设计不合理和设备选型不当等问题，对电源系统进行改进和优化，对辐射防护系统进行改进，提高通风、制冷系统安全性和可靠性等，进一步优化系统配置，提高核电站安全性和可靠性。

## 三、田湾核电一、二期工程

### （一）建设历程

田湾核电站位于江苏省连云港市连云区，是我国不可多得的沿海优良厂址之一，厂址可建设8台百万千瓦级压水堆核电机组。一期工程1、2号机组（单机容量106万千瓦）和二期工程3、4号机组（单机容量112.6万千瓦），是中俄两国政府加深政治互信、发展经济贸易、加强国际战略协作、共同推动中俄核能合作的标志性工程。4台机组均采用俄罗斯VVER-1000改进型核电机组，技术设计和安全措施满足国际上第三代核电站的安全要求。

1989年，苏联总统戈尔巴乔夫访华时提出合作建设核电站意向；1992年，俄罗斯总统叶利钦首次访华期间，中俄两国政府部长签署合作协议；1997年12月，中俄合作建设核电站总合同签字。1997年12月，中核集团等出资组建江苏核电有限公司（简称江苏核电公司），负责田湾核电站建设和运行。

一期工程于1999年10月20日开工建设，1、2号机组分别于2007年5月17日和8月16日投入商业运行。机组运行至今总体状况良好，全面实现国家安全生产标准化一级达标，年度发电量和机组性能指标稳步提升。

二期工程2012年12月27日开工建设，是2011年日本福岛核事故后，国家重启核电建设第一个获准开工的核电项目。

### （二）工程特点及建设经验

田湾核电站1、2号机组采用俄AES-91型核电机组，是在总结VVER-1000/V320型机组设计、建造和运行基础上，按照国际现行核安全法规，采用一些先进技术而完成的改进型设计，其主要技术特点包括：反应堆厂房采用双层安全壳、安全壳预应力张拉系统采用新型倒U形50束钢缆张拉方式、安全系统采用完全独立和实体隔离的4通道（N+3）、设置堆芯熔融物捕集器与冷却系统等缓解严重事故后果的安全设施、使用铀-钆一体化全锆先进燃料组件、采用全数字化仪控系统等。田湾核电站概率安全评价表明：发生堆芯严重损坏或熔化事故的概率小于$3.3\times10^{-6}$/堆年，发生严重放射性泄漏

事故的概率不超过 $6.4\times10^{-8}$/堆年。田湾核电站在某些方面已达到三代核电站要求。

根据中俄两国政府协议和总合同，俄方负责田湾核电站总技术责任和核岛、常规岛设计及成套设备供应与核电站调试，中方负责工程建设管理、土建施工、围墙内部分设备第三国采购、核电站辅助工程和外围配套工程设计、设备采购及大部分安装工程。与核电站配套的输变电线路工程和调峰设施，由江苏省电力系统负责建设。

在田湾建设初期，最突出困难就是缺乏有核电建设实践经验的技术和管理人才。中核总党组任命陈肇博副总经理为江苏核电有限公司董事长。董事会不等不靠，走新老结合、以老带新的聚集人才和培养人才的道路，组建起一支老中青结合的干部员工队伍。为了加快步伐，江苏核电采用多种途径汇集和组建队伍。在中核总党组支持下，郝东秦（时任中核总计划司副司长，之后任田湾首任总经理）、欧阳予院士等一批同志放弃舒适的工作环境和稳定的家庭生活，自愿来到田湾参加核电建设。从核工业有关单位借聘余剑锋、吴秀江、黄潜、马一等百余名中青年骨干参加建设。

田湾核电站实际上成为新型 VVER-1000“首堆”，具有示范堆性质，电站建设存在一系列困难。一是土建设计和系统布置发生重大变化，导致出现大量而频繁的设计修改和变更；二是大量设备不能如期到货；三是电缆安装图纸存在许多错误。中俄双方共同努力，克服第一阶段出现的大量困难，于2003 年 10 月提前进入调试阶段。

1 号机组蒸汽发生器传热管曾出现损伤事件，江苏核电公司确定损伤原因和应对措施并及时向有关部门汇报。经过 1 年 4 个月的检验、试验、反复论证、对话答辩，增加多种预防工程措施等，取得批准后实施解决方案，恢复机组调试工作。曾经惊动中央领导和整个核能界的田湾核电站蒸汽发生器质量事故得到彻底解决。

在田湾核电站开始调试阶段，2003 年 10 月起陆续发现已安装好的支吊架出现变形。通过分析发现俄方使用了未经验证的错误标准手册，经过半年多紧张复核工作，在全厂 2 万多个支吊架查出 4 000 多个支吊架本体或根部不符合标准，需重新设计、制造、拆换或加固。经过努力，解决了建设过程中又一个重大问题。

### （三）作用与贡献

田湾核电站一期工程全面建成投产，商运后连续10年保持安全稳定高效运行。采用新技术、新工艺取得的累累硕果，为我国核电技术引进、消化、吸收和创新，也为三代核电机组国产化设计提供重要借鉴；按照现代企业制度构建起的全新能源企业，培养和造就出的高素质干部员工队伍，为田湾核电基地建设和发展奠定坚实的基础。

田湾核电站一期工程首循环就创造国内新建核电站罕有的2台机组首堆年无计划外停堆停机的运行记录。2台机组取得优异的运行业绩，多项运行指标处于世界VVER-1000型机组前列，WANO排名处于前八分之一优秀机组行列。

田湾核电站每年可大量减少排放二氧化碳、灰渣以及二氧化硫和二氧化氮，为连云港及周边的碧海蓝天作出贡献。田湾核电站作为我国首家获得全国工业旅游示范点的核电站，是全国科普教育基地、江苏省爱国主义教育基地，丰富了当地旅游资源，成为公众宣传的重要窗口。

# 第四节　规模建设快速发展和安全高效稳步发展核电

在21世纪第一个10年，我国迎来核电快速发展时期，中核集团主要核电工程建设有三门核电、秦山二期扩建、方家山核电、福清核电、海南核电等，同时积极开发新核电厂址。2011年3月日本福岛核事故后，我国进一步明确了“安全高效，稳步发展”的核电发展方针。

## 一、三门核电一期工程

三门核电站位于浙江省东部沿海的台州市三门县健跳镇，坐落在猫头山半岛上，周围围绕着杭州、宁波、台州、温州等大中城市。

三门核电一期工程是国务院2004年7月21日批准实施的首个国家核电建设自主化依托项目。2004年9月1日，国家发改委批复三门核电一期工程项目建议书，批准一期工程建设2台，明确通过招标引进国际三代压水堆核电技术。

2004年9月2日，中国政府发出三代核电国际招标书，美国西屋联队、法国法马通公司和俄罗斯原子能建设出口公司3家企业竞标。2006年12月16日，国家发改委宣布选择美国西屋电气公司和绍尔工程公司联合体作为优先中标方，并和美国能源部代表中美两国政府签署《中华人民共和国和美利坚合众国政府关于在中国合作建设先进压水堆核电项目及相关技术转让的谅解备忘录》。

作为三门核电一期工程业主，三门核电有限公司成立于2005年4月，由中国核电公司等出资组建并负责三门核电的建造和运行。

2007年3月1日，国家核电技术有限公司、三门核电有限公司、山东核电有限公司与美国西屋联合体签署《AP1000核岛采购框架合同》及《AP1000技术转让框架合同》，由国家核电技术有限公司联合美国西屋公司和绍尔工程公司负责实施自主化依托项目的工程设计、工程建造和项目管理。

三门核电项目规划建设6台125万千瓦的核电机组，总装机容量750万千瓦，分三期建设，设计寿命60年，是中美两国最大的能源合作项目，全球首台AP1000核电机组，也是浙江省有史以来投资最大的单项工程。

2009年4月19日，三门核电一期工程开工，时任国务院副总理李克强出席开工仪式，宣布开工，并看望慰问建设者。

三代核电技术AP1000，采用模块化的设计与建造技术，最大特点是采用“非能动安全系统”，及时冷却反应堆厂房并带走反应堆产生的余热，减缓设计工况中有可能发生的意外事故进程和后果，大大提高核电站安全性。

三门核电站一期工程建成后将能提供250万千瓦供电能力，年均175亿千瓦时发电量，年产值约80亿人民币，是浙江满足新增电力需求、调整电力结构、达到节能减排目标的重大举措。

## 二、秦山核电二期扩建工程

2004年3月，中核集团向国家发改委呈报《秦山核电二期扩建工程项目建议书的请示》。2005年1月，国家发改委组织审查秦山核电二期扩建工程

（简称秦山二扩）的技术改进项和国产化方案。2005 年 7 月 26 日，国务院常务会议核准扩建工程。2005 年 10 月 17 日，国家发改委下发核准文件，工程项目业主为核电秦山联营有限公司。

核二院是秦山二扩的主力设计院。扩建工程设计工作遵循“翻版加改进”原则，实施采用先进燃料组件、延长换料周期、稳压器卸压功能延伸、仪控数字化改进等 10 项重大技术改进为重点的1 118项技术改进项目，同时采用严重事故分析、概率安全分析等设计手段，进一步提高核电站预防和缓解严重事故能力。3、4 号机组设计负荷因子由 1、2 号机组的 65%提高到 75%，设备国产化率由 55%提高到 77%。

秦山二扩压力容器、蒸汽发生器、堆内构件、环吊、核级不锈钢管道等主要设备实现国产化，替代进口。

2006 年 4 月 28 日，国务院副总理曾培炎在现场宣布秦山二扩开工建设。2007 年 1 月 28 日，4 号机组开工。扩建工程工期由秦山二期 72 个月压缩为 60 个月。3 号机组实际建设工期为 53 个月 7 天，提前 6 个多月。设备国产化率超过国家要求的 70%，达到 77%。

2010 年 8 月 1 日，3 号机组首次并网成功；10 月 5 日，3 号机组经过 100 小时连续满功率运行考验后投入商业运行。2011 年 11 月 25 日，4 号机组首次并网发电；2011 年 12 月 29 日投入商业运行。

## 三、福清核电工程

福清核电站厂址位于福建省福清市三山镇前薛村岐尾山前沿，地质构造稳定，地形地貌条件较好，淡水补给便捷，冷却水取水方便。厂址包容性优良，可适用不同堆型核电建设需要。

福清核电站 6 台机组一次规划，分批核准，分期建设。1~4 号机组为二代改进型压水堆核电机组，主要采用经过工程验证的能动系统实现安全功能，实施全 M5 燃料组件、全系统仪控数字化、汽轮机组降低标高布置等 20 多项重大技术改进。

福建福清核电有限公司成立于 2006 年，由中国核能电力股份有限公司、华电福新能源股份有限公司和福建省投资开发有限责任公司分别以 51%、39%和 10%比例出资组建，负责福清核电站建造、调试、运营和管理。

2008 年 11 月 21 日，时任中共中央政治局常委、国务院副总理李克强宣布福建福清核电工程开工。1 号机组于 2008 年 11 月 21 日核岛浇筑第一罐混凝土，2014 年 11 月 22 日投入商业运行。2 号机组于 2015 年 10 月 16 日投入商业运行。3 号机组于 2016 年 10 月 24 日投入商业运行，4 号机组于 2017 年 9 月 17 日投入商业运行。5 号机组于 2015 年 5 月 7 日正式开工，6 号机组于 2015 年 12 月 22 日正式开工。5、6 号机组正按 62 个月的目标工期有序推进。

福清核电站首次采用业主负责下的核电工程总承包模式，在项目融资和保险策划等方面，实施集团化运作、专业化运营、集成式管理，将项目融资和保险管理委托给中核财务有限公司。

根据国家核安全局提出的“福岛核事故后核电厂改进行动通用技术要求”，福清核电站对防水封堵、一回路补水、二回路补水、增设移动电源等 11 项实体技术改进项目，制订专项计划并实施完成，得到了国家核安全局的认可。

福清核电站的建设对拉动福建省经济发展、保护福建生态环境等具有重要意义。福建东部临海，西北部多高山，城市空气环境质量易受到本地污染影响，煤电使其环境压力大大增加，选择核电有利于破解这一难题。

## 四、方家山核电工程

2004—2007 年，中核集团经过前期准备，完成秦山核电厂扩建项目厂址安全分析报告、环境影响评价报告等报告编写和评审。2008 年 2 月 29 日，国家发改委发文同意浙江秦山核电厂扩建项目（方家山核电工程）开展前期工作，要求工程建设以我为主，设备国产化率达到 80%以上。工程项目业主为秦山核电有限公司。11 月 12 日，国务院常务会议核准方家山核电工程项目，12 月 9 日国家发改委下发核准文件。

方家山核电工程为 2 台 108 万千瓦压水堆机组，以广东岭澳核电站为参考电站，采用中核集团自主设计的二代改进型百万千瓦压水堆核电机组，堆芯采用 177 盒燃料组件和内置换料水箱。中国核电工程有限公司（简称中国核电工程公司）作为总承包单位，全面负责设计、施工、设备采购、调试等。中国核动力院负责反应堆和一回路及部分辅助系统设计，其他项目设计由分包单位负责。

2008 年 12 月 26 日，方家山核电工程开工。2010 年 9 月 28 日，1 号机组核岛厂房穹顶整体一次性吊装成功（穹顶总重 175. 129 吨，吊装标高 44. 83 米）。2014 年 11 月 4 日 1 号机组并网发电；2015 年 1 月 12 日 2 号机组并网发电。

方家山核电工程 1、2 号机组均刷新国内同类机组“从首次装料到首次临界再到并网发电”工期纪录，这正是得益于秦山多年积累的自主创新能力。仅 2 号机组就实施了包括采用先进的燃料组件、全数字化仪控等在内的 18 项重大技术改进和 14 项日本福岛核事故后技术改进。

截至 2015 年 3 月，秦山核电基地 9 台机组全部建成投产，成为世界上仅有的机组数量最多、机型最丰富的核电基地。

## 五、昌江核电一期工程

海南昌江核电站位于海南省昌江黎族自治县海尾镇，是我国最南部核电站。昌江核电站总体规划建设 4 台压水堆核电机组，一次规划分期建设。

海南核电有限公司由中国核能电力股份有限公司（简称中国核电）、华能核电开发有限公司、华能国际电力股份有限公司共同出资组建，承担海南核电建设与运营。一期工程由中国核电工程公司总承包，中国核工业第二二、二三建设有限公司，广东火电工程总公司等多个单位参与建设。

昌江核电一期工程是以秦山核电二期为参考电站，结合海南地域特点设计建造的二代改进型 CNP600 压水堆核电机组，综合国产化率由 70%上升为 82%以上，实施 17 项重要技术改进、1 311 项一般改进，如采用数字化分布式仪控系统、主给水隔离设计等。工程建设期间，针对日本福岛核事故经验反馈，在防洪能力、应急补水、移动电源等方面进行改进。

昌江核电站 1、2 号机组分别于 2010 年 4 月 25 日和 2010 年 11 月 21 日开工建设，1 号机组于 2015 年 12 月 25 日投入商业运行，2 号机组于 2016 年 8 月 12 日投入商业运行。

海南核电一期工程装机规模 130 万千瓦，年售电收入可达 40 亿元以上，极大提高了地方税费收入，并促进周边发展。作为海南省能源一号工程，每年提供电力能源约占海南省电力供应三分之一，海南一跃成为全国核电占比最高的省份。海南核电工业旅游基地已见规模，成为海南西部科技旅游点，带动地方旅游业。海南核电一期工程的建成对全面推进“一带一路”建设、国家南海战略、海南环境保护以及美好新海南建设都具有深远意义。

## 六、“华龙一号”示范工程——福清核电 5、6 号机组

通过福清核电一期工程建设，中核集团在掌握“二代加”核电技术基础上，确立“应用一代、研发一代、预研一代”的技术路线图。

21 世纪以来，中核集团在原二代加核电机型 CNP1000 的基础上，开发了具有三代核电技术特征的 CP1000。在 2011 年 3 月日本福岛核事故发生后，中核集团又按照最安全、最先进的设计要求，完成了具有完整自主知识产权的百万千瓦三代核电机组 ACP1000 的设计。根据国家能源局的要求，ACP1000 与中国广核集团的百万千瓦机组的部分设计进行融合，形成了我国具有完整自主知识产权的第三代核电技术 HPR1000。

为了建立核电国家品牌，为核电“走出去”扩大影响，新机型需要一个响亮的名称，政府有关部门、核电行业、社会相关方面对此也很关注。中核集团党组书记、董事长孙勤，组织集团雷增光、田家树等人讨论，大家一致认为，品牌名称必须用中文表示，以体现我国自主设计和自主知识产权，还必须体现中国人的精神，具有中核集团内涵，并表示核电发展的趋势。许多同志对命名提出了很好的建议。

孙勤董事长综合大家意见，提议叫“华龙一号”。“华”表示中国之华夏民族，体现国家民族意识；“龙”体现中国人的民族精神，给人以向上、奔腾的力量感，“龙”也与中核集团“十二五”期间的“龙腾”计划暗合，表示是中核集团科技创新的成果；“一号”表示是自主开发的排头兵、引领者，也表明自主核电开发建设还有更大的优化发展空间和更广的应用范围。

“华龙一号”核电品牌的建议提出后，得到各方面广泛支持。中广核表示拥护，并率先申请相关商标注册。鉴于“华龙一号”为中核集团首先提出，在国家能源局协调之下，“华龙一号”中英文商标由中核集团和中广核集团双方共享。国家能源局、国家核安全局、国防科工局等部门给予肯定，社会各界纷纷点赞，国际社会也表示认可。大家认为，“华龙一号”品牌不

仅体现了民族精神，而且是深化自主创新的体现，是对国家“一带一路”倡议、核电“走出去”的有力支持。

福清核电5、6号机组，是我国首个完全自主设计的第三代核电技术“华龙一号”示范工程。“华龙一号”技术是以我国多年核电建设运营成熟经验为基础，汲取世界先进设计理念的三代核电自主创新成果。“华龙一号”采用渐进式的技术发展路径，在成熟技术基础上集成众多先进技术。

2014年8月21—22日，国家能源局和国家核安全局组织召开“华龙一号”总体技术方案专家评审会。11月3日，国家能源局复函，同意福清5、6号机组采用“华龙一号”建设国内示范工程。2015年4月30日，国家发改委印发核准批复。同年5月7日，“华龙一号”首堆示范工程福清核电5号机组开工建设，标志着我国进入世界先进核电技术第一阵营。同年12月22日，福清核电6号机组开工建设。

“华龙一号”堆型设计采用“能动与非能动”相结合的先进安全设计理念，全面平衡贯彻纵深防御设计原则，设置完善的严重事故预防和缓解措施，以“177组燃料组件堆芯”“单堆布置”“双层安全壳”为主要技术特征，主要技术指标和安全指标满足我国和国际最新安全要求，具有完整自主知识产权体系，完全覆盖设计、燃料、设备、建造、运行、维护等领域，是目前国内能独立出口的核电机型。

“华龙一号”全面实现关键技术重大突破，真正掌握核心技术和未来竞争及发展的主动权，促进实现以自主设计、自主制造为重心的中国核电自主化发展进程。设备采购采取自主设计、按部件采购方式，国产化率不低于85%，首堆设备国产化率达89%。

## 七、积极开发新核电厂址

按照我国政府的承诺，2020年非化石能源在一次能源消费中的占比需达到15%，2030年达到20%。根据我国资源禀赋和现实需求，要实现2030年的目标，需要加大能源结构的调整力度。作为公认的低碳能源品种，核电将作为替代煤电机组承担电力基荷的主力机型，在能源结构调整和应对气候变化中发挥更加重要的作用。

在我国核电快速发展形势下，中国核电公司继续开发新核电厂址。目前新开发的核电厂址包括：辽宁徐大堡、湖南桃花江、福建漳州、霞浦、河北海兴等，其中霞浦快堆、徐大堡核电项目取得较大进展。

徐大堡核电项目厂址地处辽宁省兴城市海滨乡徐大堡村南侧海岸，规划建设6×100万千瓦压水堆核电机组，由成立于2009年的中核辽宁核电有限公司负责。

# 第五节　核电工程建造

## 一、国内核电建设力量

在核工业发展历程中，无论是早期为“两弹一艇”提供可靠保障，还是为中国大陆核电站实现“零的突破”，核建设力量都是不可或缺的一部分。1955年5月，老一辈核工业建设者承担苏联援建的重水反应堆和回旋加速器的建设任务，拉开核工业建设序幕。1958年5月起，伴随着三支建筑队伍和一支安装队伍的先后组建，核工业建设队伍初步形成，并随着核工业建设发展而发展壮大。核工业建设队伍原隶属于中核总（二机部、核工业部），于1999年分立为中国核工业建设集团（简称中国核建集团）。

从自主建造秦山核电站和参与大亚湾核电站建设开始，中国核建集团作为30多年来世界上唯一一家没有间断核电工程建设的企业，从二代核电站建设安装起步，在三代建设技术上脱颖而出，在四代建设技术上已经领先。以成熟的、经得起验证的工艺和技术，在核岛建设领域保持领先优势和主导地位，率先实现核电工程自主建设，建立独有的核电建造多项目管理模式，掌握核电建造关键技术，拥有完备的基础设施和先进装备，不仅承担中国所有投入商业运行的核岛工程建设，也得到国际市场认可。20世纪80年代中期，承建了中国出口阿尔及利亚核技术项目，随后承建巴基斯坦恰希玛核电站一期和二期工程。中国核建集团核心竞争力建立在核工业建设发展基础之上，同时也吸收世界先进核电站的建设经验，边引进、边消化、边吸收、边自主创新。

在核电工程建设中，中国核建集团始终将安全作为一切工作的底线，将质量放在一切工作的首位，形成严格的质保体系和管理制度。建设中每一道环节、每一个工序，严格按照国家核安全局要求，按照施工组织设计和质保管理大纲操作。中国核建集团在30多年核电站建设过程中，培养并拥有一支规模可观、实践经验丰富、技术能力高超、创新能力一流的高素质工程建设专业技术人才和专业技能工人队伍，保证工程质量和安全。

## 二、海外核电工程建设

中核集团下属中国中原对外工程有限公司（简称中原公司）自1983年4月25日成立以来，活跃在海外核电工程建设第一线，积极开拓国际市场，完成三次艰苦创业，为我国核电“走出去”作出突出贡献。

### （一）第一次创业——创造“南南合作的典范”

建造阿尔及利亚比林核研究中心（简称“比林一期工程”“比林二期工程”），是中国第一个核出口项目，项目谈判非常艰难，1986年12月27日中阿核能合作合同生效。1990年12月，中阿双方签订“核燃料元件和材料辐照后检验热室及高温高压/低温低压燃料元件考验回路合同”。根据合同，“比林一期工程”是建造一座15兆瓦重水研究堆，“比林二期工程”是建造元件考验回路及元件检验热室。

“比林一期工程”总建筑面积42 000平方米，合同工期60个月。1988年10月26日浇筑第一罐混凝土。1993年11月21日，中阿双方在工程现场隆重举行“比林一期工程”竣工验收庆典，国际原子能机构（IAEA）总干事布里克斯发来贺电，赞誉为“南南合作的典范”。

“比林二期工程”建筑面积约7 000平方米，1992年3月1日开工，1996年6月1日完成最终验收，标志着重水研究堆项目具备设计科研能力，受到阿方好评。

### （二）第二次创业——自主创新出口第一座核电站

1989年，我国秦山核电站处于安装调试阶段，巴基斯坦密切跟踪建设进程。巴基斯坦由于化石燃料缺乏，水力资源有限，电力供应不足，严重影响国内经济发展，很早就制订了积极发展核电的国家战略。

1991 年 12 月 31 日，中核总与巴基斯坦原子能委员会（PAEC）签订中国向巴出口 30 万千瓦核电站合同，因厂址在巴基斯坦恰希玛地区，故称巴基斯坦恰希玛核电站。1992 年 2 月 25 日，经中巴两国政府批准，恰希玛核电站 1 号机组项目（简称 C-1）合同生效。中原公司总承包，全面负责工程管理。

2000 年 8 月 21 日，恰希玛核电站 1 号机组（C-1）实现满功率运行，9 月 25 日，中巴双方在项目临时验收证书上签字。C-1 项目自投入商业运行以来，运行业绩一直良好，负荷因子平均在 85%以上，有的换料周期内甚至接近 100%，进入 IAEA 评定的运行最佳核电站之列。

**（三）第三次创业——攻坚克难持续出口核电站**

2004 年 5 月 4 日，恰希玛核电站 2 号机组（简称 C-2）合同签订。C-2 项目借鉴 C-1 项目和国内核电项目成功经验，打造了简化实用的海外工程管理模式——大分包、少合同，少接口、重协调。2014 年 6 月 18 日，恰希玛核电站 2 号机组全面验收。

C-3/C-4 项目是以 C-2 机组为参考电站的 2×34 万千瓦压水堆核电站，厂址位于印度河东岸，距巴基斯坦首都伊斯兰堡 280 公里。

2008 年 11 月 20 日，中原公司和 PAEC 签署向巴出口 C-3/C-4 核电站合同，2010 年 3 月 31 日生效，总工期 91 个月，以“交钥匙”方式建设。

2010 年 8 月 5 日，恰希玛 C-3 项目破土动工，2011 年 3 月 4 日浇筑核岛底板第一罐混凝土，2013 年 3 月 6 日 C-3 核岛穹顶吊装完成。2011 年 4 月 1 日，恰希玛 C-4 项目破土动工，2011 年 12 月 18 日浇筑核岛底板第一罐混凝土。

**（四）国际核工程市场开发提速**

随着“一带一路”建设的发展，中原公司超前布局，在国际市场开发的目标国家或地区超过 50 个，形成“六大区域”开发新格局：以巴基斯坦代表处为中心辐射南亚区域，以阿根廷代表处为中心辐射拉美区域，以阿尔及利亚代表处为中心辐射非洲区域，以沙特代表处为中心辐射中东区域，以柬埔寨代表处为中心辐射中亚东南亚区域，以乌克兰代表处为中心辐射北美欧洲区域。

2014年12月29日，比林核研究中心一期、二期升级改造项目合同在阿尔及尔签署。该合同签署对中原公司巩固阿尔及利亚核工程市场具有重要意义。

中原公司作为中核集团海外核电市场开发的主力军和对外工程平台，一直开展“华龙一号”市场推广并取得积极成果。

2007年6月，中核集团和PAEC签署“关于PAEC和CNNC在巴建造C-3、C-4、K-2（1）和K-2（2）机组4个30万千瓦压水堆核电站的会谈纪要”和“关于在巴建造百万千瓦核电厂的K-3项目会谈纪要”。2011年中原公司与PAEC签署《卡拉奇核电项目K-2/K-3机组前期框架合同》。2013年2月18日，K-2/K-3项目合同签约仪式举行。2014年2月，中核集团与PAEC签署“K-2/K-3项目合同生效函”，K-2/K-3项目合同2014年2月28日生效。

2014年2月19日，中巴签署《CNNC与PAEC关于在巴基斯坦建造三台核电机组的框架协议》，计划在恰希玛厂址（C-5项目）和穆扎法尔格尔厂址（M-1/M-2项目）采用ACP1000（即后来的“华龙一号”）技术合作新建3台百万千瓦级核电机组，并先期启动C-5项目的合作。

K-2/K-3项目合同签约是中核集团实施核电“走出去”发展战略的重要一步，也是具有自主知识产权的百万千瓦级核电项目走出国门的一个重大里程碑。

从2010年起，中原公司开始培育阿根廷核电市场。2015年11月15日，中核集团与阿根廷核电公司签署阿根廷重水堆核电站商务合同及压水堆核电站框架合同，中核集团与阿根廷核电公司将合作建设阿根廷第四、第五座核电站，“华龙一号”核电技术落地阿根廷。

中原公司以优秀业绩在国际市场上赢得良好信誉。自1996年以来，中原公司连年入选美国权威杂志《工程新闻纪录》（ENR）评选的全球最大225/250家工程承包商，排名逐年上升。

## 三、核电工程管理模式转变

20世纪八九十年代，我国核电工程建设实行业主负责制。一个业主一套班子，电站建成进入运营和管理阶段后，业主建设管理资源基本闲置，而新项目业主需要重复搭建班子，既不能实现技术和经验共享，也不利于实施专业化运作。

2007 年 12 月，中核集团将核工业第二研究设计院、核工业第五研究设计院的主营业务和骨干力量及核工业第四研究设计院从事核电工作及相关专业的技术骨干，重组成立中国核电工程有限公司，中核集团为完成我国核电中长期发展规划，推进核电建设自主化、专业化发展，实现核电工程管理与国际接轨的重大体制创新，是加强集团化运作、集中优势资源、发挥整体优势的重要举措。

随着我国核电建设迈入自主化新阶段，尤其是一年有多台机组同时开工的大规模发展阶段，通过工程公司这种成熟而又有效的国际工程管理模式，可以有力推动我国核电设计和工程管理自主化、促进设备制造国产化、节省资金、降低发电成本，实现核电建设系列化、规范化，推动核电可持续发展。

中国核电工程公司是以工程技术为基础，以工程建设为主业，具备工程项目设计、采购、施工或施工管理、设备系统调试、项目管理能力的国际型工程公司。以设计为龙头的工程总承包（EPC）最大特点是实行设计、工程管理一体化，达到工程项目资源最佳配置，减少沟通环节，真正体现风险与效益、责任与权利、过程与结果的统一。

2008 年 4 月，中国核电工程公司与福清核电公司、秦山核电公司签订福清、方家山两个核电工程总承包合同，成为中核集团首次采用设计、采购、施工、调试总承包形式进行核电工程建设的里程碑事件。随后，中国核电工程公司陆续承担海南昌江、田湾 3~6 号、辽宁徐大堡、福建漳州等共计 20 多个核电工程建设的总承包。

中国核电工程公司通过 EPC 管理模式工程实践，在设备采购、工程建设管理、调试管理等方面形成核心能力，总承包管理经验不断积累，多项目管理能力持续加强。充分发挥设计龙头作用，将设计的技术优势与工程管理实践经验有机结合，在设计中合理考虑施工工艺和技术需要，积极探索施工技术优化与升级，对缩短核电建设工期、降低工程造价、提高工程质量有很大促进作用。

中国核电工程公司已建立适应多项目及多堆型、以项目为核心的设备采购精益化管理体系，从采购计划、招标、合同谈判、合同变更、合同执行、费用结算、监造管理等方面全方位实现采购业务精益化管理。通过多项核电、核化工项目工程实践，形成“以工程公司为主、业主参与”的调试模式，并建成标准化多厂址调试管理体系、多项目调试管理信息系统和标准化调试技术文件等三大体系，具备独立承担核电站调试的能力。

## 第六节　核电站运行管理的基本框架及特点

核电站的安全运行是以核电厂正确的运行和管理为前提。中核集团所属秦山、田湾、福清等已运行发电核电企业，牢固树立核安全高于一切的观念，结合各核电站实际情况，逐步完善并形成各具特色的运行管理模式。

### 一、中核核电运行管理有限公司

#### （一）运行管理

中核运行公司负责秦山3个核电站、9台机组的专业化运行管理，每个核电站均设有运行技术科、综合管理科、运行支持科、白班运行值及6个运行值。

中核运行公司扎实开展管理提升，实现从各核电站单独运行到专业化改革期间运行管理平稳过渡，保障各机组安全稳定运行。参照行业内的良好实践，开发并投用“无人因失误时钟”，制定了时钟复位的人因事件准则标准，编制人因管理推进计划，并进行跟踪管理。对《运行处科学发展绩效考核责任书》层层分解，梳理出各类运行岗位，分别编制了与之对应的绩效考核责任书，为处室年度管理目标的顺利完成提供了明确的依据和标准。完成运行人员绩效管理系统建设，更完整地体现运行工作的特点和绩效管理提升的重点。

在运行技术支持方面，严格执行《堆芯监督管理》，加强机组安全稳定运行的监督和跟踪，按时出版堆芯监督月报。严格遵照机组的核设计报告和启动物理报告的计算结果，指导和控制机组的安全稳定运行。

3 个电厂均采用十大缺陷管理办法进行跟踪和管理，对影响机组安全稳定运行的重大缺陷和隐患进行滚动跟踪处理，及时消除安全隐患。

所有属于电厂《技术规格书》规定的定期检查和试验工作，均按照《技术规格书》监测要求的频度执行；其他定期检查和试验均按照试验细则规定的频度执行。

**（二）维修管理**

维修领域有 7 个处室：维修一处、维修二处、维修三处、维修四处、维修五处、维修支持处和大修管理处。

2013 年，一厂完成 R14 大修、二厂完成 1 号机组 110 大修、2 号机组 209 大修、3 号机组 303 大修、4 号机组 401 及 2 次机组小修工作，三厂完成 1 号机组 107 大修以及 3 次临时小修工作，机组大/小修安全、质量、进度良好受控，综合管理性能指标控制全部满足要求。

编制《维修经验反馈手册》（机械、电气、仪控、综合分册），供内部员工学习使用；组织承包商进行状态报告培训；开展状态报告自我评估；定期升版经验反馈培训教材，充实经验反馈教材的内容和案例。

组织班组成员参加各项业务培训，开展青工比武、师傅带徒弟，进一步统一思想、统一目标、统一行动，使班组专业技术水平得到不断巩固和提高。

充分贯彻 6S 的工作机制：支部牵引，行政主抓，工会运作，教练指导，领导带头，全员参与。以公司 6S 建设管理提升为指引，重点关注班组 6S 建设的实施。

持续开展 QC 小组活动，充分发挥 QC 小组的作用，推动问题的解决。燃料操作处“降低 1 号机组燃料操作系统数字压力指示器故障率”获得中核集团 QC 成果发布一等奖。

**（三）培训管理**

开展以解决岗位工作能力为出发点的管理提升专项工作。包括开发基于生产岗位的培训大纲；基于培训大纲完成人员岗位授权工作；培养和配备专/兼职培训教员；逐步构建技能培训设施；严格培训与考试纪律，提升日常培训实施管理。培训计划体系由“公司年度培训计划”“月度培训计划”和“单项培训计划”构建的逐级分解跟踪的金字塔型管理模式。

进一步改进了基本安全授权培训的实施方式，通过三个办公区域错峰实施，结合电厂大修计划统一编制实施计划等方式，取得了较好的效果。公司领导层的高度重视和以身作则，为培训的实施工作起到了非常有效的积极推动作用。

按照公司“程序化、规范化”要求建立起新员工培训管理模式体系。对新入厂员工开展入厂培训，分为入职教育、授权专项以及通用管理培训3个阶段。

完成各电厂操纵员和高级操纵员初训和复训工作，并配合完成各项操纵人员取换照考试、演习及强化培训任务；CP300和CP600全范围模拟机还完成大量的对外服务培训任务。CP300模拟机根据福岛核事故教训WANO SOER-2013-2开发了模拟机场景，模拟极限工况下反应堆堆芯冷却，安全壳消氢，补充完善了模拟机考试题库。CP1000模拟机开发完成模拟机SRO课程M4，完成相关教材、模拟机上机提要编写，完成模拟机正常、故障、事故考题的编写。

#### （四）日本福岛核事故后整改

秦山核电基地作为中国核电的摇篮，在日本福岛核事故后根据国家核安全局的有关要求，投入6.5亿元资金，开展了56项整改工作。整改项目涉及的主要方面有：（1）核电厂防洪能力；（2）应急补水及相关设备；（3）移动电源及设置；（4）乏燃料池监测；（5）氢气监测与控制系统；（6）应急控制中心可居留性及其功能；（7）辐射环境监测及应急；（8）外部灾害应对。其中，海堤加高、新建应急中心、移动柴油发电机、移动泵等改进项目得到了国家核安全局领导的充分肯定和赞扬。

## 二、江苏核电有限公司

#### （一）核电运行管理体系规范和制度

江苏核电有限公司提出了“细致管理、保守决策、规范执行、坦诚协作”的运行理念，编制了《运行管理分大纲》及相关管理程序，内容涵盖运行组织管理、运行值班管理、运行操作管理、机组状态控制、运行技术管理、运行设施管理及化学监督管理，牢固树立核安全高于一切的观念。创新提出以“管理、责任、提升”为核心的3A管理，开展标准化巡检和飞行检查等管理创新，通过管理者观察与指导、工作反馈、状态报告等途径不断完善运行管理体系和流程，提升运行管理水平，提升运行业绩。

不断完善规程和操作单相结合的运行技术文件体系，编制系统运行规程、定期试验规程、运行操作单、定期试验操作单、报警响应卡、应急预案、系统流程图等6 500余份。运行日常操作以运行操作单为执行文件，运行操作单以运行规程为依据进行编制。定期试验以定期试验操作单为执行文件，定期试验操作单以定期试验规程为依据进行编制。通过企业内容管理系统（ECM）实现了文件编制、定期审查、文件配发、文件回收的电子化管理。

### （二）大修管理

大修过程包括大修的准备、实施、总结和后续大修改进四个环节，通过实施闭环管理，促进大修工作整体水平提高。经过多次大修的持续改进与提高维修再鉴定一次合格率并降低设备重复检修率，田湾核电站VVER机组大修4个领域30个性能指标全部满足或优于过程要求。大修计划控制主要通过大修三天滚动计划、关键路径和次关键路径控制等机制来提供优秀保障。设备再鉴定一次合格率一直保持99.9%以上，而设备重复检修率逐年下降。提出了“负接口”管理理念，制定了“负接口”管理流程，即上游工作负责人工作结束前3小时通知下游工作负责人，下游工作负责人提前2小时到达现场，下游工作组全体提前1小时到达现场，缩短了大修工期，提高了机组的能力因子。

### （三）维修管理

江苏核电有限公司结合运营能力提升战略及战略目标、通过工作识别与准备、计划协调，逐步提高维修工单完成率，使设备维修再鉴定一次合格率，纠正性缺陷/预防性工作工单完成率逐年提高，使设备重复检修率逐年降低。在日常检修管理方面，通过生产管理系统、状态报告系统、生产性能指标系统、十大缺陷管理系统、电厂实时数据系统等管理技术的应用，进一步提高了日常维修管理质量。同时针对维修管理工作的持续性改进，开展了日常维修项目风险控制优化，预防性维修大纲优化，检修工作包标准化优化，检修工时标准化，检修技能培训等一系列活动，确保了日常维修管理水平不断提高。在日常维修的组织管理中，建立日常生产管理组，实施日常生产日计划制度，达到了高效的横向交流，进行风险分析和决策，提高了重要缺陷的响应和处理速度，进一步提升了电厂设备和系统的可用性和可靠性。近年来，日常维修管理水平不断提高，设备再鉴定一次合格率一直保持99.9%以上，同时纠正性和预防性维修工单完成率一直呈上升趋势，完成率指标不断优化，从早期的96%逐步提高到了98%。

### （四）技术改造

通过对标同行、自我评估等方式，根据工程改造管理实践持续优化技术改造管理流程，建立了符合田湾实际情况的技术改造管理模式。技术改造流程主要包括：技术改造申请的提出与审查流程、技术改造项目方案的设计与审批流程、技术改造项目现场实施与验证流程、技术改造项目竣工关闭流程等。建立了技术改造项目优先级、技术改造项目审查会、技术改造协调例会制度。

### （五）培训管理

以培训能力提高为本，以教学质量提升为纲，以改革创新为要，努力发挥干部员工教育培训的主渠道作用，围绕公司三大核心业务，建立基于系统化培训方法（SAT）的培训管理体系，编制了覆盖全员的岗位培训大纲。确定了“授权上岗制、全员培训制、终身培训制”的培训原则。全面开展干部员工的安全意识培养和岗位知识、技能培训，提升全员素质，强力支撑干部员工“五通道”职业发展，在新员工培训、主控室操纵人员培训以及全员综合素质能力提升培训等方面开展了系统的工作，为电厂安全、可靠运行提供了有效的人力保障。

## 三、福建福清核电有限公司

### （一）核电运行管理体系规范和制度

主要采取了以下6个方面的管理方法和举措：

1. 在运行现场值班启动伊始即开展运行标准化工作体系建立的工作，细化明确各值科的工作职责，发布《运行值标准工作流程手册》指导运行值工作规范化、标准化；

2. 在标准组织机构的基础上，以机组生产运行的核心任务为导向，成立“培训与经验反馈专项组”“重要技术问题专项组”“规程专项组”“新闻宣传小组”等专项组，集中力量办大事；

3. 坚持管理创新，在国内首家实施大修期间免扰设备管理；

4. 根据运行工作的特点，凝聚团队智慧，提炼了“人人尽责、层层防御、杜绝人因、追求卓越”的运行工作理念和“每个人确保职责范围内每道安全屏障有效”的运行安全理念；建立震撼教育制度，实现国内外重大核安全事故和典型事件新员工必学，老员工反复学；营造透明核安全文化，强化内部经验反馈，建立 24 小时偏差报告制度，对人员行为不规范、人因失误等情况进行快速通报；对防人因失误工具进行适用性提炼，并通过人因展板、人因工具卡、人因时钟等措施和手段营造防人因氛围；

5. 建立运行值学习班任务模块化、现场岗位授权多维度考核、技能比武检验的培训体系，并持续探索运行人员标准化培养方案；

6. 建立了以运行值指标考核、先进个人、运行之星、专项奖惩通报为主体，绩效考核梯度化、奖惩制度明确化、先进个人突出化的富有运行特色的绩效考核体系。

**（二）换料大修**

以中国核电公司“90-30-00”（“90”是指机组平均能力超过 90%；“30”是指大修工期控制在 30 天以内；“00”是指机组大修之间无小修）为导向开展大修优化，组织开展核电厂长周期换料项目以延长大修周期。开展大修工期优化项目以缩短工期，对关键路径上的机组启停操作、装换料、低水位阀门检修、安全壳密封性试验、在役检查、物理启动试验等重点工作，进行专项改进。在机组换料大修管理方面主要采取以下管理方法和举措。

1. 标准化大修准备组织机构。成立专门的项目制组织机构，采用矩阵式管理模式，以行政管理和项目管理相结合，统一调配各种资源，逐级管控，逐层推进大修准备工作。

2. 标准化大修准备计划。编制标准的大修准备计划，每次大修准备开始后对准备计划进行适应性修改。

3. 实施大修三检制度。在自查阶段主要处室针对本处室的大修准备工作进行自查并形成自查报告，并向生产计划处提交自查报告；在巡查阶段由大修经理牵头，生产计划处配合对大修主要处室的大修准备情况进行检查，并跟踪落实相关行动项；在专项检查阶段公司领导对大修专项组及其他大修重要项目准备情况进行专项抽检。

4. 重大工作专项组管理。在大修准备阶段，针对大修重大工作或涉及多部门配合的复杂工作，成立专项组，进行专项管理，每日专项协调。

5. 大修风险预案保障。借鉴历史大修经验，结合当次大修特点，针对大修活动中可能发生的异常及影响提前准备规避方法或应对措施，包括：大修主线活动预案、大修专用工具预案、大修重大检修项目预案、领域风险控制方案。

6. 实施大修项目制管理。每次大修成立专门大修组织机构，专业分工明确，组织运作高效，保证大修有序平稳进行。

### （三）日常维修维护

为做好日常维修维护管理工作，主要从以下两方面着手。

1. 加强日常设备缺陷处理力度。抓好重点、难点问题和安全隐患的处理，完成BOSS头焊缝质量排查和返修。重视重复性维修管理，以集中治理高频共模故障设备为主要提升方向，从根本上降低机组缺陷发生数量，切实提升机组设备可靠性，确保1~4号机组月平均缺陷数量小于40项/机组。

2. 加强维修队伍和标准化能力建设。以落实“一机一人”“一房一人”制为抓手，进一步提炼维修防人因标准工作法、高风险作业全流程管控及维修文件包质量提升闭环管理，进一步完善厂房构筑物预防性维修、防腐大纲和日常巡检制度。强化行为规范管理和高技能人才培养，着力提升一线班组能力和水平，稳步提升维修安全生产业绩。

### （四）技术改造

讨论确定设备可靠性管理与提升模块划分，制订总体工作规划。持续改进WANO化学性能指标CPI、燃料可靠性FRI和安全系统可靠性指标SP1、

SP2、SP5。开展堆芯燃料管理改进，完成生产备件的采购优化。主要采取以下 4 个方面的管理举措。

1. 完善技术管理流程。建立并全面应用设备可靠性管理流程；建立并应用电站寿命管理流程、老化管理流程；建立技术高地的产品开发、人才培养管理流程；建立并落实中国核电的设备可靠性指标管理流程。

2. 健全技术管理文件体系。升版老化管理、防腐管理、技术监督、预防性维修 4 份大纲。建立电厂设备运行参数的在线应用系统。完成电站配置管理文件的整理，发布生产基准文件库。

3. 提升备件保障能力。完成设备、备件、材料、工具的编码优化，实施多厂址、多机组共享优化。完成机组战略备件采购并建立日常备件的正常储备。

**（五）人员培训**

制订《培训与授权管理政策》和《员工培训与再培训大纲》，明确人员培训与授权管理领域的管理方针、管理目标、管理期望，加大各级人员业务技能培训力度，通过外培、内训、技术比武、岗位练兵等多种形式，构建多层次、多类别、多渠道的学习教育培训平台。

# 第七节 核安全文化建设

中核集团自 1991 年我国大陆首台核电机组秦山核电站并网发电以来，长期致力于核安全文化培育与建设，核电始终保持着良好的安全运行记录，创造 120 堆年（统计截至 2015 年）安全无事故核电运行业绩，未发生国际核事故分级表（INES）二级或二级以上事件。本节重点介绍中核集团核电企业核安全文化建设的经验和实践，有关内容还可参见本书“第二十九章核与辐射安全及环境保护”。

## 一、培育核安全文化理念

IAEA 国际安全咨询组于 1986 年在《切尔诺贝利事故后评审会议总结报

告》中首次引出“核安全文化”。核安全文化是指各有关组织和个人以“安全第一”为根本方针，以维护公众健康和环境安全为最终目标，达成共识并付诸实践的价值观、行为准则和特性的总和。核安全文化需要内化于心，外化于形，让安全高于一切的核安全理念成为全社会的自觉行动；建立一套以安全和质量保证为核心的管理体系，健全规章制度并认真贯彻落实；加强队伍建设，完善人才培养和激励机制，形成安全意识良好、工作作风严谨、技术能力过硬的人才队伍。

1991 年 12 月，秦山核电公司提出“安全就是核电厂的生命”理念，充分吸收国际上有关核安全文化的最新概念和成果，结合电厂实际情况，强化制度建设，建立先进的核安全理念、科学严密的规章制度和组织体系，基本形成与生产建设相互渗透、促进的核安全文化。中核集团所属核电企业均高度重视核安全文化建设，且取得良好成效。

2010 年，中国核电公司提出核安全文化持续提升的要求，并前瞻性地提出开展核安全文化评价与监督研究工作，将核安全文化提升作为一项系统化工程来管理。中国核电公司在 IAEA、世界核电营运者协会（WANO）等国际核电组织先进经验基础上，结合中国核电公司特点，提出核电企业核安全文化持续提升模型。

## 二、建立核安全文化制度规范

核安全文化是中国核电公司企业文化的灵魂，确保核安全是永恒主题，中国核电公司时刻牢记核安全高于一切，用珍视生命的使命感和责任心对待核安全，努力达到卓越安全水平。安全是事业的生命线、企业的生存线、员工的幸福线。人人都是最后一道安全屏障，确保核安全万无一失。

### （一）防人因失误工具应用

防人因失误工具是指能预防人因失误的个体或集体的行为方式、工作方式或思维方式。核电站实践表明，应用防人因失误工具可以有效避免或减少人因失误。在总结诸多防人因失误工具的基础上，提出 11 个被核电界广泛认可和应用的工具。

### （二）同行评估

同行评估是指通过独立的外部专家团队，参照国际最高行业标准，对核电厂运行管理水平进行深入评估，帮助核电站发现不足并督促整改，从而提高核电站安全性和可靠性。同时也总结出强项，在行业内推广，促进行业整体运行管理水平不断提升。中国核电公司定期邀请国内外专家进行同行评估，持续提高安全业绩。

**（三）核安全文化评估**

核安全文化领域存在缺陷，往往是导致重大事件发生的根本原因，为监测核安全文化健康状况，中国核电公司建立核安全文化评估制度，以“卓越核安全文化的十大原则”作为标准，定期进行核安全文化评估，形成强项、正面观察、一般观察、负面观察和弱项等结论，帮助公司不断提升核安全文化素养。

**（四）经验反馈制度**

为充分利用内、外部经验，持续不断提高核电站的安全性和可靠性，建立了经验反馈制度，按照不同的级别和方式，规范各类内外部事件的处理，包括报告和分析、制定和执行纠正行动以及评价其有效性等。经验反馈是一项重要安全活动。提倡透明报告制度，各级管理层要鼓励员工（包括承包商员工）及时、如实地报告各种异常情况（包括未遂事件）。公司保证从异常和事件中获得信息能得到有效管理，并确保获得的经验教训能通过多种方式和途径（包括培训、研讨、工前会、工后会、交流会、报告等）吸收和利用。管理层定期组织员工及时、准确总结良好实践并推广。

**（五）管理者观察与指导**

中国核电公司各级领导做安全表率，深入一线，观察员工工作行为，了解现场实际情况，与员工直接交流。公司要求电站负有管理责任的各级人员，包括电站总经理部成员、各处室负责人和科室负责人定期到一线单位和员工中进行管理者观察与指导。

**（六）每天一条安全信息**

中国核电公司各成员公司均建立“每天一条安全信息”制度，当天所有会议开始前，主持人用 3 分钟时间组织学习当日的每天一条安全信息，既达到不断丰富员工安全知识的目的，又是“安全第一”思想的实践行动。

## 三、推进核安全文化实践与运用

2012 年，中国核电公司开发了核安全文化评估问卷调查系统，通过信息化手段实现核安全文化评价结果可视化，实现对核安全文化问卷设计、发送、收集、整理分析与结果处理的总体评价。

自 2011 年开始，中国核电公司组织开展针对各成员公司的核安全文化评估活动，截至 2014 年年底，组织实施 5 次核安全文化评估活动，同时，各成员公司为了核安全文化的自我提升，参照核安全文化评估体系开展多次核安全文化自评估。

中国核电公司组织开发形式多样（讲义、视频等）的核安全文化评估员培训材料，定期组织开展核安全文化评估员培训班，对有关人员进行核安全文化理念、评估方法和流程以及技巧培训。截至 2015 年年底，已组织实施 5 期核安全文化培训班，110 名骨干人员参加。

# 第八节　核电运行技术服务

20 世纪 80 年代，参照先进核电国家体系，需要打造一支核电运行技术服务专业队伍，为核电安全经济运行保驾护航，核动力运行研究所（简称核动力运行所）应运而生。随着核电规模化发展，核动力运行所、中国核动力院和中国核电工程公司等单位在近 40 年技术沉淀基础上，通过原始创新、引进消化吸收再创新等途径，具备核电运行技术服务较为全面的技术手段和能力，开展多领域核电运行技术服务。

另外，中核深圳凯利集团有限公司逐步形成以核清洁大修服务项目为主，包括辐射防护、文档、仓库、综合技术支持等核电服务项目，之后形成核电产业服务模式，复制发展到全国多个核电站。有关内容参见本书“第二十六章多种经营”。

## 一、在役检查技术服务

1989—1991 年、1991—1995 年核动力运行所以自力更生与引进技术相结合，分别完成秦山核电站役前检查和大亚湾核电站除压力容器外的役前和第一次在役检查。此后，以相同方式相继完成岭澳、秦山二期、田湾、秦山三期、福清、方家山、昌江、三门、海阳、石岛湾和巴基斯坦恰希玛等核电站 20 多次役前检查和 120 多次在役检查，建立了一支训练有素、经验丰富、责任心强的队伍。

1991—2000 年，核动力运行所吸收消化引进技术后二次开发了反应堆压力容器检查装置和传热管涡流检查装置等全套在役检查装备。2008—2015 年，研制成功我国第一套具有自主知识产权和完全国产化的反应堆压力容器检查系统和蒸汽发生器传热管涡流检查系统，以及反应堆压力容器顶盖贯穿件检查系统等各种自动化检查系统 70 余套。

核动力运行所自主研发的 AP1000 核电机组在役检查技术通过国家能源局组织的技术鉴定，具备自主开展三代核电机组在役检查能力。

## 二、仿真技术服务

核动力运行所仿真技术研究经历学习起步、消化吸收、自主开发三个阶段。在始于 2008 年的第三阶段，紧跟国际先进仿真技术，在原仿真平台的基础上，自主开发部件建模软件、图形化建模软件和可视化调试和趋势显示软件等，形成具有完全自主知识产权、国际先进水平的 RINSIM 仿真平台，具有全范围模拟机制造和改造能力。

随着计算机技术发展，当今核电站控制系统已从模拟电路过渡到数字化计算机控制（DCS）。掌握了核电厂用主流 DCS 产品仿真技术，节省全范围培训模拟机中实际 DCS 投入费用。以核电站工艺仿真和 I/O 接口技术为基础，开发了核电站 DCS 工程设计、工厂测试和现场调试验证平台。上述平台在设计院、DCS 制造商和核电厂现场 DCS 调试中得到应用。

## 三、运行管理支持技术服务

核电厂运行评估研究是一个全新领域，主要任务有：为核电行业主管部门提供技术支持和服务；推动各核电厂运行经验反馈及交流；把好核电厂操纵人员资格审查与考试关。

经过 30 多年努力，建成完整的运行信息交流平台和体系，持续为国家能源局、电力集团公司和核电厂提供相关技术支持和服务。

从 1991 年秦山核电站首批操纵人员考试起，至 2015 年阳江核电厂操纵员及高级操纵员考试，考题服务中心共完成操纵员考试（RO）192 批次，4 179人次；高级操纵员（SRO）149 批次，2 084 人次。

自 2013 年开始，开展操纵人员心理测评研究，在全国范围内完成 30 多批次核电厂操纵员心理测评，为核电厂选拔操纵人员提供重要的参考依据。

## 四、维修技术服务

核电维修技术服务主要为各核电厂开展蒸汽发生器二次侧管板上方泥渣冲洗（含冲洗前后的清洁度检查）和阀门性能诊断等服务，研发用于蒸汽发生器、反应堆压力容器和主泵的专用检修工具，堆芯及燃料操作工具，以及设计制作维修技能培训模拟体、设备展示模型等。之后，重点放在核岛专用维修设备、维修专用工具的开发和核电厂重要安全设备特殊维修技术研究上。

2009—2015 年，研制出国内首套蒸汽发生器管板刚性泥渣枪移动式泥渣冲洗系统、反应堆压力容器主螺栓和螺栓孔自动清洗装置、燃料装卸和储存系统专用抓取工具等，大部分批量生产并实际应用。

## 五、核电厂老化与寿命管理

自 IAEA“核电厂老化管理”理念引入中国后，核动力运行所首先在国内启动核电厂安全重要设备（蒸汽发生器）的老化管理和寿命评价探索研究，完成“蒸汽发生器老化管理和评价”“稳压器波动管老化管理和评价”等研究。

核动力运行所为核电厂机械、电仪、构筑物老化管理提供全面技术服务，包括老化管理敏感设备筛选、核设备老化机理分析与评价、核设备老化降质监测、核设备老化管理大纲开发、核设备老化状态与剩余寿命评估、核电厂全厂老化管理大纲开发、核电厂定期安全审查、核电厂运行许可证延续的整体技术支持等。

## 六、设计、改造等技术服务

中国核电工程公司在核电、核化工、核设施退役及乏燃料后处理等领域，开展新建和改造项目的总体评价，系统、设备及布置等改造、设计与服务，应急计划支持，在役检查评价，定期试验支持服务，概率安全分析（PSA）及应用，定期安全审查（PSR），严重事故管理导则开发，事故处理规程改进与支持，人机接口技术支持，数字化运行方式与技术支持，消防改进，外部事件分析，抗震分析及能力评估，物项分级，设施老化及定期安全评价，三维与仿真，质保监督，人员培训，职业安全与职业卫生评价等技术服务。与核电相关的技术服务，涉及秦山一期、秦山二期、秦山三期、田湾、福清、大亚湾、岭澳、红沿河等核电站。

## 七、燃料管理、换料及专用工具供货等技术服务

中国核动力院从最初简单的设计优化、系统改造，逐步发展到换料和燃料管理、核电厂老化和延寿管理、核电专用检修工具设计制造供货、核电安全分析、核电专用仪控设备供货、核电站系统设备改造、核电专用软件研发等多个领域系统化、成套化的技术服务，从最初的人力输出发展到面向核电站的多项高技术含量和高附加值的高端技术服务体系。

1999—2015 年，中国核动力院先后成立换料中心和多个项目部，开展多个核电站核燃料组件制造技术服务，堆芯燃料管理论证、系统改造和专用工具研制供货，换料设计与燃料组件监造，安注系统浓硼回路降低硼浓度安全分析，重型工具包供货，假顶盖生产技术服务，棒控棒位系统和反应堆保护系统技术服务，控制棒驱动机构和热电偶柱水压试验用堵头的设计与加工，C2 项目数字反应性仪和 PSG 周期信号仪采购供货，K1、K2 类电缆研制技术服务，应急初始条件和应急行动水平研究，严重事故管理导则编制，停堆模式和临界优化项目论证等多类型技术服务。

# 第九节　核电科普与公众沟通

核电是改善大气环境、提供清洁能源和能源结构调整的重要支柱。积极推进核电建设、推动核电走出去是国家重要的能源战略。自20世纪70年代末开始，核工业著名科学家王淦昌、姜圣阶等和中国核学会等学术组织，或走进中南海，或举办核科普展览，或发表文章，积极开展核能科普宣传，对中国核电起步起到了积极作用。但30多年过去了，虽然中国核电运行一直保持良好记录，但公众对核电了解依旧不深，部分公众甚至存有误解，核领域的邻避事件时有发生。随着公众参与社会公共事务管理的意识逐渐增强，加之媒体多元化发展和互联网普及，核电发展面临接受公众考验的“新常态”。

中核集团在核电事业发展过程中，结合时代特征，充分利用新媒体，不断创新，持续加强核电科普和公众沟通，努力打造核电发展所需良好舆论氛围和社会环境。

## 一、核电科普与公众沟通对核电发展的影响

核电是核技术服务国民经济建设的重要载体，是广大人民群众认知核技术的主要窗口。核能发展离不开全社会理解和支持。从中长期看，唯有站位高远、营造与时俱进的核安全文化，客观、正确、发展地看待核电，才能从根本上赢得全社会对核电的理解和支持。而目前全社会对核电认知尚显不足，不仅低学历人群对核电认知极为有限，即便文化层次较高的人群对核安全常识也缺乏了解。由于核安全文化宣传教育尚未纳入中小学教育体系，高等院校及职业培训体系也缺乏对核安全文化宣贯，因此，科普宣传和与公众沟通成为宣传推广核安全文化、促进核电发展的必经之路。

随着重大项目管理机制不断完善，国家对维护公众在重大项目中的知情权、参与权和监督权愈加重视。公众意见已成为核电项目能否落地具有决定意义的因素之一。

网络和数字技术裂变式发展将人类带入“互联网+”时代。在互联网+时代，信息发布渠道增多、门槛降低；传统的把关人作用被消解，核电公众宣传的导向性缺失；网络裂变式传播速度加大了人们对公共事件的关注度。

上述情况对核电科普与公众沟通带来更大挑战。在核电项目的决策和实施过程中，只有积极搭建政府、公众、企业、社会团体等多方对话的平台，做好公众沟通，才能赢得公众支持，实现核电健康快速持续发展。

## 二、创新方式提升核电科普效果

1983 年以来，秦山核电站科普宣传与核电建设发展一路同行，以“大气如海、淳朴似盐”的海盐为起点，开启“永不落幕”的沟通之路。随着秦山核电基地全面建成投产，以及 30 余年在核科普宣传方面的不断探索，秦山已成为中国最大的核科普基地。

此外，中核集团所属各核电企业在新形势下，核电科普方式也不断创新：一是搭建多元沟通平台，举办科普展览，组织科普大篷车上山下乡，走上街头举办科普咨询活动，用好媒体平台；二是采取多样宣传形式，举办核电知识与核科普绘画竞赛，组织核电科普论坛，开展核电科普讲座，走进校园与学生进行科普座谈，积极参加环境日活动；三是用好多维载体，策划制作核电科普宣传片、微电影、小读本、动画片、公益广告、科普挂历等。

截至 2015 年，中国核电公司联合中国核学会连续 3 年举办“魅力之光”核电科普知识竞赛，吸引来自全国 34 个省（区、市）70 多万人参加，网络关注人次达到 7 600 万。通过比赛，选取获奖中学生参加夏令营，实地参观核电基地，动手进行环境监测，与核电站操纵员面对面交流，让他们更好地走近核电、了解核电，感受核电的魅力。

## 三、转变观念加强公众沟通

由于公众沟通不充分，日本福岛核事故后，不少核相关项目遭遇了邻避效应（意指当地居民或单位因担心建设项目带来负面影响，产生“不要建在我家后院”的心理，有时会采取情绪化的集体反对甚至抗争行为）引发的群体事件。为了做好公众沟通，中国核电公司打造“总部统筹、上下联动、专业支持”一体化工作机制，创新推进公众沟通工作，努力提升社会公众的认同感和接受度。

中国核电开拓信息公开渠道，建立全方位核电信息发布平台矩阵。通过网络信息公开、媒体信息公开、社会责任报告发布、新闻发布会和媒体见面会等多种途径向公众公开核电相关信息。

中国核电公司坚持以透明、公开、平等、广泛、便利原则，与公众进行全方位沟通，保证每一位公众享有了解核电真实信息的权利和发表不同意见的机会。在加强与政府、上下游企业等重要利益相关方沟通同时，中国核电特别注重与普通公众的沟通，建立全新的信心（Confidence）、联结（Connection）、协同（Coordination）的“3C”沟通理念，深化公众对核电的科学认知、最大限度消除公众恐核心理，携手公众促进核电事业可持续发展。

2015 年，中国核电公司成为国内 A 股首家纯核电上市公司。作为我国核电事业开拓者和引领者，中国核电公司把安全视为核电事业的生命线，创造 120 堆年安全无事故的良好运行业绩，打造安全核电品牌，增强公众对核电的信心。

中国核电公司联合政府部门、核电同行、学会协会、研究院所、高等院校、媒体伙伴等多方力量，通过公众调查精准识别并回应公众诉求，让公众参与贯穿核电站选址、建造、调试、运行等各个重要阶段；发挥政企联动优势提高公众沟通效率；积极与权威机构、核电专家合作开展沟通，提升沟通信服力；加强与同行、合作伙伴经验交流，创新公众沟通方式方法。中国核电公司以“解答你对核电的所有疑问，就是我们最大的责任”的沟通宗旨，敞开核电公众沟通之门，助力我国核电事业发展。

## 第十节　核电的主要贡献

伴随我国改革开放与经济建设的步伐，核电发展在全面支撑核工业可持续安全发展、稳定创造经济效益、保障国家能源供应与结构优化、带动高端装备制造业发展等方面，都作出突出贡献。

## 一、全面支撑核工业可持续安全发展

核工业第二次创业是从改革开放起步的。核工业坚决贯彻中央决策部署，实施战略调整，而调整转民，拉动整个核产业链发展的火车头就是核电。核电快速发展，带动了核工业整个产业链发展，包括铀资源勘查与采冶、核燃料元件制造、大型设备供应、电力辅业、乏燃料后处理、放射性废物处理处置及技术支持和服务等。

核电高效安全发展，将进一步促进核动力、核燃料等科研开发体系壮大和完善，极大地提升科研开发能力，培养和造就人才队伍，促进核工业全产业链规模扩大和能力提升，具备突出的系统竞争优势和比较优势。

借助经济快速发展及对电力的迫切需求，通过大力发展核电，核工业实现产业结构、产业布局的根本性变化，使核工业进入国民经济建设主战场。集中较大力量投入沿海地区核电建设和经营开发，形成新基地，带动地质、矿冶、核燃料、仪器设备、贸易经营、建筑安装等系统的发展，促使核工业人进一步转变观念，更好地适应不断发展的社会主义市场经济的要求。

核工业和核科技具有十分鲜明的军民融合特点，核电发展不仅有效地促进我国核科学技术的进步，而且为保持和提升我国核工业能力建设，增强国防实力提供重要平台。发展核电对于在和平时期保持和提升核工业水平和能力，实现我国从核大国向核强国的转变，保障国家总体安全都具有不可替代的作用。

加快核工业军民融合深度发展，必须将核军工科研生产根植于产业经济发展体系当中，增强军民转换能力，形成全要素、多领域、高效益的军民深度融合发展格局。做大核电产业基础，打造代表国家实力和能力的战略性平台，形成能够体现国家意志、满足军用和民用需求、具有强大核心竞争力、可以与国际核工业巨头同台竞技的一流企业，真正实现核工业强国梦，进一步夯实我国核大国地位。

## 二、稳定创造经济效益

核电是我国核工业最大民品和支柱产品，体现核工业优势和特色，具有稳定创造经济效益的能力。

秦山核电基地现有的9台机组全部投产发电，总装机容量达到656.4万千瓦，年发电量约500亿千瓦时。秦山核电基地积极融入地方经济社会发展，每年依法缴纳各类税费约27亿元，截至2014年12月底已累计向国家纳税248亿元。

截至2015年，中核集团所属中国核电公司拥有控股子公司21家、合营公司2家、参股公司3家；控股在役核电机组16台，装机容量1 325.1万千瓦；控股在建核电机组9台，装机容量1 037.7万千瓦。总资产规模超2 800亿元，累计发电量6 000多亿千瓦时。2015年，中国核电公司发电742.7亿千瓦时，实现销售收入262.02亿元，利润37.81亿元。

中国核电产业走出国门是“一带一路”倡议中重点合作领域之一，核电项目投资大、周期长，核电出口对国内产业的拉动效应非常明显。

## 三、促进国家能源结构优化和电力供应

我国核电从无到有，2017年核电机组发电量占全国总发电量的3.82%，与太阳能（占1.5%）、风电（占4.5%）一并构成了我国清洁能源的重要组成部分，为优化我国能源结构、保证电力供应作出了重要贡献。

中国经济发展进入了新时期，经济转型和能源结构优化的任务十分艰巨。在未来的能源发展战略中，低碳发展、绿色发展将成为主旋律，可以预计能源供应的增量部分将主要依靠可再生能源和核能。

目前，我国电力生产中仍有约72%来自煤炭。从煤炭的替代分析，石油、天然气的进口依赖度过高，天然气发电还受到资源的限制；剩余水电可开发容量仅剩约2亿千瓦，其开发难度与造价也日益增加。核电正好弥补了其他能源的不足，成为我国替代化石能源和改善能源结构的重要途径。

除了绿色、低碳的特点和稳定可靠的优势外，核电在经济性方面也有一定的竞争力。目前我国在运的核电上网标杆电价基本与煤电上网电价持平，低于需要国家补贴的太阳能、风能等可再生能源上网电价。我国三代核电技术不仅提升了核电机组安全性，同时兼顾了经济上的竞争力。三代核电机组进入批量化建设后，我国核电电价与计入环境成本的煤电电价相比也具备潜在的竞争力。

## 四、带动国家高端装备制造业发展

核电设备制造业，是资金密集、技术密集、产业关联度的产业，代表一个国家装备制造业的最高水平。核电发展对国家高端制造业拉动非常明显，对促进我国装备制造业和技术升级换代起到十分重要的作用。

我国从核电建设起步开始，就大力推进核电设备的国产化。经过不懈努力，核电设备国产化率达到85%，形成了以东北、上海和四川为代表的三大核电装备制造基地。在我国三代先进核电技术研发及项目建设过程中，积极开展核电关键设备和材料的研发，制造技术持续创新，重大核心关键技术取得突破性进展，形成了一批具有自主知识产权的成果，大大提升了我国高端装备制造的能力和自主品牌的影响力。

## 五、显著减少碳排放保护环境

大力发展核电等清洁能源，推进能源绿色低碳转型，是我国能源革命的关键。每台百万千瓦核电机组的年发电量，相当于400万千瓦的风电或600万千瓦的太阳能机组发电量，稳定高效特点突出。核电是非化石能源中的主力能源，发展核电是我国能源结构优化的必然要求，将为我国环境治理和绿色中国建设作出巨大贡献，在促进经济社会发展的同时力助“绿水青山”环境治理目标的实现。

截至2015年，中核集团在役核电机组稳定运行，累计发电约6 000亿千瓦时。减少碳排放效益突出，相当于造林约160万公顷，面积可覆盖整个北京。

## 六、大国名片提升国际影响力

核电与高铁已经成为我国“走出去”两张耀眼名片。随着“一带一路”建设深入发展，供给侧结构性改革持续推进，我国核电发展迎来更为广阔的前景。核电在国内快速发展，不仅服务于国民经济建设，也将提升整体实力，树立品牌，增加国际用户的信心，为核电“走出去”提供保障，有助于提高我国的国际影响力。

核电建设周期长，运行时间更长，相关国家间的合作是长期的，因此核能合作不仅具有重要的经济意义，而且具有重要的政治和外交意义。通过核电合作，还可以有效发展两国关系，促进经济、社会、科技、文化等方面的合作。推动中国核电“走出去”，不仅可以促进当地经济社会发展和民生改善，也能发挥我国产能的巨大潜力，有利于我国装备制造业产能的释放。

## 七、积极促进地方经济发展

核电是特大型项目，也是可持续发展的百年工程。核电发展对当地经济有着积极促进作用，对当地经济增长和产业结构优化升级贡献巨大。

由于核电大投入、大产出，对所在地经济快速发展的带动作用十分明显。核电项目建设常包括大量的基础设施建设，从而极大地提高了当地的经济社会条件，促进当地关联企业发展，增加了就业机会。

核电项目投入运行后，将向国家和地方缴纳巨额税费，从而增加地方经济收入。如秦山核电基地 9 台机组投运后，每年缴纳各种税费约 30 亿元。除税费外，秦山核电基地支持海盐社会事业建设资金累计超过 7 亿元。

核电产业是高新技术产业。发展核电为当地带来人才汇集、先进技术和共享的基础设施和服务，在拉动当地经济、优化区域能源结构的同时，带动了地方产业升级。另外，核电项目还可增加旅游资源、促进当地旅游发展。

秦山核电带动海盐经济大发展。海盐经济逐步壮大，进入全国百强县行列。海盐城市更美，教育实力更强，居民素质更高。

2012 年 6 月，海盐依托秦山核电基地建设中国核电城，已入住核电关联企业 76 家，引进核电产业项目 60 多个。

秦山核电素有“国之光荣”美誉，累计接待 40 多个国家和地区 5 000 多名外宾参观旅游。秦山核电基地是第二批国家级红色旅游经典项目，每年接待国内游客上万人，特别是全国所有新建核电项目当地政府部门和群众前来参观，大大提升海盐在全国乃至全世界的知名度。

翻开中国核电发展史，不难发现，每当中国核电事业处于历史发展紧要关头，党中央总是高瞻远瞩，运筹帷幄，为中国核电发展指明前进道路。中国核电历经 30 多年发展，从 30 万千瓦到 60 万千瓦再到 100 万千瓦，从秦山核电站实现“零的突破”到“华龙一号”首堆示范工程落地福清和海外首堆落户巴基斯坦，标志着我国核电领域自主创新发展登上一个又一个新台阶。中核集团坚持“创新、协调、绿色、开放、共享”发展理念，必将在推动中国经济社会发展，创造美好生活环境，提高人民生活水平和助力“一带一路”建设中发挥更大的作用。

# 第二十章　创新引领，核动力从跟跑到并跑

核动力是利用可控核反应来获取能量，从而得到动力、热量和电能。中国核工业在核动力研发方面经历了军民两用生产发电堆和潜艇核动力技术研发设计、30 万千瓦级原型堆核电站自主设计、60 万千瓦级商用核电站自主研发设计、百万千瓦级核电站自主研发设计和第三代核电技术自主研发设计（“华龙一号”）等几个阶段，走过一条从无到有、从弱到强、从跟跑到并跑且不断跨越的发展之路。

20 世纪 70 年代初，周恩来总理提出要发展核电，二机部拉开自主设计、自主建造核电站序幕。我国自主设计的 30 万千瓦原型堆压水堆核电站——秦山核电站，实现中国大陆核电“零的突破”，标志着中国核工业发展进入新天地，铸就核事业从军工到核能和平利用的历史丰碑。

20 世纪 80 年代，核工业部第一研究设计院（简称核一院）和第二研究设计院（简称核二院）参照国际先进核电站设计标准，贯彻“以我为主，中外合作”方针，以引进核电站为参考，根据国际上 30 万千瓦一个环路的标准概念设计和二环路核电特点，通过技术引进、科研攻关，开始我国 60 万千瓦级大型商用核电站自主研发设计，实现由原型堆到大型商用核电站的重大跨越，为我国自主设计建造百万千瓦级核电站创造条件。

“十五”（2001—2005 年）期间，为提升我国自主设计和建设大型商用核电站能力，国务院提出要掌握百万千瓦级核电机组核心技术，最终实现核电建设的“四个自主”——自主设计、自主制造、自主建设和自主运营。中核集团下属中国核动力研究设计院（简称中国核动力院）和核二院依托岭澳核电二期工程，在引进、消化、吸收基础上，依托新技术、新标准，通过自主创新和一系列安全设计改进，圆满完成百万千瓦级核电技术自主设计目

标。岭澳核电二期标志着我国全面掌握第二代改进型百万千瓦级核电自主设计技术，为我国核电标准化、系列化和批量化建设创造了条件。

经过30多年自主创新与引进、消化、吸收、再创新的发展道路，我国具备核电自主设计与创新研发基础能力，积累了丰富的设计、建造与运行经验。从20世纪90年代末开始，中核集团着手我国自主品牌核电技术研发工作，在经历日本福岛核事故重大改进和技术融合之后，研发出具有完全自主知识产权的第三代百万千瓦级核电技术——“华龙一号”。2015年5月，“华龙一号”全球首堆示范工程在福建福清核电基地开工建设，项目进度和质量严格受控，进展顺利。“华龙一号”示范工程开工建设标志着我国进入世界核电前列，实现从跟跑到并跑的重大跨越。

通过自主创新与引进、消化、吸收、再创新相结合，中国核工业不断提升核动力研发能力，具备10万、30万、60万和百万千瓦级压水堆核电站以及多用途模块式小堆自主设计和批量规模建设能力，形成核能系列化品牌。同时，积极开展第四代核能技术高温气冷堆、快堆、超临界水冷堆的研发，实验快堆并网发电，600兆瓦示范快堆工程开工建设。第三代核动力研发平台的建成与投运，全面提升我国核动力研发能力，为推动核电“走出去”战略、实现中国核工业与国际核大国同台竞技发挥重要作用。

## 第一节　全面掌握核电技术

### 一、核动力研发的技术储备

1951年美国实现原子能发电，开辟了一条人类和平利用原子能的道路。1954年，世界第一座核电站在苏联建成，意味着核能和平利用成为现实。从20世纪70年代开始，二机部积极开发和储备核电技术，对核电站堆型进行方案研究和技术设计。

#### （一）天然铀重水堆核电站设计

1971年年初，二机部着手规划核电站建设工作，天然铀石墨气冷堆是所考虑堆型之一，决定核电站设计工作（工艺和土建）由核二院负责。1973年10月以后，终止天然铀石墨气冷堆研究设计工作。

1975年8月，二机部针对核电站建设方针提出我国核动力要发展天然铀重水堆和低浓铀压水堆两种堆型。同年12月，核二院完成天然铀重水堆方案设计。1976年，二机部召开会议，认为中国第一代核电站采用“低浓铀压水堆和天然铀重水堆并举”的方针。

这一期间，二机部在核电站科研设计方面做了很多工作，取得许多重要成果。但是，由于国家核电发展总方针尚未确定，有关部门认识不够统一，存在关于堆型的争论，因此核电工程设计进展甚微。

**（二）小型核电厂和小型核热电站设计**

由于具备军用核动力技术储备，我国发展核能的一个重要思路，就是将军用核动力技术应用到小型核电站发电。1980年以来，核一院和核二院对军用生产堆余热发电、低温供热堆、高温气冷堆，尤其是对压水堆核电站的论证、工程可行性研究、技术引进和初步设计做了大量工作。

1981年6月，经四川省国防工办安排，核一院技术人员对乐山市五通桥燃气电厂改造为小型核电厂可行性进行现场勘查。结论是该厂改造为核电厂是可行的，但厂址偏小，加之其他问题也不少，因此没有再进一步做工作。1982年，应海南科委邀请，核一院赴海南考察建设核电厂可行性，经过对几个厂址踏勘，提出可建设两座5万千瓦小型核电站建议。后因缺乏资金，此建议搁浅。

1982年9月，核一院完成45万千瓦核热电站方案设计，经核工业部组织论证，最终选定“水—汽—汽”方案。1983年1月，小型核热电站方案与经济性研讨会分别在北京和成都召开。核一院根据会议精神，组织各专业工种技术人员进行更为深入的设计研究。此后，核一院为辽阳市化纤公司、四川维尼纶厂及上海石化总厂完成450兆瓦或2×450兆瓦核热电站的可行性研究报告等。

1983年3月，核工业部提出设计一座低温核供热堆以满足供采暖以及生活用热水需求。核二院于1984年完成国产化450兆瓦热功率改进型压水供热堆方案设计，与瑞典合作完成400兆瓦供热堆初步可行性研究报告及初步安全分析报告。

由于资金等方面原因，上述项目最终都没有得到国家批准立项。至此，关于核热电站、核供热等核能利用的设计研究工作告一段落。

**（三）我国核电技术发展路线确定**

1983 年 1 月，国家计委、国家科委联合在北京回龙观饭店召开有 70 多个单位、108 名专家和领导参加的“核能发展技术政策论证会”，议定《核能发展技术政策要点》，后经国务院批准颁布实施。这次会议确定以“发展压水堆为主”的技术路线和“引进技术和自主研发相结合”的发展道路。据此，核工业部决定坚持发展先进压水堆核电技术路线，并从 30 万千瓦原型堆开始，最终掌握百万千瓦级压水堆核电技术。

## 二、自主设计 30 万千瓦级核电站

**（一）秦山核电站建设历程**

20 世纪 70 年代，上海市向国家提出建设核电站以解决上海和华东地区的用电问题，周恩来主持中央专委会两次原则批准了核电站的方案，确定了“安全、适用、经济、自力更生”的工程建设原则，要求通过该工程的研究设计建造，掌握技术，取得经验，培养和锻炼队伍，为发展我国核电打好基础。根据上海市委与二机部共同研究的原则，七二八工程由上海市负责，二机部归口业务管理，七二八工程开展了总体设计和筹备工作。1978 年 2 月，经国务院批准，国家计委、国家建委、国防科委决定：为尽快建成我国第一座核电站，七二八工程定为二机部直属项目，由二机部全面归口负责。

1981 年，二机部上报《七二八核电站开展工程建设的可行性报告》，于 1982 年在五届人大五次会议上列为“六五”（1981—1985 年）国家重点工程项目。1982 年，有关部门批准位于浙江杭州湾附近的秦山厂址，核工业部将工程命名为秦山核电厂。1985 年 3 月，秦山核电厂主体工程开工。

1991 年 12 月 15 日，秦山核电站并网发电成功。1994 年 4 月 1 日，投入商业运行；1995 年 7 月 13 日，通过国家验收，标志着中国成为世界上为数不多的能够自行设计建造核电站的国家之一，在中国核电发展、和平利用核能史上具有里程碑意义。

### （二）秦山核电站自主设计及技术创新

1970年10月，应上海市请求，二机部派出戴传曾等8人专家组赴沪，参加七二八工程总体设计。1971年11月，二机部调中国首座军用生产堆总设计师欧阳予负责七二八工程设计，后担任七二八工程总设计师。基于在核电科研、设计方面的经验，核二院选派一支工种齐全的队伍，由任雨吉带队，赴上海支援工程初步设计，承担三废处理项目的全部设计，同时肩负该项目核安全审查重任。

七二八工程最早提出的是2.5万千瓦熔盐堆试验电站方案。但这种堆型当时在全世界尚处于理论研究阶段，技术不够成熟。欧阳予带领技术人员经充分调研和论证后，提出用国际上成熟且广泛应用的压水堆方案代替原定熔盐堆方案，而国内也有压水堆在核潜艇上应用的经验，得到二机部、上海市和彭士禄、朱光亚等众多专家的支持。选定堆型后接着商定规模。经过在全国制造行业实地调研，从设备制造能力、加工制造水平、核工业系统能力等方面得出结论，通过努力可以搞30万千瓦级核电站。而且，当时国内火电厂机组能力也是30万千瓦，表明我国具备30万千瓦级核电站常规岛相关设备制造能力。

二机部及一大批技术专家经过两年多反复论证，改正技术路线，确定选用压水堆核电站，电功率改为30万千瓦。1973年，30万千瓦压水堆方案呈报国务院。1974年3月，中央专委会议审查批准30万千瓦压水堆核电站的原则方案。

技术路线确定后，上海核工程研究设计院、上海原子能研究所、核一院、核二院等30多个单位约600余人组成七二八工程设计队，以大会战的形式开展科研设计工作，攻克技术难关。七二八工程设计队与全国100多个科研设计单位、制造厂及大专院校的广大科技者一起，经过10年攻关，先后完成了反应堆物理、热工等30多个专业420多项重大科研项目，后又陆续增加了一些重要科研试验，开发技术软件11项，建造试验台架22座，技术基建项目12个。科研成果为核电站设计提供了可靠的技术数据。

1974年8月，二机部下达核一院14项关键研究任务，包括反应堆物理、热工水力、结构力学、燃料元件组件、堆化学、锆合金和压力容器材料等课题研究。至1976年，核一院承担七二八工程共计22项重大课题，在高通量工程试验堆安排七二八工程束棒元件的堆内综合考验。

秦山核电站是我国自行设计和建造的首座原型、示范电站，额定电功率为30万千瓦，动力装置主要由压水型反应堆、一回路系统、二回路系统三个部分组成。核发电机组为双水内冷型，最大设计容量33万千瓦，机组设计负荷因子65%，年设计发电量16.5亿千瓦时，设计寿命不短于30年。

秦山核电站在工程设计上，吸取国外较成熟的压水堆技术和建造运行经验，始终把安全放在第一位。坚持“安全第一、质量第一”的方针，遵循“尽力排除事故根源、防止异常工况扩大为事故、减少事故危害、严格的剂量监测和辐射防护”准则，采取“纵深防御、综合设防、多道屏障、万无一失”的方案，以及保持反应堆运行时具有良好的自稳调节性能等12项安全措施。

1984年1月，国家计委在北京召开秦山核电站初步设计审查会。会议认为整个核电站的设计是成功的，符合安全可靠、经济合理的原则。

通过秦山核电站的科研和设计，比较系统地掌握压水型反应堆核电技术，有利于吸收和消化国外引进的核电技术，同时积累了经验，培训了队伍。秦山核电站自主科研设计取得了大量科技创新成果，特别是在磁力提升驱动机构、预应力安全壳、不设调试锅炉完成汽轮机冲转试验等方面取得重大突破，达到国际水平。1997年，在全国科学技术大会上，“秦山30万千瓦核电厂设计与建设”项目获得国家科技进步奖特等奖，另有140多项科技成果获国家和部级科技成果奖。

### （三）秦山核电站安全审评工作

1984年10月国家核安全局成立后，核二院于1986年成立国内第一支核安全审评技术队伍（后为北京核安全审评中心），开展秦山核电站安全分析报告追溯性核安全审评，发现较多与安全相关的重要问题，要求业主作出相应设计修改。如，增设ATWS缓解系统、在蒸汽发生器出口管增设N-16探测系统、增设堆芯水位探测系统、堆芯温度测量系统由非安全级修改为安全级、修改辅助给水系统设计容量使其符合安全要求。这些与安全相关的重大修改，对提高秦山核电站安全水平具有重要意义。

## 三、引进、消化和吸收国外核电技术

20世纪80年代开始，我国先后引进法国、加拿大、俄罗斯和美国核电技术，通过消化和吸收世界先进核电技术，为我国核电技术自主研发和创新打下扎实基础。

### （一）法国M310核电技术

1980年前后，香港电力供应一度紧张。1982年12月13日，国务院常务会议第四次讨论在广东省建设核电站问题，会议确定，在靠近香港、广州、深圳等电力负荷中心的深圳市大鹏镇境内建设大亚湾核电站。大亚湾核电站是我国从国外引进的第一座百万千瓦级大型商用压水堆核电站。大亚湾核电站筹建之际，主要技术和管理骨干是从核一院抽调的从事过核潜艇研发的技术人员，核二院以及中国原子能院派遣大批技术后援人员，包括时任六机部副部长彭士禄及其领导的核能专家组，参与大亚湾核电站前期工作、招标、技术谈判、工程管理、现场设计和技术服务、设备建造和质量保证管理等工作，完成2×90万千瓦核岛方案设计以及第一版和第二版工艺初步设计。通过大亚湾核电站的实践，学习并全面了解百万千瓦级压水堆核电站技术，积累了先进管理理念和工程管理经验。大亚湾核电站核安全审评是在设计规范和安全理念与我国原有基础不同的条件下进行的。通过审评，业主采纳核二院核安全审评人员提出的安全要求，对核电站相关设备、装置、规程等进行改进和完善。大亚湾核电站两台机组分别于1994年2月1日、1994年5月6日投入商业运行。

岭澳核电一期工程，是我国第一个百万千瓦级压水堆核电站技术引进和消化项目，建设规模为两台百万千瓦级核电机组，于1997年5月动工建设。中核总（中核集团）全面参与工程各阶段核安全分析和环境影响分析文件编制，同时配合业主应答国家核安全局提出的问题，并按国家核安全局要求，针对参考电站薄弱环节，在岭澳核电一期工程中实施多项改进，提高了核电站整体安全水平和机组运行可靠性、经济性。基于在大亚湾核电站中技术支持积累的经验，核二院独立承担核岛土建设计、联合泵房工艺和土建设计、大部分核电厂配套系统厂房设计、全厂管网及全厂电缆敷设设计及总平面设计，同时完成选址报告和可行性研究报告、初步设计文件、安全分析报告、环境评价报告、职业安全、消防专篇等执照申请文件编制，开展全厂动态分析和主控室功能分析等总体院范围内工作，还提供技术支持和派遣人员参与业主方设计采购活动。岭澳核电站核岛土建设计按照法国规范及核电设计相关程序，从法方接受各种工艺条件，参照大亚湾相关设计完成，是国内首次按照国际标准自主完成的百万千瓦级核电站核岛土建设计，为我国开展百万千瓦级核电站土建设计培养了设计队伍。通过参与设计、项目管理和采购，熟悉了百万千瓦级压水堆核电站工艺要求和设计采购过程，建立了一套与业主和核岛国外供应商管理体系相匹配的管理体系，培养了一批优秀项目管理人员。岭澳核电一期工程两台机组分别于 2002 年 5 月 28 日、2003 年 1 月 8 日投入商业运行。

**（二）俄罗斯 VVER 核电技术**

田湾核电站是中俄两国在“加深政治互信、发展经济贸易、加强两国战略协作伙伴关系”方针推动下，在核能领域开展的高科技合作，是我国“九五”（1996—2000 年）期间开工建设的重点核电工程之一。项目采取“以俄为主，中方支援”设计模式，一期工程建设两台单机容量为 106 万千瓦压水堆核电机组，设计寿命 40 年，年平均负荷因子不低于 80%，年发电量达 140 亿千瓦时，采用 VVER-1000（V428）型设计方案，实现 9 项重大技术改进，建成后达到近三代核电站技术指标。田湾核电一期工程两台机组分别于 2007 年 5 月 17 日、2007 年 8 月 16 日投入商业运行。

核二院作为该项目中方总体院，负责总平面布置、全厂管网设计、全厂电缆敷设、执照申请文件的编制，BOP（辅助系统）设计以及核岛建筑、安装监理工作，并负责各参与设计单位协调和管理。此外，还负责对俄罗斯核岛设计文件审查以及俄罗斯技术转让的消化、吸收和管理。通过田湾核电工程参与对俄罗斯设计院、相关设备供应商的协调，全面了解俄罗斯压水堆核电站先进系统设计和核电站数字化仪控系统设计，并对其中技术难点和复杂接口关系有了深入认识，这对我国核电设计水平提高和后续核电站数字化仪控系统设计有极大促进作用。

田湾核电站 3、4 号机组以田湾核电站 1、2 号机组为参考电站，中方承担除核岛设计外几乎所有设计工作，包括“俄转中”设备分级转化联合研究、执照申请中高效支持服务及全面兜底的核岛完善设计和福岛后改进设计。3号机组于2012年12月27日浇筑第一罐混凝土，4号机组于2013年9月27日浇筑第一罐混凝土。

### （三）重水堆核电技术

重水堆是以重水作慢化剂的反应堆，可以直接用天然铀作为核燃料。秦山三期核电站采用从加拿大引进的两台72.8万千瓦经过改进的标准化CANDU6型机组。核二院北京核安全审评中心作为国家核安全局技术支持单位，具体承担秦山三期核安全审评。由于其设计思路、核安全理念与压水堆核电站有较大不同，核二院选派具有丰富工程经验的技术人员，并派出多人到加拿大进行重水堆核电站技术培训。1998年，完成秦山三期业主提交的初步安全分析报告等文件审评工作；2002年，完成最终安全分析报告（FSAR）等文件审评工作；2006年，开始对运行许可证申请进行审评。2008年7月，国家核安全局核安全专家委员会通过北京核安全审评中心审评结论，随后国家核安全局向秦山三期业主颁发运行许可证。

通过对重水堆核安全审评，北京核安全审评中心全面了解和掌握重水堆法规标准、核安全设计思想、安全理念、重水堆核电站系统设计和运行经验，对重水堆重大核安全问题有了深刻认识和理解。秦山三期两台机组分别于2002年12月、2003年7月投入商业运行。

## 四、自主设计60万千瓦级压水堆核电站

### （一）以我为主，中外合作

20世纪70年代至80年代初，我国有关部门曾多次召开会议，就核电站建设规模及堆型选择等问题展开研讨。由于当时国产汽轮发电机组刚引进美国西屋公司60万千瓦火电机组技术，为提高国产化能力，考虑到当时国内电网容量，决定从60万千瓦二环路核电机组着手，将来加一个环路可建三环路百万千瓦级核电机组，再加一个环路可开发成四环路120万千瓦以上核电机组。为实现这一愿景，叶奇蓁与秦山二期工程建设者花了3年时间进行方案论证，在“以我为主，中外合作”方针指引下，先后与德国KWU公

司、美国西屋公司、法国法马通公司、日本三菱公司等进行交流和合作谈判。通过谈判，了解到核电是政治敏感技术，代表国家科技和工业水准。有的国家不批准向中国出口核电设备，有的国家技术转让还要经原技术输出国同意。也有国家引进后经过改进创新，不仅超过原设计水平，还有了自主知识产权。

**（二）方案推进，工程立项**

1981 年，核一院完成双环路 60 万千瓦压水堆核电站全部方案设计，并向二机部呈送《关于我国建造 60 万千瓦标准压水堆堆型核电站的建议》。同年 7 月和 12 月，有关部委先后在北京召开主设备方案讨论会和方案审查会，一致认为该方案比较深入，考虑了工程问题，是现实可行的。1985 年，核二院参加方案论证，汇编 60 万千瓦科研试验项目、软件开发项目、基本设计和详细设计的内容和深度要求等技术文件，编写 60 万千瓦级核电站设计技术要求，收集并翻译西德、法国、日本、美国、南斯拉夫等国家核电站标准、QA 文件等。为适应技术引进和核电站总体设计，核二院成立核电厂总体设计室。

1986 年 3 月，核一院、核二院与东方公司、西南电力设计院共同完成 60 万千瓦级压水堆核电站初步可行性研究。同年，按照与德国 KWU 公司合作模式，按照 KWU 设计，完成 60 万千瓦级压水堆核电站的“影子设计”。与此同时，核一院创造条件开展核电技术研究，重点抓研制周期长、技术难度大、对总体性能有重要影响的项目，包括大型核电站 17×17 燃料组件定位格架及假组件研制和 4×4 高性能燃料组件的堆内考验，为后来承担秦山二期工程设计工作打下了良好基础。

1987 年 10 月 29 日，秦山核电二期工程正式立项，并列为国家“八五”（1991—1995 年）计划重点工程。工程决定采用招投标确定设计单位，核二院于 1988 年 2 月中标，成为秦山二期工程总包设计院，与相关单位签订了设计与技术服务三大合同，在时任核二院秦山二期工程总设计师倪武英及李晓明、马一、王长东等人带领下开展总体设计工作。核一院在副院长孙玉发带队下，取得秦山核电二期工程反应堆及反应堆冷却剂系统设计资格，合同范围内研究设计工作全面开展。有关部门和核电业主提出以大亚湾核电站为参考，与法国进行合作的指导思想，核一院、核二院依据法国核电设计建造标准（RCC），并参照核工业部发布的系列标准对顶层设计准则进行系统和设备的设计。1992 年，秦山核电二期工程初步设计方案完成并提交审查，次年方案通过有关部门审查，项目转入施工设计阶段。1996 年，秦山核电二期工程开工，核岛浇筑第一罐混凝土。

**（三）顶住压力，渡过难关**

秦山核电二期工程的历程就是一条自主创新的路径。1989 年我国发生政治风波，欧美等国借此对我国实行制裁，不提供贷款，秦山核电二期的“中外合作”产生危机。是不屈不挠地继续进行下去，还是等待时机再搞？秦山核电二期工程建设者下定决心，“项目必须搞下去！”叶奇蓁同大家一道，发扬“两弹一星”精神，自主设计，吸取秦山一期经验，参考当时正在建设的大亚湾核电站，利用一切可能得到的资料，自力更生地继续开展厂址前期工作、可行性研究、总体设计、初步设计、试验研究和科研攻关。这一阶段的努力，奠定秦山核电二期工程二环路核电站特有的技术方案及自主创新基本思路。1991 年，在与法马通公司和法国电力公司交流时得到肯定，从此逐步开展与法国的设计和技术合作。

**（四）关键设备的国产化**

秦山核电二期工程设备采购立足国内，采取科研攻关自主研制、进口设备返包国内制造、技术转让国内生产等多种形式，促进我国机械、电子、仪器仪表等相关产业升级换代和制造水平提高。在反应堆压力容器、蒸汽发生器、堆内构件、汽轮机、发电机等 55 项关键设备中，47 项实现国内制造。尽管因资金不到位致使部分设备用国外贷款而进口，但是最终 1 号机组国产化率仍达到 50%、2 号机组 60%，平均 55%。为推进秦山二期设备国产化，核一院及核二院开展了大量调研、分析、标准化研究和相关科研开发。

**（五）核心技术创新与改进**

秦山二期核电站是我国参照国际先进核电站设计建造标准，贯彻“以我为主，中外合作”方针，首次实现自主设计、自主建造、自主管理、自主运营的 2×650 兆瓦商用核电站，做到了包括堆芯设计、安全壳设计、核岛厂房布置、安全系统改进等 300 多项核心技术创新和改进，使反应堆固有安全性能、安全系统可靠性和冗余度、严重事故预防和缓解能力等得到全面优化。在反应堆热工安全裕量、安全系统可靠性和冗余度、反应堆压力容器耐辐照寿命上，满足 URD（用户要求文件）要求，与国际同类核电站相比具有较高安全性。在统一标准规范体系下，选取技术性能优越的主设备，科学合理地处理标准规范相容性和接口一致性，使核电站综合技术水平达到国际同类核电站水平。核电站出力是同类二环路压水堆核电站中最大的，毛效率也是同类核电站中较高的，且比投资是世界各国商用核电站中最低的，具有明显经济优势。

在秦山二期核电站建设中，核二院设计人员通过计算，在国内首次采用安全壳钢衬里穹顶整体吊装对接方案，取代之前采用穹顶分片或分段吊装在高空中对焊方案。钢衬里穹顶直径 37 米，高 11.5 米，整重 163.5 吨，对接在 48 米高空进行，对接截面仅 6 毫米。通过整体吊装，缩短核电站建设工期，避免分片或分段吊装在高空中对焊而引起的焊缝质量问题及受力不均匀问题。这一技术后来被广泛用于国内其他核电站建设中，对我国核电站设计和建造产生重大影响，对加快核电站建设起到积极作用。为满足工艺双回路对称布置需要，秦山核电二期工程安全壳结构设计技术总负责人陈矛带领刘巍、张超琦等人刻苦攻关，采用先进双扶壁水平预应力束锚固方案，经过海量力学分析计算，完成安全壳结构设备闸门等非连续区复杂预应力效应力学分析和空间三维曲线预应力束张拉伸长值计算，实现中国首台大型商用核电站安全壳设计、建造自主化。在“九五”（1996—2000 年）期间国家外汇极其紧张情况下，大幅度降低了安全壳建造成本，为此后核电项目采用国产钢绞线材料奠定技术基础。2004 年，“秦山核电二期工程安全壳结构设计”获得全国优秀工程勘察设计金奖。

2002 年 4 月 15 日，秦山核电二期工程 1 号机组比计划提前 47 天投入商业运行，仅用了一年半时间负荷因子就达到世界先进水平。2 号机组于 2004 年 5 月 3 日投入商业运行。这一成就向世人宣告：中国有能力设计和建造大型核电站。我国走出一条核电自主发展之路，实现由原型堆向大型商用核电站的重大跨越，为我国自主建设百万千瓦级核电站奠定坚实基础，对推动我国核电自主化发展具有重要现实意义和深远历史意义。“秦山 600 兆瓦核电站设计和建造”2003 年获得国防科学技术奖一等奖，2005 年获得国家科技进步奖一等奖。

秦山核电二期扩建工程是我国自行设计建造的第一座大型商用核电站——秦山核电二期工程“翻版＋改进”项目，也是我国“十一五”（2006—2010年）期间开工的第一个核电项目。核二院作为该项目设计总包院，在设计中依据秦山二期运行经验反馈进行总计超过1000项的改进。这一系列改进使得秦山核电二期扩建工程可靠性和安全性提高到一个新水平，在设计自主化和设备国产化方面再上一个台阶，设备国产化率不低于70%。两台机组分别于2010年10月5日、2011年12月30日投入商业运行。

## 五、自主创新百万千瓦级压水堆核电站

2003年9月30日，国务院召开核电发展规划会议，要求在我国已有核电技术基础上，形成自主设计和建设中国品牌核电站能力，推进后续核电项目标准化、系列化和批量化建设。核二院、核动力院、上海七二八院、广东省电力研究设计院等单位扛起国家重托，踏上百万千瓦级核电站自主设计与技术创新之路。

2004年，国家确定岭澳核电二期工程为“翻版+改进”技术路线，建设规模2×1086兆瓦，这是我国“十五”（2001—2005年）期间唯一开工的百万千瓦级压水堆核电站。项目综合权衡先进性、安全性、成熟性、经济性，在充分吸收国内外经验反馈基础上，突破15项重大技术难关，攻克300多项技术难题，首次实现我国百万千瓦级大型商用核电站自主设计，是继我国自主设计秦山30万、60万千瓦核电站之后，在核电自主化领域又一次突破，是从自主研发60万千瓦核电机组向百万千瓦级机组迈进的“基石”。

核二院为岭澳二期总体设计和核岛设计总承包单位，核动力院为核岛堆芯与一回路设计分包院，承担岭澳二期核蒸汽供应系统设计任务。在自主设计过程中，设计单位遵循国家新核安全法规要求，在历任总设计师刘巍、邢继等人带领下，借鉴国外对严重事故研究成果和运行电站经验反馈，开展大量分析论证工作，最终确定并实施包括采用先进燃料组件、全数字化控制系统、核电站消防改进、状态导向的事故规程、采取了针对严重事故的缓解措施、采用半速汽轮发电机组和一拖一应急柴油机组等14项重大技术改进在内的数百项改进，使我国自主设计百万千瓦级压水堆核电站在大亚湾和岭澳

一期引进法国百万千瓦级核电机组基础上，在安全性、技术先进性以及运行经济性方面有较大提升。

百万千瓦级核电站自主设计与技术创新的关键技术及创新点主要有以下6个方面。

1. 在堆芯设计方面，完成百万千瓦级核电站自主设计，堆芯采用AFA3G燃料组件，增加控制棒组件，提高设计精度和安全裕量，为长循环换料策略提供基础。

2. 在专设安全设施方面，设置先进辅助给水、余热排出等安全系统，提高安全冗余度；采用稳压器卸压功能延伸、非能动消氢系统、泄压过滤排放系统等严重事故预防与缓解设施，提高安全性。

3. 在全厂数字化仪控及保护系统方面，实现自主设计，采用国际先进水平的分布式仪表控制系统和模块化设计技术，提高核电厂可靠性和先进性。

4. 在常规岛设计方面，采用半速汽轮发电机组，较全速机组热效率提高10%；自主完成主蒸汽管道甩负荷分析及防甩击结构计算；采用主机弹簧隔振基础设计，提高安全性。

5. 在全厂消防设计方面，通过安全防火分区、火灾薄弱环节分析和消防规程，消除火灾共模点，提高消防系统可靠性和有效性，编制出版国家标准，填补国内空白。

6. 在辐射防护设计方面，根据辐射防护最优化原则，合理确定屏蔽设计源项，合理划分辐射分区边界，完善核电厂气载排放物对职业照射影响分析，为绿色能源提供技术保障。

2010年，岭澳核电二期工程投入商业运行，标志着我国全面实现核电“四个自主”（自主设计、自主制造、自主建设和自主运营）目标，促进核电工程专业化，为能源结构优化及核电产业链快速发展奠定坚实基础，并获得巨大经济、社会和环境效益。

# 第二节　创新发展第三代核电技术

## 一、“华龙一号”研发历程

### （一）CNP1000 型号的研发

为了顺应世界核电发展趋势，增大核电站功率，中核集团基于秦山二期 60 万千瓦级压水堆核电机组设计，结合大亚湾、岭澳百万千瓦级压水堆核电机组引进技术，及时启动 CNP1000 方案前瞻性设计。CNP1000 是在中核集团战略规划指导下，在我国现有压水堆核电站设计、建造、调试、运行经验基础上，在满足我国现行核安全法规、标准和兼顾安全性、经济性，电厂总体性能满足二代改进型核电站技术要求下，由核动力院、核二院等单位研发的具有自主知识产权的百万千瓦级压水堆核电技术。

一般说来，核电站新堆型区别于老堆型的核心就是堆芯设计。为突破现有西方堆型 157 堆芯限制，核动力院张森如带领团队提出 177 堆芯新概念，在提高堆芯额定功率同时，降低平均线功率，既增加核电厂发电能力，又提高核电运行安全裕量。经过两年多概念设计和与国外核电巨头进行的技术交流，核动力院最终确定 177 堆芯方案，并申请专利。

随后，中核集团推出国产化百万千瓦级压水堆核电站设计方案，定名为 CNP1000，并将其作为“十五”（2001—2005 年）期间开展工程建设的国产化核电机型选定方案，向国家有关部门和国内潜在用户推荐。之后，核动力院从初步设计、试验验证、系统设计和仪控设计方面提出固化建议，对设计目标、堆芯设计方案、换料管理、热工安全裕量等问题进行分析论证。

CNP1000 在满足我国现行核安全法规与标准的前提下，考虑美国 URD、欧洲 EUR 要求，在适当提高安全性同时使电站总体性能较第二代核电技术有较大改进，在设计上充分考虑与“国际第三代”核电技术衔接，其技术定位为“二代改进型”。

2004 年，完成 CNP1000 初步设计任务并通过中核集团验收，开展了 CNP1000 初步设计优化，同时进行 CNP1000 初步安全分析报告编写和审评。2005 年 10 月，国家核安全局组织对 CNP1000 初步安全分析报告进行预评审，认为 CNP1000 设计比国内同类核电技术在安全方面设计更加全面，将 CNP1000 核电技术定位于“二代改进型”核电技术是准确和符合实际的，经局部设计改进后具备开展工程建设的条件。

2007 年 4 月，中核集团明确方家山核电工程采用岭澳翻版技术路线，CNP1000 研究告一段落。在 CNP1000 基础上确定采纳 177 堆芯、双层安全壳、单堆布置等 22 项重大技术改进，并将 CNP1000 更名为 CP1000。在前期研发基础上，由核二院、核动力院合作开展 CP1000 工程总体设计、初步设计工作，完成概率安全分析、重大设计方案研究及初步安全分析报告编制工作，同时开展施工图设计工作。经过在 CNP1000 基础上实施一系列设计改进，CP1000 在安全性上得到显著提升，形成较完善的严重事故预防与缓解能力，成为具有“第三代特征”的自主百万千瓦级压水堆核电技术。经国家批准，CP1000 拟在福清 5、6 号机组建设。国家核安全局启动了许可证申请的安全审评工作，首台机组的目标开工日期定于 2011 年年底前，由于 2011 年 3 月发生日本福岛核事故，该项目暂停，后改为建设“华龙一号”示范工程。

**（二）ACP600/1000 系列研发**

根据核电系列化、型谱化要求，2009 年以来，中国核动力院、中国核电工程有限公司（简称中国核电工程公司）开展了 ACP600/1000 相关科研工作，并针对相关目标厂址进行工程设计，形成中核集团具有自主知识产权的 ACP600/1000 品牌。

2010 年，中核集团启动重点科技专项 ACP600/1000 三代核电技术研发。以前期开展的 CNP1000/CP1000 研发和 60 万千瓦及 100 万千瓦级核电站工程设计为技术基础，结合重要技术改进项目，吸收国际上先进的三代核电技术，对这些技术进行分析、取舍、应用并通过试验验证，形成具有我国自主知识产权的 ACP600/1000 三代核电技术。

2010 年 6 月，中国核动力院、中国核电工程公司对两个型号技术开展顶层方案设计、总体设计和初步设计，针对安全设计技术研究、主要设备设计分析及试验研究、运行与数字化仪控技术研究、其他关键技术研究及试验验证等开展相关研发工作。

2011 年 3 月 11 日，日本福岛核事故发生。此后，中国核动力院、中国核电工程公司按照最新法规要求，对 ACP1000 进行改进，完成顶层方案设计。同年 8 月，ACP1000 顶层设计方案得到中核集团批复。根据日本福岛核事故后，国家对核安全要求提升，中核集团明确 ACP600/1000 重点科技专项调整为以 ACP1000 研发设计为重点，试验研究尽可能兼顾验证 ACP600。

ACP1000 作为自主研发的第三代先进核电技术，在 CNP1000/CP1000 基础上，吸收 AP1000 和 EPR 设计经验，采用能动与非能动相结合设计理念，考虑了日本福岛核事故的经验反馈，充分应用纵深防御设计原则，涉及科研专题达到 50 余项。

2012 年 9 月，中国核电工程公司、中国核动力院完成 ACP1000 总体设计工作，出版《ACP1000 总体技术方案》《ACP1000 重要安全设计专题报告》《ACP1000 典型事故分析专题报告》等报告。2013 年 4 月完成 ACP1000 初步设计，由中国核能行业协会于 4 月 18 日至 19 日组织评审。2013 年 5 月，ACP1000 施工图设计开始启动。

2013 年上半年，非洲国家苏丹向中核集团提出希望中国帮助建造 60 万千瓦级核电机组，于是重新启动 ACP600 核电研发项目。ACP600 充分利用国内已有成熟技术，结合核电站设计、建造、调试和运行经验反馈，吸取国际三代核电设计先进理念，利用 ACP1000 科研成果，借鉴国际同等规模机型设计特点，通过设计改进与自主创新提高核电厂安全性和经济性，增强核电厂对严重事故的预防和缓解能力，全面满足《核动力厂设计安全规定》（HAF102）和《福岛核事故后核电厂改进行动通用技术要求（试行）》《“十二五”期间新建核电厂安全要求》等，各项指标达到三代先进核电技术目标水平，并计划用 3 年时间完成科研和初步设计。

**（三）“华龙一号”诞生**

“华龙一号”研发过程经历从 M310 到 CNP1000、CP1000 的过渡，日本福岛核事故后从 CP1000 到 ACP1000 的重大改进，以及从 ACP1000 向“华龙一号”的融合过程。

中核集团在“华龙一号”的研发过程中，以中国核电工程公司、中国核动力院为主，联合国外包括法、美、意、奥等14家国际组织及机构，国内75家高校、科研单位、设备制造厂共同参与，协作完成了共计179项研发工作。通过广泛利用社会研发资源，极大地加快了“华龙一号”的研发进程。

2013年4月，为满足国际社会、中国政府部门和社会公众对核安全提出的更高要求和期望，并结合核电“走出去”国家战略，在国家能源局主导下，中核集团ACP1000技术与中广核集团ACPR1000+技术开始融合为具有完整自主知识产权的第三代核电品牌——“华龙一号”。

2013年9月，中核集团和中广核集团专家组完成8轮技术融合交流，形成“华龙一号”总体技术方案，于9月5日正式签署《“华龙一号”技术融合协议》，并于9月25日向国家发改委上报《关于中核、中广核“华龙一号”自主三代核电技术的请示》。

2014年5月，中核集团与中广核集团将“华龙一号”总体技术方案联合上报国家核安全局。8月22日，“华龙一号”总体技术方案通过由国家能源局、国家核安全局牵头组织的我国43位院士、专家评审。至此，我国核电不仅拥有属于自己的满足三代核电技术要求的核电机型，而且成功由“借船出海”迈向“造船出海”，成为参与国际核电竞争非常重要的成员。

2014年11月，国家能源局同意福建福清核电站5、6号机组工程调整为“华龙一号”技术方案。

2015年2月，中国与阿根廷两国政府签订《关于在阿根廷合作建设压水堆核电站的协议》，标志着“华龙一号”出口拉丁美洲。核电出口不仅涉及技术本身，还涉及设备制造、燃料供应等多个环节，“华龙一号”参与单位多达5 300多家，极大地拉动了内需。

2015年4月，国务院常务会议决定核准建设“华龙一号”三代核电技术示范机组。

2015年5月，“华龙一号”全球首堆示范工程——福清核电5号机组浇筑第一罐混凝土，开工建设。8月，巴基斯坦卡拉奇核电项目2号机组浇筑第一罐混凝土庆典仪式在卡拉奇K2、K3核电项目现场举行，是继福建福清5号机组之后全球第二个开工建设的“华龙一号”核电项目，意味着“华龙一号”首次走出国门，落地巴基斯坦，海内外将同步推进“华龙一号”示范堆建设。“华龙一号”对于支撑我国核电中长期发展规划目标实现，推动核电“走出去”战略实施，带动装备制造业及相关产业发展，都具有重大意义。

2015 年 6 月，李克强总理视察中国核电工程公司，勉励“华龙一号”研发人员、装备制造企业和建工企业的一线人员时说：“你们为我撑腰，我去国际舞台为你们扬名。要用最高标准、最优质量、最好性价比，提升中国核电装备在国际市场的竞争力。”

“华龙一号”是基于我国成熟的二代加核电技术，以我国 30 余年核电站科研、设计、建造、调试、运行经验和核电发展及研究领域最新成果为基础，特别是借鉴引进的 AP1000 和 EPR 等三代先进核电设计理念，与中国核电技术发展中形成的自身优势相结合，并充分考虑日本福岛核事故的经验教训反馈，通过持续改进和自主创新形成的压水堆核电技术品牌。2015 年 12 月，“华龙一号”示范工程第二台机组福清 6 号机组浇筑第一罐混凝土。

**（四）“华龙一号”创新点**

在“华龙一号”研发过程中，总设计师邢继带领团队确定了 54 项重点课题攻关，创新性地提出“能动与非能动相结合”的核安全设计理念，确定以“177 堆芯、单堆布置、双层安全壳”为代表的多项重大技术改进，在堆芯设计、系统设计、结构设计和严重事故预防与缓解措施等多方面吸纳自主创新成果，满足当前国际最高安全标准，解决了核电技术出口在核岛技术方面的知识产权限制。

中核集团组织所属研究设计单位开展重点科技专项“华龙一号”核电设计与分析软件研发工作，涵盖核电设计分析、核电运行支持两个领域专用软件，实现理论模型创新和软件技术创新，摆脱核电机组出口在软件技术方面的知识产权限制。

在目前核电项目设备国产化基础上，对核燃料技术、蒸汽发生器、主泵、DCS 等关键设备进行了自主研发，以进一步提高核电设备国产化能力，实现首堆工程设备国产化率高于 85%，并为解决“华龙一号”技术出口第三国可能的核禁运限制铺平道路。

核燃料技术也是制约实现核电“走出去”战略的关键之一，中核集团组织所属研究、设计、生产和运行单位开展重点科技专项“压水堆燃料组件设计制造”（简称 CF 专项）研发工作，策划了从 12 个月换料的 CF2 燃料组件过渡到 18 个月换料的 CF3 燃料组件“两步走”的实施计划，采用自主研发的 N36 锆合金，在上管座、下管座、导向管和定位格架等方面均实现自主创新，摆脱核电技术出口在核燃料技术方面的知识产权限制。

“华龙一号”为了提升经济性方面的竞争力，在提升电功率、采用先进技术、方便运营管理等投入巨大，其经济性特点主要有：在提高热工裕量的同时提升了额定电功率；通过对汽轮机选型、蒸汽发生器改进，提高热效率；延长换料周期至 18 个月，电厂可利用率不小于 90%；重要部件寿命延长为 60 年，通过必要的维修和更换其他部件使电站设计寿命达到 60 年；采用一体化堆顶结构、破前泄漏技术减少在役检查、维护和维修费用和工作量；通过优化大型设备的吊装路径、预制管道与支撑件以及模块化技术的应用，缩短电站建造工期。

“华龙一号”具备完全自主知识产权，获得 743 件专利和 104 项软件著作权，是目前国内唯一具备独立出口条件的三代核电技术，2014 年年底通过国际原子能机构评估，达到世界核电最高安全级别。

在“华龙一号”十余年研发历程中，科研人员不断攀登世界先进技术高峰，自始至终目标明确，锁定世界一流技术定位，锁定完整自主知识产权。“华龙一号”成功问世，推开中国核电走向世界的大门。总设计师邢继荣获 2015 年度国防科技工业十大创新人物、CCTV 2015 年度十大科技创新人物，华龙研发团队荣获 2014 年度国防科技十大创新团队称号。

## 二、掌握 AP1000 三代核电技术

AP1000 是我国从美国引进的三代核电技术，设计采用非能动安全技术。2011 年日本福岛核事故发生后，国务院要求“新建核电机组必须符合三代安全标准”。在中核集团统一规划和领导下，中国核电工程公司和中国核动力院共同完成了 AP1000 技转分许可合同谈判及技转文件、软件的接收，开展全面消化吸收工作。同时，中国核电工程公司开展内陆核电厂 AP1000 方案设计和厂址适应性研究，先后派出 20 多位专家参加标书编写、修改和招

评标工作，参加引进技术谈判，为 AP1000 成功引进发挥重要作用。此外，还派出大量专家参加可研报告和初步设计审查，以及三门核电厂、海阳核电厂 AP1000 初步安全分析报告的审评。

## 三、研发多用途模块式小型反应堆技术

中核集团紧密跟踪世界核能发展趋势，根据不同市场需求，制定差异化发展战略，发挥研发、设计整体优势，自主创新，利用成熟技术，开发具有自主知识产权的多用途模块式小型反应堆。根据应用范围不同，小型反应堆可分为陆上小型堆和海上浮动堆两个类型。

### （一）研发背景

2003—2008 年期间，中国核动力院先后以海水淡化和城市供热等单一应用为目标，对小型堆进行了设计和研究工作，这些工作对确定以模块式小型堆作为核能在电、热、水领域多用途应用的主要方向及后续工作提供重要实践经验。

在国际上，美国、韩国、俄罗斯、日本和阿根廷等国都在致力于开发具有革新型设计理念的电、热、水多用途应用模块式小型堆，并得到本国政府和国际原子能机构支持。美国能源部于 20 世纪末出资委托俄勒冈州立大学开展模块式小型堆技术和应用可行性研究，主要应用目标是替代美国本土即将退役的中小型化石燃料电站和满足发展中国家对核能的需求，并于 2003 年完成最终研究报告。随后美国巴威公司（B&W）和西屋公司也相继开始模块式小型堆技术方案设计和研究以及市场应用的开发工作。

2009 年下半年，中国核动力院通过对国外技术方案和应用调查分析后，先后进行初步方案探讨和论证分析。

### （二）重点科技专项立项

2010 年中核集团提出差异化发展战略，决定在致力于自主化开展大型核电机组研发同时，开展中小型核电和多用途应用研究开发，模块式小型堆等 4 个项目作为优先发展技术列为中核集团重点科技专项。

2010 年 8 月，中核集团确定模块式小型堆由中国核动力院牵头实施，并负责核蒸汽供应系统研究设计，中国核电工程公司负责常规岛和 BOP 研究

设计及示范工程总体设计，中国中原对外工程公司负责示范工程 EPC 总承包。该专项代号为 ACP100，即中核集团电功率为 100 兆瓦级具有第三代核能系统技术水平的先进核电型号。

为筹集更多科研经费支持 ACP100 及其后续堆型研发，中国核动力院与中国核电工程公司、中核新能源有限公司共同编写科研项目建议书，向国家能源局、国家国防科工局申报。

2011 年 10 月 10 日，国家能源局批复“模块式小型堆关键技术研究及应用示范”项目立项，作为国家能源发展“十二五”（2011—2015 年）规划能源重点示范工程科研项目。该项目主要以兰州核热电厂示范工程为依托目标开展工作。

2011 年 10 月 25 日，国防科工局批复“模块式小型压水堆关键技术研究”核能开发科研项目立项，该项目主要为 ACP100 后续技术升级版 ACP100+提供技术支持。

**（三）重点科技专项实施**

为尽快推进 ACP100 技术方案固化，从 2010 年 7 月开始，中国核动力院开展总体、堆芯、反应堆结构、主设备、主辅系统、事故分析等 18 项专题的论证工作。8 月底与中国核电工程公司共同确定采用一体化反应堆、小钢安全壳浸没在水池中为主要特征的总体技术方案，梳理提出包括 7 大类课题共计 59 个专题的科技专项实施方案。该实施方案于 2010 年 9 月 15 日通过中核集团审查。

2010 年 12 月，中核集团下达“模块式多用途小型压水堆技术”重点科技专项研究任务书，规定以现有技术为基础，针对工程完成模块式小型堆总体及方案设计研究和反应堆关键技术研究，最终完成全厂标准设计和初步安全分析报告，形成具有自主知识产权的模块式多用途小型压水堆成套技术。研究周期为 2010 年 7 月至 2012 年 12 月。

ACP100 方案设计原计划从 2010 年 11 月启动至 2011 年 5 月完成，但由于 2011 年 3 月 11 日发生日本福岛核事故，需要对 ACP100 设计方案安全措施进行重新审视和调整计划安排。经中核集团审查批准，对堆芯、安全壳和核岛总体布置方案进行调整。

2011 年 12 月，中国核动力院与中国核电工程公司分别成立模块式小型堆项目部，确定了以核动力院宋丹戎为总设计师的联合研发组织机构。

2012 年 4 月，因日本福岛核事故后对 ACP100 进行方案调整，中核集团对 ACP100 研究课题进行微调，研究周期调整为 2010 年 6 月至 2014 年 12 月。随后中国核动力院与中国核电工程公司开始 7 大类课题共计 59 个专题的设计和试验研究工作，并开展模块式小型堆核动力厂标准设计工作。

2012 年 12 月，中国核动力院联合中国核电工程公司完成 ACP100 标准设计，编制《ACP100 标准设计初步安全分析报告》。

由于兰州核热电厂厂址地质条件原因，从 2013 年 2 月开始，ACP100 科技专项设计工作转为针对福建莆田示范工程。开展为期 3 个月的总体设计，从 2013 年 6 月开始进入福建莆田示范工程初步设计阶段。

2013 年 10 月，中核集团决定 ACP100 科研、设计和示范工程前期等工作应遵照“先建、再先进”的战略部署，同意由科研设计转入示范工程阶段。

2014 年 12 月，中国核动力院与中国核电工程公司完成 ACP100 专项研究课题，并以福建莆田为假想厂址，完成 ACP100 内陆及沿海厂址 2×100 兆瓦双堆布置标准初步设计及初步安全分析报告。

2015 年 4 月 16 日，中核集团总工程师雷增光与 IAEA 签署 ACP100 通用安全评估（GRSR）审查协议，12 月收到 IAEA 审查结论初稿。审评者认为，ACP100 设计基于核电站工程实践、研发、设计、建造和运行经验，考虑了日本福岛核事故后的经验教训反馈，在典型压水堆技术基础上体现多项一体化结构和安全方面的特点，创新小型压水堆设计，采用非能动安全特性，预期能够处理极端环境条件和多重故障，保证早期或大规模放射性物质释放的实际消除。ACP100 是全球首个进行此项审查的小型堆型号，进一步提升中国在国际核能领域的地位。

**（四）ACP100 特点**

ACP100 小型模块式反应堆是中核集团具有自主知识产权，安全性和经济性达到第三代核电技术水平的核能反应堆。相比几十乃至上百万千瓦级的核电机组来说，小型堆拥有小型化、模块化、一体化、非能动等创新性技术，具有安全性高、灵活性好、用途广泛等优势，采用模块化设计建造和完全非能动安全技术，可以作为分布式电源建在接近工业区和人口密集区的地点，实现城市区域供热和工业工艺供热，可以为偏远地区中小型电网供电，可以作为移动电源为海洋资源开发等供电，并可以用于海水淡化等。

ACP100 满足核动力厂所应具有的基本安全功能：反应性控制、余热排出和放射性包容。设计中应用纵深防御的理念，提供一系列多层次的防御（固有特性、设备及规程）。ACP100 具有一体化反应堆技术、固有安全加非能动安全、模块式高效直流蒸汽发生器技术、空冷安全壳、地下布置等技术特征。

# 第三节　积极研发第四代核能系统

## 一、第四代核能系统概述

人类和平利用核能至今已有 60 年历史，其中最重要的进展是核电领域。20 世纪五六十年代建造的原型核电厂称为第一代核电技术，如美国的希平港（Shipping Port）压水堆、英国的镁诺克斯（Magnox）石墨气冷堆等。从 20 世纪 70 年代开始，大规模建造的大型商业化核电厂使用的反应堆系统被称为第二代核电技术，如法国的 M310、苏联的 VVER 等，功率比第一代大大提高，经济性、安全性也有显著进步。目前全球运行的大多数核电站属于第二代核电站，中国从秦山二期开始到日本福岛核事故之前这段时间内建设、运行的核电站均为第二代核电技术。国内在消化吸收国外技术的基础上进行一些局部改进后，建成的核电站对应技术一般称为二代改进型技术。第三代核电技术于 20 世纪 90 年代开发，在安全和经济上有较大改进，包括法国的 EPR、美国的 AP1000 和中国的“华龙一号”等。

为了满足全球对清洁能源不断增长的需求，从 21 世纪初开始，国际上启动第四代核能系统研发计划，追求更加经济、更加安全、更少放射性废物和防止核扩散的未来核能系统，预期在 2030 年左右可实现商业化应用。

2000 年，由美国能源部牵头，由阿根廷、巴西、加拿大、法国、日本、韩国、南非、英国和美国等 9 个国家组成第四代核能系统国际论坛（GIF），决定在国际合作框架内共同研发第四代核能系统。2002 年 2 月，瑞士加盟 GIF。GIF 经过约两年评价和筛选，于 2002 年 12 月确定了 6 种最有前景的第四代核能系统：气冷快堆系统（gas-cooled fast reactor，GFR）、铅合金液态金属冷却快堆（lead-cooled fast reactor，LFR）、熔盐反应堆（molten salt reactor，MSR）、液态钠冷却快堆（sodium-cooled fast rector，SFR）、超高温气冷堆（very high temperature reactor，VHTR）、超临界水冷堆（super-critical water-cooled reactor，SCWR）。

## 二、第四代核能系统国内研究进展

核能系统推陈出新、更新换代是核能技术发展的必然趋势，平均研发一代需要 15~20 年时间。6 种第四代堆型中，中国在高温气冷堆和快堆、超临界水冷堆领域具有研发经验，有的达到国际先进水平。

### （一）快中子反应堆研发

我国核能发展总体战略是“热中子反应堆→快中子反应堆→受控核聚变堆”。快堆与压水堆匹配发展，形成核燃料闭式循环体系，可以充分利用铀资源，并大幅度减少高放废物量，从而保证核裂变能可持续发展。

我国快堆技术开发始于 20 世纪 60 年代中期，二机部北京 194 所组织约 50 人的科研队伍进行基础研究。通过 20 多年理论和实验研究，初步掌握中子学和钠介质热工水力的计算方法、钠净化、钠与材料的相互作用原理、小型钠设备和仪表以及快中子零功率装置的运行等技术，建成 14 台/套实验装置和钠回路，其中包括一座于 1970 年 6 月 29 日首次临界的快中子零功率装置。

从 1987 年起，快堆技术发展纳入国家“863 高技术发展计划”，确定了以热功率 65 兆瓦、试验发电功率 20 兆瓦中国实验快堆为工程目标，开展 9 大课题 61 个子课题的建堆前预研，完成设计计算、程序收集和开发、概念设计、钠净化、分析和处置工艺技术研究、钠水反应、钠沸腾安全实验及诊断实验、钠热工仪表的研制、燃料、材料研制及性能验证、燃料组件模拟件和小口径阀门研制等，建成20台/套具有一定规模的实验装置和实验钠回路，同时还建成约18 000平方米的快堆研究实验室，形成中国快堆研究中心雏形。

1995年年底，国家计委和国家科委联合发文批准中国实验快堆项目立项。中国实验快堆于2000年5月开工，2010年7月21日实现反应堆临界，同年，“实验快堆实现首次临界”入选“中国十大科技进展”。2011年7月，中国实验快堆实现“40%功率并网发电稳定运行24小时”，2014年12月21日实现满功率连续运行144小时。

通过中国实验快堆研究、设计、建造、调试和运行，我国全面掌握钠冷池式快堆技术，多项技术达到国际领先水平。其中，总体技术方案世界首创；一回路事故余热排出系统世界首创；紧凑型堆芯设计达到世界先进水平；燃料操作系统性能指标达到世界先进水平；百吨级核级钠生产技术达到世界领先水平。

中国实验快堆具有良好的综合效益：一是两步并一步，实现跨越式发展；二是建成快堆技术研发平台，促进核能创新发展；三是培养高素质技术队伍，支撑快堆可持续发展；四是建立标准规范体系，形成自主研发能力。中国实验快堆工程指挥部总工程师徐銤2011年当选为中国工程院院士，被时任副总理刘延东赞为“科技工作者的楷模”。

2010年11月16日，由中国原子能科学研究院、中国第一重型机械集团公司、上海电气（集团）总公司、内蒙古兰太实业股份有限公司、中国核工业二三建设有限公司等5家单位共同发起，联合其他37家单位在北京成立快堆产业化技术创新战略联盟。

### （二）高温气冷堆研发

在国家“863计划”支持下，从20世纪80年代中期开始，中国开展10兆瓦高温气冷堆研究和开发。2003年清华大学自主设计建造的10兆瓦高温气冷实验堆核电站实现满功率运行发电，成为世界上第一座具有模块式高温气冷堆特点的实验核电站。这一科技成果在国内外引起广泛影响，标志着我国在高温气冷堆技术上处于国际先进行列。2006年国务院将“大型先进压水堆和高温气冷堆核电站”列为国家重大科技专项，2008年山东石岛湾高温气冷堆核电站建设项目启动，2012 年石岛湾核电站获得建设许可。该核电站由华能石岛湾核电有限公司（中国华能集团公司、中国核工业建设集团公司、清华大学各出资 47.5%、32.5%和 20%于 2007 年组建）负责建设和运营管理。

**（三）超临界水冷堆研发**

第四代核能系统 6 种堆型中，超临界水冷堆是唯一的水冷堆，具有机组热效率高、系统简化、主要设备和反应堆厂房小型化、技术继承性好、核燃料利用率高等优点。我国在运和在建核电站都是采用水冷堆技术，而超临界水冷堆技术是现有水冷堆技术的传承和发展，研发超临界水冷堆技术具有良好的技术基础和能力。从 2003 年起，中国核动力院开始跟踪超临界轻水堆国际发展动态，调研国外技术方案；完成初步概念设计，分析关键技术，提出开发应用目标，为长远科研规划提供技术依据。

2007 年，由上海交通大学牵头，联合中国核动力院、中科华核电技术研究院、中国原子能科学研究院等多家科研院所和清华大学、华北电力大学、北京科技大学等高校，承担了科技部“973”项目“超临界水冷堆关键科学问题的基础研究”，针对超临界水冷堆材料、热工和物理等 3 个方面开展基础性科研工作。

2008 年，重点开展了超临界水冷堆技术方案对比分析论证。考虑到国内现有工业基础、技术基础和研发条件，确定采用压力容器式超临界水冷堆技术方案开展后续相关研究工作。

2009 年 11 月 6 日，国防科工局批准“超临界水冷堆技术（第一阶段）”研发项目立项，研发周期为 3 年。项目共设 3 个课题，8 个专题，29 个子专题。2012 年该项目完成，提出了超临界水冷堆总体技术路线。目标是 2025—2030 年完成百万千瓦级超临界水冷堆核电站标准设计，基本具备建造商业化超临界水冷堆核电站条件。

2012 年，我国决定加入第四代核能系统超临界水冷堆系统国际论坛（GIF-SCWR），由中国核动力院和中科华核电技术研究院牵头，联合国家核电技术公司、上海交通大学等科研机构，建立国内协调机制，代表中国加入 GIF-SCWR，提高话语权，共享成员国在该领域的科研成果。2014 年 4 月，我国正式加入 GIF-SCWR，成为继欧盟、日本、加拿大、俄罗斯之后第 5 个成员国。2015 年 3 月中国核动力院黄彦平当选 GIF-SCWR 系统指导委员会（SSC）主席。我国先后举办了第 11 届 IAEA SCWR 信息交流会和第 6 届、第 8 届超临界水冷堆国际会议，并多次参加 GIF-SCWR 系统指导委员会会议。

相比其他国家，我国超临界水冷堆技术研发起步较晚，但是发展迅速，研究深度和广度不断拓展，国际话语权和影响力不断提升，实现从跟跑到并跑的角色转变，并在主导国际范围内 GIF-SCWR 的技术研发。我国已提出中国百万千瓦级超临界水冷堆 CSR1000 的概念设计方案，完成总体技术参数论证和材料选型，初步构建超临界水冷堆研发平台体系，掌握了超临界水冷堆设计与分析、热工安全试验、材料开发与堆外性能评价、水化学控制技术方案等关键技术，建设超临界水冷堆设计分析和实验研究平台，初步建成堆外热工安全和材料化学实验数据库。此外，中国核动力院针对超临界水冷堆关键设备开展方案论证和设计关键技术研究，例如反应堆压力容器结构密封技术研究、结构设计技术研究等，燃料研制方面主要开展了包壳材料性能评价、材料筛选等工作。

下一阶段，我国主要工作是完成超临界水冷堆关键技术攻关，研发目标是开展关键技术专题深入研究，完善和掌握设计分析方法和手段，完成工程示范堆总体方案设计研究，全面掌握超临界水冷堆的热工水力安全实验技术，开展与超临界水冷堆安全性和经济性相关的热工水力技术问题重点攻关，为超临界水冷堆走向工程实践打下坚实的基础。

### （四）行波堆

行波堆是液态金属冷却快中子反应堆与行波燃烧理论相结合的产物，采用独特的易裂变核素生成与消耗之间的内在自平衡设计，使反应堆能数十年长寿期稳定运行而无需换料，安全高效地转化利用铀钍资源和嬗变利用轻水堆乏燃料。同时，它具有较高的固有安全性和运行经济性等先进性能。行波堆是目前世界上唯一一种将传统核能产业链中的燃料生产、运行产能和乏燃料后处理这三个核心过程高效集成的反应堆，其性能和特点完全覆盖未来第四代核能系统所要求的“支持核能产业可持续发展，具有高固有安全性和经济性，以及支持核不扩散”等要求，具有极其广阔的发展应用前景。

2009 年 11 月 4 日，国家能源局局长张国宝会见美国泰拉能源公司创始人比尔·盖茨一行，开启中美行波堆项目合作。2010 年 9 月 9 日，国家能源局行波堆项目管理办公室成立。12 月 4 日至 9 日，国家能源局政府代表团赴美国西雅图泰拉能源公司总部参加“中国国家能源局—美国能源部—美国国务院”三方会议，会议明确中美行波堆项目合作原则为“平等联合、利益共享、风险共担”。2013 年 10 月，中美双方政府签署行波堆项目合作执行协议 IA（Implement Agreement），中核集团与美国泰拉能源公司签订企业间排他性合作协议。在此背景下，中国核动力院启动行波堆研发工作，成立行波堆研发中心。

2009 年编制行波堆研究工作计划，提出研发目标为：通过关键技术攻关阶段、综合演示验证阶段和工程示范堆建设阶段，到 2030 年进入行波堆核电工程示范堆运行阶段。2009 年至 2014 年研究工作主要集中在行波堆总体设计、反应堆及一回路系统设计、高燃耗铀锆合金燃料和铁素体、马氏体不锈钢包壳材料研制等方面。

根据我国中长期核动力发展客观需求，通过综合分析论证决定自主行波堆发展走铅铋冷却技术路线，开展铅铋冷却先进反应堆研究。通过多年努力，在行波堆技术领域已取得重大研究成果。

1. 自主建立拥有完全知识产权的行波堆堆芯系统综合设计并行计算平台“Top Fission”程序，实现了从微观截面库生成到全堆芯三维物理热工高精度耦合（包括稳态、瞬态及典型事故）的高效集成。利用该程序及其他研究手段，通过行波堆堆芯结构设计、行波堆堆芯主参数及运行参数设计分析、行波堆堆芯平衡态计算及分析、行波堆启堆区设计及运行模拟、行波堆控制模式研究、行波堆极限事故初步分析和驻波堆设计及分析评价等，建立了行波堆设计研究总体框架和综合性设计分析能力体系，突破相关关键技术，形成了自主知识产权体系。

2. 制定高燃耗铀锆合金燃料研制工艺，并于 2012 年 9 月成功试制 8 支 HT-9 不锈钢包壳管样品。

3. 牵头申请和承担国家能源局和科技部相关重点项目，如“高燃耗铀锆合金燃料及包壳材料研究（第一期）”“行波堆堆芯设计及关键技术研究”“高燃耗铀锆合金燃料及包壳材料研究（第二期）”“行波堆堆芯特性研究”等。

## 第四节　先进核动力研发平台建设

核动力技术研发平台主要包括涉核试验设施、非核试验装置、研发机构等几个方面。在国家大力支持下，中核集团先后搭建 3 个不同代际的核动力研发平台，形成包括核动力工程设计、核蒸汽供应系统设备集成供应、反应堆运行和应用研究、反应堆工程实验研究、核燃料和材料研究、同位素生产和核技术应用研究等完整的核动力研发体系，成为我国先进核动力技术研发引领者。

### 一、第一代核动力研发平台

继 1970 年建成中国第一代核潜艇陆上模式堆后，中国核动力院陆续建成中子通量亚洲第一、世界第三的高通量工程试验堆和铀氢锆原型脉冲堆，形成中国第一代核动力研发平台，为我国第一代潜艇核动力和第一代电站核动力研发发挥重要作用。

### 二、第二代核动力研发平台

20 世纪 80 年代，位于四川山区的中国核动力院被列入三线调迁范围，向核工业部提交建设世界先进水平、适应国家战略发展需求的核动力试验研究基地申请并获批复。秦山二期反应堆蒸汽供应系统的中标让中国核动力院打开中国核电市场大门，也更加迫切需要建设新研发基地。1991 年，国家计委批复中核总关于在成都建设核动力研发基地项目建议书。为了加快国家计委批复的实施并解决项目启动存在的困难，时任中国核动力院院长钱积惠代表全院职工给江泽民总书记写信，陈述我国核动力基地建设的重要意义及存在的困难等。

1991 年 6 月 15 日，江泽民总书记在钱积惠院长的信上批示：“今后我们还是要自己搞核电设备，不能老是买下去。我们已经有了一定的基础。望在可能范围内支持一下核动力骨干试验装置的建设。”① 至此，中国核动力院成都基地建设拉开序幕。这一工程的建成，大大提高我国核动力试验研究能力，在核动力装置研制和核电设计中发挥重要作用。2004 年 9 月 7 日，江泽民到中国核动力院视察，为新一代核动力试验研究基地取得的成就感到十分欣慰，欣然题词“立足自主研发，开展国际合作，发展先进核动力堆”。

第二代核动力研发平台包括核动力院受委托管理的两个国家级重点实验室——“反应堆燃料及材料重点实验室”和“反应堆系统设计重点实验室”。反应堆燃料及材料重点实验室，是国内唯一从事新型核燃料和材料开发并具备配套研究条件的实验室，也是核燃料循环与材料专业硕士和博士学位授予点、博士后流动站。反应堆系统设计技术重点实验室，是我国唯一专门从事核反应堆系统设计技术研究的实验室，立足于探索性、创新性应用基础研究和核动力工程领域关键技术研究，是我国自主创新和培养、吸引高水平人才的重要基地，是学术交流与合作的重要平台。

## 三、第三代核动力研发平台

第三代核动力研发平台以大型研究堆、骨干试验装置和先进产品生产线为代表，于 2008 年经国务院批准立项，2014 年一期全面建成，科研设计区、材料与部件研发区、试验研究区、技术开发和协作区等将近 20 座科研生产设施全部落成。核动力院非放射性科研、设计、管理部门整体搬迁进入基地，形成全新科研生产布局。第三代核动力研发平台是国家推动核动力事业尽快实现跨越式发展作出的战略决策，将为核动力研发注入新内涵，为我国核电可持续发展提供更为广阔的空间和平台，也是中国核动力院“第三次创业”的重要内容和战略依托。2016 年，一期工程通过国家竣工验收，研发平台设计建造荣获国防科技进步奖一等奖。二期工程已经立项。国家能源压水反应堆技术研发（实验）中心、国家能源先进核燃料元件研发（实验）中心于 2010 年 7 月由国家能源局批准建立，国家能源海洋核动力平台技术研发中心于 2014 年 2 月通过能源局专家评审。以上三大重要研发平台，形

① 中国核动力研究设计院.往昔岁月——纪念中国核动力研究设计院建院四十周年[M].2015:113.

成从基础技术到系统集成，再到应用工程，全链条的研发平台支撑。

中国核电工程公司设有中核集团挂牌的两个研究中心，分别是“核燃料后处理工程技术研究中心”和“核设施退役与放射性废物处理工程技术研究中心”。同时，在河北省廊坊市龙河高新技术产业区内共设有3个研发中心：先进核电技术自主创新研发中心、先进核燃料后处理工程技术研发中心和先进退役技术工程研发中心。

经过50余年的发展，中核集团先后自行设计、建造了我国第一座压水型核动力反应堆、第一座高通量工程试验堆、第一座脉冲反应堆以及岷江堆、两座零功率装置和一条燃料元件生产线。中国核动力院被誉为中国的“堆谷”，先后涌现出6位中国工程院院士——赵仁恺、彭士禄、周永茂、周邦新、孙玉发、于俊崇，其中赵仁恺为中国科学院和中国工程院两院院士。在三代核动力研发平台上，中核集团形成核动力技术研发和创新实体运作机构，提升军民核动力技术发展引领能力，将进一步推动核动力和核电技术的集成应用。

# 第二十一章　铀资源产业

作为核工业最前端的铀资源产业（铀矿地质勘查、矿冶）体系，是我国铀矿勘查开发的国家队和主力军，是我国核军工和核能发展所需天然铀产品的供应商，是拓展国外天然铀勘查开发市场的核心力量。

在 60 年发展历程中，铀资源产业为我国核军工和核能发展作出重大贡献。中国核工业地质局始创于 1955 年 4 月，历经二机部三局、核工业部地质局、中核总地质总局、核工业地质局等名称沿革。中核金原铀业有限责任公司（简称中核金原铀业公司）始创于 1958 年 1 月，历经冶金部三司、二机部十二局、核工业部矿冶局、中核总矿冶局等名称沿革。2011 年 9 月，中国核工业地质局与中核金原铀业公司整合组建地质矿产事业部（简称地矿事业部），实现铀矿地质勘查和铀矿冶两大系统探采一体化的跨越。2012 年 5 月，中国国核海外铀业有限公司（简称国核铀业公司）业务管理职能划归地矿事业部。至此，中核集团构建了国内外天然铀业务统一管理平台。2015 年，地矿事业部明确了新时期的使命定位，即：为国防建设和核电发展提供铀资源保障的“军工基石、核电粮仓”。

改革开放以来，铀矿地质大体经历了扩大找矿领域，开展多种经营和以兵改工、属地化管理为主要内容的管理体制改革以及北方可地浸砂岩铀矿地质找矿实现创新发展三个阶段；铀矿冶走过了以“保军转民”、限产调整为主要内容的产业结构调整和以关闭破产、重组改制为主要内容的脱困转型发展之路。

# 第一节　铀矿地质工作重心布局调整

## 一、铀矿地质勘查思路转变

1978 年以后，核工业在保军同时，主要为国民经济发展服务，随着核电起步与发展，提供经济可采的铀资源提上日程。与此同时，随着对外交流合作日益扩大，世界上开发铀资源的新技术、新方法不断进入国人视野，砂岩型铀矿的探、采受到越来越多的关注和重视。

### （一）铀矿地质工作重心调整背景

1979 年 8 月，二机部三局在与澳大利亚悉尼铀矿普查勘探技术交流基础上，向二机部党组汇报，就中澳双方开展铀矿普查勘探合作等事项提出建议。1980 年 3 月 20 日，二机部党组在《原子能工业今明两年工作要点》中，明确在老地层和砂岩地区找铀矿的要求，铀矿地质队伍工作重心调整初见端倪。

1981 年 10 月，三局局长张道容率团赴美国考察砂岩型铀矿床。其后，地质局先后组织召开了砂岩型铀矿地质会议（银川）、华北地台工作会议（西安）、砂岩型铀矿床讨论会（银川）等，专题研究砂岩铀矿找矿工作。

1983 年 9 月 12 日，核工业部决定将西北地勘局二一六大队调往新疆，在新疆范围内开展铀资源勘查，开始可地浸砂岩铀矿找矿的实质性工作。

1986 年 8 月 22 日，地质局召开地勘局局长、总工程师会议，专题讨论《铀矿地质工作“七五”时期体制改革纲要》，提出改革总目标：建立充满生机与活力的铀矿地质新体制，其核心是多找富矿、好矿、经济效益高的矿。9 月 5 日，获核工业部批复。10 月 15—24 日，地质局在西安召开华北地台区调普查工作会议，总结和交流“六五”（1981—1985 年）期间华北地台及邻区铀矿地质工作任务，讨论我国前震旦纪和中、新生代盆地如何围绕找富矿、大矿进一步开展工作。核工业部顾问张忱到会并讲话，强调“要抓住时机，大力寻找富矿”“为发展核电提供经济便宜的铀资源”。

1994 年 7 月 4 日，中核总召开溶浸采矿工作办公会，分析我国铀资源形势及状况，强调加强可溶浸铀矿勘查和开发。同年 8 月，地质总局在包头召开溶浸工作会议，地质总局局长张伟星提出加强溶浸地质工作要求。标志着铀矿地质队伍战略布局重点转移，为后续北方可地浸砂岩盆地找矿的突破奠定坚实基础。

**（二）“16 字方针”提出与调整**

进入“保军转民”新时期后，铀矿地勘单位面临着长期在计划经济体制下形成的队伍臃肿、“大锅饭”、服务功能单一等弊端。解决上述问题，增强地质勘探单位活力，推进适应新形势要求的体制改革，显得更加迫切。

1984 年 12 月 28 日至 1985 年 1 月 8 日，核工业部在北京召开工作会议，进一步明确核工业转民应坚持“以核为主，多种经营”方针。会上，地质局局长王陞学提出“以铀为主、综合找矿、多种经营、搞活地质”的“16 字原则”（1988 年改为“16 字方针”）和“加快改革，加速发展”的思路。1985 年 8 月，地质局召开地勘局干部会议，总结分析地质系统面临的形势任务，重点讨论调整队伍部署、经济承包、开发民品、农转非、基地建设、老技术干部及离休干部安置、人才培养等问题，部署安排 1986 年工作。副部长陈肇博到会并讲话。9 月，地质局印发《地勘局与地质大队实行经济承发包试行办法》和《关于民品工作的意见》。明确“16 字原则”，作为主导发展思路延续到 1993 年。

1993 年 4 月工作会上，中核总地质局局长张伟星提出“坚持找铀、大力转民、突出效益、走向‘四自’”的“八五”（1991—1995 年）后 3 年深化改革和经济发展基本思路，以调整产业结构和转换经营机制为重点，坚持找铀，大力发展多种经营，切实强化管理和推进技术进步，使铀矿地质单位尽快成为“自主经营、自负盈亏、自我发展、自我约束”的经济实体。由此形成新“16 字方针”。

完成地勘单位属地化改革后，2002 年 1 月，在地质局工作会议上，局长李德连提出全局两项基本任务：“找钱找矿、发展经济，调整结构、搞活机制”。至 2006 年，发展思路调整为“突出找铀、搞活经济，强化管理、创建一流”的“16 字方针”。

## 二、铀矿地质工作重心布局调整及成果

“七五”（1986—1990年）初期，铀矿地质工作坚持以找富矿、大矿和经济效益好的矿为目标，继续扩大老矿区，探索和开辟新区、新类型，把分散的铀矿地质队伍，集中到有找矿远景的12条铀成矿带和8片远景区，形成了东部地区以普查、勘探，提交工业储量为主；西部地区以区调、普查、着眼战略为主的总体布局。“七五”后期，随着改革深入和多种经营发展的需要，再次调整队伍结构和地质部署，将找矿工作集中到赣杭、燕辽、诸广三条铀成矿带上，确保相山、下庄、鹿井、资源、沽源、额尔古纳、二连、丹凤、伊犁等重点地区。对长期以来找矿远景不明、地质成果不好、久攻不下和综合经济效益差的项目和地区，坚决撤下来。此间，在工作量大幅减少的情况下，仍提交了河北青龙县干沟铀矿床、湖南嘉禾县坌头铀矿床、辽宁本溪连山关铀矿床、江西全南县石土岭铀矿床4个大中型铀矿床；相山矿区、广东下庄矿区、鹿井矿区资源储量进一步扩大。沽源地区北方火山岩型铀矿、陈家庄和光石沟伟晶花岗岩型铀矿取得突破。特别是北方砂岩铀矿地质找矿取得新成果。

“七五”末期，根据与我国毗邻的独联体国家经验，西北地勘局在内蒙二连、新疆伊犁两个盆地，开辟和探索可地浸砂岩型铀矿找矿，相继取得重要成果。1983年，西北地勘局二〇八大队就在二连盆地开展概查和区调，1984年在脑木根地区找到一个小型铀矿床。1986年，分析研究了区域地质条件，确认额仁诺尔地区有找铀前景，并发现苏崩矿床。后于1988年提交苏崩矿床储量，该报告的提交，表明在二连地区有找到大矿的可能。1989年7月5—10日，西北地勘局在包头二〇八大队召开二连盆地铀矿论证会，肯定了二连盆地找矿前景。1990年，在扩大找矿探索中，又发现努和廷矿床，控制了近万吨远景储量。在20世纪50年代中后期，二机部五一九大队在伊犁盆地南缘首次发现蒙其古尔地区含铀煤型矿化，20世纪60年代—80年代中期勘查停滞，未进一步开展工作。20世纪80年代末期，伊犁盆地作为寻找北方中、新生代盆地大中型可地浸砂岩型铀矿突破口，二一六大队开展了大量“产学研”相结合的铀矿地质勘查工作。1989年，对原五一二矿床（蒙其古尔）进行补充勘探并提交储量报告。其后，1990年继续向西扩大，

新增远景储量近千吨，该区良好找矿前景得到验证。

1991年4月8—10日，地质局在西安召开伊犁盆地砂岩型铀矿床勘查与科研工作协调会，对在伊犁盆地寻找可供地浸的大型铀矿床进行部署，要求在“八五”（1991—1995年）期间提交适合于地浸开采的储量。到1995年，新发现万吨级铀矿远景区2片，新发现和新证实铀矿床7处，突破万吨级富铀矿床1个，完成铀矿普查储量是计划的129.9%，详查勘探储量是计划的166.3%。

1997年10月13—15日，铀矿地质学会在沈阳召开了可地浸砂岩铀矿研讨会。通过研讨，认为在中国寻找可地浸砂岩铀矿有前景、有潜力、有信心，明确了要在找矿中自始至终用“经济可采”来衡量，要采用新方法、新手段，用最少的投入取得最大的找矿效果。

经过20世纪90年代近10年艰苦探索和勘查，在北方地浸砂岩型铀矿找矿工作中，二一六大队在伊犁盆地库捷尔太、扎吉斯坦、乌库尔其，二〇三研究所在吐哈盆地十红滩，二〇八大队在二连盆地努和廷、鄂尔多斯等地区均取得重要进展。

## 三、铀矿地质系统转民发展历程

伴随铀矿地质管理体制改革进程，铀矿地质系统转民发展大体经历三个阶段：第一阶段，1986—1988年。制定《铀矿地质工作“七五”时期体制改革纲要》，从精干队伍（人数减少、结构合理、素质提高）和实现多功能、多资金渠道、多种经营方式两个方面建立新体制的基本轮廓。经过3年努力，有效控制队伍规模，到1988年年底，地质系统在职职工减少到5.3万余人，净减10.5%，同时还跻身全国黄金开发行列和建成多种经营项目250余个，1988年多种经营产值达到1.48亿元。第二阶段，1989—1992年。在继续控制队伍规模前提下，重点抓产业结构深层次调整和经营机制转换。在产业结构布局上实现三个转变：由单一找铀转变为以铀为主、“铀金民”并举多元化格局，1992年直接从事找铀、综合找矿（金）、多种经营（民）“三业”从业人数之比为38.6∶14.6∶46.8，多种经营涉及工程勘察、机械、化工等20多个行业；资金来源由单一地勘拨款转变为国家拨款、预算外市场收入等多渠道，1992年地勘单位预算外市场收入超过地勘费拨款，其占总收入比例由1985年的16.7%上升到50.8%；铀矿地质事业由自我封闭走向全面开放，对外技术交流、合作与贸易日益发展。在1987年经中央批准加入全国找金行列之后4年时间里，核地质系统提交金工业储量57.7吨，控制远景储量近100吨，后虽因故大部分停产，但各单位通过大力转民、开拓市场，形成产品生产、工程建设、矿业开发、商贸服务四业并举的产业格局。第三阶段，1992—1999年。继续大力转民，坚持“因地制宜，量力而行，中小起步，滚动发展”的原则，按照“大力开拓地质市场，调整发展产品生产，努力开发第三产业，认真搞好对外合作”的思路，在工程勘察、桩基、路桥、水坝、土方石、矿床开发等方面取得了新的进展，涌现出了赤霉素、过滤机、活性炭、药厂、双金属轴瓦材料、超硬材料等效益较好的项目。

至1998年年底，地质系统多种经营实现产值194 389.7万元，是1992年产值29 239.4万元的6.65倍，利润4 986.2万元，是1992年2 086.5万元的2.39倍。稳定安置职工20 000余人，为后续属地化核地勘单位融入地方经济奠定较好基础。

2009年，针对多种经营提出“发挥优势、强化支柱、扩大规模、突出效益”方针。地质系统多种经营以矿业开发、工程勘察施工、城市经济和地质技术服务为重点实现新发展。二一六大队在新疆三塘湖盆地查明煤炭资源量，雪米斯坦山铀-稀有金属找矿探明铍矿储量。二〇八大队生产黄金数百公斤，完成销售收入1.2亿元，实现利润3 500万元。全局工程勘察与施工全年完成产值23 740万元，利润1 009万元。地质技术服务完成产值27 930万元，利润4 153万元，特别是在航空物探测量、横向地质勘查、环境评价等领域取得新业绩。二〇八大队、二一六大队、二四三大队、二三〇研究所等单位盘活城市中心地带土地资源，加大投入，完善配套设施，增强商用功能，形成稳定、可靠经济来源。

地质系统加快地矿延伸业务产业化和规模化发展，开拓非铀矿产资源开发、工程建设施工、地勘技术服务、环保工程、化工产品和自有土地开发六大领域。地质系统经济规模、经济效益、经济实力实现跨越提升。

从20世纪80年代中期开始，国家启动解决“三线建设”中历史遗留问题专项工程，作出对三线企业进行“调整改造、发挥作用”重大决策，从

“七五”（1986—1990 年）计划开始，到“八五”（1991—1995 年）、“九五”（1996—2000 年）计划，对三线地区进行三个阶段的调整改造。期间，属于核地质系统的二六四大队等 16 个单位先后完成“脱险搬迁”，改善了后续生存发展环境，为充分发挥自身技术、人才、设备优势，提高生产能力和经济效益奠定基础。

## 第二节　铀矿地质管理体制改革

### 一、20 世纪 70—80 年代的“工改兵”到“兵改工”

铀矿地质、矿山队伍管理体制，在 20 世纪 70 年代发生一次重大变化。1970 年 3—4 月，国防科委和第二机械工业部向中央专委请示，建议将二机部地质、矿山系统职工队伍整编为中国人民解放军基本建设工程兵部队。1971 年 3 月和 7 月，经国务院、中央军委批准，南京、福州军区率先在江苏、福建各组建一个铀矿地质团，即第六〇七团、第六〇九团，分别隶属南京军区和福建省军区建制，经费由二机部负责。8 月，二机部向国务院、中央军委请示，提出“工改兵”试点建议。9 月 10 日，国务院、中央军委批示，同意将二机部在辽宁、广东、四川、浙江四省的 2 个地质大队、12 个地质队、6 个矿山，整编为基建工程兵第二〇一师、第二〇三师、第二〇五师和第六〇八团，分别归所在军区建制领导，二机部负责制定规划、计划、投资和国家统配物资的分配，产品调度，生产、基建的技术指导和经验交流。1975 年 7 月，铀矿地质、矿山部队 3 个师、4 个独立团（1974 年 4 月从六〇七团分建出六〇六团）由国家建委统一归口管理，二机部负责具体管理和领导，业务上接受国家建委基建工程兵办公室领导。领导关系变更后，二机部所属 3 个师番号分别变更为第二十六支队、二十七支队、二十八支队；4 个独立团番号依次变更为第二九一大队、二九二大队、二九三大队、二九四大队。1978 年 5 月，国务院、中央军委批复，同意从基建工程兵二十七支队分建出二十五支队，下辖 4 个大队，担负铀矿冶生产任务。10 月，经国务院、中央军委批复，成立基建工程兵二机指挥部，为军级单位。铀矿地质、矿山部队认真贯彻基建工程兵“劳武结合、能工能战、以工为主”方针，充分发挥解放军高度集中统一，组织纪律性强、机动灵活、能打硬仗的优势，学习、吸收地方同行业管理经验，在完成生产任务方面取得丰硕成果，培养了一支政治性强、业务精、作风好、特别能吃苦、特别能战斗的高素质铀矿地质、矿山队伍。

1982 年 1 月，为了适应改革开放和军队体制改革的新形势、新要求，中央决定撤销基建工程兵部队。1983 年 6 月，核工业部、基建工程兵联合向国务院、中央军委呈报《关于将基建工程兵铀矿地质矿冶部队改编为核工业部企事业单位的请示》，提出拟按核工业管理体制，将基建工程兵铀矿地质、矿冶部队分别改编为企事业单位，即“兵改工”。9 月 7 日，国务院、中央军委批转该报告，铀矿地质、矿冶部队的撤销改编工作全面展开。12 月，基建工程兵二机指挥部所属 4 个支队、4 个独立团共 2.7 万人集体就地转业，分别改为核工业部广东矿冶局、东北地质勘探局、华南地质勘探局、西南地质勘探局及华东地质勘探局第二七一大队、二七二大队，七七一矿，华南地质勘探局二九四大队。之后，二机指挥部机关 66 人集体转业到核工业部有关部门工作。

随着改革开放不断深入，地勘行业改革由内部结构调整、扩大地勘单位自主权、实行承包经济责任制等措施，发展到 20 世纪 90 年代酝酿地勘行业管理体制和地勘单位发展方向、路径的整体改革。

## 二、20 世纪 90 年代末的属地化改革

### （一）地质队伍改革方针提出

1994 年，时任国务院副总理朱镕基指示：“地质队伍要逐步划分为野战军和地方部队，野战军吃中央财政，精兵加现代化装备，承担国家战略性任务；地方部队搞多种经营，分流人员，逐步走向企业化”①，明确我国地勘工作体制的改革方向和总体要求。

① 浴火重生[M].北京：中国原子能出版社，2015：12.

### （二）地质队伍改革迫切性

1998年年底，核地质系统辖6个区域性地质局，53个地质大队以及研究所、工厂、医院、学校等93个县团级以上单位，分布在26个省、自治区、直辖市；在职职工34 642人，离退休职工31 478人。这一时期，真正从事铀矿地质勘查的地勘单位25个，从事地质找矿人员约15 000人。用计划和行政手段配置形成的庞大队伍和分布格局已经无法适应市场经济发展要求。

1998年国家地勘费拨款为61 419.5万元，有限的国家地勘费财政投入，既要支撑队伍生存和发展，又要保证铀矿地质勘查工作开展，两者无法兼顾。“没有地勘费活不了，仅靠地勘费活不好”成为核地勘单位普遍现状。直接用于铀矿地质勘查的有效投入不断减少，铀矿地质工作萎缩。职工队伍不稳定，大量职工下岗，在职职工工资低、福利差，从计划经济时期的高收入群体跌落为低收入群体。铀矿是特定矿种、战略资源，铀产品当时是专营产品，不具备市场化条件；铀矿地质勘查既属于军工行业，又属于地勘行业，长期由国家下达计划，中央财政预算提供经费，地质队伍完成地质勘查任务，成果上交国家，经费当年核销，具有十分强烈的自我封闭色彩。作为军工行业，核地勘队伍实行严格的军工保密制度，自成一体。作为地勘行业，工作在深山老林、戈壁荒漠。自我封闭管理体制导致核地勘队伍与外界基本没有来往，没有深度融入区域经济和广阔市场之中，多种经营规模和经济实力有限，没有在矿业资本市场、矿业权市场和矿产勘查劳务市场等占有一席之地，可持续发展能力薄弱，核地勘队伍迫切需要改革。

1999年，核地勘队伍管理体制改革成为核工业战略性结构调整的重要组成部分。

### （三）改革的主要内容

核地勘队伍管理体制改革受到中央领导关注和关心。1998年11月3日，朱镕基总理、温家宝副总理要求“保持一支精干的队伍，以保证核原料特别是军用核原料自给”，核地勘队伍改革纳入国防科工委、国土资源部和中核总的议事日程。

1. 确定《实施方案》

1999 年 1 月 19 日，国防科工委向国务院呈报的请示中，提出核地勘单位属地化改革原则和建议方案。4 月 20 日，国务院办公厅印发《地质勘查队伍管理体制改革方案》（简称《方案》），明确“中国核工业总公司可以从所属地勘队伍中保留一支从事放射性矿产勘查的精干队伍，其余与原地矿部所属地质勘查单位同步进行属地化、企业化改革，具体实施方案由国防科工委确定”。

国防科工委将核地勘队伍管理体制改革作为 1999 年六大任务之一，要求有关省国防工办协助做好这项工作。4 月 5 日，国防科工委向有关省（直辖市、自治区）人民政府印发《关于请求支持核地勘队伍管理体制改革的函》，商请在制定属地化改革方案中，将核地勘队伍纳入考虑范围。国防科工委根据《方案》，组织有关单位和部门从改革的依据和目标、具体方案、政策保障、实施步骤等方面进行顶层设计。《核地勘队伍管理体制改革实施方案》（简称《实施方案》）经财政部、中编办、劳动和社会保障部会签后，于 5 月 20 日由国防科工委与国土资源部联合印发。

2. 《实施方案》主要内容

《实施方案》明确“保留一支精干的核地质勘查队伍，承担国家放射性矿产资源战略性勘查任务。这支队伍共 13 个单位，在职职工 3 138 人，离退休职工2 333人”。中核总地质总局改建为中国核工业地质局，辖 12 个单位。

在华东、中南、西北、东北、华南、西南 6 个地区以 6 个研究所为依托，分别设立放射性矿产地质管理办公室，作为中国核工业地质局派出机构，编制15~20人，从 6 个研究所编制内调剂解决，人员实行聘任制。改革完成后，受国土资源部委托，各放射性矿产地质管理办公室协助管理放射性矿产资源储量和放射性矿产地质档案资料；进行科技档案资料的开发利用；参与国土资源大调查，组织区域性放射性环境调查；负责计量模型、标准源等放射性材料和物质的管理以及废渣治理的管理工作等。

为了加强铀矿地质勘查工作及核地质档案资料的安全，原核工业各地区性档案馆由中国核工业地质局统一管理，日常工作委托放射性矿产地质管理办公室负责。

未实行属地化管理的队伍，地勘费基数保留，并通过原有渠道划拨中国核工业地质局，集中安排用于放射性矿产地质勘查工作。

《实施方案》明确“原由中国核工业总公司直接管理的地勘队伍，除拟保留的13个单位外，其余分布在22个省（自治区、直辖市）的77个单位划归省（自治区、直辖市）人民政府管理，共有在职职工30 011人，离退休职工28 684人”。

属地化后的核地勘队伍与原地矿部队伍按照相同原则进行改革，享受国务院确定的6项优惠政策。考虑到核行业特殊性，出台专项政策，大大提升核地勘队伍改革的层次、地位和效力，使核地勘单位当时的一些困难得到较好解决。

**（四）改革的组织实施**

核地勘队伍管理体制改革是一项政策性强、涉及面广、错综复杂的系统工程，具有时间紧、任务重、难度大的特点。受到国防科工委、中核总（中核集团）高度重视。

中核总多次召开常务会、办公会听取汇报，进行专题研究部署，并切实解决改革过程中相关问题。国防科工委和中核总相关领导对核地勘队伍管理体制改革直接指挥、积极推进。从方案制定、政策落实、会商到正式实施，国防科工委主任刘积斌、副主任张华祝和中核集团总经理李定凡等都利用各种机会和场合，与有关省（自治区、直辖市）领导会商工作。中核集团副总经理孙勤、李忠良、黄国俊多次听取体改工作汇报，主持与有关省（自治区、直辖市）会商工作。

1. 成立改革领导小组

1999年6月，中核总成立以副总经理孙勤为组长，计划部、财务部、政研体改部、地质总局主要领导参加的核地勘体制改革领导小组，具体负责推进核地勘队伍管理体制改革。领导小组下设办公室，地质总局副局长黄光宇兼任办公室主任。其后，组成由国防科工委、中核集团有关人员参加的国防科工委核地勘队伍体制改革工作组，分片负责核地勘队伍属地化管理工作。

2. 改革工作进程

1999年7月18日，国防科工委核地勘队伍体制改革属地化会商启动。7月30日，国防科工委与湖北省人民政府签订核地勘队伍属地化管理《会商纪要》，标志着核地勘队伍属地化会商取得突破。

2000 年 7 月 10 日，国防科工委与海南省人民政府签署在琼核地勘单位属地化管理《会商纪要》，标志着核地勘单位属地化会商全部完成。10 月 16 日，财政部、国防科工委联合印发《关于核工业属地化管理的地质勘查队伍财务关系划转地方管理的通知》，明确从 2000 年 1 月 1 日起，将核工业属地化管理的地质勘查队伍财务关系划转地方管理。

在历时一年时间里，6 个区域性地质局所在省 48 个地勘单位，以省为单元，整体属地化，原区域性地质局改建为省核工业地质局，由省人民政府有关部门归口管理。其余 16 个省（直辖市、自治区）的 29 个单位属地化后，由省级人民政府指定部门管理。

3. 改革成果

1999—2000 年实施的核地勘队伍管理体制改革，是我国铀矿地质自创建 40 多年来发展历程中规模和幅度最大、最为深刻的一次变革。通过改革，建立了核地勘工作新体制，由中央保留一支精干的铀矿地质勘查队伍，承担国家放射性矿产资源战略性勘查任务；绝大多数核地勘单位实行属地化管理，融入地方经济；破解了传统计划经济体制下形成的核地勘队伍规模庞大、机制不活，因投入不足而使铀矿地质勘查工作趋向萎缩、队伍生存发展困难等难题，实现新时期铀矿地质勘查体制改革重大突破，推动中央保留核地勘队伍和属地化核地勘单位创新发展。

## 第三节　改革后地勘工作创新发展

属地化改革完成后，中国核工业地质局作为国家队，以铀矿地质找矿工作作为立局之本、生存所依和发展之基，立足于找大矿、找好矿、快交矿，从争取投入、能力建设、队伍建设、内部管理、科技创新、工作部署等各方面大力加强铀矿勘查工作，扭转了 20 世纪 90 年代铀矿勘查困难局面，步入良性发展轨道，实现找矿成果重大突破和地质经济快速增长。

## 一、地质新定位、新体系

改革后，中国核工业地质局以“完成国家任务、服务集团发展”为宗旨，构建了中核地质新定位、新体系。

### （一）进一步完善地质新定位、新职责

《关于加强铀矿地质勘查工作的若干意见》明确中国核工业地质局“国家队”“主力军”地位，提出：“地质勘查充分发挥中国核工业地质局在铀矿地质勘查工作中的主力军作用，进一步加强其所属地质勘查队伍科研手段和装备能力建设，提高铀矿地质勘查技术水平和科研能力，以满足承担重大任务的需求”。同时提出：“逐步建立以中国核工业地质局地质勘查队伍、属地化地质勘查队伍、企业和社会地质勘查队伍相互协调、相互补充的勘查工作体系。”

2002年6月5日，中央机构编制委员会在《关于中国核工业集团公司所属事业单位机构编制调整的批复》中明确：中国核工业总公司地质总局更名为核工业地质局，所属9个单位分别更名为核工业二〇八大队、核工业二一六大队、核工业二四三大队、核工业二〇三研究所、核工业二三〇研究所、核工业二四〇研究所、核工业二七〇研究所、核工业二八〇研究所、核工业二九〇研究所。地质系统共有事业编制3 894人，其中276人经费自理。

2006年8月9日，中央机构编制委员会办公室批复同意“核工业地质局”再次更名为“中国核工业地质局”。

中国核工业地质局作为负责全国铀矿勘查专门机构，主要职责是为我国核军工提供铀资源保障，承担国家放射性矿产资源战略性勘查任务，满足国家对铀资源需求。主要包括：协助编制全国铀矿地质勘查规划；负责编报年度铀矿地质勘查计划和预算；按照批复的总预算和总计划，负责编制铀矿地质项目年度立项指南，制定具体项目计划，并组织实施；负责地质项目的设计审查和实施中的技术管理及质量监督；负责制订国家铀矿勘查各项技术标准；承担全国放射性矿产资源储量评审工作；承担放射性矿产地质档案资料汇交和日常管理；承担放射性勘查计量标准与模型管理。

中国核工业地质局在落实自身铀矿勘查主力军要求同时，充分发挥属地

化核地勘队伍作用，提出建立“小核心、大协作”的新时期铀矿勘查工作模式，并因地制宜部署铀矿勘查工作，属地化核地勘队伍在一些重点地区，尤其在老矿田勘查中取得显著成果。“十一五”（2006—2010年）后期以来，铀矿地质勘查工作“大铀矿体系”建设得到不断完善，其中有属地化核地勘队伍的积极参与，有多所高校共同承担基础地质问题的攻关研究工作，还有中国石油、中国石化等中央企业积极参与投资，与中核集团合作开展铀矿勘查开发。

中国核工业地质局形成完整配套技术体系、组织管理体系和信息资料服务体系及内部职能分工协作体系。其中，核工业北京地质研究院（简称核地研院）作为地质局支撑单位，主要承担规划调研、区域评价、找矿预测和方法技术等基础性研究工作，并承担高放废物地质处置任务；核工业航测遥感中心（简称核航遥中心）作为基础技术中心，主要承担航测遥感和大区的地面物化探任务，负责放射性勘查计量标准与模型管理，并承担核事故应急监测任务；3个地质大队作为专业勘查队伍，承担重点地区勘查施工任务和相应的地质工作；6个研究所主要承担区域性地质调查和部分重点钻探项目的地质工作；储量评审中心负责全国放射性矿产储量评审工作。2003年1月6日，国土资源部矿产资源储量司同意“矿产资源储量评审中心放射性矿产专业办公室”更名为“放射性矿产资源储量评审中心”，继续负责原放射性矿产专业办公室承担的全国放射性矿产资源储量评审工作，业务上接受国土资源部储量司的领导。1月29日，国家事业单位登记管理局核发放射性矿产资源储量评审中心事业单位法人证书。

**（二）形成铀矿勘查开发的新格局**

新发现和探明铀矿床30余个（含1999年之前发现，后来进一步扩大的10个矿床），其中超大型1个、特大型5个、大型5个。北方伊犁、吐哈、巴音戈壁、鄂尔多斯、二连和松辽6大盆地砂岩型铀矿找矿取得重大突破，形成万吨至十万吨级铀资源基地，新疆、内蒙古探明铀资源量由1999年只占全国10.8%，到2015年提高为39.7%，我国铀资源开发也由原来以南方为主，逐步转变为以北方为主，形成我国铀矿勘查开发新格局，使北方地区成为我国天然铀产业发展战略基地。江西相山、广东诸广、广西苗儿山、湖南鹿井、浙江大桥坞等南方老基地资源规模扩大，为老矿山提供了接续资源。基础地质工作程度得到提高，累计完成（1∶5万）~（1∶10万）航空伽玛能谱测量、磁法测量约195万测线千米，覆盖总面积103.3万平方千米。累计完成北方沉积盆地（1∶50万）~（1∶25万）铀矿资源区域评价超过160万平方千米，圈定找矿靶区140余处，新发现铀矿产地13处。

**（三）建立较为完整的核地质科技体系**

中国核工业地质局拥有1个国防科技重点试验室，1个国家核应急航空监测中心，2个国家原子能机构-国际原子能机构联合中心，1个国防二级计量站，4个中核集团重点试验室。

2002年9月28日，核航遥中心加挂“国家核应急航空监测中心”的牌子，成为国家核应急技术后援单位，承担国家核应急航空监测任务。早在1990年12月5日，中核总就将建于石家庄的航测遥感中心模型站命名为“核工业放射性勘查计量站”。次年6月26日，核工业放射性勘查计量站通过计量定级验收和国防计量认可，被定为国防计量二级站。

2010年9月14日，中核集团决定设立第一批技术机构，其中地质系统4个，分别为铀资源勘查与评价技术重点试验室、遥感与图像分析技术重点试验室、铀资源地球物理勘查技术中心重点试验室、高放废物地质处置评价技术重点试验室。

1999年以来，中国核工业地质局以第一完成单位的身份共获得国家科技进步奖一等奖1项、二等奖3项；国土资源科学技术奖一等奖1项；国防科学技术进步奖一等奖7项、二等奖30项、三等奖60项；11项成果入选中国地质学会全国“十大地质科技进展”与“十大地质找矿成果”；中国铀矿第一科学深钻入选首届“中国核学会十大核科技进展”。

**（四）铀成矿理论研究进展和成果**

15年间，中国核工业地质局创新发展了适合我国地质特点的砂岩型铀矿地质理论，建立了不同构造背景下系列化预测评价模式和指导找矿的成矿模式；进一步完善和发展热液型铀成矿理论体系和勘查评价模式。完成全国铀矿资源潜力评价，初步摸清了我国铀矿资源“家底”，预测了全国铀矿资源总量（未包括非常规铀资源），系统划分了中国十多个铀成矿省和四十多个铀成矿区带，圈定各类铀矿预测区数百个，其他重要预测区近百余个。西藏地区铀资源调查评价、全国非常规铀资源调查评价（含盐湖、海水）取得新进展。

**（五）铀矿勘查技术创新和发展**

构建了较为完整的“天-空-地”一体化的铀矿勘查技术体系，形成我国砂岩型铀矿评价技术体系和热液型铀矿攻深找盲技术体系，主要包括：沉积盆地地质构造理论分析和识别技术，古地理、古地质建造和古水文地质环境的恢复和重建技术，砂岩型铀资源潜力综合识别评价技术；基于 GIS 的铀资源潜力预测评价技术；现代航空物探技术，无人机航空伽玛能谱测量技术；航空遥感高（成像）光谱填图技术；电法、电磁法探测古河道技术，浅层地震精确划分目的层技术，高精度磁测确定层间氧化带前锋线位置技术；自动化、信息化伽玛测井技术，超深伽玛测井技术；分量化探技术，氡及其子体测量技术；开放系统条件下成矿的同位素测年技术；野外快速分析测试技术，元素分析系列技术，同位素分析系列技术，核素分析技术，微束分析技术，流体包裹体与有机分析技术；疏松砂体和坚质砾岩层的钻进和取芯技术，超深钻探技术等。

**（六）技术管理探索与创新**

新编制技术标准 30 项，使铀矿勘查国家、行业技术标准达到 154 项，建立了一整套覆盖铀矿勘查各个专业领域技术标准，形成基础性、综合性、专业性、保障性四大技术标准体系。地浸砂岩型铀矿地质勘查规范填补我国空白，获得“中国技术标准创新贡献奖”。

**（七）基本建成一支铀矿地质勘查“国家队”**

经过 15 年积累发展，一批既有丰富实践经验，又有一定创新能力和学术造诣的领军人才脱颖而出，并获得国家、行业和省部级奖励。入选新世纪百千万人才工程人选 4 人；获政府特殊津贴 13 人；5 人获得中国地质界最高荣誉奖——李四光地质科学奖（1999 年之前 3 人获此荣誉），3 人获黄汲清青年地质科学技术奖，1 人获中国科协青年科技奖，1 人获中核集团钱三强科技奖，4 人获中国地质学会青年地质科学技术奖金锤奖，12 人获银锤奖，2 人分别入选国土资源部首批科技领军人才、杰出青年科技人才，1 个集体入选科技创新团队培养计划。中核地质在人才聚集密度和人才发展层次上都位居全国地勘行业前列。队伍结构发生重大变化，形成专业结构比较合理、业务技术水平较高、实践经验比较丰富的专业人才队伍体系。期间，共引进大中专毕业生 1 368 人，引进和培养博士、硕士 205 人。形成科研单位以研究生为主，地质生产单位以大学本科生为主的专业技术人员学历结构。2015 年与 2000 年相比，博士生所占比例由 0.3%提升到 3%、硕士生由 3%提升到 15%、大学本科生由 38%提升到 57%。拥有高级职称人员 750 人，占职工总数 21%；其中有研究员级高级工程师 176 人，占职工总数 5%；拥有中高级职称人员 1 625 人，占职工总数 45%；拥有高级工以上职称技术工人 699 人，占工人总数 67%；拥有技师和高级技师 307 人，占工人总数 30%。

## 二、铀矿地质工作的重大突破

伴随国家能源战略调整及经济社会发展需要，全国地质工作形势也随之发生巨大变化，基础地质工作得到极大关注。铀矿地质找矿工作同样得到国家领导人及有关部委（局）高度关注。

### （一）中央领导的关心重视

2000 年，国家投入的能直接用于铀矿地质勘查和科研的经费仅为 6 437 万元，可安排钻探工作量仅为 9.3 万米。面对如此窘境，原中核总常务副总经理陈肇博紧急上书时任国务院副总理温家宝，反映当时地勘资金严重不足、投入工作量太少、铀矿找矿工作实际已处于半停顿状态等问题，建议国家加大投入。温家宝对此高度重视，7 月 4 日批示：“铀矿地质工作应该继续下去。要收缩战线，选准靶区，集中力量寻找富矿和易选矿。保持足够的铀矿资源储备，不仅具有经济意义，而且具有战略意义。地勘资金不足的问题，请财政部考虑可否予以支持。”①

2004 年 10 月 12 日，温家宝总理在听取中国工程院“关于中国可持续发展矿产资源战略研究”专题汇报时又指出：“铀矿的队伍和资源勘探工作千万不能中断，哪怕一支精干队伍要保持下来。无论对发展核电以及国防事业

① 中国核工业地质局.中国核工业地质局 60 年大事记[M].北京：中国原子能出版社，2015：153.

都有长远的意义。我们多年来做了不少工作，都散掉了就可惜了。”①

2006 年 1 月 20 日，中央发布《国务院关于加强地质工作的决定》，重申：“加强铀矿勘查，尽快探明一批新的矿产地。” 2007 年 10 月，经国务院批准，国家发改委发布《核电中长期发展规划（2005—2020 年）》，明确“建立天然铀资源保障体系”，对天然铀资源保障工作提出新要求。2008 年 3 月 4 日，国土资源部、国防科工委联合印发《关于加强铀矿地质勘查工作的若干意见》。2009 年 1 月，国土资源部发布《全国矿产资源规划（2008—2015 年）》。2011 年 12 月国务院办公厅转发国土资源部《找矿突破战略行动纲要（2011—2020 年）》。

在取得国家政策支持同时，财政部、国防科工委（局）、国土资源部、中国地调局等有关部委（局）对铀矿地质找矿工作在资金、项目、能力建设等方面给予大力支持。1999 至 2015 年，主要资金渠道为中央财政地勘费、资源补偿费（后来转为中央地质勘查基金）、国土资源大调查（地质矿产调查评价专项）、国防科工局核能开发科研专项、中核铀矿勘查基金和科研专项等。

### （二）提升地质装备水平

为进一步落实《国务院关于加强地质工作的决定》精神，推进核地质科技进步，提升铀矿地质装备水平，国防科工委于 2000 年 12 月 1 日批复《核地质地勘装备更新改造项目可行性研究报告》，同意核工业铀矿地质勘查装备更新改造项目（一期）启动。保留队伍的能力建设项目至 2015 年已实施完成四期投入。项目实施单位涉及 11 个保留队伍，主要建设内容是购置钻探设备，航测遥感设备，物探、化探设备，分析测试设备，野外生产、指挥和生活保障设备设施。各单位生产、科研基地得到全面翻建，新增仪器设备和生产装备 1 900 多台（套），形成了卫星遥感、航空遥感、航空物探、三维地质、地面物化探、井中物化探、普通钻探、超深钻探、岩心高光谱编录、GIS 技术、现代分析测试技术等构成的“天-空-地”一体化的勘查和科研能力。

① 中国核工业地质局.中国核工业地质局 60 年大事记[M].北京：中国原子能出版社，2015：169.

### （三）构建新时期铀矿地质勘查工作体系

1999 年，“新一轮国土资源大调查”启动。2000 年年初，在财政部、国防科工委、国土资源部等部门大力支持下，中国核工业地质局承担中国地调局“国土资源大调查”大型计划项目子项“中国北方中新生代可地浸砂岩型铀资源评价”和“全国铀矿资源调查评价”工作。2000 年，全国铀矿资源调查评价西起伊犁盆地，东至海拉尔盆地横贯中国北方的铀矿资源调查评价和查证工作就此拉开序幕，至 2010 年进而构建形成新时期铀矿地质勘查工作体系架构。

随着“主攻北方可地浸砂岩型铀矿”勘查战略的实施，系统推进中新生代沉积盆地可地浸砂岩型铀矿的调查评价和勘查，不仅使新疆伊犁、吐哈盆地可地浸砂岩型铀矿得到扩大和发展，成为超万吨级铀矿基地，提交一批可供矿山开发的资源储量，而且在北方寻找砂岩型铀矿取得重大突破，新形成数个万吨级以上铀资源基地，使我国铀资源分布形成新格局。在 2000 年至 2015 年间，中国核工业地质局累计探明新增铀资源量接近前 45 年累计探明的资源总量，投入产出比创历史最好成绩。

伴随铀矿地质找矿工作重心的调整，以南方为主的大部分热液型铀矿的勘查工作几乎停顿十多年，“十一五”（2006—2010 年）重新纳入勘查规划，并于 2006 年启动，部分由中国核工业地质局所属队伍承担，部分由属地核地勘队伍承担。江西相山、桃山，浙江大桥坞，广东下庄、诸广南部，湖南鹿井、大湾，广西苗儿山，四川若尔盖，河北青龙、沽源，辽宁连山关，内蒙古红山子，陕西商丹等地区都取得不同程度的进展，探深扩围，增加一批铀资源储量。同时，新探明一批矿床。

中核地质系统始终严格执行国家规定，在找铀同时开展综合找矿。历史上提交过著名的云南临沧超大型锗-铀矿床（锗为超大型）、贵州白马洞中型铀-汞矿、河北沽源张麻井大型铀-钼矿、辽东赛马大型铀-钍-稀土矿床、伊犁大型煤矿等。十多年间，新探明了伊犁、吐哈、三塘湖、公婆泉等盆地一批煤炭资源储量，超过 100 亿吨。2007 年开始部署新疆白杨河铀-铍矿勘查，并取得重大突破，铍资源量突破 4 万吨，达到特大型规模，铀也达到中型规模。另外，在可地浸砂岩型铀矿勘查中还发现和评价了与铀伴生的钪、铼、硒等“三稀”矿产。

## 第四节 铀矿地质找矿理论主要建树

在我国铀矿地质发展过程中，地质勘查与综合研究密不可分。自1954年我国铀矿地质事业起步，到20世纪60年代初，就初步形成砂岩型、花岗岩型、火山岩型、碳硅泥岩型、煤岩型等铀矿的规律性认识。到70年代至80年代，伴随铀矿勘查的勘探开发，全国铀矿成矿地质条件和区域成矿研究进入一个全新的阶段。

### 一、全国铀矿区划研究

到20世纪80年代初，厘定出11个铀成矿带和4大远景区。至90年代初演变发展为5个铀成矿省、12个铀成矿带、8大铀成矿远景区。至此具有我国特点的花岗岩型铀矿酸碱热液成矿理论、火山岩型铀成矿“双混合”成因模式、碳硅泥岩型铀矿热液叠加改造成矿作用、煤岩型铀矿地下水改造成因等铀矿成矿理论体系基本形成。“十一五”期间，在全国新一轮铀成矿区划研究和资源潜力评价预测中，重新厘定了铀成矿省、成矿区，圈定了预测区。

### 二、铀矿成矿理论创新发展

中国核工业地质局科技工作者建立了伊犁、吐哈大型山间盆地典型层间氧化还原作用的成矿模式、鄂尔多斯盆地古层间氧化带的成矿模式和“构造-建造-改造”叠合式铀成矿模式、二连盆地湖相沉积成岩型成矿模式和层间氧化还原与潜水氧化还原共同作用的成矿模式，松辽盆地“构造剥蚀天窗+断裂构造+深部还原物质”共同作用的成矿模式等。杜乐天提出“幔汁铀成矿理论”，黄净白重新划分火山岩型铀矿床分类；陈祖伊、陈戴生系统总结了具有中国特色砂岩型铀成矿理论；赵凤民对我国赋矿碳硅泥岩地层进行了划分；仉宝聚、胡绍康提出“铀场”及“铀畸变场”等理论观点；李子颖提出“热点铀成矿理论”。

## 三、铀矿地质理论著述

自2004年至2014年，中国核工业地质局先后组织编撰完成《华东铀矿地质志》《中南铀矿地质志》《华南铀矿地质志》《西南铀矿地质志》《东北铀矿地质志》《西北铀矿地质志》，对五十多年来的铀矿勘查和研究成果第一次作了全面系统总结。2007年至2012年，组织实施《中国铀矿床研究评价》（5卷10册）大型科研项目，系统研究我国已探明的350个铀矿床，全面总结我国铀矿成矿规律。2006年以来，《刘兴忠铀矿地质论文集》，《中国铀成矿带概论》（黄净白、黄世杰、张金带等），《中国北方中新生代沉积盆地铀矿资源调查评价》（张金带、简晓飞、郭庆银等），《我国铀矿勘查的重大进展和突破——进入新世纪以来新发现和探明的铀矿床实例》（张金带、李子颖、徐高中等），《进入新世纪以来铀矿地质工作的探索与实践》（张金带）等一系列代表性专著出版发行。

## 四、新铀矿物的发现

1975年，中南地勘局二三〇所王志雄、傅祥林等人发现了芙蓉铀矿、湘江铀矿后，得到了国际新矿物命名委员会的承认。1978年3月，核工业北京第三研究所（后改名核工业北京地质研究院）张静宜、雒克定等与中国地质大学合作，发现斜方钛铀矿，也得到认定。随后，二三〇所、核工业北京第三研究所、基建工程兵第二十八支队研究所等单位及中国地质大学（北京）、成都地质矿产研究所等单位科研人员又陆续发现单斜蓝硒铜矿、铁钒矿、腾冲铀矿、盈江铀矿、平谷矿、栾锂云母、氧钠细晶石、冕宁铀矿等10种新铀矿物。

# 第五节　铀矿冶产业结构调整改革

20世纪80年代中期，铀矿冶大力贯彻“保军转民”方针，陆续关停一批铀矿山和水冶厂，保留的生产单位也实施产能压缩。为此，全系统广泛开发民品项目。1993 年至 2009 年，铀矿冶先后进行“2+3”调整、政策性关闭调整和民品资产重组 2 次结构大调整，国内铀矿采冶初步形成以地浸、堆浸工艺技术为代表的 8 个铀矿采冶联合企业和一座铀纯化厂，即“八矿一厂”的生产布局。特别是在新疆伊犁盆地、内蒙古通辽盆地地浸采铀工艺取得突破并相继实现工业化生产，我国天然铀生产走上良性发展的轨道。与此同时，部分支柱性民品项目通过资产重组，走出困境，步入良性发展。

## 一、产业结构调整改革背景

1986 年 4 月 26 日，苏联发生切尔诺贝利核事故，对世界民用核能发展造成很大影响，诸多国家对发展核电进行战略性调整，加之苏联解体，冷战结束，几个核大国纷纷释放天然铀战略库存，导致国际天然铀市场需求下滑，天然铀价格大幅下跌，对天然铀生产企业造成强烈冲击。

铀矿冶是在计划经济时代形成的特殊产业组织。长期以来，产业摊子大、人员多、布局分散。在军工任务不饱满、国内市场需求疲软情况下，十多年来未能扭转企业连续亏损的局面。

## 二、“保军转民”结构调整

从 20 世纪 80 年代中期，铀矿冶产业进行了第一次保军转民大调整并一直延续到 90 年代初。此时，国内核电尚处于起步阶段，对天然铀需求量极少。加之国际市场天然铀产品价格持续低迷，我国铀矿冶产业处于空前困难时期。在这种形势下，铀矿冶产业开始压缩基本建设规模，启动军品结构调整工作。

### （一）择优生产，关停部分矿冶企业

1985 年 11 月 6 日，矿冶局向核工业部呈报《关于“七五”关停七一二—2、3 号等 12 个矿井的请示》。次年 3 月 12 日，获准批复同意。至 1992 年年底，先后有 16 个企业停止天然铀生产（关停 10 家），全系统富余职工 3. 7 万人。所保留的 16 家天然铀生产企业实行“多限产，少关停”政策，贯彻集中生产、择优生产原则，缩短矿山生产线。在此期间，为保证天然铀生产正常接

续，在各生产矿山普遍进行补充地质勘探，共完成钻探工作量 95 490 米，坑探 27 321 米，提交一定量可采储量，验证一批正在开拓的矿床。

**（二）压缩基建规模，择优投资铀矿床开发建设**

20 世纪 80 年代初，根据“先生产后基建，先挖潜后新建”和“保重点收尾工程，保三废治理，安排好职工生活”调整原则，铀矿冶系统先后缓建、停建一批投资大、效益差、资源和协作条件还不够充分的项目；压缩一批在建项目的建设规模。1986 年至 1990 年期间，铀矿冶基本建设投资大幅下降，至 1990 年降至最低点。

根据对已探明的铀矿资源进行经济评价和技术论证的结果，将有限的基本建设投资优先用到属于“经济资源”的铀矿床开发上。有 3 个矿井（点）作为铀矿冶生产的接续矿井（点）列为“七五”（1986—1990 年）基本建设计划，并先后建成投产。期间，基本建设总投资 8 772 万元。

“七五”中期，核工业矿冶局对品位高、易处理的 3075 铀矿床开发开展前期工作。1987 年 12 月，核工业部将 3075 矿床作为生产接续点，定名为 753 工程。1992 年 8 月，753 工程矿山基建启动。

**（三）降低生产成本，提高经济效益**

为降成本提效益，原地堆浸技术、地浸采铀技术的研发与推广得到有效促进。堆浸技术在铀矿冶系统 12 个单位，20 个矿点开展不同规模的试验。其中两个先行启动试验的七一九矿和七九四矿取得成功。1987 年七一九矿进行万吨级堆浸试验，并获得成功；1993 年年底七九四矿建成我国第一座井下爆破原地浸出的全堆型铀矿山。

**（四）改善管理**

“七五”期间，铀矿冶企业处于生产型向生产经营型的过渡阶段，其管理体制、经营管理水平及机构设置、力量配备、工作方式方法还不完全适应市场转型需要，处于比较被动的局面。因此，在探索改革和改进管理机制上进行了初步探索，在推行厂（矿、院）长负责制、加强企业联合与划转、推行承包制等方面进行尝试，取得一定成效。同时，在全系统开展企业整顿，规章制度建设、资金管理、安全管理等得到进一步加强和改善。

## 三、优化结构，实施“2+3”调整计划

随着社会主义市场经济体制日趋完善，生产天然铀所需原材料、动力、运输及其他外部条件越来越多地取决于市场；国内核电仍处于初期发展阶段，对天然铀需求量有限；国际天然铀市场价格持续下跌。而国内铀矿冶产业还基本停留在计划经济管理模式中，产品仍由国家限价收购。尽管在20世纪80年代中后期以来，铀矿冶企业做了很大程度努力，仍难以解决不断增加的增支因素，铀矿冶行业亏损越来越严重。

### （一）调整计划形成

鉴于行业整体处于极度困难境地，1993年年初，中核总矿冶局党组认真分析面临的严峻形势，认为在向市场经济体制过渡情况下，若不调整资源配置，寻找新经济增长点，铀矿冶难以摆脱困境。铀矿冶必须坚定地贯彻“保军转民”方针，趁核电需求不高之际，主动压缩天然铀产量，构建一个精干的铀矿冶体系，并为转民争取一批资金。同年，在南京召开矿业系统民品工作会议上，进一步明确保军内容：保骨干、保水平、保规模。南京会议之后，矿冶局提出初步调整方案，拟在1994年至1998年5年间实施“2+3”调整计划。

1994年1月，矿冶局与核燃料局联合在北京召开工作会议，会上矿冶局局长陆有临提出矿冶系统“2+3”调整方案。即：先用两年时间完成铀矿冶结构调整，形成一个以地浸、堆浸为主，按新经营机制运行的精干、高效新型铀矿冶体系；继而再用3年时间，完成铀矿冶特色的多种经营转民格局。会议明确这次调整是结构性调整，有关停，也有新建，包括军品生产规模调整、采冶工艺路线调整、企业经营机制调整。

期间，矿冶局于1996年4月完成公司制改建，在矿冶局基础上成立中核金原铀业有限责任公司，明确为国有独资有限责任公司，为中核总全资子公司。

### （二）调整工作实施

随着调整工作展开，至1994年年底铀矿冶系统先后关停12个铀矿冶企业的21个矿井、9条水冶生产线。同期，按照民品发展思路，大力推进中小

企业开发立项。并先后推进三项制度改革、企业产权改造等工作。

期间，根据建设新型铀矿冶体系建设需要，重点围绕地浸、堆浸、地下爆破原地浸出工艺技术及相应的工艺设备、工艺材料的开发等开展科研与技术开发。

## 四、实施关闭破产，构建铀矿冶新产业格局

由于历史遗留问题过多，虽经过努力，成效甚微。1999年，国务院提出对资源枯竭、亏损严重的矿山关闭调整。同时，国防科工委提出“打好军工企业改革脱困攻坚战”的任务。为此，铀矿冶系统走上关闭破产、以求脱困的艰难之路。

### （一）铀矿冶企业的困境

在关停、限产情况下，铀矿冶企业富余职工多达37 760人（其中停产企业25 760人，限产企业12 000人），占企业在职职工人数60%。由于当时核电发展处于初期，加之自身存在的特殊性，铀产品不能进入流通领域，原材料、能源、交通等各种费用大幅上涨等综合因素，1988年后，铀矿冶系统出现全系统亏损。经30年生产运行，企业设备严重老化，设备更新改造费用极度短缺。同时，因铀矿山均地处偏远山区，原有设备无法投入民用生产，受制于行业壁垒及自身技术能力限制，转民难度大。因历史原因，企业承担的医院、学校、公检法等社会职能负担沉重；待业青年多达13 000人，职工收入下降，基本生活得不到有效保障，企业不稳定因素剧增。铀矿冶企业的艰难现状引起中央及有关部委高度关注。1990年7月18日，新华社在“国内动态清样”中以《湖南核工业的困境及拯救意见》为题反映湖南核工业困难，国务委员邹家华对此作出批示。1991年2月，中国国防工业工会向全国总工会提交《核工业铀矿冶系统目前企业严重困难职工队伍不稳定的情况报告》，反映“核工业总公司在全行业困难的情况下，千方百计保障职工基本生活，但仍有些企业处境艰难”的实际情况。

### （二）政策性关闭破产前期调研

1998年11月3日，朱镕基总理在五大军工总公司关于军工系统调整工作会议上，就铀矿冶特殊情况指出：“核矿冶的问题，完全靠企业集团是消

化不了的，交给地方不可能，花多少钱也甩不掉这个包袱，那就要中央给予支持，下决心解决这个问题。”11 月 4 日，蒋心雄总经理传达会议精神，要求研究提出专项意见，并成立专项工作小组。6 日，李定凡副总经理主持召开第一次工作小组会议，贯彻落实朱镕基总理讲话精神，要求中核金原铀业公司制定解决矿冶系统困难的专项报告。

从 1999 年下半年起，国家经贸委、财政部、劳动和社会保障部、国防科工委等部委领导，多次赴核工业矿冶系统企业实地调研。10 月 11 日，国家经贸委副主任郑斯林在资源枯竭铀矿山（关闭）问题协调会上特别强调“铀矿冶单位的调整工作还没有取得根本性突破”，并指出“形成这种局面的深层次原因，缘于军工生产时期计划经济条件下，只讲产量不讲成本，只顾军工任务而来不及考虑矿山的长远发展，以及‘先生产后生活’等指导思想和工作思路，许多铀矿山因资源枯竭或者成本过高，扭亏无望，这些矿山及其配套企业的问题也制约着核燃料、核电企业以及整个核工业经济效益的提高”。

为做好煤炭、有色、核工业资源枯竭矿山的关闭破产工作，受中央委托，中财办调研组率 8 个部委、相关集团公司于 2000 年 3 月至 4 月赴湖南、贵州两省调研，实地调研 6 户资源枯竭矿山企业，其中包括核工业七一二矿、七六一矿 2 户企业。调研组在分别听取两个省政府及有关部门和企业关于关闭破产准备情况、存在问题及政策建议汇报后，在每个企业分别就职工安置、资产与债权债务处理、矿山关闭中与地方的关系三个问题分别召开座谈会。随后，中核集团就矿冶系统的困难和存在的问题向中央财经领导小组等作了专题汇报，并对如何解决矿冶系统的问题提出建议。

通过有关部委实地调研和中核集团积极努力，为争取矿冶系统改革脱困的政策支持奠定基础。

**（三）全面实施关闭破产**

为积极稳妥推进铀矿冶企业改革脱困工作，1999 年 9 月 8 日，中核集团成立企业扭亏脱困工作领导小组，副总经理孙勤任组长，总经理助理钱福源任副组长，领导小组设关闭破产工作办公室，分系统建立健全工作机制。同时，组成 6 个工作组，分别负责 16 个省相关企业关闭破产工作，责任到人。

有关省、自治区、直辖市均成立以主要领导为组长、企业所在地（市）政府负责人为副组长、有关行业管理部门和中核集团负责人参加的企业关闭破产工作领导小组，统筹解决各种实际问题。

1999年10月11日，国家经贸委、国防科工委联合召开中核集团资源枯竭铀矿山企业关闭破产调整前期工作协调会。会后，27家铀矿冶企业列入国家破产关闭范围。涉及6万余职工（其中在职2.96万人，离退休3.1万人）。分布在13个省、自治区的20多个市县区。根据“成熟一户，关破一户”的方针，按照规定程序，七三四厂、核工业贵州化工冶金公司、二十五公司等25户企业列入第一批破产关闭计划。

作为责任落实主体，中核金原铀业公司在2001年年初提出“十五”（2001—2005年）期间铀矿冶结构性调整的主要工作思路：剥离分立，重组转制，发展提高。具体内容包括：军品生产部分分立改制，成立具有独立法人资质的有限责任公司，作为中核金原铀业公司全资子公司；民品生产部分重组改制；社会服务设施及功能整体移交地方政府管理；剥离后母体企业实施破产关闭，成立社区管理委员会。随后，形成初步调整方案。

此间，有关部委领导多次到核工业企业调研，指导协调关闭破产工作。2004年7月15日，国防科工委副主任张广钦、中核集团副总经理孙勤和江西省政府有关领导就破产企业养老保险、医疗保险、社区等有关问题交换意见，特别是对成立社区得到地方政府批准和认可起到关键作用。通过这次协调会，短短两个月内在赣的4个社区都经所在地政府批准。

2002年10月23日，七三四厂关闭终结，标志着铀矿冶系统关闭破产企业的破产法律程序全面启动。至2006年年底，二十五公司关闭终结，至此，第一批25户企业的关闭破产全面完成。

列入第二批关闭破产计划的是七二〇厂、国营衡阳新华化工冶金公司（含七一五矿）。2008年，中核集团分别与江西省人民政府、湖南省人民政府签订七二〇厂、衡阳新华化工冶金总公司（含七一五矿）属地化协议，两户企业启动破产。

2009年12月9日，七二〇厂关闭终结，标志着中核集团铀矿冶27家关闭破产企业的破产法律程序全部完成。

中核集团矿冶企业关闭破产过程中，对应破产企业共成立28个社区管理机构，确保关闭破产的顺利进行。

关闭破产过程中，企业职工住房等问题引起中央领导和有关部委高度关注。2002 年，《国务院关于军工企业改革脱困方案的通知》规定，“对企业关闭破产后当地确实不具备基本生活条件的职工，就近选择中小城市异地安置”。中核集团铀矿冶系统 27 户关闭破产企业中，5 户在企业实施关闭破产前，列入国家三线调迁计划，通过实施三线调迁进城解决职工住房问题；8 户企业享受异地安置政策；11 户企业通过国家补助资金和自筹资金相结合搬迁进城。上述三种途径，彻底解决铀矿冶企业职工住房困难问题。

**（四）剥离军品资产，组建军品公司**

在实施关闭破产同时，中核集团根据国家核燃料立足国内的核电发展方针，对资源较为充裕，但负担较重的少数铀矿山，提出军民品分线，军核品实行专业化管理的企业改制思路。铀矿冶系统按照军品剥离，军民品分线总体方案，完成军品资产剥离、军品公司组建工作。

2002 年，原七九四矿、七三一矿、七五四矿、七四一矿、七四五矿等分别注册组建西安中核蓝天铀业有限公司、新疆中核天山铀业有限公司、中核北方铀业有限公司、中核韶关金宏铀业有限责任公司、中核韶关锦原铀业有限公司；2003 年，原七二一矿、七一九矿、七七一矿等分别注册组建中核抚州金安铀业有限公司、中核赣州金瑞铀业有限公司、中核浙江衢州铀业有限责任公司；2007 年，原二七二厂注册组建中核二七二铀业有限责任公司。军品公司成立注册后，按照建立现代企业制度要求，新组建军品公司实行新体制机制。由此，构建了铀矿冶“八矿一厂”新型产业格局。

## 第六节　铀矿冶技术路线发展与技术创新

1985—2015 年，铀矿冶在实施结构调整改革同时，铀矿采冶科研工作取得突破性进展，构建了从基础研发、半工业试验、工程设计到工程化应用的铀矿采冶链式科技创新平台，突破地浸、堆浸、多金属综合回收、生物冶金等系列关键技术，为在役矿山提供成熟配套的技术工艺、有机材料和自动化设备。铀矿采冶综合回收率领先我国其他固体矿产，部分单项技术达到国际领先水平。

## 一、硬岩铀矿堆浸技术普及推广

### （一）堆浸技术试验

工业规模铀矿堆浸技术探索试验最早从七一九矿、七九四矿起步。1980年，七一九矿副总工程师龚延勋提出堆浸试验建议，得到七一九矿及上级部门重视和支持。1981年5月，七一九矿以龚延勋为组长的堆浸试验组成立。

1982年12月，矿冶局批准七一九矿开展地表堆浸半工业性试验方案。七一九矿设计、建造了第一个堆浸试验场，于1984年8月开始进行千吨级地表堆浸试验。由于经验不足，试验未能取得预期效果，堆浸金属回收率不到30%。七一九矿决定由总工程师吕立才担任项目总负责人，由副总工程师贺守中接替已退休的龚延勋任试验组长，并由陈正球负责的矿质管科全面承包试验任务。在总结经验教训基础上，于1985年9月17日开始历时118天的第二次地表堆浸试验，取得预期效果。

随后，矿冶局批准七一九矿万吨级地表堆浸试验方案。1987年6月12日，国内首个万吨级堆浸试验场启动。这次万吨级地表堆浸试验达到预定方案指标，取得建设工业化生产规模地表堆浸场的设计、施工和管理经验，填补我国铀矿冶万吨级堆浸技术空白，技术经济指标和单堆规模达到国内先进水平。

七九四矿作为二七九水冶厂配套铀矿山于1971年开工建设，后因各种原因缓建。至1984年恢复建设，方案明确矿石处理运抵二七二厂处理。鉴于实际情况，七九四矿提出运用堆浸技术改变建设方案的设想，得到核工业部矿冶局和有关科研院所支持。1984年4月，七九四矿与核四院、核六所、核五所合作，利用采出的副产矿石和一级表外矿石，进行千吨级地表堆浸试验。成立以矿长白福威任组长的堆浸试验领导小组，同时成立矿石堆浸工艺试验室，取得堆浸试验理想结果。同年12月底，矿冶局在北京召开七九四矿矿石就地堆浸回收产品方案论证会，一致认为就地浸出成本比矿石外运低，建设周期基本相同，利用原废水车间处理浸出液，生产方案可行。1988 年 7 月，核工业部决定："七九四矿矿石外运方案改为就地水冶处理方案，将七九四矿建设成本部第一个全堆浸型铀矿山"。

**（二）堆浸技术普及推广**

继七一九矿、七九四矿地表堆浸取得成功之后，伴随着堆浸技术不断改进，地表堆浸工艺全面推广。1986 年，新建成七五三全堆浸型铀矿山；1998 年前后，曾在 1994 年第二次铀矿冶结构调整中被关停的七四一矿、七七一矿相继运用地表堆浸工艺技术恢复生产。进入 21 世纪以来，七四五矿将搅拌浸出工艺流程改造为堆浸工艺流程；七二一矿在保留常规水冶生产线同时，建成渗滤浸出生产线。这期间新开发的沙子江、大湾、高山寺等铀矿点以及残矿回收矿点也都采用地表堆浸工艺生产。

"十五"（2001—2005 年）之前，堆浸工艺基本上是粗放式作业，主要处理低品位铀矿石和表外铀矿石。矿石的浸出时间长，回收率底，工艺控制简单。"十五"以来，核化冶院、核六所、核四院与铀矿冶企业紧密合作，针对不同性质矿石特点，研究开发出细粒级堆浸工艺、串联堆浸工艺、酸法制粒堆浸工艺、渗滤浸出工艺、碱法堆浸技术等，广泛应用于实际生产。另外，借鉴农业喷灌技术，在生产中逐步将"堰塘式布液"改为"喷淋布液"。从而使堆浸工艺逐步实现精细化作业，资源利用率大幅提高，成为铀矿石浸出的主工艺，推广应用到所有硬岩矿山。

## 二、原地爆破浸出工艺技术应用

原地爆破浸出工艺首先在七九四矿应用于工业化生产。

七九四矿在实现地表堆浸工业化之后，紧接着开始原地爆破浸出工艺研究。七九四矿与核六所合作，经过反复论证，认为七九四矿多数矿体适宜原地爆破浸出工艺开采。1988 年 8 月 20 日，核工业部同意在 794-101 矿床的 3-30-1 采场进行地下堆浸综合试验研究。1991 年 9 月 28 日，对 30 号矿体采场实施中深孔爆破之后，迅速开展就地堆浸试验，一次浸出率达到 84%，并掌握合理技术参数。1993 年，又进行 2 号矿体井下爆破原地堆浸扩大试验并获得圆满成功。

七九四矿30号矿体、2号矿体中深孔爆破和就地浸出的成功，不仅加速该矿开发建设进程，同时也填补我国铀矿采冶一项技术空白。此后，井下堆浸试验研究成果直接应用于七九四矿工业生产。

## 三、地浸采铀技术突破与工业化应用

我国地浸采铀技术研究最早从云南龙川江盆地、新疆伊犁盆地起步。早在20世纪80年代初，核六所王西文带领地浸采铀试验小组，在云南龙川江盆地三八一砂岩矿床进行地浸采铀条件试验，并于1986年开始进行扩大试验，进而建成3~5吨/年规模的地浸采铀试验矿山。但在其后20年间，三八一矿床地浸采铀没有更大发展，规模维持在10吨/年以下试验水平。

根据核六所在云南龙川江盆地三八一砂岩矿床进行地浸采铀试验成果，鉴于新疆伊犁盆地砂岩铀矿资源丰富、矿石渗透性好，1985年年初，核工业部副部长陈肇博指示要尽快在新疆开展地浸采铀试验研究工作，随后核工业部矿冶局批复同意在伊犁盆地五一二矿床进行地浸采铀条件试验和补充勘探。同年2月，核工业新疆矿冶局成立由七三一矿、核六所等单位34人组成的地浸试验队。经过3年多条件试验、浅孔浸出抽注试验、深孔浸出抽注试验，证明五一二矿床渗透系数等指标适宜采用地浸开采。

1990年8月2日，中核总副总经理陈肇博在五一二矿床地浸试验队调研期间指出：新疆地浸采铀大有希望。我国地浸采铀重点应放在新疆，要加快新疆伊犁地区地浸采冶工业化步伐。同年9月上旬，新疆矿冶局组织编制五一二矿床、五一一矿床地浸采冶三年规划。经10吨级至100吨级工业试验生产线建设，规模不断扩大，并由此掌握酸法地浸采铀工艺、碱法采铀工艺及中性地浸采铀技术，初步形成一套以钻孔结构与施工工艺、井型与井距确定、抽注系统优化、浸出剂迁移监控和井场自动化控制、浸出液处理工艺技术等为主体的地浸采铀技术体系。

2006年以来，中核金原铀业公司与中石油辽河油田开展钱家店铀矿床开发合作，2008年核化冶院成功开发了具有世界领先水平、绿色环保型的$CO_2$+$O_2$地浸采铀工艺技术，2011年实现规模化生产，成为我国继伊犁之后的又一个地浸采铀基地。

针对我国北方低品位、低渗透、高碳酸盐、高矿化度等复杂砂岩型铀矿

资源开发的 $CO_2+O_2$ 地浸采铀技术突破，以及新疆蒙其古尔、内蒙古通辽两个 $CO_2+O_2$ 地浸采铀矿山建成投产，使我国成为全球第二个成功掌握 $CO_2+O_2$ 地浸采铀技术和工业化应用国家。

地浸采铀一系列关键技术突破，成功实现工业化连续稳定生产，盘活数10万吨以前无法经济开采的低品位砂岩型铀矿，为优化天然铀产业布局、推进战略重心向北方转移、实现规模化、集约化开发奠定坚实基础。

## 四、铀矿冶系统科研结构调整与创新成果

20世纪80年代中期以前，我国铀矿冶的开采对象全部为硬岩铀矿，主要采用常规水冶工艺进行处理。80年代中期以来，研究开发了新生产技术。进入21世纪，天然铀生产路线逐步调整为：开发砂岩铀矿、硬岩铀矿并举；砂岩铀矿主要采用地浸工艺；硬岩铀矿主要采用地下开采、地表堆浸工艺或地下爆破原地浸出工艺，辅以搅拌浸出水冶工艺。

### （一）铀矿冶科研结构调整

核工业铀矿冶工艺技术的科研任务主要由核化冶院和核六所承担，铀矿冶工程技术研究与设计由核四院承担。

1. 核化冶院和核六所整合

为优化和完善铀矿冶科研专业结构及队伍的梯队结构，中核集团于2002年完成核化冶院和核六所整合，主要是将核六所各主体研究专业科研骨干及相关资质、档案资料整体并入核化冶院，剩余人员及资产交由南华大学管理。由此形成以铀矿开采、浸出提取、回收、纯化转化作为专业主线，以分析检测、设备材料、自动化监控以及矿山设计、辐射防护、退役治理、环境评价等专业为辅助的完整的铀矿冶科研结构。

2. 核四院调整

鉴于国家能源结构调整和核电快速发展，2007年中核集团将核四院从事核电工程设计和核电建设监理人员划转中国核电工程有限公司。调整后的核四院，突出铀矿冶工程技术研究和工程设计咨询主业，成为我国铀矿资源技术经济评价、铀矿冶工程技术研究开发、工程设计咨询、环境影响评价和环境保护、铀尾矿库技术监督、铀矿冶工程建设总承包的主要力量。

3. 重点试验室建设

核六所于1989年建立用以检测氡及氡子体浓度的标准装置，成为亚洲第一大氡室；次年被确认为国防科工委放射性氡测量Ⅰ级站。1995年5月，该所“检测氡及氡子体浓度标准装置”应邀成为亚洲地区的协调试验室。期间，核六所在1994年年初至1996年年底，完成“溶浸采矿技术重点试验室”建设并投入运行。

为适应我国铀矿冶发展需要，1996年9月，中核总批复同意核化冶院建设“铀提取冶金重点试验室”，1999年5月投入运行。

**（二）铀矿冶科研创新成果**

铀矿冶科研主要围绕提高产能，开展井网密度确定技术试验、溶浸范围控制技术试验、钻孔技术、浸出技术优化试验、层间氧化带型矿床翼部矿体地浸开采技术试验、地浸铀矿山自动化控制技术与专用设备研发、地浸基础理论等重点专项课题研究，取得突破性成果。以矿体挤压爆破技术、高矿堆有效布液浸出技术、井下矿堆浸出液集液防漏技术等关键技术为主的地下爆破原地浸出技术取得突破并实现转化应用。以细粒级多堆串联堆浸技术、酸法造粒堆浸技术、浓酸熟化高铁淋滤技术、渗滤浸出技术、细菌浸出技术、低渗透性矿石表面活性剂助渗研究、碱法堆浸技术、强化浸出技术等为主要核心技术的堆浸技术得到快速提升。

同时，离子交换工艺及设备、材料研发，萃取反萃取工艺及设备改进、铀产品沉淀工艺改进、铀纯化工艺技术等均取得实质性突破。

1998—2015年，铀矿冶系统获得国家科技进步奖3项，获得国家发明奖5项，省部级奖240余次。

铀矿冶形成堆浸、原地浸出和搅拌浸出工艺并存的新格局，具备从开采、水冶到纯化，从科研、设计、建设、生产到废水处理、矿山退役治理的完整工业体系，使我国成为全球铀矿采冶工艺技术最齐全国家之一。

# 第七节　铀矿冶民品产业

随着“保军转民”战略调整实施，铀矿冶系统有大量职工先后下岗待业，至1988年开始出现全行业亏损。铀矿冶系统为整合大量闲置资源，解决大量下岗职工再就业，尽快摆脱企业关停后困境，在确保军品生产科研同时，大力开发民用产品和第三产业项目。经过近30年努力，在民品产业起步、发展、壮大过程中，经历了重点开发骨干民品项目（1988—1992年），实施中小起步滚动发展（1993—1999年）和发展提高支柱民品项目（2000—2012年）的发展调整过程。至2012年，基本形成以铀矿采冶和医药、基础工程等民品项目相结合的多种经营格局。

## 一、铀矿冶民品产业起步

经过第一次铀矿冶结构大调整，产生富余职工3.7万余人。为尽快盘活闲置人力资源、技术资源和资产资源，1989年铀矿冶系统提出“大中小结合，重点开发大中型项目”民品发展思路，至1992年相继开发建成部分重点民品项目。

从20世纪80年代中期开始，江西、湖南、甘肃、新疆等省区铀矿冶关停企业，积极开展对外劳务（机械加工、水电安装、隧道掘进、土石方工程、汽车运输等），开始转民开发探索实践。至1988年年底，铀矿冶系统共计开发投资20万元以上民品项目65项（其中列为国家军转民重点技术改造项目6项），安排职工1.01万人。其中基本建成投产24项，涉及仲钨酸铵、纯碱、花岗石、植绒、稀土、硅铁等生产。但这些民品项目由于经济规模或市场条件变化，后来大多被淘汰。在建民品工程主要涉及镁、钛白粉、棉纺、玉米淀粉等生产，实际安置职工近4 000人。

在民品开发过程中，一方面企业关停的客观形势和巨大压力要求企业尽快转民见效；另一方面是习惯了计划经济体制下从事军工生产的企业领导和职工，对市场经济体制下民品开发还缺乏足够思想准备和实践经验。因此出现“饥不择食”地选择项目，仓促上马，项目被淘汰率极高。

矿冶局针对民品开发现状，不断总结经验教训，调整思路。1991 年 12 月，在“八五”（1991—1996 年）规划中对民品开发要求加强对新开发项目立项工作管理、对原有项目进行评估。此间，建成投产的民品项目主要涉及：玉米淀粉、氟化盐、糖、钛白粉、烧碱、黄磷工程、稀土、镁、棉纺、铸钢、真空带式过滤机、冷轧带钢、萤石、钛精矿、膨润土、锑、电解锰生产线等。在建项目涉及葡萄糖、PVC 糊树脂、H 型钢等。

1992 年，矿冶局统一组织力量，开展调研。从建设银行投资咨询公司提供的十几个省市 176 个大中型项目中，筛选出已完成项目建议书及可行性研究报告的 14 项，进行再评估论证。经多方努力，聚酯基胎、玉米淀粉深加工、汽车压铸件、医用胶囊、发酵饲料蛋白、虾饲料、印花地毯等 9 个项目通过项目建议书或可行性研究报告审查。

经过 5 年努力，铀矿冶转民工作取得积极成效。截至 1992 年年底，铀矿冶系统开发并批准建设的项目 76 项。其中，建成投产 51 项，在建 16 项，停建 9 项。

## 二、铀矿冶民品产业发展

1993 年，鉴于大中型项目论证立项难、建设投资多、基建周期长、转移职工慢的情况，矿冶局提出“量力而行、中小起步、择优扶持、滚动发展”的原则。从此，铀矿冶系统转民工作进入“中小起步、滚动发展”和“开发立项、基本建设、生产管理并重”的发展阶段。

1993 年，铀矿冶系统开发 16 个中小型民品项目；1994 年，开发 63 个，最小投资项目 20 万元。至 1996 年，开发建设小项目 104 个，其中建成投产 87 个，停建 8 个、停产 9 个。建成项目中，实现盈利 22 个，持平 30 个，亏损 35 个；安排职工 2 032 人，实现利润 628 万元。

1994 年以来，国家给予铀矿冶系统“利用军品收购资金开发民品项目”的优惠政策，有力支持铀矿冶“保军转民”工作。至 1996 年，军品收购资金的 77%投入到开发小民品项目或大中型项目的自筹资金以及岩土工程机械设备采购上。到 1997 年年底，铀矿冶系统先后开发中小民品项目多达 150 余项，总投资 3.652 亿元。建成投产 98 个，安排 2 000 多名职工就业。

在上述中小民品项目上马过程中，对安排富余职工、缓解企业经济压力、保持矿区稳定等发挥了积极作用。但因规模小、抗风险能力低，加之管理缺陷和市场变化等因素的影响，自 1999 年以来，绝大部分项目被市场淘汰，甚至有的项目尚未建成就夭折出局。

针对民品开发存在的问题，矿冶局在 1997 年 3 月调整工作思路，明确集中一批精干力量，采取有效措施，抓好若干个对铀矿冶经济作用显著的骨干民品项目建设。其中，生物制药、土石方工程业务成为铀矿冶系统重要的创收来源。

经过 7 年的努力，铀矿冶系统新开发建设投资在 150 万元以上的中小项目 103 个，总投资 8.4 亿元。至 1999 年年底，基本形成具有自身特色的多种经营转民格局。

## 三、铀矿冶民品产业壮大

从 20 世纪 80 年代中期实施“保军转民”调整至 1999 年年底，铀矿冶系统先后开发 210 余个大中型项目，总投资达 22.771 亿元。其中，除少数项目移交地方管理、部分项目被市场淘汰出局外，有部分项目则逐渐发展壮大。

“十五”（2001—2005 年）以来，铀矿冶系统将优势民品项目从母体企业剥离，逐步形成以食品化工、医疗化工等产业为代表的支柱性民品项目。到 2002 年基本剥离到位，共剥离优良资产 3.18 亿元，按现代企业制度重组 18 个民品有限（责任）公司。

为加快支柱项目发展，铀矿冶系统加大重点民品项目技术改造和新产品研发。2000 年至 2007 年，列入中核集团技改计划的重点技术改造项目 13 项，三线脱险搬迁依托工程 2 项，总投资 15.146 亿元。

在铀矿冶系统支柱性项目发展壮大同时，本着“有进有退、放开搞活”方针，对中小项目进行重点扶持，对生存无望的项目进行清理。到 2007 年年底，先后开发建设大中小型项目 225 个，其中大中型项目 54 个，总投资 37.92 亿元。完成工业总产值 21.13 亿元，约占铀矿冶系统工业总产值 45.6%；销售收入 25.74 亿元，约占总销售收入 73.5%；实现利润 7 890 万元，约占利润总额 42.5%。

至此，铀矿冶系统民品生产经营走出困局。

## 第八节　地矿融合，天然铀板块转型升级

为进一步提高产业竞争力，2011 年中核集团启动了以三个中心管理模式建设为核心的流程再造工作。

### 一、地质矿产事业部成立

2011 年 9 月 6 日，中核集团地质矿产事业部（简称地矿事业部）揭牌，标志着中核集团流程再造中重要板块之一的地矿事业部正式运行，也标志着作为国家核产业链最前端铀矿地质勘查和铀矿冶两大系统实现上下游之间紧密衔接和探采一体化无缝对接。

地矿业务单元由 13 家公司和 19 家事业单位构成，无法进行产权链接，所以按事业部制运行。地矿事业部的定位是中核集团授权负责地矿业务的经营管理机构，是经营与利润中心。地矿事业部是地矿业务的自主经营主体、市场主体、创新主体，对所辖单位资源集中控制和管理，在业务单元内逐步统一战略规划、统一调配资源、统一销售采购。同时，地矿事业部也是代理国家行使铀矿业务的管理机构。

2012 年 5 月，国核铀业公司业务管理职能划归地矿事业部。

### 二、地质矿产事业部业务范围

地矿业务单元的产品是天然铀、非铀矿产、矿权及相关服务。主要业务包括：国内外铀矿资源项目的勘查、开发、采冶、安全环保等工作；军工科研生产、天然铀产业重大科技攻关和科技创新工作；负责放射性资源储量评审和资源储量管理工作；商业性地质勘查服务、工程勘察与施工、非铀矿业开发以及非铀矿权经营工作。

## 三、地矿融合取得新成效

自地矿事业部运作以来，天然铀板块按照中核集团党组决策部署，落实强军首责，坚持“同舟共济、开拓创新”，坚持“以铀为本、同心多元”，发挥我国铀矿勘查的国家队和主力军作用，发挥我国铀矿开发的大联合主导和引领作用，进一步深化改革，开拓市场，打开了快速、高效发展的新局面。

### （一）推进铀矿大基地战略，优化我国铀矿勘查开发的布局结构

在以往铀矿地质找矿和铀矿采冶工作基础上，天然铀板块围绕推进铀矿大基地建设，在突出抓好北方砂岩铀矿勘查，推进其开发上取得积极成效。北方大矿的规模化、集约化开发，为天然铀产业走出“小”“散”开发模式，建设新型绿色并与国际接轨的铀矿山奠定基础。同时，对南方硬岩地区的投入重点和方向得到切实掌控，勘查开发效率和质量得到全面提升。

2012 年 1 月，地矿事业部工作会议上，中核集团总经理助理、地矿事业部党组书记、主任曹述栋提出天然铀板块围绕“三条主线”（全力提升天然铀产能、加快非铀矿产开发、强化矿权和资本运作），实现“三大突破”（资源掌控、产能提升、经济发展）的总体思路。在这一思路的指导下，伴随北方六大盆地铀矿地质找矿的突破，完成天然铀产能布局重心向北方砂岩地区战略转移，我国千吨级铀矿大基地建设快速推进。

2014 年，新疆基地蒙其古尔项目一期工程提前一年竣工，2015 年新疆蒙其古尔项目二期工程提前实施，迈出了国内铀矿开发与国际先进天然铀生产全面接轨的第一步。

与此同时，内蒙古地区两个千吨级大基地建设取得突破。一是 2014 年 5 月，巴彦乌拉可地浸砂岩铀矿扩大试验成功。同年 7 月，纳岭沟可地浸砂岩铀矿扩大试验成功。二是与中石油的战略合作得到推进，2015 年通辽铀业钱Ⅱ块扩产工程建成投产。

2015 年 8 月 17—21 日，中核集团党组成员、副总经理和自兴在驻内蒙古地矿单位调研期间，提出要突出“核电粮仓”的战略定位，得到国防科工局有关领导肯定，并进而完善为“军工基石、核电粮仓”。由此，地矿事业

部新时期为国防建设和核电发展提供铀资源保障的使命得以确立。

**（二）探采技术集成，形成我国铀矿勘查开发主导力量**

在铀矿勘查方面，地矿事业部形成完整的技术体系、能力体系、组织体系和信息资料体系，成为全国唯一能够为国家编制行业性中长期发展战略规划、地区规划提供业务支撑的地矿类单位。在铀矿采冶方面，作为拥有矿山设计、科研、开发、建造、运营能力的矿业单位，能够为世界所有类型铀矿山提供技术开发解决方案。在铀共（伴）生矿开发方面，是国内唯一具备含铀共（伴）生矿回收能力单位，解决了铀钼包裹体回收的世界性难题，在铀铁、铀磷、含铀稀土等回收方面具有国内领先的技术研发和工程应用能力。

**（三）探采技术创新发展**

“十二五”（2011—2015年）期间，地矿事业部创新发展具有中国地质特点的砂岩型铀成矿理论和热液型铀成矿理论，有力推动我国铀矿找矿战略突破。铀资源预测评价技术发展到“定深、定型、定位、定量”新阶段。2013年7月17日，作为我国铀矿地质界里程碑式工程——中国铀矿第一科学深钻项目终孔，钻探深度达2 818.88米。标志着我国铀矿勘查已经进入了一个更深更广的全新阶段，热液型铀矿勘查开始进入1 000米深的“第二找矿空间”。以$CO_2+O_2$中性试剂浸出工艺为代表的第三代采铀技术实现了工业化应用，我国成为世界上第二个掌握该技术的国家。第二代采铀技术（堆浸工艺、酸法地浸工艺）改进升级，酸法地浸疏干、低水头等难浸出矿床的技术领先世界，主要技术指标优于国外。

**（四）装备能力全面提升**

在国家能力建设支持下，地质钻探综合能力达到70万米/年，达到近30年来的最高水平，科研能力、装备能力建设同步提升。具备年探测10 000平方千米和40万测线千米/年的航空测量能力，航空物探测量、卫星遥感精度处于国际领先水平，每年可支撑在20万平方千米找矿工作。钻探台月效率居国内前列，砂岩可达到1 500米/月、硬岩超过800米/月。机械岩心钻探的孔深可达3 500米，中国铀矿第一科学深钻创造了国内P口径绳索取芯钻进最深纪录。分析测试种类国内最为齐全，铀等元素分析灵敏度处于国际先进水平，具备年处理14万件各类样品约110万个分析测试数据的能力。

### （五）全面推进战略合作

地矿事业部成立后，创新合作模式，推进战略合作。一方面对外广泛开展顶层、区域、项目等三个层次的合作；另一方面坚持以重要勘查区和产能规划区为重点，推进战略合作。按照“勘查社会化、矿权市场化、投资多元化、开采专业化”原则，推行“一个责任主体、多方参与投资、股份合作开发”的新机制、新模式，与中石油、中石化、神华集团等一批中央企业、中央地勘基金以及属地化核地勘队伍建立了战略合作关系。

### （六）非核民品产业快速发展

地矿事业部按照“以铀为本，同心多元”思路，坚持将地矿延伸产业作为发挥探采优势、完善产业构架、开拓发展空间的现实选择。2014 年工作会上，地矿事业部主任杜运斌提出“面向产品市场、工程市场、服务市场、矿权市场”推进非核民品产业快速发展的总体思路，使在天然铀勘查开发领域积累的资质、技术、设备和人力优势得以有效发挥，通过规划引领、龙头牵引、搭建平台，统筹推进了地矿延伸产业的发展，形成了非铀矿产开发、地质技术服务、环保产业、医药化工产品、工程矿建、自有土地开发 6 大领域，并在石油钻探、稀土产业、新能源开发的专业领域迈出积极的步伐，成为天然铀业务同步发展的主导产业。“十二五”（2011—2015 年）以来，地矿延伸主营收入从 2011 年的 25. 7 亿元增长至 2015 年的 46. 5 亿元，利润总额从 1. 6 亿元增长至 2. 7 亿元。

### （七）人力资源建设进一步加强

通过加大人才引进培养力度，地矿系统人才队伍结构得到一定程度的改善，高科技人才和专业技术人才比重逐年提升。截至 2014 年年底，共有国家级科技人才 54 人，其中享受国务院特殊津贴 24 人，国家“百千万人才工程”国家级人选 5 人，国家科技奖项负责人 19 人，有突出贡献的中青年专家 3 人；中核集团科技人才 9 人；高级专业技术人才 674 人，其中研究员级高级工程师 52 人。

# 第九节　对外技术交流与合作开发

随着改革开放的进程，核地矿系统对外交流合作的工作力度逐渐加大，特别是在20世纪80年代以来，我国铀矿探、采、冶与国外有关机构、企业交流更为频繁。

## 一、铀矿地质与海外技术交流合作

自1960年8月15日，在核地质系统工作的最后24名苏联专家全部撤离回国之后，地质局对外开展交流活动主要是对阿尔巴尼亚进行技术援助，始于1961年，止于1975年。其后，对外交流主要以北京第三研究所为主，与巴基斯坦、法国、伊朗等国的科学代表团或原子能组织接洽，以接受参观、交流为主。进入20世纪80年代后，地质局积极适应改革开放的形势，对外交流合作渐趋频繁。

### （一）1979—1990年间对外交流与合作

1979年6月，以二机部三局副局长高之杕为团长的代表团出席在澳大利亚悉尼召开的国际铀矿讨论会，学习国外在古老地层中找矿经验。8月18日，三局副局长王陞学应约会见澳大利亚访华代表团，双方就铀矿普查勘探方面开展合作问题进行探讨。

1981年9月7日，二机部向国防科委请示，建议利用日本资金与技术联合勘探开发中国的铀资源。同年，10月10日，地质局局长张道容率团赴美国考察砂岩型铀矿。20世纪80年代中期到90年代，中核总地质局与日本动燃团进行长达15年的合作，由日方出资，在中国云南、辽宁等地进行铀矿地质勘查。1986年2月，地质局首次与西德UEB公司会谈，就共同勘查不整合脉型铀矿床达成一致，并签署备忘录。次年5月，应欧洲共同体邀请，副局长杨士文一行5人赴法国、比利时、意大利、葡萄牙4国进行回访和铀矿技术考察。

1989 年 8 月，地质局总工程师沈锋出席维也纳国际原子能机构铀矿资源委员会会议，首次对外公布中国部分铀矿资源状况。12 月，地质局首次向国际原子能机构“红皮书”提供我国铀矿勘查和铀矿资源方面的一些资料和数据。至此，地质局对外合作进入一个新阶段。

**（二）1990 年以来对外交流与合作**

进入 20 世纪 90 年代后，地质局对外交流合作范围更为广泛。主要开展承办或积极参与有关铀矿地质国际性会议、学术交流、考察培训、设备引进、合作勘查等。

1. 承办的国际性会议

1990 年 5 月召开亚太地区铀成矿省技术委员会会议；1991 年 10 月至 11 月召开亚太地区铀原料技术合作项目负责人会议；2002 年 9 月召开“铀资源、生产和需求的新进展及强调可地浸技术开采的技术会议”和“经合组织/核能机构–国际原子能机构铀工作组会议”；2011 年 12 月 12 日召开国际铀矿勘查和成矿预测研讨会。

2. 参加在国内召开的重要国际性会议

主要有：1997 年 8 月召开的第 30 届国际地质大会；2009 年 4 月召开的面向 21 世纪核能部长级国际大会，会议期间，应国家原子能机构主任陈求发邀请，国际原子能机构总干事巴拉迪博士一行考察核地研究院；2014 年 10 月召开的“2014 年中国国际矿业大会”等。

3. 参加在国外召开的重要国际性会议

主要有：2013 年 6 月，在奥地利维也纳举办的“交代岩型铀矿床”技术会议；2008 年 8 月，在挪威奥斯陆召开的第 33 届国际地质大会；2012 年 8 月在澳大利亚布里斯班召开的第 34 届国际地质大会。

4. 重要来访交流

1998 年 1 月，伊朗原子能委员会副主席 Mostafa Sohrabpour 参观核地研究院遥感重点试验室和分析测试中心。埃及核材料总署副主席 A. B. SALMAN 一行 3 人访问地质总局；1998 年 3 月，乌兹别克斯坦地质矿产资源国家委员会第一副主任 Abdurakhmanov 参观访问核地研究院；1999 年 5 月，埃及核材料总署副主席 Saimaw 考察访问华东地质局和核地研究院；2000 年 7 月，埃及核材料署（NMA）代表团访问核航遥中心；2011 年 9 月，蒙古国核能署代表团访问核地研院；2012 年 2 月，加拿大萨斯喀彻温省能源和资源部比尔·博伊得部长一行 3 人访问核地研院；2013 年 8 月，国际原子能机构副总干事比切科夫访问核地研院；2014 年 5 月，国际原子能机构（IAEA）技术合作司负责中国技术合作项目的欧拉迪女士访问核地研院。

5. 出访开展技术交流

自 1990 年至 2013 年，地质局先后派出 32 个地质考察培训团，赴苏联、美国、俄罗斯、加拿大、乌兹别克斯坦、乌克兰、哈萨克斯坦、捷克、蒙古国、阿根廷等国家就铀成矿理论研究、铀矿预测评价技术、铀矿床普查勘探及铀矿开发评价、铀矿床分类，铀矿地质预测，铀矿地质勘查方法与技术、地浸采铀技术及矿区的环境恢复与治理流程、铀矿勘采钻探技术等领域进行学习培训和考察。期间，华东地质学院、核地研院、航测遥感中心等接受了对外培训交流事宜。

## 二、铀矿冶与海外技术交流合作

20 世纪 90 年代中期开始，我国铀矿冶技术研究的国际交流与合作不断加强，并取得积极进展。

### （一）引进采冶技术

1994 年，邀请法国 Cogema 公司、加拿大 Cameco 公司、美国 In-situ 公司及 RioAegom 矿业公司和俄罗斯原子能部地矿局的代表团访华，交流技术，商洽合作，在引进智力上取得突破。1996 年年初，邀请哈萨克斯坦专家来京讲授地浸技术，并采用他们建议的超前酸法，在七三七地浸矿区试生产中取得较好效果。同年，邀请 IAEA 专家来华讲授地浸资源评价方法，洽谈合作，对五一二矿床新增年生产能力给予了很大帮助。成功举办国际铀提取会议，与有关国家的联系与合作得到加强。

进入 21 世纪以来，我国铀矿冶与国际的技术交流、技术合作进一步发展。2002 年 9 月，在北京召开了“关于以可地浸铀资源为重点的生产和需求的新进展及技术会议”和“经合组织/核能机构-国际原子能机构工作组会议”，期间，23 个国家的 38 位代表到七三七矿区参观考察，并就地浸技术与我方交流。2003 年，与俄罗斯签署了东胜地浸技术开发等多个领域的合作意向书；与美国先进的碱法地浸矿山建立了联系，为引进碱法地浸技术建立了通道。2001—2003 年，先后派出几批专业技术骨干赴俄罗斯等国家进行技术交流和技术培训，对地浸的一些关键技术有所突破，并在国内地浸矿山应用。2004 年，天山铀业公司与乌兹别克斯坦诺沃伊矿矿冶公司合作开展吐哈盆地高矿化度、低渗透性砂岩铀矿无试剂浸出试验，解决有关水冶配套技术问题。2006 年，先后组织两批次共 34 人分赴乌克兰、澳大利亚进行井下机械化生产技术、矿山安全和防护的培训，促进铀矿冶技术水平提高。

### （二）对外合作中的采冶工艺研究

在国际交流合作中采冶工艺研究，主要以铀矿冶科研院所为主。根据中、比两国政府换文，比利时政府委托 Prayon 公司于 1989 年 10 月至 1992 年 12 月，承担了我国江西某矿床铀、磷选冶试验，核化冶院予以配合，最终提出可供借鉴的“选矿-精矿浸出”和“原矿浸出”两种工艺流试验研究报告。1987—1992 年，核化冶院、核六所有数十人出国考察、商讨合作事宜、进行技术服务、技术培训。1994 年，核四院作为总包院与南昌有色研究设计院合作，联合承担从扎伊尔铜尾矿渣中回收铀、铜金属工程。1995 年，又先后与以色列、加拿大、瑞典、韩国客商进行技术交流与业务谈判，并达成有关合作意向。1999 年与日本日立公司合作，完成五二三厂中外合资技改项目工程设计。2001 年，积极探索建立国际型工程公司，与大连国际、二十二冶合作积极承担阿根廷项目，还与美国柏克德公司洽谈合作事宜。2001 年 9 月，中国、埃及双方签署技术合作补充协议书，核化冶院承担两个合作项目，提交研究报告。2004 年 7 月，阿尔及利亚原子能署代表团参观核化冶院，并就铀矿冶工艺技术合作达成协议。

## 三、海外铀资源开发

为更好地利用国内国外两个市场、两种资源，积极参与区域经济合作和全球多边贸易体系，加强铀资源供给保障，中核集团加快海外铀资源开发步伐。

### （一）机构设置及海外融资平台建设

为加大国外铀资源开发力度，中核集团在国外铀资源开发办公室基础上，于2006年12月组建中国国核海外铀资源开发公司（简称国核铀公司），国核铀公司作为中核集团全资子公司，承担中核集团国外铀资源的勘探、勘察设计、工程建设的投资与管理等，成为中核集团海外铀资源开发和对外融资的平台。该公司后于2008年9月2日，完成公司改制工作，2009年2月经国家工商总局核准，更名为中国国核海外铀业有限公司（简称国核铀公司）。

2007年12月6日，商务部批复中核集团，同意国核铀公司在香港设立全资子公司——中核海外铀业控股有限公司（简称中核海外铀公司）。2008年9月2日，国家发改委批复，同意国核铀公司通过中核海外铀公司投资收购科铸技术集团有限公司75%的股份及购买有关可转债项目。11月，国核铀公司投资6亿多港元，通过中核海外铀公司收购香港主板上市公司科铸技术集团有限公司75%股份，并将该公司更名为中核国际有限公司（简称中核国际公司），实现借壳上市，成为我国第一个以铀资源开发为主业的境外上市公司。

中核国际公司成立后，不断从国际市场寻找高回报的铀业投资项目。2009年8月，收购蒙古国西部公司全部股权，获得包括蒙古古尔万布拉克铀矿在内的18项矿产资源勘探许可证；2010年3月，完成对母公司持有的阿泽里克铀矿资产的收购。经过两年发展，中核国际公司市值达到30亿港元并持有6亿港元现金，投融资能力不断增强，纳入摩根史丹利MSCI中国区中小型指数成分股，在资本市场的地位得到肯定。

**（二）天然铀进口**

2000年10月，中核集团副总经理孙勤带队访问哈萨克斯坦国家原子能工业公司（简称哈原工）。代表团参观两个地浸企业，并由中核金原铀业公司总经理费本涛与哈原工总裁扎基舍夫签订关于购买哈原工天然铀产品及合作开发哈境内扎尔帕克铀矿床的合作意向书。

2000年12月，扎基舍夫一行访问中核集团，与中核金原铀业公司洽谈铀贸易合同，双方签订3年进口600吨天然铀产品贸易合同。2002年200吨进口合同完成后，300吨贸易由中国原子能工业公司接手。该贸易合同的签订，是中核集团首次进口天然铀。

**（三）海外铀资源开发**

1. 与哈萨克斯坦的铀资源开发合作

2000 年 12 月和 2002 年 9 月，通过中核集团与哈原工互访，双方签订在哈境内合作开发扎尔帕克地浸铀资源的合作意向书和会议纪要，并进行交流商榷。后因利用进出口银行贷款资金需哈政府担保问题，未取得实质性进展。

2004 年 5 月，扎基舍夫率团来京，初步达成在原子能工业领域建立战略伙伴关系的协议。11 月 6 日，双方签订《中国核工业集团公司和哈萨克斯坦国家原子能工业公司关于在原子能工业领域建立长期战略合作伙伴关系的协议》，明确共同开发哈拉桑铀矿床，年生产规模 2 000 吨。后由于芯块加工问题，合作项目搁置。其后，中广核集团接手开发获得成功。

2. 与蒙古国的铀资源开发合作

据有关资料信息显示，蒙古国古尔万布拉克铀矿项目已探明资源储量约为8 500吨金属铀。2004 年起，中核集团公司积极寻求介入蒙古国铀矿项目，先后于 2004 年和 2005 年 2 次组团赴蒙现场考察。2012 年 6 月 26 日，蒙古国核能署与中核集团蒙古项目公司签订了《古尔万布拉克铀矿开采前期工作协议》。2014 年 6 月 25 日，中核集团蒙古项目公司提交的《蒙古国东方省古尔万布拉克铀矿床开采水冶经济技术可行性研究报告》通过蒙古国矿产部、核能署和地矿局等政府管理部门组成的矿产资源评审专家委员会评审。该报告成为蒙古国国内首个在铀矿领域组织评审并顺利通过评审的可行性研究报告，具有里程碑意义。

3. 与尼日尔铀资源开发合作及尼日尔阿泽里克矿业股份有限公司成立

2005 年 9 月 2 日，驻尼日尔使馆告知中核集团，尼总统表示欢迎中国公司来尼开展铀矿勘探，尼政府可以提供方便。12 月 28 日，中核集团国外铀资源开发办公室、北京中兴金源投资有限公司（简称中兴金源公司）和千辉股份有限公司（简称千辉公司）就在尼日尔合作勘查、开发铀资源进行会谈，达成意向。中核集团于 2006 年 3 月和 4 月两次派专家组前往尼日尔考察和调研，选定尼日尔阿加德兹省的 Tegguida 和 Madaouela 两个区块，铀金属储量分别约 12 764 吨和 6 191 吨。7 月 25 日，中核集团召开尼日尔项目前期工作动员会，组建尼日尔项目领导小组。中方前后派四批人员前往尼日尔，完成了 Teguida 区块的前期储量验证、经济技术评价和可研工作。经储量验证，其地质资源较为可靠，设计中采用的采矿和水冶技术方案可行，配套设施齐全，预期经济效益较好。Madaouela 区块由于大量基础资料无法找到，无法开展储量验证和经济技术评价工作。7 月 14 日，中核金原铀业公司和中兴金源与尼日尔矿产与能源部签署了这两个区块具有可退出机制的矿业协议及附属文件；7 月 24 日，取得两个区块的勘探许可证。11 月 29 日，国家发改委核准批复，同意在尼日尔合资开发阿泽里克铀矿项目。项目由国核铀公司与中兴金源公司在尼日尔注册的公司负责建设和运营。

2007 年 6 月 5 日，尼日尔阿泽里克矿业股份有限公司（简称 SOMINA 公司）在尼日尔尼亚美注册成立，第一届董事会第一次会议确定董事会结构和总经理部结构，国核铀公司持股 37.2%；中兴金源公司持股 24.8%，中方股东合计持股 62%；尼日尔政府持股 33%，千辉公司持股 5%。10 月 5 日，国家发改委批复，同意国核铀公司在香港设立中核海外铀业控股有限公司，具体负责组织实施项目投资和建设。11 月，尼日尔部长联席会议通过关于颁发阿泽里克矿业开采许可证的政令，尼日尔矿能部向 SOMINA 公司颁发阿泽里克开采许可证。12 月 7 日，中核集团党组同意对尼日尔铀矿项目进行操作并支付相关费用。

核四院于 2008 年完成了项目初步设计，施工图设计也于同年大部分完成。经过公开招标，中国水电建设集团国际工程有限公司（简称中水国际公司）被选定为工程建设总包单位。3 月 31 日，SOMINA 公司与中水国际公司签订工程总包合同。7 月 1 日，尼日尔阿泽里克铀矿工程开工。至 2009 年，全年完成投资 7.4 亿元，累计完成投资 19 亿元，工程全面进入设备安装阶段。该项目成为我国第一个“走出去”的铀矿开发项目，也是我国有史以来设计、建设的最大铀矿采冶工程，年开采处理铀矿石约 60 万吨，设计能力约 700 吨金属铀/年。

2010 年 12 月 30 日，尼日尔阿泽里克铀矿项目试生产成功。2012 年，该矿累计生产天然铀 306 吨，同年 10 月 22 日，第一批 190 吨铀产品起运回国，实现我国海外铀资源商用“零的突破”。

4. 与南部非洲等国的铀资源开发

2006年9—10月，中国驻纳米比亚使馆多次向中核集团及有关部委建议开发纳米比亚铀矿资源，同年11月，中核集团组织专家赴纳米比亚考察。2007年10月10日，国核铀公司和纳米比亚（中国）矿产资源投资开发公司（简称纳中公司）在京签订《中国国核海外铀资源开发公司与纳米比亚（中国）矿产资源投资开发公司共同开展纳米比亚铀资源勘查开发以及成立合资公司的协议》。根据协议，双方将在纳注册成立合资公司，开展纳铀矿资源勘查开发。2008年1月28日，中国商务部颁发《中国企业境外投资批准证书》，批准国核铀公司在纳米比亚投资设立境外企业。2月12日，纳米比亚贸工部批准公司成立申请文件，中核资源（纳米比亚）开发公司在纳米比亚温得和克成立。4月，中核资源（纳米比亚）开发公司第一届股东会和董事会在京召开，确定公司董事会结构和总经理部结构。7月2日，EPL3600和EPL3602两个勘查区块矿权从纳中公司子公司到中核资源（纳米比亚）开发公司的转让工作完成。2008年8月，中核资源（纳米比亚）开发公司开展现场钻探工作，至2009年10月，发现重要异常带，初步控制一定资源量。2012年12月，纳米比亚政府批准中核资源（纳米比亚）开发公司在纳米比亚欢乐谷铀矿项目的采矿权申请，采矿权范围内铀矿储量/铀资源量4万余吨，服务年限19年。这是我国通过海外铀矿地质勘查方式取得的首个铀矿采矿权，实现了从探矿到采矿的转折。

2006年8月，中核金原铀业公司与中兴金源公司赴津巴布韦就共同开发津境内铀矿资源走访津国防部、矿产部、储备银行和中国驻津大使，津巴布韦国家相关部门对中国开发当地铀矿项目表示十分欢迎，并提供部分相关资料。2007年11月，国核铀公司专家组赴津巴布韦开展工作并编制完成《津巴布韦卡年巴铀矿床铀资源技术信息确认和远景评价》技术报告，次年4月23日，国核铀公司、中兴金源公司与津巴布韦矿业开发公司（ZMDC）在哈拉雷签署合资公司协议。5月，《津巴布韦卡年巴铀矿勘探项目可行性报告》编写完成。7月28日，津巴布韦项目经国家发改委审核予以备案。9月，国核铀公司在哈拉雷与津矿产部签订《关于在津巴布韦共和国下赞比西地区卡年巴铀矿床进行地质勘探以确定其技术信息的协议》。2008年6月25日，非中矿业资源有限公司在津巴布韦哈拉雷注册成立。2009年1月12—14日，合资公司第一次董事会暨股东会会议在北京召开，确定公司董事会结构和总经理部结构。8 月，最终矿权协议签署。

2014 年 1 月 18 日，国核铀公司参股帕拉丁公司 LH 项目签约仪式在北京举行。中核集团地矿事业部主任、国核铀公司总经理杜运斌与帕拉丁公司 CEO John Borshoff 先生共同签署合同文本。LH 项目是帕拉丁在产的旗舰铀矿项目，为世界第 9 大铀矿。国核铀业参股低成本常规铀矿山 LH 项目，不但可以保障铀产品供应，还能实现合作双方共赢。

# 第二十二章　核燃料产业

核燃料产业指核工业产业链中铀纯化转化、铀浓缩和反应堆燃料元（组）件制造环节，是整个核燃料循环前段重要组成部分，是为核武器和核动力提供装料的核工业核心产业。鉴于铀浓缩和燃料元（组）件及铀纯化转化的生产制造难度和核安全及技术经济性能要求，国际上只有少数发达国家和我国形成完整的核燃料产业。

铀纯化（精制）是将铀矿水冶厂生产的黄饼（重铀酸铵或重铀酸钠）经萃取和离子交换等过程形成化学纯精制产品的生产工艺，铀转化一是将铀精制产品中八氧化三铀转化成可作为铀浓缩厂供料的天然六氟化铀，二是将铀同位素分离后的高浓铀、低浓铀及贫化铀的六氟化物还原制备四氟化铀、二氧化铀、金属铀或八氧化三铀。

浓缩铀工业生产方法有气体扩散法和气体离心法。离心法由于其主辅设备及原材料制造成本不断降低及高可靠性要求逐步实现，技术经济性已远超过扩散法，成为目前国际上规模化生产浓缩铀的主要方法。

含核燃料最小独立不可拆卸的结构单元（如燃料棒）称为燃料元件。现代压水堆燃料组件采用 14×14、17×17 和 18×18 根棒束组成的正方形无外盒结构。由于燃料棒在预定燃耗寿期内不作逐根更换，堆芯裂变能引起晶格强烈震动，强中子辐照、高速高温冷却剂冲刷和腐蚀、裂变产物化学作用、流致震动等诸多苛刻运行条件使元件芯体、包壳和组件的物理化学状态和机械性能随燃耗加深而不断变化，使得全堆芯或每批燃料组件平均燃耗深度和燃料棒统计破损率成为元（组）件生产重要技术指标。由于核燃料元件属于高科技精密产品，特别是需要严格的质量管理体系以确保核安全，在国际上只有少数国家和我国可批量生产。核燃料元件包括生产堆元件、压水堆元件、沸水堆元件、重水堆燃料棒束、高温气冷堆球状燃料元件、研究堆板状元件、铀钚混合（MOX）元件和钠冷快中子堆燃料组件等多种形式。

核燃料产业在第一次创业过程中为我国以“两弹一艇”为代表的核武器和核工业科研生产提供了坚实保障，形成完整核燃料产业链，为国家安全和国民经济作出重要贡献。在“七五”（1986—1990 年）、“八五”（1991—1995 年）规划期间，全面实施“保军转民”战略，面对困境用改革求生存谋发展，保住了技术力量、稳定了队伍，为后续产业壮大创造条件。“九五”（1996—2000 年）、“十五”（2001—2005 年）规划期间，依靠国家国防科技工业调整改革脱困政策和专项扶持措施，完成调整脱困、精干主业各项任务，解决历史遗留问题，实现改革调整预期目标，为军民融合良性发展奠定基础。

近 40 年来，核燃料产业能力发展建设从再起步到扩大、从引进到自主创新、从确立发展方针到产业能力构建及产业核心竞争力形成，在不断改革创新下形成国家不可或缺的典型军民融合产业，形成适应国家安全和国民经济需要的资产规模和处于国际水平的生产能力。

## 第一节 核燃料产业调整改革历程

### 一、调整机构及职能

随着核工业战略调整和改革的深入，核燃料产业从 20 世纪 80 年代中期开始，管理体制经历多次重大调整。

1982—1988 年核工业部时期，按照军品管理体制设置核燃料局，并赋予完整管理职能，负责铀转化厂、铀浓缩厂、元件厂、堆化厂以及核设施退役、三废治理、后处理、核级阀门制造等 17 个单位的生产计划组织和人财物管理，以及 6 个科研、勘探设计院的管理。

1988 年 9 月 15 日成立中国核工业总公司，由政府工业部门改制为行政性总公司，仍具有政府职能。

1999 年 7 月 1 日成立中国核工业集团公司，为适应转制改企，核燃料部管理职能以及对成员单位管理开始向建立现代企业制度过渡。核燃料部所属企业先后实行现代企业制度改造，勘探设计院改制建立集勘探设计科研和工程管理于一体的企业化公司。

2010 年 2 月 12 日，中核集团产业板块调整后，成立核燃料事业部，开始筹备组建独立的核燃料公司。2012 年 9 月 25 日，作为独立核产业板块组建中国核燃料总公司。2013 年 4 月 12 日，中国核燃料总公司改制为中国核燃料有限公司。

## 二、确定发展方针

20 世纪 80 年代初，随着我国核战略发展转变，国家领导人对核燃料工业调整和发展关注度进一步提升，多次对核燃料生产单位考察调研。1984 年 2 月 13—19 日，时任国务院副总理李鹏和国家经委副主任林宗棠，核工业部副部长周平，甘肃省省长陈光毅、省委副书记贾志杰以及国防科工委、国务院核电办公室等部门负责同志考察核燃料主要企业。根据这一次和以前调研的情况，国务院核电领导小组于 3 月 12 日向国务院提交《关于我国核燃料工业发展方针的报告》，4 月 6 日国务院办公厅转发该报告，11 月 18 日核工业部向国务院核电领导小组并国务院上报《贯彻国务院转发核电领导小组〈关于我国核燃料工业发展方针的报告〉的情况汇报》。

《关于我国核燃料工业发展方针的报告》从五个方面明确核燃料工业发展问题。第一，核燃料要立足国内。第二，核燃料发展规模，初步考虑到 20 世纪末建成投产核电 1 000 万千瓦，需 1 200 吨分离功生产能力和相应的燃料组件来满足1 000万千瓦核电机组的首炉装料和每年更换燃料需要。第三，发展浓缩铀技术方针是以离心法为方向，用扩散法过渡。第四，建立 1 200 吨分离功年浓缩能力需投资 15 亿元，资金通过“以核养核”和其他途径筹集。第五，核工业部工作方针应随任务变化作一些调整。

## 三、保军转民的艰难转变

从 1985 年开始，核工业部全面落实中央“保军转民”决策，确定了“以核为主，多种经营，大力发展民品”的工作方针，开始军品限产、停产过程。核燃料局按照核工业部“七五”规划指导思想，从 1986 年起，核燃料生产任务作了相应调整，在抓好动力堆元件生产线、大化肥项目等重大工程建设同时开始大力开发民品历程。由于军工生产任务减少，加上核燃料生产厂地处偏远，企业生存困难、人才流失、职工队伍不稳定等因素及军工生产时期的历史遗留问题凸显，核燃料产业生存发展面临前所未有的严峻考验。全系统各单位被迫“找米下锅”“多种经营”，转入民品市场。因在民品开发上缺乏总体规划，仓促上阵，未能充分发挥核工业的优势，加之军工管理体制不适应市场要求，以致各单位自行开发民品项目，未能达到预期目标。

1985 年 11 月，国家计委、国家科委、国防科工委审定军工口 1986 年国家重点技术改造项目，其中核工业部 15 个项目中包括核燃料生产企业 4 个项目（二〇二厂稀土生产线、八一二厂锂材锂盐生产线、八一三厂电解铝生产线和硅钙合金生产线）。随后在国家政策和资金扶持下陆续建设了一批民品项目。

## 四、主要转民项目及成果

从 1985 年下半年开始，有关部委陆续对核燃料生产厂转民项目给予政策扶持和资金投入，核燃料生产企业全面进入民品开发及转民项目建设阶段。

### （一）国家扶持的主要民品项目

1. 稀土生产线项目

二〇二厂利用核品研制和核设施建设积累的技术和科技人才开发稀土生产项目。1986 年国家经委、国家计委、国防科工委将改建稀土生产项目确定为军民结合型企业首批技术改造重点项目。同年 9 月建成中试规模稀土生产线，年处理 150 吨氢氧化稀土，生产出铕稀土、钐铕钆富集物等产品。1988 年改扩建以化工、冶炼和粉末冶金为中心，科研与生产相结合的稀土综合企业，年处理稀土精矿 1 610 吨，制取 4 大类 24 个品种稀土产品。二〇二厂为我国稀土行业经济联合体——中国北方稀土联合集团首批成员单位。

2. 核燃料元件生产线项目

20 世纪 80 年代初随着我国自行设计的 30 万千瓦核电站在秦山破土动

工，八一二厂抓住国家建设核电的有利时机，积极推进缓建多年的核燃料元件生产线建设，“728”核电燃料元件生产线建设随之全面展开。1987 年年底，工程基本建成投入试生产，1988 年 4 月全线投产。80 年代中后期，广东大亚湾核电站从法国引进整套技术和设备，建设两个单机容量为 90 万千瓦压水堆核电机组，八一二厂肩负起实现大型核电燃料元件国产化的神圣使命。

3. 电解铝生产线和硅钙合金生产线项目

八一三厂停建后，经国家三部委审批建设了电解铝生产线和硅钙合金生产线。电解铝生产线作为全国首批军转民重点技术履行项目之一，于 1986 年 12 月 15 日开工建设，1989 年 4 月投产，同年 9 月通过国家验收，形成 5 800 吨/年生产能力，总投资 3 470 万元。硅钙合金生产线分两期建设，共形成生产能力1 000 吨/年，总投资 256 万元。1984 年 9 月一期建设开工，次年 9 月投产形成 400 吨/年生产能力；二期工程 1986 年 3 月开工建设，1987 年 2 月建成投产，增加生产能力 600 吨/年。

4. 钛白粉厂及建立民品点等项目

四〇四厂在“保军转民”调整时经济压力最大、人员安置最难，国家对其开发民品扶持力度也最大，从 1986 年以后国家财政将拨付维持维护费的 50%用于转民。1988 年至 2003 年，国家财政维持维护费累计拨付约 17 亿元，其中转民资金 6. 3 亿元。

在保持军品生产能力同时，四〇四厂发挥自身技术优势，拓展转民渠道，在厂区和沿海地区先后开发建设钛白粉厂等项目。钛白粉厂 1985 年 8 月经国家计委等批准立项，1989 年 5 月 20 日开工建设，1993 年 5 月 19 日生产出合格产品，总投资 5. 74 亿元，生产能力为 1. 5 万吨/年钛白粉。在山海关转民点投资近 2 亿元兴建柠檬酸、火电厂、球磨铸铁、潜油泵、机械加工等项目。另外，分别在兰州、石家庄兴建辐照开发中心（含火灾报警器项目）。

5. 万吨铝厂及铝加工等项目

八二一厂从 20 世纪 80 年代中期起根据自身优势建设了反应堆余热发电、电解铝、水泥、纺织纤维以及铝深加工等多个项目。

由国家计委、国防科工委批准建设的万吨铝厂项目，1986 年批复初步设计，1990 年年底建成投产，工程总概算 7 214 万元。1993 年对万吨铝锭生产线进行技术改造扩建，生产能力增至 5 000 吨，2002 年工程通过验收，总投资 6 134 万元。

成都铝箔厂项目年产铝板 2 万吨、铝筒 1 万吨。该项目使用科威特政府贷款4 450万元，由中核总出具担保，1990 年 12 月签署贷款生效。1991 年 5 月国务院批复项目开工建设，1997 年年底全面建成投产，总投资 7. 4 亿元。

合肥纺织纤维总厂项目设化纤、棉纺两个分厂，总投资 19 981 万元。1990 年 12 月开工建设，1995 年年底建成投产。实际建成年产聚合物 2 000 吨、纺丝 1 000 吨、加弹 800 吨、棉纺 4 800 锭的生产能力。由于种种原因，棉纺、化纤项目先后于 1996 年、1998 年停产。

此外，广兴铝厂、南海五洲铝型材厂、五洲水泥厂、华西宾馆与五洲宾馆等都是八二一厂转民时期的重要项目。

6. 大型化肥项目

因战略调整，1984 年年初国家确定八一六厂“停军转民”。1985 年 10 月中标的“30 万吨合成氨大型化肥厂项目”成为当时核工业部重大工程建设项目。1987 年 11 月国家计委批准八一六大型化肥厂设计任务书，1988 年 11 月初步设计获批。1992 年 1 月，全长 80. 587 公里的化肥天然气管道施工完成。12 月尿素实物造粒开始，并于 1993 年 1 月 1 日产出尿素颗料。1993 年 10 月 14 日化肥装置打通全部流程，成功产出尿素产品。1996 年 10 月，816 化肥工程通过国家竣工验收。1998 年 12 月 1 日，化肥厂合成氨达产达标，生产能力达到年产 30 万吨的设计能力。该厂首次进入重庆市工业企业 50 强。1990 年企业更名为中国核工业建峰化工总厂；2001 年 12 月 4 日，属地化签字仪式在渝举行。该厂从此告别 35 年军工历史，划归地方管理。

### （二）自筹资金开发的主要民品项目

1. 二〇二厂与香港源源实业公司、内蒙古畜牧学院合资成立内蒙华源汽车出租公司；1986 年建成纯碱厂，1993 年纯碱年产量达 18 100 吨，当年实现利税 400 万元；还相继开发家具厂、服装厂、制鞋厂等民品项目，对企业缓解经济困难，实现“保军转民”调整目标起到一定作用。

2. 八一二厂陆续开发金属锂、金属钙、锂电池、大理石、曲酒、香料、皮革、电梯、丝绸等九大类“短平快”民品项目。其中香料、金属锂、锂电池取得较好经济效益和社会效益。

3. 五〇四厂在严峻形势面前，经历了艰辛的民品发展之路。先后投资数千万元，开发十多个系列民品项目，如冷饮食品、按摩器理疗仪、氟化氢、二茂铁、家具等项目或产品。形成冷饮、巧克力、硅铁、工业硅、机械加工和六氟化硫 6 种具有市场竞争优势、发展前景较好的项目并创出品牌，为企业脱困作出积极贡献。

4. 四〇五厂抢抓机遇、不等不靠，主动承担核工业部某实验工程的建设安装和非标设备加工制造任务，并开展折弯机、剪板机等外协加工、来料加工及新产品试制工作。与地方合资兴建了年产7 000吨水泥厂，与船舶四〇八厂联合开发制造 3 200 千瓦柴油发电机配套电器盘柜。还先后开发了保险柜、冷端补偿器、人造大理石、化妆品、保水剂、袋泡茶、速溶茶、可乐和绞股蓝皂甙等 10 余项大小民品项目，取得较好经济效益。从 1984 年至 1993 年全厂共完成民品劳务总产值 7 719. 13 万元，实现内部利润 1 560. 39 万元。1997—1998 年，先后建成“热电联产”和“贫料容器生产线”。2005 年开始建设“LX 专用零部件生产线”。其中，容器生产线截止 2014 年年底形成 500 台/年规模，累计实现产值 14 150 万元；LX 专用零部件生产线，从 2010 年起连续 3 年取得了年产销上亿元的经营佳绩。

5. 核工业第五研究设计院（简称核五院）充分利用核技术和人力资源优势，转变观念积极承揽民用工程设计任务，参与市场竞争，对外开放，引进技术，在经济特区或沿海开放城市设立分院。仅 20 世纪 80 年代初的 4 年就承揽地方工业和民用建筑工程 72 项，缓解了经济压力，在国家停拨事业费后实现自给。经过十几年顽强拼搏，实现从单一军工工程到国防工程与地方工业和民用建筑设计相结合的转变，实现围绕固定资产投资提供全过程技术服务的转变。

6. 核工业第七研究设计院（简称核七院）从 1985 年开始陆续在宁波、惠阳、青岛、上海浦东等地设立分院，开发民用建筑设计市场，参与的民用工程项目设计曾获多项工程设计奖。这对当时勘探设计事业单位改制后发展和保留人才队伍起到重要作用。

7. 核工业理化工程研究院（简称核理化院）努力把军工技术和人才优

势转向民用市场，开发70种民用产品，其中批量生产有43种。通过优胜劣汰、扶优转强，形成精细化工生产、粮油设备制造、净化技术设备三大类支柱民用产品。授权专利138项，其中发明专利20项，实用新型专利118项。单氟磷酸钠产品填补国内空白，曾获国家经委颁发的优秀产品奖、国防科工委重大成果三等奖、天津市科技进步奖二等奖。FMFQ气压磨粉机被国内140家面粉厂采用，并实现出口销售，取得良好社会效益和经济效益。1989年开发研制的FZSK-15A型自动着水机，占全国大中型面粉厂生产线四分之一以上，取得丰厚经济效益，获核工业科技进步奖二等奖。1994年开发研制的色选机获核工业科技进步奖二等奖、天津市科学技术进步三等奖。

8. 核工业第八研究所（简称核八所）利用技术优势、专业特色和人才优势，形成净化微过滤器、电子浆料、磁性材料、复合材料、金刚石薄型砂轮片、粉末冶金制品等多样化、高水平、跨行业民品产业，取得良好社会效益和经济效益。

核燃料企事业单位承受了调整改革初期转民的阵痛，顽强生存下来，在“保军转民、军民结合”道路上不断进步。在“七五”“八五”期间民品开发投入达十亿元，多数是成功的，对缓解停限产后艰难局面起到至关重要作用。进入20世纪90年代中期，大多数民品项目投入生产，为保持军工生产能力和技术力量奠定基础，但由于思想观念、军工体制机制及沉重的历史负担、地域环境与市场开发能力等因素的综合影响，民品产品定位、工艺、设备存在不同程度问题，经济效益不够理想，使一些单位背上新包袱。为此，核燃料系统下大力气抓大型民品达产达标工作，积极推动民品发展由投资向抓管理、抓效益转变。

在调整转民艰辛探索中，在企业严重亏损、职工发不出工资的严峻形势下，核燃料企事业单位领导和职工默默承受这一切，涌现出许多可歌可泣、催人泪下的人和事。一批五六十年代大学毕业的工程技术骨干拿着和普通职工同样水平的工资，一批创业初期的老工人仍住在当年简陋的宿舍里，有的厂所有干部为了维持企业生产曾数月只拿200元生活费，还有相当一批职工放弃去待遇更优厚的单位而坚持与企业共生存、共奋斗。

以徐光、刘齐昭、强敏生、王翰飞、纪世鹏为代表的企事业单位领导和职工，艰苦奋斗、呕心沥血创建了以大化肥厂为代表的一批民品企业和为核电服务的铀转化、铀浓缩、核燃料元件生产线、后处理中试厂和放射性三废处理处置设施，建立起比较完整能满足我国核电发展需要的核燃料生产能力和科研生产设施。二〇二厂总工李冠兴在经济条件非常困难的情况下，主持扩建冶金研究所、更新科研设备，坚持搞科研。在大化肥厂建设中徐光同志坚持不懈奋斗数年，被张忱部长誉为“徐光精神”。

正是由于有这样一批忠于职守、无私奉献、艰苦奋斗的干部职工，使核燃料系统渡过了调整转民初期的艰难日子，从 20 世纪 90 年代初开始，以核燃料元件、铀浓缩、铀转化为代表的重大核品建设项目，随着核电产业发展逐步融入军核产品体系，步入军民融合良性发展轨道。

## 五、调整脱困，精干主业

1999 年中核集团成立后，核燃料系统在国家政策支持下经历了多次重大结构调整和改革。

2000—2002 年，核燃料系统通过组建专业公司、军民分线、民品债转股改制等多渠道分流安置富余人员，3 年全系统在职职工减少 17%，劳动生产率增长 94%，改革调整初见成效。

核燃料系统骨干企业四〇四厂、八二一厂进入战略调整期后，各种困难交织，矛盾突出，成为全集团两个最大亏损源，生存陷入困境。在党和国家领导人及有关部门关心支持下，备受困境折磨的四〇四厂、八二一厂经过 7 年艰辛努力，于 2007 年基本完成调整改革脱困任务，两厂军核品生产主体实现专业化公司运作，62. 6%人员得到妥善分流安置；10 093 户职工家属异地搬迁融入城市生活，安居乐业，精神面貌焕然一新；基础设施改造、重点项目建设为主业转型升级打下扎实基础。2010 年全面实现既定整体解困、脱困目标。

在调整改革期间，核燃料系统按照中核集团调整改革工作要求，先后完成主辅分离、社会职能移交及非主业调整。

2003—2007 年，历时 4 年完成 7 个单位 20 个项目主辅分离、辅业改制任务，主辅分离、辅业改制项目分布在 6 省 11 个地区，涉及三类资产（指非主业资产、闲置资产和关闭破产企业的有效资产）总数 5. 28 亿元，人员总数4 532人，经过主辅分离、辅业改制，精干了主业，调整了结构，分流了人员，优化了资产；改制企业实现产权多元化，转换机制，增强活力，经济效益明显改善。

2004—2006 年，核燃料系统经过两年艰苦努力，完成企业办社会职能分离和移交工作。7 个企业，分布 5 省 8 市，共分离移交 19 个中小学、公检法等社会职能机构（中小学 12 个、公检法 7 个）；移交人员 2 333 名（职工 1 370 人，离退休人员 963 名）；移交资产 4 635 万元；中央财政核定经费补助基数 8 006 万元。企业办社会职能分离移交，进一步精干主体，减轻企业经济负担约 3 780 万元/年。

2010—2013 年，在 3 年多时间里，对 29 个各类非核民品及非主业项目，采取分类调整措施：

1. 对市场化程度高、竞争力弱、扭亏无望的项目，通过工商注销、股权出让等调整退出；对于市场化程度不高，具有产业特色，或有竞争力且市场占有率高，经济效益较好的项目，进行内外部市场化产业重组，实现投资主体多元化；对于市场规模小，社会化经营条件有限，支持政策不到位，但还承担特殊任务的项目，待具备调整退出条件时再作调整；对于与中核集团主业相关，或中核集团支持发展，对成员单位业务支撑能力强的项目，通过优化管理体制和运行机制，引进战略投资者，做大做强。

2. 通过实施军民分线，减人增效；落实专项调整脱困政策；主辅分离、辅业改制；企业社会职能移交地方；非核主业调整；行业板块构建，建立核燃料经营和利润中心等一系列举措，从脱困、扭亏到建设产业核心能力，巩固提高核燃料产业在国防工业中的地位，逐步形成具有一定经济基础、核心竞争力和精干职工队伍的有生力量，为核燃料产业又好又快、持续发展奠定坚实的基础，为国家战略核力量有效性提供有力保障。

## 第二节　铀转化厂规模化建设

六氟化铀的生产和还原这两个过程，都称作铀转化。由于六氟化铀还原过程一般设置在铀浓缩工厂或燃料元件制造厂以减少运输成本，这里所述铀转化为六氟化铀的生产过程，即铀水冶厂将水冶得到的天然铀化学浓缩物中的八氧化三铀经萃取纯化后用氢气把其中的六价铀还原为四价铀，形成二氧化铀，然后铀转化厂把二氧化铀氢氟化为四氟化铀，再用氟气把四氟化铀氟化为六氟化铀。

## 一、铀转化工艺的技术进步和技术改造

自2000年起，中核集团启动先进铀转化技术研究，中核新能核工业工程有限责任公司（简称中核新能公司）与四〇四厂通力合作在原500吨/年铀转化生产线上开展先进铀转化工艺技术研究，攻克诸多关键技术难题，取得多项科研成果，并将其成功应用于3 000吨/年铀转化建设工程，先后完成拥有自主知识产权的铀转化工艺技术。围绕立式氟化炉、两级串联逆流流化床、10 000安培级电解制氟新型结构碳钢中温氟化氢电解槽、先进测试分析技术等开展大量研究工作，取得一批创新性成果，为3 000吨/年铀转化工程（单线1 500吨/年）设计提供了技术支撑。研制成功四氟化铀中铀及杂质元素成分分析标准物质，完成四氟化铀标准物质定值鉴定并用于生产，1996年被国家技术监督局批准为国家级标准物质（GBW04228、GBW04229）。2005年至2010年，开始进行单线3000吨/年铀转化关键设备和技术研究。截至2015年，硝酸铀酰溶液脱硝技术研究、新型冷凝器研制、三氧化铀还原工艺技术研究和铀转化生产专用检测仪表的研制等部分课题已完成并将直接应用于新建铀转化工程中，为进一步规模化生产线建设奠定基础。

## 二、铀转化生产线规模化建设

建成于20世纪60年代的四〇四厂铀转化生产线是我国最主要铀转化基地。1999年，中核集团根据铀转化能力布局分散、单线产能低、设备陈旧、生产成本高，难以形成产业规模发展的状况，调整铀转化布局为“三厂合一”，将生产能力集中建设在四〇四厂，首批建设一条3 000吨/年铀转化生产线。2003年12月23日，国防科工委批复立项，并确定在四〇四厂建设3 000吨/年铀转化工程。2005年9月，铀转化生产线技术改造工程开工。在戈壁滩风大、沙多、气温低等自然条件恶劣的环境下，项目部采取搭建临时帐篷等防冻措施，创造条件，保证施工正常进行；工程技术人员抢工期、赶

进度，确保当年主厂房封顶。2006 年 6 月，工程转入设备安装阶段，2007 年年底，技改工程进入调试和热试阶段。2008 年 3 月通过国防科工委组织的专项检查，2008 年 12 月 25 日通过国防科工局竣工验收，2009 年铀转化生产线达产达标。经几年运行生产考核，表明工程技术改进和加大产能的关键设备安全可靠，生产能力高于设计要求，产品成本明显降低，经济和社会效益明显。“单线 1 500 吨/年铀转化关键技术研究”项目获国防科工局和中核集团科技进步奖一等奖。该生产线建成投产，标志着具有自主知识产权的铀转化技术实现新突破，“十二五”（2011—2015 年）期间，按计划继续开展铀转化生产线规模化建设。目前，我国铀纯化转化生产能力达到 12 000 吨铀/年，单线产能 3 000 吨铀/年。

## 三、铀纯化转化一体化工程技术的科研攻关

由中核新能公司负责，中核四〇四有限公司（简称中核四〇四公司）、核工业北京化工冶金研究院（简称核化冶院）、四川红华实业有限公司（简称红华公司）等单位联合研发的“二期铀纯化转化工程关键设备和技术研究”科研项目已进入验收阶段。项目 2010 年获得批复，2012 年完成 7 个科研项目，2013 年完成二期铀纯化转化生产线施工图设计，2015 年建成并调试成功，2016 年打通全流程。项目总负责人为中核新能公司副总工程师吴秀花。在工程建设的同时，为抢时间几乎所有科研试验都直接在生产线上做，这既要审慎操作又要科研、设计、企业等相关人员紧密结合共同攻关，使项目方向更准、效率更高，攻克了脱销工艺、三氧化铀活化工艺、三氧化铀还原为二氧化铀工艺开发，三氧化铀水合搅拌床、大型环形折流板脉冲萃取柱、脱硝硫流化床、大型还原流化床、氢氟化流化床、氟化反应器、大型内冷式冷凝器研制等十大难题，产能翻一番，实现了铀纯化转化工艺一体化以及物料循环利用和自动化操作。一体化生产线技术先进性使产能显著提高，建设成本与运行成本大幅降低，采用创新脱硝工艺和大型流化床等设备使二期投资减少 25%，运行成本降低约 30%，运行人员减少 40%。打通全流程后，避免了原料和中间物料南北调运和运输风险以及运输途中不可避免的二氧化铀 5%氧化损耗。由于采用脱硝技术，不再需要使用碳酸铵试剂，也不再产生结晶母液；脱硝产生的氮氧化物经回收硝酸后可返回溶解或纯化工序，实现物料循环利用，废水减少 30%且减

少试剂消耗，使整个流程更环保，从源头减少三废产生。项目自动化程度基本达到国际先进水平。工程建成投产，缩小了与国际先进铀纯化转化技术差距，实现我国铀纯化转化技术跨越式发展。该工程被中国核学会评为“2015—2017十大核科技进展”之一。

# 第三节　铀浓缩技术新突破和产业建设

## 一、扩散机改造升级

气体扩散法原理是当不同质量气体分子通过多孔膜时，由于轻分子平均运动速率比重分子大，它们过膜流动的速度不同使同位素得以分离。由于分子量相差很小，通过膜以后，轻分子含量会稍有提高，即每次过膜分离系数很小，需通过几千级的串联级联，才能使铀-235 的含量从天然的 0.711%提高到 3%以上，这就是通常所称的低浓铀，低浓铀可用作核电站燃料；如将铀-235 的含量提高到 90%以上，就可以用来做裂变核武器装料。扩散法耗电量大，运行成本高。

我国铀浓缩扩散厂自 20 世纪 60 年代后期，以提高生产能力、节能降耗、提高效益为目标，以主工艺为重点，开展挖潜、革新改造，推进技术进步，走内涵式扩大再生产的道路。在技术论证基础上参照美国扩散厂“CUP”和“CIP”改造计划，自 1980 年至 1985 年对扩散机进行“片改管”“甲改丁”技术改造，提高了分离系数和单机分离功。特别是对大型扩散机，在相关技术革新后，流量提高 35%，经过对全部大型扩散机机组的技术改造，使级联分离功显著提高。

扩散厂大型扩散机“三改五”项目列入二机部重点科研项目。在冶金部钢铁研究院和二机部八五六厂及八五七厂协作下，自 1980 年实施大型扩散机“三改五”技术改造，将其分离器座架由三层改为五层，并以高性能分离膜代替原分离膜。至 1985 年完成部分机组的“三改五”改造，在不增加电耗情况下，大型扩散机的单机分离系数提高 12%以上，单机分离功增加

25%，单位分离功比电耗下降20%。1988年，扩散厂针对“三改五”机组中实际效益与设计水平的差距，对八五七厂生产的己种分离膜进行鉴定和研究。专业技术人员对其产品生产工艺、质量控制进行改进，并结合运行情况分别对不同羰基镍底材及相应成品进行氟化处理试验和六氟化铀运行渗透值测定，而后对分离膜进行重要改进，使分离性能提高20%左右。1986年至1993年完成机组“三改五”，改造后生产能力显著提高。

1978年后，扩散厂应用较大型计算机对级联运行方案进行优化计算，共计算各种方案5 000个，使级联效率大幅度提高。还采取降低贫料丰度及机组调整等措施，充分利用原料，进一步提高级联有效分离功和降低单位有效分离功比电耗，以增加经济效益。至1985年年底，实现“一厂变两厂”目标。

## 二、离心法研究工作

气体离心法是当不同质量分子组成的混合气体在超高速离心机中转动时，由于离心力作用，轻分子气体在近轴处富集，而较重分子在边壁处富集，从而达到分离铀同位素目的。实用工业铀浓缩离心机是高速逆流离心机。进行铀同位素分离的离心机有超临界离心机和亚临界离心机。超临界离心机优点是单台离心机分离能力比亚临界离心机高，但它要达到稳定运行技术要求高。设计良好的亚临界和超临界离心机装备的离心工厂都能达到低的年失效率和长寿命，从而获得良好经济性。

气体离心法优点是单级浓缩系数大，是气体扩散法的100倍以上，浓缩到同样程度所需要级数大大减少。另一突出优点是比能耗小，只有气体扩散法的二十分之一以下。但气体离心法由于单机分离功率低，要形成一定生产能力，需要的离心机数量很大，工业规模离心工厂需要几万台甚至几十万台离心机。维持大量超高速运转的离心机在强腐蚀介质（六氟化铀）下长期（25~35年以上）正常运转技术难度极大。因此，铀浓缩离心机在原材料、物理、化学、机械，特别是可靠性技术方面要求非常高。

发展核电要充分考虑核燃料生产关键技术立足国内和核燃料循环各个环节经济性，以降低发电成本。铀同位素分离既是军民两用敏感技术，又是降低核电燃料元件成本最为重要的一环。

我国铀同位素分离技术从扩散法起步，气体离心法分离铀同位素研究起步于1958年，早期清华大学等单位曾为离心技术科研迈出开创性一步，也为后来较快发展打下人才培养等基础。20世纪70年代中期以后，二机部开始工程规模离心法科学研究。至80年代中期，我国已初步形成一支较完整的离心法科研、设计、生产队伍并取得很多科研成果，气体离心法科研和工程开发应用加速。

党和国家领导人对我国铀浓缩离心法发展给予极大关注。1984年2月，时任国务院副总理李鹏在考察我国几个重要核工业企业后作出“核燃料生产应立足国内”和“扩散过渡，离心是方向”的指示，明确了我国核燃料生产发展方针和政策。

1986年8月，王承书、钱皋韵、刘广均、纪世鹏、潘恩霖5人提出“发展离心法分离铀同位素”的建议，得到核工业部部长蒋心雄等领导重视。从20世纪80年代初至90年代初，浓缩铀科研与生产在采用离心法分离铀同位素技术方面取得重要进展，先后研制成几种机型并在铀浓缩厂安装使用。这些对离心法铀同位素分离科研、设备制造、工程设计、工艺运行及配套建设都积累了宝贵经验。

由于铀浓缩离心机技术经济性能要求很高，为实现铀浓缩离心机工程应用，从20世纪70年代中期至今，在国家有关部门大力支持下，相关研究、设计、原材料、设备制造、铀浓缩厂等单位投入大量人力、物力和资金进行开创性工作。原冶金工业部在陆达副部长领导下与王承书一起，组织钢铁研究总院、抚顺钢铁厂、鞍山钢铁厂、长城钢厂等和核工业有关单位协同攻关，研制成功了国际上只有少数国家能生产的离心机专用高强度马氏体时效钢，原国家建材总局南京玻纤院研制出离心机专用高强纤维。在此基础上，中核集团有关研究单位研制成功几种可工业应用的离心机机型，相关设计单位实现离心工厂模块化设计，设备制造厂和离心铀浓缩厂供取料等辅助设备和自控仪表系统的研制在21世纪初取得成功，并有条件实现浓缩铀离心机大批量生产，以满足我国核电快速发展的需要。在研制过程中，涌现出以钱皋韵、刘广均、陈念念、潘恩霖、沈光基、史训良、雷增光、杨长利、罗长森、王黎明、谭松培、赵鸿宾、董大年、严世杰、钱新、丁宝庚、吴辅兴、李季科、李连广、武中地、史庆丰、朱纪为代表的优秀科研和工程技术人员，他们为中国铀浓缩离心机实现工业应用作出重要贡献。1986 年以来，离心机研制及工程应用共获得国家科技进步奖二等奖 7 项，国防科技进步奖一等奖 5 项，中核集团科技进步奖一、二等奖数十项，全国优秀工程设计金奖 1 项。

## 三、离心机成套设备引进

国际上实现工业规模离心法生产浓缩铀应用的只有德国、英国、荷兰合作（URENCO）开发的超临界离心机和俄罗斯开发的亚临界离心机，而俄罗斯亚临界离心机单机分离能力较小，但制造成本低、经济性好。

为加速我国铀浓缩离心机工业应用，20 世纪 80 年代党和国家领导人邓小平等亲自与相关国家领导人洽谈，探讨引进铀浓缩离心机。在中核总蒋心雄总经理、陈肇博副总经理领导下，中国与俄罗斯进行引进俄离心机的 6 年艰辛谈判。1992 年 12 月 17 日，中核总总经理蒋心雄与俄罗斯原子能部部长米哈伊洛夫分别代表本国签署《关于俄罗斯向中国出口离心机工厂的政府间协议》。1993 年 3 月 25 日，中国同俄罗斯相关政府部门在北京签署《为在中国建设用于原子动力的浓缩铀气体离心机工厂供应设备和提供服务的总合同》。从此，中国第一个引进离心机分离浓缩铀商用工厂在四〇五厂开始建设。离心机一期工程，在四〇五厂厂长康荣元等领导和有关单位大力配合下，全厂职工奋斗 3 年，于 1996 年 10 月 2 日工程建成投产，比合同工期提前 304 天。它标志着中国铀浓缩工业进入一个新的发展阶段，在铀浓缩技术由扩散向离心过渡上迈出了坚实的一步。在工程建设中，核七院院长王维刚和驻厂设总张宗权等设计人员驻厂 3 年，辛勤工作，现场解决设计问题。俄罗斯驻厂专家组长别拉乌索夫精心指导，现场培训，解决许多设备安装难题。他由此获得我国国务院总理颁发的友谊奖章。此后，中核集团分别在四〇五厂和五〇四厂进行了引俄离心工厂二、三、四期工程建设，至 2011 年在中核陕西铀浓缩有限公司（简称中核陕铀公司）和中核兰州铀浓缩有限公司（简称中核兰铀公司）共建成 1 500 吨分离功/年的生产能力，对我国铀浓缩产业工业化规模建设起到重要作用。

## 四、自主建设工业规模的离心法铀浓缩厂

21 世纪初，在中间试验工程和示范工程建设验证基础上，我国具备了工业规模生产铀浓缩离心机设备的能力，开始较大规模铀浓缩离心工厂工业化规模建设。在工程建设过程中，制定“六年三级跳”离心法科研、设备制造、设计和离心法铀浓缩生产厂建设计划，科研、设计、主辅设备制造、建安单位和工程业主单位大力协同，以工程总承包方式形成模块式建设模式，确保工程质量。2005 年以来，已建成和在建离心法铀浓缩生产能力可以满足我国核电中长期发展规划和国防事业需要，我国离心法浓缩铀生产产能规模、技术经济指标进入国际先进行列。铀浓缩离心机大规模工业应用带动我国相关高性能新材料发展，为国民经济作出了贡献。

# 第四节 核燃料元件研制和具有国际水平元件产业建设

## 一、第一代压水堆燃料元件自主开发与生产

为适应核电站建设需要，二机部于 1973 年 8 月决定建设核电站燃料元件生产线，1974 年 4 月获国家批准。在已掌握研究堆、生产堆、核潜艇动力堆元件生产工艺基础上，开展了一系列压水堆核电站核燃料元件技术研究。在自力更生建设生产线同时，学习国外核燃料元件生产经验，引进少量关键设备和技术。30 万千瓦核电站第一批考验元件于 1984 年年底研制成功并入堆考验。我国独立自主开发了第一代压水堆核电站燃料组件，初步掌握燃料组件设计技术与试验验证方法。

1983 年 6 月，我国自行设计的 30 万千瓦核电站在浙江海盐秦山破土动工。中核建中核燃料元件有限公司（简称中核建中公司）抓住国家建设核电有利时机，积极推进缓建多年的核燃料元件生产线建设。“728” 核电燃料元件生产线建设随之全面展开。1987 年年底，生产线基本建成投入试生产。

1988 年建成我国第一条核电燃料元件生产线，生产秦山 30 万千瓦压水堆燃料元件，填补国内核电燃料元件制造空白。虽然当时一周只能生产 1~2 个组件，生产能力仅仅 50 吨铀/年，但对当时核工业意义重大。1991 年 12 月 15 日，30 万千瓦核电站——秦山核电站并网发电，结束中国大陆无核电历史。核燃料元件制造与秦山核电站共同铸就“国之光荣”。

在第一条核电燃料元件生产线建设中，从国外获取技术和资料难度很大。八一二厂在王翰飞、陈宝山两任厂长及核五院张钦志院长等带领下，经过艰难实验研究，解决二氧化铀芯块制造技术、元件棒及组件制造技术等关键技术，研制了元件生产线上的装管机、切管机、拉棒机、X 光机上下料机构、磨削自动生产线、粉末气流输送系统、丰度检测仪等数十台套设备，替代进口。刘南陔、刘兰华、邓景山团队研制的锎-252 中子活化法丰度检测仪，达到国际水平，满足大批量元件生产需要。

## 二、大型压水堆燃料元件技术引进和设计制造

20 世纪 80 年代中后期，广东大亚湾核电站从法国引进整套技术和设备，建设两个单机容量为 90 万千瓦的压水堆核电机组。中核建中公司肩负起为大亚湾核电站提供换料组件、实现大型核电站燃料元件国产化的使命。为确保按期交付产品，决定对已有 30 万千瓦核电燃料元件生产线升级改造，建设大型核电燃料元件生产线，后被称为“大线”。大线第一步升级改造 1991 年立项，在自力更生基础上，根据实际情况，结合引进法国 FAGEMA 公司 AFA17×17（AFA-2G）核燃料组件设计与制造技术，实施厂院联合设计。经过 4 年艰苦奋战，1994 年 4 月 6 日，中核建中公司大型核电燃料元件生产线投料生产。1994 年 11 月 16 日，为大亚湾核电站提供的第一批换料组件制造成功。时任厂长助理、质保处长畅欣主持建立核燃料元件生产线完整的质量管理体系，对保证产品质量发挥重要作用。大亚湾核电站换料组件制造成功，标志着我国实现大型核电燃料元件国产化，在中国核电发展史上写下重要篇章。中核建中公司也一举摘掉连续多年政策性亏损帽子，实现扭亏为盈并连续保持盈利，夯实进一步发展基础，荣获 1995 年“全国五一劳动奖状”等荣誉称号。

经严格鉴定和工程验收，大线第一步升级改造后产品质量符合要求，但

实际产能仅为85~100吨铀/年，多个关键工序只有单台进口设备且原有利旧部分设备老化，生产存在较大风险，需尽快实施改进和配套工程建设。大线第二步改造工程于1998年立项，1999年开工建设。在南非BEVR压水堆燃料元件生产线包括小型IDR炉设备转让及法国AFA-3G高燃耗大型燃料元件制造技术转让基础上，中核建中公司通过消化吸收与自主创新相结合，于2001年实现AFA-3G高燃耗燃料元件国产化。2003年，大线第二步改造工程通过国防科工委组织的竣工验收，燃料元（组）件产能达到400吨铀/年。

中核建中公司在生产工艺、装备上实现一系列重大技术创新，掌握了VVER燃料元件生产中压力电阻焊接技术，中子源活化检验富集度检测方法等。其中最典型的是2006年具有自主知识产权的DUC-100干法转化装置完成联动试车，标志着掌握了世界最先进浓缩六氟化铀制备二氧化铀技术。2009年，完成AFA-3G连接柄和控制棒制造国产化，填补国内又一空白。2010年2月，成功安装初级中子源组件，标志着公司具备AFA-3G全堆芯供料能力。

2009年11月9日，中核建中公司实现对上海高泰稀贵金属股份有限公司控股，进入锆生产领域，拓展了产业链，实现锆材本土化，填补中核集团无核级锆材制造空白，大型压水堆燃料元件包壳管国产化又向前迈出一步。

## 三、加拿大CANDU-6型燃料棒束设计和制造

根据秦山第三核电有限公司两座70万千瓦重水慢化、天然铀燃料压力管式重水堆核电站每年约200吨铀不停堆换料的需要，中核北方核燃料元件有限公司（简称中核北方公司）和加拿大ZPI公司签订CANDU-6型燃料棒束设计与制造技术转让合同，重水堆核电燃料元件生产线于1998年4月22日立项，建设生产能力为200吨铀/年重水堆核电燃料元件；2000年3月13日国防科工委批复项目初步设计。

1998年10月5日，重水堆核电燃料元件化工试验线建成并产出合格产品。经与加拿大原子能公司的技术合作以及对重水堆核电燃料元件制造工艺试验，2000年完成施工图设计，2000年4月1日开工建设，2001年12月12日重水堆核电燃料元件生产线主工艺生产线全线贯通，2002年11月7日重水堆核电燃料元件厂生产的CANDU-6型燃料棒束通过产品合格性鉴定，

2002 年 12 月 8 日取得加拿大 ZPI 公司颁发的生产资格证，达到项目批复的生产能力。2004 年 3 月 1 日国防科工委下达项目竣工验收批复。截至 2017 年 12 月，重水堆核电燃料元件生产线已为秦山第三核电有限公司重水堆核电站提供约 15.4 万个燃料棒束，质量达到世界先进水平。

## 四、高温气冷堆核电站示范工程燃料元件生产线建设

2008 年 1 月，国务院决定在中核北方公司建设 20 万千瓦级模块式高温气冷堆核电站示范工程燃料元件生产线；2013 年 6 月 18 日国家发改委批复项目可行性研究报告，采用清华大学技术，建设年生产能力为 30 万个球形燃料元件生产线。

项目于 2013 年 3 月 16 日开工建设，2015 年 5 月完成全部建设内容开始调试工作，2016 年 3 月完成全部调试工作开始试生产。2016 年 8 月通过产品合格性鉴定，2017 年 7 月 17 日第 20 万个球形燃料元件下线，标志着国际首条第四代核电技术燃料元件实现工业化规模生产。

## 五、国产高性能燃料元件研制

在核燃料元件生产中，对核燃料元件包壳材料要求极高，元件包壳研制是一个重要方面。我国在 20 世纪 70 年代开始 Zr-4 合金的试制，在 20 世纪 80 年代，我国自主生产的 Zr-4 合金包壳管成功应用于秦山核电站。目前研制的 N36 合金在堆外腐蚀、力学、吸氢性能及焊接等方面的综合性能大大优于 Zr-4 合金，其堆外性能可与国外同类锆合金媲美。通过研究，进一步优化材料成分和加工工艺，开展与工程应用密切相关的性能实验和研究，进行材料的辐照性能研究并入堆考验。

在核级锆国产化方面，中核集团持股的广东东方锆业科技股份有限公司（上市公司），拥有已经建成的国内唯一一条核级海绵锆生产线，具有 600 吨工业级海绵锆、150 吨核级海绵锆生产能力。中核建中公司与法国 AREVA 集团下属的 CEZUS 锆业公司合资组建中核阿海珐（上海）锆合金管材有限公司，主要制造核电站燃料组件用 M5 包壳管，同时制造 CANDU、CNP300 等其他堆型所需的燃料组件用锆合金包壳管。2013 年 4 月，由中核集团控股、西北有色金属研究院等其他股东共同出资成立西部新锆核材料科技有限

公司。

从 2010 年起，中核集团设立高性能燃料组件科研重大专项，由中国核动力院作为总承研单位与中核建中公司、中核北方公司和中核运行公司三个单位共同承担 CF 系列燃料组件研制任务——为“华龙一号”核电机组研制具有完全自主知识产权的第三代先进核燃料元件。中核建中公司成立专门技术开发团队，掌握了“华龙一号”燃料组件制造核心技术，拥有 CF 系列燃料组件设计和制造专利 62 项，并积极推进 CF 燃料组件工业化生产和原材料国产化，为全面保障“华龙一号”核电机组燃料供应打下坚实基础。2015 年 6 月 15 日，中核建中公司通过现场视频连线直接向国务院总理李克强汇报“华龙一号”核电燃料组件研制情况。2016 年 1 月 28 日，具有自主知识产权的国产压水堆核电站 N36 特征化燃料组件、CF2 燃料组件、CF3 燃料组件，完成不同燃料循环周期辐照考验，从堆芯卸出。经池边检查表明，N36 特征化燃料组件、CF2 燃料组件、CF3 燃料组件性能良好，均符合设计要求，达到预期目标。这一里程碑节点的实现，表明自主研发的 CF 系列燃料组件能够满足我国自主化先进压水堆对高燃耗长循环燃料组件需求，为核电“走出去”战略提供重要支撑，标志着我国拥有完全自主知识产权的高性能燃料组件品牌，进一步提升我国核电出口竞争力。

中核北方公司从 2010 年开始承担以下 5 项国家重大专项科研课题。

**（一）AP1000 核燃料制造技术研究**

从 2010 年 1 月至 2013 年 12 月，通过对 AP1000 技术转让文件消化吸收，掌握 AP1000 核燃料组件一体化可燃毒物（IFBA）芯块涂覆、管座精密铸造模具、格架激光焊和钎焊、骨架胀接和导向管制造等工艺，完成上述工艺中部分关键设备国产化研究，建立 AP1000 燃料组件生产线全寿期数字化信息系统，为 AP1000 燃料组件国产化奠定基础。2014 年 9 月 26 日该课题通过国家能源局组织的验收。

**（二）AP1000 核电燃料组件格架条带冲制技术研究**

AP1000 核电燃料组件格架条带冲制技术是元件制造中关键技术，美国西屋公司没有转让该技术。从 2013 年 1 月到 2016 年 12 月，完成 AP1000 格架条带冲制模具研发，建立 AP1000 格架条带冲制、电镀、热处理、清洗等工艺方法，掌握格架和条带的检测方法。制备出 AP1000 核燃料组件格架并完成相关测试分析。目前已建成一条完整的全自动化 AP1000 条带冲制生产线，实现格架条带冲制技术国产化，具备年生产 AP1000 核燃料 400 组组件格架条带能力。

**（三）AP1000 上下管座精密铸造技术研究**

美国西屋公司未转让 AP1000 上下管座精密铸造技术。从 2014 年 1 月到 2016 年 12 月完成从模具设计制作、真空铸造到表面处理及加工的 AP1000 上下管座精密铸造生产线建设，具备年产 1500 套 AP1000 上下管座的能力，填补国内空白。

**（四）CAP1400 自主化燃料试验件及定型组件研制**

该课题从 2014 年 1 月开始，到 2016 年 12 月结题。该课题是国家科技重大专项“CAP1400 自主化燃料组件研制——第一阶段定型组件研制”课题的重要研究内容之一，目的是根据 CAP1400 自主化燃料组件定型组件设计资料，研究并掌握 CAP1400 自主化燃料组件格架冲制、骨架制造、燃料棒焊接、组件组装等工艺，完成部分关键设备研制，研制出 CAP1400 自主化燃料组件的定型组件。

**（五）AP1000 堆芯相关组件制造技术及硼化锆靶材工程化制备技术研究**

该课题从 2016 年 1 月开始，2017 年 12 月结题。该课题目标是在消化、吸收 AP1000 堆芯相关组件制造技术相关资料基础上，对堆芯相关组件和关键零部件制造方案进行研究，掌握控制棒组件、可燃毒物组件、初级中子源组件、次级中子源组件和阻流塞部件制造工艺，并建立相关检测方法；在硼化锆靶材试验室制备基础上，开展工艺放大研究，实现 AP1000 燃料组件硼化锆靶材制造工程化。

## 六、具有国际水平的元件产业建设

**（一）中核建中公司 400 吨扩建工程建设和产业升级**

“十二五”（2011—2015 年）期间，核电发展规划给核燃料元件产业带来难得的发展机遇。中核建中公司加快产能提升步伐，核燃料元件生产线 400 吨扩建工程提上日程。400 吨扩建工程是国家“十二五”规划建设项目，2011 年 12 月开工，仅用两年时间就建成一条现代化、一体化、自动化核燃料元件新生产线。2014 年 6 月，400 吨扩建工程全线投产，实现产能翻番，达到年产 800 吨铀，跃居世界前六，可满足 30 多个百万千瓦级压水堆核电机组换料需求，是继 20 世纪 80 年代后期自主建造我国第一条压水堆核燃料元件生产线以来，我国第四次也是最大一次核燃料元件制造能力升级。2012 年，中核建中公司核燃料元件年产量首次跃上千组大关。2015 年 5 月 6 日，第 10 000 组核燃料组件下线，创造中核建中公司新纪录。

自主研发设计的 GFX-200 干法转换装置填补我国无大型铀化工干法转换装置空白。2014 年，中核建中公司以成套设备和工艺技术转让方式，援助中核北方公司建造两条 100 吨 DUC 干法工艺生产线，带动国内铀转化产业升级换代。为摆脱国外技术垄断，经过 5 年攻关，成功研制出双工位骨架自动点焊机，使大型国产化燃料组件双工位骨架制造达到国际先进水平。2009 年全面建成 VVER-1000 元件生产线。2013 年，完成俄罗斯高燃耗 TVS-2M 燃料元件国产化，实现对俄法两国先进燃料元件制造技术的同步掌握。同时，还完成快堆转换区组件和含镎组件研制工作。至此，具备了 300MW、AFA-2G、AFA-3G、全 M5AFA-3G、VVER-1000、TVS-2M 以及快堆等多种类型燃料元件的制造能力。

### （二）中核北方公司压水堆核电燃料元件生产线建设

根据核电发展需要，中核北方公司压水堆核电燃料元件生产线于 2005 年 9 月 20 日经国防科工委批复立项，建设生产能力为 200 吨铀/年的压水堆核电燃料元件，并预留生产规模扩充接口。项目于 2006 年 7 月开工建设，2008 年 10 月化工生产线完成建设并开始试生产，2010 年 4 月压水堆核电燃料元件生产线通过合格性鉴定并取得法方颁发的《合格性鉴定证书》，达到批复的生产能力，2010 年 12 月 6 日，AFA-3G 燃料组件通过产品合格性鉴定，2016 年 4 月 1 日国防科工局下达项目竣工验收批复。截至 2017 年 10 月，压水堆核电燃料元件生产线已向秦山二期、方家山等核电站交付 888 个 AFA-3G 燃料组件，组件堆内运行正常。

### （三）AP1000 核电燃料生产线建设

根据 2007 年 7 月美国西屋公司向中方转让的三代核电 AP1000 非能动核电技术文件转让合同，AP1000 元件制造技术是美方转让的重要内容，通过技术转让在中核北方公司建设一条 AP1000 核电燃料生产线。中核北方公司建立的 AP1000 核电燃料元件生产线包括 AP1000 核电燃料元件生产线建设和压水堆核电燃料元件生产线续建两个项目，其中：AP1000 核电燃料元件生产线建设包括 IFBA（一体化燃料可燃吸收体）芯块制备、燃料棒和组件制造、格架及相关组件等内容；压水堆核电燃料元件生产线续建包括化工转化、芯块制造、零部件加工等内容。二氧化铀芯块生产线采用干法工艺，达到新增年产 400 吨二氧化铀芯块能力。

AP1000 核电燃料元件生产线于 2011 年 1 月 25 日经国防科工局批复立项，批复建设 400 吨铀/年 AP1000 型燃料元件生产能力的生产线，并预留再扩能 400 吨铀/年的生产接口。

压水堆核电燃料元件生产线续建于 2011 年 1 月 25 日经国防科工局批复立项；批复建设为 AP1000 核电燃料元件生产线提供 400 吨铀/年化工转化、芯块制备、管座与零部件制造等配套能力。

两个项目于 2012 年 3 月 28 日开工建设，2014 年 10 月完成建安工程，2016 年 3 月完成生产线调试，2016 年 8 月完成 AP1000 生产线合格性预鉴定，2016 年 10 月完成生产线和产品合格性鉴定，2017 年 1 月 12 日取得美国西屋公司颁发的生产线合格性鉴定证书，生产线具备生产条件。中核北方公司以马文军、王翰骏为代表的广大工程技术人员在建设多种核燃料元件生产线中作出突出贡献。

综上所述，我国大型压水堆燃料元（组）件生产能力已达到 1 400 吨铀/年，同时具有重水堆和高温气冷堆元件批量生产能力。

# 第二十三章　后处理与退役治理事业

后处理与退役治理包含乏燃料运输与离堆贮存、后处理，放射性废物处理，核设施退役，放射性废物处置等，是核工业后段的主要环节和核燃料循环产业链的重要组成，关系到公众健康、国土安全以及核工业可持续发展。我国核工业创建以来，在国家高度重视和大力支持下，根据核军工科研生产、核电及核工业产业链发展和国民经济建设需求，着力开展后处理与退役治理的科研攻关、能力建设、工程实施等，取得丰硕成果。

后处理与退役治理是中核集团核环保产业的主要组成部分。2008 年“5·12”汶川特大地震后，国务院领导指示中核集团成立一个专门从事核设施退役与放射性废物治理工作，走企业化方向、市场化路子、专业化队伍的国家级核环保公司。2009 年 3 月，中核集团设立核设施退役与治理部，2010 年 2 月更名为核环保工程部，2011 年 7 月，在核环保工程部基础上设立核环保工程事业部，其主要职责：一是负责中核集团军用及民用核设施退役、放射性废物治理等工作；二是在履行管理职能基础上，重点培育核环保市场，抓好产业发展，解决产业发展中关键技术问题，尽快形成国内乏燃料后处理（包括运输）、放射性废物处理处置、核设施退役产业化经营能力，条件成熟时事业部转制为公司。2017 年 12 月，中核环保有限公司在京成立，标志着中核集团核环保产业发展又迈出重要关键的一步。

改革开放以来，中核集团在核环保领域建立了较完整产业体系，组建了专业队伍。在乏燃料运输和离堆贮存方面，实现百万千瓦核电站和研究堆等各类堆型乏燃料 50 批次和放射性废源废物近 7 000 万吨千米安全运输及在专用设施离堆贮存。在乏燃料后处理方面，后处理中试厂建成投运，商用后处理厂建设稳步推进。在核设施退役与放射性废物治理方面，退役治理能力大幅提升；高放废液安全贮存；大量放射性废液得到固化；一大批放射性固体废物实施处置；铀矿地勘、采冶设施退役及环境整治有效实施，极大改善了环境、保护了公众健康；二二一厂整体退役完成，达到无限制开放要求；重点核设施退役有效推进，重要节点按期完成；重大安全源有效控制，极大地消除了安全隐患。在放射性废物处置方面，建成两座低中放废物处置场，高放废物地质处置取得阶段性成果。

作为我国核环保产业主力军，中核集团主动适应市场要求，坚持“专业化、市场化、国际化”核环保发展理念，以“小核心、大协作”为原则，不断吸收各方优势力量，提升核心竞争力，加快核环保能力体系建设，为核工业持续健康发展打下坚实基础。

## 第一节　乏燃料运输与离堆贮存

乏燃料是在核反应堆使用后卸出的核燃料组件。乏燃料运输连接反应堆和后处理厂或离堆贮存设施，是一种在国家监管下进行的危险货物运输活动。在我国后处理能力形成规模前，会有大量乏燃料需要长期离堆贮存。随着我国核能不断发展，乏燃料数量也在持续增长，乏燃料运输和离堆贮存成为当前我国核燃料循环后段需要迫切关注的环节。

1995 年，中核总成立中核清原环境技术工程有限责任公司（简称中核清原公司），主要从事放射性废物的转形处理，放射性物质的运输和中、低水平放射性废物处置场的选址、设计、建造和运营等。经过多年发展，中核清原公司建成了包括运输容器、车辆、装卸操作、运输运行、质量保证、辐射防护、应急指挥与通讯系统等在内的运输体系，形成 50 吨/年的乏燃料运输能力。

### 一、运输准备

乏燃料运输是一个在严格遵守国家法规与标准并接受国家审管体系监管下，以工艺技术与装备设施为基础，具有核与辐射安全特征的复杂物流体系。

### （一）运输容器

运输容器是乏燃料运输的关键设备，对保证运输安全具有重要意义。运输容器不但要保证货包在正常状态下完好无损，而且还需保证在事故情况下不泄漏放射性物质。运输容器要满足相应规范要求并进行规定试验验证，取得核安全部门发放的许可证后方可使用。运输容器除具备足够强度外，还要密闭、屏蔽辐射、散热、确保临界安全等，典型的乏燃料容器为内外双层不锈钢结构。

我国自主研发并投入使用的运输容器有 RY-I 型和球墨铸铁容器，分别用于运输研究堆和小型动力堆乏燃料。商用压水堆乏燃料运输容器的研究起步较晚，目前中国核电工程有限公司（简称中国核电工程公司）正在研制，预计“十三五”期间投入使用。2003 年，国内引进并投入使用了 NAC-STC 60 运输容器，主要用于运输大亚湾核电站乏燃料。

### （二）核安全、实物保护、应急能力建立

为确保从事乏燃料运输活动工作人员和周围公众以及环境安全，中核清原公司自 2003 年建立并投入运行车载卫星移动目标实时跟踪系统，定期开展辐射防护基础、核应急防护措施、核应急响应与行动程序培训及应急沙盘推演和现场演练等。各项核活动均编制了事故应急预案。

中核清原公司建立了乏燃料运输应急支援系统，主要包括：沿途吊装设备救援网络、当地消防支援网络、辐射监测与去污支援网络、医疗支援网络（120 急救网、当地医疗单位、国家核应急医学救援单位）等。

中核清原公司一直高度重视乏燃料实物保护工作，每次运输项目实施前均委托相关单位根据项目运输特点编制实物保护方案，确保核材料安全。

### （三）乏燃料运输资质管理

我国开展乏燃料公路运输需经国家核安全局、国防科工局、国家核事故应急办公室、公安部等部门及省级公路管理机构批准，由启运地省级环保部门、到达地省级环保部门、沿途地方交通运输和公安等部门对运输活动的相应环节实施管理。

## 二、运输实践

### （一）乏燃料来源及运输方式

国内已经开展的乏燃料运输主要来源为大亚湾、秦山等核电站和中国原子能科学研究院（简称中国原子能院）、中国核动力研究设计院（简称中国核动力院）的研究堆等。由于核电站大多位于东南沿海地区，研究堆分布于内陆地区，而现有后处理设施位于西北内陆，根据我国乏燃料运输能力，截至2015年一直采用公路运输的方式实施。

进入21世纪，我国公路建设突飞猛进，公路桥涵设计标准提高，自主开发出技术性能先进的套件运输专用车辆，均为特种运输创造有利条件。但随着乏燃料运输需求持续增长，开展公铁海联运体系建设十分必要。

### （二）大亚湾核电站乏燃料运输

20世纪80年代末，广东核电合营公司与中核总就大亚湾核电站乏燃料处理达成共识：中核总归口管理，采取上门取货方式，并于1990年6月签订《大亚湾核电站乏燃料运输与贮存可行性研究技术服务合同》。随后中核总组织开展大亚湾核电站乏燃料运输方案全方位可行性研究，委托中国汽运总公司进行乏燃料公路运输可行性研究以进行比较，为实现大亚湾核电站乏燃料安全运输做了前期准备。

中核清原公司成立后，自1996年起组织相关单位开展乏燃料运输系统设计和研究。1996—1998年，中核清原公司与英国核燃料公司（BNFL）合作开展中国乏燃料运输体系设计研究。1998年中核清原公司在国防科工委等部委牵头下，开展核材料过境运输前期工作。1999年，中国国家原子能机构委派中核清原公司担任IAEA运输安全标准委员会委员，参与《放射性物质安全运输条例》等近10个国际标准与准则起草、修订工作。

2000年起，中核清原公司针对大亚湾核电站乏燃料运输开展了运输体系建设方案评审、运输容器采购、经路考察等专项工作。2002年组织物流运输公司对沿途6省1区道路、桥梁、隧道进行详细勘察、验算，提出以高速公路为主、国道为辅的运输方案。到2003年3月，全线具备通行条件。

2003年5—6月，中核清原公司完成模拟运输和核应急综合演习。2003

年9月，完成大亚湾核电站乏燃料运输项目首次装料。经过25天长途公路运输，2003年9月26日安全运抵中核四〇四公司，实现我国核电站乏燃料首次运输。

截至2015年，中核清原公司完成大亚湾核电站乏燃料17批次（33容器次）858组外运、6批次（12容器次）312组场内转运。

### （三）研究堆乏燃料运输

为保障民用、军工研究反应堆卸料运输需求，自1999年起，中核清原公司多次完成中国原子能院、中国核动力院、中国工程物理研究院、上海市计量测试技术研究院、山东省地质科学实验研究院等多家单位反应堆和微堆乏燃料运输。特别是在2009年5月，中核清原公司克服运输任务重、设施破坏大等诸多困难，连续行驶2 600千米，按规定时间和线路，完成“5·12”汶川特大地震中受损的乏燃料组件的外运工作，得到有关部委表扬。

截至2015年，中核清原公司共实施28批次、357容器次研究堆乏燃料运输工作。保持了微堆、研究堆和百万千瓦级商业核电站等各类堆型乏燃料50批次和放射性废源废物近7 000万吨千米安全无事故运输记录。

## 三、离堆贮存

乏燃料比活度很高，释放大量衰变热，必须贮存一段时间待放射性和余热降到一定程度后再进行后续操作及处理。动力堆产生的乏燃料分两阶段贮存管理，一是在堆贮存，放置在核电站区域内的乏燃料水池，在堆贮存时间一般是10~20年；二是离堆贮存，在堆贮存期满后，乏燃料运到离堆贮存设施，对乏燃料进行集中贮存并实施统一管理。

### （一）离堆贮存的主要方式

乏燃料离堆贮存方法分为湿法贮存和干法贮存两种。湿法贮存通常在厂房内建造乏燃料水池，将乏燃料放置在水下的贮存格架中，通过含硼水循环冷却乏燃料并控制其反应性。湿法贮存发展较早，技术成熟，具有冷却能力高、密集贮存、易于操作等特点。乏燃料干法贮存主要有混凝土筒仓系统和金属容器系统两种类型。与湿法贮存相比，干法贮存几乎不产生二次废物，其运行和维修比较简单，环境污染较少，扩建灵活性较大，适于长期贮存。

### （二）离堆贮存设施建设与使用情况

我国投运的乏燃料湿法离堆贮存设施是中核四〇四公司乏燃料 500 吨贮存水池，采用湿法卸料，建在贮存厂房内。该设施 2003 年 9 月投入运行，截至 2015 年已基本满容。中试厂乏燃料贮存设施扩建工程已建成，扩建了两个贮存能力均为 400 吨的 C1 池和 C2 池。

秦山核电三期引进了重水堆乏燃料干法贮存设施，首批两个贮存模块于 2009 年建成投运。贮存模块选用 MACSTOR-400 型混凝土模块，设计寿命 40 年，具有安全性高、建设和运行维护费用低等特点。2012 年，3、4 号模块开工并于 2013 年年底投运。

# 第二节　乏燃料后处理

## 一、后处理现状及其产业发展的重大意义

我国乏燃料后处理技术于 20 世纪 80 年代开始由军转民，重点面向核电领域。1983 年 6 月，国务院科技领导小组主持召开了“核电站辐照燃料后处理技术论证会”，经过对我国核电发展远景、国内外铀资源情况、国内后处理技术水平、后处理的安全性和经济性等诸多方面论证，做出了“发展核电必须相应发展后处理”的决策，并于 1987 年在联合国推进核能和平利用国际会议上对外公布。

进入 21 世纪以来，随着我国核电的进一步发展，后处理迎来新的发展机遇，国家高度重视核燃料循环产业的发展，加大核电站乏燃料后处理技术的研发力度。鉴于我国后处理技术和能力在整体上仍处于相当落后的状态，国家出台相关办法和规划支持后处理发展。2008 年商用后处理厂技术研发纳入国家核电科技重大专项，开展了前期研究，规划了商用后处理厂项目，并启动了中法合作。2010 年 7 月，财政部、发改委和工信部联合印发《核电站乏燃料处理处置基金征收使用管理暂行办法》，确定了国家乏燃料管理模式，规范了基金征收、使用和管理办法，使得乏燃料离堆贮存与后处理具备了政

策和资金上的条件。

随着核电在中国的安全高效发展，乏燃料后处理越来越受到重视并得到各方面的认可和理解。乏燃料后处理可大幅度提高铀资源的利用率，是核能可持续发展的必要保障；后处理可大大减少高放废物和低放长寿命废物的数量和放射性毒性，优化放射性废物管理。

## 二、后处理技术研究进展

乏燃料后处理是核能可持续发展的重要保障。自 20 世纪 90 年代开始，我国开展了后处理技术研究，主要包括先进无盐 PUREX 二循环流程研究、高放废液分离研究等。在此基础上，提出拥有自主知识产权的先进无盐分离流程，列入国家核电科技重大专项。在后处理科技重大专项中，除了对工艺流程的研究，还按照工程科研要求设立废物整备技术、关键设备与材料、分析检测和自控、核与辐射安全、设计技术等研究项目。截至 2015 年年底，乏燃料卧式剪切机、连续溶解器、钚尾端连续过滤-沉淀-煅烧等关键设备以及计算机模拟工艺过程等研究课题取得阶段性成果。

我国干法后处理技术研究始于 20 世纪 60 年代，90 年代初期开展了熔盐电化学分离技术的基础研究。进入新世纪后，干法后处理技术研究得到较快发展，针对快堆乏燃料等开展了前期研究。中国原子能院初步建立每批次千克级铀电解精炼研究平台，金属电解精炼流程已经百克级冷铀实验验证。

## 三、后处理中间试验工厂建设

动力堆乏燃料后处理中间试验工厂（简称中试厂）是我国自主设计、建造、管理的唯一动力堆乏燃料后处理设施，国外相关技术封锁比较严密，而工程质量、安全要求非常高，涉及系统多而且复杂，建设难度非常大。

1986 年中央领导提出把四〇四厂建成我国后处理基地的批示精神，1987 年 7 月国家计委批准在四〇四厂建造我国第一座核电站乏燃料后处理中试厂。1990 年 3 月，乏燃料后处理中试厂设计任务书和可研报告获国务院批准，1993 年 6 月完成中试厂初步设计并获国家计委批准。经过多年设计、验证，于 1998 年 4 月浇筑第一罐混凝土，中试厂工程全面启动。

2004 年 10 月，后处理设施水试全线贯通；2005 年 12 月，后处理设施酸联运试车成功，标志着中试厂工程建设基本完成；2007 年 6 月至 2008 年 12 月，中试厂后处理设施开展冷铀调试。2010 年 3 月，中试厂后处理设施开始热调试。热调试通过逐步提高系统放射性水平对首端、化学分离、铀尾端及钚尾端进行全过程调试。12 月 21 日，热调试取得成功。2013 年 10 月，中试厂 11 项科技成果通过中核集团的科技成果鉴定。这些成果表明我国已经基本掌握核电站乏燃料后处理的核心技术，为放大设计建造工业规模的动力堆乏燃料后处理工厂提供了设计参数与运行经验，为后处理产业发展奠定技术基础。

## 四、中法合作核循环项目

2004 年，中核集团提出引进国际先进后处理技术，有关部门对此大力支持。经有关部门协调，利用法国向我国推销 EPR 核电站机会，以购买大型后处理厂作为引进法国 EPR 核电站捆绑条件，提出中法合作在中国建设年处理能力 800 吨的大型商用乏燃料后处理厂。

2007 年 11 月，中法两国政府签订《发展和平利用核能合作协定的执行协议》（简称《执行协议》），之后两国政府及中核集团与法国阿海珐集团（AREVA）签订了一系列声明、备忘录等，开展了技术、商务交流与谈判。

中核瑞能科技有限公司 2011 年组建以后，在中国核电工程公司、中国原子能工业有限公司等单位积极支持下，具体负责大型商用后处理厂的选址、中法合同谈判、项目立项等前期工作。

2013 年 5 月，中法合作核循环项目合同谈判在北京正式启动。

2014 年 3 月 27 日，国家主席习近平和法国总统奥朗德共同见证双方企业签署《关于中法合作核循环项目长期合作的谅解备忘录》，标志着双方就工厂运行后继续合作的意向和基本原则达成了共识。

截至 2014 年 11 月，中法双方完成十轮谈判，形成近万余页合同文本。

中法合作核燃料循环项目是典型的高科技系统工程和高端产业项目，由 AREVA 承担总体技术责任，中核集团负责建设。该项目具有三方面功能，一是每年处理 800 吨核电站乏燃料，提高铀资源利用率；二是建设乏燃料离堆贮存中心，一期贮存能力为 3 000 吨；三是将高放废液玻璃固化，实现高放废物长期管理的固有安全。该项目的建成，可使我国快速获得大型核电站乏燃料后处理能力，实现大批量乏燃料的安全贮存与处理；可使我国深入了解法国核能特别是后处理工业技术发展路线、政策和管理经验。同时，该项目还是为快堆提供燃料的关键环节。

## 第三节　放射性废物处理

放射性废物，是指含有放射性核素或者被放射性核素污染，其放射性核素浓度或者比活度大于国家规定的清洁解控水平，预期不再使用的废弃物。放射性废物处理，是指为了能够安全和经济地运输、贮存、处置放射性废物，通过净化、浓缩、固化、焚烧、压缩和包装等手段，改变放射性废物的属性、形态和体积的活动。

### 一、放射性废物管理的法律法规和标准

20 世纪 80 年代起，核工业部科技委组织部机关、科研设计院所和厂矿的技术与管理人员，对放射性废物处理、处置等有关政策和技术路线进行深入探讨，理清思路，达成共识。其中包括高放废液玻璃固化、中放废液水力压裂与大体积浇注处理处置、低放废物沥青固化与水泥固化、低放废物浅地表区域处置政策等。这些共识为制订部门规章和标准打下基础。

1987 年，核工业部颁发《核工业低中水平放射性固体废物管理规定》，提出控制产生、分类收集、减容固定、严格包装、就地暂存、安全运输和区域处置等完整配套的管理政策。

在 1987 年发布的国家标准《辐射防护规定》（GB 8703—87）中，提出放射性废物管理的原则。

1992 年经国务院批准，国家环境保护局发布“中、低水平放射性废物处置的环境政策”，除对放射性废物贮存和处理提出政策要求外，明确建造区域性中、低水平放射性废物处置场以及中核总负责处置场的选址。

1993 年，国家标准《放射性废物管理规定》（GB 14500—93）颁布，自 1994 年 4 月 1 日起执行。该标准在 2002 年 8 月 5 日修订后重新发布，2003

年4月1日起执行。

2003年6月28日，《中华人民共和国放射性污染防治法》经中华人民共和国第十届全国人民代表大会常务委员会第三次会议通过，自2003年10月1日起施行。

2011年11月30日，《放射性废物安全管理条例》经国务院第183次常务会议通过，自2012年3月1日起施行。该条例提出，放射性废物的安全管理，应当坚持减量化、无害化和妥善处置、永久安全的原则。

## 二、放射性废物处理技术研究与工程建设

### （一）高放废液贮存和处理研究与玻璃固化工程建设

高放废液主要来源于生产堆、动力堆乏燃料后处理。

我国高放废液贮存在不锈钢和其他耐腐蚀合金材料贮罐中，高放废液贮存安全风险主要是废液泄漏和氢气燃爆。通过严格控制贮存设施的设计和建造质量，运行期间严格控制工艺参数，严格执行安全控制技术措施和安全管理措施，高放废液贮存安全得到充分保障。

高放废液处理主要包括蒸发浓缩和玻璃固化。我国原采用外加热自然循环式蒸发器，核工业第二研究设计院设计了釜式蒸发器的连续蒸发-脱硝装置。

自20世纪50年代以来，国际上玻璃固化已开发许多工艺，主要有罐式法、回转炉煅烧-感应熔融两步法、焦耳加热陶瓷熔炉法、冷坩埚法等四种工艺。我国在70到80年代初开发过罐式玻璃固化法，80年代中期转为电熔炉玻璃固化研究。中国原子能院对冷坩埚技术进行了大量前期研究，正在研发300毫米直径冷坩埚全套装置。

20世纪80年代至21世纪初，八二一厂与德国企业合作研究高放废液处理技术，在八二一厂建设了1：1规模的台架设施，对高放废液组成、玻璃配方、工艺配方以及玻璃固化冷台架工艺运行参数等进行了大量试验。在建的玻璃固化工程于2014年6月27日开工建设，2015年2月启动设备安装，2018年启动冷调试，2020年将启动热调试，预计2021年正式投产，该工程是国务院批复的“八二一厂中长期退役治理总体规划”中最重大和技术最复

杂的一项放射性三废治理项目，核心工艺设备及主要机械设备从德国引进，采用陶瓷电熔炉玻璃固化工艺，将高放废液转换成稳定的高放废液玻璃固化体。玻璃固化工艺包括：废液接收、玻璃固化、尾气处理、二次废液处理等主工艺及配套工艺。

### （二）中低放废物处理技术研究

中低放废物处理是为了安全和经济地进行放射性废物处置而预先进行的改变放射性废物物理和化学状态的操作过程，包括浓缩、固化、焚烧、超压、熔炼、贮存以及转运等。处理过程中有时还会产生新的废物，即二次废物。

20 世纪 80 年代开始，中国原子能院、中辐院、中国核动力院、中国核电工程公司等科研院所和中核四〇四公司、八二一厂等单位，围绕中低放废物处理技术路线与方案、废物分类标准及清洁解控水平、废物回取及分拣、废液浓缩及分离、水泥及沥青固化、压缩与焚烧减容、废物整备等核心内容，开展了大量科研、技术开发与设备研发，为我国各类中低放废物处理工程建设与运行提供了重要保障。

### （三）中低放废液水力压裂处理处置工程建设

80 年代八二一厂提出“水力压裂地下水泥固化法”的技术路线，将处理与处置合为一体，建议引进美国橡树岭国家实验室的水力压裂页岩处置中放废液的技术。1988 年，中核总批准八二一厂水力压裂处置中放废液安全分析、环境影响评价和可行性研究报告，同意引进该技术。1993 年中核总批复初步设计；1993 年 10 月主厂房破土动工，1995 年 5 月厂房基本建成，1995 年 6 月引进设备试车验收。

1996—2006 年期间，在压裂井中进行了 12 次压裂注浆试验，累计处置中放废液上清液数千立方米以及中放泥浆数百立方米。八二一厂中低放废液水力压裂处理处置的实施对于降低环境和辐射安全隐患起到重要作用。

### （四）大体积浇注水泥固化处理处置工程建设

中放废液大体积浇注水泥固化是将放射性废液与水泥配料混合成的浆液浇注并固结于地下大混凝土槽内的过程，也是一种将处理与处置合一的方法。

20 世纪 90 年代，中核四〇四公司中放废液水泥固化大体积浇注处理处置工程开始建设。2000 年 6 月工程建设完工，2004 年 1 月工程热试成功。

2007 年，中放废液浇注分四批安全、优质、高效地完成生产运行。其后，该工程通过国防科工委竣工验收，并获得运行许可。2007 年，“中放废液大体积浇注水泥固化工程技术”科技成果填补国内空白，达到国际先进水平，荣获国防科工委国防科技进步一等奖。

2008 年以来，该工程投入运行，截至 2015 年年底处理处置中放废液上万立方米。同时完成科研项目几十项，取得发明专利 2 项。

### （五）中低放废液处理设施建设

2008 年，中核四〇四公司低放废液处理设施开始建设，工程年处理量为 30 000立方米，主要采用蒸发浓缩结合离子交换工艺。在低放废液处理设施投运前，天然蒸发池还需继续承担低放废液处理任务，为保证天然蒸发池安全运行和正常维护，2001 年对天然蒸发池进行防洪加固，提高其运行安全性。截至 2015 年低放废液处理设施完成热试车，具备报运条件。

八二一厂自建厂以来就采用蒸发浓缩、离子交换工艺处理低放废液，并将浓缩液安全贮存。2009 年开工建设中低放水泥固化工程，该工程是“液转固”的关键，八二一厂联合中国核电工程有限公司攻克了该工程中工艺设计与运行的系列技术难题，并于 2015 年 12 月生产出第一桶合格的放射性水泥固化体，成功实现了稳定运行。中低放水泥固化工程打通了放射性废液“液转固”的关键环节，标志着中核集团中低放废液处理能力全面形成。

### （六）中低放废物热解焚烧处理

中低放废物热解焚烧处理技术主要用于放射性废物的减容，可处理可燃固体废物、废油和废树脂，是我国核环保领域一项重要成果，也是我国放射性废物治理领域从完全自主研发到实现工程应用的典型范例。该技术由中辐院历经小实验、台架试验、中间试验和工程试验，在国内建成三座焚烧设施，国外一座焚烧设施在建。该技术成果获国防科技进步一等奖，获国家优秀发明专利奖，形成十几项专利组成的专利群。

1996—2000 年，中辐院承担预研课题“多用途放射性废物焚烧系统及工程试验”。针对我国核燃料循环设施放射性废物特点，建立了一套能处理固体废物、树脂和废油的多用途放射性废物焚烧工程试验装置，进行实验验证，完成废物焚烧技术向实际应用的过渡。

2002 年利用该技术在中国工程物理研究院建成我国首座放射性废物焚烧设施。2010 年第二座焚烧设施在中核四川环保公司建成，2014 年第三座焚烧设施在中核四〇四公司建成。2014 年巴基斯坦恰希玛核电站提出建设需求，成为我国首个实现出口的核环保工程技术及装备项目。

**（七）低放有机废液热解焚烧处理**

八二一厂低放有机废液主要是废磷酸三丁酯–煤油（TBP/OK）体系。热解焚烧法能较好地解决磷酸腐蚀难题，TBP 在氮气环境中于 350~480 摄氏度下热解，热解气体与煤油汽化气体燃烧后产生的尾气经净化处理排入大气，主要放射性核素集中在热解产生的热解灰（焦磷酸钙）中，热解灰装废物桶暂存最后送中低放废液综合治理工程水泥固化处理。

八二一厂 TBP/OK 热解焚烧装置引进德国技术，年处理能力约为 200 立方米，是我国第一个热解焚烧处理放射性 TBP/OK 工程。截至 2015 年，该工程基本建成。

## 第四节　核设施退役

1985 年开始，核工业启动早期核设施退役工作。20 世纪 80 年代末，我国主要核军工生产设施指令性停产关闭并转入退役阶段，其他已停役的核设施也转入退役阶段，退役治理的技术难度与工程数量日益突现。退役治理是核军工的延续和发展，使命光荣，责任重大。退役治理工作是一项计划、管理问题突出的工作，涉及面非常广，难度极大。国防科工局、环保部、财政部等部门和地方政府的大力支持，是退役治理工作顺利开展的根本保证。

1990 年起，我国设立“军工核设施退役与放射性废物治理”专项，通过专项实施达到消除核安全隐患、防止放射性污染、保护公众健康与环境、促进核工业健康发展的目的。

中核集团作为肩负国家安全责任的国有军工企业，高效、及时完成退役治理专项工作是义不容辞的历史责任。经过20多年努力，核工业退役治理能力大幅提升；高放废液安全贮存；大量放射性废液得到固化；一大批放射性固体废物实施处置；铀矿地勘、采冶设施退役及环境整治有效实施，极大改善了环境、保护了公众健康；二二一厂整体退役完成，达到无限制开放要求；重点核设施退役有效推进，重要节点按期完成；重大安全源有效控制，极大地消除了安全隐患。

## 一、铀地质矿冶系统的退役与环境治理

铀矿地质勘查开发产生的固体废物的废石堆存量和尾矿量达几千万吨，废石堆场6 408个，废石量4 256万吨，尾矿库15个，尾矿量2 690万吨。铀矿地质勘查排到地表的废（矿）石、铀尾矿到2010年已治理的废石量达到1 147万吨，占34.8%。2011—2015年，再治理废（矿）石、铀尾矿450万吨，占应治理数量的13.7%。

1986年，铀矿冶组织关停退役新疆、河南、甘肃等地区6个铀矿冶企业，开始小规模退役治理。1990年，对湖南、广西、贵州、江西等地区5个铀矿冶企业进行退役治理。1994年，关停广东、云南、浙江、辽宁等地区7个铀矿冶企业，进入铀矿冶大规模退役治理阶段。

铀矿冶在退役治理中按照“废物最小化、环境效益最大化；科学态度、实事求是、深入实际、调查研究；体现环境生态文明；百年大计、质量第一”四项原则，采取回填利用、相对集中、封闭坑井口、安全稳定、覆土隔离、清洗去污等技术政策，取得较好的治理效果。

到2014年，铀矿冶总治理土地面积740万平方米，其中79.1万平方米达到无限制开放使用，占10.7%；氡释放量由治理前$1.72\times10^{14}$贝克/年，降低到$2.20\times10^{13}$贝克/年，减低87.2%；最大个人剂量均满足0.25毫希伏/年的限值要求，集体剂量降低85%。就固体废物治理而言，完成铀尾矿整治数量是我国历年累计总量的34.6%、完成铀废石整治数量是我国历年累计总量的47%。

## 二、二二一厂退役

二二一厂是我国第一个核武器研制、试验、生产基地，始建于20世纪50年代末期。中国第一颗原子弹在这里诞生，中国第一颗氢弹也在这里研制成功。30多年来，二二一厂为核试验、两弹的武器化、核武器装备部队作出了重要贡献。

二二一厂位于青海省海晏县境内金银滩，占地面积570多平方千米。厂址四面环山，滩地地势平坦，海拔高度为3 050~3 300米，属低山丘陵地貌。年平均气温0.9摄氏度，属高原大陆性气候。厂址离省会西宁103千米，西面距青海湖30千米。

20世纪80年代，中央正确分析国际形势，认为从当时算起起码15年内世界大战打不起来。应该充分利用这个机遇，调整战略武器发展方针，缩短战线，多研制，少生产。1987年6月24日，中共中央、国务院、中央军委决定二二一厂退役关闭，二二一厂完成了它的研制生产使命。

二二一厂退役是我国第一个大型核基地的全面退役，要求撤厂后厂房、生活设施等移交青海省安排利用。厂区核设施退役处理，关系着570多平方千米生态环境的恢复，关系到二二一厂能否撤销移交，关系到当地政治、经济、社会发展，关系到民族团结、社会稳定。

中核总组织多方论证，确定基地退役采用国际上公认的“三级退役标准”，即厂辖区内设施和场地均达到不加任何限制永久性开放。除严格执行我国有关法规、标准外，还针对某些当时国内尚无可循的标准，慎重、周密地制定专用于二二一厂退役的管理限值，这些限值等同于当时国际上最严格的标准。

在撤厂同时，二二一厂留下了一支技术过硬的专业队伍，组成核设施退役专门机构，承担厂辖区内核设施（包括非放射性设施）退役环境治理的艰巨任务。

1988年6月，二二一厂与中辐院签订技术服务合同，拉开核基地退役的序幕。中辐院为退役工程提供技术服务，内容主要包括污染源项调查、退役方案制定、退役施工辐射监测与辐射防护、退役工程的质量保证、某些试验设施和实验室的去污、试验场地的清污、污染物的处置以及终态验收等。

为保证核设施退役工程的质量，二二一厂严格履行国家有关审批手续，严格按照科学程序办事。在核设施退役之前，二二一厂向国家主管和监管部门提交退役工程的可行性研究报告、初步安全分析报告和初步环境影响报告、初步设计书、验收管理办法等，经有资质的专业机构和专家审查，获得国家审管部门批准许可，才开始实施退役工程。

根据二二一厂核设施的运行实践和核设施退役区域的划分原则，退役范围主要包括污染水平超过退役执行标准Ⅰ类污染区域和污染水平部分超过退役执行标准的Ⅱ类污染区域。退役工程范围共涉及19个子项工程。

二二一厂核设施退役的污染源项调查是在对核材料及某些仪器设备进行清理后进行的，调查的目的和质量要求是：（1）确定退役核设施污染对象类型、特征和范围；（2）确定核设施内放射性物质的分布、状态和数量；（3）为核设施退役可行性研究报告、安全分析报告、环境影响评价报告、初步设计和实施工艺等文件的编制提供可靠依据。污染源调查中辐射检测分析项目包括：污染核素类型、表面污染水平和γ照射量率的测量与各类样品的核素分析等；共检测面积16万平方米，采集各工号内外、场地内外环境土壤、水体、生物和空气等样品1 600多个。分析方法均采用国标规定或推荐的方法。

二二一厂核设施退役工程方案主要包括：贫铀污染的机床设备、设施和各车间、实验室设备去污后有的按原功能利用，有的按回收金属利用；各种管道去污后按回收金属利用；铀屑运至二〇二厂，其他少量固体废物固定后外运至四〇四厂；手套箱去污解体后作废钢铁利用；镭-226污染固体和液体废物分别固定或固化后外运至四〇四厂，轻微污染物送填埋坑填埋；爆轰试验场大面积轻微污染砂土、废物临时掩埋场污染砂土和室外场地污染土壤，铲除或挖出送到填埋坑填埋；防护钢墙和建筑物去污；可燃性污染物由焚烧炉焚烧，炉灰固定后外运至四〇四厂；受放射性轻微污染的非金属类固体物于填埋坑填埋。

为按计划全面完成退役工程，组建了退役工程的组织管理和质量保证体系。建立了由二二一厂厂长及有关人员组成的退役工程领导组，负责组织领导退役工程的全面工作。退役办公室负责组织实施退役工程计划和进度安排，收集整理所有退役工程资料与文件，处理退役日常工作。退役工程协调组由二二一厂和施工单位有关人员组成，负责协调退役工程中设计、施工、进度、监测、开工和验收等工作，解决和协调施工中遇到的问题。质量保证组由二二一厂、中辐院和二七九厂的质量保证负责人和质量监督员组成，主要负责退役工程质量目标的制定，监督质量标准的贯彻，确定质量标准的监控方法，组织施工质量的检查，及时解决施工中的质量问题。地方当局（包括青海省国防科工办、青海省辐射环境监测站等）则参与交工验收委员会、质量保证组和工程协调组的工作。

在退役实施过程中，首先，制定周密稳妥的环境治理方案，投入足量资金和人力，按批准的作业计划具体实施；其次，为确保退役安全，对退役作业场所的辐射水平、空气中放射性核素浓度以及表面污染水平、污染范围等进行普查检测，并作详细记录；第三，高度重视放射性废物的运输、处理和处置，做到不留任何后患；第四，对设施、设备、材料的复用和场地的开放，符合国家有关标准的规定；第五，吸收地方有关部门参与退役全过程，在质量管理、监督、检测、验收等环节上，重视他们的意见，发挥他们的作用。

1988 年 6 月，二二一厂开始对 570 多平方千米工业区进行全面退役治理。在有关部门和地方政府关怀和支持下，中核总领导现场指导协调下，由二二一厂、中辐院、核工业第五研究设计院、核工业北京地质研究院（简称核地研院）、二七九厂及地方有关部门等组成的专业队伍，结合自身优势，分工协作，联合行动，历时 5 年，完成二二一厂退役。

1993 年 6 月，“二二一厂核设施退役工程国家验收会”在北京召开。国家验收委员会由国家计委、国防科工委、国家环保局、卫生部、青海省政府、中核总及国内各方专家组成。审议结果表明，二二一厂退役工程实施的调查论证、治理方案、作业设计、运行操作，以及各种测试方法和设备，都具有相当高的水平，完全符合国家有关规定，其安全程度达到国际最严格和最可靠的标准，整个工程质量优良。会议一致认为，二二一厂退役是非常成功的，可移交地方政府安排利用，并实现永久性开放。

二二一厂撤点销号还面临职工和离退休人员的安置。经过广泛征求意见讨论和对 10 个省市 20 多个城市的考察，人员集中安置在河北廊坊、山东淄博、安徽合肥、青海西宁 4 个城市，以及分散安置在全国 27 个省市 532 个县市，人员安置问题得到妥善解决。

1994 年 6 月 15 日，二二一厂与青海省海北藏族自治州签订移交协议，成为世界上第一个化剑为犁的核武器研制基地。

二二一厂退役后，昔日的“原子城”成为青海省海北藏族自治州州府所在地西海镇。这里，旧的建筑物换上了新装，一座座新的建筑拔地而起。原来的厂招待所，成为涉外旅游宾馆。这里还是每年一度的环青海湖国际自行车赛的起点站和终点站。一些街道的名称，如原子路、西海路、将军路、金滩路和银滩路，把历史与现实巧妙地结合在一起。街道两旁，彩色的瓷砖地面，汉白玉的栏杆，被花草和树木点缀得更加美观。“原子城”被青海省列为爱国主义教育基地，“中国第一个核武器研制基地”纪念碑和一些展览室，记载着它为中国核武器研制创立的千秋功业。

2003—2006 年，国家环保总局组织相关单位对二二一厂场址开展“退役后 10 年辐射环境状况综合评价”，评价表明：二二一厂的退役是成功的，工程质量达到退役后不留后患、今后不再需要采取补救行动的最终目的。

## 三、重点核设施退役

### （一）中核四〇四公司相关设施

1990 年国家退役治理专项启动后，中核四〇四公司全面开展退役治理。截至 2015 年，完成生产堆第一阶段退役和后处理主工艺设施第二阶段退役；进行军用后处理中间试验厂退役前期准备工作；建成高放废液备用贮槽、中放废液大体积浇注水泥固化处理处置设施、中低放固体废物转形站、α 废物暂存库以及堆工区放射性固体废物处理设施；实现了高放废液安全贮存，安全处理处置军工生产期间暂存中放废液，清理并处理了各类放射性固体废物，放射性厂房各系统去污；消除了部分核与辐射安全隐患，减缓放射性废物暂存对环境保护的压力，保证了核安全和环境安全。

我国大型反应堆退役是从 801 堆开始的。当时处于 20 世纪 90 年代退役刚起步阶段，设计、施工、规范和标准等不够健全，国际上也无成熟经验借鉴。而 801 堆退役涉及工程项目多、工程性质各不相同、内容各有差异、现场情况复杂等诸多不确定因素。经过反复研究与现场调查，在国内首次提出并确立了生产堆退役的“三阶段、四步骤”的技术方案，为我国大型生产堆退役指明了方向，揭开了我国反应堆退役的新篇章。第一步（第一阶段）为封闭监护前的准备工作，包括停堆冷却、卸料、回路冲洗放空、拆除工艺管及石墨管、水池排空冲洗、剂量普查等；第二步（第一阶段）封闭监护期，包括Ⅰ区生物屏蔽内的堆本体封闭隔离、Ⅱ区房间除必要通道外都实施严格隔离封闭、Ⅲ区重要泵房等房间除必要通道外进行封闭，同时监视石墨砌体温度，风、水、电气和剂量监测等各服务系统要保持完好，定期启动检查；第三步（第二阶段）局部拆除期，即对反应堆系统内各区域进行拆除，主系统和设备基本拆除完毕后，再拆除风、水、电等各服务系统，同时进行房间的剂量普查；第四步（第三阶段）最后处置期，即堆本体就地埋藏或堆芯拆除。第一阶段退役于 2000 年前后完成，包括堆系统源项调查，厂房废物清查、处理和暂存，厂房清洗去污，服务系统整治等。截至 2015 年，基本完成第二阶段退役，建立了配套的放射性废物处理设施，对堆本体以外的大部分系统进行拆除，完成三回路及部分一回路拆除，对退役产生的放射性废物及时处理处置，累计处理各类废物上万吨。

后处理生产线是我国第一座退役的后处理设施。考虑到立即拆除能较快使核设施场址用于其他活动，较好地利用原有的辅助设施和设备，采取了立即拆除的退役策略。按照清洗去污、局部拆除、就地埋藏的技术路线，2000 年前后完成第一阶段清洗去污工作。截至 2015 年基本完成第二阶段拆除工作，拆除了埋藏阶段不需要的全部非放射性设备，对 α 污染严重的设备全部拆除、解体、整备及处理。

同时期中核四〇四公司完成我国首座铀转化生产设施退役，解决了大型铀污染罐体去污解体及氚辐射防护难题，消除了两座设施对周围环境和人员的影响，实现厂址有限制开放使用。

在退役过程中，根据工程需要开展了科研工作。研究开发了小物件超声波去污技术，解决了污染部件和小型工器具的去污、回收利用；研究开发了狭小空间去污、可剥离膜去污、放射性粉尘去污、“热点”去污等技术；建立了后处理主工艺系统源项测量评估技术，开发了管道开孔注入凝固剂封堵管道技术和专用工器具、封焊封堵工艺技术；引入高压水射流清洗去污技术，建立“三箱三槽三泵”化学去污工艺，实现了不锈钢管件的工程化去污；

建立一套完整的适用于核设施退役构件样品及环境样品的核素分离测量方法和积存量估算的数学模型。在退役过程中研制了多种取样工具，研制出多类型专用清理打捞工具。

**（二）八二一厂相关设施**

八二一厂核安全问题关系到国土安全和环境安全，受到党和国家领导人的高度重视。1990 年始，八二一厂工作重心进入退役治理阶段。

1987 年，八二一厂修建了 05 罐区防洪工程，1992 年新建高放废液大罐，1993 年 05 罐区新增环境检测井，1994 年高放废液倒料至新罐，2004 年完成 05 和 06 罐区实体保护工程，2005 年完成基础设施改造一期工程等。

1991 年始，八二一厂对反应堆厂房热铀、废物等清理、暂存，不定期处理放射性废水，开展源项调查等。1997 年，反应堆第一阶段退役立项，开展了多项科研项目，2004 年全部完成并通过竣工验收。同期开展十几个周期的后处理主工艺厂房、设备清洗去污，取得较好效果，在设计院配合下，探索了放射性废液处理技术路线和处置方法：高放玻璃固化处理工艺进行了两轮冷试验，为热厂房建设奠定条件；水力压裂处理处置中放废液 12 次；沥青固化处理低放废液上万立方米；2003 年 6 月后处理主工艺厂房退役获批，开展了源项调查、系统整治、废物清理等工作。

2008 年“5·12”汶川特大地震以后，张德江副总理两次视察八二一厂，指示要确保安全和万无一失。2009 年 2 月，国防科工局、财政部及环保部等部门联合批复《核工业八二一厂中长期退役治理总体规划》，规划以确保核安全为前提，以加快退役治理为主线，最终彻底消除八二一厂核安全隐患。

截至 2015 年，八二一厂完成了基础设施建设、安全应急整改、实物保护、放射性废物治理设施建设、退役及环境整治等类型的规划项目几十项，完成总投资达 40 多亿。通过规划项目的实施，提升了基础设施安全水平、核设施实物保护以及应急能力等，保障了各类核设施安全稳定运行，建立了放射性废物处理处置体系，基本实现了规划近期目标，退役治理工作进入程序化、规模化、产品化的新阶段。

**（三）中国核动力院相关设施**

中国核动力院核设施退役以 20 世纪 90 年代核潜艇陆上模式堆退役为起

点，主要围绕“四退役、四处理、两建设”开展工作。

“四退役”指陆上模式堆退役、模式堆辅助设施退役、放射性废物库及放化实验楼退役。陆上模式堆退役启动于 1989 年，主要开展反应堆本体及相关实验装置退役，退役过程中自主研发了大量专用装置及设备，到 2004 年完成全部退役工作，成为国内唯一完成的压水型反应堆退役工程。反应堆本体退役完成后，2008—2013 年完成了反应堆辅助设施退役，主要开展了热室实验室、废液处理车间、通风中心及反应堆相关辅助系统的退役工作，消除了堆本体退役后遗留的安全隐患；2008—2017 年，完成原放射性废物库退役，将原放射性废物库的中、低放废物进行回取后按照最新管理要求进行装箱整备及外运处置。2013—2017 年，完成放化实验楼退役工作。

“四处理”指放射性气载废物处理、放射性废液处理、蒸残液的固化处理和固体废物的分类处理与处置。中国核动力院随反应堆建设了放射性通风中心、放射性废液处理主车间、水泥固化车间和放射性废物暂存库，配套处理反应堆运行及科研产生的“三废”。其中，水泥固化车间于 2009 年投入运行，已固化放射性蒸残液约 900 立方米，产生的中低放固体废物外运至处置场处置。

“两建设”指新建放射性废物处理中心和极低放废物填埋场。放射性废物处理中心是集废液处理、水泥固化、金属去污减容等多条废物治理工艺线为一体的综合性废物处理设施，2013 年年底开始建设。设施运行后，可极大提升该院涉核科研生产的后端保障能力。极低放废物填埋场主要用于退役产生的极低放废物就地填埋处置，2015 年建成并投入使用。

**（四）中国原子能院相关设施**

中国原子能院作为我国核科学技术的发祥地和基础性、综合性核科研基地，是我国退役治理技术研发核心单位，多年来开展退役治理相关科研工作，取得多项成果并得到实际应用，为我国退役治理工程实施提供广泛技术支持。

针对自身核设施退役与放射性废物治理任务，整合全院资源组建退役治理工程技术中心，新建数座三废治理设施提升治理能力，开展了放射性废物处理整备及外运处置，逐步解决多年积存放射性废物管理问题。此外，还陆续开展停运核设施源项调查、安全关闭、退役、废物检测、环境影响评价等，大幅度提升核设施安全及放射性废物安全管理水平，有力保障中国原子能院科研生产可持续发展。

中国原子能院固体废物暂存库早已停运封存，存在废物未分类、厂房损坏等严重问题，必须及早治理和退役，该库治理具有示范作用。建立了一套废物回取装置，包括气帐（密封工作间）、机器人，适用的切割工具；建立固体废物预处理车间，对低放固体废物实施切割、分拣、预压实、包装、检测和标识等多项处理整备工作；完善现有超级压缩车间内的废物桶接收系统及水泥固定系统；在扩建部分增设钢箱运输设备。在国内首次采用机器人远距离回取库坑内的废物；首次采用可移动式气帐；采用机器人对废物进行分拣，同时配合机械手将废物分类装桶；首次采用钢箱盛装废物压缩饼，便于水泥灰浆的注入和运输，并可简化处置场的操作。

## 第五节　低中放固体废物处置

经过20世纪70、80年代的相关论证，我国陆续出台中低放固体废物处置的政策、法律法规与标准。我国对放射性固体废物实行分类处置，低中放固体废物实行区域近地表处置。另外，废放射源实行集中贮存，极低放固体废物实行填埋。中核集团按照国家政策与法律法规及标准规定，开展低中放固体废物处置的科研与技术开发，建造和运行区域处置场，治理军工和民用废放射源。

### 一、废放射源治理

#### （一）军工遗留废放射源

20世纪90年代中后期，为清除军工科研生产遗留的废放射源带来的安全隐患，中核清原公司开展军工遗留废放射源治理前期工作，进行废放射源的核查、鉴定、分类、整备、包装、运输和贮存技术研究，完成了移动式放射源整备装置、放射源处置工艺技术等研究和开发工作。

2000 年 11 月，国防科工委批准中核集团军工遗留废放射源治理项目，要求将分散在各持源单位的军工遗留废放射源分片集中、核查、整备、暂存，最终运输至核工业西北废源集中贮存库管理。中核清原公司历时近三年，完成从 23 个省区市的 75 个持源单位将近万枚放射源（其中包含液体源、粉末源与 2 200 枚镭源）的集中、核查、整备与运输工作，2006 年 3 月通过项目验收，完成国内首个行业级废放射源治理专项工作。期间中核清原公司建设并运行国内首座国家级军工废放射源集中贮存库——核工业西北废源贮存库与国内首座国家级放射源集中贮存库——国家废源集中贮存库。

**（二）全国城市放射性废物库治理**

“全国城市放射性废物库治理项目”于 2005 年立项，中核清原公司依据国家环保总局有关文件及与各省辐射监测站分别签订的合同，对全国各省（直辖市、自治区）城市放射性废物库进行治理，将各废物库暂存废源经核查整备包装后运至国家废源集中贮存库长期贮存，将废物分拣、整备后运至西北处置场处置。

2007 年 6 月浙江省城市放射性废物库开始现场治理，标志着该项目启动，至 2010 年 11 月，中核清原公司完成 29 个城市放射性废物库现场治理，至 2011 年 3 月完成全部运输。中核清原公司陆续完成了核技术应用设施和核设施退役治理 60 余项，处理整备废放射源约 10 万枚，较立项时统计数量增加了 81.6%，整备形成 1 609.3 立方米低中放固体废物，全部安全运到西北处置场进行最终处置。

2007 年 8 月，在北京平谷库治理过程中使用远程操控机器人成功回取地坑内存放的 6 个高放 α 废物罐。与此同时还完成放射性污染稀土化工厂整体退役——上海跃龙化工厂退役等系列重大工程。

在全国城市放射性废物库治理项目实施期间，中核清原公司实施重点科研专项和优先发展技术项目，开展了复杂树脂源项处理、高放废物回取整备、闪烁液固化工艺、标准废物包装容器设计与制造工艺、大面积污染快速去除工艺与装备等一系列研究。2006 年获得放射性废物包装桶、包装箱 2 项发明专利，2008 年获中核集团科技进步一等奖、国防科技进步二等奖。

该项目实施对我国核技术应用产业产生的绝大部分放射性废物进行最终处置，为废放射源提供了安全贮存场所，发挥了国家放射性废物处置场与废源库的社会公益作用，具有显著的环境效益和重要的社会效益。

## 二、低中放固体废物处置研究

### （一）低中放固体废物处置方法及相关要求

低中放固体废物安全处置要考虑的主要核素是钴-60、铯-137和锶-90，一般隔离300~500年就可达到环境允许的水平，国际上较多采用近地表处置。含长寿命核素多的中、低放废物（如含碳-14的石墨废物、含镭废物等），要按长寿命核素的含量进行安全分析和环境影响评价，采取中等深度处置，我国正在编制相关标准和导则。

根据国家标准《低中水平放射性固体废物浅地层处置规定》（GB 9132—88），近地表处置废物包中核素半衰期大于5年、小于或等于30年的活度浓度限值不大于$3.7\times10^{10}$贝克/千克。西北处置场接收处置废物包中核素的活度浓度限值按照此规定执行。

### （二）低中放固体废物处置场安全评价

按照国家有关规范标准，分别于1992年、1998年和2002年申请审批西北处置场场址阶段、建造阶段和运行阶段环境影响报告，将安全分析作为环境影响报告书的一个章节，主要对场址工程安全和辐射防护安全进行分析评价。

飞凤山处置场在开展安全评价时，按照行业主管部门的要求，单独编写安全分析报告。飞凤山处置场分别于2009年、2011年申请审批场址阶段、建造阶段环境影响报告和安全分析报告，其中安全分析报告主要对基本源项分析、职业照射与释放景象分析及设施安全等进行评价。

经过IAEA等机构不断推动和一些国家放射性废物处置实践发展，安全全过程系统分析概念和方法技术已日趋成熟。IAEA于2012年发布《放射性废物处置安全全过程系统分析和安全评价》（特定安全导则第SSG-23号），核心理念为关闭后长时间尺度安全评价信心的建立，是贯穿处置场从选址调查、设计到建设、运行、关闭整个流程的一条性能控制与安全保证主线，可视为处置设施开发中技术与管理的结合。我国正在开展飞凤山处置场安全全过程系统分析研究，目标为建立符合 IAEA 安全导则要求的飞凤山处置场安全全过程系统分析体系。

## 三、低中放固体废物处置场建设与运行

中核清原公司在已有选址基础上，于 1998 年建成西北低中放固体废物处置场，1999 年试运行。针对不适宜在近地表处置场处置的长寿命低中放废物，提出建设中等深度处置场建议。

### （一）西北处置场建设与运行

20 世纪 80—90 年代，核工业第二研究设计院和中辐院共同论证了建造具有试验性质的西北处置场的可行性。1990 年，启动低中放固体废物西北处置场预可行性研究报告和场址预选报告的编制，1991 年 6 月通过审查。

1993 年和 1994 年，中核总组织编制了西北处置场环境影响报告和可行性研究报告。1994 年，国家环保总局批复西北处置场选址环境影响报告书。1996 年西北处置场施工建造，1998 年 7 月完成建造。1998 年 8 月国家环保总局批复西北处置场环境影响报告书。1999 年 8 月，西北处置场经国家环保总局和中核集团公司批准开始试运行，首次接收废物，2011 年国家核安全局颁发运行许可证。至 2010 年年底，已接受 6 467 立方米废物。

为满足“十一五”（2006—2010 年）期间西北地区新增废物处置需要，2007 年 9 月国家环保总局下发《关于对表面剂量率大于 2 毫希伏/小时的低中放固体废物包西北处置场接收处置安全论证报告的复函》，同意西北处置场开展技术改造。2008 年 8 月国防科工局批复西北处置场整治项目建议书（代可行性研究报告），2009 年 12 月中核集团批复初步设计。2010 年 6 月西北处置场整治项目施工，到 2012 年 10 月完成建设、设备安装和调试，2013 年通过竣工验收。

### （二）飞凤山处置场建设

飞凤山处置场建设列入国家“十一五”规划。2005 年中核集团提出启动飞凤山处置场建设项目。中核清原公司自 2006 年启动飞凤山处置场场址可行性研究阶段、场址特性评价阶段、申请审批场址阶段的地质勘察报告和

环境影响报告，编制《飞凤山低中放固体废物处置场可研报告》。

2009 年 10 月国防科工局审批通过飞凤山低中放固体废物处置场场址选址阶段安全分析，2010 年 9 月环保部批复通过审批场址阶段的场址环境影响报告。

2011 年 8 月处置场可行性研究报告获得批复；2012 年 9 月建造阶段环境影响报告获得批复；2012 年 9 月与 11 月，国家核安全局和国防科工局分别颁发飞凤山处置场建造许可证。2015 年 2 月处置场完成主体工程建设，计划 2016 年运行。

**（三）中等深度废物处置场研究**

中等深度处置是解决长寿命低中放废物去向并有效控制成本的方案。随着我国核工业发展，累积了相当数量的包括废放射源、研究堆及生产堆本体废物、石墨废物、中放上限废液固化体废物。此外，我国核电运行与退役也将产生长寿命低中放废物。根据调研，中等深度处置方式能为上述废物安全处置提供快速、彻底解决方案，从而解决我国面临的急迫现实问题。中核清原公司正在牵头组织开展中等深度处置前期科研项目的立项工作。

## 第六节　高放废物地质处置

我国高放废物地质处置研究从 1985 年起步，在国防科工局等部门规划、指导和大力支持下，高放废物地质处置研究工作在处置库选址、场址评价、缓冲回填材料筛选和特性研究、核素迁移等领域取得重要进展。从 20 世纪 80 年代至 2015 年，累计开展高放废物地质处置研究项目约 80 项。中核集团积极按照国家规划和目标，开展有关工作并取得大量成果。

### 一、高放废物地质处置研究开发的规划和计划

1983 年年初到 1985 年年初，核地研院调研国外研究现状，成立核废组，逐步掌握高放废物地质处置的基本原理、要求和方法。

1985 年 9 月，核工业部科技核电局组织制定了“高放废物深地质处置研究发展计划”（即 SDC 计划，后称 DGD 计划），成立研究协调组，于 1986 年 2 月实施。该计划目标是在 2050 年左右建成一座国家处置库，主要有核地研院、中国核电工程公司、中国原子能院、中辐院，中核第四研究设计工程有限公司（简称核四院）等单位参加。

1999 年，核地研院组织编制专项课题申请书“我国高放废物地质处置前期工程——甘肃北山预选区深部地质环境初步研究”（即北山一期项目），提出我国开发高放废物地质处置库可遵循选址—地下实验室—处置库的技术路线。

2006 年，国防科工委、科技部和国家环保总局联合发布《高放废物地质处置研究开发规划指南》，明确深地质处置开发“三步走”技术路线和总体设想，确定“十一五”重点任务。

2009 年，潘自强、钱七虎院士主持中国工程院咨询课题“高放废物地质处置战略规划”，提出我国高放废物地质处置研究开发和处置库工程建设可分为实验室研究开发和处置库选址、地下现场试验、处置库建设三个阶段。同年，国防科工局委托中核集团组织编制我国首个《高放废物地质处置总体规划》

2010 年，中核集团设立中核集团高放废物地质处置技术评价重点实验室。

2012 年，国务院发布的《核安全与放射性污染防治“十二五”规划及 2020 年远景目标》、国防科工局发布的《军工核安全规划》，均明确“2020 年前建成高放射性废物处置地下实验室”。

## 二、高放废物地质处置研究的主要进展

### （一）选址和场址评价

1986—1997 年，我国开展了高放废物地质处置库全国区域筛选和预选区初步评价工作。先后在全国筛选出六大高放废物地质处置库预选区，即华东、华南、西南、甘肃、新疆、内蒙古预选区，并预选出 21 个有利地段。在初步比较基础上，选定甘肃地区为重点地区，初步确定花岗岩、黏土岩为

预选围岩。

1998 年至今，有关选址工作由全国筛选阶段逐步转入到区域调查和地段筛选阶段。1999 年年底，国防科工委批准“高放废物地质处置甘肃北山深部地质环境初步研究项目”立项。2000 年我国高放废物地质处置第一钻施工，2002 年，核地研院完成该项目各项任务。

进入 21 世纪，核地研院牵头国内相关研究院所和高校，重点在甘肃、新疆预选区开展地质、水文地质条件、地震地质和社会经济条件研究，完成甘肃、新疆、内蒙古 3 大预选区 11 个重点地段 4 800 平方千米 1∶5 万区域地质调查评价以及 4.8 万平方千米 1∶25 万平方千米区域水文地质调查评价，500 米以上深钻孔 27 个、100 米左右浅钻孔 8 个施工完毕，获得深部岩石样品 1.7 万米以及水样和相关资料，建立和掌握花岗岩场址评价方法。

2011 年 7 月甘肃北山确定为我国高放废物处置库首选预选区。国家核安全局发布核地研院主编的《高水平放射性废物处置设施选址核安全导则》。

中辐院开展高放废物地质处置库黏土岩选址和相关研究，拟在西北地区筛选出 2~3 个黏土岩预选区，通过对比与评价研究，推荐 2~3 个黏土岩预选地段，建立黏土岩处置库选址与场址特性评价技术方法。

### （二）工程技术

1986 年以来，中国核电工程公司牵头开展了高放废物源项调查、国外处置库工程技术调研，进行我国地下实验室和处置库概念设计（第一版）。开展了低碳钢、铜镍合金、钛等材料在模拟条件下腐蚀行为研究。

2010 年，核地研院建立了我国首个高放废物缓冲材料大型试验台架——1∶2 大尺度缓冲材料 THM（热-水-力）多场耦合长期性能实验台架，2011 年投入运行，初步掌握缓冲回填材料长期性能评价方法。

### （三）物理化学

中国原子能院牵头开展了 30 余项相关研究，建立核素形态、化学行为和迁移行为的部分分析方法，获得镎、钚、锝在特定条件下迁移参数；开展了不同场址、不同围岩对玻璃固化体中核素浸出源项的影响研究。中国原子能院建成模拟多重屏障体系、多重因素的 1∶100 工程规模实验装置 25 套。

### （四）安全评价

中辐院开展了地质处置安全评价相关研究。对国外安全评价技术进行调研和跟踪；完成高放废物地质处置安全分析调研报告；进行处置安全战略研究、安全评价现状调研和框架体系研究等；建立高放废物地质处置安全总体构架，初步构建安全评价技术体系，提出高放废物地质处置安全原则和辐射防护目标，建立安全评价准则和安全指标体系，初步筛选出安全评价和环境影响评价景象；选用简单模型和文献参数，进行初步安全试评价。

### （五）缓冲回填材料特性

1986 年开展对回填/缓冲材料研究，研究了浙江安吉、临安的膨润土矿和缙云的沸石矿，甘肃红泉和大草滩以及四川小梁包（又名富顺）和仁寿膨润土矿床等膨润土的基本特征。1994 年 5 月，全国膨润土矿床筛选专题组收集全国膨润土矿床地质资料，选择重点地区膨润土矿床实地考察，1994 年到 1996 年完成膨润土矿床筛选报告及其续集编写，编制全国膨润土矿床分布图以及 10 个重点矿床地质图。1996 年以后，高庙子矿床经研究表明作为我国高放废物处置库回填/缓冲材料的供应基地是适宜的，被选定为首选矿床。2000 年之后，核地研院建立回填/缓冲材料和岩石力学实验室。

## 三、高放废物地质处置地下实验室建设的主要进展

地下实验室是开发高放废物地质处置技术的重要设施，是处置库开发过程中不可或缺的一个重要环节。目前，北美、西欧和日本、韩国等国家或地区建成 26 个高放废物地质处置地下实验室。

### （一）前期选址工作

1987 年 7 月，核地研院对北京地区花岗岩岩体、废旧矿山和地下人防工程进行调查，筛选出怀柔石湖峪钼矿、寿王坟铜矿和庞家堡铁矿三个废旧矿山。1988—1995 年，核地研院对筛选出的废旧矿山对比研究，优选出怀柔区石湖峪钼矿山（即分水岭花岗岩岩体）和昌平区阳坊花岗岩岩体作为预选场址，通过预可行性研究认为阳坊花岗岩场址优于分水岭花岗岩场址。

### （二）总体规划过程

2009 年，受国防科工局委托，中核集团组织开展地下实验室建设总体思

路调研，组织完成调研工作，编写了地下实验室建设总体思路研究报告。2010 年 5 月，国防科工局在江西组织召开地下实验室工程总体思路专题研讨会，研讨地下实验室工程总体思路，加快推进地下实验室工程建设。

**（三）前期论证及立项进展**

2014 年国防科工局批复《高放废物地质处置地下实验室安全技术评价研究》项目立项，2015 年批复《高放废物地质处置地下实验室工程前期科研》项目立项。

2015 年年底，核地研院组织编报《中国高放废物地质处置地下实验室场址筛选技术报告》，从高放废物地质处置库甘肃北山、新疆和内蒙古三大预选区筛选出地下实验室候选场址，并建议甘肃北山新场为推荐场址，沙枣园为备选场址。

## 四、高放废物地质处置的国内外合作与交流

高放废物最终安全处置问题既是我国核工业可持续发展必须解决的难题，也是全球核能及核技术可持续发展面临的共同难题，需要世界各有核国家联合起来合作解决。

1999 年，IAEA 批准了核地研院承担的技术合作项目——“中国高放废物处置库选址和场址特性评价研究”，开启了中核集团在此领域同 IAEA 的长期合作。

2006 年，中国岩石力学与工程学会以核地研院为挂靠单位成立废物地下处置专业委员会。

2007 年，中核集团实施与 IAEA 的第 3 期技术合作项目“中国高放废物地质处置工程设计、场址评价、核素迁移和安全评价研究”，全面提升我国在高放废物地质处置开发各专业领域的能力和水平。

2009 年，以核地研院为依托单位，中国国家原子能机构和 IAEA 联合建立“IAEA-CAEA 放射性废物处置联合技术中心”，构建了我国与 IAEA 在此领域长期合作的机制和平台。

# 第二十四章　核技术应用

核技术应用（即民用非动力核技术应用）是利用射线与物质相互作用来探测或改变物质特性的技术。将其应用于国民经济中，是和平利用原子能的一个重要方面。非动力核技术早已广泛应用到工业、医疗、农业、环保、资源勘探和开发、公共安全、生命科学、材料科学和信息科学等诸多领域，交叉融合性和渗透作用使其具有独特的技术性能、巨大的实用价值和经济效益。

核技术应用产业作为核工业中的轻工业，已伴随核工业走过60年的奋斗历程。党的十一届三中全会后，核工业随着改革开放的大潮，开始了发展历程中第一次战略大转移，在核技术应用产业赖以生存的经济体制及运行机制都发生根本变化的情况下，核技术应用产业经历了经营体制战略转型、推进产业化进程和产业重组三个发展时期后，进入了一个新发展阶段。

中核集团高度重视核技术应用产业发展，将核技术应用产业列为三大支柱产业之一，将其划分为同位素及其制品（含放射源、放射性药物等）、辐射加工（消毒灭菌、辐照材料改性）、仪器设备（核仪器仪表、核医疗设备、火灾报警器、爆炸物检测、集装箱检测、加速器、同位素示踪等）、反应堆技术应用、特色化工冶金及相关环保设备6个领域，列入规划，重点支持。30多年来，中核集团核技术应用产业依托核军工技术优势，以市场为导向，坚持科技创新和体制机制创新，取得了一系列科技创新和产业发展的辉煌成果。

# 第一节　核技术应用体制改革与产业重组

## 一、经营体制战略转型（1979—1988）

1979 年至 1988 年，是核技术应用的战略转型期。体制改革前，在计划经济体制下核技术应用的研究开发大多以军为主，完成指令性任务。随着体制改革的进行，客观上要求核技术应用从实验室走出来为经济建设服务。

1979 年 4 月，二机部召开工作会议，着重研究工作重点转移问题，提出要积极发展核电和推广同位素与其他核技术应用，积极承担民用产品和出口产品生产及民用工程设计和施工等任务。

1982 年 2 月，二机部与国家科委、国防科工委和卫生部在北京召开第一次全国同位素大会。在这次大会上，国务委员张爱萍代表国务院发表题为“军转民，大力发展核技术和同位素应用”的讲话。二机部姜圣阶副部长以及理、工、农、医等领域的著名专家学者在大会上作了发言，介绍核技术在农业、工业、医学、国防及科学研究领域的应用概况和最新成果。会后，北京及国内一些大城市举办核技术应用展览。“全国同位素大会”的召开和巡展引起强烈反响，对在全国推广核技术应用起到重要作用。在这种形势下，成立一个对内、对外的同位素经营与管理专业性公司，就提到日程上。

1982 年 9 月 9 日，核工业部向国防科工委呈报《关于成立核工业部同位素公司的请示》。1982 年 10 月 6 日，国防科工委下达《关于成立核工业部同位素公司的批复》。同年 11 月 19 日，核工业部部长办公会议决定成立核工业部同位素公司。

1982 年 12 月 17 日，核工业部向国务院呈报《关于成立核工业部同位素公司的请示》，同年 12 月 25 日，国务委员张爱萍在请示上圈阅同意。

1983 年 4 月 30 日，核工业部向部属各单位印发《关于成立中国同位素公司的通知》，明确中国同位素公司是在核工业部领导下技贸结合、产销合一的专营性公司。

中国同位素公司董事会由核工业部部级、局级领导组成，首任董事长由核工业部蒋心雄副部长兼任，副董事长由科技核电局王传英局长、中国原子能工业公司刘俊孚总经理兼任，牟维强出任总经理。

中国同位素公司主要任务是：负责我国同位素及其制品以及同位素仪器仪表研制、生产、供销、咨询及技术服务，组织开展与产品相关的应用推广及国内外技术交流与合作，负责全国同位素及其制品进出口管理，通过自办、中外合资、横向联合办企业等组织形式，逐步发展经济实体，并积极探索和开发同位素在工业领域的应用，促进我国同位素事业发展，为振兴核工业作出应有贡献。

1986 年，中国原子能科学研究院（简称中国原子能院）按照国家“七五”（1986—1990 年）计划要求和核工业部“七五”期间的总指导思想，制订科研生产规划，主要目标任务是：坚持改革开放，保军转民，以核为主，多种经营，充分发挥多学科优势，为四化建设和核工业第二次创业作出新贡献。其同位素所是我国专门从事放射性同位素及其产品的研究试制、生产、射线技术应用开发和供应服务的综合基地，技术堆照放射性药物和辐射源的开发生产处于技术领先地位，提供油田测井技术服务，开展标记技术开发及产品生产等。

中国核动力研究设计院（简称中国核动力院）一所，在确保军品任务前提下，发挥自身优势，积极开发同位素制品。1986 年，用于生产放射性同位素产品的工号建成并投入使用，为同位素制品开发，尤其是为放射源产品研制产业化创造了条件。

1988 年 9 月 16 日，国家科委、卫生部、公安部明确规定“全国放射性同位素及其制品的订货工作，包括放射性同位素进出口业务，经商中国核工业总公司同意，由其所属的中国同位素公司组织办理”。

20 世纪 80—90 年代，中国同位素公司具有协助政府部门对全国同位素及其制品科研、生产发展规划和年度计划实施全面管理的职能。1988 年，在核工业部设立同位素管理办公室后，中国同位素公司行业管理职能逐步弱化。在对全国放射性同位素生产、经营与应用负有行业兼管职能的同时，坚持核技术为国民经济服务宗旨，把工作重点逐步转移到市场经营。在北京、上海、深圳、海口等城市自办企业或设立分支机构，经营放射源、放射性药物、生物制品，开展进出口贸易与推广放免检测技术服务等，走上企业自负盈亏、自我发展道路。

## 二、产业化进程的推进（1989—1999）

1989—1999年，是中国核技术应用产业发展比较快的时期。主要因素有：首先，随着国家的改革开放，国际交往增多，与发达国家相关机构、企业的交流合作逐步深入，通过合作引进新技术，使得国外产品进入国内市场。其次，国民经济发展对核技术应用提出新要求，国内相关单位尤其是民营企业进入核技术应用领域，加速国内核技术应用市场的发展与竞争。针对市场形势，以中国同位素公司、中国原子能院同位素所、中国核动力院一所为代表的研制单位，加大产品研发力度，大力推进核技术应用产业化进程。

20世纪90年代，在国家科委等部门的大力支持下，核技术应用产业有了长足发展。核工业相关单位承担的放射性药物、电子加速器、强流质子回旋加速器等多项国家级科研项目顺利完成。其中，中国原子能院同位素所承担的医用裂变钼-99的提取、锝-99和锝-99m药盒、核电站启动中子源棒研制，中国核动力院一所承担的堆照凝胶型钼-锝发生器研制等项目，取得重大成果。

1992年，中国原子能院同位素所建成百居里级裂变钼-99生产线。

1994年，中国核动力院研制成功国内第一套钴-60 γ刀源，1999年建成第一条生产线。

1996年，核工业系统核技术应用领域中第一个国家级同位素工程技术研究中心通过国家科委组织的中期评估，1997年通过最后评估及验收，1999年在中国原子能院同位素所挂牌成立。

经过20世纪90年代近10年拼搏，中核总在国内市场逐步形成同位素及其制品、放射性药物、辐照加工产品和服务、射线应用、核仪器设备等领域的优势产品。其中，放射性药物、放射源产品占领国内全部市场；自主研制的NQR（核四级矩共振技术）爆炸物检测系统是当时世界上最先进的爆炸物检测技术之一；稳定同位素分离、核技术分析、核能海水淡化等一批重点项目取得重要进展。这一时期，中国原子能院、中国核动力院、中国同位素公司、核工业大连应用技术研究所（简称大连核应用技术所）等单位，在核技术应用领域获得国家级奖项数十项，其中包括国家科技进步奖一等奖 1 项，国家质量银质奖 1 项、国家发明奖多项。

这一时期，中国同位素公司、中国原子能院等单位积极扩大国际交往，先后与美国、英国、加拿大、俄罗斯、法国、德国等发达国家的企业及国际原子能机构（IAEA）等国际组织建立合作关系；成立中美合资上海欣科医药有限公司、中韩合资埃索特核电子机械有限公司、中德合资北京魏利斯米勒辐射防护设备有限公司等 8 家合资公司。通过引进吸收国外先进技术，提升我国核技术应用水平。

比较有代表性的案例有：

1992 年 6 月，中国同位素公司以贸易为纽带与英国阿默沙姆（Amersham）公司共同出资，在深圳成立“深圳西卡姆同位素有限公司”。1993 年 6 月，在孙树正带领下，深圳西卡姆同位素有限公司从组装不同型号镅-241 火灾报警源起步，开发出各类型电离室和探头，成为世界上最大的离子感烟式火灾报警器用源生产企业。产品质量达到国际同类产品先进水平，90%的产品供应海外市场，在国际市场上有很强竞争力。

1992 年 12 月 3 日，中国原子能院与俄罗斯列宁反应堆研究所合资建立北京双原同位素技术公司，成为核工业系统与俄罗斯建立的第一个合资公司。从俄罗斯引进锎-252 自发裂变启动中子源制备技术，建成生产线。先后研制成功反应堆用锎-252 自发裂变启动中子源等产品，使我国成为继俄美之后第三个掌握锎-252 自发裂变启动中子源制备技术的国家。

1993 年 5 月，中国同位素公司、中国原子能院、上海华原科技发展公司与美国欣科医药有限公司合作，成立上海欣科医药有限公司。该公司引进美国核药房先进生产供药模式，建成中国第一家核药房，促进了中国临床核医学的发展。

1995 年，在中国核学会姜圣阶理事长的支持和肖伦的积极倡导下，由中国发起，中国原子能院承办的国际同位素大会在北京召开。这次会议是以同位素为专题的第一次国际会议，得到欧洲核学会，俄罗斯、韩国等国核学会响应，得到 IAEA 大力支持。来自俄罗斯、美国、日本等 30 多个国家和地区的 300 多名代表出席了会议。IAEA 副总干事泰勒（Taylor）在会议上指出“本次大会在促进和平利用原子能、造福人类方面迈出了重要的一步”。北京国际同位素大会成功召开，提高了中国同位素产业的国际知名度，为中国同位素事业走向世界架起一座桥梁。

## 三、产业重组后进入新的发展阶段（1999—2015）

1999—2015年，中核集团调整同位素产业体制，以企业改制、建立现代企业制度和并购为主要特征，进行产业重组。这一时期，中核集团核技术应用产业规模迅速扩大，进入跨越发展新阶段。

2001年2月12日，为贯彻落实国家“十五”（2001—2005年）高技术产业发展规划，加快核技术应用产业发展速度，以黄国俊副总经理为组长的中核集团高新技术产业化领导小组成立。

2001年5月18日，经国家经贸委批准，中国原子能院作为主发起人，联合北京首创科技投资有限公司等单位共同发起，注册成立北京原子高科核技术应用股份有限公司（简称原子高科公司）；2006年7月28日，原子高科公司在深圳证券交易所代办转让系统挂牌。这是中核集团第一家在该转让系统挂牌的核技术应用企业，标志着原子高科公司迈出接通资本市场的第一步。

2002年6月11日，中国核动力院作为主发起人，联合上海联和投资有限公司、成都通利达核技术开发有限公司、深圳市同创伟业创业投资有限公司等7家企业共同发起，在成都高新技术产业开发区注册成立成都中核高通同位素股份有限公司（简称中核高通公司）。

2004年，国家发改委组织实施“民用非动力核技术高技术产业化专项”工作。中国同位素公司、秦山第三核电有限公司（简称秦山三核公司）、中核北方核燃料元件有限公司（简称中核北方公司）等单位共同承担的“利用核电反应堆生产钴-60”，中国原子能院核技术所承担的“高能大功率电子辐照加速器”，中国辐射防护研究院（简称中辐院）承担的“辐射交联聚乙烯发泡材料”等项目，列入国家第一批“民用非动力核技术高技术产业化专项”。北京北方生物技术研究所有限公司（简称中国同辐公司北方所）承担的“肝纤维化血清标志物放免分析药盒”、原子高科公司承担的“石油工业先进放射性示踪技术开发”项目，列入“国防科工委核能开发”专项。核技术应用开发，在政策与资金方面得到主管部门大力支持。

这期间，一大批民营企业加入核技术应用产业，产业规模迅速扩大，产业活力大大增加。

2006 年 5 月，中核集团明确中国同位素公司的战略定位是：同位素产业专业公司，核技术应用骨干企业，核技术应用相关领域的投资与发展平台。

2007 年，中国同位素公司进行公司制改制。改制后中国同位素公司成为法人（中核集团）独资有限公司，为其后搭建集团层面的经营管理平台打下基础。

2010 年 7 月，中核集团为实现核技术应用产业“做大做强、国际一流”的目标，开始构建核技术应用产业经营管理平台，使优势资源形成合力，进一步巩固和提升中核集团在国内核技术应用产业的地位。

2010 年 8 月 13 日，中国同位素公司、中国原子能院控股的原子高科公司，中国核动力院控股的中核高通公司进行产业重组。2011 年 3 月 2 日，以中国同位素公司为平台进行中核集团核技术应用产业重组的方案得到财政部批准；5 月 8 日得到国资委批复；5 月 27 日，中核集团、中国原子能院、中国核动力院三家股东发起设立有限公司的工商注册完成。2011 年 12 月 6 日，完成产业重组与公司名称及注册资本的再次工商变更，中国同辐股份有限公司（简称中国同辐公司）成立，成为中核集团八大业务板块之一（含大连核应用技术所）。中国同辐公司的成立，标志着中核集团实现核技术应用产业经营管理体制机制的历史性创新。

中核集团对中国同辐公司业务板块的定位是：中核集团未来重要经济增长点，中核集团控股的专业化子公司，经营与利润中心，核技术应用业务的市场主体、创新主体、自主经营主体，执行总部决策，开展核技术应用产业经营活动，对所辖企业实施管理监督，追求所辖单位经营活动的统一和优化，实现业务单元内的统一战略规划、统一调配资源、统一销售采购。

核技术应用业务单元的主要业务包括：同位素诊断及治疗显像药物、同位素诊断试剂及配套仪器、同位素放射源、辐照加工、射线探伤设备、同位素仪表等产品的研发、经营和相关技术服务，医学产品及工业应用等产品的贸易经营。

核技术应用产业这 30 多年（1978—2015 年）的历史，是一个不断深化改革、科技创新的发展过程。核技术应用产业经过产业重组、体制创新后，焕发出巨大活力，核技术应用业务板块生产经营规模迅速扩大。至2015年年末，中国同辐公司发展成为拥有43家企业，近2 000名职工的高新技术产业群，每年向市场供应70多种核素500多种产品，有的产品用户超过6 500家，有的产品进入国际市场。2015年年末，中国同辐公司实现主营业务收入26.04亿元，是2010年产业重组前销售收入的2.65倍，是1985年销售收入的274倍；利润总额达到5.01亿元；总资产达32亿元，净资产15.8亿元。

截至2015年12月，中国同辐公司科研生产取得丰硕成果，“利用核电反应堆生产钴-60”“肝纤维化血清标志物放免分析药盒的研发”“肝纤等19种单克隆抗体研制及其应用”等项目先后获得国防科工局、中国核能行业协会、中核集团颁发的科学技术奖，其中一等奖3个，二等奖2个，三等奖4个。据不完全统计，“十二五”（2011—2015年）以来获得70多项专利，其中发明专利10余项。

## 第二节　核技术应用产品研发与生产

### 一、放射性药物研发与生产

放射性药物是指用于临床诊断或者治疗的放射性核素制剂或其标记药物。按核素来源可分为加速器（生产的）药物、核反应堆药物等；按使用对象可分为体内和体外放射性药物；按其用途一般可分为诊断和治疗两大类；按核素辐射类型可分为发射单光子、正电子等放射性药物。

#### （一）体内诊断放射性药物研发与生产

应用放射性药物进行体内诊断，相对体外诊断其在技术装备、放射性药物使用上更加先进，诊断结果更加精确，是临床核医学取得重大进步的标志。

1. 钼-锝发生器和锝-99m药盒研发与生产

锝（锝-99m）放射性药物系指含有放射性核素锝用于临床诊断的药物。锝-99m是显像检查中最常用的放射性核素，核性能优良，为纯γ光子发射体，能量 140 千电子伏，半衰期为 6.02 小时，方便易得，几乎可用于人体各重要脏器的形态和功能显像，用锝-99m 标记的放射性药物又称为单光子药物。它包括从钼-锝发生器淋洗得到的高锝酸钠注射液及利用高锝酸钠注射液和注射用配套药盒制备得到的放射性药物。锝-99m 通常被称做现代医学影像诊断学界的“代表”，因为每天全世界大约有 7 万人注射这种同位素标记示踪剂。在全世界核医学应用领域使用的放射性同位素当中大约有 80% 是锝-99m，其中有 90%用于医学诊断。

为满足我国核医学领域对高活度锝-99m 发生器日益增长的需要，扭转该产品长期依赖进口的局面，中国原子能院同位素所从 1985 年开始研制生产裂变钼-99 和高活度裂变锝-99m 发生器，1989 年高活度裂变发生器研制成功。1991 年经国家科委批准，“锝-99m 放射性药物研究”列入国家“八五”（1991—1995 年）科技攻关项目。该项目于 1996 年完成各项科研任务，掌握了医用裂变钼-99 的提取、锝-99m 发生器的制备、两种新型锝-99m 显像药物的合成以及锝-99m 药盒制备等一系列关键技术，建成钼-99 料液生产和高活度锝-99m 发生器及药盒制备生产线，实现批量生产。批量生产工艺和产品技术指标达到国际同类产品的先进水平，结束我国锝-99m 放射性药物完全依赖进口的局面。

1998 年，缪增星、梁根林、林琼芳、罗志福等 15 人参与的“医用钼-99 的提取、锝-99m 发生器和锝-99m 药盒的研制”项目，获国家科技进步奖一等奖，这是放射性药物同位素研究领域获得的最高奖项。

1985 年，中国核动力院一所利用高通量工程试验堆和岷江堆，研制开发医用凝胶型锝-99m 发生器并于 1986 年建成第一条凝胶型钼-锝发生器中试生产线。1995 年，凝胶型钼-锝发生器被列为 IAEA 支援的示范项目，IAEA 资助资金 30 万美元，财政部、中核总配套经费 300 万元人民币，开始筹建世界第一条年生产能力为 7 000 条凝胶型钼-锝发生器生产线。20 世纪 90 年代末，凝胶型钼-锝发生器生产线建成后，IAEA 把其作为示范项目向世界各国推荐。1998 年，埃及出资 40 万美元引进该技术。我国钼胶体锝-99m 发生器研制成功，实现规模化生产，是世界首创。该产品研制成果获部科技进步奖二等奖，获发明专利 3 项。

2. 利用加速器生产放射性药物

利用加速器生产放射性核素及其药物，显著的优点是比活度高，还能生产半衰期适合临床应用、与人体组成元素相一致的碳、氮、氧、氟（类氢）的放射性核素，这在反应堆上是做不到的。

20世纪70年代，二机部科技工作者开始考虑利用加速器生产放射性药物。

1988年8月，国家计委批复中国原子能院建造生产中短寿命同位素装置和引进回旋加速器技术设备。

1988年12月，中国原子能院与比利时IBA公司签订合作建造回旋加速器的合同。在项目引进中，中国原子能院确定部分引进与部分自制相结合的方针，以自己力量为主，研制一台同类型回旋加速器（Cyclone-30）。该项目从IBA公司引进离子源、控制系统、轴向注入系统、全套图纸资料和计算机辅助设计系统，自建磁铁、磁轭装置，真空室，高频装置等。经过张兴治、李振国、樊明武等工程技术人员的努力，加速器于1994年2月进入全面安装阶段。同年11月，成功调试出束。其后利用该加速器生产出同位素钴-57及铊-201、镓-67、铟-111等放射性药物。1996年，研制生产出氟-18脱氧葡萄糖注射液（氟-18-FDG），将我国核医学诊断技术提高到分子核医学水平，进入世界先进行列。回旋加速器的建成，缩短了与发达国家在放射性药物研制方面的差距。该成果被400多位两院院士评为1996年“中国十大科技事件”之一。

3. 碘-123核素实现试生产

碘-123是碘的30多种同位素中适合诊断应用的放射性核素，半衰期13小时，发射主光子159千电子伏γ射线，物理特性适合于γ相机及SPECT（单光子发射断层显像）测量。由于其低辐射剂量允许多次重复显像以确认和作出评估，同时还大大减少对实验室与环境的污染，所以碘-123及其标记化合物已被发达国家广泛用于甲状腺功能诊断、脑血流显像、心肌显像、肾功能诊断和肾上腺显像以及各种脑受体显像。

碘-123的研制，是中国原子能院同位素所和原子高科公司共同承担的科研项目。该项目列入国防科工委2004年核能开发专项支持的“碘-123、碘-125、钯-103放射性同位素及制品制备关键技术开发研究”中的子课题。2007年11月，碘-123核素研制在加速器上热实验成功，取得批产量1.8居里（1 居里=3.7×$10^{10}$ 贝克）的研制成果。该项目研制成功，填补了我国用气体靶生产碘-123 核素的空白，为碘-123 系列药物开发奠定基础。2015 年 3 月，原子高科公司实现了碘-123 核素试生产，产品质量指标优良，达到国际先进水平，具备产业化生产能力。

4. 尿素（[$^{13}$C]、[$^{14}$C]）呼气试验诊断试剂的研发与生产

中国人幽门螺杆菌感染率在 38%~78%，平均感染率达 50%左右。医学研究证明幽门螺杆菌感染会导致胃炎、胃溃疡、十二指肠溃疡等疾病。尿素[$^{14}$C]、尿素[$^{13}$C]呼气实验（UBT）和快速尿素酶试验（RUT）是临床核医学用于胃幽门螺杆菌（HP）感染检测的重要技术。其中尿素[$^{14}$C]呼气试验检测产品应用规模最大，这种产品于 1997 年首先在美国上市。1996 年，深圳市海得威生物科技有限公司（简称中核海得威公司）通过不断创新，在国内率先研制成功[$^{14}$C]呼气诊断系列产品，研制出液体闪烁检测技术、集气卡式检测技术以及独创的固体闪烁检测技术和相应产品，HP 诊断的准确性日益提高，使用便利性得到使用者认可，应用安全环保。整合引进[$^{13}$C]呼气诊断技术及产品，除具备质谱检测技术之外，还研制成功红外检测仪器。中核海得威公司成为国内外呼气诊断行业唯一一家同时具备[$^{14}$C]和[$^{13}$C]两个产品系列的企业，产品于 2000 年在国内注册并上市，可给用户更多选择以适应不同受检者的需求。

中核海得威公司[$^{13}$C]、[$^{14}$C]呼气试验药盒与呼气检测仪器系列产品，拥有独立自主知识产权和多项世界领先、中国第一的研发技术，获得 4 项发明专利、32 项实用新型专利、4 项外观设计专利。

**（二）体外诊断放射性药物研发与生产**

放射免疫分析是国际上 20 世纪 60 年代问世的先进检测技术，它是放射性标记技术、免疫技术和临床诊断技术相互融合而产生的高新技术。应用这一技术的产品是专门用于临床体外放射免疫分析的试剂盒，简称放免药盒。放射免疫分析技术的推广应用，使临床医学检测从显微分析、生化检测跃升到生物分子水平，开辟医学检测新途径。

我国第一个自主研发成功的放免药盒，于 1975 年诞生在中国原子能院同位素所。经过 10 年努力，中国原子能院同位素所研发生产的放免分析试

剂盒种类发展到19种。自1990年从澳大利亚引进部分放免药盒生产技术后，又向市场推出4种新产品。在引进技术的带动下，放射免疫试剂盒种类从1985年的19种增至41种，形成规模生产，产品质量处于国内领先地位。

2000年，放免试剂盒产品已发展到7大系列近100个品种，主要产品有：FT3、FT4、TGAb、TMAb、包被管TSH、AFP（宽范围10～1 600克/升）、CA50、CA125、CA199、CA153和瘦素等；同年，中国原子能院同位素所完成国家“九五”（1996—2000年）科技攻关课题“诊断和治疗肿瘤等疑难疾病放射性药物研究”中放免药盒相关专题，并通过科技部组织的专家验收。

1985年3月，中国同位素公司根据国内市场对放免检测技术的需求，利用核工业部北京黄土岗同位素仓库，筹建北方免疫试剂研究所（后改名为北京北方生物技术研究所有限公司），主要研发生产放射免检测试剂及相关产品。经1988年第一次技术改造，建成年产8万盒的生产线；经1994年第二次技术改造，年生产能力提升到20万盒。主要产品分为：甲状腺系列、新生儿筛查、性激素系列、肿瘤标志物、心血管、肾病、内分泌系列、治疗药物检测、糖尿病系列、胃肠类、骨代谢、肝炎系列等，每个系列含有不同功能的试剂若干种，部分产品出口韩国。

### （三）放射性治疗药物研发生产

体内治疗用放射性药物可分为两类：一类是利用放射性药物在人体脏器中选择性浓集与放射性核素辐射效应来抑制和破坏病变组织（如肿瘤）以达到治疗目的；另一类为内介入法放射性治疗药物，如将放射性药物埋入或局部注射到肿瘤组织内，以达到杀伤癌细胞的目的。

1. 碘-131研发生产

碘-131属于人工放射性核素，自1946年国外首次使用同位素碘-131治疗甲状腺癌以来，至今已有70多年发展史。

20世纪60—70年代，中国原子能院用湿法工艺制备碘-131，20世纪80年代制备工艺由湿法蒸馏变更为干法蒸馏，工艺条件大大改善，可以大批量生产。制备工艺的改变，对提高产品质量、产量，减少废水、废气排放和对大气的污染都有着重要意义。干法蒸馏制备碘-131工艺首次被列入IAEA出版的《Mannal for Produced Radioisotopes》。进入20世纪90年代，研发出碘-131胶囊产品。碘-131胶囊比碘（碘-131）化钠口服溶液更环保、更安全、更清洁和更经济。不仅如此，还陆续研制了各种碘-131的标记化合物产品。2003年沈德恒、王刚、尹卫等15人参加的“干法制备碘-131”项目，获国防科学技术奖一等奖。

中国核动力院一所，从1989年开始研发碘（碘-131）化钠口服溶液产品，1990年研制成功湿法生产工艺，1996年改为干法生产工艺。由于该产品是甲状腺癌的诊断和治疗的特效药，国内外具有广大的市场需求。在干法生产工艺研制成功后，生产能力大大增加，年生产能力近1 000居里。该项目获部级科技进步奖三等奖。

2. 骨转移癌治疗剂研发生产

20世纪90年代初，中国原子能院同位素所根据临床需要，成功研发出一系列体内放射性治疗药物，有骨癌治疗剂：$^{153}$Sm-EDTMP（乙二胺四甲叉膦酸）、氯化锶（锶-89）。其骨转移癌治疗剂$^{153}$Sm-EDTMP是我国最早通过中国药监局审批的体内治疗药物，是我国临床最为广泛使用的放射性治疗药物之一。

1996年，中核高通公司成功研制出治疗骨癌的放射性新药$^{153}$Sm-EDTMP、$^{186}$Re-HEDP（羟基乙叉二膦酸）、氯化锶（锶-89）等。其中氯化锶（锶-89）注射液国内市场占有率达90%以上。

2002年，金小海、白红升、杜进等14人参与研制的$^{153}$Sm-EDTMP骨转移癌治疗剂，获得中核集团科技进步奖三等奖。

3. 碘-125密封籽源的研发生产

碘-125密封籽源是指用钛合金外壳将低能量放射性同位素密封制成短杆状固体放射源，常用密封籽源有碘-125粒子、铱-192粒子、钯-103粒子等。粒子植入技术可普遍用于难以手术切除、达不到根治切除和手术残余的肿瘤治疗以及肿瘤切除术后肿瘤周缘植入，预防肿瘤复发和转移。

1999年，原子高科公司在完成“碘-125密封籽源”研发工作基础上，研发了植入装置，在使用碘-125、钯-103密封籽源时，与国产植入器配套，解决了源机一体化关键技术，形成了中国特色的放射性治疗器械与应用的技术体系。

4. 放射性药物“云克”研发生产

20 世纪 90 年代，中国核动力院成都同位素应用研究所（该所于 2001 年 7 月整体改制成立成都云克药业有限公司）研制开发了 9 种放射免疫诊断药盒和体内显像诊断药盒、治疗类风湿性关节炎和骨疾病的锝（锝-99）亚甲基二膦酸盐注射液。其中，锝（锝-99）亚甲基二膦酸盐注射液为创新药品，商品名称为“云克”。临床应用验证表明，“云克”能够调节人体免疫功能，修复被破坏的软骨组织，使病理改变逆转，进而重新恢复骨关节功能。“云克”的应用，攻破类风湿性关节炎医治难关，为治疗类风湿性关节炎的理想药物做出新的诠释。“云克”是我国具有自主知识产权的核素药物之一，获得发明专利和国家重点新产品证书。

5. 其他

除上述放射性药物外，还相继研发了用于恶性血液病、肝癌介入、脑胶质瘤、神经细胞瘤等治疗的磷（磷-32）酸盐、钇-90-GTMS（玻璃微球）、氢氧化钇（钇-90）、$^{131}$I-MIBG（间碘苄胍）、碘-131 标记的单克隆抗体（美妥昔）、$^{153}$Sm-HA（羟基磷灰石）等放射性药物。

## 二、放射源研发与生产

放射源是采用放射性物质制成的小型紧凑辐射源的通称，是核技术应用产业基础性、支柱性产品。中核集团拥有核反应堆、大型粒子加速器等装备，放射源研发生产伴随核工业建立已有 60 余年历史。近 30 多年来，放射源研发生产，主要集中在中国原子能院、中国核动力院与中国同辐公司等单位。在放射源制备工艺方法上，逐步建立粉末冶金、搪瓷陶瓷、电镀自镀、充气等源芯制备技术、密封技术和检验试验技术。中核集团按照相关标准、规范要求，结合典型应用，逐步建立放射源制备和质量控制的完整技术研发和生产体系。

### （一）辐射加工用钴-60 放射源研发与生产

辐射加工用钴-60 放射源，是在大型反应堆上通过照射钴粒进行生产的。这种放射源比活度低的为 50～100 居里/克；比活度高的一根放射源棒平均有10 000居里，钴-60 放射源是全球需求量最大的同位素产品。1984 年，中国核动力院一所研制成功的 $\phi15$ 毫米×90 毫米钴-60 工业辐照源，虽有批量生产，但由于比活度低、产量小，远远满足不了国内辐射加工产业钴-60 放射源需求。

2004 年，中核集团启动利用秦山三核公司的 CANDU 堆生产钴-60 项目，由中国同位素公司具体运作和经营。2004 年 10 月，该项目获得批准成为国家发改委“民用非动力核技术高技术产业化专项”第一批项目。

该项目主要研发内容包括：钴调节棒组件设计研究、重水堆产钴堆芯设计与热工安全分析技术研究、钴-59 调节棒组件研制、秦山核电三期重水堆钴调节棒操作工艺和专用工具研发、百万居里级钴-60 放射源生产线设计与建造；钴-60 原型源设计和研制、GY-40 和 GY-20 型大容量钴-60 运输容器研制以及辐照后钴调节棒组件厂内转运容器研制、用于钴调节棒组件更换的贫铀屏蔽基座研制、千居里级钴-60 源活度绝对测量装置研制等，涉及核物理、反应堆工程、机械设计制造、热工、力学、材料学和焊接等多个学科。

该项目投资大、难度高、周期长，涉及参建单位有中国同位素公司、秦山三核公司、上海核工程研究设计院、中国原子能院、中核北方公司、中国核电工程公司。中国同位素公司为此组建了钴-60 项目部。

该项目自 2004 年启动，于 2006 年完成钴调节棒设计、堆芯设计和安全分析，完成堆顶改造，向国家核安全局提交钴调节棒的修改申请报告；2008 年完成钴-59 靶件研制及首批靶件生产等工作。首批钴-59 调节棒于 2009 年 1 月装入反应堆辐照，经过近 18 个月的辐照，首批钴调节棒于 2010 年 5 月出堆。用于运输的大容量钴-60 包装容器，于 2009 年 6 月获得国家核安全局的设计批准书，2010 年 4 月产品容器交付使用；用于钴-60 放射源分装的热室，于 2008 年 9 月开工，2010 年 7 月开始运行。

经过各参建单位的大力协作、努力拼搏和辛勤付出，国产 CN-101 型钴-60放射源于 2010 年通过鉴定，达到项目预期目标，形成年均生产 600 万居里能力。产品质量达到国际先进水平，部分技术指标优于国外同类产品。钴-60项目实现显著的经济效益和社会效益，填补国内空白；打破国外长期垄断与控制，改变辐射加工产业发展受制于国外的发展格局，为我国辐射加工产业的发展作出重要贡献。该项目具有完全自主知识产权，拥有 15 项授权专利，其中，“重水堆钴调节棒组件”“钴调节棒组件中钴芯块的制备工艺”“钴块镀镍工艺”等获得4项发明专利。2014年，经国防科工局推荐，唐炯然、刘金祥、景益等15人参加研制的“利用核电重水堆生产钴-60技术研发及产业化工程”获国家科技进步奖一等奖。

**（二）医用钴-60放射源研发与生产**

以钴-60为射线源的γ刀，主要用于脑肿瘤或其他部位肿瘤非侵入性治疗，是肿瘤治疗领域的重要装备。1994年，中国核动力院一所成功研发国内第一套钴-60 γ刀源。中核高通公司与中国原子能院所属双原公司生产的钴-60 γ刀源几乎占据国内全部市场。

2015年1月，为解决国内γ刀源供应紧张问题，中国同辐公司启动医用钴-60放射源工业化生产技术研发。该项目利用秦山两台CANDU重水堆辐照生产医用钴-60，周期为4年，总投资近6 000万元。项目建成投产后，每年可生产50万居里医用钴-60，向市场供应60余套γ刀源。该项目由中国同辐公司负责组织实施，具体研究任务由中核高通公司、秦山三核公司、上海核工程研究设计院和中核北方公司四家单位共同承担。按计划，2017年4月钴粒入堆辐照。医用钴-60放射源国产化，对促进放射治疗产业持续健康发展具有深远意义。

**（三）我国首节钚-238同位素电池研发生产**

随着太空开发利用的深入发展，航天事业迫切需要一种功率合适、质量小、寿命长、成本低，且安全可靠的微型能源。

2002年，中国原子能院同位素所开始钚-238同位素电池研究，2004年启动航天用“百毫瓦级钚-238同位素电池研制”项目。2006年，完成同位素电池总体设计和一系列相关工艺研究，研制出我国第一节钚-238同位素电池，最终检测表明同位素电池性能完全达到技术指标要求。2008年通过专家鉴定。罗志福、蔡善钰、张建中、何舜尧等获2009年国防科技进步奖二等奖。

第一节同位素电池研制成功，填补了我国长期以来在该研究领域的空白。标志着我国在核电源系统研究上迈出重要一步，是我国在同位素能源系统研究领域的重大突破，为航天事业跨越发展提供了可靠的能源供应，为继续探索、开发同位素能源打下坚实基础。

### （四）$^{210}$Po-Be 启动中子源棒研发与生产

1990 年，中国原子能院同位素所承担我国第一座核电站启动中子源又称“点火棒”的研制任务。在时间紧、技术难度大、质量控制严、承担风险大、缺乏文献资料、没有源棒生产设备的情况下，立足国内条件，于 1991 年 5 月 10 日为秦山 30 万千瓦核电站研制成一对$^{210}$Po-Be 启动中子源棒。

启动中子源棒的所有质控项目，均达到或优于“源棒验收大纲”规定的技术指标，保证了我国第一座核电站启动和运行。启动中子源棒的研制成功，为我国自行设计制造的第一座核电站反应堆达到临界以及并网发电作出贡献，填补了我国同位素在核电领域应用的空白。蔡善钰、贾璋、张品源等 7 人研制的秦山 30 万千瓦核电厂$^{210}$Po-Be 启动中子源棒，1993 年获得部级科技进步奖一等奖，1995 年获国家科技进步奖三等奖，取得多项发明专利和实用新型专利。

### （五）锎-252 自发裂变启动中子源研发与生产

除采用$^{210}$Po-Be 中子源启动核电站运行外，利用锎-252 中子源同样可以启动核电站运行。1999 年 6 月，中国原子能院向中国援建的巴基斯坦恰希玛核电站，提供 2 个 $3.6\times10^{8}$ 中子/秒锎-252 中子源棒，获得成功应用。

2001 年 12 月 18 日，中国同位素公司承担为秦山核电二期 1 号机组研制锎-252自发裂变启动中子源的任务。在中国核动力院设计所配合下，以刘金祥、陈家仪为主，实现国内核电站第一个现场组装锎-252 一次中子源组件，在开堆时顺利入堆并启动成功。2003 年 6 月，中国同位素公司再次为秦山核电二期 2 号机组提供启动中子源，为放射性同位素在核电领域应用作出贡献。

截至 2015 年，中国同辐公司为国内 23 台核电机组提供 46 只启动中子源，成为国内核电机组启动中子源最大的生产供应商。

### （六）钴-60 远距离治疗源研发与生产

钴-60 远距离治疗机和自动控制后装腔内治疗机是治疗恶性肿瘤的重要医疗装备，所用放射源为高比活度钴-60 放射源。1981 年，中国核动力院一所开始研制钴-60 远距离治疗源，1982 年形成产品。该产品于 1985 年获部级科技进步奖二等奖，1988 年获四川省优秀产品称号，1990 年获国家优质产品银奖。

**（七）铱-192、钴-60、硒-75等γ探伤源研制生产**

20世纪80年代，中国核动力院是我国最大的γ探伤机生产单位。为将放射源与探伤机配套，中国核动力院一所于1984年开始利用反应堆照射研制铱-192γ射线探伤源，1985年研制成功，填补国内空白，为我国推广和普及γ射线无损探伤技术创造条件。该项目于1987年获部级成果三等奖，1990年获部级优质产品奖。

中国原子能院也是射线探伤源主要供应单位，所开发的铱-192工业探伤源和硒-75工业探伤源，主要用于无损检测，特别适用于高压容器、管道及球罐的检测。

铱-192、钴-60、硒-75等γ辐射源的研制生产，为我国γ探伤、工业CT和集装箱检测系统成像以及现代核仪器、仪表、核控制系统的进一步开发与应用奠定了基础。

**（八）镅-241放射源的研发与生产**

镅-241放射源，半衰期为433年，表面剂量较低，属极毒类放射性物质。利用镅-241放射源可制作离子感烟探测器、静电消除器等，还可用于避雷针、负氧离子发生器、电离式气体密度或压强计、电离式气体流速计、湿度计、测厚仪等，在工业领域有着广泛应用。

中国原子能院同位素所于20世纪80年代初，用研制成功的氚钛靶和粉末冶金法制备镅-241α火警源。中国原子能院、中核四〇四公司等单位，利用镅-241放射源开发生产的烟雾火灾报警器，是公共安全领域的重要产品。1985年，中国原子能院同位素所镅-241火警源投入批量生产，具备年产10 000个烟雾火灾报警器探头的生产能力，成为国内镅-241火警源主要生产厂家。杨瑞金、姚纯炳、卢玉楷等7人参与的“离子感烟火灾探测器金靶镅-241 α源的研制”获1992年部级科技进步奖二等奖。

**（九）钴-57穆斯堡尔源研发与生产**

1981—1985年，中国原子能院承担的“钴-57穆斯堡尔源的研制”，是“六五”（1981—1985年）国家重点科技攻关项目，经过陈明生、曹盘年、张锦荣等的科技攻关，按期完成任务。钴-57穆斯堡尔源产品达到了当时国际同类产品的先进水平，1990 年获得国家科技进步奖三等奖。

### （十）其他

除上述各类放射源的研发生产外，根据用户不同使用场合和对放射源结构特点的要求，还研发了不同核素、不同规格、不同类型的多种放射源，如生产静电消除源、低能光子源、可变能量 X 射线源、开关式中子源等。

## 三、公共安全产品研发与生产

### （一）火灾报警系统研发与生产

20 世纪 80 年代，在核工业“保军转民”调整改制时期，火灾自动报警系统和火灾自动消防控制系统应运而生。进入 20 世纪 90 年代，该产品已成为西安核仪器厂、中核四〇四公司、西核公司、中国原子能院等单位的支柱性产品。

中国原子能院电子仪器厂先后开发出 J600、J1000 火灾自动报警系统和火灾自动消防控制系统，其“四总线”（四总线是电源线与信号线分开的两根电源线与两根信号线）消防产品，技术指标达到国内领先水平，JB-QB/1102 地址编码报警器和 JTY-L2/1051 离子感烟探测器产品，获得公安部优质产品荣誉。1990—1994 年完成家用报警器研制，技术指标达到或超过美国生产的 UL-217 标准，在开发出 J100 微机化总线制（9 线）消防联动系统和 802 型微机化小系统探测器等产品后，基本实现消防产品的更新换代。

### （二）安检设备研发与生产

走私犯罪和恐怖主义活动是人类社会公害，随着经济全球化，国际贸易日渐频繁，利用集装箱走私、贩毒和偷运武器等违法犯罪活动也日益猖獗。应用核技术手段打击走私犯罪和恐怖主义活动，受到各国政府高度重视。2005—2009 年，中核集团在反恐技术装备研发和应用方面取得较大突破，在打击走私犯罪、安全保卫方面作出重要贡献。此部分内容详见本书第二十五章。

# 第三节　核技术应用产业发展

## 一、核技术在农业中应用

农业是核技术应用的重要领域，利用核技术开展辐射育种、昆虫辐射不育、食品辐照保藏、农药示踪等方面的研究，都取得了重要科技成果。20 世纪 80 年代初期，核工业部大力支持核技术农业应用，在外部市场对核技术需求十分有限的情况下，探索与开拓出一条适合农业市场应用之路。

1984 年，核工业部在国防科工委支持下，拨出科研经费 210 万元和流动资金 290 万元，作为有偿资助地方建立辐照站购买辐照源的周转金，为此核工业部给中国同位素公司下发《关于有偿资助地方建立同位素辐照站费用的通知》。

在 1984 年以后三年中，中国同位素公司用这笔经费以无息贷款方式先后支持新疆农科院、山东农科院、江苏农科院原子能所、军事医学科学院、核工业第二研究设计院、大庆蔬菜公司等单位，建设了一批钴-60 γ 辐照装置并提供钴-60 放射源，用于开展辐射育种与农产品辐射消毒灭菌技术的研究与应用。

20 世纪 80—90 年代，在核工业部的支持带动下，全国农业领域核技术应用发展迅速，先后有上海、天津、江苏、浙江、广东、广西、湖南、湖北、云南、贵州、新疆等 25 个省（区、市）的农业科学院或农学院，建立了 30 余座辐照装置或辐照实验室。

1993 年 10 月，为扩大和推广核技术的农业应用，由中核总与日本科技厅、日本原子能工业局主办，中国农科院原子能利用研究所承办，在北京与杭州分别召开“第四届亚洲地区核技术合作会议暨植物诱变育种研讨会”。

1994 年 10 月，中国农科院原子能利用研究所经中核总和农业部批准，增挂“中国核工业总公司核农学研究所”牌子。

2013 年年底，全球已经有 100 多个国家利用核技术，开展辐射育种研究，改良粮食作物、经济作物和花卉苗木等。据中国原子能农学会统计，运用同位素辐射技术全球范围内共培育 3 218 个突变作物品种，其中我国核农科学家在该领域作出杰出贡献，培育的突变作物品种占总数近 1/4。

截至 2015 年，我国大型钴源装置（30 万居里以上）有 137 座，设计装源能力超过 1.7 亿居里，实际装源约 7 000 万居里，形成一个巨大的辐射加工产业。我国成为世界上辐射加工产业发展最快的国家。

## 二、核技术在医学领域应用

核技术在医学中的应用主要包括核技术诊断与辐射治疗，这种应用又称核医学。核技术诊断主要采用外用辐射源（大多用 X 射线）和放射性同位素，目前已发展到先进的正电子发射断层显像技术（PET）。

### （一）诊断药物应用

1. 体内检测药物应用

（1）锝放射性药物应用

钼-锝发生器和相关药物是中核集团核技术应用的支柱性产品，国内市场占有率超过 90%。20 世纪 90 年代，我国每年生产、供应的裂变锝-99m 发生器和凝胶型锝-99m 发生器近万条，可用于制备供应 16 种锝-99m 药物。

20 世纪 80 年代初，核工业部在全国成立体内外药物研发协作组，将开发的核素显像药物及体外放射免疫试剂产品，分别由上海医科大学红旗制药厂和中国原子能院同位素所生产。

1995 年，中国同位素公司、中国原子能院同位素所与美国 GMS 公司合作，在上海成立中美合作企业“上海欣科医药公司”，1995 年正式营业，联合生产即时标记的锝-99m 放射性药物，通过合资公司将先进的即时标记技术和核药房生产供药模式引进中国。21 世纪初，中国同位素公司、中国原子能院同位素所、中核高通公司等单位，在吸收先进供药模式的基础上，陆续在北京、上海、广州、成都等城市建设 12 家核药房，使我国锝-99m 药物生产、供应方式发生重大改变。

2014 年，我国 SPECT、SPECT/CT、符合线路及伽马相机等单光子显像设备达到 633 台，对单光子药物需求大量增加。核技术应用产业重组后，为满足国内对单光子药物需求，统一规划布局全国放射性药物生产，先后完成重庆一期、郑州、沈阳3个药物配送新中心建设；推进南京、长沙、济南、厦门、重庆二期、成都6个中心扩建、续建；启动了横店、徐州、长春、昆明、西安5个新中心建设。

（2）加速器药物应用

1996年，随着中国原子能院同位素所“Cyclone-30回旋加速器”投入运行和$^{18}$F-FDG注射液的生产、供应，我国临床核医学进入新的发展阶段。我国虽然在这方面起步较晚，但发展迅速，截至2014年，我国大陆地区拥有的（PET/CT）已达198台，有医用回旋加速器87台，分布于29个省、市、自治区的84个医疗机构中。在常规诊断中，PET的使用率日益增加，正电子药物的使用量也相应增加，特别是$^{18}$F-FDG的需求量越来越大。

核技术应用产业重组后，为促进PET药物的产业发展，中国同辐公司在国内统一布局，把在全国重点地区设置质子能量为15~18兆电子伏的小型专用回旋加速器，实现就地分离、生产、供应正电子放射性药物，列为今后重点投资领域。截至2015年年底，在“十二五”（2011—2015年）规划建设的16家放射性药物中心中，重庆、郑州、沈阳放射性药物中心已完成建设；长沙、成都等12家中心在努力推进中。同时，中国同辐公司还开展合肥、南宁、石家庄、青岛、哈尔滨放射性药物中心项目的前期工作。

（3）尿素［$^{14}$C］、尿素［$^{13}$C］呼气试验试剂应用

2000年，中核苏阀科技实业股份有限公司（简称中核科技公司）入主中核海得威公司。

2006—2007年，中国同位素公司以1 859万元收购中核海得威公司55%股权。中核海得威公司通过股权置换方式，收购生产同类产品的安徽养和公司。中国同位素公司最终以41.7 %股权控股中核海得威公司。2008年12月30日，中核海得威公司与原子高科公司签订合作协议，中核海得威公司以20%的股权与原子高科公司碳-13项目及55万元置换。

从2009年1月1日起，中国同位素公司持股34.1%控股中核海得威公司，并将该企业改制为深圳市中核海得威生物科技有限公司。此次资本运作，严格按照国家法规和中核集团管理规定，规范运作，工作细致，规避可能出现的风险，确保公司利益。王国光、武健等因此获得2007年中核集团

“高新技术产业突出贡献者奖（资本运作）”。

核技术应用产业重组后，中核海得威公司生产的尿素［$^{14}C$］、尿素［$^{13}C$］呼气试验试剂等产品，拥有国内用户 6 500 余家，已出口到东南亚、中东、南美等 19 个国家和地区，今后还面临需求量大幅度提升的市场趋势。鉴于尿素呼气试验诊断试剂产品在国内外有着广泛的市场需求和巨大的产业化发展空间，中国同辐公司将加大投资力度，在深圳建设药品与器械产业化生产基地。基地建成后，预计尿素［$^{14}C$］药盒产能达 5 000 万份/年，尿素［$^{13}C$］药盒达 1 500 万份/年，医疗器械达 3 000 台/年。

2. 体外检测药物应用

1986 年，中国同位素公司为推广普及放射免疫检测技术在医学领域的应用，与上海卢湾区中心医院合作，创办全国第一个示范性放免检测中心，开创企业与医院的合作经营模式。在其后的十余年里，中国同位素公司、中国原子能院同位素所充分利用生产放免试剂的技术优势，陆续在二十几个省（区、市）的重点城市或经济发达地区，与当地三级医院合作建立 82 个放免检测中心。在对各检测中心提供技术指导服务的同时还供应多种放射免疫检测试剂。这种双赢的合作模式，对同位素技术在医学领域应用起到很大的推动作用。

在 20 世纪 80—90 年代，国内有 30 余家生产放射免疫试剂单位，其中中国原子能院同位素所、中国同位素公司和中国核动力院一所，是国内放射免疫分析技术与试剂盒研发生产主力军，其产品在国内市场占有率超过 50%。

1993 年，中国原子能院同位素所积极开展与 IAEA 的交流与合作，承办 IAEA 在中国举办的亚太地区乙肝放免试剂培训班，通过培训班向发展中国家推广放免检测技术。中国原子能院同位素所生产的乙肝放免药盒通过 IAEA 项目，销往 29 个发展中国家，甲状腺功能检测等放免药盒出口至孟加拉等周边国家。

核技术应用产业重组后，原子高科公司部分试剂产品并入中国同辐公司北方所生产，扩大与增加了其试剂生产的品种与产量。中国同辐公司北方所根据国内放射免疫分析技术被非放技术逐步代替的发展趋势，积极开拓非放检测产品平台，促进非放产品研制、生产。截至 2015 年，已取得 60 余种药品注册文号和 90 余种医疗器械产品证书，成为国内拥有批准文号和器械证书最多的厂家，企业研发生产能力得到充分发挥。该所建立起放射免疫分析、酶联免疫分析、时间分辨荧光免疫分析、化学发光免疫分析、胶体金免疫分析 5 个检测平台，同时生产经营放免试剂、非放检测试剂等十几个大类近 300 个品种。

据中华医学会核医学分会统计，2013 年，全国医疗机构有 356 个科室开展放射免疫分析检测，占全部检验科室 42.48%，全年应用放免技术共检测 1 350.1万个标本（较 2011 年增加 35.4%），非放免检测标本 4 145.3 万个（较 2011 年增加 27.7%）。其中，中国同辐公司北方所提供的检测试剂产品约占全部检测试剂的三分之一。截至 2015 年，中国同辐公司北方所成为国内放免检测试剂领域最大的生产供应企业。

### （二）治疗药物的应用

1. 碘-125 密封籽源的应用

碘-125 密封籽源最早应用在前列腺癌治疗上，被认为是前列腺癌治疗的“金标准”。随着医疗技术进步和水平提高，碘-125 密封籽源应用范围越来越广泛，可对前列腺癌进行治疗，对多种经病理诊断的恶性实体肿瘤也有治疗作用。目前，国内碘-125 密封粒子植入治疗应用较多的恶性肿瘤包括：脑肿瘤、肺癌、头颈部肿瘤、胰腺癌、肝癌、肾及肾上腺囊肿以及眶内肿瘤（恶性黑色素瘤、视网膜母细胞瘤）、软组织肿瘤等。

中国同辐公司是碘-125 密封籽源的主要生产供应单位，所属上海欣科医药公司是国内生产碘-125 密封籽源唯一达到国际水平的厂家，也是唯一一家通过美国 FDA 认证并可在美国上市销售的国内企业。中国同辐公司生产的碘-125 密封籽源国内市场占有率达 50%以上，在粒子治疗领域一直处于行业领先地位。2015 年，中国同辐公司第一个推出以碘-125 密封籽源为代表的近距离放射治疗和为用户服务为一体的专业互联网平台，推广碘-125 密封籽源治疗技术的应用。

利用放射性粒子植入方法治疗肿瘤，在我国是一门新技术，国内至少有 600 家医院开展这项技术应用，发展十分迅速。据中华核医学分会统计，2013 年应用碘-125 密封籽源治疗肿瘤的人数约 2.5 万人次。

2. 碘-131 治疗药物的应用

目前，碘-131 口服液仍是我国使用量最大的放射性药物之一，是治疗甲状腺功能亢进和甲状腺癌最有效的手段，其产品供应几乎覆盖中国县以上城市的大中小医院。

随着临床治疗的需要，陆续研制出各种碘-131 标记化合物制剂，例如碘（碘-131）-马尿酸钠可广泛应用于肾扫描和肾功能检查，碘-131 标记玫瑰红可用于临床肝扫描，肝功能检查，还有碘-131 碘油、碘-131 树脂微球、碘-131 蛋白微球、$^{131}$I-MIBG和其引起的器质性高血压治疗和特异病灶的诊断和治疗都起到独特作用，20 世纪 80 年代，最大年供货量已达到 4 000 多个包装。

3. 肿瘤治疗药物的应用

$^{153}$Sm-EDTMP、$^{186}$Re-HEDP、氯化锶（锶-89）等应用于骨转移癌的治疗，是我国第一个正式通过中国药监局审批的体内治疗药物，是目前我国临床上最为广泛使用的肿瘤治疗剂之一。其中，中国同辐公司研发生产的氯化锶（锶-89）注射液，国内市场占有率达 90%以上。

2015 年，中国同辐公司向美国、澳大利亚、韩国及东南亚地区等 16 个国家和地区出口呼气检测产品、放免试剂及药盒、碘-131 等 5 类产品，收入超过1 200万元。

4. 放射治疗在医学中的应用

目前，放射治疗是癌症治疗的三大有效手段之一，70%以上的癌症患者都需要采用放射治疗。放射治疗可分为外部远距离照射、腔内后装近程照射、间质短程照射和内介入照射等。

据中国肿瘤学会的统计，到 2015 年 12 月，中国大陆地区从事放射治疗的单位已达 1 413 家，呈逐年上升趋势。放射治疗的主要装备——电子加速器达到1 931台，后装机 439 台，γ 刀 210 台，而且后装机需求仍在增加，后装机与 γ 刀等放射治疗设备增加，扩大了对放射源的需求。2015 年，全国年收治放疗患者接近 100 万人，实际放射治疗 919 339 人，较 2011 年同比增长 61. 6% 。

### （三）建立独立实验室推广核技术医学应用

为推广核技术医学应用，2007 年 3 月，中国同位素公司出资组建北京中同蓝博临床检验所（简称中同蓝博所），该所以第三方独立医学检验室形式，面向医疗机构，为医学临床体液、血液专业、临床微生物学专业、临床生化检验专业、临床免疫专业、血清学专业提供核医学在内的各项检验服务。2011年6月，该检验所通过ISO 15189认可，获得中国合格评定国家认可委员会（CNAC）颁发的认可证书，成为全国第87家通过认证的独立实验室、北京第二家独立实验室。独立实验室是中国同辐公司产业链的重要一环，服务于核技术医学应用产业化。

中同蓝博所在与医院设立检验联合体的基础上，不断丰富合作内容，主营业务向核素诊断与治疗延伸；在与8家医院联合设立核素诊疗中心的基础上，继续增大核技术在医学领域应用的推广力度。

## 三、核技术在工业中应用

### （一）工业钴源生产与销售服务

工业钴源是中国同辐公司主要经营项目，工业钴源国产化前，以进口加拿大、俄罗斯等国产品供应国内市场。1999年到2010年11年间，中国同位素公司累计进口工业钴源约2 960万居里。

2011年，随着利用核电站反应堆生产钴-60项目完成，中国同辐公司具有年均生产600万居里钴-60放射源的能力，工业钴源成为中国同辐公司新经济增长点。为扩大工业钴源销售，提高市场占有率，中国同辐公司和秦山三核公司共同投资组建中核同兴（北京）核技术有限公司，负责组织钴-60放射源生产、市场开发、销售及服务。据统计，2010—2014年，国产工业用钴-60源产品，累计销售3 300多万居里，可以满足国内市场80%需要。2013年，国产工业钴源实现出口，进入国际市场，中国同辐公司成为世界第三大钴源供应商。

### （二）钴60 γ辐照装置设计建造服务

北京核二院比尼新技术有限公司（简称比尼公司）是中国同辐公司控股的国有高新技术企业，是国内研究开发和设计商用γ辐照装置先驱者，迄今已设计和承建大型γ辐照装置数十座，占有国内市场大半份额。

比尼公司开发出两种全新γ辐照装置并推向市场。其中ALLANCE型γ

辐照装置，系与加拿大 Nordion Inc. 联合设计，设计装源量 150~600 万居里，全气动产品输送，为 20 世纪 90 年代末国际主流产品。BFT 型全自动 γ 辐照装置，取得 20 多项专利，具有自主知识产权。该装置设计装源量为 200~800万居里，具有产品自动换层、自动二次辐照等优越性能。新装置的推出，与中国同辐公司工业钴-60 放射源生产配套，提供产销一条龙服务。比尼公司加大海外市场开发力度，在马来西亚承接了辐照装置总承包项目。

**（三）辐射加工产业发展状况**

利用辐射加工技术对食品进行辐照消毒灭菌，得到国际粮农组织（FAO）、国际原子能机构、世界卫生组织（WHO）及发达国家普遍认可和实际应用。我国辐照农产品总量超过 20 万吨，接近全球总量三分之一，实现产业化。

中核集团辐射加工技术应用始于 20 世纪 80 年代中期。1985 年，中国原子能院建立 30 万居里钴-60 强辐照实验室，开展辐射加工技术研究。1986 年，30 万居里钴-60 辐照装置设计建造获得部级科技进步奖一等奖。1992 年 2 月，中核总投资 4 000 万元，以中国同位素公司为主（占股 37. 5%）建设海南辐照站，开展辐射加工业务。

中核集团辐射加工产业相比其他产业发展略显缓慢，所属中核四〇四公司、中国同辐公司、大连核应用技术所、中辐院等单位，拥有 8 座钴源辐照装置（含新建 2 座）和 3 台电子辐照加速器，从事食品、医疗用品的辐射消毒及材料改性等。从 2014 年行业发展情况看，中核集团辐照装置数量占比不足全国 8%，设计装源量占比不足全国 5%，辐照加工收入约 3 232 万元。

核技术应用产业重组后，为拓展在辐射加工领域的服务空间，中国同辐公司面对市场竞争加剧等不利因素，对华东辐照公司加快推进实验室和消防设施改造，提升硬件水平；同时不断完善质量管理体系，向管理要效益，收入和利润均实现增长。对张家港华康公司开拓新客户，提高产品辐照加工质量，并合理利用闲置土地，推进新厂房建设。对海南海原公司老旧辐照站进行全面改造，退役 82 根放射源，对冷库存货方式加以改造，使其在 2015 年重新投入运行，收入及利润保持稳步增长。

为加大辐射加工市场的开发力度，中国同辐公司在四川成都、吉林长春新建辐照站两座，其中，长春辐照站建设工程已竣工，2015 年开始试运行，实现销售收入207万元。成都辐照站已初次装源，进入试运行阶段。

**（四）电子加速器工业应用**

在国内，中核集团既是设计生产粒子加速器的科研单位，也是利用粒子加速器开展辐射加工的应用单位。20世纪80年代中期，中国原子能院核技术所，将静电加速器和高压倍加器改成质子、电子两用加速器，开展材料辐照研究，承担来料加工业务。与此同时，还将自行研制的14兆电子伏强流短脉冲电子直线加速器改建成辐照加速器，并从俄罗斯引进1台强流电子辐照加速器，用于线缆和电子器件的辐照改性。

1989年，中国原子能院核技术所根据机械制造业需求，研制成功国内第一台4兆电子伏S波段驻波电子直线探伤加速器，结束我国不能生产电子直线探伤加速器的历史。1991年，在为兰州化工机械厂生产3兆电子伏驻波电子直线探伤加速器的基础上，又为武汉锅炉厂、五二四厂等单位，提供多台探伤加速器。

1998年，中国原子能院核技术所为同方威视车载式集装箱检查系统成功研发国内第一台2.5兆电子伏车载式X射线电子直线加速器，该加速器的应用，为同方威视车载式集装箱检查系统中加速器产业化奠定基础。

2005—2009年，中国原子能院核技术所研发的EDS-M邮件检测系统和EDS-B型检测系统成功应用在2008年北京奥运会安保上，成为北京奥运会反邮件恐怖袭击的关键装备之一，为平安奥运作出重要贡献。

2007年12月，中国原子能院核技术所为适应辐射加工产业需求，自主研制成功10兆电子伏高能大功率辐照加速器。该加速器是我国第一台投入商业运行的10兆电子伏/15千瓦电子直线辐照加速器装置。该装置束流能量高、功率大、单色性好、长期运行稳定可靠，可用于食品保鲜、医疗用品消毒和海关检疫等领域。

随着中国原子能院、清华同方威视等单位在高能电子加速器生产技术上的突破，应用电子束技术开展辐照加工得以实现。据中国同位素与辐射行业协会统计，我国现有中、高能电子加速器近400台，有约50座高能电子加速器用于农产品、医疗用品和高分子材料改性的辐照加工处理。

**（五）核辐射探测器应用**

核辐射探测器在工业自动化控制、探测空间辐射、天体物理研究、反应堆、加速器、核电站以及核废物处理和核医学等方面有着广泛应用。中核集团在核探测器方面占据国内主导地位，种类齐全，品种繁多。

20世纪80年代以来，中国原子能院核技术所，成功研制出高纯锗自然伽马能谱测井仪、中子瞬发伽马煤田煤质分析仪、X荧光分析仪、骨密度仪、中子水分仪、核安全检测仪、核子秤、核子料位计和辐射成像装置等多种探测仪器。其中，黄金成色分析仪的各项技术指标得到中国人民银行确认，经国内多家单位使用后，于1993年通过部级鉴定。该仪器外销到新加坡、印度尼西亚和我国香港等国家和地区，获得良好社会效益与经济效益。

2010—2014年，研发生产的硅多微条探测器、两维硅二极管阵列探测器、低能X射线硅漂移室探测器、气泡个人中子剂量探测器等，其中d$E$/d$X$探测器（Δ$E$探测器）用于返回式卫星上的空间探测。弗里希栅碲锌镉探测器用于“飞机燃油管道的康普顿背散射成像无损检测”的研究，获得中核集团科技进步奖三等奖。

**（六）消防与安保设备应用**

1997年1月，中国原子能院通过与德国西门子公司签订“火灾探测设备领域的技术合作协议”，引进新火灾探测技术，开发出来的智能型烟感火灾报警器成功安装在天安门城楼和深圳地铁等场所，该系列产品在1998年全国第十一届发明博览会上获得金质奖章。2005—2009年期间，开发的JTY-CD/051A型独立式光电感应烟火探测报警器于2008年成功用于北京饭店（扩建）奥运消防工程。新探测技术与产品在消防安全工作中发挥了重要作用。

“NQR爆炸物检测系统”“通道式行人/行李放射性检查系统”“通道式车辆放射性检查系统”“便携式核素识别仪”以及“高灵敏快速识别反恐侦查车”等产品，成功应用于北京奥运会、新中国成立60周年庆祝活动、第十届全运会、上海世博会安全检查中。除上述重要活动场所外，还为中国民用航空局、人民大会堂管理局、国家大剧院、保利公司（维和部队）、中核北方公司等单位提供高灵敏度行人放射性物质检测系统、多功能安检门、便携式核素识别仪等140余套。安检设备出口到坦桑尼亚等国家。中国原子能院被国家反恐办公室确认为反核与辐射恐怖科研基地及依托单位。

# 第四节　核技术应用在其他领域的发展

## 一、核分析技术

### （一）加速器质谱分析技术（AMS）应用

1990—1994 年，中国原子能院加速器质谱学研究及应用课题组，在 13 兆伏串列加速器（HI-13）上建成国内第一台加速器质谱计。在加速器质谱分析技术（AMS）系统建成后，相继开展氯-36、铍-10 AMS 测定研究。在测量铍-10 应用中，成功测量中太平洋 5 100 米深海锰结核和深海沉积物的铍-10 剖面分布，获得锰结核生长年代、生长率等资料，为选定太平洋公海海域铁锰多金属结核矿资源，提供重要科学依据。为申请联合国批准我国在中太平洋地区 30 万平方千米海底相关资源开采权，作出关键贡献。在实现了氯-36、铍-10 的高灵敏测量后，我国成为当时为数不多的可以开展 AMS 研究工作的国家之一，拥有亚洲地区第一台具有测量氯-36 能力的加速器质谱系统。

1994—1997 年，应邀参加 IAEA 组织的碘-129AMS 国际比对。为此，建立碘-129AMS 测量方法，开展环境中碘-129 分布研究，首次提供我国环境方面的碘-129 分布数据，完成国际比对样品测量。比对结果受到国际组织者好评。该研究获得 1998 年核工业科技进步奖三等奖。

1999 年，开展入射离子 X 射线的 AMS 分析研究，实现硒-79AMS 高灵敏测量。这是国际上首次开展硒-79AMS 测量，在此基础上实现硒-79 半衰期测定，使该核素半衰期首次有实验数据。此数据已被 IAEA 核数据库、美国国家核数据中心（NNDC）等数据库收录。

2004 年上半年，北京串列加速器国家实验室与中国地质科学院矿产资源研究所合作，采用基于强流离子源的加速器质谱技术，完成“利用铍-10 法测定铁锰结核生长速率”的科研任务，利用 AMS 系统实现锰结核不同层位处铍-10 含量测量，测定了太平洋三个海域的海底资源——富钴结壳的生长速率。此工作对扩大我国深海资源开采权具有十分重要意义。

从 2006 年开始，中国原子能院在国际上首次建立用于 AMS 测量的排除同量异位素干扰的测量方法——$\Delta E$-Q3D 方法后，相继实现硅-32、锰-53、镍-59AMS 高灵敏测量，使我国在这些核素测量灵敏度上处于国际先进水平。基于这些核素高灵敏测量技术，开展了核反应截面、半衰期测量以及海洋沉积物定年方面的应用工作。

2015 年，中国原子能院 AMS 课题组建成我国第一个自主研发的专用于碳-14 测量的 AMS 装置，成功实现碳-14 高灵敏测定，并利用此系统开展大气颗粒物 PM2. 5 源解析以及考古等方面的应用工作。

通过 30 多年发展，建成一大一小两台高质量 AMS 系统，测量核素种类在不断增加，应用领域不断扩展。开展了从铍-10 到钚-239 等近 15 种长寿命放射性核素高灵敏测量方法及其应用研究工作，成为国际上测量核素最多的实验室之一，并在核物理、地质、生物、环境、水文、考古等领域开展广泛的应用研究工作。

### （二）中子活化分析技术应用

中子活化分析是利用反应堆、加速器或同位素中子源产生的中子作为轰击粒子的活化分析，是确定物质元素成分的定性和定量分析方法，在地质勘探、地质测年、食品安全、大气与环境污染治理、基因工程、纳米材料等方面可发挥重要作用。中国原子能院微型中子源反应堆是推广应用中子活化分析的重要工具。利用超热中子活化分析，在空间科学、单晶硅生产工艺改进、生物、地质、考古等科研领域的应用研究，取得一系列成果。

20 世纪 90 年代，肖伦担任国家自然科学基金课题“河北省食道癌高发地区人群指甲微量元素含量的研究”负责人，该项目是“食道癌高发现场的综合防治研究”国家“八五”（1991—1995 年）重点攻关项目子项目。该项目成果被评为 1995 年全国十大科技成就之一。

从 20 世纪 80 年代开始，中子活化分析实验室积极参与国际合作项目，对澳大利亚赠送的南极冰岩心样品的微量元素含量和氢氧同位素进行分析研究，取得可喜成果。该成果在 1986 年南极研究学术委员会召开的鉴定会上，受到高度肯定，被认为“这些成果不但揭示了几千年来南极地区气候和环境的变化，而且开创了冰雪物理学研究的新途径”。

1994 年，首次参与了 IAEA 组织的“核分析技术用于大气污染可行性研究”为期三年的研究合同项目（CRP）。

1998 年，参加由亚洲 15 个国家组成的亚太地区区域性以“核分析技术用于大气颗粒物污染研究”为主要内容的合作项目（RCA），延续至今。

在国内合作项目上，与国家水利部合作，用中子活化分析等方法，参与长江口航道放射性示踪沙实验，其研究特点和独创性在 1995 年国际同位素会议上得到 IAEA 专家称赞。

2003 年，中国原子能院与北京市公安局法医检验鉴定中心合作，成立“清光绪死因”专题研究组。历时 5 年，先后利用“中子活化分析”“X 射线荧光分析”“原子荧光光度”等一系列现代高科技手段，对光绪遗体的头发、遗骨、衣服样品进行分析。经科学测算沾染在衣服、头发上的三氧化二砷总量高达 201 毫克。2008 年，在光绪去世 100 周年之际，为揭开“光绪死因”之谜提供了关键证据。

中国原子能院先后与中国环境监测总站、中国环境科学研究院、北京环境监测中心和北京房山区环保局合作，利用中子活化分析和 PIXE（质子激发 X 荧光光谱）分析技术测定近 50 种元素，建立大量基础数据。研究取样区域的污染物种类、来源和分担率；研究了沙尘暴、火灾、烟花燃放、人工降雨等单个事件和越境事件的输运过程和源追踪技术以及能见度与 PM2.5 颗粒物浓度的关联性。

2015 年，中国先进研究堆（CARR）建成，其中子注量率也属亚洲第一，达到 $8\times10^{14}$厘米$^{-2}$·秒$^{-1}$。该反应堆设有中子活化分析专用垂直辐照孔道，中子注量率约为 $3\times10^{14}$厘米$^{-2}$·秒$^{-1}$，可进行长照射和短照射。同时建设了专用热中子瞬发伽马活化分析水平管道和冷中子束流管道，具备开展中子活化分析的条件。

## 二、核测井技术

核测井、声学测井与电学测井共同构成地球物理三大测井技术，在油田、煤田、金属资源与水资源勘探与开发中发挥着不可替代作用。中国原子能院核测井技术研究始于 20 世纪 70 年代后期，核测井主要方法有以下几种。

### （一）低温半导体测自然伽马能谱法

1986 年，中国原子能院申报的用高纯锗的自然伽马能谱测井项目，经石油部与核工业部专家评审后，由核技术所测井室承担。科技人员在大庆奋战 3 个冬天，因油井深、温度高等因素，得到低温半导体在 1 100 米深的浅井中只能工作 3 小时（包括探管下降和上升的时间）的结论，说明高纯锗在油井测量中基本上是不能用的。进入 21 世纪，室温半导体碲锌镉研制成功，并成功用于石油测井。

目前，测井常用的还有溴化镧探测器，因溴化镧高低温性能均很好，在能量分辨率上可与常温碲锌镉媲美，尺寸也可做得比碲锌镉大，二六一厂已掌握井下高温 PMT 生产技术，因此应用溴化镧进行测井研究也是一种方法。

### （二）示踪剂测井技术

“七五”（1986—1990 年）期间，中国原子能院同位素所为适应我国核测井和核分析的发展需求，兴建$^{241}$Am-Be 中子源生产线，解决中子源供应问题。与大庆油田合作，研发了适合我国陆相油田吸水剖面的钡-131 微球测井示踪剂，建立具有中国特色的钡-131 微球测井技术，满足全国各个陆相大油田的测井需求。

1996 年，受 IAEA 委派，中国原子能院有关专家分别到马来西亚、巴基斯坦、越南、阿尔及利亚、印度尼西亚、肯尼亚、墨西哥、缅甸等国 9 次讲学，讲授和协助开展油田地热井间示踪工作。

2001 年，在 IAEA 支持下，原子高科公司建成同位素示踪剂研制生产、配套测试和现场服务的完整技术体系；与中国石油天然气集团公司共同完成 IAEA 资助项目“井间放射性示踪技术监测注水油藏剩余油饱和度的研究与应用”。

2008 年，国防科工委民用专项工程（军转民技术开发专项）批准“石油工业先进放射性示踪技术开发”立项。经过三年多研究开发和试验推广，研制多种新型示踪剂和示踪砂，其中，钡-131 微球、铟-113m 测井示踪剂，水驱、气驱和蒸汽驱氢-3、硫-35、铬-51、钴-57、钴-58、钴-60、碘-125 等井间测井示踪剂，以及钪-46、铱-192 或铱-191 示踪砂的研制生产及配套的测试和现场服务，解决了多井组-多示踪剂-多层位井间示踪检测和水力压裂中裂缝形态的检测和压裂效果的评价难题。

2011 年，首次利用放射性示踪砂跟踪支撑砂的压裂示踪技术，测量油井壁裂缝形态，评价水力压裂效果，在长庆油田试验成功，填补国内空白。该技术已在大庆、长庆等十余家石油石化单位应用，共开展油田示踪服务 300 多井次，为油田石化用户带来数亿元经济效益。

截至 2014 年，油田示踪、石化伽马射线扫描技术等，一直走在国内前列，收到良好的社会效益与经济效益。该项目获得多项发明专利，2014 年被评为国防科技进步奖三等奖和中核集团科技进步奖二等奖。

## 三、固体材料辐射改性技术

### （一）离子注入技术应用

离子注入技术已超出半导体工业应用范围，成为材料科学中强有力的研究手段。20 世纪 80—90 年代，核工业西南物理研究院（简称核西物院）对离子注入技术应用做过深入研究，取得重要成果。核西物院在等离子体应用技术成果转化中，研制了具有自主知识产权的复合渗注镀技术集成试验平台，开发出多种等离子体复合表面处理工艺，形成离子镀膜、离子注入和纳米粉末制备等优势项目。

这些新技术、新工艺、新产品已广泛应用于工业、科研与日常生活等领域，创造了良好的经济效益和社会效益。例如，泥浆泵缸套经过离子注入表面改性后使用寿命提高 2 倍；对金属进行离子注入后，金属材料表面物理、化学性能得到很大改善。

### （二）中子嬗变掺杂单晶硅技术的应用

用核反应堆产生的热中子，照射半导体原料实现掺杂生产半导体材料，叫做中子嬗变掺杂（NTD）。中国原子能院堆工所在 101 堆和 49-2 堆上建立了中子辐照掺杂生产线，并配备有先进的辐照损伤恢复的热处理技术。1985 年，反应堆辐照单晶硅中子掺杂工艺研究，形成年产 10 吨生产能力。

1988 年，中国原子能院堆工所与河北工学院、洛阳单晶硅厂合作完成“大规模、超大规模集成电路用中子辐照直拉硅技术”及“功率器件 NTD 及技术应用”两项科研任务，并通过鉴定。其中“大规模、超大规模集成电路用中子辐照直拉硅技术”获得部级科技进步奖二等奖。1991 年“探测器级特高阻区熔硅单晶中子嬗变掺杂”获得部级科技进步奖三等奖。1995 年“直拉硅片缺陷的控制与利用”获得国家发明奖四等奖。

在同一时期开展中子嬗变掺杂工作的还有中国核动力院。该院利用中子通量亚洲第一、世界第三的高通量工程试验堆（HFETR）和与之配套的岷江堆（MJTR），开展中子嬗变掺杂单晶硅辐照和宝石（黄玉）辐照改色研究。硅单晶辐照最大孔道直径达 $\phi$230 毫米，具有最大可辐照 $\phi$8 英寸[①]的大直径、高目标电阻率硅的能力，年辐照产量 30 吨，辐照加工能力和辐照质量达到国际水平。

## 四、固体径迹探测技术

20 世纪 60 年代以来，中国原子能院开始固体径迹探测器研究，掌握用晶体、玻璃、塑料记录和显示重带电粒子径迹的技术并用于我国核科学及相关领域。由于固体径迹探测器具有能克服强本底干扰，可探测质子、α 粒子、重离子、裂变碎片和宇宙线中的原子核等，而且具有灵敏度高、探测径迹小、稳定性好等优点，在各个研究领域中广泛应用。在我国神舟号飞船上载有固体径迹探测器，用于对轨道空间各种带电粒子进行监测。

### （一）在科研中应用

20 世纪 80 年代中期，利用裂变径迹法进行大面积铀矿普查，获得成功。利用该方法在江西省发现新的矿化区域和铀矿。该方法为全国地质构造、矿藏勘察、防灾减灾、月球岩石研究和我国探月工程提供了数据和技术储备。裂变径迹法铀矿普查获得 1985 年国防科工委重大科技成果奖。

1995 年，利用裂变径迹法测定广西百色古人类遗址年代，证明早在 73.2 万年前，我国广西百色居住的古人类能够制造双面石斧，是世界上同期智力发展最高的人群之一，这一研究得到国际公认。

### （二）核孔膜的研制与应用

当高能核粒子穿过高分子聚合物时，在粒子经过的路径上留下一条狭窄的

① 1 英寸 = 25.4 厘米。

损伤通道径迹。如果高分子聚合物是塑料薄膜，则当带电粒子完全穿过薄膜时，化学蚀刻后就形成通孔。控制辐照强度和化学蚀刻条件，就可以控制孔多少和孔径大小。这种微孔薄膜称为核径迹蚀刻膜（nuclear track-echedmembrane），国外商品名为Nuclepore，在我国称为核孔膜。

1985年，中国原子能院开始核孔膜研究，在串列加速器上建造核孔膜照射装置和蚀刻装置。生产的核孔膜用于国内一些厂家生产精密输液过滤器，多家医院使用核孔滤膜过滤灰尘、微生物、细胞、血球和细菌等。另外还实验成功用核孔膜测定各种溶液物质浓度的方法。

**（三）在其他领域应用**

1. 在军控核查中应用

进入21世纪以来，通过在工作环境中搜集含铀微粒或含铀气溶胶，测定其铀-235丰度，成为最准确的军控核查手段之一。

中国原子能院在1992年研制成CR-39固体径迹探测器，并建立整套操作方法：把有大量微粒的样品与固体径迹探测器片叠放在一起，放入核反应堆内照射；如果微粒中有一个含铀微粒，热中子会引起微粒中铀-235裂变，裂变碎片打在固体径迹探测器上，形成一个径迹星。径迹星中心位置对应的就是含铀微粒的位置。用直径为1~2微米的尖针（或用其他方法）把微粒拾起，转移到质谱仪中，测定铀-235同位素丰度。

2. 在激光加速研究中应用

进入21世纪以来，利用激光打靶产生等离子体，进而产生重离子，并能对产生的重离子加速，即所谓激光加速。根据这个原理，将来建造的加速器称为台面加速器，即可以放在桌子上的加速器。固体径迹探测器是研究激光加速最好的探测器之一。

3. 在其他领域应用

在核技术应用领域及放射治疗领域，固体径迹探测器已经广泛用于辐射剂量监测、反应堆物理、微堆中子治癌、医用加速器中子剂量测量等领域，是核工业广泛采用的探测器之一。

4. 基础研究

利用固体径迹探测器研究裂变碎片角分布，发现几种核素裂变碎片的角分布有异常现象，固体径迹探测器应用技术开发有着广阔的应用空间。

在发达国家，核技术应用已形成一个巨大的产业，经济规模对 GDP 的总量有着重要贡献。以美国核技术应用产业为例，据美国核科学顾问委员会专家评估报告《国家同位素未来需求》介绍，2009 年美国同位素与辐射技术的产值达到 6 000 亿美元，占其当年 GDP 的比例为 3%左右。

据中国同位素与辐射行业协会测算，2010 年中国核技术应用年产值约为 1 000亿元，仅占当年 GDP0. 3%。在核技术应用领域，我国与美国、日本等发达国家相比，在应用水平与经济规模方面，还有不小的差距。随着核技术在农业、医学、工业等领域的推广应用，中核集团核技术应用产业还有巨大的发展与提升空间。

# 第二十五章　核仪器设备制造

核仪器设备制造产业是随着中国核工业的创建而逐渐发展壮大的，其管理体系随着形势的变化而几经调整。改革开放以来，随着核工业的战略调整，核仪器设备制造产业在调整改制后，充分发挥自身优势，抓住机遇开发优势产品，发展特色产业。

在核工业第一次创业期间，核仪器设备制造产业在当时国内工业基础比较薄弱的情况下，艰苦创业，逐步形成门类齐全、基本满足核工业生产科研需求的研发生产体系，为“两弹一艇”研制成功作出了贡献。

20 世纪 80 年代以来，核仪器设备制造产业陆续开发了核电站核岛仪控测量仪器仪表、反应堆专用仪器和系统、放射性测量仪器设备、反恐安全核仪器、环境监测核仪器和核电专用核心及辅助设备、三代核电专用阀门、流体机械体系工业阀门、核退役设备金属净化及利用、能源化工设备、消防报警与灭火设备等优势产品。依托这些产品，核仪器设备制造产业形成科技创新驱动、有核心竞争力的特色产业。中核苏阀科技实业股份有限公司（简称中核科技公司）1997 年上市后成为核工业和阀门领域中第一家上市公司。核仪器设备制造产业在保证核电建设与运行、满足国民经济建设不断增长新需求、实现军民融合发展等方面，作出新的贡献。

## 第一节　核仪器设备制造产业演变历程及贡献

### 一、演变历程和主要贡献

核仪器设备制造产业是为适应我国早期核军工事业发展需要、按保密特需要求，通过新组建、国家拨给、转隶等形式逐渐形成和不断发展的。核仪器设备制造产业管理体制虽经多次变动，但始终承担核工业系统核仪器设备生产科研管理的责任，先后制定了大量制度、标准和规范等，并参与我国核仪器各类标准的制定，保证了核仪器设备制造产业科研生产秩序和健康发展。

1961 年二机部成立十局（设备制造局），1974 年与六局合并为供应制造局，1982 年更名为核工业部物资设备供应制造局。1983 年 3 月，组建核工业部设备仪表公司，后更名为中国核仪器设备总公司，是实行自主经营、独立核算、自负盈亏，具有法人资格的经济实体。1994 年，核工业物资供销总公司、中国宝原开发公司、中国核仪器设备总公司合并成立中国宝原工贸公司（简称中国宝原公司）。

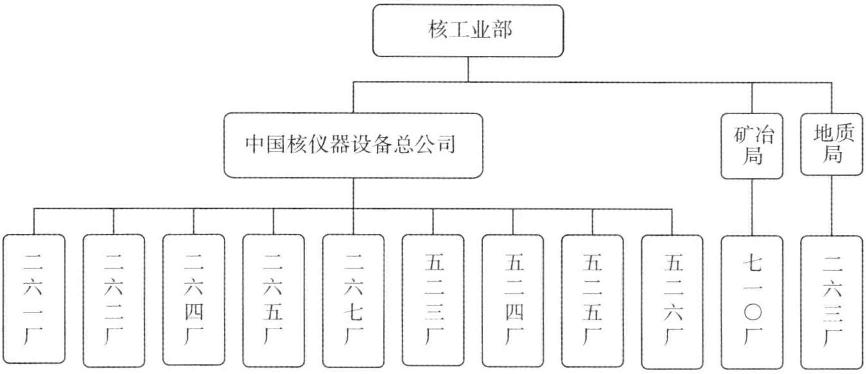


**核工业部核仪器设备制造企业隶属关系（1985 年）**

中国宝原公司作为核工业核仪器设备制造产业管理公司，努力开发适应市场需要、科技含量高的新产品，发展特色产业，积极扩大产能，培养了一支掌握现代技术的专业队伍。核仪器制造产业努力追赶世界核仪器发展步伐，引领中国核仪器发展，满足了核工业生产和科研需要，并为中国神舟系列飞船、空间卫星、海军潜艇、火箭军、海关、国内外近 30 座反应堆及全国卫生疾控中心、环境监测部门、大专院校提供了大量核仪器设备，包括堆内外探测器、控制、保护、测量仪表，辐射防护、剂量监测仪器，为中国航天、环保、卫生医疗、高教事业作出了贡献。在核及其他设备制造产业核级和工业阀门成为国内主要制造和供应基地，耐腐蚀高端材料（哈氏、镍基和锆系列）产品的品种、数量和业绩居全国之首，能源化工设备在国家重点工程中广泛应用，多项国家及部（直辖市）级重点消防工程获得建筑行业“鲁班奖”和“长城杯”，2006 年以 2. 1 亿元合同额跃居北京市同行业第一的位置。2009 年，中国宝原公司主营业务收入达到 16. 76 亿元。

2011 年，中国核仪器设备总公司注册变更为中国核燃料有限公司。同时，中国宝原公司不再承担中核集团核仪器设备生产企业的管理，其所属核仪器设备生产企业分属中核集团不同业务管理板块，主要由中核集团核动力部管理。

截至 2015 年，中核集团核仪器设备生产企业及单位主要有西安中核核仪器有限公司（简称西仪公司）、西安核设备制造有限公司（简称西核公司）、中核科技公司、上海光华仪表有限公司（简称光华仪表公司）、上海光华爱而美特仪器有限公司（简称光华爱而美特公司）、中核控制系统工程有限公司（简称中核控制公司）、湖南核工业宏华机械有限公司（简称宏华公司）、中国原子能科学研究院核技术应用研究所（简称中国原子能院核技术所）和中国辐射防护研究院所属山西中辐核仪器有限责任公司（简称中辐核仪公司）等。

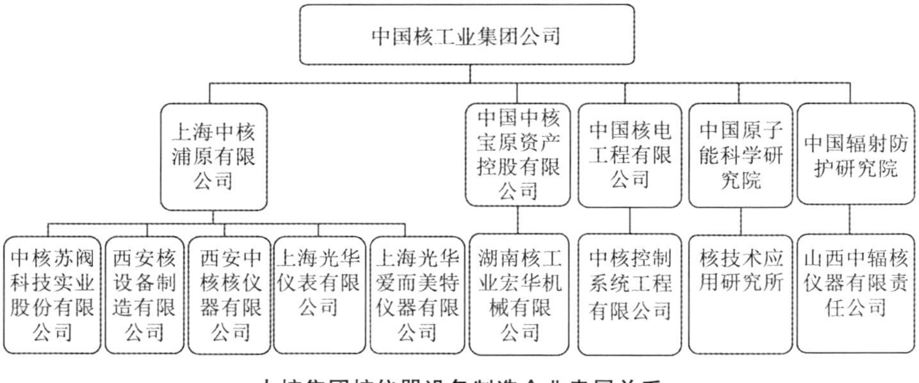


**中核集团核仪器设备制造企业隶属关系**

核仪器设备制造产业的创建和发展，为国防事业和国民经济作出了贡献：一是承担并完成了国家下达的指令性生产和科研任务，特别是国家急需的军品生产任务，在“两弹一艇”研制中创立了功业；二是为我国核电事业发展提供了大量专用核仪器设备，为保证核电站建设和安全稳定运行作出了贡献；三是承担国务院重大设备办公室多项国产化项目，并研制开发核辐射监测仪器仪表、环境监测系统、核应急响应系统、火灾自动报警控制系统、医用核仪器、粒级压力变送器、工业同位素应用仪器、反恐安全核仪器和智能楼宇实物保护系统等多种系列产品，满足了国民经济建设提出的新需求；四是发展形成核电专用设备、三代核电专用阀门、流体机械体系工业阀门、核退役设备金属净化及利用、能源化工设备、消防报警与灭火设备等科技创新驱动产品和产业，创立品牌，具备核心竞争力，在良好的市场空间中将得到进一步发展。

## 二、调整改制，轻装前进

20 世纪 90 年代，中国宝原公司所属核仪器设备制造业出现亏损，面临的形势十分严峻，改革调整迫在眉睫，主要表现在：

1. 核仪器设备制造企业全面亏损

1999 年，核仪器设备制造产业 10 家主要工业企业有 7 家亏损，亏损面达到 70%，亏损额达到 3 570 万元。

2. 管理体制机制不活

面对日趋激烈的市场竞争，核仪器设备制造企业用管理军品的办法经营民品，很难适应瞬息万变的市场。如设立的中核久安科技股份有限公司、峨嵋汽车项目、卫生巾生产线项目、绣花机项目等，亏损严重。

3. 人员负担过重

1999 年，中国宝原公司在职职工 16 988 人，人员严重过剩、经费负担重的问题很突出，虽采取一些减员增效措施，仍矛盾突出，很难为继。

4. 开发民品困难

中国宝原公司部分企业地处偏远山区，远离城市，交通不便，信息不灵，不仅难以开发出适应市场的产品，而且企业经济状况不良导致职工及其家属生活出现严重困难。

就此，根据国家统一安排，中核集团开始实施企业兼并破产工作。中国宝原公司受中核集团委托，组成工业企业结构调整改革组和供销企业调整办公室。由党组书记辜荣如任组长，副总经理苏贵峰任副组长，从中国宝原公司总部抽调 12 名同志专职开展调整改制工作。

1996 年，五二六厂进行股份制改组，并经批准进行国内股票发行。1997 年，中核苏阀股份有限公司成立，并在深交所上市。2000 年 11 月更名为中核苏阀科技实业股份有限公司。

1999 年 7 月开始，工业企业结构调整改革组先后将五二三、五二五、八五七、八一三厂 4 个重点亏损企业的关闭破产和五二四、五二六厂列为核设备企业结构调整主要工作项目，将二六三、二六四、二六五、二六七厂列为核仪器企业结构调整主要工作项目。经过 7 年艰难过程，中国宝原公司所属核仪器设备制造产业的 10 个企业［包括除二六四厂（划转到别的系统）外的 8 家企业以及后划入的八一三、八五七厂；八一六厂隶属中国宝原公司时间不长，未计其中］，有 4 个关闭破产，有 4 个结构调整，仅有二六一、二六二厂暂不做调整。

1999 年 8 月，五二三厂进入破产程序，同年 12 月破产程序终结。

2000 年，五二四厂列入实施“债转股”企业，以现有全部资产 11 745 万元投资入股，中国华融资产管理公司以五二四厂银行贷款 8 570 万元作为对公司的投资股本，成立西安核设备有限公司（即西核公司）。

中核久安科技股份有限公司于 2000 年 3 月注册成立，2002 年 9 月因亏损严重、清算完毕后工商注销。

2002 年 3 月，五二五厂列入国家破产计划，随后进入法定破产程序。2003 年 5 月，破产程序终结。

2004 年 9 月，二六三厂改制，以上海申核电子仪器有限公司的名称对外开展业务。

2004 年，二六四厂改制，成立上海光华仪表有限公司（即光华仪表公司）。

2007 年 6 月，武汉光明仪器厂（二六五厂）完成工商注销。

2006 年，苏州光学仪器厂（二六七厂）完成工商注销，在职职工并入苏州阀门厂。

2013 年 6 月，中核北京核仪器厂（原二六一厂）与中核东方控制系统工程有限公司重组，重组后公司更名为中核控制公司。

经过15年结构调整改革，中国宝原公司所属10家核仪器设备生产企业调整改制9家，其中破产4家，改制5家，仅二六二厂未调整改制。调整改制后在职职工不足3 500人，大大减轻了人员负担过重的压力。

结构调整改革极大地减轻了中核集团核仪器设备制造产业经营负担，降低负债率，实现轻装前进，为下一步发展打下良好基础。

**中核集团核仪器设备制造企业调整改制情况一览表**

| 序号 | 调整改制企业名称 | 现　状 |
|---|---|---|
| 1 | 二六一厂 | 生产部分并入中核控制公司 |
| 2 | 二六二厂 | 更名为西仪公司 |
| 3 | 二六三厂 | 改制后注销 |
| 4 | 二六四厂 | 改制为光华仪表公司 |
| 5 | 二六五厂 | 注销 |
| 6 | 二六七厂 | 注销 |
| 7 | 中核久安科技股份有限公司 | 注销 |
| 8 | 五二三厂 | 移交后注销 |
| 9 | 五二四厂 | 改制为西核公司 |
| 10 | 五二五厂 | 注销 |
| 11 | 五二六厂 | 生产部分转入中核科技公司 |
| 12 | 七一〇厂 | 改制为宏华公司 |
| 13 | 八一三厂 | 注销 |
| 14 | 八五七厂 | 注销 |

注：二六三、二六四、七一〇厂在改制时不属中国宝原公司隶属，中核久安公司是后成立的不属中国宝原公司原隶属企业范围。

## 第二节　核仪器制造产业创新发展

核仪器研发、生产和应用，是核技术应用中的重要内容之一，是很多学科开展科学研究必不可少的仪器设备，在某些领域有着至关重要作用。经历50多年发展，我国核仪器行业已做到门类基本齐全，有的领域达到国际领先水平。国外有的，中国基本都有，且在同等质量下价格优势明显，基本满足国内生产、科研、教学和有关方面的需求。国内已有一批科研单位、大专院校、生产及使用单位开展核仪器基础研究工作，并建有一批具有国际先进水平的实验室。从事核仪器研究的技术人员具有高、中、低的层次分布，并有多名中国工程院院士。国内核仪器行业初步具备联合攻关能力，在核电、安全与反恐等关键应用领域，与国外差距逐步缩小。

在我国，核仪器应用，已发展到通用核仪器、核设施专用仪控设备、辐射防护及环境监测核仪器及设备、安检领域核仪器、工业在线核仪器、医用核仪器和其他核仪器七大领域。

据 1988 年不完全统计，当时中国核仪器研制生产单位超过 50 家，基本有三种形式：一是核工业系统科研生产单位研制的专用核仪器；二是根据应用单位要求开发的核仪器；三是应用单位采购探测器自行研制的核仪器。经过几十年发展，中国核仪器行业研制、生产和使用单位情况发生极大变化，其中变化最大的是外资（合资）企业和代理公司的发展，其销售额较大。核仪器研发、生产单位的性质，也从单纯国有企业，主要是中核集团，发展到国内其他系统和行业科研院所、民营企业、外资（合资）企业和代理公司。

## 一、满足核电发展需要

为了确保核电站安全稳定运行，准确评估核电站对人员及环境的影响，核电站通常设计了非常完善的仪控系统，配备大量核仪器仪表。这些核仪器仪表主要分为 3 大类：核岛专用仪器和系统、放射性测量仪表设备及核岛其他仪控测量仪表。

在我国首座核电站——秦山核电站建设中，首要任务是提供成套的反应堆测量控制保护系统设备，这套系统包括核反应堆保护装置、核反应堆测量仪器两大部分。其涉及的核仪器设备质量直接影响核电站安全运行，在投入运行之前必须通过国家安全评审和检验验收。二六一厂为秦山核电站一期工程制造了由 110 种、1 300 余个功能插件和 30 个机柜组成的核安全级设备，通过生产首座核电站核仪器设备，极大地提高二六一厂科研、生产管理水平，为其后承担其他核电站核仪器设备任务打下良好基础。

西仪公司成功研制出国内首台套核电站核岛专用火灾报警及联动控制系

统，并于 2008 年成功用于秦山核电二期扩建工程。该系统在研制过程中，针对核电站特殊环境，增加对消防设备的抗地震、耐辐射、耐高温、抗强气流等多项试验，成为目前国内核电站技术规格要求最高、系统改进项最多、核仪器设备制造加工能力最强的单位之一。

中核控制公司整合二六一厂和控制系统（中核东方控制系统工程有限公司），成为国际上核仪器和控制系统领域中产品链最长、品种最齐全、配备最完整的专业核仪控供应商。

中核控制公司坚持高标准、高起点、高水平的经营理念，集科研、生产于一体，业务范围涵盖核工程数字化控制系统产品研发、设计、系统制造、系统集成、工程实施及售后服务等全过程整体解决方案，开发与生产核电子仪器、环境监测仪器、实验室仪器、堆测量控制仪器、同位素应用仪器、核探测仪器、气体电离探测器、光电倍增管、无机有机核探测器、半导体探测器以及与上述业务相关的技术服务、产品及技术进出口、代理进出口等业务。

中核控制公司先后获得国家级奖项 19 项，部级奖项 142 项，其他奖项 28 项，完成科技创新成果近 190 项，取得软件著作权 23 项，专利 10 项，被列入中核集团、中广核集团、国家核电、华电、中石化等多家集团企业的合格供方名录，多次参编国家核行业标准。

中核控制公司的产品系列，涵盖核数字化控制系统产品、核探测器系列、核能专用仪控系统、核仪器仪表四大产品体系，涉足核电、军工、核化工、环保等多个领域，相继承担多个在建和建成核电站的分布式控制系统（DCS）工程，数字化控制系统验证平台，为多个核化工项目提供全套 DCS 系统；为国内外 30 多座反应堆和核电站提供专用仪控系统和辐射监测仪表，是国内唯一有应用业绩的生产商。

“十二五”（2011—2015 年）期间，研制了多种电流型和能谱型硅 PIN、Si 多微条探测器、两维 Si 二极管阵列探测器、低能 X 射线 Si 漂移室探测器、多种复杂结构的用于 X 射线测量的探测器。在化合物半导体探测器方面，研制出碲锌镉、砷化镓、碳化硅探测器，某些指标接近国际先进水平，部分核探测器已装备应用。

## 二、研发反恐安全核仪器

随着反恐安全领域的需要，安检核仪器已广泛应用于海关、民航、铁路、城市轨道交通、公检法、大型活动等多个与安全密切相关领域。在社会上伤医、伤学生、毒邮、干扰公检法等事件时有发生的情况下，发展更加先进和有效的安检探测设备是一种必然选择，反恐安全产品市场将更加广阔。核仪器类安检产品作为公共安全机关安检防爆重要产品，其应用领域越来越广泛，公安部门和安保单位需求也越来越多。

中核集团反恐安全装备研制与应用形成了一定规模，在某些技术领域达到世界先进水平。成功研发出我国第一台基于核四级矩共振（NQR）技术的通道式爆炸物探测系统样机，陆续研发了多功能安检门、X射线背散射/透射一体机、复合式闸机等产品，爆炸物检测系统、核安保设备已装备部队，在2010年上海世界博览会安检仪器竞标中，中国原子能院核技术所与核信锐视公司共同努力，安检产品放射性物质检查系统在众多竞争对手中脱颖而出，成功中标。其研制的500多套放射性物质检查系统，按照上海世博会安保部要求安装，经世博会检验，非常可靠。这是该套设备成功应用于北京奥运会、全国第十一届运动会等重大活动后又一次成功应用，树立了中核集团核技术产品形象。相关产品在上海第14届世界游泳锦标赛、第3届亚洲沙滩运动会、沈阳第12届全运会、南京第2届亚洲青年运动会、南京第2届夏季青年奥林匹克运动会也得到成功应用，获得赞誉。

中国原子能院核技术所在研发安检核仪器方面，具有国内领先水平，其主要业绩有：研制快速稳定、低功耗的核探测仪器技术，提高了探测器系统分辨率和针对各种恶劣环境的适应性。研发了有重大意义的新型探测器、阵列探测器及成像技术和爆炸物探测技术等。研发了多种核探测器及核仪器仪表、通道式爆炸物探测系统和邮件爆炸物探测系统、各种同位素仪器仪表（包括黄金成色仪、骨密度仪、测厚仪、密度计、料位计、中子水分计等）、放射性物质检查系统等。

## 三、开发环境监测核仪器

随着国家对环境保护越来越重视，核仪器作为环保领域不可缺少的重要监测仪器，受到生产、科研单位重视，具有多项功能的新产品不断产生。尤其是日本福岛核事故发生以后，为应对核事故后续调查评估，加强国家环境辐射监测能力建设，2011 年环保部核与辐射安全中心采购了数千余万元的辐射监测仪器。相关省、市、自治区环保部门大力加强环境应急监测仪器配备，尤其是现有核电站所在地区。环境保护部门所采购仪器主要分为个人剂量监测、现场环境监测、环境应急监测车、实验室分析用仪器等几类产品。

中辐核仪公司主要从事辐射测量仪器仪表设计、开发、生产和销售，以及辐射测量系统维护与检修等技术服务。其主要产品有：多探头辐射监测仪、个人剂量仪、手脚表面污染监测仪、全身表面污染监测仪、区域 γ 监测仪等，已大量应用在核军工、核电站、环保、卫生、工业探伤等领域。其中 MPR（多探头辐射）200 多功能测量仪、大面积地板测量仪、手脚污染仪、流气式探头等获国防科技进步奖三等奖，取得 6 项外观专利。该公司长期承担秦山、大亚湾、田湾、红沿河等多个核电站辐射监测系统的维护和检修项目。

## 四、核仪器走出国门

核电“走出去”已上升为国家战略。截至 2015 年，我国在巴基斯坦等海外核电项目上取得突破，拓展了市场，这对核仪器制造企业国际化提出新要求。随着性能和质量的提高，中核集团核仪器产品也随着核电出口走出国门。中核控制公司为巴基斯坦核电项目提供了包括堆内外测量等多套系统控制核仪器，如堆芯中子流量率等测量系统和堆外测量系统等，且所有核仪器使用可靠，受到项目业主信任。

西安核仪器厂依托技术优势及行业中的先导地位，在核电用核仪器科研领域进行多项合作。与法国 MGP 公司、德国 RADOS 公司等国外知名企业签订开发合作协议，先后开发出辐射监测系统中核心部件——数字化就地处理箱、核电站核岛专用火灾报警及联动控制系统、国产化气溶胶监测仪、全身沾污测量仪等一批重大科研成果和产品。与德国 RADOS 公司合作生产核电站控制区出入监测系统；与法国 MGP 公司合作生产移动式惰性气体监测仪、移动式气溶胶和碘监测仪；与挪威斯坦特芬（BNSC）公司合作开发核应急系统集成平台。西安核仪器厂研制生产出多项具有国际先进水平的产品，解决企业技术瓶颈，带动产品应用领域的拓展，有效提高企业整体研发能力，为实现快速、高效、创新发展起到极大推动作用。

中国原子能院核技术所研发的新型探测器、阵列探测器及成像技术和爆炸物探测系统、通道式爆炸物探测系统和邮件爆炸物探测系统在反恐装备研制与应用形成一定规模的产业，在某些技术领域达到世界先进水平，已出口应用在国外一些大型活动中。随着国家“一带一路”倡议的深入实施和中核集团核仪器产业水平的提高，核仪器产业将迎来新发展机遇。

## 五、搭建交流合作平台

为适应经济建设发展需要，赶超世界先进水平，推动核仪器行业发展，核工业部发起筹备成立中国核仪器行业协会，会同国家机械委、国家医药总局、电子工业部、清华大学等部门和单位充分协商，做了大量工作。

1987 年 6 月 30 日，经国家经委会批准，中国核仪器行业协会（以下简称协会）成立，全国 76 个从事核仪器科研、生产、教学的单位首批加入核仪器协会，王淦昌为第一任理事长。1991 年 8 月，经民政部批准，协会为国家一级协会。2012 年 3 月，协会挂靠单位由中国核仪器设备总公司变更为中国核电工程有限公司。

30 多年来，在历届理事会、常务理事会领导下，协会参与编撰《中国核军事工业历史资料丛书》（核仪器设备新材料部分）；在 2010 年、2015 年完成两版《中国核仪器行业现状与分析》；为我国核仪器“八五”（1991—1995 年）至“十三五”（2016—2020 年）发展提出建议；每年举办行业交流会；与南华大学联合，共举办 5 期核仪器培训班，200 余位核仪器专业人士参加培训；开展行业产品鉴定；组织或参与制定国家和行业标准，1993 年参与 24 项国家标准复审，1999 年参与制定国家标准 11 项，1999 年编制行业标准 6 项；参加核工展、核电设备展，积极扩大影响；举办行业优秀论文评选活动；建立协会专家库，首批聘任 60 名协会专家。协会组织的各项活动为行业发展搭建了有效交流合作平台。

# 第三节　核及其他设备制造产业规模发展

## 一、核电专用设备研制生产

在我国第一座核电站秦山核电站建设中，二机部所属设备制造厂承担了核电站设备冷却系统热交换器、安注箱、多种阀门、非标准化工设备、电气贯穿件等研制任务，各单位克服困难，历经七八年时间，在1989年年底，全部设备通过鉴定验收。

此后，西核公司积极参与核电大型专用设备研究、设计和制造。西核公司具备制造成套核电设备的技术装备，先后承担秦山核电站、方家山核电站、福清核电站、海南核电站、田湾核电站、巴基斯坦恰希玛核电站、中国核动力院、福清核电站、徐大堡核电站、红沿河核电站、阳江核电站等工程中部分稳压器、堆芯补水箱、安注箱、硼注箱、主设备支承（蒸发器、主泵）、热交换器等核心设备的制造，取得良好业绩。辅助系统设备涉及几乎所有核岛辅助系统，核燃料装卸贮存和运输系统的主要设备有百万千瓦核电站装卸料机燃料转运装置、燃料抓取机，还有啜吸装置、新燃料贮存格架、乏燃料贮存格架等。新燃料运输容器具有国内先进水平，乏燃料运输容器实现国产化。

## 二、专用阀门技术突破

专用阀门制造是中核集团设备制造强项之一，在秦山核电站建设中，核级专用阀门有4种141项2千多台件，占核电设备费约12%。它是最容易发生故障的设备之一，要求阀门在辐照环境下运行使用寿命达30年。苏州阀门厂承担了共计63项988台件，其中有核三级地坑闸阀、截止阀、核隔膜阀等。

中核科技公司是一家集工业阀门研发、设计、制造及销售为一体的科技型制造企业，其前身为苏州阀门厂，产品广泛应用于国内外石油、石油天然气、炼油、核电、电力、冶金、化工、造船、造纸、医药等十几个行业及国家有关科研部门，所使用的“H”及“SUFA”商标是阀门行业知名品牌，在国际阀门市场也具有良好声誉和一定影响力。所属“H”品牌在2006年“第14届世界生产力大会”上获得“2006世界市场中国（阀门）十大年度品牌”称号。

截至2015年，中核科技公司已形成集团型专业生产成套工业阀门的产业链，能生产百万千瓦级核电站关键阀门，包括核一、二级的爆破阀，主蒸汽隔离阀，比例喷雾阀，止回阀，真空阀等。形成了闸阀、截止阀、止回阀、球阀、旋塞阀、蝶阀、隔膜阀、调节阀、高温高压电站阀、保温夹套阀、安全阀、仪器阀和真空阀等不同品种规格的产品系列，产品品种规格达12 000个，是国内生产阀门品种最多的企业。

中核科技公司拥有先进的生产制造设备和各类完善的检测设施。已发展成为国内阀门行业中品种最多、规格最齐全、技术含量最高的专业化工业阀门生产基地，拥有一系列质量体系证书、产品认证证书以及检测资质证书，是国内同行业中认证证书最齐全、质量管理和检测手段最先进的企业。

中核科技公司在国内阀门行业中首批取得美国石油协会颁发的“API”证书，第一家取得由国际著名认证机构DNV颁发的ISO 9000系列质量认证证书，第一家获得进入欧共体市场的第001号“CE”证书，率先获得国家质监局颁发的“压力管道阀门安全注册”和“进出口商品免验”证书。先后通过美国SBS、法国BV、挪威DNV和中国CCS船级社阀门制造的资格认证，并拥有国家核安全局颁发的核承压设备设计制造资格许可证。

中核科技公司自主研发的核级阀门产品获得科学技术部、商务部、国家质量监督检验检疫总局、国家环境保护总局等四个部委联合签发的《国家重点新产品证书》。

中核科技公司被国家发改委指定为第三代核电关键阀门技术支持单位，被江苏省科技厅认定为江苏省特种阀门工程技术研发中心。企业技术研发实力始终居于中国阀门行业领先地位。

## 三、核退役设备金属净化及利用

核工业系统内经过多年运行的核设施，诸多已经退役或准备退役。国家对放射性污染金属要求必须集中处理，目前国内具有处理资质的企业只有宏华公司。

2000年以来，宏华公司抓住核工业系统内诸多核设施正在或准备退役及国家对放射性污染金属要求必须集中处理的时机，取得国家环保总局和湖南省环保局的运输、贮存和加工利用的批文和认可，在三废处理处置和资源利用方面取得良好社会和经济效益。2004年5月，“中核铀矿冶放射性污染金属熔炼处置中心”挂牌成立并运作。

宏华公司是目前我国唯一掌握放射性污染金属熔炼去污专利技术和处理放射性污染金属及再循环利用的专业化企业。利用熔炼去污法，可以将被放射性核素污染的金属熔炼去污后重新得到的净化金属再加工生产。宏华公司拥有各种制造、加工、安装、检测设备，具备铸造、铆焊、锻压、金属冷热加工等综合机械制造能力，具有完善的质量保证体系，技术力量雄厚。年处理3千吨低放射性污染金属；年生产3千吨耐磨新材料（主要是指含铬高锰钢），主要产品为利用经熔炼去污解控后的金属，生产核工业厂矿生产用配件和放射性废物固化桶、屏蔽容器、废物钢箱等，另外还有矿山设备及配件，含铬高锰钢、耐热不锈钢、耐磨易损件的制造、安装，离子交换塔、浸出塔、搅拌槽等水冶专用设备的制造、安装，液化石油气钢瓶系列产品以及非标铆焊件等。

## 四、消防灭火设备品牌创建

火灾自动报警控制系统是楼宇及其他建筑防火的重要系统之一，而火灾探测器是火灾自动报警控制系统最关键部件之一，它以探测物质燃烧过程中产生的各种物理现象为依据，是整个系统自动检测的触发器件，能不间断地监视和探测被保护区域的火灾初期信号。

西仪公司是国内最早研制生产火灾自动报警系统装置的厂家。自1979年起开始研制火灾报警产品，并在1983年成功研制出第一代火灾报警系统产品，填补我国火灾报警系统空白。西仪公司先后研制成功5代产品，形成3大系列120多个品种，通过国家消防电子产品3C强制认证，并有多项产品荣获国家及省部级以上奖励，获得国家及各地区消防主管部门及使用单位高度评价。其产品及消防工程应用于我国在役的绝大多数核电厂，成功运用于北京国际饭店、亚运村、远南运动会、中国载人宇宙飞船指挥中心、中国网通、中国移动网站等重要场馆和大型楼宇馆所，行销全国各地并远销至美国、俄罗斯、索马里、越南等国家和地区。

其主要产品具有的智能控制器以单片机为主芯片，配备液晶显示屏，能够实时动态跟踪各种模拟量探测器的探测曲线，探测器的灵敏度可以通过软件设置。同时可通过软件设置灭火区火警，自动或手动启动灭火区相关联动，并在液晶屏上实时显示灭火区事件。具有 CAN（控制器局域网络）接口，可与其他系列集中型控制器联网，方便集中管理。

消防灭火器材是人类对抗火灾的重要武器。随着科学技术的飞速发展，多种学科相互渗透，消防灭火器材得到更新发展。消防器材涉及面广、种类多，从火灾自动控测报警系统，灭火器，固定灭火系统，泵、车及供水器材，个人装备和救生设备，通信调度指挥系统，直到灭火剂、阻燃器材等，可以说它涉及了与国计民生相关的冶金、机械、传动、轻工、电子、计算机、化工、材料等多个领域。

西核公司生产的西核卫士牌消防产品已成为国内知名品牌。2011 年首批获得中国消防行业 3A 信用等级证书，全国消防行业 30 强之一。其主要产品有：高、低压二氧化碳灭火系统，混合气体灭火系统，备压式、柜式（支架式）七氟丙烷灭火系统等。

七氟丙烷是无色、无味、不导电、无二次污染的气体，具有清洁、低毒、电绝缘性好、灭火效率高的特点，特别是它对臭氧层无破坏，在大气中残留时间比较短，其环保性能明显优于卤代烷，是目前为止研究开发比较成功的一种洁净气体灭火剂，被认为是替代卤代烷 1301、1211 的最理想产品之一。

随着消防灭火器材在火灾预防、灭火救援等消防工作领域中的广泛应用，全社会预防和抗御火灾及其他灾害的整体水平显著提高，消防科技已成为推进我国消防事业发展的重要动力和保障。在中国持续向好的宏观经济环境以及房地产市场的发展带动下，中国消防灭火器材制造行业面临前所未有的发展机遇。我国消防产品市场正处于迅猛发展态势，2005—2011 年，消防灭火器材制造行业销售收入年增幅均在 14% 以上，年均增长率达到 24% 以上。

## 五、优势能源化工设备开发

中核集团设备制造产业加工生产的大型或超大型压力容器已应用到能源化工等领域的国家重点项目中，其中西核公司拥有与之相适应的专业设计制造能力和完善的计量、理化、检测手段，在军工、核电、能源化工、石油化工、消防、多晶硅光伏产业以及醋酸、醋酐行业的设备生产制造中取得不凡业绩，尤其是在不锈钢、低温钢、低合金钢和镍基金属材质的成型、焊接和热处理等方面有着成熟的加工经验，其中锆和哈氏系列合金材质设备加工制造一直处于国内领先地位。

西核公司技术力量雄厚，具有专业设备制造各项资质证书：1984 年首批取得三类压力容器（含一、二类）设计、制造许可证；1992 年获得美国 ASME 总部授权证书和 U 规范钢印；1995 年获得民用核承压设备制造许可证；1999 年通过 ISO 9001 质量管理体系认证；2007 年取得武器装备科研生产许可证，2011 年取得新燃料运输容器制造许可证，2017 年取得乏燃料运输容器制造许可证。

在能源化工领域，西核公司制造的大量塔器、反应器、换热器、贮罐等各类设备相继应用到大型化工项目上。2005 年和 2006 年公司基本囊括了国内 20 万吨以上甲醇项目的主要设备合成塔。西核公司为化肥、化工、炼油、氟化工、化纤、制药、烟草等企业提供大量合金钢、不锈钢、蒙乃尔、茵科镍以及铜、铝、钛、镍、哈氏、锆等以活泼金属为主体材料及其合金制造的容器、反应器、换热器、塔器、釜等设备。在耐腐蚀性行业里的高端材料（哈氏系列、镍基系列、锆系列）应用上，其品种、数量和业绩居全国之首，并且承担多项国产化项目，代表了国内本行业的发展水平。

# 第二十六章　多种经营

改革开放以来，核工业部充分利用核技术优势，拓展核工业民用市场，按照“以核为主，多种经营”方针，在实践中积极探索军民结合的道路，克服困难，开展多种经营，推动军民融合的多种经营产业快速发展。

多种经营产业的发展，一方面是根据战略调整需要，把工作重点转到为国民经济建设服务上来；另一方面是由于军品任务越来越少，为维护军品生产线、保证职工群众生活，军工生产企业转向开发民品市场。主要包括：第一，军转民产品，如同步电机失步保护及不减载自动再整步技术；第二，利用核工业核仪器研制和机械加工制造能力，开发火灾报警器、工业流量液位仪表、不锈钢阀门、改装工程车、人造金刚石单晶硅及其制品；第三，利用化工、冶金技术优势，开发民用化工、稀有金属等产品，主要有钛白粉、纯碱、硝酸钠、金属钙、稀土、大化肥、制药、无纺布等；第四，利用核工业科研设计力量，帮助民用工业企业进行技术改造。第五，利用核工业找矿开矿力量，开发地下资源；第六，发展新的清洁能源。

在市场经济浪潮下，核工业多种经营中有些产品立足现代社会经济发展，逐渐发展壮大；有些产品在激烈市场竞争中，停产转产，逐渐退出市场；有一些优良民品项目，转交地方政府，融入地方经济发展中。

多种经营历经30余年的发展，从无到有，逐步形成具有一定规模、一定竞争能力的产业，是中核集团经济发展不可或缺的产业之一。中核集团民品板块前身中国宝原工贸公司（简称中国宝原公司），是1994年由中国核工业物资供销总公司、中国宝原开发公司、中国核仪器设备总公司合并成立的，集核工业物资贸易企业、核仪器设备生产企业和直属经营企业于一体，是核工业民品企业不断调整的体现。

2011年，中核集团为加快核工业民品发展速度、提高发展质量，在中国核仪器设备总公司和中国宝原公司（两块牌子一套人马）基础上组建优质民品板块，工商注册名称为中国中核宝原资产控股公司（简称中核控股公司）。

# 第一节　多种经营发展历程及成效

## 一、调整转型期的多种经营

1987 年，核工业部为贯彻落实“保军转民、多种经营”方针，更好完成核工业系统工业技改、民品开发项目，经国家经委批复同意成立中国宝原开发公司，主要承担核工业系统企事业单位民品技术改造、技术开发和引进消化吸收项目管理等工作。中国宝原开发公司和中核总（核工业部）多种经营部为一个机构、两块牌子。

1994 年 11 月，中核总为贯彻“军民结合、以核为本、发展核电、多种经营”方针，适应市场经济发展需要，转换经营机制，增强整体实力，将中国宝原开发公司、中核物资供销公司、中国核仪器设备总公司合并成立中国宝原工贸公司。中国宝原公司的主要任务是：组织核电、核工程仪器设备制造和物资装备成套设备供应及相应服务；积极开展民用产品开发与经营；继续开展国内外贸易，发展其他第三产业。同时还决定，中国宝原公司除开拓自身经营外，对中国宝原开发公司、中核物资供销公司、中国核仪器设备总公司直属和归口管理的企业，按集团模式实施管理；将中核物资供销公司上海核电器材公司、八一三厂、八五七厂划归中国宝原公司按集团模式实施管理。1995 年 1 月 1 日中国宝原公司正式运行，对外保留中国核工业物资供销总公司和中国核仪器设备总公司名称。

组建中国宝原公司同时，将中国宝原开发公司所承担民品技改、开发、稀土应用开发办公室，黄金开发办公室等职能管理工作移交中核总计划与经营开发局。

中国宝原公司成立后，所属工业企业 10 个，物资供销企业 13 个，直属公司 9 个，控股公司 4 个，受中核总委托管理单位 3 个，共 39 个企事业单位，在职职工 2 万余人。

2011 年 10 月，中国宝原公司更名为中国中核宝原资产控股公司，11 月，完成注册变更。至此，运行 17 年的中国宝原公司完成其历史使命。

**（一）开展资产经营，盘活存量资产，推动现代化企业建设**

1. 五二六厂股份制改制和中核总第一支股票上市

1996 年，苏州阀门厂（即五二六厂）进行股份制改制，成立中核苏州阀门股份有限公司。1997 年，经有关部委批准，“中核苏阀”股票在深圳交易所上市（2000 年更名为中核苏阀科技实业股份有限公司，简称中核科技公司）。“中核科技”成为中国核工业第一股，也是我国阀门行业第一股。

2. 成立大连日立宝原机械设备有限公司

为盘活企业存量资产，1997 年，大连核设备制造厂与日立（中国）有限公司合作，吸引日立公司 1 740 万美元，成立大连日立宝原机械设备有限公司，该公司成立，盘活部分存量资产，实现生产要素优化组合。

**（二）加强经营管理，努力完成各项生产经营任务**

1. 夯实基础，努力完成核仪器设备生产任务

作为核仪器设备制造专业公司，在长期承担核军工、核电、核工程、科研攻关和产品试制任务实践中，积累了核仪器设备开发、制造经验，在国内核仪器设备制造领域占有一定市场。在完成生产任务的同时，努力提升自身实力，积极扩大产能，自身不断发展壮大（核仪器设备部分详见第二十五章）。

2. 以核为本，全方位为核电服务

物资供销各企业为求生存谋发展，在销售方式与销售品种上进行探索，实行工贸结合，积极推行代理制。通过转变经营观念、拓展经营渠道、调整思路、开展多种经营等方式，取得一定成绩。在国家核电建设中，树立“为‘核’服务”思想，“向‘核’要效益”，从最初为核电站提供钢材、水泥、工程机械设备等建设用基本物资，到承担核电物项采购任务。2000 年，为更好服务核电，中国宝原公司派出由 12 人组成的采购工作队到田湾核电站现场，完成物项采购工作。

3. 开展进出口贸易，服务核工业

自 1995 年取得对外贸易经营权以来，中国宝原公司开始为核工业各单

位开展进出口代理工作。如为中国同位素公司代理进出口同位素产品、与中核科技公司合作出口阀门产品、进口钢材等进出口业务。

### （三）开拓新领域新业务

2010 年，中国宝原公司围绕非核民品、新领域投资“两个平台”的搭建和“巩固、调整、转型”三项任务的全面推进，重新调整定位，开拓新领域新业务。

积极开发风电业务。在中核集团支持下，抓住发展风电机遇，2010 年，中核甘肃风力发电有限公司（简称中核甘肃风电公司）注册成立；2010 年 10 月，风电机组基础投入建设；11 月，风机基础混凝土浇筑；12 月 29 日，中核甘肃风电公司一期工程第一个 49.5 兆瓦风机发电，标志着中核集团在风电领域实现“零的突破”、非核新能源产业开发成功走出第一步。

根据中核集团关于建设小型多用途反应堆发展战略，中国宝原公司 2010 年完成小堆首堆选址工作，小堆开发前期工作有序开展（后划归中核新能源有限公司）。

## 二、多种经营企业的调整改制及扭亏脱困

### （一）调整改制背景

1995—1999 年，中国宝原公司面临的形势十分严峻。

1. 工业企业亏损面逐年增大。截至 1999 年，10 家工业企业有 7 家亏损，主要是没有军品生产任务，基本处于停产状态，如八五七厂、八一三厂；自主开发的民品项目由于在经营管理和市场适应上出现较大问题，亏损严重；不少企业地处深山，开发民品难，职工生活非常困难。

2. 物资供销公司受体制、机制及人员思想观念的制约，不适应向市场经济转轨的新形势，无主业可营，业务逐年萎缩，亏损逐年增加。

3. 各直属公司，没有过硬产品占稳市场，多数企业亏损严重。各单位虽然依据减员增效原则对在职职工进行下岗分流，但没有国家相关政策支持，难以为继。调整改革迫在眉睫，任务十分艰巨。

### （二）调整改制内容

为做好中国宝原公司所属企业调整改制工作，中国宝原公司设立由公司

主要领导任组长的企业关闭破产领导小组和调整改制领导小组，分设工业企业调整办公室和物资供销、直属公司调整办公室，分别承担工业企业关闭破产、资产重组、调整改制和物资供销企业及直属公司的调整改制工作。调整办公室开展关闭破产费用测算、职工安置方案确定、召开职工大会、签订改制企业移交地方政府协议、各项准备工作经各级审核确认批准、确认核销银行和金融资产管理公司债权债务、争取司法部门指导和支持等工作。

**（三）调整改制结果**

中国宝原公司所属企业调整改制方式有：企业关闭破产、直接工商注销、划归地方、改制重组后脱离核工业、挂牌转让、核工业内部划转隶属关系等方式。

1. 关闭破产企业

1999—2004 年间，中国宝原公司所属大连核设备制造厂（五二三厂）、西南金属制品厂（八五七厂）、峨眉特种汽车改装厂（五二五厂）、陕西中核特种冶金厂（八一三厂），按照破产程序，经过破产审计、资产评估、债权债务清理、职工分流安置、召开债权人大会等工作，分别由大连市、绵阳市、乐山市和汉中市中级人民法院裁定破产终结。

2. 划归地方企业

2001—2007 年间，根据国家政策及有关部委批复：

（1）与重庆市人民政府签定协议，将中核建峰化工总厂（八一六厂）划归重庆市，该厂从此告别中央军工企业，融入重庆地方经济的发展。

（2）与陕西省汉中市人民政府达成协议，将所持陕西中核特种冶金公司90%国有股权 900 万元划转汉中市政府管理，至 2007 年年底，中国宝原公司完成所持陕西中核特种冶金公司股权转让。

（3）与辽宁机械进出口股份有限公司达成将大连宝原核设备有限公司整体移交工作协议。大连宝原核设备有限公司是在五二三厂破产中，根据大连市中级人民法院判决，为解决五二三厂破产后部分财产、人员再就业和离退休人员管理等破产遗留问题注册成立的。

3. 改制企业

西安核设备制造厂（国营五二四厂）。2000—2001 年，经有关部委和中核集团同意，将五二四厂评估后的资产由中国宝原公司和中国核仪器设备总公司为出资人，与中国华融资产管理公司共同组建西安核设备有限公司。

上海光华仪表厂（国营二六四厂）。2003 年，上海光华仪表厂完成主辅分离改制，将所持合资企业 50%股权划转上海浦原总公司。上海光华仪表厂改制后企业更名为上海光华仪表有限公司，上海浦原总公司占股 28%，是上海光华仪表有限公司大股东，其余股权为原厂职工持有。上海光华仪表厂于 1987 年与德国科隆公司合作，成立上海光华·爱而美特仪器有限公司，上海光华仪表厂占股 50%。

上海电子仪器厂（国营二六三厂）。2004 年 8 月，上海电子仪器厂完成主辅分离改制。改制后，上海浦原总公司成立存续企业管理办公室，处理二六三厂改制后遗留问题。

4. 改制后工商注销企业

2003—2006 年，中国核工业物资供销哈尔滨公司、中国核工业物资供销西北公司、中国核工业物资供销东北公司进行股份制改制，取消与核工业隶属关系，完成工商注销。

2004 年，经中核苏州物资贸易有限公司董事会决定，进行公司清算，清算完成后，工商注销。

5. 销号后工商注销企业

2003—2006 年，完成中国核工业物资供销天津公司、厦门核工业物资供销公司、北京核工业民品公司（北京京核核工业民品公司）、核工业北京华清公司、佳宝公司、北宁公司、和富公司工商注销。核工业北京华清公司（从事安防设备设计及施工企业）人员并入北京京宝公司。

6. 挂牌转让、工商注销企业

2005 年，北京核海高技术开发公司（从事核仪器开发应用）、北京颐通医用工程开发公司（从事医疗设施设计及施工）改制，国有资产退出。

2010 年，深圳风华仪器设备有限公司经董事会一致同意，挂牌转让。深圳风华公司是由中国核仪器设备总公司、北京核仪器厂、西安核仪器厂、武汉光明仪表厂、苏州光学仪器厂、苏州阀门厂、西安核设备制造厂共同投资成立的股份公司。

7. 核工业内部划转隶属关系企业

（1）将中国核工业物资供销广州公司、深圳核工业物资供销公司划入深圳中核集团公司（简称深核公司）。

（2）将中国核工业物资供销华北公司整体并入中国核仪器设备总公司，同时撤销中国核工业物资供销华北公司建制。

（3）将苏州光学仪器厂整体并入苏州阀门厂。2006 年，苏州光学仪器厂完成工商注销。

（4）由中国宝原公司行使对武汉光明仪表厂出资人的权利。2007 年将武汉光明仪表厂人员整体转入中国核工业物资供销中南公司，所需费用由武汉光明仪表厂产权转让款支付，中南公司暂不撤销，负责离退休人员及其他人员日常管理。2007 年 6 月，武汉光明仪表厂完成工商注销。

（5）中国核工业物资供销西南公司划归国营建中化工总公司。

（6）中国核工业物资供销上海核电器材公司由上海中核浦原有限公司吸收合并。

（7）核工业海南 3 户企业划转中国宝原公司。以海南海原开发总公司为主体，注销海南海原集团有限公司和海南金原新技术有限公司法人资格，其资产以原股权关系并入海南海原开发总公司。海南海原开发总公司更名为中核海南海原开发有限责任公司。

（8）中国核工业稀土公司名称变更为中国核电工程公司。

（9）湖北三〇三库由中核金原铀业有限公司负责联系。

（10）核工业科技开发咨询中心由中核集团技术经济总院归口管理。

（11）中国宝原公司控股 51. 89%的中核甘肃风电公司划转中核汇能有限公司。

（12）中国核工业电机运行技术开发有限公司划转中国宝原公司，该公司原为核工业科技开发咨询中心管理。

8. 中核控股公司成立后调整改制的企业

（1）甘肃金宝公司产权关系划转中核控股公司，同时将甘肃金宝公司所持甘肃昆仑生化有限责任公司、甘肃雪晶生化有限责任公司和白银中天化工有限责任公司股权划转中核控股公司。2012 年甘肃金宝公司完成雪晶公司挂牌转让和白银中天公司增资扩股。为确保甘肃金宝公司本部资产安全和后续清理工作，将金宝公司国有股权划转到中核集团地矿事业部。

（2）2013 年 6 月，中核（北京）核仪器厂与北京中核东方控制系统工程有限公司资产重组，中核（北京）核仪器厂保留独立法人资格，从事物业经营和离退休人员管理工作，不再从事与原企业相同或相关的产品开发、生产活动，产权关系不变，由中核控股公司管理。

（3）2013 年 7 月，将中核海南海原开发有限责任公司 92.65%的国有股权划转中核集团，中核集团以该股权对中国同辐公司进行增资。

（4）2015 年 7 月，中核控股公司将所持兴鑫源公司股份划转深圳核工业集团公司。

（5）2015 年，中核控股公司将持有的电机公司股权划转中核（北京）核仪器厂。

（6）江油核宝纳米材料有限责任公司（简称核宝纳米公司）是八五七厂破产时，为进一步盘活存量资产，充分发挥羰基金属技术和原生产线作用而成立的公司。中国宝原公司持股 87.3%、中国核仪器设备总公司持股 12.7%。2015 年，中核控股公司完成该公司挂牌转让工作。

中国宝原公司结构调整始于 1999 年五二三厂关闭破产，基本结束于 2005 年。其后，中国宝原公司又进行了多次结构调整。经过调整改革，产业结构更趋于合理，实现转型升级。中国宝原公司实现主体精干、轻装上阵的目标。

## 三、物资供销企业的发展变迁

在核工业创建之初，自 20 世纪 50 年代末期已形成贯通核工业系统的物资供应体系，保障了“两弹一艇”科研、军工生产、基本建设所需物资供应，为核工业发展作出重要贡献。改革开放后，承担起秦山核电站建设所需物资采购及核仪器和非标专用核设备归口管理工作，同时承担秦山、大亚湾、岭澳等核电站核燃料组件运输保障任务。

1988 年 12 月，经国家能源部、物资部批复，中核总于 1989 年 3 月在核工业部物资局基础上组建大型物资供销企业——中国核工业物资供销总公司（简称中核物资供销公司），1989 年 5 月在国家工商局登记注册。

中核物资供销公司成立后，物资局在北京、天津、上海、沈阳、广州、西安、成都、武汉等地的物资供应处（站）相应更名为中国核工业物资供销××公司。根据经营业务需要，中核物资供销公司先后设立上海核电器材公司和厦门、深圳等物资供销地区公司。

### （一）继续承担核工业系统物资供应保障任务，为科研生产服务

中核物资供销公司成立时，国家物资供应仍实行计划供应体制，中核物资供销公司继续承担保障核工业系统物资供应任务，在国家计划物资不能完全满足需求的情况下，千方百计争取资源，利用现有资源进行串换和调剂，确保供应，保证核工业各科研、生产单位需求。同时，中核物资供销公司充分利用三〇二库，有计划储备各类物资，最多时储备有 30 余万吨各类钢材。1989 年，在秦山核电站建设最关键阶段，国家下拨的基建材料有很大缺口，缺钢材 3 000 吨、木材 1 700 立方米，水泥 6 500 吨。为此，中核物资供销公司及时向国家计委、物资部专题汇报，在有关部委大力支持下取得秦山核电站建设全部基建计划物资指标，保证核电站建设进度。

### （二）探索物资供应改革模式，逐步从计划体制走向市场体制

中核物资供销公司成立后，正值我国对物资供应体系进行改革探索关键时期，国家对物资供应逐步缩小计划供应指标，加大市场调节力度，在当时国家大部分物资还不能满足市场需求的情况下，造成计划和分配不协调、市场采购不到的被动局面。这对核工业也产生较大影响，而过去核工业所需绝大部分物资是由国家统一分配的，能得到充分保障。中核物资供销公司面对新问题：一方面向有关部委汇报核工业所需物资特殊性，争取得到支持；另一方面积极开拓市场，组织核工业系统内单位集资，与首钢公司、马钢公司合作，开发集资钢材，保证核工业基建钢材的需求。

中核物资供销公司坚持“保供促销，提高效益”方针，开辟各类物资资源基地，形成采购、运输、储存、销售一体的供销系统、集团化经销网络。1992 年，国内贸易部、国家统计局授予中核物资供销公司“中国物资流通百强企业”称号。

### （三）转换经营机制，从内贸经营走向外贸经营

1992 年以后，中核物资供销公司不断探索物资供应改革模式，逐步从计划经济走向市场经济。为更好地发挥物资供销企业的优势和实现规模经营，

开拓国外市场，增强企业活力，经向国家经贸委、外经贸部和内贸部申请，获批进出口经营权，开始核工业系统商品进出口贸易活动。

2000 年以后，中核物资供销公司逐步退出物资供销领域。2006 年 9 月，中核集团将中国宝原公司持有的中国核工业物资供销总公司资质，交给中核集团新组建的海外铀资源开发公司，在国家工商总局更名注册为中国国核海外铀资源开发公司。至此，在国家计划经济时代为核工业发展作出重大贡献的中国核工业物资供销系统，完成历史使命。

## 四、多种经营板块组建及定位

2011 年 7 月，由中国宝原公司负责组建多种经营板块（非核民品），对全系统非核民品实行统一管理和运作。10 月，中国宝原工贸公司更名为中国中核宝原资产控股公司，并将苏州阀门厂、北京利华消防工程公司、中国核工业电机运行技术开发公司、江油核宝纳米材料有限公司、中核郑州储运贸易公司、北京京宝公司、中核海南海原开发有限公司、中国核工业物资供销中南公司等 8 个企业，继续保留在多种经营板块；将上海中核浦原有限公司、深圳中核集团有限公司、青岛中核兴元科技发展有限公司、核工业总医院、核工业四一六医院、核工业四一七医院、核工业四一九医院、北京核工业医院划入，由中核控股公司管理。2011 年 12 月，将中国核工业秦皇岛长城公司、核工业三河燕宁公司整体划转中核控股公司；中核深圳凯利集团公司、深圳兴鑫源实业有限公司、湖南核工业宏华机械有限公司、甘肃金宝投资有限责任公司产权关系划转中核控股公司；中国宝原公司承担的中核集团铁路军事运输计划管理和军工材料配套职能，移交中核集团军工部。2011 年年底，完成工商注册变更。

2013 年 3 月，原中国宝原公司所持西安中核核仪器厂、西安核设备制造厂、西安核设备有限公司股权无偿划转至中核集团。2013 年 5 月，北京日兴房地产发展有限公司股权无偿划归中核控股公司。2013 年 11 月，核工业科技开发咨询中心划归中核集团技术经济总院管理。至此非核民品板块框架初步形成。

中核控股公司成立后，为实现优势互补，优化管理流程，剥离低效、无效资产，又对几个企业进行了调整和挂牌转让。截至 2015 年年底，拥有成员单位 20 家，其中企业单位 15 家、事业单位 5 家。

2011 年，中核控股公司成立之初的定位是：民品调整、产业服务、物业贸易、资产经营。2013 年，中核集团对中核控股公司发展定位提出新要求：定位于中核集团股权经营与资本运作平台，实施产业结构优化调整，发展现代服务业，同时通过股权投资和资本运作积极寻求整合集团外优势资源，开拓新业务，努力通过股权处置调整优化，逐步成为国内有影响力的资产管理公司。2013 年 8 月，确定中核控股公司为“经营和利润中心”及“股权经营与资本运作平台”，业务方向为“核产业服务”。

根据中核集团全面深化改革的总体要求和部署，中核控股公司经过充分调研论证，提出以完善中核控股法人治理结构、盘活存量资产、增强改革发展活力为核心的深化改革方案。中核控股公司本部设立市场与战略部，对各产业发展市场动态信息进行跟踪和分析调研，对板块医疗产业拥有的优势和存在的问题进行专题诊断调研，形成医疗产业未来发展趋势等调研报告。成立中核医疗产业管理有限公司，形成资源共享、优势互补、统一协调的医疗健康产业发展平台。

2011—2015 年，中核控股公司主营业务收入达 105. 34 亿元，利润总额达 2. 79 亿元，五年共实现利税总额 18. 3 亿元。

## 五、积极开发新经济增长点

### （一）成立中核医疗产业管理有限公司

为优化医疗资源配置，统筹中核控股公司所属 5 家医院的管理运营和发展，建立资源共享、优势互补、统一协调的医疗产业发展平台，2014 年，成立中核医院管理中心，对医院实行统一管理。为推进医疗供给侧改革，打造中核集团医疗健康产业发展平台和新经济增长点，大力发展基础医疗、放射性同位素诊疗及核应急特色医疗、健康管理、医养结合和医疗供应链管理，创“中核医疗”品牌，2015 年中核控股公司将医管中心实体化，成立中核医疗产业管理有限公司（简称医管中心），并在苏州完成工商注册。医管中心是中核集团医疗业务单元专业平台，目标是贯彻中核集团“创新发展医疗服务业”战略部署，优化中核控股公司各医院医疗资源配置，提升国家核应急医疗救援和整体医疗服务能力。

**（二）推动质子治疗产业国产化进程**

2014 年以来，质子治疗产业在国内得到迅速发展。与传统光子放疗相比，质子治疗具有三维精准剂量定位的技术优势，对人体正常组织损伤小、副作用小，是当前效果最好、精度最高的放射治疗手段，具有较为广阔的发展前景。中国原子能科学研究院（简称中国原子能院）于 2014 年完成 100 兆电子伏质子回旋加速器研制，标志着中核集团掌握质子治疗需要的回旋加速器关键技术，为进入质子治疗提供技术基础。中核控股公司抓住股权投资平台定位，立足将科技成果转化为产业运作。为将加速器应用于肿瘤治疗、推进质子治疗设备国产化应用，中核控股公司抓住机遇，积极调研利用质子技术治疗肿瘤项目可行性，与中国原子能院共同成立中核质子（北京）科技发展股份有限公司（简称中核质子公司），2016 年 6 月在北京完成工商注册。中核质子公司成立，标志着中核集团在承担核军工任务、为国家经济发展提供清洁能源重任的同时，致力于国民健康事业和高端医疗器械国产化和产业化，更好阐释“兴核强国、服务社会”企业宗旨，充分体现出央企的社会责任意识。

**（三）拓展新经济增长点**

2014 年 10 月，西藏自治区人民政府与中核集团在拉萨就深化战略合作事宜举行会谈，双方就进一步深化新能源开发、环保工程、资源勘查、核技术应用等产业发展思路、战略合作事宜签订战略合作框架协议。

中核控股公司作为地热发电及环保工程项目牵头单位，负责联系、协调中核集团相关单位完成西藏地热发电及污水处理等项目可研报告。

## 第二节　贸易经营

贸易经营是中核控股公司主营业务之一，主要业务包括金属材料、机电加工产品、精细化工产品以及核电设备备品备件的国内外贸易。其中，金属硅和有机硅在国内销量和进出口额名列前茅，成为核心业务。中核控股公司从事贸易经营单位主要是上海中核浦原有限公司（简称中核浦原公司）和深圳中核集团有限公司。中核浦原公司、深核公司充分利用地处上海、深圳的窗口优势，拓展贸易经营业务。多年来贸易经营立足基础、优化结构、控制风险、转型升级，开展转口贸易、加工贸易，加大国际贸易份额，实现贸易业务稳步做大做优，业务量从 2011 年 29.7 亿元增长到 2015 年 62.55 亿元，成为民品做大规模的主要支柱。

中核浦原公司前身为上海浦原总公司，是中核总于 1992 年对在沪有关单位进行集团化经营试点在上海注册成立的。贸易经营主要以中国核工业物资供销华东公司为基础，通过单纯向核工业内部企事业单位供应所需物资，到转轨为面向市场，不断探索经营方式，扩大经营范围，在市场历练下，逐步形成进口与出口、内贸与外贸协调发展战略布局，保持持续快速增长态势。中核浦原公司利用上海地域优势，通过机制创新、特色化、稳健经营等战略，贸易业务越做越大、越做越专，逐步成为上海地区具有较强实力的贸易公司和中核集团民品贸易的重要品牌。连续多年进入上海浦东外贸企业 50 强，2015 年入选上海贸易企业 100 强。

深核公司贸易业务依托所属香港协和港有限公司（简称协和港公司）和深圳中核核电后勤服务有限公司（简称中核后勤公司），同时开展进出口贸易业务。深核公司于 1996 年 5 月在香港注册成立的协和港公司，主要从事转口贸易、结算服务、代理服务及投资等业务。2015 年，中核集团与深核公司共同签订对协和港公司增资协议，该公司注册资本从 1 万港币增至 38 750 万港币，用于投资上海融资租赁业务。中核后勤公司是 2011 年由中核置业有限公司变更而来的，主要经营进出口业务、国内贸易、为核电项目提供后勤管理服务等。深核公司在贸易经营中创新供应链贸易模式，成功拓展北美木材代理等新业务，探索互联网+销售模式，在亚马逊网开展电商销售业务。深核公司积极稳妥扩大贸易经营规模和开发新渠道，严格防范资金风险，提高收益率，经营规模快速增长，2015 年完成贸易收入 15 亿元，业绩快速增长。

中核控股公司在贸易经营上形成渠道和规模，积累了品牌信誉和竞争优势，形成用户、分销、连锁经营单位组成的贸易网络，在电子商务、集中采购等方面，也具有一定基础。

## 第三节　产业服务

中核控股产业服务是以中核深圳凯利集团有限公司（简称中核凯利公司）为主体，为市场提供集核电技术支持服务、营地综合服务、商务管理、后勤保障等标准化、一体化、市场化的核电产业服务。

### 一、产业服务的发展历程

中核凯利公司的前身为深圳凯利工业发展公司，是由核工业矿冶局所属的 8 家企业事业单位联合出资，在深圳开办的窗口企业。其产业服务的形成经历了曲折的发展历程。1988—1991 年，其主要处于在市场中找项目打基础的创业阶段。先后以合资、参股、独资控股等多种形式在深圳投资兴办不锈钢紧固件、等离子切割机、电脑技术等民品公司，参股组建四家复合材料企业。1991—1998 年，是中核凯利公司的产业扩张阶段。凯利公司以合资、合作和独资等多种形式开发组建 20 余家工业企业和经贸公司。但这些企业因市场开拓不力，产品技术不够成熟，大部分项目经营管理不善，全面亏损，处于关闭破产状态。1998 年以后，中核凯利公司重新定位，确定外商服务和核电服务为主业，公司进入大发展阶段。1999 年开始，公司对所属企业全面整顿、调整、改革，关停并转一批亏损企业，逐步退出生产性领域，保留效益较好、有发展潜力的深圳意中利实业有限公司（简称意中利公司）、物业公司、大亚湾核电劳务协作分公司 3 家企业，同时确定以外商服务和核电服务为主业的发展方向。1999—2004 年，在意中利公司与法国汤姆盛公司合作的外商服务业带动下，效益明显好转，逐年还清贷款，积累了一定的发展资金，企业发展和经营管理步入良性循环轨道。2006 年，复制外商服务模式，开展无锡 16. 1 万平方米生活营地项目投资建设。同时，核电产业服务形成模式，发展到全国多个核电站，开始飞跃式发展。中核凯利公司 2012 年获中核集团业绩突出贡献奖。

## 二、复制核电服务模式

中核凯利公司在大亚湾核电基地成立专业化核电服务公司后，努力打造核电服务品牌，从最初单一劳务派遣服务，发展到为核电产业提供通用技术支持服务（核清洁）、现场综合服务、工具管理服务（常用专用）、生产物资管理服务（备品备件）、职业安全现场值班服务、化学系统运行辅助服务、文档管理服务、文秘管理服务、培训支持服务等十大核电技术支持服务项目。在此基础上，中核凯利公司核电服务不断总结优化，形成中核凯利公司核电服务品牌和核能产业服务“大亚湾模式”，并将大亚湾核电服务模式不断复制到其他核电基地。截至2015年年底，已成功复制到福建宁德、大连红沿河、广东阳江和台山、广西防城港等核电站。大亚湾核电服务分公司目前已成为中核凯利公司核电服务管理和技术人才培训基地，推动了核电服务产业的快速发展。核电服务从最初几十个劳务派遣服务人员单一为大亚湾核电站服务，发展到目前4 000余人的核电专业技术支持服务团队，产值从几十万元发展到3.2亿元，利润达3 100万元，到2015年年底核电服务共有12个分公司，1个项目部。

# 第四节　优质民品开发经营

中核控股公司非核优质民品主要有：励磁电机、电磁流量计、压力变送器、质量流量计、气体超声流量计、纳米材料、磁性材料、矿山设备及配件、玉米淀粉、麦芽糊精等。多项产品技术拥有自主知识产权，在国内处于领先地位。

## 一、军转民产品发展

### （一）同步电机失步保护及不减载自动再整步技术

核工业创建之初，国家电能短缺，电网不稳定，常常导致铀同位素分离提纯系统同步电机运行“失步”，严重影响分离质量和生产进度，亟待解决。在诸多解决方案中，核电机专家蒋宗道提出的同步电机失步保护及不减载自动再整步技术（简称SBZ技术），得到专家组认可，脱颖而出。经过深入研究与试验验证，成功解决同步电机运行“失步”难题，投入军工生产应用，为国防科技发展作出重要贡献。

核工业部以SBZ技术研究团队为基础，成立“电机运行控制保护研究小组”。研究小组一边为军工生产保驾护航，一边深入研究该技术潜在应用领域与衍生技术。SBZ技术团队了解到非军工系统广大企业用户的同步电机频繁遭遇运行失步故障，经济蒙受惨重损失。蒋宗道等急企业之所急，积极向上级主管部门请示报告，希望军用“SBZ技术”早日解密，走向市场转化为生产力。经多方努力，时任国家科委主任方毅等对此做了批示。1984年，核工业部明确由蒋宗道负责成立核电机公司，具体实施SBZ技术的民用推广应用。1985年，成立“核工业部电机运行技术开发公司”，后更名为中国核工业电机运行技术开发有限公司（简称中核电机公司）。1995年，国家科委批准中核电机公司为“国家电机运行技术研究推广中心”技术依托单位。公司技术骨干深入全国各地生产企业现场讲课，从“失步”现象入手，分析其产生的机理与危害，介绍SBZ技术原理。由于理论研究透彻，服务周到细致，投运效果明显，加上冯国田发明的半控桥失控工况运行技术使得推向市场的励磁装置产品质量更加过硬，获得市场认可。经过30年不断发展，SBZ技术已在全国90%大型工矿企业中应用普及，电机故障停机率因使用SBZ技术下降90%左右。中核电机公司在SBZ技术基础上，又推出多项新技术及配套产品，衍生出许多非标产品。先后有18项技术获得专利，WLK系列无刷励磁产品获1997年度国家级新产品奖。截至2015年年底，SBZ技术共拥有励磁装置、发电机励磁装置、断电保护装置等5大类50个产品柜型。

### （二）羰基化合物系列产品

羰基金属技术是八五七厂的一项军工技术，为同位素分离作出贡献。八五七厂破产时，羰基粉末技术和生产线资产划入中国宝原公司，成立核宝纳米公司。该公司是羰基化合物系列产品集科研生产为一体的企业，是亚洲综合性羰基系列产品生产基地，利用八五七厂军工技术，生产民用微米、纳米级羰基镍粉、羰基铁粉、羰基铁镍合金粉、羰基镍（铁）包复粉等 4 大系列共计 50 余个规格的产品，主要技术指标达到国外同类产品性能。羰基化合物系列产品广泛应用于国防、航天、航空、化工、通信、冶金、机械、磁性材料、屏蔽材料等行业。近年来新开发的包覆粉，市场需求旺盛，广泛应用于喷涂喷焊、摩擦材料、导电材料、耐高温抗冷材料等领域。

纳米级产品及微米级羰基镍粉产品，荣获全国科学大会重大科技成果奖 2 项、国家发明奖 1 项以及省部级奖共 18 项。

## 二、民用产品开发

### （一）YSP 系列钢瓶研发和放射性污染金属去污及利用

七一〇厂创建于 1958 年，主要承担核工业铀矿山、水冶厂设备制造、维修和配套件的制作服务。1979 年，在保证军品生产前提下，七一〇厂逐步转向发展民品为主，陆续开发出以 YSP-15 型液化气钢瓶为支柱产品的系列民用产品以及含铬锰钢轧臼壁、破碎壁，铜合金圆锥破碎机配件，不锈钢蒸馏缸等多项民用产品。YSP-15 型液化气钢瓶于 1986 年获国家产品质量金牌奖。2004 年，七一〇厂实施政策性关闭，其有效资产经改制重组后，成立湖南核工业宏华机械有限公司（简称宏华公司）。

宏华公司是我国唯一掌握熔炼去污专利技术和处理放射性污染金属的专业化企业。

2000 年以来，宏华公司抓住核工业系统内核设施正在或准备退役、国家对放射性污染金属要求必须集中处理的大好时机，取得国家环保总局和湖南省环保局对宏华公司运输、贮存和加工利用的批文和认可，在三废处置和资源利用方面取得良好社会和经济效益。2004 年 5 月，经中核金原铀业有限公司批准，“中核铀矿冶放射性污染金属熔炼处置中心”在宏华公司挂牌成立并运作。

### （二）玉米系列产品开发生产

甘肃昆仑生化有限责任公司（简称昆仑公司），是七九六矿军转民搬迁企业。1992—1994 年，中核总批复“三万吨玉米淀粉工程”“淀粉副产品综合加工及配套工程”项目建议书和可行性研究报告，在国家计委批复同意后，年产3万吨的玉米淀粉项目于1995年10月开工建设，1996年11月建成投产。

经过多年发展，昆仑公司形成年产12万吨玉米淀粉和2万吨麦芽糊精生产规模，现有玉米淀粉、麦芽糊精和低聚异麦芽糖等10多种玉米系列产品。昆仑公司被授予“甘肃省农业产业化重点龙头企业”“全国第一批农产品加工业示范企业”等荣誉称号，“昆仑雪”牌玉米淀粉荣获甘肃省名牌产品，“昆仑雪”商标获得甘肃省著名商标。

**（三）民用消防工程**

为更好地推动火灾报警产品的应用，中国核仪器设备总公司于1985年投资成立北京利华消防工程公司（简称利华公司），主要从事消防工程设计、安装、维修、技术咨询服务等，承担各类火灾自动报警、自动喷水灭火、消防联动系统、防火卷帘及防排烟系统等安装设计、施工及技术咨询、维护保养服务。利华公司自1985年成立以来，共获得17次鲁班奖。承揽多项国家、省、市级重点工程的消防工程建设，如中央电视台新台址、毛主席纪念堂改造、首都机场三号航站楼、重庆江北机场T2航站楼等，在高端写字楼、大型公共建筑、高端医疗建筑及机场消防领域处于领先地位。完成的酒泉卫星发射中心、国家电力调度中心、咸阳国际机场等消防工程，通过国家级竣工验收并获得建筑鲁班奖、北京市长城杯金奖。

**（四）控股、参股产品开发**

中核浦原公司控股、参股企业生产的气体超声流量计、核级压力变送器、耐辐照电磁流量计等产品广泛应用于石油化工、冶金、电力等工业气体过程测量控制、生产过程检测控制系统，以及核电、核工程通风计量、过程检控系统。

1. 气体超声流量计核心技术填补国内空白

2002年，中核浦原公司与同济大学声学所合作组建上海维思仪器仪表公司，从事超声波气体流量计研发生产。2005年研制成功国内第一台气体超声流量计，实现超声波气体流量计国产化并推向市场。2008年产品小批量出口国际市场，打破国外产品市场垄断，同年CL-1型气体超声流量计被评为上海市重点新产品。2010年3月，维思仪表公司获得“上海市高新技术企业”资质，拥有专利18项，产品通过中核集团科技部鉴定，取得中石油和中石化合格供应商资质，主要应用于国内天然气管网和城市燃气计量，实现了产业化生产。

2. CEC系列电容式差压/压力变送器和电磁流量计

1981年，上海光华仪表厂研制出CEC系列电容式差压/压力变送器，其设计原理先进、品种规格齐全，并经不断改进日臻完善，在国产电容式差压/压力变送器中处于领先地位。1993年，上海光华仪表厂改制，改制后光华公司在新体制、新机制下，积极开发新产品，改进工艺和设备，成功研制出国内第一台耐辐照电磁流量计；研制的CPCA电容式真空薄膜硅绝对压力变送器，替代进口产品；目前正在开发适应第三代核电建设需要的CEC（H4）型核安全级电容式差压/压力变送器。

1987年，上海光华仪表厂与世界著名的德国科隆公司合资组建上海光华·爱而美特仪器有限公司。该公司是中国核工业系统第一家合资企业，国内规模最大电磁流量计生产基地，产品市场占有率达30%。

## 第五节　新能源发展

随着全球能源需求持续增长，环境污染和气候变化问题日益突出。由于以风电、光电为代表的新能源具有清洁、污染少、可再生等优势，使其成为我国发展低碳环保型经济、改善能源结构、促进经济社会可持续发展的关键所在。新能源产业呈现良好发展前景。

中核集团于2011年成立新能源板块，利用自身优势，参与构建清洁低碳、安全高效的能源体系，跻身新能源市场，通过自主开发、并购等方式，2015年年底实现装机规模约100万千瓦，储备资源约300万千瓦，初步形成新能源产业板块规模和体系。

### 一、新能源发展板块设立与规划

2011年9月，中核集团设立新能源板块——中核汇能有限公司（简称中核汇能公司）。2011年11月中核汇能公司在国家工商总局注册成立。

2012年1月，中核集团孙勤总经理和邱建刚副总经理为中核汇能有限公司揭牌。2012年10月，中核集团决定将核工业第五研究设计院划转中核汇能公司，对中核集团新能源开发利用能力进行整合。

2012年，中核汇能公司对今后发展方向和重点项目进行全方位调研，就太阳能发电和非放射性矿产资源开发在青海省进行重点调研，就煤矿、燃煤电厂、煤化工开发经营与新疆地方政府进行全面接触后，编制了调研报告。

2012年，中核汇能公司编制“十二五”（2011—2015年）发展规划，明确公司战略定位是承担非核新能源和非放射性矿产资源开发，形成较强资源掌控能力，打造中核集团新支柱产业。发展思路是优先实施产业并购战略，快速推进企业发展。

## 二、推进风光电资源开发及项目建设

甘肃风电项目是中核集团首个风电开发项目，2011年，一期4.95万千瓦项目经甘肃省发改委核准开工建设，2011年12月26日并网发电，实现中核集团风力发电“零的突破”。

中核汇能公司与中海油新能源公司风电资产重组，2014年1月双方正式签署《风电项目合作合同》。双方约定按60∶40股比成立合资公司——中核汇海风电投资有限公司。合资公司将拥有风电资源约120万千瓦，其中已建成运营40万千瓦，在建、核准等项目50万千瓦，资源掌控30万千瓦，还拥有150余名技术、管理及一线员工，为实现公司“十二五”（2011—2015年）规划目标奠定重要基础。

在利用“两个市场、两种资源”方面，中核集团发挥品牌优势，加强与国家能源局及有关省、地区发改委的沟通联系。与中核浙能能源有限公司、中核北方铀业有限公司等兄弟单位签订战略合作协议，与江苏泰兴、江西吉水、西藏尼木、福建南安等地方政府签订项目开发合作协议，新增风电、光电资源累计超过100万千瓦。

截至2015年年底，新增风电、光伏装机容量35万千瓦，实现累计装机容量近100万千瓦，其中风电装机容量85万千瓦，分布在内蒙、甘肃、海南、新疆、山东、福建等地；光伏装机15万千瓦，位于河北省。在建风光电项目约30万千瓦。

## 三、形成能源板块架构体系

新能源板块成立以来，按照“集团运作、专业经营”发展思路及“以核为主、同心多元”经营方针，在“规模适度、体制先进、机制灵活、组织健全、管理科学、资源掌控能力强”的发展思路引领下，从无到有，从小到大，新能源板块的架构已基本形成，在国家新能源行业具有一定影响力，风光电装机规模已达到百万千瓦，基本实现“十二五”（2011—2015年）规划目标，促进中核集团多元化经济发展。主要成绩如下。

1. 打造一支专业队伍

中核集团以成立汇海公司为契机吸收原中海油新能源公司经验丰富的风电人才。优化人才队伍结构，基本实现人员知识、岗位结构分布相对合理，确保人员总量与业务规模同步快速增长。

2. 建设一批优质工程

自建工程建设项目从无到有，项目管理能力由弱变强，建成一批风电、光电示范工程，实现向专业化、规模化的跨越。光伏项目开发取得“零的突破”，建成南大港和临城地区两个光伏项目。风电项目树立了行业标杆，潍坊一期风电项目创造同类地区、同类项目最短建设周期和最低建设成本的佳绩。

3. 掌握新能源行业一般规律

通过近100万千瓦项目的探索实践，切实掌握新能源行业的一般规律和基本特点，在兼顾技术性、可靠性、实用性和经济性的同时，做好优质项目遴选开发，有效控制项目投资风险。

4. 布控一批重点资源

通过与中海油新能源公司风电业务重组，获取近50万千瓦在运风电场及其他资源。截至2015年年底，自主开发和合作开发储备的风光电资源300万千瓦，可供“十三五”（2016—2020年）期间持续开发，资源掌控能力逐步提升。

5. 建立一批合作关系

优化产业资源配置，拓展产业上下游资源整合，在加强合格供应商把关的同时，积极推进与优势互补企业的战略合作。截至2015年年底，已与明阳、金风、英利、晶澳、远景能源等新能源行业主流设备企业以及勘察设计单位、施工承包单位等建立了合作伙伴关系，实现互利共赢。

6. 具备一定行业知名度

建立起一套科学规范的管理体系和一支能打硬仗的员工队伍，在行业内具备一定知名度。通过积极跟踪参与国家能源局光伏“领跑者计划”，参加行业重要会议论坛，加强与行业协会沟通交流等，逐步提高了在业内的话语权，企业品牌获得业界普遍认同。

# 第六节　医疗服务

医疗服务是中核集团服务核工业、服务社会的重要业务单元。核工业创建之初，为保护工作人员、建立核工业职业健康体系、具备放射性职业损伤的诊治能力，在卫生部和各省市支援下，核工业建立了有一定规模和水平、自成体系的医疗卫生保健系统。先后建成或从各地方划转了核工业总医院、核工业四一六医院、核工业四一七医院、核工业四一九医院、北京核工业医院、核工业青岛疗养院。

## 一、医疗卫生服务发展历程

2011 年，核工业总医院、核工业四一六医院、核工业四一七医院、北京核工业医院和核工业四一九医院划入中核控股公司管理。这五家医院除承担所在地区日常医疗诊治服务外，还承担国家核应急医疗救援任务，核医学应急与辐射救治、职业病防护等专业职能。

核工业总医院始建于 1988 年，是一所学科门类齐全、专业特色明显、技术设备先进、人才队伍雄厚、管理指标领先的三级甲等综合性教学医院。核工业总医院建院以来，先后创建了血管外科、整形美容外科，填补苏州地区空白；建立手足外科，改写苏州大型综合医院没有手足外科的历史；职业病诊断是江苏省三级甲等综合性医院中唯一具有资质的；核医学科临床基因扩增实验室是苏州市首家具有合格证书的 PCR 实验室，也是卫生部内镜专业技术培训基地。核工业四一六医院，是核工业在西南地区一所集医疗、教学、科研、预防保健为一体的三级乙等综合性非营利性医院，1988 年更名为核工业四一六医院。核工业四一六医院是我国西南地区疑难重症诊疗中心、成都医学院非直属教学医院。核工业四一七医院（简称四一七医院）于1969年由陕西省临潼第四疗养院改名为陕西四一七医院，1988年更名为核工业四一七医院，主要为西北地区核工业各单位服务，同时承担陕西省职业病诊断、鉴定工作。1990年，核工业四一七医院以职业病医学为重点，以温泉康复为特色，利用医疗、康复设施，在保障满足核工业医疗保健的前提下，为陕西省职业危害防治作出应有贡献。北京核工业医院于1994年成立，是集医疗、预防保健、健康管理、职业卫生防护和核应急为一体的一级甲等医院，面向社会服务。核工业四一九医院前身是解放军基本建设工程兵第二〇三师医院，1984年经国务院、中央军委同意，改为核工业四一九医院，是一所集医疗、预防、保健、康复于一体的现代化综合性医院。核工业青岛疗养院筹建于1959年11月，1976年10月更名为第二机械工业部青岛疗养院，1982年更名为核工业部青岛疗养院。建院初期以接待核工业部部属干部和科技人员的非传染性疾病、放射性中毒及职业病疗养为主，1985年起向社会开放。以该院总负责的、对核工业4.5万人开展白细胞减少症流行病学的研究，获核工业部1987年部级科技进步奖二等奖。1988年更名为核工业青岛疗养院。2000年，核工业青岛疗养院整建制划转青岛市。

## 二、核特色医疗与救治服务

### （一）特色医疗项目和服务

核工业总医院创建的血管外科、整形美容外科、手足外科、职业病诊断、核医学科临床基因扩增实验室等，是其特色医疗项目，在当地具有较大影响力。

核工业四一六医院核医学科成立于1993年，经过20多年的发展，现已成为国内规模较大的甲状腺疾病诊治中心之一，也是四川省重点核医学科。该院对癫痫、小儿脑瘫的手术治疗和脊柱后凸侧弯矫形手术和皮肤、性病科，是四川省重点医疗专科。

核工业四一七医院以职业病医学为重点，以温泉康复为特色。为从事核研究、核生产、核储备的核工业单位数千人（次）进行了健康监护和评价；完成了对某核燃料厂职工30年的健康评价工作；坚持开展对涉核人员进行体检服务，促进了职业病防治领域的业务发展。

北京核工业医院从 1994 年建院开始即为核工业总部职工进行体检，2010 年获北京市第一批体检医院资质。随着体检业务量及科目逐年增多，从开始单一为核工业总部职工做体检服务，逐步发展到为 150 多个单位服务。医院于 2015 年建成建筑总面积 1 759 平方米的新体检中心，年体检量可达 2 万人次，日均体检量最多达 250 人/天。

**（二）核医疗救治**

核工业各医院自成立以来，共收治放射性损伤病例 500 余例，为国防系统、核工业系统职业病体检累积 50 000 余人次，对涉核人员进行健康评价。日本福岛核事故期间，各医院为从日本回国人员进行辐射监测及医学检查共计 100 余人次，并为 2 名体表体内均存在放射性污染的日本游客做了医学处理。

2014 年 5 月，南京清洁工人王某在工作时捡拾到一枚链状金属物品，内装铱-192 放射源，将其放入工作服上衣右侧口袋内，持续时间为 195 分钟。5 天后，王某被送至核工业总医院住院，经过诊断为“外照射轻度骨髓型急性放射病合并Ⅳ度急性放射性皮肤损伤”。核工业总医院立即组成救治团队，对病人采用全身和局部治疗并重，躯体治疗和心理治疗同步，根据病情进展采取综合治疗原则。治疗中使用了多项新技术手段，包括间充质干细胞（MSC）输注、大面积组织修复重建及营养早期干预。经过 378 天精心救治，患者于 2015 年 5 月 25 日痊愈出院。该病例救治经验为今后类似情况处置提供范例，为制定放射损伤救治标准、规范及相关政策提供参考依据，对进一步提高全国核与辐射损伤救治水平具有重要意义。

## 第七节 物业经营

中核控股公司物业经营的写字楼、厂房、仓库等房产，有些是企业关闭破产、调整转型后遗留下来的资源，为盘活资产，各企业按国家政策，开发物业管理，面向社会招租；有些是为开发多种经营而新建、改建的科技园区和公寓、员工宿舍楼。其共有产权物业 70.8 万平方米，主要分布在北京、上海、广州、深圳等 10 多个中心城市。中核控股公司还拥有 80 多万平方米土地资源，在符合国家规定和当地政府规划的基础上可进行综合开发利用。

如 1997 年，浦原公司利用上海电子仪器厂厂址土地，投资近 3 000 万元，建成 12 000 平方米的浦原科技工业园区标准厂房；2006 年，中核凯利公司与江苏无锡高新技术产业发展股份有限公司、上海吉发投资有限公司合作成立无锡中核凯利企业管理服务有限公司，在无锡新区合作开发集公寓、商业网点与超市、娱乐与网吧、餐饮、银行等为一体，以公寓出租为主、商铺出租及物业服务为辅的多功能社区；1990 年，中国核工业秦皇岛长城有限公司开始承担中国核工业培训中心工程建筑面积 23 000 多平方米建设项目的管理；1994 年，由中国宝原开发公司出资，北京京宝公司在北京市石景山经济开发区建设占地面积 20 亩，具有建筑面积 11 895 平方米的工业标准厂房、5 310平方米的综合办公楼、2 200平方米的绿地、130 个停车位及餐厅的综合工业园区，可基本满足电子、医疗设备等行业生产、办公、生活等需求。各物业单位经过多年探索与实践，物业经营和服务水平得到较大提高，从开始满足于将房屋租出去，到现在对客户筛选，将一批守信誉、档次高的客户留下来，以带动租赁户整体水平的提升，不断吸引高端客户。

为实现企业的可持续发展，相关单位就土地开发在符合国家规定和当地规划的基础上进行探索，取得了一些成绩，如中核集团苏州阀门厂文化创意产业园经营模式，青岛兴元自有土地合作开发模式，北京日兴公司利用已有的房地产开发企业资质以及成功开发大型社区“加州水郡”的经验，整合内部资源，进行房地产开发。

2005 年 4 月，青岛中核兴元科技发展有限公司与青岛元诚信实业有限公司、香港元诚国际投资有限公司合作，利用核工业青岛四一八医院移交青岛市后保留的 3 788.3 平方米土地，按青岛市规划和 2008 年北京奥运帆船分赛场准备要求，开发建设“Q1 财富中心”项目。该项目是一座集写字楼、酒店式公寓为一体的超高层综合智能化大厦，被建筑专家喻为中国东部沿海标志性建筑。中核控股公司土地开发紧密结合各相关城市规划和环境保护要求，对所属成员单位具备资源开发潜力的土地，进行“统筹规划、重点指导、分步实施、合作开发、主动盘活”，实现低效和闲置土地资源的有效、集约利用。

# 第二十七章 核科技研发

1978 年 3 月，全国科学大会在北京召开，迎来科学的春天。20 世纪 80 年代，核工业逐步从以军工为主的传统计划经济发展模式，转变为“保军转民，军民结合”的新模式。进入 21 世纪，为落实党和国家提出的“科教兴国、科技强军”“创新驱动发展”“军民融合”等重大战略决策，中核集团制定了“自主创新、重点突破、军民融合、引领发展”的科技发展战略。根据国家战略部署，随着核工业转型，中核集团科研管理模式和科研管理机构及其职能也在不断调整、不断优化。

长期以来，国家科技计划极大地推动我国核科技发展。在实施国家科技计划的同时，中核集团从 2010 年开始加大核科技自主投入，于 2012 年启动实施“龙腾计划”。在上述计划支持下，中核集团在关键技术攻关和能力建设方面均取得突出成绩，取得秦山一期、秦山二期、华龙一号、中国实验快堆、铀浓缩离心机、地浸采铀、后处理中试厂、钴-60 生产等重大科技创新成果。

截至 2015 年，中核集团形成门类齐全、专业配套的核科技体系，构建了一批实力雄厚的核科技研发机构和平台，培养并形成一支素质高、能力强的各类专业人才队伍，在核军工、反应堆与核电技术、铀资源、核燃料技术、后处理与退役治理、核基础研究及共性技术、核技术应用等领域取得一系列重大科技成果，对我国核科技工业体系建设及产业发展起到关键支撑和引领作用。

# 第一节　核科技创新体系建设

经过60多年建设发展，中国核工业建立了世界上只有少数几个国家才拥有的完整核科技工业体系。

1999年以来，为落实国家赋予的核威慑能力和核电建设的光荣使命，加快实现“完善创新体系、突破关键技术”“科技兴核”的目标，中核集团以“创新体制机制、推进军民融合、加快人才培养、加强能力建设、加大科研投入”为着力点，开展了科技创新体系建设，建设重点是通过建设组织、管理、保障三个支撑体系，在科技创新中实现技术与管理两个跨越，把中核集团建成军民融合、效益突出、具有核心竞争力的一流特大型企业集团。

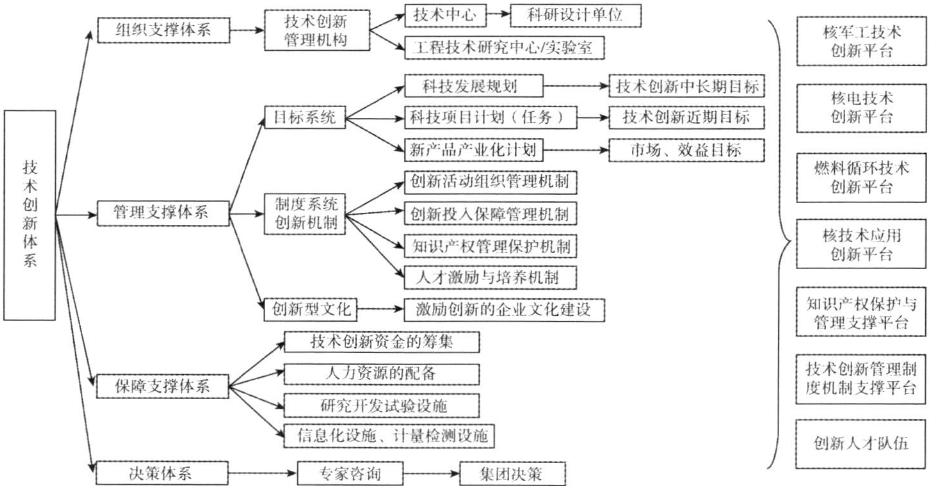


技术创新体系

## 一、科研管理机构变迁

根据国家战略部署，随着核工业的转型，科研管理模式和科研管理机构及其职能不断调整。中核集团成立以来，科研管理机构经历了由科技与国际合作部、科技部，到科技与信息化部的演变。

1999 年中核集团成立之初，设立科技与国际合作部，2010 年改为科技部，2011 年改为科技与信息化部，统筹管理中核集团科技创新工作。主要负责中核集团科技创新体系建设、科技发展规划制定、科研项目管理、科技成果和知识产权管理工作，以及质量标准化管理和信息化管理工作。

中核集团围绕科技创新管理制定了一系列制度和办法，科技管理不断规范。主要制度包括：科研管理、科技成果管理、科研项目管理、集中研发项目管理、研发平台管理、重点试验室管理、工程技术研究中心管理、知识产权管理、专利管理、科研项目知识产权管理、青年科技创新团队项目管理，以及质量管理、标准化管理、信息化管理等内容。

## 二、科研院所改革发展历程

1980—1984 年，核工业部先后建立上海核工程研究设计院、上海核工业第八研究所、核工业计算机应用研究所、核工业标准化研究所。到 1984 年年底，核工业部科研系统工作人员达 38 600 人，其中科技人员 15 900 人；部属科研机构 19 个，研究设计单位 6 个；厂矿所属科研机构 20 个，在全国形成比较完善的核科学研究体系。

20 世纪 80 年代，根据“清理课题，缩短战线，保证重点”的方针，对当时有实际意义的军民两用项目，在人力、经费、物资上予以保证；对那些需求不迫切且研究周期长的项目则量力而行；对那些不能肯定其作用的项目则坚决停掉，对基础研究和应用基础研究的比例也做出相应调整。

1985 年 1 月，经中央军委批准，核工业第九研究院（简称九院）对外名称使用中国工程物理研究院。1990 年 2 月，国务院、中央军委调整九院管理体制，由国防科工委直接管理，在国家计划中单列。1991 年 1 月，核工业第一研究设计院更名为中国核动力研究设计院。20 世纪 90 年代，核工业第二研究设计院、核工业第四研究设计院等改制转企。2002 年，撤销核工业第六研究所，部分业务骨干调入核工业北京化工冶金研究院，其余人员和研究设施全部并入南华大学。2006 年 10 月，核工业第七研究设计院改制成立中核新能核工业工程有限责任公司。2001 年 7 月，上海核工程研究设计院改制为企业，2007 年 5 月划归国家核电技术公司。2007 年 12 月，依托核工业第二研究设计院、核工业第五研究设计院的主营业务和主干力量及核工业第四研究设计院从事核电工作及相关专业的技术骨干，重组改制成立中国核电工程有限公司。2009 年 6 月，核工业第四研究设计院改制为中核第四研究设计工程有限公司。

截至 2015 年，中核集团从事核科学技术研究院所共 13 个，即：中国原子能科学研究院（简称中国原子能院）、中国核动力研究设计院（简称中国核动力院）、中国辐射防护研究院（简称中辐院）、中国核科技信息与经济研究院（简称中国核信息院）、核工业北京地质研究院（简称核地研院）、核工业北京化工冶金研究院（简称核化冶院）、核工业西南物理研究院（简称核西物院）、核工业理化工程研究院（简称核理化院）、核工业标准化研究所（简称核标准化所）、核工业计算机应用研究所（简称核计算机所）、核动力运行研究所（简称核动力运行所）、核工业第八研究所（简称核八所）、核工业大连应用技术研究所（简称核应用技术所）；6 个地区性地质勘查研究所、1 个航测遥感中心，即二〇三所、二三〇所、二四〇所、二七〇所、二八〇所、二九〇所和核工业航测遥感中心（简称核航遥中心）；3 个工程技术研究设计单位，即中国核电工程有限公司（简称中国核电工程公司）、核工业第四研究设计有限公司（简称核四院）、中核新能核工业工程有限责任公司（简称中核新能公司）。

中核集团铀矿地质系统、铀矿冶系统、核燃料系统、核电系统的一些骨干企业也具有较强的研究开发能力。

随着形势变化，核科研院所领导体制也发生了变化。1987 年 5 月开始，核工业部下属科研院所由党委领导下的院所长负责制向院所长负责制转变，逐渐建立起党委（政治核心、监督保证）、行政（院所长负责）、工会（职工民主管理）各司其职、各负其责、协调一致的管理体制。1999 年中核集团成立后，不断探索创新科技机制，打造“产、学、研、用”一体化，完善中核集团管理体制和机制。

2011 年，按照“缺的补齐、弱的加强、散的集中”的原则，通过动能整合和资源配置，中核集团将偏基础、前沿类科研单位集中整合，由中国原子能院、核西物院、中辐院和核标准化所，组建中核集团科学技术总院。

为支撑中核集团科技基础能力和智库建设，2013 年 11 月 22 日中核集团技术经济总院（简称中核技经总院）成立。中核技经总院是在中国核信息院的基础上组建的，归口管理中核工程建设管理中心、核计算机所、核工业档案馆和核工业科技开发咨询中心，是中核集团战略决策与管理服务、信息服务的平台。主要职责是研究中核集团发展战略、市场、财经、管理课题；重大项目论证与技术、财务评估；科技信息研究与服务；工程造价、咨询服务。

## 三、研发平台建设

核科技自主研发平台是核军工、核能开发和核基础研究的基地，是科技创新体系的重要组成部分。主要职责是完成军民科研任务，开展基础性、共性技术研究。

为实施关键技术攻关、培养科技人才、开展学术交流，中核集团在已有科研设计单位的基础上，围绕“军用核技术、核动力技术、核燃料循环技术、核应用技术、核基础和共性技术”五大技术领域的科研攻关，在“工程应用、关键技术攻关、应用基础研究”三个层面构建科技创新研发平台，同时构建和完善技术基础支持平台，建立布局合理、开放共享、军民兼容、具有国际先进水平的核科技创新体系，支撑主导产业发展。中核集团建立了重点实验室和工程技术研究中心，并注重对国家级研究机构的管理和发挥其作用。

截至 2015 年年底，中核集团已设立 22 个重点实验室和 12 个工程技术研究中心，其中国家级重点实验室 6 个、国家工程技术中心 1 个、国家能源研发（实验）中心 3 个。

**中核集团重点实验室和工程技术研究中心表（部分）**

| 序号 | 类别 | 名称 | 主要依托单位 | 备注 |
|---|---|---|---|---|
| 1 | 重点实验室 | 串列加速器 | 中国原子能院 | 国家级重点实验室 |
| 2 | | 电离辐射 | 中国原子能院 | 国家级重点实验室 |
| 3 | | 核数据测量与评价技术 | 中国原子能院 | 国家级重点实验室 |
| 4 | | 遥感与图像分析技术 | 核地研院 | 国家级重点实验室 |
| 5 | | 核燃料与材料 | 中国核动力院 | 国家级重点实验室/能源研发（实验）中心 |

续表

| 序号 | 类别 | 名称 | 主要依托单位 | 备注 |
|---|---|---|---|---|
| 6 | 重点实验室 | 核反应堆系统设计技术 | 中国核动力院 | 国家级重点实验室/能源研发（实验）中心 |
| 7 | | 快堆核电 | 中国原子能院、中国核电工程公司 | 能源研发（实验）中心 |
| 8 | | 核反应堆热工水力技术 | 中国核动力院 | |
| 9 | | 核反应堆结构力学 | 中国核动力院 | |
| 10 | | 核不扩散与核安保技术 | 中国原子能院 | |
| 11 | | 铀资源勘查与评价技术 | 核地研院 | |
| 12 | | 铀资源地球物理勘查 | 核航遥中心 | |
| 13 | | 核燃料后处理工艺技术 | 中国原子能院 | |
| 14 | | 高放废物地质处置评价技术 | 核地研院 | |
| 15 | | 辐射防护技术 | 中辐院 | |
| 16 | | 核环境模拟与评价技术 | 中辐院 | |
| 17 | | 中子散射应用技术 | 中国原子能院 | |
| 18 | | 先进反应堆 | 中国核动力院、中国核电工程公司 | |
| 19 | | 核聚变 | 核西物院 | |
| 20 | | 铀矿采冶 | 核化冶院、核四院等 | |
| 21 | 工程技术研究中心 | 铀纯化转化 | 核化冶院、中核新能公司、纯化转化厂 | |
| 22 | | 核燃料元件 | 中国核动力院、中核建中公司、中核北方公司、中国核电工程公司 | |
| 23 | | 核燃料后处理 | 中国核电工程公司、中国原子能院、中核四〇四公司、清华大学 | |
| 24 | | 核设施退役与放射性废物处理 | 中国核电工程公司、中国原子能院、中国核动力院、中辐院、中核四〇四公司、中核四川环保工程有限责任公司 | |

续表

| 序号 | 类别 | 名称 | 主要依托单位 | 备注 |
|---|---|---|---|---|
| 25 | 工程技术研究中心 | 同位素 | 中国原子能院、中国同辐股份有限公司、中国核动力院等 | 国家同位素工程技术中心 |
| 26 | | 核特种阀门 | 中核苏阀科技实业股份有限公司、中国核动力院等 | |
| 27 | | 加速器中心 | 中国原子能院 | |

# 第二节　重大科技计划及科技工程

## 一、重大科技计划

1978 年全国科技大会后，我国科研工作加快了步伐。大会提出 8 年（1978—1985 年）全国科学技术发展规划纲要，将农业、能源、材料、计算机、激光、空间科学、高能物理、遗传工程等 8 个影响全局的综合性科学研究领域，放在突出位置，集中力量，以推动整个科学技术和国民经济高速发展。1982 年，将规划主要内容调整为攻关项目，以“六五”（1981—1985 年）国家科技攻关计划的形式实施，这是我国第一个国家科技计划。在此基础上，相继出台国家高技术研究发展计划（“863”计划）、国家自然科学基金、国家重点基础研究发展规划（“973”计划）等科技计划，保证了规划实施。随着科学技术和经济建设的发展，国家对规划目标和内容进行了调整，制定了《国家中长期科学和技术发展规划纲要（2006—2020 年）》。“大型先进压水堆和高温气冷堆核电站重大专项”是其中十余个科技重大专项之一，包括大型先进压水堆、高温气冷堆和乏燃料后处理大厂三部分。

国家科技计划实施，极大地支持和推动了我国核科学技术发展，在国防科工局、国家能源局、科技部、总装备部等各部委的长期支持下，结合国家“863”项目、“973”项目、国家科技重大专项、国防预研、核能开发、重大型号研制、国家自然科学基金、技术基础等科研计划的实施，中核集团在核军工、核电、核燃料循环、核技术应用、核环保工程、核基础研究等领域取得很大进展，获得大型先进压水堆核电站、中国实验快堆、铀矿勘查采冶、乏燃料后处理、核聚变等技术研究重大突破，建设并形成一批国家重大科技基础设施和大科学装置。

21 世纪，为进一步提升核心竞争力，掌握关键技术，支撑产业发展，中核集团从战略和全局高度统筹 2010—2020 年科技发展规划，选取一批对集团发展具有核心和重要意义的项目重点实施，以项目带动科技发展，最终形成集团可持续发展核心科技体系及产业。在该科技发展规划总方针的指导下，集团于 2010 年启动“中核集团重点科技专项和优先发展技术”计划；2012 年 12 月启动“龙腾 2020”科技创新计划（简称“龙腾计划”）。首批“龙腾计划”项目包括：三代核电技术“华龙一号”（龙能工程）、ACP100 小型模块式反应堆（龙兴工程）、CFR600 示范快堆、乏燃料后处理示范工程、铀矿大基地示范工程（龙灿工程）等 8 个科技创新示范工程，以及压水堆燃料元件设计制造技术、铀矿大基地勘查采冶技术等 12 个核心技术提升项目；2015 年启动“龙腾计划”第二批项目，包括 5 项科技创新示范工程及 15 项核心能力提升项目。

## 二、重大科技工程

科技工程，是国家科技实力的重要标志，大科学工程的规划和建成，体现一个国家对该领域科技发展布局的战略选择和决策。1979—2015 年，中核集团陆续建造了一批重大科技工程。这些巨额投资建造、运行和维护的大型核科研设施和大科学装置，为我国核科学技术研究及开发应用提供了重要科技研发创新平台，有力地保障了重大科技计划项目实施，也是我国核科学技术研究能力的见证。

### （一）中国先进研究堆（CARR）

1989 年，中国原子能院提出建造一座新型研究堆。1993 年 7 月 22 日，中核总下发《关于中国原子能院新建研究堆前期工作的复函》，明确新建研究堆是一项大中型工程项目，给予经费支持，开始前期工作。12 月 23 日至

24 日，中国原子能院召开新建研究堆初步概念设计及用途评审会，明确新建研究堆必须具备多用途功能，其最大热中子注量率不低于 $5\times10^{14}$ 中子/（厘米$^2$·秒）。1994 年 2 月，新建研究堆定名为中国先进研究堆（CARR）。9 月 2 日，中核总批准中国先进研究堆方案。1995 年 3 月，中核总向国家计委呈报项目建议书，申请立项。1996 年 3 月 2 日，在中核总总工程师马福邦的建议下，15 名院士联名给时任国务院副总理吴邦国写信，阐述中国原子能院建造中国先进研究堆的必要性。1997 年 7 月，中国先进研究堆工程经国家批准立项。2002 年 1 月，国务院批准中国先进研究堆工程建设；同年 8 月 26 日开工建设；2006 年完成全部土建工程；2008 年完成设备安装和综合调试；2009 年取得装料许可证；2010 年 5 月 13 日实现首次临界；2012 年 3 月 13 日，实现满功率连续运行 72 小时。"中国先进研究堆实现满功率运行"入选 2011—2013 年中国十大核科技进展。

中国先进研究堆反应堆功率 60 兆瓦，重水反衬层最高未扰热中子注量率达 $8\times10^{14}$ 中子/（厘米$^2$·秒）。在同类中子束流研究堆中，其主要技术指标居世界前列，亚洲第一。设备国产率达 90%，其中燃料元件、堆本体及堆芯容器、控制棒驱动机构、全数据化控制及保护系统、反应堆密封操作大厅、装卸料机等在国内均为首次研制应用。中国先进研究堆在反应堆堆芯和重水反射层内，设置了不同用途的垂直孔道和水平孔道以及与其配套的设备仪器，可以充分利用反应堆产生的强中子源，进行中子散射实验，放射性核素辐照生产，燃料元件、核探测器及反应堆材料辐照考验，单晶硅中子掺杂，电离辐射计量标准，中子活化分析等。它的建成为我国核科学研究、开发与应用提供了先进、综合的科学研究平台。

**（二）中国实验快堆（CEFR）**

20 世纪 60 年代，一九四所（原属中国科学院原子能所）开始快堆研究。研究重点放在物理、热工、结构材料、钠工艺、小型设备等专业。至 1987 年，总共建成 12 台小型钠回路和实验装置，其中包括 1970 年周恩来总理亲自调用的高浓缩铀建成的快中子零功率装置。

1971 年 12 月，一九四所搬迁到四川核动力工程研究基地，成立了快堆研究所。但由于条件所限，工作难以开展，科研队伍不稳。1986 年，核工业部决定，将与快堆研究有关的人员、设备、仪器和资料迁回北京，在中国原子能院堆工所成立快堆研究室。1987 年制订了《快堆“七五”发展计划》，得到核工业部支持。这些措施，为快堆科研恢复和“863”计划快堆项目起步发挥了重要作用。

国家“863”计划含 7 个领域，其中能源领域由国家计委领导实施。在能源领域和反应堆主题中，要在快中子堆、高温气冷堆、核聚变—裂变混合堆三种堆型中，选取一个既能发电又能增殖核燃料的堆型予以发展，即所谓“三选一”。由于快堆能够增殖核燃料，大幅度提高核燃料利用率，在科学、工程、经济和安全等方面都具有现实可行性，其对我国核能利用长期可持续发展具有重要意义。1987 年 2 月，能源领域第一届专家委员会成立。清华大学王大中任首席专家，七名委员中有中国原子能院孙祖训、陈叔平。1990 年，第一届专家委员会，根据“三选一”要求，明确能源领域以快堆为重点的方针。同年 10 月，中国原子能院举行“快堆研究中心”工程奠基典礼。国务委员、国家科委主任宋健为“快堆研究中心”工程奠基揭幕。中核总总经理蒋心雄、国家科委副主任兼国家核安全局局长周平、能源部副部长陆佑楣、中核总副总经理黄齐陶以及有关部门领导和王淦昌等专家学者参加奠基典礼，这标志着快堆基础设施建设正式启动。1992 年 3 月，国务院批准建设一座热功率 65 兆瓦、电功率 20 兆瓦的实验快堆。1995 年 12 月 29 日，国家计委、国家科委批准中国实验快堆立项。所需经费在国务院领导李鹏、朱镕基、邹家华、吴邦国、宋健等关心支持下，得到解决。1998 年 10 月 22 日，中国实验快堆主厂房开挖。12 月科技部向国务院呈报《关于“863”计划快中子实验堆工程有关情况的报告》。邹家华副委员长、李岚清、吴邦国副总理作出重要批示，同意科技部关于做好快堆工作的意见。吴邦国在相关信函上批示“请积斌、华祝同志研究，已经定下来的事是否就不要再变了”（注：积斌指国防科工委主任刘积斌，华祝指国防科工委副主任张华祝）。2000 年 5 月，中国实验快堆初步安全分析报告获得国家核安全局批准，并颁发建造许可证。2000 年 5 月 30 日，中国实验快堆浇筑第一罐混凝土。2002 年 8 月 10 日，堆本体开始安装；2010 年 7 月 21 日首次实现临界；2011 年 7 月 21 日并网发电；2012 年 10 月 31 日通过科技部验收；2014 年 12 月 18 日首次实现满功率稳定运行 72 小时。

实验快堆设施平台可考验示范快堆燃料、材料、设备及仪表，是我国开展先进核燃料循环技术研发的重大设施，还可开展其他类型反应堆燃料、材料辐照考验及同位素生产，服务于先进反应堆开发、核技术应用产业发展，为我国建成工业规模闭式核燃料循环系统奠定基础。

徐銤是中国实验快堆事业的开拓者之一，坚持快堆研究50余年，提出了我国快堆技术“三步走”发展战略，确立了实验快堆跨越发展的中国模式，为中国核电技术迈入世界先进行列作出了重要贡献。

### （三）HI-13 串列加速器升级工程

1986年，在王淦昌、丁大钊等老一辈核物理学家的共同努力下，我国从美国引进的HI-13串列加速器在中国原子能院建成并投入使用，使中国有了在低能物理领域可以追赶世界水平的平台。近30年来，串列加速器累计运行12万小时，供束10万小时，为国内外50多个研究机构、300多个研究课题提供了40多种离子束流，在核物理基础研究、核数据测量、核物理应用和交叉学科等领域取得了丰硕的研究成果。

根据HI-13串列加速器的运行状况，中国原子能院于1993年提出对HI-13串列加速器进行“穿靴戴帽”升级改造，即在HI-13串列加速器前端加“强流质子回旋加速器”，在后端加“重离子超导直线加速器”。1994年，《北京放射性核束装置建议书》上报国家科委。1997年年初，国家科委组织专家对“北京放射性核束装置”进行论证。在听取专家意见后，在“北京放射性核束装置”基础上，提出“北京串列加速器升级工程”建议。1999年，再次上报“北京串列加速器升级工程”建议书。2000年12月，国防科工委批准串列加速器加速管技改项目建议书，该项目于2002年10月完成。2002年4月，国防科工委委托中国国际咨询公司对“北京串列加速器升级工程”进行评估。2003年1月，通过了中国国际咨询公司组织的专家评估。同年7月，“北京串列加速器升级工程”经国防科工委批准立项。

在串列加速器升级工程上报审批的同时，中国原子能院于1994年就开始了100兆电子伏强流质子回旋加速器和在线同位素分离器的研制。2014年7月4日，100兆电子伏强流质子回旋加速器首次出束。2014年10月，在线同位素分离器研制成功。2015年5月4日，100兆电子伏强流质子回旋加速器与在线同位素分离器成功实现联合调试，并产生钾-38放射性核素，表明系统具备产生放射性核素的能力。重离子超导直线加速器和多粒子可变能量回旋加速器建设，也在积极推进中。

HI-13串列加速器升级工程形成一器多用、多器合用、多领域、多学科的科学研究平台。它的建成填补了我国中高能强流质子回旋加速器、高分辨同位素分离器和重离子超导直线加速器的空白，达到目前国际同类装置的先进水平，使我国成为少数几个拥有新一代放射性核束加速器的国家。“100兆电子伏特强流质子回旋加速器建成”入选2013—2015年中国十大核科技进展；“我国建成世界先进质子回旋加速器”入选2014年度国防科技工业十大新闻。

**（四）核燃料后处理放化实验设施**

早在20世纪50年代末，中科院近代物理所就提出建设后处理放化实验设施的建议。由于军工任务紧迫，也限于当时条件，1964年只建成我国第一个甲级放射性实验室。这是一个按沉淀法流程设计的临时性后处理实验室，在此开展了急需的生产堆后处理工艺等攻关工作。但是，后处理放化设施应该是一个既能开展干法、萃取法后处理热试验研究，还能开展核爆当量测量和其他热样品分析研究的综合性实验设施。因此，20世纪70年代初，吴征铠等老一辈科学家提出并筹划建设超钚元素和裂变产物实验大楼。之后，多方为此做了许多努力，由于种种原因未能实现。

2000年1月3日，中核集团组织专家对“核燃料后处理放化实验设施”（简称放化大楼）进行论证。专家建议尽快在中国原子能院建成具有国际水平的核燃料后处理放化设施。2000年5月，项目建议书上报国防科工委；2003年获批复；2013年6月调试完成；2014年9月5日通过国防科工局组织的竣工验收；2015年9月1日我国首次实验室规模动力堆后处理热试验在此设施启动；2015年12月26日，完成第二次热试验。

核燃料后处理放化实验设施采用先进无盐全分离流程，可以开展后处理工艺、锕系元素化学和裂变产物元素化学、核化学与分析化学等领域研究。总体包括5个系统，即高放废液分离在内的废液暂存与预处理系统、包括废包壳去污在内的固体废物整备系统、放射性废气净化系统、辐射防护测量与监控和实物保护与监测系统。在有转运要求接口处广泛应用双盖（门）密封技术，确保转运过程无放射性泄漏。自主设计制造了台架式热室和台架转运箱、移动式维修气闸、穿地式阀门检修容器、废物转运装置、自动分样装置、K-边界分析仪、X 射线衍射分析仪、多路分岔的气动送样装置等关键设备和仪器。

核燃料后处理放化实验设施是一个集先进设计理念、先进工艺流程和先进系统设备于一体的国家级大型科研设施，为我国各类高燃耗乏燃料后处理热试验及放射化学基础研究提供了一个先进、完善的综合性研究平台，对于保障我国后处理厂自主建设、提高我国核工业核心竞争力具有重要意义。

**（五）中国环流器一号 A（HL-1，HL-1M）装置**

“中国环流器一号”工程包括：中国环流器一号（HL-1 装置）和中国环流器新一号（HL-1M 装置）的两个中型托卡马克装置。

核西物院于 1971 年完成 HL-1 装置的技术方案设计，并以“451”代号向国家科委、国家计委申报立项。当年 10 月 6 日获得国家计委批准，后命名为中国环流器一号，即 HL-1 装置。1972 年，HL-1 装置开始建造，建造工程规模巨大，经过 12 年层层攻关，于 1984 年 8 月完成全部安装工作，9 月 26 日进行了各系统第一次总体联合调试。1985 年 11 月通过验收，交付使用。

在 HL-1 装置上开展了大量聚变等离子体的物理实验研究，取得 400 多项科研成果。以王淦昌为首的一批科学家于 1990 年和 1992 年两次对中国环流器一号物理成果进行评议，认为：“达到了国际同类装置中等离子体参数的国际水平”“具备了参与国际合作与竞争的条件”“大部分实验研究课题属于国际核聚变研究领域的前沿”“在改善约束、研究实现 L 模到 H 模的转换方面的重要成果是对国际核聚变研究的重要贡献”。HL-1 装置是我国科技领域一项重大研究成果，充分表明我国在独立研制托卡马克大型复杂电物理装置能力方面有新的飞跃，促进我国工业进步和科技实力增长，是我国受控核聚变研究的重要里程碑，标志着我国受控核聚变研究从小型装置开展探索性聚变等离子体的基础研究步入到建造中型托卡马克装置开展大规模物理实验研究的新阶段。该装置被评为 1985 年我国十大新闻和十项重大科技成就之一，1986年获国家优质工程银质奖。1987年，“中国环流一号装置研制”获得国家科技进步奖一等奖，这是我国磁约束核聚变领域首次获得的国家科技进步最高奖项。

为更好开展聚变能源研究，1995年核西物院开始建造中国环流器新一号（HL-1M装置）。

中国环流器新一号（HL-1M）装置是在中国环流器一号（HL-1）装置基础上改建而成的，其主要目标是开展高密度、高功率的辅助加热和电流驱动实验。经过几年努力，核西物院在HL-1M装置上发展了总功率3兆瓦的辅助加热及电流驱动系统、先进加料系统、大型数据采集与处理系统，研究发展了国际首创的超声分子束注入加料技术、等离子体电流和等离子体平衡的计算机反馈控制技术，以及一整套由多种先进壁处理技术构成的杂质与再循环控制技术，使HL-1M装置拥有国际先进装置具备的各种运行、实验和研究手段，开展了一系列物理实验，取得国内领先、国际先进研究成果，也为后续中国环流二号（HL-2）装置（后由HL-2A计划所取代）设计、建造和实验打下良好物理和工程技术基础。

1999年11月中核集团组织专家评议会认为，5年来中国环流器新一号“取得了一批具有特色的、达到国际先进水平的实验成果，使我国核聚变实验研究水平又迈上一个新台阶”。

### （六）中国环流器二号（HL-2A，HL-2M）装置

为促进我国核聚变研究事业快速发展，根据国家聚变计划，核西物院在“七五”（1996—2000年）期间开始建造中国环流器二号A（HL-2A）装置。1999年1月研制工程启动，2002年建成，2003年在国内首次实现偏滤器位形托卡马克放电，2006年在接近2兆瓦的电子回旋共振加热条件下，等离子体电子温度达到4.9千电子伏（约5 500万摄氏度）。2009年首次实现中国第一次具有边缘局域模（ELM）的高约束模（H-模）放电，能量约束时间达到150毫秒，等离子体总储能大于78千焦。H-模是先进托卡马克的运行模式，也是国际热核聚变实验堆（ITER）的运行模式。这项重大科研成果，使我国在继欧盟、美国和日本之后，站上了核聚变研究的这一先进平台。这是中国磁约束聚变实验研究史上具有里程碑意义的重大进展，它体现了我国

聚变等离子体物理研究的综合运行和控制能力的大幅度提升，标志着中国的磁约束聚变科学和等离子体物理实验研究进入到国际前沿研究的崭新阶段。

HL-2A 装置是我国第一个具有先进偏滤器位形非圆截面的托卡马克核聚变实验研究装置，采用德国原轴对称偏滤器实验装置（ASDEX）的真空室和线圈。其主要目标是瞄准聚变能源发展的前沿物理和工程技术问题，开展高参数等离子体条件下改善约束实验，并利用其独特的大体积封闭偏滤器结构，开展偏滤器位形下的高功率密度、先进加料、排热、杂质控制、等离子体加热、电流驱动等以改善等离子体约束为目标的实验研究，为聚变堆的研究与发展提供了技术基础。

HL-2A 在高能粒子物理、H-模的触发机理、带状流和逆磁漂移流在 H-模触发中的作用等方面取得了若干重要创新成果，首先发现了由电子激发的比压阿尔芬模；首次观测到在 L-H 转换过程中存在两种不同极限环振荡和完整的动态演化过程；首次观测到测地声模和低频带状流的三维结构，填补了该方向的国际空白；在强加热 L-模放电中，观测到中、高频湍流能量向低频带状流传输，为理解湍流引起的能量传输提供了可能的物理基础；在内部输运垒的研究方面，利用超声分子束调制技术发现了自发的粒子内部输运垒，为等离子体输运研究提供了更广阔的空间。

该实验装置主要技术指标代表国内最高纪录，综合物理实验研究能力处于国内领先水平，大大提升了开展国际合作的能力，吸引了大批国际核聚变知名专家开展合作研究。HL-2A 装置的良好运行，使我国在托卡马克物理与工程技术，特别是在约束改善、偏滤器物理与工程等核聚变核心技术接近国际先进水平；同时发展了偏滤器位形下等离子体反馈控制技术、大型托卡马克装置壁处理技术等，在一些领域，如加料技术、带状流物理等方面取得了世界领先的科研成果。在聚变工程关键技术方面，开展了大功率辅助加热技术研究和系统建造，发展了总功率超过 10 兆瓦的辅助加热系统，包括 5 兆瓦电子回旋加热系统，3 兆瓦中性束加热系统和 2 兆瓦低混杂波电流驱动系统等。为更好运行、控制和研究聚变等离子体物理，HL-2A 装置还研发了 50 多套有时空分辨的先进等离子体诊断系统。“中国环流器二号 A（HL-2A）装置高温等离子体诊断系统研制”项目获 2010 年度国家科技进步奖二等奖。

为更好研究与受控聚变能源密切相关的燃烧等离子体科学和工程技术问题，核西物院正将HL-2A装置升级改造为HL-2M（中国环流器二号M）装置。HL-2M装置具有灵活、等离子体可近的优点，可实现覆盖国际上主要托卡马克的等离子体平衡，更利于开展优化放电位形的研究；具有较强的运行能力，为研究领先偏滤器提供了必要的工程基础，为研究偏滤器的排灰排热创造了有利条件；具有大的截面形变能力和小的环径比，可使装置更紧凑，较易于达到更高的等离子体运行参数，为燃烧等离子体物理研究提供保障。HL-2M装置将产生、维持、运行和研究高品质、高参数的等离子体，开展物理实验，瞄准ITER燃烧等离子体物理的目标，着重开展和燃烧等离子体有关的约束、输运、高能粒子物理、偏滤器等物理问题研究，同时研究未来聚变堆相关的物理和关键工程技术，为我国自主设计、建造和运行下一步建造聚变堆奠定基础。HL-2M装置将成为中国开展与聚变能源密切相关的等离子体物理和聚变科学研究不可或缺的实验平台。

经过数十年我国核聚变能源科研人员的奋斗，我国受控核聚变的研究已经在聚变科学实验和工程技术方面奠定和夯实了相当的基础。近几年我国的两大托卡马克装置（HL-2A、EAST）取得了长足的进步，局部的科研实验达到世界先进水平。我国在聚变工程及科学方面的研究，已经由过去的跟跑、并跑到现在某些领域的领跑。

### （七）动力堆乏燃料后处理中间试验工厂

我国于20世纪70年代开始动力堆乏燃料后处理技术研究。1983年6月，国务院科技领导小组主持召开“核电站辐照材料后处理技术论证会”，经过对我国核电发展远景、国内外铀资源情况、国内后处理技术水平、后处理安全性和经济性等诸多方面的论证，做出我国“发展核电必须相应发展后处理”的决策。

1986年，我国第一座动力堆乏燃料后处理中间试验工厂（四〇四中试厂）由国家计委批准立项，中国原子能院负责提供工艺流程和基础数据，核工业第二研究设计院负责工程设计、设备研制，四〇四厂负责项目管理和工程运行。1993年6月中试厂完成初步设计，采用改进型Purex流程工艺，其目标是：通过试验性生产，验证工艺流程和操作参数；验证主要工艺和检修设备及仪器仪表的实用性、可靠性和安全性，为以后建造工业规模工厂提供设计依据和运行经验，并培训人员。2008 年，中试厂建成，随后进行水试、酸试、冷铀联动调试。2010 年 12 月，中试厂完成热调试。

中试厂厂房采用 H 形设备室布置，箱、室衔接合理，采用动态和静态封闭相结合的技术措施，实现四区布置原则和合理的人流、物流及通风气流组织，满足对放射性物质包容的要求，其核安全设计理念达到国际先进水平。初步设计以 20 余年实验室研究成果为基础，工程启动后，先后补充开展全流程温实验、热实验，特别是钚线工艺研究等，突破铀钚分离等多项关键技术，攻克立式送料剪切机、批式溶解器等一批关键设备设计、制造难关，形成一批行业标准。

中试厂建成及热调试成功，表明我国在动力堆乏燃料后处理技术研发和工程应用方面取得重要进展，为放大设计建造工业规模动力堆乏燃料后处理厂提供宝贵经验，并为我国先进后处理工程技术开发提供了重要研究实验平台，具有里程碑意义。

**（八）高通量工程试验堆（HFETR）**

高通量工程试验堆代号为 49-3 堆，主要用于动力堆燃料元件和结构材料辐照性能研究，兼顾同位素生产。49-3 堆最早由一九四所负责方案论证和基础科研，1968 年被列为国家重点建设项目，一九四所组织近百人的工程设计队，在总工程师徐传效的领导下，开始反应堆工程主工艺设计。1970 年完成方案设计，进入主工艺系统初步设计阶段。

1971 年九〇九基地（中国核动力院前身）成立时，一九四所从北京迁入九〇九基地，开始现场工艺设计，同时在 1 号点地区破土动工。由于受“文革”影响，工程前期进展缓慢。1976 年“文革”结束后，工程进度加快。1979 年，反应堆系统安装完毕，开始调试。1980 年 12 月 16 日，投入满功率运行。49-3 堆建成是我国原子能科学技术的一项重大成就，其中子通量世界第三，亚洲第一，是我国开展核动力技术研究的大型试验堆。整个工程土建、安装质量优秀，被评为国家优秀设计，荣获 1988 年国家质量银质奖章。

高通量工程试验堆是一座压力壳型工程试验堆，采用高浓铀多层套管型燃料元件，用水作慢化剂，铍作反射层，热功率为125兆瓦，是我国自主研发的第一座高通量工程试验堆。自1980年建成以来，完成多项核燃料核材料样品辐照试验研究任务，为我国核事业军民融合发展作出重大贡献。

**（九）第二、三代核动力研发平台（略，详见本书第二十章第四节）**

# 第三节　重大科技成果

我国核科学技术从新中国成立至20世纪80年代初侧重于军用，为“两弹一艇”研制发挥了关键作用。这期间形成我国较为完整的核科研体系，建造了许多大型核设施与设备，培养出一大批成熟的核科学技术人才。1983年开始，核工业在从以军为主发展模式逐步转为“保军转民，军民结合”发展模式的历程中，始终坚持“科技引领、创新驱动”的方针，核科技工业不断发展壮大，取得一系列重大科技成果，对核工业在国防工业、核电核能、核燃料、核基础研究、核技术应用等领域的产业发展起到关键支撑和引领作用。

## 一、核军工

一直以来，中核集团坚持强军首责，加快推进核军工科技创新。随着科研保障条件和科技研发能力提升，核军工科研取得多项重大创新成果，出色完成了核军工科技攻关任务，有力保障了国防建设和国家安全。

## 二、反应堆与核电技术

### （一）秦山一期30万千瓦核电站

1983年，核工业部确定以核电为主的转民方针，并于1985年3月20日开始秦山核电站建设。秦山核电30万千瓦核电机组是中国第一座依靠自己力量研究、设计、建造和管理的核电站。核电建设从科研设计攻关起步，以上海核工程研究设计院为总体院，华东电力设计院等7个设计院及全国数十家科研单位和高等院校协同奋战。欧阳予担任总设计师。秦山核电30万千瓦核电机组于1991年12月15日首次并网发电，1994年4月投入商业运行，1995年7月通过国家验收，实现了中国大陆核电“零的突破”。“秦山30万千瓦核电工程通过国家验收”被近400位两院院士评选为1995年中国十大科技新闻；“秦山30万千瓦核电厂设计与建设”项目荣获1997年度国家科技进步奖特等奖。

**（二）秦山二期60万千瓦核电站**

秦山二期核电站是在法国M310核电技术消化吸收基础上，我国首座自主设计、建造、运营、管理的大型商用核电站。秦山二期核电站于1986年1月18日经国务院常务会议批准建造，1987年立项。1、2号机组分别于1996年6月2日、1997年3月23日开工，2002年2月、2004年3月并网发电。核工业第二研究设计院是秦山核电二期工程设计与技术服务总包院。叶奇蓁任工程总设计师。秦山核电二期扩建工程（3、4号机组）于2006年4月28日开工，是“十一五”（2006—2010年）期间开工建设的国家重点工程项目。3、4号机组分别于2010年10月和2011年12月并网发电。“秦山600兆瓦核电站设计和建造”荣获2004年度国家科学技术进步奖一等奖，2004年入选由584名两院院士投票评选的中国十大科技进展新闻。2007年12月26日，秦山核电二期工程项目荣膺中国工业大奖表彰奖。

**（三）“华龙一号”**

“华龙一号”是中国唯一具有完整自主知识产权的三代核电品牌。中核集团从1999年7月开始启动百万千瓦级压水堆自主研发，2007年4月开始CP1000研发，2010年1月开始ACP1000科研，2012年ACP1000纳入龙腾计划。2013年4月，在国家能源局主导下，中核集团ACP1000与中广核集团ACRP1000+开始融合为“华龙一号”。2014年8月“华龙一号”总体方案通过评审。2014年11月国家能源局批复同意福建福清5、6号机组工程调整为“华龙一号”技术方案。“华龙一号”示范工程福清核电5、6号机组分别于2015年5月7日、12月22日开工建设。“华龙一号”是在我国30余年核电科研、设计、制造、建设和运行经验基础上，充分借鉴国际三代核电非能动安全先进理念，深刻吸取日本福岛核事故教训，满足国际最高安全标准而研发的第三代先进压水堆核电机型。2015年“华龙一号”海外首堆巴基斯坦卡拉奇项目开工建设，使我国成为第四个能独立出口三代核电技术的国家，也是中核集团贯彻落实中央“一带一路”倡议的有力实践。“‘华龙一号’国内外首堆分别开工，我国跻身全球核电先进技术行列”入选2015年度国防科技工业十大新闻；同年，中国核电工程公司邢继作为总设计师当选CCTV“年度十大科技创新人物”、2015年国防科技工业十大创新人物（团队）。

**（四）中国实验快堆**

中国实验快堆是国家“863”计划能源领域最大的项目，是我国第一座钠冷快中子增殖堆。该堆热功率65兆瓦，试验发电功率20兆瓦，是目前世界上为数不多具备发电功能的实验快堆，徐銤为总设计师。中国实验快堆建成，填补了我国快堆工程技术领域的空白，形成快堆设计、建造、技术、人才基础和运行经验，是我国先进核能技术研发的重大突破，使我国进入快堆技术世界先进国家行列。2010年“实验快堆实现首次临界”入选“中国十大科技进展”。“中国实验快堆并网发电”入选2011—2013年中国十大核科技进展。中国实验快堆的建设，为建设60万千瓦商用示范快堆核电站奠定了基础。

**（五）聚变堆**

核聚变是目前已知的能够一劳永逸解决人类巨大能源消耗问题最具可能性的途径，同时核聚变能源开发也是人类科技史上遇到的最具挑战性的课题之一。多年来，中核集团高度重视聚变堆技术研发，先后完成托卡马克实验装置设计、建造和运行，开展了托卡马克装置物理实验技术、聚变堆设计、材料及其工艺研究。

2003年，我国加入国际热核聚变实验堆（International Thermonuclear Experimental Reactor，ITER）计划，成为ITER计划7个成员之一。中核集团作为我国参与ITER计划的重要技术支撑单位之一，承担了ITER磁体重力支撑结构、包层屏蔽模块、包层第一壁、气体注入系统、辉光放电清洗系统、中子通量监测系统及偏滤器朗谬尔探针系统等研制任务，以及ITER氦冷固态实验包层模块的详细设计与关键工艺技术研发。经过十余年的研究探索，取得了一系列前沿创新研究成果。其中，在第一壁连接技术研究中，核西物院制作的增强热负荷型ITER第一壁半原型部件，在国际上率先通过高热负荷试验认证，得到ITER组织高度评价。由核西物院承担的ITER磁体支撑研发制造任务，取得多项关键技术的重大突破，最终获得ITER组织的认可。在产氚包层技术研究中，提出了中国“氦冷固态增殖剂实验包层模块”（HCCB-TBM），并在ITER计划参与方中首先通过ITER组织的概念设计评审，成为第一个与ITER组织签署实验包层模块采购包协议（TBMA）的ITER成员方。

**（六）援外15兆瓦多用途重水反应堆**

援助阿尔及利亚的“援助15兆瓦多用途重水反应堆的设计建造”（比林一期工程）是我国第一个大型核设施出口工程。由中国中原对外工程有限公司（简称中国中原公司）、中国原子能院、中核二四建设有限公司等单位共同完成。1986年开始建设，1992年2月13日反应堆首次达到临界，7月13日—18日反应堆满功率安全稳定连续运行120小时，最大中子注量率达到$2.4\times10^{14}$中子/（厘米$^2$·秒）。比林一期工程胜利完成，证明中核集团具有承担大型核设施出口能力，在阿尔及利亚树立了良好形象，被誉为“南南合作”典范，为国家创造了可观经济效益和良好社会效益，该工程获1996年国家科技进步奖一等奖。

**（七）微型反应堆**

我国微型中子源反应堆研制始于1980年，是中国原子能院自主研发的小型低功率反应堆，主要用于中子活化分析、医用放射性同位素及工业科研所需的短寿命同位素制备、堆物理实验及核仪器考验等。原型微堆1984年在中国原子能院建成，随后又建成8座商用微堆，其中5座出口到巴基斯坦、伊朗、加纳、叙利亚、尼日利亚。“微型中子源反应堆”项目荣获1986年国家科技进步奖一等奖。2011年，国家原子能机构批准中国原子能院与美国能源部阿贡实验室合作，对中国原子能院微堆进行低浓化改造。经过一系列关键技术攻关，我国已全面掌握微堆低浓化技术。截至2015年，中国原子能院开始对我国首座微堆进行低浓化改造，成功后将对加纳、尼日利亚等国家的微堆进行低浓化改造，为我国军民融合发展、和平利用核能及国际核安保作出贡献。

### （八）101 堆改建

101 研究性重水反应堆（HWRR-1）于 1956 年开始兴建，1958 年投入运行，是我国投入使用的第一座反应堆。20 世纪 70 年代初，该反应堆到寿终期，堆本体出现腐蚀、渗漏和裂纹。到 1978 年达到设计使用年限，被迫降低功率运行。在马福邦等人的主持下，经过专家论证，决定对 101 堆进行改建。为保证改建工程顺利进行，成立了以刘昌为首的“反应堆改建工程领导小组”。从 1978 年 11 月开始，经过一期改建，1980 年 6 月 27 日，改建后的反应堆达到临界。反应堆经改建后运转正常，性能比改建前有很大提高，加强功率比改建前提高 50%，最大热中子注量率增加一倍多，反应堆辐照空间增加 2.6 倍，进入当时国际同类反应堆先进行列。该工程先后获得国防科工委重大成果奖、国家建委优秀设计奖、国家科技进步奖一等奖。

### （九）其他

除此之外，中核集团开展了 ACP100 小型模块反应堆、低温供热堆、地下核电站、海上浮动核电站、铅铋合金冷却反应堆、超临界水冷堆等先进反应堆科技研发，以及核电厂在役检查、运行维修、仿真技术、核电厂老化管理与寿命评价等核电运行技术研发，均取得很大进展。

## 三、核燃料技术

### （一）离心浓缩技术

中核集团在铀浓缩技术方面，坚持自主研发，经过多年攻关，攻克离心机研制中多项关键技术，完成研制任务并装配铀浓缩工厂，实现离心机工业化应用，多项技术指标达到国际先进水平。“十一五”（2006—2010 年）期间，中核集团成功研制关键专用装备并工业化应用，实现铀浓缩技术重大跨越，为我国核燃料产业高效发展奠定重要技术基础。在此基础上，“十二五”（2011—2015 年）期间，我国核工业关键技术——铀浓缩技术完全实现自主化，跻身国际先进水平行列。2013 年 2 月，我国研制的铀浓缩离心机实现工业化应用，标志着我国具备核燃料生产自主化工业能力。完全掌握离心法铀浓缩技术，这是衡量一个国家核技术水平重要标志，该领域研究成果荣获多项国家科技进步奖。

### （二）CF 系列燃料元件

为加快形成压水堆核电站燃料组件设计和生产体系，研制生产出具有自主知识产权、综合性能优异的先进燃料组件产品，2002 年 10 月，国防科工委批复“先进燃料组件研制项目”立项，展开相关方面共 20 个课题研究。2010 年，中核集团批复立项“压水堆燃料元件设计制造技术研究”重点科技专项，中国核动力院、中核建中核燃料元件有限公司（简称中核建中公司）等多家单位联合攻关，启动了 CF 系列燃料元件研发。CF2 是我国首个具有自主品牌、适用于大型商用核电站的国产燃料组件。2010 年 11 月 6 日，CF2 燃料组件设计通过专家审查；2013 年 6 月，四组 CF2 辐照考验组件入堆辐照。CF3 燃料组件是在 CF2 燃料组件的基础上，采用自主研发的 N36 高性能锆合金，对管座、定位格架、导向管等关键结构进行多项创新设计，其综合性能与当前国际先进燃料组件相当，可满足“华龙一号”、核电出口项目及现役电厂大规模应用的需求。2014 年 7 月，四组 CF3 先导组件在秦山二期 2 号机组入堆考验，运行状态良好，这是我国燃料组件研发的重大里程碑事件。

### （三）其他

中核集团一直致力于核燃料元件生产国产化发展道路。20 世纪 80 年代中期，核燃料元件生产在消化吸收引进技术的同时，建成 728 核电元件生产线，1989 年 12 月为我国首座核电站——秦山核电站生产出合格的燃料组件。针对核燃料元件设计、制造、试验验证技术需求，完成了大量科研课题，尤其在国家支持的高性能核燃料元件和新锆合金研究项目实施中，突破大量关键技术，为研制出自主品牌高性能燃料组件奠定了坚实基础。其中，“30 万千瓦核电厂燃料组件的堆内综合辐照考验及辐照后检验”获 1992 年度国家科技进步奖二等奖，“30 万千瓦核电厂燃料组件设计与制造”获 1998 年国家科技进步奖二等奖。

经过 20 余年核燃料及核材料技术研发，中核集团已掌握世界上主要类型压水堆、重水堆等核燃料组件制造技术，具备各种类型压水堆燃料元件制造能力，还拥有重水堆、AP1000 压水堆和高温气冷堆等核燃料元件生产线，为大亚湾、岭澳、秦山、田湾、巴基斯坦等核电基地提供了高质量核燃料组件。此外，在 MOX 燃料元件、环形燃料元件、脉冲堆用铀氢锆燃料元件、$U_3Si_2$-Al 弥散型板状燃料元件等新型燃料元件技术研发领域也取得很大进展。

# 四、铀资源

### （一）新疆伊犁盆地南缘可地浸砂岩型铀矿勘察研究及资源评价

20 世纪 80 年代，随着国防建设和核电发展需要，国内铀资源供需矛盾逐渐显露。当时在西方发达国家，寻找和开发可地浸砂岩型铀矿已成为天然铀勘查发展的趋势，我国是否存在该种类型铀矿引起高度关注。20 世纪 90 年代初期，在国内无勘查先例和技术工作标准的条件下，核工业二一六大队王成、王保群等牵头与核工业北京地质研究院、东华理工大学等科研院校合作，开展新疆伊犁盆地可地浸砂岩型铀矿勘查研究及资源评价项目，使伊犁盆地成为我国第一个铀矿资源大基地，直接推动了我国铀矿勘查战略性转移，实现我国可地浸砂岩型铀矿成矿理论和勘查技术的重大突破，在我国铀矿勘查史上具有里程碑意义。“新疆伊犁盆地南缘可地浸砂岩型铀矿勘查研究及资源评价”荣获 2007 年度国家科技进步奖一等奖。

### （二）铀矿地质其他重要成果

中核集团地质系统为保障铀资源供应，始终怀着“铀矿报国”的强烈使命感，建立了完整的铀矿地质找矿体系，取得一系列重大成果突破。其中，“赣杭火山岩成矿带铀成矿规律及预测研究”项目荣获 1989 年国家科技进步奖一等奖；“吐哈盆地西南缘地浸砂岩型铀矿勘查研究及铀资源评价”“内蒙古东胜地区砂岩型铀矿预测评价与成矿特征研究”等一批项目荣获国家科技进步奖二等奖；历 10 年之功完成的“中国北方中新生代可地浸砂岩型铀资源评价”项目荣获 2013 年国土资源科技进步奖一等奖；“热液型铀矿攻深找盲技术研究”成果获评“中国地质学会 2012 年度十大科技进展”。2012 年，核工业二〇八大队在内蒙古东胜皂火壕发现国内第一个特大型铀矿床。

### （三）万吨级铀矿石地表堆浸技术

从 1981 年开始，七一九矿（后改为中核赣州金瑞铀业有限公司）对地表堆浸进行了从几十千克到百吨级、千吨级、万吨级的技术攻关。1987 年 6

月 12 日，万吨级矿堆加酸浸出。12 400 吨矿石，浸出率为 87.64%，表明万吨级堆浸取得比常规水冶搅拌浸出更好的经济技术指标。1989 年，七一九矿应用此项新技术，在国内率先实现将铀矿石全部堆浸处理，与常规水冶比较，有效地降低了成本和工程量，吨金属处理成本比常规水冶下降三分之一，年创效益 300 万元以上。七一九矿铀矿堆浸试验成功，打破了堆浸只处理低品位矿石的概念，创新了堆浸堆设计及施工技术，在堆浸场垫层设计上取得重大突破，在处理高品位矿石上也体现出巨大经济效益优势。“万吨级铀矿石地表堆浸”项目在工艺上填补了我国铀矿石万吨级堆浸技术的空白，获 1990 年度国家科技进步奖一等奖。

### （四）$CO_2+O_2$地浸采铀工艺技术

新疆吐哈盆地的十红滩矿（七三八矿）是探明的大型砂岩型铀矿床，21 世纪初的目标是将其建成新疆第二个铀矿大基地。因为当时同属砂岩型铀矿床的七三七矿已在 2000 年建成工业规模的地浸采铀矿山，七三九矿也进入到工业规模试验阶段。但由于酸法和碱法在七三八矿的种种技术困难，研究人员开始研究 $CO_2+O_2$ 地浸采铀技术。在国防科工局支持下，核化冶院、新疆中核天山铀业有限责任公司、中核通辽铀业有限责任公司及南华大学先后开展了国防预研和核能开发两类科研项目研究，取得了重大技术体系创新和理论突破。研发的 $CO_2+O_2$ 地浸采铀新工艺技术颠覆了传统铀矿开采模式，拓展了砂岩型铀资源开采利用范围，盘活数万吨复杂砂岩型铀资源。此技术已在我国北方多个铀矿基地得到大规模工业应用，开创了砂岩型铀矿资源采冶新模式。“$CO_2+O_2$原地浸出采铀工艺技术研究与工程应用”成果荣获 2013 年国防科学技术奖一等奖、2014 年国家科技进步奖二等奖；入选中国核学会 2013—2015 年度“中国十大核科技进展”。

## 五、核技术应用

### （一）强流质子回旋加速器

1984 年，我国第一台回旋加速器（1958 年在中国原子能院建成）停止运行，中国原子能院提出“研制一台生产同位素的回旋加速器”。1988 年 8 月国家计委批准中国原子能院建造一台 30 兆电子伏、300~500 微安的强流质子回旋加速器。1990 年 3 月破土建厂房，1994 年 7 月完成加速器安装，同年 11 月完成 30 兆电子伏调束，1995 年 3 月生产出铟-111、镓-67、钽-201、钴-57 四种同位素，结束了我国不能用加速器批量生产中短寿命放射性同位素的历史，标志着我国回旋加速器研制能力达到一个新水平，该成果被评为 1996 年“中国十大科技事件”之一。2014 年，又成功研发 100 兆电子伏强流质子回旋加速器，填补了我国中能强流质子回旋加速器的空白，使我国成为少数几个拥有新一代放射性核素加速器的国家，被评选为 2014 年“中国十大科技进展新闻”之一。

**（二）电子加速器**

电子加速器，可广泛用于食品辐照加工、消毒灭菌、材料改性和无损检测等领域。中核集团陆续研制开发出电子辐照加速器和无损检测用电子直线加速器等系列产品，并实现产品升级换代。1989 年，研制成功一台 4 兆电子伏驻波电子直线探伤加速器，结束了我国不能生产电子直线探伤加速器的历史。2001 年，研发出自蔽式辐照灭菌电子束装置，可杀灭邮件、邮包中的炭疽菌、天花、鼠疫等生物细菌，经过辐射的邮件和物品不会残留任何放射性，已在国家重要部门使用。2007 年 12 月，中国原子能院研制出国内首台具有自主知识产权的 10 兆电子伏/15 千瓦高能大功率电子辐照加速器，综合性能达到国际先进水平。多种能量的电子直线加速器装置可实现能量电子束分段调节，可开展计量校准技术及规范研究。

**（三）工业钴-60 源生产技术**

1996 年起，在核电工程技术谈判期间，作为业主方的秦山第三核电有限公司向加拿大提出在秦山三期重水堆核电工程增加工业钴-60 源生产，但未能达成一致。1999 年，秦山第三核电有限公司组织开展可行性研究，从理论上论证项目自主开展的可行性。2004 年 10 月，该项目被国家批准为第一批“民用非动力核技术高技术产业化专项”，旨在实现工业钴-60 源生产国产化。中国同位素公司等多家单位联合攻关，2010 年，配合秦山三期核电站靶件辐照，实现了高比活度工业钴-60 源国产化生产，填补了国内空白，打破国外长期垄断，可满足我国辐照装置钴-60 辐照源的需求并出口国外。该项目荣获 2013 年国防科技进步奖一等奖。

### （四）锝-99m 发生器

为满足我国核医学对高活度锝-99m 发生器日益增长的需求，扭转该产品长期依赖进口的局面，1991 年经国家科委批准，锝-99m 放射性药物研究列入国家“八五”科研攻关项目。1996 年，中国原子能院研究解决了高纯医用裂变钼-99 提取技术、锝-99m 发生器的制备、两种新型锝-99m 显像药物合成以及锝-99m 药盒制备生产线，生产工艺和产品技术指标均达到国际同类产品先进技术水平，结束了我国裂变钼-99 料液、裂变锝-99m 发生器和锝-99m 药盒依赖进口的局面。“医用裂变钼-99 的提取、锝-99m 和锝-99m 药盒研制”获 1998 年国家科技进步奖一等奖。

### （五）核探测与安检核仪器

中核集团核电子学与探测技术研究始于 1950 年，到 1984 年，主要服务于核武器研制和现场测试。从 1984 年开始，大力研发民用产品。中核集团在核探测技术研究中取得一系列成果，主要有：车载 γ 多道谱仪系统，系列火灾报警探测系统，α、β 表面污染监测系统，“INCPECTOR”多道谱仪，智能测氚仪，示踪检测仪，通用放大器，多种核技术分析仪等。

作为国家核反恐技术依托单位，中核集团研制出多项放射性和爆炸物检测创新型装备，在国家会议中心、国家大剧院、上海世博会、机场、海关、火车站等重要场所成功使用，为北京奥运会、上海世博会、南京青奥会、“一带一路”国际合作高峰论坛等国家级大型活动提供了放射性和爆炸物检测反恐技术支持。还研制了高灵敏快速识别反恐核侦察车、高速公路绿色通道车辆检查系统；钴-60 集装箱检查系统等。

### （六）其他

中核集团在核技术应用领域始终瞄准技术前沿，坚持市场为导向，选择最有可能发展成为核技术应用产业的项目为目标，加速实现产业化。自 20 世纪 80 年代以来，研发、生产出放射性同位素系列产品、同位素能源、放射源、启动中子源、放射性参考标准物质、放射性标记化合物及示踪剂、消防电子产品等。在 101 堆和 49-2 堆上建立了中子嬗变掺杂生产线，配有辐照损伤恢复的热处理技术，该成果获 1986 年国家科技进步奖二等奖。利用中子活化分析技术，历时 5 年，破解了光绪死因历史谜案。在核医学应用上，能生产体内诊断放射性药物、体外免疫分析试剂盒、放射性治疗药物等。2009 年，自行设计建造的世界首台医院中子照射器（BNCT）达到临界，在我国内地首例恶性黑色素瘤患者临床试治中达到预期验证目标。

## 六、核基础研究及共性技术

### （一）加速器驱动次临界系统

我国从 20 世纪 90 年代起开展 ADS 概念研究，先后得到国家“973”计划及重大研究计划的支持。“加速器驱动洁净核能系统（ADS）的物理和技术基础研究”是国家重点基础研究规划项目，由中国原子能院和中科院高能物理研究所合作完成，获得多项创新性成果，总体达到国际先进水平。主要有：在国际上首先提出“快热耦合”的次临界实验装置概念，并建成我国首台实验装置“启明星 1 号”；自主设计建成我国第一台强流射频四极（RFQ）加速器；在理论上首次解决了国际上多年存在的中子源倍增实验装置有效值（$k_{eff}$）与理论值分歧问题；在国内首次建立和配套了“ADS”工程概念化方案计算；建立了国际水平的“ADS”专用中子和质子微观数据评价库；首次从裂变核能可持续发展角度，系统地分析研究了核废料核素价值。该成果获得 2008 年度国家科技进步奖二等奖。

### （二）核物理研究

实验核物理研究的大部分工作是在 HI-13 串列加速器上完成的，主要开展新核素合成、垒下重离子熔合反应、放射性核束与核天体物理、加速器质谱分析技术、准分子激光和自由电子激光、中子散射技术等研究。1988 年 10 月建成亚洲第一个研究堆冷中子源装置。1991 年，在串列加速器上合成新核素铷-90，结束了中国在发现新核素上的历史空白。1993 年，串列加速器上建成国内第一个放射性次级束装置，“HI-13 串列加速器上次级放射性核束的产生和应用”获得 1996 年度国家科技进步奖二等奖，入选《光明日报》1996 年“中国十大科技新闻”之一。1999 年，“近垒和垒下重离子全熔合裂变碎片各向异性的异常”项目获国家自然科学奖三等奖。在王淦昌院士倡导并亲自领导下，开展了准分子激光和自由电子激光研究，“高功率 KrF 准分子激光系统研制”获 2002 年国防科学技术奖一等奖。2012 年，中国原子能院首次实现宇宙中重元素合成恒星中子源$^{13}C$（α，n）$^{16}O$反应的高精度测定，澄清国际数据间高达25倍的分歧。锦屏深地实验室核天体物理项目，获批为国家自然科学基金委员会重大项目，使我国跻身于该领域研究国际领先行列。在中国先进研究堆的基础上，中子散射技术研究再创辉煌。

理论核物理研究，开展了裂变物理、凝聚态物理、自由电子激光理论、高自旋态核结构、中高能重离子物理等研究。其中，“连续伽马谱学中高能磁偶极跃迁”“微观输运理论发展及其在中高能重离子碰撞中的应用研究”分别获得1991年和1999年吴有训物理奖。“核子性质和结构及核物质集体激发机制的非微扰研究”获1999年度国防科学技术奖一等奖。

1986年之前，核数据测量为“两弹一艇”研制做了大量测量工作。1986年，HI-13串列加速器建成，为核数据测量提供了新平台。在HI-13串列加速器上完成的快中子激发函数测量数据被IAEA数据库、中国核数据库等多家数据库所收录。1975年成立了中国核数据中心，1985年完成《中国评价核数据库》第一版，荣获国家科技进步奖二等奖；之后于1994年完成第二版；2000年完成第三版，并自主研制了一系列相关的模型程序系统和评价手段等。中国核数据库已被国际原子能机构列为国际五大核数据库之一。

### （三）核化学与放射化学研究

核化学与放射化学研究是其他相关应用领域的基础和技术保障，具有超前性、创新性和指导性。中国原子能院多年来一直致力于核化学与放射化学基础研究，核爆炸的放化诊断，后处理过程中铀、钚、镎、镅的化学行为和分析方法，反应堆燃料元件燃耗的测定，国际核查环境取样样品微粒分析技术，核素各种反应截面的测量、分析方法、标记化合物研制等，为国防建设和国民经济建设作出了贡献，广泛应用于化学、生物学、医学、天文学和环境科学等领域。

### （四）辐射防护与核安全

在辐射监测技术、辐射防护最优化、放射性废物最小化、核安全与核应急技术等方面开展研究，形成完整的辐射防护与核安全研究体系和技术支持体系，其研究成果应用于核设施安全运行、人员防护及核环境保护等方面。

在国家辐射防护技术发展及核安全技术研究领域，中核集团发挥科研优势引领作用，为政府部门提供有力的技术支持。制定的《我国应急干预水平和导出干预水平》作为我国核安全导则发布；由卫生部、国家环保局、国家核安全局和中核集团联合编制的国家标准《电离辐射防护与辐射源安全基本标准》（GB 18871—2002），成为我国辐射防护领域中最重要的一个基本标准。潘自强院士提出的“放射性废物管理应以处置为中心”的观点，奠定了我国放射性废物安全管理的基础。个人剂量监测、放射性物质运输安全评价、辐射防护最优化支持、辐射源项就地测量、核设施现场辐射防护、核事故后果评价及应急响应等多项具有代表性的技术处于国内主导地位，达到国内领先或国际先进水平。

### （五）放射性计量技术

1984年国防科工委放射性计量一级站正式成立，依托于中国原子能院，承担着国防放射性计量高标准建设与维护、跟踪放射性计量国际先进水平、制定国防系统放射性计量发展规划、开展量值传递、人员培训以及计量技术管理等任务。经过30年发展，在电离辐射领域各物理参数测量计量方法、计量标准装置以及计量标准技术规范建立上，取得一系列科技成果。其中，我国第一套0.1~15.0兆电子伏单能中子注量率的测量装置，获1988年国家科技进步奖二等奖；国内第一台用于测定中子源发射率循环式球形锰浴装置，获1986年国家科技进步奖三等奖；与军事医学科学院合作建成的一套双剂量测量装置，获1991年国家科技进步奖三等奖；4~9兆电子伏γ参考辐射场建立及注量和空气比释动能的测定，获1995年国家科技进步奖三等奖。核航遥中心在放射性勘查计量方面取得多项成果，研建了地面放射性测量模型标准系列、γ测井模型标准系列和航空放射性测量模型标准系列等大型实物放射性体源计量标准设施，该成果先后荣获两项国家科技进步奖二等奖。

## 七、后处理与核设施退役治理

### （一）动力堆乏燃料后处理工艺研究

根据国家确定的“发展核电必须发展乏燃料后处理”方针，核工业部从

“七五”（1986—1990年）开始确定核燃料后处理研究以生产堆为主转向以动力堆为主。经过几个五年科技计划攻关，自主攻克动力堆乏燃料后处理系列关键技术，建成核燃料后处理放化试验设施和我国第一座动力堆乏燃料后处理中试厂。研发了具有自主知识产权的后处理先进无盐两循环工艺流程，建立一系列后处理工艺分析及检测监测方法，研发出多种关键设备和仪器。“燃料后处理过程中分离和净化浓缩改进及微型混合澄清槽研制”获2003年国家科技进步奖二等奖；“电化学熔解-溶剂萃取纯化工艺流程”获2013年国家科技进步奖二等奖。

### （二）放射性废物处理与处置技术

经过30多年不懈努力，放射性废物处理处置水平获得了显著提升，逐渐建成体系完整、功能齐全、技术先进的废物处理与处置技术和设施。

针对低、中放废物，中国原子能院研发了1吨/小时处理能力的热泵蒸发装置；开展废液化学絮凝处理等工艺技术研究，研制出360升/小时的废水处理样机；研发中放废液大体积浇注水泥固化处理技术，建成我国首个相应处理设施；中辐院研究开发放射性固体废物热解焚烧、固体废物旋风焚烧、废有机溶剂热解焚烧、废油喷雾焚烧、废石墨固定床焚烧等技术，已在我国核工业系统及民用领域实际应用，获得国防科学技术奖一等奖等多项奖励，取得多项发明专利和实用新型专利；针对高放废物的处理，八二一厂开展了电熔炉法玻璃固化技术研发，2014年我国首个高放废液玻璃固化工程开始建设，填补了国内在高放废液固化处理方面的空白。中国原子能院开展了冷坩埚玻璃固化技术研发，取得关键技术突破。

中核四川环保公司和中核四〇四公司分别建成极低放废物填埋场。中核清原环境技术工程公司负责建成西北低中放废物近地表处置场和四川飞凤山低中放废物处置场。高放废物地质处置是涉及多学科的系统工程，在法律法规、技术标准、战略规划、选址和场址评价、工程屏蔽研究、处置库和地下实验室概念设计、核素迁移和安全评价研究等方面取得显著进展。2011年甘肃北山预选区被确定为我国高放废物地质处置库首选预选区。针对高放废液安全贮存，开发高放废液贮罐脉冲搅拌技术，建成高放废液备用贮罐。

我国青海省海晏县金银滩上核武器研制基地1993年完成退役，场址实现无限制开发使用；上海微堆、济南微堆分别于2009年、2011年完成退役；铀矿地质勘探设施退役及环境治理的研究和工程实施均取得重要进展。

## 第四节 技术基础管理

随着我国核工业创建与发展，核科学技术基础管理工作得到相应发展。核科技情报工作和软科学研究为核工业科研、生产、教育和科学知识普及作出积极贡献。核知识产权工作稳步推进，逐渐增强了中核集团的核心竞争力。通过建立质量管理制度，健全质量管理体系，强化质量监督，为中核集团各项任务完成提供了有力保障。搭建了以核工业标准化研究所为技术归口的核工业标准化工作平台，构建了由国内外多位知名专家与标准化专兼职工作人员组成的核工业标准化队伍体系。

### 一、情报与软科学研究

核科技情报在核工业发展中有着重要作用。核科技情报工作者积极开展国外核信息搜集、跟踪、分析，以择译、专题论述或全文方式提供给领导、科研、生产第一线工程技术人员和工人参考，充分发挥“耳目、尖兵和参谋”作用，为我国的核事业发展作出重要贡献。

战略和软科学研究重点面向国防军队、核工业、核电、能源电力等行业提供咨询服务，为中核集团和有关部门决策提供依据和建议，为核工业改革和发展服务。

#### （一）核科学技术情报工作

经过50多年发展，核科技情报工作建立了以中国核信息院为核心，各成员单位情报部门为骨干的统一管理的核科技情报工作体系。

1. 专题情报研究

核科技情报是无形生产力，专题情报研究涉及核工业各个领域。

20世纪70年代中后期，核科技情报工作紧密围绕核电决策支持、科研设计与生产需求，开展核电站设计、施工、调试、运行等领域的资料收集工作，为我国核电自主化建设提供重要技术基础。20 世纪 90 年代初，我国围绕快堆研究是否立项开展论证工作。中国核信息院完成了“加速我国快堆发展，尽快掌握快堆技术”研究报告，为 1995 年 12 月快堆立项起到促进作用。1995 年，开展“核电大调研”，完成 6 篇核电领域系列研究报告。自 1999 年，为配合《大型先进压水堆及高温气冷堆核电站》国家重大专项，完成了《国外核电技术发展趋势分析和新一代先进核电堆型》等研究工作。2003 年，通过系统分析第三代核电技术发展趋势，完成《世界核电技术发展趋势分析和新一代先进核电堆型探讨》报告。2006 年以来，为配合我国核电站乏燃料后处理项目，通过挖掘资料，形成全套《美国巴威尔及埃克松核燃料后处理厂安全分析报告》。2005—2015 年间，系统调研了世界主要核大国核工业及核能与核燃料循环等领域的最新技术进展，完成了多项情报咨询与研究任务。

此外，在“日本福岛核事故”“朝鲜核试验”“伊朗核问题”等一系列重大核突发事件中，核情报分析人员反应迅速，提供了大量重要信息，为领导决策提供重要支撑。

2. 资源建设与服务

从 1962 年建立 211 科技图书馆开始，资源收集工作主要是开展核行业科技信息收藏、加工与服务工作。收藏核科技报告总量达 70 万份，中外文期刊 200 多种；系统收集了美国 20 世纪 50 年代以后有关核能发展科技报告，包括全套 DOE 报告、NUREG、PB、NASA 报告；建有 10 个包括图书、期刊、科技报告、标准、专利、会议文集等文献资料的全文数据库。

联合国内核行业 10 多个重点单位，开展核行业信息资源共建共享平台（核科技数字图书馆）建设工作。建成图书馆业务操作平台，启动采购库、查重库、读者库、馆藏库的建设，对部分资源数据进行规范和修改，将各个单位资源通过该平台对外发布，提高了核行业信息资源共享的广度和深度。

3. INIS 工作

1984 年，中国加入 IAEA 后随即加入了 INIS，是 INIS 的第 73 个成员国。中国核信息院作为我国的 INIS 中心，在国家原子能机构（1998 年之前是核工业部、中核总）的指导下，承担 INIS 在国内的技术业务工作。

从1985年中国提交第一批INIS输入50篇以来，输入量保持稳步增长，1996年提交文献量达到3 155篇，2008年提交文献量达到3 695篇，一直到2015年，每年提交文献量均保持在3 600篇以上。在154个成员国中列第6位，居发展中国家第一位。

中国INIS中心利用INIS资源为国内用户提供网站数据库、专题库、专题检索、原文、电子期刊等多种形式的服务，取得显著的社会效益。

4. GF报告

GF报告工作始于1984年，1997年前，出版主体是《中国核科技报告》。1997年12月，中国核工业总公司国防科技报告管理办公室成立（简称中核总GF办），设在核情报所（现中国核信息院）。

GF报告工作开展以来，提交总装备部的GF报告数量一直保持稳定增长，到2005年达到1 200篇/年。核GF报告已经逐渐成为核科技信息资源的重要组成部分，是支撑核工业发展的重要战略资源。

### （二）核科技书刊编辑出版

我国原子能出版工作开展较早，1959年成立出版编辑部，1961年成立二机部情报局所属的原子能编委会，1973年成立原子能出版社，主要为上级机关及核相关单位提供书刊出版和信息产品汇编服务。2011年，改制成立中国原子能出版传媒有限公司（简称中国原子能出版社）。出版核科学技术丛书、核电系统培训教材、国家"十一五"（2006—2010年）规划教材等一批在业界产生广泛影响的图书。其出版的《现代武器装备知识丛书》获2005年度国家科技进步奖二等奖。2008年，由全国人大吴邦国委员长题写刊名，十余位院士任学术委员会成员的学术性期刊《中国核电》创刊发行，弥补了国内核电领域学术性刊物公开出版发行的空白。

目前，中核集团国内外公开出版发行的学术性刊物有《核科学与工程》《中国核电》《原子能科学技术》《国外核新闻》等共计16种。此外，中核集团各成员单位还创办了多种专题情报刊物和其他内部刊物。

### （三）战略与软科学研究

1966年3月，二机部科学技术情报研究所（原情报局）成立；1988年10月，更名为核科学技术情报研究所。1988年9月，中国核工业经济研究所成立；1995 年，更名为中国核工业经济研究中心，是从事核工业经济研究的软科学研究机构，并广泛开展国际合作，先后与日本原子力研究所、美国布鲁克海文国立实验室、荷兰能源研究所、韩国原子能研究所以及国际原子能机构等开展合作研究、学术交流或人员互访。中国核工业经济研究中心编辑出版了《核经济研究》杂志，1994 年改为中核总的机关刊物，1998 年更名为《中国核工业》。

2002 年，为适应新的改革发展形势需要，中国核科学技术信息研究院与中国核工业经济研究中心重组成立中国核科技信息与经济研究院。2013 年 7 月，中核集团在该院基础上组建了中核集团技术经济总院，赋予其智库定位，面向国防军队、核工业、核电、能源电力等行业提供智力服务。2015 年 10 月，中国核科技信息与经济研究院以体制改革研究、技术经济研究、核电管理研究三支力量为基础，重组成立了核工业战略研究所，主要承担政府部门、集团总部和成员单位、以及地方政府、国有企事业单位在核领域改革发展方面的重大问题研究，包括核工业方针政策与法律法规、发展战略与规划、管理体制与运行机制、市场与环境分析、统计与经济运行分析、核能经济分析等，近年来研究成果获省部级奖项近 20 项。

## 二、核知识产权工作

知识产权是产权化的创新成果，代表着先进生产力，是发展的战略性资源和竞争力核心要素。中核集团全面贯彻《国家知识产权战略纲要》精神，完善知识产权管理制度，健全知识产权激励机制，建立专利导航工作机制，开展知识产权风险防范和知识产权布局策划，核产业关键技术领域自主知识产权拥有量大幅度提高，自主品牌影响力不断扩大。

1985 年《中华人民共和国专利法》生效以后，中核集团的专利代理机构“核工业专利法律事务所”（现为核工业专利中心）即首批获得中国专利局（现为国家知识产权局）注册、通过，同时也是国防专利局（现为国防知识产权局）指定代理单位。中国原子能院等单位先后成立了负责知识产权工作的管理部门。

1999 年，中核集团制定了《中国核工业集团公司知识产权管理制度》，2005 年 8 月 22 日制定并出台了《中国核工业集团公司国防科技项目知识产权管理暂行规定》，该制度将知识产权工作贯穿于国防科技项目申请、立项、执行、验收和监督管理全过程。2006 年 7 月 7 日，制定并出台《中国核工业集团公司商业秘密管理规定》，该项规定明确了中核集团商业秘密的范围及保密期限，具体规范了中核集团商业秘密的管理程序。2010 年，发布实施了《加快推进科技创新的若干措施》（21 条），涵盖了科技管理的各个环节。2014 年修订完善了知识产权管理制度，公布了《中国核工业集团公司科研项目知识产权管理细则》，进一步提高了知识产权管理水平，增强了科技创新促进集团产业发展能力。

2005 年起，中核集团围绕核电、核燃料、核军工等主营业务方向，开展专利战略研究课题“核燃料循环专利战略研究——铀矿采冶专利战略研究”“核电专利战略研究——先进压水堆专利战略研究”“核军工科研生产专利战略研究——先进浓缩铀技术专利战略研究”等。2009 年中核集团制定实施“中国核工业集团公司知识产权战略”。此后，核工业专利中心陆续开展核动力装置、燃料组件、乏燃料后处理和放射性废物处理处置等核关键技术领域知识产权研究工作。在“十二五”（2011—2015 年）期间，中核集团重大科研项目 ACP1000、ACP100、CF 元件系列、实验快堆、新一代专用设备等完成了知识产权顶层布局策划，构建了主导产业专利集群，形成多个数百件专利支撑的自主品牌，为中核集团核科技产业发展提供了源动力。2015 年中核集团成为“国家知识产权示范企业”。

核工业专利中心于 2004 年 11 月创办《核工业知识产权》内部期刊。2005 年起，核工业专利中心结合中核集团知识产权工作发展情况，定期组织知识产权管理人员培训，深入成员单位开展“知识产权管理与实务培训”“专利申请操作实务培训”“知识产权布局策划培训”等。

中核集团陆续向国家商标局申请注册了“中核”“CNNC”“CNNC 图形”“CP”“ACP”等系列商标，并先后获得核准，基本形成覆盖集团公司主导产业关键产品的商标体系。

## 三、质量管理

60 多年来，核工业始终把质量放在第一位，建立质量管理制度，健全质量管理体系，落实质量职责，强化质量监督，开展质量文化建设，建立质量信息系统，群众性质量管理活动不断深化，成效明显。

### （一）完善质量管理规章制度

1991—1995年，先后完成《核工业质量管理办法》《核工业优质产品管理办法》《核工业名牌产品管理办法》等管理制度，使核工业质量管理有章可循，有法可依。修订了《核工业系统质量管理与质量保证标准体系表》，填补了核工业没有质量管理标准的空白。

2001年以来，先后制定《中国核工业集团公司质量管理办法》《中核集团公司标准化管理规定》《中核集团公司质量管理小组管理办法》《中核集团公司质量监督管理办法》《中国核工业集团公司标准化质量与可靠性科研管理办法》等管理制度，初步构建起质量管理的法规制度体系。

### （二）建立健全质量管理体系

1992年国家决定采用ISO 9000《质量管理与质量保证》国际系列标准，国防科工委作出未经认证的企事业单位不得承担军品任务的规定。中核总及时对ISO 9000系列标准进行宣贯，组织编写《核工业质量管理手册编写指南》，并以会议纪要形式下发核工业各单位执行。在执行过程中，把各个行业质量体系文件统一起来，完成质量体系向认证过渡的准备工作。

"八五"（1991—1995年）期间，五二六厂通过了国外质量认证机构认证，八一二厂通过了质量体系审核，中核总的质量体系认证工作实现"零的突破"。

1996年，中国兴原质量认证中心成立，后变更为兴原认证中心有限公司。该中心为中核集团各成员单位质量体系认证做了大量工作，各成员单位（除核电建设和营运单位外）大都通过质量体系认证，并通过PDCA（计划、执行、检查、纠正）循环实现持续改进。核电营运和建设单位则按照HAF 003核电厂质量保证安全规定，建立健全核电质保体系，坚持"凡事有章可循，凡事有人负责，凡事有人监督，凡事有据可查"原则，开展核电质保工作，为核电站安全建设和稳定运行提供了坚实保障。

### （三）落实质量职责

中核集团每年初制定年度质量工作要点，明确工作目标和任务，年底进行评价。2006年开始，实行签订质量责任书制度，制订《中国核工业集团公司企事业领导人员年度目标（质量）考核办法》，把质量与企业领导班子成员年度绩效挂钩。2009 年，对各专项考核进行整合，质量管理作为一项重要考核内容列入集团公司相关考核办法中。

**（四）开展质量文化建设**

2006 年，组织编制《中核集团质量文化建设纲要》和具有核工业特色的质量文化手册，并把质量文化建设纳入质量管理长效机制。多家单位结合自身特点编制《质量文化手册》，“人人关注质量”“没有最好，只有更好”的质量理念逐步深入人心。

**（五）建立运行质量信息系统**

中核集团总部与各成员单位提高信息上报速度，季报工作按期上报，及时汇总、定期发布简报。重点产品单位每月按时上报“产品质量月报”。通过质量季报，总部能够较全面地了解各成员单位产品质量、质量体系运行、质量培训等情况，及时了解各单位对集团公司质量工作建议，为质量工作开展和领导决策提供了依据。

**（六）培养质量管理专业人才队伍**

2000 年以来，通过多种类型的质量培训，如 ISO 9000 标准内审员培训、GB/T 24001、GB/T 28001 标准内审员培训、统计技术与方法培训、六西格玛管理培训、可靠性技术培训、QC 小组专题培训等，为企业培养了一批质量工作骨干。

## 四、标准化工作

1985 年 7 月，全国核能标准化技术委员会在北京成立，下设 4 个技术分会，姜圣阶任主任委员，秘书处设在核标准化所。核标准化所是专业的标准化研究机构以及核工业标准化的技术归口单位。全国核能标准化技术委员会、全国核仪器仪表标准化技术委员会、原国防科工委军工核动力标准化技术委员会、核材料标准化技术委员会、核安全标准化技术委员会的 280 多位专家，核工业各成员单位标准化专兼职工作人员，参与核工业标准制修订的专家，共同构成了核工业标准化队伍体系。

2001 年 6 月，“国防科工委军工核动力标准化技术委员会”成立，赵仁恺、周永茂任主任委员。2003 年，中核集团发布《中国核工业集团公司标准化管理办法》以及《中国核工业集团公司标准化质量与可靠性科研管理办法》。2010 年 5 月，国家能源局在北京召开“能源行业核电标准化技术委员会”成立大会，聘请钱智民为主任委员。2013 年 6 月中核集团首次发布由核标准化所编制的《中国核工业集团公司企业标准编号规则》《中国核工业集团公司企业标准编写规则》。2015 年 10 月，国防科工局批准“核行业标准化技术委员会”成立，于俊崇院士任主任委员，搭建了核工业标准化工作平台。

核工业标准化工作按照《国防科技工业标准制定工作程序（试行）》《国防科技技术基础科研管理办法》《国防科技工业标准化科研管理实施细则》的具体要求进行管理。标准化科研项目管理运行主要分为 9 个阶段。

经过 30 年建设，初步建立了核电、核工业质量与管理、核燃料循环、核反应堆工程技术、核仪器仪表、辐射源安全及辐射防护的标准体系。组织完成了2 000 多项核领域的标准和标准化科研项目，其中国家军用标准（GJB）150 项、国家标准（GB）510 项、核行业标准（EJ）1 300 多项，完成标准化科研项目约 160 项，为政府相关部门、国防工业和有关企事业单位提供技术支持和服务。荣获国家、省部级科技进步奖 35 项。荣获“中国标准创新贡献奖”2 项。GB 18871—2002《电离辐射防护与辐射源安全基本标准》入选优秀国家标准 50 例。

# 第二十八章　对外交流　开放合作

随着我国改革开放的不断深入，核工业对外合作与交流迎来全新发展机遇。中国核工业贯彻国家开放发展战略，在对外交流与合作中积极探索，不断创新合作机制，对外合作交流范围不断扩大，层次不断提高，在改革开放以来的30多年中逐步形成了全方位、多渠道、宽领域、深层次的国际合作格局。

一是国际合作职能由政企结合转向企业独立开展。中核集团前身核工业部、第二机械工业部及中国核工业总公司承担着服务国家政治外交战略，与国际组织、外国政府开展国际交流合作的政府职能，核工业部代表中国政府参与了加入国际原子能机构等多边组织的谈判工作，与南斯拉夫、法国、罗马尼亚、联邦德国等国家签订了和平利用核能政府间协议，为我国核工业对外交流合作事业奠定了基础。随着1999年中核集团成立，国际合作相关政府职能从集团公司剥离。中核集团积极适应市场化、国际化发展要求，设立国际合作职能部门，作为国家政策的重要实施者，开展国际合作交流活动。

二是核能技术国际合作由单向引进向双向合作转变。在国家核电事业的起步发展阶段，从俄罗斯、法国和加拿大引进核电与核燃料技术，建成田湾、大亚湾和秦山三期核电站及燃料生产线；从俄罗斯引进离心铀浓缩产能，保障核电发展对燃料的需求。经过多年的技术消化吸收，我国核电相关技术逐渐成熟，自主创新能力逐渐提高，逐步成为国际核能技术创新的合作者。中核集团已经作为平等合作方深度参与第四代核能系统、核聚变堆等国际核科技合作，并与法国、加拿大、美国等国家共同开展先进核能技术研发合作与技术推广。

三是核能“走出去”实现了由研究堆向核工业全产业链的扩展。我国核能“走出去”起步于20世纪80年代向阿尔及利亚出口研究堆。在国内核电发展后，中核集团成功在巴基斯坦实现了商用核电技术出口，建设了30万千瓦恰希玛1号（C1）核电机组。随着我国核电技术逐步成熟，中核集团在继续深耕巴基斯坦核电市场的同时，加大南美洲、中东、非洲等新兴核电市场开发力度，实现了自主三代核电技术在海外落户，并带动了核燃料、工程、贸易、投资、运维服务、海外铀资源开发等全产业链“走出去”。

走过30多年国际合作历程，中核集团已在铀资源勘探开发、核燃料循环、核电项目建设与运营、核科学技术、核环保工程、后处理、核技术应用等多个核产业领域参与了广泛且深入的国际合作与交流，逐步实现了核电技术自主化，国际市场开发经验不断积累，核科技水平不断提升，人才队伍不断充实，国际知名度与竞争力不断提高，国际核安全治理话语权不断增强。

随着我国核电“走出去”以及“一带一路”建设向纵深发展，中核集团向国际社会展现出更加开放、更加包容的姿态，对外合作与交流事业继续深化发展。

## 第一节 多边合作

随着加入国际原子能机构、联合国原子辐射效应科学委员会、核供应国集团、世界核协会、世界核电营运者协会、国际热核聚变实验堆组织、第四代核能系统国际论坛等多个国际组织，中国核工业在核科技研发、国际核治理、学术交流、核情报、运营管理等领域开展了日益广泛的国际多边合作，在世界核能和平利用、促进核科学技术进步等方面发挥着显著的作用。

### 一、全面参与国际原子能机构合作

国际原子能机构（IAEA）成立于1957年7月，总部设在奥地利首都维也纳，是原子能领域政府间科学技术合作的国际组织。IAEA的宗旨是促进各国和平利用核能，并尽其所能确保受援国不将核能用于任何军事目的。自1984年中国加入IAEA以来，国家原子能机构按规定缴纳会费，履行核大国责任，推动全球和平利用核能事业发展。同时，也通过机构平台，引进了大量的技术、装备和能力，大力推动了我国核能利用技术、核电安全和核安保水平的提升。此外，中核集团还向机构输送各类官员、技术专家和解决方案，有效提升了国际话语权。

**（一）加入国际原子能机构**

IAEA 是各国政府间进行核能技术、核安全等方面交流合作的良好渠道，加入该机构可增进对先进技术、管理和发展经验的学习，推动我国核能事业发展。

为促进我国深度参与国际核领域的各项活动，1980 年 10 月二机部派员赴中国驻奥地利领事馆工作，着重调研 IAEA，为中国加入做了前期准备。1983 年 9 月，中国政府正式提出加入 IAEA 的申请，国务院决定由核工业部负责与该机构有关的具体业务工作，核工业部设立国际机构处专门负责相关事宜。1983 年 10 月 11 日，IAEA 第 27 届大会通过接纳中国为机构成员国的决议。

1984 年 1 月 1 日，中国正式加入 IAEA，并成为机构的指定理事国（相当于常任理事国）。同年 9 月，核工业部蒋心雄部长率领由核工业部、外交部等部门派出的 15 人代表团参加 IAEA 第 28 届大会，向国际社会阐述中国的核政策。随后，核工业部派员参与组建中国常驻 IAEA 代表团。

中国政府同 IAEA 签署了一系列核科技合作、核保障监督协议及多项国际公约。1988 年核工业部改组为中国核工业总公司后，为体现政企分开，中国政府设立中国国家原子能机构（CAEA）与 IAEA 进行事务对接（具体职责仍由中核总和下属外事局履行），全面履行协议和公约所规定的各项责任和义务，积极参与 IAEA 组织或发起的各项活动。

1998 年，CAEA 职能并入新成立的国防科工委。1999 年成立中核集团之后，为完全实行政企分开，机构相关职能全部移交 CAEA。

**（二）依托国际原子能机构开展核科技活动**

1. IAEA 机制下的核科技合作

IAEA 主要组织实施技术合作（TC 项目）、联合研究合同等核科技合作机制。TC 项目是在核能和平应用领域向发展中国家提供的援助，多数情况下这种援助以提供专家服务、设备和人员培训等形式来实现。联合研究合同是机构为了发展某项技术，由机构出资、委托成员国进行相关研究而与成员国签订的合同。加入 IAEA 后，我国确立了“有取有予”的合作政策，与 IAEA 的科技合作覆盖核电、核安全、辐射防护、废物管理、铀资源等领域。

从二机部时期到体制改革后的中核集团，其科研院所与下属企业积极参与 IAEA 的国际科技合作，在争取外部科研经费、引进国外先进设备的同时，扩大国际学术交流，完善人才队伍建设，提高项目管理水平，学术声誉和影响力不断扩大，促进了我国核能和核科技事业的发展。例如，加入 IAEA 初期，我国正处于核电发展起步阶段，秦山核电厂正在建设，我国利用 TC 项目开展了人才培养、模拟机研制等工作，有力保障了秦山核电厂的顺利建成和投产。与此同时，中核集团也先后承担过铀矿地质、铀矿冶、核电、核安全、研究堆、同位素制备与应用等方面的 TC 项目。

2. IAEA 机制下的国际学术交流

30 多年来，与 IAEA 的学术交流已经成为中核集团科研单位对外合作的稳定渠道。IAEA 官员和专家多次来华与国家原子能机构联合举办各种形式的报告会、研讨会、交流会、培训班。

随着我国核科技的发展进步，学术交流也逐渐从单向向双向发展。自 1986 年首次为 IAEA 举办培训班（亚太地区植物辐照诱变育种培训班）开始，结合自身优势技术领域，中国每年为 IAEA 承办多地区、跨地区国际性培训班和会议，培训了来自众多发展中国家的数千名学员。2006 年，我国与 IAEA 合作建立了核保障与核安保联合培训中心，为亚太地区国家人员提供相关方法和技术的培训。2011 年 10 月 22 日，IAEA 全球范围内设立的唯一核电建设国际培训中心在我国正式挂牌，为正在或有意进行核能和平利用的国家提供人才培训。与此同时，中国许多专家应邀参加 IAEA 的各种技术咨询组，向 30 多个国家提供了近千人次的专家服务。

### （三）自愿接受核保障监督

核保障监督是 IAEA 承担的《不扩散核武器条约》赋予的重要职能。作为核武器国家，中国没有接受保障监督的法定义务，但在加入机构伊始，中国便考虑把部分民用核设施提交 IAEA 进行保障，专门在核工业部设立保障处，负责有关保障事务的日常工作。1988 年，中国政府与 IAEA 签订自愿保障协定，并于次年提交第一批自愿接受保障设施清单，将秦山核电厂、大亚湾核电厂、中国原子能科学研究院（简称中国原子能院）的共5个核设施提交给IAEA实施保障监督。

为了有效履行我国自愿保障协定所规定的职责与义务，建立良好的国际形象，中核集团一直积极配合支持IAEA开展各项保障监督活动，确保IAEA核查工作的顺利实施。截至2015年，中核集团秦山核电有限公司（简称秦山核电公司）、中核陕西铀浓缩有限公司（简称中核陕铀公司）的两个核设施接受IAEA核保障监督。1992年9月16日至18日，IAEA对秦山核电公司进行首次核查，实施了相应的封隔和监视措施，截至2015年年底，IAEA对秦山核电公司共进行了超过100次核查。中核陕铀公司核设施于1997年11月开始接受IAEA保障监督核查，1999年到2015年期间，IAEA共对中核陕铀公司履行保障监督核查159次。中核集团还积极支持中国政府与IAEA的保障监督人力资源合作，推荐年轻专家应聘视察员职位。

### （四）参与制定核领域国际公约

制定核领域国际公约是IAEA的一项重要职能。IAEA自成立以来，先后主持制定了《及早通报核事故公约》《核安全公约》等一系列与核安全、辐射安全、废物管理安全标准有关的国际公约。

1984年成为正式成员国后，中国参与了IAEA许多国际公约的制定工作，并与该机构签署了一系列公约和协定。中核集团积极组织派出相关专家支持我国相关政府部门参与IAEA核领域国际公约的研究、制定和修订工作，结合公约的适用对象、管辖范围、缔约国权利和义务等内容，提出了许多切合实际情况的建设性意见，受到其他成员国的认同并被采纳。

### （五）核情报与信息合作

国际核信息系统（INIS）是IAEA及其成员国共同建设的一个国际性核信息系统，收集和保存世界核知识。中核集团下属中国核科技信息与经济研究院承担了中国INIS中心的工作，2005年以来，每年向INIS秘书处提交数据均保持在3 500篇以上，在INIS成员国中位列第七，在发展中国家中位列第一，在向世界展示交流我国核科研成果的同时，获取了大量国外核信息，为我核事业发展提供了信息支撑。

## 二、参与联合国原子辐射影响科学委员会工作

联合国原子辐射影响科学委员会（UNSCEAR）于1955年由联合国大会决定成立，是联合国下属的一个科学委员会，经联合国授权负责评价和报告致电离辐射的水平与效应。

1986年12月3日，中国受邀加入UNSCEAR，1987年起，中国政府组团出席UNSCEAR年会。自1996年第10届年会至今，中国国家代表由中核集团科技委主任潘自强院士担任。加入UNSCEAR后，中核集团以中国辐射防护研究院、中国原子能院等科研单位为主体，积极参与委员会的相关工作，参加了委员会针对辐射致癌、日本福岛核事故辐射影响评价等重大课题研究，取得了丰硕的成果。

## 三、参与核供应国集团活动

核供应国集团（NSG）成立于1975年，是一个由拥有核供应能力国家组成的多国出口控制机制，主要通过“核转让准则”及“与核有关的两用设备、材料、软件和相关技术的转让准则”实施出口控制，在国际防核扩散及核出口控制领域发挥着重要作用。

2004年1月26日，中国申请加入NSG，同年5月27日，NSG全会决定接纳中国为成员国。中国高度重视NSG在防止核扩散领域的积极作用，不断加强与各成员国的合作。中核集团作为支持单位，发挥国际核领域出口管制的经验积累和专业力量优势，长期配合商务部、国家原子能机构等相关政府部门开展与NSG的磋商谈判、修改核两用品管制清单等工作，有力支持了中国防核扩散的承诺。

## 四、与世界核协会的合作

世界核协会（WNA）成立于2001年，总部设在英国伦敦，现有会员约180个，分别来自33个国家，业务范围涉及核能发电和核燃料循环的所有环节，包括采矿、转化、浓缩、燃料制造、设备制造以及乏燃料运输和安全处置等。WNA是国际核工业界极具影响的非政府行业组织，不仅为成员间的技术、商业和政策交往提供了便利，还广泛地促进了社会公众对核技术及其

成员的了解。

中核集团在 WNA 中发挥着积极作用，多次组织参加 WNA 理事会、WNA 年度大会等系列活动，参与 WNA 重要议题的讨论。通过加强与国际核工业界同行的交流与合作，增进了对世界核工业市场新规则、新动态的掌握，提升了中核集团国际影响力，创造了新的合作机遇。

## 五、与世界核电运营者协会的合作

世界核电运营者协会（WANO）成立于 1989 年，旨在联合世界范围内拥有商业运行反应堆及关联领域的单位，通过互相支持、信息交流及向最佳实践学习等方式，以开展商业运行反应堆及关联领域间的业界评估、技术支持、标准开发为手段，最大限度地保证商业运营反应堆的安全性和可靠性。截至 2015 年年底，WANO 在全球有 130 余个会员，超过 430 台机组接受 WANO 的服务。

中核集团所有核电厂均加入了 WANO，其中，中核集团是 WANO 东京中心一类会员，中核核电运行有限公司、福建福清核电有限公司、海南核电有限公司、三门核电有限公司是 WANO 东京中心的二类会员；江苏核电有限公司作为一类会员加入 WANO 莫斯科中心。2011 年中核集团委托中国核能电力股份有限公司（简称中国核电公司）作为代表参加 WANO 组织的会议、电厂同行评估、各类研讨会等相关工作。中国核电公司主要领导代表中核集团自 2012 年 7 月起，连续担任两届 WANO 主理事会理事，并于 2015 年 10 月在 WANO 双年度大会上就设立中国中心有关事宜作主导性发言，推动 WANO 第五中心落地中国。

通过参与 WANO 组织的核电同行评估、专业技术交流等活动，中核集团在核电建造、运行领域的技术和管理能力不断提升。截至 2015 年，中核集团各运行及在建核电项目均获得安全生产标准化一级达标企业认定，运行核电厂的 WANO 性能指标 64%达到先进值。

随着我国核电行业的不断发展，中核集团每年均向 WANO 支援多名经验丰富的专家，参与 WANO 各中心工作、各国的核电同行评估及技术支持活动，为各国核电运行、建造领域经验共享与技术、管理能力的提升作出了积极贡献，在 WANO 内部的话语权不断提高。

## 六、参与国际热核聚变实验堆计划

国际热核聚变实验堆（ITER）计划是迄今为止，中国以平等、全权伙伴身份参加的规模最大的国际科技合作计划。该计划的目标是通过建造和运行一个可自持燃烧的托卡马克聚变实验堆，验证磁约束核聚变发电的科学和工程技术可行性，探索解决未来聚变示范堆及商用堆的物理和工程问题。

2003 年 2 月国务院批准国家科技部、外交部、国防科工委、中核集团等单位组成中国代表团开展加入 ITER 计划的谈判。中核集团成立了 ITER 计划工作组，为代表团谈判提供技术咨询和相关建议，为我国加入 ITER 计划和确保我国利益提供了有力支撑。2006 年 11 月，参加 ITER 计划的欧盟、中国、美国、日本、韩国、俄罗斯和印度签署了 ITER 计划联合实验协定和相关文件。2007 年 10 月 ITER 组织正式成立，ITER 计划进入装置建造阶段，中核集团下属核工业西南物理研究院（简称核西物院）成为代表中国参与 ITER 计划的重要技术支撑单位之一，并成为 ITER 计划专家委员会召集人单位。

作为中国核聚变开发的主力军和先行者，核西物院联合中国核动力研究设计院（简称中国核动力院）、中国核电工程有限公司、中国原子能院等企事业单位作为主要技术协作单位，推进 ITER 计划及国内磁约束核聚变能研发，探索 ITER 的科学基础，消化、吸收和掌握 ITER 的设计和工程建造技术，先后突破了多项聚变堆设计建造的工程技术难题，在聚变堆工程技术、新材料、新工艺、新设备、测试平台、重要部件等领域取得了一系列创新成果，特别是在第一壁材料研制、磁体支撑方面取得重要突破，为 ITER 计划作出了重要贡献，促进了我国核聚变技术水平的提升，也为我国独立自主设计和建造聚变示范电站奠定了基础。

## 七、参与第四代核能系统国际论坛

第四代核能系统国际论坛（GIF）是对第四代核能系统进行研发的政府间国际科技合作组织。2001 年，美国牵头会同英国、瑞士、韩国等 10 国及欧洲原子能共同体共同成立了 GIF。2002 年年底，GIF 完成了第四代核能系统的概念设计评估工作，选出气冷快堆、铅冷快堆、熔盐堆、钠冷快堆、超临界水冷堆、超高温气冷堆等6种堆型，作为未来国际合作研究的重点。

2006年中国正式加入GIF，在组织宪章和合作框架下，开展第四代核能系统国际合作。2009年3月，我国加入GIF钠冷快堆国际合作。中国原子能院作为牵头单位，承担了钠冷快堆系统的“系统综合与评价项目”等多个研发项目，取得了重要进展。2014年中国核动力院牵头、协调组织国内相关科研机构代表中国加入GIF超临界水冷堆系统的合作研发。自我国正式加入GIF超临界水冷堆系统以来，中国核动力院牵头参加了该系统的多项研讨会、学术交流等活动，并多次组织承办相关会议。

## 第二节　双边合作

根据国家与行业发展需求，在深度融入国际组织和国际核科技多边合作的同时，中国核工业着眼提高核心竞争力和国际化水平，积极寻求与世界核大国的政府和企业建立双边合作关系。

1980年到1983年，中国政府先后与南斯拉夫、联邦德国、罗马尼亚等国签订了和平利用核能合作协定，开创了和平利用核能对外合作和推动核科技合作的先河。经过30多年的发展，中核集团在核电站建设与运营、核燃料循环、核科技研发等领域，与俄罗斯、法国、美国、加拿大、日本、德国等核能发达国家开展了长期、多领域的双边民用核能合作。

### 一、与俄罗斯的双边合作

1996年，中俄两国签署了和平利用核能合作协定，中俄核能合作全面展开，成为两国全面战略合作伙伴关系重要领域。同年，双方在中俄总理定期会晤的框架下建立了中俄核问题分委会定期会晤机制，中方由CAEA牵头。中核集团是中俄核能合作的主要参与单位，与俄罗斯国家原子能集团公司（ROSATOM）在核电站建设与运营、核燃料生产与贸易、核科技等领域开展了广泛合作，成果丰硕。

### （一）核电站建设与运营合作

1997 年 12 月，中俄双方签订了在江苏连云港田湾合作建造两台 VVER-1000 压水堆机组的协议。俄罗斯原子能建设出口公司（ASE）为工程总承包商，圣彼得堡核能设计院、中央机械制造设计局等俄方多家科研院所和主设备制造单位参与项目建设。田湾核电站开工后，我方引进俄罗斯、乌克兰等国的专家在现场参加建设，2004 年建设高峰期，现场参加的外国专家将近 1 000 人。2007 年俄方向中方移交两台机组，并在机组运行期间每年派遣专家参加机组大修。2012 年 11 月，中俄又签署了田湾核电二期（3、4 号机组）项目实施合同，ASE 继续承担核岛设计及主要设备供货。二期工程于 2012 年年底开工，俄方有 150 多家企业和组织参与该项目。田湾核电站是中俄两国核能合作标志性成果，是迄今为止中俄最大的高技术经济合作项目。

中俄之间在快中子堆等先进核电技术领域也开展了广泛合作，俄方的支持保障了中国钠冷实验快堆的顺利建设。自 1993 年以来，双方在中国实验快堆项目概念设计审查、技术设计、设计验证实验、技术咨询、人员培训、关键设备和部件、首炉 $UO_2$ 燃料组件等方面推进合作，有效解决了工程设计和建设中遇到的关键问题。2011 年 7 月 21 日，中国实验快堆成功并网发电。在合作期间，俄方共有 212 个团组，约 1 028 人次来华进行技术咨询，有 7 位俄罗斯专家获得中国政府颁发的友谊奖，中方专家赴俄约 720 人次。

### （二）核燃料循环合作

在铀浓缩领域，中国通过与俄罗斯合作建设离心机铀浓缩工厂，提高了核燃料对核电发展的保障能力。1992 年 12 月 17 日，双方政府在北京签署合作建设铀浓缩气体离心工厂协议。四〇五厂和五〇四厂分别作为合作主体，参与到与俄铀浓缩技术合作中。1993 年 3 月，四〇五厂首先从俄引进建设我国第一座离心法铀浓缩商用工厂。1999 年 3 月 15 日，离心工厂二期工程最后一批机组启动完成。它标志着中国第一座商用离心工厂全面建成。2008 年 8 月 27 日，四〇五厂再次成功引进离心四期工程，于 2011 年 3 月建成投产。1995 年 7 月 25 日，国务院总理李鹏在视察时决定，将从俄罗斯引进的 500 吨分离功离心工程定点在五〇四厂建设。2001 年 7 月 10 日，离心级联最后一批机组正式启动，工程达到满负荷生产。

1997 年，在签订田湾核电站建设协议的同时，中俄签订了将 VVER 核燃料组件制造技术转让给中核建中核燃料有限公司（简称中核建中公司）的协议。中核建中公司于 2004 年 12 月正式开工新建 VVER 燃料组件生产线，2006 年 10 月进口设备全部安装完毕，2010 年 9 月完成 102 个燃料组件和一个控制棒组件生产任务。中俄双方又于 2010 年 11 月签署高性能TVS-2M 燃料组件制造技术转让合同。中核建中公司作为技术转让受让方，承担了 TVS-2M 燃料组件制造国产化任务，于 2013 年 11 月 8 日成功生产出 4 个燃料组件，产品已经在田湾核电 2 号机组换料中应用。

**（三）核科技交流合作**

中核集团所属科研机构结合业务领域，积极与俄罗斯核科研院所建立合作关系。以 2001 年为节点，中核集团对俄科技交流合作大致可分为两个阶段。

1985—2001 年阶段：主要特点是中核集团所属科研院所逐渐开始启动与俄罗斯（包括苏联）双边科技交流合作，逐步扩大对俄科技交往规模和范围，共同探讨项目可行性等。

2001 年开始，全球核能市场逐渐复苏，中核集团创新合作机制，与俄方科技交流合作渠道日渐成熟完善，科研院所主动性显著增强，国际合作形式日益丰富，实现了从人员交流逐步向合作试验、协同创新等形式的深化。双方交流合作的领域逐步拓展，包括地浸砂岩勘查与开采技术、核电与核燃料研发、新型反应堆研制、核技术应用、辐射防护及放射性废物处理处置等领域。

在成功合作的基础上，中俄双方正积极推进田湾后续机组、示范快堆等项目合作，探讨铅铋快堆、新型反应堆研制、后处理、核技术应用、核燃料循环等科研项目的合作可能性。

## 二、与法国的双边合作

我国于 1980 年年初开始同法国恢复核领域接触。1982 年 10 月，我国与法国签署了和平利用核能合作议定书，中法恢复在核领域的合作关系，并寻求在中小型压水堆的科研与安全、铀矿地质和矿石处理等方面开展合作。从大亚湾核电站建设起步，中法两国开展了历时30多年的核能合作，在核电工程设计建设和运营管理、核燃料循环、核科技研发等领域不断深化合作，取得了良好的成果。

### （一）核电站建设与运营合作

大亚湾核电站是我国首座引进国外先进技术、设备建设的大型商用核电站，拥有两台单机容量为98万千瓦的压水堆机组。大亚湾核电站于1987年8月开工建设，1994年5月投入商业运行，实现了我国百万千瓦级大型商用核电站“零的突破”。

作为中法核能合作的首个重大项目，大亚湾核电站为我国高起点建设和管理大型核电站提供了宝贵经验，奠定了双方合作基础。随后，中核集团秦山核电二期采用“以我为主、中外合作”的方式，以M310技术为基础，借鉴法国核电设计、建造先进经验，以大亚湾核电站为参考，按照国际标准设计建造并取得了成功。中核集团与法方在核电站安全级数字化控制系统（DCS）等核电站核心装备制造领域的合作也正有序推进。

### （二）核燃料循环合作

中法核燃料循环产业的双边合作涉及广泛，覆盖了核电站燃料制造、乏燃料后处理、核装备等诸多领域。

在核燃料元件制造领域，中核集团以中核建中公司为主要平台，与法国企业形成了在压水堆核燃料元件制造领域全面合作伙伴关系。20世纪90年代以来，双方的合作涉及组件制造技术、设备供货、专用原材料和零部件供货等诸多元件制造领域。从法方引进的先进压水堆燃料设计与制造技术以及合作中借鉴的先进制造管理经验，为提升核燃料产业竞争力奠定了基础。中核集团与法国企业进行的锆合金管材等合作也在积极推进中。

在核燃料循环后端领域，中法两国于2007年启动核循环项目合作，推动中国大型商用乏燃料后处理厂建设。该项目得到两国政府及国家领导人高度重视和大力支持，两国领导人共同见证了多份政府及企业间项目合作文件的签署。中核瑞能科技有限公司（简称中核瑞能公司）负责中法合作核循环项目的谈判及前期工作，中国核电工程公司、中国原子能院等相关单位提供技术支持，共同推动在国内建成800吨商用乏燃料后处理工厂。中核集团还与法国阿海珐集团建立了高效的高层定期会晤机制，增进了双方企业间高层领导的交流与沟通，提高了谈判效率和质量。

在核装备领域，西安核设备有限公司从1991年岭澳核电站1、2号机组建设开始就与法国REEL公司合作，为国内核电厂提供燃料转运装置，促进核燃料转运装置国产化。中核集团与法方企业在乏燃料运输容器、乏燃料运输专用船等方面的合作也在持续深化。

**（三）核科技交流合作**

1982年，核工业部与法国原子能委员会（CEA）签订和平利用核能议定书后，双方每2~3年都对议定书进行更新，制定合作项目和人员交流计划。2000年后，中方改由CAEA牵头该项合作，中核集团是合作中项目最多、活动最频繁、成果也较丰硕的单位。1982—2015年，通过合作专题项目（STC项目）等合作渠道，中方有将近千名科学与工程人员赴法进修。例如，作为中法合作成员单位，核动力运行研究所先后派出22人赴法国执行中法合作项目，涉及领域包括蒸汽发生器热工水力、核电厂老化管理、严重事故管理等；苏州核工业总医院与斯特拉斯堡大学中心医院等多所法方大学中心医院保持长期友好往来，通过联合培养、进修学习等形式开展中法医学交流。

为深化科技合作，加强合作计划性，中核集团与CEA共同建立了6个中法科技合作协作实验室，合作领域涉及核电站材料老化与寿命管理、反应堆热工水力、快堆技术、严重事故管理、地质处置和核聚变等。通过中法核科技合作，中核集团企事业单位建立了畅通的国际科技交流渠道，强化了人才队伍建设，科研能力与技术水平得到提升。

2015年6月30日，在李克强总理访法期间，中法两国共同发布《中法两国深化民用核能合作的联合声明》，确定两国将继续在核燃料循环、核反应堆等领域开展更加密切的双边合作，并共同开拓第三国市场。

## 三、与美国的双边合作

1985年，中美两国政府签订和平利用核能合作协定，开启了两国在核能领域的合作。长期以来，中核集团与美国政府、核工业界等建立了密切的合作关系，在核电站建设、核电站运行维护、核燃料供应、防核扩散与核安全领域开展了广泛合作，对中核集团产业升级和国际化水平提升起到了积极的促进作用。

中核集团三门核电站是我国三代核电自主化依托项目，采用美国西屋公司的 AP1000 技术，项目承担着消化美国先进技术、促进我国核电产业升级换代的使命。2007 年 3 月 1 日三门核电有限公司与西屋联合体签署《核岛供货合同框架协议》，国家核电技术有限公司与西屋联合体签署《技术转让合同的框架协议》，标志着西屋联合体在三代核电招标中正式中标。2009 年 4 月，三门核电 1、2 号机组开工建设，这是全球 AP1000 首台开工机组。

在引进吸收 AP1000 技术过程中，中国政府设定了三代核电燃料国产化的目标。2008 年 12 月，由中核北方核燃料元件有限公司、国家核电技术有限公司和中核建中公司出资在内蒙古包头成立中核包头核燃料元件股份有限公司（简称中核包头公司），承担我国首条 AP1000 核燃料元件生产线建设，向国内 AP1000 核电站提供燃料组件。2011 年，中核集团与美国西屋公司签署 AP1000 核燃料制造设备供应合同，从西屋公司采购制造 AP1000 核燃料专用设备。中核包头公司 AP1000 核燃料元件生产线于 2012 年 3 月开工建设，进展顺利。

中核集团在中美和平利用核技术合作协定（PUNT）和中美双边民用核能合作行动计划（NECAP）框架下，组织成员单位与美国能源部国家实验室及核工业界在快堆、分离技术、微堆低浓化改造、核保障技术、核应急管理、环境与废物管理等领域开展核科技合作与交流。2009 年以来，中核集团启动与美国泰拉能源公司联合研发行波堆的相关商谈工作，推进与超安核能公司开展 FCM 燃料及微堆研发合作，参与中美核安保示范中心建设。

2015 年，中美两国政府对核能合作协议进行修订，新的协定于 2015 年 10 月 29 日生效。中核集团正逐渐深化中美双方在核能相关技术与产业的交流与合作，未来两国核领域合作交流有望进一步加强。

## 四、与加拿大的双边合作

1994 年，中加两国政府签订了和平利用核能协定。中核总与加拿大核能企业开始积极推动核能领域合作，在铀资源贸易、秦山三期重水堆建设，以及先进燃料重水堆联合研发等方面取得重要成果。

30年来，中核集团与加拿大CAMECO公司在铀资源贸易领域的合作，为我国核电发展提供了重要的资源保障。2010年，中国原子能工业有限公司与CAMECO公司签署为期10年的天然铀供应长期合同，合同总进口量超过8 000吨铀。加拿大已成为中核集团海外天然铀存放与交易的重要场所之一。

1993年，中核总和加拿大原子能有限公司就合作建设商用重水堆核电站进行意向性接触。在详细考察加拿大核电站，与加拿大原子能有限公司就合作模式、融资方式等问题达成多项协议后，中核总于1995年正式成立了重水堆项目对外谈判组，就中加重水堆核电站合作进行谈判。1995年10月13日，国务院总理李鹏在访加期间与加方签署两台坎杜型70万千瓦机组重水堆核电站谅解备忘录。

1996年11月26日，在两国总理共同见证下，中核总与加拿大原子能有限公司在上海正式签订重水堆机组商务合同。2003年7月24日秦山三期重水堆工程整体投产，10月15日，胡锦涛总书记在《关于秦山重水堆核电站建设经验的报告》上作重要批示："成绩可喜，经验可贵。望再接再厉，创造新成绩。"

在秦山三期合作基础上，中核集团开展了压水堆回收铀再利用研究，并与加方联合研发以回收铀作为核燃料的先进燃料重水堆。截至2015年，先导组件已入堆考验，先进燃料重水堆技术方案已经通过中国核能行业协会组织的专家审查，双方的合作研发进一步深化。

## 五、与其他国家的合作

除了俄、法、美、加等国家外，中核集团还积极推动与其他国家建立双边合作关系，实现优势互补，促进核能和平利用，推动国际核技术进步。

1984年5月，中德两国政府签署政府间和平利用核能合作协定。中德合作主要集中在核电站概率风险评价、元件制造技术和核环保领域。在"以我为主、中外合作"方针指导下，中核四川环保工程有限责任公司从德国引进先进高放废液玻璃固化技术及低放有机废液处理技术和设备，促进了我国核环保产业发展。

1985年7月，中日两国政府签订了和平利用核能合作协定。日本海外电力调查会是中核集团在日本最早合作的机构之一。自 1987 年起，双方在核电安全运行、人才培训等诸多方面进行了广泛交流，中核集团每年均派员赴日培训与研修。通过中日科技交流计划合作项目等机制，与日本原子力研究所等科研单位建立密切学术关系，进行大量学术交流、学者互访，派遣多位科技人员赴日研修。中核集团和日方的合作覆盖铀矿资源勘探、反应堆设计、核电站安全管理、放废处理等多个领域。

1985 年 6 月，中国与英国签署和平利用核能合作协定，启动在基础研究、铀矿开采、燃料制造、核电设备等方面的双边核能合作。2013 年 10 月，双方签署加强民用核能领域合作的谅解备忘录，将中英核能合作领域全线延伸。中核集团与英方在核工业技术领域进行了多年合作，并于 2015 年 10 月与英国国家核实验室签署《成立中英联合研究与创新中心联合声明》，该中心投入实体运营后，将成为中国与发达国家在核技术领域设立的首个研发中心。中核集团与英方企业在核退役治理、铀浓缩、核技术应用等领域的合作也在逐渐加强。

1994 年 10 月，中韩两国签署和平利用核能合作协定。双方成立了中韩核能合作联委会，以信息交流、人员互访和召开研讨会等方式，开展了多领域的核能合作项目。中核集团是中韩核能合作的主要牵头单位，与韩方企业在核电主设备制造、核安全管理、反应堆技术、锆合金材料、放射性废物管理、分离功、放射性医药等方面开展了多个合作项目。

中核集团还在核电设备制造、企业管理经验、MOX 燃料、核退役治理等领域，参与了我国与西班牙、比利时、瑞典等国家进行的双边核能合作。在开放式创新成为国际核科技发展主要趋势的背景下，中核集团积极利用国家外专局、国防科工局等单位的智力引进渠道，引进外国优秀人才。“十二五”（2011—2015 年）期间，中核集团执行聘专项目 257 项，出国培训项目 23 项，引进专家 586 人次，派出培训 203 人次。引进的外国专家在重大科学研究关键性突破、中外科技文化交流、高层次人才培养等方面发挥了积极作用。

# 第三节　开发海外市场

开发海外市场，推进中国核工业“走出去”，是推动国家与国家、地区与地区之间互信、长远合作的一个重要途径。1983 年 4 月 25 日，为执行中国与阿尔及利亚两国政府签订的《关于和平利用核能合作议定书》，核工业部组建中国中原对外工程有限公司，为阿方设计建造以 15 兆瓦重水研究堆为核心的比林核研究中心。该项目开创了中国核工业走向世界的先河，为我国核工业赢得国际赞誉，被阿领导人誉为“南南合作的典范”。

近年来，在党和国家领导人有力支持和积极推动下，在“一带一路”倡议、国际产能合作等系列政策指引下，中核集团国际市场开发步入快速发展期，已与巴基斯坦、阿根廷、英国、伊朗、阿尔及利亚等全球 40 多个国家或地区的企业和机构建立广泛合作关系，以核电为龙头的全产业链“走出去”工作全面开展。截至 2015 年，中核集团累计出口 6 台核电机组和 8 台研究堆或核装置，在境外建造核电机组装机容量达 340 万千瓦。

## 一、开发巴基斯坦核能市场

巴基斯坦是我国“全天候”的战略合作伙伴，也是中国核能海外合作的重要合作伙伴。1986 年，中国和巴基斯坦签署了和平利用核能合作协定，开始多领域核能合作。截至 2015 年年底，中核集团向巴基斯坦出口 6 台核电机组，有效缓解了巴基斯坦的电力紧缺，促进了巴基斯坦的经济建设。

巴基斯坦恰希玛核电项目是中国出口的第一座商用核电站。1991 年 12 月 31 日，中国和巴基斯坦在北京正式签订恰希玛 C-1 项目核电站合作协议，中方以“交钥匙”方式承建一台 30 万千瓦的核电机组。2000 年 6 月 13 日，C-1 机组实现并网发电，至 2015 年已经安全运行 15 年，其间经过 9 次换料大修，中核集团提供了技术支持服务。该项目的成功建设，使我国成为世界上第八个出口核电站的国家。

继 C-1 项目之后，中核集团总承包建设的巴基斯坦恰希玛 C-2 项目、恰希玛 C-3/C-4 项目和卡拉奇 K-2/K-3 项目分别于 2005 年、2011 年和 2015 年陆续开工建设。其中，位于巴基斯坦南部城市卡拉奇 K-2/K-3 项目采用中核集团自主研发的三代核电技术“华龙一号”，是中国首次向海外出口自主知识产权的三代核电技术。

巴基斯坦恰希玛 C-2 机组于 2011 年提前 110 天投入商业运行，截至 2015 年年底运行状态良好，获得中国建设工程最高奖项鲁班奖；恰希玛 C-3 机组和 C-4 机组、卡拉奇 K-2 和 K-3 机组建设进展顺利。

中核集团向巴基斯坦出口的核电项目，加快了国内核电装备制造企业、核电运维服务企业“走出去”步伐。中核集团正以核电为龙头，推进与巴基斯坦的核能合作向核燃料、乏燃料及放射性废物管理、运行维护和新能源等全产业链扩展。

## 二、开发阿根廷核能市场

阿根廷是较早开发民用核能技术的拉美国家之一，其核工业于 20 世纪 50 年代起步，拥有良好核工业基础和核科研队伍，是中核集团核电“走出去”战略的重要目标市场。中核集团致力于在互惠共赢的基础上，稳步推进阿根廷核电站建设合作。

2010 年 7 月，国家能源局与阿根廷计划部签署核电合作谅解备忘录，同年 8 月，中核集团分别与阿根廷计划部、原子能委员会、核电公司会谈并签署《核能合作意向协议》。

经过双方的友好谈判，2015 年 11 月 G20 峰会期间，中核集团与阿根廷核电公司签署阿根廷重水堆项目的商务合同和压水堆项目的框架合同，中核集团将与阿根廷核电公司合作建设阿根廷第四、第五座核电站，中阿核能合作取得重大突破。

## 三、开发英国核能市场

英国是世界上最早发展核电的国家之一，由于政治、经济等诸多因素，英国核电发展在 20 世纪 90 年代出现停滞。2007 年 5 月，为应对气候变化，英国政府在《能源白皮书》中重申了对核能的需求。2013 年，英国宣布支持中国对英投资，促进两国核能领域的紧密合作。

中核集团抢抓市场机遇，加强在英国核电市场开发布局，积极参与英国新建核电项目。2015 年，中核集团与中广核集团组成中方联队，共同参股法国牵头的欣克利角和塞斯维尔核电项目。中核集团 ACP100 小型反应堆技术进入英国政府组织的小堆技术竞争性评选的短名单，下一步将与英方继续加强小堆技术研发合作，探索共同开发中英两国及第三国小堆市场。

## 四、开发西亚和其他国家核能市场

为摆脱对化石燃料的依赖，近年来中东国家逐渐将目光转向非化石能源，追求推进核能和平利用。中核集团积极开发西亚市场，与沙特阿拉伯、伊朗、约旦等国家的核能合作取得积极成果。

### （一）开发沙特阿拉伯核能市场

沙特阿拉伯计划规模化建设核反应堆，提高核能在沙特整体电力结构中的贡献率，与多个国家进行了合作洽谈。2012 年 1 月，中沙两国政府签订和平利用核能合作协定。在此基础上，中核集团与沙特签署《关于核能合作谅解备忘录》，在沙特设立代表处，并与沙特科技城、核能与可再生能源城建立高层协调机制及工作组，积极推进双方在核电站建设、核燃料循环、核技术研发、铀矿探勘与开采、核医疗、核能海水淡化等各领域合作。

### （二）开发伊朗核能市场

2014 年，国际社会与伊朗核问题谈判取得积极进展。在国家相关部门支持下，中核集团恢复与伊朗在民用核能领域的交流合作。2015 年，与伊朗原子能机构决定合作开发核电项目，并共同改造伊朗阿拉克重水核反应堆。还与伊方就小堆技术及成本评估等问题多次开展交流，力争小堆项目落地伊朗。

### （三）开发约旦核能市场

2008 年 8 月，中国和约旦政府签署了和平利用核能合作协定。在中核集团与约旦原子能委员会签署的核能合作项目执行协议框架下，中国原子能院为约旦科技大学设计建成了一个次临界装置，这是约旦国内第一座核设施。双方在铀资源、核电站建设等领域的合作稳步推进。

随着我国核工业技术和工程能力的进步，中核集团积极响应“一带一路”倡议，大力开拓保加利亚、斯洛文尼亚、斯洛伐克、捷克、波兰等欧洲国家市场，持续加强马来西亚、哈萨克斯坦、塔吉克斯坦、塞拉利昂、苏丹、埃及等国家的市场开拓力度，寻求在核能、工业园区及资本运作等多方位合作机遇。

### 五、推动研究堆国际合作

研究堆在核科学与技术的发展中起着重要作用。中核集团在政府间和平利用核能协定框架下，积极推动研究堆出口，助推发展中国家和平利用核能事业的发展。

在阿尔及利亚，中核集团为阿方设计建造了比林核研究中心 15 兆瓦重水研究堆。2014 年，与阿方签署了升级改造比林核研究中心一、二期项目的合同。

在加纳，中国原子能院于 1995 年通过 IAEA 技术合作项目为加纳设计建造了一座微型中子源反应堆。2015 年，为落实习近平在核安全峰会上的承诺，中核集团启动了加纳微堆的低浓化改造工作。

中核集团还于 1989 年为巴基斯坦建成一座微型中子源反应堆；于 1994 年和 1997 年分别为伊朗建成一座微型中子源反应堆和一座重水零功率堆；于 1996 年和 2004 年分别为叙利亚和尼日利亚各建成一座微型中子源反应堆。

## 第四节　开发海外铀资源

21 世纪以来，我国核电实现规模化发展，国内铀资源生产能力难以完全满足核电发展需求，亟待加大海外铀资源开发力度，打造多元化核电发展“粮仓”，保障我国核电安全发展。

为更好利用国内国外“两个市场、两种资源”，加大海外铀资源开发工作力度，加强天然铀资源供给保障能力，中核集团于 2004 年成立国外铀资源开发办公室，2006 年设立中国国核海外铀资源开发公司（简称国核铀公司）。

2008 年 9 月 2 日，国核铀公司完成公司改制工作，2008 年 11 月，国核铀业公司在香港上市，组建国际平台中核国际有限公司（简称中核国际公司），构建完成集团公司海外铀资源开发和对外融资平台。并于 2009 年 2 月更名为中国国核海外铀业有限公司（简称国核铀业公司），承担中核集团国外铀资源勘探、勘查设计、工程建设的投资与管理等业务。2011 年，中核集团整合中国核工业地质局、中核金原铀业有限责任公司（简称中核金原铀业公司）和国核铀业管理职能，组建中核集团地矿事业部，统筹管理国内和海外铀矿开发工作。截至 2015 年，中核集团已经在尼日尔、纳米比亚、蒙古国、津巴布韦等国家开展铀资源勘探开发活动。

## 一、开发尼日尔铀资源

尼日尔阿泽里克铀矿（简称阿矿）项目是我国第一个“走出去”铀矿开发项目，也是当时我国设计建设的最大铀矿采冶工程。工程地处非洲尼日尔阿加德兹省，已探明资源储量约 1.4 万吨金属铀，年开采处理铀矿石约 60 万吨，设计能力约 700 吨金属铀/年。

2007 年，中尼双方在尼日尔尼亚美成立尼日尔阿泽里克矿业股份有限公司，作为阿矿项目实施主体。在各方共同努力下，2008 年 7 月 1 日，尼日尔阿矿工程正式开工，2010 年 3 月启动试生产，于 12 月 30 日试生产出第一桶产品，标志着生产线全流程打通。

2012 年 10 月 22 日，第一批 190 吨铀产品起运回国，实现了中国企业海外铀资源产品运回国内“零的突破”。截至 2015 年，阿矿累计生产铀金属 666 吨，销售 662 吨，实现销售收入 5.6 亿元人民币。2014 年年底，由于融资未到位、国际铀价低迷等多种因素，阿矿停止生产活动。

## 二、开发纳米比亚铀资源

纳米比亚位于非洲西南部，地广人稀，拥有丰富的天然铀资源。中核集团 2008 年进入纳米比亚开展铀资源开发工作。截至 2015 年年底，已拥有纳米比亚欢乐谷区域矿权，获得 LH（Langer Heinrich）矿 25%的权益。

2008 年 2 月 12 日，国核铀公司和纳米比亚（中国）矿产资源投资开发公司联合在纳注册成立中核资源（纳米比亚）开发公司（简称中核资源公司），共同开展纳米比亚铀矿资源勘查开发。2008 年 8 月，中核资源公司开始现场钻探工作。2012 年 12 月，纳米比亚政府批准中核资源公司在纳米比亚欢乐谷 18 号矿床采矿权申请，采矿权范围内铀矿储量/铀资源量 4 万余吨。

纳米比亚 LH 铀矿是世界第 9 大铀矿，矿床总资源量 6.35 万吨铀，其中储量 4.8 万吨铀，年产 2 000 吨铀。2013 年 10 月，帕拉丁公司迫于债务压力，邀请中核集团参与 LH 铀矿投资。2014 年 1 月 13 日，在经过经济、技术、法律等方面的详细评估后，国核铀业公司出资 1.9 亿美元，收购帕拉丁公司 LH 控股公司 25%股权和 LH 项目公司 25%债权。2014 年 1 月 18 日，国核铀业公司参股帕拉丁公司 LH 项目签约仪式在北京举行。交易完成后，项目整体运行顺利，权益产品按期运回，中核集团每年从该项目中获得约 550 吨铀。

## 三、在其他国家的铀资源开发

中核集团积极推进在蒙古、津巴布韦、哈萨克斯坦等国家的铀资源开发。

2009 年 6 月，中核集团通过要约收购方式完成了对加拿大西方勘探者公司的收购，获得已探明资源储量约为 8 500 吨金属铀的蒙古国古尔万布拉克铀矿在内的 18 项矿产资源勘探许可证。2014 年，项目的经济技术可行性研究报告通过蒙古国相关政府部门的评审，采矿许可证的申请工作正在进行。

20 世纪 80 年代，津巴布韦的卡年巴地区首次发现铀矿资源。卡年巴铀矿勘查项目由 2008 年 6 月在津注册的非中矿业资源有限公司负责实施，中核集团持股 42%，成为项目最大股东。根据初步估算，中核集团在津巴布韦的铀矿项目铀资源量在 3 000 吨以上。

哈萨克斯坦已探明铀资源储量占全球储量 19%左右，位居世界第二。中核集团长期致力于推动与哈萨克斯坦的铀资源勘查开发合作，与哈方进行了多次互访和对话。2013 年 12 月，借助中哈两国高层互访的推动，中核集团与哈萨克斯坦国家原子能工业公司签署了关于落实核能领域战略合作协议共同行动的议定书，进一步丰富了铀资源海外开发的渠道。

# 第五节　国际贸易

## 一、天然铀国际贸易

我国国内天然铀产能无法满足我国核电发展的燃料需求，天然铀进口贸易成为保障我国核能发展原料需求的重要手段之一。

中国原子能工业有限公司（简称中国原子能公司）成立于 1980 年，作为国际贸易公司，授权从事铀产品、核电技术设备进出口贸易。中国原子能公司成立之初主营天然铀、浓缩铀及钙产品出口。20 世纪 80 年代初，中国原子能公司通过贸易获得外汇 8 000 万美元，经财政部门批准后，为秦山核电一期项目提供了开工资金支持。进入 21 世纪之后，中国原子能公司成为我国海外铀贸易的主力军。

2000 年 12 月，中核金原铀业公司与哈萨克斯坦原子能工业公司签订进口 600 吨天然铀贸易合同，由原子能公司代理，是中核集团历史上首次进口天然铀。2003 年中国原子能公司与哈萨克斯坦签订 7 年的天然铀进口合同，并开拓性地与之签订长达 17 年的进口独家代理协议。2006 年，中国原子能公司与哈萨克斯坦、纳米比亚、法国和澳大利亚等世界主要铀供货商签订了长期商业供应合同。2008 年中国原子能公司成功开始从澳大利亚本土进口天然铀。

2010 年在 G20 峰会上中国原子能公司与加拿大 CAMECO 公司签订了天然铀长期供应合同，合同期为 10 年，天然铀供应总量超过 1 万吨，可满足百万千瓦级核电机组运行 50 堆年之需。同年，中国原子能公司还签订了数个天然铀长期采购合同，锁定数万吨天然铀供应，开拓并稳固了海外供应渠道。

中核集团已经与国外多个国家建立了铀贸易联系，构建起了稳定可靠的铀供应体系，为我国核电事业的发展提供了有力保障。

## 二、其他产品国际贸易

中核集团在核燃料领域的国际贸易仍以中国原子能公司为主要载体，同时中国同辐股份有限公司（简称中国同辐公司）等成员单位也积极扩展核技术应用与非核民品的国际贸易渠道，深度参与国际贸易合作，海外贸易额保持持续增长。进入 21 世纪以来，中核集团铀产品贸易开始转型升级，通过进料（天然铀）加工复出口（分离功）的方式，实现从以资源性铀产品为主的贸易向以输出铀产品加工能力为主的进出口结合的贸易转变，并建立了更为稳定的分离功国际销售渠道，浓缩铀分离功主要出口到美国、韩国、日本、欧洲等国家和地区。

2007 年，中国原子能公司建立铀产品供应平台，统一负责集团公司内外核燃料（包括天然铀）的供应。2011 年中国原子能公司核燃料保税库正式启用，2 000 余吨天然铀已分批入库，对建立服务周边国家和地区的核燃料生产和供应物流体系具有推动作用。

核技术应用是和平利用核能的重要领域。中核集团依靠自身在核技术应用领域的科研与技术优势，积极开拓国际核技术应用市场。中国同辐公司的呼气检测、放免药盒等产品已经出口至韩国、秘鲁及东南亚等 40 多个国家和地区，大型集装箱检测系列产品也已出口多个国家和地区，钴-60 放射源等产品的规模化出口也在积极推进。

在其他民品海外贸易方面，中国原子能公司成功出口核应用成套设备、仪器仪表、五矿化工品、稀土产品、石油管配件等产品，经济规模呈稳步增长态势。2013 年，中国原子能公司利用采购总承包模式，提供中国境内采购服务，与土耳其公司签订金额达 6 亿美元的成套发电设备出口协议，这是公司迄今为止单笔最大民品出口合同。

上海中核浦原有限公司、深圳中核集团有限公司、中国原子能院等单位着力发挥自身技术和产品优势，积极参与国际贸易。例如，中核红华特种气体股份有限公司利用其品牌优势，在 1999—2010 年间，共向美国、韩国、新加坡、印度、香港等国家和地区出口 2 000 余吨“红华”牌六氟化硫，出口额达 1 700 万美元。核工业理化工程研究院通过多年努力，将自主开发的牙膏添加剂单氟磷酸钠产品销售至巴西、印度、沙特、阿根廷、日本等 20 余个国家，成为高露洁、联合利华等世界知名企业供应商。

# 第二十九章　核与辐射安全及环境保护

核工业安全包括核与辐射安全、环境安全、工业安全和职业健康安全，这些是核工业顺利发展、保护职工和公众安全健康的保障。核安全是核工业的生命线。我国发展核工业从一开始就坚持“生产未动、防护先行”方针，建立了完整的核与辐射安全和环境保护体系。

2014 年，国家主席习近平在海牙第三届全球核安全峰会上提出“理性、协调、并进”的核安全观和构建“公平、合作、共赢”① 的国际核安全体系；在华盛顿第四届全球核安全峰会上发表了题为《加强国际核安全体系，推进全球核安全治理》的重要讲话。2014 年，我国将核安全纳入国家总体安全体系，核安全上升至国家战略安全高度。

改革开放 30 多年来，在历届党和国家领导人高度重视下，在有关部门指导和支持下，在中核集团和各成员单位共同努力下，紧紧围绕核与辐射安全、环境保护、职业健康和应急管理等中心工作，始终贯彻“安全第一、质量第一”根本方针，始终坚持核安全是核工业生命线理念，坚持发展与安全并重，坚持核安全与环保和核能、核技术利用事业同步发展，以确保核与辐射安全、环境安全、职工和公众健康为目标，建立完善的安全环保管理体系和规章制度，健全安防环保管理机构，建设相应的安全和环境保护设施，并结合科研生产开展大量核与辐射安全和环境保护科研工作，从而使核工业始终保持良好的核与辐射安全、环境安全、职业健康安全记录，核电站、研究堆、核燃料循环设施安全稳定运行，在建核设施安全质量处于受控状态；核电站周围辐射水平始终保持在天然本底范围内；辐射和一般职业危害因素得到较好控制，保障了职工和公众的安全健康；核应急体系健全，核应急能力“常备不懈”，为我国核工业的发展作出了贡献。

---

① 习近平.习近平在荷兰海牙核安全峰会上的讲话[N].人民日报,2014-3-25(2).

# 第一节　核安全机构及发展历程

我国核与辐射安全和环境保护事业是随着核工业发展而逐步发展起来的。1958 年至 1966 年，是促进核工业建设时期，创建了核与辐射安全和环境保护事业体系；1966 年至 1976 年，是坚持为核工业生产建设服务时期；1977 年至 1984 年，是恢复和发展核与辐射安全和环境保护事业时期，促进核能事业顺利发展；1985 年至 2015 年，是保障核能和核技术利用事业安全发展时期，确保了核工业持续健康安全发展。

## 一、机构演变

随着核工业机构改革和体制机制演变，二机部安防卫生局先后调整为核工业部安防卫生局、中核总安防环保卫生部、中核集团安防环保卫生部，对核与辐射安全、安全生产、环境保护、职业卫生、应急等实行监督管理。2002 年 1 月，调整为安全环保质量管理办公室。2002 年 7 月，调整为安全环保质量部。2010 年，调整为安全环保部。2009 年 8 月卫生部批复中核集团设立核工业职业卫生监督管理办公室，授权对成员单位的职业卫生工作进行监督管理。

在我国核电建设起步后，为了加强核电安全工作，1984 年 12 月 20 日，国家成立国家核安全局，负责民用核设施安全监管。军工核安全监管由核工业部（中核总）负责；1998 年 3 月国防科工委成立后，军工核安全监管由国防科工委负责。

1986 年 3 月，核工业部成立安全生产环境保护委员会，陈肇博任主任，潘自强任副主任，进一步加强了对核工业安全生产和环境保护工作的领导。

1986 年 8 月 9 日，核工业部召开第 19 次部办公会议，确定核安全工作按如下分工管理：核电局是核电站建设和运管的主管局，对核电站的选址、设计、建造、运行直至退役等安全问题和质量保证负有直接管理责任；安防卫生局是主管安防工作的职能局，负责立法、监督、审批和管理，对部属单位的核安全工作负有指导、监督和检查的责任；核电局和安防卫生局应主动配合国家核安全局的工作。

1986 年，核工业部在核工业辐射防护研究所（简称辐射防护所，后更名为中国辐射防护研究院）设立职业性照射个人剂量管理与服务中心、环境监测与评价中心、职业病登记与服务中心、辐射防护仪表检测中心及辐射防护与核安全培训中心，对有关技术数据集中统一管理、统计分析和评价，对有关监测工作开展质量保证工作。

2004 年，中核集团依托中国原子能科学研究院（简称中国原子能院）设立核临界安全中心，承担临界技术评审、培训和咨询等任务，对加强中核集团核临界安全管理发挥了重要作用。

2015 年 4 月 28 日，国家核事故应急协调委员会在北京为国家级核应急专业救援力量和培训基地授牌授旗，中核集团所属 7 家成员单位承担任务，其中，在中国原子能院设立国家核应急辐射监测技术支持中心和国家核应急救援辐射监测现场技术支持分队；在中国辐射防护研究院（简称中辐院）设立国家核应急辐射防护技术支持中心和国家核应急救援辐射防护现场技术支持分队；在核工业航测遥感中心（简称核航遥中心）设立国家核应急航空监测技术支持中心和国家核应急救援航空辐射监测分队；在核工业总医院设立国家核应急医学救援技术支持中心、国家核应急医学救援分队和国家核应急医学救援培训基地；分别在核工业四一六医院、核工业四一七医院、核工业四一九医院设立三支国家核应急医学救援分队。

核工业重视安防环保技术研究，以中辐院、中国原子能院、中国核电工程有限公司（简称中国核电工程公司）、中国核动力研究设计院（简称中国核动力院）、核工业北京地质研究院（简称核地研院）、核工业北京化工冶金研究院（简称核化冶院）、核工业理化研究院（简称核理化院）、核动力运行研究所（简称核动力运行所）为主体，形成核工业完整的安防环保科研与技术开发体系，为核安全、辐射防护、职业健康、环境保护、核应急等方面工作提供技术支撑。

我国核工业创建以来，对各成员单位安防环保机构和人员设置提出明确要求，各单位逐步健全安防环保管理机构，明确安防环保管理职责。根据《中华人民共和国安全生产法》，核燃料厂、核电厂、铀矿冶业、具有重要核设施的科研院所，以及中国宝原工贸公司、地质系统的有关单位均设立独立的安全管理机构，配备专职安全管理人员，安防环保管理机构进一步健全，安防环保管理力量得到加强，为核工业安防环保管理提供了坚强保证。

## 二、队伍建设

核工业在发展过程中，培养起一大批核与辐射安全和环境保护专业人才，为全面开展核安全、辐射防护、环境保护及职业安全、职业健康工作提供了充足的技术力量。

随着核电和核技术应用事业的快速发展，对安全防护卫生专业管理力量提出新的要求。为加强安全防护卫生管理人员的水平，中核集团定期举办安防环保管理培训班，对各单位主要负责人、安防环保主管领导和安防环保管理人员进行培训。

根据国家安全环保法律法规要求，2005—2015 年，中核集团主要负责人、分管安全环保负责人以及安全环保监督管理职能部门的人员，均参加国家安全监督管理总局组织的安全生产培训并取得资格证。军工单位每年参加由国防科工委（局）组织的安全生产资格培训。

中核集团高度重视安防环保技术人员培养，组织核临界专业技术培训、辐射环境监测技术培训、职业照射检测技术培训、职业健康管理培训等专业培训班，提高全系统安全环保管理及专业技术人员的能力。

2008—2014 年，中核集团在南华大学举办了四期安全工程领域工程硕士进修班，在核工业研究生部举办了三期辐射防护研究生进修班，上百名成员单位安全技术及管理骨干参加了有关培训，提升了基层安防环保技术人员的专业技能及管理水平。

## 三、安防环保科研与技术开发

20 世纪 80 年代以后，核工业进入发展核电和推广核技术应用的新时期，为全面回顾、评价中国核工业创建 30 多年来的辐射环境和公众健康影响，推动我国核电开发利用，核工业部（中核总）组织完成了“中国核工业 30 年辐射环境质量评价”“核工业辐射水平与效应”“公众健康危害评价方法研究”“辐射流行病学调查研究”等一系列重大科研课题，核工业 30 年评价认为，核工业安防环保措施取得显著成效，获得较好社会效益；我国核工业所采取的职业安全及辐射防护措施是可行的，为职工健康提供了根本保证；核设施周围居民每年接受的最大辐射剂量均低于国家规定的剂量限值，核工业30年对周围环境影响是很小的，与自然存在的和人为活动产生的其他危害相比，核工业产生的危害可以忽略不计；对环境而言，核工业是一种比较清洁的工业，核能是一种清洁的能源。核工业30年评价课题对核工业创建30年以来辐射环境和公众健康的全面总结和评价，研究成果对促进我国核电的开发利用发挥了重要作用。

核工业在发展过程中，一贯重视核安全与辐射防护、辐射环境、放射医学、核应急等领域的技术研发工作，取得了较好科研成果，为我国核工业产业健康安全发展起到重要作用。

在核安全研究方面，开展核安全法规和标准研究、核安全技术研究、安全分析及软件开发、严重事故研究、风险指引管理技术研究等，建立PSA（概率安全评价）技术和数据库。建立相对完善的放射性物质运输安全领域研究和试验体系，开展放射性物质运输核与辐射安全分析技术研究与评价服务。

在辐射监测与职业健康方面，完成人员健康评价与辐射损伤救治技术、超铀元素内照射剂量测量技术、钚促排药物等研究，提高了职业照射防治水平。1986年，中辐院孙世荃撰写的《辐射致癌的病因几率估算与辐射流行病学表》发表，将PC（病因概率）方法引入中国，开启我国放射性肿瘤的病因判断研究。

在辐射环境监测与评价方面，研究建立核设施周围辐射环境监测技术与方法，形成完整的辐射环境监测体系；辐射环境影响评价方法与体系研究不断深入并应用于核设施环境影响评价中；利用大型风洞、地表水模拟装置等科研设施结合野外试验，开展污染物在大气、水体中的扩散研究，取得一批科研成果。

在核应急与后果评价方面，完成辐射防护措施与装备、核应急辐射监测、应急决策与事故后果评价等研究，提升了防护能力和核应急能力。通过相关研究，为核应急技术支持和救援体系建设并形成辐射防护、应急监测、去污洗消和医学救援等方面技术支持和现场救援能力，提供大量科研成果和技术基础。

## 四、中国辐射防护学会成立及作用

1980 年 3 月，中国核学会成立，下设辐射防护分会。辐射防护分会围绕辐射防护及相关学科开展学术交流，出版《辐射防护》学术期刊，对我国辐射防护事业发展具有较大影响力。中国核学会辐射防护分会成立后，每年组织召开学术交流会议，通过各项学术活动，交流国内辐射防护领域研究成果和实践经验，及时了解国际辐射防护工作动向和信息，加强与国外交往，促进技术合作，扩大我国辐射防护领域的影响，对提高辐射防护学术水平起到了积极作用。

2013 年 7 月，经民政部批准，在中国核学会辐射防护分会基础上，成立中国辐射防护学会，工业和信息化部为业务主管单位，国防科工局为业务指导单位。中国辐射防护学会成立以来，积极开展辐射防护及相关学科的学术交流，促进了辐射防护学科的发展和应用。

# 第二节　核工业安全防护

## 一、核安全

核工业始终把核安全摆在首要位置，认真按照国家对核设施监督管理的要求，接受国家有关部门的监督，履行核设施核安全许可制度，加强核设施运行管理，严格执行批准的运行条件和限值，保守决策，确保核设施安全稳定运行，切实使核电站、研究堆、核燃料循环设施、铀尾矿库及核设施退役和放射性废物治理处于安全受控状态。自 1991 年秦山核电站并网发电以来，根据世界核电营运者协会（WANO）排名，中核集团核电运行机组普遍处于国际较好水平，部分机组已达世界先进水平。

为了确保核电安全，我国核电站在选址、设计、建造、运行、退役的全寿期中，贯穿了纵深防御原则，具体落实在四道防线上。第一道防线：精心设计、精心施工，确保在周密的质量保证大纲控制下，按事先审批的程序设计、建造核电站，将核安全隐患降低到最低水平。第二道防线：照章运行、严格监督，使一切日常运行和维修试验活动均有章可循，并且都在严格的监督下进行。第三道防线：多重的、多样的、独立的专设安全设施和保护系统，可以预防事件的发生和缓解事故的后果。第四道防线：周密细致的场内外应急计划，在万一发生核事故时能及时有效地组织工作人员和公众应对发生的事故后果，将放射性危害减少到尽可能低的程度。

**（一）核安全管理**

为了适应核工业发展需要，特别是核能开发利用，1983 年核工业部成立标准化研究所；1985 年成立全国核能标准化委员会，协调有关核设施法规标准的制定与颁发。1986 年我国颁布《民用核设施安全监督管理条例》《核电厂设计安全规定》和《核电厂运行安全规定》等有关核安全管理的法规和规定，对加强核电安全，保证核电安全发展起到重要作用。

1986 年 4 月 26 日，苏联切尔诺贝利核电站事故发生后，核工业部成立专门工作小组，负责与有关部委和地区联系，协同做好监测工作。1986 年 8 月 20 日，核工业部安防局出版了《苏联切尔诺贝利核电站事故资料选编（一）》，是跟踪监测和分析评价的资料汇编；同年 10 月，国家核安全局编译出版《切尔诺贝利核电站事故及其后果》；1991 年 2 月中核总出版了《苏联切尔诺贝利核电站事故资料选编（二）》。切尔诺贝利核电站事故后，国内对核设施的安全也十分重视。1987 年 6 月 16 日，核工业部转发《国务院关于加强安全生产管理的紧急通知》，要求各单位全面抓好安全生产管理，特别是对废液贮罐、尾矿坝和易发生滑坡、泥石流、洪水的单位，加强监测，制定有效的事故应急措施计划，对于被撤销或合并的安防机构逐步予以恢复。

1995 年 9 月，中核总制定《核电厂运行安防环保管理规定》，进一步加强核电站的安全运行，保障职工的安全健康，保护环境。1999 年 9 月 30 日，日本茨城县东海村 JCO 公司发生临界事故。为了汲取日本临界事故的教训，2000 年 7 月，中核集团在北京召开核安全管理研讨会。2003 年，在中核集团发展战略研究工作中，将核安全保障专题作为重要组成部分。2012 年以来，中核集团组织核临界中心多次定期开展核燃料厂核临界专项培训，组织核临界中心对核燃料厂核临界管理进行专项调研，针对发现问题提出改进措施，有效保障核临界安全。

2008年5月12日四川汶川8.0级特大地震发生后，中核集团组织各核电站开展全面抗震评价工作，形成了核电站抗震评价报告，经组织专家论证，各核电站所确定的抗震设计基准均符合国家核安全法规和相关规范的要求。

2011年3月12日日本福岛核事故后，中核集团配合环境保护部（国家核安全局）、国家发改委、国家能源局、国防科工局、国家地震局组织开展全面的核设施综合安全大检查，检查结果表明，中核集团运行和在建核电厂满足现行核安全法规和国际原子能机构最新核安全标准要求。同时，针对安全检查中暴露的问题和不足，中核集团开展多项技术改进工作。在技术上，进一步完善对严重事故叠加时的安全措施，在防洪、移动应急电源设置、非能动消氢等方面做了大量技术改进；在管理上，加强有针对性的人员培训，开发严重事故应对程序，完善多机组应急机制等多项措施。在此基础上，提出安全性更高的“华龙一号”三代核电技术。

2011年，中核集团对全系统各成员单位核设施存在的风险与隐患进行梳理、分类、评估，确定集团级重点安全环保风险。为确保风险受控、促进安全隐患整治，中核集团建立重点安全环保风险分级督办监管机制，在风险所在单位安全主体责任不转移的前提下，Ⅰ、Ⅱ、Ⅲ级风险分别由中核集团领导、板块和成员单位主要负责人分级督办；发布了《中核集团公司安全环保风险管理规定》；建立定期评估机制，开展风险月度分析与半年评估，定期组织风险点现场巡查，通过评估促进风险管控和治理，推动隐患整改工作。截至2015年年底，集团级重点安全环保风险治理取得积极进展。

### （二）核安全文化建设

中核集团持续开展安全文化建设，开展“4·6”安全日活动、“安全生产月”活动、生产安全事故警示教育、安全生产宣传咨询、安全签名、安康杯竞赛等活动，营造良好的安全生产氛围，持续不断地宣传安全生产相关的法律法规和规范标准，传播安全生产知识和经验，坚定安全发展的理念，强化职工安全意识，打牢安全生产思想基础。

2011—2015年，中核集团所属核电厂共组织、接受国际国内同行评估70余次，包括借鉴运行电厂评估经验开展的核电厂工程建设评估、调试准备评估、大修评估、FCD（第一罐混凝土浇筑日期）前项目管理评估、核安全文化评估、公众宣传评估、经验反馈评估、生产领域人员行为规范评估等，涉及核电厂安全管理多个方面。2014年，中核集团邀请WANO开展针对核电公司总部管理的评估活动，是中国大陆第一个接受此类型评估的集团公司，评估的实施对中核集团对标国际卓越安全管理起到了积极的促进作用。

2015年，中核集团参照国际上核安全文化研究成果，在国家核安全局、国家能源局、国防科工局联合发布的安全文化政策声明的基础上，形成具有中核集团特色便于所有职工理解和执行的卓越核安全文化十大原则，即核安全人人有责、培育质疑的态度、沟通关注安全、领导做安全的表率、建立组织内部的高度信任、决策体现安全第一、认识核技术的独特性、识别并解决问题、倡导学习型组织、创建和谐的公众关系。

继卓越核安全文化十大原则之后，中核集团开发了《核安全文化评估指南》《核安全文化评估访谈手册》，形成完整的核安全文化理论体系和评估体系，并将抽象的核安全文化理论和概念，转化为一系列形象化和可量化的指标，实现核安全文化的可评、可测和可知。

中核集团已建成比较完善的经验反馈体系，及时对集团公司内外部发生的建设和运行事件进行反馈，组织开展根本原因分析，采取针对性纠正措施，强化安全管理。

中核集团依据核安全法规、对标国际同行的良好实践，执行最新最严的安全质量标准，从核设施的选址、建造、调试及运行各个阶段都建立并有效实施质量保证体系。明确规定和落实参与安全有关活动人员的资格和职责，并确保所有工作人员都已接受并通过了满足其相应工作所需求的培训。自觉使用防人因失误工具，培育良好的团队协作精神和主人翁意识。积极有效地开展经验反馈、自我评估和同行评估工作，公开透明地接受来自监管部门、公众和社会的监督。

## 二、辐射安全

辐射防护是核工业安防环保管理的重点之一。中核集团始终高度重视核工业辐射防护管理，积极引进国际上先进的辐射防护原则和理念，建立较为完善的辐射防护运行体系，贯彻实施辐射防护最优化，完善辐射防护标准，采取有效的辐射安全管理控制措施，加强作业场所辐射监测，开展辐射监测质量保证工作，建立辐射防护评价制度；规范职业照射个人剂量监测与管理，开展年度个人剂量监测与统计分析评价，准确把握从业人员职业照射的总体情况，确保从业人员和公众健康。

为加强核工业辐射防护研发能力，1986 年辐射防护所向 IAEA 申报“中国辐射防护近代化”和“辐射防护和核安全培训中心”两个合作项目，获得 IAEA 批准。两个合作项目作为当时核工业部主要对外合作项目，推动了我国辐射防护的基础能力以及辐射防护和核安全专业人员的培养。

### （一）辐射安全管理

20 世纪 80 年代末，中核总组织开展了中国核工业辐射水平与效应研究，对核工业在 1957—1987 年间的职业照射数据进行总结和评价，1996 年出版《核工业辐射水平与效应》，1999 年完成中国铀矿冶 30 年辐射职业剂量评价（1958—1990 年），出版《放射性物质运输评价》。评价认为，在 20 世纪 60—70 年代，由于工作场所防护条件、生产工艺运行、设备检修、管理制度等方面原因，致使工作人员受照剂量较高；80 年代以来，核工业切实加强辐射防护管理工作，采取有效监控措施，进一步改进工艺条件，改善防护条件，降低了工作人员职业照射剂量。我国核工业发展历史表明，核工业的辐射安全记录是良好的，对职业工作人员和公众安全是有保障的。

1988 年，核工业部受国家环境保护局委托，组织起草《辐射防护规定》（GB 8703—88），由国家环境保护局发布，对一切伴有辐射照射的实践和设施的辐射防护提出要求。1995 年 1 月，卫生部、国家环境保护总局和中核总联合成立标准编制组，提出采用 IAEA 等国际组织编制的《国际电离辐射防护和辐射源安全的基本安全标准》（IAEA 安全丛书 No. 115），对我国现行辐射防护基本标准进行修订，制定《电离辐射防护与辐射源安全基本标准》，替代《放射卫生防护基本标准》（GB 4792—84）和GB 8703—88。2002年4月1日，新的国家标准《电离辐射防护与辐射源安全基本标准》（GB 18871—2002）开始实施，这是在总结我国辐射防护与安全工作基础上，汲取国际辐射防护与安全新经验而获得的新成果，标准充分考虑了我国实施现行辐射防护基本标准10余年来的经验和当时实际情况，保留了原标准中实践证明适合我国国情又与国际组织标准相一致的技术内容。

为了吸取我国核工业创建与发展30年（1959—1988年）来发生的辐射事故的教训，分析事故发生原因，总结辐射事故处理经验，防止同类事故重复发生，增强预防事故发生能力，进一步提高处理事故水平，在潘自强的带领下，从1987年开始对各类辐射事故的发生概况、处理过程、危害程度及经验教训等进行调查，搜集历史辐射事故的总结资料，编写《核工业辐射事故汇编》，反映了我国核工业创建与发展30年的辐射事故概况。

2012—2015年，为进一步加强辐射防护工作，中核集团持续强化辐射防护管理体系建设，制定并印发《关于加强职业病防治工作的指导意见》，意见对健全辐射防护责任制体系、加强辐射防护管理机构、完善规章制度和操作规程等方面提出全面要求。对辐射安全与职业病危害防护，落实企事业单位主要负责人的责任，并建立全员责任制，各单位从第一责任人、分管责任人、公司（厂、院）到分厂、车间、班组、工种、岗位，特别是辐射安全高风险和职业危害严重的重点车间、重点班组、重点工种、重点岗位，实行全员责任体系。

### （二）辐射源安全管理

放射源安全管理是核工业安全管理的重要工作之一。核工业放射源管理涉及生产、销售、贮存、运输、使用、回收、处理等各个环节，并且数量大、种类多，分布在各个成员单位，管理难度非常大。为了避免废源的丢失、被盗，中核总采取了很多措施。早期遗留废源治理受到中核总高度关注，1996年中核总安防局等部门组织召开废放射源处理处置工作会议、地质和矿冶系统废源治理方案论证等专题会议；1997年建立废放射源管理数据库。1998年7月，提出废放射源治理总体方案。1999年6月，在中核总组织下，在国际原子能机构指导和帮助下，在辽宁兴城完成了“废镭源整备”

的示范工程。2003 年，中核集团发布《中核集团公司放射源安全管理规定》，在加强在用放射源安全管理同时，加强了废放射源治理。2007 年早期废放射源全部运到西北废放射源库集中贮存，消除了重大安全隐患。

针对同位素生产线防护问题，中核集团加强对生产单位的监督检查，督促生产线辐射防护配套设施的整改，完善现场防护条件，使个别剂量超标问题得以解决。针对铀矿山辐射防护状况，以七五三矿为试点，2001 年加强了矿山通风改造工作，使矿山防护条件得以改善。2002 年七九四矿事故发生后，全系统加快矿山通风改造，于 2005 年基本完成，矿山系统辐射防护条件得到明显改善。2003 年中核集团在核化冶院成立“铀矿冶个人剂量监测中心”，铀矿山个人剂量监测工作进一步加强。

2013—2014 年，中核集团安全环保部会同地矿事业部以及中核集团职业健康管理中心、个人剂量管理中心、铀矿冶通风技术中心、铀矿冶个人剂量监测中心，对中核集团主要井下矿山开展为期两年的铀矿冶辐射防护和职业卫生专项检查，共检查 5 家铀矿冶单位 10 个矿井和 7 个水冶厂。通过检查并督促整改，井下矿山通风管理得到加强，氡及氡子体浓度合格率大幅增加。

### （三）个人剂量管理

为了加强辐射监测和评价，1980 年二机部成立辐射监测质量保证小组。1985 年核工业部成立辐射防护标准化分技术委员会，开展辐射监测质量保证、监测仪器与方法标准化和职业性个人剂量评价工作。1985 年 12 月成立职业性照射个人剂量管理与服务中心（简称个人剂量中心），负责对核工业个人剂量数据进行集中统一管理、统计分析和评价，同时对个人剂量监测进行质量保证工作。核工业部制定了相应的个人剂量管理办法，确立了个人剂量报告制度，并在原子能所、核一院、四〇四厂、二〇二厂等十几个单位开展外照射个人剂量“双轨”监测工作，对统一监测方法、保证监测质量具有重要作用。1986 年建立的辐射防护仪表检测中心、剂量仪表检测中心、二级计量站，全面开展辐射剂量监测和评价工作。

为加强个人剂量监测质量控制，提高个人剂量监测能力，2015 年，中核集团组织 38 家成员单位开展外照射个人剂量监测比对。这次比对全面检验了各单位外照射个人剂量的监测能力，比对结果表明，各单位个人剂量监测能力符合国家要求。

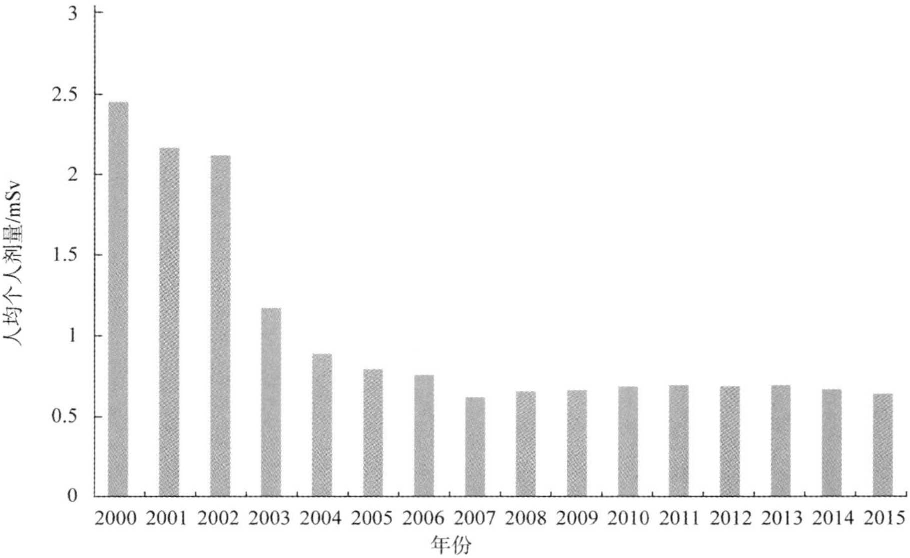


**2000—2015 年集团公司人均个人剂量（外照射）水平**

职业照射个人剂量数据是采取辐射防护措施的重要依据，也是辐射防护最优化行动决策的关键输入和是否满足辐射防护相关规定的反映。核工业从 90 年代开始建立个人剂量年度报告制度，每年组织核工业个人剂量中心开展职业照射个人剂量监测与评价工作，在各单位个人剂量监测数据统计的基础上，中核集团个人剂量中心进行汇总统计和评价，编制中核集团职业照射个人剂量监测与评价报告。年度报告对各单位全年放射性活动、主要核设施、防护设施及运行情况、全年开展的监测和防护活动以及内外照射监测方法、相应的质量保证措施等进行了分析评价，并对各系统职业照射个人剂量与国内外同行进行对标。从宏观上准确把握职业照射的总体情况，为核工业辐射防护管理提供决策依据。通过评价认为，中核集团各单位职业照射个人剂量监测与评价质量逐步提高，职业受照年个人有效剂量和年肢端当量剂量低于国家标准限值，符合国家标准。

## 三、工业安全

1978年以来，核工业部（中核总）加强安全生产管理，定期召开全系统安全生产工作会议，对安全生产工作进行部署。1989年3月，中核总在陕西四一七医院召开了中核总成立后的安防环保工作会议，对加强安全管理机构提出了明确要求，特别是部分系统安全管理机构因机构改革变动而受到消弱的要强化安全管理机构。之后，中核总每年召开安防环保工作会议，发布年度安防环保工作要点。

1999年中核集团成立后，进一步加强了安全生产管理，实行安全环保目标管理，并逐年细化，明确责任，认真落实。自2002年起，中核集团每年都以1号文件印发《中国核工业集团公司安全环保工作要点》。国防科工委从2004年开始，对中核集团提出安全生产考核指标。从2008年开始，国资委对中央企业提出了安全生产考核目标。除2002年原七九四矿发生一起重大工伤死亡事故外，未发生较大及以上安全生产事故，工伤死亡人数呈现下降趋势，工业安全形势总体平稳，未发生国家部委对集团公司安全环保考核扣分项。

### （一）建立安全责任体系

中核集团对安全环保的监督管理力度逐年加大，使安全环保管理目标得到有效控制。从2003年开始，在中核集团年度工作会议上，总经理与总部联系部门（公司）的主要负责人签订年度安全环保责任书，联系部门（公司）与各成员单位签订安全环保责任书，年底对各部门进行考核。

2005年，中核集团印发《中国核工业集团公司企事业单位领导人员安全生产年度目标考核办法》，对各单位进行安全环保专项考核，考核结果与年薪挂钩。

### （二）安全培训与安全活动

2002年，《中华人民共和国安全生产法》对安全生产管理人员的资质提出明确要求。中核集团组织核工业培训中心于2003年12月申请取得国家安全生产监督管理局批准的二级安全生产培训资格，并分别于2004年5月、2005年9月及2006年7月举办三次安全生产管理资格培训，对中核集团各单位主要负责人、安全生产主管领导和安全生产管理人员进行培训，共培训354人，经考核颁发安全生产资格证书。之后由国防科工委组织安全生产资格培训。中核集团总部安全环保管理人员自2005年起，全部取得由国家安全监督管理总局颁发的安全生产资格证。

2002年4月6日，七九四矿发生炮烟中毒事故，在救助过程中，又有多名参与抢救的职工中毒伤亡，共造成12名职工死亡，重伤2人，轻伤26人，这次事故是一起因通风管理严重不善，井下局部通风系统处于瘫痪状态，矿山应急救援预案不落实而导致的重大责任事故。为了牢记惨痛教训，警钟长鸣，从2003年开始，中核集团将4月6日定为中核集团安全生产日。

中核集团大力建设安全文化，每年开展“4·6”安全生产日活动与“安全生产月”活动，评选年度安全生产先进班组，开展形式多样的安全生产宣传教育活动，广泛宣传安全管理和安全知识，弘扬安全文化。

**（三）安全隐患排查与治理**

中核集团高度重视隐患排查与治理工作，1992年年底，在核工业第四研究设计有限公司（简称核四院）成立核工业铀尾矿坝工程安全技术监督站，建立了铀尾矿库定期安全评估机制。2008年，在核化冶院成立铀矿通风防护技术中心，每年对各矿山进行通风安全检测和评估。2000年，中核集团组织各系统排查确定各系统重点安全隐患，要求各系统重点检查监控并重点治理。2003年，中核集团对所属矿山进行了安全评估。按照国家安全生产监督管理总局的统一部署，2007年开始，中核集团在全系统各单位开展安全生产隐患排查治理工作。经过几年推动，隐患排查治理成为安全生产监督管理的一项常规性工作，得到逐步规范和加强。

为逐步消除早期遗留的各类重大安全环保隐患，中核集团多方筹措资金，加大投入，支持成员单位的安全技术改造工作。2001年以来，中核集团积极争取安全技术改造经费支持，一批安全技术改造项目得到落实，老旧核设施本质安全度得到提高。针对核设施防范和应对自然灾害能力不足问题，落实了15家核设施单位安全应急整改项目，配备相关应急设备物资，健全核设施应急措施，提高了早期核设施抵御地震、洪水、泥石流、滑坡等重大自然灾害的能力。针对部分存在重大隐患无法进行整改的早期核设施，建设新设施予以替代。针对铀矿山与尾矿（渣）库安全隐患，完成地下铀矿井“安全避险”六大系统建设及尾矿（渣）库在线监测系统建设，进一步提高铀矿山及尾矿（渣）库的本质安全水平。

**（四）安全管理提升**

加强建设项目安全设施“三同时”工作，认真组织开展新上建设项目职业安全“三同时”工作，为建设项目安全实施创造条件的同时，促进了中核集团本质安全管理水平的提高。

根据国家有关规定，中核集团从2007年开始提取高危行业企业安全生产费用，从2009年开始提取非高危行业企业安全生产费用，建立了企业安全生产投入长效机制，并将年度提取额的15%上交中核集团集中管理、统筹使用。中核集团集中管理的安全生产费用严格执行集团有关规定，主要用于重大安全隐患整改补助支出。

2012年，中核集团明确以安全生产标准化建设为抓手，推动全系统安全环保管理水平提升。中核集团有效推进安全生产标准化建设工作，组织完成中核集团安全环保考核评级标准的编制和发布，成立两家安全生产标准化评审机构并取得安全生产标准化一级评审机构资格，把标准化建设纳入对成员单位的重点任务考核并加强监督，加强对单位安全生产标准化达标评定工作的指导，取得良好成效，全系统科研生产单位全部通过安全生产标准化达标，推动安全生产工作的规范化、科学化，提高了安全生产管理水平。

## 第三节　核工业环境保护

核工业历来高度重视环境保护工作，认真贯彻落实国家关于环境保护工作的部署和要求，建立健全环保管理体系和辐射环境监测体系，从组织、制度、设备、监测等方面采取措施，切实履行企业环保责任，确保辐射环境安全，所属成员单位环境质量保持良好。核设施流出物排放得到有效控制，历年来放射性排放低于国家规定的排放限值；核设施周围地区环境辐射水平处于本底涨落范围，环境安全受控。

## 一、环境保护管理

为加强环境保护管理，1986 年设立核工业部环境监测和评价中心（简称环境中心），其任务是代表核工业部统计管理全部的“三废”和环境统计资料，进行环境质量状况抽检，提高监测技术和质量保证水平，编写核工业部的环境影响评价报告，跟踪国外先进的环境管理和监测技术，为核工业部环境保护管理和“三废”治理决策提供可靠依据。环境中心成立后，每年编制“三废、环境统计年报表”，提交核工业年度环境统计与评价报告。为了加强环境监测的监督，环境中心对重点单位进行环境质量监督，定期提交环境质量监督报告，对相关单位的环境质量状况进行了评价，同时提出防止污染的建议。

1989 年 12 月 26 日《中华人民共和国环境保护法》颁布，中核集团严格落实环境保护要求，严格开展建设项目环境影响评价和环保设施“三同时”制度，加强流出物和环境监测，加强放射性废物安全管理。2003 年 10 月 1 日《中华人民共和国放射性污染防治法》实施，这是我国第一部核与辐射安全监管法律，为核能科学发展发挥了重要指导作用。《放射性污染防治法》发布后，中核集团组织开展集中宣贯和培训，认真贯彻落实“预防为主、防治结合、严格管理、安全第一”方针，树立严格依法依规、安全经营的理念，在防治放射性污染同时，促进核能和核技术利用的开发利用。

为落实国家环保局对秦山地区环境影响有关指示精神、满足秦山“一址多堆”这一特定地区的环境保护工作的要求，中核总于 1996 年 5 月成立秦山地区环境管理工作领导小组并下设办公室，负责秦山地区环境保护、应急响应和放射性废物管理工作方面的统一管理、统一申请排放量限值、统一实施环境监测及统一组织应急准备与响应活动。

随着社会发展，公众的环境保护意识越来越强，由于核的敏感性，对中核集团环境保护工作提出了更高要求。2007 年，根据环境保护新形势要求，中核集团修订了《中国核工业集团公司环境统计管理规定》，对所属成员单位的辐射环境状况和环境保护工作情况进行调查、统计和分析，促进辐射环境安全的有效监管。2012 年，发布《中国核工业集团公司环境保护管理办法》，规定了环境污染的防治、建设项目环境保护管理、放射性废物管理、流出物与环境监测及评价、事件报告与调查处理等方面要求，使环境保护工作与核工业发展相协调。

2005 年，中核集团组织开展铀矿山专项整治行动，涉及正在生产的铀矿山企业 17 家（工区 27 个）、铀纯化厂 1 个、关闭的矿冶点 20 个。2008 年，中核集团在全系统开展环境现状自评价工作，针对自评价发现的问题，组织各单位进行整改，进一步改善环境现状。2011—2015 年，中核集团组织开展铀矿冶环保整治专项行动，开展废水处理设施整改，制定监测仪器设备配置规范，并配备监测仪器设备，组织监测人员培训并实施持证上岗，经过 4 年持续整顿，铀矿冶环保管理进一步规范，铀矿冶总体环境状况得到明显改善。2015 年，在核四院成立中核地矿环境工程技术中心，为铀矿冶系统环境工程及退役治理提供技术服务。

2009—2015 年，中核集团组织开展环保专项监督检查，完成了所有科研生产单位的环保专项检查。通过专项监督检查活动，进一步提高各成员单位环境保护意识，推动环境隐患治理，环境风险管控得到加强。2013 年中核集团在全系统开展环境隐患排查和环境风险评估工作，环境风险识别范围包括科研生产设施风险识别和生产过程中所涉及的危险物质的识别，同时开展厂址外部环境受体敏感性分析，进行环境风险预测，按照“预防为主、防控结合”原则，有针对性地提出环境风险防范和应急措施，确保环境安全。

## 二、辐射环境监测能力建设

1988 年，中辐院与日本原子力研究所（JAERI）签订“中、低水平放射性废物浅地表层处置安全评价方法学研究”国际合作项目协议。该项目从技术和设备上提高了安全评价能力，解决了中低放废物近地处置安全评价方法学问题，建立了相应的评价技术方法，培养了科技人员，取得了很好的经济效益和丰富的科研成果。1988 年，核工业部建立包气带核素迁移野外试验场，开展放射性及非放化学污染物在含水层和包气带中迁移的野外试验研究，该基地是国内最早获得环保部门批准的野外试验场所；1989 年，建立包气带和地下水核素迁移模拟实验室；1990 年，建设低本底放射性测量实验室；1994年，成立核工业环境分析测试中心，提高了放射性同位素分析和监测能力。

1998年，设立核工业重点实验室——核辐射环境模拟技术实验室，成立了核辐射环境模拟技术实验室第一届学术委员会，由中国科学院院士李德平，中国工程院院士任阵海、乐嘉陵、潘自强及北京大学、清华大学、中辐院等单位的15名著名专家组成。

应急监测作为环境监测的重要内容，为国家和中核集团开展应急行动提供了技术支持。1986年切尔诺贝利核电站事故发生后，核工业部组织原子能研究所和辐射防护所及时启动辐射环境应急监测。2011年日本福岛核事故发生后，中核集团及时发布应急指令，要求各成员单位开展环境应急监测，环境中心也同步加强应急监测期间成员单位流出物数据的统计分析，提高流出物排放数据获取频率，分析结果及时上报和公布，为监管部门和中核集团掌握总体情况提供了第一手数据。

环境监测实验室间分析测量比对是检查实验室分析测量方法是否存在系统误差和过大随机误差的有效手段。2011—2015年，中核集团连续4年组织流出物及环境监测实验室比对活动，环境中心、全系统核设施单位流出物及环境监测实验室参加了比对活动。每次比对结束后，中核集团均组织比对研讨会，就监测方法、仪器设备、样品处理方法、数据分析和管理优化等进行交流和讨论。通过持续开展环境监测比对活动，检验了全系统核设施单位流出物及环境监测能力，进一步提高监测水平，规范了流出物及环境监测工作。

## 三、早期核设施的退役及环境治理

我国于1990年启动核设施退役和放射性废物治理专项，开展历史遗留核设施退役和放射性废物治理工作。20多年来，中核集团核设施退役和放射性废物治理工作取得重要进展，开展了部分核设施退役工作，建成了一批低、中放废物处理处置设施，地质和铀矿冶设施治理项目相当部分已经完成，核设施退役和放射性废物治理技术研发取得显著成果，有关标准和规范不断完善，培养了一批科研、设计和工程技术人员。

## 四、放射性废物最小化

随着核设施增加，产生的放射性废物越来越多。20 世纪 80 年代末，在潘自强带领下最先启动废物管理最优化研究，开展了中国原子能院废水排放最优化研究和含氚废物优化管理。2007 年，在潘自强带领下开展了放射性废物最小化战略和顶层设计研究课题，于 2011 年完成。该课题完成了放射性废物最小化战略和政策总体研究、核燃料循环前段、核电厂、核与辐射利用和研究堆废物最小化以及放射性废物最小化实用专项技术研究，放射性废物最小化研究取得重要进展。2014 年，《放射性废物最小化丛书》出版，对我国放射性废物管理起到重要推动作用。

2012 年以来，中核集团积极推动放射性废物最小化工作，核设施和核技术利用单位进一步规范放射性废物安全管理，落实放射性废物最小化措施，核电厂和核燃料单位实行放射性废物产生量年度目标管理，及时进行放射性废物处理和处置，确保放射性废物安全受控。

## 五、辐射环境质量评价

20 世纪 80 年代，为了全面总结和评价我国核工业发展 30 年以来的辐射环境质量状况，核工业部开展了“中国核工业 30 年辐射环境质量评价”研究课题，并于 1988 年完成。该课题对铀矿山、水冶厂、铀同位素分离厂、元件厂、燃料后处理厂、反应堆、钚冶金和加工企业以及核工程研究单位等进行了评价，评价范围覆盖面积 60 万平方公里，涉及居民人数达 1.5 亿人，提供技术资料5 300万字，取得各类数据 1 700 万个。30 年辐射环境质量评价主要结论认为：我国核设施周围关键居民组所受的剂量均低于国家规定的剂量限值。核设施周围关键居民组所受年剂量，80%都小于天然辐射照射年平均剂量的十分之一，最大者也仅等于全国天然辐射照射平均剂量的二分之一，实际上都在各省市平均天然辐射照射年剂量的涨落范围内。评价认为，核能的发展对环境的影响是很小的，与煤电相比其影响可忽略不计，发展核电将有助于减缓能源开发引发的环境问题。

核工业严格按照环境辐射防护规定和辐射环境监测技术规范等法规标准要求，每年组织核设施流出物环境监测与评价工作。2010—2012 年，中核集团组织对铀矿冶生产、核燃料加工制造和研究堆等单位的流出物及环境监测大纲统一审查，完善监测大纲，并督促各单位严格执行监测大纲。历年环境监测与评价结果表明，核电厂、核燃料循环设施、铀矿冶及科研院所的环境监测设备和监测能力满足监测需要，监测的环境介质、核素种类、监测频度基本满足法规和标准要求，核设施流出物实现达标排放，运行核设施对厂址周围环境影响很小，环境辐射剂量水平处于本底涨落范围，环境安全总体受控。

## 第四节　职业健康管理

核工业是特殊行业，除有其特殊的职业危害因素——放射性危害因素外，也有一般工业企业所具有的职业危害因素。自核工业创建开始，就组建了比较完善的辐射防护和预防保健体系，制定了职业健康管理措施。核工业各单位认真贯彻防止职业危害的指导思想，积极采取措施，保证安全防护和医疗卫生事业发展，核工业职业病防护设施投入和防护技术水平不断提高，工作场所职业病危害因素浓（强）度大幅度降低，工作场所职业病危害因素达到国家标准要求，杜绝了急性职业病的发生，职业危害得到较好控制，保证了核工业职工和周围居民的安全与健康。

### 一、职业健康“三同时”

落实建设项目职业健康“三同时”制度，即：所有核工程全部开展职业安全卫生评价与审查工作，做到职业健康设施与主体工程同时设计、同时施工、同时投入使用。“三同时”制度是提高固有安全性、实现职业健康管理关口前移的重要措施。核工业一直把职业健康“三同时”作为重中之重来抓。

1995 年，中核总与劳动部联合发布《核电厂职业安全卫生设计规定》。2002 年《中华人民共和国职业病防治法》颁布后，中核集团所有核工程进一步加强职业健康“三同时”管理，严把可行性研究、设计、建造和验收关口，从源头控制作业场所职业病危害因素。

2008 年，中辐院和核化冶院取得国家安监总局批准的职业安全评价资质，中辐院同时取得卫生部批准的职业健康甲级评价资质。

2009 年，卫生部授权中核集团设立核工业职业卫生管理办公室（简称核卫办），对核工业各单位履行职业健康监督管理职能。中核集团制定《中核集团建设项目职业健康“三同时”监督管理办法》，加强评价、设计和审评专家队伍建设，严格审评程序，严把评价报告、设计专篇和单项验收质量关，保证建设项目“三同时”工作严格遵守国家相关规定。

2014 年 10 月，国家安全生产监督管理总局委托国防科工局归口管理军工建设项目职业卫生“三同时”，并和国防科工局联合印发《关于军工建设项目职业卫生“三同时”实行行业归口监督管理的通知》。2015 年 3 月国防科工局印发《关于加强军工建设项目职业卫生“三同时”工作的通知》，具体规定军工建设项目职业卫生“三同时”的各项事宜，并于 2015 年 4—5 月组织各军工集团公司开展军工建设项目职业卫生“三同时”培训。

2015 年中核集团对《中国核工业集团公司建设项目职业卫生“三同时”监督管理办法》（第二版）进行修订，以更好地适应新管理要求和实际工作需要。中核集团有甲级和乙级职业卫生评价机构各 1 家，国家专家库职业卫生专家 7 名，国防科工局专家库 19 名，中核集团专家库 80 名。

## 二、职业危害因素控制

2001 年《中华人民共和国职业病防治法》颁布后，中核集团立即组织专家到各单位进行宣讲，并对各单位的职业病防治工作进行指导。2009 年，国防科工局批复在核工业总医院、核工业四一六医院、核工业四一七医院、四一九医院分别成立 1 个国家核应急医学救援技术支持中心和 4 个核应急医学救援分队，大力加强医疗救治、放射性职业健康体检能力和核应急医学救援能力，病床数量和医疗救治能力实现了质的飞跃，核工业总医院、核工业四一六医院从二甲医院升为三甲。

2001 年，中核集团启动环境管理体系和职业健康安全管理体系认证的准备工作。2001 年 9 月在北京举办了环境和职业健康安全管理体系首次培训班。兴原质量认证中心在已具备 ISO 9000 和 ISO 14000 认证资质基础上，

2001 年取得 OHSAS 18000 认证的资格。经过几年的宣传和倡导工作，从 2006 年开始，中核集团在 12 家单位开展了职业健康安全与环境管理体系认证试点工作，2009 年，中核集团要求所有承担生产研制的单位开展认证。

2007 年以来，中核集团进一步加大对作业场所职业病危害因素的日常监测和统计评价工作力度，完善现场职业健康保护工作。

2012 年，鉴于我国职业病防控形势十分严峻，不仅职业病例总量大，而且新发职业病例呈连年上升趋势，群体性职业病事件社会影响巨大，国家开展了 2013—2015 年为期 3 年的全国职业卫生基础建设活动。中核集团发布《关于加强职业病防治工作的指导意见》，严格按照国家要求的 10 个方面 60 项职业卫生基础建设内容，2013 年完成自查，2014—2015 年完成整改和总结。通过开展职业卫生基础建设活动，各成员单位辐射防护工作得到巩固，非放射性职业危害防控得到重视。

2012 年修订后的《职业病防治法》和《工作场所职业卫生监督管理规定》颁布，按照国家要求，中核集团在开展辐射防护和职业卫生日常监测的基础上，各成员单位委托具备资质的职业卫生技术服务机构对工作场所开展一年一次的定期外委职业危害因素全面检测。2015 年，国家安全监管总局办公厅印发《关于印发用人单位职业病危害因素定期检测管理规范的通知》，中核集团进一步规范工作场所职业病危害因素定期检测，健全全系统职业危害因素检测（日常监测和定期委托监测）体系。

## 三、职业健康监护与评价

职业健康监护、职业病危害因素监（检）测以及职业病危害现状评价是集团公司职业卫生管理工作的重要组成部分。

1984—1991 年，核工业部（中核总）安防卫生局组织开展了“中国核工业辐射流行病学调查研究”。包括铀矿地质勘探、铀矿开采、铀扩散浓缩和元件制造、反应堆和后处理以及核科学技术研究等单位，按辐射流行病学调查方法建立统一的流行病学数据库，按历史前瞻性调查方法进行队列研究。从 1971—1985 年 15 年期间随访 5 万多人，共 62. 7 万人年。利用各种统计指标，利用所建立的计算机数据库进行辐射致癌的总体分析。1994 年出版了《中国核工业辐射流行病学研究》，对我国核工业 30 年来职业受照人群辐射流行病学调查研究进行了系统总结。调查结果表明，在长期从事放射性作业人员中没有发现职业性照射引起癌症及遗传性疾病增加的危险。2003 年以来，中核集团组织中核金原铀业公司对铀矿山通风系统进行改造，加强管理措施，井下作业人员粉尘、剂量水平大幅下降，降尘降氡取得了较大进步，随着地浸矿山的发展，铀矿冶的职业卫生工作得到了进一步改善。

根据卫生部颁发的《职业病的诊断管理办法》，核工业部与江苏省、山西省等 6 省卫生厅商定，分别在苏州医学院、辐射防护所附属医院、四一五医院、四一七医院、四一九医院以及核工业江西矿冶局、华东地勘局成立职业病诊断小组。在此基础上，核工业部成立部级职业病诊断组及尘肺诊断组。1985 年制定《核工业部职业病报告和登记办法》并在辐射防护所成立核工业职业病登记中心，负责全部职业病登记、统计和分析报告。1987 年，核工业部根据国务院颁发的《中华人民共和国民用核设施安全监督管理条例》制定了《核工业部辐射事故医学应急管理办法》（试行）和《超剂量受照人员医学随访管理办法》。

20 世纪 80 年代，中核总设立 14 个核设施现场应急医疗队以及分别由苏州医学院、辐射防护所和各地区性医院组成的 6 个后援医疗队，总计有应急医疗队员 227 名。安防卫生局负责对他们进行定期的普通医学和职业医学训练，保持常备不懈。1988 年，在苏州医学院附属二院建立秦山核电站核事故应急医学应急中心，提高核电厂医学应急救治能力。

核工业从 90 年代开始建立职业危害与职业健康年度报告制度，职业健康中心每年对全系统各成员单位职业危害与职业健康信息进行统计分析和评价，编制核工业职业健康与职业危害信息统计与评价报告，为核工业职业健康管理提供决策依据。历年年度职业危害与职业健康评价报告显示，核工业职业健康管理总体状况较好，主要职业病危害因素均得到有效控制，较规范地开展了职业健康体检，满足国家职业健康管理要求。

# 第五节　核应急管理

核工业借鉴三哩岛、切尔诺贝利和福岛核事故的经验教训，把核应急作为安全保障的最后一道屏障，在重点抓好事故预防工作的同时，着力做好事故应急计划与准备工作。

## 一、核应急管理体系建设

1988 年 10 月，核工业部组建核事故应急指挥中心，在辐射防护所设立核事故应急技术后援中心，在苏州医学院设立医学应急技术后援中心，在核动力运行所设立应急运行技术后援中心。核事故应急指挥中心参加了 IAEA 1988 年核事故国际通讯试验和演习。

1989 年，核工业部组织有关单位协助编制了秦山核电应急计划、广东大亚湾核电站应急计划、八二一厂事故应急计划等，组织了相关演练工作，应急准备工作得到进一步完善。

1991 年，中核总成立“核事故应急指挥部”和其办事机构——应急办公室，蒋心雄总经理兼任指挥部总指挥，分管核电的副总经理黄齐陶兼任第一副总指挥，分管安全防护的副总经理李定凡和总经理助理马福邦兼任副总指挥；安防局局长潘自强兼任应急办主任。秦山核电公司（秦山核电站）于 1991 年 6 月建立应急指挥部和应急办公室；广东核电合营有限公司（大亚湾核电站）于 1991 年 3 月建立应急指挥部，确定了日常应急计划与准备管理机构；江苏核电公司（田湾核电站）等核电站相继组建应急指挥部和管理机构，健全了我国核工业系统场内应急组织体系。

1991 年 6 月，秦山核电站进行首次装料前的应急演习，国务院核电办、中核总组织观察评估团检查了这次演习。1991 年 8 月，浙江省组织秦山核电站核应急综合演习。1993 年 2 月，中核总与广东省应急协调委进行大亚湾核电站运行前场内核应急演习，国家核安全局、国家环保局和卫生部的应急组织参加演习，国际原子能机构派代表作为观察员参加演习。1993 年 8 月，广东省应急协调委与中核总组织了大亚湾核电站运行前应急综合演习，国家核事故应急办公室和广东省政府联合组织评估团对演习进行了评估。

1993 年中核总应急办专设应急处，编制人员（3 人）挂靠安防部；1997 年 4 月，应急办主任改由办公厅主任兼任，以利于发挥协调作用，安防部领导改任常务副主任，安防部仍归口管理系统的日常核应急工作。

1994 年，中核总西配楼新应急中心建成，扩大了使用空间，设有大指挥室、设备室、资料室、应急处办公室和国家核应急办办公室（中核总应急中心兼容为国家核应急中心）；当年年底开通了声像系统、电话调度汇接系统和信息显示系统。

中核集团成立后，制定并发布《中核集团核应急管理规定》和《中核集团核应急计划》，成立由中核集团总经理担任总指挥的核应急指挥部，设立核应急办公室，建立了中核集团核应急中心。

2003 年 7 月，中核集团印发《重特大安全生产事故应急预案》。根据国家的要求和中核集团组织机构变动情况，中核集团应急预案经过多次修订，形成以《中国核工业集团公司生产安全综合应急预案》为总体应急预案，辅助以《中国核工业集团公司核应急专项预案》《中国核工业集团公司工业安全事故应急专项预案》《中国核工业集团公司辐射事故应急专项预案》《中国核工业集团公司铀尾矿（渣）库事故应急专项预案》4 个专项应急预案，构成总部的应急预案体系。

2011 年，随着中核集团“三个中心”管理模式的建立，相应建立了总部、专业化公司及核设施单位三级核应急管理体系，健全了应急管理机构与常设机构兼容的运行管理机制。

## 二、核应急准备与响应

1979 年 3 月，美国三哩岛核事故后，核工业加强了核事故应急准备工作。1984 年，安防卫生局派技术人员参加 IAEA 在美国举办的应急技术培训班学习。1985 年，在 IAEA 支持下，安防卫生局会同国家核安全局、国家环保局在辐射防护所举办应急培训班，培养了一批技术骨干。

1986 年 4 月苏联切尔诺贝利核电站发生灾难性核事故。这起事故给世界核电的发展蒙上阴影，引起全世界对核电安全的关注，对刚刚起步的中国核电建设也产生极大影响。为了汲取苏联核电站事故教训，落实国务院领导关于核应急的指示，做好核事故应急工作，由国务院核电领导小组办公室主持，核工业部与国家核安全局于 1986 年 6 月在北京联合召开全国首次核应急对策研讨会。会议传达国务院领导的指示；交流先进核国家应急工作的情况；研讨我国制定核应急计划与准备工作的内容和要求、我国核应急体制与体系的建设以及相关对策等。

第一次“全国核事故应急对策研讨会”后很快组建了国务院《核电厂核事故应急管理条例》起草小组和编审组。1991 年 11 月，国务院法制办会同国务院核电办召开《核电厂核事故应急管理条例》（报批稿）意见协调会，会议明确由国务院法制办负责对报批稿进行修改、报国务院审定。1993 年国务院第 123 次常务会议通过，国务院第 124 号令发布，《核电厂核事故应急管理条例》自 1993 年 8 月 4 日起施行。

核工业部先后发布了部门（行业）规章《核设施事故应急管理规定》和《辐射事故医学应急管理办法》。1986 年 9 月，核工业部组织秦山核电站、大亚湾核电站、原子能研究所和八二一厂作为编制核事故应急计划和开展应急准备工作的试点单位，开展应急计划和准备工作。

1986 年 7 月，核工业部与国家核安全局共同确定核应急攻关课题，解决应急技术问题：核事故应急状态分级；事故释放源项；事故辐射后果评价模式和程序；大气扩散模式和程序；气象资料获取和抽样方法；应急辐射监测；应急计划区；应急干预水平与导出干预水平；应急对策及其代价-利益分析方法；应急设施功能与参数；应急计划的标准格式与内容等，先后与原子能研究所、辐射防护所、清华大学核研院、北京气象中心、总参防化研究院、总后军事医学科学院等单位签定了合同。课题成果完成后，均通过部级鉴定，大部分课题成果应用于实践，有的转化为部门规章、导则、国家标准与行业标准。

1988 年 2 月，中核总与 IAEA 签订核事故应急技术援助协议，这一协议确定了 IAEA 提供的援助项目，包括安排培训中国核事故应急技术人员、提供专家咨询服务和事故后果评价计算机系统及评价程序等。

2008 年四川汶川发生特大地震，对中核集团西南地区核设施造成威胁。中核集团按照应急预案，立即启动应急响应工作，中核集团核应急指挥部组织有关领导和专家第一时间赴川进行现场指挥和协调。在有关部门支持下，中核集团党组正确决策，迅速反应，大力协调，短时间内恢复核设施供电，及时控制险情，确保了核设施安全。

2009年，国家核事故应急协调委员会依托田湾核电站，成功实施了“神盾-2009”第一次国家级核事故应急场内外联合演习。2015年6月，中核集团组织中国原子能院、中辐院、核航遥中心、核工业总医院、核工业四一六医院、核工业四一七医院等6家成员单位作为国家级核应急技术支持中心和国家级核应急救援分队参加了“神盾-2015”第二次国家核应急联合演习，出色完成演习规定的任务，进一步提高了自身的应急响应和技术支持能力。

中核集团指导和督促各核设施成员单位，按照国家核安全法律法规要求，开展综合应急演习和专项应急演习，检验应急预案的有效性和实用性，提高应急处置能力，保持应急能力常备不懈。2011—2015年共开展各类演习近2 000次（场），检验应急预案与响应程序、应急设施和设备的有效性，提高了应急响应能力。

## 三、核应急能力建设

1992年5月，邮电部批准中核总核事故应急时使用国家特种电话，建立以中核总应急指挥中心为中心的通信网，实现与国家核应急办公室、国家核安全局、秦山和大亚湾核电站、其他几个重要核设施以及应急技术后援单位的特种电话通信联网，授予上述单位特种电话使用权，并通知当地电信管理部门予以落实。1994年，国家计委批准中核总卫星应急通信工程项目，1995年建设安装，1997年投入运行。

中核集团建立了5个核应急技术支持中心和7个核应急救援分队，主要包括：核电厂事故应急运行技术后援中心（运行应急救援分队）、国家核应急辐射防护技术支持中心（辐射防护救援分队）、国家核应急医学救援技术支持中心（医疗应急救治分队）、国家核应急监测技术支持中心（辐射监测分队）、国家核应急航空监测中心（航空监测分队）、核工业四一六医院医疗救治分队、核工业四一七医院医疗救治分队。各中心为非常设专业单位，由有关科研院所和医院兼容。核电厂事故应急运行技术后援中心设在核动力运行所。

2006 年以来，在国防科工局支持下，中核集团所属核燃料、研究堆等 10 家核设施单位实施了核事故应急响应能力建设项目。通过这些项目，各核设施单位建设了应急指挥中心和基本的应急指挥、通讯和应急评估能力，建设了应急辐射监测系统，完善了医疗救护、去污洗消和消防等应急响应能力，设置了应急电源和应急物资等保障能力。10 家单位核事故应急能力有了明显提高，基本解决长期以来老旧设施应急能力不足的问题。

为汲取福岛核事故经验教训，中核集团编制了核电厂核事故应急支援方案，依托秦山核电基地组建了中核集团核电厂核事故应急场内支援总队，依托田湾核电、福清核电、海南核电、三门核电组建场内支援队，初步具备了中核集团统筹的核电厂应急支援能力。中核集团还与其他核电集团签署了应急支援协议，作为应急能力的补充。中核集团所属核电厂在面临极端核事故情况下的应急响应和事故支援能力得到提升。

2014—2015 年，中核集团继续加强核应急支援能力建设，针对各核电厂分散储存的核应急资源，完成中核集团应急资源信息管理系统开发，实现各核电厂核应急资源信息的共享；对核电厂的移动泵接口和移动电源等核应急大型移动设备进行接口通用性改造，使这两类设备在核应急支援中能快速顺利投入使用；完成了中核集团核电厂核事故应急场内支援基地的选址论证，为支援基地实体建设打下基础。

## 第六节　安防环保国际交流与合作

改革开放以来，我国安防环保国际交流与合作从无到有，从少到多，经历了从被动到主动，从单一外事向全方位、多渠道、宽领域、深层次合作转变的过程。主要包括与联合国原子辐射影响科学委员会（UNSCEAR）、国际原子能机构（IAEA）、国际放射防护委员会（ICRP）、国际辐射防护协会（IRPA）及其他国家和国际机构的交流与合作。

## 一、与联合国原子辐射影响科学委员会（UNSCEAR）的交流与合作

UNSCEAR是根据1955年12月3日联合国大会通过的第913（X）号决议成立的，作为联合国大会的一个科学委员会，是在联合国系统内唯一授权的、评价和报告有关电离辐射照射水平和影响的机构。世界各国政府和组织依赖委员会对辐射源和影响的评估，将其作为评估辐射危害、制定辐射防护和安全标准以及审管辐射源的科学基础，在联合国系统内，IAEA应用这些评估结果，履行其法定的制订辐射防护标准和导则的职责。1986年12月3日，联大通过第41/62B号决议，成员国增加至21个，邀请中国成为成员国；2011年，成员国增加至27个。自成立以来，UNSCEAR在辐射水平和影响方面开展了大量研究工作，出版了近30部科学报告。这些报告已成为各国政府和组织对辐射源影响评估的依据，将其作为评估辐射危害、制定辐射防护和安全标准以及审管辐射源的科学基础。

1987年我国政府派代表正式参加了UNSCEAR第36届会议，第一届中国代表团由核工业部组团，由魏履新（国家代表，卫生部工业卫生实验所）、李德平（国家副代表，辐射防护所）和吴德昌（顾问，北京放射医学研究所）3人组成。1996—2015年，由潘自强任UNSCEAR国家代表并带团参加UNSCEAR会议。通常，每年召开一次大会。

我国加入UNSCEAR后，积极参与UNSCEAR工作，提供了我国有关研究成果，主要有：中国天然放射性环境本底调查、中国核工业30年环境评价、中国阳江高本底辐射研究、中国核工业辐射水平和效应、中国几个高氡地区居民肺癌流行病学调查、苏联切尔诺贝利事故和日本福岛核事故后中国大陆地区碘-131和铯-137污染状况、中国能源与环境影响评价等。

## 二、与国际原子能机构（IAEA）的交流与合作

IAEA是世界政府间关于核领域科学技术合作的中央论坛和关于民用核计划的核保障与核查措施应用的国际视察机构，成立于1957年7月29日，其宗旨简约为“加速和扩大原子能的和平利用，防止用于军事目的”，其机构内设有核安全和核安保司，司下设核安保办公室、辐射、运输和废物安全处，以及

核安保办公室，并成立了相应的专家委员会。根据 UNSCEAR 有关辐射效应和水平的研究结果和 ICRP 提出的防护原则和建议，制定相应的执行标准，供各成员国参考。在 1984 年我国成为 IAEA 的成员国后，我国核工业在核与辐射安全方面与 IAEA 建立了非常融洽的合作关系。1985 年 ICRP 主委员会主席 D. J. Beninson、荣誉委员 Bo Lindell 作为 IAEA 辐射防护顾问组成员访问了原子能研究所、辐射防护所、卫生部工业卫生实验所和西安有关单位。在访问过程中，与中国辐射防护科技人员进行广泛接触，提出许多有益意见。这次访问促进了 IAEA 与我国在辐射防护方面的合作，对核工业部学术地位在国际上的提升起到至关重要的作用。在这次访问后不久，IAEA 批准了“中国辐射防护近代化”和“辐射防护和核安全培训中心”两个合作项目。

1986 年 9 月，蒋心雄部长代表我国政府参加 IAEA 在维也纳召开的特别会议，审议通过《及早通报核事故公约》和《核事故或辐射紧急情况援助公约》，并代表政府在两个公约上签字。我国政府于 1987 年 4 月 16 日核准这两个公约，同时根据公约的有关规定向 IAEA 提交有关声明。同年，派国内专家组参加 IAEA 在维也纳召开的“苏联切尔诺贝利核电站事故讨论会”，推动我国核电站的核与辐射安全和应急工作。

2000 年，中核集团接待了 IAEA 对中国的辐射防护同行评估团。评估团访问了政府主管部门和中核集团，并到核工业科研院所和有关单位考察，给出评估意见，提出改进建议。

2010 年，IAEA-TC 项目中国高放废物处置场址特性调查、工程设计、核素迁移和安全评价取得实质性进展，中核集团所属单位派员赴瑞典接受放射性废物处置系统安全评价方法学培训。

2011 年 12 月，中核集团所属单位派员赴摩纳哥参加“环境样品中天然放射性核素 γ 谱测量技术交流”会议，作为 IAEA 环境放射性测量分析实验室（ALMERA）成员单位完成了年度比对任务。

## 三、与国际放射防护委员会（ICRP）的交流与合作

ICRP 是非盈利、非官方的独立的国际科学组织，由放射防护领域杰出的科学家和政策制定者组成，成立于 1928 年。几十年来，在总结国际放射防护科学研究和经验基础上，形成国际统一的放射防护基本标准方面做了大

量工作，ICRP 建议书和出版物实际上已成为有关国际组织制定标准的基础，各国在制定放射防护标准时也是以 ICRP 出版物为主要参考资料的。我国科技工作者直接参加 ICRP 的活动虽然在 1978 年，但在我国原子能事业发展初期，在实际工作中就采用了 ICRP 的基本概念和最大容许剂量限值。2002 年发布的我国现行国家标准（GB 18871—2002）采用了 ICRP 1990 年建议书提出的基本原则。ICRP 设主委员会和常设分委员会，李德平于 1985 年被邀请参加 ICRP 主委员会。1997 年成立新一届 ICRP 时，我国有 5 人分别被邀请参加主委员会和 4 个分委员会，并逐渐有人参加任务组和工作组。

1992 年 9 月 21 日到 24 日，ICRP 第一分委员会在北京召开，25 日召开了研讨会。主委员会委员、第一分委员会主席 W. K. Sinclair 在会上作了“ICRP 新建议书及 ICRP 第一分委员会的任务”报告。会后，W. K. Sinclair 访问了中辐院，对辐射效应研究和科研管理方面提出不少有益的意见。1996 年 8 月 26 日至 31 日，ICRP 第二分委员会在北京召开，并在会议期间举行了一次专题讨论会。委员会成员向与会者介绍了本分委员会在不同领域内所取得成果并于会后应邀访问了中辐院，签定了中辐院和德国辐射防护联邦机构之间的合作协议。1996 年 10 月，ICRP 主席 R. Clarke 应邀参加在中国举行的国际核能与环境会议并作了“对核能生产环境风险管理的国际建议”的报告。

2004 年 10 月 10 日至 18 日，ICRP 全委会在北京召开，世界辐射防护界著名专家和学者约 120 人参加了会议。

## 四、与国际辐射防护协会（IRPA）的交流与合作

经原国家科委批准，中国核学会辐射防护分会以中国辐射防护学会的名义对外交往，并于 1989 年 5 月加入 IRPA，成为 IRPA 成员国学术团体。1988 年 4 月 10 日至 22 日，IRPA 在澳大利亚悉尼召开代表大会和 IAEA 核能辐射防护国际会议，我国代表第一次参加 IRPA 会议，代表包括李德平、潘自强等 7 位。

1993 年 10 月 18 日至 23 日，中国辐射防护学会在北京举办 IRPA 亚洲辐射防护大会，来自 17 个国家和地区的 123 名代表和我国 70 多位专家参加大会。2006 年，在国家环保局、国防科工委等有关部委支持下，中国辐射防护

学会与 IRPA、亚洲和大洋洲地区辐射防护协会等单位联合举办第二届亚洲大洋洲辐射防护大会，来自国内外专家学者 400 余代表参加会议。本次大会为交流各国辐射防护领域的工作经验、分享信息和科技成果、促进学科的进步和发展起到了重要作用。

## 五、与其他国家和国际机构的交流与合作

1985 年，核工业部启动实施与日本科技厅 STA 合作的交流项目。该项目由日本科技厅出资从亚洲各国选派青年科技工作者赴日本各大学和科研单位进修 3 至 12 个月，以促进亚洲各国的科技交流。核工业部自 1985 年起开始组织申报此交流项目，之后每年都进行项目申报并获批准派出青年骨干赴日进修，这些进修人员直接参与科研工作，回国后成长为相关领域的专家。

1988 年 1 月，辐射防护所与日本原子力研究所（JAERI）签订“中、低水平放射性废物浅地层处置安全评价方法学研究”国际合作项目，合作期限为 5 年，旨在通过野外现场核素迁移试验验证实验室开发的核素迁移模式，为低水平放射性废物处置场的选择提供依据。1995—2001 年，第二次合作协议签订——“超铀核素近地表迁移行为及其处置安全评价方法学研究”，与 JAERI 的合作研究持续了 11 年。

1994 年 8 月，应比利时核研究中心（SCK/CEN）及比利时原子能公司邀请，中核总代表团访问比利时，在参观实验设施和会谈基础上签署了合作备忘录。合作领域包括：放射性废物管理、环境保护、核电厂安全分析、核电厂设备去污技术开发等。

中核总与俄罗斯原子能工业动力部签署和平利用原子能合作协议框架后，1992—1996 年，中辐院派出 26 人次，在放射生物学、环境评价、放射性三废治理等领域与俄罗斯核安全研究所、莫斯科大学等单位签署合作备忘录 7 份，合作以交换专家、资料、研究方法和仪器等形式进行。

1994 年，在东京召开的第五届亚洲核合作国际会议（ICNCA）上，建议成立核安全与放射性废物管理项目，以加强 FNCA 国家放射性废物管理的经验交流，统一各国对辐射安全与放射性废物管理的认识，促进核能的和平利用。亚洲核合作论坛（FNCA）在 1995 年成立放射性废物管理项目，参与国包括澳大利亚、中国、日本、韩国等 11 个国家，中国由中核集团派代表作

为中方项目协调人。该项目成立以来，主要合作形式包括召开研讨会、技术访问和专题工作组，每三年发布项目组成果报告。1995—2015 年，中核集团积极参与 FNCA 放射性废物管理项目组工作，交流我国辐射安全与放射性废物的管理经验，了解亚洲各成员国辐射安全与放射性废物安全管理领域的最新动态。

2011 年 7 月，中辐院与韩国汉阳大学、日本东北大学在马来西亚共同主办第六届辐射安全与探测技术研讨会。2012 年 8 月，中辐院在太原举办“国际核应急技术学术会”，参会代表包括国内外核应急组织及核电厂营运单位的从事核应急工作的管理和技术人员，就核应急技术和管理体系、福岛核事故应急经验等进行了深入技术交流。

# 第三十章　人力资源管理及人才队伍建设

改革开放30多年来，核工业人力资源工作随着国家改革开放进程和核工业管理体制、任务变化而发生深刻变化。干部管理由计划经济时期干部职务终身制转变为能升能降、能上能下、能进能出的评聘、考核、监督制；员工配置由国家调配人员转向自主招聘、定向培养；薪酬分配由“平均主义”“大锅饭”转变为按绩效、贡献、责任考核评估激励制；用工形式由固定制转变为劳动合同制；教育培训由重使用、轻培训转变为全员培训、岗位培训、终身培训。以人为本的现代企业制度全方位覆盖干部、人才、分配、教育培训等方面工作。

中核集团通过实施一系列人才兴核、人才强企战略举措，为核工业改革发展打造了一支政治可靠、思想解放、懂经营、善管理的经营管理队伍，一支爱岗敬业、专业齐全、业务精、水平高的技术人才队伍，一支踏实肯干、技艺精湛、善学习、能攻关的技能人才队伍，为国家核科技工业发展、战略核威慑力量建设、核电发展以及中核集团改革发展提供了重要人才保障和智力支持。

30多年来，中核集团不断优化创业环境、改善生活环境、提升人文环境、创新制度环境，使人才资源总量有序增长、人才专业结构日趋合理，核专业高层次人才聚集效应明显提升。截至2015年年底，中核集团经营管理人才1.4万人、专业技术人才3.4万人、技能人才3.3万人，拥有两院院士17人、国家“千人计划”人选12人、国家“万人计划”青年拔尖人才5人、“百千万人才工程”国家级人选22人、国家级有突出贡献中青年专家16人、享受国务院特殊津贴人选1 079人、中华技能大奖获得者3人、全国技术能手29人，有超过450名高级技师活跃在生产第一线。

# 第一节　管理机构职责调整演变

改革开放后，人力资源管理机构调整和职责演变紧随政府职能转变、公司制改革、适应市场经济新形势而不断变化发展。

## 一、机构调整

1978 年以后的二机部、核工业部时期，管理机构有干部司、教育司、劳动工资司。1988 年改为中国核工业总公司后设立人事局、劳动工资局和教育培训部。1993 年总公司内部机构改革，将三部门合并为人事劳动局，承担干部人事管理、薪酬劳资、教育培训等职能。1999 年中国核工业集团公司成立后，将人事劳动局调整为人力资源部，负责全集团人力资源管理工作。

## 二、职责演变

核工业历经从计划经济到市场经济、从国家部委到现代企业集团的转变，人力资源管理职责也随体制变化不断调整完善。从核工业创建到改革开放之初，人力资源管理基本沿袭计划经济体制下的劳动人事管理模式。中核总成立后，人力资源管理的工作范畴、对象、性质、内容等都发生重大变化，劳动人事工作主要围绕企业改制、关闭破产重组、安置下岗职工及其子女再就业、配合地质属地化改革、矿冶等系统关闭破产、企业办社会职能属地化移交等开展。1995 年，成立中国核工业下岗再就业领导小组和办公室，围绕重大改革展开工作，同时，努力寻求国家对核工业改革的政策和财政支持。历经 10 年多的调整改革，企业关闭、破产、重组、改制顺利进行，进一步精干核工业职工队伍，有效保障和促进队伍稳定。

进入新世纪后，核工业人力资源管理理念更加开放，不断创新干部、人才、薪酬、绩效、用工和教育培训工作方法和机制，人力资源管理由传统的劳动人事管理方式逐步转变为现代企业人事管理方式，“以人为本”“人力资源是第一资源”“人力资源是第一生产力”等现代管理理念，融入人力资源管理各项工作中，并顺应改革发展需要，逐步建立起与现代企业制度相适应的人力资源管理架构与制度体系。

## 第二节　人才队伍建设发展历程和成果

### 一、人才队伍建设发展历程

核工业人才队伍建设经历了从小到大、从弱到强的发展历程。核工业创建初期，在中央和各部门关心支持下，从全国大规模选调人员、组建队伍，成千上万的职工从祖国四面八方来到戈壁荒原、深山峡谷，隐姓埋名，以身许国，成为核工业第一代创业者。进入二次创业阶段后，核工业连续十几年政策性亏损，企业经营和职工生活遇到严重困难，出现人才流失、队伍不稳情况。为稳定职工队伍并吸引优秀人才，各单位在推行“事业留人、感情留人、待遇留人”举措同时，加大人才培养力度。中核集团成立后，实施更加开放的人才政策，多措并举，积极培养、吸引、延揽人才，实现了核工业人才队伍良性发展。

#### （一）创建初期队伍组建

1955 年中央作出发展核工业的决定，周恩来总理亲自组织推进，在全国范围内大规模选调干部、专家、高级技工和大学生，使核工业在短时间内积聚了钱三强、何泽慧、王淦昌、朱光亚、邓稼先等一批精英人才。

1956 年 4 月，中共中央发出《中共中央关于抽调干部和工人参加原子能建设工作的通知》，将 1 895 名党政管理干部和科学技术干部分别充实到铀矿地质队伍、中科院物理研究所（由中科院近代物理研究所改名而来，后改名为中科院原子能研究所）、核工程研究设计院等单位。1956 年 11 月 16 日中央设立第三机械工业部（1958 年改为第二机械工业部）后，国务院将冶金部第三司及其所属三矿两厂、建工部第三工业设计院划拨到第二机械工业部统一领导，由建工部、冶金部、一机部及化工部抽调职工组建三个建筑公司和一个安装公司，归属二机部建制。调入总人数超过 7 万人。1958 年 9

月，中央印发《关于为第二机械工业部抽调干部和工人的通知》，二机部成立由 147 人组成的 11 个调干工作组，在全国选调各类人才共 16 899 人。其中：党政管理干部 2 579 名、科技干部 3 292 名、中高级技术工人 11 028 名。1960 年 3 月和 1962 年 9 月，中央分两批又从各工业部门和科学技术部门抽调 232 名高级科技专家到二机部工作。创业初期的核工业，在中央强力支持下，广纳英才，较短时间内拥有了一大批实践经验丰富的党政管理干部、学有专长的科技专家和高级技师，这批英才为我国“两弹一艇”研制作出不可磨灭的贡献。

**（二）转型期人才队伍困境**

改革开放后，随着社会主义市场经济深入发展，核工业逐步从单一的核军工科技工业体系调整为军民结合的新型核科技工业体系，人力资源配置和人才需求发生重大变化。一方面，由于新产业发展，需要大量懂经营、会管理、有专业的复合型人才，尤其是核电及其相关领域人才需求突出。另一方面，由于军工任务锐减、民品发展滞后，核工业出现暂时性困难，部分企业出现亏损、经营困难，相当数量的职工生活窘迫，有的甚至成为特困群体，专业人才引进困难，骨干人才流失、人才老化、人才断层问题严重，队伍严重不稳定，特别是地处西部地区的单位困境突出。

在推进核工业“保军转民”进入二次创业过程中，人力资源管理主要是贯彻落实国家企业改革、改制的方针政策，侧重于企业改制、关闭破产重组、安置下岗职工及其子女再就业，配合地质属地化改革、企业办社会职能移交等工作。在调整改革过程中，下岗职工队伍基本稳定，没有出现集会、游行、大规模上访等事件，保证企业改革调整和转型发展顺利进行。与此同时，在人才工作方面：一是采取措施保留和稳定核工业发展所需的干部人才队伍，努力改善老基地生存环境、工作条件和生活条件，使其具备吸引人才、留住人才、稳定人才基本条件，扭转了部分重要战略核基地人才流失和短缺的被动局面；二是努力加强核专业人才培养，委托有关高校，采取联合办班、订单式培养等方式，为地处偏远地区的战略核基地培养急需人才，并利用内部培训资源，加强对老基地人才的培训。自 20 世纪 90 年代初起，中核总在教育部直属的十多个院校里设立定向助学金和奖学金，资助来自农村经济困难的学生完成学业后进入核工业队伍，对核工业人才队伍建设发挥积极作用。

### （三）人才队伍大发展

为尽快摆脱核工业转型期人才队伍困境，从20世纪90年代起，中核总多措并举，加大人才队伍建设工作力度，有效保障了核工业人才队伍的稳定和壮大。

1995年，为培养跨世纪优秀人才，中核总实施“一一二育才工程”，即到2000年培养出跨世纪优秀企事业领导人100名、经营管理专家100名、专业拔尖学科带头人200名。

1999年，中核集团决定实施“111”人才工程，即在“十一五”（2006—2010年）期间重点培养100名高级经营管理人才、100名学术技术带头人、100名技能带头人。2001年，中核集团开展首次“111”人才选拔工作，共选拔94人；配合国防科工委“511”人才工程实施方案，批准认定“511”人才工程人选157名；建立了院士、设计大师、“511”、“111”人才工程津贴。

2004年10月，中核集团召开首次人才工作会议，确定“人才强核”战略目标和“十一五”人才队伍建设目标任务。通过完善“六个体系”（人才分层分类管理体系、人才考核评价体系、人才薪酬体系、人才培养培训体系、人才资源配置体系与人才安全体系），实施“五项工程”（人才队伍知识层次整体提升工程、核科技顶尖人才工程、“111”人才工程、“8823”人才工程、老基地人才振兴工程），使人才队伍建设基本实现“五个突破”，即在知识层次的整体提高上突破，在改变中青年科技创新拔尖人才匮乏状况上突破，在加强人才队伍薄弱部位上突破，在高级经营管理人才、学术技术带头人、技能带头人年轻化上突破，在扭转部分重要战略基地人才严重短缺被动局面上突破。

2008年，中核集团着手引进海外高层次人才，发布《中国核工业集团公司关于引进海外高层次人才工作的实施意见》。2009年，中组部批准中核集团为第二批海外高层次人才创新创业基地建设单位。

2010年，中核集团开始建立首席专家、科技带头人和首席技师制度，颁布《集团公司首席专家和科技带头人制度实施办法》《集团公司首席技师制度实施办法》等制度及相关配套文件，拓宽了专业技术人才和技能人才职业通道。

2012年1月，中核集团召开人才工作会议，总结“十一五”以来人才工作，明确今后一个时期人才工作发展目标和具体措施，会议印发《集团公司关于加强人才队伍建设的若干意见》，明确人才培养、人才引进、人才使用、人才激励等方面的18条措施，在深入推进科技领军人才培养、加快院士后备人才培养、加快经营管理人才培养、加大“千人计划”人才引进力度、大胆启用青年人才、建立有效的激励机制等方面作出部署。

同年4月，发布《中国核工业集团公司海外高层次人才引进“百人计划”实施办法》，确定用5年时间，从海外引进10名以上符合国家“千人计划”条件的领军型人才和90名以上能够带动核科研生产整体水平提升、重点领域急需的优秀专业骨干人才。同年，中核集团从海外引进的3位高层次人才入选中央“千人计划”。

通过这个时期的努力，中核集团形成较完整的“人才强企”“人才兴核”战略计划和制度体系，人才资源开发与管理取得明显进展，人才资源总量有序增长，高层次人才引进和培养工作取得新突破，人才结构更趋合理，重点军工项目、核电工程建设、核燃料循环等核心主业以及市场开发、财务金融等关键领域高层次人才存量持续增加，人才聚集效应逐步显现。同时，核电、核燃料、核技术应用等一大批重大工程和核科研设施也先后完成并投入使用，为人才引进、培养和施展才华搭建了平台。人才队伍建设为核工业经济快速发展提供了有力支撑。

## 二、三支人才队伍建设

### （一）经营管理人才队伍

1. 加强总部管理干部队伍建设

2011年，结合流程再造，中核集团重点加强总部管理干部队伍建设，历史上第一次实施总部员工全员竞聘，所有总部工作人员实行双向选择、竞争上岗。64名干部竞聘14个部门主任职位和八大业务板块主要负责人；57名干部竞聘18个部门副主任职位和部分业务板块副职；90名干部竞聘60个处长和副处长岗位；一般员工职位通过双向选择进行。此次全员竞聘，使得集团总部更加精干高效，干部队伍更加年轻化，总部员工平均年龄降低1.2岁。24名年富力强的干部得到提拔任用，其中提任的7位处长平均年龄37岁，最小年龄33岁；提任的12位副处长平均年龄33岁，最小年龄29岁。与此同时，中核集团2011年首次面向全社会大规模公开招聘总部员工，涉及各管理层级岗位48个，占总部工作人员总数的27.6%，经过报名、审查、笔试、面试、考察等程序，成功招聘41名员工。

2. 构建高素质经营管理人才队伍

2011年以来，中核集团逐步建立和完善涵盖干部选拔任用全流程制度体系，对干部提名、考察、公示、试用、交流等关键重要环节作了明确规定，干部管理制度化、规范化水平不断提高，保障选人用人工作有法可依、有章可循。大力加强年轻干部“选育管用”，进一步完善年轻干部发展储备、培养锻炼、选拔试用和管理监督全链条机制。2012年，颁布《关于加强年轻干部培养选拔工作的意见》，首次面向全系统公开选拔20名40岁以下党组管理年轻干部，选拔5名50岁以下的总会计师。大力推进干部有效交流，2012—2015年，为支援核安全任务繁重、调整改革压力较大的八二一厂，连续三年累计从成员单位抽调39名年轻干部赴八二一厂交流挂职。合理配置干部资源，2011—2015年，选拔、提任党组管理干部214人次，其中党政正职81人次，占37.9%；45岁以下46人，占21.5%；硕士以上71人，占33.2%；具有高级以上专业技术资格163人，占76.2%。经营管理干部的年龄结构及综合素质均有改善和提高。

3. 实行经营业绩为主的责任制

自2000年起，中核集团开始全面建立以提升经营业绩为主的企事业领导年度、任期目标责任制，重点加强对企事业高级经营管理人员培训和培养、激励与考核，制定了《中国核工业集团公司企事业单位领导班子和领导人员综合考核评价办法》和《中国核工业集团公司关于企事业领导人员能上能下工作暂行办法》。强化考核结果运用，褒奖和重用忠诚干净、敢于担当的干部，坚持把那些认真负责、敢闯敢干、敢抓敢管的干部选拔到重要岗位和关键领域。在企事业单位领导班子换届调整中，认真抓好能上能下办法的贯彻落实，对不适宜担任现职的干部加大调整力度，将实绩不明显、群众不满意、工作不适应的人员，从现岗位上调整下来。对不负责、不担当、不作为的干部及时问责和惩戒，对于违法乱纪的干部依法依规严肃处理。形成了真抓实干、鼓励履职尽责、崇尚担当作为的良好政治生态环境，对于企事业单位领导班子提高素质、优化结构起到重要作用。

**（二）专业技术人才队伍**

1. 转型期的突出问题

核工业进入调整转型期后，一度较为困难，队伍不稳定，人才流失，人员老化，中青年学术技术带头人缺乏问题十分突出。1997 年，中核总两院院士平均年龄 70 岁，高于我国两院院士 65 岁的平均年龄。高级专业技术人员中，55 岁以上人员占到 54.37%，高于全国 41.4%平均水平；45 岁以下只占 17.24%。正高级专业技术人员中，45 岁以下只占 1.87%。到 20 世纪末，有一半多的高级专业技术人员达到退休年龄。全系统整体人才专业结构及专业人员分布也不尽合理，非核专业人才占到 80%，核专业人才只占 20%，主要骨干企业核专业技术人员严重缺乏，地处西部的企业人才更是匮乏。由于受这一时期机制转换、教育改革、核行业发展波动等影响，核专业学科体系普遍被削弱，核技能人才施训机构建设停滞不前，造成核专业人才数量不能满足用人单位需求。

具有战略意义的国防科研单位出现人才断档现象，尤其是核工业科学技术人才短缺，引起党和国家领导高度重视，朱镕基总理曾为此专门作出批示，督请教育部和国防科工委采取措施尽快解决这些问题。

2. 多措并举扭转局面

从 20 世纪 90 年代中期起，中核总加大紧需人才引进力度，通过与清华大学、西安交通大学、兰州大学等设核专业高校合作，为核工业培养核工程专业毕业生、双学位本科生和工程硕士。1996 年，与清华大学签订《中国核工业总公司与清华大学联合培养定向生协议书》，清华大学工程物理系从 1996 年起，每年为中核总招收“核工程与核技术”专业定向生 60 人，定向生学制四年，由清华大学与中核总联合培养。对定向生中学习优秀者，鼓励其继续深造，可免试推荐为清华大学或中核总系统内研究院（所）的研究生攻读硕士、博士学位。第一轮战略合作协议从 1996 年至 2006 年，共 10 年。第二轮战略合作协议从 2007—2011 年。第三轮战略合作在 2011 年 4 月签订，协议期 5 年。为拓宽国际视野、夯实业务基础、加强工程实践教育，设立专项基金，每年支持约 30 名优秀定向生参加国际交换生、出国交流访问等活动。同时，“中国核工业集团公司人才培养基地”在清华大学挂牌。截至 2015 年，清华大学累计招收核工业定向生 1 200 人，已经毕业 20 届中核定向生共 966 人，履约率占到 92%。

组织实施“核电英才”培养计划，从西安交通大学、哈尔滨工程大学等 4 所高校大三学生中招录“核电英才”，采取订单式培养模式，集中力量培养核电紧缺人才。在中核集团系统内部，积极实施老基地人才振兴计划，扭转了四〇四厂、二〇二厂等核工业老基地人才严重短缺状况。

3. 队伍结构趋于合理

经过调整，经营管理和青年技术人才队伍年龄结构和学历结构逐步得到改善。到 2009 年，经营管理人才和青年技术人才 45 岁以下占 74. 15%，以中青年为主体，科技类和核科学工程类人才分别占青年技术人才数的 50%和 30%，比 2005 年明显提升。从学历层次看，2009 年中核集团拥有青年技术人才 3. 6 万人，比 2005 年增加 4 300 人，其中本科及以上学历人员占 61. 5%，比 2005 年提高 15. 6%。

到 2015 年，人才资源在中核集团各产业和系统间的分配基本满足发展需要，与各产业发展特点相适应。从总量配置看，核电、核燃料系统人才数量占全集团人才总量的 52%以上，符合中核集团发展核电、核燃料循环主导产业的战略。从专业技术人才配置看，以科技、核电、核燃料为主的专业技术人才数量占集团人才资源总量的 65. 78%以上，科技类和从事核工程技术人才分别占到专业技术人才总数的 50. 25%和 30%，配置结构与发展战略相适应。

### （三）技能人才队伍

1. 转型期的突出问题

从 20 世纪 80 年代开始，技能人才队伍青黄不接的局面逐渐凸显，技能人才队伍中技师少、高级技师更少。2002 年，中核集团有技术工人 3. 1 万人，占工人总数的 64%；技术工人中，技师以上人员只占技术工人总数的 1.9%。而这些技师以上人员中，核特有工种人数仅占 24%。尤其是作为支柱产业的核电、核燃料企业技师人员短缺问题相当突出，许多工种后继乏人。

2. 建立培养激励机制

2003 年，经劳动和社会保障部批准，中核集团和中核建集团成立职业技能指导中心（中心机构设在中核集团，负责两个集团的职业技能鉴定工作）。截至 2007 年年底，全行业通过职业技能鉴定取得职业资格证书的达 2 260 人，较此前增加近两倍；取得高级职业资格证书的达 177 人，增加近 8 倍；还有 7 000 多人通过了初、中、高级工国家职业资格取证考试。

此外，中核集团制定了《中国核工业集团公司关于加强高级技能人才队伍建设的若干意见》，提出加强高级技能人才队伍建设的总体目标和具体措施；还出台了《中国核工业集团公司职业技能竞赛办法》《中国核工业集团公司技术能手评选表彰暂行办法》《中国核工业集团公司技师、高级技师评聘管理暂行办法》，每两年开展一次技术能手评选和推荐活动，积极推荐人选参评中华技能大奖、全国技术能手、中核集团技术能手等。

2008 年，《中华人民共和国职业分类大典（核工业分册）》获得批复，批复核工程技术人员为 35 个小类，下设 13 个细类（职业）；生产、运输设备操作人员的中类下设 12 个小类，12 个小类下设 43 个细类，这是中核集团职业技能鉴定工作取得的又一项重要进展，在此基础上完成所有 44 个职业的培训大纲、培训教材编制与题库建设。

3. 技能人才队伍建设成果

2013 年，中核集团建立能满足我国核工业发展需要、分布在整个核工业产业链中不同环节上的 25 个职业技能鉴定站，基本覆盖核工业岗位需求的 44 个职业的职业鉴定体系。2015 年，组织修订《中华人民共和国职业分类大典（核工业分册）》，新出版 11 个核特有职业培训教材，新建 7 个国家职业技能鉴定示范题库，组织开展职业技能鉴定考评员、督导员以及管理人员培训，初步建立了以服务科研生产一线为宗旨、特色鲜明、支撑有力的核特有职业技能鉴定体系。

2015 年，中核集团技师和高级技师总量为 3 100 人，先后有 3 人授予

“中华技能大奖”荣誉称号、29人评选为“全国技术能手”、108人评选为中核集团技术能手。

## 第三节　人力资源管理

### 一、建立现代人力资源管理体系

20世纪80年代，人力资源管理大多是人事考核、工资发放、人事档案管理等日常事务性工作。用工管理主要依靠行政调配，对工作人员缺乏有效的考核、激励，没有建立起竞争性用人机制。

随着改革的深入，人力资源管理也向着构建现代企业人力资源管理体系逐步推进。

从20世纪90年代始，在较长一段时间内，开展了企业“三项制度”（劳动、人事、分配）改革，后又大力推进现代企业制度下的人力资源工作。一方面，调整机构设置，将总部绩效薪酬与人才管理分设为两个处室，突出人才和激励要素，并在核工业管理干部学院设立人力资源研究室。另一方面，在全系统全面培训人力资源管理人员，将“价值的创造、价值的评价、价值的分配是现代人力资源管理体系的核心”这一理念植入人力资源管理工作。通过实施年薪制，加大对企业高级管理者的激励力度，对员工实行按绩效付酬，在招聘、培训、绩效考核、薪酬等方面逐步完善人力资源管理各项职能，以人才测评、绩效评估、薪酬激励制度为核心的现代人力资源管理体系基本建立。

### 二、绩效与考核

为加强绩效考核，人力资源部独立设置绩效薪酬处，承担考核评价职责，突出业绩考核在人力资源管理链条中的作用，制定一系列业绩考核办法。2005年，颁布《中国核工业集团公司企事业领导人员年度目标（质量）考核办法》《中国核工业集团公司企事业领导人员年度重点工作任务考核办法》《中国核工业集团公司企事业领导人员经营业绩（效益）考核办法》；2007 年，颁布《集团公司企事业单位领导班子成员年度和任期目标考核规则》。

2011 年，中核集团首次统一组织开展对领导班子和领导人员进行任期和年度综合考核评价工作。2012 年，中核集团推行“计划—预算—考核”一体化（JYK）管理体系，首次实施 JYK 考核结果与工资总额挂钩管理。

2015 年，印发《集团公司加强全员绩效考核工作的指导意见》和《开展全员绩效考核推进情况监督检查的通知》，在成员单位推行全员绩效考核，实现绩效考核工作全覆盖。

考核制度和办法的实施，有效推进集团战略重点与年度目标逐级分解，有效提高员工工作积极性。通过对领导班子和领导人员综合考核，集团及时掌握、了解领导班子和领导人员最新动态，加强对领导班子的管理。随着 JYK 考核逐年应用推广，中核集团在“十二五”（2011—2015 年）期间，营业总收入、利润年均增长分别达到 11%和 15%，资产总额增长 1 倍以上，名列军工集团前列，连续 10 年（2006—2015 年）实现国资委年度考核 A 级。以 JYK 为抓手的战略管控模式和绩效管理体系，推动总部及各成员单位形成迎难而上、团结奋进的企业文化，激发了企业活力，为保增长、促发展注入正能量。

## 三、薪酬管理

### （一）改革旧薪酬办法

为适应企业化改革需要，中核集团于 2000 年 5 月召开工资薪酬制度改革会议，制定薪酬制度改革方案，并于 11 月开始推行。在当时十大军工集团中率先实行补充养老保险制度，出台一系列相关配套措施。

### （二）解决历史遗留问题

在建立薪酬分配体系并不断完善和规范基础上，中核集团注重加强对绩效薪酬政策研究，着力解决一些历史上形成的或客观上存在的不平衡、不充分、不合理问题。

中核集团为解决企业单位和科研院所等之间的薪酬差距，将所属科研院所分成一、二、三类，作出适当合理调整。为解决核电企业薪酬分配问题，在充分调研同类核电企业基础上，确立“存量不变，增量拉开档次”的分配原则。

2002 年，在中编办支持下，最终完成对 137 个事业单位的清理整顿和重新报批工作，使所属事业单位部分历史遗留问题得到较好解决。新增设的四川核工业服务局、陕西核工业服务局、北京核工业医院、核工业郑州干休所、核工业西安干休所以及核工业湖南矿冶局等 6 个地区性矿冶局共 11 个单位纳入国家拨款事业单位编制序列，为这些单位理顺经费来源渠道和享受事业单位养老保险等提供可靠保障。

### （三）建立收入分配制度

为深化在京事业单位收入分配制度改革，中核集团制定了《中国核工业集团公司所属在京事业单位工作人员收入分配制度改革实施意见》等 7 个配套文件，以及《关于中国核工业集团公司在京事业单位收入分配制度改革实施中几个突出问题的报告》等 6 个配套文件，并多次向人事部反映所属事业单位工资制度改革中存在的 40 多个突出问题。经过反复沟通、汇报，较好解决了事业单位工资管理中的问题。

2007 年，组织召开在京事业单位收入分配制度改革动员大会，部署工资改革工作，下发《集团公司在京事业单位收入分配制度改革实施意见》《集团公司关于在京事业单位收入分配制度改革实施中若干问题的意见》，对各单位实施过程中出现的问题，及时给予答复，提出处理意见。

2010—2015 年，中核集团先后出台《深化收入分配制度改革意见》《工资总额预算管理办法》《中核集团 JYK 考核结果与业绩工资挂钩办法》《成员单位负责人年薪制实施办法》等相关制度，建立以市场化为导向、以绩效考核为依据的收入分配制度体系，对工资总额实行全口径预算管理，实施“年初预算、季度考核、年终结算”全过程管理。围绕军工任务、重大项目、科技创新等实行特殊激励制度，对成员单位负责人年薪水平与 JYK 考核结果紧密挂钩。同时，按照“三个中心”管理模式，授权各专业公司（事业部）、支持服务机构对所属成员单位工资总额进行有效调控，积极推进薪酬水平市场化对标。

在高层次人才薪酬管理方面，发布《首席专家、科技带头人和首席技师待遇管理办法》和《集团公司委派总会计师薪酬管理办法》等，建立集团重大专项总指挥、总设计师津贴制度，对获得国家和省部级荣誉称号的高层次人才给予专项奖励。组织建立成员单位负责人履职待遇、业务支出管理制度体系，实现制度全覆盖。

在薪酬福利管理方面，2011 年 1 月发布《中国核工业集团公司企业年金方案》，按照“统一管理、分步实施、外部法人受托”的年金管理运营模式，正式建立中核集团企业年金制度。同时，为规范收入分配秩序，2013 年 11 月印发《关于进一步规范收入分配秩序，严肃分配纪律有关事项通知》，对收入分配工作提出严格要求。

中核集团经过多年探索和实践，对各类人才的激励管理制度不断完善，人才队伍充满活力。一大批懂经营、会管理、有技术的宝贵人才在岗位上奋发有为，一批又一批新的优秀人才加入核工业队伍。

## 四、教育培训和研究生管理

### （一）教育院校建设与调整

核工业创建后，为满足核工业、核科技发展需要，陆续开办了职工技校、中专、职工大学等。核工业在各个时期对所属教育院校建设均十分重视，倾入了大量人力、资金。到 1990 年，全系统有专职教师 502 人，占职工总数的 1.9‰；有各类学校 39 所，其中高等院校 4 所、职工学校 23 所、职工大学 6 所、职工中专 5 所、管理干部学校 1 所。这些教育院校为核工业的建设发展提供了大量人才，作出了重要贡献。

20 世纪 90 年代，面对核领域专业人才短缺问题，中核总着手依托国内各大院校设立核专业，为核工业培养核领域专业人才。与此同时，对于系统内教育院校进行改革，按照抓大放小的原则，下放部分中专和技校由各事业局管理，集中精力服务、管理 4 所高校和 2 所中专学校，即核工业管理干部学院、中南工学院、苏州医学院、华东地质学院，以及南京工业学校和扬州建筑工程学校。

20 世纪末，随着国家教育体制改革和核工业产业结构调整，中核集团除了保留核工业管理干部学院和核工业研究生院外，其他核工业教育院校划归地方实施属地化管理。

**（二）在职人员培训**

1. 组建核工业管理干部学院

核工业管理干部学院是中核集团直属的教育培训机构。其前身为“第二机械工业部干部学校”，是1964年2月6日经中央组织部批准，在西安工程技术大学基础上建立的。1987年，搬迁至北京大兴。核工业管理干部学院实行“一套班子，三块牌子”，同时履行核工业党校和核工业培训中心职能，是中核集团和中核建集团各级领导和各类管理人员开展培训的基地。

数十年来，核工业管理干部学院共为中核集团和中核建集团培训了数千名中高级经营管理人才和领导干部，培养了万余名企业管理、经济管理、财会、计算机、外语、法律等专业人员，为核工业两次创业人才队伍建设作出应有贡献。

2. 健全教育培训体系

2012年11月，核工业大学挂牌成立，校区设在天津。

2013年，中核集团出台《集团公司2013—2015年干部职工教育培训中期规划暨管理提升计划》，初步建立中核集团“总部—各事业部—各成员单位”三位一体的教育培训层次，搭建了“准员工—新职工—一线管理者—新任部门管理者—部门管理者骨干—新任党组管理干部—党组管理干部能力提升—成员单位一把手”的领导力培训链条，形成以核工业大学、合作高校、咨询机构为支撑的全方位一体化培训平台。提出“培训传导战略、培训转化管理”的理念，将教育培训作为推动落实集团公司战略的手段和工具。

3. 多层次、多途径开展培训

自1988年起，开始举办大中型企业厂长（矿长、队长、经理）、书记、总工程师、总会计师、总经济师岗位职务培训班；举办中央党校国家机关分部社会主义经济理论研修班等。各单位围绕核工业第二次创业需要，围绕科研、生产和技术开发，开展职工教育培训工作，干部岗位职务、技术业务培训，工人技术等级培训等多种层次、多种途径的培训。核工业管理干部学院成立50年来，共举办73期副处级以上党员领导干部培训班，培养党员干部

2 711 人次。教学基本建设由点到面、由浅入深逐步展开，教育研究、教育改革稳步发展。

自 2010 年起，根据《中国核工业集团公司集中使用部分职工教育经费管理办法》《中国核工业集团公司集中使用部分职工教育经费管理使用实施细则》，中核集团对于从业人员技术要求高、培训任务重、效益较好（上年利润总额大于 1 000 万元）的企业，职工教育经费原则上按照职工工资总额的 2. 5%提取，其他企业事业单位按不低于职工工资总额的 1. 5%提取。中核集团对职工教育经费实行部分集中管理、成员单位计提的办法，职工教育经费的 20%由中核集团集中管理与使用，80%由成员单位管理与使用，使集团层面开展培训有资金、有抓手。

2010 年，在核工业管理干部学院安排了春季、秋季主体班，即春季党组管理干部研修班、春季国资委党校核工业分校班、秋季中青年干部研修班，秋季国资委党校核工业分校班。2012 年起，提出“培训传导战略、培训转化管理”的口号，将教育培训作为推动集团公司战略落实的手段和工具。例如为促进 JYK 管理体系落地、核电设备进度控制、境外矿产资源勘查，分别举办了中核集团 JYK 管理体系培训班、中核集团核电设备进度控制研修班（与中广核、东方电气、中国二重、法国阿海珐集团联合举办）、中核集团境外矿产资源勘查培训班（与中国地质大学联合举办）等。同时，根据中核集团“走出去”的需要，首次尝试开展境外培训，组织了赴美国麻省理工大学的核能高级管理人员研修班、赴台塑集团的精益管理研修班、赴法国阿海珐集团的“核电之旅”研修班等等。

自 2014 年起，中核集团首次开展全系统新入职员工集中培训，在全国建立 6~7 个训练营，连续 7 天开展培训，增强了新员工对“中核人”的统一认识，促进新员工由“校园人”向“职业人”转变。

### （三）研究生管理

经教育部批准，核工业下属部分科研院所可在各自科研领域内培养硕士、博士研究生，具有研究生招生权与学位授予权。

1985 年，经教育部和国防科工委批准，核工业研究生部成立，成为教育实体，由中国原子能科学研究院管理，主要任务是为核工业的发展培养硕士和博士研究生，为在职科技人员提供继续教育与培训服务。研究生部研究生教育设有粒子物理与原子核物理、核能科学与工程、核技术及应用、放射性同位素技术、辐射防护与环境保护、核燃料循环与材料、等离子体物理、凝聚态物理、应用数学和分析化学等 10 个专业 96 门课程；有专兼职教授、副教授近 200 人。

研究生部成立以来，加强研究生教育和核电人才培养，突出特色，走出了一条符合核工业实际的人才培养之路。到 2015 年，经研究生部培养的硕士研究生、博士研究生已达 2 300 余人，以同等学历申请硕士学位的进修生 500 余人。他们多已成长为学科带头人或科研院所骨干。

为适应核电发展需要，自 1991 年起，核工业研究生部举办了 60 多期核电理论培训班，共培训 2 400 余人，基本满足了秦山、大亚湾、岭澳、田湾、三门、福清和巴基斯坦恰希玛等核电厂以及我国核电工程设计、建造与监理等单位的培训需求，很多学员已经成为主控室操纵员、高级操纵员、值班长等，在核心岗位上发挥重要作用。

# 第三十一章　党的建设与思想政治工作

60 年来，中国核工业从无到有、从小到大，经历了跌宕起伏、波澜壮阔的发展历程，取得“两弹一艇”、发展核电等一系列辉煌成就。在核工业发展整个历程中始终贯穿着一根主线，那就是坚持党的领导、加强党的建设。可以说，没有中国共产党就没有中国核工业；没有中国共产党的坚强领导，就没有“两弹一艇”和核事业的辉煌成就。核工业各级党组织的核心作用、卓有成效的思想政治工作，为核工业发展提供了坚强的政治、组织和思想保证。

坚持党的领导，加强党的建设和思想政治工作，始终是核工业的光荣传统和优势，是核工业发展的“根”和“魂”。60 年来，核工业党的建设在实践中探索，在创新中发展，积累了丰富的经验。概括地说，一是必须始终坚持党对核事业的集中统一领导，充分发挥各级党组织作用，确保建设和改革发展沿着正确方向前进；二是必须始终坚持将党建工作作为管理要素，融入科研生产与经营管理全过程，一以贯之；三是必须始终坚持党管干部、党管人才，建设忠诚于党和国家的党员队伍和领导干部队伍；四是必须始终坚持抓基层、打基础，夯实党建的根基并不断创新和改善党建方法，提升党建科学化水平；五是必须始终坚持思想政治工作以人为本，有的放矢，把解决思想问题和实际问题相结合，更好地调动广大职工积极性和创造性；六是必须始终坚持密切联系群众，依靠群众，加强干部作风建设，加强党风廉政建设，发挥党员干部示范作用；七是必须始终坚持传承和弘扬“两弹一星”精神和核工业精神，为推动核事业持续发展创新提供强大精神动力。

# 第一节　核工业党组织的建立与机构调整

## 一、党组织建立

1956年11月，第一届全国人大常委会第51次会议通过决定，设立第三机械工业部（简称三机部），主管我国核工业建设和发展工作。随着原子能事业发展，党的建设提上重要日程，从部机关到各基层企事业单位、科研院所，从上而下迅速建立了党的组织机构，展开了卓有成效的工作。党组织始终掌握着核工业发展大局，始终引领着核工业发展方向。

核工业创建初期，各级党组织负责人多是革命战争年代走过来的老红军、老八路。他们经历了战火和对敌斗争的严峻考验，热爱祖国，对党忠诚，英勇善战，斗志昂扬，有强烈的事业心和责任感，对党的路线方针政策执行坚决、贯彻有力，是核工业的红色基因。各级党组织的建立，为原子能事业发展奠定了坚实组织基础。

## 二、领导机关党组织

1956年11月，三机部组建后，宋任穷担任首任部长、党组书记。宋任穷1955年被授予上将军衔，曾参加秋收起义、三湾改编，跟随毛泽东上井冈山，参加中央红军二万五千里长征，任三机部部长前为中共中央副秘书长、解放军总干部部第一副部长。

1958年2月1日，第一届全国人大第五次会议决定将三机部更名为第二机械工业部（简称二机部）。部内机构设置按照1957年2月22日国务院批复，设立计划、生产、地质、基建、科技、供应、财务、干部、保卫等职能局以及办公厅、监察室共11个机关部门。不久，又先后设立了核武器局、铀矿冶局、设备局、卫生局、科技情报局、政策研究室、生活局。1960年7月，成立二机部党组办公室。

1960年9月10日，宋任穷被任命为中共中央东北局第一书记调离二机部；中共中央任命刘杰为二机部党组书记，任命刘伟为党组副书记。同年9月30日，任命刘杰为二机部部长。

1963年4月经中央批准，二机部党组改为党委，任命刘杰为党委书记。同年7月24日，任命刘西尧为党委副书记。

1964年10月4日，中共中央任命刘杰为党委书记，任命刘西尧、刘伟为党委副书记。

1970年7月1日，二机部成立“革委会”和党的核心领导小组。同年8月26日，中央批准二机部“革委会”和党的核心小组成员名单，任命袁学凯为“革委会”主任和党的核心领导小组组长，任命刘伟、黄炜华、牛书申、李觉为“革委会”副主任，任命刘伟、黄炜华为党的核心领导小组副组长。

1975年1月17日，刘西尧任二机部部长。1977年1月15日，刘伟任二机部部长、党的核心领导小组组长；同年8月16日，中央任命牛书申、李觉为二机部党的核心领导小组副组长。

1982年4月9日，张忱任核工业部部长、党组书记，任命刘书林为党组副书记。1982年5月4日，第五届全国人大常委会第23次会议决定将二机部更名为核工业部。1983年6月20日，任命蒋心雄为核工业部部长，6月26日，任命蒋心雄为核工业部党组书记。

1988年5月3日，国务院任命蒋心雄为中国核工业总公司总经理。1988年9月15日，中国核工业总公司召开新闻发布会，宣布成立。1989年12月21日，成立中国核工业总公司党组，蒋心雄任党组书记，陈肇博任党组副书记。1997年6月13日，中共中央批准张华祝任党组副书记。

1999年4月13日，国务院批准核、航天、航空、兵器、船舶等5个军工总公司改组为企业集团公司的方案。中国核工业总公司改组为中国核工业集团公司和中国核工业建设集团公司。1999年7月1日，国防科技工业十大集团公司在京宣布成立。李定凡任中国核工业集团公司总经理、党组书记，康日新①任党组副书记。2003年9月，康日新任总经理、党组书记。2009年

① 2009年8月，康日新因涉嫌严重违纪，接受组织调查。2010年1月，康日新因严重违纪违法被开除党籍和公职，并移送司法机关依法处理。

8 月，孙勤任总经理、党组书记。2012 年 5 月，孙勤任董事长、党组书记，钱智民任总经理、党组副书记。2016 年 12 月 12 日，王寿君任党组书记，2017 年 1 月 2 日任董事长。2017 年 12 月 27 日，余剑锋任党组副书记，2018 年 1 月 4 日任总经理、董事。2018 年 7 月 19 日，余剑锋任党组书记、董事长；顾军任党组副书记、董事、总经理。

## 三、基层党组织

基层党组织是党的全部工作和战斗力基础。核工业始终重视加强党的基层组织建设。

核工业创建之初，基层单位相继成立了党组织。早在 1950 年 5 月，近代物理研究所成立，党支部设在中国科学院；1952 年，同应用物理所、古脊椎动物所联合成立党支部；1954 年，迁入中关村后独立设立党支部，并开始在科技人员中发展党员；1955 年 8 月成立党总支；1956 年 12 月，设立分党委性质的党员干部领导小组；1958 年 10 月成立党委。1955 年 5 月，地质部三局成立党组；1957 年 3 月，地质部三局改为三机部三局。1958 年 4 月，北京第三工业建筑设计院（二机部第二研究设计院前身）成立临时党委。1958 年 5 月 31 日，中央批准二机部申报的第一批厂矿选点方案。核工业第一批厂矿开始建设，党的基层组织也相应建立。1958 年 5 月，五〇四厂成立党委。1958 年 6 月，二〇二厂成立党总支，1959 年 6 月成立党委。1958 年 5 月，二七二厂成立临时党支部，1960 年 2 月成立党委。1959 年 1 月，四〇四厂成立临时党委。

1963 年年底，二机部共有基层党委 12 个、党总支 18 个、党支部 160 个。1988 年年底，中国核工业总公司共有党组 8 个、党委 181 个、分党委 146 个、党总支 322 个、党支部 5 276 个。

1998 年年底，中国核工业总公司共有党组 23 个、党委 193 个、分党委 137 个，党总支 338 个、党支部 4 521 个。

2015 年年底，中国核工业集团公司共有党组 10 个、党委 152 个、党总支 151 个、党支部 2 039 个。

## 四、政治工作机构

为加强对核工业思想政治工作的组织领导，1963 年 4 月 2 日，中共中央批准二机部党组改设党委，受中央直接领导，同时成立二机部政治部。政治部主任为牛书申（副部长兼），下设办公室、组织部、宣传部、干部部、保卫部、政策研究室、生活局和直属工作部。1963 年 11 月 30 日，二机部党委印发《关于建立政治部工作部门的通知》。二机部下属单位按照《通知》精神，陆续建立了政治部或政治处，政治部一般 15~20 人，下设办公室、组织部、宣传部、保卫部、青工部等。政治处一般 10~15 人，内设组织、宣传、青工等专职干部。政治部（处）主任由同级党委副书记兼任，副主任配备相应专职干部。政治部门是各级党委的政治工作机关，同时受上级政治工作部门领导。

党的十一届三中全会以后，党的基层组织建设和政治工作机关适应国家以经济建设为中心和核工业保军转民、二次创业的要求，逐步调整机构设置和人员配备。

1978 年 10 月 8 日，部党组批准成立二机部机关临时党委，党委书记由二机部党的核心领导小组副组长牛书申兼任。

1982 年 5 月，撤销政治部，将人事、保卫等职能和工作划出，成立政治工作办公室（简称政工办），下设组织、宣传、纪律检查、办公室等部门；同时成立干部司，承担干部管理职能。成员单位根据核工业部《关于撤销政治部机构的通知》规定，陆续撤销政治部，设立党委办公室、组织部、宣传部、纪律检查办公室、工会、共青团。1988 年 8 月，总公司对政治工作办公室所属机构进行调整，下设综合处、组织处、宣传处、调研处、群工处。撤销机关党委，成立直属机关党委和直属机关纪委。1999 年 7 月，中国核工业集团公司成立后，党的政治工作机构更名为党群工作部，下设组织处、宣传处、群工处。2001 年 10 月，对集团公司内设机构、编制作了较大调整，党群工作部由原来的 3 个处改为 2 个处，即组宣处、群工处，直属纪委划归纪检监察部，直属党委、直属工会、集团团委的工作由党群工作部兼管。中核集团大多数下属单位也相继调整或成立了党群工作部。

## 第二节　党组织在核工业创建发展中的坚强领导作用

“两弹一艇”事业从无到有、从小到大的奋斗历程，离不开党的英明决策和正确领导，离不开各级党组织的精心组织和全体共产党员的努力拼博。在第一次创业时期，部党组坚决贯彻执行党中央、毛主席关于发展我国原子能事业的一系列指示，以原子能工业建设和“两弹一艇”研制为中心加强党建工作，把国家安危和原子能事业发展放在第一位，以高度责任感和事业心，忍辱负重，殚精竭虑，奋勇拼搏，坚持“独立自主、自力更生、大力协同”的方针，带领核工业全体党员和职工战胜了创建初期严重物资匮乏、科研生产条件简陋、生活环境恶劣的困难，度过苏联毁约停援和三年困难时期难关，排除“文革”干扰，建立起一套完整的原子能工业体系，成功研制了原子弹、氢弹和核潜艇，确立了我国核大国地位。

在第二次创业时期，核工业贯彻“保军转民”的方针，结合核工业实际，走上“军民结合、以核为主、发展核电、多种经营”的道路。核工业党组织坚决贯彻落实党中央、国务院、中央军委一系列重要指示，义无反顾地投入国民经济建设主战场，克服转型期巨大困难和阵痛，在确保军工任务的同时，确立了以核电、核燃料、核技术应用三个支柱产业为主的发展方向。从中国大陆第一座核电站秦山 30 万千瓦核电站到具有世界先进水平的三代核电技术“华龙一号”，实现了核电“零的突破”和跨越式发展。

60 年来，核工业党的建设以马克思列宁主义、毛泽东思想、邓小平理论、“三个代表”重要思想、科学发展观为指导，深入学习贯彻习近平总书记系列重要讲话精神①，着力加强领导班子思想政治建设，充分发挥党组织作用，从党的一元化领导到实行党政分设、“双向进入、交叉任职”制度，形成了党委（党组）统一领导、行政支持、部门齐抓共管、一级抓一级、一

① 2017 年 10 月 18 日召开的党的十九大提出了习近平新时代中国特色社会主义思想，作为党的行动指南的组成部分写入党章。

级带一级的党建工作格局，发挥了党组织领导核心和政治核心作用、党支部战斗堡垒作用和党员先锋模范作用。

在各个历史发展时期，党的领导作用在引领发展方向、制定发展规划、组织方案制定实施、调动各方资源等方面都得到充分体现。

## 一、事业初创时期

核工业创建之初，抗美援朝战争结束不久，国内大规模经济建设刚刚开始。由于长期处于半封建半殖民地社会，旧中国留给我们的是一个一穷二白的烂摊子。新中国刚成立时，国力薄弱，科学技术和工业基础落后，在这样的基础上建设原子能工业体系谈何容易。

在原子能事业初创时期，中国共产党和人民政府十分重视核科学技术的研究和应用，从建立机构、配备干部、抽调科技骨干、培养青年科技人员，到提供经费、仪器设备和房舍等各方面都给予有力支持和保证，使核科学研究工作迅速开展起来。

核工业党组织坚决贯彻落实中央关于核工业发展的一系列指示精神，调集力量组建队伍，提出并实施一系列适应我国国情的原子能发展方针政策。1956 年 4 月 23 日，党中央发出《中共中央关于抽调干部和工人参加原子能建设工作的通知》，从全国各地不同部门调入 13 000 余名党政管理干部、科技人员和技术工人。第一批厂矿在短短几年内建成投产，到 1959 年，在全国大力支援下，核燃料生产和核武器研制两个系统完成了几万人的调集与队伍组建工作。在争取苏联援助同时，遵照中共中央指示，工作中坚持“自力更生为主、争取外援为辅”的方针，强调要结合中国实际情况进行建设，把学习和独创很好地结合起来。1958 年 6 月，提出“苦战三年基本建成”的奋斗目标和“边干边学，建成学会”的工作方针。1959 年 12 月 15 日，宋任穷部长在部五级干部会议上提出“猛攻科学技术关，大搞技术革命，培养一支强大的技术和理论队伍”，1960 年 7 月 22 日，作出“重视苏联专家建议，踏踏实实向苏联专家学习”的指示，在指示中要求“紧急动员起来，争分夺秒，抓紧一切机会，向苏联专家学习，并掌握技术”。引进是为了建成学会，要把苏联专家的经验学到手。这些具体的工作方针，为中国核工业建设开辟了一条正确道路。

## 二、完全自力更生时期

我国原子能事业创建时期，经历了苏联援助到苏联毁约停援的重大变故。1959 年 6 月 20 日知悉苏共中央致中共中央的信后，部党组就开始分析研究，一致认为这是个信号，局势要变。宋任穷部长特别指出："天要下雨，娘要嫁人，我们要有应变的准备。"会后，他将党组会议分析研究和拟应对措施向聂荣臻副总理作了报告。之后根据周恩来总理和聂荣臻副总理指示，宋任穷部长组织党组和有关干部讨论研究，于当年 12 月制定了《原子能事业八年规划纲要》，提出"三年突破（关键技术），五年掌握（进行首次核试验），八年适当储备"，动员干部和群众发愤图强，埋头苦干，把全部工作逐步转移到彻底自力更生的轨道上来。

从这个时候开始，部党组就连续开会对苏联可能毁约停援作了一系列应变部署和准备。第一，对建设工作作了全新部署，把在建项目分为一线、二线。一线以浓缩铀工厂为中心，左右项目与它连接看齐，形成完整的铀生产线，作为整个建设工作重中之重，优先安排，全力保证。其他项目都划为二线，视人财物力量和相关条件适当安排。第二，进一步调集科技骨干和重用现有科技人员，形成自己强大的攻关力量，迅速掌握关键核技术。第三，组织科学院、高等院校、工业部门、解放军和地方科研机构参与科技攻关，形成全社会科技大协作，解决设备仪器制造、特种材料生产和相关工艺等技术问题。第四，运用多种方式抓紧向还未撤走的苏联专家请教，讲友谊、讲团结、讲社会主义共同事业，努力把他们的技术学到手。

1960 年 7 月，苏联政府搞突然袭击，单方面撕毁与我国签订的协议和合同，撤走全部在华专家，随后又停止供应一切设备材料，给我国留下一大批半截子工程。与此同时，1960 年到 1962 年，我国经济出现暂时困难，已经全面铺开建设的核工业几个重点工厂又都处在最困难地区，不仅建设物资供应困难，而且人们的正常生活供应也难以保证。形势异常严峻，核工业建设遇到巨大挫折，部党组和各级党组织面临严峻考验。

苏联毁约停援后，中国核工业建设进入全面自力更生新阶段。当时，国际上有人认为，苏联毁约停援是对中国核工业的毁灭性打击，从此中国将处于核技术真空状态，再过 20 年也搞不成原子弹。国内有些人也信心不足。

针对这种情况，二机部党组根据毛主席“要下决心搞尖端技术，赫鲁晓夫不给我们尖端技术，极好，如果给了，这个账是很难还的”指示精神，于1960年8月9日向全系统发出《为在我国原子能事业中彻底实行自力更生的方针而奋斗》的电报，旗帜鲜明地指出，“苏联专家全部撤走，今后二机部的事业完全由我们自己干，标志我们的工作从此进入一个新的阶段，彻底实行自力更生方针的阶段”。电报对统一认识、坚定广大干部群众的决心和信心、鼓舞大家斗志和干劲发挥了重要作用。在全面分析面临的新情况新问题基础上，部党组提出原子能工业建设和核武器研制的“自力更生过技术关，质量第一，安全第一”十六字工作方针及各项原则与措施，召开了部党组扩大会议，讨论在工作中彻底全面实行自力更生问题，要求全体共产党员和职工积极响应党中央伟大号召，立即行动起来。正是由于采取了这些有力措施，使我国原子能事业在苏联突然撕毁协议、撤走在华工作专家、全面停止对我国技术援助的突变情况下，建设没有停顿，工作没有发生混乱，迅速而有序地实现向全面彻底自力更生转变，并加快了前进步伐。

二机部党组一边采取多种措施应对苏联毁约停援造成的困难，解决科研生产中的问题；一边组织生产自救，向全系统职工发出“大抓职工生活，保证职工健康”的号召，带领全体职工自己动手克服困难，度过难关。

位于戈壁滩上的四〇四厂，最困难时只有三天存粮，厂党委组织党员干部职工顶着风沙刨草根，采集骆驼草籽充饥，到祁连山上打猎，进行生产自救。五〇四厂有三分之二的职工得了浮肿病，1 000多人住院。厂党委研究制定了“抓生活、抓生产、保人保机器”的工作方针，采取寻找代食品、突击治疗浮肿病、缩短工作时间、减轻职工体力消耗等措施。二〇二厂在粮食供应紧张时期，副食品短缺，职工生活遇到严重困难。厂党委采取紧急措施落实粮食、副食品供应，办好食堂，发动群众，自力更生发展副业生产，同时在职工中开展艰苦奋斗、战胜困难、热爱核事业教育。原子能所党委针对职工浮肿病、肝炎病人占全所职工三分之一的严重情况，组织农副业生产，到东北建农场开荒种地，同舟山渔业合股置船捕鱼，同时号召职工群众自己动手，利用宅前屋后种瓜点豆，以瓜菜代粮，保障科研生产任务顺利进行。

正是由于各级党组织坚强有力的领导，在困难时候始终站在第一线，成为职工主心骨，加上国家给予的特殊待遇，各省（自治区、直辖市）雪中送炭的关爱和支持，核工业干部职工顶住了压力，度过了难关。

在党中央和国务院坚强领导下，在全国各部门、各地区以及人民解放军大力协同和积极支援下，核工业广大科技人员、干部、工人坚决响应党中央“奋发图强、自力更生”号召，从思想上、组织上、方法上实现彻底自力更生大转变，团结一致，艰苦奋斗，仅仅用了四年多时间就建成铀-235 生产线，成功爆炸了第一颗原子弹，实现了从无到有的历史性突破，使中国成为一个有核国家，自立于世界民族之林。

## 三、“文化大革命”时期

1966 年 6 月，正当二机部干部职工斗志昂扬，满怀信心投入到氢弹、核潜艇研制，向原子能科学技术新高峰进军时，“文化大革命”风暴席卷二机部。“群众组织”蜂拥而起，二机部许多领导干部受到批斗，机关党政工作一度陷入瘫痪、半瘫痪状态。二机部造反派批判炮轰刘杰部长，导致刘杰部长无法继续主持工作。在这种情况下，1967 年 4 月，党委书记、部长刘杰通过电话请示周总理，建议党委副书记、副部长刘伟主持二机部工作，得到周总理同意。

1967 年 3—11 月，为防止“文革”对核工业的干扰和破坏，毛泽东、周恩来、叶剑英、聂荣臻等中央领导连续签发电报指示“二机部所属企事业单位在文化大革命中实行军事管制”、“不准串联、不准夺权、不准停产，进行正面教育”。1967 年 5 月 15 日，二机部实行军管，袁学凯任二机部军管会主任。这期间二机部大部分成员单位也实行军管。自 1967 年底到 1968 年，二机部成员单位陆续成立革命委员会和党的核心领导小组，京区单位还派驻了“首都工人毛泽东思想宣传队”。1968 年 3 月 4 日，二机部军管会向中央递交了《关于成立二机部革委会的请示报告》。1970 年 7 月 1 日，二机部成立了“革委会”和党的核心领导小组，实行党的一元化领导。1973 年 7 月，军管会撤出。

“文革”开始后，党的基层组织处于停摆状态，很难以党组织名义组织活动，只能靠党员的觉悟维持工作运转。1969 年，根据党中央部署，在全系统陆续开始整党建党工作。二机部军管会以毛主席“五十字”指示①作为这次整党建党纲领，从1969年年底在全系统开始整党。各单位的一般做法是成立整党领导小组，进行思想动员、思想整顿、组织整顿，吐故纳新等，采取“开门整党”的方式。这次整党重新恢复了从中央各个部门到地方各级党组织，恢复了大多数党员的组织生活，对稳定局势，推进科研生产起到了一定作用。1970年整党结束以后，恢复了党的组织生活和“三会一课”制度。

1973年4月16日至6月20日，二机部党的核心领导小组召开批林整风扩大会议。参加人员除党组成员外，还有机关各部门、各单位负责人以及群众代表共计60多人。在60多天会议中，批判清算了林彪对二机部的影响，刘伟、李觉、周秩、姜圣阶等批判了林彪、吴法宪等搬迁核工业一线工厂等罪行，颂扬周总理在关键时刻挽救危局的精神，从而为核工业沿着正确方向前进奠定了基础。

“文革”期间，核工业各级党组织和领导干部在十分困难情况下，排除干扰，努力维持正常科研生产秩序。有的党组织负责人白天上班，晚上挨批斗，虽身处逆境，但始终以国家利益和原子能事业为重，忍辱负重，顶住压力，“斗私批修”，“抓革命、促生产”，坚持工作在科研生产第一线。虽然“文革”对核工业生产建设造成严重影响，但在中央直接干预下，在广大党员、领导干部和职工努力下，排除干扰，仍然取得第一颗氢弹爆炸试验成功、实现原子弹氢弹武器化、地下核试验成功、核潜艇成功下水、实现浓缩铀厂两厂变三厂、实现军用钚生产堆两堆变两堆半和全面开展三线建设等巨大成就。

## 四、调整转型时期

1978年12月，党的十一届三中全会后，全党工作重心转移到经济建设上来。随后，党中央对核工业作出“停产限产”的战略决策。核工业进入战略调整期，从过去主要为军服务，转变为保军转民，军民结合，为国民经济和人民生活服务，开始第二次创业。

---

① “五十字”指示：1967年10月，毛泽东指出，“党组织应由无产阶级先进分子所组成，应能领导无产阶级革命群众，对于阶级敌人进行战斗的朝气蓬勃的先锋队伍组织。”

核工业转民、搞多种经营，在我国核工业史上是一个重大变革。当时面临的主要困难和问题是，国家对核工业基建投资和核产品收购资金等进行了较大压缩。1982 年，国家分配到核工业的基建投资和核产品收购资金，大体相当于 1981 年的二分之一。这种变革和由此带来的任务不饱满、事业费大量减少、队伍思想不稳定等严重困难，使部分职工产生了巨大心理落差。许多同志思想准备不足，有一种失落感。因为过去搞核武器，全党重视，全国支持，任务国家给，条件国家保，产品国家收。虽然工作环境和生活条件十分艰苦，但是大家有一种光荣感和使命感，能够以苦为乐，以难为荣，奋不顾身，忘我工作。然而，现在军品任务锐减，各项经费骤降，还常常强调对国家不能“等、靠、要”，这使核工业不仅在经济上陷入了困难境地，而且在精神上也倍感失落。一段时间内，相当普遍地有不理解的情绪和认为“无军不稳”的思想。这种思想在某种程度上阻碍了核工业向转民与多种经营发展的步伐。

突然而至的大变局，使核工业上上下下猝不及防，陷入困惑。在历史重要关头，核工业党组积极应对，充分显示了中流砥柱的作用。

针对不理解情绪和“无军不稳”的思想，部党组反复用中央精神统一大家思想，反复强调，核工业转民是国防建设战略需要，也是核工业本身发展需要。核工业是当代新兴尖端技术产业。它在军事上可以制造核武器，成为反对侵略者的强大威慑力；在和平利用上可以建造核电站，成为安全、清洁、经济的新能源，支持国民经济建设。特别是由于它技术密集和功能奇特，可以广泛应用于工业、农业、科研、医疗各领域，应用于整个国民经济的技术改造。过去长期单一地为军服务，是由当时的历史条件决定的，实际上也限制了核工业发展。如今核工业重点转向为经济建设服务，实行“军民结合，以核为主，多种经营，搞活经济”的方针，实际上是为核工业发展拓宽了道路，注入了新的生机和活力。

通过用中央精神统一全系统干部职工思想，大家对当时所处的国内外形势、国家经济建设大局有了清晰了解，情绪归于平静，认识逐渐统一，坚定了转民信心。1979 年 4 月，二机部党组经过研究，在工作会议上提出，要加强政治工作，搞好安定团结，顺利实现工作重点转移，积极发展核电和推广同位素与其他核技术应用，积极承担民用产品、民用工程以及出口产品生产，采取一系列重大措施，解决调整转民初期的困难。部党组根据“保军转民”方针，集中研究调整与转民政策，把核电列为重点工程，集中攻关，在确保军工任务的前提下，制定了开发和发展民品生产规划，并主动“找米下锅”，积极组织承揽部外民用项目。

在1981年工作会议上，二机部党组再次强调要贯彻落实四项基本原则，加强领导班子建设，发挥党组织战斗堡垒和党员先锋模范作用，保证核工业在调整中继续前进。

1983年，国务院、中央军委批准了《关于核工业进一步调整问题的报告》，转民步伐加快，从过去“以军为主”的纯计划发展模式，逐步转变为“军民结合、保军转民”的新模式。在核工业由完全计划经济向市场经济发展转变的战略基点上，明确“转民”是以核电为主的发展方针，抓住了核工业发展的“牛鼻子”，为核工业新时期发展奠定了基础。1988年9月16日，中国核工业总公司成立，这时虽承担着政府职能，但面向市场为国民经济服务、向经济实体过渡的趋势已不可逆转。核工业各级党组织义无反顾地投入到调整转民进程中，开发出多种民品，在调整转型中迈出重大步伐。与此同时，在保军方面完成了中子弹研制，进行核武器小型化攻关等重要工作，并在核电、核燃料、同位素、核技术应用等领域有所突破。

## 五、企业化、集团化时期

中核集团组建之初，面临的形势依然十分严峻。长期以来，产业摊子大、人员多、布局分散，在军工任务不饱满、外部市场需求疲软情况下，全行业已连续十多年亏损，成为当时军工领域最困难行业之一，企业经营举步维艰。1999年，中核集团工业企业主营业务收入为61亿元，补贴后亏损2.4亿元，累计亏损挂账17亿元。同时，还面临着企业富余人员多、职工生活困难等突出问题。

在困难局势面前，中核集团党组敏锐把握国防科技工业调整改革脱困的历史机遇，按照中央的部署，高举改革调整大旗，制定了“通过地质队伍属地化压缩一部分；通过关闭资源枯竭的铀矿山精干一部分；通过实施破产销号一部分；通过军民分线、分立剥离一部分；通过资产划转移交一部分；通过资产重组（改制和兼并）优化一部分；通过债转股、加强技术改造等扶持一部分”的改革脱困思路，痛下决心，以壮士断腕的悲壮之举，进行了以精干主业、调整结构为重点的改革脱困攻坚战。1999 年以来，全系统共有 77 户核地勘单位移交地方实行属地化管理，34 户资源枯竭及配套企业完成关闭破产，11 户物贸企业完成销号或调整，四〇四厂、八二一厂实施整体改革脱困，18 个成员单位完成企业办社会移交工作，二十多个项目实施主辅分离、辅业改制。中核集团通过调整改革，经济形势实现好转，主业得以壮大，产业结构趋于合理，职工队伍得到精干，职工收入逐渐增长，民生状况得到改善。

在调整改革整个过程中，各级党组织精心组织、靠前指挥协调，按照中央提出的“党的组织建设不能散，党的工作不能停”的要求，各破产企业党组织不散、班子不乱、旗帜不倒。前期准备和实施破产操作中，紧紧依靠原有企业党委和基层党组织开展工作，充分发挥党的政治优势和群众工作优势，党的组织始终站在调整改革第一线，精心组织实施，解决历史遗留问题，化解矛盾冲突，成为完成调整改革任务的中坚力量。

进入新世纪后，中核集团党组以党建促进改革发展，坚持党的建设与改革发展同步谋划，推动党的领导与公司治理深度融合，以“开放、包容、合作、共赢”新理念，以“改革创新转方式，加快发展增实力”为导向，在核能科技领域中大力增强自主创新能力，核心技术有了较大突破，构筑了完整的核科技工业体系，实现了掌握技术、积累经验、培养人才的综合效应，全力以赴推进各项军工科研生产任务，军工重大专项关键技术取得重大突破，核电、天然铀、核燃料、核环保、核技术应用等产业得到全面发展。

党的十八大后，以习近平同志为核心的党中央十分关心、高度重视中国核工业和中核集团党的建设和改革发展。2015 年年初，在核工业创建 60 周年之际，习近平总书记作出重要指示，确立了核工业发展新的指导思想，开启了核工业发展新时代。中核集团党组高举中国特色社会主义伟大旗帜，充分发挥把方向、管大局、保落实的领导作用，不折不扣落实强军首责，深入贯彻习近平新时代强军思想，一系列重大军工工程取得重要阶段性进展。经济发展质量和效益不断增强，主要经济指标均创历史最好水平，中核集团“十二五”（2011—2015 年）期间营业总收入、利润年均增长分别达到 11% 和 15%，资产总额增长 1 倍以上。截至 2015 年年底，中核集团资产总额

4 500亿元，净资产 1 283 亿元。2013—2015 年累计实现总产出 3 300 亿元，利润总额 294 亿元，主营业务收入 1 819 亿元，经济增加值（EVA）172 亿元，连续 10 年获得国资委考核 A 级。深化创新驱动发展。制定了“十三五”科技发展规划、中长期（2030）科技创新战略纲要，加大研发投入，实施“龙腾 2020”科技创新计划，在核电、核动力、核材料、铀矿地质等领域，取得以“华龙一号”三代核电技术为代表的一批重要科技成果，有力支撑了国家战略核力量建设和核能和平开发利用。坚决贯彻落实新发展理念，落实习近平总书记“四个并重”核安全观，确保国家战略核安全和环境安全。积极开拓国际市场，海外开发取得重大突破，核电成为中国高新技术和装备走向世界的新名片。开展董事会试点，完善现代企业制度，健全法人治理结构，形成了党组、董事会、经理层分工履责、有效授权的顶层管理体系。将党的建设和改革发展同步谋划，出台了中央企业第一份比较完善的“十三五”党建规划。

## 第三节　卓有成效的思想政治工作

高度重视思想政治工作，充分发挥思想政治工作在革命和建设中的重要作用是党的优良传统和政治优势。核工业创建 60 年来，思想政治工作紧密围绕中心、服务大局，工作卓有成效。在创业最艰难时期，在苏联毁约停援和三年困难时期造成的困难情况下，在调整转型二次创业过程中，用强有力思想政治工作阐释所面临的形势和任务以及各项方针政策，向干部群众做宣传解释和耐心细致的教育引导工作，组织发动群众、凝聚力量为实现党的中心任务而奋斗，保证了原子能工业建设和“两弹一艇”研制顺利进行，保证了改革平稳推进，实现了中核集团的创新发展。

### 一、各个阶段思想政治教育活动

60 年来，核工业围绕坚定理想信念这个关键，始终坚持马克思列宁主义、毛泽东思想、邓小平理论、“三个代表”重要思想、科学发展观，深入学习贯彻习近平总书记系列重要讲话精神，培育了一支忠于祖国、忠于人民、献身事业、能打硬仗的干部职工队伍。从“两弹一艇”研制成功到核能产业、核技术发展，从战略转变、调整改革到走上良性循环发展道路，思想政治工作都发挥了至关重要作用。

**（一）20 世纪 50 年代到 70 年代**

1957 年 5 月，按照中央《关于整风运动的指示》，在全系统普遍进行反对官僚主义、宗派主义和主观主义的整风运动。各级党组织召开各种形式的座谈会或个别谈心，听取党员和群众的意见。由于极少数人趁机向党和新生的社会主义制度发起攻击，根据中央指示，全系统开展了反右派斗争。1959 年 8 月，部党组发出《关于贯彻执行〈中央关于反对右倾思想的指示〉》。在全党整风、反右派和“反右倾”斗争形势下，部党组因势利导，以马克思列宁主义、毛泽东思想为指导，带领党员职工端正态度，在思想政治工作引导下，党员干部建设原子能工业、推动我国原子能事业快速发展的热情更加高涨。

1960 年，各级党组织认真组织学习毛泽东著作，重点学习《毛泽东选集》（第四卷）、“老三篇”和“五篇哲学著作”，在整风、“反右”等运动中加强思想建设，激励职工做好本职工作，完成好党交给的任务。

1963 年 3 月，根据中央指示，党组发出《关于贯彻执行中央“五反”运动的指示》，在全系统开展增产节约和反对贪污盗窃、反对投机倒把、反对铺张浪费、反对分散主义、反对本位主义的“五反”运动。

1964 年、1965 年，部党委贯彻中央关于四清运动精神。部机关和成员单位部分党员干部和知识分子分期分批到河南信阳、安阳、宁夏青铜峡农村参加“四清”，与农民同吃同住同劳动，改造思想，培养工农感情，增强为人民服务意识。

1966 年 1 月 31 日至 3 月 8 日，二机部党委在北京召开工作会议和政治工作会议。1 月 31 日，国家主席刘少奇、全国人大常委会委员长朱德、国务院副总理邓小平等党和国家领导人接见与会代表。会议期间，周恩来总理在中南海接见与会代表，并作了形势报告和重要指示。刘杰部长作了《坚持毛泽东思想统帅一切，永远突出政治》的报告，总结了二机部十年工作成绩和经验；刘西尧、牛书申副部长分别作了《继续沿着毛主席指引的道路奋勇前进》和《突出政治，加强思想政治工作》的报告。

1969年，全国掀起学习解放军活动热潮，核工业系统普遍开展创建“四好连队”“五好职工”活动。干部职工以解放军为榜样，活学活用毛泽东思想，广泛深入地开展学习毛泽东著作活动。二机部军管会于1969年12月召开首届活学活用毛泽东思想积极分子代表大会，表彰活学活用毛泽东思想先进集体和积极分子。1971年9月召开第二届活学活用毛泽东思想积极分子、首届“四好连队”“五好职工”代表大会（简称“三代会”），表彰了一批“五好连队”和“五好职工”。

1971年，“9·13”事件后，核工业系统按照中央要求，开展批林整风运动，围绕中央关于“认真看书学习，弄通马克思主义”的指示和“三要三不要”① 的原则，组织学习教育。

1976年10月，二机部根据中央统一部署，在广大干部和群众中开展揭批“四人帮”的活动。

1978年5月11日，《光明日报》发表特约评论员文章《实践是检验真理的唯一标准》，由此引发了一场全国性关于真理标准问题的大讨论。核工业系统各级党组织认真组织党员、干部开展真理标准的讨论，批判极左思潮，冲破“两个凡是”的束缚，解放思想，提高认识，为向保军转民的调整做了思想上的准备。

1979年，核工业系统认真传达学习党的十一届三中全会精神。在全党工作重点转移、恢复党的实事求是的思想路线、改革同生产力迅速发展不相适应的生产关系和上层建筑、加强民主法制、平反冤假错案等一系列重大问题上，把干部职工的思想统一到全会精神上来。

### （二）20世纪80年代到90年代

20世纪80年代，核工业系统开展了“五讲四美三热爱”② 活动。1981年，组织学习《关于建国以来党的若干历史问题的决议》。1983年12月，

---

① 三要三不要：要搞马克思主义，不要搞修正主义；要团结，不要分裂；要光明正大，不要搞阴谋诡计。

② 五讲：讲文明、讲礼貌、讲卫生、讲秩序、讲道德；四美：心灵美、语言美、行为美、环境美；三热爱：热爱祖国、热爱社会主义、热爱中国共产党。

核工业部表彰了“五讲四美三热爱”活动先进集体和先进个人，35 个单位获“五讲四美三热爱先进集体”称号，56 人荣获“五讲四美三热爱先进个人”称号。

1985 年 11 月 4 日，核工业部在北京京西宾馆礼堂举行核工业创建 30 周年庆祝大会，李鹏代表党中央和国务院出席了会议并发表讲话。

1989 年春夏之交北京发生的政治风波平息后，对干部职工普遍进行了坚持四项基本原则、反对资产阶级自由化、民主和法制教育。

1992 年，全系统认真学习贯彻邓小平同志视察南方重要讲话，对加快改革开放步伐、建立社会主义市场经济体制有了更深刻认识，思想进一步解放，观念进一步转变。

1995 年，以纪念核工业创建 40 周年为契机，开展核工业发展历史和向先进模范学习教育。1 月 10 日，举行纪念中国核工业创建 40 周年暨劳模表彰大会。党和国家领导人江泽民、李鹏、乔石、刘华清等为核工业创建 40 周年题词。李鹏总理致信祝贺。邹家华副总理参加纪念大会，发表重要讲话，并接见核工业劳模、会议代表和职工代表。

1996 年，党的十四届六中全会作出《关于加强社会主义精神文明建设若干重要问题的决议》。全系统开展了文明创建活动，有的开展了“学习雷锋便民服务示范日”活动，有的开展了创建文明单位、争做文明职工、讲文明树新风活动。一批单位荣获全国文明单位、全国精神文明建设工作先进单位以及省、市级文明单位称号。1996 年 8 月，总公司党组发出《关于加强和改进核工业系统思想政治工作的若干意见》，强调加强思想政治工作的重要性和紧迫性，明确要求建立一支党性强、作风正、业务精、能适应社会主义市场经济和核工业发展需要的政工干部队伍，提出要加大对思想政治工作的投入，提供必要的物质条件，同时加强对思想政治工作的领导和业务指导。

1997 年，为深入贯彻落实中共中央关于《爱国主义教育实施纲要》的精神，充分挖掘和利用本行业爱国主义教育资源，党组命名四〇四厂、中国原子能科学研究院、秦山核电站为核工业爱国主义教育基地。命名后，各单位利用基地的生动史料，开展爱国主义教育，弘扬核工业优良传统，激励广大干部职工热爱核工业、奉献核工业，在本职岗位上建功立业，积极推进核工业两个文明建设协调发展。

1999 年 9 月 18 日，党中央、国务院、中央军委隆重表彰为我国“两弹一星”事业作出突出贡献的 23 位科技专家，并授予他们“两弹一星功勋奖章”。其中，来自核工业系统的有于敏、王淦昌、邓稼先、朱光亚、吴自良、陈能宽、周光召、钱三强、郭永怀、程开甲、彭桓武。中核集团广泛宣传他们的先进事迹，学习他们的爱国情怀和科学态度。

**（三）新世纪以来**

2001 年，根据中央要求，开展了“讲学习、讲政治、讲正气”三讲学习教育活动。

2003 年，北京爆发非典疫情，引起社会恐慌。党组发出《关于在抗击非典斗争中切实加强宣传思想工作的通知》，号召广大党员、干部、职工万众一心，众志成城，投身这场没有硝烟的特殊战斗。

2003 年，党组下发了《关于在中核集团公司系统兴起学习贯彻“三个代表”重要思想新高潮的通知》，全系统开展了轰轰烈烈的学习活动。

2004 年 10 月 15 日，中核集团召开纪念我国第一颗原子弹爆炸成功 40 周年大会。

2005 年，按照中央和国资委党委要求，以“保持先进性、发展核工业”为主题，分两批开展了保持共产党员先进性教育活动。

2009 年，以“富国强军，打造国际一流集团”为主题，开展深入学习实践科学发展观活动。

2010 年，以“改革创新、求真务实，努力实现集团公司又好又快安全发展”为主要载体，深入开展创先争优活动。在全系统深入开展“筑坚强堡垒，树先锋旗帜”主题评选活动，50 个基层党组织和 81 名共产党员获得集团公司“坚强堡垒”“先锋旗帜”称号。徐銤同志被评为全国百名创先争优优秀共产党员。

2013 年，深入开展了以为民务实清廉为主要内容的党的群众路线教育实践活动，党组和总部为第一批，事业部（专业公司）、成员单位为第二批。党组带头聚焦“四风”问题，形成了贯彻群众路线的刚性约束长效机制。

2015 年，在集团公司处级以上领导干部中开展“三严三实”专题教育。同年，以核工业创建 60 周年为契机，广泛开展核工业发展历史和时代精神教育，组织了纪念60周年系列活动，主要包括：大力宣传习近平总书记和李克强总理对核工业的指示批示精神；在人民大会堂举办“新时期建设巩固国防、推进核能可持续发展”座谈会；举办“创新发展核工业，同心共筑中国梦”核工业60周年成就展；开展“最美中核人”评选活动，并召开“最美中核人”和一线职工代表座谈会；拍摄《中华之核》三集纪录片并在中央电视台播映；开展核工业发展史巡讲、科普公众开放周和职工文艺汇演等。

2015年3月2日至4月30日，根据中央统一部署，中央第一巡视组对中核集团进行了专项巡视。中核集团党组高度重视中央巡视组反馈的问题与建议，对巡视反馈的问题与意见归纳分类，制定了164条整改措施，建立工作台账，立行立改。通过巡视整改，中核集团进一步加强了党的领导和党的建设，全面从严治党，党风廉政和反腐败建设不断深入。

通过各个时期的学习教育活动，使广大党员干部和职工在政治上、思想上、行动上同党中央保持高度一致，激发了强大的精神力量，保障和促进了各项任务的完成，奠定了核工业发展政治思想文化基础。

## 二、围绕中心、服务大局

60年来，核工业思想政治工作实践表明，思想政治工作必须围绕党的中心工作，服务核事业发展大局。

### （一）围绕“两弹一艇”研制的思想政治工作

在第一次创业时期，思想政治工作主要是围绕“两弹一艇”研制进行。1955年核工业创建后，在党中央和国务院直接关怀和领导下，核工业科研生产队伍迅速组成。这一阶段思想政治工作主要是进行热爱国防尖端事业、自力更生、刻苦攻关的教育，激励为国争光的斗志。

“两弹一艇”研制队伍的大致构成是：由部队转来的领导干部，从国外归来的科学家，从各科研机构和院校调集来的专家，从各行业划转过来的技术工人、各类管理干部和后勤服务人员、从大专院校毕业的学生。他们从五湖四海汇集到核工业。如何把他们凝聚在一起、形成一个有机整体，让他们各展所长，为一个共同的目标努力奋斗，就成了思想政治工作的重要任务。

思想政治工作紧扣队伍实际，激励他们发挥各自长处，相互融合，团结一致，向困难作斗争，努力学习原子能科学知识，学习研制原子弹、氢弹、核潜艇知识，刻苦攻关，早日拿出合格产品，为国争光。在具体工作中，坚持从各类人员特点出发，进行有针对性的思想教育。对从国外回来的科学家，主要是宣传弘扬他们放弃国外优越的生活工作条件，义无反顾地回到祖国，投身核事业，为民族振兴、国家强盛而奋斗的高尚爱国情怀。对青年知识分子，主要是帮助他们树立正确的世界观、人生观、价值观，正确处理好“红”与“专”的关系，正确处理个人理想与国家事业需要的关系，组织他们深入科研生产实际，虚心向工人同志学习。同时，为他们创造良好的条件，帮助他们成才。对技术工人，主要是结合各个时期的生产实际，通过各级领导动员，使广大工人认清形势任务，了解自己从事工作的政治、军事和经济意义，激发使命感、荣誉感，充分调动他们的生产积极性，并提出作风、纪律、质量要求，以保证产品的高质量。

在苏联政府单方面撕毁协议、撤走专家，给研制工作造成严重困难的日子里，研制生产人员也不同程度产生了一些思想波动。思想政治工作紧密结合实际，主动作为，通过各种方式对干部职工进行民族气节、民族自信心和自力更生教育，激发大家强烈的民族自尊心、自信心，全系统上下形成下定决心、排除万难、一定要把原子弹搞出来的坚强意志。为了铭记苏共中央1959年6月给中共中央关于暂缓向中国提供原子弹教学模型和图纸资料的信，激发大家自力更生、奋发图强的精神，把这一日期确立为原子弹工程的代号“596”。

在“两弹一艇”研制队伍里，知识分子是重要组成部分。思想政治工作的一个重要内容是落实知识分子政策，对其政治上信任、工作上放手、生活上关心，使科研人员感受到党和国家的关怀和温暖，更加自觉地报效祖国。但是，在20世纪50年代后期，由于极左思想影响，各种政治运动频繁，社会上对知识分子产生偏见，轻视甚至鄙薄知识分子倾向也影响到核工业系统，一定程度上挫伤了知识分子的积极性。

由于核事业工作的特殊性，对人员政治条件要求非常严格。部党组及基层党组织从实际出发，排除干扰，坚持“家庭社会关系看本人，个人历史问题看现实”的原则，对那些家庭背景社会关系复杂的同志，只要本人历史清楚、现实表现好，就在政治上信任，大胆放手使用。事实证明，这些同志是忠诚可靠的，为我国原子能事业作出了贡献。

核工业大多数单位地处深山老林、荒漠戈壁，自然环境、工作生活条件都很差。特别是三年困难时期，部分职工思想波动，欲离开工作单位。但党和国家时时惦记着科技人员的身体健康。周总理在一次中央军委会议上，临时变更会议主题，为原子弹基地募集粮食。聂荣臻元帅从各大军区和地方调拨一批黄豆、鱼、肉、蔬菜等副食品给研制“两弹”的科技人员，被人们称赞为“科技豆”“科技鱼”“科技肉”。青海省支援核武器研制基地科技人员数万头牛、羊。聂荣臻要求，这些食品只能分给科技人员，党政领导、政工、后勤干部不许吃。据有的同志后来回忆，这些领导、政工人员等都没吃，统统送给科技专家和科技人员，保证他们的身体健康，争取早日拿出“争气弹”。

党的思想政治工作点点滴滴、春风化雨，真诚的信任和尊重，热情的关心和帮助，使科技人员和广大职工解除了后顾之忧，放开手脚搞科研，加倍努力干工作，才使得“两弹一艇”研制有了突飞猛进发展。

**（二）围绕调整改革的思想政治工作**

在调整转民的重大历史关头，进行服从国家经济建设大局、解放思想、转变观念、勇于改革的教育。1978年后，核工业进入了调整转民的第二次创业时期。这在我国核工业发展史上是一个重大变革，开始许多同志思想准备不足，甚至产生失落感和埋怨情绪。如何应对这些变化，尽快让大家认清形势，理顺情绪，融入改革开放时代大潮，就成了思想政治工作的迫切任务。全系统围绕认清形势、服从大局展开各种形式的宣传教育活动，使大家认识到，国内外形势已发生重大变化，我们可以争取到更长时间的和平发展环境，把立足点从加强战备、早打、大打、打核大战转到和平时期的建设上来是必然趋势。把一些军工项目停下来转到发展民品是国家经济建设大局的需要。国家经济建设大局好起来了，核工业也会随之好起来。从而消除了怨气，增强了服从大局、克服困难、发展民品的信心。在一段时间内，系统内普遍存在“等、靠、要”思想，阻碍调整转民的进程。思想政治工作围绕解放思想、转变观念，组织开展讨论，引导大家克服依赖思想，树立市场机遇意识，克服功臣思想和守成心理，树立创业意识，看到发展市场经济是大势所趋，早转早主动，早转早受益，从而积极投入到市场经济的洪流中去。

在调整转民的初期，核工业遇到的困难也是巨大的，思想政治工作始终发挥着引领方向，凝聚人心，激励斗志的重要作用，保证了转民工作的不断发展。在我国第一座核电站秦山核电站建设初期，1982 年 12 月初，秦山核电厂召开了进驻海盐后的第一次全体职工大会。会场设在县委招待所的一个大房间里，简易的木桌就是主席台，参加会议的人员坐在从食堂搬来的长条凳上。由于天气寒冷，又没有取暖设备，会议开始不久，会场上跺脚声一片，主持会议的领导看到大家冻得坐不住了，大声说道：全体起立，咱们就站着开会。这是一次不寻常的会议，临时党委认识到，二次创业遇到的困难不会比一次创业时少，思想政治工作必须紧紧跟上，发挥引领和保证作用。随后决定，在干部职工中开展“五大讲”活动，即：大讲工程建设对取得成套经验、掌握核电技术、培养人才及引进消化国外技术等方面的重大意义；大讲党中央、国务院和有关部委、省市对建设核电站的重视，关怀和期望；大讲工程建设与实现党的十二大提出的总任务、总目标的关系；大讲工程建设任务的艰巨性和紧迫性；大讲工程建设同贯彻核工业部“保军转民”的关系。号召大家发扬当年搞第一颗原子弹时期的奉献精神，为开拓中国的核电事业贡献力量。“五大讲”活动的开展，进一步激发了职工搞好工程建设的光荣感、责任感和紧迫感，增强了克服困难的勇气和信心。

20 世纪 90 年代末期，在面临种种困难形势下，核工业又走上了调整改革脱困的艰难道路。这次调整规模之大、涉及人数之多、时间之长是核工业历史上第一次。在地勘队伍的属地化改革中，有 77 个单位的 58 695 人（其中，在职职工 30 011 人，离退休人员 28 684 人）划归地方管理。在矿冶、核燃料和宝原系统的调整改革中，有 34 个企业关闭破产，涉及职工 81 047 人（其中在职职工 41 510 人，离退休人员 39 537 人）。这是一次大变动、大重组，也是一次伤筋动骨的调整改革，难度可想而知。为保证调整改革顺利进行，各级党组织开展了深入细致思想政治工作。在地勘队伍属地化改革中，地质总局通过印发宣传教育提纲、深入到职工中宣讲等多种方法，宣传调整改革的必要性，讲解政策，回答解决职工思想和实际问题。在矿冶、核燃料、宝原系统的企业关闭破产中，中核集团和各管理局分别组织编印《实施关闭破产政策法规指导手册》等学习资料，采取办培训班、召开座谈会、印发宣传材料、利用各种宣传媒体等方法广泛宣传，正确引导，既让职工群众了解掌握关闭破产的政策和法律法规，又对群众提出的问题进行深入细致的研究，耐心细致地做好宣传解释工作。各企业党组织开展了领导班子成员与中层干部谈心、中层干部与职工谈心活动，层层做工作，打通职工思想、消除顾虑，确保关闭破产方案的实施。

**（三）围绕新时期改革发展的思想政治工作**

进入21世纪以来，中核集团党组充分发挥领导核心作用，把握大势、忠诚担当，勇于实践、善于创新，团结带领各级党组织和全体党员干部职工，坚持党的领导，继承和发扬核工业优良传统，提出了“开放、包容、合作、共赢”的发展理念和“集团运作、科技兴核，专业经营、人才强企，精益管理、双资推进”的经营方针。尤其是党的十八大以来，在以往持续开展教育实践活动、深入开展“双百”访谈活动和连续开展职工需求与关注点信息调查基础上，中核集团确立了构建和完善与现代企业制度相适应、与集团发展战略和管控模式相适应的“大党建”工作体系，积极构建适应核工业改革发展需要的思想政治工作运行保障体系，不断丰富工作内容，拓展工作阵地，创新方式方法，党建、思想政治工作取得新成效，呈现积极向上的健康发展态势。

为落实习近平总书记提出的实现中华民族伟大复兴的中国梦。中核集团提出中核梦是中国梦的重要组成部分，开展了“九个一”中核梦助推中国梦系列主题实践活动。一是举办中国梦中核大讲堂学习活动；二是制定中核梦奋斗目标体系；三是开展“我的梦·中核梦”征文比赛、“最美中核”书画摄影创作比赛及“中核好声音”网络歌咏比赛；四是举办“我的梦·中核梦”青年创新成果报告会；五是表彰60位“最美中核人”；六是开展弘扬“中国精神”的核工业发展史教育活动；七是创作《核之魂》《国之光荣》《核铸强国梦》《“两弹一艇”人物谱》《激情岁月讴歌》《“两弹一艇”那些事》等一批展示核工业改革发展成就和核工业精神的文化作品；八是形成一个理论实践研究成果《核铸强国梦》，该书获得中央企业“五个一工程”奖；九是开展纪念核工业创建60周系列主题活动。

## 三、弘扬先进、榜样引领

在核工业队伍中，涌现出了一批又一批热爱祖国、无私奉献的先进典型，既有钱三强、王淦昌、彭桓武、赵忠尧、何泽慧、朱光亚、邓稼先、郭永怀、陈能宽、张文裕、汪德熙、王承书、杨承宗等一批从国外回国投身原子能事业的科学家，也有于敏、周光召、彭士禄、赵仁恺、黄祖洽、王方定、胡仁宇、吕敏、王乃彦、徐銤等我国培养的科学家，还有默默奉献在各个领域的普通干部职工；既有在"两弹一艇"研制中做出突出贡献的杰出人物，也有在核工业二次创业中勇于改革、开拓创新的典型人物。核工业各级党组织和政工部门在各个时期都注重培养和树立自己的先进典型人物，经常深入科研生产第一线，和科技人员、职工交朋友，发现典型，总结他们的先进经验和感人事迹，通过各种手段大力宣传，形成学先进、赶先进良好氛围。弘扬先进、榜样引领，对培养干部职工热爱祖国、无私奉献和践行"四个一切"的核工业精神，激励大家为核事业努力奋斗发挥了重要作用。

核科学家于敏从20世纪50年代开始从事原子核理论、氢弹原理、核武器研制等工作，参与领导一系列高科技项目的理论研究，解决了大量关键性的理论问题，对中国核武器理论研究和若干高科技项目理论研究作出重大贡献，1985年荣获"全国五一劳动奖章"，1987年获"全国劳动模范"称号。1987年5月17日，部党组作出《关于向全国劳动模范于敏同志学习的决定》，在全系统内开展向于敏同志学习的活动。

四〇四厂四分厂副厂长兼总工程师张同星在四〇四厂工作20余年，参与解决了一系列重大技术难题，为发展中国核工业作出重要贡献。1979年，张同星荣获"全国劳动模范"称号，《人民日报》《解放军报》《工人日报》和《甘肃日报》报道了他的先进事迹。聂荣臻元帅为他题词"向知识分子的优秀代表张同星同志学习"。1982年12月1日，部党组作出《关于开展向张同星同志学习活动的决定》，号召全体共产党员、共青团员、广大干部、科技人员、工人和家属认真学习张同星同志的模范事迹和先进思想。

1995年8月9日晚，核工业西北地质局二〇八大队派出所副所长、共产党员彭国平为保卫国家财产和人民生命安全，见义勇为，勇斗歹徒，不幸牺牲。总公司追授他“核工业优秀保卫干部”光荣称号，党组作出《开展向彭国平同志学习的决定》，组成彭国平烈士事迹报告团，在总公司和京内外核工业单位巡回报告，引起很大反响。

中国工程院院士、中核集团公司首席专家徐銤同志坚持中国实验快堆科研50余年，他科技报国、无私奉献的事迹得到中央领导人高度评价，中共中央政治局常委李长春，政治局委员、国务委员刘延东等中央领导先后作出重要批示，称赞其“不愧是当代科技工作者学习的楷模”。2011年，徐銤同志荣获“全国创先争优优秀共产党员”称号。2012年1月9日，中核集团党组印发《关于开展向徐銤同志学习活动的决定》，在全系统内广泛开展向徐銤同志学习的活动，并于当年组织徐銤同志先进事迹全国巡回报告会，在北京、太原、衡阳、抚州、秦山等地相继举行6场巡回报告，引起广大干部职工强烈反响。

在核工业老一辈科技工作者身上集中体现了核工业精神，他们是核工业的宝贵财富，因此，传承和弘扬“四个一切”的核工业精神很重要的途径是不断发掘和总结他们的先进事迹，向他们学习。几十年来，组织开展了一系列的纪念活动，宣扬他们为核事业发展建立的历史功勋和以身许国的爱国情怀、严细求实的科学思想。

2007年，中核集团举办了纪念王淦昌同志诞辰100周年纪念活动。5月28日，在人民大会堂举办王淦昌学术思想座谈会，中共中央政治局委员、国务院副总理曾培炎出席并讲话，勉励广大核科技工作者学习王淦昌同志科学精神和崇高品德，认真贯彻党中央、国务院发展核工业战略决策，坚持科学求实，努力自主创新，在新的形势下促进我国核工业持续快速安全发展。

2013年，中核集团举办了纪念钱三强先生诞辰100周年系列活动。召开座谈会和学术报告会，在中央电视台播放纪录片《钱三强》，编辑出版《钱三强与中国原子能事业》，举办钱三强事业回顾展等，弘扬以钱三强为代表的老一辈核科技工作者优良传统和科学作风，对于激发干部职工科技报国、创新求实、奋发进取精神产生重要影响。

对于科技人员、工人以及基层领导干部和各类管理人员中的先进典型，各级党政工团组织适时给予表彰和奖励，使先进人物成为人们倾慕、学习的榜样，在“两弹一艇”研制队伍中，在核工业调整转民发展核电的二次创业中，掀起了一浪又一浪学习先进、争作贡献的热潮。

榜样的力量是无穷的。钱三强、王淦昌、彭桓武、朱光亚、郭永怀、邓稼先、吴自良、陈能宽、周光召、程开甲、于敏、王承书、彭士禄、王方定、张同星、彭国平、原公浦、徐鉥、邢继等，成为青年人楷模，激励一代又一代核工业人。在榜样的引领下，在老同志言传身教中，在日常工作生活中，几十年的潜移默化，使热爱祖国成为核工业人天经地义的思想观念，无私奉献成为无需动员的自觉行动，“四个一切”核工业精神已成为大家共同信念。

## 四、提高素质、建好队伍

60 年来，核工业之所以能取得两次创业的巨大成功，关键在于党和国家对核工业支持和各级党组织坚强领导，还在于有一支对核工业爱得深、干得好、创一流的党建和政工干部队伍。

核工业创建初期，基层党委书记、支部书记和政工干部，是按照无产阶级革命事业接班人五条标准和德才兼备原则，从部队和地方抽调的一批党政干部中的优秀分子中选拔的。他们大多数是战争年代参加革命的老干部，身经百战，出生入死，是忠诚的无产阶级战士。然而，这些同志到核工业工作后，离开自己熟悉的工作和岗位，到一个陌生的且知识密集度很高的行业工作，面临的是一个需要开创的全新事业，缺乏必要知识和经验，许多东西都要从头学起，困难很多。针对这种情况，部党组一方面发挥他们立场坚定、爱憎分明、原则性强、不怕困难、敢打硬仗的长处，另一方面引导他们发扬战争年代那种“从战争中学习战争”的光荣传统，边干边学，尽快熟悉新工作，掌握新知识，同时结合具体任务、发展阶段和存在问题，进行具体指导，组织学习培训，使他们尽快进入角色，适应核工业建设与发展需要。

党的十一届三中全会后，部党组根据核工业战略转移、调整转民新要求，规范和创新基层党组织设置方式，按照党章要求设立党的基层组织，建立基层党组织工作机构，配备党务工作者。在新建经济组织同时建立党组织，调整经营（行政）管理机构同时配备党务工作人员，根据工作需要和职工人数设置党组织工作机构，配备党务工作人员。

坚持党管干部。1984 年，部党组颁发了《中共核工业部党组管理的干部职务名称表》，规定了党管干部原则，对各级党委所管干部范围、干部管理部门职责、走群众路线、对干部考察了解、报批任免手续等都作了明确规定。

进入新世纪后，贯彻中央颁发的《党政领导干部选拔、任用暂行条例》，落实习近平总书记提出的“对党忠诚、勇于创新、治企有方、兴企有为、清正廉洁”的要求，按照“信念坚定、为民服务、勤政务实、敢于担当、清正廉洁”好干部标准，加强领导班子和干部队伍建设。坚持以思想政治建设、能力建设、作风建设为核心，不断抓好“四好”领导班子创建工作，加强党组织负责人与经营（行政）管理负责人以及重要部门、关键岗位、不同领域领导人员交流。

严格干部选拔标准。党组严格干部选配标准，始终坚持在政治强、懂经营、作风好、肯奉献、熟悉党建工作、专业背景和综合管理能力强的人员中选拔党组织书记。同时通过核工业党校，对新任书记、党员领导干部、党务工作者、政工干部进行培训。

培养一支高素质政工干部队伍，对于推动思想政治工作至关重要。60 年来，核工业在建立政工队伍、加强政工干部培训、激励政工干部干事创业方面采取了许多重要措施，使这支队伍较好地保持了活力。党组织在注重使用的同时关心爱护政工干部，客观公正地评价政工干部劳动成果，规定政工干部在工资、奖金、生活福利、职务、职称评聘等方面与同级行政管理人员相一致。自 1990 年起，核工业系统对政工人员开展政工师、高级政工师评聘工作。1991 年，中核总成立政工职称评审委员会。1995 年，中核总及成员单位均成立了政工职称评聘工作领导小组和政工职称评审委员会。2015 年 5 月，国资委首次开展中央企业教授级高级政工师任职资格评审工作。至此，政工职称评聘工作进入经常化、正规化，使政工工作吸引力增强，政工队伍更加稳定。

## 五、思想政治工作方法探索与研究

为了研究和探讨新时期思想政治工作规律特点和方法，1983 年，核工业部召开思想政治工作座谈会，学习贯彻《中共中央关于加强企业思想政治工作的决定（草案）》和中共中央批转的《国营企业职工思想政治工作纲要（试行）》以及《全国职工思想政治工作领导小组会议纪要》，对新时期思想政治工作地位、作用和特点以及当前思想政治工作状况、存在问题和困难进行认真分析和总结，并对今后思想政治工作提出具体要求。

1984 年 3 月，核工业职工思想政治工作研究会（简称核工业政研会）成立，并制定了政研会章程，定期召开理事会或全会，总结经验，部署工作。核工业政研会创办会刊《研究与应用》。1995 年该刊与《核经济研究》合并。核工业成员单位也陆续成立政研会。

1990 年 12 月 7—11 日，核工业政研会第二届理事会在北京召开，中顾委委员、中国职工思想政治工作研究会会长袁宝华，中核总党组书记蒋心雄、党组副书记陈肇博、党组成员闵耀中，原二机部副部长李觉、张丕绪出席会议。会上表彰了经中核总党组批准的 20 个思想政治工作先进单位、39 名优秀思想政治工作者，政研会表彰了 9 个优秀基层单位研究会和 70 篇优秀政工论文。

2009 年 12 月，核工业政研会召开会员代表大会，选举产生第五届理事会。多年来，按照融入中心、服务大局、立足应用、指导实践的工作思路，不断探索推进党建思想政治工作理论研究和实践创新，在前瞻研究、提升文化、创新创效方面积极探索，发挥了信息库、智囊团、参谋助手作用。

2014 年，获得中国政研会团体会员单位优秀课题成果一等奖 1 项，二等奖 3 项，三等奖 6 项；获得中央企业政研会 2013—2014 年度优秀课题成果一等奖 1 项，二等奖 2 项，三等奖 1 项，并荣获中央企业党建思想政治工作先进单位称号。

党的十八大以来，根据中核集团党组要求，政研会开展一系列课题研究。其中《中核梦助推中国梦实践研究》获得中国政研会和中央企业政研会课题研究成果一等奖，《讲好中核故事的实践研究》荣获中央企业政研会课题研究成果一等奖。

核工业政研会坚持开展职工思想政治工作课题研究活动，跟踪改革发展中出现的新情况、新变化，总结思想政治工作新经验、新做法，形成许多具有较强针对性和可操作性的研究成果。政研会在新时期较好地发挥了“统一思想、凝聚力量”的作用，特别是在核工业转型期间，为干部职工解放思想、转变观念、改革创新、保持队伍稳定等作出了贡献。

# 第四节 党员队伍建设与管理

## 一、党员发展工作

核工业始终把发展党员摆在重要地位，突出核工业特点，积极培养和发展党员。创建初期，各级党组织贯彻落实《中共国家机关委员会关于1956—1957年发展党员的规定》，严格标准，发展党员，之后按照中组部提出的“积极培养，慎重发展”方针发展党员。

进入改革开放新时期以来，发展党员工作贯彻“坚持标准、保证质量、改善结构、慎重发展”方针，不断增强党员队伍生机和活力；坚持改善党员结构，注重在经营管理人才、专业技术人才和技能人才及各个岗位骨干中发展党员；坚持党员标准，严格工作程序，加强培养教育，成熟一个发展一个；进一步完善发展党员制度，建立长效机制，力争使绝大多数班组有党员。

自2011年起，为规范发展党员工作，切实保证新党员质量，中核集团严格执行发展党员计划审批制度，每年年初审核并下达发展党员计划，未经报批不得擅自发展。坚持“双培养”工程，注重在生产、经营、科研、管理等一线工作的中青年骨干人员中发展党员，努力把业务骨干培养成党员，把党员培养成业务骨干，持续不断改善党员队伍结构。2014年贯彻“控制总量、优化结构、提高质量、发挥作用”的发展党员总要求，全面实行发展党员票决制、公示制、培训制，在发展党员中坚持高标准做到“六个不发展”，即政治思想一般、工作业绩不突出的不发展；没有经过入党培训的不发展；入党积极分子没有经过1年以上培养考察的不发展；没有经过政审或政审不合格的不发展；没有经过党员和群众推荐、群团组织推优的不发展；群众反映其问题没有查清或党内外争议较大的不发展。

1963年年底，二机部共有党员4 143名。1998年年底，中核总共有党员92 733名。2015年年底，中核集团共有党员51 269名。

## 二、党员教育管理

核工业创建初期，主要是学习《党章》和毛泽东著作，对党员进行社会主义、共产主义和党性锻炼的教育。三年困难时期，主要是对党员进行形势任务教育和艰苦创业、自力更生、发挥党员先锋模范带头作用教育，要求党员坚守岗位，自力更生过技术关，克服苏联毁约停援和三年困难时期造成的困难，尽快把科研生产搞上去。1962 年以后，组织党员学习《毛泽东选集》，特别是学习新出版的《毛泽东选集》第四卷，对党员进行党的优良传统和"做一个好党员"教育。1964 年后，开展学习雷锋、全心全意为人民服务，学习焦裕禄、做优秀共产党员，学习大庆人"三老四严、四个一样"精神、走大庆道路，学习人民解放军、坚持政治挂帅，搞好科学研究、出成果出人才等活动。

1983—1987 年，根据《中共中央关于整党的决定》，在全系统分期分批整党，按照党中央"统一思想，整顿作风，加强纪律，纯洁组织"的要求，纠正党内存在的思想、作风和组织不纯问题。通过整党，党员素质大大提高，党的战斗力大大加强，促进了核工业"军民结合、保军转民"方针的落实。

1989 年 9 月，根据中央关于"清查清理工作基本结束后，要按照从严治党方针，认真开展做合格共产党员教育，在部分单位进行党员重新登记"的要求，中核总机关和京区单位开展了党员重新登记工作，在完成动员学习、个人总结、民主评议、总结整改、检查验收和党委审批六个阶段工作后，于 1990 年 5 月底结束。总公司、京区单位共有党委 11 个，总支 18 个，支部 301 个，党员 5 410 名，参加登记的党员 5 268 名，其中经党委批准予以登记的 5 199 名，占参加登记党员总数的 98. 7%。通过党员重新登记工作，广大党员受到一次做合格共产党员教育，增强了党性，各级党组织都制定了整改措施，党的工作出现新气象。

60 年来，对党员教育管理始终贯穿于核工业改革发展各阶段各环节，坚持从形势任务、党员队伍现状出发，建立健全教育管理长效机制，不断加强对党员思想教育和培训，开展党性教育、党章教育、创先争优等活动，严格党员组织生活制度，坚持"三会一课"制度和党员汇报思想制度。

通过党校加强党员和领导干部教育。核工业党校有计划地对核工业在职党员领导干部及后备干部，进行马克思主义理论、党的基本路线和党内政治生活准则的系统培训，对党务干部和思想政治工作、宣传教育骨干进行专业轮训，在提高党员和领导干部理论水平、党务工作水平以及加强和改进思想政治工作方面发挥重要作用。1979 年 7 月 2 日至 9 月 22 日，二机部党校举办第一期学习班。59 名部属厂矿、企事业单位党员领导干部参加培训学习。1990 年 11 月 6 日，核工业总公司党校成立。核工业党校通过课堂授课、视频教学、参观考察等多种方式组织党员干部学习党的理论，培养和增强党性修养。2011 年 12 月，核工业网上党校开通。核工业党校建校以来共举办 73 期副处级以上党员领导干部培训班，培养党员干部 2 711 人次。2012 年以来，利用核工业网上党校对近2 000名基层党支部书记进行党性及岗位业务能力培训；利用中央“一校五院”及红色培训基地对近 300 名基层党组织负责人进行党性及党建理论政策知识培训，有效提高了基层党组织负责人政治素养和业务水平。

## 三、发挥党组织战斗堡垒和党员先锋模范作用

60 年来，各级党组织和广大共产党员在各个时期都发挥了中流砥柱作用。在重大历史转折关头，各级党组织处变不惊，指挥若定，带领群众顶住压力、创造历史。各级党员干部挺身而出、身先士卒，成为群众主心骨，广大共产党员舍生忘死、勇往直前，危难时刻舍得出来、冲得上去，展现了共产党人光辉形象。他们是核工业发展的脊梁。

吃苦在前、享受在后的感召作用。第一次创业时，西北核武器试验基地建设早期，工人、科技人员和领导干部所有人都住在帐篷里。第一批楼房建成后，基地党委决定让科技人员首先入住。领导住帐篷，科技人员住楼房一时成为佳话，深得群众称赞。这件事被中央专委写进了给中共中央、毛主席的报告里，得到高度评价。核武器工厂和研究所的党员干部以身作则，带领全体职工克服海拔 3200 米高寒地带的种种困难，在荒无人烟的高原上边建设边研究实验和模拟试验，完成了核武器研制任务。

困难时期坚韧忠贞的示范作用。在核工业的两次创业时期，遇到的困难都是巨大的，但广大共产党员和各级领导干部面对困难，始终咬牙坚持，挺

身硬干，从不言退，从不言败，用忠诚事业，顽强拼搏的无声语言示人，带领广大职工度过了一个又一个艰难时刻，创造了一个又一个奇迹。在研制我国第一颗原子弹期间，党员科学家王方定负责原子弹引爆中子源的研制。当时条件极为简陋，不仅没有仪器设备，连起码的实验室也没有。王方定就带领研制组的同志和修缮队工人一起，花一个月时间搭起了一个用沥青油毡作顶、芦苇杆抹灰成墙的工棚作为实验室，拣回了别人用过的旧手套箱，加工出一些简单的器具，便开始了试验工作。夏天室温高达三十六七度，试验时他们还要穿上三层防护服，带上两层橡皮手套。每次试验时，闷热难耐，汗水会浸透全身，体力也消耗极大。到了冬季天寒地冻，常常会把实验室的水管冻裂，但他们仍然顶着严寒坚持做实验，在如此艰苦条件下，经过一次又一次实验，1963 年，王方定小组终于成功研制出合乎要求的材料。1964 年，由于实验的需要，王方定毅然告别妻子和刚出世的女儿、不到两岁的儿子，奔赴青海高原，参加并组织了多次核试验参数测试。王方定对原子弹、氢弹试验分别建立了几种不同原理的放化测试法，并提供了可靠数据，在核试验的放化领域作出了重大贡献。

在进入调整转民的初期，核工业多数企事业单位出现困难，有的甚至一度陷入困境。在面临严重生存困难的时候，广大共产党员和领导干部忍辱负重，披荆斩棘，带领职工踏上转民的道路。有的领导干部走南闯北去寻找转民项目，有的为了试制民品夜以继日，倒在工作岗位上，有的专业技术人员主动放弃到沿海、民营企业或条件待遇更优越的地方、单位的邀请，拿着和普通职工一样的低工资，坚持留下来和大家共同奋斗，一起度过难关。二〇二厂在企业最困难的时候，为了维持生产运转，所有干部数月主动放弃领全额工资，每月只拿 200 元生活费。四〇四厂科技委副主任李全兴同志，由于企业正处在困难时期，繁重的工作使他一直脱不开身，日夜奋斗在一线，一次又一次推迟回上海看望老母亲的时间，这一推就是十年，直到其老母亲去世，他的事迹感动了大家，厂里的职工集体联名向媒体反映，要求报道他的先进事迹。正是由于有这样一批批党员和领导干部的示范作用，深深地感染和教育着职工，支撑企业摆脱困境，走向振兴。

科技研发中锲而不舍，敢为人先，刻苦攻关的引领作用。在“两弹”的研制中，广大党员科技工作者立足现实，敢于创新，挑战不可能，采用新原理、新技术、新材料、新工艺、突破了一系列关键技术，攀登了一座座高峰，创造了一个个令世界为之震惊的科技奇迹，获得数百项国家发明奖、国家级和部委科技进步奖，在某些关键技术领域走在世界前列。1960 年，兰州铀浓缩厂刚刚建成，由于中苏关系破裂，在厂工作的苏联专家带着大量资料撤走了。而铀浓缩是技术含量极高，难度极大的工作，几千台扩散机虽然连接上了，但要正确地启动起来，既需要大量复杂地计算，还需要最科学的分批启动方案，这些机器要经过长达几百天的连续运转，才能生产出合格的铀-235产品。如果失败，原子弹工程就会面临巨大的挫折，想在短时间内重新拿出合格产品根本不可能。铀浓缩厂没有理论计算，就没有了灵魂，几千台设备就得瘫在那里。让谁来承担铀浓缩的工作呢？钱三强思来想去，找到了一个可委以重任的人——王承书。钱三强说："承书同志，现在国家需要你再次转行，你看行吗？"王承书问："需要我干什么？"钱三强说："这次是气体扩散理论，像你两年前改行时一样，这在我国也是一个空白。""兰州铀浓缩厂，苏联专家撤走了，我们没人搞过这个专业，你去把那里的气体扩散理论搞起来。"突然接到这个任务，王承书有点不敢相信，但她以国家利益为重，毅然接受自己从未搞过的铀同位素分离工作，开始了她后半生一种伟大的事业。王承书在日记中写道："祖国正处在百废待兴的时候，我不能等别人来创造条件，我要加入创造条件、铺平道路的行列。"后来她又说："年近半百，开始搞一项自己完全不懂的东西，不是件容易的事，但再一想，当时谁干都不容易，何况我在回国之前就已暗下决心，一定要服从祖国的需要，不惜从零开始。"从接到任务的那天起，王承书的名字就从国际理论物理学界消失了，她告别了丈夫、孩子、背起行囊，来往于北京和大西北之间。王承书牵头从培训建立第一代浓缩铀的科研和技术人员队伍做起，开办理论培训班，用一年的时间，系统地学习级联理论、分离理论、铀同位素分离的流体力学等气体扩散的理论知识，培养了我国铀同位素分离事业的第一批理论骨干，为在苏联专家撤走后，能很快转向自力更生过技术关打下了基础。当时苏联专家留下的资料很有限，王承书把这些资料反复看过后，一个一个地理解和计算，计算正确以后重新编排起来，然后再教学生。

1962 年 11 月，扩散厂主辅工程配套安装完毕。按照二机部提出的"两年规划"，扩散厂必须提前生产出高浓铀产品。为此，提出把全部机组分 9

批启动 5 批出产品的新方案。这样对级联的研究、计算和审定，就成了工厂启动的关键。上千台机器，以接力赛的方式连接起来，分批启动，不能有疏漏和差错。王承书往返工厂与北京之间，指导级联小组理论结合实际，进行了大量计算。当时我国仅有一台每秒 15 万次电子计算机刚刚启用，计算任务很重，王承书团队的人员，经常是后半夜或者节假日去计算。为检验结果的准确度，王承书坚持认真验证。上千台机器，每台从 0.7%的丰度算到 90%的丰度，计算量之大是可想而知的。别的同志在计算中用左手敲键，右手列算式。但由于王承书力气小，左手敲不动键，她只能用右手中指压在左手食指上，一下一下敲键，然后再拿起笔，记下计算得到的结果。一个数据的取得王承书要用比别人大一倍的力气。计算级联成了一条通向胜利的路，仅计算的正确数据就装满三个大抽屉。电子计算机计算出的几十箱纸条，王承书都一一过目审核，经过艰辛而枯燥的计算，启动运转方案终于诞生了，王承书没有局限于从公式到公式，而是一次又一次到千里之外的兰州，现场指导级联工作。

根据原子弹研制的总体要求，必须在 1964 年 1 月生产出高浓铀产品。而按照原方案，从第 1 批启动到第 9 批启动，需要 337 天。显然不能满足 1964 年进行首次核试验的要求。当时，苏联专家留下的“9 批启动 7 批取得产品方案”必须改动。王承书带领同位素分离的研究人员，对新的“9 批启动 5 批取得产品方案”进行了认真分析，仔细核对和实验论证，认为方案切实可行。方案经批准后开始执行，机器一批批启动，分析结果一批批出来，一切吻合，启动一次成功。1964 年 1 月，被称为“宝中宝”的高丰度、高纯度的浓缩铀-235 在王承书和她的同事们手中诞生了，出产品的时间比原设计方案提前了 113 天，为首次核试验提供了装料和时间保障。同年 4 月浇铸出毛坯，加工成原子弹核部件，10 月 16 日，硕大的蘑菇云在罗布泊上空升起，我国的第一颗原子弹研制成功了。为此付出了巨大心血的王承书抑制不住心头的激动，上级领导给予了高度的评价，而王承书却只说了一句话：“我只是一个人，这是大家的功劳。”

我国快堆事业的开拓者之一徐銤，1961 年从清华大学工程物理系反应堆工程专业毕业后，进入原子能院工作，开始了研究快堆的生涯。几十年来，遭遇了数不清的波折和困难，但他始终信念如初，锲而不舍，从未放弃对快堆事业的执着追求。特别是1971年，快堆科研队伍从北京迁至四川，快堆研制事业陷入低谷，300多人的队伍锐减至100多人。而徐銤却认为“快堆技术是对国家有长远利益的技术，越是有人离开，就越是需要有人坚持。”他谢绝了国际原子能机构、大亚湾核电站的工作邀请，毅然坚守山区科研攻关16年。为实现快堆技术“中国化”，徐銤始终坚持在快堆科研中走自主创新的道路，提出了我国快堆技术“三步走”发展战略，确立了实验快堆跨越发展的中国模式；他主持编制了“863”快堆专项规划，决策了中国实验快堆设计和建造中的重大技术问题；他始终坚持以我为主的原则，在创新中形成我国快堆技术设计的核心能力，使我国快堆实现了70%的设备国产化率和自主建造、自主管理、自主运行，赢得了中国实验快堆发展的战略主动；他坚持采取国际上还没有先例的快堆安全系统设计方案，提升了快堆预防堆芯融化事故的能力，使我国实验快堆的安全性指标达到了国际领先水平。2011年，中国实验快堆建成并实现并网发电，2015年中国示范快堆研发立项，我国快堆事业“三步走”发展战略迈出了第二步。徐銤为我国快堆技术的研究付出了巨大的心血，他将从事快堆科研工作视为最大幸福，他说“科技人员就是要给国家作贡献，让国家不再天天为能源问题犯愁，所以我们这些人即使是用一辈子能为国家做成这件事，就是我们的光荣。”

危难之时勇于担当的主心骨作用。2008年，汶川特大地震使地处川北山区的八二一厂遭受严重损失，瞬间全厂水、电、气全部中断，构筑物、建筑物及生产设施等严重损毁，导致1人死亡，7人重伤，10人轻伤，企业、职工个人财产损失6亿余元。核安全也面临重大威胁，八二一厂面临前所未有的考验，各级党组织不畏艰险，组织职工与自然灾害进行斗争，共产党员冒着危险冲在抢险第一线，果断采取多种有力措施，确保了国家核安全。

汶川地震发生时，核动力院高通量工程实验堆值班领导、共产党员李劲松，带领值班长易逸，高级操纵员邹德光，操纵员、共产党员李广辉，电器值班员、共产党员袁志敏，临危不乱，在千钧一发之际，果断完成紧急停堆操作，保证了核设施的安全。当时，强震突袭，地动山摇，伴随着隆隆的地声，主控室天花板传来扭曲撕裂声，操纵台上的电话瞬时被甩到地上。厂房外120米高的烟囱大幅度摇摆，汽车随地面起伏剧烈颠簸，山上树林响声大作，剧烈摇曳。整个山区山石翻滚，尘土飞扬，一片恐怖。在这生死关头，值班组的共产党员和其他同志第一反应不是夺门逃生，而是坚守反应堆值班操作岗位。值班长易逸迅速果断按下紧急停堆按钮，抢夺了反应堆停堆最短所需的 0.65 秒。主控室的所有人员为防止摔倒都半蹲着紧紧扶住控制台，双眼紧紧盯着仪表上的数据。几分钟后，各项数据显示反应堆已安全停闭，大家这才松了口气。随后，水电保障、剂量检测、险情排查、余热导出等大量应急工作迅即展开。经过三天紧张忙碌工作，堆内余热顺利导出，反应堆进入间断冷却状态。环境保护部部长周生贤对易逸班组全体成员评价说，“在地震发生时，你们能果敢及时地采取措施，维护核设施的安全，而且是在没有任何经验可以借鉴的情况下做到的，你们同样是我们这个时代最可爱的人!”关键时刻冲锋在前，高通量工程实验堆的一线共产党员和值班人员用责任和勇气确保了高通量工程实验堆在强震中完好无损，确保了灾区核设施处于安全可控状态，受到国内外赞誉。

四川汶川特大地震发生后，中核集团党组发出《关于在抗震救灾中进一步发挥各级党组织战斗堡垒作用、各级党员领导干部模范带头作用和广大党员先锋模范作用的通知》，要求把抗震救灾作为当前最重要最紧迫的任务，团结带领广大职工群众共同夺取抗震救灾斗争的胜利。各级党组织迅速组织职工投入到抗震救灾中，广大党员、干部冲锋在前，勇挑重担，不怕危险，不畏艰辛，用使命担当筑起了保障人民生命和核安全的“防震墙”。在这场同地震灾害的斗争中，4 个集体、3 个基层党组织、7 名个人、3 名党员获国资委抗震救灾先进集体和个人表彰，核动力院易逸同志获“全国抗震救灾模范”称号。

党的十八大以来，中核集团落实全面从严治党要求，紧紧围绕中核集团改革发展稳定大局，不断加强和改进基层党组织建设和党员队伍建设，建立健全党组织和党员发挥作用的领导机制和工作机制，持续开展“两优一先”评选活动，推动基层党支部战斗堡垒作用和党员先锋模范作用在强军工、保增长、调结构、强管理中得到充分发挥。在高质量完成军工任务、自主研发中国实验快堆、核燃料重点环节专用装备研制成功并实现工业化应用、我国第一座动力堆乏燃料后处理中试工程热调试取得圆满成功、建设国内铀矿大基地、地矿调整改革、研发建设“华龙一号”三代核电等工作任务中，涌现出衢州铀业党支部、徐銤、史明、邢继、王多明等一批先进集体和个人典型。

# 第五节　党风廉政建设和反腐败工作

## 一、纪检监察机构

1964年3月至1969年9月，中央监委派出驻二机部监察组，组长牛书申（兼）。1979年11月1日，中央批准二机部成立纪律检查组，组长张丕绪。1983年8月2日，高新华任核工业部党组纪检组组长。1991年1月27日，闵耀中任中核总党组纪检组组长。2000年11月，黄国俊兼任中核集团党组纪检组组长。2006年8月，王森任中核集团党组纪检组组长。2010年7月，李学东任中核集团党组纪检组组长。2016年5月，王杰之任中核集团党组纪检组组长。

## 二、建立党风廉政建设责任制

从2000年以后，中核集团逐渐建立起党风廉政建设责任制，确立中核集团党组是党风廉政建设主体，对党风廉政建设负全面领导责任。党委书记履行第一责任人职责。各级领导班子成员按照“两个责任”“一岗双责”“党政同责”的要求，承担职责范围内党风廉政建设领导责任。党组纪检组按照中央、中纪委和中核集团党组部署要求，开展监督执纪问责、制度建设、廉洁思想教育以及加强纪检干部队伍建设，坚持全面从严治党，严明政治纪律和政治规矩，严肃党内政治生活，持之以恒纠正“四风”，保持惩治腐败高压态势，为各项事业健康发展提供坚强纪律保障。2014年，中核集团发布《关于加强党风廉政建设，党委主体责任和纪委监督责任的指导意见》。2015年，中核集团发布《中核集团公司落实党风廉政建设“一岗双责”的措施》。按照加强纪检监察队伍建设要求，配齐了中核集团党组纪检组成员，制定了纪检组工作规程，出台了中核集团《关于加强和改进纪检监察组织建设的实施意见》。

## 三、构建惩防体系

1990年8月，中核总下发了《关于加强廉政建设纠正不正之风的通知》。1991年，认真贯彻落实全国党的纪检工作会议精神，并在上海召开纪检监察工作会议，在全系统深入进行党风党纪教育，特别是严格党的政治纪律，确保政治上同党中央保持一致。1994年5月4日，中核总直属机关党委发出《关于加强党内监督的意见》，明确了党内监督的目标和任务、党内监督的对象和重点、党内监督依据和主要内容、党内监督主要途径和方法、党内监督分工和管理。2014年，中核集团发布《贯彻落实〈建立健全惩治和预防腐败体系（2013—2017年）工作规则〉实施意见》。2015年，《中核集团公司党组落实监督责任建立“不能腐”防范机制的若干意见（试行）》。

中核集团围绕现代化企业制度建设，建立健全公司“三重一大”制度，为科学、民主、规范决策提供了制度依据。在全系统组织开展廉洁风险防控，排查廉洁风险点，建立完善重点领域和关键岗位权力运行制约体系，形成以岗位为点、以程序为线、以制度为面的廉洁风险防控机制。紧扣工程建设领域关键环节，督促有关部门抓好“三率”（即招投标率、物资采购价格稽核率和工程竣工结算委托第三方审核率）的监督工作。中核集团“三率”工作，被评为国防科技工业企业管理创新成果二等奖。

党组全面贯彻中央和国资委党委有关巡视工作部署要求，2012年7月发布《中核集团公司巡视工作规定》，聚焦巡视中心任务“党风廉政建设”，把发现问题、形成震慑作为巡视重点，结合实际重新调整，原有的综合、安全、工程巡视组，按照“三个不固定”方式，一次一授权开展巡视工作，并选派6位政治可靠、作风严明、坚持原则的局级干部担任巡视组组长、副组长。通过聘任专家、选调年轻处级干部挂职充实巡视工作力量。巡视工作紧紧围绕党风廉政建设和反腐败工作这个中心，按照中央提出的“四个着力”和“两责任一纪律”，不断探索能够有效发现问题的方法和手段，切实提高巡视工作有效性，形成了震慑。

由于坚持和完善反腐败领导体制和工作机制，做到了形成体系、严格执行、全面覆盖，确保标本兼治，确保从源头上预防和治理腐败；以强化监督为关键，尤其是加强了对重要岗位党员和各级人员，特别是各级领导班子主要负责人的监督，加大对生产经营管理重要环节的监督力度，广泛开展效能监察工作，把监事会监督、职工民主监督、财务预算监督、审计监督、纪检监察监督等有机统一整合起来，形成有效的全方位监督体系。

## 四、落实中央八项规定精神

十八大以来，中核集团将贯彻落实中央八项规定精神作为重要政治任务，始终与中央保持一致，努力树牢“四个意识”，提高政治站位，扎紧制度笼子，加强思想教育，坚定不移纠正“四风”，紧盯重点领域、重要问题、重要节点以及作风问题新动向新苗头，持续正风肃纪，有力促进了集团公司作风建设进一步好转。

2012 年 12 月，中央八项规定出台后，中核集团立即着手制定发布贯彻落实中央八项规定精神、改进工作作风密切联系群众的 18 条具体措施，并经常性开展对照检查。在集团党组带动下，围绕落实中央八项规定精神，总部陆续新建和修订完善一批业务配套制度，严格细化了公务接待、商务招待、办公用房、公务用车、差旅报销、办文办会、外事活动等标准。各成员单位研究制定本系统本单位贯彻落实的具体措施和配套制度，累计提出千余项制度措施。

从 2013 年 7 月开始，中核集团各级党组织坚持经常性、针对性教育，把落实中央八项规定精神作为党的群众路线教育实践活动、“三严三实”专题教育和“两学一做”学习教育的重要内容，深入开展党风党纪教育，每年坚持一个主题，在全集团组织开展形式多样的反腐倡廉教育月活动。在年节假日等重要节点前夕，从集团党组做起，各级组织通过会议传达、短信提醒、媒体宣传等形式，教育广大党员干部特别是领导干部加强节日期间廉洁自律，推动形成良好工作方式和生活习惯。

2013 年以来，在加强制度建设和思想教育的同时，中核集团针对过往积累的“四风”问题，面对问题不回避、不遮掩，着力减存量、遏增量，划底线、明红线。对通过党内监督、专项检查、信访举报等途径发现的落实中央八项规定精神方面存在的突出问题，梳理归纳出一批共性问题，下发共性问题清单，推动成员单位对 2013 年以来突出“四风”问题开展彻底清理纠正，对违规问题“大扫除”，把问题存量清零，使党员干部放下包袱、轻装前进。

通过不懈努力，基本控制了违规违纪问题滋生势头，刹住了享乐主义和奢靡之风。

## 五、严肃查处违纪违法案件

中核集团重视问题线索清理，加大案件查办力度，保持惩治高压态势。党组主要领导定期听取问题线索核实和案件查处情况汇报。党组书记、总经理和纪检组组长对重要案件和重要问题线索经常关注，亲自督办。编制《集团公司党组纪检组关于进一步加强信访举报工作的意见》，修订《办案专项经费管理办法》，进一步明确责任，细化工作流程。创建办案平台，建立办案专家库，集中办案力量。

通过警示教育、专项活动、宣传引导等方式，持续加强对各级党员领导干部廉洁教育，强化“守纪律、讲规矩”意识，把好思想和行动“总开关”。2015 年 4 月 20 日，组织召开严肃纪律惩治腐败警示教育视频会议，向全系统通报近期查处的违纪违法案件查办情况，全集团所有单位中层以上干部 3 000 多人参加会议。组织全系统开展反腐倡廉教育月活动。通过举办讲座、参观走访、学习研讨、组织考试等方式扩大教育月宣传效果，提高广大党员领导干部纪律意识、规矩意识。对公开选拔新提任干部进行廉洁谈话，促进领导干部从严要求自己，提高廉洁从业意识。在全系统开展廉洁文化建设示范点创建活动和廉洁文化理念征集活动。

# 第六节　文化建设

在 60 年发展历程中，核工业人顽强拼搏，刻苦攻关，在全国人民支援下，在各地各部门大力协同下，取得一系列令世界瞩目的辉煌成就。同时，也孕育形成了“两弹一星”精神和“四个一切”的核工业精神。这种精神贯穿于核工业发展历程，是核工业永恒的精神财富，是核工业持续发展的强大动力。

## 一、孕育“两弹一星”精神

自核工业创建之日起，各级党组织始终不渝地贯彻党中央指示，带领广大职工，克服困难，排除干扰，艰苦奋斗，仅用十几年时间，就建成了完整的核工业体系，完成了“两弹一艇”研制工作，取得第一次创业的辉煌成就。在创造辉煌成就的同时，逐渐形成具有鲜明时代特征、适应时代发展要求的核工业优秀文化特质和优秀文化传统，积淀了深厚的文化底蕴。比较有代表性的是无限忠诚的报国情怀、无私奉献的高尚品格、艰苦奋斗的工作作风、严细求实的工作态度、科学探索的进取精神、团结协作的大局意识。这些优秀文化传统是核工业人最为宝贵的精神财富，是核工业不断发展的基石。这些优秀文化精神与航天精神一起孕育了“两弹一星”精神。

1999年9月，江泽民同志在表彰为研制“两弹一星”作出突出贡献的科技专家大会上，将“热爱祖国、无私奉献，自力更生、艰苦奋斗，大力协同、勇于登攀”进一步概括为“两弹一星”精神。这成为20世纪中国人民自强不息艰苦奋斗的可贵民族精神。

## 二、提炼核工业精神

在60年创业征程中，核工业人在孕育伟大的“两弹一星”精神同时，也形成了具有核工业特色的“四个一切”的核工业精神。

在创造核工业辉煌成就过程中，逐渐加强了核工业自身优秀文化和精神传统的提炼和宣传。1984年5月，成立了核工业神剑文学艺术学会。学会成立后，出版书籍，组织座谈研讨，举办主题展览，开展丰富多彩文学艺术活动。出版《秘密历程》，记述核工业人创建核事业、研制第一颗原子弹的艰难历程。出版《核科学家的足迹》，该书以报告文学形式介绍王淦昌、姜圣阶、王承书、彭士禄、杨承宗、曹本熹、张沛霖、李整武、郭永怀、吴征铠、汪德熙、肖伦、邓稼先、陈国珍、于敏、陈能宽、周光召、连培生、张天保等19位核科学家感人的先进事迹。该书荣获1990年第四届中国图书奖二等奖。出版《祖国为她们骄傲》，该书介绍王承书、李林等18位核工业女科学家和女职工为我国“两弹一艇”研制和核电建设等做出的杰出贡献，讴歌核工业战线女职工艰苦奋斗、勇攀高峰、严谨求实、无私奉献的精神。

进入新世纪后，中核集团在着力构建适应企业发展的管理机构和管理制度体系的同时，十分注重思想政治工作和精神文明建设，激发员工斗志，塑造良好形象，在思想政治工作与企业生产、经营、管理结合等方面进行积极探索。2000年制定了《企业标识管理规定》。2003年，国务院国资委成立，国有企业改革进一步深入，对企业文化建设需求日益增加，企业文化建设理论开始在社会上广泛传播。2003年党组提出要求，在全系统征集提炼中核集团文化理念，企业文化建设体系初步建立。2004年，经过征集、归纳，反复讨论，提炼总结了“四个一切”的核工业精神和企业宗旨。组织创作了中核集团司歌《中国核工业之歌》。

2005年1月15日，在庆祝我国核工业创建50周年大会上，中核集团和中核建集团公司首次发布“事业高于一切，责任重于一切，严细融入一切，进取成就一切”的核工业精神。之后，组织一系列文化活动和评选表彰活动，全集团升国旗、唱国歌，升司旗、唱司歌，核工业优良传统和核工业精神得到进一步传播和发扬。

核工业精神形成于第一次创业时期，发展于第二次创业时期，是“两弹一星”精神在核工业的丰富和发展。事业高于一切，就是一切为了祖国，为了核科技事业，体现了核工业人共同拥有和信守的国家利益高于一切的价值理念；责任重于一切，就是对国家、对人民强烈的责任感；严细融入一切，就是管理要严、工作要细，真正做到“严、慎、细、实”；进取成就一切，就是开拓创新、勇于攀登、不断突破、奋发向上、抢抓机遇、加快发展。核工业精神发布后，得到中央党报、党刊的肯定。各成员单位、广大干部职工反响强烈，广泛共鸣。核工业精神既体现着自强不息的民族精神，又反映出无私奉献的社会主义价值观；既与传统文化中以天下为己任的理念一脉相承，又与拼搏奋进的时代精神相符，因而产生了强大生命力和发散效应。

2010年9月19日，为纪念我国核工业创建55周年，核工业人共聚一堂，中核集团、中核建集团和中国工程物理研究院共同举行新时期核工业又好又快安全发展座谈会。中共中央政治局委员、国务院副总理张德江出席会议并指出，“‘四个一切’精神不仅是核工业精神，也是我们党的精神，我们国家的精神，我们民族的精神，要深入贯彻落实科学发展观，坚持弘扬‘两弹一星’精神和核工业光荣传统，坚持深化改革开放，加强自主创新，加快结构调整，大力推进核技术和平利用，促进核工业又好又快安全发展”①。在核工业创建55周年之际，中核集团党组表彰了10个“新时期弘扬核工业精神先进集体”、10名“新时期弘扬核工业精神先进个人”。

《中国核工业之歌》歌词：红日照亮戈壁荒原，罗布泊托出蘑菇云彩。共和国之剑横空出世，祖国屹立五洲四海。中国核工业人拼搏奉献，神州尽显我们风采。中国核工业人创新前进，为了祖国光辉未来。明月辉映城镇港湾，华夏核电缤纷璀璨。高科技之光装扮大地，祖国走向辉煌年代。中国核工业人拼搏奉献，神州尽显我们风采。中国核工业人创新前进，为了祖国光辉未来。

核工业精神和《中国核工业之歌》已成为中核集团发展的一种推动力、感召力和凝聚力。

## 三、制定文化建设发展规划

2005年年底，中核集团贯彻落实国资委《关于加强中央企业企业文化建设的指导意见》精神，在秦山核电基地召开首届企业文化工作会议，会议阐述企业文化建设重要性，指明了中核集团企业文化建设的正确方向、目标要求和原则措施。

2006年制定并发布了《企业文化建设五年发展规划》，明确了中核集团企业文化建设工作指导思想、原则、实施步骤；同时编制《企业文化读本》，开展不同形式，不同规模的企业文化培训。2007年组织“传承核工业精神，再创新的辉煌”先进事迹报告团，在12个成员单位所在地区作巡回报告基础上，由国资委和国防科工委共同主办，在人民大会堂作了专场报告，进一步弘扬核工业精神，鼓舞员工士气，并产生了良好社会反响。2007年印发《企业视觉识别系统规范管理手册》，“四统一”（统一冠名、统一标识、统一旗帜、统一歌曲）工作取得重大进展，树立了良好形象，深化了大集团意识，具有核工业特色的企业文化建设体系基本形成。

2010年11月10日，中核集团在京召开企业文化融合工作座谈会，对进一步做好中核集团体制机制改革、产业结构调整过程中的企业文化融合和企

① 张德江.“新时期核工业又好又快安全发展座谈会”讲话[J].中国核工业，2010，(9)：2.

业文化建设提出明确要求。

根据企业发展需要，为加强企业文化顶层设计和规划指导，2012 年制定和发布《企业文化建设规划纲要（2012—2015 年）》，将原有的“四统一”拓展为“六化九统一”，即文化理念统一化、文化行为规范化、文化视觉一体化、文化特色差异化、文化推进集团化、文化评估标准化；统一冠名、统一司徽、统一司旗、统一司歌、统一企业理念表述、统一名片、统一桌签、统一纸杯、统一 PPT 模板等。

积极对标世界一流企业的企业文化，收集整理了 100 家国内外知名企业的企业文化资料，编写了《国内外知名企业文化精要》。为做好企业文化落地工作，提炼培育新时期核心价值理念，2012 年年底在全系统开展企业文化调研，采用定性及定量分析法，通过问卷测评、分五个片区召开座谈会及情景研讨会，完成企业文化调研诊断报告，为今后进一步深入推进企业文化建设指明方向。2012 年开展了核工业珍贵历史抢救工作，用故事形式展示“两弹一艇”创业历程，进一步传承和弘扬核工业精神及优秀传统文化。

2015 年研究制定发布了《中核集团公司“十三五”企业文化专项规划》，明确了开展企业文化建设的指导思想、工作目标、遵循原则以及九大任务和四大保障措施。重点实施“构建中核文化、培育企业家精神、推进文化深植、建设特色文化、讲好文化故事、打造文化产品、推进文化融合、加强文化评估、塑造品牌形象”九大工程。

## 四、构建企业文化体系

经过多年发展，中核集团企业文化形成较为完整体系，分为精神文化、制度文化、行为文化、物质文化等四个层面。其中，精神文化层面是最根本的，它决定着其他三个层面。

在精神文化层面：核工业（企业）精神是事业高于一切、责任重于一切、严细融入一切、进取成就一切。企业宗旨是兴核强国，服务社会。企业核心价值观是以人为本、求实奉献、争创一流、安全发展。企业经营理念是开放、包容、合作、共赢。企业经营方针是集团运作、专业经营、科技兴核、人才强企、精益管理、双资推进。企业愿景是努力将中国核工业集团公司建设成为具有强大发展实力、创新能力和市场竞争力、主业突出、管理规范、效益显著的国际一流企业。

在行为文化层面：建立集团行为识别系统，规范中核集团员工行为。编印了《中核集团公司企业文化手册》《中核集团公司公司企业文化读本》等企业文化书籍，深入贯彻集团企业文化理念，用集团文化提升员工执行制度的执行力，培育高素质员工队伍。成员单位通过制订下发《员工手册》，强化包括司徽、司旗、司歌、企业精神等的注解和工作守则、劳动纪律守则、安全守则、保密守则、职业道德守则等内容，规范员工行为。

在物质文化层面：规范企业视觉识别系统应用，发布再版《中核集团公司Ⅵ手册》，出台《中核集团公司视觉识别系统管理办法》，规范使用中核集团标识。中核集团企业形象标识（Logo）图形为原子核模型图案和“中”字造型的结合，图案中电子轨迹线条含变体的“C”和“N”英文字母，是中核集团的英文缩写“CNNC”。整体图形是一个从上而下的立体透视，其节节攀升的态势，呈现出勇攀高峰的精神，象征着中核集团勇往向前、争创一流。

## 五、构建保密文化体系

核事业的性质决定了必须把保卫国家秘密安全工作放在重要位置，核工业保密工作是核事业的重要组成部分。

核工业成立伊始就成立了保密委员会，1955 年 12 月 9 日，经中央批准，公安部派出原子能保卫局负责核工业安全保卫保密工作，承担反间防谍和科研生产的保密保卫任务；1966 年 1 月 28 日，经中央批复，撤销原子能保卫局，决定核工业保卫保密国家安全工作由二机部党委负责领导，建立二机部保卫部负责核工业保卫保密工作。1999 年，中核集团成立后，保密委员会主任先后由集团公司党组成员、副总经理担任。2016 年，保密委员会主任由集团党组书记、董事长担任。

核工业自创立以来就重视保密工作，严格执行国家科技保密管理、涉外保密管理、新闻出版保密管理、信息保密管理、专项保卫保密管理、要害部位保卫保密管理、涉核保卫管理等一系列法律法规和规章制度，建立并不断完善保卫保密国家安全工作的体制机制，培养造就了几代忠诚于党，忠诚于核工业的优秀保卫保密国家安全工作人员。广大干部职工始终坚持国家利益至上的军工核心价值观，以保守国家秘密安全为己任，培养形成了良好的保守国家秘密的行为习惯，形成了“国家利益高于一切，保密责任重于泰山”的核心保密理念。

中核集团大力推进“三级管控、两线融合”的保卫保密国家安全管理体系。一是建立集团总部、板块和直属单位及其所属成员单位自上而下的“三级管控”模式。二是按照“业务工作谁主管、保卫保密国家安全工作谁负责”和“保卫保密国家安全工作与业务工作融合”的原则。建立并不断完善保卫保密国家安全工作的体制机制。

中核集团深入贯彻总体国家安全观，坚持“党管保卫保密国家安全”的原则，每五年都制定保卫保密国家安全专题规划，全面促进保卫保密国家安全管理水平和防范能力提升，有效保障了国家秘密和核设施的安全。

## 六、建设宣传文化平台

60 年来，核工业不断创新企业文化建设手段，注重发挥媒体平台等舆论引导和文化窗口作用，发挥企业所属报刊、电视、广播、橱窗等阵地的作用，为员工提供健康向上文化产品，同时重视和加强对摄影、书法、美术、文学、文艺、体育等各种业余文化社团管理与引导。通过营造健康向上、宽松和谐的文化氛围，提升员工文化品位，陶冶员工思想道德情操，满足员工精神和文化需求。

1985 年 8 月 5 日，由核科技情报所和科技开发咨询中心合作，创办了《核工业信息报》，1990 年 4 月，报纸更名为《中国核工业报》。1989 年 1 月，核工业经济研究所创办《核经济研究通讯》，1991 年 1 月更名为《核经济研究》。1994 年 7 月 30 日，《核经济研究》作为总公司机关刊，1998 年 1 月，杂志正式更名为《中国核工业》。

2004 年 12 月，中国核工业报社、中国核工业杂志社、中核集团办公厅新闻公关处经整合组建为中国核工业集团新闻宣传中心。2011 年原子能出版社改制成立中国原子能出版传媒有限公司。

在推进各项事业中，充分发挥报刊、网络、电视、广播、图书、微信等平台作用，宣传中核集团重大决策、改革措施、企业品牌，宣传社会主义核心价值观和核工业精神以及英雄模范先进人物，为核工业发展作出贡献。

搭建核科普宣传平台。开展核安全和核科普公益宣传，为各类涉核工程项目培养良好群众基础和发展环境是核工业重要职责。中核集团发布了《“十三五”核科普宣传专项规划》，明确到2020年，全面建立核科普宣传工作体系，形成“总部统筹、板块主导、企业为主、社会参与”的核科普宣传体制和“上下联动、齐抓共管、职能明晰、资源共享”的工作机制，努力实现集团公司所有在建和投运重大涉核项目所在地科普工作全覆盖，树立中核集团“责任、安全、创新、开放、绿色”的公众形象，为实现“十三五”发展目标营造良好社会舆论环境。

1980年，成立了中国核学会，同年加入中国科协，学会总会挂靠在二机部，是具有法人资格的全国性、学术性、非营利性社会团体，是党和政府联系核科学工作者的桥梁纽带，是发展我国核科学技术事业的重要社会力量。中国核学会共开展国内学术交流800多次，提交学术报告3. 8万余篇，约6万人参加交流活动。2013年10月，中国核工业科技馆布展工作正式启动，科技馆集展览、科普宣传、科技交流等功能于一体，充分发挥了宣传核工业、普及核科技知识的作用，先后入选“国家国防教育示范基地”“全国核科普教育基地”“国家能源科普教育基地”“全国中小学研究实践基地”和“国防科技工业军工文化教育基地”。从2013年开始，中核集团每年举办“魅力之光”杯全国中学生核电科普知识竞赛和夏令营活动。从2015年开始，中核集团每年开展“‘核’你在一起”主题核科普公众开放周活动，把核工业全产业链向公众开放展示，邀请媒体、政府、公众到核工业有关单位参观，了解核科技，认知核工业，推出了科普卡通形象大使“核宝”，制作了一批以《核电小苹果》为代表的科普公益片、动漫片，在社会上引起热烈反响。通过多种宣传形式，树立了中核集团开放、透明、安全、可靠、绿色、低碳的良好企业形象。

1988年6月，中国老科协核工业分会成立。核工业分会成立后，采取多种形式向社会、群众团体、大中院校等宣传核工业成就，开展核科普宣传。据不完全统计，2004—2013年，中国原子能科学研究院等10个单位共进行核科普报告32场次，听众达7 000余人；举办科普展览6次；编写科普文章26篇、科普书籍10本。作为中国老科协科普成员，赵仁恺对社会公众做了核电科普报告，徐銤为一些省委党校讲授“我国核能与核能的可持续发展”，都收到良好的效果；李家麒针对日本福岛核电站事故向社会作了关于核电站安全性的报告；沈文权、罗上庚、陈叔平等向多所大中院校师生宣讲中国核工业的发展历程和辉煌成就，引起了较大反响。核工业分会与核工业新闻宣传中心、《中国核工业报》报社等单位合作，制作、编写“发展核电产业、贡献低碳经济”、《走过五十年》等展板或文章，宣传核工业历史，弘扬核工业精神。

## 第七节　群团和信访工作

核工业从创建起就高度重视工会、共青团工作和信访工作，支持群团组织围绕核工业发展目标和本单位中心工作，按照各自章程独立开展工作。

### 一、工会工作

1962 年 10 月 9 日，中华全国总工会党组同意成立二机部工会。二机部所属单位也相继成立了工会组织。“文革”期间，工会组织停止工作。1979 年 12 月，二机部党组发出《关于恢复二机部工会工作委员会的通知》。1986 年，中共中央和国务院批准在中央国家机关成立中央国家机关工会联合会，所属部委机关成立机关工会。1986 年 8 月 16 日，核工业部成立首届核工业部机关工会。1986 年 9 月 26 日，核工业部直属机关工会成立。1986 年 11 月，核工业部建立核工业系统企事业单位代表联席会议制度。

2001 年 1 月 18 日，中核集团总部工会成立。2001 年 5 月 18 日，中核集团公司直属工会联合会成立。2004 年 6 月，中核集团建立成员单位工会代表联席会议制度。

1999 年以来，中核集团及各成员单位，贯彻落实国资委《关于建立和完善中央企业职工代表大会制度的意见》，坚持和完善以职工代表大会为基本形式的民主管理、民主评议、民主监督制度，积极推行厂（院）务公开，支持保证职代会依法行使各项权利。董事会、经理层（行政领导班子）积极推进职代会制度落实，尊重职工代表民主参与、民主管理、民主决策和民主监督权利，高度重视厂（院）务公开工作，规范和完善厂（院）务公开内容、形式和程序，注重依法保障和维护职工合法权益，积极促进企事业单位和谐健康发展。2003 年，中核集团荣获“全国推行厂务公开先进单位”称号。

多年来，按照“组织健全、维权到位、工作规范、作风优良、职工信赖”的要求，开展建设“职工之家”活动，中国原子能院、中国核电工程公司、五〇四厂等单位荣获“全国模范职工之家”称号，原子能院、秦山核电有限公司、二〇二厂、四〇四厂、五〇四厂、四〇五厂、江苏核电有限公司等单位荣获“全国五一劳动奖状”称号。各级工会组织坚持以人为本，建立了扶贫救助基金，向困难职工送温暖。同时，开展了丰富多彩的文体活动。

长期以来，各级工会组织积极践行社会主义核心价值观，大力弘扬核工业精神，积极组织劳动模范等先进典型选树活动，弘扬劳模精神、劳动精神和工匠精神引导，广大职工崇尚劳动、崇尚创新、爱岗敬业，为核工业发展建功立业。从 1979 年到 2015 年核工业共涌现出张同星等 44 名全国劳动模范。

各级女工委员会根据不同时期中心任务，开展“三八红旗手”“巾帼建功标兵”等评选活动，积极贯彻《妇女权益保障法》和《女职工保护规定》，做好女职工保护工作。

## 二、共青团工作

核工业共青团建设一直在各级党组织坚强领导下进行，团的组织架构也与核工业党组织体系相衔接。1958 年 1 月，二机部成立机关团委，并召开第一次团员代表大会，核工业团组织正式建立。1982 年，共青团核工业部临时委员会成立。1983 年，共青团核工业部直属机关团委成立。1989 年，成立中国核工业总公司直属机关团委。1999 年，中核集团直属单位临时团委成立。2000 年 9 月，召开共青团中国核工业集团公司直属单位第一次团员代表大会。为贯彻落实中组部、团中央、国资委党委联合印发的《关于进一步加强和改进中央企业共青团工作的意见》，2007 年 4 月 23 日召开共青团中国核工业集团公司第一次代表大会，选举产生了中核集团第一届共青团委员会。基层团组织根据属地化管理原则，依靠党建带团建，围绕核工业改革发展中心任务，围绕不断提升青年思想道德素质和岗位技能，围绕加强团组织自身建设，扎实开展共青团工作。

中核集团团委积极开展“五四”系列主题活动，推进青年突击队、青年文明号、青年志愿者等品牌活动，开展“青年学、青年说、青年聚、青年做、青年行”等系列活动，开展“十大杰出青年”、优秀团干部、优秀共青团员、“五四”红旗团委等系列荣誉表彰活动，积极选树先进青年典型，充分发挥团员青年生产一线的生力军和突击队作用。为弘扬核工业精神，传承核工业优良传统，在五四青年节“十分精彩”演讲活动的基础上，青年人自创自演反映核工业60年发展历程的话剧《核梦开始的地方》，获得良好反响，并荣获“中央企业五个一工程奖”。

## 三、信访工作

信访是密切联系群众的重要渠道，是有效防止官僚主义、主观主义的有效措施。中核集团认真贯彻中央、国务院有关信访工作指示精神，针对问题做好信访工作。在总部设有信访接待室，接待上访人员。公布了党组书记、总经理邮箱，及时处理基层职工来信来访。

各级党组织认真做好信访工作，畅通群众诉求渠道，认真听取群众意见和建议并尽力答复式解决。“文革”后，信访量急剧增长，部机关和基层积极处理信访诉求，落实政策，稳定了队伍。20世纪90年代末期，核工业对铀矿山部分企业实行政策性关闭破产，在关闭破产中发生了大量来访、来信，有群体的，也有个体的。上访人员中，有的是出于企业破产在感情上难以割舍、政策上难以理解、利益上难以平衡；有的是对现实问题抱怨太多、期望值太高；有的是由于历史原因、政策变化等造成心理失衡，希望所有历史遗留问题和新问题在关闭破产中一次性解决，由此造成信访大量上升。34户企业关闭破产清算期间，清算组、企业（社区）共接待各类信访群众3万人次以上。艰难而高效的信访工作成为宣传政策、理顺情绪、化解矛盾的重要平台。

2002年，中核集团发布了《关于做好集团公司信访工作的通知》，调整了中核集团处置紧急重大情况维护稳定工作领导小组及办公室成员；贯彻落实中央维稳小组《关于贯彻落实“两办”通知精神，开展企业不稳定因素排查工作的通知》精神，对本单位不稳定因素进行排查。2012年，发布《集团公司信访管理办法》，明确信访工作组织机构和职责、信访受理范围和办理程序，保护信访人合法权益，维护信访秩序。2015年，中核集团党组纪检组发布《关于进一步加强信访举报工作的意见》《关于党员领导干部直接联系群众畅通群众渠道的指导意见》，防止和妥善处理群众性聚集或群众性上访事件，维护了企业和社会稳定。为加强信访干部妥善处理信访问题的能力和水平，中核集团每年对信访干部进行应对突发事件和舆论媒体、疏导社会心理等方面的知识培训，努力打造政治坚定、作风优良、熟悉政策法规、具备丰富群众工作经验的信访干部队伍。

# 附录一　大事记

## （1950—2015 年）

### 1950 年

5 月 19 日　中国科学院近代物理研究所成立，政务院任命吴有训为所长，钱三强为副所长。

10 月 17 日　中国科学院近代物理所决定开展理论物理、原子核物理、宇宙线、放射化学等方面的研究工作，重点是原子核物理方面的研究。

### 1951 年

2 月 13 日　钱三强担任中国科学院近代物理所所长。

### 1952 年

10 月 8 日　中国科学院近代物理所制订出 1953 年至 1957 年发展核科学技术的第一个五年计划，其目标是，在核科学技术研究上打下基础，为进一步开展核物理实验和建造反应堆创造条件。

### 1953 年

10 月 6 日　中国科学院近代物理所改名为中国科学院物理研究所。

### 1954 年

地质部部长李四光、国务院第三办公室副主任兼地质部副部长刘杰向毛泽东、周恩来等中央领导人汇报我国铀矿发现情况，毛泽东说，我们国家也要发展原子能。

12 月　（一）地质部普查委员会第二办公室成立，其主要任务是为发展我国铀矿地质事业做筹备工作；（二）周恩来指示中国科学院，组织在北京的有关科学家和教授向中央和各部委以及地方的领导人宣讲原子能的科普知识；（三）云南落雪山高山宇宙线实验室建成。

## 1955 年

1 月 15 日　毛泽东主持召开中共中央书记处扩大会议，讨论并决定建设原子能工业，毛泽东就此作了重要讲话。李四光、刘杰、钱三强列席了会议。

1 月 20 日　中苏签订关于两国合营在中国勘察铀矿的协定。

1 月 31 日　国务院举行第四次全体会议，通过了关于接受苏联帮助中国研究和利用原子能问题的决议。

3 月 31 日　毛泽东在中国共产党全国代表大会上指出："我们进入了钻社会主义工业化，钻社会主义改造，钻现代化的国防，并且开始钻原子能这样的历史的新时期。"

4 月 27 日　中苏双方签订《关于苏维埃社会主义共和国联盟援助中华人民共和国发展原子核物理研究事业以及为国民经济需要利用原子能的协定》。

4 月　地质部三局成立，雷荣天任局长，由国务院第三办公室领导，主管铀矿地质勘探工作；原地质部普查委员会第二办公室撤销。

7 月 1 日　国家建设委员会建筑技术局成立，刘伟任局长，主管苏联援助的研究性重水反应堆和回旋加速器的建设工作。

7 月 4 日　中共中央指定陈云、聂荣臻、薄一波三人组成领导小组，负责领导原子能事业的发展工作。

10 月 19 日　钱三强、彭桓武等 13 人赴苏参加"一堆一器"的设计审查，并同苏联接洽中国实习人员的专业分配等事项。

11 月 4 日　中国派 26 名科学技术人员（包括 13 名在苏联学习的研究生、留学生）赴苏联学习反应堆、加速器技术和理论物理与实验物理。

12 月 10 日　国务院第三办公室制订出《关于一九五六至一九六七年发展原子能事业计划大纲（草案）》。《大纲》提出的方针是："在苏联大力援助下，积极地建设我们自己的原子能工业，使我国以最近代的科学技术，发展国民经济，巩固国防。"

## 1956 年

1 月 14 日　周恩来在《关于知识分子问题的报告》中指出："科学技术新发展中的最高峰是原子能的利用。原子能给人类提供了无比强大的新的动力泉源，给科学的各个部门开辟了革新的远大前途。"

3月20日　苏联等11个国家在莫斯科举行关于成立联合原子核研究所问题的国际会议。

3月26日　刘杰代表中华人民共和国在11国《关于成立联合原子核研究所的决定》上签字。

4月23日　中共中央发出《关于抽调干部和工人参加原子能建设工作的通知》，从全国15个省、市、自治区和中央37个部门抽调干部和工人参加原子能事业的建设工作。

4月25日　毛泽东在中共中央政治局扩大会议上的讲话中指出，要有原子弹，“在今天的世界上，我们要不受人家欺侮，就不能没有这个东西。”

4月　原子能的和平利用被列为全国科学技术发展的12年（1956—1967年）远景规划中12项重点任务的第一项。

5月25日　研究性重水反应堆和回旋加速器在北京房山县坨里开工兴建。

9月15日　中国共产党第八次全国代表大会通过的刘少奇、周恩来的两个报告和“二五”计划，都强调要积极发展原子能事业。

9月　中国科学院物理研究所成立兰州物理研究室。

11月16日　第一届全国人大常委会第五十一次会议通过决定，设立“中华人民共和国第三机械工业部”（简称三机部），主管我国核工业的建设和发展工作。宋任穷为部长，刘杰、袁成隆、刘伟、雷荣天、钱三强为副部长，张献金、何克希为部长助理。

12月19日　中苏签订关于苏联援助中国勘察铀矿的新协定。从此1955年1月20日旧协定失效，中苏合营改为中国自营。

## 1957年

3月11日　三机部制定出第二个五年计划期间原子能工业建设的计划方案，并报周恩来和中共中央批准。

10月15日　中苏签订国防新技术协定。

## 1958年

1月17日　中共中央批准三机部关于为西北3个工厂和工程设计院等7个单位抽调215名干部的报告。

1月22日　冶金部组建第三司，负责铀矿、水冶厂和内蒙包头核燃料元件厂的建设工作。

2 月 11 日　第一届全国人民代表大会第五次会议决定，将第三机械工业部改名为第二机械工业部（简称二机部）。

3 月　经中共中央批准，二机部从建工部兰州建筑工程局挑选 5 000 名职工，组建了一〇一、一〇二、一〇四等 3 个建筑工程公司，分别担负二机部兰州铀浓缩厂、酒泉原子能联合企业、西北核武器研制基地等 3 个工程的土建施工。

5 月 16 日　毛泽东在二机部的报告上批示："尊重苏联同志，刻苦虚心学习。但又一定要破除迷信，打倒贾桂！贾桂（即奴才）是谁也看不起的。"

5 月　中央委员会总书记邓小平批准二机部上报的衡阳铀水冶厂、包头核燃料元件厂、兰州铀浓缩厂、酒泉原子能联合企业、铀矿加工实验室、湖南郴县铀矿、衡山大浦铀矿、江西上饶铀矿的选点方案。

6 月 21 日　毛泽东在中共中央军事委员会扩大会议上的讲话中指出："搞一点原子弹、氢弹、洲际导弹，我看有十年功夫完全可能。"

7 月 1 日　人民日报发表消息：研究性重水反应堆和回旋加速器建成。中国科学院物理研究所改名为中国科学院原子能研究所。

7 月 8 日　中共中央批转二机部 6 月 30 日《关于全民办铀矿的报告》。

8 月 24 日　二机部向中共中央提出《关于发展原子能事业的方针和规划的意见》，提出了"苦战三年，基本掌握原子能科学技术""边干边学，建成学会"的具体工作方针。

8 月 30 日　冶金部第三司划归二机部，改名为二机部第十二局（铀矿冶局）。

8 月　经中共中央批准，二机部从建工部兰州第九设备安装公司选调 700 人，从一机部、冶金部、化工部等部选调 500 人组建二机部一〇三安装工程公司，承担兰州铀浓缩厂、酒泉原子能联合企业、西北核武器研制基地等 3 个工程的设备安装任务。

8 月　中共中央发出了《关于发展海军潜艇新技术问题》的文件，决定由二机部负责核潜艇动力堆及其控制系统、防护设备等的研究设计任务。

9 月 11 日　中共中央发出通知，从其他各有关部门抽调 16 000 多名干部和工人充实核工业建设队伍。

9月13日　建工部北京第三工业建筑设计院划归二机部，改名为二机部设计院。

9月27日　苏联援建的研究性重水反应堆和回旋加速器正式移交生产。国务院在现场举行移交生产典礼。人民日报发表《大家来办原子能科学》的社论。

10月1日　我国第一座研究性反应堆生产出33种同位素。

10月15日　中共中央批转二机部和中国科学院《关于大家办原子能问题》和《关于放射性同位素应用推广的问题》的两个请示报告。

## 1959年

1月20日　王淦昌被选为杜布纳联合原子核研究所副所长。

2月20日—3月1日　二机部在北京召开“跃进献礼积极分子代表大会”，周恩来、朱德等接见了全体代表。

2月24日　我国自己设计的第一座零功率装置建成。

6月20日　苏共中央致信中共中央拒绝提供原子弹教学模型和技术资料。

7月　周恩来向宋任穷传达中央决策：“自己动手，从头摸起，准备用八年时间搞出原子弹。”

9月　针对苏联赫鲁晓夫拒绝向中国提供核潜艇技术援助问题，毛泽东说：“核潜艇，一万年也要搞出来!”

12月23日　二机部制定出原子能事业八年规划纲要，提出“三年突破，五年掌握，八年适当储备”的奋斗目标。

## 1960年

1月19日　中国科学院原子能研究所的游泳池式研究反应堆工程开工。

1月　中共中央批准二机部从全国选调106名高中级科技骨干，加强核武器的研制工作。

1月　毛泽东就能否对从苏联引进的技术和主工艺设备进行技术革新问题，对宋任穷说：像小孩学写字，要先写正楷，后写草书。

2月12日　中国科学院原子能研究所的铀浓缩试验室建成，正式移交生产。

3月　王淦昌在联合原子核研究所领导的研究小组发现了反西格玛负

超子。

4月　二机部决定，核工业建设的第一期工程以铀-235生产线为工作重点，其中又以铀浓缩工厂为重中之重。

6月10日　商业部、解放军总后勤部决定在兰州成立综合二级批发站，以加强西北地区特种部队、部门的生活资料供应工作。二机部在该地区的企事业单位均在供应范围之内。

7月16日　苏联政府片面撕毁了同中国签订的所有协定和合同。

7月18日　毛泽东在北戴河会议上指出：要下决心搞尖端技术。赫鲁晓夫不给我们尖端技术，极好！如果给了，这个账是很难还的。

8月9日　二机部向所属单位发出《为在我国原子能事业中彻底实行自力更生的方针而斗争》的电报指示。

8月23日　在二机部工作的苏联专家全部撤走。

9月10日　中共中央任命刘杰为二机部党组书记、刘伟为党组副书记。

9月30日　刘杰被任命为二机部部长。

10月1日　二机部成立核安全防护卫生局，同时也是卫生部的工业卫生局，由两个部实行双重领导，主管核工业的卫生防护工作。

12月　六氟化铀简法生产装置试生产成功，获得合格产品。

12月　二机部确定了“自力更生，过技术关，质量第一，安全第一”的工作方针。

**1961年**

5月8日　二机部向中央提交《关于当前若干问题的请示报告》，详细汇报了核工业建设工作的进展情况，存在的困难和问题，并提出了若干建议。

7月16日　中共中央发出《关于加强原子能工业建设若干问题的决定》，指出：为了自力更生突破原子能技术，加速我国原子能工业的建设，中央认为有必要进一步缩短战线，集中力量，加强有关方面对原子能工业建设的支援。

7月24日　中共中央决定，从全国有关部门抽调技术骨干、高级医务干部及行政干部参加核工业建设。

10月　国家计委和一机部决定将天津钻镗床厂、北京综合仪器厂、上海光华仪表厂、苏州阀门厂划归二机部。

11月29日　中共中央决定，成立国务院国防工业办公室，归口管理二机部、三机部和国防科委所属范围的工作。任命罗瑞卿为国防工业办公室主任，赵尔陆、孙志远、方强、刘杰、刘西尧为副主任。

12月　一机部、二机部联合提出了《关于加强原子能工业设备研制的七年规划》。

**1962年**

3月7日　二机部党组决定，由中科院原子能研究所放射生物研究室、放射化学研究室与技术安全研究室的部分人员及全国支援的专家组成北京工业卫生研究所。

4月　湖南郴县铀矿开始试采。

7月13日　经国务院副总理聂荣臻批准，将北京工业卫生研究所、华北原子能研究所及山西工业卫生研究所三所合并，组成“华北工业卫生研究所”并定址山西省太原市。

8月　国务院任命刘淇生为二机部副部长。

9月11日　二机部在副总理罗瑞卿的主持下，向中共中央、毛泽东写出《关于自力更生建设原子能工业情况》的报告，提出了争取在1964年或者1965年上半年实现第一颗原子弹爆炸试验的奋斗目标。11月3日，毛泽东在报告上批示：“很好，照办。要大力协同做好这件工作。”

11月13日　江西上饶铀矿及其水冶厂经国家验收，正式投产。

11月17日　为了加强对核工业的领导，中共中央决定成立以周恩来为主任，有国务院7位副总理及7位部长级干部参加的中央15人专门委员会(简称中央专委)。在国防工业办公室设立了办事机构。

11月22日　二机部制订出《一九六三年、一九六四年原子武器、工业建设、生产计划大纲》。

12月4日　中央专委第三次会议，讨论和批准了二机部提出的1963年、1964年两年工作规划。

12月　包头核燃料元件厂四氟化铀车间投料生产。

12月　原子能所的同位素应用研究室迁往上海，并入上海原子核研究所。

## 1963 年

1 月 21 日　国防工办、国防科委派出联合工作组到二机部检查工作。

3 月 19—21 日　中央专委第四、第五次会议，讨论和批准了二机部两年主要工作任务总进度和措施计划。会上，周恩来在讲话中要求二机部的领导自上而下都要具有高度的政治思想性、高度的计划科学性和高度的组织纪律性。

4 月 2 日　毛泽东、周恩来、邓小平、彭真、陈毅、谭震林、李富春、薄一波等国家领导人接见了二机部铀矿成矿规律会议的代表。

4 月 2 日　中共中央正式发出文件，同意二机部建立政治部，二机部党组改为党委。

5 月 19 日　中央专委发出《关于原子能设备仪器制造问题的若干规定》。

7 月 5 日　牛书申被任命为二机部副部长兼政治部主任。

7 月 24 日　刘西尧被任命为二机部副部长、党组副书记。

7 月 26 日　中央专委第六次会议在听取联合检查组关于二机部工作情况的汇报后认为：二机部的工作基本上是好的。今后，要戒骄戒躁，小心谨慎，防止任何工作中的疏忽大意，避免一切可以预防的事故，争取实现两年规划。

8 月 23 日　衡阳铀水冶厂一期工程完工并开始试生产。

11 月 29 日　六氟化铀工厂生产出第一批合格产品。

12 月 4 日　钱信忠被任命为二机部副部长。

12 月 24 日　一比二核装置聚合爆轰产生中子试验成功。

## 1964 年

1 月 14 日　兰州铀浓缩厂取得了高浓铀合格产品。

1 月 31 日　中央专委在向中共中央、毛泽东的报告中提出，为了国防安全，尽快调整核工业战略布局，根据“靠山、分散、隐蔽”的方针，建设后方基地。

1 月　二机部决定成立反应堆工程研究所，担负核潜艇动力堆和其他堆型的研究工作。

4 月 12 日　中央委员会总书记邓小平视察五〇四厂。

4月　由二机部开始组织大型扩散机的研究工作。

5月1日　生产出第一套合格的铀-235部件。

5月20日　二机部决定化工后处理工厂停止原设计方案采用的沉淀法设计，改用萃取法流程。

6月6日　西北核武器研制基地进行一比一的模型爆轰试验，达到预期目的。

7月14日　周恩来对第1次核试验预演工作应注意的问题作了重要指示。

8月25日　包头核燃料元件工厂生产出合格元件铀芯棒。

9月16—17日　中央专委召开第九次会议，讨论我国第1次核试验的准备工作和原子能事业近期发展及调整工业战略布局问题。

9月17日　包头核燃料元件厂生产出合格的锂-6产品。

10月4日　中共中央批准，二机部党委由刘杰任书记，刘西尧、刘伟任副书记。

10月7日　二机部发出《调整战略布局，突击建设三线新基地的行动大纲》。

10月16日15时　中国成功地进行了第1次核试验。新华社发表了新闻公报。中国政府发表声明，郑重宣布：中国在任何时候，任何情况下，都不会首先使用核武器。

10月17日　周恩来致电世界各国首脑，转达中国政府关于召开世界各国首脑会议，讨论全面禁止和彻底销毁核武器的建议。

12月1日　二机部下达《加速建设钚-239生产线的工作大纲》。

12月3日　二机部在向中央专委写的《关于加速发展核武器问题报告》中提出，尽速解决氢弹理论与技术和热核材料生产等两方面的问题，力争在1968年进行氢弹装置试验。

**1965年**

2月28日　国务院任命李觉为二机部副部长。

3月24日　中央专委召开第十一次会议，要求二机部1970年建成核潜艇陆上模式堆。

4月　原子能所游泳池式研究试验堆建成并提升至额定功率。

5月4—5日　中央专委召开第十二次会议，原则批准二机部4月26日所拟的三线第一批项目的定点和建设方案。周恩来就第2次核试验的有关问题指示：核试验要“一次成功，全面收效”。

5月14日　中国在本国西部上空进行了第2次核试验。

8月20日　二机部向中共中央报告《关于突破氢弹技术问题的工作安排》。

8月25日　中共中央、国务院批转国家计委、经委、国防工办《关于铀矿普查勘探和综合利用的若干规定（草案）》。

11月2日　邓小平、李富春、薄一波等中央领导和有关部委、省的领导，听取了二机部副部长刘淇生关于二机部三线选厂工作的汇报。邓小平作了指示。

11月6日　邓小平、薄一波等中央领导到新选的一个工厂察看厂址。

11月12日　二机部成立三线建设指挥部，指挥长刘淇生。

11月30日　原子能所研究宇宙线高能物理的大云雾室基本建成。

12月　中央专委第十四次会议原则批准二机部“关于核武器科研、生产两年（一九六六年至一九六七年）规划”。

**1966年**

1月31日—3月8日　二机部在北京召开工作会议和政治工作会议。中央领导人刘少奇、周恩来等接见了会议代表。

3月14—30日　邓小平、薄一波等党和国家领导人先后视察了兰州铀浓缩厂、酒泉原子能联合企业和西北核武器研制基地。

5月9日　中国在本国西部上空进行了一次含有热核材料的核试验（第3次核试验）。

9月11日　二机部、上海市联合向周恩来总理报告，建议由上海在华东地区建设一座1万千瓦的压水式动力堆，在发电的同时，为核潜艇动力堆的改进作出努力。

10月20日　酒泉原子能联合企业的反应堆实现了链式核裂变反应。

10月27日　中国进行了导弹核武器试验（第4次核试验）。

10月30日　中央军委发出贺电，祝贺中国第一座生产反应堆建成。

12月28日　中国在本国西部地区进行了第5次核试验。

## 1967 年

3 月 8 日 二机部和人民解放军海军第七研究院决定建立核潜艇动力堆工程指挥部。

3—11 月 毛泽东、周恩来、叶剑英、聂荣臻等中央领导连续签发电报，指示二机部所属企事业单位在“文化大革命”中实行军事管制，不准串连，不准夺权，不准停产，进行正面教育。

5 月 15 日—1973 年 7 月 二机部机关实行军事管制。

6 月 17 日 中国第一颗氢弹爆炸试验（第 6 次核试验）成功。

8 月 30 日 中央军委发出特别公函，号召加快完成核潜艇研制任务。

12 月 17 日 国务院、中央军委决定从 1968 年 1 月 1 日起，将二机部所属的核武器研制单位划归国防科委（1973 年 7 月 26 日又划归二机部）。

12 月 24 日 中国进行了第 7 次核试验。

## 1968 年

7 月 18 日 毛泽东指示，派出解放军部队支援核潜艇陆上模式堆的建设工作。

12 月 27 日 中国进行了第 8 次核试验。这是一次新的热核试验。

## 1969 年

9 月 23 日 中国进行了首次地下核试验（第 9 次核试验）。

9 月 29 日 中国进行了氢弹爆炸试验（第 10 次核试验）。

## 1970 年

1 月 3 日 一机部、二机部联合发出《关于大型扩散机的研制工作的通知》。

2 月初 周恩来总理听取上海市关于解决战略资源问题的汇报。同年 2 月 8 日，上海市革委会传达周总理的指示精神，研究部署了核电站的建设工作。中国首座核电站因此被命名为“七二八”工程。

4 月 28 日 核潜艇陆上模式堆土建安装工作提前完成。

7 月 1 日 二机部成立党的核心小组和革委会。

7 月 15—16 日 周恩来在核潜艇陆上模式堆提升功率前夕听取工作情况汇报，指示“要安全可靠，万无一失，以搞好为准”。

7 月 17 日 核潜艇陆上模式堆提升功率，于 8 月 30 日达到满功率。

10 月 14 日　中国进行了第 11 次核试验。

11 月 6 日　经周恩来和中央军委办事组批准，海军七院十五所划归二机部。

11 月　周恩来在人民大会堂针对二机部企事业单位实施什么样的管理体制问题说，二机部不光是爆炸部，而且要搞核电站。

12 月 15 日　周恩来在主持中央专委会听取关于建设核电站的方案汇报时指出，中国建设核电站要采取“安全、适用、经济、自力更生”的方针。

12 月 26 日　我国第一艘核潜艇下水，并开始进行其他设备的安装工作。

**1971 年**

4 月 10 日　国务院、中央军委下达《关于加强二、七机部和国防科委直属研究院京外单位领导问题的决定》，规定这些单位实行主管部门同省、市、自治区双重领导。

8 月 23 日　我国第一艘核潜艇开始首次航行试验。

9 月 10 日　国务院、中央军委决定二机部部分铀矿地质、矿山职工整编为人民解放军基建工程兵部队。

11 月 18 日　中国进行了第 12 次核试验。

**1972 年**

1 月 7 日　中国进行了第 13 次核试验。

3 月 18 日　中国进行了第 14 次核试验。

10 月 25 日　上海市核电站工程领导小组提出建造 30 万千瓦压水堆核电站方案，并报国防科委、国家计委和国务院。

**1973 年**

1 月 8 日—3 月 31 日　二机部原子能所中关村分部划归中国科学院，成立高能物理所；兰州近代物理研究所划归中国科学院；上海原子核研究所划归上海市；北京房山的堆工研究所搬迁到四川，成立西南堆工研究设计院。

6 月 27 日　中国在西部上空进行了一次氢弹试验（第 15 次核试验）。

**1974 年**

3 月 31 日　周恩来主持中央专委会议，正式批准上海 30 万千瓦压水堆核电站的建设方案。同时要求二机部抓紧大型扩散机的研制、定型工作。

4 月 13 日　国家计委向二机部、上海市发出《关于上海七二八核电站列入计划的通知》，将七二八工程列入1974年国家基本建设项目。

6月17日　中国进行了第16次核试验。

8月1日　中央军委发布命令，命令中国第一艘核潜艇为“长征一号”，编入海军序列，并举行了庄严的授旗仪式。

**1975年**

1月17日　第四届全国人民代表大会任命刘西尧为二机部部长。

10月27日　中国进行了第17次核试验（地下试验）。

**1976年**

1月23日　中国进行了第18次核试验。

9月26日　中国进行了第19次核试验。

10月17日　中国进行了第20次核试验（地下试验）。

11月17日　中国进行了新的氢弹试验（第21次核试验）。

**1977年**

1月15日　刘伟被任命为二机部党的核心小组组长、二机部部长。

8月11日　二机部和湖南省联名向国务院写出《关于请示在湖南建设12.5万千瓦核电站的报告》，计划1985年建成。

8月16日　牛书申、李觉被任命为二机部党的核心小组副组长，雷荣天、王介福、苏华、姜圣阶为二机部副部长。

9月17日　中国进行了第22次核试验。

**1978年**

2月　李先念批准国家计委、国家建委、国家科委《关于上海七二八核电站建设问题的报告》。

3月15日　中国进行了第23次核试验。

5月12日　二机部召开工作会议，制订了核工业发展三年、八年规划和到20世纪末的设想。

6月16日　周秩、王淦昌被任命为二机部副部长，刘淇生、张献金为二机部顾问。

10月14日　中国进行了第24次核试验。

12月14日　中国进行了第25次核试验。

## 1979 年

1 月 31 日　谷牧召集国家计委、国家科委、国家建委以及一机部、二机部、水电部等部委领导开会，研究上海 30 万千瓦压水堆核电站建设问题，会议认为：这一工程主要是为了掌握核电站的设计、设备制造技术，不是为了搞系列化核电站，工作已铺开，有了初步成绩，不宜草率下马。

4 月 16 日　刘淇生、张丕绪、赵敬璞、刘玉柱、刁筠寿、王侯山被任命为二机部副部长。

7 月 2 日　二机部向国防科委报出《关于请早日批准建造两座试验性核电站的报告》。

9 月 13 日　中国进行了第 26 次核试验。

9 月 21 日　二机部成立核电局。

10 月 22 日　国防科委向叶剑英、中央专委写出《关于发展核电站问题的请示报告》。

11 月 1 日　中共中央批准成立二机部纪律检查组，组长张丕绪，副组长张献金、高新华。

## 1980 年

1 月 2 日　中共中央批转《中央科学研究协调委员会会议纪要》。纪要提出：核电站的研究应加强，……二机部是原子能工业部，和平利用原子能问题应由二机部统一归口，组织协作。

2 月 22—28 日　中国核学会第一次代表大会和核科学技术如何为四化作出更大贡献讨论会在北京举行。

2 月 25 日　国务院批准成立中国原子能工业公司。

4 月 30 日　中国和南斯拉夫《关于和平利用原子能合作协定》在北京签订。

5 月　中国二机部和意大利国家核能委员会《关于和平利用原子能科技合作议定书》在意大利签订。

6 月 27 日　原子能研究所研究性重水反应堆大修改建后试运行达到临界。

10 月 16 日　中国进行了第 27 次核试验。

## 1981 年

2 月 12—13 日　二机部、国防科委召开联席会议，提出以后核工业发展的方针，应在优先保证军用的前提下，把重点转移到为国民经济利用上来。

3 月 25 日　赵紫阳总理在国防科委《关于调整原子能工业发展方针的请示》上批示：同意原子能工业逐步转到为国民经济建设服务的方针。

10 月 27 日　二机部决定在广东深圳特区设立中华泰山企业公司（简称华泰公司）。

10 月　《中华人民共和国科学技术委员会与美利坚合众国核安全管理委员会关于核安全事项合作议定书》在北京签订。

12 月 15—17 日　在西南反应堆研究设计院召开高通量反应堆工程国家验收会议，工程通过了国家验收。

## 1982 年

2 月 4—10 日　国家计委、国防科委、二机部和中国科协在北京联合召开全国同位素工作会议。

4 月 9 日　张忱被任命为核工业部部长、党组书记；刘书林为副部长、党组副书记；蒋心雄、赵宏为副部长；姜圣阶为部科学技术委员会主任，王淦昌、邓稼先为副主任；李觉、周秩、刁筠寿、张道容为部顾问。

4 月 16 日　中国、罗马尼亚《关于和平利用核能合作协定》在北京签订。

5 月 4 日　第五届全国人大常委会第 23 次会议决定，将二机部改名为核工业部。

7 月 22 日　赵紫阳总理视察西北核武器研制基地。

7 月 28 日　胡耀邦接见核工业部部长张忱、副部长蒋心雄，就中国核电建设问题发表了谈话。

10 月 5 日　中国进行了第 28 次核试验（地下试验）。

11 月 2 日　国家经委批准核工业部 30 万千瓦核电站厂址定在浙江省海盐县秦山。

12 月 9—25 日　二机部在北京召开工作会议，讨论核工业开创新局面的指导方针、奋斗目标、工作步骤和措施等问题。

12 月 22 日　中法双方通过换文，正式签署《中国核工业部与法国原子能委员会关于和平利用核能合作议定书》。

12 月 25 日　中国同位素公司成立。

## 1983 年

3 月 9 日　赵紫阳主持会议，研究加快发展核电问题。

3 月 11 日　核工业部仪器设备公司成立，后改为中国核仪器设备总公司，主管核工业部所属各专用仪器设备制造厂。

3 月　强流脉冲电子束加速器建成，并通过核工业部鉴定。

3 月　核工业部召开第一次民品工作会议，总结交流经验，提出了发展民品的规划，制订了发展民品生产的暂行规定和奖励办法等。

4 月 23 日　核工业部科学技术委员会正式成立，并在北京召开了第一次科技委员扩大会议。

4 月 25 日　核工业部成立中国中原对外工程公司。

5 月 4 日　中国进行了第 29 次核试验（地下试验）。

5 月　核工业部召开首次科技成果工作会议，汇集可供推广应用的成果 780 多项，从中选择有明显的社会经济效益的成果 65 项作为第一批重点推广项目，并制订颁发了《核工业部技术转让试行办法》。

6 月 1 日　秦山核电厂破土动工。

6 月 20 日　第六届全国人大常委会第一次会议，任命蒋心雄为核工业部部长。

6 月 26 日　中共中央通知：蒋心雄任核工业部党组书记，张忱任核工业部顾问。

7 月 24 日　胡耀邦视察西北核武器研制基地。

9 月 3 日　国务院成立核电领导小组，李鹏任组长，黄毅诚任副组长。

10 月 5 日　周平被任命为核工业部副部长。

10 月 6 日　中国进行了第 30 次核试验（地下试验）。

10 月 11 日　国际原子能机构第二十七届大会一致通过决议，接纳中华人民共和国为成员国。

10 月 20 日　核工业部成立核工业发展研究中心。

10 月 31 日　赵紫阳指示核工业部注意研究核供热问题。

10 月 9 日—11 月 13 日　在北京军事博物馆举办首次《全国原子核科学

技术应用展览会》。王震为展览会开幕剪彩，李鹏、方毅出席开幕式。赵紫阳、胡启立、田纪云、张劲夫等中共中央、国务院领导参观了展览。

11 月 17 日　铀矿选冶研究所为广州红心化工厂研究设计了“常温萃取-常温反萃取制备高纯三氧化钨”新工艺。赵紫阳在《核工业简报》第二十一期上批示：这又是一项军工技术向民用转移的重大成果，应予鼓励，并给予支持，使之用于生产，获得明显经济效益。

12 月 12 日　国务院同意核电领导小组关于由广东与香港合营，在广东深圳特区建设引进的大型核电站的报告。

12 月 13 日　陈肇博被任命为核工业部副部长。

**1984 年**

1 月 1 日　中国加入国际原子能机构。

1 月 4 日　国务院同意核工业部设立外事局。

1 月 10 日　核工业部秦山核电厂等项目被列入国家重点建设项目。

2 月 27 日　核工业部召开工作会议，李鹏到会讲话，强调进一步开创保军转民的新局面是今后相当长一个时期核工业发展的指导方针。

3 月 10 日　原子能所研制的首座微型核反应堆，物理启动达到临界，9 月 1 日通过部级鉴定。

3 月 12 日　国务院核电领导小组向国务院写出《关于我国核燃料工业发展方针的报告》，提出了我国发展核电所需核燃料立足国内等方针性意见。

4 月 11—17 日　中国核学会第二次代表大会暨“核科学技术如何迎接新技术革命”讨论会在北京召开。

5 月 15 日　赵紫阳在全国六届人大二次会议上所作的政府工作报告中宣布：“中国对歧视性的《不扩散核武器条约》持批评态度，不参加这个条约，但是并不主张核扩散，也不搞核扩散，不帮助别的国家发展核武器。”

5 月 19 日　核工业部地质局与日本动力堆、核燃料事业开发团签署《铀矿资源区域普查协议书》，双方合作在云南腾冲地区进行铀矿普查。

5 月　中美双方在北京草签了《中华人民共和国和美利坚合众国关于和平利用核能合作协议》。

5 月　李鹏应邀访问联邦德国，双方签署了《中华人民共和国和德意志联邦共和国关于和平利用核能合作协定》。

8月11日　中国和巴西在北京签订了《关于和平利用核能合作协议》。

9月19日　蒋心雄、周平率代表团赴维也纳参加国际原子能机构第二十八届大会。

9月21日　核工业西南物理研究所受控热核聚变实验装置中国环流器一号顺利启动。

10月3日　中国进行了第31次核试验（地下试验）。

10月30日　国务院批准成立国家核安全局，任命姜圣阶任局长。

11月5日　中国瑞宝开发公司成立，与澳大利亚泰克诺米公司合资成立澳华合营公司，经营铀矿产资源开发等业务。

12月9日　中国进行了第32次核试验（地下试验）。

12月28日—1985年1月8日　核工业部在北京召开工作会议，进一步明确了核工业“转民”应坚持“以核为主，多种经营”的方针。

**1985年**

1月14日　经教育部同意，国防科工委批准，核工业部决定成立研究生部；委托中国原子能科学研究院管理和运行，1986年开始招生。

1月18日　广东核电投资公司和香港核电投资有限公司在北京签署合股组成广东核电合营有限公司合同。次日，邓小平接见参加签字的香港中华电力有限公司董事局主席罗·嘉道理一行。

3月20日　我国自行设计、建造的浙江秦山30万千瓦核电工程开工。

8月5日　《核工业信息报》创刊。

11月4日　核工业部在北京京西宾馆礼堂举行核工业创建30周年庆祝大会，中共中央政治局委员、国务院副总理李鹏代表党中央和国务院出席会议并讲话。李鹏题词“两弹一艇功劳大，保军转民创新业”。

11月16日　核工业西南物理研究所中国环流器一号工程通过国家验收。

**1986年**

1月5日　中共中央政治局委员、国务院副总理李鹏视察秦山核电站。

1月18日　国务院常务会议决定，核电站建设由核工业部负责。1月22日，中央财经领导小组会议决定，核电站工作，包括建设、生产、运行，向电网售电，均由水电部移交核工业部统一管理和经营。

1月21日　中共中央总书记胡耀邦等中央领导同志接见核工业部王淦

昌、姜圣阶等10位专家，赞扬核工业取得巨大成就，勉励其为和平利用核能作出新贡献。

3月12日　核工业部批复同意七三一、七三五、七八一、七一二、七一五、七九六等6个矿山关闭转产，七一六矿二工区、七七一矿雷公殿工区、七九二矿五一〇工区共3个采矿工区关停，七三四厂、二七九厂、七一三矿水冶厂转产。

3月19日　国务院总理赵紫阳与钱其琛、蒋心雄、林宗棠等，就我国发展核电事宜进行研究，决定秦山核电二期工程采用60万千瓦压水堆型核电机组，核电站工程设计建造以我为主等。

3月20日　国务院核电领导小组发出《国务院核电领导小组关于贯彻执行国务院对我国核电领导体制调整决定的通知》。《通知》指出，国务院已决定今后核电事业由核工业部主管，水电部、机械部等部门配合，核电站科研设计建设和生产管理，包括广东核电站在内，均由水电部移交给核工业部统一管理和经营，电站建成后并入电网运行，接受电网统一调度，向电网售电。

3月30日、4月17日　国务院总理赵紫阳、中央书记处书记胡启立先后到秦山核电厂施工现场视察。

4月26日　位于苏联乌克兰共和国境内的切尔诺贝利核电站4号机组发生严重事故，大量的放射性物质进入大气，飘逸到邻国，引起很大恐慌，给世界核电事业蒙上了阴影，对我国核电建设也产生了重大影响。

5月11日　中国第一座大型串列式静电加速器核物理实验室在中国原子能科学研究院建成。

5月15日　在全国科学技术奖励大会上，核工业部的“原子弹的突破与武器化”“氢弹的突破与武器化”“第一代核潜艇的研究设计”获得3项国家科技进步奖特等奖。

6月20日　核工业部部长蒋心雄在第六届全国人大常委会第十六次会议上作题为《我国核电建设情况和发展方针》的报告。

7月1日　国务院、中央军委批转关于国务院各综合部门对国防工业管理分工的意见报告，决定将核工业部、航空工业部、兵器工业部、航天工业部划归国务院直接领导。

9 月 23 日　在应对 5 月初以来香港部分议员就有关大亚湾核电站安全问题的质询，平息公众反核活动，化解香港社会对建设核电站的误解和抵触情绪后，广东大亚湾核电站 4 个合同和 3 个协议在人民大会堂签署，国务院副总理李鹏等出席签字仪式。

**1987 年**

3 月　针对 1986 年 11 月南斯拉夫克尔什科核电站总经理杜拉访问秦山核电站时，看到现场施工情况后，提出了意见和建议，引起中央领导高度重视的风波（史称“杜拉旋风”），核工业部副部长赵宏到现场开展“四加强一整改”活动。

4 月 18 日　遵照国务院对秦山核电建设的批示，核工业部党组研究决定，将秦山核电厂和秦山核电工程指挥部合并，成立核工业部秦山核电有限公司。

4 月 28 日　中共中央政治局委员、国务院副总理李鹏到八二一厂视察。

4 月　《当代中国的核工业》一书由中国社会科学出版社出版发行。

6 月 5 日　我国进行了第 33 次核试验。

6 月 24 日　国务院办公厅、中央军委办公厅通知，关于撤销核工业部青海二二一厂，已经国务院、中央军委同意，撤销工作由核工业部全面负责。

6 月 30 日—7 月 2 日　中国核仪器行业协会成立大会在北京召开，会议推选王淦昌为第一任理事长。

7 月 14 日　核工业部的项目获 1987 年度国家科技进步奖特等奖 1 项，一等奖 4 项。

8 月 7 日　广东大亚湾核电站主体工程开工建设。

8 月 14 日　国务院在北戴河召开办公会议，研究核工业五洲工业总公司、酒泉原子能联合企业转民问题。

8 月 19 日　国务院核电办批准国家科委、核工业部《关于成立北京核安全评审中心》的报告，同意成立核安全评审中心，中心设在核工业部二院。

10 月 21 日　国务院批准秦山核电二期工程项目建议书。明确秦山核电二期工程为商用核电站，装机容量为两台 60 万千瓦压水堆型机组。

## 1988 年

1月3日　中共中央政治局常委、国务院代总理李鹏视察广东大亚湾核电站。

2月19日　中共中央总书记赵紫阳，中共中央政治局委员、国务院副总理田纪云视察广东大亚湾核电站。

4月9日　第七届全国人民代表大会第一次全体会议批准国务院机构改革方案。成立能源部，撤销核工业部，组建中国核工业总公司（简称中核总），由能源部归口管理。

9月16日　经国务院批准，中国核工业总公司正式成立。

9月27日　我国向预定海域发射运载火箭试验全部结束（9月14日开始）。这次试验的运载火箭，由我国自行研制的核潜艇从水下发射，火箭准确溅落在预定海域，整个试验获得圆满成功。

9月29日　我国成功进行中子弹试验（第34次核试验）。

10月24日　邓小平在视察北京正负电子对撞机工程时，说："如果60年代以来中国没有原子弹、氢弹，没有发射卫星，中国就不能叫有影响的大国，就没有现在这样的国际地位。这些东西反映一个民族的能力，也是一个民族、一个国家兴旺发达的标志。"

## 1989 年

2月13日　国务委员邹家华视察秦山核电工程，并题词"国之光荣"。

4月11日　国务院授权和委托中核总对核电站的生产、经营、科研、开发和建设实行统一管理，并对核安全管理工作负直接责任。

7月18—22日　国家科技进步奖评审委员会在北京开会审批、核准了1989年度国家级科技进步奖项目，中核总项目获得国家级科技进步奖特等奖1项。

11月16日　李鹏总理在巴基斯坦举行的记者招待会上宣布：中巴两国总理原则同意中国与巴基斯坦合作在巴基斯坦建造一座30万千瓦压水堆型核电站（厂址位于巴基斯坦恰希玛地区，故称恰希玛核电站）。

11月25日　我国向巴基斯坦出口的第一台微型反应堆移交签字仪式，在巴基斯坦 PIN-STECH 研究所举行。该堆当日即投入运行。

## 1990 年

2 月 9 日，李鹏总理视察广东大亚湾核电站建设工地。

2 月 26 日　国务院、中央军委批准调整中国工程物理研究院管理体制，从中核总划出，由国防科工委归口管理，在国家计划中单列户头，成为相对独立的国防科研事业单位。

4 月 5 日　《核工业信息报》更名为《中国核工业报》，成为中核总机关刊。

4 月 14 日　李鹏总理视察秦山核电站。

4 月 30 日　江泽民总书记对钱三强、李觉、姜圣阶、王淦昌四位著名核科学家和老部长 2 月 28 日所写联名信作了批示，李鹏总理复函，着重指出：把核电事业纳入国民经济发展规划，落实资金，是一个具有战略意义的重要问题。

5 月 26 日　我国进行第 35 次核试验。

6 月 21 日　江泽民总书记视察广东大亚湾核电站工地现场，发表重要讲话，并题词“安全第一，质量第一”。

7 月 22 日　中核总第一研究设计院（中国核动力研究设计院）自行设计、研究与建造的我国第一座 1 兆瓦脉冲反应堆达到临界。

8 月 16 日　我国进行第 36 次核试验。

11 月 19 日　中国原子能科学研究院快堆研究中心在北京奠基，国务委员宋健出席奠基仪式并讲话。

12 月 7 日　国家科委在人民大会堂召开科技奖励大会。核工业国营七一九矿的“万吨级铀矿石地表堆浸”获得国家科技进步奖一等奖。

## 1991 年

1 月 21 日　我国第一座脉冲反应堆首次达到稳态额定功率（1 MW）。6 月 20 日，该堆建成并投入运行。我国成为继美国之后世界上第二个掌握此堆型设计、建造技术的国家。

2 月 3 日　由中国核动力研究设计院研制、建造的 5 兆瓦低功率核反应堆首次达到临界。

4 月 21 日　中共中央总书记、中央军委主席江泽民视察核工业西南物理研究院。

9月16日　国家原子能机构主任、中核总总经理蒋心雄代表中国政府在国际原子能机构第三十五届年会上发言，阐述我国核出口三项原则：（一）仅用于和平目的；（二）接受国际原子能机构保障监督；（三）未经中国同意不得转让给第三国。

12月15日　我国自行设计、建造的秦山30万千瓦核电机组成功并网发电，从而结束了我国大陆无核电的历史。

12月31日　我国与巴基斯坦签署向巴基斯坦出口30万千瓦核电站合同。

12月　核工业八一二厂大型核电元件生产线改造工程开始建设。

## 1992年

1月8日　“核工业功勋地质队”命名大会在石家庄举行。授予地质系统华东二六一大队等11个单位“核工业功勋地质队”荣誉称号。其中，二六一队、三〇三队、三一〇队、二九三队和核工业航测遥感中心5个单位在1月16日被国家授予“全国地质勘查功勋单位”荣誉称号。

5月21日　我国进行第37次核试验。

7月　核工业新疆矿冶局在伊犁地区建成第一座地浸试验性工厂，标志着我国地浸采铀技术正式起步。

9月25日　我国进行第38次核试验。

11月13日　秦山核电二期工程初步设计通过国家审查。国务院副总理、国务院核电领导小组组长邹家华出席审查会并讲话。

12月15日　我国第一个大型核工程出口项目，阿尔及利亚研究性反应堆，经120小时连续满功率运行达到竣工临时验收条件。

12月17日　俄罗斯总统叶利钦访华，期间，中俄双方签署关于中俄合作建设辽宁核电站和俄罗斯向中国提供政府贷款的政府间协议。

## 1993年

1月4日　李鹏总理到大亚湾核电站视察。

5月19日　我国首家引进的万吨级高档钛白粉生产线在四〇四厂建成投产，并生产出质量达到引进合同规定指标的A-103型钛白粉。

6月9日　江泽民总书记到国营四〇五厂视察并题词“发展核技术，开发新能源”。

8月1日　我国第一座出口商业核电站——巴基斯坦恰希玛电站，举行了第一罐混凝土浇筑仪式。

8月31日　大亚湾核电站1号机组首次与广东电网、香港九龙电网并网成功，李鹏总理发去贺电。

9月27日　国家原子能机构主任、中核总总经理蒋心雄在国际原子能机构第三十七届大会上发言，郑重阐述中国在和平利用核能、防止核扩散、保证核安全等重大问题上的立场。

10月5日　我国进行第39次核试验。

10月14日　八一六厂年产30万吨合成氨、52万吨尿素的大化肥生产线建成投产，生产出合格尿素。

10月30日　宜宾核燃料元件厂大型核电站燃料元件生产线改造工程顺利完成。

11月21日　由中阿两国科技工作者合作建设的用于研究的重水反应堆在阿尔及利亚艾因乌塞拉科研城举行竣工验收仪式。国际原子能机构总干事汉斯·布利克斯发去贺电。

12月15日　秦山核电站当年发电达到16.2亿千瓦时，完成年发电计划的207.7%，负荷因子达到64.46%，提前两年达到年发电设计能力。

**1994年**

1月13日　中共中央政治局委员、国务院副总理邹家华视察核工业理化工程研究院。

2月1日　广东大亚湾核电站1号机组正式投入商业运行。

3月30日　宜宾核燃料元件厂大型核电站元件生产线成功生产出两个合格模拟组件，标志着该生产线第一期技改工程胜利建成。

4月6日　宜宾核燃料元件厂大型核电站燃料组件生产线投产。

5月6日　广东大亚湾核电站2号机组投入商业运行。

5月10日　经国务院第十九次常务会议批准，中核总彭士禄、马福邦、钱皋韵、赵仁恺入选中国工程院首批院士。

6月10日　我国进行第40次核试验。

7月6日　我国在世界上首次合成新核素钌-90，研究成果通过部级专家委员会鉴定。

9月29日　经国务院批准，中国广东核电集团有限公司注册成立，注册资本102亿人民币；国务院同时批准以该公司为核心企业组建中国广东核电集团，并实行国家计划单列。

9月30日　由我国自己设计、研制、安装的受控核聚变装置“中国环流器一号”的改建工程“中国环流器新一号”在核工业西南物理研究院胜利竣工，为进一步提高我国受控核聚变研究水平提供了条件。

10月1日　江泽民总书记为中国核工业创建40周年题词“和平利用原子能　发展中国核工业”。

10月7日　我国进行第41次核试验。

10月21日　秦山核电站胜利完成全年发电任务，开始进行首次核燃料更换和计划检修。至此，秦山核电站全年共发电17.79亿千瓦时，完成国家下达的年发电计划的148.25%；累计发电40.43亿千瓦时，为缓解浙江电力紧张作出了贡献。

10月　中核总成立核电事业部。

11月18—21日　建设部召开全国第十三次勘察设计工作会议。秦山核电工程设计获得全国最佳工程设计特奖。

**1995年**

1月10日　纪念中国核工业创建40周年暨劳模表彰大会在北京隆重举行。党和国家领导人江泽民、李鹏、乔石、刘华清等为核工业创建40周年题词。李鹏总理致信祝贺。邹家华副总理接见核工业劳模、工作会议代表和职工代表，并参加纪念大会，发表重要讲话。吴邦国等观看核工业职工文艺汇演。

1月20日　我国首批具有国际先进水平的90万千瓦大型核电站燃料组件从宜宾核燃料元件厂启程运往广东大亚湾核电站，供2号机组换料使用。这批燃料组件的制造成功，填补了国内空白，标志着我国大型核电站燃料组件实现国产化。

3月　国家计委批准辽宁核电站立项。6月，李鹏总理指示，辽宁核电站建设以中核总为主进行。辽宁核电站建设总规模为4×100万千瓦。第一期工程安装两台100万千瓦俄罗斯生产的压水堆核电机组。

5月15日　新华社宣布，我国第一个核武器研制基地（青海省海晏县二二一厂）已全面退役。该基地曾为我国研制第一颗原子弹和第一颗氢弹作出历史性贡献。基地环境的整治，符合国家有关环保法规要求，并已通过国家验收。

5 月 15 日　我国进行第 42 次核试验。

7 月 13 日　我国首座自行设计、建造的秦山 30 万千瓦核电工程通过国家验收。李鹏总理发来贺信。吴邦国副总理出席验收大会，发表重要讲话，并题词“中国核电从这里起步”。

7 月 25 日　国务院总理李鹏视察中核总五〇四厂。

8 月 17 日　我国进行第 43 次核试验。

11 月 10 日　中共中央总书记江泽民为中国核动力研究设计院建院 30 周年题词“发扬优良传统，勇攀核动力科学技术高峰”。

**1996 年**

5 月 9 日　由中国原子能科学研究院研制的我国第一台强流质子回旋加速器及生产中短寿命放射性同位素装置通过国家计委验收。该装置的研制成功使我国回旋加速器研制技术达到 90 年代世界先进水平。

6 月 2 日　我国自主设计建造的包括两台 60 万千瓦压水堆机组的浙江秦山核电二期工程开工。国务院副总理吴邦国出席并讲话。

6 月 8 日　我国进行第 44 次核试验。

7 月 17 日　我国制造的第一台核电站反应堆压力容器通过部级验收。它的研制成功结束了我国不能制造核电站反应堆压力容器的历史，标志着我国核电设备国产化又进了一大步。

7 月 29 日　我国成功进行第 45 次核试验。我国政府发表声明，宣布从 1996 年 7 月 30 日起，中国暂停核试验。我国政府这一声明受到世界各国欢迎。

10 月 30 日　八一六厂化肥工程项目通过国家竣工验收。该项目是中核总核电之外最大的国家投资项目。验收专家们认为，该项目是军转民的成功典型。

11 月 26 日　中加合作建设秦山重水堆核电站商务合同在上海签字。国务院总理李鹏、副总理吴邦国和加拿大总理克雷蒂安出席签字仪式。

11 月 30 日　国务院总理李鹏、副总理吴邦国视察秦山核电基地。

12月5日　连云港核电站筹建处在京成立。连云港核电站将从俄罗斯引进两台100万千瓦级压水堆核电机组，由中俄双方合作建设。

12月18日　中俄两国政府签订《在中国合作建设核电站和俄罗斯向中国提供政府贷款的协议》。

12月27日　中核总与俄罗斯原子能部签订《建设连云港核电站框架合同原则协议》，国务院总理李鹏和俄罗斯总理切尔诺梅尔金出席签字仪式。

**1997年**

1月31日　秦山第三核电有限公司成立。

2月22日　中国第一座离心法铀浓缩商用工厂一期工程在中核陕西铀浓缩有限公司建成投产。

5月20—22日　中国与俄罗斯政府总理定期会晤委员会核问题分委会第一次会议在莫斯科举行，核问题分委会中方主席、中核总总经理蒋心雄和俄方主席、俄罗斯原子能部部长米哈伊洛夫出席。

6月13日　国务院副总理邹家华到五〇四厂视察工作。

6月24日　中核总系统内第一家上市公司——中核苏州阀门股份有限公司正式成立。

6月28日　核工业爱国主义教育基地中国原子能科学研究院揭牌仪式在该院举行。9月20日，核工业另一个爱国主义教育基地四〇四厂在该厂揭牌。

7月10日　“中核苏阀”在深圳证券交易所正式上市，成为“核工业第一股”。

9月29日　李鹏总理致电国际原子能机构，祝贺该机构成立40周年。9月30日，在国际原子能机构第41届大会上，中国代表团团长、国家原子能机构主任蒋心雄阐述了我国和平利用核能的主张。

12月16日　吴邦国副总理视察中国核动力研究设计院和核工业西南物理研究院。

12月26日　全国科学技术奖励大会在人民大会堂举行。由上海核工程研究设计院等11个单位完成的“秦山30万千瓦核电站设计与建造”在会上获得国家科技进步奖特等奖。

12月29日　中俄合作建设核电站总合同签字仪式在人民大会堂举行。

国务院总理李鹏、副总理李岚清和俄罗斯政府第一副总理鲍·叶·涅姆佐夫出席签字仪式。

**1998 年**

1 月 1 日　经国务院批准，核能正式列入国家重点鼓励发展产业和技术目录。

1 月 8 日　核工业第二研究设计院建院 40 周年。江泽民、李鹏、刘华清等中央领导同志分别题词。

1 月 16 日　由宜宾核燃料元件厂生产的出口巴基斯坦的 30 万千瓦核燃料元件与相关组件通过出厂验收，标志着中国核电元件产品开始走向国际市场。

1 月 22 日　核工业第四研究设计院成立 40 周年，国务院总理李鹏、副总理邹家华等题词。

3 月 19 日　美国能源部负责国际能源政策、贸易和投资事务的戴维·吉拉德宣布，在中美两国首脑直接推动下，搁置长达 13 年的美中两国和平利用核能合作协定从当天开始正式生效。该协定生效意味美国能源工业首次获准向中国出口核能技术。

6 月 8 日　秦山核电三期举行 1 号核岛主厂房底板混凝土浇筑仪式。

9 月 12 日　中核总新疆七三七厂原地浸出采铀国家重点工业性试验工程通过国家验收。

10 月 22 日　中国实验快堆主厂房开挖典礼在中国原子能科学研究院举行。

11 月 10 日　秦山核电二期工程 1 号反应堆安全壳比原计划提前 5 天封顶。封顶采用整体吊装技术，属国内首次。全国人大常委会副委员长邹家华出席吊装封顶仪式。

**1999 年**

1 月 5 日　中核陕西铀浓缩有限公司商用离心厂二期工程建成投产。

1 月 16 日　国家重点科学工程——中国环流器二号 A 装置工程在核工业西南物理研究院开工。

3 月 15 日　中核陕西铀浓缩有限公司离心工厂一、二期工程全面投产，标志着我国铀浓缩生产技术已成功由扩散法过渡到离心法。

5月4日　国防科工委批复七三一矿原地浸出采铀工程可行性研究报告，此矿山为我国首座地浸采铀矿山。6月16日，该工程开工建设。

7月1日　包括中国核工业集团公司（简称中核集团）和中国核工业建设集团公司（简称中国核建集团）在内的国防科技工业十大集团公司宣告成立。江泽民总书记致信祝贺，朱镕基总理出席成立大会并作重要讲话。副总理吴邦国、军委副主席迟浩田出席会议。

7月1—2日　中核集团、中国核建集团分别召开成立大会，并举行挂牌仪式。

7月15日　国务院新闻办公室宣布，中国在掌握原子弹、氢弹技术后，经过不太长时间努力，已先后掌握中子弹技术和核武器小型化技术。

9月18日　中共中央、国务院、中央军委在京举行大会，隆重表彰为研制“两弹一星”作出突出贡献的23位科技专家。江泽民总书记发表重要讲话，李鹏委员长主持大会，朱镕基总理宣读《中共中央、国务院、中央军委关于表彰为研制“两弹一星”作出突出贡献的科技专家并授予“两弹一星功勋奖章”的决定》，王淦昌、于敏、彭桓武、周光召、朱光亚、陈能宽、邓稼先、吴自良、钱三强、郭永怀、程开甲11位核科技专家获功勋奖章。李瑞环、胡锦涛、尉健行、李岚清等中央领导出席大会。

10月11日　中核集团召开企业关闭调整协调会议，标志着集团关闭调整工作正式启动。

10月20日　中俄最大经济技术合作项目——江苏田湾核电站主体工程开工仪式在连云港市隆重举行。国家主席江泽民和俄罗斯总统叶利钦相互致函祝贺，国务院总理朱镕基和俄罗斯总理普京分别发来贺信，国务院副总理吴邦国出席开工典礼并作重要讲话。

## 2000年

5月22日　涉及22个省（区、市）77个单位共5.8万人的核地勘队伍属地化工作基本完成。

5月30日　我国“863计划”重点能源项目——6.5万千瓦中国实验快堆浇筑第一罐混凝土，正式开工建设。

6月13日16：05　由中核集团与中国核建集团承建的巴基斯坦恰希玛核电厂实现首次并网。8月21日08：45达到满功率。

6月18日　江泽民总书记到核工业五〇四厂视察工作并题词。

9月27日　中国原子能科学研究院成立50周年庆祝大会隆重召开。中央政治局常委、中央军委副主席刘华清，全国政协副主席朱光亚等领导出席并讲话。

## 2001年

2月19日　中核集团3个项目获国家科技进步奖，其中中国核动力研究设计院1项成果获一等奖。

3月29日　由中核集团和中国核建集团设计承建的巴基斯坦恰希玛核电站工程举行落成典礼，朱镕基总理致信巴首席执行官穆沙拉夫，称这是“南南合作”的成功典范。

7月10日　中核兰州铀浓缩厂铀同位素分离工程建成投产。

9月27日　中国先进研究堆（CARR）工程开挖仪式在中国原子能科学研究院举行。

9月28日　由中国原子能科学研究院和公安部第一研究所合作研制的、世界上第一套钴-60固体探测器集装箱检测系统，在北京通过专家鉴定。

10月22日　参加上海APEC会议的加拿大总理克雷蒂安一行访问秦山核电三期工程现场。

11月2日　李鹏委员长、吴邦国副总理先后批示，祝贺核工业离心工程建成投产。

12月15日　中核集团在秦山召开大会，隆重庆祝我国自行设计、建造的第一座核电站——秦山核电站建成并网十周年。

12月21日　我国第一条重水堆核燃料元件生产线在包头二〇二厂全面建成，24日生产线全线打通，提前拿出我国第一组合格重水堆燃料元件。实现了重水堆核燃料元件国产化。

## 2002年

1月15日　中国原子能科学研究院海关集装箱检测系统出口柬埔寨验收仪式，在柬埔寨磅逊港举行。

2月6日　秦山核电二期工程1号机组首次并网发电。

4月15日　秦山核电二期工程1号机组投入商业运行。

6月23日　中共中央政治局常委、国家副主席、中央军委副主席胡锦涛专程到秦山核电基地考察，并发表重要讲话。胡锦涛指出："党中央关于建设秦山核电站、发展我国自主核电的战略决策是英明的、正确的，也表明我国的核电建设队伍是一支勇于开拓、自觉奉献、能打硬仗的好队伍。"

8月26日　中国先进研究堆开工仪式在中国原子能科学研究院举行。

11月19日　我国首座商用重水堆核电站——秦山核电三期工程1号机组首次并网发电，12月31日，投入商业运行。

12月2日　核工业西南物理研究院中国环流器二号A装置（HL-2A）开机仪式在成都举行。4日，该装置通过国防科工委在成都主持的工程竣工验收。

**2003年**

1月29日　国务院第149次总理办公会原则同意国家计委关于"十五"电力规划调整意见，提出"适度发展核电"的方针。

7月24日　秦山核电三期工程2号机组投入商业运行。至此，秦山核电三期工程全面建成投产。

9月17日　在中国物理学会第八届全国代表大会上，举行以王淦昌院士命名的小行星证书授予仪式。"王淦昌星"是国家天文台小行星组于1997年发现的，并获得国际永久编号（14558）。

9月26日　由中核集团组织承运的广东大亚湾核电站乏燃料在历经25天长途跋涉后，顺利抵达甘肃省核工业四〇四厂，标志我国首次核电站乏燃料运输取得成功。

9月30日　国务院副总理黄菊、曾培炎主持召开核电工作会议，听取汇报并决定成立核电自主化工作领导小组，曾培炎任组长。

10月15日　中共中央总书记、国家主席胡锦涛在中核集团送呈的《关于秦山重水堆核电站建设经验的报告》上批示："成绩可喜，经验可贵。望再接再厉，创造新成绩。"

10月23日　秦山三期重水堆核电站工程全面建成庆祝大会在浙江海盐秦山基地隆重举行。国务院副总理曾培炎和加拿大总理克雷蒂安代表两国政府出席庆祝活动，并为工程全面建成纪念碑揭幕。

10月27日　中央军委主席江泽民一行抵达秦山三期（重水堆）核电站现场视察。时任浙江省委书记习近平等陪同。

11月5日　我国第一个带有偏滤器的大型托卡马克装置——中国环流器二号A（HL-2A）实验装置在核工业西南物理研究院首次实现偏滤器位形放电，标志着我国受控核聚变研究取得新突破。

11月18日　国务院办公厅发文成立国家核电自主化工作领导小组，国务院副总理曾培炎任组长。

12月3—4日　我国第一条重水堆核电站燃料元件生产线工程在包头二〇二厂通过国防科工委组织的工程竣工验收。

12月　中核集团公司2003年主营业务收入首次突破百亿元，实现补后盈利。

## 2004年

2月25日　13时19分，秦山核电二期工程2号机组实现首次临界，3月11日，实现首次并网发电，5月3日，投入商业运行，标志着国家“九五”重点工程——秦山核电二期工程（1、2号机组）全面建成投产。

5月4日　中核集团与巴基斯坦原子能委员会在伊斯兰堡签署恰希玛核电二期工程合同。根据合同，中核集团以总承包方式在恰希玛再建一座30万千瓦核电机组。

7月24日　我国首个核武器研制基地展馆——“原子城纪念馆”在青海省海北藏族自治州西海镇开馆。

7月　国资委正式批复同意中核集团主辅分离改制总体方案，标志着中核集团主辅分离改制工作进入全面实施操作阶段。根据批复，中核集团总体方案中主辅分离改制项目共112项。

8月30日　中共中央总书记、国家主席胡锦涛到中国人民革命军事博物馆，参观中国核事业50年成就展，胡锦涛强调：“无论是从促进经济社会发展看，还是从保障国家安全看，我们都必须切实把我国核事业发展好。”中央军委主席江泽民31日参观时强调：“实践证明，党中央作出发展核事业的战略决策是十分正确的，我国核事业队伍是一支具有光荣传统和创新能力的队伍。”中央政治局常委温家宝、曾庆红、黄菊、吴官正、李长春等领导同志也分别参观展览。

9月1日　国家发改委根据国务院7月21日会议决定，行文批复浙江三门核电一期工程立项。

9月2日　国务院副总理、国家核电自主化工作领导小组组长曾培炎主持召开国家核电自主化工作领导小组会议，会议议定：岭澳二期和浙江三门两个核电工程项目建议书，视同国务院核准；同意浙江秦山核电二期扩建和广东阳江两个核电工程项目建议书。

9月7—8日　中央军委主席江泽民专程到中国核动力研究设计院视察。

10月15日　中核集团在京召开纪念我国第一颗原子弹爆炸成功40周年大会。

10月16日　由总装备部主办，中核集团承办的纪念我国第一颗原子弹爆炸成功40周年大会在人民大会堂举行。

11月　中核集团秦山第三核电有限公司荣获2004年世界工程师大会“中国企业技术进步与创新奖”，12位企业家获得“中国企业技术进步与创新杰出贡献奖”。

12月29日　原二机部部长刘杰给温家宝总理写信，反映铀矿冶系统部分企业住房困难没有得到解决的问题。国务院副秘书长尤权、国务院副总理黄菊先后批示，财政部、国防科工委进行了认真研究，提出了解决办法，温家宝最后批示同意，此信为解决8矿关闭调整遗留的异地安置住房问题奠定了基础。

12月　中核集团经济状况从亏损补贴进入良性循环，结束连续十几年行业性亏损的历史，2004年实现销售收入158亿元，补前盈利5亿元。

## 2005年

1月15日　黄菊副总理出席庆祝我国核工业创建50周年大会。会上中核集团和中国核建集团首次发布“事业高于一切，责任重于一切，严细融入一切，进取成就一切”的核工业精神。

3月28日　核工业第二研究设计院、中国核动力研究设计院和核电秦山联营公司等单位联合完成的“秦山二期核电站设计和建造”获国家科学技术进步奖一等奖。

4月18日　曾培炎副总理考察江苏田湾核电站。

4月21日　中核集团与法国阿海珐（AREVA）公司签署谅解备忘录，国务院总理温家宝、法国总理拉法兰等参加签字仪式。

8月23日　国防科工委批复中核集团加入世界核协会（WNA）。

9月9日　中核集团和加拿大原子能有限公司在加拿大多伦多正式签署核能合作协议，国家主席胡锦涛出席签字仪式，并指出：秦山核电三期建设取得的巨大成功，是中加两国企业合作的典范。

9月22日　秦山三期（重水堆）核电站工程顺利通过由国家发改委组织的国家竣工验收。

9月　中核集团二〇二厂金属钙生产线扩建工程建成顺利投产。

10月2日　中共中央总书记、国家主席、中央军委主席胡锦涛到核工业理化工程研究院视察。

12月28日　巴基斯坦恰希玛核电厂2号机组工程正式开工。巴基斯坦总理阿齐兹、中国国家原子能机构主任孙勤等出席开工仪式。

**2006年**

1月　世界核协会致函，正式接纳中核集团为世界核协会新成员。

2月9日　国务院发布《国家中长期科学和技术发展规划纲要（2006—2020年）》，确定了未来15年力争取得突破的16个重大科技专项，“大型先进压水堆及高温气冷堆核电站”名列其中。

2月20日　由国防科工委联合科技部、国家环保总局共同发布的《高放废物地质处置研究开发规划指南》正式印发。

2月　胡锦涛总书记对中核集团工作作出“促进我国核工业又好又快又安全地发展”的重要批示。

4月21日　中共中央政治局常委、全国政协主席贾庆林到田湾核电站视察。

4月28日　秦山核电二期扩建工程开工建设，建设规模为两台65万千瓦压水堆核电机组。

5月11日　福建福清核电有限公司在京成立。该公司由中核集团和中国华电集团福建发电有限公司共同出资，出资比例分别为51%和49%。

5月12日　20时19分，田湾核电站1号机组首次并网成功。

5月18日　福建福清核电有限公司在福州市人民会堂揭牌。

5月28日　中国核电工程有限公司揭牌。

5月30日　中核集团与甘肃省政府签订中小学、公检法机构移交协议，标志着在甘企业分离办社会职能工作基本完成。

6月　中核集团分离办社会工作按期完成。中核集团分离办社会职能工作涉及9个省（区、市）的移交协议全部签订完毕。

8月1日　11时，我国在复杂条件下对砂岩资源地浸开发的第一个试验点——新疆738地浸试验工程正式带料试车并一次成功。

8月　国资委通知，中核集团负责人2005年度经营业绩考核结果为A级。这是集团负责人年度经营业绩考核结果首次获评A级。

9月　中国原子能科学研究院激光核物理研究列入“九七三”计划。

10月20日　中核新能核工业工程有限责任公司揭牌。

12月28日　中国国核海外铀资源开发公司揭牌。

## 2007年

1月2日　国务院总理温家宝视察田湾核电站。

1月28日　秦山二期核电站4号机组开工建设。

2月18日农历正月初一　中共中央总书记、国家主席、中央军委主席胡锦涛到中核集团五〇四厂，看望慰问春节值班的干部职工。

5月12日　国家核电技术公司确定国家三代核电自主化依托项目4台AP1000机组中的首台厂址为浙江三门。

5月17日　田湾核电站1号机组正式投入商业运营。

5月　根据《国务院关于组建国家核电技术有限公司有关问题的批复》，上海核工程研究设计院从中核集团整建制划归国家核电技术有限公司。

5月　经国资委评选，中央领导批准，中核集团成为2007年全国国有企业十大典型之一，这是中核集团首获此殊荣。

6月　中国原子能科学研究院研制的EDF-M邮件爆炸物检测装置通过2008年北京奥运防爆安检装备专家组验收，成为北京奥运会反邮件爆炸的关键设备。

8月16日　田湾核电站2号机组正式投入商业运行。

8月29日　秦山第三核电有限公司与中国原子能工业公司首次参照国际市场铀价格签订商业化天然铀供货合同，标志我国突破原有核燃料购销体制。

9月4日　国务院副总理曾培炎到中核四〇四总公司视察工作。

9月10日　国资委、国防科工委在北京人民大会堂举办“传承核工业精神”报告会。

9月26日　科技部国家重点基础研究发展计划（973计划）项目——中国原子能科学研究院《嬗变核废料中的加速器驱动次临界系统关键技术研究》项目获准立项。

10月　国务院正式批准国家发改委上报的《国家核电发展专题规划（2005—2020年）》，标志着我国核电发展进入新阶段。

12月26日　秦山核电二期工程项目获得“中国工业大奖”表彰奖。

**2008年**

1月8日　中核集团二一六大队等承担的《新疆伊犁盆地南缘可地浸砂岩型铀矿勘察研究及资源评价》项目获国家科技进步奖一等奖。

3月11日　第十一届全国人大第一次全体会议审议通过国务院机构改革方案，决定加强能源管理结构，设立高层次议事协调机构国家能源委员会，组建国家能源局，由能源局负责核电管理，成立国家国防科技工业局，由该局对包括核工业在内的军工行业实施行业管理。

3月20日　核燃料后处理放化实验设施工程在中国原子能科学研究院举行负挖仪式。

5月23日　在国家主席胡锦涛和俄罗斯总统梅德韦杰夫的共同见证下，中国原子能工业公司与俄罗斯技术供应出口公司签署了《关于技术协助建造离心四期工厂和向中国提供铀浓缩服务或铀浓缩产品合同基础条款的协议》。

6月2日　中共中央政治局委员、国务院副总理张德江到八二一厂视察，了解该厂在“5·12”汶川8.0级特大地震中的受灾情况，并对抗震救灾工作作出指示。

6月6日　中核（天津）机械有限公司在天津揭牌成立，标志着我国核燃料生产设备国产化实现重大跨越。

6月27日　秦山第三核电有限公司全范围模拟机升级改造验收通过，并处于国际先进和国内领先水平。这意味着我国从根本上摆脱了对国外核动力仿真技术和产品的依赖，为推进我国核电国产化进程奠定了基础。

7月2日　中核集团正式启用“中核”“CNNC”和“CNNC图形”商标，在军工企业中首家使用统一商标。

7月15日　中共中央政治局常委、全国人大常委会委员长吴邦国视察核工业理化工程研究院。

7月22日—8月25日　中共中央政治局常委、全国政协主席贾庆林，中共中央政治局常委、国务院副总理李克强，中共中央政治局常委、中纪委书记贺国强先后到中核（天津）机械制造有限公司视察。

11月5日　中核海外铀资源开发公司控股的香港上市公司中核国际有限公司正式成立。

11月21日　国内首次采用核电工程总承包模式建设的福清核电工程正式开工。中共中央政治局常委、国务院副总理李克强出席开工仪式并宣布开工。

12月26日　中核集团浙江秦山核电厂扩建项目（方家山核电工程）正式开工。

## 2009年

1月10日　首届管理科学奖大会在北京人民大会堂召开。会上，原二机部部长刘杰因在任内成功爆炸我国第一颗原子弹和第一颗氢弹，奠定了我国第一艘核潜艇的技术物质基础，基本建成我国核燃料工业体系，在组织管理方面发挥了重大作用而获得管理科学特殊贡献奖。

2月12日—3月21日　中核集团组织有关专家组对四〇四中试工程冷试车验收暨热试启动进行评估，经过审评，同意通过验收，这标志着我国首座动力堆乏燃料元件后处理中间试验厂迈上一个新台阶。

4月19日　全球首台AP1000核电机组开工仪式在浙江三门举行，国务院副总理李克强出席仪式并宣布三门核电项目开工。

5月7日　中共中央政治局委员、国务院副总理张德江视察核工业理化工程研究院。

5月26日　青海“原子城纪念馆”作为国家级爱国主义教育示范基地纪念馆开馆。

6月6日　中核（天津）机械有限公司成立一周年之际，该公司产能提升取得重要阶段性成果——核燃料专用设备二期工程顺利达产，标志着我国在核燃料专用设备制造方面迈上一个新台阶。

6月9日　中共中央政治局常委、国家副主席习近平到中核兰州铀浓缩有限公司视察。

6月17日　中核集团福清核电2号机组举行开工仪式。

6月30日　中核集团成立十周年庆祝大会在京召开，温家宝、贾庆林、李克强、张德江等中央领导作出重要批示。

7月8日　中共中央政治局常委、中央纪委书记贺国强视察调研中核四〇四有限公司。

7月17日　秦山核电扩建项目（方家山核电工程）2号机组开工。

10月12日　俄罗斯副总理谢钦、能源部部长什马特科一行访问田湾核电站。

11月11日　中共中央政治局常委、全国人大常委会委员长吴邦国到中核四〇四有限公司视察。

12月21日　中核集团与法国原子能委员会签署核能研发合作协议。

**2010年**

2月　中核集团控股的在港上市公司中核国际有限公司正式收购尼日尔阿泽里克铀矿项目37.2%股权。

4月25日　海南昌江核电工程1号机组开工建设。

5月17日　八二一厂关闭终结，标志着中核集团34户关闭破产企业全部完成关闭破产任务。

5月24日　中共中央政治局常委、全国人大常委会委员长吴邦国在四川考察期间视察中核集团八一四厂。

7月9日　中共中央政治局委员、国务院副总理张德江专程到中核四〇四有限公司调研。

8月1日　秦山核电二期工程3号机组一次并网成功。

8月17日　国际原子能机构总干事天野之弥访问中核集团总部。

8月22日　中共中央政治局常委、国务院副总理李克强视察田湾核电站。

9月19日　中共中央政治局委员、国务院副总理张德江在京出席纪念我国核工业创建55周年座谈会并讲话，指出“四个一切”的核工业精神不仅是核工业的精神，也是我们党的精神，国家的精神，民族的精神。

12月21日　我国首座动力堆乏燃料后处理中间试验工程（中核四〇四中试工程）热调试取得圆满成功，这表明中核集团在核燃料循环产业实现重大突破。

12 月 30 日 尼日尔阿泽里克铀矿生产出第一桶铀产品。

**2011 年**

2 月 22 日 中核集团中原对外工程有限公司总承包的巴基斯坦恰希玛核电站 2 号机组首次临界成功。

2 月 中核集团研发并生产的具有自主知识产权的钴-60 放射源正式供应市场。

3 月 11 日 日本福岛发生强烈地震，之后引发海啸，福岛第一核电站受损，放射性物质泄漏到外部。国家核安全局会同国家发改委、国家能源局、中国地震局等随后开展对全国核电站安全大检查，中核集团所属核电站按更高标准进行整改，并通过国家有关部门整改检查。

7 月 21 日 中国实验快堆成功实现并网发电。

10 月 11 日 王岐山副总理陪同俄罗斯副总理谢钦视察中国实验快堆。

**2012 年**

1 月 9 日 中核集团召开党建工作会议，下发《中国核工业集团公司党组关于开展向徐銤同志学习活动的决定》。

3 月 1 日 中国原子能科学研究院自主研发、设计、建造的中国先进研究堆成功实现满功率运行。

3 月 15 日 中央企业创先争优领导小组和国资委党委联合下发《开展向徐銤同志学习活动的通知》，要求在中央企业广大干部职工中深入开展向中核集团快堆首席专家徐銤同志学习活动。

4 月 8 日 秦山核电二期 4 号机组比计划提前 60 天投入商运。

4 月 秦山三期 1 号机组反应堆堆芯安全装入回收铀燃料棒束，开始世界上第一次回收铀燃料在商用重水堆上的示范验证。

6 月 18 日 中国原子能科学研究院 HI-13 串列加速器实现安全运行 10 万小时。

6 月 20 日 全国国土资源科技奖励视频会议在京召开。核工业北京地质研究院院长李子颖获第十二次“李四光地质科技研究者奖”。

6 月 28 日 全国创先争优表彰大会在人民大会堂召开，中核集团徐銤荣获“全国创先争优优秀共产党员”称号。

7 月 21 日　核工业北京地质研究院承担的中国铀矿第一科学深钻在江西相山正式开工。

7 月 23 日　中核集团官方微博正式开通。

7 月　三门核电启动全球首批 AP1000 操纵员模拟机培训。

8 月 4 日　中核北方核燃料元件有限公司第十万束重水堆核燃料元件下线。

8 月 4 日　中核集团内蒙古铀矿大基地建设指挥部在包头市正式揭牌成立。

8 月 26 日　中共中央政治局常委、全国政协主席贾庆林视察四〇四厂。

9 月 1 日　中国企业联合会发布 2012 年“中国企业 500 强”名单，中核集团列第 212 位。

9 月 20 日　中央创先争优经验交流总结会议在京召开，徐銤院士作为中央企业唯一代表在大会上发言。

10 月 22 日　中核集团尼日尔阿泽里克矿首批铀产品启运回国。

10 月 24 日　国务院常务会议讨论通过《核电安全规划》和《核电中长期发展规划》。

11 月 29 日　核工业大学成立并挂牌。

12 月 11 日　中核集团召开第二次科技工作会议，发布“龙腾 2020”科技创新计划。

12 月 14 日　第五届“全国优秀科技工作者”大会在京举行。徐銤院士获“十佳全国优秀科技工作者”荣誉称号。

12 月 27 日　田湾核电站二期工程浇注第一罐混凝土，是日本福岛核事故后，国务院核准的第一个新建核电项目。

12 月　中核集团研制的铀浓缩离心机在兰州成功实现工业化应用。

## 2013 年

3 月 3—5 日　政协第十二届全国委员会第一次会议和第十二届全国人民代表大会第一次会议在京开幕，中核集团共有 9 位同志当选全国政协委员和全国人大代表。

3 月 25 日　国务院国资委宣布新任命的中核集团外部董事名单并颁发聘书，标志着中核集团董事会正式组建。5 月 3 日中核集团第一届董事会第一次会议召开。

4 月 19 日 由中核集团自主研发、具备完整自主知识产权的先进压水堆核电站 ACP1000 初步设计通过国家核行业权威鉴定。来自国家知识产权局、中国核能行业协会等单位的专家经过评审认为，ACP1000 是国内能独立出口的三代机型。

4 月 25 日 中核集团与法国阿海珐公司签署中国大型商业后处理——再循环工厂项目合作意向书。

5 月 3 日 有“中国铀矿第一科学深钻”之称的相山铀矿科学深钻核能开发项目，顺利达到 2 818. 88 米的终孔深度，在我国地质界具有重要的科学研究价值和找矿实际意义。

6 月 21 日 中核集团宣布：中国铀浓缩离心机技术完全实现自主化。

11 月 3 日—4 日 第 13 届全国追求卓越大会召开，会上江苏核电有限公司获得第 13 届全国质量奖，成为全国核电行业首家获此殊荣的企业。

**2014 年**

3 月 11 日 中核集团举办 2014 年记者座谈会，推介国内唯一具有完整自主知识产权的三代核电品牌——“华龙一号”。

3 月 24 日 第三届全球核安全峰会在荷兰海牙举行，中国国家主席习近平出席会议并发表重要讲话，首次阐述中国核安全观。

3 月 27 日 在中国国家主席习近平和法国总统奥朗德的见证下，中核集团董事长孙勤和法国阿海珐总裁吴赛在巴黎签署了关于后处理再循环长期合作谅解备忘录。

3 月 中组部公布第十批“千人计划”名单，中核集团 4 位专家榜上有名，总人数上升至 10 人。

3 月 中国辐射防护学会成立，杨长利当选首届理事长。

3 月 中核集团官方微信正式开通。

4 月 15 日 第十三届中国国际核工业展览会在北京国家会议中心开幕。16 日下午，中共中央政治局委员、国务院副总理马凯莅临核工展并参观中核集团展区。

5 月 15 日 第四届中国自主创新年会在京召开，中核集团入选“2013 年度中国十大创新型企业”。

5月19日　中核集团核电厂核事故应急场内救援队揭牌成立。

6月17日　在国务院总理李克强和英国首相卡梅伦见证下，中核集团总经理钱智民和中国国家原子能机构主任许达哲、英国能源与气候变化部大臣爱德华、国际核能服务公司总裁马克杰维斯签署《关于加强民用核工业燃料循环全产业链合作的谅解备忘录》。

6月30日　中核建中核燃料元件生产线400吨扩建技改工程全线正式投产，实现了年产金属铀从400吨到800吨的跨越，产能可满足30个百万千瓦级压水堆核电机组换料需求。

7月4日　中国原子能科学研究院自主研发的100 MeV质子回旋加速器首次调试出束，标志着中核集团承建的国家重点科技工程——HI-13串列加速器升级工程关键实验设施建成。

7月18日　在国家主席习近平和阿根廷总统克里斯蒂娜见证下，中核集团总经理钱智民、中国工商银行行长姜建清与阿根廷核电公司总裁安图内斯签署《关于建设阿根廷重水堆核电项目的实施协议》。

7月18日　中共中央政治局常委、国务院副总理张高丽到福清核电视察。

8月10日　中核集团与中国工程院共同举办的“鄂尔多斯盆地铀矿勘察开发‘院士行’活动”在内蒙古鄂尔多斯市举行，17位院士参加活动。

8月14日　中核医院管理中心成立大会暨第一次理事会在核工业总医院举行。

8月20日　福清核电1号机组并网成功。

8月21日　具有自主知识产权的三代核电技术“华龙一号”通过国家能源局、国家核安全局牵头组织的专家评审，评审会后中核集团与中国广核集团签署“华龙一号”技术融合协议。

11月4日　方家山核电1号机组首次并网成功，中核集团核电运行机组达到11台。

11月8日　北京APEC会议期间，在国务院总理李克强与加拿大总理哈珀共同见证下，中核集团总经理钱智民与加拿大坎杜能源公司总裁皮特森·斯沃福在人民大会堂签署中核集团与加拿大坎杜能源公司组建合资公司框架协议，双方将共同研发和推广先进燃料重水堆，联合开拓国内国际核能市场。

11 月 22 日　福清核电 1 号机组完成 168 小时示范运行，具备投入商业运行条件，我国在运核电基地数量增至 7 个。

11 月 26 日　纪实文学作品《核铸强国梦——见证中国“两弹一艇”的研制》荣获中央企业精神文明建设“五个一工程”奖。

12 月　“‘华龙一号’落地福清”入选 2014 年中国能源十大新闻。

## 2015 年

1 月 9 日　中共中央、国务院在人民大会堂举行 2014 年度国家科学技术奖励大会。“两弹一星”功勋奖章获得者于敏院士获 2014 年度国家最高科学技术奖。

1 月 15 日　我国核工业创建 60 周年纪念日，中核集团、中国核建集团、中国工程物理研究院在北京人民大会堂联合隆重举行“新时期建设巩固国防、推进核能可持续发展”座谈会。同日下午，中国核工业创建 60 周年成就展在中国核工业科技馆隆重开幕。同日晚，在财政部礼堂举行纪念中国核工业创建 60 周年职工文艺汇演。

1 月 19 日　国防科工局发布 2014 年度国防科技工业十大新闻和十大创新人物（团队）。中核集团“我国建成世界先进质子回旋加速器”入选 2014 年度国防科技工业十大新闻；“华龙一号”研发设计团队入选十大创新人物（团队）。

1 月　在我国核工业创建 60 周年之际，习近平、李克强、张德江、俞正声、张高丽、马凯、许其亮、汪洋、王勇作出重要批示。

2 月 12 日　方家山 2 号机组具备商运条件。至此，秦山核电基地 9 台机组全部建成投产。

3 月 2 日　中央第一巡视组专项巡视中核集团工作动员会召开。

4 月 15 日　国务院总理李克强主持召开国务院常务会议，决定核准建设“华龙一号”三代核电技术示范机组。

4 月 16—22 日　在习近平主席和巴基斯坦总理谢里夫见证下，中核集团总经理钱智民与巴基斯坦原委会主席纳伊姆签署《中国核工业集团公司与巴基斯坦原子能委员会关于在巴基斯坦未来核电（ACP1000/华龙一号）合作的框架协议》。

4 月 29 日　在国务院总理李克强和阿尔及利亚总理萨拉勒共同见证下，中核集团董事长孙勤与阿尔及利亚原子能署署长德杜·默罕默德在人民大会堂签署《中国核工业集团公司与阿尔及利亚原子能署核能全面战略合作协议》。

5 月 4 日　中国原子能科学研究院自主研发的 100 兆电子伏质子回旋加速器和在线同位素分离器成功实现联合调试，放射性核束首次出束成功。

5 月 7 日　我国自主三代核电“华龙一号”首台示范工程——福清核电 5 号机组正式开工。

5 月 14 日　国务院副总理张高丽主持召开出口核电堆型安全相关问题座谈会，会议明确“首推‘华龙一号’堆型出口”。

5 月 19 日　在李克强总理和巴西总统罗塞夫见证下，中核集团董事长孙勤和巴西核电公司执行总裁佩德罗·费格雷多签署《关于在巴西进行全面核能合作的谅解备忘录》。

6 月 10 日　中核集团董事长孙勤与上海市政府副秘书长金兴明共同为“中国核电”鸣锣开市，“中国核电”正式在上交所成功挂牌上市。这标志着中国核电成为 A 股第一家纯核电上市企业。

6 月 15 日　中共中央政治局常委、国务院总理李克强视察中国核电工程有限公司，表示：你们为我撑腰，我为你们扬名。

6 月 16—17 日　根据中央巡视工作领导小组部署，中央第一巡视组向中核集团反馈专项巡视情况。

6 月 23 日　在习近平主席与比利时国王菲利普共同见证下，中核集团董事长孙勤与比利时核研究中心董事会主席德里克·戈斯兰在人民大会堂签署《中国核工业集团公司与比利时核研究中心关于混合氧化物燃料合作的谅解备忘录》。

6 月 24 日　中核集团与上海市政府在沪签署战略合作框架协议。

6 月 28 日—7 月 4 日　在李克强总理与法国总理瓦尔斯共同见证下，中核集团总经理钱智民与法电和阿海珐签署《中核集团、阿海珐集团和法国电力公司落实中法国家联合声明的全球合作实施方案》和《中核集团与阿海珐集团关于后处理/再循环工厂项目合同商务谈判工作路线图的谅解备忘录》。

10 月 16 日　经过 168 小时试运行试验考验，福清核电 2 号机组具备投入商业运行条件。至此，中国核电投资控股的投产机组数已达13台，装机容量超过1 000万千瓦。

11月2日 在习近平主席和法国奥朗德总统见证下，中核集团总经理钱智民在人民大会堂分别与法电集团和阿海珐集团签署《中核集团与法电集团关于中法国家联合声明的实施计划》和《中核集团与阿海珐集团关于资本和产业联盟的谅解备忘录》。

11月12日 国务院总理李克强会见泰拉能源公司董事长比尔·盖茨，商谈推进中美联合开发行波堆有关事宜。

11月15日 土耳其G20峰会期间，中核集团总经理钱智民与阿根廷核电公司总裁安图内斯正式签署了阿根廷重水堆核电站商务合同及压水堆核电站框架合同，标志中核集团“华龙一号”核电技术落地阿根廷。

12月4日 国家主席习近平在南非总统祖马陪同下参观中非装备制造业展中核集团展台，在“华龙一号”模型前向祖马总统介绍说“这是我们自己的技术，我们要把它推向非洲和全世界”。

12月10日 中核四川环保工程有限公司第一桶合格的放射性废液水泥固化体产品成功下线。

12月17日 我国首套自主研发的核电软件包和一体化软件集成平台在京正式发布，标志着我国已具备成套核电技术独立出口的能力，跻身世界第一阵营。

12月18日 中核集团首个自主开发建设风电项目——新疆哈密中核烟墩200 MW整装风电项目成功并网。

12月22日 中国三代自主核电品牌“华龙一号”全球示范工程第二台机组——福清核电6号机组核岛底板浇筑第一罐混凝土，机组正式开工建设。

12月22日 中核融资租赁有限公司在上海注册成立。

12月27日 田湾核电站5号机组浇筑核岛底板第一罐混凝土，标志着田湾核电站扩建工程5、6号机组开工建设。

12月30日 中核集团和中国广核集团共同投资，设立华龙国际核电技术有限公司。

# 附录二　领导机关和领导人年表

1955 年 1 月 15 日　毛泽东主持召开中共中央书记处扩大会议，讨论并决定建设原子能工业，毛泽东就此作了重要讲话。李四光、刘杰、钱三强列席了会议。

1956 年 11 月 16 日　第一届全国人大常委会第五十一次会议通过决定，设立中华人民共和国第三机械工业部（简称三机部），主管我国核工业的建设和发展工作。宋任穷为部长，刘杰、袁成隆、刘伟、雷荣天、钱三强为副部长，张献金、何克希为部长助理。

1958 年 2 月 11 日　第一届全国人民代表大会第五次会议决定，将第三机械工业部改为第二机械工业部（简称二机部）。

1960 年 9 月 10 日　中共中央任命刘杰为二机部党组书记，刘伟为党组副书记。

1960 年 9 月 30 日　国务院任命刘杰为二机部部长。

1962 年 8 月　国务院任命刘淇生为二机部副部长。

1963 年 4 月　经中央批准，二机部党组改为党委。

1963 年 7 月 5 日　国务院任命牛书申为二机部副部长（兼政治部主任）。

1963 年 7 月 24 日　刘西尧被任命为二机部副部长、党组副书记。

1963 年 12 月 4 日　钱信忠被国务院任命为二机部副部长（兼）。

1964 年 3 月　中央监委派出驻二机部监察组，组长牛书申（兼）。

1964 年 10 月 4 日　中共中央批准，刘杰任二机部党委书记，刘西尧、刘伟为党委副书记。

1965 年 2 月 28 日　国务院任命李觉为二机部副部长。

1970 年 7 月 1 日，二机部成立“革委会”和党的核心领导小组。同年 8 月 26 日，中央批准二机部“革委会”和党的核心小组成员名单，任命袁学凯为“革委会”主任和党的核心领导小组组长，任命刘伟、黄炜华、牛书申、李觉为“革委会”副主任，任命刘伟、黄炜华为党的核心领导小组副组长。

1975 年 1 月 17 日　第四届全国人民代表大会任命刘西尧为二机部部长。

1977 年 1 月 15 日　刘伟被任命为二机部党的核心小组组长、二机部部长。

1977 年 8 月 16 日　牛书申、李觉被任命为二机部党的核心小组副组长，雷荣天、王介福、苏华、姜圣阶为二机部副部长。

1978 年 6 月 16 日　周秩、王淦昌被任命为二机部副部长，刘淇生、张献金为二机部顾问。

1979 年 4 月 16 日　刘淇生、张丕绪、赵敬璞、刘玉柱、刁筠寿、王侯山被任命为二机部副部长。

1979 年 11 月 1 日　中央批准二机部成立纪律检查组，组长张丕绪。

1982 年 4 月 9 日　张忱被任命为核工业部部长、党组书记；刘书林为副部长、党组副书记；蒋心雄、赵宏为副部长；姜圣阶为科技委主任，王淦昌、邓稼先为副主任；李觉、周秩、刁筠寿、张道容为顾问。

1982 年 5 月 4 日　第五届全国人大常委会第 23 次会议决定，将二机部改名为核工业部。

1983 年 6 月 20 日　第六届全国人大常委会第一次会议任命蒋心雄为核工业部部长。

1983 年 6 月 26 日　中共中央通知，蒋心雄为核工业部党组书记，张忱任核工业部顾问。

1983 年 8 月 2 日　高新华任核工业部党组纪检组组长。

1983 年 10 月 5 日　周平被任命为核工业部副部长。

1983 年 12 月 13 日　陈肇博被任命为核工业部副部长。

1985 年 8 月　武连元被任命为核工业部副部长。

1986 年 4 月　李定凡被任命为核工业部副部长。

1986 年 4 月　彭士禄任核工业部总工程师兼科技委第二主任。

1987 年 7 月 16 日　闵耀中被任命为核工业部党组成员。

1988 年 5 月 3 日　国务院任命蒋心雄为中国核工业总公司总经理，陈肇博、赵宏、李定凡、黄齐陶为副总经理。

1988 年 6 月 20 日　闵耀中任中国核工业总公司总经理助理。

1988 年 8 月 29 日　国务院办公厅转发能源部关于组建中国核工业总公司的报告，国务院原则同意此报告，并责成能源部协同中国核工业总公司抓紧组建工作。

1988 年 9 月 14 日　中共中央国家机关工作委员会批准组建中共中国核工业总公司临时委员会，蒋心雄任书记。

1988 年 9 月 15 日　中核总召开新闻发布会，宣布中国核工业总公司成立。

1989 年 12 月 21 日　中共中央发出通知，中央同意成立中国核工业总公司党组，蒋心雄任党组书记，陈肇博任党组副书记。同日，中共中央组织部发文通知，赵宏、李定凡、黄齐陶、闵耀中、马福邦任中国核工业总公司党组成员。

1991 年 1 月 27 日　中共中央任命闵耀中为中国核工业总公司党组纪律检查组组长。

1991 年 6 月 17 日　国务院和中共中央组织部分别发文通知，昝云龙任中国核工业总公司副总经理、党组成员。

1993 年 12 月 21 日　国务院任命李玉崙为中国核工业总公司副总经理。

1995 年 1 月 27 日　国务院决定，任命张华祝为中国核工业总公司副总经理。

1995 年 4 月 24 日　国务院决定，任命傅锐为中国核工业总公司副总经理。

1997 年 6 月 13 日　中共中央通知，中央批准张华祝任中国核工业总公司党组副书记。

1999 年 4 月 13 日　国防科工委召开会议，宣布国务院已批准 5 个军工总公司改组为企业集团的框架方案和 10 个企业集团筹备组成员名单。根据国务院批准的方案，中核总将改组为中国核工业集团公司和中国核工业建设集团公司。中国核工业集团公司筹备组的组长为李定凡，成员有康日新、孙勤、李忠良、黄国俊、钱福源、徐福顺。中国核工业建设集团公司筹备组的组长为穆占英，成员有王寿君、吕华祥、时传清。

1999年7月1日　国防科技工业十大集团公司在京宣告成立。中央大型企业工委副书记、国家人事部部长宋德福在会上宣读了十大集团公司领导成员名单。李定凡任中国核工业集团公司党组书记、总经理，康日新任党组副书记、副总经理，孙勤、李忠良、黄国俊任党组成员、副总经理，钱福源、徐福顺任党组成员。穆占英任中国核工业建设集团公司党组书记、总经理，王寿君、吕华祥、时传清任党组成员、副总经理。

1999年7月　钱福源、徐福顺任中国核工业集团公司总经理助理。

2000年11月7日　黄国俊兼任中国核工业集团公司党组纪检组组长。

2001年6月　王炳华、孙又奇被任命为中国核工业集团公司党组成员、副总经理。

2003年9月　中央决定，康日新任中国核工业集团公司党组书记、总经理。

2004年10月　国资委决定，王寿君任中国核工业集团公司党组成员、副总经理。

2004年10月　余剑锋任中国核工业集团公司党组成员。

2004年11月　余剑锋、邱建刚任中国核工业集团公司总经理助理。

2006年7月　国资委决定，余剑锋、邱建刚、杨长利任中国核工业集团公司副总经理，邱建刚、杨长利任中国核工业集团公司党组成员。

2006年8月　国资委决定，王森任中国核工业集团公司党组成员，党组纪检组组长。

2009年8月　中央决定，孙勤任中国核工业集团公司党组书记、总经理。

2010年5月　雷增光任中国核工业集团公司总工程师。陈桦、李晓明任中国核工业集团公司总经理助理。

2010年7月　国资委决定，吕华祥任中国核工业集团公司党组成员、副总经理；李学东任中国核工业集团公司党组成员、党组纪检组组长。

2011年8月　曹述栋任中国核工业集团公司总经理助理。

2011年8月　国资委决定，俞培根任中国核工业集团公司党组成员、副总经理。

2012年5月　中央决定，孙勤任中国核工业集团公司董事长、党组书记，钱智民任中国核工业集团公司总经理、党组副书记。

2012 年 9 月　国资委决定，李季泽任中国核工业集团公司党组成员、总会计师。

2013 年 1 月　国资委决定，曹述栋任中国核工业集团公司党组成员、副总经理。

2013 年 7 月 3 日　潘建明任中国核工业集团公司董事会秘书（助理级）。

2014 年 1 月　黄敏刚任中国核工业集团公司总经济师。

2015 年 6 月　国资委决定，和自兴任中国核工业集团公司党组成员、副总经理。

2016 年 5 月　国资委决定，王杰之任中国核工业集团公司党组成员、党组纪检组组长。

2016 年 12 月 12 日　中央决定，王寿君任中国核工业集团公司党组书记。

2017 年 1 月 2 日　王寿君任中国核工业集团公司董事长。

2017 年 12 月 27 日　中央决定，余剑锋任中国核工业集团有限公司党组副书记。

2018 年 1 月 4 日　余剑锋任中国核工业集团有限公司总经理、董事。

2018 年 7 月 19 日　中央决定，余剑锋同志任中国核工业集团有限公司董事长、党组书记，顾军同志任中国核工业集团有限公司董事、总经理、党组副书记，祖斌同志任中国核工业集团有限公司董事、党组副书记，杨长利、李定成、俞培根、李清堂、曹述栋、和自兴同志任中国核工业集团有限公司副总经理、党组成员，陈书堂同志任中国核工业集团有限公司总会计师、党组成员，王杰之同志任中国核工业集团有限公司党组纪检组组长、党组成员。

# 附录三　院士名单

（包括中核集团院士和曾在核工业系统工作过的院士）

（按姓氏笔画排序）

丁大钊　（1935. 1. 12—2004. 1. 14）　核物理学家

于　敏　（1926. 8. 16—）　核物理学家

于俊崇　（1940. 12. 5—）　核动力工程专家

马福邦　（1934. 7. 26—2004. 5. 30）　反应堆工程专家

王乃彦　（1935. 11. 21—）　核物理学家

王方定　（1928. 12. 21—）　放射化学家

王世绩　（1932. 9. 28—）　物理学家

王竹溪　（1911. 6. 7—1983. 1. 30）　物理学家

王承书　（1912. 6. 26—1994. 6. 18）　气体动力学和铀同位素分离专家

王淦昌　（1907. 5. 28—1998. 12. 10）　核物理学家

贝时璋　（1903. 10. 10—2009. 10. 29）　生物学家

毛用泽　（1930. 9. 1—）　核技术应用专家

方守贤　（1932. 10. 28—）　加速器物理学家

邓稼先　（1924. 6. 25—1986. 7. 29）　核物理学家

叶奇蓁　（1934. 9. 16—）　核反应堆工程、核电工程专家

叶铭汉　（1925. 4. 2—）　实验高能物理学粒子探测技术专家

吕　敏　（1931. 4. 20—）　核物理学家

朱光亚　（1924. 12. 25—2011. 2. 26）　核物理学家

朱洪元　（1917. 2. 8—1992. 11. 4）　理论物理学家

朱建士　（1936—2011）　流体力学、爆炸力学专家

刘广均　（1929. 7. 15—）　同位素分离专家

阮可强　（1932. 12. 19—2017. 4. 29）　反应堆工程、核安全专家

孙玉发　（1937. 5. 24—）　反应堆工程专家
杨福家　（1936. 6. 11—）　核物理学家
杨澄中　（1913. 4. 17—1987. 12. 28）　核物理学家
李　林　（1923. 10. 31—2002. 5. 31）　物理学家
李正武　（1916. 11. 8—2013. 7. 30）　核物理学家
李幼平　（1935. 5—）　核武器电子学专家
李恒德　（1921. 6. 30—）　核材料、材料科学专家
李冠兴　（1940. 1. 14—）　核燃料、核材料学专家
李惕碚　（1939. 6. 12—）　高能天体物理学家
李德平　（1926. 11. 4—）　辐射物理、辐射防护及安全学家
肖　伦　（1911. 12. 15—2000. 11. 15）　放射化学家
肖　健　（1920. 7. 19—1984. 2. 20）　实验核物理学家
杜祥琬　（1938—）　应用核物理专家
吴有训　（1897. 4. 26—1977. 11. 30）　物理学家、教育家
吴征铠　（1913. 8. 8—2007. 6. 27）　物理化学家、放射化学家
何泽慧　（1914. 3. 5—2011. 6. 20）　核物理学家
何祚庥　（1927. 8. 24—）　粒子物理、理论物理学家
宋家树　（1932. 3—）　金属物理学家
汪德昭　（1905. 12. 20—1998. 12. 28）　物理学家
汪德熙　（1913. 9. 27—2006. 8. 8）　核化学化工专家
经福谦　（1929. 6—2012. 4）　爆炸力学和高压物理学家
张文裕　（1910. 1. 9—1992. 11. 5）　高能物理学家
张兴钤　（1921. 11—）　金属物理学家
张金麟　（1936. 10. 16—）　船舶总体和动力专家
张沛霖　（1917. 12—2005 年 9 月）　核材料科学家
张宗烨　（1935. 1. 29—）　核理论物理学家
张信威　（1938. 1—）　核技术应用专家
张焕乔　（1933. 12. 23—）　核物理学家
武　胜　（1934. 9—）　核材料与工艺专家
陈芳允　（1916. 4. 3—2000. 4. 29）　无线电电子学与空间系统专家

陈念念　（1941. 10. 4—）　同位素分离专家
陈能宽　（1923. 4. 28—2016. 5. 27）　金属物理学家
陈森玉　（1939. 12. 2—）　加速器物理学家
欧阳予　（1927. 7. 26—）　核反应堆工程专家
金建中　（1919. 7. 23—1989. 10. 12）　物理学家
周光召　（1929. 5—）　物理学家
周永茂　（1931. 5. 15—）　核反应堆工程专家
周邦新　（1935. 12. 29-）　核材料和核燃料学家
周毓麟　（1923. 2—）　数学家
冼鼎昌　（1935. 8. 15—2014. 4. 7）　理论物理学家、同步辐射应用专家
孙承纬　（1939. 12—）　爆轰力学专家
赵仁恺　（1923. 2. 16—2010. 7. 29）　核动力工程专家
赵忠尧　（1902. 6. 27—1998. 5. 28）　核物理学家
姜圣阶　（1915—1992. 12）　化工与核工程专家
胡　宁　（1916. 2. 11—1997. 12. 26）　理论物理学家
胡仁宇　（1931. 7. 20—）　物理学家
胡济民　（1919. 1. 26—1998. 9. 9）　核物理学家
贺贤土　（1937. 9—）　理论物理学家
洪朝生　（1920. 10. 10—2018. 8. 19）　物理学家
俞大光　（1921. 1—2017. 4）　理论电工和电子工程专家
夏培肃　（1923. 7. 28—2014. 8. 27）　计算机专家
柴之芳　（1942. 9. 1—）　放射化学家
钱三强　（1913. 10. 16—1992. 6. 28）　核物理学家
钱绍钧　（1934. 10. 22—）　实验原子核物理学家
钱皋韵　（1927. 3. 14—）　核燃料工程、同位素分离专家
郭永怀　（1909. 4. 4—1968. 12. 5）　力学家、应用数学家、空气动力学家
徐　銤　（1937. 4. 7—）　快堆技术专家
徐志磊　（1930. 8—）　机械工程设计专家
唐孝威　（1931. 10. 1—）　原子核物理及高能物理学家
黄绍显　（1914—1989）　地质学家

黄胜年　（1932. 2. 10—2009. 1. 8）　核物理学家
黄祖洽　（1924. 10. 2—2014. 9. 7）　理论物理和核物理学家
曹本熹　（1915. 2. 22—1983. 12. 25）　核化工专家
程开甲　（1918. 8. 3—2018. 11. 17）　物理学家
彭士禄　（1925. 11. 18—）　核动力工程专家
彭先觉　（1941. 9—）核物理学专家
彭桓武　（1915. 10. 6—2007. 2. 28）　物理学家
傅依备　（1929. 4—）　核化学化工专家
葛庭燧　（1913. 5. 3—2000. 4. 29）　金属物理学家
董海山　（1932. 10—2011. 2）　化工材料专家
谢家麟　（1920. 8. 8—2016. 2. 20）　加速器物理学家
樊明武　（1943. 7. 8—）　回旋加速器专家，磁铁理论与工程专家
潘　垣　（1933. 8. 8—）　磁约束聚变技术和高功率脉冲电源技术专家
潘自强　（1936. 6. 1—）　辐射防护和环境保护专家
戴传曾　（1921. 12. 21—1990. 11. 18）　核物理学家
魏宝文　（1935. 11. 22—）　核物理学家

# 附录四　科技成果

1979—2015 年获国家科技奖数量统计表

| | 自然科学奖 | | | | | 发　明　奖 | | | | | 科技进步奖 | | | | | 当年总计获奖数 |
|---|---|---|---|---|---|---|---|---|---|---|---|---|---|---|---|---|
| | 一等 | 二等 | 三等 | 四等 | 合计 | 一等 | 二等 | 三等 | 四等 | 合计 | 特等 | 一等 | 二等 | 三等 | 合计 | |
| 1979 | | | | | | | | | | | | | | | | |
| 1980 | | | | | | | | 2 | | 2 | | | | | | 2 |
| 1981 | | | | | | | | 1 | | 1 | | | | | | 1 |
| 1982 | 3 | 1 | 3 | 1 | 8 | | | 2 | 1 | 3 | | | | | | 11 |
| 1984 | | | | | | 1 | 8 | 32 | 33 | 74 | | | | | | 74 |
| 1985 | | | | | | 1 | | 8 | 12 | 21 | 3 | 9 | 21 | 50 | 83 | 104 |
| 1987 | | | 2 | | 2 | | | 9 | 4 | 13 | 1 | 4 | 5 | 15 | 25 | 40 |
| 1988 | | | | | | | 1 | 4 | 4 | 9 | | 1 | 4 | 6 | 11 | 20 |
| 1989 | | | | | | | 1 | 5 | 1 | 7 | 1 | 2 | 1 | 9 | 13 | 20 |
| 1990 | | | | | | | 1 | 4 | 3 | 8 | | 1 | 2 | 6 | 9 | 17 |
| 1991 | | | 1 | | 1 | | | 2 | 1 | 3 | | | 3 | 9 | 12 | 16 |
| 1992 | | | | | | | | 2 | | 2 | | | 4 | 4 | 8 | 10 |
| 1993 | | | | | | | | 2 | | 2 | | | 2 | 8 | 10 | 12 |

续表

| | 自然科学奖 | | | | | 发　明　奖 | | | | | 科技进步奖 | | | | | | 当年总计获奖数 |
|---|---|---|---|---|---|---|---|---|---|---|---|---|---|---|---|---|---|
| | 一等 | 二等 | 三等 | 四等 | 合计 | 一等 | 二等 | 三等 | 四等 | 合计 | 特等 | 一等 | 二等 | 三等 | 合计 | | |
| 1994 | 未评奖 | | | | | | | | | | | | | | | | |
| 1995 | | | | | | | | | | | | | 2 | 7 | 9 | | 9 |
| 1996 | | | | | | | | 1 | 1 | 2 | | 1 | 1 | 4 | 6 | | 8 |
| 1997 | | | | | | | | | 1 | 1 | 1 | | 1 | 4 | 6 | | 7 |
| 1998 | | | | | | | | | | | | 1 | 1 | 5 | 7 | | 7 |
| 1999 | | | 1 | | 1 | | | | | | | | 2 | 2 | 4 | | 5 |
| 2000 | | | | | | | | | | | | 1 | 2 | | 3 | | 3 |
| 2001 | | | | | | | | | | | | | 1 | | 1 | | 1 |
| 2002 | | | | | | | | | | | | | 2 | | 2 | | 2 |
| 2003 | | | | | | | | | | | | | 3 | | 3 | | 3 |
| 2004 | | | | | | | | | | | | 1 | 1 | | 2 | | 2 |
| 2005 | | | | | | | | | | | | | 3 | | 3 | | 3 |
| 2006 | | | | | | | | | | | | | 1 | | 1 | | 1 |
| 2007 | | | | | | | | | | | | 1 | 1 | | 2 | | 2 |
| 2008 | | | | | | | | | | | | | 1 | | 1 | | 1 |
| 2009 | | | | | | | | | | | | | 1 | | 1 | | 1 |
| 2010 | | | | | | | | | | | | | 1 | | 1 | | 1 |
| 2011 | | | | | | | | | | | | | 1 | | 1 | | 1 |
| 2012 | | | | | | | | | | | | | 3 | | 3 | | 3 |
| 2013 | | | | | | | | | | | | | 1 | | 1 | | 1 |
| 2014 | | | | | | | | | | | | | 1 | | 1 | | 1 |
| 2015 | | | | | | | | | | | | | 2 | | 2 | | 2 |

## 中核集团成立以来（1999—2015年）获国家科技进步奖项目表

| 序号 | 年度 | 项　目　名　称 | 主要完成单位 | 主要完成人 | 等级 | 备注 |
|---|---|---|---|---|---|---|
| 1 | 1999 | 聚偏氟乙烯微孔滤膜及其折叠式空气过滤器 | 核工业第八研究所、上海先锋药业公司 | 马柄荣、李高生、王孝萱、钱国兴、薛思毫、龚志宏、何秋良、王革锋、谢建良 | 二等 | |
| 2 | 1999 | RY-1A型乏燃料运输容器 | 核工业第二研究设计院、国营五二三厂、核工业大连应用技术研究所、大连理工大学 | 周玉清、马志仪、张敬康、吴绍增、颜廷跃、王鸿珠、刘元襄、李桂华、张一之 | 二等 | |
| 3 | 1999 | 中国环流器新一号（HL-1M）装置供电系统 | 核工业西南物理研究院 | 任俱前、王树锦、王尚柄、颉永忠、李志建 | 三等 | |
| 4 | 1999 | ×××技术试验研究 | 核工业北京地质研究院 | 李德连、蒋永一、刘德长、侯惠群、王志明 | 三等 | |
| 5 | 1999 | 近垒和垒下重离子全熔合裂变的碎片各向异性的异常 | 中国原子能科学研究院 | 张焕乔、刘祖华、许谨诚、吕骏、阮明 | 三等 | 自然科学奖 |
| 6 | 2000 | 研究实验堆×××燃料组件的研制 | 中国核动力研究设计院 | 孙荣先、戴受惠、周邦新、黄德诚、何凤歧、张琴娣、孔祥巩、尹昌耕、牛邦增、李树华、向兴碧、张志毅、王昭月、毛合简 | 一等 | |
| 7 | 2000 | 中国×××数据库（第一版） | 中国原子能科学研究院、北京大学、吉林大学 | 刘廷进、于保生、周春梅、庄友祥、卢涵林、梁祺昌、赵文荣、孙正军、黄小龙、金永利 | 二等 | |

续表

| 序号 | 年度 | 项　目　名　称 | 主要完成单位 | 主要完成人 | 等级 | 备注 |
|---|---|---|---|---|---|---|
| 8 | 2000 | ×××工程建设的重大技术创新和技术改造 | 中核集团四〇五厂、中核集团第七研究设计院 | 雷增光、史庆丰、康荣元、周渭泉、王伟刚、王运通、刘皓洁、林　涛、梁国文、焦成襄 | 二等 | |
| 9 | 2001 | ×××检修技术 | 中国核动力研究设计院 | 孙玉发、黄士鉴、张宝山、高星斗、罗再玉、秦增友、张汉周、刘万银、章华、郝贵如 | 二等 | |
| 10 | 2002 | 大型重离子串列加速器技术创新与重大设备国产化研究 | 中国原子能科学研究院 | 杨丙凡、秦久昌、张桂莲、张灿哲、关遐令、侯德义、苏胜勇、周俊峰、杨为民、胡跃明 | 二等 | |
| 11 | 2002 | ×××研究 | 核工业理化工程研究院 | 钱　新、陈念念、史训良、梁伯勋、诸葛福、丁保庚、李永粲、罗长森、周永胜、肖绍坚 | 二等 | |
| 12 | 2003 | 控制棒驱动系统研制 | 中国核动力研究设计院、北京核仪器厂、成都一三二厂 | 李金贤、王治国、赵晓刚、左文、李红鹰、闫玉辉、杨柯、黄可东、王福娣、熊樨 | 二等 | |
| 13 | 2003 | ×××研制 | 核工业理化工程研究院、核工业八所、东北轻合金公司、南京玻璃纤维院、清华大学 | 陈念念、钱　新、罗长森、杨长利、史训良、过松如、谭松培、邹振楚、陈汉仪、应纯同 | 二等 | |
| 14 | 2003 | ×××分离和×××净化×××槽研制 | 中国原子能科学研究院 | 张先业、胡景析、何辉、肖松涛、朱文斌、罗方祥、王方定、叶国安、郑卫芳、常志远 | 二等 | |

续表

| 序号 | 年度 | 项目名称 | 主要完成单位 | 主要完成人 | 等级 | 备注 |
| --- | --- | --- | --- | --- | --- | --- |
| 15 | 2004 | 秦山600兆瓦核电站设计和建造 | 核工业第二研究设计院、中国核动力研究设计院、核电秦山联营有限公司、华东电力设计院、中国工业中原建设公司、上海石化安装检修工程公司、上海电气（集团）总公司、哈尔滨动力设备股份有限公司 | 叶奇蓁、闵元佑、倪武英、俞忠德、田树全、章宗耀、李晓明、刘明涛、厉成德、张森如、李永江、王寿君、吴杰、王惠祥、刘明昌 | 一等 | |
| 16 | 2004 | 浓酸熟化-高铁淋滤浸出——工艺流出液循环铀水冶无废水流程的研究和应用 | 核工业北京化工冶金研究院、中核北方铀业有限公司 | 金锁庆、向钦芳、苏艳茹、王志远、刘文华、李四海、赵伯毅、徐有才、宋焕笔、张依群 | 二等 | |
| 17 | 2005 | 吐哈盆地西南缘地浸砂岩型铀矿勘查研究及铀资源评价 | 核工业二〇三研究所 | 李占双、王金平、权志高、李占游、邓小卫、乔泫明、高立宝、张甲民、李保侠、孙延怀 | 二等 | |
| 18 | 2005 | 512矿床地浸采铀工业试验 | 金原铀业有限责任公司 | 王西文、李开文、谭昌盛、阙为民、石振强、姚益轩、苏学斌、杨国才、于相浩、谢业祥 | 二等 | |
| 19 | 2005 | HL-2A装置工程研制 | 核工业西南物理研究院 | 严建成、刘永、周才品、李晓东、王树锦、刘德权、宣伟民、陈燎原、曹曾、杨青巍 | 二等 | |

续表

| 序号 | 年度 | 项　目　名　称 | 主要完成单位 | 主要完成人 | 等级 | 备注 |
|---|---|---|---|---|---|---|
| 20 | 2006 | 内蒙古东胜地区砂岩型铀矿预测评价与成矿矿特征研究 | 核工业二〇八大队 | 陈安平、彭云彪、苗爱生、刘　雄、赵金峰、王佩华、李　强、王浩峰、陈法正、李有民 | 二等 | |
| 21 | 2007 | 新疆伊犁盆地南缘可地浸砂岩型铀矿勘查研究及资源评价 | 核工业二一六大队、核工业北京地质研究院、南京大学 | 王　成、王保群、殷建华、简晓飞、颜启明、李细根、文战久、李胜祥、王　果、张　霖、秦明宽、王领柱、谭鸿赞、闵茂中、郑恩玖 | 一等 | |
| 22 | 2007 | 恰希玛核电工程技术研究设计 | 上海核工程研究设计院、中国电力工程顾问集团华东电力设计院<br>中国中原对外工程公司 | 欧阳予、耿其瑞、夏祖讽、沈增耀、缪鸿兴、张维忠、黄植樟、林志坚、杜圣华、蔡剑平 | 二等 | |
| 23 | 2008 | 加速器驱动洁净核能系统（ADS）的物理和技术基础研究 | 中国原子能科学研究院<br>中科院高能物理所 | 赵志祥、丁大钊、夏海鸿、史永谦、傅世年、崔保群、李吉根、韩银录、朱升云、许咏丽 | 二等 | |
| 24 | 2009 | ×××设备 | 核工业理化工程研究院、核工业第八研究所、清华大学 | 雷增光、罗长森、王黎明、吴建军、吴辅兴、谭松培、张小章、柴德明、李金树、韩山岭 | 二等 | |
| 25 | 2010 | 中国环流器二号A（HL-2A）装置高温等离子体诊断系统研制 | 核工业西南物理研究院 | 杨青巍、丁玄同、严龙文、刘　仪、周艳、黄　渊、崔正英、刘泽田、李　伟、冯北滨 | 二等 | |

续表

| 序号 | 年度 | 项　目　名　称 | 主要完成单位 | 主要完成人 | 等级 | 备注 |
|---|---|---|---|---|---|---|
| 26 | 2011 | ×××系统研制 | 中国核动力研究设计院 | 孙玉发、周益年、于俊崇、卜永熙、罗琦、刘承敏、杨　岐、王天锡、彭经文、柴长岭 | 二等 | |
| 27 | 2012 | 中核集团先进核能技术创新工程 | 中国核工业集团公司 | 集体奖 | 二等 | |
| 28 | 2012 | 地浸砂岩型铀矿快速评价技术及应用 | 核工业北京地质研究院、核工业二〇八大队、核工业航测遥感中心、核工业二〇三研究所 | 李子颖、秦明宽、陈安平、郭庆银、韩效忠、漆富成、程纪星、陈国胜、潘　蔚、龚斌利 | 二等 | |
| 29 | 2012 | 堆用锆合金关键基础研究 | 中国核动力研究设计院、上海大学、西北有色金属研究院、重庆大学、中国原子能科学研究院 | 周邦新、王丛林、王晓敏、刘　庆、李中奎、龙冲生、伍晓勇、姚美意、邱绍宇、周　军 | 二等 | |
| 30 | 2013 | 电×××工艺流程 | 中国原子能科学研究院、中核四〇四有限公司 | 叶国安、欧阳应根、胡晓丹、罗方祥、李辉波、唐洪彬、刘利生、郭建华、刘协春、王孝荣 | 二等 | |
| 31 | 2014 | $CO_2$ 和 $O_2$ 原地浸出采铀工艺技术研究和工程应用 | 核工业北京化工冶金研究院、中核天山铀业公司、中核通辽铀业公司、南华大学 | 苏学斌、刘乃忠、沈红伟、程宗芳、郭忠德、杜运斌、谭亚辉、邢拥国、叶善东、姚益轩 | 二等 | |

续表

| 序号 | 年度 | 项　目　名　称 | 主要完成单位 | 主要完成人 | 等级 | 备注 |
|---|---|---|---|---|---|---|
| 32 | 2015 | ×××设备 | 核工业理化工程研究院、核工业第八研究所、中核（天津）机械有限公司、中核兰州铀浓缩有限公司、清华大学、中核新能核工业工程有限责任公司、中国航空工业集团公司北京航空材料研究院、中国铝业股份有限公司西北铝加工分公司、中核陕西铀浓缩有限公司、四川红华实业有限公司、北京航空航天大学、天津大学、东南大学、北京化工大学、空军指挥学院 | 雷增光、陈念念、王黎明、吴建军、谭松培、李连广、邱志恒、朱　纪、武中地、吴　雷 | 二等 | |
| 33 | 2015 | ×××技术研究 | 中国原子能科学研究院 | 胡石林、吴全锋、阮　皓、张平柱、任英、周洪毅、康　艺、张　丽、赵荣明、叶一鸣 | 二等 | |

# 后　记

《中国核工业集团公司发展史》的编撰工作从 2015 年下半年启动，至 2018 年 10 月付梓印刷截止，历时三年，现在终于面世了。

用编撰发展史的形式展示核工业 60 年来的成就和光荣，总结历史的经验教训，铭记前辈艰苦卓绝的奋斗历程，弘扬核工业精神，告慰以身许国、以智强国的几代核工业人，尽今人之责，是我们多年的夙愿，今天终于结出了果实。如果它能够为读者提供一些有益的帮助，发挥一点存史、资政、育人、强业的作用，我们就感到很满足了。

中核集团党组对编撰《中国核工业集团公司发展史》高度重视，精心组织，有力指导，确定本书编撰工作由中核集团党群工作部牵头组织，各有关部门与成员单位参与，由部分老领导、老专家组成专家组，中国核科技信息与经济研究院具体实施。为此成立了编委会、编辑部，以及第一册和第二册专家组、第二册统稿组、编委会办公室，确定了各章牵头单位、撰稿人及联系人。

怎样从历史的角度，科学准确地对核工业 60 年的发展历史，尤其是改革开放后的成就、经验进行全面、真实、客观、透彻的研究分析和总结，是一项颇需功底的工作。为此，编委会确立了编撰原则，即“尊重历史，慎用笔墨；纵横到位，不漏大项；把握主流，不揪细节；实事求是，准确评价；强化整体，塑好形象”；提出了撰写总要求，即“展示成就，总结经验，突出特点”。这些都对编撰工作起到了很好的指导作用。

本书第二册的编撰，分为确定大纲；收集资料；撰写初稿；初步修改审查；逐章统稿；统稿组修改；专家审查把关；提交集团公司审查；广泛征求意见；统稿组修改定稿等 10 个阶段。从以上阶段可以看出，第二册的编撰工作是繁重而艰巨的。虽然第二册的撰稿人、统稿人都是正在或曾在核工业工作的同志，对情况是熟悉的，但仍然感到对于认识、把握和叙述改革开放近 40 年核工业的历史存在诸多困难。既然集团公司党组把编撰这部书作为一项重要的文化工程和“硬任务”确定下来，我们感到使命在肩，责无旁贷，始终是怀着一颗敬畏历史的心和高度的责任感，竭尽心力地工作。

这部书是集体智慧的结晶。

第一册修订工作由李鹰翔、乔书荣同志主持，他们为此付出了大量心血。在第二册编撰过程中，杨志平、张伟星、郑庆云、费本涛、汪兆富等专家给予了悉心指导和帮助，提出了许多有价值、有分量的意见。

丁杰盔同志作为总统稿人，主持了第二册的修改和定稿工作及第一册后期的修订工作，与统稿组的李新邦、江小生、谭俊、宋翔宇、王青、蒋焱兰同志对第二册稿件认真研究，反复斟酌，精心打磨，严格把关，马不停蹄，夜以继日地工作，还撰写了其中的若干章节，为本书编撰和最终成稿倾注了大量心血，作出了重要贡献。

各章的撰稿人，直接承担着从收集资料、撰写初稿、史料核实、反复修改等多个阶段的工作，每一章都是数易其稿，有的修改达数十稿之多。撰稿人有的工作在第一线，在完成繁重本职工作任务的同时承担撰写工作；有的已经退休，完全是义务参与撰写工作；有的老专家、老同志已到耄耋之年，仍然不辞辛劳，逐字逐句地参与研究和稿件审改。这些同志都为本书的编撰作出了重要贡献。

参加本书第二册有关章节审稿的还有卜永熙、于俊崇、王长东、王占元、王国宝、王翰骏、从慧玲、邓惠成、冯开明、冯运昌、朱向军、朱吉才、朱庆军、孙玉发、孙先荣、严叔衡、李广长、李涛、李继锋 、杨钢、杨映璜、肖启斌、吴秀花、吴辅兴、张为民、张昌明、陈长河、陈竹舟、罗志福、季松涛、赵博、赵志祥、祝建华、贾基业、徐燕生、韩世全、舒卫国、潘自强、潘启龙。

在此，谨向以上同志表示由衷的敬意和感谢。

中核集团办公厅、人力资源部、科技与信息化部、国际合作部、军工部、安全环保部、中国核能电力股份有限公司、中国原子能工业有限公司、中国铀业有限公司、中核环保有限公司、中国同辐股份有限公司、中国中核宝原资产控股公司、中国核电工程有限公司、中国原子能科学研究院、核工业档案馆、中核（北京）传媒文化有限公司等单位对本书的编撰给予了大力支持和帮助，谨向他们致以诚挚的谢意。

本书引用了大量文献，谨向原作者表示感谢。

尽管编撰人员尽了很大努力，但终因时间仓促、研究不深、水平有限等原因，难免有错漏之处，真诚希望和欢迎读者批评指正。也希望今后有机会增补修订，使其日臻完善。

**编　者**

**2018 年 10 月**